Joachim Jens Hesse
Vom Werden Europas

Joachim Jens Hesse

Vom Werden Europas

Der Europäische Verfassungsvertrag:
Konventsarbeit, politische Konsensbildung,
materielles Ergebnis

W DE G

De Gruyter · Berlin

Professor Dr. rer. pol. *Joachim Jens Hesse*
Internationales Institut für Staats- und Europawissenschaften (ISE), Berlin

⊗ Gedruckt auf säurefreiem Papier,
das die US-ANSI-Norm über Haltbarkeit erfüllt.

Broschierte Ausgabe:
ISBN 978-3-89949-107-4
Gebundene Ausgabe:
ISBN 978-3-89949-108-1

Bibliografische Information der Deutschen Nationalbibliothek

Die Deutsche Nationalbibliothek verzeichnet diese Publikation in der Deutschen Nationalbibliografie; detaillierte bibliografische Daten sind im Internet über http://dnb.d-nb.de abrufbar.

Printed in Germany

Datenkonvertierung/Satz: WERKSATZ Schmidt & Schulz GmbH, Gräfenhainichen
Druck und Bindearbeiten: Hubert & Co., Göttingen
Umschlaggestaltung: Christopher Schneider, Berlin

Vorwort

Habent sua fata libelli, dieses dem spätrömischen Grammatiker *Terentianus Maurus* zugeschriebene Wort trifft die vorliegende Publikation in sehr ungewöhnlicher Weise. So wurde das Manuskript zu diesem Buch gleich mehrfach abgeschlossen – und musste dennoch immer wieder aktualisiert, verändert, ja umgeschrieben werden: nach der Verabschiedung des Verfassungsvertrages durch den „Konvent zur Zukunft der Europäischen Union", nach den turbulenten Diskussionen im Rahmen der unter italienischer und irischer Präsidentschaft zusammentretenden Regierungskonferenz, schließlich in Reaktion auf jenen Ratifizierungsprozess, der uns bis heute beschäftigt. Nachdem die „Völker Europas", zumindest diejenigen in Frankreich und den Niederlanden, den Vertrag ablehnten und damit eine in der Geschichte der Europäischen Union beispiellose Krise auslösten, gilt das Interesse jetzt einer Wiederbelebung des Verfassungsprojektes – sei es als Versuch, der erweiterten Gemeinschaft einen normativ wie funktional adäquaten Rahmen zu geben, oder als politisches Signal, das europäische Einigungswerk vollenden, es zumindest zukunftsfähig machen zu wollen.

Während die politischen Eliten zwischenzeitlich den „Stillstand des Europäisierungsprozesses" beklagten und sich selbst eine Phase des Nachdenkens verordneten, reagierte der Souverän in einer Mischung aus Misstrauen und Gleichgültigkeit auf eine in der Tat einmalige historische Situation: das (zumindest vorläufige) Scheitern des Verfassungsvertrages durch die Aufkündigung des Integrationskonsenses. Die Krise, von einigen auch als offenkundiges Versagen gegenüber jenen Herausforderungen bezeichnet, die zu bewältigen man vorgab, sitzt tief und wich bis heute keiner überzeugenden Reaktion. Im Gegenteil: Die Verlautbarungen der politischen Akteure wirken in ihrer Unverbindlichkeit und der erkennbaren Kraft- wie Phantasielosigkeit durchaus erschreckend. Inwieweit die deutsche Ratspräsidentschaft dem im ersten Halbjahr 2007 entgegenzuwirken vermag, bleibt offen, die für das Arbeitsprogramm gewählte Chiffre („Europa gelingt gemeinsam") wirkt blass und unverbindlich.

Die folgenden Ausführungen suchen den im Zentrum dieser Entwicklung stehenden Prozess der Verfassungsgebung nachzuzeichnen, Ergebnisse wie offen gebliebene Fragen zu dokumentieren und schließlich eine Reihe von „Lehren" auszuweisen, die für die weitere europäische Entwicklung bedeutsam sein könnten. Gerade weil der Prozess nicht nur durch materielle Interessenkonflikte und Konsensprobleme, sondern auch durch Elemente einer Legitimationskrise gekennzeichnet ist, lohnt – vor dem Hintergrund der sehr unterschiedlichen Zukunftsentwürfe – ein detaillierter Blick auf die handelnden Akteure und die Verlaufsmuster der angestrebten Primärrechtsreform.

Mit dem „Werden Europas" verbindet sich, dass ein noch offener Prozess in das Zentrum der Aufmerksamkeit rückt, ein Tatbestand, der zwar das Risiko birgt, von der aktuellen Entwicklung überholt zu werden, gleichzeitig aber auch die Chance bietet, eine komplexe, für die Zukunft der EU möglicherweise entscheidende Phase der Verfassungsentwicklung detaillierter als bisher nachzuzeichnen, sie zudem kritisch zu begleiten und die erkennbaren Wege und Umwege konstruktiv zu würdigen. Im Ergebnis findet sich eine umfassende Bestandsaufnahme des gegenwärtigen Europäisierungsprozesses, nicht mehr, aber auch nicht weniger. Sie mündet in die Forderung, Europa zu „professionalisieren", für die künftige Gestaltung des Kontinents auf unkonkrete Visionen zu verzichten und an deren Stelle funktionalen Bedürfnissen zu folgen. „Wider den Hochmut und die Gleichgültigkeit" lautet die das Buch beschließende Metapher, sie richtet sich gleichermaßen an die politisch Handelnden wie die europäische Bürgerschaft.

Vorwort

Das „lange Werden" auch dieses Buches erweiterte die Liste derjenigen, denen für ihre Mitarbeit und ihre Gesprächsbereitschaft zu danken ist, beträchtlich. So haben sich im Rahmen des Internationalen Instituts für Staats- und Europawissenschaften (ISE) in Berlin vor allem *Juliane Hübner, Michael Krax, Simon Schubert* und zuletzt *Florian Grotz* um die diversen Textfassungen verdient gemacht. Seitens der politischen Akteure sei in Deutschland vor allem *Klaus Hänsch* und *Elmar Brok* für die Bereitschaft gedankt, sich immer wieder zu Schlüsselfragen der Konventsarbeit und des nachfolgenden Ratifizierungsprozesses befragen zu lassen. Die europäischen Gesprächspartner schließlich waren zu zahlreich, um sie hier alle aufzuführen; stellvertretend seien lediglich *Jack Straw* und *Joaquín Almunia,* Freunde aus Oxforder Tagen, genannt.

Berlin und Salzburg, im Winter 2006/2007 *Joachim Jens Hesse*

Inhalt

Abkürzungsverzeichnis *

ABl.	Amtsblatt EG/EU
ADB	*Asian Development Bank*
AdR	Ausschuss der Regionen
AFP	*Agence France-Presse*
AG	Arbeitsgruppe
AKEL	Fortschrittspartei der arbeitenden Bevölkerung (Zypern)
AKP	*Adalet ve Kalkınma Partisi,* Partei für Gerechtigkeit und Entwicklung (Türkei)
ALE	*Alliance Libre Européenne-Parti Démocratique des Peuples d'Europe* (Europäische Freie Allianz-Demokratische Partei der Völker Europas)
AN	*Alleanza nazionale* (Italien)
AP	*Associated Press*
APCR	*Association des Présidents des Conseils regionaux* (Vereinigung der Präsidenten der Regionalräte – Frankreich)
ASEAN	*Association of South East Asian Nations*
ATTAC	*Association pour une Taxation des Transactions financières pour l'Aide aux Citoyens et Citoyennes*
BIP	Bruttoinlandsprodukt
BK	Beitrittskandidat
BNE	Bruttonationaleinkommen
BSP	Bruttosozialprodukt
BVerfG	Bundesverfassungsgericht
BVerfGE	Entscheidung des Bundesverfassungsgerichts
BW	Baden-Württemberg
CCD	*Centro Cristiano Democratico* (Italien)
CCN	*Conseil confédéral national* (Frankreich)
CDA	*Christen Democratisch Appèl* (Niederlande)
CDU	Christlich Demokratische Union
C.E.E.P.	*Centre européen des entreprises à participation publique et des entreprises d'intérêt économique général*
CEMR	*Council of European Municipalities and Regions* (Rat der Europäischen Gemeinden und Regionen)
CER	*Centre for European Reform*
CFDT	*Confédération française démocratique du travail*
CFE-CGC	*Confédération française de l'encadrement – Confédération Générale des Cadres*
CGT	*Confédération générale du travail* (Frankreich)
ChGR	Charta der Grundrechte
CIG	Dokumente der Regierungskonferenz (2004/05)
CISL	*Confederazione Italiana Sindacati dei Lavoratori*
CONV	Dokumente des Konvents

* Die Groß- und Kleinschreibung der Namensbezeichnungen folgt den in den jeweiligen Mitgliedstaaten üblichen Konventionen. Länderbezeichnungen werden nur dann aufgeführt, wenn sich die Zuordnung nicht aus dem Text ergibt.

COSAC	*Conférence des organes spécialisés dans les affaires communautaires et européennes des parlements de l'Union européenne* (Konferenz der Europaausschüsse der Parlamente der EU)
CSU	Christlich Soziale Union
CU	*ChristenUnie* (Niederlande)
D66	*Democraten 66* (Niederlande)
DC	*Democrazia Cristiana* (Italien)
DL	*Démocratie libérale* (Frankreich)
DÖV	Die Öffentliche Verwaltung
dpa	Deutsche Presse-Agentur
EAD	Europäischer Auswärtiger Dienst
EAG	Vertrag zur Gründung der Europäischen Atomgemeinschaft
EBRD	*European Bank for Reconstruction and Development*
ECOFIN	Ratsformation Wirtschaft und Finanzen
EEA	Einheitliche Europäische Akte
EC	*European Communities*, s. EG
EG	Europäische Gemeinschaften
EGKS	Europäische Gemeinschaft für Kohle und Stahl
EGV	Vertrag zur Gründung der Europäischen Gemeinschaft
EGV-A	EGV in der Fassung von Amsterdam
EGV-N	EGV in der Fassung von Nizza
EHI	Europäisches Hochschulinstitut
EIoP	*European Integration online Papers*
ELD	Europäische Liberal-Demokraten
ELDR	*European Liberal Democrat and Reform Party*
EMRK	Europäische Menschenrechtskonvention
EP	Europäisches Parlament
EPG	Europäische Politische Gemeinschaft
EPIN	*European Policy Institutes Network*
EPZ	Europäische Politische Zusammenarbeit
ER	Europäischer Rat
ESVP	Europäische Sicherheits- und Verteidigungspolitik
EU	Europäische Union
EUCD	Europäische Union Christlicher Demokraten
EuGH	Europäischer Gerichtshof
Euratom	Europäische Atomgemeinschaft
EUV	Vertrag über die Europäische Union
EUZBLG	Gesetz über die Zusammenarbeit von Bund und Ländern in Angelegenheiten der Europäischen Union
EVG	Europäische Verteidigungsgemeinschaft
EVP	Europäische Volkspartei
EWG	Europäische Wirtschaftsgemeinschaft
EWGV	Vertrag zur Gründung der Europäischen Wirtschaftsgemeinschaft vom 25. März 1957
EWSA	Europäischer Wirtschafts- und Sozialausschuss (identisch mit dem WSA)
EWR	Europäischer Wirtschaftsraum
EZB	Europäische Zentralbank
FAZ	Frankfurter Allgemeine Zeitung

FDP	Freie Demokratische Partei
FN	*Front national* (Frankreich)
FO	*Force ouvrière* (Frankreich)
FPÖ	Freiheitliche Partei Österreichs
FR	Frankfurter Rundschau
FSU	*Fédération syndicale unitaire* (Frankreich)
FT	*Financial Times* (London)
FTD	Financial Times Deutschland
GAP	Gemeinsame Agrarpolitik
GASP	Gemeinsame Außen- und Sicherheitspolitik
GATS	*General Agreement on Trade in Services*
GL	*GroenLinks* (Niederlande)
GSVP	Gemeinsame Sicherheits- und Verteidigungspolitik
GUE/NGL	*European United Left/Nordic Green Left*
GW	*Groep Wilders* (Niederlande)
hib	heute im Bundestag
ICLQ	*International Comparative Law Quarterly*
IDB	*Inter-American Development Bank*
IEP	*Institut d'Études Politiques*
ILO	*International Labour Organisation*
IO	*International Organization*
IPG	Internationale Politik und Gesellschaft
ISE	Internationales Institut für Staats- und Europawissenschaften
JCMS	*Journal of Common Market Studies*
JO	*Journal officiel*
K	Europäische Kommission
KOM	Dokumente der Europäischen Kommission
LCR	*Ligue communiste révolutionnaire* (Frankreich)
LDS	*Liberalna demokracija Slovenije* (Slowenien)
LO	*Lutte ouvrière* (Frankreich)
LPF	*Lijst Pim Fortuyn* (Niederlande)
m	männlich
MBA	*Master of Business Administration*
MdB	Mitglied des Bundestags
MdEP	Mitglied des Europäischen Parlaments
MEDEF	*Mouvement des Entreprises de France*
MGS	Mitgliedstaat
MIGA	*Multilateral Investment Guarantee Agency*
MNR	*Mouvement national républicain* (Frankreich)
MP	*Member of Parliament* (Vereinigtes Königreich)
MPF	*Mouvement pour la France*
MR	Ministerrat
MRC	*Mouvement républicain et citoyen* (Frankreich)
NATO	*North Atlantic Treaty Organisation*
NGO	Nichtregierungsorganisation
NL	Niederlande
NP	Nationalstaatliche Parlamente
NPS	*Nouveau parti socialiste* (Frankreich)

NRW	Nordrhein-Westfalen
NYU	*New York University*
NZZ	Neue Zürcher Zeitung
ODS	*Občanská demokratická strana* (Tschechien)
OSZE	Organisation für Sicherheit und Zusammenarbeit in Europa
PCF	*Parti communiste français*
PDS	Partei des demokratischen Sozialismus
PP	*Partido Popular* (Spanien)
PS	*Parti socialiste* (Frankreich) / *Partido Socialista* (Portugal)
PSD	*Partido Social Democrata* (Portugal)
PSV II	Protokoll (Nr. 2) über die Anwendung der Grundsätze der Subsidiarität und der Verhältnismäßigkeit, Protokoll zum VVE
PV	Parlamentarische Versammlung
PvdA	*Partij van de Arbeid* (Niederlande)
PVS	Politische Vierteljahresschrift
QME	Qualifizierte Mehrheitsentscheidung
RFSR	Raum der Freiheit, der Sicherheit und des Rechts
RK	Regierungskonferenz (2004/05)
RPR	*Rassemblement pour la République* (Frankreich)
SDA	Schweizerische Depeschenagentur
SGP	*Staatkundig Gereformeerde Partij* (Niederlande)
SNCF	*Société nationale des chemins de fer français*
SP	Sozialpartner / *Socialistische Partij* (Niederlande)
SPD	Sozialdemokratische Partei Deutschlands
SPE	Sozialdemokratische Partei Europas
SPÖ	Sozialdemokratische Partei Österreichs
StZ	Stuttgarter Zeitung
SWP	Stiftung Wissenschaft und Politik
SZ	Süddeutsche Zeitung
TEPSA	*Trans European Policy Studies Association*
UDF	*Union pour la Démocratie Française*
UEN	Union für das Europa der Nationen
UMP	*Union pour un Mouvement Populaire*, ursprünglich *Union pour la majorité présidentielle* (Frankreich)
UNESCO	*United Nations Educational, Scientific and Cultural Organization*
UNICEF	*United Nations Children's Fund*
UNSA	*Union nationale des syndicats autonomes* (Frankreich)
UNO	United Nations Organisation
Verts/ALE	Grüne/Freie Europäische Allianz
VLD	*Vlaamse Liberalen en Democraten* (Belgien)
VN	Vereinte Nationen
VVD	*Volkspartij voor Vrijheid en Democratie* (Niederlande)
VVE	Vertrag über eine Verfassung für Europa (in der im Anhang abgedruckten Fassung)
VVE-K(onvent)	Vertrag über eine Verfassung für Europa (Entwurf des Konvents, CONV 850/03 vom 18.7.2003)
w	weiblich
WEU	Westeuropäische Union

WSA	Wirtschafts- und Sozialausschuss
WWU	Wirtschafts- und Währungsunion
WZB	Wissenschaftszentrum Berlin für Sozialforschung
ZParl	Zeitschrift für Parlamentsfragen
ZSE	Zeitschrift für Staats- und Europawissenschaften

Einführung

Die Erarbeitung einer „Unionsverfassung" stellt einen wichtigen, möglicherweise sogar den entscheidenden Schritt im Rahmen des europäischen Integrationsprozesses dar. Nachdem über die Einheitliche Europäische Akte und die Verträge von Maastricht, Amsterdam und Nizza die Konturen des künftigen Europa deutlich wurden und mit dem Vollzug der Osterweiterung eine nicht nur territoriale Maßstabsvergrößerung der EU hinzutrat, erwies es sich als unumgänglich, Form und Funktion der Union zu überdenken und den institutionellen wie kompetenziellen Rahmen des gemeinschaftlichen Handelns einer zukunftsfähigen Regelung zuzuführen. Eine Verfassung, verstanden als „Rahmen und Programm", sollte helfen, das erkennbare *patchwork* der Verträge zu überwinden, einer in Teilen desillusionierten Bürgerschaft Vergewisserung zu bieten und jene legitimatorische Defizite aufzulösen, die Kritiker seit langem beklagen. Dass sich der dafür gewählte Weg – von der Einsetzung eines gleichsam verfassunggebenden Konvents über die Beratungen der nachfolgenden Regierungskonferenz bis hin zu den nationalstaatlichen Ratifizierungsverfahren – nicht nur als hochkomplex, sondern auch als äußerst problematisch erwies, war nicht vorherzusehen. Umso interessanter die Ergebnisse der mit diesem Band vorgestellten Prozessbegleitung, in der gleichsam exemplarisch jene Übergangsprobleme zutage treten, die sich mit dem „Werden Europas" und einem weiteren Aufgeben nationalstaatlicher Souveränität verbinden.

Verfassungsgebung ist ein eminent politischer Prozess. In ihm gilt es – ausgehend von den nationalstaatlichen Regelungen – Einrichtungen und Akteuren ihre Stellung und Funktion zuzuweisen. Die dabei zu Tage tretenden Ideen und Interessen, die erkennbaren nationalstaatlichen wie europäischen Politiken, die eingesetzten Strategien sowie – nicht zuletzt – die daraus folgenden Ergebnisse umfassen eine Vielzahl unterschiedlicher Fragestellungen und heterogener Zugänge. Die nachfolgende Analyse sucht dem vor allem dadurch zu entsprechen, dass dem mehrstufigen Verfahren zunächst durch eine akribische Erfassung der Kontextbedingungen und der sich mit ihnen verbindenden Handlungsoptionen Rechnung getragen wird. Dies wiederum macht Auswahlprozesse notwendig, begründet mithin Selektivitäten, die jeweils kenntlich gemacht werden. Dem Risiko, dabei intervenierende Variablen gelegentlich unterschiedlich zu bewerten, steht der Ertrag einer ungewöhnlich umfassenden Darstellungsform gegenüber. Zudem hat sich die für die Gliederung dieses Bandes gewählte Periodisierung angesichts der ablaufenden Ereignisse durchaus bewährt, wurde es möglich, den sehr vielschichtigen Prozess der Verfassungsgebung in einer Weise darzustellen, die nicht nur den politisch-administrativen, sondern auch den technisch-instrumentellen und legitimatorischen Aspekten des Verfahrens gerecht wird.

Dieser breite, gleichsam holistische Zugang erklärt sich vor allem aus dem Untersuchungsgegenstand selbst.[1] Da Verfassungen die rechtliche Basis jeder modernen, insbesondere demokratischen Herrschaftsorganisation bilden, verbietet sich gleichsam *a priori* eine eindimensionale Betrachtungsweise, die auf den normativen Gehalt *oder* den funktionalen Stel-

---

1 Aus dem nahezu unübersehbaren staats- und europawissenschaftlichen Schrifttum zur Funktion und Bedeutung von Verfassungen vgl. im Folgenden *Böckenförde, E.-W.*: Staat, Verfassung, Demokratie, Frankfurt am Main, 1991; *Grimm, D.*: Die Verfassung und die Politik, München, 2001; *Häberle, P.*: Europäische Verfassungslehre, 3. Aufl., Baden-Baden, 2005; *Hesse, J. J./Schuppert, G.F./Harms, K.* (Hg.): Verfassungsrecht und Verfassungspolitik in Umbruchsituationen, Baden-Baden, 1999; *Lane, J.-E.*: Constitutions and Political Theory, Manchester/New York, 1996; *Vorländer, H.* (Hg.): Integration durch Verfassung, Wiesbaden, 2002.

lenwert eines Verfassungstextes abstellt. Beide Aspekte sind vielmehr untrennbar miteinander verbunden. Dies gilt auch und gerade für den vorliegenden Zusammenhang. Da die Verfassung historisch wie rechtstheoretisch stets mit dem Nationalstaat verbunden war, erscheint eine Übertragung des Konzepts auf die supranationale Ebene alles andere als unproblematisch.[2] Dass deshalb Begrifflichkeit wie Konzeption einer „Europäischen Verfassung“ nicht nur akademische Debatten über die angemessene Terminologie auslösten, sondern auch – aufgrund der wertbezogenen Konnotationen des Verfassungsbegriffs – praktisch-politische Konsequenzen zeitigten, konnte man im Rahmen des Konvents, der Regierungskonferenz und der nachfolgenden Ratifizierungsprozesse exemplarisch beobachten. Gerade aufgrund ihres normativen Charakters haben Verfassungen eine auch symbolische Integrations- und damit Legitimationsfunktion. Ob und inwieweit dies bei dem vorliegenden Vertragstext der Fall ist, wird in den nachfolgenden Kapiteln erörtert.

Dass dennoch von einer „Europäischen Verfassung“ gesprochen werden kann, rechtfertigt sich daraus, dass die Vertragsbestimmungen zumindest auch programmatischen Charakter annehmen, mithin die künftige Gestalt der Union prägen sollen. Von daher kommt man nicht umhin, auch die absehbaren Auswirkungen der einzelnen Regelungen auf die Funktions- und Leistungsfähigkeit des „EU-Regierungssystems“ so präzise als möglich zu erfassen. Dabei stößt die unabdingbare normative Interpretation allerdings schnell an Grenzen, wenn sie nicht mit den historisch-politischen Kontextbedingungen verknüpft wird. Bekanntlich lebt eine freiheitliche Verfassung von Voraussetzungen, die sie selbst nicht garantieren kann.[3] Dies trifft umso mehr für die Europäische Union zu, als jeder Fortschritt in der Primärrechtsentwicklung auf dem einmütigen Willen der Mitgliedstaaten basieren muss. In dem Maße jedoch, in dem die unterschiedlichsten Erwartungen an die Problemlösungsfähigkeit der „Unionsverfassung“ unerfüllt bleiben, nimmt auch der Integrationskonsens unter den Beteiligten ab. Funktional orientierte Veränderungen des Europäischen Vertragswerks bilden folglich eine entscheidende Voraussetzung für die Aufrechterhaltung der normativen Grundlagen der supranationalen Gemeinschaft; gleichzeitig werden solche Reformen umso schwieriger, je stärker sie von intergouvernementalen Formelkompromissen geprägt sind. Ob und inwieweit das Projekt einer „Europäischen Verfassung“ diesem schon länger erkennbaren *circulus vitiosus* des Integrationsprozesses entgegenwirken konnte, bildet eine der Leitfragen der vorliegenden Untersuchung. Dass eine solche Analyse normative und funktionale Aspekte gleichermaßen berücksichtigen, mithin institutionelle, prozessbezogene und materiell-inhaltliche Dimensionen der Verfassungsgebung einbeziehen muss, sollten diese eher methodischen Vorüberlegungen deutlich gemacht haben.

Darüber hinaus wird im Folgenden immer wieder auf die konstitutionelle Entwicklung der europäischen Nationalstaaten Bezug genommen, die den Hintergrund des Verfassungsprojekts bildet.[4] Auch in dieser Hinsicht erscheint die Frage nach dem gegenwärtigen und zukünftigen Verhältnis der EU zu ihren Mitgliedstaaten und zu einem „supranationalen Staat“ durchaus virulent, lässt sich doch wie beim Deutschen Bund darüber streiten, ob es sich um einen Staatenbund, einen Bundesstaat oder etwas Drittes handelt, etwa – in den

2 *Kirchhof, P.*: Europa auf dem Weg zu einer Verfassung?, in: ZSE, 1/3 (2003), 358–382.

3 *Böckenförde, E.-W.*, a.a.O.

4 Vgl. grundlegend *Reinhard, W.*: Geschichte der Staatsgewalt. Eine vergleichende Verfassungsgeschichte Europas von den Anfängen bis zur Gegenwart, München, 1999; *Fenske, H.*: Der moderne Verfassungsstaat. Eine vergleichende Geschichte von der Entstehung bis zum 20. Jahrhundert, Paderborn, 2001.

Worten des Bundesverfassungsgerichts (1993) – um einen „Staatenverbund". Für die Klassifikation als Staatenbund spricht, dass die Mitgliedstaaten die „Herren der Verträge" bleiben, auch nach den Konventsempfehlungen die Kompetenz-Kompetenz, der Inbegriff staatlicher Souveränität, in ihrer Hand liegt. Die EU kann danach ihre Zuständigkeiten nicht selbst definieren, sondern bleibt darin von den Vorgaben ihrer Mitglieder abhängig; auch stellt das Europäische Parlament, trotz wachsender Bedeutung, unverändert die Vertretung der es konstituierenden Völker, nicht eines „europäischen Volkes" dar.

Auf der anderen Seite fehlen bundesstaatliche Züge keineswegs, besitzt die Gemeinschaft rechtlich selbständige Institutionen, die sich aus eigenen Mitteln finanzieren, und sieht der Verfassungsvertrag einvernehmlich verabschiedete Regelungen vor, die dem Gemeinschaftsrecht zusätzliches Gewicht verleihen. Zwar wird nationales Recht auch weiterhin nicht vom Gemeinschaftsrecht „gebrochen" – wie etwa Landesrecht durch Bundesrecht in Deutschland –, es wird aber solange nicht angewandt, als das Gemeinschaftsrecht mit seinem Anwendungsvorrang Geltung hat.

> „Im Grunde handelt es sich um eine neuartige politische Konstruktion, die in bisherige politische Kategorien nicht passt, so dass die Frage Staatenbund oder Bundesstaat ebenso falsch gestellt ist wie diejenige, ob es sich um ein völkerrechtliches Gebilde handelt oder nicht. Ein möglicherweise zukunftsweisendes Element der EU ist ihr gewaltfreies, rein interessengeleitetes Funktionieren. Zwar sind Sanktionen gegen Mitglieder durchaus möglich, es fehlt aber die Möglichkeit zur gewaltsamen Durchsetzung, wie sie bundesstaatliche Verfassungen vorzusehen pflegen; selbst der alte Deutsche Bund kannte die Bundesexekution. Die EU ist mit Kategorien des Staatsdenkens so schwer zu fassen, weil sie nicht nur kein Staat ist, sondern wahrscheinlich bereits eine politische Organisationsform des nachstaatlichen Zeitalters darstellt."[5]

Die Gliederung der folgenden Ausführungen richtet sich an diesen Vorüberlegungen aus. Sie unterscheidet zunächst nach den bereits angesprochenen Phasen der Verfassungsgebung, wobei die Analyse der Arbeiten des Konvents (I.) um ein Nachzeichnen der sich anschließenden Regierungskonferenz (II.) ergänzt wird, bevor Stand und Zustand des Ratifizierungsprozesses (III.) umrissen werden. Materiell vertretbar nimmt das erste Kapitel dabei den größten Raum ein, zumal im Konvent jene Optionen erarbeitet wurden, die der bis heute andauernden politischen Auseinandersetzung unterliegen. Mit Differenzierungen wie der nach „Auftrag, Verfahren und Ergebnissen" ist zudem gewährleistet, dass der Kontext dieses Prozesses, die seitens der Akteure und Einrichtungen eingesetzten Strategien sowie die (intendierten wie nicht-intendierten) Ergebnisse gleichermaßen einbezogen werden.

Das Kapitel II („Die Regierungskonferenz: der Prozess der politischen Konsensbildung") dient der Würdigung der unter italienischem und irischem Vorsitz arbeitenden Regierungskonferenz. Hier stehen jene Themenfelder im Vordergrund, die die zwischenzeitlichen Polarisierungen begründeten und in unerwartetem Ausmaß Interessendivergenzen zutage treten ließen; gleichzeitig werden aber auch jene Bedingungen deutlich, unter denen „europäische Politik" heute durchaus möglich ist – wenn man sich denn einem gemeinsamen Ziel verpflichtet fühlt.

Das Kapitel III („Der Verfassungsvertrag vor den Völkern Europas") zeichnet schließlich den Ratifizierungsprozess, über Voten der nationalstaatlichen Parlamente oder auf dem Weg der Volksbefragung, nach und wendet sich in gesonderten Fallstudien jenen beiden Ländern zu, deren Referenden den heutigen „Ausnahmezustand" begründeten. Sowohl im Falle Frankreichs als auch in dem der Niederlande kommt die Untersuchung zu untypischen Erkenntnissen.

---

5 *Reinhard, W.*, a.a.O., 534.

Die Zusammenfassung des Kapitels IV summiert die erarbeiteten Untersuchungsergebnisse dann in ungewöhnlicher Form. So werden den erkennbaren Fehlentwicklungen alternative politische Optionen gegenübergestellt, kommt es zu einem Versuch, verfassungstheoretische mit verfassungspolitischen Erwägungen konsequent zu verbinden und findet sich in der Zusammenführung nationalstaatlichen und europäischen Handelns ein Ansatz, der Europa aus seinen Traditionen begründet statt es zu einer Einrichtung *sui generis* werden und damit prospektiv scheitern zu lassen. „Professionalisierung Europas“ lautet die hierfür erarbeitete, gleichermaßen leistungs- wie demokratietheoretisch begründete Metapher, deren Verfolgung den europäischen Eliten mehr als bislang abverlangt – ihnen aber auch die Chance bietet, die Europäische Union nicht zu überfordern, sondern sie aus den Nationalstaaten heraus wachsen zu lassen.[6]

Der dem Textteil dieses Buches beigefügte Anhang dokumentiert die Arbeiten des Konvents und der Regierungskonferenz im Detail. Die dabei gewählte Ausdifferenzierung erwies sich als notwendig, um der in Politik, Wissenschaft und Medien eher prinzipienorientierten und nicht selten abstrakten Diskussion eine gewisse Bodenhaftigkeit zu geben, zudem den „Bürgern Europas“ (sollten sie denn interessiert sein) einen umfassenden Nachvollzug der Diskussionen zu ermöglichen. Auch hofft der Autor, dass durch die Nutzung des Anhangs eine Reihe von Argumenten ihrer erkennbaren Beliebigkeit entkleidet wird, sich die Chance bietet, strittige Fragestellungen in den Dokumenten des Konvents, der Regierungskonferenz und anderer Einrichtungen zu verorten. Will man eine den Namen verdienende „europäische Öffentlichkeit“, sollte dies ohnehin selbstverständlich sein.

---

6 Vorarbeiten hierzu und Konkretisierungen für zentrale Politikfelder finden sich in *Hesse, J.J./ Grotz, F.*: Europa professionalisieren, Berlin, 2005.

I. Der EU-Verfassungskonvent: Auftrag, Verfahren, Ergebnisse

Grundlegend für den *„Vertrag über eine Verfassung für Europa“*, der am 29. Oktober 2004 in Rom von den Staats- und Regierungschefs der 25 EU-Mitgliedstaaten unterzeichnet wurde, waren die *Arbeiten des „Europäischen Konvents“*. Dieses aus Vertretern exekutiver und legislativer Organe der europäischen wie der nationalstaatlichen Ebene zusammengesetzte Gremium stellte eine Weiterentwicklung der herkömmlichen Verfahren zur Reform des Europäischen Primärrechts dar. Im Folgenden werden zunächst der Weg zur Einsetzung des Konvents, dann die gewählten Arbeitsweisen und schließlich die materiellen Ergebnisse nachgezeichnet und analysiert.

1. Anlass, Beauftragung, Formationsphase

Um die Arbeiten des Verfassungskonvents im Rahmen des europäischen Integrationsprozesses einschätzen zu können, bietet sich allerdings zuvor ein komprimierter *Rückblick auf die Gründung der Europäischen Gemeinschaften* und die *bisherige Entwicklung des Primärrechts* an.

Historische Grundlegung

Auf der Basis der vorliegenden Literatur zur Geschichte des europäischen Integrationsprozesses[7] ist – trotz der Fülle an unterschiedlichen analytischen Zugängen – von einer nur *begrenzten Zahl grundlegender Ideen und Interessen* auszugehen, die für die Etablierung und

---

7 Unter vielen: *Brandstetter, G.*: Chronologisches Lexikon der europäischen Integration, Wien, 1996; *Breuss, F./Fink, G./Griller, St.* (Hg.): Vom Schuman-Plan zum Vertrag von Amsterdam, Wien, 2000; *Brunn, G.*: Die europäische Einigung von 1945 bis heute, Stuttgart, 2002; *Burgess, M.*: Federalism and the European Union, 1950–2000, London, 2000; *Dinan, D.*: Europe Recast, Basingstoke, 2004; *ders.*: Ever Closer Union?, 2. Aufl., Boulder, Col. u.a., 1999; *Gasteyger, C.*: Europa von der Spaltung zur Einigung, Bonn, 2001; *Gehler, M.*: Europa. Ideen, Institutionen, Vereinigung, München, 2005; *Giegerich, Th.*: Von der Montanunion zur Europäischen Verfassung, in: Hofmann, R./Zimmermann, A. (Hg.): Eine Verfassung für Europa, Berlin, 2005, 13–69; *Giering, C.*: Europa zwischen Zweckverband und Superstaat, Bonn, 1997; *Gillingham, J.*: European Integration 1950–2003, Cambridge, 2003; *Hansen, B.*: Globalization and European State Formation, in: Cooperation and Conflict, 37/3 (2002), 303–321; *Hesse, J.J./Ellwein, Th.*: Das Regierungssystem der Bundesrepublik Deutschland, Bd. 1: Text, 9. Aufl., Berlin, 2004, 52–63; *Jachtenfuchs, M.*: Die Konstruktion Europas, Baden-Baden, 2002; *James, H.*: Geschichte Europas im 20. Jahrhundert, München, 2004; *Judt, T.*: Geschichte Europas von 1945 bis zur Gegenwart, München, 2006; *Kaeble, H.*: Wege zur Demokratie. Von der Französischen Revolution zur Europäischen Union, Stuttgart/München, 2001; *Kreile, M.* (Hg.): Die Integration Europas, PVS-Sonderheft 23, Opladen, 1992; *Laffan, B./O'Donnell, R./Smith, M.*: Europe's Experimental Union, London/New York, 2000; *Loth, W.*: Der Weg nach Europa, 3. Aufl., Göttingen, 1996; *McAllister, R.*: From EC to EU, London/New York, 1997; *Milward, A.S.*: The European Rescue of the Nation-State, 2. Aufl., London, 2000; *Mommsen, W.J.* (Hg.): Der Lange Weg nach Europa, Berlin, 1992; *Pfetsch, F.R.*: Die Europäische Union, 3. erw. u. akt. Aufl., München, 2005; *Schäfer, A.* (Hg.): Die Verfassungsentwürfe zur Gründung einer Europäischen Union, Dornbirn, 2001; *Seibt, F.*: Die Begründung Europas, Frankfurt am Main, 2002; *Tömmel, I.*: Das politische System der EU, 2. völlig überarb. Aufl., München/Wien, 2006.

Fortentwicklung der Europäischen Gemeinschaft von Bedeutung waren. So dominierte nach dem Ende des Zweiten Weltkrieges die Zielvorstellung, dass eine politische Vereinigung der europäischen Nationalstaaten *friedenssichernd* wirken würde, verbunden mit der Hoffnung, durch *wirtschaftliche Kooperation* die Kriegszerstörungen zu bewältigen und den Wohlstand zu mehren. Auch wurde den westeuropäischen Staaten schnell bewusst, dass sie ihre Sicherheit angesichts des sich abzeichnenden Kalten Krieges nicht selbst garantieren könnten. Unter den sich bietenden Optionen zogen einige Regierungen dabei eine europäische Lösung dem transatlantischen Bündnis vor, da sie sich in einem solchen Rahmen größere Mitspracherechte erhofften. Gleichzeitig erschien es angezeigt, ein militärisches Wiedererstarken Deutschlands zu verhindern. Eine *Lösung der „deutschen Frage"* konnte jedoch nur dann erfolgreich sein, wenn man Schlüsselbereiche der Rüstungsindustrie internationaler Kontrolle unterwarf, ohne Deutschland einseitig zu diskriminieren. Solche sicherheitspolitisch motivierten Interessen an einer gemeinsamen Industriepolitik wurden durch wirtschaftspolitische Maßnahmen zum Wiederaufbau des kriegszerstörten Kontinents ergänzt.

Vor diesem Hintergrund setzte der „eigentliche" Integrationsprozess nicht zufällig mit der Begründung der Europäischen Gemeinschaft für Kohle und Stahl an jenen Sektoren an, die eine zentrale Schnittstelle von sicherheits- und wirtschaftspolitischen Interessen darstellten. Gleichwohl waren die Erwartungen und Forderungen der einzelnen Regierungen keineswegs homogen; jeder einzelne Integrationsschritt stellte sich als Ergebnis eines komplexen Verhandlungsprozesses dar:

> „Zusätzliche Differenzierungen ergaben sich daraus, dass es in diesem Prozess zugleich auch immer um die Kräfteverhältnisse der Staaten innerhalb der integrierten Gemeinschaft ging und um die Durchsetzung unterschiedlicher ordnungspolitischer Vorstellungen, über die auf nationalstaatlicher Ebene allein nicht mehr entschieden werden konnte."[8]

Diese Ausgangslage bestimmte nicht nur die Anfangsjahre der Gemeinschaft, sie prägt den Fortgang der europäischen Einigung vielmehr bis heute. Die Arbeiten und das Ergebnis des EU-Verfassungskonvents stellen deshalb auch keinen Endpunkt eines gleichsam linear verlaufenden Prozesses dar, so wenig wie es sich bei der Verabschiedung des „Vertrages über eine Verfassung für Europa" um ein „historisches Ereignis" oder um die Begründung einer „neuen Ära" der Europäischen Union handelt. Blickt man auf die Beauftragung, das Verfahren und die Ergebnisse des Konvents im Kontext der historischen Entwicklung, wird eher deutlich, dass die „Konventsphase" sich durchaus in den bisherigen Integrationsprozess einfügt. Dessen Fortschritte wie Krisen waren und sind situativ bedingt und durch die gegebenen Interessen und Handlungsmöglichkeiten geprägt, Innovation und Konsolidierung lösten sich mit Stillstand und Rückschritt ab.

Die europäische Integration folgt also keiner kohärenten, ihr gleichsam innewohnenden Logik. Ihr Verlauf war stets von dem Versuch geprägt, den jeweiligen politischen Erfordernissen zu entsprechen und dabei den gegebenen Möglichkeiten nachzufolgen, ein Verfahren, für das sich die Bezeichnung *Methode Monnet* herauszubilden begann.[9] Da sich aber auch damit *keine „Pfadabhängigkeit"* verbindet, wird man dem Europäisierungsprozess nur inso-

---

8 *Loth, W.*, a.a.O., 135.

9 Vgl. *Kaeble, H.*: Die Krise der Europäischen Union aus historischer Sicht, in: ZSE, 3/4 (2005), 522–541; *Mazey, S.*: The Development of the European Idea, in: Richardson, J. (Hg.): European Union, London, 1996, 24–39; *Weidenfeld, W.*: Europäische Einigung im historischen Überblick, in: ders./Wessels, W. (Hg.): Europa von A bis Z, Bonn, 2002, 13; zu *Monnets* Vorgehen: *Brunn, G.*, a.a.O., 100f.

fern eine gewisse Entwicklungslogik unterstellen können, als man ihn in einem doppelten Abhängigkeitsverhältnis sieht: zum einen durch die funktionale Notwendigkeit zum Voranschreiten, zum anderen aufgrund des Zwangs, die nationalen Interessen der jeweiligen Mitgliedstaaten angemessen zu berücksichtigen.

Der Beginn der europäischen Integration wird, nach Vorläufern im Rahmen der paneuropäischen Bewegung,[10] meist auf Vorstellungen *Jean Monnets* zurückgeführt.[11] Danach sollte der vom französischen Außenminister *Robert Schuman* erarbeitete Plan,[12] die Kohle- und Stahlproduktion Deutschlands und Frankreichs einer gemeinsamen Behörde zu unterstellen, einerseits der friedlichen „Einbindung" Deutschlands (*containment*),[13] andererseits der Etablierung eines erstarkenden Europa in der Welt dienen. Der dies aufnehmende *Vertrag über die Europäische Gemeinschaft für Kohle und Stahl* (EGKS), von Belgien, Deutschland, Frankreich, Italien, Luxemburg und den Niederlanden unterzeichnet, trat am 23. Juni 1952 in Kraft. Auf der Basis eines erstmals erkennbaren Souveränitätsverzichts der Mitgliedstaaten erfolgte eine Abschaffung von Handelsrestriktionen für die Kohle- und Stahlindustrie; hinzu traten erste Ansätze einer „politischen Zusammenarbeit".

Die darüber hinaus vor allem von Frankreich 1954 betriebene Schaffung einer Europäischen Verteidigungsgemeinschaft (EVG) und die angestrebte Errichtung einer Europäischen Politischen Gemeinschaft (EPG), in die die EGKS wie die EVG innerhalb von zwei Jahren integriert werden sollten, scheiterten dann am Initiator selbst. Frankreich sah sich nach der Beendigung des Indochina-Krieges 1954 und der einsetzenden Entspannungsphase im Ost-West-Konflikt in einer neuen weltpolitischen Lage; die Nationalversammlung lehnte den Vertrag über die zu bildende Verteidigungsgemeinschaft ab.[14]

Unbeschadet dieses Rückschlags lancierte *Monnet* als Vorsitzender der EGKS die *Gründung einer Europäischen Atomgemeinschaft (Euratom) und eines Gemeinsamen Marktes (EWG)*.[15] Auch dabei ging es weniger um die Schaffung eines demokratischen Europa als darum, „Frieden und Freiheit zu wahren und zu festigen" sowie „den wirtschaftlichen und sozialen Fortschritt [...] zu sichern".[16] Während das Interesse Frankreichs vor allem einer Gemeinsamen Atompolitik sowie den Vorteilen einer Gemeinsamen Agrarpolitik galt, waren das exportorientierte Deutschland und die Benelux-Länder vorrangig am Gemeinsamen Markt interessiert; Italien wiederum drängte auf gesamtwirtschaftlichen Fortschritt und die Verringerung seiner hohen Arbeitslosigkeit.[17] Nach immer wieder vom Scheitern bedrohten Verhandlungen[18] wurden schließlich am 25. März 1957 die Verträge zur Gründung der Europäischen Wirtschaftsgemeinschaft (EWG) und zur Europäischen Atomgemeinschaft (Euratom) unterzeichnet. Die Errichtung des Gemeinsamen Marktes galt den Beteiligten als Übergangsphase, die sich in Richtung einer Zollunion und einer Gemeinsamen Außen-

10 Vgl. umfassend *Ziegerhofer-Prettenthaler, A.*: Botschafter Europas, Wien, 2004; eher komprimiert: *Brunn, G.*, a.a.O., 23–26; *Loth, W.*, a.a.O., 10f.; dokumentarische Ausweise u.a. in: *Schäfer, A.* (Hg.), a.a.O., 19–29.

11 *Loth, W.*, a.a.O., 82; *Brunn, G.*, a.a.O., 78.

12 Abdruck in: *Schäfer, A.* (Hg.), a.a.O., 115f.

13 *Diner, D.*: Das Jahrhundert verstehen, München, 1999, spricht vom Interesse Frankreichs an einer „prophylaktischen Domestizierung" Deutschlands (310).

14 *Diner, D.*, a.a.O., 303f.; *Brunn, G.*, a.a.O., 93–99; *Loth, W.*, a.a.O., 105–112.

15 Vgl. *Brunn, G.*, a.a.O., 100–128.

16 EWGV, Präambel.

17 Siehe *Loth, W.*, a.a.O., 113–117, 126–130, 136.

18 Ebd., 115–131.

handelspolitik als Zwischenstadien fortsetzen und in eine Wirtschaftsgemeinschaft münden sollte.

In den 1960er Jahren lähmte dann vor allem die Opposition Frankreichs gegen den Übergang auf Mehrheitsentscheidungen im Ministerrat die Weiterentwicklung der Gemeinschaft.[19] *De Gaulles* „Politik des leeren Stuhls", die auch und gerade den Beitritt Großbritanniens verhindern sollte, machte noch einmal den Vorrang des nationalen Interesses deutlich, obwohl bereits in diesen Jahren erkennbar wurde, dass die Gemeinschaft (noch) nicht in der Lage war, angemessen auf den wachsenden gesellschaftlichen Problemdruck und den sich abzeichnenden wirtschaftsstrukturellen Wandel in Europa zu reagieren.[20] Initiiert durch eine neue Führungsgeneration in Deutschland (*Kiesinger/Brandt*) und Frankreich (*de Gaulle/Pompidou*) beschloss man erst 1969 die Vollendung des Gemeinsamen Marktes, die Errichtung einer Wirtschafts- und Währungsunion[21] und eine Erweiterung,[22] von der man sich zusätzliche Impulse versprach.[23] Allerdings bedurfte es weiterer zehn Jahre (bis 1979), um das Europäische Währungssystem zu begründen, das einerseits die Währungsdisziplin innerhalb der EG erhöhen und andererseits den Grundstein für eine verbesserte Koordination der mitgliedstaatlichen Wirtschafts- und Währungspolitiken schaffen sollte.[24]

In diesem Zeitraum kam es im Zuge der *Norderweiterung* um Großbritannien, Dänemark und Irland auch zu immer komplexeren Entscheidungsprozessen innerhalb der Gemeinschaft. Wege aus der sich damit verbindenden „institutionellen Krise" suchte man vor allem über neue Formen der intergouvernementalen Kooperation. So vereinbarten die Mitgliedstaaten außerhalb des Vertragssystems der Europäischen Gemeinschaften 1970 die *Europäische Politische Zusammenarbeit* (EPZ), um ihre Außenpolitiken besser koordinieren und aufeinander abstimmen zu können – nicht aber, um eine gemeinsame Außenpolitik zu betreiben.[25] Daneben tagte mit dem Europäischen Rat 1974 erstmals ein neues intergouvernementales Gremium (ohne Organstellung innerhalb des Gemeinschaftsrahmens), das sich als Impulsgeber und Lenkungsinstrument etablierte und zur Wahrung der mitgliedstaatlichen Interessen gedacht war.[26] Darüber hinaus sollte die bislang nur indirekt über die nationalstaatlichen Regierungen legitimierte gemeinschaftliche Politik gemäß eines Beschlusses des Europäischen Rates 1975 durch die Direktwahl des Europäischen Parlaments auf ein demokratischeres Fundament gestellt werden.[27] Da man gleichzeitig eine Funktionserweiterung des Parlaments hin zu einer (mit-)gesetzgebenden Kammer ablehnte, stellte die Direktwahl jedoch nur einen ersten und sehr begrenzten Schritt in Richtung einer Parlamentarisierung des europäischen „Regierungssystems" dar.

---

19 Vgl. *Brunn, G.*, a.a.O., 142, 144–148.

20 Ebd., 149–178.

21 *Tsoukalis, L.*: Economic and Monetary Union, in: Wallace, H./Wallace, W. (Hg.): Policy-Making in the European Union, 4. Aufl., Oxford, 2000, 149–178, hier: 151 f.

22 Vertreter Dänemarks, Irlands und des Vereinigten Königreichs unterzeichneten 1972 die Beitrittsurkunden.

23 Vgl. gesamthaft *Brunn, G.*, a.a.O., 179–227.

24 *Tsoukalis, L.*, a.a.O., 152–154.

25 Vgl. *Forster, A./Wallace, W.*: Common Foreign and Security Policy, in: Wallace, H./Wallace, W. (Hg.), a.a.O., 461–491, hier: 464 f.

26 *Wallace, H.*: The Institutional Setting, in: Wallace, H./Wallace, W. (Hg.), a.a.O., 3–37, hier: 20.

27 *Brunn, G.*, a.a.O., 210. Die ersten Direktwahlen fanden 1979 statt.

Anfang der 1980er Jahre sah sich die Gemeinschaft dann vor eine Reihe grundlegender Probleme gestellt:[28] So nahm das wirtschaftliche Wachstum ab und stieg die Zahl der Arbeitslosen, zudem wurde von einer „permanenten Finanzkrise" gesprochen, die vor allem durch die hohen Ausgaben für die Gemeinsame Agrarpolitik verursacht werde. Um dem begegnen zu können, bemühte man sich erstmals um eine nachhaltige „politische Reform". Danach sah die *Genscher-Colombo*-Initiative im Jahr 1981 den Übergang zu Mehrheitsentscheidungen im Rat und die Zuweisung substanzieller Kompetenzen an das Europäische Parlament vor. Hinzu trat 1985 eine deutsch-französische Initiative zur Schaffung einer „Politischen Union". Die erneute Erweiterung des Kreises der Mitgliedstaaten (1986 um Portugal und Spanien) wirkte als zusätzliches *Movens*.

Mit der Verabschiedung der *Einheitlichen Europäischen Akte* (EEA) im Jahr 1985 wurden die Römischen Verträge dann erstmals einer wirklich umfassenden Reform unterzogen. Während materiell die Vollendung des Binnenmarktes bis Ende 1992 als verbindliches Ziel Konsens fand, schuf man neue „europäische" Aufgabenbereiche, so die Forschungs- und Technologiepolitik, den Umweltschutz und erste spezifische Maßnahmen im Bereich der Sozialpolitik, ohne dass sich damit eine explizite Weiterentwicklung in Richtung einer sozialen Dimension des Binnenmarktes verbunden hätte. Darüber hinaus wurden der institutionelle Kontext und die bislang praktizierten Verfahren der neuen Ausgangssituation angepasst und in Teilen durchaus professionalisiert. Die vertragliche Fixierung des Europäischen Rates, die Einführung der qualifizierten Mehrheitsentscheidung in allen Binnenmarktangelegenheiten (mit Ausnahme der noch zu „sensiblen" Bereiche des Steuerwesens und der Rechtsangleichung), die Übertragung der Durchführungsbefugnisse auf die Kommission im Regelfall sowie die Stärkung des Europäischen Parlaments durch Mitentscheidungsrechte beim Eintritt und der Assoziierung neuer Mitglieder machten dies deutlich.

Nach der Einheitlichen Europäischen Akte markierte der am 7. Februar 1992 unterzeichnete und am 1. November 1993 in Kraft getretene *Vertrag von Maastricht* die Begründung der „Europäischen Union", mithin die zweite große Reform der Römischen Verträge.[29] Das komplexe Maastrichter Vertragswerk basierte auf der Vorarbeit zweier parallel laufender Regierungskonferenzen, die im Dezember 1990 in Rom eröffnet wurden. Aufgabe der einen war die Errichtung der Wirtschafts- und Währungsunion im Gefolge des sog. *Delors*-Berichtes,[30] während die andere damit beauftragt war, eine hierzu komplementäre Politische Union zu entwickeln. Die Agenda von Maastricht bestand so aus einer Mischung aus Finalität und Neubeginn: Vollendung des Binnenmarktes und der Wirtschafts- und Währungsunion sowie Veränderung des politisch-institutionellen Kontexts.

Das schließlich verabschiedete Vertragswerk wurde dem allerdings nur in seinem ersten Teil gerecht. Die vorrangig ökonomische Integrationslogik des europäischen Einigungsprozesses setzte sich auch in Maastricht durch. Zu einer Einigung auf komplementäre institutionelle und politische Voraussetzungen kam es nicht, von einer Politischen Union konnte keine Rede sein.[31] Allerdings erfuhr unter den Organen der Europäischen Union vor allem das Parlament eine Aufwertung,[32] mit der Ausweitung der Gemeinschaftskompetenzen wurden

28 Vgl. gesamthaft ebd., 228–244.

29 Ebd., 254–279.

30 Abdruck in *Franz, O.* (Hg.): Die Europäische Zentralbank, Bonn, 1990, 307–349.

31 Vgl. dazu die Definition der Politischen Union nach *H. Kohl* und *F. Mitterrand* bei *Brunn, G.*, a.a.O., 268f.

32 Vgl. *Judge, D./Earnshaw, D.*: The European Parliament, Basingstoke, 2003, 51–54.

seine Kontrollrechte gegenüber der Kommission gestärkt. Über die Einführung des Mitentscheidungsverfahrens kam es zu einer erweiterten kompetenziellen Stärkung und Neuerung, ohne dass sich damit eine den Namen verdienende (Voll-)Parlamentarisierung der europäischen Politik verbunden hätte.[33]

Der mit dem Vertrag von Maastricht auf politischen Druck der deutschen Länder und der belgischen Gemeinschaften eingerichtete Ausschuss der Regionen (AdR),[34] neben dem Wirtschafts- und Sozialausschuss als weiteres beratendes Gremium konzipiert, stellte eine Reaktion auf die Forderung nach Mitsprache seitens der Regionen und dezentralen Gebietskörperschaften dar, ohne diesen Mitentscheidungsrechte zu übertragen. Der Ausschuss verblieb auch in der Folgezeit eher randlagig und trug zu der steigenden Intransparenz und Bürokratisierung der europäischen Politik bei.

Nicht zuletzt ergänzte man das (demokratischen Mindestanforderungen nicht genügende) Institutionengefüge um eine die Aufgaben unterteilende *„Säulenstruktur"*. Die Verstärkung intergouvernementalen Vorgehens in den Bereichen Außen- und Sicherheitspolitik sowie Justiz- und Innenpolitik sollte Schritte in Richtung einer Politischen Union erleichtern. Allerdings relativierte die unverändert fehlende Rechtspersönlichkeit der EU die Bedeutung und Tragweite dieser Reformansätze. Immerhin machten die Einführung der Unionsbürgerschaft, die Anerkennung des Subsidiaritätsprinzips und die Schaffung des Kohäsionsfonds deutlich, dass den Staats- und Regierungschefs bewusst war, die Union nicht mehr nur als lediglich wirtschaftlichen Zusammenschluss verstehen zu können, sondern sie auch zu einer Bürger- und Sozialgemeinschaft fortentwickeln zu müssen. Der fehlende politische Wille zu einer konsequenten Umsetzung dieser Zielerweiterung dokumentierte sich freilich in der eingeschränkten Bereitschaft, die wirtschaftspolitische Integrationslogik auch sozialpolitisch zu „unterfüttern"; die begrenzten haushalts- und geldpolitischen Handlungsmöglichkeiten der Mitgliedstaaten traten hinzu.

Die erkennbaren Einbußen an nationalstaatlicher Souveränität, die mit unterschiedlicher Intensität verfolgten europapolitischen Leitbilder und die divergenten Bewertungen der Ergebnisse von Maastricht führten im Ergebnis zu beträchtlicher öffentlicher Skepsis gegenüber einem Vertragswerk, das sich nicht zuletzt durch die beigefügten 17 Protokolle und 33 Erklärungen als überkomplex erwies. Das wachsende Bewusstsein der funktionalen wie strukturellen Defizite dokumentierte sich auch darin, dass sich die Staats- und Regierungschefs bereits in Maastricht auf eine Revisionskonferenz einigten, die – im Juni 1996 in Turin eingesetzt – die bislang unbeantworteten politisch-institutionellen Fragen aufgreifen und beantworten sollte.[35] Die damit angestoßene Revision (des Vertrages von Maastricht) wurde dann auf drei Ebenen, durch die Staats- und Regierungschefs selbst, die Außenminister sowie deren Beauftragte, vorbereitet und fand ihren Abschluss mit der Unterzeichnung des *Vertrages von Amsterdam* am 2. Oktober 1997.[36] Dessen Agenda war nicht weniger ambitioniert als im Falle des Vertrags von Maastricht, sollte der europäischen Einigung im „Span-

---

33 Zur Bewertung des Vertrages von Maastricht aus dieser Perspektive vgl. etwa *Maurer, A./Wessels, W.*: Das Europäische Parlament nach Amsterdam und Nizza, Baden-Baden, 2003, 25–28 sowie *Grimm, D./Hesse, J.J./Jochimsen, R./Scharpf, F.W.*: Zur Neuordnung der Europäischen Union: Die Regierungskonferenz 1996/97, Baden-Baden, 1996/97.

34 Zum AdR siehe u.a. *Hrbek, R./Weyand, S.*: Das Europa der Regionen, München, 1994; *Hesse, J.J.* (Hg.): Regionen in Europa, 2 Bde., Baden-Baden, 1995/96.

35 Art. N Abs. 2 des Vertrages über die Europäische Union, ABl. Nr. C 191 vom 29.7.1992, 63.

36 Siehe *Brunn, G.*, a.a.O., 298–302.

nungsfeld von Vertiefung und Erweiterung" doch „der Weg ins 21. Jahrhundert" gewiesen werden. Als Schlüsselfragen galten deshalb die institutionelle Reform, die Sicherung und Stärkung der politischen Handlungsfähigkeit, die Erhöhung der demokratischen Legitimität sowie die Vorbereitung auf die Osterweiterung. Im Ergebnis wurde allerdings auch diese Regierungskonferenz den selbst gesetzten Zielen nicht gerecht und führte den eher punktuellen Entwicklungsprozess fort. Schritte zur Politischen Union wurden nur zögerlich in wenigen Bereichen und unter Festschreibung umfangreicher Ausnahmeregelungen erkennbar. Als Fortschritt, und in einem gesonderten Vertragskapitel fixiert, kam es lediglich zur stufenweisen Einführung des „Raums der Freiheit, der Sicherheit und des Rechts", dessen Vollendung für April 2004 geplant wurde. Dazu schuf man die Grundlagen einer künftig gemeinsamen Asyl- und Einwanderungspolitik, vergemeinschaftete die justizielle Zusammenarbeit in Zivilsachen und überführte den sogenannten „Schengen-Besitzstand" in die erste Säule der EU.[37] Die Außen- und Sicherheitspolitik schließlich sollte durch die Schaffung eines „Hohen Vertreters" Sichtbarkeit und durch die Einführung einer Strategie-, Planungs- und Frühwarneinheit verbesserte Wirksamkeit und Kontinuität erfahren.[38] Gleichwohl dokumentierten die vereinbarten Neuerungen in beiden Säulen die noch immer fehlende Übereinkunft der Mitgliedstaaten über langfristige Ziele und die Mittel zu ihrer Verwirklichung. Hinzu kam, dass erstmals Wege hin zu einer ungleichzeitigen Integration erkennbar wurden; die Rechtsakte der Gemeinschaft waren nicht für alle Mitgliedstaaten gleichermaßen verbindlich.

Als innovativer Ansatz wurden die Sicherung der EU-Handlungsfähigkeit sowie eine Verhinderung von Politikblockaden durch die Ermöglichung einer „Verstärkten Zusammenarbeit" bewertet.[39] Danach sollte einer Gruppe von Mitgliedstaaten die Möglichkeit eröffnet werden, künftig vertiefende Integrationsschritte vorzunehmen, ohne sich den anderen Mitgliedstaaten gegenüber zu verschließen. Trotz der damit eröffneten Möglichkeit zur Erprobung eines „Europas der unterschiedlichen Geschwindigkeiten" und der damit verbundenen Ausrichtung an einem *„tête de peloton"* (*Chirac*), einer „Avantgarde" (*Delors*) oder einem „Gravitationszentrum" (*Fischer*) blieb das Instrument erwartbar Theorie; Praxistests stehen bis heute aus.[40] Auch wurde eher selten erörtert, welche Konsequenzen sich mit einem solchen Vorgehen für den Integrationsprozess als Ganzen verbinden würden. Immerhin ist leicht vorstellbar, dass die Koordinationskosten für Union wie Mitgliedstaaten exponentiell ansteigen, sollte es zu weiteren Ausdifferenzierungen der Mitgliedschaft kommen. Bedenkt man darüber hinaus, welche Probleme sich bereits mit bestehenden Ausnahmeregelungen und der Zugehörigkeit zu unterschiedlichen „Gruppen" (die Euro-Gruppe als prominentestem Beispiel) verbinden, werden die Schwierigkeiten gleichsam exemplarisch deutlich.

Gelang es anlässlich der Konferenz von Amsterdam also nicht, substanziellere institutionelle Reformen einzuleiten,[41] die der Union auch in ihrer erweiterten Zusammensetzung

---

37 Vgl. *den Boer, M./Wallace, W.*: Justice and Home Affairs, in: *Wallace, H./Wallace, W.* (Hg.), a.a.O., 493–519, hier: 497, 512–516.

38 S. *Forster, A./Wallace, W.*, a.a.O., 482–485, sowie die Erklärung Nr. 6 zur Schaffung einer Strategie- und Frühwarneinheit des Vertrages von Amsterdam [...], ABl. C 340 vom 10.11.1997.

39 Art. K.15ff. des Vertrages von Amsterdam zur Änderung [...], ABl. C 340 vom 10.11.1997. Zur Bewertung vgl. *Philippart, E./Edwards, G.*: The Provisions on Closer Co-operation in the Treaty of Amsterdam, in: JCMS, 37/1 (1999), 87–108, hier vor allem 87f.

40 Vgl. *Hesse, J.J./Grotz, F.*, a.a.O., 188.

41 *Hesse, J.J./Schaad, M.*: Amsterdam and the European Union: „Leapfrogging, Side-Stepping or Paradise Lost?", in: Hesse, J.J./Toonen, Th.A.J. (Hg.): The European Yearbook on Comparative Government and Public Administration 3, Baden-Baden/Boulder, 1998, 55–78.

Handlungsfähigkeit erlaubten, fand sich gleichwohl eine Reihe kleinerer Verbesserungen. So kam es aufgrund einer Ausweitung des Mitentscheidungsverfahrens[42] sowie durch Verbesserung der Kontrollrechte gegenüber der Kommission zu einer erneuten Stärkung des Europäischen Parlaments.[43] Parallel dazu wurden – allerdings wesentlich moderater als zuvor – die qualifizierten Mehrheitsentscheidungen im Rat ausgeweitet, unter anderem in den Bereichen Gesundheitswesen (Qualitäts- und Sicherheitsstandards für Organe und Blutkonserven, Schutz der Bevölkerung in den Bereichen Veterinärwesen und Pflanzenschutz, ergänzende Fördermaßnahmen und Empfehlungen), Beschäftigung (Leitlinien, Anreize zur Intensivierung der Zusammenarbeit zwischen den Mitgliedstaaten), Betrugsbekämpfung, Zusammenarbeit im Zollwesen sowie im Bereich der Forschungspolitik.[44] Weitere, vor allem institutionelle Fragen blieben ungeklärt oder wurden auf einen späteren Zeitpunkt verschoben. Dies galt etwa für die Größe und Zusammensetzung der Kommission, die Stimmengewichtung im Rat und die konsequente, womöglich flächendeckende Anwendung der qualifizierten Mehrheitsentscheidung; diese Fragen blieben auch nach der Verabschiedung des Vertrages von Amsterdam „offen".[45]

Das Scheitern von Nizza

Um eben diese *left overs* von Amsterdam ging es dann im Rahmen einer weiteren, im Mai 1999 von den Staats- und Regierungschefs anlässlich des Europäischen Rates in Köln eingeleiteten Regierungskonferenz.[46] Zwar gelang es im Rahmen des *„Gipfels" von Nizza*, die Erweiterungsfähigkeit der EU festzustellen, doch wurden nahezu alle anderen Ergebnisse dieser vier Tage andauernden, in der Geschichte der Union bislang längsten Sitzung des Europäischen Rates kritisch bewertet. Die von vielen so bezeichnete „politische Bewährungsprobe" fiel negativ aus, über die die Verhandlungen beschließende „Nacht der langen Messer" zirkulierten zynische Kommentare.[47]

Mit Blick auf institutionelle Reformen konnten sich die Staats- und Regierungschefs zumindest dahingehend einigen, dass durch den Verzicht der großen Mitgliedstaaten auf den zweiten Kommissar die Kommission nach der für 2004 geplanten Osterweiterung nicht über mehr als 27 Mitglieder verfügen sollte.[48] Zudem wurde die Möglichkeit zu qualifizierten Mehrheitsabstimmungen im Rat auf insgesamt 31 Bereiche ausgeweitet. Allerdings dokumentierten das Festschreiben zahlreicher Ausnahmeregelungen und das gänzliche Aussparen weiterer Politikfelder einen erneut nur begrenzten Willen zur Fortentwicklung der Politischen Union. Darüber hinaus folgte der Ausdehnung von Mehrheitsentscheidungen im Rat keine konsequente Erweiterung des Mitentscheidungsverfahrens des Europäischen Parlaments, so

42 Auf „fünfzehn bereits im EG-Vertrag enthaltene Bestimmungen" sowie für acht neue Bereiche, *Maurer, A./Wessels, W.*, a.a.O., 81, dort auch zur Einschätzung des Ertrags.

43 *Judge, D./Earnshaw, D.*, a.a.O., 56–58.

44 Vgl. *European Parliament:* Initial Analysis of the Treaty of Amsterdam, 3.7.1997, Kapitel 15, http://www.europarl.eu.int/topics/treaty/analysis/section4_en.htm#chap15; *Hesse, J. J./Schaad, M.*, a.a.O.

45 Gesamthaft u.a. *Moravcsik, A./Nicolaïdis, K.*: Explaining the Treaty of Amsterdam, in: JCMS, 37/1 (1999), 59–85, hier: 60.

46 Vgl. *Brunn, G.*, a.a.O., 303–308; *Wessels, W.*: Nice Results, in: JCMS, 39/2 (2001), 197–219.

47 Unter vielen FAZ vom 12.12.2000, 2; SZ vom 15.12.2000, 4.

48 Vgl. Art. 213 EGV i.V.m. Art. 4 des Protokolls über die Erweiterung der Europäischen Union, ABl. C 325 vom 24.12.2002, 165f.

dass dessen Rolle nach mehrmaliger zwischenzeitlicher Aufwertung zumindest potenziell relativiert wurde. Dass die nationalen Regierungen mehr denn je eher an der Absicherung ihrer Verhinderungsmacht (durch den Ausbau von oder das Festhalten an Vetopositionen) als an der Gewinnung von Gestaltungskompetenz interessiert waren, machte nicht zuletzt die neue Stimmengewichtung im Rat deutlich, mit der der Verzicht der großen Mitgliedstaaten auf den zweiten Kommissar erkauft wurde. Die im Ergebnis vereinbarte dreifache Mehrheit[49] stellte eine an Absurdität grenzende und den „Völkern Europas" nicht mehr wirklich vermittelbare Vorgehensweise dar.

Die bereits angesprochene Diskrepanz zwischen einer konsequent fortschreitenden wirtschaftlichen Integration, die mit der Einführung des Euro nun auch für die europäische Bürgerschaft greifbar wurde, und einer nach wie vor defizitären Politischen Union erreichte mit dem Verlauf und den Ergebnissen des Europäischen Rates von Nizza ihren Höhepunkt. Als „Sinnbild des Scheiterns" galt zahlreichen Beobachtern denn auch die Ablehnung des Vertrages im irischen Referendum.[50]

Die Einsetzung des Verfassungskonvents

Paradoxerweise verband sich mit der als missglückt geltenden Konferenz von Nizza aber letztlich ein ungewöhnlicher Reformimpuls: die dem Vertrag angefügte *„Erklärung Nr. 23 zur Zukunft der Union"* (vgl. Anhang, II/1). Immerhin bildete die Erklärung die vertragliche Grundlage einer weiteren, für die hier zur Diskussion stehenden Fragen entscheidenden integrationspolitischen Initiative. Dabei ist bedeutsam, dass es nach zahlreichen eher „visionären" Äußerungen europäischer Politiker erstmals zu einer breit angelegten „Diskussion über die Zukunft der Europäischen Union"[51] kam. So wurden sowohl die schwedische als auch die nachfolgende belgische Ratspräsidentschaft aufgefordert, eine solche Diskussion gemeinsam mit der Kommission zu fördern und mit allen interessierten Vertretern aus Politik, Wirtschaft, dem Wissenschaftsbereich und der Zivilgesellschaft zu führen. Behandelt werden sollten vor allem:

> „die Frage, wie eine genauere, dem Subsidiaritätsprinzip entsprechende Abgrenzung der Zuständigkeiten zwischen der Europäischen Union und den Mitgliedstaaten hergestellt und danach aufrecht erhalten werden kann; der Status der in Nizza verkündeten Charta der Grundrechte der Europäischen Union gemäß den Schlussfolgerungen des Europäischen Rates von Köln; eine Vereinfachung der Verträge mit dem Ziel, diese klarer und verständlicher zu machen, ohne sie inhaltlich zu ändern; die Rolle der nationalen Parlamente in der Architektur Europas."[52]

Auch wenn sich damit keine abschließende Benennung jener Themenbereiche verband, auf die sich die nachfolgenden Aktivitäten konzentrieren sollten, vermittelte die Aufzählung doch, dass es den Staats- und Regierungschefs jetzt ernsthaft um eine Verbesserung der

---

49 Vgl. *Wessels, W.*, a.a.O., hier: 204–209. Bei einer (qualifizierten) Mehrheitsabstimmung müssen die Mehrheit der Mitgliedstaaten und eine qualifizierte Mehrheit gewichteter Stimmen zustimmen; außerdem müssen die zustimmenden Staaten mindestens 62 % der Bevölkerung der EU repräsentieren. Darüber hinaus können weitere sieben Bereiche durch einstimmigen Beschluss des Rates in die QME überführt werden.

50 FTD vom 5.8.2002, 12; a.A. die NZZ vom 11.6.2001, 5.

51 Erklärung zur Zukunft der Union, s. Anhang, II/1.

52 Ebd.

demokratischen Legitimation, der Transparenz und damit einhergehend auch der Akzeptanz der Union zu gehen schien. Die unabweisbaren funktionalen Defizite beließen keine andere Wahl. Im Vergleich zu früheren Entwicklungsschritten erstaunte vor allem die *Offenheit des Verfahrens,* auf die man sich zur Vorbereitung der nachfolgenden Regierungskonferenz einließ. So wurde als mittelfristiges Ziel zunächst nur vereinbart, einen Zwischenbericht für den Europäischen Rat von Göteborg im Juni 2001 abzuwarten und im Rahmen des Europäischen Rates von Laeken im Dezember 2001 „eine Erklärung anzunehmen, in der geeignete Initiativen für die Fortsetzung dieses Prozesses enthalten sein sollten“[53]. Und in der Tat: Im Zeitraum zwischen der Verabschiedung des Vertrages von Nizza im Dezember 2000 und dem Europäischen Rat von Laeken im Dezember 2001 kam es zu einer breiten politischen, wissenschaftlichen und in Grenzen durchaus auch gesellschaftlichen Diskussion darüber, wie die Europäische Union künftig aussehen solle, wobei prozessuale und materiell-inhaltliche Fragen im Vordergrund standen.

Im Vorfeld des Europäischen Rates wurde schnell Einigkeit darüber erzielt, dass sich die Methode der Regierungskonferenzen zur Fortentwicklung der konstitutionellen Grundlagen der EU nicht bewährt habe. Zwar kam man überein, das Verfahren aus rechtlichen[54] wie politischen[55] Gründen nicht gänzlich abzuschaffen, doch dokumentierten die Agenden, der Verlauf und die Ergebnisse der (drei) Regierungskonferenzen der 1990er Jahre lediglich punktuelle Erfolge; eine Ergänzung der dominanten ökonomischen Integrationslogik durch zumindest auch an funktionalen und demokratietheoretischen Kriterien ausgerichtete Reformen gelang nicht. Entsprechend ergab sich ein frühzeitiger Grundkonsens, das Modell der Regierungskonferenzen zu ergänzen und zu erweitern, ohne dass sich damit bereits konkrete Vorstellungen über institutionelle Reformen oder einzelne Verfahren zur Verbesserung der demokratischen Legitimation und einer Erhöhung der Transparenz verbunden hätten.[56]

Die schwedische Ratspräsidentschaft legte dann anlässlich des bereits angesprochenen Europäischen Rates von Göteborg einen „Bericht über die Debatte über die Zukunft der Europäischen Union“[57] vor, der die bis dahin erkennbaren Initiativen und Vorschläge sowohl in den Mitgliedstaaten als auch auf europäischer Ebene dokumentierte. Dies wurde zum Anlass genommen, die Akteure (unter Einschluss der Bewerberländer Mittel- und Osteuropas) zu bitten, „die wichtigsten Punkte der auf nationaler Ebene geführten Debatte zusammenzufassen und den folgenden Vorsitzen darüber zu berichten“[58]. Ob und wie die Regierungskonferenz 2004 zu strukturieren und vorzubereiten sei, unter Einschluss der „Schaffung eines offenen Forums“[59], überließ man dem Europäischen Rat von Laeken.

Das dort am 14. und 15. Dezember 2001 unter belgischer Ratspräsidentschaft zusammentretende Gremium bemühte sich um eine umfassende Bestandsaufnahme und gleichzeitig um eine Vereinbarung über das weitere Vorgehen zur Reform der Union. Die den Schlussfolge-

53 Ebd.

54 Art. 48 EUV, vgl. auch Erklärung zur Zukunft der Union, 7. Punkt, a. a. O.

55 Dies verbindet sich mit dem Interesse der Mitgliedstaaten an einer Bewahrung ihrer Vetoposition bei Vertragsreformen; in Ermangelung eines europäischen *demos* ist dies letztlich auch aus demokratietheoretischen Gründen zu erwägen (vgl. dazu *Robbers, G.*: Eine neue Verfassung für die Europäische Union, in: ZSE, 1/3 (2003), 383–399).

56 Vgl. auch hierzu die Erklärung zur Zukunft der Union, a. a. O.

57 Bericht des Vorsitzes für den Europäischen Rat: Bericht über die Debatte über die Zukunft der Europäischen Union vom 8.6.2001, Dokument Nr. 9520/01.

58 *Europäischer Rat (Göteborg):* Schlussfolgerungen des Vorsitzes vom 15. und 16.6.2001, Nr. 15.

59 Ebd.

rungen des Vorsitzes beigefügte *Erklärung von Laeken* (vgl. Anhang, II/2) sah Europa in mehrfacher Hinsicht am Scheideweg. So fand die „Asymmetrie“ von Friedenssicherung, wirtschaftlicher Stabilität und Prosperität einerseits sowie mangelnder demokratischer Legitimation und politisch-institutioneller Schwäche andererseits (die durch die bevorstehende größte Erweiterungsrunde in der Geschichte der EU noch verstärkt wurde) in der Erklärung ausdrücklich Niederschlag. Erstmals wurde darin auf „angestaute Probleme“ im Bereich der EU-Binnenstruktur verwiesen und eine fehlende Definition ihrer Rolle „in der Welt, vor allem nach dem Ende des Kalten Krieges“ konstatiert. Anerkannt wurde zudem, dass die Union den Anforderungen an ein modernes Regierungssystem nur unzureichend gerecht würde. Daher käme es zu einer zwiespältigen Wahrnehmung der EU durch die Bürgerschaft: Ängste und Zweifel mit Blick auf die „Brüsseler Bürokratie“ und deren Eingreifen in vielfältigste Lebensbereiche fänden sich neben den Forderungen nach einer den Namen verdienenden Gemeinsamen Außen- und Sicherheitspolitik sowie einer Antwort auf den Terrorismus. Schwerfälligkeit und Starrheit, Ineffizienz und Intransparenz sowie der Mangel an demokratischer Legitimation und Kontrolle ließen die EU als kritikwürdiges „Elitenprojekt“ erscheinen.

Der *Stand des europäischen Integrationsprozesses* stellte sich angesichts dieser Ausgangssituation in normativer wie funktionaler Sicht als *außerordentlich heterogen* dar. Zwar bestand Einigkeit darüber, dass die Methode der Regierungskonferenz für umfassende Vertragsrevisionen nicht länger tragfähig sei, doch reichte diese Erkenntnis offenbar nicht, die Regierungsvertreter zu einer Einsetzung des „Konvents zur Zukunft Europas“, dem sog. Verfassungskonvent, zu veranlassen. Erst die sich zuspitzende internationale Entwicklung, vor allem die Diskussion nach den Terroranschlägen vom 11. September 2001, führte zu einem Umdenken, wobei eine Reihe von *Lernprozessen bei entscheidenden Akteuren* erkennbar wurde. Dies galt vor allem für die deutsch-französische Zusammenarbeit und die von ihr ausgehende (oder auch nur erhoffte) „Anschubwirkung“ in Richtung einer weiteren Integration. Ergänzt um Bemühungen, über eine interparlamentarische Zusammenarbeit die demokratische „Fundierung des Integrationsprozesses“ zu stärken, ergab sich schließlich ein beträchtlicher Handlungsdruck.

Vor allem mit der Schaffung einer Gemeinsamen Außen- und Sicherheitspolitik verbanden sich Hoffnungen und Erwartungen auf ein künftig kohärenteres und wirksameres Agieren. Zwar wurde der Beitrag der Union zur Förderung von Sicherheit, Frieden und Demokratie seit geraumer Zeit betont, doch standen dem der Einstimmigkeitszwang, die Abstimmungsprobleme, eine defizitäre Ressourcenausstattung sowie mangelnder politischer Wille gegenüber. Die Unfähigkeit der Gemeinschaft, angemessen zur Bewältigung auch nur regionaler Krisen beizutragen, dokumentierte sich seit Mitte der 1990er Jahre vor allem auf dem Balkan und wurde durch die Reaktion auf die Anschläge in New York und Washington noch einmal unterstrichen. Dies verstärkte die Wahrnehmung, dass die europäischen Demokratien vor allem auch deshalb verwundbar seien, weil sie sich trotz existenzieller Außenbedrohungen nicht auf ein transnationales innereuropäisches Vorgehen verständigen könnten. Glaubwürdigkeitsverluste nach innen wie nach außen waren (und sind) die Folge.

Hinzu trat die Erkenntnis, dass auch die absehbare *Osterweiterung* der Union sich nicht so problemlos gestalten ließ, wie ursprünglich erhofft, etwa anlässlich des Beschlusses des Europäischen Rates von Kopenhagen, als im Juni 1993 zwölf mittel- und osteuropäischen Ländern eine Beitrittsperspektive eröffnet wurde. Standen zu Beginn der Gespräche, und hier vor allem im Rahmen der Verhandlungen zu den ersten Assoziierungsabkommen, vornehmlich Fragen der Einigung Europas im Vordergrund, ergab sich schrittweise ein realitätsnäheres Verständnis für die sich damit verbindenden Chancen wie Probleme. Zwar zeugte das

Anwachsen der Gemeinschaft von ursprünglich sechs auf nun 15 Mitgliedstaaten von der Attraktivität und den Erfolgen einer schrittweisen europäischen Integration (wobei insbesondere der Binnenmarkt von allen Beteiligten als verfolgenswertes Projekt gewertet wurde), doch kam mit dem Beitrittswunsch der mittel- und osteuropäischen Bewerberländer jetzt eine ungleich größere Aufgabe auf die Union zu. So galt es nicht nur, deren umfassende Transformation zu fördern, also Marktprozesse sicherzustellen, einen demokratischen Rechtsstaat zu etablieren und eine den Namen verdienende Zivilgesellschaft aufzubauen.[60] Vielmehr trat die schrittweise Vorbereitung der Beitrittskandidaten auf die sich mit einer EU-Mitgliedschaft verbindenden institutionellen Voraussetzungen und die Übernahme des gemeinsamen Besitzstandes, des *acquis communautaire*, hinzu. Diese bereits in sich hochkomplexen Aufgaben wurden noch dadurch erschwert, dass die Gemeinschaft sich in ihrem eigenen Bestand als weitgehend reformresistent erwiesen hatte. So glich der institutionelle Kontext noch immer dem der Gründerjahrzehnte, konnte von einer den Namen verdienenden Gewaltenteilung nicht wirklich die Rede sein und waren die Verwerfungen in einzelnen Aufgabenbereichen (vor allem im Rahmen der ausgabenintensiven Agrar-, Regional- und Strukturpolitiken) Legion. Zum außeninduzierten Reformbedarf trat mithin die Notwendigkeit, jene „Hausarbeiten der Politik" zu machen, deren Erledigung man bisher versäumte.

Angesichts dieser Ausgangssituation erhoffte man sich von einem mehrheitlich parlamentarisch besetzten Konvent (wie er sich bei der Erarbeitung der Grundrechtecharta bewährt hatte) eine aus mehreren Gründen positive Wirkung. Vor allem sahen EU-Vertreter, Nationalregierungen und Angehörige der nationalstaatlichen Parlamente wie des Europäischen Parlaments (EP) in dem Konventsverfahren einen verfolgenswerten Weg, um trotz überkomplexer und langwieriger Abstimmungsprozesse die Entscheidungsfähigkeit der Union sicherzustellen. Schon vor dem Europäischen Rat von Nizza verabschiedete das Parlament deshalb eine Entschließung zur *Konstitutionalisierung der Verträge,* in der es unter Punkt 14 hieß: „Das Europäische Parlament [...] schlägt in Anbetracht der kollegialen, transparenten und fruchtbaren Arbeiten vor, dass auf das Vorbild des Konvents, innerhalb dessen ein Entwurf einer Charta der Grundrechte ausgearbeitet worden ist, zurückgegriffen wird, um die zukünftige Verfassung der Union zu erarbeiten."[61]

Direkt im Anschluss an den „Gipfel" von Nizza und im Rahmen der sog. Millenniumsdiskussion des Ausschusses für die Angelegenheiten der Europäischen Union des Deutschen Bundestages (Europaausschuss) wurden die Vorteile des Konventsmodells zur Erarbeitung umfassender Reformen der EU hervorgehoben. Die Ergebnisse einer im März 2001 stattfindenden öffentlichen Anhörung des Ausschusses zur „Verfassungsdiskussion der Europäischen Union" (die die Abgeordneten mit Verfassungsexperten zusammenbrachte) fanden sich in dessen einstimmigem Beschluss zur anstehenden XXIV. COSAC am 21. und 22. Mai in Stockholm wieder.[62] Darin wurde zum einen die Forderung nach einem verstärkten Einbezug der nationalstaatlichen Parlamente sowie des EP in die Verfassungsdiskussion erhoben, zum anderen die Vorbereitung der Regierungskonferenz 2004 durch ein an das Konventsmodell angelehntes Verfahren empfohlen. Dieser Beschluss des Europaausschusses fand breite Unterstützung durch die mitgliedstaatlichen Parlamente und das EP; er wurde,

---

60 *Hesse, J. J.* (Hg.): Administrative Transformation in Central and Eastern Europe, Oxford, 1993.

61 *Europäisches Parlament:* Bericht über die Konstitutionalisierung der Verträge (2000/2160(INI)), A5-0289/2000 vom 12.10.2000, Nr. 13 (Berichterstatter: *O. Duhamel*).

62 Abdruck in *Deutscher Bundestag* (Hg.): Der Weg zum EU-Verfassungskonvent, Berlin, 2002 (Zur Sache 5/2002), 243.

ein in der Geschichte der parlamentarischen Zusammenarbeit ungewöhnlich breiter Schulterschluss, fast unverändert angenommen.[63] Im Rahmen der Ende Mai 2001 verabschiedeten Entschließung zum Vertrag von Nizza und zur Zukunftsdebatte der EU bekräftigte und konkretisierte das EP dann seine Forderung nach Einsetzung eines Konvents zur Vorbereitung der nächsten Vertragsrevision. Unter Nutzung seiner verfassungsrechtlichen Kompetenz folgte der Europaausschuss des Deutschen Bundestages nach, wobei neben der Einsetzung des Konvents erstmals davon gesprochen wurde, dass das Ziel die Erarbeitung eines „kohärenten Gesamtentwurfs“[64] sein solle.

Zu den benannten *parlamentarischen Initiativen* trat die positive Haltung der deutschen und der französischen Regierungen, die sich über das Konventsverfahren eine Reaktivierung der Europapolitik erhofften – auch wenn ihre Definition der Aufgaben des Konvents von den Hoffnungen und Erwartungen der Parlamentarier abwich. Dabei erwies es sich als hilfreich, dass die *deutsch-französische Zusammenarbeit,* die in Nizza durch den Streit über die Stimmengewichtung im Rat beeinträchtigt wurde, schnell *reaktiviert* werden konnte, nicht zuletzt über ein von Staatspräsident *Chirac* vorgeschlagenes Treffen zu einem ungezwungenen Meinungsaustausch (zusätzlich zu den im Rahmen des deutsch-französischen Freundschaftsvertrages von 1963 ohnehin zweimal jährlich stattfindenden Regierungskonsultationen) über die Zukunft der Europäischen Union. Trotz der zwischenzeitlich erkennbaren Turbulenzen schien bei beiden Partnern der Wunsch nach einer engeren Abstimmung in internationalen und europäischen Fragen – auch auf informellem Weg – gegeben. Das erste dieser in der Folgezeit kontinuierlich abgehaltenen Treffen fand am 31. Januar 2001 in Blaesheim statt. Hier wurde vereinbart, bis zum Europäischen Rat in Göteborg ein deutsch-französisches Konzept zu erarbeiten, das erste Vorstellungen mit Blick auf die Regierungskonferenz 2004 beinhalten sollte. Zu einer formellen Abstimmung kam es dann anlässlich der 77. deutsch-französischen Konsultationen im Vorfeld des Europäischen Rates von Göteborg. Als zentrale Herausforderungen an die europäische Politik wurden nun die Reform der Institutionen, die Schaffung einer gemeinsamen Sicherheits- und Verteidigungspolitik sowie die Umsetzung der Grundrechtecharta benannt. Die zunächst noch eher allgemein gehaltenen und abwartend formulierten Ziele präzisierte man nachfolgend in der „Gemeinsamen Erklärung über die großen europäischen Prioritäten“ in Nantes. Jetzt sprachen sich beide Seiten auch ausdrücklich für die Schaffung einer Europäischen Verfassung aus. Der Konvent, über dessen Einberufung zu diesem Zeitpunkt bereits Konsens bestand, sollte aber lediglich Reformoptionen zur Vorbereitung der Regierungskonferenz erarbeiten.

Arbeitsauftrag und personelle Zusammensetzung

Mit der Annahme der benannten „Erklärung zur Zukunft der Europäischen Union“ durch die Staats- und Regierungschefs in Laeken verband sich dann formal die *Einsetzung des Konvents.* Der Arbeitsauftrag dokumentierte dabei implizit die unterschiedlichen europapolitischen Leitbilder und Vorstellungen der Mitgliedstaaten, zumal das erkennbare Nebeneinander von Zielen und Rahmenvorgaben bereits einen ersten Kompromiss und den Versuch zu einer Balance heterogener Interessen darstellte.

63 Vgl. *Deutscher Bundestag* (Hg.): Eine Verfassung für Europa – Der Europäische Konvent und der Deutsche Bundestag, Berlin, 2004 (Zur Sache 1/2003), 20. Die zitierte Veröffentlichung enthält auch die jeweiligen Originaldokumente.

64 Ebd., 21.

Blickt man auf die einzelnen Formulierungen, fiel „diesem Konvent die Aufgabe zu, die wesentlichen Fragen zu prüfen, welche die künftige Entwicklung der Union aufwirft und sich um verschiedene Antworten zu bemühen“[65]. Diese „wesentlichen Fragen“ wurden auf der Grundlage der Erklärung von Nizza in *vier* (sich überschneidende) *Themenbereiche* und insgesamt 50 Arbeitsfelder unterteilt.[66] Die Intransparenz der Zuständigkeitsverteilung zwischen Union und Mitgliedstaaten sprach man dabei im ersten Themenblock (*„Eine bessere Aufteilung und Festlegung der Zuständigkeiten in der Europäischen Union“*) an und fasste sie zu drei „Bündeln“ von Fragen zusammen:

- Neuordnung der Zuständigkeiten, d. h. die Frage, ob weitere Kompetenzen von den nationalstaatlichen auf die europäische Ebene übertragen oder aber von der europäischen Ebene auf die nationalstaatliche zurückverlagert werden können und sollen;
- transparente Gestaltung der Kompetenzen, d. h. die Frage nach der Kategorisierung und funktionalen Abgrenzung zwischen der Union und ihren Mitgliedstaaten;
- Kontrolle der Einhaltung der vereinbarten Kompetenzordnung, d.h. Ausschluss einer schleichenden Kompetenzausweitung.

Der nachfolgende Themenblock *„Vereinfachung der Instrumente der Union“* nahm die Kritik an der Detailliertheit und Undurchsichtigkeit europäischer Rechtsvorschriften auf. Geklärt werden sollte hier, wie die Rechtsakte und die Instrumente der Gesetzgebung vereinfacht und ihre Anzahl verringert werden könnte.

Der Themenblock *„Mehr Demokratie, Transparenz und Effizienz in der Europäischen Union“* wiederum stand unter der Frage, wie dem europäischen Projekt mehr Legitimität durch eine demokratischere und transparentere Ordnung der Organe verliehen werden könnte. Neben der horizontalen Ausgestaltung eines Systems von *checks and balances* wurde angestrebt, auch die vertikale Dimension eines zu errichtenden demokratischen Systems in Europa einzubeziehen und dabei die Rolle der nationalstaatlichen Parlamente zu thematisieren. Unter Transparenz- und Effizienzgesichtspunkten sei vor allem die Arbeitsweise der Organe der Union zu untersuchen.

Schließlich sollte der Konvent den *„Weg zu einer Verfassung für die europäischen Bürger“* diskutieren und entsprechende Vorschläge unterbreiten. Unter dem Aspekt einer notwendigen Vereinfachung der bestehenden (vier) Verträge wäre zu erörtern, welcher Status der Grundrechtecharta zu verleihen sei, ob die Unterscheidung von Union und Gemeinschaften aufrechterhalten werden sollte, ob die Verträge neu zu ordnen seien und ob schließlich die Neuordnung mit der Annahme einer Verfassung der Union verbunden werden sollte.

Dieser Arbeitsauftrag machte zum einen deutlich, welcher *Reformbedarf* sich im Rahmen der Europäischen Union auch aus Sicht der direkt Beteiligten *angestaut* hatte. Zum anderen dokumentierte er trotz der Breite des Themenspektrums, dass zentrale, offensichtlich reformbedürftige Politikfelder keine Aufnahme in den Arbeitsauftrag des Konvents fanden, obwohl in allen zu diesem Zeitpunkt vorgelegten Untersuchungen von einer engen Verbindung zwischen der Klärung der Zuständigkeiten (Kompetenzordnung), dem institutionellen Kontext und den materiellen Politikbereichen ausgegangen wurde.[67] Darüber hinaus war dem Arbeitsauftrag nicht eindeutig zu entnehmen, wie konkret – bezogen auf institutionelle, prozessuale und materiell-inhaltliche Veränderungen – sich die Regierenden die Ergebnisse

---

65 Erklärung von Laeken, s. Anhang, II/2.

66 Vgl. *Hübner, J.*: Neue Formen europapolitischer Willensbildung, Ms., 2004, 13f.

67 Vgl. dazu (und m.w.N.) *Hesse, J. J./Grotz, F.*, a.a.O.

wünschten. Zum einen war die Rede von „gezielten Fragen“, zum anderen wurde der Konvent beauftragt, die „wesentlichen Fragen“ einer künftigen Gestaltung der Union zu bearbeiten und – wenn möglich – zu beantworten. Die sich darin dokumentierende Unschlüssigkeit beließ den Vertretern des Konvents einen beträchtlichen Interpretationsspielraum.

Schließlich wurde der Konvent aufgefordert, seine Empfehlungen in einem *Abschlussdokument* zu bündeln, das „zusammen mit den Ergebnissen der Debatten in den einzelnen Staaten über die Zukunft der Union [...] als Ausgangspunkt für die Arbeit der Regierungskonferenz“ dienen sollte.[68] Angesichts der Breite der vorab geführten Diskussionen wurde bewusst auf die Festlegung der Form dieses Abschlussdokumentes verzichtet. Dem Konvent stand es mithin offen, entweder verschiedene Optionen unter der Angabe, wessen Unterstützung diese jeweils gefunden hätten, vorzulegen oder aber auf der Grundlage eines allgemeinen Konsenses der Regierungskonferenz ein einheitliches, also zusammenfassendes Dokument zu unterbreiten. Die Vor- und Nachteile eines solchen Vorgehens wurden allerdings kaum diskutiert; lediglich einige parlamentarische Vertreter verständigten sich frühzeitig darauf, einen „einzigen“ Entwurf zu erstellen,[69] um die Regierungskonferenz, wenn möglich, „zu binden“. Da die Vorlage einer auf dem Konsens der Akteure basierenden Empfehlung den Vorteil aufweisen würde, den Handlungsspielraum der nachfolgenden Entscheidungsträger, hier also der Regierungsvertreter, einzuengen, mithin das Ergebnis der Regierungskonferenz in hohem Maße „vorzuformulieren“, mussten der Konvent und seine Mitglieder diesen Weg gehen, wollte man sich der Regierungskonferenz gegenüber als das gleichsam „überlegene Modell“ präsentieren.

Der *zeitliche Rahmen* für die Konventsarbeiten wurde wie der *materielle Auftrag* und die Vorgabe für das Abschlussdokument vergleichsweise *offen formuliert.* Die konstituierende Sitzung war danach zunächst für den 1. März 2002 vorgesehen, fand jedoch bereits am 28. Februar statt. Für den rechtzeitigen Abschluss der Beratungen räumte man dem Gremium einen Zeitraum von einem Jahr ein, so „dass der Vorsitzende die Ergebnisse dem Europäischen Rat vorlegen kann.“[70] Diese Angabe war insofern uneindeutig, als der Europäische Rat turnusgemäß im Juni 2003 zusammentreffen sollte, die Jahresfrist jedoch bereits Ende Februar abgelaufen wäre. Der Vizepräsident des Konvents, *Jean-Luc Dehaene,* kommentierte dies in der Brüsseler Zeitung *Le Soir,* „es wäre idiotisch, ihn [den Konvent] nicht um einen oder zwei Monate zu verlängern, wenn man zu einem Ergebnis gelangen kann.“[71] Angesichts des breiten Aufgabenspektrums und der Heterogenität der personellen wie institutionellen Zusammensetzung des Konvents erwies sich diese Flexibilisierung und „Entzerrung“ der Arbeiten um drei Monate schließlich als durchaus funktional, aufgrund der komplexen Materie aber gleichwohl als noch zu eng.

Die *Sitzungsroutinen des Konvents* wurden dahingehend geregelt, dass das Gremium ausschließlich in Brüssel tagte und ihm hierfür die Räumlichkeiten des Europäischen Parlaments zur Verfügung gestellt wurden. Darüber hinaus legte der Arbeitsauftrag fest, dass sowohl die Protokolle der Sitzungen des Plenums als auch sämtliche offiziellen Dokumente der Öffentlichkeit zur Verfügung gestellt werden sollten. Im Vergleich zu vorangehenden Regierungskonferenzen stellte dies einen beträchtlichen Fortschritt dar, zumal die einzelnen Beiträge, Dokumente und Wortprotokolle nahezu vollständig und ohne große Verzögerung über das

68 Erklärung von Laeken, a.a.O.

69 Vgl. *Deutscher Bundestag* (Hg.): Eine Verfassung, a.a.O., 21.

70 Erklärung von Laeken, a.a.O.

71 *Le Soir* vom 27.2.2002, 6; Übersetzung aus FAZ vom 1.3.2002, 7.

Internet abrufbar waren. Allerdings blieb die Erklärung von Laeken auch in dieser Hinsicht unpräzise, da sie keine Angaben über die Beratungsmodalitäten der Arbeitsgruppen und die Veröffentlichung darauf bezogener Dokumente enthielt. Die Verfahren innerhalb des Präsidiums blieben gleichfalls unspezifiziert; das Gremium einigte sich lediglich auf eine gesonderte Geschäftsordnung. Entgegen der sonst breiten Öffentlichkeit der Konventsarbeit tagte diese zentrale Leitungs- und Steuerungsinstanz nicht öffentlich und verständigte sich nur darauf, seine Sitzungsdokumente erst nach Beendigung der Konventsarbeiten einer interessierten Öffentlichkeit zur Verfügung zu stellen.[72]

Anlässlich des Europäischen Rates von Laeken einigten sich die Staats- und Regierungschefs auf den benannten Arbeitsauftrag und die formale *Zusammensetzung des Konvents*.[73] Danach sollte sich dieser aus insgesamt 105 Mitgliedern zusammensetzen, 66 davon bildeten den mit voller Entscheidungskompetenz ausgestatteten „Kern". Hierzu zählten neben dem Präsidenten, *Valéry Giscard d'Estaing*, und den beiden Vizepräsidenten, *Jean-Luc Dehaene* und *Giuliano Amato*, 30 Abgeordnete der nationalen Parlamente – je zwei pro Mitgliedstaat – und 15 Vertreter der nationalen Regierungen. Die Europäischen Organe waren durch 16 Abgeordnete des Parlaments sowie zwei Mitglieder der Kommission vertreten.

Zwölf Mitglieder der benannten Kerngruppe bildeten das *Präsidium des Konvents*. In diesem waren neben dem Präsidenten und den beiden Vizepräsidenten je zwei Vertreter der Gruppe der nationalen Parlamentarier, der Abgeordneten des Europäischen Parlaments, der Nationalregierungen und der Kommission vertreten. Hinzu trat je ein Repräsentant jener Nationalregierungen, die während der Laufzeit der Konventsarbeiten die EU-Ratspräsidentschaft innehatten (Spanien, Dänemark und Griechenland).

Auch die 13 *Beitrittsländer*[74] (unter Einschluss der Türkei) waren an den Beratungen des Konvents beteiligt. Sie entsandten in der für die Mitgliedstaaten benannten Aufschlüsselung 26 Parlaments- und 13 Regierungsvertreter, denen in der Erklärung von Laeken zwar volle Beteiligungs-, jedoch keine Mitentscheidungsrechte zugesprochen wurden. Zum stimmberechtigten Kern traten somit 39 *weitere Mitglieder*. Zudem wurde für jedes Konventsmitglied, mit Ausnahme des Präsidenten und der Vizepräsidenten, ein Stellvertreter nominiert. Zwar durfte dieser nur in Abwesenheit des Delegierten aktiv an den Sitzungen teilnehmen, doch gaben einige Delegierte – vor allem aus dem Bereich der nationalen Parlamente – ihren Stellvertretern die Möglichkeit, sich zu äußern, etwa in dem sie den Sitzungssaal kurzzeitig verließen.

Schließlich traten zu den ordentlichen Konventsmitgliedern und den Vertretern der Beitrittsländer 13 Beobachter: sechs Vertreter des Ausschusses der Regionen (AdR), drei Vertreter des Wirtschafts- und Sozialausschusses (WSA), drei Vertreter der europäischen Sozialpartner

---

72 Tagesordnungen und Zusammenfassungen der Präsidiumssitzungen sind unter http://european-convention.eu.int/docpraes.asp?lang=DE abrufbar.

73 Vgl. das Themenheft 1/3 (2003) der ZSE sowie *Crum, B.*: Politics and Power in the European Convention, in: Politics, 24/1 (2004), 1–11; *Göler, D./Marhold, H.*: Die Konventsmethode, in: Integration, 26/4 (2003), 317–330; *Marhold, H.*: Der Konvent zwischen Konsens und Kontroversen, in: Integration, 25/4 (2002), 251–268; *Maurer, A.*: Die Methode des Konvents, in: Integration, 26/2 (2003), 130–140; *Oppermann, Th.*: Konventsmethode und „gemischte" Entstehung der Unionsverfassung, in: Beckmann, K./Dieringer, J./Hufeld, U. (Hg.): Eine Verfassung für Europa, 2. akt. u. erw. Aufl., Tübingen, 2005, 59–82.

74 Offiziell handelte es sich um „beitrittswillige Länder". Dieser Begriff bezeichnete die in den Jahren 2004 und 2007 beigetretenen zwölf Staaten sowie die Türkei. Im Folgenden wird für diese Gruppe der Begriff „Beitrittsländer" verwendet.

sowie der Europäische Bürgerbeauftragte. Diese konnten zwar an den Plenarsitzungen teilnehmen und Stellungnahmen abgeben, verfügten aber über keine weiteren Beteiligungsrechte. Nur dem Präsidenten des Europäischen Rechnungshofs und dem Präsidenten des Europäischen Gerichtshofs wurde auf Einladung des Präsidiums die Möglichkeit eingeräumt, sich vor dem Konvent zu äußern. Vertreter der Europäischen Zentralbank (EZB) wurden lediglich zu einer Expertenanhörung geladen.

Tabelle I-1: Zusammensetzung des EU-Verfassungskonvents

	Exekutivorgane [a]	**Legislativorgane** [a]	**Gesamt**
Vorsitz	–	–	3 (0)
EU-Organe	2 (0) [b]	16 (0)	18 (0)
Mitgliedstaaten	15 (7)	30 (2)	45 (9)
Stimmberechtigte Mitglieder	**17 (7)**	**46 (2)**	**66 (9)**
Beitrittsländer	13 (7)	26 (8)	39 (15)
Mitglieder (insgesamt)	**30 (14)**	**72 (10)**	**105 (24)**
Beobachter	–	–	13 (2) [c]

Quelle: Eigene Zusammenstellung nach CONV 850/03 vom 18.7.2003.

Anmerkungen:
[a] Unter „Exekutivorgane“ sind hier die Vertreter der EU-Kommission und der nationalen Regierungen, unter „Legislativorgane“ die des Europäischen Parlaments und der nationalen Parlamente subsumiert. Ein Verzeichnis aller Mitglieder findet sich in Anl. I des Dokuments CONV 851/03 vom 18.7.2003.
[b] Die Zahlenangaben in Klammern verweisen auf die personelle Fluktuation innerhalb der jeweiligen Kontingente. Der türkische Regierungsvertreter wurde zweimal ausgetauscht.
[c] Hierzu zählen je drei Vertreter des Wirtschafts- und Sozialausschusses und der europäischen Sozialpartner, sechs Delegierte des Ausschusses der Regionen sowie der Europäische Bürgerbeauftragte.

In der Zusammensetzung des Konvents dominierte damit einerseits das *Staatenprinzip* (45 nationalen Repräsentanten standen lediglich 18 EU-Vertreter gegenüber), andererseits sollte durch das *Übergewicht an Parlamentsvertretern* (46 stimmberechtigte Abgeordnete im Vergleich zu 17 Regierungs- bzw. Kommissionsvertretern) eine Exekutivlastigkeit von Willensbildungs- und Entscheidungsprozessen vermieden werden. Im Ergebnis stellten die Träger direkter demokratischer Legitimation, also die Vertreter der nationalen Parlamente und des Europäischen Parlaments, mehr als zwei Drittel der Delegierten.

Über die formale Zusammensetzung des Konvents einigten sich die Außenminister der EU-Mitgliedstaaten anlässlich einer informellen Sitzung am 4. September 2001 in Genval und, dem folgend, im Rahmen der Tagung des Allgemeinen Rats am 8. und 9. Oktober 2001 in Brüssel.[75] Erleichtert und gleichzeitig forciert wurde die schnelle Übereinkunft durch die *Arbeiten des Grundrechtekonvents,* die nicht nur hinsichtlich ihrer am 2. Oktober 2000 verab-

75 *Rat der Europäischen Union:* Entwurf eines Protokolls. 2372. Tagung des Rates (Allgemeine Angelegenheiten) vom 8.10.2001, 12551/01 vom 31.1.2002, 4f.

schiedeten Ergebnisse (zusammengefasst in der Grundrechtecharta[76]), sondern auch aufgrund der parlamentarisch geprägten Zusammensetzung des Gremiums nahezu durchgängig positiv bewertet wurden.[77] Der Allgemeine Rat übernahm daher zunächst die Zusammensetzung dieses Konvents; so sollten je zwei Vertreter der nationalen Parlamente, ein nationaler Regierungsrepräsentant, 16 Mitglieder des Europäischen Parlaments sowie ein Kommissionsvertreter in den Konvent entsandt werden. Anders als im Fall des Grundrechtekonvents sah man allerdings vor, den Präsidenten durch den Europäischen Rat in Laeken zu ernennen und ihn durch ein Präsidium, zusammengesetzt aus mindestens je einem Vertreter der im Konvent vertretenen Gruppierungen, zu unterstützen. Als Beobachter war zunächst nur eine unspezifizierte Zahl von Vertretern des Wirtschafts- und Sozialausschusses sowie des Ausschusses der Regionen vorgesehen.

Da Arbeit und Ergebnisse des Grundrechtekonvents nach Einschätzung nahezu aller Beobachter durch den Führungs- und Vermittlungsstil des Präsidenten, *Roman Herzog*, geprägt waren, verständigten sich die Akteure im Vorfeld der von den Staats- und Regierungschefs zu fällenden Entscheidung bereits darüber, dass der Verfassungskonvent von einem erfahrenen und von allen Seiten angesehenen Politiker geleitet werden sollte. In der sich anschließenden Diskussion war zunächst *Jacques Delors* für das Amt des Präsidenten im Gespräch. Aufgrund seiner früheren Tätigkeit als Kommissionspräsident (und einer entsprechend unterschiedlichen Wahrnehmung durch einzelne Beteiligte) erwies er sich jedoch als nicht durchsetzbar. Auch der daraufhin vom französischen Staatspräsidenten, *Jacques Chirac*, präsentierte Kandidat, *Valéry Giscard d'Estaing*, stieß zunächst nicht bei allen Mitgliedstaaten auf Unterstützung.[78] Daneben wurden *Giuliano Amato*, *Jean-Luc Dehaene* sowie der niederländische Premierminister *Wim Kok* für die Präsidentschaft des Konvents diskutiert.

Die angesprochene Einigung auf *Valéry Giscard d'Estaing* anlässlich des Gipfels von Laeken basierte schließlich auf einer Initiative des belgischen Ratspräsidenten *Verhofstadt* und, nicht zuletzt, auf der nachdrücklichen deutschen Unterstützung für *Giscard*.[79] *Verhofstadt* hatte zur Vorbereitung des Gipfels und der Erklärung von Laeken ein Beratungsgremium gebildet, das den Rahmen für die nachfolgenden Verhandlungen abstecken sollte. Der letztlich akzeptierte und die Beratungen des Konvents prägende Kompromiss stellte dem Konventspräsidenten als Gegengewicht und Ausdruck einer gewissen „Balance im Vorsitz" zwei Mitglieder der *Laeken Declaration Advisory Group*, eben *Jean-Luc Dehaene* und *Giuliano Amato*, als Vizepräsidenten zur Seite.[80]

Die Tatsache, dass beide Vizepräsidenten als ehemalige Regierungschefs nationalstaatlichen Exekutiven angehört hatten, löste Kontroversen darüber aus, ob sie gleichzeitig als Vertreter der amtierenden Regierungen Italiens und Belgiens angesehen werden sollten. Während Premierminister *Verhofstadt* und der italienischen Ministerpräsident *Berlusconi*

---

76 Vgl. *Meyer, J.* (Hg.): Kommentar zur Charta der Grundrechte der Europäischen Union, Baden-Baden, 2003.

77 Vgl. unter vielen *Leinen, J./Schönlau, J.*: Die Erarbeitung der EU-Grundrechtecharta im Konvent, in: Integration, 24/1 (2001), 26–33; *Dix, W.*: Grundrechtecharta und Konvent, in: Integration, 24/1 (2001), 34–41; *Deloche-Gaudez, F.*: The Convention on a Charter of Fundamental Rights, Notre Europe Research and Policy Paper No. 15, November 2001.

78 Vgl. FT vom 17.12.2001.

79 Ebd.

80 Die weiteren Mitglieder der Gruppe waren *Jacques Delors*, *Bronisław Geremek* sowie *David Miliband*.

übereinkamen, die Doppelrolle der Vizepräsidenten zu akzeptieren und dies auch seitens der anderen Staats- und Regierungschefs begrüßt wurde, weigerte sich *Giuliano Amato*, die Position der italienischen Regierung im Konvent zu vertreten. Da in der Laekener Erklärung die Absprache zur Koppelung von Präsidentenamt und Vertretung einer Nationalregierung nicht festgeschrieben wurde, nutzte *Berlusconi* die allgemeine Verwirrung und stellte die Staats- und Regierungschefs vor die Wahl, entweder seinen neofaschistischen Vizepremier, *Gianfranco Fini,* als italienischen Regierungsvertreter anstelle *Amatos* zu akzeptieren oder aber einen weiteren „eigenen" Repräsentanten zuzulassen. Zwar sahen die übrigen Regierungen in diesem Begehren einen Bruch der Laekener Erklärung, in der es hieß „Der Europäische Rat hat [...] Herrn *G. Amato* sowie Herrn *J. L. Dehaene* zu stellvertretenden Vorsitzenden ernannt"[81], doch akzeptierte man schließlich den Wunsch Italiens, kam es mit der Benennung von *Gianfranco Fini* und *Louis Michel* zur Entsendung zweier weiterer Regierungsvertreter in den Konvent. Die Zahl der Mitglieder erhöhte sich damit auf 105.

Im Übrigen wurde bemängelt, dass die Besetzung sowohl der Präsidentschaft als auch der Vizepräsidentschaft mit ehemaligen Regierungschefs in deutlichem Gegensatz zu der mehrheitlich parlamentarischen Zusammensetzung des Konvents stünde. Um entsprechenden Befürchtungen hinsichtlich einer exekutiven Dominanz im Präsidium zu begegnen, wich man deshalb von der ursprünglichen Idee, je ein Mitglied der im Konvent vertretenen Gruppen in das Präsidium zu entsenden, ab. Stattdessen einigte man sich in Laeken auf eine zwölfköpfige Besetzung des Gremiums. Dies erklärt, weshalb schließlich auch der Kommission, die zunächst nur einen Vertreter stellen sollte, ein zweiter Sitz zugesprochen wurde.

Im Verlauf der Konventsarbeiten kam es bei etwa einem Fünftel der Delegierten zu personellen Veränderungen. Dies resultierte zum einen aus den Ergebnissen zwischenzeitlich stattfindender Nationalwahlen, zum anderen aber auch daraus, dass die nationalstaatlichen Regierungen ihre Vertreter während der Verhandlungen durch höherrangige Delegierte ersetzten – ein Reflex auf die zunehmende politische Bedeutung, die den Konventsarbeiten zugesprochen wurde. So beschloss die deutsche Bundesregierung im Zuge der Koalitionsverhandlungen im Oktober 2002, ihren Vertreter *Peter Glotz* durch Außenminister *Joschka Fischer* zu ersetzen;[82] auch die französische Regierung entsandte am 21. November 2002 ihren Außenminister, *Dominique de Villepin*, in den Konvent. Im Januar 2003 wurde darüber hinaus der slowenische Regierungsvertreter *Matjaz Nahtigal* durch Außenminister *Dimitrij Rupel* abgelöst, im Februar trat der griechische Außenminister *Giorgos Papandreou* an die Stelle von *Giorgos Katiforis*.[83] Unter den stimmberechtigten Parlamentariern blieben Neubesetzungen dagegen die Ausnahme (vgl. Tabelle I-1).

Vorprägungen, Zuordnungen, Allianzen

Während somit schon relativ frühzeitig eine weitgehende Einigung über die formale Zusammensetzung des Konvents erzielt werden konnte, war es im Zuge der Formationsphase Aufgabe der einzelnen Gruppen, über die Entsendung ihrer Repräsentanten in den Konvent zu entscheiden. Als *ausschlaggebende Qualifikationskriterien* galten – in dieser Reihenfolge – die Nationalität, die Parteizugehörigkeit, für die Position wichtige Karrieremuster, europapolitische Erfahrung sowie der fachliche Bezug.

81 Erklärung von Laeken, a.a.O.
82 Vgl. FAZ vom 18.10.2002.
83 Vgl. CONV 850/03 vom 18.7.2003, 243 und 247.

Die großen Mitgliedstaaten sicherten sich *ab ovo* eine hohe Repräsentanz; so wurden sieben französische und jeweils sechs deutsche, britische sowie italienische Vertreter in den Konvent entsandt. Frankreich war u.a. durch zwei prominente Europaparlamentarier, *Olivier Duhamel* und *Alain Lamassoure*, Kommissar *Michel Barnier* sowie den Präsidenten des Konvents, *Valéry Giscard d'Estaing*, vertreten. Zu den Delegierten der nationalen Parlamente und der Nationalregierungen traten im Falle Deutschlands und Großbritanniens je drei EP-Vertreter: *Elmar Brok* (EVP), *Klaus Hänsch* (SPE) und *Sylvia Kaufmann* (Vereinigte Europäische Linke/PDS) für Deutschland sowie *Andrew Duff* (ELD), *Timothy Kirkhope* (EVP) und *Linda McAvan* (SPE) für Großbritannien. Italien war durch zwei Europaparlamentarier, *Cristiana Muscardini* (Union für das Europa der Nationen/AN) und *Antonio Tajani* (EVP), sowie Vizepräsident *Amato* vertreten. Kleineren Mitgliedstaaten, Irland und Luxemburg etwa, wurden demgegenüber nur drei Vertreter der nationalstaatlichen Ebene zugestanden.

Die Anzahl der *nationalen Delegierten* erwies sich allerdings als wenig aussagekräftig, um die Interessenstruktur im Konvent zu skizzieren. Vor allem die angesprochene Kontroverse um die Entsendung des italienischen Regierungsvertreters verdeutlichte das Ansinnen dieser Regierung, einen „Hüter" ihrer Interessen in den Konvent zu entsenden.[84] Auch wiesen die Europaparlamentarier unterschiedlich starke Rückbindungen in ihre nationalen Kontexte auf. Sowohl die britischen (mit Ausnahme von *Timothy Kirkhope*) als auch die deutschen Vertreter waren nur begrenzt oder gar nicht für ausschließlich nationale Interessen zu vereinnahmen. Deutlich wurde dies vor allem gegen Ende der Beratungen, als Außenminister *Fischer* sowie die Vertreter von Bundestag und Bundesrat, *Meyer* und *Teufel*, einen gemeinsamen Brief an den Konventspräsidenten richteten, um für die Wahrung der Einstimmigkeit in der Einwanderungspolitik zu plädieren. Die deutschen Europaparlamentarier, *Klaus Hänsch, Elmar Brok* und *Sylvia Kaufmann*, beteiligten sich an dieser Initiative nicht.

Das im Konvent vertretene *Parteienspektrum* entsprach in seiner Einschränkung nicht dem Europäischen Parlament, der eigentlichen Vertretung der Bürgerschaft im Rahmen der Europäischen Union. So wiesen die beiden großen europäischen Parteien, die Europäische Volkspartei und die Sozialdemokratische Partei, mit 22 bzw. 23 Abgeordneten in etwa die gleiche Fraktionsstärke auf; die Liberalen waren mit acht Mitgliedern vertreten.[85] Kleinere Parteien sahen sich kaum im Konvent repräsentiert.[86] Dies erklärt sich vor allem daraus, dass die über eine absolute Mehrheit verfügenden Regierungen ohnehin einer der beiden großen Parteien zuzuordnen waren oder aber im Koalitionsfall einen Vertreter des „großen" Partners (der Mehrheitspartei) entsandten. Die nationalen Parlamente vergaben die beiden ihnen zustehenden Sitze an die am stärksten im Parlament vertretenen Parteien oder teilten sie zwischen den jeweiligen Kammern auf. Die Aussichten kleiner – in einigen Fällen durchaus radikaler – Parteien, im Verfassungskonvent vertreten zu sein, waren damit von vornherein begrenzt. Dies mag erklären, warum sich im Plenum schließlich nur etwa zehn ausgewiesene „Euroskeptiker" fanden.[87]

---

84 Vgl. *Hummer, W.*: Vom Grundrechte-Konvent zum Zukunfts-Konvent, in: ZParl, 33/2 (2002), 323–347, hier: 337f.

85 Vgl. Bulletin Quotidien vom 23.2.2002.

86 Neben einzelnen EP-Abgeordneten (vgl. Anhang, II/3) ließen sich die Regierungsvertreter Irlands (ab Juli 2002 *Dirk Roche*, *Fianna Fáil*) und Italiens (*Gianfranco Fini*, AN) sowie ein Vertreter des österreichischen Nationalrates (*Reinhard Eugen Bösch*, FPÖ) nicht den großen Parteifamilien zuordnen.

87 Vgl. Bulletin Quotidien, a.a.O. Dazu zählten *Peter Skaarup* und *Jens-Peter Bonde* (Dänemark), *David Heathcoat-Amory* (Großbritannien), *Reinhard Eugen Bösch* (Österreich), *Jan Zahradil* (Tschechien), *Irena Belohorská* (Slowakei) sowie *Alfred Sant* (Malta).

Es kann kaum überraschen, dass auch bei der Erstbesetzung des Gremiums bereits machtpolitische Interessen von Bedeutung waren, der Konvent entsprechend politisch „gewichtig" besetzt wurde. So fanden sich neben sechs amtierenden Ministern 26 ehemalige Ressortchefs (darunter sechs ehemalige Ministerpräsidenten) im „Kernteam", wobei sich der entsprechende Auswahlprozess in einigen Mitgliedstaaten deutlich kontrovers gestaltete. Hinzu traten jene Umbesetzungen, von denen bereits die Rede war; sieben der 15 Regierungsvertreter der Erstbesetzung wurden durch zumeist „höherrangige" Delegierte ersetzt.

Auch die Entsendung der *deutschen Konventsmitglieder* blieb nicht ohne Kontroverse. Zunächst wurde von Bundeskanzler *Schröder* der ehemalige CDU-Parteivorsitzende *Wolfgang Schäuble* als Regierungsvertreter vorgeschlagen, der sich allerdings nicht gegen den Willen des Koalitionspartners, und hier insbesondere *Joschka Fischers,* durchsetzen ließ. Zur Überraschung seiner selbst wurde, wie aufgezeigt, der frühere SPD-Bundesgeschäftsführer *Peter Glotz,* der sich inzwischen in eine Hochschullehrertätigkeit an der Universität St. Gallen zurückgezogen hatte, von *Fischer* vorgeschlagen und konsensfähig gemacht. Auch die Entscheidung, *Jürgen Meyer* als Vertreter des Deutschen Bundestages vorzusehen, war nicht unumstritten. Zwar konnte dieser auf seine Arbeiten im Grundrechtekonvent und seine spezifischen Erfahrungen als Verfassungsrechtler verweisen, doch favorisierte der Bundeskanzler auch hierfür den breiter qualifizierten und europapolitisch höchst ausgewiesenen *Wolfgang Schäuble.* Die Ernennung scheiterte diesmal an der SPD-Fraktion und hier vor allem am Votum *Peter Strucks;* so wurde *Jürgen Meyer,* obwohl dessen Bundestagsmandat zum Ende der Legislaturperiode im September 2002 auslief, schließlich im Januar vom Parlament als dessen Vertreter gewählt. Der baden-württembergische Ministerpräsident *Erwin Teufel* schließlich, der Vertreter des Bundesrates, galt zunächst als europapolitisch wenig ausgewiesen. In diesem Fall wurde zudem befürchtet, dass die Überlastung des Ministerpräsidenten zu einer Schwächung der Position der deutschen Länder im Konvent führen könnte.[88] In der Zusammenfassung ist somit festzuhalten, dass die deutschen Vertreter bei in jedem Fall unbestrittener Qualifikation für die Arbeiten im Konvent zunächst nicht als „erste Wahl" im Rahmen der sie delegierenden Einrichtungen galten.

In *Frankreich* kam es zu einer besonderen Vereinbarung zwischen dem (konservativen) Staatspräsidenten *Chirac* und dem (sozialistischen) Regierungschef *Jospin.* Ursache hierfür waren die für das Frühjahr 2002, die Anfangsphase der Konventsarbeiten, anberaumten Präsidentschafts- und Parlamentswahlen in Frankreich. Da die Erklärung von Laeken keinerlei Festlegung zum Mandat der Konventsmitglieder enthielt, waren Umbildungen des Gremiums im Zuge eines Regierungswechsels während der Konventsarbeiten zu erwarten. Einen möglichen Wahlverlust nicht ausschließend, setzte *Jospin* deshalb gegenüber *Chirac* durch, dass die Berufung des Regierungsvertreters, des damaligen französischen Europaministers, *Pierre Moscovici,* auch im Fall eines möglichen Regierungswechsels ihre Gültigkeit behalten sollte, während der *Assemblée nationale* das Recht zum Austausch ihres Vertreters zugesprochen wurde. Im Nachhinein erwies sich diese Übereinkunft allerdings als brüchig. Obwohl die Parlamentswahlen zugunsten der konservativen Partei ausgingen, die Abmachung zwischen *Chirac* und *Jospin* damit zum Tragen kam, wurde *Moscovici,* wie ausgeführt, im November 2002 durch den dann amtierenden französischen Außenminister, *Dominique de Villepin,* ersetzt.

88 Vgl. *Hummer, W.*, a.a.O., 341f.

Im Falle *Großbritanniens* war die Benennung der dem Land zustehenden Delegierten weniger umstritten. Die deutliche *Labour*-Mehrheit im Land nutzend, vermochte es Premierminister *Tony Blair,* nahezu alle Positionen mit Gefolgsleuten zu besetzen. Da der britische Vertreter aus dem Europäischen Parlament, *Andrew Duff,* zu den ausgewiesenen Europaskeptikern zählte, ergab sich eine fast „geschlossene Front", die im Verlauf der Konventsarbeiten wirksame Vetopositionen aufzubauen vermochte. Wie meist, war den britischen Vertretern allerdings auch im Konvent eine pragmatische Haltung zu attestieren, nach der eine konstruktive Mitarbeit im Rahmen kontroverser Verhandlungen möglich wurde. Die erkennbare britische Haltung, zwar „in der Mitte Europas" zu stehen, gleichzeitig aber dessen Werden aus einer Position des *sitting on the fence* zu beobachten, setzte sich im Rahmen der Konventsarbeiten eindrucksvoll fort.

Auch die Benennung von Vertretern der *Fraktionen im Europäischen Parlament* führte zu Auseinandersetzungen. So entschloss sich im Gegensatz zur Praxis der anderen Parteien das Präsidium der Sozialdemokratischen Fraktion (SPE), von einer Entsendung des Koordinators im Konstitutionellen Ausschuss, *Richard Corbett,* in den Konvent abzusehen. Auch der Vorsitzende dieses Ausschusses, *Giorgio Napolitano,* und der Berichterstatter zum Vertrag von Nizza, *Jo Leinen,* waren ohne Chance auf eine Mitarbeit im Konvent.[89] Der Vorsitzende der SPE-Fraktion, *Enrique Barón Crespo,* verteidigte die schließlich vorgenommene Personalauswahl mit dem Argument, dass diese sowohl die Parität zwischen Männern und Frauen als auch eine angemessene Repräsentanz von Spezialisten in Verfassungsfragen und Abgeordneten mit vielfach erprobten Fähigkeiten auf anderen Gebieten wahre.[90] Da die EVP vier Mitglieder des Konstitutionellen Ausschusses entsandte und auch die kleinen Fraktionen ihre jeweiligen Koordinatoren in den Konvent beriefen, sahen die Mitglieder der SPE-Fraktion die Position der Partei innerhalb der EP-Delegation geschwächt.

Für eine Beurteilung der personellen Zusammensetzung des Konvents waren neben der Nationalität und der Parteizugehörigkeit vor allem die *politischen Erfahrungen* und *spezifischen Karrieremuster* der Mitglieder von Bedeutung. Unterscheidet man hiernach, wird ein weites Spektrum von Tätigkeitsfeldern deutlich. So konnte die überwiegende Zahl der Konventsmitglieder auf aktive politische Erfahrungen von wenigstens 15 Jahren verweisen, wobei sich die jeweiligen Tätigkeiten von der kommunalen über die regionale und die nationale Politik bis hin zu Aufgaben in europäischen Einrichtungen erstreckten. Zumeist waren die Konventsmitglieder hinsichtlich ihrer beruflichen Ausrichtung mit mindestens zwei, gelegentlich auch mehr politischen Ebenen vertraut. Drei Viertel des „Kernteams" des Konvents verfügten über praktische Erfahrungen im Bereich der Europapolitik auf nationaler, europäischer oder gar beiden Ebenen.

Der bislang übliche Karriereweg der meisten Vertreter europäischer Einrichtungen, über die nationalstaatliche Ebene, spiegelte sich allerdings auch in der Besetzung des Konvents wider. Eine „Einseitigkeit der Ebenenerfahrung" tat der europapolitischen Qualifizierung allerdings keinen Abbruch. So waren mit *Klaus Hänsch*, *Elmar Brok* und *Jens-Peter Bonde* drei Mitglieder der „ersten Stunde" des Europäischen Parlaments im Konvent vertreten; sie brachten die Erfahrung aus mehr als zwei Jahrzehnten parlamentarischer Arbeit ein.

Unter jenen Mitgliedern, die bislang nur auf nationalstaatlicher Ebene tätig waren, verfügten vor allem die Vertreter der Nationalregierungen meist noch nicht über direkte europapolitische Verantwortung. Fünf der 15 Regierungsvertreter führten ein Fachressort oder

89 Vgl. Bulletin Quotidien Europe Nr. 8138, 28./29.1.2002, 6.
90 Vgl. Bulletin Quotidien Europe Nr. 8141, 1.2.2002, 5.

waren im Wissenschaftsbereich tätig.[91] Dies und die später erfolgenden Umbesetzungen dürften ein Signal dafür sein, dass die Bedeutung des Konvents von einigen Nationalregierungen in der Anfangsphase unterschätzt wurde. Auch für die Vertreter der nationalen Parlamente galt, dass viele von ihnen noch keine Erfahrungen auf europäischer Ebene sammeln konnten, aufgrund ihrer fachpolitischen Qualifizierung, etwa in Parlamentsausschüssen, aber über EU-Vorerfahrungen verfügten.

Die spezifischen Kompetenzen der Konventsmitglieder beschränkten sich aber nicht nur auf das politische Alltagsgeschäft. Viele von ihnen waren bereits im Rahmen *früherer Regierungskonferenzen* oder des *Grundrechtekonvents* aktiv beteiligt; dies gilt sowohl für nationale Regierungsmitglieder als auch für Abgeordnete des Europäischen Parlaments. So nahmen etwa *Elmar Brok* und *Íñigo Méndez de Vigo* als dessen Stellvertreter an den Regierungskonferenzen in Amsterdam (1997) und Nizza (2000) teil. Einer der beiden Kommissionsdelegierten, *António Vitorino,* die nationalen Parlamentarier *Jürgen Meyer* und *Hubert Haenel* sowie die Europaparlamentarier *Andrew Duff* und *Johannes Voggenhuber* gehörten dem Konvent zur Erarbeitung der Europäischen Grundrechtecharta an.

Hinsichtlich der *fachlichen Qualifizierung* der Konventsmitglieder ergaben sich keine wesentlichen Unterschiede zwischen den einzelnen Gruppen. Fast alle Delegierten verfügten über einen oder mehrere Universitätsabschlüsse, wobei der Anteil der rechtswissenschaftlich Ausgebildeten überwog. Gleichwohl waren auch Wirtschaftwissenschaftler, Politologen, Soziologen und Historiker vertreten, so dass sich ursprünglich geäußerte Befürchtungen, nach denen Verfassungsspezialisten den Konvent prägen könnten, als unbegründet erwiesen. Auch die in diesem Kontext *Giuliano Amato,* dem Vizepräsidenten, gegenüber geäußerten Vorbehalte bestätigten sich nicht.

Über die universitäre Ausbildung hinaus brachten aus dem 66-köpfigen Kernteam des Konvents mehr als zehn Mitglieder erweiterte Erfahrungen im Wissenschaftsbereich ein, innerhalb dessen sie entweder selbst tätig waren oder aber über wissenschaftliche Beiräte mitwirkten. Dies galt etwa für die früher als Professoren tätigen *Alberto Costa, Hubert Haenel* und *Jürgen Meyer* und setzte sich in Lehrtätigkeiten von *Giuliano Amato* in Rom, *Peter Glotz* in St. Gallen, *Olivier Duhamel* in Paris und *Karel de Gucht* in Brüssel fort. An wissenschaftlichen Instituten tätig oder engagiert waren u. a. die finnische Regierungsvertreterin *Tiilikainen* (als Forschungsdirektorin des *Centre for European Studies* an der Universität Helsinki), der portugiesische Regierungsvertreter *Lopes* (als Direktor des *Institute for European Studies* in Lissabon) sowie der bereits benannte Abgeordnete des Europäischen Parlaments, *Andrew Duff,* der als Vorstandsmitglied der *Trans European Policy Studies Association* (TEPSA) wirkte.

Das *Konventspräsidium* schließlich setzte sich, wie angesprochen, aus zwölf Mitgliedern und einem „Gast" aus den Bewerberländern zusammen. Neben dem Präsidenten und den beiden Vizepräsidenten wurden Vertreter jener drei Regierungen, die während der Konventsarbeiten den Ratsvorsitz innehatten, in das Präsidium entsandt. Alle anderen im Konvent vertretenen Gruppen benannten jeweils zwei Mitglieder. Schließlich wurde nach Protesten während der ersten Plenumssitzung auch der benannte Vertreter der Bewerberländer in das Präsidium berufen (vgl. Tabelle I-2).[92]

91 U. a. *Peter Glotz, Hans Farnleitner, Gianfranco Fini, Teija Tiilikainen.*

92 Vgl. CONV 10/02 vom 27.2.2002. Daraufhin wurde der Slowene *Alojz Peterle* entsandt (Zusammenfassung der Plenartagung vom 21./22.3.2002, CONV 14/02 vom 25.3.2002).

Tabelle I-2: Mitglieder des Präsidiums des Konvents

Präsidium	
Präsident	*Valéry Giscard d'Estaing* (Frankreich)
Vizepräsidenten	*Giuliano Amato* (Italien) *Jean-Luc Dehaene* (Belgien)
Vertreter der Ratspräsidentschaften	*Ana Palacio* (Spanien), seit März 2003 *Alfonso Dastis* *Henning Christophersen* (Dänemark) *Giorgos Katiforis* (Griechenland), seit Februar 2003 *Giorgos Papandreou*
Vertreter des EP	*Klaus Hänsch* (SPE, Deutschland) *Íñigo Méndez de Vigo* (EVP, Spanien)
Vertreter der nationalen Parlamente	*Gisela Stuart* (Großbritannien) *John Bruton* (Irland)
Vertreter der Kommission	*Michel Barnier* (Frankreich) *António Vitorino* (Portugal)
„Gast“ der Beitrittskandidaten	*Alojz Peterle* (Slowenien)

Quelle: Eigene Darstellung basierend auf CONV 850/03 vom 18. Juli 2003, 241.

Die *formale Zusammensetzung des Präsidiums* sollte eine größtmögliche institutionelle Ausgewogenheit des Gremiums gewährleisten. Darüber hinaus spielte die Balance der parteipolitischen Orientierungen und die Sicherstellung der persönlichen Qualifikation in und für Staats- und Europaaufgaben eine Rolle. So setzte sich das Führungsgremium schließlich aus sechs Vertretern der Europäischen Volkspartei (zuzüglich des Gastes aus dem Kreis der Bewerberländer), fünf Vertretern der Sozialdemokratischen Partei sowie einem Vertreter der Liberalen zusammen. Das leichte Übergewicht konservativer Konventsvertreter wurde im Verlauf der Steuerungs- und Koordinationstätigkeit des Präsidiums, sowohl bei der Vorbereitung der Plenumsarbeiten als auch im Rahmen von dessen Leitung, kaum sichtbar. Vielmehr gelang es den Präsidiumsmitgliedern, gleichsam intermediär zwischen dem Leitungsgremium, den institutionellen Gruppen und den einzelnen Fraktionen zu vermitteln.

Die *fachliche und berufliche Qualifikation der Mitglieder* war beeindruckend. Mit dem Präsidenten und seinen Stellvertretern sowie *Klaus Hänsch, John Bruton, Íñigo Méndez de Vigo* und *Henning Christophersen* wirkten sieben ausgewiesene und erfahrene Politiker im Führungsgremium des Konvents. Jedes dieser Mitglieder war seit über 20 Jahren politisch auf nationalstaatlicher oder europäischer Ebene tätig.[93] Auch die beiden im Präsidium vertretenen EU-Kommissare verfügten über hochrangige politische Erfahrung, so *Michel Barnier* als französischer Europaminister und *António Vitorino* als portugiesischer Verteidigungsminister und Mitglied des Grundrechtekonvents. Die verbleibenden drei Präsidiumsmitglieder, *Ana Palacio* (die im Verlauf der Konventsarbeiten allerdings zur spanischen Außenministerin ernannt wurde), *Giorgos Katiforis* und *Gisela Stuart* galten als politisch eher unerfahren. Die

93 Das Tätigkeitsspektrum reichte von Regierungschefs/Ministerpräsidenten über den Präsidenten des Europäischen Parlaments (*Hänsch*) zum EU-Kommissar (*Christophersen*) und zum Mitglied des Grundrechtekonvents (*Méndez de Vigo*).

britische Vertreterin *Stuart* war erst seit 1998 politisch tätig, allerdings als Vertraute des britischen Regierungschefs *Tony Blair* bekannt. Der griechische Vertreter, der bislang vor allem Erfahrungen als Leiter des Wirtschaftsbüros von Ministerpräsident *Andreas Papandreou* gesammelt hatte, wurde ebenso wie die spanische Regierungsvertreterin erst 1994 als Abgeordneter des Europäischen Parlaments politisch aktiv und nahm durch die gleichzeitige Regierungsvertretung eine Doppelrolle im Präsidium ein. Beide wurden Anfang 2003 aus dem Gremium abberufen und durch *Alfonso Dastis* (Generalsekretär für Europaangelegenheiten im Außenministerium Spaniens) und *Giorgos Papandreou* (Außenminister Griechenlands) ersetzt.

Blickt man auf die von den Präsidiumsmitgliedern vertretenen *Interessen,* sind nationale, institutionelle und parteipolitische „Rückbindungen“ ebenso von Bedeutung wie persönliche Ziele und Ambitionen. Beide EP-Delegierte, *Klaus Hänsch* und *Íñigo Méndez de Vigo,* waren vorrangig der Idee einer weiteren Stärkung der Gemeinschaftsmethode und dem europäischen Institutionensystem als Ganzem verpflichtet. Dies galt *cum grano salis* auch für die beiden EU-Kommissare, deren Position aufgrund vorangegangener Erfahrungen allerdings differierte. Beide, *António Vitorino* wie *Michel Barnier,* hatten als Minister auf nationalstaatlicher Ebene gewirkt und brachten die damit verbundenen Erfahrungen in die Verhandlungen ein. Die traditionell starke Vertretung nationaler Interessen durch portugiesische Regierungsvertreter war dabei im Fall *Vitorinos* durch seine Tätigkeit im Grundrechtekonvent und sein Wirken als Verfassungsrichter in Portugal allerdings ungewöhnlich „europäisiert“, eine die Beratungen des Gremiums erleichternde Haltung. Das Interesse *Michel Barniers* hingegen lässt sich weniger deutlich nachzeichnen. Nach seiner Tätigkeit im französischen Senat und der bereits angesprochenen Funktion als Europaminister war er erst seit 1999 auf europäischer Ebene tätig. Die von einigen Beobachtern erwartete „enge“ Zusammenarbeit mit dem Präsidenten, dem er sich parteipolitisch verpflichtet fühlte, stellte sich im Verlauf der Konventsarbeiten jedoch nicht oder zumindest nicht im erwarteten Ausmaß ein.

Die Positionen der Regierungsvertreter im Präsidium erwiesen sich als weniger eindeutig. *Giorgos Katiforis* nahm bis zu seiner Abberufung aus dem Gremium eine Doppelrolle ein; zwar war der Sozialist in der laufenden Legislaturperiode Mitglied des Europäischen Parlaments, wurde aber als Vertreter der griechischen Regierung in das Präsidium entsandt. Auch die spanische Regierungsvertreterin, *Ana Palacio*, war zum Zeitpunkt ihrer Berufung noch Mitglied des Europäischen Parlaments und hatte in Spanien bislang keine politischen Ämter inne. Die Besetzung dieser beiden Positionen durch vergleichsweise unerfahrene Vertreter erschien zunächst schwer verständlich. Sowohl im Zuge des Vertrages von Nizza, der Spanien den Status eines „großen“ Mitgliedstaates zuschrieb, als auch aufgrund des internationalen Auftretens spanischer Politiker stand zu vermuten, dass es im Präsidium zu einer machtvollen Vertretung der Bewahrung nationaler Souveränitätsrechte bei gleichzeitiger Sicherstellung europäischer Fördermaßnahmen käme. Auch für Griechenland wurde Entsprechendes erwartet. Dieser scheinbare Widerspruch löste sich dann im Zuge einer Kabinettsumbildung der spanischen Regierung im Juli 2002 auf. Seither war *Ana Palacio,* wie angesprochen, als spanische Außenministerin bis zu ihrer Abberufung im März 2003 im Präsidium des Konvents vertreten. Auch die griechische Regierung versuchte über den Ersatz *Giorgos Katiforis'* durch den amtierenden Außenminister *Giorgos Papandreou* im Februar 2003 ihr Gewicht innerhalb des Präsidiums zu erhöhen. Der Vertreter der dänischen Regierung schließlich, *Henning Christophersen*, ein vormaliger EU-Kommissar, verband die damit verbundene europäische Erfahrung mit seiner rechtsliberalen Position und der bekannten dänischen Zurückhaltung gegenüber weitreichenden Integrationsschritten. Aber auch die dem folgende skeptisch-konstruktive Haltung wurde im Präsidium als Bereicherung empfunden.

Wie die Konferenz der Europaausschüsse der nationalstaatlichen Parlamente, COSAC, in den vorangegangenen Jahren nachhaltig deutlich gemacht hatte, war von den mitgliedstaatlichen Vertretern keine eindeutige Haltung zur Fortführung des Integrationsprozesses zu erwarten. Beide Vertreter wurden deshalb auch dem weniger integrationsfreundlichen Lager zugeordnet. Dies verband sich im Fall *Gisela Stuarts* mit jener *watch-dog*-Funktion, die diese offenbar für den britischen Premierminister wahrnahm; eine nachhaltige Verfolgung britischer Interessen war die Folge. Der konservative irische Parlamentsvertreter, *John Bruton,* vertrat darüber hinaus die Interessen der kleineren Mitgliedstaaten.[94]

Die Erklärung von Laeken sah schließlich zur Unterstützung des Präsidiums die Einrichtung eines *Konventssekretariats* vor. Während der Allgemeine Rat am 8. und 9. Oktober 2001 dafür votierte, dieses aus Mitarbeitern des Generalsekretariats des Rates zu bilden, wurde der Personenkreis mit der Erklärung von Laeken ausgeweitet. So einigte man sich darauf, auch Experten der Kommission, des Europäischen Parlaments sowie nationaler diplomatischer Dienste an den Arbeiten des Sekretariats zu beteiligen. Im Ergebnis setzte sich dieses aus insgesamt 20 Mitarbeitern zusammen. Die Leitung und Koordination der Arbeiten unterlag dem Generalsekretär, *Sir John Kerr.* Der ehemalige britische Diplomat war u.a. bereits an jenen Verhandlungen beteiligt, die zum Vertrag von Maastricht führten. Seine Stellvertreterin, *Annalisa Gianella,* gehörte dem Generalsekretariat des Rates seit 1972 an und war als Direktorin für Sicherheits- und Verteidigungspolitik zuständig. Zum Kern des Sekretariats gehörte schließlich auch dessen Sprecher, *Nikolaus Meyer-Landrut,* der vormals im deutschen diplomatischen Dienst tätig war.

Während das so gebildete dreiköpfige Führungsgremium für die Gesamtkoordination der Sekretariatsarbeiten nach innen und außen zuständig war, wies man den weiteren Mitarbeitern spezifischere Arbeiten zu. Auch wurde der Vorsitzende durch ein zweiköpfiges „Kabinett" entlastet, das jedoch nicht mit Vertrauten besetzt wurde. Die österreichische Sprecherin, *Walpurga Speckbacher,* eine Wirtschaftswissenschaftlerin, war im Generalsekretariat des Rates bislang für die Organisation von Tagungen des Ministerrats und des Europäischen Rates zuständig; die Politologin *Alessandra Schiavo* fungierte hingegen als Leiterin des Wirtschaftsbüros der italienischen Botschaft in Brüssel.

Neben den für die Gesamtleitung sowie für die Unterstützung des Vorsitzenden Zuständigen verfügte das Sekretariat über elf Redakteure, zwei Berater sowie zwei sonstige, für Koordinationsaufgaben zuständige Mitarbeiter. Fachlich qualifiziert waren die Sekretariatsmitarbeiter vor allem durch ihre rechts-, politik- und verwaltungswissenschaftliche Ausbildung. Darüber hinaus verfügten alle über Erfahrungen im Rahmen des Generalsekretariats des Rates, einzelner Abteilungen der Kommission und des Parlaments oder waren im diplomatischen Dienst der EU-Mitgliedstaaten tätig. Einige der Sekretariatsmitglieder wirkten bereits an der Erarbeitung früherer Verträge oder der Erstellung der Europäischen Grundrechtecharta mit, so dass zur fachlichen Qualifikation konventsspezifische praktische Erfahrungen hinzutraten.

Materiell kam den Mitgliedern des Sekretariats vor allem in der vom Konventspräsidenten so benannten Phase der „Zusammenführung" eine *wachsende Bedeutung* zu. Anders als im Fall des Grundrechtekonvents wurde kein „Redaktionsausschuss" der Delegierten zur

94 Dies machte u.a. der von *Bruton* verfasste Bericht des Gemeinsamen Ausschusses der irischen Parlamentskammern zur Zukunft der EU deutlich, in welchem er sich gegen die Abschaffung der rotierenden Ratspräsidentschaft auf der Ebene der Staats- und Regierungschefs aussprach (CONV 27/02 vom 10.4.2002, 40f.).

Formulierung einzelner Artikelvorschläge gebildet. Stattdessen übertrug das Präsidium diese Aufgabe dem Sekretariat. Danach unterbreitete es erste Vorschläge, die nach erneuter Diskussion und Änderungen im Präsidium den Delegierten des Konvents übermittelt wurden. Darüber hinaus analysierte das Sekretariat die zu den jeweiligen Artikelvorschlägen eingegangenen Änderungsanträge und bezog diese in die Überarbeitungen ein.

Arbeitsteilung, Prozessorganisation und Verfahren

Auch für die eigentliche *Verfahrensorganisation* sah die Erklärung von Laeken einen Rahmen vor, den der Konvent durch die Erstellung einer Geschäftsordnung ausfüllen sollte. Zudem wurde festgelegt, dass für die Tagungen alle elf Arbeitssprachen der Union zugelassen sein sollten. Da die Beitrittskandidaten sich hierdurch diskriminiert fühlten, wurde diese Regelung allerdings frühzeitig verändert, um es auch den Konventsmitgliedern der Bewerberstaaten zu erlauben, Beiträge in einer ihrer Muttersprachen vorzutragen. Dies wurde für den Fall einer rechtzeitigen Anmeldung beim Konventssekretariat und einer Selbstbesorgung der Dolmetscherdienste zugesagt. Im Übrigen tagte der Verfassungskonvent wie angesprochen öffentlich, um dem kritisierten Verfahren von Regierungskonferenzen, Verträge hinter verschlossenen Türen „auszuhandeln", wirksam zu begegnen. Darüber hinaus stellte man alle Dokumente des Konvents sowie die Beiträge seiner Mitglieder der Öffentlichkeit zur Verfügung; auch dies sollte Transparenz wie Nachvollzug des Gesamtprozesses gewährleisten.

In der Laekener Erklärung wurde dem Konvent zudem ein *arbeitsteiliges Verfahren* vorgeschlagen, dessen Ausgestaltung ihm selbst oblag. Dabei kam dem Präsidium eine wichtige Koordinations- und Steuerungsfunktion zu. Der Vorsitzende sollte die erste Sitzung nutzen, um die nationalstaatlich geführten Debatten zur Zukunft der Europäischen Union auszuwerten und eine erste Arbeitsgrundlage für den Konvent zu erarbeiten. Neben Konsultationsrechten gegenüber allen Kommissionsdiensten und sonstigen Experten, etwa in technischen Fragen, wurde dem Präsidium zudem die Möglichkeit eingeräumt, *ad-hoc*-Arbeitsgruppen einzusetzen und Anstöße für das weitere Vorgehen im Rahmen der Konventsarbeiten zu geben. Alle darüber hinausgehenden Verfahrens- und Organisationsfragen waren vom Konvent selbst (durch Vorarbeiten des Präsidiums und die Verabschiedung einer Geschäftsordnung durch das Plenum) zu klären.

Zur Erörterung des allgemeinen Arbeitsablaufs traten mit Beginn der Konventsarbeiten dann Festlegungen zur *Prozessorganisation*. Vorüberlegungen hierzu wurden vom Präsidium, und hier vor allem seinem Präsidenten, bereits anlässlich der ersten Plenardebatte unterbreitet. Der dabei vorgelegte Entwurf einer *Geschäftsordnung*[95] löste aufgrund seiner „präsidialen Züge" allerdings heftige Kontroversen und Debatten vor allem im Kreis der nationalen und der Europaparlamentarier aus.[96] Eindrucksvoll dokumentierte sich dies in 347 Änderungsanträgen, die dem Konventssekretariat hierzu eingereicht wurden. Der Versuch des Präsidenten, den Konvent zu einem Forum des Meinungsaustauschs zu „deklassieren" und dem Präsidium zentrale Steuerungs- und Entscheidungsbefugnisse vorzubehalten, bestätigte Befürchtungen, dass *Giscard* die Errichtung eines *Konvents en miniature* plane, um selbst über möglichst große Handlungs- und Gestaltungsspielräume zu verfügen. So sollte das Gremium nach seinen Vorstellungen lediglich einmal im Monat tagen und wurde dem Präsidium das

95 CONV 3/02 vom 27.2.2002.
96 Vgl. SZ vom 28.2.2002.

Recht auf Einberufung von Sitzungen zugesprochen. Auch sollte dem Präsidenten das Vorschlagsrecht zur Einsetzung von Arbeitsgruppen eingeräumt werden, deren Zusammensetzung, Mandat und Arbeitsmodalitäten durch das Präsidium festzulegen seien.

Aufgrund der in Teilen sehr deutlichen Kritik wurde im Rahmen der zweiten Plenumssitzung des Konvents dann eine überarbeitete Fassung der Geschäftsordnung als „Note mit den Arbeitsmethoden“[97] (*sic!*) vorgelegt. Dabei entsprach man in weiten Teilen den Forderungen der Parlamentarier nach einer Stärkung gegenüber dem Präsidium, so dass im Ergebnis „aus einer präsidentiellen eine parlamentarische Geschäftsordnung“[98] wurde. Weitere Kontroversen blieben im Rahmen der Plenardebatte am 21. März 2002 aus; die Note wurde unverändert vom Plenum verabschiedet und bildete in der Folge die Arbeitsgrundlage des Konvents. Mit dieser ersten, für die weitere Arbeit des Konvents wichtigen Kontroverse behauptete sich das Plenum gegenüber dem Präsidenten und wirkte erkennbaren „Zentralisierungsversuchen“ entgegen.

Mit der veränderten Note wurden die Rechte des Plenums deutlich gestärkt. Das im Erstentwurf formulierte alleinige Vorschlagsrecht des Präsidiums für *Änderungen der Arbeitsmethoden* wurde ergänzt. Nach Art. 16 sollten „Bestimmungen dieser Note [...] vom Konvent auf schriftlichen Vorschlag des Präsidiums oder auf schriftlichen Antrag einer signifikanten Zahl von Mitgliedern geändert oder ausgeweitet werden“. Neben der aktiven Beteiligungsmöglichkeit aller im Konvent vertretenen Gruppen zielte das Erfordernis, Änderungsvorschläge schriftlich einzureichen, vor allem darauf, Beschlüsse über unbedacht weitreichende Veränderungen zu verhindern.

Trotz dieser „Parlamentarisierung“ des Verfahrens verblieben dem Präsidenten und dem Präsidium zentrale Steuerungs- und Koordinationsmöglichkeiten. Die Einberufung der Konventstagungen erfolgte durch den Präsidenten unter Zustimmung des Präsidiums oder auf Antrag jener „signifikanten Zahl“ von Konventsmitgliedern. Auch der Terminplan sowie die Tagesordnungen wurden vom Präsidium erstellt. Letztere wurden spätestens vier Tage vor dem Tagungstermin übersandt und mussten vom Plenum angenommen werden. Auch konnten nach Eingang der Tagesordnung Anträge auf Ergänzung seitens der Konventsmitglieder eingereicht werden. Die Ergänzungsvorschläge waren dann in die Tagesordnung aufzunehmen, wenn – erneut – eine „signifikante Zahl von Mitgliedern des Konvents“ (Art. 2) sie einreichte.

Die *Leitung der Konventssitzungen* oblag dem Präsidenten oder einem seiner Stellvertreter. Verfahrensfragen, die die Leitung der Tagungen betrafen, wurden meist an das Präsidium verwiesen. Dieses traf seine Entscheidungen aufgrund seiner Arbeitsmethoden, die es auf Vorschlag des Präsidenten festlegte. Durch den Vorsitzenden oder seine Stellvertreter war auch zu gewährleisten, dass „die Vielfalt der im Konvent vertretenen Auffassungen in den Beratungen ihren Niederschlag findet“[99]. Zur Strukturierung der Debatte und zur Sicherstellung der Repräsentation des gesamten Meinungsspektrums wurde dem Vorsitzenden in Art. 6 Abs. 7 der Arbeitsmethoden zudem die Möglichkeit eingeräumt, die Redezeit der Mitglieder des Konvents zu begrenzen. Darüber hinaus hatten die Konventsmitglieder bereits vor einer Plenartagung ihren Redewunsch beim Sekretariat anzumelden. Die Zahl der eingegangenen Anmeldungen bestimmte daraufhin die Länge der Redebeiträge. Direkte Rückfragen oder Reaktionen anderer Mitglieder des Konvents waren zunächst nicht möglich.

97 CONV 9/02 vom 14.3.2002, s. Anhang, II/4.
98 So *Elmar Brok*, zit. nach SZ vom 21.3.2002.
99 CONV 9/02 vom 14.3.2002, Art. 6 Abs. 7, s. Anhang, II/4.

Allerdings beschloss das Präsidium am 15. April 2002, zur Belebung der Debatte direkte Interventionen und Reaktionen der Delegierten auf vorangegangene Redebeiträge in begrenztem Ausmaß zuzulassen. Hierfür wurden die Konventsmitglieder mit blauen Karten ausgestattet. Nach entsprechenden Anzeigen von fünf Delegierten wurde jedem von ihnen eine einminütige Reaktion zugestanden.

Oblagen dem Präsidenten und dem Präsidium somit die zentralen Leitungs- und Steuerungsaufgaben, wurde dem Plenum durch die „Arbeitsmethoden" vor allem die inhaltliche Erarbeitung des Abschlussdokuments zugeschrieben. Darüber hinaus war vorgesehen, zur detaillierteren Diskussion einzelner Themen- und Politikbereiche auf Empfehlung des Vorsitzenden oder einer signifikanten Zahl von Konventsmitgliedern die Einsetzung von *Arbeitsgruppen* zu ermöglichen. Dabei war das Präsidium dafür zuständig, Mandat, Arbeitsmodalitäten und Zusammensetzung dieser Gruppen festzulegen. Allerdings wurde in der veränderten Fassung ergänzt, dass ausgewiesener Sachverstand im jeweiligen Themenbereich eine Grundvoraussetzung für die Mitgliedschaft in einer Arbeitsgruppe darstellen sollte. Damit wurde der Gefahr einer lediglich Machtinteressen sichernden Zusammensetzung von Arbeitsgruppen vorgebeugt, vor allem hinsichtlich „sensibler" Politikfelder. Zur Gewährleistung von Transparenz und für einen Überblick über die Tätigkeit der Arbeitsgruppen stand allen Konventsmitgliedern der Zugang zu diesen Gruppen offen. Darüber hinaus fasste das Sekretariat die wesentlichen in den Arbeitsgruppen diskutierten Sachverhalte in einer Niederschrift zusammen und veröffentlichte sie mit allen Arbeitsdokumenten.

Neben der Erstellung dieser Niederschriften sorgte das Sekretariat für den ordnungsgemäßen Ablauf der vorgesehenen arbeitsteiligen Verfahren. Es erstellte die Wortprotokolle der Plenartagungen in jener Sprache, in der der jeweilige Beitrag vorgetragen wurde, und übermittelte alle Dokumente des Vorsitzenden wie des Präsidiums, schriftliche Vorschläge von Konventsmitgliedern zur Änderung der Schlusstexte, Dokumente der Mitglieder, Organe und Einrichtungen der Union sowie Beiträge der Beobachter; sie alle wurden zudem im Internet zugänglich gemacht.

Wie bereits angesprochen, griff der „Konvent zur Zukunft der Europäischen Union" auf das *Modell des Grundrechtekonvents* zurück. Dieser sollte nicht etwa eine fundamental neue Grundrechtsordnung der Europäischen Union erarbeiten – der Grundrechtsschutz der EU galt als zumindest zufriedenstellend –, vielmehr sollte er die Grundrechte zusammenfassen und damit sichtbar machen.[100] Die Zusammensetzung dieses ersten Konvents stellte seinerzeit eine Innovation dar: Das Gremium war zu drei Vierteln mit Parlamentariern – nationalen und europäischen – besetzt.[101] Allerdings wurde es zu Recht als verfrüht bezeichnet, von einer Parlamentarisierung des Vertragsänderungsverfahrens zu sprechen.[102] Vielmehr konnte die Konzession der Staats- und Regierungschefs an die Parlamentarier zumindest auch als taktisch geschickter und vor allem unverbindlicher „Test" verstanden werden. Die rechtliche Unverbindlichkeit sicherte den Staats- und Regierungschefs das Letztentscheidungsrecht über den weiteren Umgang mit der Charta. In diesem Rahmen konnten dann

100 Vgl. *Europäischer Rat (Köln):* Schlussfolgerungen des Vorsitzes. Zur Bewertung des Grundrechtsschutzes der EU vgl. die Rechtssprechung des Bundesverfassungsgerichts (etwa BVerfGE 73, 339 „Solange II" vom 22.10.1986).

101 Von insgesamt 62 Mitgliedern kamen aus jedem Mitgliedstaat zwei Vertreter der nationalen Parlamente und ein Regierungsvertreter; die Zusammensetzung wurde durch 16 Abgeordnete aus dem Europäischen Parlament und ein Mitglied der Kommission ergänzt.

102 *Fuchs, M.*: Art. 23 GG in der Bewährung, in: DÖV, 54/6 (2001), 233–240.

neue Formen und Verfahren der Beteiligung von Parlamentariern „gewagt" werden. Der Grundrechtekonvent tagte vom 17. Dezember 1999 bis zum 2. Oktober 2000, kam in diesem Zeitraum zu 18 Sitzungen zusammen und legte dem Europäischen Rat in Nizza im Dezember 2000 sein Arbeitsergebnis vor.[103] Im Gegensatz zu den Regierungskonferenzen arbeitete er vollständig transparent; seine Beratungen und deren Ergebnis waren mithin nachvollziehbar.

Auch dieser „Vorläufer-Konvent" verfügte über keine formale Geschäftsordnung, einigte sich aber auf die Festlegung grundlegender *Arbeitsprinzipien*. Alle Sitzungen des Gremiums fanden öffentlich statt, zudem wurden die in diesem Rahmen vorgelegten und unterbreiteten Dokumente der Öffentlichkeit zugänglich gemacht. Im Gegensatz zum nachfolgenden Verfassungskonvent wählte der Grundrechtekonvent aus seiner Mitte einen Präsidenten, dem durch ein Mitglied des Europäischen Parlaments, ein Mitglied der Gruppe der nationalen Parlamente sowie einen Beauftragten des Präsidenten des Europäischen Rates drei Stellvertreter zur Seite gestellt wurden. Primäre Aufgabe des Vorsitzenden und seiner Stellvertreter war die Erarbeitung eines Arbeitsplans sowie die Durchführung aller weiteren „sachdienlichen Vorarbeiten"[104]. Während der Vorsitz für die Organisation, Leitung und Zusammenführung der Arbeiten zuständig war, wurden die materiellen Arbeitsschritte segmentiert. Zur allgemeinen organisatorischen Unterstützung der Konventsarbeit wurden anfallende Sekretariatsgeschäfte dem Generalsekretariat des Rates übertragen, das zu engen Kontakten mit dem Generalsekretariat des Europäischen Parlaments sowie zur Kommission und gegebenenfalls zu den Sekretariaten der nationalen Parlamente angehalten war. Ein aus dem Vorsitzenden, seinen Stellvertretern und dem Vertreter der Kommission zusammengesetzter Redaktionsausschuss, unterstützt vom Generalsekretariat des Rates, unterbreitete auf Basis der Arbeitsgruppenergebnisse einen ersten Chartaentwurf; er wurde zunächst zur Diskussion gestellt. Nach Einarbeitung der Änderungsanträge kam es zu keiner Abstimmung, stattdessen befand der Vorsitzende über die Zustimmungsfähigkeit des ausgearbeiteten Entwurfs.

Das Hauptproblem der Arbeiten dieses Konvents bildete die *konstruktive Zusammenführung der verschiedenen nationalen Grundrechtsverständnisse* der EU-Mitgliedstaaten. Die Unterschiede stellten ein zwar nicht zu unterschätzendes Problem dar, doch wurde die Konsensfindung durch das Wissen um die Unverbindlichkeit der Charta befördert. Es wirkte gleichsam als Ventil, so dass sich punktuell auftretende Divergenzen nicht zu Blockaden entwickelten. Das Konsenspotential des Grundrechtekonvents wurde auch nicht unerheblich dadurch verstärkt, dass das Gremium keinem materiellen Problemdruck ausgesetzt war. Die Grundrechte existierten in ihrem Wesensgehalt bereits in den einzelnen Mitgliedstaaten; auch die Europäische Union respektierte einen vom EuGH ursprünglich daraus abgeleiteten Grundrechtebestand. Der Konvent war also nicht beauftragt, Recht zu schaffen, sondern sollte das Bestehende ordnen und systematisieren. Die erarbeitete Charta stellte damit lediglich eine „komplementäre Rechtsquelle" zum bestehenden umfassenden Grundrechtsschutz innerhalb der EU dar.[105] Schließlich ist herauszustellen, dass die Interessengegensätze zwischen den Konventsgruppen kaum institutionell oder parteipolitisch begründet waren, diese

103 Vgl. *Meyer, J./Hartleif, S.*: Die Konventsidee, in: ZParl, 33/2 (2002), 368–376, hier: 369f.

104 *Europäischer Rat (Tampere):* Schlussfolgerungen des Vorsitzes.

105 Vgl. *Alber, S.*: Die Aufnahme der Grundrechtecharta in die künftige EU-Verfassung, in: ZSE, 1/2 (2003), 178–198, hier: 189.

also mit ihrem Konventsmandat über ein ungewöhnlich hohes Maß an Handlungsfreiheit verfügten. Dem Konventspräsidenten, *Roman Herzog*, gelang es aufgrund dieses Umstandes und durch die zielstrebige, für alle Seiten offene Führung, die einzelnen Positionen erfolgreich zusammenzuführen.

Von den ähnlichen Rahmenbedingungen abgesehen, *unterschieden sich Grundrechte- und Verfassungskonvent* allerdings in einigen wesentlichen Punkten. Beide zielten auf eine Ordnungsleistung, die zunächst unverbindlich den Staats- und Regierungschefs vorzulegen war. Beide waren mithin vorrangig gehalten, dem Bestehenden eine Systematik zu verleihen – und zwar in einer für Fachleute wie die Bürgerschaft verständlichen und transparenten Weise. Zudem war zu prüfen, ob bestehende Regelungen den Ansprüchen der Mitgliedstaaten und der Union genügten; sollte dies nicht der Fall sein, wären Vorschläge zur Verbesserung, Funktionalisierung und Effektivierung zu unterbreiten. Das Konsenspotential innerhalb beider Gremien war hierfür unterschiedlich stark ausgeprägt. So hatte der Grundrechtekonvent darüber zu befinden, ob neue, bisher nicht explizit festgeschriebene Grundrechte in die zu erarbeitende Charta aufgenommen werden sollten. Der Verfassungskonvent hingegen sollte zwar ebenfalls vorrangig bestehende Regelungen auf deren Effizienz und Transparenz prüfen, doch war aufgrund der Breite der Agenda dessen Potential, auch grundlegende Struktur- und Verfahrensveränderungen vorzuschlagen und einzuleiten, weitaus größer als das des Grundrechtekonvents. Damit kam dem Verfassungskonvent ein erheblich größeres politisches Gewicht zu. Auch war zu erwarten, dass die Mitgliedstaaten, falls sie sich mit einzelnen Vorschlägen des Konvents nicht einverstanden erklärten, im Rahmen der Regierungskonferenz auf Neuverhandlungen drängen würden. Strategisch klüger war es mithin, diese Interessen bereits während der Verhandlungen des Konvents einzubringen, auch um den Preis einer verstärkten „Politisierung“.

Betrachtet man den Konvent als Vorbereitung auf eine Regierungskonferenz zur Vertragsrevision, so werden weitere *Vorteile des Verfahrens* deutlich: Die übliche Vorbereitung von Regierungskonferenzen erfolgte zunächst auf Beamtenebene. Während unkontroverse Sachverhalte vorab geklärt wurden und nur noch formal Teil der politischen Agenda waren, wurden Problembereiche bis in die Entscheidungsphase hinein verschoben und schließlich, meist unter Zeitdruck, von den Staats- und Regierungschefs direkt verhandelt. Die Erfahrung mit Regierungskonferenzen dokumentierte dabei nicht nur, dass die Differenzen zwischen den einzelnen nationalstaatlichen Positionen immer größer wurden, sondern auch, dass die Inflexibilität im Aushandelungsprozess stetig zunahm – während bei der Entwicklung von Strategien und Taktiken zur Durchsetzung der eigenen Interessen ein erstaunliches Maß an Dynamik und Flexibilität zu erkennen war. Nationale Positionen sowie bi- und multilaterale Abstimmungen manifestierten sich dabei bereits im Vorfeld. Die erkennbaren Positionen und Allianzpartnerschaften erwiesen sich zumeist als stabil und wurden lediglich durch nationale Alleingänge, meist aber nicht durch einen „Koalitionswechsel“ aufgebrochen, da Kompromisslösungen und Abweichungen zwangsläufig von der nationalen Klientel wie der Öffentlichkeit als Niederlage verstanden wurden und deshalb für die verhandelnden Regierungen nicht wirklich hinnehmbar waren. An die Ergebnisse der Regierungskonferenzen wurde daher der Anspruch gestellt, entweder *win-win*-Situationen herzustellen, die keine einseitige Belastung der Mitgliedstaaten mit sich bringen, oder aber durch Formelkompromisse lediglich Scheinlösungen zu präsentieren, wenn nicht gar die zur Diskussion stehenden Reformpolitiken gänzlich zu vertagen. Blockade und Vertagung waren somit von vornherein im Verfahren der Regierungskonferenz angelegt. Das Konventsverfahren erschien demgegenüber „offener“, personell überschaubarer und zeichnete sich durch eine verbesserte Systematik und Struktur des Arbeitsprozesses sowie durch ein höheres Maß an Flexibilität aus.

Die „offizielle" Arbeitsteilung im Konvent leitete denn auch eine *Professionalisierung* und gleichzeitige *Funktionalisierung* des Verfahrens ein. Einzelne Themenfelder und Fragestellungen wurden von den jeweiligen Spezialisten in den dem Plenum untergeordneten Gruppierungen bearbeitet, wobei in diesen die Repräsentation aller im Konvent vertretenen Gruppen sicherzustellen war. Mit diesem Verfahren, das an die arbeitsteiligen Strukturen von Plenum und Ausschüssen in nationalen Parlamenten erinnert, wurde zum einen das Plenum von langwierigen Diskussionen entlastet, zum anderen fanden die einzelnen Fragestellungen sachkundige Bearbeitung. Dennoch kam es natürlich auch zu informellen Treffen, die der Entscheidungsvorbereitung im Rahmen der Konventsarbeit gewidmet waren.[106] Der wichtigste Unterschied bestand allerdings darin, dass hier erarbeitete Kompromisse nicht von einer kleinen Gruppe ohne wechselseitige Abstimmung mit der Gesamtheit der Delegierten beschlossen werden konnten; sie unterlagen vielmehr der erneuten Debatte. Plötzliche Kompromisslösungen und Blockadehaltungen wurden also durch das Konventsverfahren erschwert.

Das aus den Arbeiten des Grundrechtekonvents abgeleitete gleichsam idealisierte „Konventsmodell" fand in den Verhandlungen des Verfassungskonvents daher auch nur zum Teil Berücksichtigung. Durch dessen im Vergleich längere wie komplexere Arbeit wurde sowohl auf neue als auch auf bekannte Reaktionsmuster zurückgegriffen. Dies galt zunächst für die drei gewählten *Arbeitsphasen* der *„allgemeinen Aussprache"*, der *„materiellen Arbeit"* sowie der *„Zusammenführung"*, wie der Konventspräsident, *Giscard d'Estaing,* sie im Rahmen der ersten Sitzung präsentierte.[107] Demnach sollten die Treffen des Konvents bis zur Sommerpause 2002 zunächst der internen Diskussion seiner Mitglieder sowie dem Dialog mit den Bürgern und der Zivilgesellschaft gewidmet sein, um eine erste Verständigung über die unterschiedlichen Ziele, Vorstellungen und die Richtung des Integrationsprozesses zu erlauben und frühzeitige semantische Debatten und Lagerbildungen innerhalb des Konventsplenums zu vermeiden. Die in dieser Phase vorgebrachten Diskussionsschwerpunkte sollten dann in einem nächsten Schritt, der Phase der „materiellen Arbeit", einer gründlichen Überprüfung, gegebenenfalls unterstützt durch die Einsetzung von Arbeitsgruppen, unterzogen und möglichst bereits in diesem Abschnitt in einen Konsens überführt werden. Schließlich schlug *Giscard* vor, in der Phase der „Zusammenführung" aus dem erzielten Konsens heraus eine Synthese zu erstellen, die in den Entwurf eines „konstitutionellen Vertrages für Europa" einfließen könnte. Dieser Vorschlag des Präsidenten wurde in der ersten Plenardebatte des Konvents erörtert. Aufgrund des ohnehin engen zeitlichen Rahmens stieß vor allem die geplante Länge der ersten Phase (der allgemeinen Verständigung) auf Kritik.[108] Gleichwohl wurde der Vorschlag des Konventspräsidenten vom Plenum akzeptiert.

---

106 Neben zahlreichen im Ergebnis undokumentierten Zusammenkünften einzelner Delegiertengruppen zählen hierzu auch Treffen des Konventspräsidenten mit einzelnen Staats- und Regierungschefs. So traf *Blair Giscard* im Verlauf der Konventsarbeiten mehrmals, um das britische Veto zur Ausweitung von Mehrheitsentscheidungen in der GASP, der Steuer- und Sozialpolitik sowie zur Aufnahme eines föderalen Bezugs in die Verfassung zu bekräftigen.

107 Vgl. Eröffnungsrede des Vorsitzenden, *Giscard d'Estaing,* vor dem Konvent zur Zukunft Europas, http://european-convention.eu.int/docs/speeches/3.pdf vom 26.2.2002, 8–11.

108 Vgl. Handelsblatt vom 8.5.2002 und SZ vom 17.7.2002 sowie *Meyer, J./Hölscheidt, S.*: Wie der Konvent Europa verfasst hat, in: ZSE, 1/3 (2003), 336–346.

Tabelle I-3: Die Arbeitsphasen des Konvents

Phase	Zeitraum	Sitzungen	Verfahren
I Generaldebatte	28.02.2002–12.06.2002	6	• Allgemeine Aussprache im Plenum
II Materielle Arbeit	12.09.2002–06.02.2003	7	• Aufteilung in Arbeitsgruppen und -kreise • Debatte der Schlussberichte im Plenum
III Zusammenführung	27.02.2003–14.06.2003	11	• Titelweise Formulierung von Artikelentwürfen durch das Präsidium • Diskussion der Entwürfe und Änderungsanträge von Delegierten und Delegiertengruppen im Plenum • Moderation des Präsidiums zwischen den Gruppen

Quelle: *ZSE-Redaktion:* Der „EU-Verfassungskonvent": Auftrag, Arbeitsweise, Ergebnisse, in: ZSE, 1/3 (2003), 447–473, hier: 453 (gekürzt).

Materiell war die *erste Arbeitsphase* durch Ansätze zu einer *„autokratischen Steuerung"* seitens des Konventspräsidenten geprägt. Zwar scheiterte dessen Versuch, eine gleichsam präsidiale Geschäftsordnung zu erzwingen, doch gelang es *Giscard* aufgrund der sich erst herausbildenden Kommunikationsstrukturen und Abstimmungsprozesse, seine Position in Fragen der Arbeitsform und der Auswahl der zu bearbeitenden Themen weitgehend durchzusetzen. Gleichwohl wurde aus Gründen der Effektivierung und Entzerrung der Arbeiten sowie aus Furcht vor einer zu starken Zentralisierung und präsidialen Eigendynamik die Phasendifferenzierung kritisiert; zudem forderten insbesondere die Parlamentarier anstelle der vorgesehenen zeitaufwendigen „allgemeinen Aussprache" ein frühzeitiges Einsetzen von Arbeitsgruppen.[109]

Substantielle *Dezentralisierungs- und Segmentierungsmaßnahmen* wurden im Mai 2002 mit der Bildung der ersten Arbeitsgruppen nach zweimonatiger Arbeit des Konvents eingeleitet und mit der Einrichtung weiterer Gruppen Ende Juni 2002 fortgesetzt. Zwar kam das Präsidium den Forderungen der Delegierten zunächst nur zögerlich nach, doch setzte es sich dann an die Spitze der Bedenken und festigte seine zentrale Stellung dadurch, dass es den thematischen Zuschnitt und das Mandat der ersten zehn Arbeitsgruppen festlegte. Im Plenum stieß die konsequente Zurückstellung von Fragen der institutionellen Reform zwar auf Kritik, doch wurde diese seitens des Präsidiums weitgehend ignoriert.

Verband sich mit der Einsetzung der Arbeitsgruppen gleichsam eine Selbstzurücknahme des Präsidiums, wurden in der *zweiten Phase* die wesentlichen Arbeiten des Konvents vor allem dezentral, also *im Rahmen der Arbeitsgruppen,* durchgeführt. Zwar suchte das Präsidium dem insofern entgegenzuwirken, als der Vorsitz in allen Arbeitsgruppen und -kreisen einem Präsidiumsmitglied übertragen wurde, doch kam es im Rahmen dieser zweiten Phase zu einem mehrstufigen Dialog. So fanden die materiellen Diskussionen zunächst in den

109 Vgl. SZ vom 2.3.2002, 9; auch FTD vom 28.2.2002, 13; *Göler, D.*: Die neue europäische Verfassungsdebatte, Bonn, 2002, 76.

Arbeitsgruppen statt, wobei das vom Präsidium vorgegebene Mandat die Grundlage bildete. Während der gesamten Phase wurde das Plenum über den Stand der Diskussionen in den Gruppen informiert und konnte Anregungen und Kritik in den noch andauernden Prozess einbringen. Schließlich diskutierte es die nach Abschluss der Gruppenarbeiten vorgelegten Berichte. Der Zusammenhalt des Gremiums wurde zudem durch eine enge Kooperation der Delegierten in Kleingruppen und die Herausbildung von entsprechenden Arbeitsroutinen gestärkt. Auch entfaltete der Ende Oktober 2002 vorgelegte „Vorentwurf eines Verfassungsvertrags“ eine beträchtliche Konzentrationswirkung im Plenum. Die breite Zustimmung zum Entwurf trug dazu bei, den Willen zum Konsens zu erneuern, sie schärfte auch das Bewusstsein, trotz auftretender Differenzen an einem gemeinsamen Projekt zu arbeiten.

In der *dritten Phase,* der „Zusammenführung“, entwickelte der Konvent dann eine zweigeteilte Arbeitsdynamik. Zunächst glichen die Strukturen innerhalb des Gremiums einer „Präsidialdemokratie“. So übernahm das Präsidium erneut die Steuerung, indem es aus den vorgelegten Abschlussberichten und den diesbezüglichen Plenardiskussionen erste Artikelvorschläge formulierte. Die Zunahme des Zeit- und Problemdrucks sowie Tendenzen zur Entkoppelung der Tätigkeiten von Präsident, Präsidium und Plenum ließen jedoch heftige Kritik an dieser zunächst geduldeten Zentralisierung aufkommen. Sie galt im Rahmen der letzten Plenartagung vor Verabschiedung der Teile I und II des Verfassungsvertrages der Arbeitsweise des Präsidiums. Es hatte eine Vielzahl von überarbeiteten Artikelentwürfen vorgelegt, den Delegierten aber kaum Zeit zur deren Beratung gelassen.[110]

In dieser letzten Arbeitsphase setzte sich auch die *Ausdifferenzierung* fort. Die vom Präsidium bewusst ausgeklammerten kontroversen Themen einer Reform des europäischen Institutionengefüges und einzelner Politiken wurden verstärkt außerhalb des Konvents diskutiert. In der Folge führte dies zu auch internen Lagerbildungen und Spaltungen. Dabei bestätigte sich, dass die „dreifache Einbindung“ der Delegierten nicht zur Bildung fester und eindeutig abgrenzbarer Interessengruppen geführt hatte. Vielmehr formierten sich diese jetzt eher situativ und kontextspezifisch. So standen sich in der Kontroverse über das Entscheidungsverfahren im Bereich der GASP vorrangig die nationalen Regierungsvertreter und die Delegierten des EP gegenüber. Gegen die Errichtung einer von den sechs großen Mitgliedstaaten favorisierten permanenten EU-Präsidentschaft wandten sich 16 der kleineren Staaten. Kleine und große Bewerber- und Mitgliedstaaten brachten zudem eine gemeinsame Initiative zur Beibehaltung des in Nizza verabschiedeten Abstimmungsmodus im Rat ein. Das Plenum erfuhr durch diese Verlagerung der Diskussion auf eine eher informelle Ebene zweifellos eine Entwertung. Der vielfach gepriesene offene, „deliberative“ Charakter des Konventsverfahrens war in dieser Phase fast nicht mehr erkennbar. Die in Teilen nicht öffentlichen und intransparenten Verhandlungen sowie die schließlich erarbeiteten Formelkompromisse näherten sich den aus Regierungskonferenzen bekannten Strukturmerkmalen an.

In seiner insgesamt 16-monatigen Arbeitszeit setzte der Konvent *elf Arbeitsgruppen* ein. Diese waren mit jeweils etwa 30 ordentlichen wie stellvertretenden Mitgliedern besetzt,[111] den Vorsitz führte, wie vorgesehen, ein Mitglied des Präsidiums. Die ersten Arbeitgruppen nahmen, wie aufgezeigt, ihre Tätigkeit im Juni 2002 auf und schlossen sie bis Oktober dieses Jahres ab; ihre Einsetzung sollte auch der „Besänftigung“ des Plenums dienen. Mit Ausnahme

110 Vgl. Wortprotokoll 11./12./13. Juni 2003.

111 Vgl. etwa CONV 77/02 vom 5.6.2002 sowie die Zusammenfassung der Sitzung des Präsidiums vom 5.6.2002, http://european-convention.eu.int/Docs/praesidium/2002/020605.S.pdf, für die Arbeitsgruppen I–VI.

der Gruppe „Ordnungspolitik“ waren alle Arbeitsgruppen[112] vorrangig mit der Klärung jener formalrechtlichen Fragen betraut, die in den Erklärungen von Nizza und Laeken angesprochen wurden. Durch die Diskussion während der ersten Konventsphase kam es zu einer ersten Vorstrukturierung der Tätigkeit der Arbeitsgruppen, die eine vergleichsweise schnelle und effektive Erarbeitung von Lösungsvorschlägen zuließ. So bestand weitgehende Einigkeit darüber, dass die Union eine eigene Rechtspersönlichkeit erhalten sollte und dass die Charta der Grundrechte in das zu erstellende Schlussdokument einzubeziehen sei. Die Abschlussberichte dieser (mit den formalrechtlichen Fragen befassten) Gruppen wurden demzufolge auch in den entsprechenden Plenardiskussionen positiv bewertet und vom Präsidium bei der Formulierung von Artikelvorschlägen berücksichtigt.

Fünf weitere, im Juli 2002 (*„zweite Welle“*) eingesetzte Arbeitsgruppen konzentrierten sich dagegen vorrangig auf die Erarbeitung von Reformvorschlägen zu zentralen Politikbereichen. Diese Gruppen (zum Außenpolitischen Handeln, zur Verteidigung, zur Vereinfachung sowie zum Themenbereich Freiheit, Sicherheit und Recht) konnten – wie die Gruppe „Ordnungspolitik“ der „ersten Welle“ – nicht auf einem vorab bestehenden Grundkonsens aufbauen. Zwar kam es auch schon während der Generaldebatte zu Erörterungen der Themenfelder „Raum der Freiheit, der Sicherheit und des Rechts“[113] sowie „Außenpolitisches Handeln der Union“[114], doch gelang es nicht, konkrete, d.h. auch operative Vorschläge zu entwickeln. Es dominierten allgemeine, zumeist eher integrationsfreundliche Absichtserklärungen auf dem „kleinsten gemeinsamen Nenner“. Dabei wurde deutlich, dass sich entgegen früheren Annahmen auch im Konvent und in seinen meist nach fachlicher Qualifikation zusammengesetzten Arbeitsgruppen nationale und institutionelle Interessen als

Tabelle I-4: Die Arbeitsgruppen des Konvents

Arbeitsgruppe	Vorsitz	Arbeitszeitraum
I Subsidiarität	*Íñigo Méndez de Vigo*	07.06.02–09.09.02
II Charta	*António Vitorino*	25.06.02–21.10.02
III Rechtspersönlichkeit	*Giuliano Amato*	18.06.02–30.09.02
IV Einzelstaatliche Parlamente	*Gisela Stuart*	26.06.02–22.10.02
V Ergänzende Zuständigkeiten	*Henning Christophersen*	17.06.02–30.10.02
VI Ordnungspolitik	*Klaus Hänsch*	07.06.02–10.10.02
VII Außenpolitisches Handeln	*Jean-Luc Dehaene*	24.09.02–04.12.02
VIII Verteidigung	*Michel Barnier*	13.09.02–25.11.02
IX Vereinfachung	*Giuliano Amato*	19.09.02–04.12.02
X Innen- und Rechtspolitik	*John Bruton*	16.09.02–04.12.02
XI Soziales Europa	*Giorgos Katiforis*	06.12.02–27.01.03

Quelle: Eigene Zusammenstellung (vgl. Anhang, II/5)

112 Zur Subsidiarität, zur Grundrechtecharta, zur Rechtspersönlichkeit, zu den nationalstaatlichen Parlamenten und zu ergänzenden Zuständigkeiten siehe Anhang, II/5.

113 Wortprotokoll der Tagung vom 6./7. Juni 2002.

114 Wortprotokoll der Tagung vom 11./12. Juli 2002.

dominant erwiesen – zumindest dann, wenn es um Macht- und Verteilungsfragen ging.[115] Der Abschlussbericht der Gruppe „Außenpolitisches Handeln“ etwa wurde im Plenum äußerst kontrovers diskutiert. Auch die Gruppe „Ordnungspolitik“ konnte sich nicht auf einen wirtschafts- und sozialpolitischen Zielkatalog einigen. Im Ergebnis übten diese Gruppen einen nur geringen Einfluss auf die materiellen Konventsergebnisse aus. Dies galt auch für die erst in der Phase der „materiellen Arbeit“ eingesetzte Gruppe „Soziales Europa“ (Dezember 2002).

Darüber hinaus entschied das Präsidium, einzelne Fragen, die entweder in den Arbeitsgruppen nicht angesprochen wurden oder aber über die keine Einigung zu erzielen war, in kleineren und nur für einen begrenzten Zeitraum tagenden *Arbeitskreisen* zu behandeln. Dies galt für den Arbeitskreis zur Klärung der „Rolle des Gerichtshofs“ im Februar 2003 sowie für die Arbeitskreise zur Beratung der „Eigenmittel“ und des „Haushaltsverfahrens“ (März 2003). Andere Fragen, für die sich keine überzeugende Antwort fand, oder Empfehlungen, die im Plenum Kontroversen auslösten, bearbeitete man entweder punktuell oder gar nicht. Allerdings tauchten Teile davon dann überraschend als Artikelvorschläge auf. Beispiele hierfür sind die Aufnahme der Methode der offenen Koordinierung oder aber die Ausweitung von Mehrheitsentscheidungen in der GASP.

Auffällig wenig Würdigung erfuhr in den bislang vorliegenden Publikationen wie Augenzeugenberichten schließlich die *Arbeit des Sekretariats,* das als *dark horse* im gesamten Konventsprozess erscheint. Dies kann als Anerkennung für dessen reibungslose Zuarbeit im Hintergrund der Konventsarbeiten gewertet werden, doch ist eher zu vermuten, dass seine Bedeutung weit größer war als angenommen, übernahm es doch bei der Formulierung der Artikelvorschläge eine Rolle, die über die eines Sekretariats deutlich hinausging.[116] Auch legten Presseberichten zufolge Sekretariatsmitglieder bereits im Juni 2002 einen ersten inoffiziellen Entwurf eines Grundlagenvertrages vor, der – anstelle eines neuen Gesamtvertragswerkes – den bestehenden Verträgen hinzugefügt werden sollte. Sie lösten damit allerdings Befürchtungen aus, die dem Entstehen einer „Schattenmacht“ galten. Wie stark das Sekretariat letztlich steuernd eingriff, ist aufgrund wenig zugänglicher Informationen auch heute nur schwer einzuschätzen. Alle verfügbaren Quellen sowie die deutliche Strukturierung der Arbeitsabläufe sprechen aber dafür, dass das Sekretariat um Einiges einflussreicher war als zunächst vermutet.

Andererseits darf dies nicht dazu führen, die *Bedeutung des Präsidiums* für die Lenkung der Konventsarbeiten (und damit für die Konsensfindung) zu unterschätzen. Das aus Delegierten aller im Konvent vertretenen Gruppen besetzte Leitungsgremium trug durch seine internen Beratungsarbeiten dazu bei, Kontroversen möglichst frühzeitig zu lösen und sie bereits „vorstrukturiert“ in das Plenum hineinzutragen. Allerdings verbleibt es bei der Beobachtung, dass die Arbeit des Präsidiums im Gegensatz zu allen sonst im Rahmen des Kon-

---

115 Vgl. *Hänsch, K.*: „Beschreiben, was sein kann“, in: ZSE, 1/3 (2003), 299–312.

116 Zu Beginn der Konventsarbeiten wurde erwogen, die Formulierung von Artikelvorschlägen den Arbeitsgruppen zu übertragen, doch rückte das Präsidium frühzeitig hiervon ab (vgl. EUobserver.com vom 27.6.2002). Die Berichte aus dem Präsidium sind in dieser Frage widersprüchlich: Im Rahmen der Plenartagung vom 11.7.2002 sprach *Giscard d'Estaing* lediglich von *„recommandations“* und *„options“*, die die Arbeitsgruppen vorstellen bzw. erarbeiten sollten (http://www.europarl.eu.int/Europe2004/textes/verbatim_020711.htm); im Präsidium wurde demgegenüber beschlossen, dass die Arbeitsgruppen *building blocks* erstellen sollten, die dann vom Präsidium zusammenzufassen wären (vgl. Zusammenfassung der Sitzung des Präsidiums vom 25.6.2002, http://european-convention.eu.int/Docs/praesidium/2002/020625.S.pdf, 4).

vents erkennbaren Tätigkeiten außerordentlich intransparent und der Öffentlichkeit lediglich in Teilen zugängig war.[117]

Die weitgehende *Geschlossenheit des Präsidiums* lässt zwei *Schlussfolgerungen* zu. So erscheint es zum einen möglich, dass innerhalb des Präsidiums ein weithin deliberativer Prozess zu für alle Beteiligten akzeptablen Kompromisslösungen führte. Ebenso kann aber auch vermutet werden, dass die interne Hierarchie derart ausgestaltet war, dass nur in wirklich akuten Fällen Mitglieder es erwogen, durch eine erweiterte Öffentlichkeit Druck auf den Präsidenten auszuüben. Für beide Thesen finden sich im Verlauf der Konventsarbeiten Anhaltspunkte. Für die erste Möglichkeit spricht vor allem die Arbeit des Präsidiums seit jenem „Revolteversuch" *Giscards,* mit dem er versuchte, dem Konvent eine präsidiale Geschäftsordnung aufzuoktroyieren. Nach Beilegung dieses Konflikts mehrten sich dann die Anzeichen, dass innerhalb des Präsidiums eine Art von „Teamgeist" entstand. Hierfür spricht nicht zuletzt jene interne Vereinbarung (vom 15. April 2002), Einzelbeiträge von Präsidiumsmitgliedern an den Konvent nicht zuzulassen, sie stattdessen nur intern zu diskutieren. Auch die Übernahme des Vorsitzes in den Arbeitsgruppen (durch je ein Präsidiumsmitglied) stärkte den Zusammenhalt des Gremiums, zumal durch die jeweiligen Berichte zum Stand der Diskussion das Präsidium gesamthaft über zu erwartende Ergebnisse wie Kontroversen informiert war und entsprechend reagieren konnte. Das geschlossene Auftreten nach außen, die öffentlich dokumentierte wechselseitige Loyalität und der von den Beteiligten später beschworene „kollegiale Geist" der Präsidiumsmitglieder wirkten schließlich auch auf das Plenum und erhöhten den Druck zur Kompromissbildung. In der Schlussphase der Konventsarbeiten beschwerten sich dann allerdings Delegierte erneut über die Arbeitsweise des Präsidiums; jetzt ging es um die überstürzte Vorlage einer Vielzahl von überarbeiteten Artikelvorschlägen innerhalb kürzester Frist. Kritiker sahen darin Tendenzen zu einem *fait accompli.*

Für eine starke *interne Hierarchisierung* innerhalb des Präsidiums sprach vor allem die Art, in der *Giscard* seine ersten Artikelvorschläge präsentierte. Sie gelangten bereits vor der Diskussion im Präsidium und im Plenum an die Öffentlichkeit und sahen vor, eine permanente europäische Präsidentschaft zu errichten (die von einem mit Vertretern der nationalen Regierungen besetzten Beirat unterstützt werden sollte) und die Kommission auf 15 Kommissare zu verkleinern. Darüber hinaus enthielt das Dokument auch den bereits zuvor abgelehnten Vorschlag, einen „Kongress der Völker Europas" zu schaffen. Entsprechend deutlich fielen dann die Auseinandersetzungen innerhalb des Präsidiums aus, die in diesem Fall auch nach außen getragen wurden und damit endeten, dass die besonders kontroversen Artikel überarbeitet und erst dann dem Plenum zugeleitet wurden. Die Präsidiumsmitglieder bewiesen so, dass sie sich gegen den Präsidenten durchzusetzen vermochten.

Auch gegen Ende der Konventsarbeiten zeigte die sonst starke und stabile Einheit des Präsidiums gelegentlich Risse, wenn auch die zu Beginn befürchteten offenen Rivalitäten zwischen dem Präsidenten und seinen Vizepräsidenten, vor allem zwischen den in Charakter wie europäischer Vision sehr unterschiedlichen *Giscard* und *Dehaene,* ausblieben. Unmut wurde eher seitens der Vertreter des Europäischen Parlaments, *Hänsch* und *Méndez de Vigo*, geäußert. Die beiden Abgeordneten kritisierten insbesondere, dass der Konventspräsident auf britisches Drängen Änderungen an der Präambel der Grundrechtecharta vornahm, die nicht im Präsidium abgestimmt waren.

117 Die Forderung nach Veröffentlichung der internen Arbeitsdokumente und Sitzungsprotokolle wurde bereits im Februar 2003 von den Führungsspitzen der EP-Parteien im Konvent erhoben; ihr kam das Präsidium zum damaligen Zeitpunkt jedoch nicht nach. Vgl. darüber hinaus den Antrag des Europäischen Bürgerbeauftragten vom 3.7.2003.

Meist allerdings suchte das Präsidium seine *interne Geschlossenheit* zu wahren und sie in das Plenum zu tragen. Zwar schienen Auftreten wie Äußerungen des Präsidenten im Vorfeld gelegentlich das Gegenteil zu bewirken, doch mündete die deutliche Ablehnung durch nationale wie europäische Parlamentarier in die angesprochene Änderung von *Giscards* Strategie. Bereits in seiner Eröffnungsrede und der darin vorgestellten „Strukturierung" der Konventsarbeiten hatte er – wie aufgezeigt – versucht, einen möglichst umfangreichen Konsens vorzubereiten. Dazu waren harte inhaltliche Auseinandersetzungen, die zwangsläufig zu einer Verfestigung von Positionen hätten führen können, zu vermeiden. Zudem musste *Giscard* Befürchtungen entgegentreten, dass sein Handeln als Konventspräsident zu stark von den Staats- und Regierungschefs beeinflusst sei. In Reaktion hierauf versuchte er, die Delegierten davon zu überzeugen, dass zwar Organisation und Vorbereitung in den Händen des Präsidiums lägen, Arbeit und Ergebnisse des Konvents aber entscheidend von den Vorstellungen, Beiträgen und Einstellungen der Delegierten selbst abhingen. Geschickt schwor der Präsident das Plenum bereits in der ersten Sitzung darauf ein, einen eigenen „Konventsgeist" zu entwickeln, der sich nicht nur zur Konsensfindung als unerlässlich erweisen sollte, sondern auch ein beträchtliches Maß an Immunisierung gegenüber störenden Außeneinflüssen ermöglichte.

Der materiellen Präferenz, die Ergebnisse der Konventsarbeiten möglichst im Einklang mit einer breiten Mehrheit von Delegierten zu erarbeiten, folgte *Giscard* schließlich mit seinem Vorschlag, von einer semantischen Debatte abzusehen und sich stattdessen darauf zu konzentrieren, ein einziges Dokument, das dann als Verfassungsvertrag bezeichnet werden sollte, zu erstellen. Diese Strategie wurde von den Delegierten begrüßt. Die damit verbundene Fokussierung auf einen Gesamtentwurf erleichterte zudem die Herausbildung des erwünschten *esprit de corps*.

Nach der Kritik des Plenums an der seitens des Präsidiums erkennbaren Steuerung des Konvents und der damit bewirkten Verzögerung der materiellen Arbeiten erschien der Konsens des Gremiums zwischenzeitlich brüchig zu werden. Durch die Präsentation eines Vorentwurfs, den das Plenum grundsätzlich begrüßte, ergaben sich zahlreiche Differenzen in Detailfragen. Da der Entwurf jedoch sehr allgemein und damit breit interpretierbar formuliert war, frischte er letztlich den „Konventsgeist" wieder auf. Das Präsidium hielt deshalb an der einmal eingeschlagenen Taktik fest, nach der im Vorfeld besonders kontrovers diskutierte Themen zunächst aus der Debatte ausgeklammert und „vorgeklärt" wurden. Diese Segmentierung einer komplexen Materie erwies sich einmal mehr als erfolgreiches Vorgehen.

Die *Debatte um die künftige Ausgestaltung des Institutionengefüges* blieb dagegen trotz zahlreicher Forderungen aus der Mitte des Konvents für ein volles Jahr ausgespart. Das Präsidium begründete seine diesbezügliche Entscheidung damit, dass zunächst Ordnungsfragen und Reformen in einzelnen Politikfeldern zu klären seien, bevor man über den Zuschnitt der Institutionen beraten könne. Der tatsächliche Verlauf der Konventsarbeiten spiegelte dieses Vorgehen allerdings nur in Teilen wider. Zwar wurde über formalrechtliche Reformen frühzeitig Einigkeit erzielt, doch erfolgte die Erarbeitung konkreter Vorschläge erst gegen Ende der Konventsarbeiten. Im Rückblick scheint die Strategie des Präsidiums, sich gegen die Einsetzung einer gesonderten Arbeitsgruppe zu entscheiden, allerdings verständlich. So gestaltete sich seit der ersten Debatte zur Reform der EU-Organe Ende Januar 2003 die Auseinandersetzung äußerst kontrovers und äußerte fast jede Gruppe ihre Unzufriedenheit mit der letztlich gefundenen Lösung. Heute allerdings scheint es, als hätte das Präsidium mit seiner Entscheidung eine frühere Lagerbildung innerhalb des Konvents verhindert.

Die *ersten Artikelentwürfe* zur Neugestaltung des Institutionengefüges stimmte der Konventspräsident schließlich zunächst mit den Staats- und Regierungschefs anlässlich des Gipfeltreffens in Athen ab. Auch bei der Erarbeitung weiterer Entwürfe, etwa zur Wirtschafts- und Währungspolitik, erfolgte eine Vorabklärung mit Regierungsvertretern – hier mit den Finanzministern der Mitgliedstaaten. Angesichts der Vetopotentiale der Beteiligten stellte sich dieses Verfahren auch als sinnvoll heraus, zudem sich Alternativen zu dieser internen (im Konvent) wie externen (durch Absprache mit Regierungsvertretern) Konsensbildung nicht wirklich stellten. Auch erwies sich die gelegentlich erkennbare „taktische Ignoranz" *Giscards* als durchaus produktiv. So versuchte er mit der Vorlage offensichtlich nicht durchsetzbarer Vorschläge, die Debatte zu öffnen und Handlungskorridore aufzuzeigen. Nach einem anfänglichen Protest ließen die Delegierten dann meist auch Kompromissbereitschaft erkennen, zumal jede Gruppe jetzt einen Teil vorher nicht berücksichtigter Interessen durchsetzen und sich somit als Gewinner der Diskussion fühlen konnte. Allerdings blieb das bewusste Erzeugen von Konflikten die Ausnahme, suchten die Präsidiumsmitglieder im Regelfall sowohl (präsidiums-)intern Einvernehmen herzustellen als auch zwischen den Gruppen und dem Präsidium zu vermitteln.

Die *Konsensbildung im Rahmen des Konvents* wurde schließlich durch die jeweils vor den Plenartagungen stattfindenden Sitzungen der Parteienfamilien und der institutionellen Gruppen gefördert. Die Präsidiumsmitglieder stellten in diesem Rahmen die im Leitungsgremium erarbeiteten Kompromisse vor und vermochten hierfür zu werben. Zudem konnten noch offene Fragen angesprochen werden, so dass das Präsidium über das Spektrum der Positionen jeweils informiert blieb. Dem dienten auch Briefe einzelner Konventsdelegierter oder Außenstehender, mit denen sich das Gremium in seinen Sitzungen befasste. Darüber hinaus wurden die Kommunikationsstrukturen zwischen Präsidium und Delegierten im Verlauf der Konventsarbeiten ausgebaut. Dies galt u. a. für die Einführung einer Fragestunde zu Beginn der Plenartagungen, die den Delegierten die Möglichkeit eröffnete, die Planung der weiteren Debatten zu erörtern und hierzu Anregungen und Änderungswünsche vorzutragen. Schließlich entschlossen sich Präsident und Vizepräsidenten in der Endphase der Verhandlungen, gesonderte Gespräche mit den einzelnen Gruppen im Konvent zu führen. Die Ergebnisse dieser Beratungen flossen in die Artikelentwürfe ein.

Die Einsetzung des Konvents zur Zukunft der Europäischen Union kann in der *Zusammenfassung* als eine Reaktion der Regierungsvertreter auf den vor allem im Rahmen von Regierungskonferenzen erkennbaren „Reformstau" innerhalb der EU gesehen werden. Externe Faktoren, wie die anstehende Erweiterungsrunde oder die seit dem 11. September 2001 jedem erkennbare terroristische Bedrohung, erhöhten den Druck auf die Staats- und Regierungschefs, ein Erfolg versprechendes Verfahren zur Reform der Union zu entwickeln. Die positiven Erfahrungen mit dem überwiegend durch Parlamentarier besetzten Grundrechtekonvent ließen das Konventsmodell zudem als aussichtsreichen Weg erscheinen, die vielfältigen Probleme einer gesamthaften Erörterung zuzuführen. Die Erklärung der Staats- und Regierungschefs in Laeken nahm dies auf. Aus der Auseinandersetzung mit den *left overs* von Nizza und der sich anschließenden Debatte ergab sich schließlich ein Fragenkatalog, der dem Konvent vorgelegt wurde und seinen Arbeitsauftrag darstellte. Diese materielle Agenda, die Zusammensetzung des Gremiums und schließlich das gewählte Verfahren bestimmten den weiteren Verlauf der Konventsarbeiten.

2. Akteure, Gruppen, Rollen

Sind somit Anlass, Auftrag und Verfahren der Konventsarbeit umrissen, soll nach einem ersten Blick auf die personelle Zusammensetzung, die Organisation und die gewählten Arbeitsweisen den *Akteuren* besondere Aufmerksamkeit gewidmet werden. Ihre Nationalität, ihre staats- wie europapolitische Orientierung, ihre Zuordnung zu unterschiedlichen Gruppen und Werthaltungen und schließlich das im Rahmen der Konventsberatungen gezeigte Verhalten waren für die letztlich vorgelegten Ergebnisse von entscheidender Bedeutung.

„Alteuropäische“ Elite

Schon die formale Zusammensetzung des Konvents machte deutlich, dass in seine Reihen zahlreiche *„altgediente Europäer“* berufen wurden. Sie als kohärente Gruppe zu betrachten, ihnen eine gleichsam ganzheitliche Rolle zuzuschreiben, erscheint aufgrund der unterschiedlichen nationalen, parteipolitischen, institutionellen und durchaus auch personellen Interessenlagen allerdings kaum möglich. Gleichwohl kam den „Alteuropäern“ eine bedeutende Funktion schon insofern zu, als in kontroversen Verhandlungssituationen Führungspersönlichkeiten gefragt waren, die divergierende Interessen durch Verhandlungsgeschick und Durchsetzungs- wie Kompromissfähigkeit auszugleichen vermochten. Wie im Fall des Grundrechtekonvents erwiesen sich entsprechende Erfahrungen als dienlich.

Für den Konventspräsidenten, *Valéry Giscard d'Estaing,*[118] bot die Berufung die Chance, seine politische Karriere als „Vater der europäischen Verfassung“ zu krönen und damit einen Eintrag in nicht nur französischsprachige Geschichtsbücher sicherzustellen. Hinzu trat, dass seine Wahl eine längere Phase der politischen Bedeutungslosigkeit beendete und dem ehemaligen französischen Staatspräsidenten eine öffentliche Funktion zuwies, die er in der Sache wie für sich selbst zu nutzen suchte.

Bereits 1962 stieg *Giscard* zum jüngsten Finanzminister Frankreichs auf und erreichte nach mehr als zehnjähriger politischer Erfahrung als Wirtschafts- und Finanzminister mit der Wahl zum französischen Staatspräsidenten 1974 den vorläufigen Höhepunkt seiner Laufbahn. Die gemeinsam mit dem deutschen Bundeskanzler *Helmut Schmidt* orchestrierte Schaffung des Europäischen Rates und die Einrichtung des Europäischen Währungssystems zeugen noch heute von *Giscards* europapolitischen Aktivitäten, die stets vom Willen nach verstärkter Integration bei gleichzeitiger Wahrung nationalstaatlicher Souveränität (und einer, wo möglich, französischen Führungsrolle) geprägt waren. Nach der missglückten Wiederwahl 1981 stand er dann als Abgeordneter der *Assemblée nationale,* des Europäischen Parlaments und des Ausschusses der Regionen kaum mehr im Rampenlicht der Öffentlichkeit, so dass nach dem zweimaligen Scheitern seiner Bemühungen um den Posten des Präsidenten der Europäischen Zentralbank der Konvent eine letzte große Profilierungschance bot. Die Ernennung verdankte der inzwischen 75-Jährige allerdings weniger der Anerkennung seiner bislang europapolitisch erbrachten Leistungen, sondern eher dem innen- wie außenpolitischen Kalkül des amtierenden französischen Staatspräsidenten, *Jacques Chirac*. So verschaffte sich dieser über die Berufung *Giscards* innenpolitische Freiräume im eigenen Lager und konnte zudem darauf verweisen, dass ein ausgewiesener Vertreter französischer Interessen an die Spitze des Konvents trat. Auch fand sich so ein Weg, *Giscard* für die beiden von *Chirac* nicht unwesentlich mitinitiierten Misserfolge zu entschädigen.

---

118 Vgl. ausführlicher u.a. *Abadie, F./Corcellet, J.-P.*: Valéry Giscard d'Estaing, Paris, 1997.

Grundsätzlich erschien *Giscards* persönliches Profil zwischen überzeugtem Europäertum und pragmatischer Skepsis als gute Ausgangsbedingung für das Präsidentenamt, da sich in seinem Europabild Interessenlagen widerspiegelten, die auch im Konvent erkennbar wurden und die er in seiner Funktion als „neutraler Mittler" aufeinander beziehen sollte. Bereits vor Beginn der Konventsarbeiten wurde diese Aufgabe jedoch von ihm selbst in den Hintergrund gerückt. Stattdessen kontaktierte *Giscard* zunächst die EU-Staats- und Regierungschefs, um die Handlungsmöglichkeiten der Konventspräsidentschaft auszuloten. Nach seinem Selbstverständnis sah er sich bereits in einer führenden Rolle, wobei der staatsmännisch-präsidiale Habitus und das patrizisch anmutende Auftreten keinen Zweifel darüber aufkommen ließen, dass er sich nicht nur zur Leitung, sondern auch zur Zusammenführung und Kompromissbildung als besonders geeignet einschätzte.

Nachdem sich das Plenum gegen *Giscards* Versuch, die Geschäftsordnung auf sich zuzuschneiden, durchgesetzt hatte, modifizierte der Präsident seinen Führungsstil zwar nicht zur Gänze, erwies sich aber als jetzt deutlich offener, kompromissbereiter und taktisch geschickter. So kam er den Forderungen des Plenums nach einer frühzeitigen Einrichtung von Arbeitsgruppen nach, gab diesen aber nicht den gewünschten inhaltlichen Zuschnitt. Darüber hinaus folgte *Giscard* der schon frühzeitig geäußerten Bitte um die Vorlage einer Grundstruktur für den Verfassungsvertrag.[119] Die Kritik am Führungsstil des Präsidenten, der die Generaldebatte bis zur Sommerpause Mitte Juli 2002 andauern ließ und dabei die Forderung nach einer Diskussion über einen institutionellen Neuzuschnitt der EU ignorierte, ebbte dann mit einer „gemäßigten" Vorlage, die das Plenum überwiegend positiv bewertete, ab. Die damit erreichte Konzentration auf das Ziel der Konventsarbeiten ließ kritische Stimmen in den Hintergrund treten und verstärkte das Zusammengehörigkeitsgefühl der Delegierten. Es stand im Gegensatz zu dem autokratischen Verhalten des Präsidenten, das bei der Vorlage erster Artikelentwürfe zum Institutionengefüge erneut zum Tragen kam. Diese Entwürfe sahen eine erhebliche Stärkung der Nationalregierungen vor, unter anderem durch die Einrichtung einer permanenten Präsidentschaft, eines Vizepräsidenten und eines Beirates, zusammengesetzt aus Vorsitzenden bedeutender Fachräte sowie einiger Staats- und Regierungschefs. Fügt man dem die vorgesehene „Rückführung" der Kommission hinzu, stellten die von *Giscard* initiierten Entwürfe einen Affront der kleineren Mitgliedstaaten dar. Auch die erneute Präsentation der Idee eines „Kongresses der Völker", von *Giscard* frühzeitig vorgestellt und bereits mehrheitlich im Plenum abgelehnt, wurde entsprechend interpretiert. Insgesamt verband sich mit diesen Prozessen aber eine beträchtliche Katalysatorwirkung für die schwierige Konsensbildung zur künftigen institutionellen Gestalt der Union. Dies dokumentierte sich am Beispiel der Benelux-Staaten, die noch im Dezember 2002 gegen die Einrichtung eines Präsidialsystems votierten,[120] sich dem im Mai 2003 dann aber nicht mehr widersetzten.[121] Gleichzeitig konnte so eine Vereinnahmung für die sich schon frühzeitig bildende Opposition der kleinen Mitgliedstaaten vermieden werden[122] und kam es zu einer vermittelnden Funktion zwischen den erkennbaren Maximalforderungen.

Besonders deutlich wurde *Giscards* zunehmend flexibler Führungsstil dann gegen Ende der Konventsarbeiten. Insbesondere die Treffen mit den Vertretern der Nationalregierungen

119 Vgl. CONV 369/02 vom 28.10.2002, s. Anhang, IV/1.

120 Vgl. CONV 457/02 vom 11.12.2002.

121 Vgl. CONV 732/03 vom 8.5.2003.

122 Vgl. CONV 646/03 vom 28.3.2003.

erwiesen sich als schwierig, da die Gruppe vielfach in sich gespalten war[123] und nur geringe Kompromissbereitschaft erkennen ließ. *Giscard*, der sich bis dahin stets mit Regierungsvertretern abgestimmt hatte, sah jetzt in deren Verhalten eine Gefahr für das Gesamtprojekt und löste sich aus den bei seiner Ernennung erwarteten Bezügen – bis hin zu einer deutlichen Sympathie für die kompromissbereite Gruppe der Europaparlamentarier.[124]

Auch für andere Delegierte bot der Konvent die Möglichkeit, die nationalstaatliche Karriere um eine europapolitische Komponente zu erweitern und sich so für künftige Führungsaufgaben zu empfehlen. Zu dieser Gruppe zählten insbesondere die dem Präsidenten zugeordneten Stellvertreter. Der ehemalige italienische Ministerpräsident *Giuliano Amato* war auf europäischer Ebene bis zur Ernennung zum Vizepräsidenten des Konvents noch wenig hervorgetreten. Der Wirtschafts- und Finanzexperte wirkte von 1983 bis 1993 als Mitglied des italienischen Parlaments, von 1987 bis 1989 auch als Finanzminister, und wurde eher „zufällig", im Zuge des Skandals um Korruption und Parteienfinanzierung innerhalb der Sozialistischen Partei, 1992 für zehn Monate zum Ministerpräsidenten gewählt. Innerhalb dieses Zeitraums machte er sich über einen harten Reformkurs im Bereich der Wirtschaftspolitik sowie als Verwaltungsreformer einen Namen. Im Anschluss daran scheiterten allerdings *Amatos* Ambitionen, sowohl auf den Posten des Kommissionspräsidenten als auch auf den des Präsidenten des Internationalen Währungsfonds. Stattdessen wurde er 1997 Präsident der Antitrust-Organisation und wirkte im Kabinett von *Massimo d'Alema* als Minister für konstitutionelle Reformen sowie erneut als Finanzminister. Auch seine zweite Amtszeit als Ministerpräsident im April 2000 verdankte er nicht der eigenen Kandidatur, sondern dem Rücktritt seines Vorgängers, der an der Aufgabe, die Linke Italiens zu modernisieren, gescheitert war. Angesichts einer wohl realistischen Einschätzung seiner geringen Wahlchancen[125] verzichtete *Amato* dann auf eine Kandidatur zur Wahl im Jahr 2001, trat seither für die Gründung einer Reformpartei ein und akzeptierte die Einladung zur Mitarbeit in der *Laeken Declaration Advisory Group*.

Der Sozialist galt prinzipiell als überzeugter Europäer, ohne dass ihn integrationspolitische Grundsatzdebatten oder gar eine „Vision" bekannt gemacht hätten. Stattdessen waren es seine vorzüglichen Kenntnisse des europäischen wie des nationalen Staats- und Verwaltungsrechts sowie ein außergewöhnliches Vermittlungsgeschick, das ihn für die Arbeiten des Konvents zu einer gleichsam optimalen Wahl werden ließ. Zwar wurde sein Name auch für den Posten des Konventspräsidenten genannt, doch galt er hierfür als „zu intellektuell". Darüber hinaus freilich standen dem auch seine Persönlichkeit und das gespannte Verhältnis zur amtierenden italienischen Regierung entgegen. So erklärte er sich eben nicht bereit, die Interessen der Regierung *Berlusconi* im Konvent zu vertreten und ließ stattdessen verlauten, dass er seine eigene Position einzubringen gedenke.

Die Tätigkeit als Vizepräsident des Konvents bot dem Italiener in mehrfacher Hinsicht Handlungschancen: Zunächst wurde ihm die Möglichkeit eingeräumt, sich auch auf europäischer Ebene als Verfassungsrechtler und vielseitig begabter Politiker zu profilieren und sich aufgrund seiner Eigenleistung und Unabhängigkeit für künftige Ämter zu qualifizieren. Hinzu kam, dass er innerhalb des Führungstrios ausgleichend und ergänzend wirkte. Zwar wurde ihm von Beobachtern aufgrund seiner Persönlichkeitsstruktur ein eher geringeres politisches Gewicht zugesprochen, doch sollte *Amatos* indirekt steuernder Einfluss als *ghost-*

123 In sich variable Gruppen bildeten u.a. die kleinen und großen Mitgliedstaaten, jene, die die Öffnung des Vertrages von Nizza ablehnten, oder aber die Gründungsstaaten.

124 SDA-Meldung vom 5.6.2003.

125 La Stampa/BBC Monitoring vom 14.3.2001.

writer nicht unterschätzt werden. Darüber hinaus stellte er sein Verhandlungsgeschick als Leiter der Arbeitsgruppen „Rechtspersönlichkeit" und „Vereinfachung" unter Beweis. Der in beiden Gruppen erzielte Konsens wurde in den Plenardiskussionen positiv bewertet, die Empfehlungen fanden sich in zahlreichen Artikeln des Verfassungsvertrages wieder. Die *Amato* schließlich attestierte „zurückhaltende Hartnäckigkeit" dokumentierte sich nicht zuletzt in dem Versuch, die Methode der offenen Koordinierung vertraglich zu verankern.[126] Nachdem diese in die ersten Artikelentwürfe keinen Eingang fand und sich das Präsidium zudem in seiner Sitzung am 2. April 2003 darauf einigte, dies auch künftig zu unterlassen, erarbeitete *Amato* gemeinsam mit dem Sekretariat erneute Vorschläge, die erst in der Präsidiumssitzung am 7. und 8. Mai „endgültig" verworfen wurden. Dennoch: In den zuletzt veränderten Vorlagen des Verfassungsentwurfs wirkte *Amato* einmal mehr im Hintergrund. Die in der „verabschiedeten" Version des Entwurfs enthaltenen erweiterten Zuständigkeiten zur Koordinierung der Forschungs-, Industrie-, Gesundheits- und Sozialpolitik – die vom Plenum nicht diskutiert wurden – gehen auf ihn zurück.[127]

Im Gegensatz zu seinem Kollegen *Amato* galt *Jean-Luc Dehaene* als erfahrener und ausgewiesener „Alteuropäer". Der Rechts- und Wirtschaftswissenschaftler war seit 1967 politisch tätig und trat 1981 erstmals Regierungsämter an, wobei er nach einem Wirken als Stellvertretender Premierminister Belgiens und Minister für Verkehr und Transport sowie für Institutionelle Reformen von 1992 bis 1999 als Premierminister agierte. Im Rückblick wird er als Architekt staatlicher Reformpolitiken gewürdigt und vor allem sein Engagement bei der Reorganisation der belgischen Staatsfinanzen und beim Beitritt des Landes zur gemeinsamen Währung betont.

Führende europapolitische Aufgaben blieben *Dehaene* dagegen verwehrt. Seine Kandidatur für das Amt des Kommissionspräsidenten blockierte 1994 der seinerzeit amtierende britische Premierminister *Major*, dem *Dehaene* als ein zu enger Vertrauter von Bundeskanzler *Kohl* galt. Darüber hinaus stellte der ausgewiesene Föderalist gleichsam eine „Gefahr" für das britische Interesse in der Europäischen Union dar. Nach dem Ausscheiden aus dem Amt des Premierministers 1999 erlangte *Dehaene* gleichwohl zusätzliches Ansehen durch einen gemeinsam mit *Richard von Weizsäcker* und *Lord Simon* erstellten Bericht der sog. „Drei Weisen",[128] der ungewöhnlich offen die mit der Erweiterung der Union zu erwartenden institutionellen Defizite aufdeckte und für Vertragsreformen plädierte. Wie *Amato* war auch *Dehaene* neben seiner Parlamentstätigkeit an der Vorbereitung und Formulierung der Erklärung von Laeken beteiligt.

Dehaene verfolgte seit Jahren eine klare europapolitische Linie. Darüber hinaus galt er als exzellenter und durchsetzungsstarker Verhandlungsführer und wurde vor allem dafür gewürdigt, unmöglich erscheinende Kompromisse herbeizuführen und dabei gelegentlich auch ungewöhnliche Wege zu gehen. Sein föderalistisch geprägtes Verständnis der EU und sein als eher „unwirsch-rauh" geschildertes Temperament standen in deutlichem Gegensatz zum Habitus des sich unnahbar gebenden Konventspräsidenten *Giscard d'Estaing* und zu der eher intellektuellen Attitüde *Giuliano Amatos*. Die Beauftragung *Dehaenes* mit der Organisation

126 Hierzu u.a. *Scharpf, F. W.*: Legitimate Diversity, in: ZSE, 1/1 (2003), 32–60.

127 Vgl. FAZ vom 11. 7.2003, 13.

128 *Dehaene, J.-L./Weizsäcker, R. v./Simon, D.*: The Institutional Implications of Enlargement. Report to the European Commission, 18.10.1999, http://www.jeanmonnetprogram.org/dehaene.html. Positiv zum Bericht: *Hesse, J. J.*: Die Diskussion um eine europäische Verfassung, in: Bruha, Th./Hesse, J.J./ Nowak, C. (Hg.): Welche Verfassung für Europa?, Baden-Baden, 2001, 63–87.

des „Forums der Zivilgesellschaft" wurde von einigen Beobachtern deshalb auch dahingehend interpretiert, dass sich der Konventspräsident vor allem in der Frühphase der Beratungen Freiräume gegenüber *Dehaene* verschaffen und zudem die zivilgesellschaftlichen Gruppen mit einem starken „Gegner" konfrontieren wollte. Zumindest Letzteres erwies sich allerdings als einseitige Auslegung der Präsidialstrategie. So wurden die zivilgesellschaftlichen Organisationen aufgefordert, Kontaktgruppen zu bilden, wobei die einzelnen Präsidiumsmitglieder die Pflege jeweils einer Gruppe übernahmen.

Der Kreis der hier als „Alteuropäer" bezeichneten Konventsmitglieder beschränkte sich aber nicht auf den Präsidenten und dessen Stellvertreter, sondern bezog auch zahlreiche Politiker mit ein, die auf eine derart lange europapolitische Karriere verweisen konnten, dass man sie als gleichsam „europäisch" sozialisiert einschätzte; sie verfügten häufig über eine nur noch begrenzte nationalstaatliche wie parteipolitische Rückbindung und stellten in ihren jeweiligen Kontexten gleichsam „singuläre Fälle" dar.

Zu dieser Gruppe zählte mit *Klaus Hänsch* ein weiteres Präsidiumsmitglied. *Hänsch* war seit 1979 Mitglied des Europäischen Parlaments und galt als „Mann der ersten Stunde", dessen politische Lebensaufgabe darin bestand, Europa fortzuentwickeln. Innerhalb des EP wirkte *Hänsch* in zahlreichen Positionen, so als Mitglied des Ausschusses für Auswärtige Angelegenheiten, im Institutionellen Ausschuss und als Stellvertretender Vorsitzender der SPE-Fraktion. Den vorläufigen Karrierehöhepunkt stellte die Wahl zum Präsidenten des Europäischen Parlaments im Jahr 1994 dar. Neben seiner parteipolitischen Funktion war *Hänsch* zum Zeitpunkt der Konventsberatungen Mitglied des Ausschusses für Auswärtige Angelegenheiten, Sicherheit und Verteidigung sowie Stellvertretendes Mitglied des Konstitutionellen Ausschusses des Europäischen Parlaments.

Als *Hänsch* den Konvent anfänglich als „Herzensangelegenheit" bezeichnete, war damit seine Ambition gemeint, auf ein bürgernahes Europa hinzuwirken. Sein Interesse ging vor allem dahin, Prozesse auf europäischer Ebene nicht nur zu effektivieren und zu „optimieren", sondern auch die Machtbalance zugunsten der Union, und hier vorrangig dem Europäischen Parlament, zu verschieben.[129] Allerdings war mit der zunehmenden europapolitischen Professionalisierung und Profilierung auch eine Schwächung der angesprochenen nationalen und parteipolitischen Rückkoppelung verbunden, die zwar erweiterte Unabhängigkeit mit sich brachte, ihn aber auch vom Vollzug der europäischen Politik auf der Ebene der National- bzw. Gliedstaaten zu entfernen drohte. Ein „Rücksprung" *Hänschs* auf die nationale politische Ebene wurde zunehmend unwahrscheinlich. Erwartet, von mancher Seite auch befürchtet wurde deshalb eine vorbehaltlos integrationsfreundliche, weniger an funktionalen Kriterien ausgerichtete Position. Solche Einschätzungen wurden im Laufe der Konventsberatungen jedoch nicht bestätigt. *Hänsch* hielt sich öffentlich im Hintergrund und kritisierte nur in Ausnahmefällen, und selbst dann eher zurückhaltend-ironisch,[130] den Präsidenten, etwa bei der Vorlage der Artikelvorschläge zum künftigen Institutionengefüge oder aber bei dessen eigenmächtiger Änderung der Präambel der Grundrechtecharta. Darüber hinaus nahm er eine vermittelnde Position zwischen dem Präsidium und der Gruppe der SPE sowie zur Gesamtgruppe der europäischen Parlamentarier ein, erzielte mithin eine ausgleichende Wirkung in mehrfacher Richtung. So ließ sich *Hänsch* auch nicht auf die von einigen

---

129 Vgl. *Hänsch, K.*, a.a.O.

130 So bei der Überarbeitung der Artikelentwürfe zum Institutionengefüge: „Wir haben den seltenen Fall, dass ein gerupftes Huhn besser aussieht als vorher", in: FAZ vom 25.4.2003.

EP-Delegierten vorgebrachte ablehnende Position zur Errichtung einer permanenten Präsidentschaft festlegen, sondern verwies ausdrücklich darauf, dass „die Funktionsfähigkeit der Union [...] nicht nur auf ihren vergemeinschafteten, sondern auch auf ihren intergouvernementalen Elementen“[131] ruht, trat gleichzeitig aber für die Ausweitung der Mitentscheidungsbefugnisse des Parlaments ein und war damit erfolgreich. Entsprechende Befugnisse sollten nach dem Entwurf des Verfassungsvertrages dem Europäischen Parlament in nur noch 13 Bereichen verwehrt werden.

Einen zweiten deutschen Vertreter, dessen europapolitische Karriere mit und durch den Konvent einen Höhepunkt erreichte, stellte der Europaparlamentarier *Elmar Brok* dar. Auch er fungierte seit der ersten Wahlperiode als Mitglied des Parlaments und war zum Zeitpunkt der Konventsberatungen Vorsitzender des Ausschusses für Auswärtige Angelegenheiten, Sicherheit und Verteidigung sowie Vorstandsmitglied der EVP-Fraktion. Seine vielfach dokumentierte Unzufriedenheit mit dem Modell der Regierungskonferenzen speiste sich zum einen aus deren zuletzt nur dürftigen Fortschritten und der für ihn so inkonsequenten wie inkohärenten Ausweitung der Mitentscheidungsrechte des Europäischen Parlaments. Darüber hinaus griff *Brok* als Mitglied der Reflexionsgruppe der EU für die Überprüfung des Vertrages von Maastricht und als Vertreter des Europäischen Parlaments in den Regierungskonferenzen zur Erarbeitung der Verträge von Amsterdam (1996/1997) und Nizza (2000) auf einen breiten Fundus eigener Erfahrungen zurück.[132]

Trotz seiner Mitgliedschaft (als Stellvertreter) im Ausschuss für die Angelegenheiten der Europäischen Union des Deutschen Bundestages verfügte *Brok* über eine eher lose Rückbindung zur nationalen und parteipolitischen Ebene sowie zum Vollzug europäischer Politik in den Mitgliedstaaten. Gleichwohl wurde er im Rahmen der Konventsaktivitäten zu einem zentralen Akteur. So genoss er, wie *Hänsch,* aufgrund seiner langjährigen Erfahrung das Vertrauen der Vertreter des Europäischen Parlaments und gelang es ihm, aufgrund seiner rhetorischen Fähigkeiten und seiner Durchsetzungsstärke zahlreiche weitere Konventsmitglieder hinter sich zu „versammeln“. Sein vehement-impulsives, in Teilen bewusst provozierendes Auftreten machte ihn zu einem der wesentlichen Opponenten gegen stark intergouvernemental geprägte Präsidialvorschläge; sein Verhältnis zu *Giscard* darf man als selbstbewusstkritisch bezeichnen. Im Gegensatz zu *Hänschs* wohl auch durch die Mitgliedschaft im Präsidium erklärbaren eher zurückhaltenden Art, die darauf zielte, durch Hintergrundgespräche Veränderungen herbeizuführen, suchte *Brok* im Verlauf der Konventsarbeiten frühzeitig und zunehmend intensiv den Kontakt zur Öffentlichkeit. Bereits während der Phase der Generaldebatte polemisierte er gegen die von britischer, französischer und spanischer Seite eingebrachten Vorschläge zur Errichtung einer permanenten Ratspräsidentschaft und spitzte dies in der vielzitierten „Entscheidung zwischen Monnet und Metternich“[133] zu. Nach Ende der Sommerpause, im September 2002, stellte *Brok* einen ersten Verfassungsentwurf vor, der zwar selbst im konservativen Lager auf Kritik stieß, aber den Druck auf den Präsidenten, eine eigene Vorlage zu unterbreiten, durchaus erhöhte. Vor allem in der Phase der „Zusammenführung“ konnte *Brok* dann die Gruppe der Europaparlamentarier und weitere Konventsdelegierte zu einer kritischen Haltung motivieren. So bezeichnete er nach der Vorlage der Präsidiumsvorschläge zum institutionellen Gefüge, noch immer stark von der Hand-

---

131 Vgl. *Hänsch, K.*, a.a.O., 308.

132 Siehe hierzu http://www.elmarbrok.de/person/cv/.

133 Zit. nach FAZ vom 25.5.2002, 6.

schrift *Giscards* gezeichnet, diesen als „Autisten“[134], der der Debatte im Plenum keinerlei Bedeutung zumesse. Unter Androhung einer Unterschriftensammlung von konservativen, sozialdemokratischen und liberalen Delegierten des EP setzte *Brok Giscard* Anfang Juni 2003 erneut unter Druck, diesmal, um die Vorschläge zur institutionellen Reform substantiell zu verändern.[135] Im Übrigen suchte er parteiübergreifend die Interessen des EP durchzusetzen. So trafen sich am 10. Juni 2003, kurz vor der letzten Plenartagung zur Verabschiedung von Teil I der Verfassung, Vertreter des Europäischen Parlaments in seinem Büro, um gemeinsame Forderungen an den Konventspräsidenten zu formulieren.[136] *Broks* zentrale Rolle unter den Parlamentariern wurde auch dadurch erleichtert, dass er weitgehend losgelöst von der nationalen Ebene und der damit verbundenen starken parteipolitischen Orientierung agierte. Ungewöhnlich deutlich wurde dies kurz vor Ende der Konventsarbeiten vom bayerischen Ministerpräsidenten und Abgeordneten der CDU/CSU-Fraktion kritisiert, die zahlreiche vorgesehene Bestimmungen, unter ihnen vor allem den fehlenden Gottesbezug in der Präambel der Verfassung, zur Diskussion stellten. Auch davon ließ *Brok* sich nicht beirren, bezeichnete die gegen ihn vorgebrachte Kritik vielmehr als „überzogen und schädlich“[137] – und ließ es dabei bewenden. Dennoch: Trotz ihrer weitgehend „europäischen“ Sozialisation vertraten sowohl *Klaus Hänsch* als auch *Elmar Brok* nicht nur die Interessen des Europäischen Parlaments, sondern, wenn auch mit einer aus ihren Lebensläufen heraus verständlichen Distanz, deutsche Anliegen.

Ohne die deutschen Akteure im Rahmen der Konventsarbeiten hervorheben zu wollen, sei schließlich vermerkt, dass nicht alle „Alteuropäer“ im Konvent eine herausgehobene Bedeutung spielten. So mutete die Entsendung des ehemaligen Ministerpräsidenten Luxemburgs, EU-Kommissionspräsidenten und Vizepräsidenten des Europäischen Parlaments, *Jacques Santer,* fast als „Verlegenheitslösung“ an. Zwar war er einer der von der Funktionswahrnehmung her erfahrensten Europäer, doch bot ihm der Konvent zur Korrektur des Bildes eines „gescheiterten Kommissionspräsidenten“ von Beginn an nur wenige Möglichkeiten.

Santer galt nie als „optimale Besetzung“ für das Amt des Präsidenten: Seine fehlende europäische Vision und mangelnde Durchsetzungsstärke waren bekannt; gerade deshalb schien einigen Mitgliedstaaten an seiner Ernennung gelegen. *Santer* war zwar bis 2004 Mitglied des Europäischen Parlaments, wurde gleichwohl aber als Vertreter der Regierung Luxemburgs in den Konvent entsandt. Obwohl die luxemburgische Regierung stets zu den Integrationsbefürwortern unter den Mitgliedstaaten zählte, erschienen durch diese doppelte Einbindung Loyalitäts- und Interessenkonflikte vorgezeichnet, haftete seiner Entsendung der Charakter einer Zwischenlösung an. Im Verlauf der Arbeiten nahm *Santer* daher auch die erwartete eher zurückhaltende Rolle ein. Allerdings wirkte er im Rahmen von Initiativen der Benelux-Staaten[138] vermittelnd zwischen den Konventsgruppen, vor allem zwischen den großen und den kleinen Mitgliedstaaten. Darüber hinaus hielt er sich, verständlicherweise, im Hintergrund.

Diese notwendigerweise verkürzten Profile ausgewählter Vertreter der Gruppe der „Alteuropäer“ mögen einen ersten Eindruck von der *Vielfalt der Interessenlagen und der sich ergebenden Einflussmöglichkeiten* für Konventsmitglieder geben. Zudem machen sie deutlich,

---

134 Vgl. FAZ vom 24.4.2003, 1.
135 Vgl. SZ vom 2.6.2003, 7.
136 Vgl. EUobserver vom 11.6.2003.
137 Vgl. FAZ vom 6.6.2003, 6.
138 Vgl. CONV 457/02 vom 11.12.2002 sowie CONV 732/03 vom 8.5.2003.

wie sich nationale Vorprägungen und Identitäten, europapolitisches Engagement sowie persönliche Charakteristika zu Haltungen verbanden, die die Konventsarbeit prägten. Trotz meist heterogener Interessenlagen, etwa innerhalb des Präsidiums, war nach einer Phase der Eingewöhnung aber durchaus jener *Teamgeist* erkennbar, der einerseits den autokratischen Präsidenten domestizierte, andererseits dessen Aura und taktisches Geschick nutzte. Im Konventsplenum hingegen bildete sich „konstruktiver Widerstand", exemplifiziert in der Person *Elmar Broks*, der – wiewohl europapolitisch konstruktiv denkend – die Interessen der entsendenden Institution, hier des Europäischen Parlaments, vertrat. Auch von daher kann die personalpolitische Besetzung des Konvents als glücklich bezeichnet werden: Die Mehrheit der parlamentarischen Vertreter wirkte „demokratisierend" auf Verhandlungsstil und Verhandlungsinhalte ein, ohne exekutive Interessen überspielen zu können (und zu wollen). Die Machtbalance zwischen Präsidium und Plenum schien zu stimmen.

Stunde der Parlamentarier?

Kamen die Regierungen den Forderungen der nationalen wie der europäischen Abgeordneten auf *verstärkte Beteiligung an europabezogenen Entscheidungsprozessen* bereits bei der Erarbeitung der Grundrechtecharta nach, bot der Verfassungskonvent ihnen erstmals die Möglichkeit, an der Fortschreibung des Primärrechts aktiv mitzuwirken. War schon der bloße Einbezug parlamentarischer Vertreter aus normativen Gründen zu begrüßen, muss die Möglichkeit, als Gruppe substantiell an der Vertragsfortschreibung mitzuarbeiten, hingegen eher zurückhaltend eingeschätzt werden. So wurde schon der Versuch zu einer verbesserten Zusammenarbeit von nationalen Parlamenten und Europäischem Parlament im Rahmen der COSAC unter großen Hoffnungen eingeleitet, doch blieb vieles von dem, was seinerzeit angedacht wurde, ohne Resultat oder politisch dauerhaften Einfluss. Zwar wird das Gremium seiner Funktion als interparlamentarisches Informations- und Konsultationsforum durchaus gerecht und bezeichnet man es zutreffend als „institutionelle Brücke zwischen Bundestag und Europäischem Parlament"[139], doch blieb die Formulierung gemeinsamer Stellungnahmen und erst recht die Vereinbarung gemeinsamer Aktionen ohne nachhaltige Ergebnisse. Das einzig positive Signal, das von der COSAC ausging, stellte die Forderung nach einem mehrheitlich mit Parlamentariern zu besetzenden Konvent für die Erarbeitung der künftigen Unionsverfassung dar. Während sich das gemeinsame Interesse dabei aus dem für beide Seiten unbefriedigenden situativen Kontext und einem unbestreitbaren Funktionsverlust im Zuge des Integrationsprozesses erklärte, wirkte das Verhalten der nationalen Parlamentarier im (mit-)erstrittenen Konvent eher desillusionierend. So gelang es im Rahmen der Verfassungsberatungen kaum, die sich mit unterschiedlichen nationalen Staats- und Verfassungstraditionen verbindende Heterogenität des parlamentarischen Selbstverständnisses zu überwinden und durch ein ganzheitliches und damit auch durchsetzungsstarkes Auftreten der Parlamentsvertreter zu ersetzen.

Der Einbezug von Delegierten des *Europäischen Parlaments* erschien auch insofern angezeigt, als das EP nicht erst seit Nizza und Laeken im Zentrum von Demokratisierungsbestrebungen der europäischen Politik stand. Allerdings verband sich damit keine wirklich konsequente oder gar kohärente Reformpolitik, wollte man die Parlamentarisierung des

139 Vgl. Nachgefragt: Die obersten Bundesorgane im Europäisierungsprozess: der Bundestag. *Wolfgang Thierse* im Gespräch mit *Joachim Jens Hesse*, in ZSE, 1/2 (2003), 274–281, hier: 275.

europäischen Regierungssystems nicht ernsthaft betreiben.[140] So dürfte unstrittig sein, dass den EP-Vertretern weder im Prozess der Politikformulierung noch bei der Vertragsfortschreibung bislang eine substantielle Rolle zukam. Ihr Einbezug in die europäische Primärrechtssetzung wurde deshalb als wichtiger und richtiger Schritt auf dem Weg zur Demokratisierung der europäischen Politik bewertet. Innerhalb dieses Rahmens galt das Interesse der Parlamentarier nicht nur einer Effektivierung ihrer Rolle im europäischen Entscheidungsprozess, sondern vor allem auch einer Ausweitung der Mitentscheidungsbefugnisse im Verfahren der Sekundärrechtssetzung, dem Prozess der Haushaltsberatung sowie im Rahmen verbesserter Kontrollen der übermächtigen Exekutivorgane der Union.

Da die Parlamentarisierung der Europapolitik in weiten Teilen der Öffentlichkeit als entscheidender Schritt zu einer nachhaltigen Anerkennung der Europäischen Union gilt, konnten die Vertreter des EP für ihre Forderungen im Konvent mit deutlicher interner wie externer Zustimmung rechnen. Hinzu trat ein relativ homogenes Gesamtinteresse, obwohl aus den beiden großen Parteiblöcken, EVP und SPE, vor allem während der Anfangsphase der Konventsarbeiten eigene Initiativen und Verfassungsentwürfe eingebracht wurden. Trotz Differenzen in Einzelfragen gelang es, das *parlamentarische Gesamtinteresse überzeugend* zu vertreten. So verabschiedete das Parlament vor und während der Konventsarbeiten mit großen Mehrheiten je einen Bericht zur Rechtspersönlichkeit der Union,[141] zur Abgrenzung der Zuständigkeiten zwischen der Europäischen Union und den Mitgliedstaaten,[142] zur Rolle der einzelstaatlichen Parlamente[143] sowie zum Status der Grundrechtecharta;[144] sie alle dienten der „Positionierung" der Gesamtgruppe und sorgten für eine nachhaltige Beeinflussung der Debatten.[145] Relative Homogenität, Zugehörigkeitsgefühl und damit verbundene Interessenvertretung wurden durch persönliche Kontakte, gemeinsame Erfahrungen und vorgängige Zusammenarbeit gestärkt, sie erlaubten zudem kurze Reaktionszeiten und eine schnelle Abstimmung sowohl innerhalb der Gruppe wie nach außen. Bereits in der Phase der Generaldebatte konnte die Delegation des EP zudem auf umfassende Vorarbeiten zurückgreifen, ein Vorteil, der sich insbesondere in der dritten Arbeitsphase, der Zusammenführung, als vorteilhaft erwies. So bildete die Gruppe der EP-Vertreter als Reaktion auf die Vorlage der Artikel zum Institutionengefüge kurzfristig Arbeitskreise (im April 2003), um einen Konsens innerhalb der Gruppe herzustellen und damit deren Position im Plenum zu stärken. Auch kam es vor Plenartagungen mehrfach zu Konsultations- und Abstimmungsverfahren. Darüber hinaus profilierte sich die Gruppe mit öffentlichkeitswirksamen Aktionen, etwa über das Schreiben an das Präsidium (zur Veröffentlichung von dessen Arbeitspapieren) oder zur Verlängerung der Beratungszeit.[146]

Im Gegensatz zu den EP-Vertretern gelang es den Delegierten der *mitgliedstaatlichen Parlamente* nur selten, sich überzeugend aus ihrer Abhängigkeit von der sie entsendenden Partei und den damit einhergehenden mehrfachen Loyalitätsbeziehungen zu lösen. Zwar traf man

140 Vgl. *Maurer, A.*: Parlamentarische Demokratie in der Europäischen Union, Baden-Baden, 2002; auch: *Maurer, A./Wessels, W.*, a.a.O.

141 *Europäisches Parlament:* Bericht Carnero-Gonzalez, PE 304.279.

142 *Europäisches Parlament:* Bericht Lamassoure, PE 304.276.

143 *Europäisches Parlament:* Bericht Napolitano, PE 304.302.

144 *Europäisches Parlament:* Bericht Duff, PE 313.401.

145 Siehe *Duff, A.*: Der Beitrag des Europäischen Parlaments zum Konvent, in: Integration, 26/1 (2003), 3–9.

146 CONV 720/03 vom 8.5.2003.

sich in der Bewertung der Entwicklung seit Maastricht, die von fast allen Beobachtern als zunehmender Funktionsverlust der nationalen Parlamente bei gleichzeitiger Ausweitung der Mitentscheidungsbefugnisse des Europäischen Parlaments[147] charakterisiert wurde. Dies mündete aber nicht in das Selbstverständnis eines „europäischen Parlamentarismus". Allerdings ist mit Blick auf eine Neudefinition der Rolle der nationalen Parlamente zwischen dem strukturell Notwendigen, also dem zu akzeptierenden Funktionswandel, und dem normativ nicht Vertretbaren, der „Degradierung" der nationalen Parlamente im Primärrechtsetzungsverfahren, zu unterscheiden.

Während der Verabschiedung des Vertrages von Maastricht in fast allen EU-Mitgliedstaaten „Signalwirkung" zukam, beließ die Europäisierung zahlreicher Aufgaben den nationalen Parlamenten in nur noch wenigen Bereichen umfassende Eigenständigkeit. Mit diesem *Funktionswandel* verband sich die schwierige Suche nach möglichen Kompensationen und/oder neuen Aufgaben. Während das Bundesverfassungsgericht in seinem Maastricht-Urteil[148] befand, dass dem Deutschen Bundestag „Aufgaben und Befugnisse von substantiellem Gewicht" verbleiben müssten und daraufhin die Einrichtung eines für die Angelegenheiten der Europäischen Union zuständigen Ausschusses beschlossen wurde, blieb die Diskussion in anderen EU-Mitgliedstaaten ohne nähere Konsequenz. Selbst in Deutschland sind Einfluss und Wirkungskraft des Ausschusses nach zehnjährigem Bestehen kritisch zu beurteilen, kann, überwölbt von einem parteiübergreifenden europapolitischen Grundkonsens, kaum von effektiver Kontrolle der Regierungstätigkeit gesprochen werden. Dies führt zu einem gleichsam „nationalen Strukturproblem", das wohl nur durch wechselseitiges Lernen der Parlamentarier, eine kritische Distanz zum allgemeinen europapolitischen Grundkonsens und über eine detaillierte fachliche Befassung mit einzelnen europäischen Politiken überwindbar sein dürfte.

Zu den für Parlamentarier problematischsten Seiten der europäischen Entwicklung zählt die von einer kritischen Öffentlichkeit kritisierte *„Rückführung" der nationalen Parlamente* auf bloße „Ratifikationsorgane". Hier bot sich mit dem Verfassungskonvent erstmals die Möglichkeit, dem zumindest punktuell entgegenzuwirken. Obwohl die nationalen Parlamentarier „nur" über nationale Wahlen Legitimation erfahren, erhöhte ihr Einbezug in die Erarbeitung und Fortschreibung des Primärrechts die Legitimität des Konvents, zumindest im Vergleich zu der exekutiv geprägten und intransparenten Aushandlung von Verträgen im Zuge früherer Regierungskonferenzen.

Darüber hinaus erschien die Einbindung der nationalstaatlichen Parlamente insofern angezeigt, als von deren Mitwirkung eine Distanz gegenüber eher „abgehobenen" Debatten, in denen die Erörterung von Macht- und Einflussfragen dominierte, erwartet werden konnte. Die Erfahrung mit parlamentarischen Auseinandersetzungen und die für die meisten der dem parlamentarischen Raum zuzuordnenden Delegierten geltende „Doppelqualifikation" weckte berechtigte Hoffnungen auf eine an funktionalen Erfordernissen ausgerichtete Diskussion. Solche *Erwartungen* wurden dann allerdings *enttäuscht,* da sich die Parlamentarier den ihre Haltung beeinflussenden Vorprägungen nur in Teilen zu entziehen vermochten. So bildeten sie nicht nur die größte, sondern auch die heterogenste Gruppe im Konvent; ihre Erfahrungen und Interessen waren angesichts der jeweiligen Nationalgeschichte, der sich damit verbindenden Haltung zum europäischen Integrationsprozess, des gegebenen Staatsaufbaus und des nationalstaatlichen Institutionengefüges sehr unterschiedlich ausgeprägt.

147 *Deutscher Bundestag* (Hg.): Der Weg zum EU-Verfassungskonvent, Berlin, 2004 (Zur Sache 1/2003).
148 BVerfGE 89, 155 vom 12. Oktober 1993.

Besonders deutlich wurde dies an dem jeweiligen parlamentarischen Selbstverständnis. Verfügt etwa die *Assemblée nationale* nach ihren Erfahrungen mit der (relativen) Instabilität der französischen Parteiendemokratie über eine gegenüber dem Präsidenten und dem Premier deutlich untergeordnete Rolle, gilt das britische Unterhaus zumindest formal als souverän. Während Rechte und Handlungsraum der Regierung diese Bezeichnung inzwischen kaum mehr rechtfertigen, wird das Parlament aber doch als Arena der politischen Auseinandersetzung genutzt und die Wahrung dieser Funktion von allen politischen Lagern eingefordert. Weitere Unterschiede finden sich, wenn man etwa die Arbeits- und Funktionsweise des deutschen Parlamentarismus der des *Folketing* in Dänemark oder den parlamentarischen Traditionen Südeuropas gegenüberstellt.

Diese erfahrungsgesättigte *Heterogenität der Gruppe* wurde noch dadurch verstärkt, dass meist Vertreter sowohl der Regierungs- als auch der Oppositionsparteien in den Konvent entsandt wurden, so dass der Wille zur Kooperation in den meisten Fällen durchaus eingeschränkt war. Anders als etwa in Deutschland finden sich mit Blick auf die Weiterentwicklung der Europäischen Union innerhalb der Parteien der Mitgliedstaaten deutlich unterschiedliche Positionen, die einer umfassenden Kooperation im Wege stehen. Diese parteipolitische Ausdifferenzierung wurde im Fall des Konvents noch verstärkt, zumal Delegierte aus Föderalstaaten auch subnationale Interessen vertraten.

Schon angesichts der benannten Ausgangssituation konnte eine einheitliche Interessenvertretung der nationalen Parlamentarier also nur „auf dem kleinsten gemeinsamen Nenner" erwartet werden. Zwar trafen sich diese im Vorfeld jeder Plenartagung, um über die neuesten Präsidiumsbeschlüsse informiert zu werden und/oder gemeinsame Interessen zu identifizieren, doch gelang es der Gruppe nicht, über nachfolgende Initiativen die Konventsarbeiten zu steuern oder auch nur nachhaltig zu beeinflussen. Ein Beispiel bildet der Versuch von Parlamentariern aus 26 Mitglied- und Bewerberstaaten, sich im Rahmen der COSAC (am 27. Januar 2003) abzustimmen; im Ergebnis konnte man sich lediglich auf einige allgemeine Formulierungen zur Stärkung der Rolle der nationalen Parlamente (in Zusammenarbeit mit dem EP) verständigen.[149]

In der Folge brachten die nationalstaatlichen Parlamentarier *eher Einzelbeiträge* in die Konventsarbeiten ein, die erneut sehr unterschiedliche Erfahrungen dokumentierten. Möglichkeiten zu einer aktiveren und erfolgreicheren Beeinflussung der Verfahren boten sich im Rahmen der Zusammenarbeit kleinerer Gruppen mit einer vergleichbaren Interessenstruktur. Obwohl hier eine erweiterte Kooperation nahe gelegen hätte, kam es im Verlauf der Konventsarbeiten zu keinen nennenswerten Aktivitäten, die wenigen erkennbaren Initiativen blieben ohne Einfluss.[150] Bei spezifischen Fragen agierten die nationalen Parlamentarier schließlich verstärkt in Zusammenarbeit mit ihren jeweiligen Regierungsvertretern, entweder im Rahmen gemeinsamer Initiativen[151] oder aber aufgrund interner Abstimmung. Darüber hinaus schlossen sie sich Initiativen der jeweiligen parteipolitischen Gruppierungen an[152] und

149 COSAC: Contribution from XXVIII COSAC, Brüssel, 27.1.2003.

150 Vgl. *Crum, B.*, a.a.O., 1–11, hier: 4f. *Crum* weist zu Recht darauf hin, dass euroskeptischen Abgeordneten eine beeindruckende (aber letztlich wirkungslose) Mobilisierung gelang.

151 Etwa im gemeinsamen Brief der beiden deutschen Parlamentsvertreter *Meyer* und *Teufel* mit dem Regierungsvertreter, Außenminister *Fischer*, an den Konventspräsidenten, in dem die Beibehaltung der Einstimmigkeit (im Ministerrat) für die Einwanderungspolitik gefordert wurde.

152 Vgl. etwa die gemeinsame Initiative von 25 zumeist konservativen Delegierten, darunter auch *Erwin Teufel* und *Elmar Brok*, zur Aufnahme eines religiösen Bezugs in den Verfassungsvertrag, CONV 480/03 vom 31.1.2003.

suchten durch Treffen mit Vertretern des Europäischen Parlaments, vor allem in der Schlussphase der Verhandlungen, gemeinsame Positionen zu identifizieren. Solche Ansätze erwiesen sich als ein durchaus bereicherndes Element im Rahmen der stark ausdifferenzierten „Interessenlandschaft" des Konvents.

Das Interesse der Nationalregierungen

Den *mitgliedstaatlichen Regierungen* kommt im Prozess der europäischen Politik nach wie vor eine *herausragende Position* zu. Gleichwohl wäre es verkürzt, Einschätzungen zu folgen, nach denen nationale Regierungsvertreter im Bewusstsein ihrer Rolle und Funktion im Rahmen der Konventsarbeiten lediglich als „Besitzstandswahrer" aufgetreten wären. Allerdings ist richtig, dass sich bei diesen Vertretern das Interesse an den Arbeiten des Gremiums erst langsam und dann schrittweise entwickelte. Befördert durch diese anfängliche Zurückhaltung sowie eine Reihe defizitärer regierungsinterner Abstimmungsprozesse wurde die Konventsidee deshalb in weiten Teilen von Parlamentariern geprägt;[153] die Einsetzung des Konvents war danach nicht mehr wirklich zu verhindern.

Die *anfängliche Zurückhaltung* der Regierungsvertreter dokumentierte sich zunächst in der auf nationalstaatlicher Ebene noch immer erkennbaren Geringschätzung der Rolle und Funktion europäischer Politik. Dies spiegelt sich bis heute in regierungsorganisatorischen Zuordnungen wider, innerhalb derer die Europapolitik meist als Querschnittsbereich bei Generalisten, also vor allem im Außenministerium oder im Kanzleramt bzw. der Staatskanzlei, angesiedelt ist. Zwar finden sich meist kontinuierliche Abstimmungen zwischen den Ressorts, um europapolitische Initiativen anzustoßen oder ihnen zu begegnen, doch lässt sich in nur wenigen Fällen eine solch systematische Europapolitik ausmachen, wie sie die französische Regierung seit Beginn des Integrationsprozesses verfolgt. Im Wissen, dass die Letztentscheidung zur Vertragsreform den nationalen Regierungen vorbehalten bleibt, wirkten zahlreiche Exekutivvertreter nicht oder kaum auf die Entscheidung für oder gegen die Einsetzung des Konvents ein; sie reagierten zunächst eher mit Desinteresse oder nur dann, wenn man Sektoralpolitiken befürchtete, die für die nationalstaatlichen Interessen und die Aufgabenstellung des jeweiligen Hauses von Bedeutung waren. Die Entscheidungsfunktion der sich anschließenden Regierungskonferenz versetzte sie zudem in die komfortable Ausgangssituation, als Einzelgruppe angesichts späterer Vetomöglichkeit auf die Verhandlungsergebnisse Einfluss und, wenn nötig, auf die Konventsdelegierten und das Präsidium vorab Druck ausüben zu können. Zu Beginn der Arbeiten erschien es den Regierungsvertretern lediglich wichtig, die Agenda zu „besetzen", ein Verhaltensmuster, das sich in der Laekener Erklärung wiederfindet.

Zur Erinnerung: Mit der dem Vertrag von Nizza beigefügten „Erklärung zur Zukunft der Union" wurden die schwedische und die belgische Ratspräsidentschaft, gemeinsam mit der Kommission, aufgefordert, eine umfassende Reformdebatte zur künftigen Gestalt der Union zu führen.[154] Während der schwedischen Präsidentschaft setzten daraufhin breite Debatten innerhalb der Mitgliedstaaten ein und wurde der belgischen Präsidentschaft der Auftrag erteilt, im Rahmen der in Laeken anzunehmenden Erklärung die Kriterien für den kommen-

153 Ausführlich hierzu *Deutscher Bundestag* (Hg.): Der Weg zum EU-Verfassungskonvent, a.a.O.
154 Erklärung zur Zukunft der Union, a.a.O.

den Reformprozess zu umreißen.[155] Bewusst *erweiterte* die Präsidentschaft die durch Nizza vorgegebene *Tagesordnung* und ergänzte die dort angesprochenen vier Problemfelder um die sehr allgemeine Frage: „Wie sollen wir das politische Leben in einer erweiterten Union strukturieren?“ Nach den Vorstellungen der belgischen Ratspräsidentschaft ging es dabei nicht nur um die Vertragsstruktur, die Kompetenzordnung, die einzusetzenden Entscheidungsprozesse, die institutionelle Architektur und das interinstitutionelle Gleichgewicht, sondern auch um eine europäische Verteidigungsidentität, „eine wirkliche gemeinschaftliche Außenpolitik“, eine gemeinsame Asyl- und Einwanderungspolitik, die Finanzierung der Union, die Rolle der Teilstaaten, eine modernisierte Gemeinschaftsmethode sowie die Rolle des sozialen Dialogs und der Bürgergesellschaft.[156] Darin reflektierte sich nicht zuletzt auch das durch die Anschläge vom 11. September 2001 geschärfte Bewusstsein, dem Sicherheitsbedürfnis der europäischen Bevölkerung entsprechen zu müssen. Hinzu trat die Erkenntnis, dass die deutlich zu Tage tretenden wirtschaftlichen Probleme der einzelnen Mitgliedstaaten grundlegende Reformen nahe legten; die Handlungs- und Zukunftsfähigkeit der Union sollte deshalb im Vordergrund stehen.[157]

Im Zuge der informellen Abstimmungen zwischen Ratspräsidentschaft und Mitgliedstaaten (und dies galt vor allem für die Rundreise des belgischen Premierministers *Verhofstadt* durch die europäischen Hauptstädte), fand gleichwohl ein Interessenabgleich „nach unten“ hin statt. So wurde die erste Fassung der Laekener Erklärung sowohl vom französischen Präsidenten *Chirac* als auch vom britischen Premier *Blair* aufgrund ihrer zu „richtungweisenden Formulierungen“ verworfen. Die von belgischer Seite beabsichtigte Öffnung hin zu einer breiten Diskussion wurde so bereits im Vorfeld wieder „enggeführt“ – als Folge nationaler Vorbehalte gegenüber einer erweiterten Erörterung spezifischer Politik- und Reformbereiche. Die letztlich verabschiedete Erklärung von Laeken begründete deshalb auch kaum mehr die Notwendigkeit von Reformen in einzelnen Aufgabenfeldern und ließ in anderen Themenbereichen durch bewusst vage Formulierungen offen, womit sich der Konvent befassen sollte; auf der anderen Seite wurde so eine neuerliche Öffnung der Konventsagenda möglich.

Blickt man auf die *großen Mitgliedstaaten,* lassen sich eine Reihe konzeptioneller Schwachstellen sowie fehlendes Engagement erkennen. So schien insbesondere die *französische Position* vor Einsetzen des Konvents durch ein deutliches Desinteresse und eine nicht eben überzeugende personelle Vertretung der Europapolitik geprägt. Die Diskussion war schwergewichtig auf innenpolitische Reformen gerichtet, die durch eine Abkehr vom französischen Staatskapitalismus vorangetrieben werden sollten und deren Finanzierung man über eine stärker marktwirtschaftlich ausgerichtete Wirtschaftspolitik anstrebte.

In der zweiten Hälfte des Jahres 2000 endete die französische Ratspräsidentschaft dann mit dem von allen Beteiligten als bestenfalls dürftig empfundenen Ergebnis des Europäischen Rates von Nizza. Die öffentliche Kritik einer deutlich parteiischen und nicht als neutraler Mittler auftretenden französischen Präsidentschaft wurde von Außenminister *Védrine* zwar

---

155 Vgl. den Zwischenbericht der schwedischen Ratspräsidentschaft über den Fortgang der Diskussion, vorgelegt anlässlich des Europäischen Rats in Göteborg im Juni 2001 (Vorsitz für den Europäischen Rat: Bericht über die Debatte über die Zukunft der Europäischen Union vom 8.6.2001, Dokument Nr. 9520/01+cor1).

156 Vgl. Prioritätenbericht des belgischen Vorsitzes in der Europäischen Union vom 1. Juli 2001 bis zum 31. Dezember 2001.

157 Hierzu auch *Wessels, W.*: Institutionelle Architektur für eine globale (Zivil-) Macht?, in: ZSE, 1/3 (2003), 400–429.

als „kollektiver Bewertungsirrtum" qualifiziert,[158] doch war sowohl dem konservativen als auch dem sozialistischen Lager deutlich daran gelegen, die negative Bewertung des Gipfels zu korrigieren. Gleichwohl kam es nicht zu einem Erwachen Frankreichs aus dem „europapolitischen Winterschlaf"[159]; stattdessen prägten personelle Auseinandersetzungen zwischen *Jacques Chirac* und *Lionel Jospin* den Vorwahlkampf, während die Europapolitik an Bedeutung verlor.

Die vom sozialistischen Präsidenten *François Mitterand* propagierte Rolle Frankreichs als treibende Kraft im europäischen Integrationsprozess übernahm Premier *Jospin* so nicht. Zwar gibt, der Verfassung folgend, der Präsident, nicht der Premierminister die Leitlinien der französischen Außen- und Europapolitik vor, doch verband sich die Zurückhaltung *Jospins* vor allem damit, dass er gänzlich in innenpolitischen Themen aufging, die Europapolitik dagegen zu keinem Zeitpunkt seiner politischen Karriere als Herausforderung begriff. Seiner Vorstellung nach sollte die Europäische Union nach wie vor als verlängerter Arm des Nationalstaates dienen, so etwa in den Bereichen Arbeitsmarktpolitik oder Verbraucherschutz; sie als gleichsam zentrale politische Entscheidungsebene zu sehen, widersprach seinem Selbstverständnis.

Im Gegensatz dazu erkannte Präsident *Chirac* die Chance, seine aufgrund von Bestechungen und Erpressungen von Bauunternehmen im Großraum Paris (in die er verwickelt schien) geschwächte Position innerparteilich wie gegenüber der Öffentlichkeit aufzuwerten. Die fehlende europapolitische Linie des Premiers sah das rechtsbürgerliche Lager als Gelegenheit, sich zu bewähren und zu profilieren. Der Präsident schloss dabei an seine erstmals in einer Rede vor dem Deutschen Bundestag im Juni 2000 dargelegten Äußerungen an, nach denen er sich für eine fortschreitende Integration unter der Bewahrung der nationalen Souveränität, also für eine Konföderation der Nationalstaaten, aussprach. Diese Rede wurde von der sozialistischen Regierung lediglich dahingehend kommentiert, dass die französischen Dienststellen in keiner Weise verpflichtet seien, dementsprechende Positionen zu verfolgen.[160] Allerdings sah sich *Jospin* insofern in Zugzwang, als er jetzt *Chiracs* Forderungen nach Stärkung der Staats- und Regierungschefs auf europäischer Ebene und gleichzeitig nach fortschreitender Integration mit einem eigenen europapolitischen Konzept zu begegnen suchte, das angesichts des bislang gezeigten ostentativen Desinteresses jedoch wenig glaubwürdig erschien. Auch das Engagement des ehemaligen Kommissionspräsidenten, *Jacques Delors,* verhalf der sozialistischen Mehrheit, die (wie die Konservativen) mit Blick auf die Europäische Union tief gespalten war, zu keiner europafreundlicheren Haltung. *Chirac* konnte das Feld der Europapolitik für sich besetzen.

Abgesehen von dem sogenannten „Streit um Visionen" kam es schließlich zu konkreten Erwartungen an die Union. Vor allem die Kriminalitätsbekämpfung, eine stärkere Koordinierung der Wirtschaftspolitik und die Schaffung einer den Namen verdienenden Sicherheits- und Verteidigungspolitik rückten in das Zentrum des französischen Interesses. Da die wirtschaftliche Situation in Frankreich sich nach dem Erfolgsjahr 2000 zunehmend problematisch gestaltete und nach den Terroranschlägen im September 2001 eine deutliche Verschlechterung erfuhr, wurde zunehmend auf eine *Komplementarität nationalstaatlicher und europäischer Wirtschaftspolitiken* verwiesen. Gleichwohl trieb die sozialistische Regierung die Einführung der 35-Stunden-Woche voran und suchte mit einem Bündel von Maßnahmen die

158 Vgl. FAZ vom 15.1.2001, 6.
159 Ebd.
160 Ebd.

Arbeitslosenquote zu senken. Dringende Reformen im Bereich der Altersvorsorge und der Gesundheitspolitik sowie in Schlüsselfragen der Wirtschafts- und Sozialpolitik wurden aufgeschoben und nicht zuletzt dadurch zu einem Schwerpunkt im Vorwahlkampf. Da die eigene geld-, wirtschafts- und wettbewerbspolitische Handlungsfähigkeit im Zuge der europäischen Integration bereits weitgehende Einschränkungen erfahren hatte, erschien jetzt eine weitere Abkehr vom Modell des französischen Staatskapitalismus konsequent. So hoffte schließlich auch die sozialistische Regierung, eine Privatisierung von Staatsunternehmen im europäischen Kontext einfacher und effizienter verwirklichen zu können, um mit deren Erlösen die Finanzierung der staatlichen Renten abzusichern.

Schließlich beeinflussten die benannten *Terroranschläge* die französische Haltung zur Außen- und Sicherheitspolitik. So wuchs innerhalb der Regierungselite trotz der Zurückhaltung gegenüber einer europäischen Verteidigungspolitik und des Beharrens auf einer Sonderrolle innerhalb der Nato das Bewusstsein dafür, die bislang starr an nationalen Interessen ausgerichtete außen- und sicherheitspolitische Haltung als eher „anachronistisch" zu überprüfen. Der Regierung erschien eine Verstärkung der europäischen Außen- und Sicherheitspolitik jetzt als das geringere Übel im Vergleich zu einer „Unterordnung" unter die Vereinigten Staaten.

In der Folge wirkte diese *Veränderung der französischen Grundhaltung* dann auf das Vorfeld der Konventsarbeiten und schließlich auf die Handlungsoptionen des Gremiums selbst ein. In der ersten Phase der Konventstätigkeit – noch während der *cohabitation* – erregte nur Präsident *Chirac* durch seine Initiative zur Errichtung einer permanenten EU-Präsidentschaft Aufsehen, während sich der französische Vertreter im Konvent, *Pierre Moscovici*, gewohnt zurückhaltend verhielt. Nach der Ablösung der sozialistischen Regierung im Juni 2002 (und derjenigen von *Moscovici* im November desselben Jahres) galt es für die konservative Mehrheit nun, ein „starkes Europa" zu errichten, ohne die nationale Regierungsmacht und Einflussstärke zu schmälern. Der neue Vertreter Frankreichs im Konvent, Außenminister *de Villepin,* entwickelte gleichsam befreit von internen Regierungsrivalitäten eine zunehmend deutliche Position – in Abstimmung mit dem Konventspräsidenten. Anders als im Fall Großbritanniens konnte Präsident *Chirac* Zurückhaltung üben. So wurde Deutschland zum Einlenken bei der Einrichtung der permanenten Ratspräsidentschaft bewegt und stimmte Frankreich der doppelten Mehrheit im Rat zu, da seine Vorbedingungen, die Reduzierung der Zahl der Kommissare wie die der Abgeordneten im EP, erfüllt wurden. Die eher widerwillig mit Deutschland geforderte qualifizierte Mehrheit auch im Bereich der GASP setzte sich dagegen nicht durch.

Im Fall *Großbritanniens* können Einzelinteressen kaum als Ursache für die Zustimmung zur Einsetzung des Konvents herangezogen werden. Eine Profilierung über das Thema „Europapolitik" erscheint im traditionell auf die Bewahrung seiner Souveränität bedachten Großbritannien eher über anti-europäische Haltungen möglich. Hinzu trat die innenpolitische Situation, nach der sich die wirtschaftspolitische Bilanz der 1997 mit großen Ambitionen angetretenen *Labour*-Regierung unter Premier *Blair* durchaus positiv gestaltete. Befördert durch ein anhaltendes Wirtschaftswachstum und ein sich damit verbindendes Steueraufkommen, nicht zuletzt auch durch unerwartete Zuflüsse aus der Versteigerung von Mobilfunklizenzen, konnten die Staatsschulden massiv abgebaut und der Stabilitätskurs eingehalten werden. Allerdings verblieben beträchtliche Defizite im Gesundheits-, Bildungs- und Verkehrswesen. Den deutlichsten Mängeln suchte man durch ein entsprechend erweitertes Investitionsprogramm zu begegnen.

Trotz dieser ambivalenten innenpolitischen Bilanz sah sich die Regierung *Blair* allerdings kaum herausgefordert. Die schwache Position der konservativen Opposition bot deshalb untypische Handlungsmöglichkeiten, so auch für die britische Europapolitik, die – ohne große innerstaatliche Blockaden befürchten zu müssen – längst überfällige Öffnungsprozesse einleitete. Die britische Mitarbeit an der Erstellung der Grundrechtecharta war ein erster Beleg hierfür, wenn auch Großbritannien durchsetzte, dass die Charta lediglich feierlich proklamiert werden, ihr zunächst also keine Rechtsverbindlichkeit zukommen sollte. Darüber hinaus mehrten sich europapolitische Grundsatzerklärungen von Regierungsmitgliedern, so, neben dem Premierminister, durch *Peter Hain*, den noch amtierenden Außenminister *Robin Cook* und den ihm im Amt nachfolgenden *Jack Straw;* in allen Beiträgen war von der Notwendigkeit einer erweiterten Integration im britischen Interesse die Rede.

Der Wahlkampf des Jahres 2001 war dann in großen Teilen durch wirtschaftsbezogene Themen geprägt. Nachdem Dänemark den Beitritt zum Euro in einem Referendum (Herbst 2000) abgelehnt hatte, sah sich die britische Regierung zunächst unter Druck, ihre Position in dieser Frage deutlich zu machen. Dabei äußerten Außenminister *Cook*, Schatzminister *Brown* und Premierminister *Blair* übereinstimmend, dass die Regierung den Beitritt befürworte und ein Referendum anberaumen werde, wenn die hierfür selbst gesetzten Kriterien erfüllt seien. Die Stellungnahmen verwiesen vor allem auf die Wichtigkeit des Handelsraums Europäische Union, da etwa drei Millionen Arbeitsplätze in Großbritannien vom Wirtschaftsverkehr mit den anderen EU-Mitgliedstaaten abhängig seien. Zwar unterließ die Regierungsseite es, darauf hinzuweisen, dass diese Ausgangssituation mit einem Beitritt zur Eurozone noch verbessert werden könne, doch deutete die Haltung der *Labour*-Regierung auf einen zwar nicht vorbehaltlosen, aber doch langfristig angestrebten Beitritt zur Eurozone hin. Der Konvent erschien deshalb nicht als „Gefahr", sondern als eine eher willkommene gleichsam vorgeschaltete Einrichtung, innerhalb derer abgesichert werden sollte, welche Gestalt die künftige Union annehmen würde – um bei einer Bestätigung der eigenen Position der Eurozone beizutreten oder dies im Falle eines Scheiterns weiter aufzuschieben.

Auch politikberatende Einrichtungen starteten eine Reihe von Initiativen. So betonte das *Centre for European Reform* (CER), das als europapolitischer „Impulsgeber" der Regierung *Blair* galt, dass nach den Terroranschlägen gegen die USA die EU-Mitgliedstaaten das Interesse der amerikanischen Regierung an multilateralen Lösungen im Kampf gegen die Bedrohung stärken sollten. Die rotierende EU-Präsidentschaft wurde vom CER in diesem Zusammenhang als Hindernis bezeichnet, da kleine Mitgliedstaaten an der Spitze der Union dieser Funktion in internationalen Krisen nicht gewachsen seien.[161] Solchen und zahlreichen weiteren Anregungen aus der öffentlichen Diskussion folgend, ließ die britische Regierung schließlich mehrfach erkennen, dass sie die Rolle des *odd man out* in der EU unter Wahrung substantieller Interessen aufzugeben bereit sei, das schon angesprochene *sitting on the fence* nicht mehr als dominante Haltung galt. Im Falle unbefriedigender Konventsergebnisse konnte dies den Briten eine Ablehnung allerdings vergleichsweise einfach machen.

Die letztlich *zwischen pragmatischer Öffnung und gleichzeitiger Durchsetzung des eigenen Interesses* oszillierende Position bewährte sich im Verlauf der Konventsarbeiten. Zwar sah *Peter Hain* davon ab, gegen den Vorschlag des Präsidenten zur Erarbeitung eines Verfassungsvertrages zu opponieren, doch wurden britische Vetopositionen zu unterschiedlichen Fragen und in unterschiedlicher Intensität vertreten. Die Ablehnung, den Vorrang des Gemeinschaftsrechts gegenüber dem nationalen Recht festzuschreiben, eine längst gültige Regelung, wurde nur einmal von *Hain* angesprochen und im Folgenden nicht wieder thematisiert.

161 *Everts, S.*: Foreign and Security Policy: from Bystander to Actor, in: Barysch, K. u.a. (Hg.): New Designs for Europe, London, 2002, 35–45.

Auch die Rückübertragung von Zuständigkeiten der Union in den Bereichen Gesundheits- und Verkehrspolitik stellte eine anfänglich formulierte, dann aber fallengelassene Maximalforderung von britischer Seite dar.[162] Mit Erfolg hingegen konnte eine Festschreibung der „föderalen Basis"[163] der Union abgewendet und die Beibehaltung des Einstimmigkeitserfordernisses im Bereich der Steuerpolitik durchgesetzt werden.

Am deutlichsten trat die britische Seite für eine *Stärkung des Europäischen Rates* ein, hier war die Kompromissbereitschaft ersichtlich begrenzt. Dementsprechend begrüßte Premierminister *Blair* bereits Anfang Mai 2002 die von *Chirac* lancierte Idee der Schaffung eines EU-Präsidenten mit Zuständigkeiten für die Außenpolitik der Union.[164] Zwar musste die britische Regierung davon in Teilen wieder abrücken, da sich im Konvent eine breite Mehrheit für die Schaffung eines EU-Außenministers und für einen „Doppelhut" aus Hohem Repräsentanten und Kommissar für Außenbeziehungen abzeichnete,[165] doch gelang es, dafür Kompensationen in anderen Bereichen auszuhandeln; so behinderte etwa die „Anbindung" des Außenministers an den Rat eine mögliche weitere Umwandlung der Kommission in eine echte Exekutive. Gleiches verband sich mit dem erfolgreich gegen eine breite Mehrheit im Konvent durchgesetzten Veto zur Ausweitung der Mehrheitsentscheidungen in der GASP. Befördert wurde dieses Beharren auf britischen „Kerninteressen" vor allem durch das einheitliche Auftreten nach außen, unterstützt von mehrmaligen Gesprächen des britischen Premierministers mit dem Konventspräsidenten *Giscard d'Estaing*.

Mit Blick auf die *deutsche Position* wird man von einer *Mischung aus positiver Grundhaltung, wachsendem Engagement und persönlichen Interessen* sprechen können. Im Rückblick sei zunächst daran erinnert, dass die „Berliner Rede" des deutschen Außenministers, *Joschka Fischer,* wesentlich zur Belebung der Verfassungsdebatte noch vor dem Gipfel von Nizza beitrug. Obwohl vom Außenminister ausdrücklich als „Privatmann" gehalten, stand die Rede in der deutschen europapolitischen Tradition, die sich zwar durch ihre Europafreundlichkeit auszeichnete, inzwischen aber auch dem Vorwurf unterlag, durch unkritische Befürwortung einzelner Integrationsschritte bei gleichzeitigem Mangel an glaubhaft vertretenen nationalen Interessen die Qualität der Union nicht eben zu erhöhen. Zudem erwies sich im Zuge der Konventsarbeiten, dass das Ausbleiben europapolitischer Initiativen möglicherweise auch persönlichem Kalkül geschuldet war. So wurde von einigen Beobachtern das eher beiläufige Engagement *Fischers* für die Einsetzung des Konvents und eine Europäische Verfassung auch als Ausdruck persönlicher Vision und Ambition interpretiert.

Die Haltung des deutschen Bundeskanzlers, auch die des Bundespräsidenten,[166] zeugte hingegen von einem wachsenden Interesse nicht nur an einem breiten europapolitischen Dis-

162 Im Rahmen der Plenartagung vom 15./16.4.2002.

163 So hätte Art. 1 in der ersten vom Präsidium vorgelegten Fassung die Gründung einer Union, „die in föderaler Weise bestimmte gemeinsame Zuständigkeiten wahrnimmt", festgeschrieben (CONV 528/03 vom 6.2.2003), während in der ersten Überarbeitung von der Ausübung der „von den Mitgliedstaaten übertragenen Zuständigkeiten in gemeinschaftlicher Weise" die Rede ist (CONV 724/03 vom 24.5.2003).

164 Vgl. die Rede von *Jacques Chirac* vom 6.3.2002, http://europa.eu.int/constitution/futurum/documents/speech/sp060302_fr.pdf, sowie FAZ vom 7.3.2002, 1 und vom 17.5.2002, 1.

165 Siehe die Erörterungen im Rahmen der Plenartagung vom 20./21.1.2003.

166 Vgl. hierzu die Reden des Bundespräsidenten (http://bundespraesident.de/Die-deutschen-Bundespraesident/Johannes-Rau-,11070/Reden.htm) sowie: Nachgefragt: Die obersten Bundesorgane im Europäisierungsprozess: der Bundespräsident. *Johannes Rau* im Gespräch mit *Joachim Jens Hesse*, in: ZSE, 1/1 (2003), 137–145.

kurs, sondern auch an der konkreten Formulierung einzelner Politiken. Die regierungsinterne Debatte über die Bestellung eines Europaministers etwa, der nach Vorstellung *Schröders* dem Kanzleramt hätte attachiert werden sollen, machte deutlich, dass die Bundesregierung die offensichtlichen Koordinationsmängel der deutschen Europapolitik zu einer Organisationsveränderung nutzen wollte. Nach dem wirtschaftlich erfolgreichen Jahr 2000 und der nach langen Diskussionen eingeleiteten Steuerreform traten allerdings strukturpolitische Probleme in den Vordergrund, wurde vor allem die lange aufgeschobene Reform am Arbeitsmarkt dringlich. In diesem Kontext kam es schließlich sogar zu Befürchtungen, Deutschland verfolge mit der Einsetzung des Konvents auch die Absicht, ganze Politikfelder zu renationalisieren und sich aus der Rolle des „Nettozahlers" zu befreien. Andererseits wurde ein Verzicht auf das Verfahren der Regierungskonferenz von deutscher Seite begrüßt, da hier Kompromisse nicht selten mit nationalen Ressourcen erkauft wurden.[167] Der Konvent erschien mithin sowohl den Befürwortern als auch den Euroskeptikern innerhalb der deutschen Regierung als „gute Lösung". Allerdings zeichnete sich auch ab, dass es keine zwischen Kanzler und Außenminister abgestimmte europapolitische Linie innerhalb der Regierung gab.

Die mit solchen Einschätzungen verbundenen *Widersprüche* spiegelten sich dann im Verlauf der Konventsarbeiten wider. Regierungsvertreter *Glotz* nahm zumeist eine zurückhaltende Position ein, überraschte aber durch seine Beteiligung an einer gemeinsamen Initiative zur Errichtung eines Subsidiaritätsausschusses in der ersten Arbeitsphase;[168] sie war regierungsintern nicht abgesprochen. Dagegen wurde die Initiative der Regierungschefs Großbritanniens, Frankreichs und Spaniens zur Einrichtung einer EU-Präsidentschaft sowohl vom Bundeskanzler als auch von *Glotz*, der stattdessen den Vorschlag zur Errichtung eines „Doppelhuts" einbrachte, zurückhaltend bewertet. Mit der Entsendung von Außenminister *Fischer* im Zuge der Koalitionsverhandlungen im Oktober 2002 verbanden sich schließlich Hoffnungen, das deutsche Gewicht im Konvent zu stärken. Allerdings erfüllten sich diese Erwartungen nicht – oder doch nur informell. Zwar gingen den gemeinsam eingereichten Initiativen der Regierungsvertreter Deutschlands und Frankreichs[169] wechselseitige Zugeständnisse voraus, doch ließ die deutsche Vertretung auch in der Folgezeit Kohärenz, interne Abstimmung, Durchsetzungsvermögen und das Einbringen spezifischer Interessen vermissen.[170] So gab Bundeskanzler *Schröder* bereits im Oktober 2002 seine Zurückhaltung gegenüber der Schaffung des Amtes eines EU-Präsidenten auf, während Außenminister *Fischer* erst im Rahmen der gemeinsamen Initiative mit seinem französischen Kollegen *de Villepin* einlenkte. Der Ausweitung von Mehrheitsentscheidungen in der GASP stimmte im Gegenzug Frankreich zwar, wie dargestellt, zu, doch vermochte sich die Initiative nicht gegen das britische Veto durchzusetzen. Schließlich überraschte die Reaktion *Fischers* auf die Vorlage der ersten Artikelentwürfe zum künftigen Institutionengefüge in einer Zeit, als er als künftiger erster Außenminister der Union „gehandelt" wurde. Während weithin Empörung über den „präsidentiellen Donnerschlag" zu vernehmen war, gab der Außenminister nur vage zu Protokoll, dass man „jetzt eine Vorlage [habe], die zu erörtern sich lohnt"[171]. Die gezeigte

167 Vgl. Die Zeit 50/2001, 11.

168 CONV 88/02 vom 14.6.2002. *Glotz* brachte den Vorschlag zusammen mit *Peter Hain*, *Danuta Hübner*, *Ray McSharry* und *Pierre Moscovici* ein.

169 CONV 422/02 vom 22.11.2002, CONV 435/02 vom 28.11.2002 sowie CONV 489/03 vom 16.1.2003.

170 Vgl. hierzu auch *Guérot, U./Hughes, K./Lefebvre, M./Egenhoff, T.:* France, Germany and the UK in the Convention, EPIN Working Paper No. 7, July 2003.

171 FAZ vom 26.4.2003, 3.

Indifferenz wurde erst in der letzten Woche der Konventsarbeiten aufgegeben, als sich *Fischer* gemeinsam mit den beiden Vertretern des Parlaments, *Meyer* und *Teufel,* an den Präsidenten des Konvents wandte, um – wie aufgezeigt – die Beibehaltung des Einstimmigkeitserfordernisses in Einwanderungsfragen durchzusetzen. Auch dies aber gelang nur zum Teil.

Der baden-württembergische Ministerpräsident *Erwin Teufel* wurde zwar als zweiter Parlamentsvertreter in den Konvent entsandt, hatte darüber hinaus aber die Aufgabe, die heterogenen *Interessen von 16 Bundesländern* zusammenzuführen, deren europapolitisches Vorgehen durch eine Art von Arbeitsteilung gekennzeichnet ist. Während Einzelinteressen der Länder, vor allem im wirtschaftlichen Bereich, zumeist direkt über die Brüsseler Länderbüros vor- und eingebracht werden, hatte die Ländergesamtheit jetzt unter Beweis zu stellen, dass sie unbenommen von Differenzen in Einzelfragen fähig und gewillt ist, ein gemeinsames europapolitisches Interesse zu formulieren. Dabei sei daran erinnert, dass das europäische Engagement der Bundesländer (und damit das des Bundesrates) nicht nur früher als das des Bundestages erkennbar wurde, sondern auch über dessen parteiübergreifende, meist unkritisch europafreundliche Haltung hinausreichte. So wirkten die Länder im Zuge der Verabschiedung des Vertrages von Maastricht sowohl auf die Änderung des Grundgesetzes zur Wahrung ihrer Beteiligungsrechte als auch auf die Aufnahme des Subsidiaritätsprinzips in die Europäischen Verträge hin. Vor Einsetzen des Verfassungskonvents fasste der Bundesrat zudem einen Beschluss „zur Kompetenzabgrenzung im Rahmen der Reformdiskussion zur Zukunft der Europäischen Union“[172] und verdeutlichte damit vorrangige Interessen der Länder. Nachdem Ministerpräsident *Teufel* mit seiner frühzeitig eingebrachten Forderung auf Festschreibung eines Kompetenzkatalogs[173] zur Abgrenzung der Zuständigkeiten zwischen Union und Mitgliedstaaten auf breite Kritik stieß,[174] nahm er im Folgenden eine kooperativere und flexiblere Haltung ein. Danach gelang es ihm, seine anfänglichen Forderungen zur Kompetenzordnung unter Verzicht auf die strittige Bezeichnung „Kompetenzkatalog“ in weiten Teilen durchzusetzen, ein angesichts des geringen Konventsinteresses an subnationalen Fragen deutlicher Erfolg. Während die Bundesregierung die nationalen Interessen nur halbherzig vertrat, wirkte *Teufel* als überzeugender Repräsentant der Länder.

Die *spanische* Regierung unter *José María Aznar* wurde im März 2000 mit absoluter Mehrheit wiedergewählt. Konstantes wirtschaftliches Wachstum statt halbherziger Reformen und erkennbarer Korruption (wie man sie der sozialistischen Vorgängerregierung in ihrer Endphase anlastete) sicherten der sich zunehmend zur politischen Mitte hin orientierenden konservativen Partei die Wiederwahl. Zwar wies Spanien mit 13 Prozent die höchste Arbeitslosenquote unter den EU-Mitgliedstaaten auf, doch lag diese bei Amtsantritt der Regierung *Aznar* noch bei über 20 Prozent. Mit der Verabschiedung des Vertrages von Nizza gelang es dem Ministerpräsidenten, machtpolitisch bedeutsame Veränderungen für Spanien zu erreichen. Mit der Erhöhung seiner Stimmenzahl im Rat wurde das Land in den „Club der Großen“ aufgenommen, obwohl die mit etwa 39 Millionen Einwohnern vergleichsweise geringe Bevölkerungszahl dies nicht rechtfertigte. *Wachsendes Selbstbewusstsein auf europäischer und internationaler Bühne* verbanden sich mit dem innenpolitischen Bestreben, die wirtschaftlichen Reformen weiter voranzutreiben; seitens der spanischen Regierung ange-

172 BR-Drs. 1081/01 vom 14.12.2001.

173 Vgl. CONV 24/02 vom 9.4.2002 sowie *Teufel, E.*: Europa in neuer Verfassung. Das Ergebnis des Verfassungskonvents aus Sicht der deutschen Länder, in: ZSE, 1/3 (2003), 347–357.

174 Plenartagung vom 15./16.4.2002.

strengte Deregulierungs- und Privatisierungsmaßnahmen wurden dabei durch massive Hilfen aus europäischen Strukturfondsmitteln ergänzt. Sie mögen das starke Interesse an der Beibehaltung der entsprechenden Vereinbarungen erklären.

Die damit verbundenen, später als „nahe der Erpressung" qualifizierten Politiken *Aznars* wurden frühzeitig deutlich. Zunächst unterstützte die spanische Regierung im Mai 2002 die vom britischen Regierungschef *Blair* und dem französischen Präsidenten *Chirac* eingeleitete Initiative zur Errichtung einer permanenten Ratspräsidentschaft. Das Interesse an der Beibehaltung des *Status quo* offenbarte sich dann vor allem in der Phase der „Zusammenführung". So sah sich das Präsidium aufgrund des spanischen Vetos zur Neuregelung der Stimmenvergabe im Ministerrat nicht in der Lage, dem Konvent im ersten Gesamtentwurf des Verfassungsvertrages[175] einen veränderten Vorschlag zu Titel IV, dem Institutionengefüge, vorzulegen, wofür es weithin kritisiert wurde.[176] Zwar schlossen sich dem Votum der spanischen Regierung in einer am 28. Mai 2003 vorgelegten Initiative[177] zahlreiche weitere Regierungen an, doch wurde in den Entwurf des Verfassungsvertrages, allerdings erst für den Zeitraum ab 2009, die veränderte Beschlussfassung mit doppelter Mehrheit im Rat aufgenommen. Als erfolgreich erwies sich demgegenüber das weitaus weniger beachtete Engagement der spanischen Regierung in Fragen des künftigen mehrjährigen Finanzrahmens der EU, der für Spanien als einen der größten Empfänger europäischer Unterstützungsmaßnahmen von beträchtlicher Bedeutung ist. Hier schrieb der Verfassungsentwurf fest, dass beim erstmaligen Verhandeln des Finanzrahmens nach Inkrafttreten der Verfassung das Vetorecht der Mitgliedstaaten erhalten bleiben sollte.[178] Da ein Inkrafttreten vor Verabschiedung des Finanzrahmens für 2007–2013 schon damals als eher unwahrscheinlich galt, bedeutete dies eine Beibehaltung des mitgliedstaatlichen Vetorechts auch noch für den Finanzrahmen 2014–2020.

In der *Zusammenfassung* wird deutlich, dass im Vergleich zur Regierungskonferenz die Erweiterung des Teilnehmerkreises, vor allem um Vertreter der Legislative, sowie die formale Gleichberechtigung der Akteure nicht deren materielle Gleichstellung im Verlauf der Konventsverhandlungen zur Folge hatte. Die Gruppe der nationalen Regierungsvertreter erwies sich letztlich auch im Konvent als durchsetzungsstärkste „Delegation", die zudem am häufigsten zu gemeinsamen Initiativen, wenn auch in unterschiedlicher Zusammensetzung, fand. Dabei griff man auf langjährige Kontakte auf der Arbeitsebene im Ministerrat oder auf bi- und multilaterale Beziehungen zwischen den einzelnen Mitgliedstaaten zurück. Gestärkt wurde die Gruppe auch durch einzelne wie gemeinsame Initiativen der Regierungschefs sowie öffentliche Statements oder vorbereitende wie parallel laufende Gespräche mit dem Konventspräsidenten. Die den Regierungsvertretern zukommende erweiterte Öffentlichkeit erwies sich zudem als prägendes Merkmal. Nur die Vertreter des Europäischen Parlaments konnten, wohl aufgrund ihrer langjährigen Kooperationserfahrung, eine ähnliche Durchsetzungsstärke erreichen.

175 CONV 724/03 vom 24.5.2003; vgl. CONV 797/03 vom 10.6.2003.
176 FAZ vom 28.5.2003, 1f.
177 CONV 766/03 vom 28.5.2003.
178 Art. 54 Abs. 4. VVE-Konvent.

Wer vertritt die „Völker Europas"?

Eines der am stärksten beklagten Defizite der Europäischen Union und der in ihr verfolgten Politiken stellt die *Entkoppelung des europäischen Institutionen- und Entscheidungssystems von den Prinzipien der Volkssouveränität* dar. Zeigt man sich einig, dass die europäischen Völker Subjekt einer europäischen Demokratie sein müssten, sie sich mithin einerseits in der sich durch Wahlen ergebenden Zusammensetzung der handelnden Organe widerspiegeln und andererseits durch intermediäre Einrichtungen in das Entscheidungssystem einbezogen sein sollten, erweist sich die Realität europäischer Politik demgegenüber als deutlich verbesserungswürdig. Zwar nehmen die europäischen Grundlagenverträge ausdrücklich Bezug auf die Vertretung der „Völker Europas" in den europäischen Organen, doch bedürfen Bestellungsmodus, Kompetenzausstattung und -nutzung nicht nur im Fall des Parlaments, sondern auch mit Blick auf die weiteren europäischen Organe und Einrichtungen der Überprüfung.

Im Maastricht-Urteil[179] des Bundesverfassungsgerichts wurde das *Fehlen eines europäischen Volkes* als grundlegendes Hindernis für die Fortentwicklung der Union bezeichnet.[180] Die Vielfalt der Sprachen, Kulturen, Traditionen und Bräuche lasse die Herausbildung eines solchen *demos* nicht nur kaum möglich, sondern in Teilen durchaus auch als nicht wünschenswert erscheinen. Demokratisierung im Sinne der Herausbildung einer den Namen verdienenden „Volksherrschaft" erfordere deshalb in erster Linie die Selbstzurücknahme (*restraint*) der europäischen Akteure, die Herausbildung von Vermittlungsinstanzen und ein Interesse der Völker an substantieller Mitbestimmung.

Der Konvent bot in mehrfacher Hinsicht die Möglichkeit, die damit angesprochenen Voraussetzungen und Prozesse zu befördern. Blickt man zunächst auf die Zusammensetzung des Gremiums, war zu begrüßen, dass er mehrheitlich durch gewählte Vertreter der „Völker Europas", also Parlamentarier der nationalen wie der europäischen Ebene, besetzt war. Zwar erhielten diese kein Mandat für die Konventstätigkeit selbst, doch erwies sich die Zusammensetzung des Gremiums im Vergleich zu den im Rahmen von Regierungskonferenzen praktizierten Verfahren als unbestreitbarer Fortschritt. Gleichzeitig fanden sich aber auch jene Einschränkungen, die sich erfahrungsgemäß mit nationaler Zugehörigkeit, parteipolitischer Vertretung und Arbeitsschwerpunkten der Delegierten verbinden. Es war mithin konsequent, dass mit der Erklärung von Laeken Möglichkeiten zur direkten wie indirekten Beteiligung der Bürgerschaft Europas eingefordert wurden.

Nicht nur durch die mehrheitlich parlamentarische Besetzung des Konvents, sondern auch durch den *Einbezug der Zivilgesellschaft* sollte die Union ihren Bürgern näher gebracht werden. Deshalb erwog man vor der Entscheidung über die Zusammensetzung des Gremiums, Vertretern der Zivilgesellschaft ein Kontingent an Sitzen einzuräumen. Allerdings wurde hiervon frühzeitig wieder Abstand genommen, setzten sich die Bedenken gegenüber einer nur punktuellen Repräsentativität durch. Stattdessen einigten sich die Staats- und Regierungschefs darauf, Beobachter an den Konventsarbeiten zu beteiligen sowie ein „Forum der Zivilgesellschaft" einzurichten. Von den in den Konvent berufenen Beobach-

---

179 BVerfGE 89, a.a.O.

180 Nach wie vor diese Position vertretend *Grimm, D.*: Die größte Erfindung unserer Zeit, in: FAZ vom 16.6.2003, 35 sowie *ders.*: Nach dem Scheitern des Verfassungsvertrages: auf der Suche nach Lösungen, ZSE 3/4 (2005), 553–561; kritisch hierzu *Robbers, G.*, a.a.O.

tern[181] erwartete man zudem, als Bindeglied zwischen dem Konvent und der Zivilgesellschaft zu fungieren. Auch wurden alle Gruppen, die die Zivilgesellschaft repräsentieren könnten – genannt wurden in der Erklärung von Laeken Sozialpartner, Wirtschaftskreise, NGOs und Hochschulen –, aufgefordert, sich über das Forum aktiv an den Konventsarbeiten zu beteiligen.

Dieses *Forum* stellte ein „multidimensionales" Netz von Organisationen dar, das allerdings kein festes Gremium bildete und auch nicht kontinuierlich an einem Tagungsort zusammentrat. Primär fand der Austausch unter den Teilnehmern und zwischen diesen und den Konventsmitgliedern über die *website* des Forums statt. Sie bildete gleichsam den Transmissionsriemen, über den die beteiligten Organisationen einerseits die laufenden Debatten kommentierten und andererseits Eigenbeiträge vorstellten. Alle Konventsmitglieder wurden zudem aufgefordert, das Forum zu unterstützen und sich aktiv an den Diskussionen zu beteiligen, um einen regelmäßigen und strukturierten Dialog zwischen den beiden Ebenen zu ermöglichen. Gleichzeitig wurde darauf verwiesen, dass der Erfolg des Forums wesentlich von der Organisationsfähigkeit der Zivilgesellschaft abhängig sei.

Im Rahmen der *Forums-Aktivitäten* wurden während der Konventsarbeiten mehr als 450 Beiträge eingereicht und auf der *Website* veröffentlicht.[182] Auch kam es im Rahmen der Selbstorganisation zur *Bildung einzelner Kontaktgruppen.* Schließlich ordnete man im Rahmen der Vorbereitung der Anhörung zivilgesellschaftlicher Organisationen am 24. und 25. Juni 2002 jeder Gruppe (soziale Belange, Umweltfragen, Menschenrechte, generelle Entwicklungsprobleme, Universitätsbereich und *think tanks*, regionale und subregionale Einheiten, Kulturfragen) ein Präsidiumsmitglied zur „Kontaktpflege" zu. Über diese direkten Verbindungen konnten sich die einzelnen Gruppen gezielter äußern, auch erhielten die Organisationen in der benannten Anhörung die Möglichkeit, ihre Vorstellungen zur künftigen Gestaltung der Union einzubringen. Gleichwohl wurde die *Bandbreite der vertretenen Organisationen* als nicht repräsentativ und „von der Unionsebene subventioniert" kritisiert,[183] auch bemängelte man die Kürze der zur Verfügung stehenden Redezeit, die keine detaillierte Diskussion einzelner Sachverhalte zugelassen habe. Im Ergebnis wurde die *Anhörung* zwar mehrheitlich als *positiv bewertet* und eine Fortsetzung der Debatte für eine spätere Phase der Konventsarbeiten in Erwägung gezogen. Dass dies letztlich nicht zustande kam, war aber nicht nur dem zunehmenden Zeitdruck gegen Ende der Konventsarbeiten geschuldet, es zeugte vielmehr auch von dem fehlenden Willen des Konvents sowie von der mangelnden Durchsetzungskraft der Einrichtungen der Zivilgesellschaft. Weitere Möglichkeiten zum Einbringen von Vorschlägen und Ideen boten sich einzelnen Organisationen (und Sachverständigen) im Rahmen der Arbeitsgruppen.[184]

---

181 Wie aufgezeigt, handelte es sich um Vertreter des Wirtschafts- und Sozialausschusses und des Ausschusses der Regionen sowie um den Europäischen Bürgerbeauftragten.

182 http://europa.eu.int/constitution/futurum/forum_convention/doc_de.htm. Hinzu kommen Kommentare zu den Artikelentwürfen.

183 Zusammenfassung der Plenartagung vom 24./25.6.2002, CONV 167/02 vom 4.7.2002, Punkt 33 sowie SZ vom 26.6.2002, 8.

184 Dies galt u.a. für die Arbeitsgruppe I „Subsidiaritätsprinzip" in den Sitzungen am 17.6.2002 (CONV 106/02 vom 20.6.2002) und 25.6.2002 (CONV 114/02 vom 20.6.2002; vgl. CONV 286/02 vom 23.9.2002, Anlage I), die Arbeitsgruppe II „Charta" am 23.7.2002 (CONV 196/02 vom 15.7. 2002) und 17.9.2002 (CONV 244/02 vom 9.9.2002), die Arbeitsgruppe III „Rechtspersönlichkeit" am 26.6.2002 (CONV 130/02 vom 20.6.2002), 10.7.2002 (CONV 173/02 vom 3.7.2002) und 11.9. 2002 (CONV 242/02 vom 5.9.2002; vgl. CONV 305/02 vom 1.10.2002, Anlage), die Arbeitsgruppe

Zusammenfassend ist festzuhalten, dass die Möglichkeiten für Gruppen der Zivilgesellschaft, die Debatten im Konvent zu verfolgen und zu bewerten, durch die Öffentlichkeit der Konventstagungen, den Zugang zu allen Dokumenten und die persönlichen Kontakte zum Präsidium und zu den Delegierten in einem in der europäischen Integrationsgeschichte bislang nicht gekannten Ausmaß gegeben waren. Gleichwohl erscheint es fraglich, ob die benannten Wege den „Völkern Europas" eine materielle Einwirkung erlaubten, sie sich mithin ernst genommen fühlen konnten. Die Aufgabe, die Bevölkerung des Kontinents zu vertreten, hätte konsequenterweise wohl an alle Konventsmitglieder gerichtet sein müssen und wäre nur durch eine Selbstzurücknahme der Exekutivvertreter verwirklicht worden.[185]

Die beiden europäischen Organe mit Exekutivfunktionen, der Ministerrat und die Kommission, lassen im europäischen Alltag nicht selten den Anspruch vermissen, im Namen der „europäischen Völker" zu handeln. So ist das europäische Entscheidungssystem seit langem von einer *Exekutivlastigkeit* gekennzeichnet, die zahlreiche Beobachter beklagen und die sich nach wie vor in der überlegenen Rolle der Staats- und Regierungschefs manifestiert. Zwar entsendet jeder Mitgliedstaat die über nationale Wahlen legitimierten Regierungsvertreter in den Ministerrat und den Europäischen Rat, doch werden diese nicht für ihr Agieren auf der europäischen Ebene, sondern vor dem Hintergrund nationaler innen-, außen- und wirtschaftspolitischer Interessen ausgewählt; gleichzeitig erhalten sie auf europäischer Ebene die Möglichkeit, ihre Macht und ihren Einfluss zu stärken und sich von nationalstaatlichen Bindungen zu befreien. *Do-ut-des*-Geschäfte und *package deals* prägen deshalb in zunehmendem Ausmaß den europäischen Entscheidungsprozess, tendieren so zu suboptimalen Ergebnissen und Ressourcenverschleiß und lassen kaum mehr ein Verhältnis der Responsivität erkennen, das sich in dem Bestreben ausdrückt, bestmögliche Lösungen für diejenigen zu erarbeiten, deren Repräsentant man ist.

Doch nicht nur der Rat trägt dazu bei, dass sich die Europäische Union von den – sie bildenden – „Völkern" entkoppelt, auch Legitimation, Organisation und Arbeitsweise der Europäischen Kommission erscheinen nicht eben geeignet, ein demokratisch gewaltenteilendes System auf europäischer Ebene zu etablieren. Bekanntlich werden die von den Nationalregierungen ernannten Kommissare vom Europäischen Parlament lediglich bestätigt, selbst

---

IV „Einzelstaatliche Parlamente" am 10.7.2002 (CONV 129/02 vom 2.7.2002; vgl. Dokument WG I/WD 9 vom 29.7.2002, Annex), die Arbeitsgruppe VI „Ordnungspolitik" am 29.8.2002 (CONV 227/02 vom 27.8.2002), 13.9.2002 (CONV 228/02 vom 2.9.2002) und 18.9.2002 (CONV 268/02 vom 16.9.2002), die Arbeitsgruppe VII „Außenpolitisches Handeln" am 8.10.2002 (CONV 312/02 vom 1.10.2002) und 15.10.2002 (CONV 339/02 vom 10.10.2002; vgl. CONV 459/02 vom 16.12.2002, Annex), die Arbeitsgruppe VIII „Verteidigung" am 23.9.2002 (CONV 283/02 vom 19.9.2002), 4.10.2002 (CONV 303/02 vom 1.10.2002), 14.10.2002 (CONV 340/02 vom 10.10.2002) und 4.11.2002 (CONV 379/02 vom 31.10.2002; vgl. CONV 461/02 vom 16.12.2002, Annex I), die Arbeitsgruppe IX „Vereinfachung" am 17.10.2002 (CONV 333/02 vom 9.10.2002; vgl. CONV 424/02 vom 29.11.2002, Anlage I), die Arbeitsgruppe X „Freiheit, Sicherheit und Recht" am 25.9.2002 (CONV 288/02 vom 20.9.2002), 8.10.2002 (CONV 314/02 vom 2.10.2002) und 29./30.10.2002 (CONV 366/02 vom 23.10.2002; vgl. CONV 426/02 vom 2.12.2002, Anlage) und die Arbeitsgruppe XI „Soziales Europa" am 21.1.2003 (CONV 484/03 vom 14.1.2003). Die Aufzählung erhebt keinen Anspruch auf Vollständigkeit.

185 Zwar regte die Kommission mit ihrem Weißbuch *European Governance* die Herausbildung transparenter, effizienter wie demokratischer Strukturen an, die hierzu erforderliche Selbstkritik ließ das Papier jedoch vermissen; vgl. *Europäische Kommission:* Europäisches Regieren. Ein Weißbuch, KOM (2001) 428 vom 25.7.2001.

wenn die formale Zustimmung an Gewicht gewann. Die Wahlprogramme der nach wie vor schwachen europäischen Parteien stehen in keiner oder nur geringer Verbindung zur Kommission. Eine Art Koalitionsvereinbarung existiert lediglich in der Form, dass die Kommissare ihre „strategischen Ziele“ für die Dauer der Amtszeit festlegen. Bereits die Wortwahl signalisiert die Dehnbarkeit, der diese Zielformulierung unterliegt. Die Kommission ist daher noch immer stark durch Eigenmotivation, funktionale Ansprüche und den Einfluss von Interessengruppen geleitet; ihre Handlungsfähigkeit und Wirkung ist für die „Völker Europas“ nur schwer zu messen oder zu bewerten. Darüber hinaus stärkt das Fehlen zentraler demokratischer Elemente, so des Prinzips der Verantwortlichkeit der Regierung und der Kontrolle der Regierungstätigkeit durch das Parlament, die Autonomie der Kommission.

Auch im Rahmen der Konventsverhandlungen gelang es *nicht*, einen hierauf bezogenen grundlegenden *Bewusstseins- oder Einstellungswandel* einzuleiten. Vielmehr erfuhr die Exekutivlastigkeit des europäischen Entscheidungssystems, die sich in der weitgehenden Selbständigkeit sowohl der Nationalregierungen (den „Herren der Verträge“) als auch der Kommission (dem „Motor der Integration“) sowie in der Entkoppelung von den Interessen der europäischen Völker dokumentiert, eine eindrucksvolle Bestätigung. Allerdings gelang es, die Verhandlungen wenigstens transparenter und durch die mehrheitlich parlamentarische Besetzung des Konvents, also durch eine verbesserte Vertretung des Souveräns, auch demokratischer zu gestalten.

3. Materielle Optionen

Sind damit der Auftrag des Konvents, die wesentlichen Akteure und die eingesetzten Verfahren skizziert, unterliegen im Folgenden der *auf europäischer Ebene erkennbare Reformbedarf* und die sich darauf richtenden *Handlungsoptionen* einer eingehenden Erörterung. Dies gilt auch für die Frage, ob der Konvent eine Verfassung oder einen Vertrag erarbeiten sollte, bezieht die formalen Regelungen einer europäischen Kompetenzordnung ein und wendet sich schließlich der institutionellen Ausgestaltung der Union zu.

Verfassung oder Vertrag?

Die Erklärung von Laeken warf die Frage auf, ob die „Vereinfachung und Neuordnung [der Verträge] im Laufe der Zeit nicht dazu führen könnte, dass in der Union ein Verfassungstext angenommen wird“[186]. Mit einer Beantwortung dieser Frage verband sich eine Reihe von Problemen, für die der Konvent Lösungen finden musste, wollte er denn den „Weg zu einer Verfassung für die europäischen Bürger“[187] beschreiten.

186 Erklärung von Laeken, a.a.O., s. Anhang, II/2. Vgl. zur Verfassungsfrage auch *Beckmann, K.*: Legitimation einer europäischen Verfassung, in: Beckmann, K./Dieringer, J./Hufeld, U. (Hg.), a.a.O., 159–181; *Bubner, R.*: Was wird aus der Verfassung Europas?, in: Beckmann, K./Dieringer, J./Hufeld, U. (Hg.), a.a.O., 97–106; *Fehér, I. M.*: Die Verfassung und das Volk, in: Beckmann, K./Dieringer, J./Hufeld, U. (Hg.), a.a.O., 107–117; *Grimm, D.*: Die größte Erfindung unserer Zeit, a.a.O.; *Kirchhof, P.*, a.a.O.; *Müller, M. M.*: Mut zur Staatlichkeit, in: Beckmann, K./Dieringer, J./Hufeld, U. (Hg.), a.a.O., 119–134; *Okruch, S.*: Verfassungswahl und Verfassungswandel aus ökonomischer Perspektive, in: Beckmann, K./Dieringer, J./Hufeld, U. (Hg.), a.a.O., 135–158; *Robbers, G.*, a.a.O.

187 Ebd.

Zunächst galt es sich zu erinnern, dass in der klassischen *Verfassungstheorie* Staat und Verfassung eng miteinander verbunden und aufeinander bezogen sind. Unitarische Staaten etwa kennen im Gegensatz zu föderalstaatlich organisierten politischen Systemen nur eine Verfassung – mit der Folge, dass die Verabschiedung einer „Europäischen Verfassung" als das Ende des jeweiligen Nationalstaates (miss-)verstanden werden könnte. Auch fand sich mit dem Vereinigten Königreich ein gleichsam dritter Fall insofern, als es bekanntlich über keine Verfassung im konventionellen Sinne verfügt. Entsprechend diffus war die einsetzende Debatte über „Wege und Irrwege zur europäischen Verfassung", galt es doch auch, zwischen zwei Aspekten des Verfassungsbegriffes zu unterscheiden: der formal eine Herrschaft ermöglichenden, materiell sie aber begrenzenden Ordnung.[188] Für den Konvent ergab sich daraus die Wahl zwischen zwei möglichen Veränderungen: der Weiterentwicklung der EU zu einem Staat oder aber der Abkehr vom klassischen Verfassungsbegriff.

Eine *„Staatswerdung" der Union* würde bedeuten, den Mitgliedstaaten, die sich bislang als die „Herren der Verträge" betrachten durften, die Kompetenz-Kompetenz abzuerkennen. Bislang trat jeder Vertrag der Union erst nach Ratifizierung – gemäß den jeweiligen mitgliedstaatlichen Bestimmungen – in Kraft.[189] Die Verabschiedung einer „Vollverfassung" hätte zur Folge, dass die Letztverantwortung zur Änderung der Grundordnung auf die Union selbst übertragen würde. Den Mitgliedstaaten käme in einer solchen Konstellation lediglich ein Mitentscheidungsrecht zu, die Hauptverantwortung läge nicht länger bei ihnen.[190] Die Union würde sich somit zu einem selbst tragenden Gebilde entwickeln und von der Fremdbestimmung durch die Mitgliedstaaten lösen. Dazu müsste dann auch das Gewaltmonopol der Nationalstaaten an die EU übertragen werden, damit diese schließlich Staatscharakter erhielte, mithin über ein Staatsvolk auf einem Staatsgebiet herrschte. Obwohl diese „Staatswerdung" der Union, einhergehend mit der Frage nach ihrer Finalität, regelmäßig der politischen Auseinandersetzung unterliegt, erscheint eine solche Entwicklung selbst in längerfristiger Perspektive wenig wahrscheinlich. Wird gleichwohl darüber diskutiert, der Union eine Verfassung zu geben, müsste man davon ausgehen, „dass auch Begriffe sich entwickeln"[191], dass es also zu einer Erweiterung des tradierten Verfassungsverständnisses und dessen Loslösung vom engen Staatsbezug kommen könnte.

Eine etwaige *Modernisierung des Verfassungsverständnisses* bestünde in diesem Kontext darin, das mit der Verfassung verbundene Gemeinwesen nicht länger als staatlich geprägt zu sehen, wobei ein entsprechend erneuertes Verständnis den Verfassungsbegriff allerdings nicht seiner zweifachen Bedeutung als formal Herrschaft begrenzendes und materiell Herrschaft ermöglichendes Recht enthebt. Ihm entspricht vielmehr die Auffassung, dass die bestehenden Verträge der Union bereits als Verfassung verstanden werden können: „Europäische Verfassung besteht bisher als *corpus*, nicht als *codex* [...]. Dies war die der europäischen Integration bis heute adäquate Form der Verfassung."[192]

Wollte man also eine Verfassung für die Europäische Union schaffen, ohne sie in einen Staat umzuwandeln, müsste diese *Verfassung* die *Form eines von den Mitgliedstaaten zu ratifizierenden Vertrages* annehmen. Ein Verfassungsvertrag für die EU hätte dabei zwei Eigenschaften auf sich zu vereinen: Er wäre „Ausdruck eines institutionalisierten politischen Kom-

---

188 *Böckenförde, E.-W.*: Staat, Verfassung, Demokratie, a.a.O., 29.

189 Vgl. Art. 313 EGV.

190 *Grimm, D.*: Die größte Erfindung unserer Zeit, a.a.O.

191 *Robbers, G.*, a.a.O., hier: 385.

192 Ebd.

promisses“ der konstituierenden Gewalten,[193] die auf keine höchste Entscheidungsinstanz zurückgreifen könnten; im Konfliktfall müssten daher Lösungen durch erneute Vereinbarungen der konstituierenden Gewalten gefunden werden. Gleichzeitig bildeten eben jene konstituierenden Gewalten zwar eine Einheit, bewahrten aber ihre Selbständigkeit, errichteten mithin keinen Bundesstaat. Ein Verfassungsvertrag für die Europäische Union stände somit nicht in Konkurrenz zu den einzelstaatlichen Verfassungen. Der Festschreibung grundlegender Normen und Werte sowie den in einem Verfassungsdokument niedergelegten Strukturprinzipien käme vor allem Symbolkraft zu.

Unabhängig von dieser formaljuristischen Frage kritisierte man in der Debatte um die Erarbeitung einer Europäischen Verfassung zudem Inhalt und Aufbau der geltenden Verträge. Danach erwies sich die *Grundordnung der Union* in vielfacher Hinsicht als *„renovierungsbedürftig“*:

- So erschien das europäische Primärrecht zunächst durch eine beträchtliche Intransparenz gekennzeichnet. Allein sein Umfang galt als kaum mehr überschaubar, traten doch zu den Verträgen Protokolle und gesonderte Erklärungen hinzu.
- Jede weitere Vertragsänderung erhöhte die Komplexität des europäischen Vertragswerkes, erschwerte sein Verständnis und erlaubte damit den „Völkern Europas“ kaum mehr dessen Nachvollzug.
- Die organisatorische Aufteilung in zwei Gemeinschaften[194] und die Unterscheidung von drei „Säulen“ beeinträchtigte zudem die Wahrnehmung der Union als einheitliches Gebilde.
- Darüber hinaus wurden die im europäischen Vertragswerk enthaltenen Regelungsmaterien nicht nach ihrer Bedeutung unterschieden. Dies stand einer zeitgerechten Fortentwicklung des Primärrechts entgegen, da auch weniger wichtige primärrechtliche Normen dem Einstimmigkeitszwang unterlagen.
- Auch wurde die unzureichende Legitimationsvermittlung der europäischen Verträge bemängelt. Herleitung und Ausübung der Befugnisse der Gemeinschaftsorgane waren danach in den geltenden Verträgen nicht ausreichend begründet und mit Blick auf eine „Vertiefung“ nicht länger akzeptabel.[195]
- Schließlich führte die ungleichzeitige Entwicklungsdynamik der Union dazu, dass eine Vielzahl instrumenteller Regelungen erarbeitet wurde, die nur für eine begrenzte Zahl von Aufgaben einzusetzen waren.

Aus dieser allgemeinen Kritik ließen sich mehrere *Alternativen* für einen Ansatz zur „Vereinfachung der Verträge, mit dem Ziel, diese klarer und verständlicher zu machen, ohne sie inhaltlich zu ändern“,[196] entwickeln. Mit der Erklärung von Laeken fokussierte der Europäische Rat die Diskussion auf die wesentlichen Optionen.[197] Gleichzeitig wurde deutlich, dass an die Entscheidung über die Erarbeitung einer Verfassung oder eine Neuordnung der Verträge sowohl normative als auch funktionale Anforderungen zu stellen waren. Einerseits

193 *Böckenförde, E.-W.*: Staat, Verfassung, Demokratie, a.a.O., 36f.

194 EG und Euratom. Der EGKS-Vertrag lief 2002 aus.

195 Vgl. zusammenfassend und unter vielen *Müller-Graff, P.-C.*: Der Post-Nizza-Prozess, in: Integration, 24/2 (2001), 208–221; detaillierter *Bogdany, A.v./Ehlermann, C.-D.* (Hg.): Konsolidierung und Kohärenz des Primärrechts nach Amsterdam, Baden-Baden, 1998.

196 Erklärung zur Zukunft der Union, a.a.O.

197 Vgl. Erklärung von Laeken, a.a.O.

sollte die Union dem europäischen Bürger stärker als Werte- und nicht lediglich als Wirtschaftsgemeinschaft entgegentreten. Hierzu trug die Erarbeitung und Proklamation der Grundrechtecharta zwar bei, doch war und ist die Symbolkraft einer rechtsgültigen Europäischen Verfassung ungleich höherwertig einzuschätzen. Andererseits war der Konvent gehalten, sein Arbeitsergebnis übersichtlicher als die bestehenden Verträge zu gestalten und somit Effizienz und Transparenz europäischer Politiken zu befördern. Für die Form des vom Konvent zu erarbeitenden Dokuments ergab sich daraus eine Reihe von *Handlungsmöglichkeiten:*

Als erste Option kam eine lediglich *redaktionelle Überarbeitung der bestehenden Verträge* in Betracht,[198] die deren Lesbarkeit und Verständlichkeit erhöhen sollte, nicht aber Macht- und Kompetenzverschiebungen oder gar Neuordnungen impliziert hätte. Da die Struktur der Verträge historisch gewachsen ist, eine transparente Logik fehlt und es eher zu Überschneidungen (etwa bei Zielen, Aufgaben und Grundsätzen,[199] bei den Handlungsmöglichkeiten[200] oder bei der institutionellen Struktur der Union bzw. der Gemeinschaft[201]) kam, war die mangelnde Kohärenz und damit auch Intransparenz sowohl mit Blick auf die eingesetzten Begrifflichkeiten als auch auf die Regelungen einzelner Politikbereiche Gegenstand häufiger Klagen. Eine redaktionelle Überarbeitung hätte zumindest die Gliederung der bestehenden Verträge übersichtlicher gestalten können, zu einer Vereinheitlichung der Begrifflichkeiten beigetragen und eine Streichung von Doppelungen erlaubt. Den eher normativen Anforderungen, wie der Herstellung von Transparenz und Bürgernähe, hätte dies jedoch bestenfalls in Teilen entsprochen.

Um den Ausweis unterschiedlicher Verträge zu überwinden und so bislang getrennte, inhaltlich jedoch zusammenhängende Aufgaben zu vereinen, wurde als zweite Option die *Zusammenführung* der Verträge *in ein einziges Dokument* erörtert.[202] Diese Möglichkeit würde über eine redaktionelle Überarbeitung insofern hinausreichen, als auch Fragen zur Rechtspersönlichkeit der Union aufzuwerfen wären; zudem gälte es, eine neue Systematik zur Unterscheidung zwischen intergouvernementalen und vergemeinschafteten Aufgaben zu entwickeln, die die Säulen-Architektur von Maastricht überflüssig machen und so einen Beitrag zu mehr Transparenz leisten würde.

Als dritte Möglichkeit kam in Betracht, die bestehenden Verträge um einen *Grundlagenvertrag* oder *Grundvertrag* zu ergänzen.[203] Dieser könnte die wesentlichen Bestimmungen und Leitlinien des Primärrechts beinhalten, während die Detailregelungen den in dieser Hinsicht

---

198 Zu den Vorteilen einer solchen „Bereinigung“ vgl. *Müller-Graff, P.-C.*: The Quality of European and National Legislation, in: EuZW, 9/11 (1998), 325–331.

199 Vertrag zur Gründung der Europäischen Gemeinschaft vom 25.3.1957, Erster Teil: Grundsätze (nicht im Amtsblatt veröffentlicht, s. stattdessen http://europa.eu.int/eur-lex/lex/de/treaties/dat/11957E/tif/11957E.html) sowie Vertrag über die Europäische Union vom 7.2.1992, Titel 1: Gemeinsame Bestimmungen (ABl. Nr. C 191 vom 29.7.1992).

200 Dies gilt etwa für die Innen- und Justizpolitik, die in Teilen im EGV (soweit bereits die Gemeinschaftsmethode Anwendung findet) und in Teilen im EUV geregelt ist, vgl. Titel IV EGV und VI EUV.

201 Vgl. den fünften Teil des EGV: Die Organe der Gemeinschaft, sowie Einzelbestimmungen des EUV, etwa Art. 21, Art. 22, Art. 39 EUV.

202 „Florentiner“ Bericht aus der Reihe Rechtsfragen des Europäischen Parlaments 1996 sowie Beiträge in *Bogdany, A.v./Ehlermann, C.-D.* (Hg.), a.a.O.

203 So der Entwurf der Bertelsmann Forschungsgruppe Politik: Ein Grundvertrag für die Europäische Union, München, 2000.

unveränderten Primärrechtstexten vorbehalten blieben. Der Grundvertrag erfüllte dann die Anforderungen an eine verständliche und kurze „Basisordnung" der Union, setzte jedoch voraus, dass es den Akteuren gelänge, sich auf wesentliche und unwesentliche Bestimmungen zu einigen. Kritisch wäre allerdings anzumerken, dass mit der Beibehaltung der übrigen primärrechtlichen Bestimmungen die Verfassung der Union – als *corpus* verstanden – so sicher nicht übersichtlicher würde.

Ginge man schließlich davon aus, dass die aktuell gültigen primärrechtlichen Bestimmungen in Teilen die Qualität von Sekundärrecht aufweisen, ergab sich als vierte Option eine *Zweiteilung der Verträge*, die *Dehaene, von Weizsäcker* und *Lord Simon* in ihrem Bericht anregten.[204] Danach konzentrierte sich ein Basisvertrag vor allem auf Werte und Ziele der Union, die horizontale Kompetenzabgrenzung zwischen den Organen sowie die vertikale Kompetenzabgrenzung zwischen der Union und ihren Mitgliedstaaten. Diese transparente und überschaubare Grundordnung behielte Primärrechtscharakter und könnte auch weiterhin nur einstimmig geändert werden. In die aus dem Primärrechtsteil ausgegliederten Ausführungsbestimmungen nähme man dann die Regelungen für die einzelnen Politikfelder auf, die an den Basisvertrag anzupassen und kohärenter zu gestalten wären.

Die beiden letztgenannten Optionen wiesen dem Konvent nicht nur eine *Ordnungs-*, sondern *auch eine Gestaltungsfunktion* zu. Die systematische Neuordnung von Instrumenten und Aufgaben stünde zwar in diesen Fällen im Zentrum der Bemühungen, bliebe jedoch unvollständig, wenn das Gremium nicht auch wesentliche Vertragsbestimmungen von sekundärrechtlichen unterschiede. Während alle dargestellten Optionen es dem Konvent erlaubten, die Kompetenzordnung der Union übersichtlicher zu gestalten und damit deren Transparenz zu erhöhen, mithin die funktionalen Ansprüche an die Veränderungen der Unionsverfassung zu erfüllen, bedürften die normativen Erwartungen umfangreicherer Veränderungen. Um die Komplexität der Vertragstexte zu reduzieren und deren Verständlichkeit zu verbessern, müssten, wie dargestellt, die primärrechtlich relevanten Bestimmungen ermittelt werden. Wenn der Konvent schließlich empfehlen würde, die Grundrechtecharta für verbindlich zu erklären, leistete er damit einen Beitrag zur Weiterentwicklung der Union in Richtung Wertegemeinschaft. Die normativen Kriterien machten weitgehende Eingriffe in die Bestimmungen und den Aufbau von EGV und EUV notwendig.

Angesichts der Vielzahl der möglichen Optionen (Vertrag oder Verfassung, redaktionelle Überarbeitung, Grundvertrag oder Zweiteilung) überraschte, dass der Konvent sich ohne lange Debatte einigte, einen *„Vertrag über eine Verfassung für Europa"* zu erarbeiten.[205] Die befürchtete langwierige und unproduktive „semantische Verfassungsdebatte" fand nicht statt. Bereits vor Beginn der Konventsarbeiten sprachen sich Außenminister *Fischer* (am 12. Mai 2000) und, darauf antwortend, Staatspräsident *Chirac* (am 27. Juni) für eine Europäische Verfassung aus, während der britische Premierminister *Blair* dies im Oktober 2000 ablehnte. Außenminister *Straw* nahm dann allerdings eine pragmatische Position insofern ein, als er im Juli 2001 erklärte: *„The question of a Constitution for Europe [...] often excites hysteria. [...] We should not reject other people's ideas simply because of the words*

204 *Dehaene, J.-L./Weizsäcker, R. v./Simon, D.*, a.a.O., hier: Punkt 3.2.

205 Vgl. die Eröffnungsrede des Konventspräsidenten am 28.2.2002, a.a.O. sowie *Marhold, H.*, a.a.O. Zur Verfassungsfrage allgemein auch *Grimm, D.*: Vertrag oder Verfassung, in: Staatswissenschaften und Staatspraxis, 6/4 (1995), 509–532.

they use.“[206] Schließlich ergriff der Konventspräsident die Initiative und schlug vor, einen Verfassungsvertrag zu erstellen. Der britische Regierungsvertreter *Hain* bezeichnete daraufhin die „Schaffung einer verfassungsmäßigen Ordnung für ein neues, vereintes Europa“ als Aufgabe des Konvents und machte damit semantische Erörterungen endgültig entbehrlich;[207] zu einer ausführlichen Debatte im Plenum kam es nicht mehr.[208] Europafreundliche Delegierte, Journalisten und Vertreter der Zivilgesellschaft verkürzten schließlich den Begriff „Verfassungsvertrag“ schnell auf „Verfassung“.[209]

Der von *Giscard* am 28. Oktober 2002 präsentierte *erste Vorentwurf des Verfassungsvertrages* gliederte sich dann, analog zu der oben dargestellten vierten Option, in zwei Teile: die „Struktur der Verfassung“ sowie die „Politikbereiche und die Durchführung der Maßnahmen der Union“.[210] Grundsätzlich begrüßte das Plenum in der Sitzung am 28. und 29. Oktober 2002 den Entwurf als einen mutigen Schritt, bemängelte aber noch fehlende materielle Angaben zu den Organen und Einrichtungen.[211] Zuvor hatte es über den Abschlussbericht der Arbeitsgruppe II debattiert, der Vorschläge zur „Einbeziehung der Charta“ enthielt.[212] In ihrem Bericht überließen die Mitglieder der Gruppe die politische Entscheidung über die Position der Charta ausdrücklich dem Plenum, plädierten jedoch einstimmig dafür, dem Dokument rechtsverbindlichen Charakter zu verleihen.[213] Die Arbeitsgruppe schlug hierzu zwei Möglichkeiten vor: die Aufnahme der Charta in den Verfassungsvertrag oder die Bezugnahme auf die Charta in einem Artikel des Vertrages.[214] Letztlich bevorzugte die Gruppe die erstbenannte Variante, da der Verfassungsvertrag damit „lesbarer“ würde, im Plenum zeichnete sich ein ähnliches Meinungsbild ab.[215]

Mit der Einigung auf einen „Platz“ für die Grundrechtecharta stand schließlich die *Struktur des Abschlussdokuments* fest. Allerdings kam es zu *keiner kritischen Überarbeitung der bestehenden Verträge,* übernahm der dritte Teil des Verfassungsentwurfs die für die Politikbereiche und die Arbeitsweise der Union geltenden Bestimmungen in weiten Teilen. Über eine redaktionelle Überarbeitung kam das Gremium nicht hinaus.

Vertikale Aufgabenteilung und Kompetenzordnung

Neben einer Einigung auf die künftige Form des europäischen Vertragswerkes stand dessen inhaltliche Ausgestaltung im Mittelpunkt des Interesses. Hier ging es vor allem um eine verbesserte Aufgabenteilung zwischen der Union und ihren Mitgliedstaaten, zumal sich das

---

206 http://www.zeit.de/reden/europapolitik/200132_straw2 vom 27.7.2001. Vgl. auch *ders.*: Britain, Europe, and the European Convention, in: ZSE, 1/2 (2003), 161–166.

207 Plenartagung vom 21.3.2002.

208 Plenartagung vom 15./16.4.2002.

209 *Hänsch, K.*, a.a.O.

210 Zzgl. eines Teils mit den Schlussbestimmungen, vgl. CONV 369/02 vom 28.10.2002, s. Anhang, IV/1.

211 CONV 378/02 vom 31.10.2002.

212 Abschlussbericht der Gruppe, CONV 354/02 vom 22.10.2002.

213 Ebd. Aus dem Bericht geht nicht eindeutig hervor, ob die Gruppe sich auch einstimmig für den Verfassungsrang der Charta aussprach (oder ob darüber nur Konsens bestand).

214 Der Bericht (CONV 354/02) nannte eine dritte Option, die jedoch nur von einem Gruppenmitglied unterstützt wurde: die „indirekte Bezugnahme“ auf die Charta, die sie zwar rechtsverbindlich machen, nicht jedoch in Verfassungsrang erheben würde.

215 CONV 378/02 vom 31.10.2002.

gegebene System aus normativer wie funktionaler Sicht als reformbedürftig erwies, eine deutliche Zuweisung der Verantwortung für politisches Handeln kaum möglich schien.[216]

Die *Kompetenzordnung* der Europäischen Union spiegelte die bislang vorherrschende Methode der „*ad-hoc*-Vergemeinschaftung" wider und folgte keiner erkennbaren Systematik. Die in den Verträgen entwickelte Zuständigkeitsordnung setzte sich vielmehr aus fünf Elementen zusammen: Zunächst galten als *allgemeine Regeln* die *begrenzte Einzelermächtigung,* das *Subsidiaritäts-* und das *Erforderlichkeitsprinzip.* Umfang und Zuschnitt der daraus abzuleitenden EU-Zuständigkeiten waren damit allerdings nicht definiert.[217] Das in Art. 5 Abs. 2 EGV verankerte Subsidiaritätsprinzip ermöglichte ein Handeln der Gemeinschaft zwar nur „sofern und soweit die Ziele der in Betracht gezogenen Maßnahmen auf Ebene der Mitgliedstaaten nicht ausreichend erreicht werden können [...]", verhinderte damit aber nicht die Kompetenzwahrnehmung durch die Union, deren Organe den sich ergebenden Interpretationsspielraum nutzten. Das zweite Element der Kompetenzordnung bildeten spezifische *sachgegenständliche Ermächtigungen,* die der Gemeinschaft Zuständigkeiten (ausgehend von den zu erreichenden Zielen und den dafür notwendigen Mitteln) zuwiesen. Art. 2–4 EGV enthielten einen umfangreichen Zielkatalog; danach schrieb Art. 2 EGV Aufgaben und Ziele der Gemeinschaft, Art. 3 EGV Bereiche, in denen die Gemeinschaft tätigen werden konnte, und Art. 4 EGV Grundsätze der Wirtschafts- und Währungspolitik fest. Als weiteres Element traten im dritten Teil des EGV *Verfahrensermächtigungen* an die politischen Organe hinzu. Einzelne Bestimmungen definierten hier detailliert die von der Union durchzuführenden Maßnahmen in mehr als 20 Politikbereichen.[218] Daneben enthielten die Verträge, viertens, *Negativklauseln,* so etwa in den Bereichen Bildung (Art. 149 Abs. 1 EGV), Gesundheit (Art. 152 Abs. 4 und 5 EGV) und Industriepolitik (Art. 157 Abs. 3 EGV), die explizite Schranken für das Tätigwerden der Union darstellten (Harmonisierungsverbote). Schließlich erlaubte die *Kompetenzabrundungsklausel* (Art. 308 EGV)[219] der Gemeinschaft, in Bereichen zu handeln, für die keine Einzelermächtigung im EGV vorgesehen war, in denen aber ein „Tätigwerden der Gemeinschaft erforderlich [erscheint], um im Rahmen des Gemeinsamen Marktes eines ihrer Ziele zu verwirklichen" (Art. 308 EGV). Auf Vorschlag der Kommission konnte der Rat nach Anhörung des Parlaments entsprechende Maßnahmen einstimmig beschließen.

Die *Kompetenzausübung* wurde, je nach Aufgabenfeld und/oder Politikbereich, der Union allein oder „geteilt" mit den Mitgliedstaaten zugewiesen. Vor allem in den ursprünglich binnenmarktbezogenen Politiken verfügte die Union über ausschließliche Kompetenzen, in allen später hinzutretenden (von der Umwelt- über die Forschungs- und Technologie- bis hin zur Gesundheitspolitik) teilten Union und Mitgliedstaaten die Aufgaben untereinander. Solange

---

216 Vgl. u.a. *Hesse, J.J./Grotz, F.*, a.a.O. sowie *Bieber, R.*: Abwegige und zielführende Vorschläge zur Kompetenzabgrenzung der Europäischen Union, in: Integration, 24/3 (2001), 308–313.

217 Siehe Art. 2–4 EGV.

218 Vgl. Kapitel 3 Titel I–XX EGV.

219 Art. 308 EGV wird in der Literatur unterschiedlich bezeichnet: als Lückenfüllungsklausel, Vertragsabrundungskompetenz (BVerfGE 89, a.a.O.), Vertragslückenschließungsklausel, Klausel impliziter Kompetenzen (in Anlehnung an die *implied-powers*-Doktrin des EuGH), Kompetenzerweiterungsvorschrift (BVerfGE 89, a.a.O.), Kompetenzergänzungsklausel oder aber Flexibilitätsklausel. In Verbindung mit dem zitierten Artikel ist weiterhin von „Generalermächtigung" oder „Auffangkompetenz" die Rede. Da Kompetenzabrundungsklausel den Sachverhalt am präzisesten – und angesichts der verfügbaren Möglichkeiten am elegantesten – beschreibt, wird im Folgenden dieser Begriff verwendet.

die Union in diesen Bereichen von ihrer Regelungsbefugnis keinen Gebrauch machte, verblieb die entsprechende Kompetenz bei den Nationalstaaten.

Aus den benannten Regelungen erwuchsen *zwei Probleme,* die nicht zuletzt in der Bundesrepublik beklagt wurden. Zum einen war in der Praxis der Zuständigkeitsausübung eine Tendenz zur *Zentralisierung* erkennbar, indem man von der allgemeinen Zuständigkeitsvermutung zugunsten der Mitgliedstaaten mehr und mehr abrückte: „Bisher hatte die Europäische Union aus den nahezu grenzenlosen Zielbestimmungen vielfach Kompetenzen der Union abgeleitet."[220] Zudem begünstigte die Vielzahl der geteilt wahrgenommenen Zuständigkeiten die Entstehung einer europäischen *Politikverflechtung.*[221]

Tabelle I-5: Kompetenzverteilung zwischen Union und Mitgliedstaaten: alte Systematik (nach EGV und EUV)

Struktur der Kompetenzordnung	**Flexibilität**	**Kompetenzkontrolle**
Parallelität von funktionaler (Zieldefinition) und materieller (Definition der Maßnahmen) Systematik ohne klar erkennbares Prinzip	Art. 308 EGV: Kompetenzerweiterung auf Vorschlag der Kommission durch einstimmigen Ratsbeschluss nach Anhörung des EP möglich	Politische Kontrolle: • Einhaltung der Grundprinzipien der Abwägung der beteiligten Gemeinschaftsorgane überlassen • Keine formelle Einwirkungsmöglichkeit nationaler Parlamente Gerichtliche Kontrolle: • Umfassend: EGV-Bereiche • In Teilen: Justiz/Inneres • Nicht gegeben: GASP

Quelle: *ZSE-Redaktion:* Der „EU-Verfassungskonvent": Auftrag, Arbeitsweise, Ergebnisse, in: ZSE, 1/3 (2003), 447–473, hier: 461, überarbeitet.

Angesichts dieser Konstellation ergaben sich für den Konvent *drei unterschiedliche Anforderungen.* Er sollte nach außen eine für den Bürger transparente und verständliche sowie nach innen eine stabilisierende und klar strukturierte Kompetenzordnung schaffen. Allerdings durften die Stabilisierungsfunktionen einer solchen Ordnung eine angemessene Reaktion auf neue Entwicklungen und Erfordernisse nicht verhindern. Gleichzeitig galten Effizienz- und Funktionalitätskriterien, so dass ein (so weit möglich) transparentes und flexibles System der Aufgabenzuweisung zu entwickeln war – innerhalb der durch eine funktionsfähige Kompetenzkontrolle auferlegten Schranken. Dabei ging es zunächst um eine Präzisierung von Begriffen und Prinzipien. Aus der begrifflichen wie materiellen Unterscheidung zwischen Zielen und Kompetenzen der Union entstünde aber nicht nur formale Klarheit, auch einer schleichenden Kompetenzausweitung wäre durch Interpretation der Unionsziele entgegengewirkt. Schließlich galt es, die Einhaltung der allgemeinen Kompetenzprinzipien, vor allem des benannten Subsidiaritätsprinzips, zu verbessern, wofür sich eine Reihe von Möglichkeiten anbot.

---

220 *Teufel, E.*, a.a.O., hier 351.

221 Grundlegend hierzu *Scharpf, F. W.*: Die Politikverflechtungsfalle, in: PVS, 26/4 (1985), 323–356; einen Überblick bietet *Benz, A.*: Mehrebenenverflechtung in der Europäischen Union, in: Jachtenfuchs, M./Kohler-Koch, B. (Hg.): Europäische Integration, 2. Aufl., Opladen, 2003, 317–351.

Als eine Option wurde die Einrichtung eines *Kompetenzsenats* beim Europäischen Gerichtshof (EuGH) vorgeschlagen,[222] der allerdings aus mehreren Gründen problematisch erschien. Zum einen stellt das Subsidiaritätsprinzip sowohl eine Kompetenzausübungs- als auch eine Kompetenzzuweisungsregel dar. Gerade die Zuweisung ist aber als eine politische, aufgrund normativer und funktionaler Erwägungen zu treffende Entscheidung zu kennzeichnen. Eine ausschließlich gerichtliche Überprüfung barg angesichts der eher integrationsfördernden Rechtsprechung des EuGH die Gefahr einer verstärkten Zentralisierung. Darüber hinaus erschien der Aufwand zur Bildung eines gesonderten Senats angesichts der bislang lösungsbedürftigen Fälle als fragwürdig.

Als Alternative diskutierten die Delegierten deshalb die Einrichtung eines durch nationale Parlamentarier zu besetzenden politischen *Subsidiaritätsausschusses*.[223] Der Versuch, die nationalen Parlamente zu beteiligen, wurde hier zunächst positiv bewertet. Allerdings hätte sich dadurch der ohnehin schon komplexe Gesetzgebungsprozess verlängert. Darüber hinaus verband sich mit dieser Lösung die Frage nach den Kompetenzen eines solchen Gremiums. Vor allem mit Blick auf die noch immer eingeschränkten Rechte des Europäischen Parlaments erschien die Etablierung eines „Nebengesetzgebers" auf europäischer Ebene nicht wirklich vertretbar, während eine bloße Beratungsfunktion dessen Existenz kaum gerechtfertigt hätte.

Schließlich war zu erwägen, die *Kompetenzabrundungsklausel* (Art. 308 EGV) weniger durchlässig zu gestalten. Die gültige Bestimmung sah ein Tätigwerden der Gemeinschaft im Rahmen der Ziele des Binnenmarkts auch dann vor, wenn ihr Zuständigkeiten nicht explizit übertragen wurden. In diesem Fall entschied der Rat auf Vorschlag der Kommission einstimmig, das Europäische Parlament war lediglich anzuhören. Die Rechte des Parlaments im Verfahren hätten so gestärkt werden können; auch war zu überlegen, ob nicht die nationalstaatlichen Parlamente in den Prozess eingebunden werden sollten, da Art. 308 EGV immer in der Gefahr stand, als eine uneingeschränkte Kompetenzübertragung an die Gemeinschaft interpretiert zu werden und damit etwa das Demokratiegebot des Grundgesetzes zu verletzen. Wollte man die Wirkung der Klausel weiterhin einschränken, wäre dies über eine genauere Festlegung der mit ihrer Anwendung zu erreichenden Ziele zu verbinden. Dabei bestände allerdings die Gefahr, dass die notwendige Flexibilität verloren ginge.

Eine auf diese Art erreichte Stärkung des Subsidiaritätsprinzips trüge zwar dazu bei, die schleichende Ausweitung der Unionskompetenzen zu bremsen, sie schüfe aber noch kein transparenteres Aufgabenprofil. Dazu waren *Ziele und Prinzipien der Kompetenzordnung* der Union *unter normativen und funktionalen Erwägungen zu bewerten*. Gleichzeitig galt es zu fragen, ob Zuständigkeiten an die Mitgliedstaaten zurückgegeben werden könnten.[224] Für den Konvent ergab sich damit die Möglichkeit, entweder die gegebene Kompetenzverteilung beizubehalten, neue Aufgaben für die Union festzulegen oder aber die erwähnten Rückübertragungen anzuregen. Vor allem jene Bereiche, die nach den geltenden Verträgen der geteilten Aufgabenwahrnehmung durch Union und Mitgliedstaaten unterlagen, wären einer eingehenden Prüfung zu unterziehen und gegebenenfalls zu entflechten. Für eine solch deutlich verbesserte Systematik kamen wiederum vier *Optionen* in Betracht:

222 Vgl. u.a. CONV 71/02 vom 30.5.2002, III 2b; CONV 106/02 vom 20.6.2002, Nr. 3.
223 Siehe CONV 71/02 vom 30.5.2002, III 2a.
224 CONV 592/03 vom 28.2.2003.

Als erste Möglichkeit galt die Einführung eines *Trennsystems nach amerikanischem Muster*. Während in der EU (wie in der Bundesrepublik) Aufgaben auf unterschiedlichen Ebenen entschieden und umgesetzt werden,[225] sieht die Kompetenzordnung der Vereinigten Staaten eine strikte Trennung anhand der Aufgabenzuweisung vor; dort setzen Bundesbehörden eigenständig Bundesrecht um. Doch ein solch radikaler Wechsel schüfe mehr Probleme als er löste. Zwar wäre eine strikte Trennung zwischen der europäischen und der mitgliedstaatlichen Ebene die Folge, doch ließen sowohl Entwicklungen innerhalb des amerikanischen Modells als auch im Rahmen der europäischen Zentralstaaten Zweifel an der Umsetzbarkeit aufkommen. Die dieser Option immanente Tendenz zur Zentralisierung wäre angesichts der schleichenden Kompetenzausweitung der Union und des damit einhergehenden Funktionsverlusts der nationalen und subnationalen Ebenen eher kontraproduktiv. Der erforderliche Aufbau paralleler Verwaltungsstrukturen verursachte hohe Kosten und unterstriche den Bedeutungsverlust der regionalen Gebietskörperschaften, wäre aber gerade deshalb kaum umsetzbar. Schließlich erschwerten andere Verbundprozesse und dem nachfolgende Verflechtungsformen eine klare Trennung von Aufgabenwahrnehmung und zuständiger Ebene. Hier wäre auf die im Rahmen der sozialstaatlichen Entwicklung der vergangenen Jahrzehnte zurückzuführenden Investitionsprogramme und Infrastrukturvorhaben zu verweisen, die zusätzlich Grenzlinien zwischen dem öffentlichen und dem privatwirtschaftlichen Bereich überschritten. Eine gleichsam nachträgliche und rigorose Entflechtung erschien auch von daher dysfunktional und mit den heutigen Anforderungen an das öffentliche Handeln nicht vereinbar.

Als zweite Option kam die *Erstellung eines kategorialen oder enumerativen Kompetenzkataloges* nach bundesdeutschem Vorbild in Frage. Das Grundgesetz unterscheidet bekanntlich in den Art. 70ff. zwischen ausschließlicher und konkurrierender Gesetzgebung des Bundes und benennt in einem Katalog die Materien, für die der Bund zuständig ist – in allen anderen Bereichen verbleibt die Gesetzgebungsbefugnis bei den Ländern.[226] Mit Blick auf die Kompetenzverteilung der EU ergibt sich ein ähnliches Bild: Zuständigkeiten wären explizit an die Union zu übertragen, die diese dann entweder ausschließlich oder geteilt, also gemeinsam mit den Mitgliedstaaten, ausübte.[227] Doch erfolgte in den geltenden Verträgen keine systematische Zuordnung dieser Gesetzgebungsrechte, weshalb, wie angesprochen, deren fehlende Transparenz kritisiert wurde. Eine solche nicht verschriftlichte Kompetenzordnung bot zudem den zweifelhaften Vorteil, flexibel zu sein – also offen für die Übertragung von

225 So wird eine von europäischen Organen erlassene Verordnung in der Regel von den Mitgliedstaaten (in Deutschland auch von den Ländern) umgesetzt; die Kommission verfügt in den meisten Fällen über ein nur (eingeschränktes) Kontrollrecht.

226 In der konkurrierenden Gesetzgebung schränkt Art. 72 Abs. 2 GG die Rechte des Bundes weiter ein. Demnach darf dieser nur aktiv werden, „wenn und soweit die Herstellung gleichwertiger Lebensverhältnisse […] oder die Wahrung der Rechts- oder Wirtschaftseinheit […]“ sein Handeln „erforderlich“ machen. Mit Art. 75 GG erhält der Bund zusätzlich die Möglichkeit, in bestimmten, dort benannten Bereichen Rahmenvorschriften zu erlassen, die keine Detailregelungen enthalten sollen.

227 Dem in der vorangehenden Fußnote erwähnten Art. 72 Abs. 2 GG würde dann das Subsidiaritätsprinzip entsprechen; die Unterscheidung zwischen Rahmenvorschriften und „normalen“ Gesetzen spiegelte sich in der zwischen EU-Richtlinie (ohne Detailregelungen, Umsetzung verbleibt bei den Mitgliedstaaten) und Verordnung (unmittelbar gültig) wider. Im Gegensatz zum Bund im Rahmen des Grundgesetzes kann die EU in bestimmen Bereichen Initiativen ergreifen, die Maßnahmen der Mitgliedstaaten unterstützen oder ergänzen.

Zuständigkeiten an die EU. Verglich man darüber hinaus die für die europäischen Organe in einzelnen Politikfeldern verfügbaren Handlungsinstrumente, so fand sich auch dort eine große Zahl von abweichenden Regelungen. Formulierte man für die Union einen Kompetenzkatalog in Analogie zum Grundgesetz (also mit der angesprochenen Unterscheidung zwischen ausschließlicher und konkurrierender Gesetzgebung), so trüge dieser zwar zur Klarheit und Transparenz des Handelns der Gemeinschaftsorgane bei, bliebe aber letztlich „kosmetischer Natur", da Union und Mitgliedstaaten die meisten Aufgaben in geteilter Zuständigkeit wahrnehmen und sich aus guten Gründen Abgrenzungsschwierigkeiten ergeben (unter denen auch die föderalstaatliche Ordnung der Bundesrepublik leidet). Die Kategorisierung und Enumeration von Kompetenzen in einem Katalog erwiesen sich mithin im Rahmen der Verhandlungen des Konvents als wenig sinnvoll und daher auch als nicht durchsetzbar.[228]

Darüber hinaus stellte sich, drittens, dem Gremium die Option eines *negativen Kompetenzkatalogs*. Dieser enthielte lediglich diejenigen Aufgaben, die der Union keinesfalls übertragen werden sollten, ermöglichte damit eine klare Verantwortungsteilung und den besseren Schutz der Rechte der Mitgliedstaaten und ihrer Regionen. Nicht ohne Grund diskutierte man diesen Ansatz mit Blick auf die Wahrung historisch gewachsener nationalstaatlicher Traditionen, etwa in den Bereichen der Bildungs- und Kulturpolitik. Eine schleichende Ausweitung der Aufgabenwahrnehmung im Bereich der geteilten Zuständigkeiten verhinderte auch ein solcher Negativkatalog allerdings nicht.

Schließlich brachte der britische Premierminister *Blair* den Vorschlag ein, eine *„Kompetenzcharta"* zu erstellen. Dieses politische, nicht aber rechtlich verbindliche Dokument sollte die Prinzipien der Kompetenzverteilung, -abgrenzung und -ausübung in der Europäischen Union festschreiben, an denen sich die Rechtssetzung zu orientieren habe. Eine solche Absichtserklärung hätte aber lediglich bereits bekannte Prinzipien erneut fixiert. Auch bislang mussten die Mitgliedstaaten einer Kompetenzausweitung durch die Union zustimmen.[229] Somit würde eine Ausweitung zwar verzögert, nicht aber effektiv verhindert.

Der Konvent befasste sich bereits in der *Phase der Generaldebatte* mit der Frage nach den Zuständigkeiten, in dem er über die „Aufgaben der Union" und die dabei zu beachtenden Prinzipien „Effizienz und Legitimität" diskutierte.[230] Er griff dazu auf den nach seinem Verfasser benannten *Lamassoure*-Bericht zurück,[231] der eine Unterscheidung zwischen der grundsätzlichen Zuständigkeit der Staaten,[232] den eigenen Zuständigkeiten der Union und den geteilten Zuständigkeiten vorsah. Eine „Evolutivklausel" sollte zudem die Flexibilität der

228 Auf die diesbezüglich „gescheiterten" Vorstellungen etwa von Ministerpräsident *Teufel* wurde bereits verwiesen.

229 Bei der Anwendung der Kompetenzabrundungsklausel (Art. 308 EGV) erfolgte diese Zustimmung durch einen einstimmigen Beschluss des Ministerrates.

230 Vgl. zu den „Aufgaben" die Plenartagung vom 15. und 16.4.2002, zu den „Prinzipien" die vom 23. und 24.5.2002.

231 Dieser Bericht wurde vom EP am 16.5.2002 verabschiedet und dem Konvent zugeleitet; vgl. *Europäisches Parlament:* Entschließung des Europäischen Parlaments zu der Abgrenzung der Zuständigkeiten zwischen der Europäischen Union und den Mitgliedstaaten (2001/2024(INI)), *Lamassoure*-Bericht, A5-0133/2002 vom 16.5.2002.

232 Anders als der Titel vermuten lässt, handelte es sich dabei nicht um einen Negativkatalog. Vielmehr schlug das EP vor, „dass man [...] auf den Grundsatz der mutmaßlichen Zuständigkeit des Staates zurückgreifen sollte, wenn der Verfassungstext keine anderweitige Bestimmung enthält" (vgl. *Europäisches Parlament*, a.a.O., Nr. 21).

Kompetenzordnung gewährleisten. Das Plenum begrüßte den Bericht; die Delegierten verständigten sich darüber hinaus darauf, die Unionszuständigkeiten aus den bestehenden Verträgen herzuleiten.[233] Aufgrund der geleisteten Vorarbeit verzichtete man auf die Einsetzung einer eigenen Arbeitsgruppe, doch setzten sich die Arbeitsgruppen I (Subsidiarität) und V (Ergänzende Zuständigkeiten) mit bestimmten Aspekten der Zuständigkeitsverteilung auseinander. Den von der Arbeitsgruppe V erarbeiteten Vorschlag diskutierte das Plenum kontrovers und unterzog ihn erheblichen Veränderungen. Schließlich flossen die Empfehlungen anderer Arbeitsgruppen in die vom Präsidium vorgelegten Artikelvorschläge zur Kompetenzordnung ein; sie unterschieden zwischen ausschließlichen, geteilten und unterstützenden Maßnahmen (Teil I, Titel III VVE-Konvent).

Horizontale Gewaltenteilung und Machtbalance

Zur Überarbeitung der Aufgabenverteilung zwischen der Union und den Mitgliedstaaten trat im Rahmen der vom Konvent zu erbringenden Leistungen eine aus normativen wie funktionalen Gründen als notwendig erachtete *Reform der horizontalen Beziehungen zwischen den EU-Organen.* Die grundlegenden Prinzipien der Zusammensetzung, des Bestellmodus und der Arbeitsweise der einzelnen europäischen Organe gingen zurück auf die Römischen Verträge. Erst mit dem Abkommen über gemeinsame Organe für die Europäischen Gemeinschaften wurde eine einheitliche institutionelle Struktur, bestehend aus einer unabhängigen Kommission, einem Ministerrat, einer Parlamentarischen Versammlung und einem Gerichtshof, geschaffen.[234] Dabei entsprach die Aufgabenverteilung zwischen den Organen nicht den Kriterien einer funktionsfähigen Gewaltenteilung, waren exekutive Funktionen zwischen Rat und Kommission verteilt und galt die Parlamentarische Versammlung bestenfalls als Nukleus einer „echten" Legislative. Zudem betätigte sich der Rat auch als legislatives Organ. Mit einer wachsenden Zahl von Mitgliedern (Erweiterung) und Kompetenzen (Vertiefung) wurde die Kritik an der sich herausbildenden institutionellen Ordnung der Gemeinschaft vernehmlicher. Sie galt vor allem der mangelnden demokratischen Legitimation der europäischen Legislative und konnte durch die seitdem vollzogenen Reformen nicht wirklich entkräftet werden.

Zu einer dieser Reformen zählte die Einführung der Direktwahl für das *Europäische Parlament*, das damit seit 1979 als einziges Gemeinschaftsorgan über eine direkte demokratische Legitimation verfügt. Gleichwohl nahm und nimmt es die klassischen Funktionen einer Volksvertretung sowohl aufgrund seiner Zusammensetzung als auch seiner eingeschränkten Kompetenz als Mitgesetzgeber nur unvollständig wahr. So schreibt Art. 190 Abs. 2 EGV jedem Mitgliedstaat ein Kontingent an Sitzen zu, die in allgemeinen, unmittelbaren, nach dem jeweiligen nationalen Wahlmodus durchgeführten Wahlen zu vergeben sind. Dieser Versuch, das Staaten- und das Demokratieprinzip miteinander zu verbinden, führte aber zu einer deutlich ungleichgewichtigen Repräsentation der „Völker der Mitgliedstaaten", also zu „degressiver Proportionalität." Danach entsenden die größeren Staaten im Verhältnis zu ihrer Bevölkerung weniger Abgeordnete in das EP, während die kleineren Mitgliedstaaten

233 Damit war auch klar, dass kein Kompetenzkatalog im Sinne *Teufels* erstellt werden konnte. Die dazu notwendige Enumeration hätte eine wesentlich weiterreichende Systematisierung auch der Instrumente erforderlich gemacht, die die Aufzählung von Kompetenzen (im Vertragsentwurf des Konvents) nicht leistete.

234 Fusionsvertrag vom 8.4.1965, ABl. 152 vom 13.7.1967.

demgegenüber überrepräsentiert sind.[235] Der Vertrag von Nizza veränderte dieses Verhältnis zugunsten der größeren Mitgliedstaaten, ohne das Prinzip jedoch aufzugeben, und erhöhte die Zahl der Abgeordneten auf 732.

Wie eingangs dargestellt, kam es mit jeder Vertragsreform zu einer erweiterten Beteiligung des Europäischen Parlaments an der Rechtssetzung innerhalb der Union. So erhielt es zumindest in Teilbereichen den Status eines Mitgesetzgebers, verfügt jedoch in den bislang intergouvernemental geregelten Bereichen lediglich über Anhörungs- und Unterrichtungsrechte. Die unterschiedlich umfangreiche Mitwirkung des Parlaments – in Abhängigkeit vom Politikfeld – führte schließlich zu unübersichtlichen und komplizierten Entscheidungsprozessen. Die fehlenden Mitentscheidungsrechte trugen zudem nicht unerheblich zur Schwächung der demokratischen Legitimation der EU bei.

Die *Europäische Kommission* übt ihre Tätigkeit nach Art. 213 Abs. 2 EGV „in voller Unabhängigkeit zum allgemeinen Wohl der Gemeinschaft" aus und gilt daher als „Hüterin der Verträge". Sie verfügt als einziges Gemeinschaftsorgan über das Initiativrecht im Gesetzgebungsprozess. Anders als Exekutiven in parlamentarischen Regierungssystemen kontrolliert das Parlament die Kommission aber nur zum Teil. So wählen die Staats- und Regierungschefs gemäß Art. 214 Abs. 2 EGV den Kommissionspräsidenten und die Kommissare aus, während das EP lediglich zustimmen darf. Die Dominanz nationalstaatlicher Eigeninteressen dokumentiert sich auch in der Zusammensetzung des Organs. Danach bestimmt Art. 213 Abs. 1 EGV, dass „der Kommission [...] mindestens ein Staatsangehöriger jedes Mitgliedstaates angehören [muss]".[236] Mit jeder Erweiterung wuchs folglich auch die Kommission, eine Praxis, die bereits bei einer Zahl von 20 Kommissaren als nur noch begrenzt vertretbar erschien, führte sie doch fast zwangsläufig zu Überschneidungen, unproduktiven Schnittstellen und Ressortstreitigkeiten. In Antizipation der für das Jahr 2004 vorgesehenen Aufnahme der mittel- und osteuropäischen Staaten und des damit verbundenen erneuten Anwachsens der Zahl der Kommissare erschien eine Neustrukturierung unumgänglich, zumal auch die Binnenorganisation der Kommission Probleme aufwarf; sie fasste Beschlüsse nach dem Kollegialitätsprinzip (Art. 219 EGV), die aber letztlich der zuständige Kommissar zu vertreten hatte. Ein Ressortprinzip, ähnlich dem des Art. 65 GG, erwähnen die Verträge nicht, die damit verbundenen Informations- und Abstimmungsprobleme sind ausreichend dokumentiert.

Defizite weist auch die Aufgabenzuweisung wie die Binnenorganisation des *Ministerrats* auf. Das Vertretungsorgan der Mitgliedstaaten auf europäischer Ebene (Art. 203 EGV) nimmt exekutive wie legislative Funktionen gleichzeitig wahr und verweigert sich einer eindeutigen Verortung im Sinne einer demokratischen Gewaltenteilung. Als Gesetzgeber handelt der Rat entweder gemeinsam mit dem Parlament oder, in intergouvernemental geregelten Bereichen (wie der Gemeinsamen Außen- und Sicherheitspolitik und der Zusammenarbeit in der Justiz- und Innenpolitik[237]), allein. Als Exekutivorgan kann er gemäß Art. 202 EGV in die Durchführung von Maßnahmen eingreifen, soweit er diese Zuständigkeit nicht an die

235 Als anschauliches Beispiel wird immer wieder der deutsch-luxemburgische Vergleich angeführt, wonach ein deutsches EP-Mitglied 828.000 Personen repräsentiert, während dies im Fall eines luxemburgischen EP-Mitglieds nur für 67.000 gilt. Zu einer ausführlichen Darstellung der damit verbundenen Probleme vgl. *Hesse, J. J./Grotz, F.*, a.a.O.

236 Bis zur Erweiterung 2004 bestanden die großen Mitgliedstaaten auf einem zweiten Kommissar, so dass die Kommission *Prodi* 20 Mitglieder auswies, die Kommission *Barroso* „lediglich" 25.

237 Seit dem Vertrag von Amsterdam wird die Innen- und Justizpolitik unter dem Schlagwort „Raum der Freiheit, der Sicherheit und des Rechts" geführt.

Kommission delegiert. Intern setzt sich der Rat aus mehr als 20 Fachministerräten (auch Formationen genannt) zusammen, die im operativen Bereich aufgabenspezifische Entscheidungen treffen. Sind Gesetzgebungsvorhaben nicht eindeutig einem Bereich zuzuordnen, benötigen die Fachminister die Moderation und Koordination durch den Allgemeinen Rat. Hieraus erwuchsen sowohl horizontale (zwischen den einzelnen Formationen) als auch vertikale Abstimmungsprobleme, etwa bei der Rückbindung an die einzelnen nationalstaatlichen Regierungen.[238] Schließlich manifestierte sich in dem im Rat zur Anwendung kommenden Abstimmungsverfahren das Spannungsverhältnis zwischen Demokratie- und Staatenprinzip, wie es bereits bei der Zusammensetzung des EP sichtbar wurde. Zwar sind auch Abstimmungen möglich, bei denen jedem Mitgliedstaat nur eine Stimme zusteht (Staatenprinzip), doch erfordert die im Mitentscheidungsverfahren üblicherweise verwendete qualifizierte Mehrheit eine bestimmte Zahl gewichteter Stimmen, die den Mitgliedstaaten nach einem festgelegten Schlüssel zugeteilt sind.[239] Dieser wies den größeren Mitgliedstaaten zwar mehr Stimmen zu, doch entsprach die Verteilung nicht den Bevölkerungsanteilen. So standen Deutschland 29, Spanien und Polen je 27 Stimmen zu. Um das Demokratieprinzip zu stärken, führte man deshalb mit dem Vertrag von Nizza die Möglichkeit ein, auch die repräsentierte Bevölkerung zu berücksichtigen. Demnach war auf Antrag bei einer qualifizierten Mehrheitsabstimmung zu prüfen, ob die zustimmenden Mitgliedstaaten „mindestens 62 Prozent der Gesamtbevölkerung der Union repräsentieren“ (Art. 205 Abs. 4 EGV). Allerdings sah man dieses Ergebnis von Nizza vielfach nur als Übergangslösung, so dass sich der Konvent auch hier aufgefordert fühlen durfte, langfristig wirksame Reformvorschläge zu erarbeiten.

Der *Europäische Rat* schließlich verfügte im EU-Institutionengefüge bislang nicht über den Status eines Organs, nahm aber gleichwohl eine zentrale Rolle ein; die halbjährlich rotierende Ratspräsidentschaft formulierte die Leitlinien zur Entwicklung der Union. Aus Gründen der Gleichbehandlung der Mitgliedstaaten konnten sich Alternativen zum rotierenden Vorsitz nicht durchsetzen, doch schwächte der damit verbundene Mangel an Kontinuität und an Sichtbarkeit sowohl die Außenbeziehungen der Union als auch die allgemeine Öffentlichkeitswirkung des Rates. Zudem erschwerte der halbjährliche Wechsel die Formulierung und Durchführung kohärenter Politiken, so dass Zusammensetzung und Aufgabe der Präsidentschaft sich als überprüfungsbedürftig erwiesen.

In der Zusammenfassung waren die Entscheidungsstrukturen der Union somit bei Beginn der Konventsarbeiten durch eine Tendenz zu exekutiver Dominanz bei gleichzeitig mangelnder demokratischer Legitimation geprägt. Nicht erst mit Blick auf die Erweiterung um mittel- und osteuropäische Staaten gelangten die europäischen Organe und Einrichtungen an die Grenzen ihrer Handlungsfähigkeit, so dass die *Aufgabe des Konvents* darin bestand, die *Effizienz und Effektivität der Institutionen zu erhalten und zu verbessern* sowie gleichzeitig das „europäische Regieren“ durch diesen Namen verdienende *Entscheidungs- und Kontrollverfahren zu demokratisieren und zu parlamentarisieren* – mithin eine *wirksame Gewaltenteilung auf europäischer Ebene zu etablieren.* Obwohl die Arbeitsweisen und Funktionen etwa des Ausschusses der Regionen oder des Wirtschafts- und Sozialausschusses, nicht zuletzt auch die des Europäischen Gerichtshofs, gleichfalls als überprüfungsbedürftig erschienen, rückte die

238 Meinungsverschiedenheiten zwischen Ressorts der Mitgliedstaaten etwa können Entscheidungsprozesse auf EU-Ebene unnötig verzögern.

239 Art. 205 EGV. Durch den Vertrag von Nizza und die Erweiterung 2004 haben sich Stimmengewichte und Schwellenwerte verändert, vgl. ABl. C 325 vom 24.12.2002, Art. 205 sowie das Protokoll über die Erweiterung der Europäischen Union.

Erklärung von Laeken das Parlament, die Kommission und den Rat in den Mittelpunkt des Reformprozesses.

Die benannten drei Organe repräsentieren die *Legislative wie* die *Exekutive* der EU, *ohne* dass damit eine *eindeutige Trennung der Funktionsbereiche* gegeben wäre. Die Rolle und Funktion von Parlament, Rat und Kommission waren deshalb grundlegend zu überprüfen. Radikale Reformen etwa hätten zur Bildung eines „bikameralen Vollparlaments", bestehend aus Staaten- und Bürgerkammer,[240] führen können. Damit erhielte das EP den Status einer gleichberechtigten Zweiten Kammer, während der Rat eine entsprechende Herabstufung erführe. Eine solche Umbildung entspräche zwar dem Verständnis der Europäischen Union als einer Gemeinschaft der Staaten und Bürger, unterzöge den Charakter der Gemeinschaft allerdings einer tief greifenden Veränderung und verringerte die nationalstaatlichen Durchsetzungs- wie Vetochancen erheblich. Die Rolle der Exekutive übernähme in diesem Modell eine (verkleinerte) Kommission, die dann – etwa durch Herausbildung starker intermediärer Einrichtungen, und hier insbesondere der europäischen Parteien – von den beiden Kammern des Parlaments zu ernennen und zu kontrollieren wäre. Allerdings erschien offensichtlich, dass solche Veränderungen (schon aufgrund des Widerstands zahlreicher Regierungen) nicht durchzusetzen sein würden. Schließlich wiesen auch die nationalstaatlichen politischen Systeme Defizite auf, waren also als Vorbilder nur bedingt geeignet. Wollte sich der Konvent nicht mit gleichsam abstrakten und unrealistischen Reformen der institutionellen Architektur der Union auseinandersetzen, musste er Politiken diskutieren, die – vom gegenwärtigen Zustand ausgehend – für alle Seiten akzeptable Veränderungen des Aufbaus der Organe und Einrichtungen vorschlugen. Dabei waren der funktionale und normative Reformbedarf sowie die nationalstaatlichen Erfahrungen zu berücksichtigen.

Verzichtete der Konvent also auf die Diskussion substantiellerer Reformen, galt es mit Blick auf das *Europäische Parlament* dessen Zusammensetzung und Funktionszuweisung zu erörtern. Zwar wurde in der Erklärung von Laeken auch gefragt, ob die Bestellung des EP künftig innerhalb eines „europäischen Wahlbezirks" erfolgen sollte (und damit wohl auf der Basis eines einheitlichen europäischen Wahlrechts), doch wurde dieser als zu weitgehend interpretierte Reformschritt rasch zurückgestellt. Zunächst erschien zur Wahrung der Handlungsfähigkeit die Festlegung einer Höchstzahl von Sitzen, unabhängig von etwaigen später folgenden Erweiterungsrunden, angezeigt. Auch traf eine Korrektur des Missverhältnisses zwischen der Repräsentation kleiner und großer Mitgliedstaaten auf den Widerstand der kleinen Länder, so dass man sich zur Behebung des beklagten „Demokratiedefizits" auf eine Veränderung der Aufgaben des EP konzentrieren musste. Dem diente eine konsequente Zuweisung der Funktion des „Mitgesetzgebers" an das EP und die Etablierung der „Mitentscheidung" als Regelverfahren, um die Legitimation der EU-Gesetzgebung zu verbessern. Darüber hinaus erschien eine Stärkung des Prinzips der Verantwortlichkeit der Kommission gegenüber dem Parlament dringend geboten, etwa durch die unmittelbare Wahl des Kommissionspräsidenten.

Neben dieser Einführung zusätzlicher *checks and balances* galt es mit Blick auf die *Kommission*, sich mit deren Wachstum zu befassen und die Größe gleichsam „in den Griff" zu bekommen. Da jedoch erwartbar war, dass die Mitgliedstaaten auf „ihrem" Kommissar in

240 Vgl. die sog. Humboldt-Rede von *Fischer, J.*: Vom Staatenverbund zur Föderation, 12.5.2000 sowie die im Anschluss vom Verf. geleitete Aussprache (http://www.auswaertiges-amt.de/diplo/de/Infoservice/Presse/Reden/Archiv/2000/000512-EuropaeischeIntegration.html).

Brüssel bestehen würden,[241] diskutierte man lediglich zwei Optionen der Verkleinerung. Zur Wahl stand die Etablierung von „Regionalkommissariaten", die innerhalb bestimmter Regionen der EU, etwa den Benelux-Ländern, Skandinaviens und Südeuropas, anzusiedeln wären. Alternativ bot es sich an, bei den Mitgliedern der Kommission nach „Senior-" und „Juniorkommissaren" zu unterscheiden. Letzteren käme ein den Staatssekretären im nationalstaatlichen Rahmen ähnlicher Rang zu. Der damit verbundene Statusunterschied erwies sich allerdings von vornherein als problematisch, da die von den Mitgliedstaaten empfundene „Abwertung" auch nicht für den Fall akzeptiert wurde, dass die Chancengleichheit gewahrt bliebe. Ähnliche Bedenken galten der erörterten Unterscheidung zwischen stimmberechtigten und nicht-stimmberechtigten Kommissaren, die zumindest zu einer Verbesserung kommissionsinterner Entscheidungsabläufe hätte beitragen können. In diesem Zusammenhang würde der Kommissionspräsident bei der Zusammenstellung seiner „Mannschaft" etwa darauf achten, die jeweiligen Ressortzuschnitte der Kommission und die Formationen des Rates aufeinander abzustimmen. Eine vertragliche Fixierung des Ressortprinzips hätte diese Entwicklung gefördert.

Eine Unterstützung der letztbenannten Reformen wäre bei einem Neuzuschnitt der Formationen des *Ministerrates* in Verbindung mit Strukturveränderungen der Kommissariate und der Generaldirektionen zu erwarten gewesen. Zu einer weiteren Verbesserung der Koordination erschien darüber hinaus erwägenswert, einzelne Formationen zusammenzufassen und gleichzeitig eine Trennung des Außenministerrates vom überlasteten Rat für Allgemeine Angelegenheiten vorzusehen; damit würden die Minister der gewachsenen Bedeutung der Gemeinsamen Außen- und Sicherheitspolitik gerecht. Insgesamt galt es vor allem, den *Doppelcharakter des Rates als Legislativ- und Exekutivorgan zu überdenken* und so zu einer Verbesserung der Gewaltenteilung auf europäischer Ebene beizutragen. Hierfür kamen die folgenden *Optionen* in Betracht:

- Eine generelle, auch *personelle Trennung* zwischen dem Rat als Gesetzgeber und dem Rat als Teil der Exekutive vorzusehen, die zwar formal die Transparenz der EU-Entscheidungsverfahren und des Gesetzgebungsprozesses erheblich verbessern, allerdings auch zu einer Verdoppelung und weiteren Verkomplizierung der institutionellen und prozessualen Voraussetzungen beitragen würde und sich somit von vornherein als ungeeignet erwies;
- die *Tagungen* des Rates in allen Formationen *öffentlich* zu machen, so dass weiterhin die über entsprechende Fachkompetenz verfügenden Minister entscheiden würden, deren Beschlüsse jedoch aufgrund der Vielzahl der Räte kaum zu überblicken wären; sowie schließlich
- die Gesetzgebungskompetenz innerhalb einer Ratsformation (einem *Legislativrat*) zu bündeln, der in der Wahrnehmung seiner Funktion von den Fachministerräten unterstützt würde. Da eine umfassende Teilnahme der Fachminister jedoch die Arbeitsfähigkeit des Gremiums in Frage stellen würde, wären hierzu aufwändige interministerielle Abstimmungsprozesse notwendig.

Darüber galt der *Definition der qualifizierten Mehrheit*, also der Stimmengewichtung im Rat, das Interesse. Eine Vereinfachung der dargestellten dreifachen Mehrheit würde einen Beitrag zur Verbesserung der Handlungsfähigkeit der erweiterten Union leisten. Normativ wäre eine Kombination von Demokratie- und Staatenprinzip, also eine „doppelte" statt einer „drei-

241 Ein Verzicht auf eine vertragliche Fixierung der Kommissionszusammensetzung stand damit nicht ernsthaft zur Debatte.

fachen“ Mehrheit, wünschenswert. Dabei waren grundsätzlich unterschiedliche Schwellenwerte denkbar, so dass nicht unbedingt die einfache Mehrheit der Bevölkerung und der Staaten als ausreichend galten.

Schließlich diskutierte man schon im Vorfeld der Verhandlungen eine Veränderung der *Ratspräsidentschaft*. Wären deren Status und Funktion lediglich repräsentativ (angelehnt etwa an die Kompetenzausstattung des deutschen Bundespräsidenten), verliehe man damit der Union zwar nach außen hin ein „Gesicht“, doch verbände sich damit ein Verzicht auf materielle Mitwirkung bei der Formulierung der europäischen Politik. Auch die Abschaffung der halbjährlichen Rotation im Rat wurde zunächst als funktional notwendig, aber politisch kaum durchsetzbar bezeichnet. Zum einen bedeutete eine auf etwa zwei Jahre berufene Ratspräsidentschaft in einer Union von 25 und mehr Mitgliedstaaten, dass jeder Mitgliedstaat nur alle 50 Jahre den Vorsitz einnehmen könnte, zum anderen verbänden sich damit gerade für die kleineren Mitgliedstaaten erhebliche organisatorische Probleme, so dass diese für eine längere Ratspräsidentschaft wohl kaum in Frage kämen. Da neben dem nach außen sichtbaren Amt des Ratspräsidenten auch der Vorsitz in allen Ratsformationen und einem Teil der Arbeitsgruppen zu übernehmen sein würde, käme es zu einer potentiellen Überdehnung der personellen Ressourcen kleinerer Mitgliedstaaten. Diskutiert wurden deshalb unterschiedliche Formen einer „Teampräsidentschaft“, innerhalb derer sich eine Gruppe von (großen und kleinen) Mitgliedstaaten die Aufgaben der Präsidentschaft teilen würde. Letztlich überwogen aber auch hier die Bedenken gegenüber potenzieller Konkurrenz (innerhalb des „Teams“) die erwartbaren Vorteile eines kohärenten und kontinuierlichen gemeinsamen Auftretens.

Trotz einer Reihe von Anregungen bereits in der ersten Phase der Konventsarbeiten[242] diskutierte das Gremium die Ausgestaltung der künftigen institutionellen Konfiguration zunächst nicht.[243] Auch der durch den Präsidenten erarbeitete Vorentwurf eines Verfassungsvertrages enthielt hierzu keine näheren Ausführungen. Allerdings war der ersten Debatte über die Organe der Union am 20. und 21. Januar 2003, also nach beinahe einjähriger Konventsarbeit, eine breite Diskussion außerhalb des Konvents vorangegangen, an der sich auch die Staats- und Regierungschefs beteiligten. Der letztlich erreichten Kompromisslösung (zu Titel IV des ersten Teils des Verfassungsvertrages) ging erwartbar ein mehrstufiges *do-ut-des*-Geschäft voraus, das erneut durch den Versuch gekennzeichnet war, Verfahren zwar demokratischer zu gestalten, dabei aber die Gleichbehandlung der Mitgliedstaaten nicht in Frage zu stellen.[244]

Bündelung von Instrumenten und Verfahrensvereinfachung

Schließlich erwiesen sich neben der Form der Verträge, den Aufgaben und Kompetenzen sowie den Organen und Einrichtungen der Union auch die eingesetzten *Verfahren und Instrumente* als *reformbedürftig*, zumal sie mit jeder Vertragsänderung umfangreicher und komplexer geworden waren und so die beklagte *Intransparenz, Detailliertheit* und *Widersprüchlichkeit* der Unionsgesetzgebung und der anzuwendenden Entscheidungsverfahren begründeten. Innerhalb der „drei Säulen“, den Politiken der Europäischen Gemeinschaften, der Außen-

242 In der Generaldebatte wurden hierzu etwa Vorschläge der Kommission und der spanischen Regierung eingereicht (FAZ vom 17.5.2002).

243 Siehe oben I/1.

244 Zu den Ergebnissen des Konvents und der Regierungskonferenz vgl. unten I/6 und II/4.

und Sicherheitspolitik sowie der Zusammenarbeit in der Justiz- und Innenpolitik, fanden sich *15 unterschiedliche Rechtsakte,* die sich in ihrer Wirkung, in Teilen aber auch nur durch ihre divergente Bezeichnung unterschieden (vgl. Tabelle I-7). Hinzu traten weitere Instrumente, die nur in einzelnen Vertragsbestimmungen definiert waren, etwa die Möglichkeit, Wirtschafts- und Beschäftigungspolitiken durch Leitlinien und *best practice* zu koordinieren (vgl. Art. 128f. EGV), Umweltpolitik über Aktionsprogramme zu betreiben (Art. 175 Abs. 3 EGV) oder durch Rahmenprogramme in die Forschungspolitik einzugreifen (Art. 166 EGV). Untypische Instrumente, wie interinstitutionelle Vereinbarungen oder Schlussfolgerungen und Entschließungen des Europäischen Rates, traten hinzu. Letztere waren zwar primär politischer Natur, beeinflussten das Rechtssetzungsverfahren aber nicht unwesentlich.

Tabelle I-6: Übersicht über die vorgesehenen Rechtsakte (EGV/EUV)

Vertragliche Verankerung	**Vorgesehene Rechtsakte**	**Geltung und Verbindlichkeit**
Rechtsakte (gemäß Art. 249 EGV)	• Verordnung • Richtlinie • Entscheidung	Unmittelbar wirksam
	• Empfehlung • Stellungnahme	Nicht unmittelbar wirksam
Rechtsakte (gemäß Titel V EUV)	• Grundsätze und allgemeine Leitlinien • Gemeinsame Strategie • Gemeinsame Aktion • Gemeinsamer Standpunkt • Regelmäßige Zusammenarbeit der Mitgliedstaaten • Beschluss	Nicht unmittelbar wirksam
Rechtsakte (gemäß Titel VI EUV)	• Gemeinsamer Standpunkt • Rahmenbeschluss • Beschluss • Übereinkommen	Nicht unmittelbar wirksam

Quelle: Eigene Darstellung.

Neben der fehlenden oder unvollständigen Definition von Art, Wirkung und Reichweite der jeweiligen Maßnahmen galt die Kritik vor allem der kaum mehr überschaubaren, keine Systematik erkennen lassenden *Zahl der Entscheidungsverfahren.* Mit der Aushandlung der jeweiligen Verträge wurden die in einzelnen Politikbereichen anzuwendenden Rechtssetzungsverfahren gleichsam individuell festgeschrieben. Auch kam es mit der Einführung der qualifizierten Mehrheitsentscheidung im Rat (durch die Einheitliche Europäische Akte) und des Mitentscheidungsverfahrens (durch den Vertrag von Maastricht) zwar zu in Teilen demokratischeren, gleichzeitig aber auch unübersichtlicheren Entscheidungswegen. Betrachtet man nur die Beteiligung der beiden legislativen Organe an Rechtssetzungsverfahren (im EGV), finden sich bereits neun unterschiedliche Kombinationen (ohne besondere Abstimmungsverfahren im Rat zu berücksichtigen); erfasst man zusätzlich die Beteilungsmöglichkeiten für den Ausschuss der Regionen (AdR) und den Wirtschafts- und Sozialausschuss (WSA), ergeben sich die in Tabelle I-8 aufgeschlüsselten Varianten.

Tabelle I-7: Verfahrenskombinationen zwischen Rat, Parlament, WSA und AdR im EGV

Beschlussverfahren im Rat	**Beteiligung des Parlaments**	**Beteiligung von WSA und AdR**
• Qualifizierte Mehrheit	• Mitentscheidung • Zusammenarbeit • Zustimmung • Stellungnahme • Keine Beteiligung	• Vertraglich eingeräumte Anhörung/Stellungnahme • Selbstbefassung • Keine Beteiligung
• Einstimmigkeit	• Mitentscheidung • Zustimmung • Stellungnahme • Keine Beteiligung	• Stellungnahme • Keine Beteiligung

Quelle: Eigene Darstellung.

Auch die *Vorschriften zur Durchführung von Gemeinschaftsrecht* erwiesen sich als reformbedürftig, waren sie doch in den Verträgen nur rudimentär geregelt und ließen keine „Hierarchie der Normen" erkennen. Demnach lag die Zuständigkeit für die Anwendung und Durchführung der Unionsakte (nach Art. 10 EGV sowie dem Protokoll über die Anwendung der Grundsätze der Subsidiarität und Verhältnismäßigkeit) grundsätzlich bei den Mitgliedstaaten. Der Rat konnte allerdings Durchführungsbefugnisse an die Kommission übertragen oder in Einzelfällen auch selbst wahrnehmen und legte dabei die anzuwendenden Modalitäten fest (Art. 202 EGV). In der Praxis führte dies zu einer nur undeutlichen Trennung der Zuständigkeiten zwischen Rat und Kommission, ein Tatbestand, der durch die unterschiedlichen Vorschriften über die Durchführung verschärft wurde.[245] Schließlich erfolgte die Kontrolle des Vollzugs zwar unter Leitung der Kommission, doch mussten die Mitgliedstaaten Experten in die sog. Komitologie-Ausschüsse entsenden, deren Zahl auf nahezu 250 anstieg. Damit war die erhoffte Entlastung des Rates durch die Funktionszuweisung an die Kommission kaum zu gewährleisten. In der Zusammenfassung ergab sich deshalb die Notwendigkeit, eine mit der Systematisierung der Kompetenzzuweisung und einer verbesserten institutionellen Gewaltenteilung einhergehende *umfassende instrumentelle und prozedurale Vereinfachung* vorzusehen. Der Konvent sollte die anzuwendenden Rechtsakte in Wirkung und Reichweite definieren und präzisieren, deren Anwendung mit der zu erstellenden Kompetenzordnung verknüpfen und entsprechend vereinheitlichte Rechtssetzungsverfahren erarbeiten.

Nach Aufnahme seiner Arbeiten diskutierte das Gremium zuerst über die *„Instrumente für die Ausübung der Zuständigkeiten"*[246] und setzte sich darauf aufbauend dann mit der

245 Vgl. *Falke, J.*: Komitologie, in: Joerges, C./Falke, J. (Hg.): Das Ausschusswesen der Europäischen Union, Baden-Baden, 2000, 43–159, hier: 52–76; s. auch die anderen Beiträge im Band. Die Regelung des Art. 202 EGV geht auf die EEA zurück; der Komitologie-Beschluss von 1987, der die zitierten Modalitäten festlegen sollte, unterschied drei Verfahren (dazu a.a.O., 66–70). *Falke* kritisiert die Doppeldeutigkeit des Begriffs „Durchführung", der „sowohl die Ausarbeitung von Rechtsvorschriften im Sinne von generell-abstrakten Regelungen als auch die Anwendung von Vorschriften auf den Einzelfall durch Erlaß individueller Rechtsakte [umfasst]." (52).

246 Plenartagung vom 23./24.5.2002 (CONV 60/02 vom 29.5.2002, Punkte 13–16). Die Debatte fand im Rahmen der Auseinandersetzung über die Kompetenzabgrenzung (s. o.) statt.

„Vereinfachung der Rechtsakte und der Rechtssetzungsverfahren"[247] auseinander. Wenig überraschend kritisierten anlässlich der Sitzung am 23. und 24. Mai 2002 die Delegierten zudem den Wildwuchs von Instrumenten, sie seien einzuschränken.[248] Dazu sollte eine exakte Definition von Art und Reichweite des Instrumentariums beitragen. Fragwürdige Unterschiede, die sich durch die Säulenarchitektur ergaben (etwa zwischen Rahmenbeschluss und Richtlinie oder zwischen Übereinkommen nach EGV und EUV), wären aufzuheben. Schließlich galt es, die Differenz zwischen Gemeinsamen Standpunkten, Gemeinsamen Aktionen und Gemeinsamen Strategien herauszuarbeiten oder die unterschiedlichen Formen zu vereinheitlichen.[249] Als Alternative zum „Abriss" der drei Säulen diskutierten die Delegierten auch über eine „Zwischenlösung", die die Beibehaltung einiger weniger Besonderheiten im Verfahren vorsah und somit Bedenken gegen eine vollständige Vergemeinschaftung der Innen- und Justizpolitik begegnete. Als gleichsam kleinster gemeinsamer Nenner erschien in diesem Kontext die Angleichung der in den einzelnen Säulen Anwendung findenden Rechtsakte.

Darüber hinaus plädierten einige Mitglieder für eine *klare Normenhierarchie,* während andere sich für eine *Umbenennung der Instrumente* (etwa in „Gesetz" und „Rahmengesetz") aussprachen. Sie kritisierten Umfang und Detailliertheit der europäischen Rechtsetzung. Abhilfen wurden u.a. darin gesehen, bei „geteilten Zuständigkeiten" verstärkt auf Regelungen durch Richtlinien zurückzugreifen und gleichzeitig dafür zu sorgen, dass diese lediglich den Regelungsrahmen definierten. Ein daraus entstehender Regelungswettbewerb (bei der Umsetzung) trüge zu einem wechselseitigen Lernen der Mitgliedstaaten bei und erlaubte, nationalstaatliche Eigenheiten und die Eigenverantwortung der Mitgliedstaaten zu fördern. In Bereichen, in denen die Union nicht über ausschließliche oder mit den Mitgliedstaaten geteilte Kompetenzen verfügte, war darüber hinaus zu bedenken, ob überhaupt Koordinierungsleistungen der Union notwendig seien oder ob diese Bereiche nicht gänzlich mitgliedstaatlichen Regelungen unterstellt bleiben sollten. Die Delegierten erwogen zudem, durch eine präzisere Formulierung der ergänzenden Zuständigkeiten eine schleichende Harmonisierung zu vermeiden.

Die Anwendung „schlanker" Richtlinien wäre schließlich zu ergänzen durch die konsequente *Überprüfung von Art und Umfang der Durchführungsmaßnahmen.* Um dem Prinzip der Subsidiarität gerecht zu werden, sollte die Regelungskompetenz soweit als möglich bei den Mitgliedstaaten belassen werden. Die Mitglieder des Konvents sahen dies als Möglichkeit, der Exekutivlastigkeit europäischer Entscheidungsprozesse entgegenzuwirken. Gleichzeitig stärke dies nationale und subnationale Regelungsinstanzen. Zudem wäre auch auf der Ebene der Durchführungsvorschriften für eine klare Trennung von legislativen und exekutiven Akten zu sorgen, schon um der Kommission nicht gleichsam „durch die Hintertür" legislative Befugnisse zuzuweisen.

Die Plenartagung am 12. und 13. September 2002 stand ganz im Zeichen der *Vereinfachung der Verträge und Instrumente.* Im Rahmen der Debatte griff der diesen Teil der Sitzung leitende Vizepräsident *Amato* auf die bereits gewonnenen Erkenntnisse zurück, so

---

247 Plenartagung vom 12./13.9.2002 (CONV 162/02 vom 13.6.2002 sowie CONV 284/02 vom 17.9.2002).

248 Vgl. hierzu und für die folgenden Punkte CONV 60/02 vom 29.5.2002.

249 Gemeinsame Standpunkte finden sich sowohl für die Innen- und Justizpolitik als auch im Rahmen der GASP. Gemeinsame Aktion und Gemeinsame Strategie sind Maßnahmen, die der Rat im Bereich der GASP ergreifen kann.

dass sich hinsichtlich einer Reduktion der Zahl der Rechtsakte und deren Umbenennung ein Konsens abzeichnete.[250] Intensiver diskutierten die Delegierten die Frage der Normenhierarchie. Dabei überwog die Auffassung, dass zwischen Normen mit Verfassungsrang, Gesetzen und Verordnungen (in Bedeutung und Reichweite jeweils analog zu den nationalstaatlichen Rechtsordnungen) zu unterscheiden sei. Einige Mitglieder sprachen sich auch für die zusätzliche Einführung der Kategorie der *lois organiques* aus.[251] Um das Ziel einer rationaleren Gestaltung der Rechtssetzungsverfahren zu erreichen, plädierten die Delegierten dafür, die qualifizierte Mehrheit im Rat und das Mitentscheidungsverfahren zur Regel zu machen. Auch wurde diskutiert, neben der Kommission anderen Organen das Initiativrecht zu verleihen. Konsens zeichnete sich schließlich dahingehend ab, im Haushaltsverfahren auf die Unterscheidung zwischen obligatorischen und nicht-obligatorischen Ausgaben zu verzichten.

Im *Ergebnis* prägte diese Plenardebatte bereits den *Konsens zur Einführung einer klaren Normenhierarchie* und einer *Trennung von Legislativ- und Durchführungsakten.* Maßgeblichen Einfluss auf das Endergebnis hatten zudem die Empfehlungen der Arbeitsgruppe IX („Vereinfachung").

4. Willensbildung und Entscheidung

Nach dem Ausweis des vom Konvent gewählten Verfahrens und der sich ihm stellenden materiellen Optionen soll im Folgenden ein Blick auf den *Willensbildungs- und Entscheidungsprozess* im Rahmen des Gremiums geworfen werden. Im Mittelpunkt stehen dabei die den Verhandlungen zugrundeliegenden und letztlich verfolgten europapolitischen *Ideen* sowie die erkennbaren *Interessen* der Akteure. Inwieweit war die Arbeit des Konvents hierdurch geprägt, verengte oder erweiterte er die Agenda – oder war die durch Nizza und Laeken vorgegebene „Engführung" des Reformansatzes funktional, vielleicht sogar unausweichlich?

Die nachfolgenden Ausführungen bilden so eine „Brücke" zwischen den für die Beurteilung der Konventsarbeit wichtigen Grundlagen und der Ergebnisanalyse. Dabei stehen zunächst konzeptionell-ideelle Vorstellungen im Vordergrund, Ausführungen zu interessen- und machtpolitischen Dimensionen des Konventsprozesses schließen sich an. Fragen nach der Form und Funktion der europäischen Öffentlichkeit sind in diesem Kontext von besonderem Interesse.

Zur Verbindung normativer und funktionaler Integrationsvorstellungen

Die Ausführungen zur europäischen Integrationsgeschichte haben deutlich gemacht, dass diese immer durch „Visionen" oder moderater: mehr oder weniger ausdifferenzierte Zielvorstellungen geprägt war. Will man diese kategorisieren, kann zwischen *reaktiven, situativen*

250 Vgl. CONV 284/02 vom 17.9.2002. *Amato* leitete auch, wie berichtet, die Arbeitsgruppe IX („Vereinfachung").

251 *Lois organiques* sind (im französischen Rechtssystem) Gesetze, die die Zusammenarbeit zwischen den Verfassungsorganen regeln. Sie sind in der Normenhierarchie zwischen Verfassung und Gesetz angesiedelt. Die Bestimmungen über die Gewichtung der Stimmen im Rat oder über die Zusammensetzung (und Wahl) des EP fielen in diese Kategorie.

und gestaltenden Europabildern unterschieden werden, sie wiederum setzen hinsichtlich ihrer Reichweite eher punktuell, sektoral oder gleichsam synoptisch an.[252] So dominierten in der Frühphase der europäischen Entwicklung Reaktionen auf die Ausgangssituation nach dem Zweiten Weltkrieg, suchte man weitere Integrationsschritte dann an den sich bietenden Möglichkeiten auszurichten und gelang es erst später, umfassend gestalterisch zu agieren, etwa bei der Schaffung des Binnenmarktes über die Einheitliche Europäische Akte. Der darin erkennbare gleichsam „gesamthafte" Ansatz suchte die bislang eher schrittweisen Integrationsansätze zusammenzuführen und auf ein zuvor festgelegtes Ziel auszurichten. Der damit erreichte Bündelungseffekt wurde dadurch erleichtert, dass die Beteiligten sich auf Entwicklungsperspektiven verständigten, die allen Akteuren Gewinne versprachen. So erhoffte man sich vom Binnenmarkt beträchtliche Wohlfahrtssteigerungen, folgte im Wesentlichen der ökonomischen Integrationslogik und vermied politisch-administrative Blockaden durch die Ausrichtung an nicht kontroversen Entwicklungszielen. Verteilungsfragen standen nicht oder kaum zur Diskussion.

Trotz der benannten Differenzierungen verbanden fast alle der frühen Integrationsschritte *normative mit funktionalen Erwägungen.* Dies galt ganz offensichtlich für die Bildung der Montanunion, die Gründung der Europäischen Wirtschaftsgemeinschaft und die bereits benannte Einheitliche Europäische Akte. Der Vertrag von Maastricht bildete dann insofern einen „Übergang", als jetzt nicht nur die Wirtschafts- und Währungsunion zur Zielgröße wurde, sondern es auch zu ersten Ansätzen einer Gemeinsamen Außen- und Sicherheitspolitik sowie zu einer erweiterten Zusammenarbeit in den Bereichen Justiz und Inneres kam. Analysiert man die dem zugrunde liegenden Erklärungen und Vertragstexte, wird deutlich, dass funktionale Sicherungen jetzt hinter normative Vorstellungen zurücktraten, erkennbare Verteilungsprobleme nicht nur die Geschwindigkeit des Integrationsprozesses verlangsamten, sondern auch seine materielle Substanz zu beeinträchtigen begannen. Zwar wurde der Vertrag von Amsterdam noch deshalb begrüßt, weil er die ökonomische Integrationslogik um die Schaffung des „Raums der Freiheit, der Sicherheit und des Rechts" ergänzte und sich erstmals an einer unabweisbaren institutionellen Reform versuchte, doch galt kritischen Beobachtern schon dieser Ansatz als überwiegend gescheitert. Das „Weiterwälzen" ungelöster Probleme, das Hinterlassen von *left overs* und damit die frühzeitige Vorprägung künftiger Agenden begannen die europapolitische Willensbildung zu kennzeichnen. Der Europäische Rat von Nizza und der nach ihm benannte Vertrag aus dem Jahr 2001 stellten gleichzeitig Höhepunkt wie vorläufiges Ende dieses Prozesses dar, zumal man sich lediglich auf einen Minimalkompromiss einigen konnte.

Die *„Post-Nizza-Debatte"* ermöglichte dann eine vergleichsweise schonungslose Diskussion des gegebenen Integrationsstandes. Auch sie war allerdings typischerweise dadurch geprägt, dass eher Visionen denn konkrete Politiken das Feld beherrschten. *Blair, Fischer, Chirac, Delors* oder auch *Jospin* formulierten europapolitische „Leitlinien", die je für sich der Diskussion wert waren, doch nur sehr bedingt zur Formulierung umsetzbarer Politiken taugten. Hinzu kam, dass vieles von dem, was die Medien als „Zukunftsentwürfe" feierten, sich eher aus der jeweiligen innenpolitischen Situation erklärte als dass sich damit eine konsequente Analyse des *Status quo* verband. So stellten sich zahlreiche der vorgestellten Entwürfe als *„Flucht nach vorn"* oder gar als *„Flucht aus dem Konkreten"* dar, von den erkennbaren Tendenzen zur politischen Exkulpation und Selbstdarstellung ganz abgesehen.

252 Vgl. unter vielen *Schulze, H.*: „Traumland Europa", in: ZSE, 1/2 (2003), 167–177; auch die Verweise in Abschnitt I/1 dieses Bandes.

Immerhin konnte die Öffentlichkeit jetzt an einer bislang im Wesentlichen von den Exekutiven getragenen Diskussion teilnehmen. Gleichzeitig führten die verfolgten Strategien der „Externalisierung" zur Einsetzung des Konvents. Diese Lösung erwies sich schon insofern als innovativ, als man die zirkulär verlaufenden, ergebnisarm werdenden Regierungskonferenzen zu überwinden und dem tradierten Willensbildungs- und Entscheidungsprozess eine andere Form zu geben suchte.

Schließlich rächte es sich, dass die Staats- und Regierungschefs die ursprünglich geplante und in der Logik des Vertrages von Maastricht angelegte *Komplementarität von Wirtschafts- und Währungsunion* auf der einen *sowie Politischer Union* auf der anderen Seite aufgaben. Auch wurden die mit dem Verzicht auf Souveränitätsrechte verbundenen Verteilungsprobleme beträchtlich unterschätzt. Sie erwiesen sich zunächst als „unlösbar" – mit der erwartbaren politischen Reaktion, in normative Kategorien und makroorientierte Vorstellungen auszuweichen. Daher der Drang, eher Zukünfte zu beschwören und an sie zu „glauben", als umsetzbare Kompromisse für blockierte institutionelle Reformen oder die Ausgestaltung einzelner Politikbereiche vorzulegen. Im Ergebnis fanden sich deutliche Anzeichen einer materiellen Überforderung. Während die *Vertiefung* der Union daran zu scheitern drohte, dass weder die institutionell-organisatorischen Voraussetzungen noch die eingesetzten Verfahren der wachsenden Zahl von Akteuren und den immer komplexer werdenden Agenden entsprachen, kam es ab Beginn der 1990er Jahre mit der sich abzeichnenden *Osterweiterung* zu einer potentiellen Überdehnung nicht nur des Territoriums, sondern auch der bis dahin entwickelten Handlungsroutinen. Historisch selbstverständlich, normativ erwünscht und funktional unvorbereitet sah man sich plötzlich Herausforderungen ausgesetzt, die nahezu simultan alle Grundfragen des Einigungsprozesses auf den Prüfstand stellten: den Gemeinsamen Besitzstand (also den inzwischen fast mythischen Charakter annehmenden *acquis communautaire*), die gegebene institutionelle Konfiguration, die sich gleichsam evolutiv entwickelnde Kompetenzordnung, die großen Politikbereiche und schließlich den Finanzrahmen. So war es kaum verwunderlich, dass sich das *Konfliktniveau* der Beratungen beträchtlich erhöhte und es zu einer komplementären *Anhebung der Konsensanforderungen* kam. Dies förderte die beklagten Kompromisse „auf dem kleinsten gemeinsamen Nenner" und begründete jene Blockaden, die mit politischen Routinen nicht mehr wirklich überspielt werden konnten. Gleichzeitig verbanden sich nationalstaatlich beträchtlich veränderte Handlungsvoraussetzungen mit dem ablaufenden ökonomischen Strukturwandel. Für die meisten der etablierten EU-Mitgliedstaaten stellte sich somit die Aufgabe einer „Modernisierung der Staatsorganisation"[253], während es den mittel- und osteuropäischen Beitrittskandidaten um die grundlegende Gewährleistung marktwirtschaftlicher Prozesse und demokratisch-rechtsstaatlicher Voraussetzungen ging. Ein dominant werdendes neoliberales Staatsverständnis sorgte zudem dafür, dass Deregulierungs- und Privatisierungspolitiken etablierte Formen der gesellschaftlichen Arbeitsteilung ersetzten, wobei der erstmals ernsthaft wahrgenommene „Globalisierungsdruck" auf außereuropäische Verflechtungen verwies, die man innerhalb der nationalstaatlichen wie europäischen Kontexte bislang kaum oder gar nicht berücksichtigte.[254]

---

253 Grundlegend *Hesse, J. J./Benz, A.*: Die Modernisierung der Staatsorganisation, Baden-Baden, 1990.

254 *Hesse, J. J.*: Zehn Thesen zur Kompetenzordnung der Europäischen Union, in: Eberle, C.-E./Ibler, M./Lorenz, D. (Hg.): Der Wandel des Staates vor den Herausforderungen der Gegenwart, München, 2002, 111–125.

Vor diesem Hintergrund hofften die Staats- und Regierungschefs, mit der Verständigung auf die *Einsetzung eines Konvents* und dem *Versuch* zur Erarbeitung einer Europäischen Verfassung gleich *mehrere Probleme zu lösen:* Während der Konvent eine erweiterte Willensbildung und eine konsequente Entscheidungsorientierung auf europäischer Ebene gewährleisten sollte, richtete sich der Verfassungsauftrag auf die Zusammenführung disparater Entwicklungsprozesse, ob institutioneller, regulativer, verfahrensbezogener oder politikbereichsspezifischer Natur. Darüber hinaus suchte man, über die schillernden Kategorien der Effizienz und Transparenz den veränderten ökonomischen Rahmenbedingungen und dem erweiterten Legitimationsbedarf gerecht zu werden. Mit anderen Worten: Zur Verbindung normativer mit funktionalen Handlungsvoraussetzungen trat ein das gesamte öffentliche Handeln umfassender Modernisierungsbedarf, ergänzt um die Aufgabe, die „Völker Europas" mit dem Integrationsprozess zu versöhnen und diesen damit verstärkt zu legitimieren. Das Alles addierte sich zu einer im Wortsinne *impossible agenda*, die innerhalb tradierter Formen der Willensbildung und Entscheidung nicht abzuarbeiten war. Insofern stellte die Einberufung des Konvents auch das Eingeständnis eigener Grenzen, eines überkommenen institutionellen Rahmen und „müde" werdender Verfahren dar.

Im Ergebnis sind die Arbeiten des Konvents und die Inhalte der vorgelegten „Verfassung" auch und vor allem danach zu bewerten, ob Verfahren wie Ergebnisse der skizzierten Agenda entsprachen, ob also die beabsichtigte Konsolidierung bei gleichzeitiger Wiederherstellung europapolitischer Handlungsfähigkeit jene Zukunftsorientierung verwirklichen konnte, die so häufig in den politischen Deklarationen aufschien. Dabei waren *ab ovo* Zweifel durchaus angebracht. Zwar erwies sich der Konvent den vorangehenden Regierungskonferenzen gegenüber als deutlich offener, doch führte die unvermeidliche Parallelität normativer wie funktionaler Ansprüche im Verlauf der Arbeiten auch zu erkennbaren Asymmetrien. So war der Wille zum Konsens vor allem normativ geprägt, suchte man mit wachsendem Konfliktniveau die Erarbeitung eines eher „breiten" Verfassungsdokuments zu sichern, nahm mithin das Interesse an der Berücksichtigung auch funktionaler Voraussetzungen und Notwendigkeiten ab.

Interessenvermittlung und europäische Solidarität

Zur Verfolgung der benannten Ideen, Konzeptionen und Europabilder trat die Durchsetzung jeweils gesonderter Interessen bzw. deren Zurückstellung zugunsten des gemeinsamen Ganzen. Dass sich mit Blick auf europäische Identitäten noch beträchtlicher Nachholbedarf stellt, ist offensichtlich und dokumentierte sich auch in den Beratungen des Konvents. Die aus früheren europapolitischen Auseinandersetzungen bekannten partiellen Allianzen sollten nicht über eine *dominant nationale Interessenverfolgung* hinwegtäuschen. Dies gilt nicht nur für die Nationalregierungen, wenn hier auch die Eigeninteressen am sichtbarsten wurden – bis hin zur Verhinderung einer materiell und in ihren Fristigkeiten ambitionierten Politik. Die Beispiele hierfür sind Legion und reichen von der Außen- über die Steuer- und Sozial- bis hin zur Wirtschafts- und Wettbewerbspolitik oder zu Asylfragen. So gelang es immer wieder, bevorzugt im Rahmen von *do-ut-des*-Vereinbarungen und Koppelgeschäften, die agrarpolitischen Interessen der Franzosen, die sozialpolitischen Präferenzen der Briten, die regionalpolitischen Ansprüche der Spanier oder auch die zuwanderungspolitischen Vorstellungen der Deutschen zu „akkommodieren". Im außen- und sicherheitspolitischen Bereich verteilten sich die Vetoposition dabei quer über die Mitglied- und Beitrittstaaten. Nimmt man den Konvent als Beispiel, ist der Verzicht auf oder auch nur die Zurückstellung von nationalstaatlichen Interessen noch immer kein durchgängiges Merkmal der europäischen Politik, selbst wenn einzuräumen ist, dass die Zahl der einer qualifizierten Mehrheitsentscheidung unterliegenden Politikbereiche kontinuierlich anstieg.

Finden sich also schon im Kreis der nationalstaatlichen Regierungen überwiegend traditionelle Verhaltensweisen, verbleiben auch gegenüber den eigentlich vermittlungsorientierten *intermediären Einrichtungen* (Parteien, Verbänden und Medien) Vorbehalte. So sind sie bis heute als „europäische" Einrichtungen eher unterentwickelt und finden sich deutliche Asymmetrien der Interessenberücksichtigung und -durchsetzung – vertikal, horizontal und sektoral. Staatenübergreifende Zusammenschlüsse von wirtschaftlichen und sozialen Interessengruppen etwa sind selten und repräsentieren meist nationalstaatlich gut organisierte und durchsetzungsstarke Gruppierungen; die bereits auf nationalstaatlicher Ebene erkennbaren Ungleichgewichte setzen sich somit auf europäischer Ebene fort, ja verstärken sich. Und auch für die politischen Parteien gilt, dass sie sich zwar europaweit organisiert haben, allerdings nur sehr begrenzt in die jeweiligen nationalstaatlichen Kontexte „rückgebunden" sind.[255] Allianzen formen sich also eher intergouvernemental und, begrenzt, parteipolitisch, kaum hingegen aufgrund funktional oder europäisch gleichgerichteter Interessen.

All dies erschwert die Herausbildung einer *europäischen Solidarität,* die schon insofern unabdingbar ist, als Verteilungsprobleme anderenfalls nicht wirklich gelöst werden können. Weitsichtige Europäer wussten das bereits zu einem sehr frühen Zeitpunkt:

> „Die politischen Grenzen waren das Ergebnis einer ehrwürdigen historischen und ethnischen Entwicklung, eines langen Strebens nach nationaler Einheit; sie abzuschaffen, käme gewiss niemand in den Sinn. Früher wurden sie durch gewaltsame Eroberungen oder einträgliche Heiraten verschoben. Heute genügt es, sie zu entwerten. Unsere europäischen Grenzen sollten den Austausch von Gedanken, Personen und Gütern immer weniger beschränken. Über den veralteten Nationalismen soll in Zukunft das Gefühl der Solidarität der Nationen stehen. Verdienst der Nationalismen war es, den Staaten eine Tradition und eine solide innere Struktur zu geben. Auf diesem alten Unterbau muss ein neues Stockwerk errichtet werden. Das Überstaatliche wird auf nationaler Grundlage beruhen. Somit wird die ruhmreiche Vergangenheit nicht verleugnet, die nationalen Energien werden sich aber durch ihre gemeinsame Verwendung im Dienst der überstaatlichen Gemeinschaft neu entfalten."[256]

Im Übrigen weist Solidarität *unterschiedliche Formen* auf: von der Fähigkeit abzugeben über arbeitsteilige Verfahren bis hin zu einer Ausprägung gemeinschaftlicher Identität. Die Basis bildet dabei ein wechselseitiges Vertrauen, das wiederum auf historischen Erfahrungen, kulturellen Prägungen und situativer Einschätzung gründet. *Trust,* eine erst kürzlich wiederentdeckte analytische Kategorie, stellt noch immer eine im Wortsinne knappe und damit die Legitimation und Akzeptanz des Integrationsprozesses erschwerende Ressource dar.[257]

---

255 Siehe unter vielen *Hix, S.*: Parteien, Wahlen und Demokratie in der EU, in: Jachtenfuchs, M./Kohler-Koch, B. (Hg.), a.a.O., 151–180; *Gehlen, A.v.*: Europäische Parteiendemokratie? Institutionelle Voraussetzungen und Funktionsbedingungen der europäischen Parteien zur Minderung des Legitimationsdefizits der EU, Dissertation, Freie Universität Berlin, 2005.

256 *Schuman, R.*: Für Europa, Hamburg, 1963, 29f.

257 Dies bezieht sich ausdrücklich nicht auf die vor kurzem geführte Diskussion, ob der Bundeskanzler die Vertrauensfrage (Art. 68 GG) gebrauchen (oder missbrauchen) darf, um zu Neuwahlen zu gelangen (dazu BVerfG, 2 BvE 4/05 vom 25.8.2005), sondern auf ein fundamentales Konzept der politischen Theorie, vgl. *Schmalz-Bruns, R./Zintl, R.* (Hg.): Politisches Vertrauen, Baden-Baden, 2002; *Sztompka, P.*: Trust and Emerging Democracy: Lessons from Poland, in: International Sociology, 11/1 (1996), 37–62.

Ob die Einrichtung des Konvents und die Schaffung eines Verfassungsvertrages dem letztlich entgegenwirkten, also gleichsam entscheidende Anstöße für einen Durchbruch zu einer *wirklich europäischen Identität* (und einer entsprechenden Rücknahme des jeweils individuellen Interesses) lieferten, darf und muss bezweifelt werden. Auch in diesem Kontext waren eher Politiken der Übervorteilung, der in Teilen durchaus egoistischen Interessenvertretung und eines nicht selten aufgesetzten Integrationswillens erkennbar. Der breite Konsens, der die Konventsarbeiten gegen Ende trug, sollte nicht darüber hinwegtäuschen, dass Einigung in strittigen Fragen durch *Formelkompromisse*, *Vertagung* und materielle wie prozessuale *Asymmetrien* erkauft wurde. Schließlich stellten die Erarbeitung und Verabschiedung des Verfassungsentwurfs sowie die Befassung durch die nachfolgende Regierungskonferenz keine gleichsam abschließenden Akte dar. Deshalb wird es auch zusätzlicher Schritte bedürfen, um den verfassungstheoretischen wie -politischen Erörterungen eine den Namen verdienende Verfassungspraxis folgen zu lassen. Erst wenn sich in diesem „Test“ erweisen sollte, dass sich *nationalstaatliche wie europäische Interessen* horizontal wie vertikal *verbinden* lassen, wird man dem Konvent jenen materiellen Erfolg zusprechen können, den die Beteiligten und einige der Beobachter bereits auszumachen glaubten.[258] Bislang aber ist eben weder von einem „historischen Ereignis“ noch gar von einem „revolutionären Akt“ zu sprechen – und das galt schon vor den Referenden in Frankreich und den Niederlanden. Auch die Vergleiche mit der *Philadelphia Convention* oder dem Herrenchiemseer Konvent sind zu hoch gegriffen. Das Zusammenwachsen Europas bleibt eine Frage des Interesses und der Macht, ein erneuter Hinweis darauf, dass die beschwörende Rhetorik der friedensstiftenden und wohlfahrtssteigernden Funktion des europäischen Einigungsprozesses um pragmatisch-realistische Einschätzungen der auf diesem Weg zu erbringenden Vorleistungen zu ergänzen ist.

Ideen sind gut, solange sie auf Verwirklichung drängen. *Interessen* und ihre Verfolgung sind wichtig, um zu „blauäugige“ Politiken realitätsnah zu gestalten. *Interventionen* wiederum bieten sich dann an, wenn eine Konflikt- und Komplexitätsschwelle überschritten wird. Zusammengefasst verbindet sich dies zu einem *Ruf nach „Professionalisierung“*, die das späte „Erwachsenwerden“ des Integrationsprozesses begleiten sollte, will man dessen Scheitern verhindern. Dabei stellt der Begriff der „Professionalisierung“ nicht nur auf technisch-funktionale Kompetenz, sondern auch auf die vermeintliche *software* dieses Prozesses ab, also auf die Herstellung von Legitimation und Akzeptanz.

Bei Verfolgung entsprechender Politiken werden *Transparenz und Effizienz* des europäischen Handelns zu entscheidenden Kategorien. Sie setzen dem beklagten „exekutiven Politikmodell“ – einem Regierungs- und Verwaltungssystem, das sich einer wirksamen Kontrolle durch Parlamente und Zivilgesellschaft in weiten Teilen entzieht – eine Querschnittsorientierung entgegen, die normative mit funktionalen Anforderungen verbindet, mithin eine Realitätssteigerung einfordert, ohne die das Projekt der europäischen Integration scheitern könnte. Transparenz meint Offenheit, demokratische Legitimation und wechselseitige Abstimmung und Koordination, während Effizienz als kontinuierliche Aufgabenkritik, gesteigertes Kostenbewusstsein und wirksame Kontrolle zu verstehen ist. Nur bei Verfolgung beider wird es möglich sein, das Handeln der europäischen Einrichtungen zu „modernisieren“ und sich dabei die positiven Traditionsbestände nationalstaatlicher Regierungs- und Verwaltungssysteme zu erschließen. Auch wäre so gewährleistet, dass sich erkennbare Heilserwartungen

258 Die negativen Voten bei den Volksabstimmungen in Frankreich und den Niederlanden verschieben zumindest das Erreichen dieses materiellen Erfolges, wenn sie es nicht vollständig verhindern; vgl. Kapitel III.

an den Europäisierungsprozess ebenso verflüchtigen wie jenes Sendungsbewusstsein, das EU-Vertreter gelegentlich zum Ausdruck bringen. Die eingangs erwähnten Visionen und großen Zukunftsentwürfe sind nur noch dann zu akzeptieren, wenn sie die Umsetzung mitbedenken und Akteure, Instrumente und einzusetzende Ressourcen benennen. So wird sehr schnell deutlich, dass einfache Lösungen ausscheiden, der Europäisierungsprozess fast immer komplexere und kompetentere Reaktionen erfordert. Schließlich legitimiert sich die Forderung nach „Professionalisierung" für Anbieter wie Nachfrager (und Gegner wie Befürworter) europäischer Politik durch eine versachlichte und umsetzungsorientierte Diskussion um bestmögliche Lösungen.

Es kam auch nicht von ungefähr, dass der Konvent intensiv über eine europäische *Kompetenzordnung* diskutierte. Sie sollte eine deutlichere Aufgaben- und Verantwortungsteilung zwischen den Ebenen der europäischen Politik (EU, Nationalstaat/Zentralstaat/Bund, Gliedstaat/Region/Land) sowie ein verbessertes Zusammenwirken der EU-Organe und -Einrichtungen bewirken. Kompetenzordnung ist also primär als aufgabenorientiertes Zusammenwirken der Akteure in horizontaler wie vertikaler Sicht zu verstehen. Nur durch eine systematische Verknüpfung beider Dimensionen wird eine zukunftsfähige Kompetenzregelung möglich sein, für die sich als Leitsatz *„Vereinfachung wo möglich, Verflechtung wo nötig"* anbietet.

Überträgt man die Kategorien Effizienz und Transparenz auf das Alltagsverhalten der europäischen Einrichtungen, wäre es unbillig, den Vertretern der Union (oder gar den Konventsmitgliedern) Rigidität, ja Blindheit gegenüber unabweisbaren Veränderungen zu unterstellen. Weiß- wie Grünbücher dokumentieren das Bemühen der EU, die eigene Anpassungsfähigkeit zu erhöhen oder auf berechtigte Kritik zu reagieren. Dies unterstreicht auch der Ruf nach „Demokratie, Effizienz und Transparenz",[259] der die Diskussion der vergangenen Jahre beherrschte. Er verweist auf jene Modi, nach denen sich die Europäische Union entwickeln sollte. Verdankte sich die Demokratieforderung der inzwischen jahrzehntelangen Diskussion um unbestreitbare Legitimationsdefizite, ist die Referenz auf die beiden anderen Kategorien neueren Datums und modischeren Charakters. Waren es im erstbenannten Fall die (späte) Entdeckung der Zivilgesellschaft und der Wirkungsweise von NGOs, dienen nun der Wettbewerb, ein ideologisch überhöhtes *good governance* und die durch das Internet veränderten Kommunikationsprozesse als *movens*. Gleichwohl enttäuschte das im Jahr 2001 vorgelegte Weißbuch *European Governance*.[260] Wirkte schon der Versuch der Kommission, sich damit an die Spitze der Reformdiskussion zu setzen, befremdlich, waren die angedeuteten Konsequenzen für die Union von so erhabener Allgemeinheit, dass es an zynischen Kommentaren nicht fehlte. Sie sprachen dem Organ jedes Vermögen zur Selbstkritik und zu einem ernsthaften Bemühen um eine Reform „aus sich selbst heraus" ab.[261]

Ähnliches lässt sich durchaus auch im Rahmen der Konventsarbeiten diagnostizieren. Auch hier war man sich einig, dass die europäische Politik demokratischer, effizienter und transparenter werden müsse – um des eigenen Überlebens willen. Konkreter wurde es aller-

259 Vgl. die Erklärung von Laeken, a. a. O.

260 *Europäische Kommission*, Europäisches Regieren, a. a. O.

261 Zur Kritik an dem benannten Weißbuch vgl. unter vielen *Möllers, C.*: Policy, Politics oder Politische Theorie?, in: Joerges, C./Mény, Y./Weiler, J. H. H. (Hg.): Mountain or Molehill? A Critical Appraisal of the Commission White Paper on Governance, Jean Monnet Working Paper No. 6/01, 2001; *Scharpf, F. W.*: European Governance: Common Concerns vs. the Challenge of Diversity, in: ebd.; *Hesse, J. J./Grotz, F.*, a. a. O., 46, 183.

dings selten, es sei denn, dass einzelne Organe und Einrichtungen mit entsprechenden „Politiken“ betraut wurden. Dann wiederholten sich jene *Absichtserklärungen,* also die appellativen und meist unverbindlichen Aufforderungen, die aus früheren Verträgen erinnerlich sind. Es ist das darin (wohl ungewollt) zum Ausdruck kommende Unbehagen, sich der öffentlichen Diskussion ernsthaft zu stellen, das sich mit der immer leicht konspirativen Art verbindet, in der vor allem die Kommission ihre Politiken entwickelt und vertritt – und über das die Vorbehalte der „Völker Europas“ genährt werden.[262]

Im Fazit prägten also die jeweiligen Eigeninteressen auch die Willensbildungs- und Entscheidungsprozesse im Rahmen des Konvents. Während europapolitische Ideen oder Leitbilder im Vorfeld und im Hintergrund der Diskussionen präsent waren und jeweils dann in die Verhandlungen eingebracht wurden, wenn es darum ging, punktuelle Konflikte aufzulösen, bildeten die verfolgten Strategien der Interessenvertretung die in der Europäischen Union erkennbaren Einflusspotenziale ab. *Nationalstaatliche Interessen dominierten, gefolgt von parteipolitischen Erwägungen; funktionale Erörterungen und ein europäisches Gesamtinteresse traten dahinter zurück.* Obwohl die mehrheitlich parlamentarische Vertretung ein Durchschlagen exekutiver Interessen verhinderte, wurde der Konvent fast vollständig als „Veranstaltung der Staaten“ betrachtet. Natürlich fühlten sich die Regierungsvertreter dem Souverän verpflichtet, glaubten sie auch wirtschaftliche und/oder soziale Interessen zu vertreten und sahen sie sich schon mit Blick auf die eigene Wählerschaft als „wichtige Stimme“, doch machen die Wortprotokolle der Verhandlungen und die Synopsen der Diskussionen in den Arbeitsgruppen deutlich, dass hier eine Elite über die Zukunft des Kontinents verhandelte. Die gut gemeinte Öffnung der Beratungen sorgte zwar für einen Zustrom von Anregungen der „Außenwelt“, doch beeinflussten diese das Verhandlungsergebnis nur unwesentlich. Die letztlich wirksamen Interventionen blieben auf den Kreis der Delegierten beschränkt, sie unterschieden sich nicht wesentlich von dem, was aus der politischen Auseinandersetzung in den Nationalstaaten bekannt war. Zu einer wirklichen Öffnung kam es nur dann, wenn externe Ereignisse, die akute außen- und sicherheitspolitische Bedrohung als Beispiel, die Beratungen beeinflussten. Hierzu zählten vor allem die deutlichen Auseinandersetzungen um den Irak-Konflikt sowie Fragen einer angemessenen Reaktion auf terroristische Anschläge.

Der Einbezug der europäischen Öffentlichkeit

Europapolitische Ideen, materielle Interessen und unterschiedliche Interventionen stellen die eine, der Prozess der Willensbildung und Entscheidung die andere Seite der europäischen Entwicklung dar. Will man ein *vereintes Europa als „Willen der Völker“*, wäre *Öffentlichkeit* eine *unabdingbare Voraussetzung*; glaubt man an die Entwicklung der Europäischen Union aus den Nationalstaaten heraus, neigt man eher politischen Sichtweisen zu. Beides miteinander zu versöhnen, wäre wichtig, um Europa eben nicht als eine Veranstaltung von Führungseliten, sondern als das immer engere Zusammenwachsen seiner Völker zu sehen und daraus für den Prozess der Fortentwicklung Konsequenzen zu ziehen. Dass dies eben kein einfaches Unterfangen ist, machte bereits der Blick auf die Integrationsgeschichte deutlich. Immer waren es, wie sollte es auch anders sein, Persönlichkeiten und Gruppen, die den Europäisie-

262 Vgl. *Hesse, J. J.*: Professionalizing Europe, Brussels, 8.10.2002, http://www.internationales-institut.de/content/publikationen/Summary_Report_EU.pdf.

rungsprozess vordachten, ihn prägten und ihn konsensfähig zu machen suchten. Gleichwohl vergrößerte sich die Distanz zwischen denen, die als Promotoren der Europäisierung voranschritten, und denjenigen, für die eben diese Europäisierung gedacht war, wurde das Voranschreiten schwieriger, zwischenzeitlich gar unmöglich. Negativ ausgehende Referenden in einzelnen Mitgliedstaaten waren schließlich ein Signal dafür, dass man die Bevölkerung (und sich selbst) zu überfordern drohte und von einem umfassenden oder sich kontinuierlich ausweitenden Integrationskonsens nicht auszugehen war. Während das übergreifende Ziel, eine weitere verhängnisvolle Konfrontation der Nationalstaaten unmöglich werden zu lassen (und den Wohlstand zu mehren), unbestritten blieb, zeigte sich in Einzelfragen Widerstand – bis hin zur Ablehnung.

Als schließlich die Grundlagen des Integrationsprozesses, etwa über die Verträge von Maastricht, Amsterdam und Nizza, einem breiteren Publikum kaum mehr vermittelbar waren und auch die dem zugrunde liegenden, in Teilen unwürdigen (und entsprechend diskreditierten) Entscheidungsprozesse sich nicht mehr verbergen ließen, suchte man nach neuen, akzeptablen Formen der Willensbildung und Entscheidung. *Die Einsetzung des Konvents* zur Zukunft der Europäischen Union stand auch und gerade in diesem Kontext. Seine Zusammensetzung sollte nicht nur ein *Zurück zum Souverän* dokumentieren, sondern auch die Rückbindung an (und in) die europäische Öffentlichkeit gewährleisten. Dies schloss die Frage nach untypischen Ratifizierungsverfahren (etwa einem unionsweiten Referendum) ein.

Die in den vergangenen Jahren geführte Diskussion zur Fortentwicklung der Europäischen Union setzte sich immer auch mit dem *Fehlen einer europäischen Öffentlichkeit* auseinander. So galt für viele Beobachter gerade dieses Fehlen als deutlichster Beleg dafür, dass es der Union nicht nur an Staatsqualität mangele, sondern auch an einem Fundament für weitergehende Integrationsansprüche, etwa im Rahmen einer Verfassung. Andere Stimmen verwiesen darauf, dass europäische Öffentlichkeit sich nur schrittweise entwickele, erst Traditionen und Erfahrungen jene Teilöffentlichkeiten formen, die schließlich eine gesamthafte europäische Öffentlichkeit bilden. Unbeschadet dieser Auseinandersetzung fanden sich schließlich empirische Belege, dass die Promotoren und Propagandisten der europäischen Bewegung die Bereitschaft der „Völker Europas" überschätzten, sich ihnen anzuschließen. Und in der Tat: Blickt man auf Umfragen, etwa die des Eurobarometers,[263] ist eine immer wiederkehrende, nahezu zyklische Distanz zum Europäisierungsprozess unverkennbar. Zwar wollen die Befragten die „europäische Einigung", doch stehen sie Einzelschritten skeptisch bis ablehnend gegenüber. Hinzu tritt ein meist eklatantes Informationsproblem, nach dem die europäische Bürgerschaft bis heute kaum in der Lage ist, zwischen dem Europäischen Parlament, der Kommission, dem Europäischen Rat und dem Ministerrat zu unterscheiden.

Die Erarbeitung einer „Verfassung" sollte also die Entwicklung einer europäischen Öffentlichkeit fördern – und somit zum Abbau des Demokratiedefizits beitragen.[264] Stellvertretend für viele vertrat *Grimm* allerdings schon früh die Auffassung, dass das vom Konvent vorgestellte Dokument diese Anforderung nicht erfüllen könne. Es entfalte gerade keine identitätsstiftende Wirkung, da sich seine Entstehung nicht mit einem außergewöhnlichen Ereignis verbinde. Wichtiger sei zudem, dass substantiell verstandene Demokratie Öffentlichkeit voraussetze.[265] *Grimm* lehnte seinen Demokratiebegriff dabei an das Demokratiekonzept

263 *Europäische Kommission:* Eurobarometer, Brüssel, 1974 ff. (zweimal jährlich).

264 Zur formalen Unterscheidung zwischen Verfassung und Verfassungsvertrag s. I/3; vgl. auch *Grimm, D.*: Die größte Erfindung unserer Zeit, a. a. O.

265 *Grimm, D.*: Die größte Erfindung unserer Zeit, a. a. O.

Ernst Fraenkels an, der den Pluralismus als „einen Transformator“ beschreibt, der „gesellschaftliche in politische Energie“ umwandle.[266] Dabei dienten die intermediären Einrichtungen nicht nur der Interessenvertretung, sondern ermöglichten es dem einzelnen Bürger, gestaltend auf die öffentliche Meinung einzuwirken. Diesen Überlegungen zufolge sind diese „gesellschaftlichen Voraussetzungen von Demokratie [...] in den Nationalstaaten mehr oder weniger gut ausgebildet. In Europa fehlen sie noch weitgehend.“ Zwar gäbe es europaweite Diskurse der Eliten, doch fehlten für eine breitere Diskussion sogar die Kommunikationsmedien. Das Europäische Parlament führe zwar nationale Diskurse zusammen und fördere damit auch „die Herausbildung eines europäischen Parteiwesens“, doch sei dies nicht ausreichend: „Als Teil der europäischen Herrschaftsstruktur ist [das EP ...] nicht in der Lage, die fehlenden gesellschaftlichen Voraussetzungen eines lebhaften demokratischen Austauschprozesses zu ersetzen.“ Das Fehlen einer europäischen Öffentlichkeit verbietet es gleichsam, das Demokratiedefizit abzubauen. Für *Grimm* stellt dies kein Problem dar, da seiner Meinung nach die EU eine „Annäherung an das nationalstaatliche Modell“ nicht nötig habe.[267]

Solche Einschätzungen basieren auf der *Frage, ob eine Verfassung ohne Volk verfassungsrechtlich zulässig (und politisch wünschenswert) ist.*[268] Will man diese Möglichkeit verneinen, kann man sich auf das Urteil des Bundesverfassungsgerichts zum Vertrag von Maastricht berufen. Demnach muss eine „demokratische Legitimation durch die Rückkoppelung des Handelns europäischer Organe an die Parlamente der Mitgliedstaaten“[269] gewährleistet sein, während der Legitimation durch das EP demgegenüber nur „eine stützende Funktion zu[kommt]“.[270] Eine Umkehr dieser Rangfolge wäre mit dem Grundgesetz nicht vereinbar, müssen doch dem „Deutschen Bundestag [...] Aufgaben und Befugnisse von substanziellem Gewicht verbleiben“[271]. Dies leiteten die Richter aus dem Wahlrecht zum Deutschen Bundestag ab. Demnach dürfe die Einflussnahme auf die Ausübung von Staatsgewalt durch die Verlagerung von Aufgaben des Bundestages nicht „entleert“ werden. Wollte man also einen europäischen Staat gründen, wäre das Grundgesetz durch eine Europäische Verfassung zu ersetzen, ein europäisches Staatsvolk würde das deutsche und die anderen „staatlich organisierten“ Völker Europas ablösen.[272] Dies scheitert allerdings daran, dass ein europäisches Staatsvolk noch nicht existiert.[273] Doch ist hier zwischen Staatsvolk und Öffentlichkeit zu unterscheiden. Kaum jemand wird bestreiten, dass das Fehlen eines europäischen Staatsvolks die Staatswerdung der EU verhindert; gleichzeitig sollte man sich dadurch aber nicht davon abschrecken lassen, Wege zur Stärkung einer europäischen Öffentlichkeit zu suchen. Dazu bedarf es einer genaueren, empirisch gesättigten und letztlich pragmatischeren Analyse des Begriffs „Volk“.

Blickt man im Zeitablauf auf die europäische Entwicklung, ist für die Frage nach dem europäischen *demos* davon auszugehen, dass hier *dynamische Prozesse* wirken. So wird das Volk „durch Integration und im Prozess der Integration gebildet, Volk ist Prozess“.[274] *Rob-*

266 *Fraenkel, E.*: Deutschland und die westlichen Demokratien, Frankfurt/Main, 1991, 275.

267 *Grimm, D.*: Die größte Erfindung unserer Zeit, a.a.O.

268 Vgl. hierzu *Kirchhof, P.*, a.a.O.; *Robbers, G.*, a.a.O.

269 BVerfGE 89, a.a.O., hier: 155.

270 *Kirchhof, P.*, a.a.O., 372.

271 BVerfGE 89, a.a.O., hier: 156.

272 BVerfGE 89, a.a.O. Vgl. *Kirchhof, P.*, a.a.O., 373.

273 *Kirchhof, P.*, a.a.O., 371. *Kirchhof* bezeichnet den Verfassungsvertrag deshalb auch als „Grundordnungsvertrag“ (380).

274 *Robbers, G.*, a.a.O., 390.

bers verweist dazu auf die kontinuierliche Entwicklung der europäischen Völker, die bereits auf der Mikroebene sichtbar wird. Darüber hinaus gebe es Völker, die zusammen ein „Gesamtvolk" formen, wie etwa im Vereinigten Königreich und in Spanien. Und: Solange es nicht um die Staatswerdung der EU gehe, bleibe die gesamte Diskussion über ein europäisches Staatsvolk akademischer Natur. Ähnlich sei auch der immer wieder vorgetragene Befund einer fehlenden gemeinsamen Sprache zu überprüfen. Sie ist zwar „ein wichtiger Faktor für die Bildung eines Volkes, aber kein zwingendes Erfordernis."[275] Die Schweiz, Belgien, aber auch Spanien und Kanada sind Beispiele dafür, dass Mehrsprachigkeit Gemeinsamkeit keinesfalls ausschließt.[276] Hinzu tritt in Europa die Herausbildung des Englischen als *lingua franca*. Eine gemeinsame Sprache (auch in dem Sinne, dass man sich verstehen und miteinander reden kann) ist also durchaus gegeben, die Mittel und Wege zur Verständigung wachsen und verstärken sich.[277]

Europäische Öffentlichkeit, in der sich Kommunikation, auch politische Kommunikation, entfalten kann, *liegt nach dieser Einschätzung also durchaus vor.* Sie entwickelte sich zudem über die vergangenen Jahrzehnte beträchtlich weiter. Teilöffentlichkeiten, sektorale Öffentlichkeiten, durchaus auch Schichten unspezifischer Öffentlichkeit, etwa auf kultureller Basis, formen dabei eine noch unterschiedlich ausgeprägte, aber durchaus existente „Öffentlichkeit". Hinzu kommt, dass auch die intermediären Einrichtungen ihre europäische Orientierung verstärken. Wie angesprochen, gilt dies für die politischen Parteien, nahezu alle grenzüberschreitend arbeitenden, entsprechend verflochtenen Interessengruppen sowie schließlich auch für die Medien. *Robbers* geht deshalb so weit, die Herausbildung eines europäischen Volkes als eine „Frage des Wollens" zu bezeichnen. „Demokratie in Europa" ist nach diesem Verständnis von der Bereitschaft abhängig, sie zu wollen und zu praktizieren. Es sei dies eine der Verfassungsvoraussetzungen, „auf denen europäische Rechtsinstitutionen beruhen."[278] Schließlich spricht dafür auch, dass Demokratie ganz pragmatisch als Mittel, die Machtausübung in der EU zu kontrollieren, eingesetzt werden kann:

> „Soweit Demokratie die Legitimation politischer Macht durch diejenigen bedeutet, die diese Macht betrifft, bedarf europäische politische Macht der Begründung in dem Willen derjenigen, die von dieser Macht abhängen. Auch insofern ist die Existenz eines voll entwickelten, als bereits bestehende Einheit gedachten europäischen Volks keine Bedingung europäischer Demokratie. Als Legitimationsbasis europäischer politischer Macht besteht das europäische Volk schon heute [...] in dem Maße, in dem jedermann von [... dieser] Macht betroffen ist."[279]

Diese Argumentation bietet einen Ausweg aus dem vor allem von liberalen Staatsrechtslehrern vertretenen Demokratiekonzept. Europäische Öffentlichkeit ist im Werden, und sie entsteht dabei in einem Prozess, der dem der europäischen Integration insgesamt vergleichbar ist, also gelegentlich auch erratische Züge tragen kann.

Inwieweit europäische Öffentlichkeit hergestellt und mit ihr der Integrationskonsens erweitert werden kann, dürfte entscheidend davon abhängen, ob es gelingt, *der* noch immer deutlichen *„exekutivischen Tendenz" der Europapolitik entgegenzuwirken.* Sie ist nicht nur eine Folge realer Machtverhältnisse, sondern wird auch und gerade dadurch begünstigt, dass wichtige Funktionseliten, darunter ein nicht unbeträchtlicher Teil der europäischen Intellek-

275 Ebd.
276 Vgl. hierzu auch *Hesse, J. J./Wright, V.* (Hg.): Federalizing Europe?, Oxford, 1996.
277 *Robbers, G.*, a.a.O., 391.
278 Ebd., 391 ff.
279 Ebd., 393.

tuellen, dem Europäisierungsprozess in seiner auch praxeologischen Ausprägung mit Vorbehalt begegnet. Jenseits der erwünschten, geradezu eingeforderten kritischen Distanz befördert man so ohnehin gegebene Tendenzen zur Zentralisierung und Bürokratisierung, die seit geraumer Zeit für die europäische Politik beklagt werden. Zwar wollte der Konvent dem entgegenwirken, indem er den Rat als Gegenspieler von Kommission und Parlament und den hauptamtlichen Ratspräsidenten als direkten Konkurrenten zum Präsidenten der Kommission zu etablieren suchte. Allerdings hieße es, den „Bock zum Gärtner" zu machen, würde man den Rat und seinen Präsidenten gleichsam zu Garanten der Subsidiarität ernennen. Immerhin war es vor allem der Rat, der die erkennbaren *Zentralisierungsprozesse* innerhalb der Europäischen Union entweder selbst einleitete oder ihnen doch nicht widersprach. Auch hier beherrscht inzwischen insoweit „Routine" den Alltag, als man akzeptiert, dass suboptimale politische Entscheidungen und Tauschgeschäfte offenbar unvermeidbar sind. Genau diese *Tauschgeschäfte* aber sind es, die innerhalb der Union zu einer geradezu exzessiven Umverteilung geführt haben und die entsprechenden Politiken wiederum verstetigen. So wird bis heute einigen Staaten, die längst die gemeinsame Währung eingeführt haben, noch immer aus Mitteln des Kohäsionsfonds geholfen, die Beitrittskriterien für den Euro zu erfüllen.[280] Auch nimmt man auf diese Weise in Kauf, dass das Demokratiedefizit schon insofern nicht nennenswert abgebaut werden kann, als nach wie vor ein Gremium zentrale Entscheidungen trifft, das nicht direkt von der europäischen Bürgerschaft zu kontrollieren ist. Nur in Ausnahmefällen müssen die mitgliedstaatlichen Regierungen damit rechnen, dass ihre Entscheidungen im Ministerrat auf nationaler Ebene politisch diskutiert oder gar in Frage gestellt werden.

In diesem Zusammenhang erstaunt, dass der im Konvent erörterte Kompromissvorschlag, mit Rats- und Kommissionspräsidenten für die EU eine Doppelspitze zu schaffen, von Deutschland und Frankreich formuliert und mehrheitsfähig gemacht wurde. Dieser Kompromiss zwischen Intergouvernementalismus und Föderalismus stärkt, unbeschadet der Möglichkeiten zu einer Personalunion, den Rat gegenüber Parlament und Kommission und vertieft damit eine institutionelle Ordnung, die in den beiden genannten Ländern derzeit einer umfassenden Reformdiskussion unterliegt. So wurde in Frankreich aufgrund der schlechten Erfahrung mit der *cohabitation* die Amtszeit des Präsidenten bekanntlich verkürzt, nicht zuletzt um das konfliktreiche und nicht selten blockierende Gegeneinander von Präsident und Premierminister, die unterschiedlichen politischen Lagern angehören, einzuschränken und wenn möglich zu vermeiden. Und auch in der Bundesrepublik versuchten Politiker im Rahmen einer Föderalismusreform, über eine Entflechtung der gebietskörperschaftlichen Ebenen und eine eingeschränkte Mitsprache des Bundesrates im Prozess der Gesetzgebung Gestaltungspotenziale für die einzelnen Ebenen zurückzugewinnen.[281] In beiden Ländern strebte man also Verfassungsänderungen an (oder vollzog sie bereits), um Tatbestände aufzulösen, die zu Politikblockaden und Stillstand beitrugen. Gleichzeitig aber favorisiert man

280 Die Mittel aus dem Kohäsionsfonds werden Staaten zur Verfügung gestellt, die einen Abbau ihres Haushaltsdefizits nach Art. 104 EGV betreiben (müssen) und deren BSP je Einwohner weniger als 90 Prozent des EU-Durchschnittwertes beträgt, vgl. Verordnung (EG) 1264/99 vom 21.6.1999, ABl. L 161 vom 26.6.1999, 57–61. Für die aktuelle Zuteilung der Mittel s. ABl. C 118 vom 19.5.2006, 23–45. Demnach erhalten – neben den neuen Mitgliedstaaten – Griechenland, Portugal und Spanien (erhebliche) Zuwendungen aus dem Fonds.

281 Vgl. *Schubert, S.*: Die „Kommission zur Modernisierung der bundesstaatlichen Ordnung", in: ZSE, 3/1 (2005), 124–146.

institutionelle Arrangements auf europäischer Ebene, die mit hoher Wahrscheinlichkeit solche Prozesse auslösen oder zumindest fördern.

Der Konvent als Mittler

Sieht man von den (zu Beginn der Verhandlungen) autokratischen Verhaltensweisen seines Präsidenten, dem in Teilen nur durch Zeitdruck und Präzisionsverzicht erzielten Konsens sowie der gelegentlichen Selbstüberhöhung ab, war der *Konvent* zweifellos ein *„erfrischendes Moment"* innerhalb einer zunehmend routinisierten europapolitischen Willensbildung. Zwar konnte er nicht jene Öffentlichkeit gewährleisten, die auch eine entsprechend erweiterte Nachfrage und Beteiligung vorausgesetzt hätte, doch wurden die Beratungen des Gremiums zahlreichen Ansprüchen gerecht, die man im Gefolge oder im Nachgang eher leer laufender Regierungskonferenzen formulierte. Zur Funktion der „Bündelung" unterschiedlicher Interessen, der offensichtlichen (Vor-)Entscheidung kontroverser Entwicklungsfragen und schließlich einer demokratietheoretischen Ansprüchen näherkommenden Zusammensetzung trat die *Aufgabe des „Mittlers"*. Sie bezog sich nicht nur auf das Verhältnis von Politik und dem sie tragenden Souverän, sondern durchaus auch auf jenes *Interessenclearing*, ohne das in modernen demokratischen Gesellschaften Entscheidungsunfähigkeit und Blockaden drohen. Auch von daher bietet es sich an, die Konventsmethode zu verstetigen, sie gleichzeitig aber auch fortzuentwickeln, sofern sich die Gelegenheit dazu ergibt.

Formal war die Arbeit des Konvents ein „offener Prozess". In 26 öffentlichen Plenarsitzungen kam es zu mehr als 1.800 Wortmeldungen, in über 90 Stunden verhandelten die Delegierten etwa 6.000 Änderungsanträge.[282] Diese vom Konventspräsidium stolz verkündeten Erfolgsindikatoren sollten allerdings nicht verdecken, dass man – bei allen anerkennenswerten Bemühungen, die Diskussionen auch nach außen zu tragen – unter sich blieb. Zwar waren alle Konventsmitglieder in ihre jeweiligen nationalen, parteipolitischen und funktionalen Zusammenhänge ein- und rückgebunden, wurde mithin „daheim" wie „vor Ort" abgestimmt und um gemeinsam oder allein zu vertretende Stellungnahmen gerungen. Und doch: der Konvent als „Mittler"? Um einer solchen Funktion nach innen wie nach außen gerecht zu werden, hätte es vermutlich einer umfassenderen Arbeitsteilung bedurft, die nicht nur eine Abarbeitung der Agenda über klassische Teilgruppen beinhalten, sondern auch den Dialog mit denjenigen hätte gewährleisten müssen, für die die angestrebte Europäische Verfassung gelten soll. Zwar versuchte man dies, erreichte es im Ergebnis allerdings nicht. Demokratie, Transparenz und Effizienz jedenfalls, die großen Ziele der Verhandlungen, blieben in weiten Teilen uneingelöst.

So war es nicht nur der bayerische Europaminister *Bocklet,* der Zweifel am Erfolg der Konventsmethode äußerte und eine Überprüfung des Verfahrens anregte.[283] Danach basiere der Vertrag wieder einmal auf der europäischen Grundregel des Konsenses derjenigen, die die Integration um ihrer selbst willen voranzutreiben suchen. Den gewünschten demokratischen Mehrwert habe der Konvent jedenfalls nicht erbracht, vielmehr sei die angekündigte Beteiligung der Öffentlichkeit auf der Strecke geblieben. Und in der Tat, folgte man den Umfragen nach Beendigung der Konventsarbeiten, wussten mehr als die Hälfte der befragten

---

282 Vgl. FAZ vom 11.7.2003, 3.

283 Vgl. *Bocklet, R.*: Bericht über die Ergebnisse des EU-Konvents, München, 11.9.2003; SZ vom 11.6.2003, 37; SZ vom 18.6.2003, 44 (Interview mit *Reinhold Bocklet*); FAZ vom 30.9.2003, 5.

europäischen Bürger nichts mit der Einrichtung anzufangen,[284] ein Tatbestand, an dem auch Initiativen wie Internet-Foren oder die öffentliche Zugänglichkeit der Dokumente nichts änderten – mögliche Vorboten für die im Zuge der Ratifizierungsverfahren später deutlich werdenden unterschiedlichen Einschätzungen und die sich damit verbindenden Turbulenzen. Schuld daran sei vor allem die *mangelnde Rückbindung des Konvents an die nationalen Parlamente und an die nationale Öffentlichkeit* sowie (neben einer unübersichtlichen Flut von schriftlichen Beiträgen und Änderungsanträgen) das grundsätzliche *Fehlen eines Abstimmungssystems* gewesen. Die Billigung des Verfassungsvertrages per Akklamation basierte auf der Befürchtung, dass der Text als Ganzes in Ländern scheitern könnte, die häufiger im Rahmen der Konventsarbeiten überstimmt wurden. Fügt man dem die knappen Sprechzeiten, die begrenzten Rednerlisten und die unzureichenden Übersetzungen außerhalb der gängigen Verkehrssprachen hinzu, wird jenseits des angesprochenen Führungsstils Unbehagen erkennbar, das sich auch auf materielle Fragen, wie eben den fehlenden Einfluss auf die Tagesordnung, bezog. Wichtige Themen, so bedauern Beobachter noch heute, wurden erst gar nicht angesprochen. Auch die sehr knappe einwöchige Frist für Änderungsanträge und die nur abschnittsweise Vorlage von Artikeln erschwerten die Mitarbeit. Auch habe der Konvent den Vorschlag des Bundesrates, Optionen zu erarbeiten, nicht aufgegriffen. In keinem Mitgliedstaat wäre eine so hastige und oberflächliche Neugestaltung einer nationalen Verfassung möglich.[285] Dies erkläre dann letztlich, warum der *Verfassungsvertrag auch inhaltlich und formal nicht den Qualitätsansprüchen an eine Verfassung gerecht* wurde.

Schließlich hätten ein europaweites Referendum oder durchgängig nationale Volksabstimmungen über den vom Konvent erarbeiteten Verfassungsentwurf der europäischen Öffentlichkeit Gesicht und Stimme verliehen. Da der Vertrag ohnehin davon spricht, „dass die Völker Europas […] entschlossen sind, […] immer enger vereint ihr Schicksal gemeinsam zu gestalten,"[286] wäre es angezeigt gewesen, entsprechend zu verfahren. Während in Irland und Dänemark ohnehin ein Referendum zum Verfassungsentwurf vorgesehen war und man dem in Österreich, Portugal und den Niederlanden folgen wollte, war dies in Frankreich Tradition und wurde selbst in Großbritannien so lange lautstark nach einem Referendum gerufen, bis die Regierung *Blair* schließlich einlenkte.[287] Im Hintergrund standen nicht zyklisch wiederkehrende Forderungen nach einer verstärkt plebiszitären Demokratie, sondern der Verweis darauf, dass *ein als „Bürgerverfassung" gedachtes Dokument auch einem Bürgervotum, wenn möglich am selben Tag in allen Mitgliedstaaten, zugeführt* werden sollte. Und in der Tat: So wie Europa verfasst ist – und künftig sein sollte –, hätte sich ein solches Vorgehen angeboten, mit der Folge einer ungleich stärkeren Legitimation der „Verfassung" als dies bei vorangegangenen Vertragswerken der Fall war. Natürlich, Deutschland verfügt über keine Tradition von Plebisziten auf nationalstaatlicher Ebene, in Herrenchiemsee nahm man aus historisch wohlverstandenen Gründen hiervon Abstand. Allerdings hätte die Vorlage eines Europäischen Verfassungsvertrages durchaus ein Anlass sein können, diese Vorbehalte zu überprüfen und das Dokument mithin der Bürgerschaft vorzulegen: nicht als „Testprojekt" für Referenden, die sich auf Länderebene ohnehin finden, sondern als bewusster Akt, die Aufgabe beträchtlicher Teile der nationalstaatlichen Souveränität von der Zustimmung des

284 Flash Eurobarometer 142/2: Convention on the Future of Europe, Wave 2, Brüssel, November 2003, 4.

285 *Bocklet, R.,* a.a.O.

286 VVE Präambel.

287 Vgl. hierzu auch Kapitel III.

Volkes abhängig zu machen. Allerdings hätte dies dann auch eine entsprechende Information „des Volkes“ vorausgesetzt. Hier freilich verbanden sich fehlende europäische Öffentlichkeit, die noch unausgeprägte Mittlerfunktion des Konvents und ungleichgewichtiger politischer Mut, aus politischen Absichtserklärungen auch praktische Konsequenzen zu ziehen.

5. Die Empfehlungen des Konvents

Der Konvent legte seine Ergebnisse, den *Entwurf über eine Verfassung für Europa*, in zwei Blöcken vor. Anlässlich des in Thessaloniki tagenden Europäischen Rates überreichte *Giscard* am 20. Juni 2003 die Teile I und II, knapp einen Monat später lieferte er im Rahmen des Europäischen Rates von Rom den dritten und vierten Teil nach. Bevor zu erörtern ist, ob der Konvent mit dem Verfassungsvertragsentwurf (VVE-K)[288] die in ihn gesetzten Hoffnungen erfüllte, bedarf der Verfassungsvertrag selbst einer genaueren Betrachtung.[289] Wie bereits angesprochen, stand die Frage nach der Form des Verfassungsvertrages dabei nicht mehr wirklich zur Debatte, legte der Konvent doch ein einheitliches Dokument vor.[290] Materiell galt das primäre Interesse dabei institutionellen Anpassungsleistungen, instrumentellen Vereinfachungen sowie einer den Namen verdienenden Kompetenzordnung im Rahmen der EU. Der Ausweis konkreter Veränderungen für einzelne Politikbereiche trat hinzu.

Die nachfolgende Darstellung schließt an die in Kapitel I/3 diskutierten materiellen Optionen an. Dabei konzentrieren sich die Ausführungen auf die *Ergebnisse des Konvents,* sie bilden für die Bewertung der nachfolgenden Veränderungen den Referenzpunkt. Die im Rahmen der Regierungskonferenz folgenden Modifikationen beziehen sich auf die Erkenntnisse dieses Abschnittes.

Der Verfassungsvertrag als Zusammenfassung und Bündelung

Wie berichtet, entschied sich das Konventsplenum bereits im Frühjahr 2002, einen *Verfassungsvertrag* zu erarbeiten.[291] Formal stellt der vom Konvent vorgelegte Entwurf in mehrfacher Hinsicht eine Neuerung dar – beginnend mit der Verwendung des Begriffs der „Ver-

288 Die formal korrekte Bezeichnung lautet „Entwurf eines Vertrags über eine Verfassung für Europa“, CONV 850/03 vom 18.7.2003, hier zitiert als VVE-K. Soweit es zu materiellen Veränderungen durch die Regierungskonferenz kam, wird darauf in Fußnoten verwiesen; die dann seitens der Regierungskonferenz verabschiedete Fassung des Verfassungsvertrages wird als „VVE“ zitiert.

289 Vgl. für eine allgemeine Bewertung des Konvents und des Verfassungsentwurfs u.a.: *Große Hüttmann, M.*: Der Konvent zur Zukunft der Europäischen Union, in: Beckmann, K./Dieringer, J./Hufeld, U. (Hg.), a.a.O., 207–234; *Köck, H. F./Marktler, T.*: Der Verfassungsvertrag – Überblick und Analyse, in: Beckmann, K./Dieringer, J./Hufeld, U. (Hg.), a.a.O., 329–357.

290 Wie erwähnt, enthielt der vierte Teil lediglich Schlussbestimmungen und kann deshalb hier vernachlässigt werden.

291 Vgl. I/3 sowie *Danwitz, T. v.*: Grundfragen einer Verfassungsbindung der Europäischen Union, in: Beckmann, K./Dieringer, J./Hufeld, U. (Hg.), a.a.O., 383–401; *Hufeld, U.*: Europäische Verfassunggebung zwischen Völker- und Europarecht, in: Beckmann, K./Dieringer, J./Hufeld, U. (Hg.), a.a.O., 473–492; *Leschke, M.*: Die Verfassung der Europäischen Union, in: Beckmann, K./Dieringer, J./Hufeld, U. (Hg.), a.a.O., 183–205; *Müller-Graff, P.-C.*: Eine neue Verfassung für Europa. Kriterien der Europarechtswissenschaft, in: Beckmann, K./Dieringer, J./Hufeld, U. (Hg.), a.a.O., 311–328.

fassung".[292] Gleichwohl verfügt die Union – hier immer voraussetzend, dass das Dokument von der Regierungskonferenz angenommen und von den Mitgliedstaaten ratifiziert werden würde – damit über keine Verfassung im staatsrechtlichen Sinne, sie bleibt vielmehr ein Staatenverbund[293]. Auch ist an den sich durch den Vertragscharakter ergebenden Einschränkungen festzuhalten, so dass die *Doppelbezeichnung* „Verfassungsvertrag" *gerechtfertigt* erscheint: Änderungen der „Verfassung" bedürfen auch weiterhin der Ratifizierung durch die Mitgliedstaaten;[294] letztere übertragen Zuständigkeiten explizit an die Union.[295] Während EUV und EGV prinzipiell unbeschränkt gültig sind, sieht der Verfassungsvertrag demgegenüber auch ein Austrittsrecht – allerdings im Rahmen eines durchaus kritikwürdigen Verfahrens – vor.[296]

Neben dieser eher semantischen Frage – Verfassung, Vertrag oder pragmatisch: beides – stellt die *Auflösung der* mit dem Vertrag von Maastricht geschaffenen *drei Säulen* in der „neuen" Europäischen Union eine Veränderung von wesentlich größerer Tragweite dar. So erhält die Union erstmals eine eigene Rechtspersönlichkeit,[297] die Europäische Gemeinschaft wird in die Union integriert. Die Unterscheidung nach Säulen diente bekanntlich der Trennung zwischen vergemeinschafteten Politiken zur Schaffung des Binnenmarktes (1. Säule) sowie intergouvernementalen Verfahren der Zusammenarbeit in den Bereichen Außen- und Innenpolitik (2. bzw. 3. Säule). Bereits die Vertragsrevisionen von Amsterdam und Nizza überführten einzelne Politiken aus der 3. in die 1. Säule, wobei die Differenzierung nach Säulen aufgrund der wachsenden Komplexität der Entscheidungsverfahren zunehmend fragwürdig wurde. Konsequent unterscheidet der Verfassungsvertrag deshalb auch nicht mehr nach Säulen, sondern gliedert sich in *vier Teile,* die die alte Trennung aber durchaus noch erkennen lassen.

Der erste Teil (I), *die eigentliche „Verfassung"*, bestimmt den rechtlichen und institutionellen Rahmen der EU. Er enthält Vorschriften über die Organe und Einrichtungen der Union, über die Zuständigkeiten und über die Verfahren (etwa zur Rechtsetzung, zur Verwaltung und zum Haushalt). Teil II entspricht der *Charta der Grundrechte,* die redaktionell angepasst und durch die Aufnahme in den Vertrag rechtsverbindlich wurde.[298] Mit 342 Artikeln ist der dritte Teil, der die *„Politikbereiche und die Arbeitsweisen der Union"* (III) umfasst, zwar der bei weitem umfangreichste, doch enthält er nur in Ausnahmefällen Neues. In weiten Teilen handelt es sich um eine Übernahme von Organbestimmungen und Politiken aus den Vorgängerverträgen (EGV und EUV). Allerdings veränderte der Konvent die Reihenfolge der Artikel – ohne einen eindeutigen Bezug zu den Zuständigkeiten und Verfahren des ersten Teils herzustellen.[299] Darüber hinaus enthält dieser Teil zahlreiche Unklarheiten, Doppelun-

---

292 Vgl. I/3, zum rechtlichen Status des Verfassungsvertrags auch: *Grimm, D.*: Die größte Erfindung unserer Zeit, a.a.O.; *Kirchhof, P.*, a.a.O. und *Robbers, G.*, a.a.O.

293 BVerfGE 89, a.a.O., hier: 156, 8. Leitsatz. Bereits bislang wurde das Primärrecht der Union als ihre Verfassung gewertet. Dies bliebe auch nach Inkrafttreten des Verfassungsvertrages so.

294 Art. IV-7 Abs. 3 VVE-K bzw. Art. IV-443 Abs. 3 VVE.

295 Prinzip der begrenzten Einzelermächtigung, Art. I-1 Abs. 1 VVE-K/VVE.

296 Art. I-59 VVE-K bzw. Art. I-60 VVE. Zur Kritik siehe *Friel, R. J.*: Providing a Constitutional Framework for Withdrawal from the EU, in: ICLQ, 53 (2004), 407–428, hier: 425.

297 Art. 6 VVE-K bzw. Art. I-7 VVE.

298 Vgl. *Alber, S.*, a.a.O. Der Konvent entschloss sich darüber hinaus, die Präambel der Charta an den Anfang des zweiten Teils zu stellen.

299 Auf Veränderungen in den einzelnen Politikbereichen wird weiter unten eingegangen.

gen und in Einzelfällen auch Widersprüche (etwa falsche Bezüge zwischen Artikeln) – hier machte sich der Zeitdruck gegen Ende der Konventsberatungen negativ bemerkbar. Auch übernahm das Gremium offensichtlich unglückliche, d. h. unpräzise oder unverständliche Formulierungen aus dem EGV. Der abschließende Teil IV umfasst *„Allgemeine und Schlussbestimmungen"*, u. a. zur Ablösung der bestehenden Verträge.

Die anzuwendenden Verfahren (etwa die Beteiligung des Europäischen Parlaments und der nationalen Parlamente, die Abstimmungsregeln im Rat) belegen, dass die alte *Unterscheidung zwischen intergouvernementalen und vergemeinschafteten Politiken fortbesteht.* Auch im Verfassungsvertrag verbleibt die Gemeinsame Außen- und Sicherheitspolitik weitgehend in der Einstimmigkeit; Maßnahmen der Innen- und Justizpolitik unterliegen in Teilbereichen einem Initiativrecht der Mitgliedstaaten; das Haushaltsverfahren schließlich ist weiterhin durch besondere Bestimmungen (etwa zu den Eigenmitteln der Union, zum mehrjährigen Finanzrahmen und zum Haushaltsplan) gekennzeichnet. Zusammenfassend ist festzuhalten, dass es dem Konvent zwar gelang, die kritisierte Vielfalt der Rechtsetzungsverfahren zu reduzieren, doch erreichten die Delegierten bei weitem nicht ein den nationalstaatlichen Verfassungen vergleichbares Maß an Kohärenz. Reste der Säulenarchitektur überdauerten.

Auf dem Weg zu einer europäischen Kompetenzordnung

Die bisherigen Ausführungen haben deutlich gemacht, dass und warum der Konvent auf eine *grundlegende Kompetenzneuordnung verzichtete.* Stattdessen strebten die Delegierten in Titel III des ersten Teils eine *Systematisierung der bestehenden Regelungen* an, wobei unterschiedliche Kategorien geschaffen und die einzelnen Politikfelder diesen zugewiesen wurden.[300] Von einer echten Kompetenzordnung kann dabei nur sehr begrenzt gesprochen werden. Als allgemeine Grundsätze schreibt der Entwurf die begrenzte Einzelermächtigung (also die prinzipielle Kompetenzvermutung zugunsten der Mitgliedstaaten) sowie die Subsidiarität und damit verbunden die Verhältnismäßigkeit fest.[301] Darüber hinaus definiert er abstrakt zwei Kompetenzkategorien – die ausschließliche Unionszuständigkeit und die geteilte Zuständigkeit – und benennt direkt im Anschluss daran einzelne Politikfelder, für die abweichende Regelungen gelten.[302] Immerhin schuf der Konvent so erstmals Kompetenzkategorien, die die bisherige Herleitung von Zuständigkeiten aus definierten Zielen und dazu erforderlichen Maßnahmen zumindest in Teilen ablösen.[303]

Besitzt die Union die *ausschließliche Zuständigkeit,* kann nur sie verbindliche Rechtsakte erlassen, den Mitgliedstaaten verbleibt lediglich die Durchführung oder ggf. ein Tätigwerden aufgrund ausdrücklicher Ermächtigung durch die Union.[304] Dies betrifft die für die Funktionsfähigkeit des Binnenmarktes erforderlichen Wettbewerbsregeln, die Währungspolitik der

300 Vgl. Tabelle I-8; auch: *Fischer, Th.*: Kompetenzordnung und Handlungsinstrumente, in: Weidenfeld, W. (Hg.): Die Europäische Verfassung in der Analyse, Gütersloh, 2005, 105–135; *Streinz, R.*: Kompetenzabgrenzung zwischen Europäischer Union und ihren Mitgliedstaaten, in: Hofmann, R./Zimmermann, A. (Hg.), a. a. O., 71–103.

301 Art. I-9 Abs. 1 VVE-K bzw. Art. I-11 Abs. 1 VVE.

302 Art. I-11 VVE-K bzw. Art. I-12 VVE.

303 Dabei handelt es sich im Prinzip um eine nur formale Innovation, da eine funktionale Unterscheidung der Kompetenztypen bereits auf der Grundlage der bestehenden Verträge möglich war (vgl. I/3).

304 Art. I-11 Abs. 1 VVE-K bzw. Art. I-12 Abs. 1 VVE.

Tabelle I-8: Kompetenzordnung zwischen Union und Nationalstaaten: neue Systematik (nach dem Entwurf des Konvents)

Struktur der Kompetenzordnung	**Flexibilität**	**Kompetenzkontrolle**
Drei Kompetenzkategorien[a]: • Ausschließliche Zuständigkeit • Geteilte Zuständigkeit • Ergänzungs-, Koordinierungs- und Unterstützungsmaßnahmen	Art. I-17 VVE-K („Flexibilitätsklausel"): Sinngemäße Übernahme von Art. 308 EGV, allerdings Zustimmung des EP erforderlich	Politische *ex-ante*-Kontrolle: • Recht der nationalen Parlamente zur Stellungnahme im Hinblick auf das Subsidiaritätsprinzip Gerichtliche *ex-post*-Kontrolle: • Klagerecht der Mitgliedstaaten und des AdR (eingeschränkt) bei Verletzung des Subsidiaritätsprinzips

Quelle: *ZSE-Redaktion:* Der „EU-Verfassungskonvent": Auftrag, Arbeitsweise, Ergebnisse, in: ZSE, 1/3 (2003), 447–473, hier: 461, modifiziert.

Anmerkung:

[a] Die einzelnen Politikfelder sind je einer Kategorie zugewiesen. Ausgenommen hiervon sind die Koordinierung der Wirtschafts- und Beschäftigungspolitik sowie die Gemeinsame Außen- und Sicherheitspolitik (GASP), die gesondert geregelt werden (Art. I-14 und I-15 VVE-K).

Euro-Zone, die gemeinsame Handelspolitik, die Zollunion, die Erhaltung der biologischen Meeresschätze im Rahmen der gemeinsamen Fischereipolitik sowie den Abschluss internationaler Verträge für Bereiche der Unionszuständigkeit.[305]

Alle Bereiche mit Unionszuständigkeit, die weder unter die ausschließliche Kompetenz der EU noch unter die Unterstützungs-, Koordinierungs- und Ergänzungsmaßnahmen fallen, gelten als Bereiche *geteilter Zuständigkeit.*[306] Dies bedeutet grundsätzlich, dass die Mitgliedstaaten zuständig sind, solange und soweit die Union von ihrer Kompetenz keinen Gebrauch macht.[307] Diese Kategorie erfasst einen Großteil der bisherigen Politikfelder der Gemeinschaft. Inwieweit die Union in diesen aber tatsächlich tätig werden kann, bemisst sich nach den einschlägigen Bestimmungen in Teil III – einschließlich einzelner negativer Kompetenzabgrenzungen –, die wiederum zumeist eine Beibehaltung des *Status quo* (im Vergleich zum EGV) darstellen, von den noch näher zu erläuternden Reformen in einzelnen Politikfeldern abgesehen.[308]

---

305 Art. I-12 VVE-K bzw. Art. I-13 VVE. Die Regierungskonferenz ergänzte die Aufzählung um die Zuständigkeit für die Wettbewerbsregeln (lit. b).

306 Art. I-13 Abs. 1 VVE-K bzw. Art. I-14 Abs. 1 VVE.

307 Art. I-11 Abs. 2 VVE-K bzw. Art. I-12 Abs. 2 VVE. Die geteilte Zuständigkeit ist damit der konkurrierenden Gesetzgebung im deutschen Verfassungsrecht vergleichbar; s. Kap. I/3.

308 Für die Bereiche Forschung, technologische Entwicklung und Raumfahrt sowie Entwicklungszusammenarbeit und humanitäre Hilfe enthält allerdings schon Art. I-13 Abs. 3f. VVE-K (bzw. Art. I-14 Abs. 3f. VVE) Regelungen, die ein paralleles Tätigwerden von Union und Einzelstaaten ermöglichen.

Unbefriedigend blieb die Definition von „*Maßnahmen zur Koordinierung, Ergänzung oder Unterstützung* der Maßnahmen der Mitgliedstaaten".[309] Zwar soll ein derartiges Tätigwerden der Union nicht die Zuständigkeit der Mitgliedstaaten ablösen, doch ist seine Reichweite nicht begrenzt. Ausgeschlossen ist lediglich eine Harmonisierung der Rechts- und Verwaltungsvorschriften der Mitgliedstaaten,[310] darüber hinaus enthalten die einschlägigen Artikel in Teil III Zieldefinitionen und erteilen der Union die Gesetzgebungsbefugnis – keineswegs nur für Rahmengesetze – zum Erreichen dieser Ziele. Betroffen davon sind die Bereiche Industrie, Gesundheitsschutz, Bildung, Jugend, Sport, Kultur und Katastrophenschutz.[311] Besondere Regelungen gelten schließlich für die Koordinierung der Wirtschafts- und Beschäftigungspolitik[312] und die Gemeinsame Außen- und Sicherheitspolitik;[313] sie werden unten näher erläutert.

Darüber hinaus verankerte das „Protokoll über die Anwendung der Grundsätze der Subsidiarität und der Verhältnismäßigkeit" (PSV II) ein neues *Verfahren zur Einhaltung des Subsidiaritätsprinzips*.[314] In Verbindung mit Art. I-9 VVE-K stellt das der Verfassung beigefügte Protokoll – gemäß Art. IV-6 VVE-K Bestandteil des Vertrages – einen Versuch dar, das Subsidiaritätsprinzip wirksam werden zu lassen.[315] Das bislang geltende Protokoll aus dem Jahr 1997 (PSV) enthielt lediglich eine Pflicht zur Begründung aller Vorschläge sowie Soll-Bestimmungen als Richtschnur für die Gemeinschaftsorgane, gewährte den Mitgliedstaaten und den subnationalen Ebenen – mithin den eigentlich „Begünstigten" des Subsidiaritätsprinzips – aber keine wirksamen Kontrollmöglichkeiten.

Der Konventsentwurf stellt demgegenüber einen *beträchtlichen Fortschritt* dar: So ist zunächst jeder Gesetzesvorschlag der Kommission zugleich mit der Übermittlung an den Unionsgesetzgeber auch den mitgliedstaatlichen Parlamenten zuzuleiten. Hält ein nationales Parlament oder auch eine einzelne Parlamentskammer einen Vorschlag für unvereinbar mit dem Subsidiaritätsprinzip, kann dies in einer begründeten Stellungnahme den Unionsorganen mitgeteilt werden, die diese Stellungnahme dann zu berücksichtigen haben. Wenn mindestens ein Drittel[316] der nationalen Parlamentskammern – Stimmen von Ein-Kammer-Parlamenten zählen hierbei doppelt – eine solche Stellungnahme abgeben, ist die Kommission verpflichtet, ihren Vorschlag zu überprüfen. Allerdings entscheidet letztlich allein die Kommission, ob sie ihren Vorschlag aufrechterhält, ändert oder zurückzieht. Neben dieser *ex-ante*-Kontrolle steht nach Verabschiedung eines Gesetzes den nationalstaatlichen Parlamenten der Weg zum Gerichtshof offen. Somit gewinnen sie in Bezug auf die Einhaltung des Subsidiaritätsprinzips erhebliche *Mitspracherechte* im Rahmen der europäischen Gesetzgebung, allerdings kein *Mitentscheidungsrecht*. Zwar mag man es mit Blick auf die Effektivität der europäischen Gesetzgebung begrüßen, dass so keine zusätzlichen Vetopositionen ent-

309 In Art. I-11 Abs. 5 VVE-K bzw. Art. I-12 Abs. 5 VVE.

310 Art. I-16 Abs. 3 VVE-K. Die Regierungskonferenz fügte den Abs. 3 des Artikels in Art. I-12 Abs. 5 ein.

311 Art. I-16 Abs. 2 VVE-K bzw. Art. I-17 VVE. Die Regierungskonferenz ergänzte die Aufzählung um die Verwaltungszusammenarbeit.

312 Art. I-14 VVE-K bzw. Art. I-15 VVE.

313 Art. I-15 VVE-K bzw. Art. I-16 VVE.

314 Vgl. auch *Hrbek, R.*: Föderalismus *sui generis*, in: ZSE, 1/3 (2003), 430–446.

315 Art. I-9 VVE-K entspricht Art. I-11 VVE, Art. IV-6 VVE-K Art. IV-442 VVE.

316 Bei Initiativen zur justiziellen Zusammenarbeit in Strafsachen und zur polizeilichen Zusammenarbeit beträgt das Quorum ein Viertel.

stehen, doch schuf das neue Verfahren nicht einmal näherungsweise ein Machtgleichgewicht zwischen den Ebenen. Die Unionsorgane bleiben die „Herren des Subsidiaritätsprinzips" und damit lediglich dem Gerichtshof der Union unterworfen.

Dies gilt erst recht, wenn man die *Einflussmöglichkeiten der subnationalen Gebietskörperschaften* betrachtet:[317] Im Rahmen der *ex-ante*-Kontrolle sind sie darauf angewiesen, dass ihre Parlamente vom jeweiligen nationalen Parlament konsultiert werden. Auch ein eigenes Klagerecht besitzen die subnationalen Einheiten nicht, sondern lediglich – und dies auch nur eingeschränkt – der Ausschuss der Regionen. Von umso größerer Bedeutung ist daher, ob das nationalstaatliche Regierungssystem eine Parlamentskammer (wie den deutschen Bundesrat) zur Vertretung der Regionen kennt. Auf diesem Wege kommen die subnationalen Gebietskörperschaften (wenn sie gemeinsam handeln) in den Genuss derselben Rechte wie die nationalen Parlamente.[318] Letztlich bleibt die Bestimmung der Einflussmöglichkeiten von Ländern und Regionen allerdings nahezu vollständig den nationalen Rechtsordnungen überlassen. Positiv zu bewerten ist hingegen, dass der Erfolg des neuen Verfahrens relativ leicht nachzuvollziehen sein dürfte, da die Kommission zur Erstellung eines jährlichen Berichtes verpflichtet ist.

Besonders kontrovers verlief im Konvent die Diskussion über die *Aufnahme einer Evolutiv- oder Flexibilitätsklausel.* Bislang erlaubt Art. 308 EGV, die Kompetenzabrundungsklausel, ein Tätigwerden der Gemeinschaft, um „im Rahmen des Gemeinsamen Marktes eines ihrer Ziele zu verwirklichen", auch dann, wenn der Vertrag die dafür nötigen Befugnisse nicht vorsieht. In diesem Fall gilt das Einstimmigkeitsprinzip im Rat, das Parlament besitzt lediglich Anhörungsrechte. Art. I-17 des Verfassungsentwurfs sieht eine ähnliche Regelung vor und dehnt den Anwendungsbereich der Klausel auf alle Politikfelder der Union aus.[319] Allerdings ist für den Erlass von Vorschriften nun die Zustimmung des Parlaments erforderlich; im Übrigen ist ein von der Verfassung vorgesehenes Verbot der Harmonisierung der mitgliedstaatlichen Rechts- und Verwaltungsvorschriften durch die Flexibilitätsklausel nicht zu umgehen. Zudem gilt auch für nach diesem Artikel beschlossene Maßnahmen das erwähnte Verfahren zur Subsidiaritätskontrolle. Mit der Flexibilitätsklausel[320] bleibt die der Union eigentümliche Offenheit für weitere Integrationsschritte erhalten.

Eine *Veränderung der vertikalen Aufgabenverteilung zugunsten der Union* ist also (sofern alle Mitgliedstaaten zustimmen) *auch ohne Vertrags- bzw. Verfassungsänderung möglich,* eine für föderal organisierte Nationalstaaten kaum denkbare Regelung. Hier zeigt sich besonders deutlich, dass der Integrationsprozess auch mit dem Verfassungsvertrag nicht abgeschlossen ist, seine „Finalität" keineswegs erreicht hat. Während die nationalstaatlichen Regierungen durch das Einstimmigkeitserfordernis jederzeit die Kontrolle über die Anwendung der Klausel behalten, fungiert sie für die übrigen mitgliedstaatlichen Akteure gleichsam als Damoklesschwert. Zwar bedürfen Veränderungen der Kompetenzordnung, die durch eine Vertrags-

317 Vgl. *Teufel, E.*, a.a.O.

318 Möglicherweise lässt die europäische Regelung sogar zu, dass über die nationalen Parlamente indirekt auch einzelnen Regionen/Ländern das Klagerecht gewährt wird. Vgl. *Teufel, E.*, a.a.O., 353.

319 Art. I-17 VVE-K entspricht Art. I-18 VVE. Die Regierungskonferenz nahm lediglich redaktionelle Korrekturen vor.

320 Der Begriff ist unglücklich gewählt. „Flexibilität" bezeichnete im Unionsjargon bisher die Möglichkeit für eine Gruppe von Mitgliedstaaten, integrationspolitisch weiter voranzuschreiten als andere. Da Art. I-17 VVE-K bzw. I-18 VVE jedoch die Überschrift „Flexibilitätsklausel" erhielt, wird der Begriff im Folgenden in dieser Bedeutung verwendet.

revision erreicht werden, weiterhin der Zustimmung durch die nationalen Parlamente. Doch können diesen mit der Verwendung der Flexibilitätsklausel jederzeit Kompetenzen entzogen werden, ohne dass sie es zu verhindern vermögen. Dies gilt umso mehr für die subnationalen Gebietskörperschaften. Neben dem Subsidiaritätsprotokoll mit seinen erwähnten Schwächen erscheinen somit lediglich einzelstaatliche Regelungen, die die Rechte der Parlamente und der Regionen sichern, als mögliche Vorkehrungen zur Kontrolle der Anwendung der Flexibilitätsklausel.[321] Dabei ist allerdings zu bedenken, dass der Anwendungsbereich der Klausel auf die in Teil III genannten Politikbereiche beschränkt ist. Anderenfalls wäre das Demokratiegebot des Grundgesetzes verletzt, wie das Bundesverfassungsgericht in seiner bereits erwähnten Entscheidung zum Vertrag von Maastricht darlegte; eine Rückbindung der Zuständigkeitsübertragung an den Souverän wäre nicht mehr möglich. Folgt man dieser Interpretation, ist ein Europäisches Gesetz, das die Flexibilitätsklausel zur Ausübung einer nicht zugewiesenen Kompetenz nutzt, durch das Zustimmungsgesetz zum Verfassungsvertrag ungedeckt. Es würde für die Bundesrepublik keine Geltung haben bzw. bedürfte der expliziten Zustimmung durch Bundestag und Bundesrat.

Vereinfachung der Verfahren

Im Vorfeld der Konventsarbeit wurde vielfach die Intransparenz, übermäßige Detailliertheit und Widersprüchlichkeit der Unionsgesetzgebung und der anzuwendenden Entscheidungsverfahren kritisiert. Der Konvent nahm hier eine *umfassende Systematisierung* vor, deren Ergebnisse sich in Titel V (Teil I) des Verfassungsvertrages finden.[322] Dieser enthält erstmals eine *abschließende Darstellung aller Rechtsakte,* die die Union erlassen kann.[323] Durch Umbenennungen und eine Beschränkung ihrer Zahl stehen der Union und deren Organen in Zukunft folgende *Instrumente* zur Ausübung ihrer Zuständigkeiten zur Verfügung: Europäisches Gesetz, Europäisches Rahmengesetz, Europäische Verordnung, Europäischer Beschluss, Empfehlung und Stellungnahme.[324] Die beiden letztgenannten sind rechtlich nicht bindend; Stellungnahmen können von jedem Organ abgegeben werden, Empfehlungen hingegen nur von Ministerrat und Kommission, aufgrund einer ausdrücklichen Ermächtigung durch die Verfassung auch seitens der Zentralbank.[325]

321 Für die deutschen Bundesländer enthält etwa § 5 Abs. 3 EUZBLG eine sehr weitgehende Regelung.

322 Vgl. Tabelle I-9; auch: *Fischer, Th.*, a.a.O.; *Ruthig, J.*: Europäische Gesetzgebung, in: Beckmann, K./ Dieringer, J./Hufeld, U. (Hg.), a.a.O., 449–472. Während die Regierungskonferenz die Umbenennung und Systematisierung von Rechtsakten akzeptierte, galt dies nicht für alle vom Konvent vorgeschlagenen Änderungen des Entscheidungsverfahrens. So wird das Mitentscheidungsverfahren zwar zur Regel erhoben, es verbleiben aber zahlreiche Ausnahmen. Die Regierungskonferenz machte zudem die vom Konvent vorgeschlagenen Übergänge zur qualifizierten Mehrheitsentscheidung im Rat rückgängig oder entschärfte sie durch den benannten „Notbremsen"-Mechanismus. Zwischen Teil I des Verfassungsvertrages – mit einer vergleichsweise klaren Systematik – und seinem Teil III – voller ausdifferenzierender und Ausnahmen benennender Regelungen – verbleiben zahlreiche Unstimmigkeiten, die die Wirkung der vereinfachten Rechtsakte einschränken.

323 Vgl. *Kirchhof, P.*, a.a.O., 379f.

324 Art. I-32 Abs. 1 VVE-K bzw. Art. I-33 Abs. 1 VVE.

325 Art. I-34 Abs. 2 VVE-K bzw. Art. I-35 Abs. 2 VVE.

Tabelle I-9: Vorschläge des Konvents zur künftigen Norm- und Rechtsetzung

Rechtsakt	Verfahren	Geltung/Verbindlichkeit
Europäisches Gesetz	• Initiative der Kommission (Regelfall)	Allgemein und verbindlich
Europäisches Rahmengesetz	• Beschluss durch Ministerrat und Parlament • Mitentscheidungsverfahren (Regelfall)	Beschränkung auf einzelne Mitgliedstaaten möglich; hinsichtlich des Ziels verbindlich, innerstaatliche Einrichtungen können Form und Mittel wählen
Europäische Verordnung	• Erlass durch Ministerrat, Kommission oder EZB auf Grund ausdrücklicher Ermächtigung durch die Verfassung • Erlass durch die Kommission auch auf Grund von Ermächtigungen durch Gesetz oder Rahmengesetz, dabei Möglichkeit des Widerrufs durch Ministerrat oder Parlament („delegierte Verordnung“)	Entweder allgemein und unmittelbar gültig oder analog zum Europäischen Rahmengesetz
Europäischer Beschluss	Erlass durch Europäischen Rat, Ministerrat, Kommission oder EZB aufgrund ausdrücklicher Ermächtigung durch die Verfassung	Verbindlich, ggf. nur für bestimmte Adressaten
Empfehlung	Option für Ministerrat und Kommission (in ausdrücklich vorgesehenen Fällen auch für die EZB)	Nicht verbindlich
Stellungnahme	Option für jedes Organ	Nicht verbindlich

Quelle: ZSE-Redaktion: Der „EU-Verfassungskonvent“, in: ZSE, 1/3 (2003), 447–473, hier: 463. Die Darstellung basiert auf den Art. I-32 bis I-38 VVE-K, gilt jedoch auch für die Endfassung des Verfassungsvertrages, da die Regierungskonferenz die entsprechenden Bestimmungen übernahm.

Das *Europäische Gesetz* tritt in weiten Teilen an die Stelle der bisherigen Verordnung und bildet – analog zum Gesetz auf nationaler Ebene – einen allgemein und unmittelbar geltenden verbindlichen Rechtsakt. Das *Europäische Rahmengesetz* ist, wie die bisherige Richtlinie, hinsichtlich des zu erreichenden Ziels verbindlich, überlässt jedoch „den innerstaatlichen Stellen die Wahl der Form und der Mittel“.[326] Dabei ist nach wie vor eine Beschränkung der Geltung auf einen oder mehrere benannte Mitgliedstaaten möglich. Mit dem Konventsentwurf erscheint die Bezeichnung „Gesetz“ in beiden Fällen gerechtfertigt: Ist auf nationaler Ebene für gewöhnlich der Beschluss durch das gewählte Parlament unbedingte Voraussetzung dafür, dass ein Rechtsakt diesen Namen tragen kann, so bestimmt Art. I-33 Abs. 1 VVE-K in Verbindung mit Art. III-302 VVE-K das bisherige Mitentscheidungsverfahren des Art. 251 EGV als „ordentliches Gesetzgebungsverfahren“ für Gesetze und Rahmengesetze.

326 Art. I-32 Abs. 1 VVE-K bzw. Art. I-33 Abs. 1 VVE.

Somit kann ein Gesetz nicht gegen den erklärten Willen des Parlaments erlassen werden – wohl aber ohne seine explizite Zustimmung, wenn es sich drei Monate lang nicht zu einem Standpunkt des Ministerrats äußert (Art. III-302 Abs. 7 VVE-K).[327] Über ein Recht zur Gesetzesinitiative – wie im nationalen Rahmen üblich – verfügt das Parlament allerdings nicht, das diesbezügliche Monopol der Kommission bleibt als Regelfall erhalten. Darüber hinaus sieht Teil III nach wie vor einige Ausnahmen vom ordentlichen Gesetzgebungsverfahren vor. Dabei handelt es sich zumeist um Europäische Gesetze oder Rahmengesetze, die der Ministerrat nach bloßer Anhörung des Parlaments beschließen kann.[328] In diesen Fällen verbleibt dem Europäischen Rat wiederum die *passerelle* des Art. I-24 Abs. 4 VVE-K, um einstimmig den Übergang zum ordentlichen Gesetzgebungsverfahren einzuleiten, ohne dass es einer Vertragsänderung bedarf.[329]

Der Begriff der *Europäischen Verordnung* bezeichnet nach dem Konventsentwurf im Wesentlichen nur solche Rechtsakte, die diesen Namen auch im deutschen Recht tragen würden: auf Grund gesetzlicher Ermächtigung von einem Exekutivorgan erlassene Durchführungsbestimmungen. Die Bedingungen hierfür sind in Art. I-35 VVE-K aufgeführt.[330] So ist ein Erlass von Verordnungen mit „wesentlichen Vorschriften" ausdrücklich ausgeschlossen, zudem kann der europäische Gesetzgeber der Kommission keinen Blankoscheck ausstellen; Parlament und Ministerrat haben vielmehr jeder für sich das Recht, solche „delegierten Verordnungen" der Kommission zu widerrufen. Allerdings sind in Teil III der Verfassung zahlreiche unmittelbare Ermächtigungen der Kommission oder des Ministerrats – in Fragen der Währungspolitik auch der Europäischen Zentralbank – zum Erlass von Verordnungen vorgesehen. Diese können als „Altlasten" aus den europäischen Verträgen bezeichnet werden. Betroffen sind davon im Wesentlichen der Binnenmarkt sowie die Wirtschafts- und Währungspolitik, zu denen die Verfassung – wie eben auch schon der EGV – sehr detaillierte inhaltliche Vorgaben macht, die auf nationaler Ebene wohl eher in Gesetzen als in der Verfassung zu finden wären. Insofern erscheint die Ausführung dieser Bestimmungen durch eine Verordnung ohne den Umweg über ein Gesetz folgerichtig. Im Gegensatz etwa zum deutschen Staatsrecht sieht aber der Konventsentwurf in Art. I-35 Abs. 1 VVE-K eine gesetzesändernde Verordnung der Kommission vor. Auch wenn hiervon lediglich unwesentliche Vorschriften des Gesetzes betroffen sein dürfen und die Rechte von Parlament und Ministerrat gemäß Abs. 2 gewahrt bleiben müssen, stellt die Möglichkeit der Änderung einer parlamentarischen Entscheidung durch die Exekutive kein Beitrag zu mehr Transparenz und Demo-

327 Die benannten Artikel entsprechen Art. I-34 Abs. 1 VVE i.V.m. Art. III-396 VVE.

328 Dies gilt etwa für die Festlegung der Obergrenzen der Finanzmittel (Art. I-53 Abs. 3 VVE-K bzw. Art. I-54 Abs. 3 VVE), Rechtsvorschriften zur Steuerharmonisierung (Art. III-62 Abs. 1 VVE-K bzw. Art. III-171 VVE) und Maßnahmen zum Familienrecht (Art. III-170 Abs. 3 VVE-K bzw. Art. III-269 VVE).

329 Art. IV-444 VVE. Die nationalstaatlichen Parlamente werden informiert und verfügen über ein individuelles Vetorecht, das sie innerhalb einer Frist von sechs Monaten wahrnehmen können. Diese Einschränkung ist im Übrigen auch für die Bundesrepublik von Bedeutung, da sonst nach dem Maastricht-Urteil des Bundesverfassungsgerichts (BVerfGE 89, a.a.O.) die Souveränität des Volkes nicht gewahrt wäre.

330 Art. I-36 VVE. In der Gesamtschau gilt, dass sich die Unterscheidung zwischen Legislative und Exekutive durch die Neugliederung des Abschnitts über die Rechtsakte verbessert (*Schwarze, J.*: Enlargement, the European Constitution, and Administrative Law, in: ICLQ, 53 (2004), 969–984, hier: 979). *Schwarze* verweist zudem darauf, dass der Grundsatz der Verhältnismäßigkeit zumindest für diesen Teil explizit festgehalten wird.

kratie dar. Bezüglich der Geltung einer Europäischen Verordnung bleibt schließlich die Anmerkung, dass Art. I-32 Abs. 1 VVE-K[331] sowohl die Möglichkeit einer in jedem Mitgliedstaat unmittelbar gültigen Verordnung vorsieht, als auch – analog zum Rahmengesetz – Verordnungen, die nur hinsichtlich des zu erreichenden Ziels, nicht aber der Form und Mittel verbindlich sind und überdies auch nur an einzelne Mitgliedstaaten gerichtet sein können.

Vielfältige Verwendungsmöglichkeiten bietet der *Europäische Beschluss.* Hierbei handelt es sich um einen eigentümlichen „Rechtsakt ohne Gesetzescharakter, der in allen seinen Teilen verbindlich ist. Ist er an bestimmte Adressaten gerichtet, so ist er nur für diese verbindlich."[332] Der Beschluss ergeht aufgrund ausdrücklicher Ermächtigung durch die Verfassung vom Europäischem Rat, dem Ministerrat, der Kommission oder der Zentralbank.[333] Hieraus erschließt sich bereits die enorme Breite der Anwendungsmöglichkeiten: von der Ausführung eines Gesetzes durch die europäische Exekutive – vergleichbar einem Verwaltungsakt[334] – bis hin zur Konkretisierung seitens der Verfassung offen gelassener institutioneller Fragen durch den Europäischen Rat, so etwa zur Festlegung des Rotationsprinzips für den Ratsvorsitz[335] oder zur Zusammensetzung des Parlaments.[336] Dabei erfüllt der Beschluss eher die Funktion eines verfassungsausführenden Gesetzes als die eines Verwaltungsakts.[337] Seine Qualifikation als „Rechtsakt ohne Gesetzescharakter" bezieht sich lediglich auf sein Zustandekommen – ohne die Beteiligung des Parlaments –, nicht aber auf seine Wirkung, die in ihrer Verbindlichkeit der eines Gesetzes gleichkommt. Wenn allerdings wesentliche Fragen der institutionellen Ordnung durch einen – einstimmigen – Beschluss des Europäischen Rates entschieden werden, impliziert dies ein völliges Fehlen parlamentarischer Mitwirkung. Müsste eine entsprechende Entscheidung durch ein Europäisches Gesetz getroffen werden, wäre das Europäische Parlament beteiligt; regelte die Verfassung selbst den strittigen Sachverhalt, wäre die Zustimmung der nationalen Parlamente erforderlich. So aber bevollmächtigen letztere mit der Ratifikation des Verfassungsvertrages ihre Staats- und Regierungschefs, nach eigenem Gutdünken zu verfahren und verbindliche Entscheidungen zu treffen. Die damit verbundenen, nicht selten suboptimalen *do-ut-des*-Vereinbarungen bestimmten in Teilen die Verhandlungen der Regierungskonferenz.

Reform der EU-Organe

Einen Kernbereich der Regierungskonferenzen der 1990er Jahre bildete die institutionelle Reform. Da bislang jedoch nur punktuelle Fortschritte erzielt wurden, standen *institutionelle Fragen,* wie aufgezeigt, auch *im Zentrum der Konventsarbeit.* Während der Themenbereich in der Erklärung von Nizza gänzlich unberücksichtigt blieb, wurde in Laeken zumindest die

331 Art. I-33 Abs. 1 VVE.

332 Art. I-32 Abs. 1 VVE-K bzw. Art. I-33 Abs. 1 VVE.

333 Die Kommission kann einen Beschluss nach Art. I-36 VVE-K (Art. I-37 VVE) auch zur Durchführung von Europäischen Gesetzen nach den Regeln und Grundsätzen, die im Gesetz festgelegt sind, fassen.

334 Vgl. *Kirchhof, P.*, a.a.O., 379.

335 Art. I-23 Abs. 4 VVE-K bzw. Art. I-24 Abs. 7 VVE.

336 Gemeint ist die Größe der nationalstaatlichen Kontingente, die nach Art. I-19 Abs. 2 VVE-K (Art. I-20 Abs. 2 VVE) durch Beschluss festgelegt wird.

337 Daher der Vorschlag, in der Normenhierarchie eine den *lois organiques* entsprechende Kategorie einzuführen, s. I/3.

notwendige Verbesserung von Legitimität und Effizienz der EU-Organe explizit thematisiert. Im Konvent hingegen kam es nach kontroversen Debatten zur Unterstützung einer Reihe von Veränderungen, wobei das Institutionengefüge im Verfassungsentwurf an zwei Stellen angesprochen wird: Teil I (Art. 18–31 VVE-K) enthält grundsätzliche Bestimmungen über die jeweiligen Organe und Einrichtungen, während Teil III (Art. III-232–III-307 VVE-K) detaillierter deren Zusammensetzung und Verfahrensweisen regelt.[338] Allerdings erscheint diese Trennung unsystematisch und dürfte auch nicht zu einer verstärkten Transparenz beitragen. Zudem ergeben sich zwischen den Teilen I und III des Entwurfs in Teilen Doppelungen, in Teilen sogar Widersprüche.[339]

Teil I des Vertragsentwurfes unterscheidet in Titel IV („Die Organe der Union") zwischen den Kapiteln *„Institutioneller Rahmen"* und *„Sonstige Organe und Einrichtungen"*.[340] Merkwürdigerweise trägt Art. I-18 VVE-K, der die Zugehörigkeit zum „einheitlichen institutionellen Rahmen" (Abs. 1) regelt, wiederum die Überschrift „Die Organe der Union".[341] Nach Abs. 2 umfasst dieser Rahmen „das Europäische Parlament, den Europäischen Rat, den Ministerrat, die Europäische Kommission, den Gerichtshof". Der Rechnungshof, den Art. 7 Abs. 1 EGV noch zu den „übrigen Organen" zählte, wird durch seine Platzierung in Art. I-30 VVE-K zu einem „sonstigen Organ" degradiert.[342] Das Kapitel erwähnt darüber hinaus die Europäische Zentralbank, den Ausschuss der Regionen sowie den Wirtschafts- und Sozialausschuss. Unklar bleibt jedoch, ob es sich bei letzteren um beratende „Einrichtungen" (Überschrift zu Art. I-31 VVE-K) oder um beratende „Organe" (Überschrift zu Abschnitt 2 in Teil III, Titel VI, Kapitel I) handelt.[343]

Der *Europäische Rat* jedenfalls wird *durch die Verfassung zu einem Organ der Union* und damit *Teil des einheitlichen institutionellen Rahmens.* Bislang war er nicht im Gemeinschaftsvertrag, sondern nur in Art. 4 des Unionsvertrages erwähnt. Da die EU im Gegensatz zur Gemeinschaft keine Rechtspersönlichkeit besaß, konnte der Europäische Rat auch kein Organ sein. Zudem war er allen Kontrollmechanismen des EGV entzogen. Mit der Autorität der „Herren der Verträge", also der Staats- und Regierungschefs der Mitgliedstaaten, ausgestattet, stand er als „Impulsgeber" der Union gleichsam über den Gemeinschaftsorganen. Zur Organwerdung des Europäischen Rates tritt eine erhebliche Formalisierung seiner Verfahrensweisen, die bislang kaum geregelt waren. Dies beginnt damit, dass er mit einfacher Mehrheit seine „Verfahrensregeln" festlegt.[344] Zudem kann er nun in zahlreichen in der Verfassung vorgesehenen Fällen Europäische Beschlüsse fassen, mithin verbindliche Rechtsakte,

338 Entsprechend Art. I-18–I-32 und III-330–III-401 VVE.

339 Einen Überblick über die hier besprochenen Veränderungen bieten die Tabellen IV/3 und IV/4 im Anhang dieses Bandes, vgl. auch: *Emmanouilidis, J. A.*: Die institutionellen Reformen in der Verfassung, in: Weidenfeld, W. (Hg.), Die Europäische Verfassung in der Analyse, a.a.O., 70–104.

340 Der Verfassungsvertrag verwendet den Titel „Die Organe und Einrichtungen der Union".

341 Entspricht Art. I-19 VVE. Durch die Änderung der Überschrift von Teil IV entschärfte die Regierungskonferenz diesen Widerspruch.

342 Entspricht Art. I-31 VVE.

343 Die Regierungskonferenz änderte auch die Überschrift des Kapitels II (Teil I, Titel IV) in „Die sonstigen Organe und die beratenden Einrichtungen der Union" sowie die des Abschnitts 2 (Teil III, Titel IV, Kapitel I) in „Die beratenden Einrichtungen der Union". Damit sind die Bezeichnungen der Organe und Einrichtungen eindeutig.

344 Art. III-244 VVE-K bzw. Art. III-341 VVE. In der am 10.7.2003 vom Konvent angenommenen Fassung des Teils III war noch von einer „Geschäftsordnung" die Rede (CONV 848/03 vom 9.7.2003, Art. III-239). Art. III-341 VVE greift diese Formulierung auf.

wenn auch ohne Gesetzescharakter, erlassen.[345] Hierbei handelt es sich nicht zuletzt um institutionelle Fragen, die die Verfassung offen lässt, so die Regelung der Rotationsprinzipien für die Besetzung der Kommission[346] und den Vorsitz der Formationen des Ministerrats[347] oder die Anwendung der *passerelle*.[348] Neben dem bislang üblichen Konsensprinzip, das als Regel bestehen blieb,[349] wird für Entscheidungen des Europäischen Rates jetzt in Teilen ausdrücklich die Einstimmigkeit, in Teilen aber auch eine qualifizierte Mehrheit vorgesehen.

Zu den bislang schon im Europäischen Rat vertretenen Staats- und Regierungschefs (und dem Kommissionspräsidenten) tritt als neues Mitglied sein Präsident; auch nimmt der EU-Außenminister „an den Beratungen teil".[350] Da aber weder Rats- noch Kommissionspräsident an den Abstimmungen teilnehmen,[351] bleibt fraglich, worin der Unterschied zwischen einer Mitgliedschaft ohne Stimmrecht und einer bloßen Teilnahme an den Beratungen (ohne Mitglied in diesem Gremium zu sein) besteht. Um sich weiterhin von einem Minister bzw. einem Europäischen Kommissar unterstützen zu lassen, müssen die Mitglieder des Europäischen Rates in Zukunft einen eigenen Beschluss fassen; dafür ist der Minister nicht mehr notwendigerweise Außenminister. Sollte dieser Beschluss nicht einen Automatismus entwickeln, könnte diese Regelung einen Beitrag zum Erhalt der Effizienz der Beratungen darstellen, die anderenfalls bei einer zunehmenden Mitgliederzahl gefährdet wäre. Die Tagungsfrequenz des Gremiums wurde im Übrigen erhöht, es tritt in Zukunft mindestens vierteljährlich, statt bislang halbjährlich, zusammen.[352]

Nach dem Verfassungsentwurf unterliegt der *nichtöffentlich tagende Europäische Rat* auf Unionsebene auch *weiterhin keiner politischen Kontrolle.* Ob er hingegen der juristischen Überwachung durch den Gerichtshof untersteht, geht aus der Verfassung nicht eindeutig hervor: So könnte man aus der Nichterwähnung des Europäischen Rates in Art. III-270 Abs. 1 VVE-K schließen, dass der Gerichtshof über keine Kompetenz zur Kontrolle dieses Organs verfügt.[353] Hingegen bestimmt Art I-28 Abs. 3 VVE-K, dass der Gerichtshof „im Wege der Vorabentscheidung auf Antrag der einzelstaatlichen Gerichte [...] über die Gültigkeit der Handlungen der Organe" entscheidet, ohne davon den Europäischen Rat auszunehmen und ohne diese Regelung unter den Vorbehalt von Teil III zu stellen; im Übrigen deckt sich dies mit Art. III-274 VVE-K.[354] Eine verfassungsrechtlich zweifelhafte Handlung des Europäischen Rates dürfte jedoch kaum eine unmittelbare rechtliche Wirkung insofern entfalten, als sie in einem ordentlichen Gerichtsverfahren vor einem einzelstaatlichen Gericht von Belang sein könnte. Der Europäische Rat ist so wohl auch weiterhin keiner juristischen Kontrolle unterworfen.

---

345 Gemäß Art. I-34 Abs. 1 VVE-K bzw. Art. I-35 Abs. 1 VVE.

346 Art. I-25 Abs. 3 VVE-K bzw. Art. I-26 Abs. 6 VVE.

347 Art. I-23 Abs. 4 VVE-K bzw. Art. I-24 Abs. 4 VVE.

348 Nach Art. I-24 Abs. 4 VVE-K bzw. Art. IV-444 Abs. 1f. VVE.

349 Art. I-20 Abs. 4 VVE-K bzw. Art. I-21 Abs. 4 VVE.

350 Art. I-20 Abs. 2 VVE-K bzw. Art. I-21 Abs. 2 VVE. In der Neufassung nimmt der Außenminister an den „Arbeiten" teil.

351 Gemäß Art. I-24 Abs. 5 VVE-K bzw. Art. I-25 Abs. 4 VVE.

352 Art. I-20 Abs. 3 VVE-K bzw. Art. I-21 Abs. 3 VVE. Dies entspricht allerdings der gängigen Praxis der Staats- und Regierungschefs.

353 So etwa *Maurer, A.*: Schließt sich der Kreis?, SWP-Arbeitspapier, Berlin, 2003, 19.

354 Art. III-365 Abs. 1 VVE löst den Widerspruch, nach dem Handlungen des Europäischen Rates „mit Rechtswirkung gegenüber Dritten" durch den Gerichtshof überwacht werden.

Vermutlich wird sich an der *herausragenden Bedeutung des Europäischen Rates* für die Fortentwicklung der Union *wenig ändern*, die Formalisierung seiner Verfahren stellt eher den Versuch dar, seine tatsächliche Rolle juristisch nachzuvollziehen. Der Europäische Rat als Organ verdeutlicht damit, dass die Union gerade kein Staat ist, sondern ihre Daseinsberechtigung aus den Mitgliedstaaten bezieht. Funktional erscheint das sinnvoll, vor allem angesichts der Möglichkeit, im Ministerrat entstandene Entscheidungsblockaden aufzulösen.

Von der Einführung eines ständigen *Präsidenten des Europäischen Rates* dürfte letztlich nicht nur das Organ selbst betroffen sein. Der den halbjährlich unter den Mitgliedstaaten rotierenden Vorsitz ablösende Ratspräsident soll vom Europäischen Rat mit qualifizierter Mehrheit auf zweieinhalb Jahre gewählt werden, eine einmalige Wiederwahl ist zulässig.[355] Mit der Präsidentschaft unvereinbar ist ein einzelstaatliches Amt,[356] nicht aber ein anderes Unionsamt. Damit wird der *„große Doppelhut"* ermöglicht, also die *Personalunion von Rats- und Kommissionspräsident*. Ob dies für die nähere Zukunft eine realistische Perspektive ist, darf allerdings bezweifelt werden. Die Befugnisse des Präsidenten des Europäischen Rates unterscheiden sich kaum vom bisherigen Aufgabenprofil eines Ratsvorsitzenden, das die Vorbereitung und Leitung der Sitzungen, die Koordination mit den anderen Unionsorganen und die Außenvertretung der Union im Rahmen der GASP beinhaltet.[357] Angesichts der Tatsache, dass es mit zunehmender Mitgliederzahl immer schwieriger werden dürfte, die Gipfeltreffen *en passant* neben der hauptberuflichen Regierungsarbeit in einem Nationalstaat vorzubereiten, erscheint die Neuerung angemessen. Allerdings wird der Präsident des Europäischen Rates mit Sicherheit mehr sein als ein bloßer Sitzungsleiter. Durch ihn erhält die Union neben dem Kommissionspräsidenten ein zweites Gesicht, einzelne Medien sprachen bereits von einem „Unionspräsidenten".[358] Insofern ist zu erwarten, dass dieses Amt auch der Bürgerschaft Europas die Realität und Bedeutung der Union deutlicher macht, als dies bislang der Fall ist. Problematisch ist allerdings das Verhältnis des Ratspräsidenten zum ebenfalls neu geschaffenen Amt des Außenministers, vor allem aber zum Kommissionspräsidenten. Hierzu nimmt die Verfassung nicht eindeutig Stellung. Wohl nicht ohne Grund gehörten die Vertreter der Kommission im Konvent zu den Befürwortern der Beibehaltung des rotierenden Vorsitzes.[359] Ob die Beziehung zwischen den beiden Präsidenten von Machtkonkurrenz oder funktionaler Arbeitsteilung gekennzeichnet sein wird, bleibt abzuwarten und ist nicht zuletzt von den Amtsinhabern, ihrer Persönlichkeit und ihrem Rollenverständnis abhängig.

Das *Europäische Parlament* kann fraglos als Gewinner der beabsichtigten institutionellen Reform bezeichnet werden, zumal die Veränderungen weniger das Gremium selbst als vielmehr seine Kompetenzen zum Gegenstand haben. So wird das bisherige Mitentscheidungsverfahren, das dem Parlament ein Vetorecht einräumt, wie berichtet zum „ordentlichen Gesetzgebungsverfahren". Diesen erweiterten Kompetenzen entspricht auch eine klarere Beschreibung der Aufgaben des Parlaments durch die Verfassung. Hieß es in Art. 189 EGV noch lediglich, „es übt die Befugnisse aus, die ihm nach diesem Vertrag zustehen", so lautet der Konventsvorschlag: „Das Europäische Parlament wird gemeinsam mit dem Ministerrat

355 Art. I-21 Abs. 1 VVE-K bzw. Art. I-22 Abs. 1 VVE.

356 Art. I-21 Abs. 3 VVE-K bzw. Art. I-22 Abs. 3 VVE.

357 Art. I-21 Abs. 2 VVE-K bzw. Art. I-22 Abs. 2 VVE.

358 Vgl. FTD vom 30.12.2002, 13; FAZ vom 27.10.2002, 5.

359 Auch nach Abschluss der Konventsarbeiten drückte Kommissionspräsident *Prodi* sein Bedauern über dessen Abschaffung aus, vgl. *Prodi, R.*: Preface, in: ZSE 1/3 (2003), 297–298.

als Gesetzgeber tätig und übt gemeinsam mit ihm die Haushaltsbefugnisse aus".[360] Auch wenn sich aus dieser veränderten Formulierung nicht unmittelbar erweiterte Kompetenzen ergeben, stellt sie doch eine der Rolle des Parlaments angemessenere Aufgabenbeschreibung dar.

Wie schon der bisherige Gemeinschaftsvertrag sieht auch der Verfassungsentwurf ein *einheitliches europäisches Wahlrecht* vor, das jedoch erst noch zu erarbeiten ist.[361] Daran, dass die *Sitzverteilung* auf die einzelnen Mitgliedstaaten von vornherein festgelegt ist, würde jedoch auch dies nichts ändern: Bis 2009 ist der Schlüssel hierfür im „Protokoll über die Vertretung der Bürgerinnen und Bürger im Europäischen Parlament und über die Stimmengewichtung im Europäischen Rat und im Ministerrat" fixiert. Für die Zeit danach hat der Europäische Rat auf Vorschlag und mit Zustimmung des Parlaments einen Beschluss über die Sitzverteilung zu fassen.[362] Dabei wäre, dem Entwurf folgend, zum einen eine Höchstgrenze von 736 Abgeordneten, zum anderen das auch schon bislang gültige Prinzip der degressiven Proportionalität zu beachten, also eine gemessen an der Einwohnerzahl stärkere Vertretung der kleineren Staaten.[363] Dadurch erklärt sich auch, warum Art. I-19 Abs. 2 VVE-K[364] bei den Wahlrechtsgrundsätzen die Gleichheit der Wahl unerwähnt lässt: Die degressive Proportionalität führt, wie dargestellt, zu einer ungleichen Gewichtung der Stimmen der einzelnen Bürger – je nach der Größe des Mitgliedstaates. Dies mag geeignet erscheinen, den Befürchtungen kleinerer Länder entgegenzuwirken, nach denen ihre Interessen im Parlament an den Rand gedrängt werden könnten, doch ist zu bedenken, dass die Gleichheit der Wahl eine der wesentlichen Errungenschaften der europäischen Demokratien darstellt. Zumindest ist festzuhalten, dass trotz Art. I-8 VVE-K eine einheitliche und gleiche Unionsbürgerschaft noch nicht erreicht wurde.[365]

Hervorzuheben ist zudem die Gleichberechtigung des Parlaments im *Haushaltsverfahren.*[366] Der EGV kennt noch eine Unterscheidung zwischen obligatorischen und nicht-obligatorischen Ausgaben (erstere etwa im Bereich der Agrarpolitik); das EP war nur bei nicht-obligatorischen Ausgaben gleichberechtigt am Verfahren beteiligt. Der Entwurf hebt diese Unterscheidung auf.[367] Damit wird das Parlament zum gleichberechtigten Gesetzgeber für das jährliche Haushaltsverfahren. Der bislang nicht in den Verträgen geregelte mehrjährige Finanzrahmen bedarf gleichfalls der Zustimmung des Parlaments.[368]

Erheblich größeren Veränderungen unterzogen wurde das zweite Gesetzgebungsorgan der Union, der *Ministerrat.* Schon die Aufnahme der inoffizielle Bezeichnung „Ministerrat" (anstelle von „Rat") in den Verfassungsentwurf sollte dies verdeutlichen.[369] Konnte das Gremium bislang in jeder seiner Formationen Rechtsakte erlassen, soll die Gesetzgebung nun

360 Art. I-19 Abs. 1 VVE-K; wortgleich Art. I-20 Abs. 1 VVE.

361 Art. III-232 Abs. 1 VVE-K bzw. Art. III-330 Abs. 1 VVE.

362 Art. I-19 Abs. 2 VVE-K bzw. Art. I-20 Abs. 2 VVE.

363 Zu den Veränderungen dieser Bestimmung durch die Regierungskonferenz s. Kapitel II.

364 Art. I-20 Abs. 3 VVE.

365 S. auch Art. I-10 VVE. Die Unionsbürgerschaft nach der Verfassung ist „keine demokratische Bürgerschaft, sondern eine Individualrechtsposition" (*Kirchhof, P.*, a.a.O., 365).

366 Vgl. Anhang, IV/5.

367 Art. III-310 VVE-K bzw. III-404 VVE.

368 Art. I-54 VVE-K bzw. bzw. Art. I-55 VVE.

369 Die Regierungskonferenz machte diese Veränderung wieder rückgängig, vgl. Art. I-19 VVE. Für die zahlreichen weiteren Veränderungen sei bereits hier auf die Analysen in Kapitel II verwiesen.

dem Rat *„Allgemeine Angelegenheiten und Gesetzgebung“* vorbehalten bleiben,[370] der zudem *öffentlich* tagt.[371] Daneben benennt der Konventsentwurf explizit den Rat „Auswärtige Angelegenheiten“, die Einrichtung weiterer Zusammensetzungen muss vom Europäischen Rat beschlossen werden.[372] Die Konzentration aller Gesetzgebungsbefugnis allein im Rat „Allgemeine Angelegenheiten“ könnte durchaus Auswirkungen auf die Organisation der nationalstaatlichen Regierungen haben. Schließlich soll der Ministerrat aus „je einem von jedem Mitgliedstaat auf Ministerebene ernannten Vertreter für jede seiner Zusammensetzungen [bestehen]. Dieser Vertreter ist als einziger befugt, für den Mitgliedstaat, den er vertritt, verbindlich zu handeln und das Stimmrecht auszuüben.“[373] In Gesetzgebungsverfahren sollen dem Entwurf zufolge zwar weitere Fachminister hinzugezogen werden können,[374] doch ist es diesen verwehrt, das Stimmrecht anstelle des eigentlichen Vertreters wahrzunehmen. Ob es angesichts dessen einem Außenminister noch möglich sein wird, den eigenen Mitgliedstaat im Allgemeinen Rat zu repräsentieren, ist fraglich.

Von der bisherigen halbjährlichen *Rotation des Vorsitzes* wird auch im Ministerrat Abstand genommen.[375] Der Rat „Auswärtige Angelegenheiten“ wird vom Außenminister der Union geleitet, für die übrigen Zusammensetzungen soll es dem Europäischen Rat obliegen, ein Rotationsverfahren festzulegen. Neben dem Prinzip der Gleichberechtigung unter den Mitgliedstaaten hat er dabei zu berücksichtigen, dass der Vorsitz nicht öfter als jährlich wechseln darf. Allerdings dürfen künftig auch verschiedene Länder in den einzelnen Ratsformationen den Vorsitz führen, so dass jeder Mitgliedstaat wenige Jahre ein herausgehobenes Unionsamt besetzen könnte.

Der in Nizza mühsam gefundene und strittig gebliebene Schlüssel zur *Stimmengewichtung bei qualifizierten Mehrheitsentscheidungen* soll nur bis zum Jahr 2009 Bestand haben. Danach ist ein erheblich einfacheres und transparenteres Verfahren vorgesehen:[376] Die qualifizierte Mehrheit soll der Mehrheit der Mitgliedstaaten entsprechen, wenn diese mindestens drei Fünftel der Unionsbevölkerung repräsentieren. Bei Beschlüssen, die nicht auf Grund von Initiativen der Kommission oder des Außenministers gefasst werden, müssen zwei Drittel der Staaten zustimmen. Diese Neuregelung widerspricht allerdings den Interessen derjenigen Mitgliedstaaten, die durch den Nizzaer Schlüssel im Verhältnis zu ihrer Einwohnerzahl eine überproportional starke Stellung erhielten; dies galt in erster Linie für Polen und Spanien. Die Regierungskonferenz musste sich erwartbar mit dieser Regelung auseinandersetzen (s. Kapitel II), vor allem weil gemäß Art. I-22 Abs. 1 VVE-K der Ministerrat mit qualifizierter Mehrheit beschließt, wenn die Verfassung nichts anderes vorsieht. Obwohl es in dieser Frage weniger auf die Regel als auf die Zahl der Ausnahmen ankommt,[377] beinhaltet der Konventsentwurf eine weitere Reduzierung der Zahl jener Fälle, in denen der Ministerrat mit Einstimmigkeit entscheidet.

370 Art. I-23 Abs. 1 VVE-K; keine Entsprechung im VVE.

371 Art. I-49 Abs. 2 VVE-K bzw. Art. I-50 Abs. 2 i. V. m. Art. I-24 Abs. 6 VVE.

372 Art. I-23 Abs. 2 VVE-K bzw. Art. I-24 Abs. 2 und 4 VVE.

373 Art. I-22 Abs. 2 VVE-K. Die (elegantere) Formulierung der Regierungskonferenz in Art. I-23 Abs. 2 VVE weicht davon ab, vgl. Kapitel II.

374 Art. I-23 Abs. 1 VVE-K. Für den VVE gegenstandslos.

375 Art. I-23 Abs. 4 VVE-K bzw. Art. I-24 Abs. 7 VVE. Zu den Änderungen s. Kapitel II.

376 Art. I-24 Abs. 1 f. VVE-K. Zu den Veränderungen der Regierungskonferenz s. Kapitel II.

377 Dies dokumentiert die derzeit gültige Bestimmung des Art. 205 Abs. 1 EGV, die sogar die einfache Mehrheit zum „Normalfall“ erklärt, während durch die zahlreichen davon abweichenden Einzelbestimmungen des Vertrages die Abstimmung mit einfacher Mehrheit faktisch zur Ausnahme wird.

Schon zu Beginn der Konventsarbeiten schien man sich über die Notwendigkeit einer Reform der *Kommission* einig. Bei 25 oder mehr Mitgliedstaaten würde die Beibehaltung des Prinzips „Ein Kommissar je Land" (Art. 213 Abs. 1 EGV) die Arbeitsfähigkeit des Gremiums stark beeinträchtigen. Der Konvent schlug deshalb vor, ab 2009 zwischen stimmberechtigten (*„Europäische Kommissare"*, Präsident, Außenminister) und nicht stimmberechtigten Mitgliedern (*„Kommissare"*) zu unterscheiden.[378] Durch diese interne Hierarchisierung soll die Zahl der Europäischen Kommissare auf 13 reduziert werden, wobei die Mitgliedstaaten nach einem vom Europäischen Rat zu beschließenden Rotationssystem gleichberechtigt zu berücksichtigen wären. Die Staaten, die jeweils keinen Europäischen Kommissar stellen, verträte ein nicht stimmberechtigtes Mitglied der Kommission.[379]

Der *Kommissionspräsident* wird in Zukunft vom Europäischen Rat mit qualifizierter Mehrheit „[u]nter Berücksichtigung der Wahlen zum Europäischen Parlament" ernannt und muss von diesem mit der Mehrheit seiner Mitglieder gewählt werden; anderenfalls ist der Europäische Rat verpflichtet, einen alternativen Vorschlag zu unterbreiten.[380] Für die Europäischen Kommissare soll jeder vom Rotationssystem berücksichtigte Mitgliedstaat eine Liste von drei in Frage kommenden Personen vorlegen, aus denen der Kommissionspräsident dann auswählt. Allerdings soll er die Liste nicht zurückweisen können. Für die Kommissare ohne Stimmrecht findet gemäß Art. I-25 Abs. 3 VVE-K das gleiche Verfahren Anwendung. Das Kollegium muss sich wiederum einem Zustimmungsvotum des Parlaments stellen,[381] das mit Zweidrittelmehrheit die Kommission zwingen kann, ihr Amt niederzulegen.[382] Die übrigen Vizepräsidenten der Kommission (neben dem Außenminister) werden von ihrem Präsidenten ernannt. Dieser entscheidet auch über die interne Organisation und legt die politischen „Leitlinien" fest. Zudem kann er einzelne Kommissare zum Rücktritt veranlassen.[383]

Ungeklärt blieb die Stellung der *Kommissare ohne Stimmrecht,* vor allem die Frage, ob sie jeweils ein eigenes Ressort erhalten. Dies dürfte den einzelnen Geschäftsbereichen keinen großen Dienst erweisen, zumal dann von deutlich ungleichgewichtigen Kommissariaten ausgegangen werden müsste. Darüber hinaus besteht das Problem einer zu großen Kommission wohl weniger in der Zahl ihrer stimmberechtigten Mitglieder als vielmehr in der Zersplitterung der Ressorts. Werden die Kommissare ohne Stimmrecht als gleichsam „Juniorkommissare" jeweils einem Europäischen Kommissar zugeordnet, vergleichbar den deutschen Parlamentarischen Staatssekretären? Diese durchaus funktionale Lösung könnte daran scheitern, dass die jeweiligen Mitgliedstaaten ihre Kommissare nicht der Weisungsbefugnis eines Europäischen Kommissars aus einem anderen Staat unterstellen wollen. Sind die Kommissare ohne Stimmrecht deshalb letztlich Kommissare ohne Portefeuille, mithin lediglich befugt, an den Sitzungen der Kommission teilzunehmen, sonst aber ohne nähere materielle Aufgaben? Auch wenn diese Frage in die Organisationshoheit des Kommissionspräsiden-

378 Art. I-25 Abs. 3 VVE-K. Die Regierungskonferenz veränderte die entsprechenden Bestimmungen; vgl. hierzu unter Kap. II.

379 Der Verfassungsentwurf unterscheidet entsprechend zwischen einfachen „Kommissaren" und „Europäischen Kommissaren"; im Folgenden wird von Kommissaren gesprochen, wenn sich eine Regelung auf beide Gruppen bezieht. Ist von den nicht stimmberechtigten Mitgliedern der Kommission (den „Kommissaren") die Rede, so ist dies jeweils kenntlich gemacht.

380 Art. I-26 Abs. 1 VVE-K bzw. Art. I-27 Abs. 1 VVE.

381 Art. I-26 Abs. 2 VVE-K bzw. Art. I-27 Abs. 2 VVE.

382 Art. I-25 Abs. 5 VVE-K bzw. Art. I-26 Abs. 8 VVE.

383 Art. I-26 Abs. 3 VVE-K bzw. Art. I-27 Abs. 3 VVE.

ten fallen dürfte, besteht eine erhebliche Lücke im Verfassungsvertrag. Die nachfolgenden Auseinandersetzungen im Rahmen der Regierungskonferenz zeichneten sich mithin ab.

Eine völlige Neuschöpfung des Konvents stellte der Vorschlag zur Schaffung eines *Außenministers der Union* dar. Diese Bezeichnung erscheint zunächst missverständlich: Das Amt verfügt über zahlreiche Kompetenzen und sein Inhaber dürfte neben den Präsidenten von Kommission und Europäischem Rat zum dritten „Gesicht" der Union werden. Allerdings handelt es sich dabei um keinen Minister im herkömmlichen nationalstaatlichen Verständnis, was sich schon darin dokumentiert, dass die Union keine weiteren Minister kennt. Weder ist er im Bereich der Gemeinsamen Außen- und Sicherheitspolitik in eine Kabinettsdisziplin eingebunden oder gar der Richtlinienkompetenz eines Regierungschefs unterstellt, noch verfügt er über den Entscheidungsspielraum eines nationalen Außenministers. Vielmehr handelt es sich zunächst um eine Fusion der bisherigen Ämter des Außenkommissars, dessen Zuständigkeit das auswärtige Handeln im Gemeinschaftsbereich war, und des Hohen Vertreters für die – intergouvernementale – GASP. Folgerichtig ergibt sich eine *Doppelnatur* des Außenministers, gelegentlich – in Analogie zum oben erwähnten „großen Doppelhut" – auch als „kleiner Doppelhut" bezeichnet: Einerseits leitet er den Ministerrat für Auswärtige Angelegenheiten und führt in dessen Auftrag die GASP,[384] andererseits ist er Mitglied und Vizepräsident der Kommission und damit für die übrigen Bereiche des auswärtigen Handelns zuständig.[385] An die Verfahren der Kommission ist er nur bei der Wahrnehmung seiner Kompetenzen als Kommissionsmitglied gebunden. Sollte der „große Doppelhut" jemals Realität werden, dürfte das nicht ohne Wirkung auf den Außenminister bleiben, der dann nicht mehr nur als Kommissionsmitglied der Richtlinienkompetenz des Präsidenten unterstellt, sondern auch im Bereich der GASP mit der Außenvertretung der Union durch dieselbe Person konfrontiert wäre. In diesem Fall könnte sich auch in der EU ein der nationalstaatlichen Ebene nachempfundenes Verhältnis zwischen Regierungschef und Außenminister ergeben.

Entsprechend mehrstufig und kompliziert ist der *Prozess zur Ernennung des Außenministers,* den der Europäische Rat mit qualifizierter Mehrheit nach Zustimmung des Kommissionspräsidenten wählt.[386] Zusätzlich muss er sich als Teil des Kollegiums der Europäischen Kommission dem Zustimmungsvotum des Parlaments stellen.[387] Umgekehrt ist es auch schwieriger, ihn vorzeitig abzuberufen: Dazu bedarf es erneut des Einvernehmens zwischen qualifizierter Mehrheit im Europäischen Rat und Kommissionspräsident;[388] im Gegensatz zu den Kommissaren kann er nicht vom Kommissionspräsidenten allein abberufen werden.[389] Unklar verbleibt, ob ein Misstrauensvotum des Parlaments gegen die Kommission auch den Außenminister zum Rücktritt zwingen würde, zumal in Art. I-25 Abs. 5 VVE-K nur von den Kommissaren die Rede ist.[390] Auch über die reguläre Amtszeit des Außenministers findet sich im Konventsentwurf keine ausdrückliche Bestimmung, vermutlich endet sie wie die der übrigen Kommissionsmitglieder nach fünf Jahren.

384 Art. I-27 Abs. 2 VVE-K bzw. Art. I-28 Abs. 2 und 3 VVE. Vgl. für Einzelheiten den entsprechenden Abschnitt weiter unten.

385 Art. I-27 Abs. 3 VVE-K bzw. Art. I-28 Abs. 4 VVE; dies gilt im Wesentlichen für die gemeinsame Handelspolitik, die Zusammenarbeit mit Drittländern sowie für die humanitäre Hilfe.

386 Art. I-27 Abs. 1 VVE-K bzw. Art. I-28 Abs. 1 VVE.

387 Art. I-26 Abs. 2 VVE-K bzw. Art. I-27 Abs. 2 VVE.

388 Art. I-27 Abs. 1 VVE-K bzw. Art. I-28 Abs. 1 VVE.

389 Art. I-26 Abs. 3 VVE-K bzw. Art. I-27 Abs. 3 VVE.

390 Art. I-26 Abs. 8 VVE präzisiert, dass der Außenminister in diesem Fall sein im Rahmen der Kommission ausgeübtes Amt niederlegen muss.

Lediglich marginale Veränderungen erfährt im Verfassungsvertrag der *Gerichtshof*. Am weitesten geht dabei noch die Einrichtung eines Ausschusses, der vor der Ernennung der Richter und Generalanwälte zu hören ist.[391] Im Übrigen hat sich der Konvent auf redaktionelle Anpassungen und die Einführung einer neuen Terminologie beschränkt. Der bisherige „Gerichtshof" wird zum „Europäischen Gerichtshof", das „Gericht erster Instanz" zum „Gericht" und die „gerichtlichen Kammern" mutieren zu „Fachgerichten". Die Bezeichnung „Gerichtshof" ohne den Zusatz „Europäisch" bezieht sich fortan auf die Gesamtheit von Europäischem Gerichtshof, Gericht und Fachgerichten.[392]

Auch bezüglich der beratenden Einrichtungen, *Wirtschafts- und Sozialausschuss* sowie *Ausschuss der Regionen*, sind lediglich kleinere Veränderungen vorgesehen. Diese unterstützen nun nicht mehr, wie in Art. 7 Abs. 2 EGV, Ministerrat und Kommission, sondern auch das Parlament.[393] Zudem wird die Amtsperiode der Mitglieder von vier auf fünf Jahre erhöht[394] und damit der Wahlperiode des Europäischen Parlaments angepasst; entsprechend verlängert sich auch die Amtszeit der jeweiligen Präsidien von zwei auf zweieinhalb Jahre.[395] Die Sitzverteilung auf die einzelnen Mitgliedstaaten ist nicht mehr in der Verfassung festgeschrieben, sondern bleibt einem einstimmigen Beschluss des Ministerrates vorbehalten, der lediglich – wie bislang – eine Höchstgrenze von jeweils 350 Mitgliedern zu berücksichtigen hat.[396] Auch dies fügt sich in den generellen Ansatz des Verfassungsentwurfs, keine detaillierten Vorgaben (etwa über die Sitzverteilung im Parlament) zu machen, sondern dies dem Europäischen Rat bzw. dem Ministerrat zu überlassen. Darüber hinaus bleiben die von Art. 261 EGV vorgesehenen „fachlichen Gruppen" und „Unterausschüsse" des Wirtschafts- und Sozialausschusses unerwähnt. Da diese jedoch schon bislang nur dem Ausschuss selbst zuarbeiteten, nicht aber eigenständig über diesen hinaus wirken konnten, dürfte es möglich sein, sie über die Geschäftsordnung des Ausschusses wieder einzurichten.[397] Bezüglich ihrer Kompetenzen bleiben die Ausschüsse reine Beratungsgremien mit Anhörungsrechten, hinzu tritt allerdings das Klagerecht des Ausschusses der Regionen in Fragen der Subsidiarität.

Der *Rechnungshof* soll, wie bereits angemerkt, zu einem „Organ zweiter Klasse" herabgestuft werden, bleibt aber in Aufbau sowie Rechten und Pflichten unverändert, wenngleich sich – bedingt durch die Auflösung der Säulenstruktur – seine Zuständigkeit nunmehr auf „alle Einnahmen und Ausgaben der Union"[398] (und nicht mehr nur die der Gemeinschaft) erstreckt.

Auch die die *Europäische Zentralbank* und das *Europäische System der Zentralbanken* betreffenden Passagen stellen, von redaktionellen Anpassungen und sprachlichen Präzisierungen abgesehen, Übernahmen der einschlägigen Artikel des EGV dar. Bemerkenswert ist lediglich, dass die EZB als „sonstiges Organ" in Teil I im Titel über die Organe der Union

391 Art. III-262 VVE-K bzw. Art. III-357 VVE.

392 Die Regierungskonferenz übernahm die veränderten Benennungen nicht; demnach umfasst der Gerichtshof der Europäischen Union „den Gerichtshof, das Gericht und Fachgerichte". Die Bezeichnung „Europäischer Gerichtshof" existiert nicht (Art. I-29 VVE).

393 Art. I-31 Abs. 1 VVE-K bzw. Art. I-32 Abs. 1 VVE.

394 Art. III-292 und III-296 VVE-K bzw. Art. III-386 und III-390 VVE.

395 Art. III-293 und III-297 VVE-K bzw. Art. III-387 und III-391 VVE.

396 Art. III-292 und III-295 VVE-K bzw. Art. III-386 und III-389 VVE.

397 Art. III-297 VVE-K bzw. Art. III-391 VVE.

398 Art. III-290 Abs. 1 VVE-K bzw. Art. III-384 Abs. 1 VVE.

berücksichtigt wird, in Teil III des Entwurfs jedoch nicht. Dort finden sich die entsprechenden Vorschriften im Kapitel über die Wirtschafts- und Währungspolitik.[399] Allerdings ist offen, inwieweit die neuen Bestimmungen der Art. III-88 bis III-90 VVE-K zur Koordinierung der Haushalts- und Wirtschaftspolitik der Euro-Staaten und zur Vertretung bei den internationalen Einrichtungen und Vertretungen im Finanzbereich, einschließlich der Wahl eines „Präsidenten" der Minister der Euro-Gruppe (Art. 2 des Protokolls), zu einer Veränderung im institutionellen Gefüge der Währungspolitik führen werden.[400]

Konsequenzen für die Politikbereiche

Weder die „Erklärung von Nizza" noch jene von Laeken formulierten ausdrücklich den Auftrag, einzelne Politikbereiche zu überprüfen. In Laeken wurde lediglich gefragt, ob und wie eine kohärentere Gestaltung der bisher nicht oder nur teilweise vergemeinschafteten Bereiche der Außen-, Sicherheits- und Verteidigungspolitik, der Justiz- und Innenpolitik sowie der Koordinierung der Wirtschaftspolitik erfolgen könnte. Im Folgenden werden lediglich die wichtigsten Neuerungen in den Bereichen Justiz- und Innenpolitik, Gemeinsame Außen- und Sicherheitspolitik sowie Wirtschafts- und Sozialpolitik dargestellt, da sich der Konvent auf eine gesonderte Befassung mit diesen Bereichen beschränkte. Insbesondere der Raum der Freiheit, der Sicherheit und des Rechts gilt hier als „entwicklungsdynamisches" Politikfeld.[401] Der Großteil der anderen Veränderungen oszilliert zwischen einer geringfügigen Kompetenzausweitung für die Union und dem Nachvollzug bereits erfolgter Übertragungen.

Die *Justiz- und Innenpolitik* ist bislang in keinem einheitlichen Rechtsrahmen geregelt, sondern in zwei Bereiche unterteilt: Maßnahmen zu Visa, Asyl, Einwanderung und freiem Personenverkehr sowie justizielle Zusammenarbeit in Zivilsachen sind danach in den Gemeinschaftsbereich eingegliedert, während die polizeiliche und justizielle Zusammenarbeit in Strafsachen im Unionsvertrag geregelt und weitgehend der intergouvernementalen Kooperation der Mitgliedstaaten überlassen bleibt. In beiden Fällen gilt größtenteils das Einstimmigkeitsprinzip im Rat, das Parlament verfügt lediglich über Anhörungsrechte.

Die Bestimmungen zur Justiz- und Innenpolitik (Teil III, Titel III, Kapitel IV des Vertragsentwurfs unter der Überschrift „Raum der Freiheit, der Sicherheit und des Rechts") profitieren von den Bestrebungen des Konvents, *Zuständigkeiten* zu *bündeln* und zu *systematisieren*.[402] Demnach kommen für die künftig geteilte Zuständigkeit[403] die Vereinheitlichung der Rechtsakte und das ordentliche Gesetzgebungsverfahren zur Anwendung, einschließlich der Mitentscheidung des Parlaments und der qualifizierten Mehrheit im Ministerrat (wenngleich hierbei einige Ausnahmen vorgesehen sind). Zudem obliegt es dem Europäischen Rat, „die strategischen Leitlinien für die legislative und operative Programmplanung" in diesem Bereich festzulegen,[404] ohne dass Näheres über Gegenstand und Grenzen dieser Leitlinien

399 Die Regierungskonferenz nahm entsprechende Bestimmungen in die Art. III-382f. VVE auf.

400 Vgl. hierzu auch die Veränderungen durch die Regierungskonferenz, s. Kapitel II.

401 Vgl. *Monar, J.*: Der Raum der Freiheit, der Sicherheit und des Rechts im Verfassungsentwurf des Konvents, in: Integration, 26/4 (2003), 536–549.

402 Vgl. auch *Hagedorn, F.*: Auf dem Weg zu einer europäischen Innenpolitik, in: Weidenfeld, W. (Hg.), Die Europäische Verfassung in der Analyse, a.a.O., 195–204; *Monar, J.*, a.a.O.

403 Nach Art. I-13 Abs. 2 VVE-K bzw. Art. I-14 Abs. 2 VVE.

404 Art. III-159 VVE-K bzw. Art. III-258 VVE.

ausgesagt wird. Als wesentliche negative Kompetenzabgrenzung verbleibt, dass die Aufrechterhaltung der öffentlichen Ordnung und der Schutz der inneren Sicherheit Sache der Mitgliedstaaten sind.[405]

Die Bestimmungen zu Visaangelegenheiten und freiem Personenverkehr werden unter der Bezeichnung „*Grenzkontrollen*" zusammengefasst.[406] Das neue Ziel der schrittweisen Einführung eines integrierten Grenzschutzsystems an den Außengrenzen (Abs. 1 Buchst. c) und die Befugnis, die dafür erforderlichen Maßnahmen in Europäischen Gesetzen oder Rahmengesetzen zu regeln (Abs. 2 Buchst. d), übernehmen vom Europäischen Rat in Sevilla bereits formulierte Aufgaben in den Vertrag. Einige Detailbestimmungen des EGV, etwa in Bezug auf Visaangelegenheiten, entfallen und werden durch die schlichte Unionskompetenz für „eine gemeinsame Politik in Bezug auf Visa und andere kurzfristige Aufenthaltstitel" (Abs. 2 Buchst. a) ersetzt. Die Kompetenz zur geographischen Festlegung der Staatsgrenzen verbleibt bei den Mitgliedstaaten (Abs. 3). Im Bereich der *Asylpolitik* entsteht eine gemeinsame europäische Regelung, die – statt Mindestnormen – einen einheitlichen Asylstatus für Drittstaatenangehörige und gemeinsame Verfahren für die Gewährung und den Entzug desselben umfasst.[407] Die *Einwanderungspolitik* erlaubt künftig die Bekämpfung des Menschenhandels, den Abschluss von Abkommen über die Rücknahme illegaler Einwanderer mit Drittstaaten und die Unterstützung der Integrationsbemühungen der Mitgliedstaaten.[408] Allerdings erließ die Union bereits Maßnahmen in allen diesen Bereichen.[409] Entschieden wird künftig im Ministerrat mit qualifizierter Mehrheit, ein Fortschritt, der nicht überbewertet werden sollte, sah doch der Vertrag von Nizza bereits Übergänge in die Mehrheitsentscheidung vor. Auf deutschen Druck hin wurde die Regelung des Zugangs von Drittstaatenangehörigen zu den nationalen Arbeitsmärkten explizit den Einzelstaaten belassen.[410]

Bei Fragen der *justiziellen Zusammenarbeit in Zivilsachen*[411] ist nach dem Entwurf des Konvents neben den bereits bestehenden Kompetenzen nun auch von einer Unionskompetenz zum Erlass gesetzlicher Regelungen die Rede, die „ein hohes Niveau hinsichtlich des Zugangs zum Recht" (Abs. 2 Buchst. e)[412] sicherstellen sollen. Verbunden mit der Befugnis, auch die Rechts- und Verwaltungsvorschriften der Mitgliedstaaten anzugleichen (Abs. 1), bedeutet diese relativ allgemein gehaltene Bestimmung die Möglichkeit zu weitreichenden Eingriffen in die innerstaatlichen Rechtsordnungen, wobei auch hier gilt, dass die Union bereits in den genannten Bereichen tätig geworden ist.[413] Auch für die justizielle Zusammenarbeit in Zivilsachen soll fortan das ordentliche Gesetzgebungsverfahren gelten; ausgenommen sind Maßnahmen zum Familienrecht mit grenzüberschreitenden Bezügen, die vom Ministerrat nach Anhörung des Parlaments einstimmig beschlossen werden (Abs. 3).

---

405 Art. III-163 VVE-K bzw. Art. III-262 VVE.

406 Art. III-166 VVE-K bzw. Art. III-265 VVE.

407 Art. III-167 VVE-K bzw. Art. III-266 VVE.

408 Art. III-168 VVE-K bzw. Art. III-267 VVE.

409 Vgl. *Monar, J.*, a.a.O., 540.

410 Art. III-168 Abs. 5 VVE-K bzw. Art. III-267 Abs. 5 VVE.

411 Art. III-170 VVE-K bzw. Art. III-269 VVE. Die Regierungskonferenz änderte einige der Formulierungen in Art. III-269 VVE, der dadurch verständlicher wurde.

412 Die neue Formulierung spricht von einem „effektiven Zugang zum Recht".

413 *Monar, J.*, a.a.O.

Auch der Bereich der *justiziellen Zusammenarbeit in Strafsachen* soll vergemeinschaftet werden. Die einschlägigen Artikel wurden in weiten Teilen neu formuliert und systematisiert. Gleichwohl verblieben einige Besonderheiten, so das Initiativrecht eines Viertels der Mitgliedstaaten.[414] Ziel der Zusammenarbeit ist vor allem die gegenseitige Anerkennung gerichtlicher Urteile und Entscheidungen,[415] wofür die Union umfangreiche Gesetzgebungsbefugnisse erhält. Mittels Rahmengesetzen kann sie zu diesem Zweck auch Mindestvorschriften in Strafverfahrensfragen erlassen, wobei dies zunächst nur die Aspekte Zulässigkeit von Beweismitteln auf gegenseitiger Basis, Rechte des Einzelnen und Rechte der Opfer betrifft. Die Erweiterung dieses Katalogs bedarf eines einstimmigen Ministerratsbeschlusses und der Zustimmung des Parlaments. Auch „Mindestvorschriften zur Festlegung von Straftaten und Strafen in Bereichen besonders schwerer Kriminalität" mit grenzüberschreitender Dimension können durch Europäische Rahmengesetze nach dem ordentlichen Gesetzgebungsverfahren erlassen werden.[416] Wenn es „für die wirksame Durchführung der Politik der Union auf einem Gebiet, auf dem Harmonisierungsmaßnahmen erfolgt sind", unerlässlich ist, können derartige Mindestvorschriften auch für andere Straftaten vorgesehen werden, wobei sich das Verfahren dann nach den entsprechenden Harmonisierungsmaßnahmen richtet (Abs. 2). Hinzu kommt eine Unionskompetenz zur Förderung und Unterstützung der mitgliedstaatlichen Maßnahmen im Bereich der „Kriminalprävention".[417]

Neu formuliert wurden auch die Bestimmungen zu *Eurojust,* wobei der Entwurf des Konvents nur noch als allgemeine Zielbestimmung der Behörde die „Verstärkung der justiziellen Zusammenarbeit" umfasst,[418] die genauere Ausgestaltung hingegen durch Europäische Gesetze vorgenommen werden soll. Eurojust kann dadurch auch die Kompetenz zur Einleitung und Koordinierung von Strafverfolgungsmaßnahmen übertragen werden.[419] Durch ein Europäisches Gesetz, das der Einstimmigkeit im Rat und der Zustimmung des Parlaments bedarf, kann ausgehend von Eurojust auch eine Europäische Staatsanwaltschaft eingerichtet werden, deren Aufgabe die „Bekämpfung von schwerer Kriminalität mit grenzüberschreitender Dimension sowie von Straftaten zum Nachteil der Interessen der Union" wäre.[420] In diesen Fällen würde sie die Aufgaben der Staatsanwaltschaft vor den zuständigen nationalen Gerichten wahrnehmen (Abs. 2).

Auch die *polizeiliche Zusammenarbeit* wird in diesen einheitlichen rechtlichen Rahmen eingefügt. Allerdings blieb es in Fragen der operativen Zusammenarbeit der mitgliedstaatlichen Behörden sowie mit Blick auf deren grenzüberschreitende Tätigkeit beim Einstimmigkeitsprinzip im Ministerrat und der Beschränkung des Parlaments auf Anhörungsrechte.[421]

414 Art. III-165 VVE-K bzw. Art. III-264 VVE.

415 Art. III-171 Abs. 1 VVE-K bzw. Art. III-270 Abs. 1 VVE. Die Regierungskonferenz schränkte die Reichweite des Artikels ein, s. Kapitel II und III.

416 Art. III-172 Abs. 1 VVE-K bzw. Art. III-271 Abs. 1 VVE. Es gelten die gleichen Einschränkungen wie bei Art. III-270 VVE.

417 Art. III-173 VVE-K bzw. Art. III-272 VVE.

418 Art. III-174 Abs. 2 Buchst. b VVE-K bzw. Art. III-273 Abs. 2 Buchst. c VVE. Die Regierungskonferenz formulierte den Artikel um, ohne seinen Gehalt anzutasten.

419 Buchst. a VVE-K bzw. Buchst. a und b VVE.

420 Art. III-175 Abs. 1 VVE-K bzw. Art. III-274 VVE. Die Regierungskonferenz schränkte die Zuständigkeit der Staatsanwaltschaft auf „Straftaten zum Nachteil der *finanziellen* Interessen der Union" (Hervorhebung d. Verf.) ein und schuf mit einem vierten Absatz die Möglichkeit, weitere Straftaten hinzuzufügen.

421 Art. III-176 Abs. 3 und III-178 VVE-K bzw. Art. III-275 Abs. 3 und III-277 VVE.

Analog zur justiziellen Zusammenarbeit überlässt der Verfassungsentwurf die Ausgestaltung der Aufgaben der europäischen Polizeibehörde Europol dem Unionsgesetzgeber, der ihr die Befugnis zur Koordinierung, Organisation und Durchführung von Ermittlungen und operativen Maßnahmen gemeinsam mit nationalen Einrichtungen übertragen kann.[422]

Selbst wenn die hier dargestellten Veränderungen den Eindruck erwecken, dass der Union mit dem Verfassungsentwurf in der Innen- und Justizpolitik weitreichende *neue Kompetenzen* zugewachsen sind, gilt dies *in der Realität* doch nur *eingeschränkt.* Bereits die Veränderungen durch den Vertrag von Amsterdam waren so ehrgeizig, dass die Europäische Union das sich ihr bietende Potenzial bis heute kaum ausnutzt.[423] Mithin schafft der Konventsentwurf Freiraum für ein erwartetes, derzeit nur in Teilen erkennbares Handeln der Union – zur Errichtung des benannten Raums der Freiheit, der Sicherheit und des Rechts.

Mit Blick auf die *Außen- und Verteidigungspolitik* machten die Terroranschläge des 11. September 2001 die Notwendigkeit eines verstärkten gemeinsamen Vorgehens der Europäischen Union hinlänglich deutlich. Im Auftrag von Laeken wurde daher nicht mehr gefragt ob, sondern wie die Union eine kohärentere Gemeinsame Außen- und Sicherheitspolitik (GASP) gestalten könnte. Gegenwärtig unterliegt die GASP den Regelungen des Titels V EUV. Vertraglich werden Geltungsbereich und Intensität der Gemeinschaftsmaßnahmen dabei nicht eingegrenzt, sie sind situativ von den Mitgliedstaaten zu bestimmen. Einem kohärenten außenpolitischen Auftreten der Union steht vor allem entgegen, dass Formulierung und Durchführung geteilt vom Rat, der Kommission und dem Hohen Vertreter der GASP wahrgenommen werden. Erschwerend tritt das Einstimmigkeitserfordernis im Rat hinzu. So fanden die zur Flexibilisierung dieses Mechanismus eingeführten Instrumente der verstärkten Zusammenarbeit sowie der konstruktiven Enthaltung bislang keine oder eine nur geringe Anwendung.

Im Konventsentwurf ist die GASP[424] – und mit ihr die Gemeinsame Sicherheits- und Verteidigungspolitik (GSVP) als „integraler Bestandteil“[425] – in einem Titel *„Auswärtiges Handeln der Union“* platziert, der auch die gemeinsame Handelspolitik, die Entwicklungszusammenarbeit und die humanitäre Hilfe umfasst, die bislang nicht als Teil der GASP galten. Mit allgemein anwendbaren Bestimmungen ist diesem Titel nun bis zu einem gewissen Grad ein einheitlicher Rahmen vorgegeben.[426] Dennoch behält die GASP ihre Besonderheiten und wird nicht unter die neuen Kompetenzkategorien subsumiert.[427] Ebenso wenig stellen die Bestimmungen des Konvents zur GASP eine bloße Übernahme der entsprechenden Artikel des EUV dar.

Bereits der *Zielkatalog,*[428] der nicht nur, aber auch für die GASP gilt, ist erheblich umfangreicher als der des Art. 11 EUV: Neben die Gewährleistung der grundlegenden (Sicherheits-)Interessen der Union, die Förderung von Demokratie, Rechtsstaatlichkeit, Menschen-

---

422 Art. III-177 Abs. 2 VVE-K bzw. Art. III-276 Abs. 2 VVE.

423 Vgl. *Monar, J.*, a. a. O., 536.

424 Vgl. *Algieri, F.*: Von der Macht der Zeitumstände und der Fortführung eines integrationspolitischen Projekts, in: Weidenfeld, W. (Hg.): Die Europäische Verfassung in der Analyse, a. a. O., 205–227; *ders./Bauer, Th.*: Eine Frage der Macht, in: Weidenfeld, W. (Hg.), Die Europäische Verfassung in der Analyse, a. a. O., 228–249; *Wessels, W.*, Institutionelle Architektur, a. a. O.

425 Art. I-40 Abs. 1 VVE-K bzw. Art. I-41 Abs. 1 VVE.

426 Art. III-193f. VVE-K bzw. Art. III-292f. VVE.

427 Vgl. Art. I-12 Abs. 4, Art. I-15 und Art. III-209 VVE-K bzw. Art. I-13 Abs. 1 Buchst. e und Abs. 2, Art. I-16 und Art. III-308 VVE.

428 Art. III-193 VVE-K bzw. Art. III-292 VVE.

rechten und Völkerrecht sowie die Wahrung des Friedens nach den Grundsätzen der Charta der Vereinten Nationen treten die nachhaltige Entwicklung in den Entwicklungsländern, die Förderung der Integration aller Staaten in die Weltwirtschaft, die Erhaltung und Verbesserung der Umweltqualität sowie die Katastrophenhilfe. Im Rahmen der GSVP ist zudem im Falle eines einstimmigen Beschlusses des Europäischen Rates die Option einer gemeinsamen Verteidigung der Union vorgesehen.[429]

Zur Verwirklichung dieser Ziele im Rahmen der GASP sieht der Konventsentwurf erhebliche *institutionelle Veränderungen* vor: die Schaffung eines neuen Amtes und neuer Behörden, eine Präzisierung der rechtlichen Instrumente, eine reformierte Entscheidungsstruktur sowie erweiterte Möglichkeiten für eine engere Zusammenarbeit einzelner Mitgliedstaaten.

Neben der Schaffung des Amtes eines Außenministers der Union ist zur Verbesserung der GASP vorgesehen, den bereits benannten, dem Außenminister unterstellten *Europäischen Auswärtigen Dienst*[430] und ein dem Ministerrat unterstelltes *Europäisches Amt für Rüstung, Forschung und militärische Fähigkeiten*[431] einzurichten. Ersterer wird gemäß einer dem Vertragsentwurf beigefügten Erklärung aus Beamten der Kommission, des Ratssekretariats sowie der nationalen diplomatischen Dienste rekrutiert;[432] er soll vor allem die Delegationen der Union in Drittländern und bei Internationalen Organisationen bilden. Das Amt für Rüstung, Forschung und militärische Fähigkeiten hat die Aufgabe, „den operativen Bedarf zu ermitteln und Maßnahmen zur Bedarfsdeckung zu fördern, zur Ermittlung von Maßnahmen zur Stärkung der industriellen und technologischen Grundlage des Verteidigungssektors beizutragen und diese Maßnahmen gegebenenfalls durchzuführen, sich an der Festlegung einer europäischen Politik im Bereich Fähigkeiten und Rüstung zu beteiligen sowie den Ministerrat bei der Beurteilung der Verbesserung der militärischen Fähigkeiten zu unterstützen" (Art. I-40 Abs. 3 VVE-K). In Verbindung mit der Selbstverpflichtung der Mitgliedstaaten, „ihre militärischen Fähigkeiten schrittweise zu verbessern" (ebd.), stellt die Aufgabenbeschreibung der Behörde eine für eine Verfassung ungewöhnlich detaillierte Vorgabe an die politischen Entscheidungsträger dar.

Im klassischen Nationalstaat ist die Außenpolitik eine Domäne der Exekutive. Der Gesetzgeber wird allenfalls dann gefragt, wenn es um die Ratifizierung völkerrechtlicher Verträge – oder um Auslandseinsätze der Bundeswehr – geht. Im Konventsentwurf sind für den Bereich der GASP Gesetze und Rahmengesetze explizit ausgeschlossen,[433] die Entscheidungen in Form Europäischer Beschlüsse – somit verbindlicher Rechtsakte – des Europäischen Rates und des Ministerrats zu treffen;[434] die Durchführung obliegt nach Abs. 4 dem Außenminister der Union und den Mitgliedstaaten „mit den einzelstaatlichen Mitteln und denen der Union". Das Europäische Parlament besitzt lediglich Anhörungs- und Informationsrechte.[435]

In allen Bereichen des auswärtigen Handelns der Union, somit auch der GASP, ist es Sache des Europäischen Rates, Beschlüsse „über die strategischen Interessen und Ziele der

429 Art. I-40 Abs. 2 VVE-K bzw. Art. I-41 Abs. 2 VVE.
430 Art. III-197 Abs. 3 VVE-K bzw. – präziser – Art. III-296 Abs. 3 VVE.
431 Art. I-40 Abs. 3, Art. III-212 VVE-K bzw. Art. I-41 Abs. 3, Art. III-311 VVE („Rüstungsagentur", vgl. Kapitel II und III).
432 Die Regierungskonferenz hat hier Umstellungen vorgenommen, vgl. Kapitel II.
433 Art. I-39 Abs. 7 VVE-K bzw. Art. I-40 Abs. 6 VVE.
434 Art. I-39 Abs. 3 VVE-K bzw. Art. I-40 Abs. 3 VVE.
435 Art. I-39 Abs. 6 VVE-K bzw. Art. I-40 Abs. 8 VVE.

Union" zu fassen.[436] Unterhalb dieser Ebene werden alle Entscheidungen der GASP als Beschlüsse des Ministerrats in seiner Formation „Auswärtige Angelegenheiten" unter dem Vorsitz des Außenministers der Union getroffen.[437] Initiativrecht besitzen in allen Fragen der GASP der Außenminister der Union, gegebenenfalls mit Unterstützung der Kommission, und jeder einzelne Mitgliedstaat.[438]

Entgegen der Forderung zahlreicher parlamentarischer Delegierter konnte sich der Konvent auf *keine Aufhebung des generellen Einstimmigkeitsprinzips* im Bereich der GASP einigen. Mit qualifizierter Mehrheit wird lediglich entschieden, wenn zuvor einstimmig gefasste Beschlüsse des Europäischen Rates oder des Ministerrates durchgeführt oder präzisiert werden.[439] Eine *passerelle,* also die Möglichkeit eines einstimmigen Beschlusses des Europäischen Rates, zukünftig qualifizierte Mehrheitsentscheidungen im Ministerrat zuzulassen, findet sich jedoch auch hier.[440] Für militärische oder verteidigungspolitische Angelegenheiten sind Mehrheitsentscheidungen generell ausgeschlossen.[441]

Beide Prinzipien – *Einstimmigkeit und qualifizierte Mehrheit* – werden allerdings durch die aus Art. 23 EUV übernommene Klausel auf eigentümliche Weise *relativiert:* Auch bei qualifizierten Mehrheitsentscheidungen besitzt jedes einzelne Mitglied des Ministerrats „aus ganz wesentlichen Gründen der nationalen Politik, die es auch darlegen muss", ein Vetorecht.[442] Andererseits besteht bei einstimmigen Entscheidungen des Ministerrats für jeden Mitgliedstaat die Möglichkeit eines *opting out.* In diesem Fall enthält sich der betreffende Staat und lässt damit das Zustandekommen des Beschlusses zu. Damit akzeptiert er zwar, dass dieser für die Union bindend ist, verpflichtet sich jedoch nicht zur Durchführung desselben. „Im Geiste gegenseitiger Solidarität unterlässt der betreffende Mitgliedstaat alles, was dem auf diesem Beschluss beruhenden Vorgehen der Union zuwiderlaufen oder es behindern könnte, und die anderen Mitgliedstaaten respektieren seinen Standpunkt".[443]

Neu ist die *Möglichkeit einer „strukturierten Zusammenarbeit" einzelner Mitgliedstaaten* mit entsprechenden Fähigkeiten auf dem Gebiet der GSVP,[444] hinsichtlich derer vorbehaltlich einiger Sonderregelungen[445] die allgemeinen Regeln für eine verstärkte Zusammenarbeit[446] gelten sollen. Noch weiter geht die Möglichkeit einer „engeren Zusammenarbeit" auf dem Gebiet der gegenseitigen Verteidigung,[447] die eine wechselseitige Beistandsverpflich-

436 Art. III-194 Abs. 1; vgl. Art. I-39 Abs. 2, Art. III-196 Abs. 1 VVE-K bzw. Art. III-293 Abs. 1; vgl. Art. I-40 Abs. 2, Art. III-295 Abs. 1 VVE.

437 Art. I-39 Abs. 2, Art. III-196 Abs. 2, Art. III-198 Abs. 1, Art. III-199, Art. III-210 Abs. 2 VVE-K bzw. Art. I-40 Abs. 2, Art. III-295 Abs. 2, Art. III-297 Abs. 1, Art. III-298, Art. III-309 Abs. 2 VVE.

438 Art. I-39 Abs. 7 VVE-K bzw. Art. I-40 Abs. 6 VVE.

439 Art. III-201 Abs. 2 VVE-K bzw. Art. III-300 Abs. 2 VVE.

440 Art. I-39 Abs. 8, wiederholt in Art. III-201 Abs. 3 VVE-K bzw. Art. I-40 Abs. 7, wiederholt in Art. III-300 Abs. 3 VVE.

441 Art. III-201 Abs. 4 VVE-K bzw. Art. III-300 Abs. 4 VVE.

442 Art. III-201 Abs. 2 VVE-K bzw. Art. III-300 Abs. 2 VVE.

443 Art. III-201 Abs. 1 VVE-K bzw. Art. III-300 Abs. 1 VVE.

444 Art. I-40 Abs. 6 VVE-K bzw. Art. I-41 Abs. 6 VVE.

445 Art. III-213 VVE-K bzw. Art. III-312 VVE.

446 Art. III-322–III-329 VVE-K. Die Regierungskonferenz baute stattdessen die Bestimmungen des Art. III-312 VVE aus und verzichtete auf den Verweis zu einem Protokoll, vgl. Kapitel II.

447 Art. I-40 Abs. 7 und Art. III-214 VVE-K. Die Regierungskonferenz übernahm diese Bestimmungen nur in deutlich reduziertem Umfang, vgl. Kapitel II.

tung aller daran beteiligten Staaten im Fall eines bewaffneten Angriffs auf einen von ihnen umfasst.

Die Bindung der Mitgliedstaaten an Unionsbeschlüsse zur GASP bestand auch schon bislang, der einschlägige Art. III-198 VVE-K[448] ist, wie vieles andere, deshalb auch nahezu wörtlich aus dem EUV übernommen worden, in diesem Fall aus Art. 14. Dass ein Teil der Bestimmungen in veränderter Formulierung im ersten Teil nochmals enthalten ist, macht die Instrumente der Union kaum wirksamer.[449] Trotz eigenen Außenministers samt Auswärtigem Dienst bleibt die Union bei der Durchführung der GASP auf die Ressourcen, mehr aber noch auf das internationale politische Gewicht ihrer Mitgliedstaaten angewiesen. Vor allem aber wird durch das in allen wesentlichen Fragen weiter bestehende Einstimmigkeitserfordernis eine den Namen verdienende gemeinsame Außenpolitik nach wie vor nur dann zustande kommen, wenn die Interessen der Mitgliedstaaten gleichgerichtet sind. Doch selbst dann wird das komplizierte Verfahren der Entscheidungsfindung die Union kaum zu einer etwa den USA ebenbürtigen Größe in der Weltpolitik werden lassen – von den Fragen militärischer Ressourcen ganz abgesehen.

Der *„wirtschaftliche und soziale Fortschritt"* zählt nach Art. 2 EUV zu den Hauptzielen der Union. Hierfür wurde in Laeken eine Überprüfung der Koordinierungsmaßnahmen im Bereich der Wirtschaftspolitik sowie der Trennung von *Wirtschafts-, Währungs-, Beschäftigungs- und Sozialpolitik* angeregt. Gegenwärtig unterliegt die Währungspolitik für die Staaten der Euro-Gruppe der ausschließlichen Gemeinschaftszuständigkeit, während die Wirtschaftspolitiken der Mitgliedsländer lediglich koordiniert werden. Die Kernbereiche der Steuer-, Beschäftigungs- und Sozialpolitik sind von gemeinschaftlicher Rechtsetzung ausgenommen.[450] Durch die Verträge wird der Union allerdings eine unterstützende Tätigkeit zur Verwirklichung sozialer Ziele zugeschrieben (Art. 137 EGV). Die mangelnde Kohärenz der Aufgabenteilung zwischen Union und Mitgliedstaaten sowie die gleichzeitig bestehende funktionale Interdependenz der einzelnen Aufgabenfelder führen geradezu zwangsläufig zu suboptimalen Politikergebnissen im gemeinsamen Wirtschaftsraum.

Anders als in den beiden zuvor untersuchten Politikbereichen enthält der Konventsentwurf hier keinerlei substanzielle Neuerungen. Abgesehen von den durch die veränderte Terminologie der Verfassung bedingten redaktionellen Anpassungen und gelegentlichen – vor allem sprachlichen – Präzisierungen sind die einschlägigen Artikel in Teil III wörtlich aus dem EGV übernommen.[451] Art. I-11 Abs. 3 VVE-K[452] siedelt die Koordinierung der Wirtschafts- und Beschäftigungspolitik der Mitgliedstaaten überdies außerhalb der neuen Kompetenzkategorien an. Mehr als fraglich bleibt, ob die nach wie vor weitgehend unspezifischen Regelungen hierzu wie zu ergänzenden sozialpolitischen Tätigkeiten der Union künftig ein kohärenteres Handeln befördern werden.

---

448 Art. III-297 VVE.

449 Art. I-39 VVE-K bzw. Art. I-40 VVE.

450 Vgl. den entsprechenden Abschlussbericht CONV 357/02 vom 21.10.2002.

451 Vgl. zu den einzelnen Bereichen auch: *Brusis, M.*: Die soziale Dimension im Verfassungsvertrag, in: Weidenfeld, W. (Hg.): Die Europäische Verfassung in der Analyse, a.a.O., 183–194; *Maruhn, R.*: Stagnation und Anpassung an die politische Praxis, in: Weidenfeld, W. (Hg.): Die Europäische Verfassung in der Analyse, a.a.O., 173–182.

452 Art. I-15 VVE.

Der Konventsentwurf sieht schließlich die Schaffung einer neuen Zuständigkeit für die *Energiepolitik* vor.[453] Auch hier gilt, dass die Union bereits Rahmenprogramme für diesen Bereich vorgelegt hat; allerdings ist nach den Vorstellungen des Konvents nun eine Mehrheitsabstimmung angezeigt. Schließlich wurde auf Drängen des Konventspräsidenten die Forschungs- und Technologiepolitik im Konventsentwurf um die Raumfahrtpolitik ergänzt.[454] In letzter Minute kam es zudem zur Aufnahme der „offenen Koordinierung" in die Artikel zur Sozial-, Gesundheits-, Forschungs- und Technologie- sowie Industriepolitik.[455]

Zusammenfassend ist festzuhalten, dass der Konventsentwurf nur geringfügige Veränderungen in und für die einzelnen Politikbereiche vorsieht. Dies steht in deutlichem Gegensatz zu den aufgezeigten institutionellen Veränderungen, etwa durch die Schaffung des Präsidenten des Europäischen Rates und des Außenministers, sowie zu den vereinfachten Verfahren und Instrumenten, der Definition der qualifizierten Mehrheit im Rat sowie dem verabschiedeten Haushaltsverfahren.

---

453 Art. III-157 VVE-K bzw. Art. III-256 VVE (mit Veränderungen durch die Regierungskonferenz, vgl. Kapitel II).

454 Art. III-155 VVE-K bzw. Art. III-254 VVE.

455 Vgl. *Metz, A.*: Die Offene Methode der Koordinierung im Verfassungsprozess, in: Weidenfeld, W. (Hg.): Die Europäische Verfassung in der Analyse, a.a.O., 136–148; allgemein hierzu *Hesse, J.J./ Grotz, F.*: „Flexibilisierung" europäischer Politik als Weg aus der Krise? Verstärkte Zusammenarbeit, Offene Koordinierung und Grenzüberschreitende Regionalkooperation im Vergleich, in: Jahrbuch des öffentlichen Rechts n.F., 54 (2006), 607–628.

II. Die Regierungskonferenz: der Prozess der politischen Konsensbildung

Nach der Vorlage des Konventsentwurfs griff das in den Europäischen Verträgen vorgesehene *Verfahren zur Vertragsänderung.* Demnach war eine *Regierungskonferenz* einzuberufen, die über die Vorschläge zu beraten und diese einstimmig zu beschließen hatte. Entgegen den ursprünglich formulierten Hoffnungen, die sowohl die politisch Verantwortlichen als auch Beobachter des Konventsverfahrens in eine schnelle Verabschiedung des Verfassungsvertrages setzten, gestaltete sich der *Verlauf* der Regierungskonferenz dann jedoch in mehrfacher Hinsicht *problematisch.*[456] Im Folgenden werden zunächst die Verhandlungen im Rahmen der Regierungskonferenz nachgezeichnet, bevor das Interesse den Veränderungen des vorgelegten Entwurfs gilt. Entsprechend soll einleitend auf die im Vorfeld der Regierungskonferenz erkennbaren Erwartungen abgestellt werden, wobei zwei Phasen, diejenige unter italienischem und jene unter irischem Vorsitz, zu unterscheiden sind. Die sich anschließende materielle Analyse konzentriert sich auf besonders strittige Themen, wozu neben Fragen der institutionellen Reform vor allem der Anwendungsbereich der qualifizierten Mehrheitsentscheidung sowie allgemeinere Erörterungen, wie die des Gottesbezugs, zählten.

1. Der Übergang vom Konvent zur Regierungskonferenz

Um dem Konventsentwurf formalrechtlich Legitimität zu verleihen, begann im Oktober 2003 das in Art. 48 EUV vorgesehene Verfahren, nach dem die nationalstaatlichen Regierungen und/oder die Kommission Entwürfe für Vertragsänderungen vorlegen können, zu denen das Europäische Parlament, die Kommission und die Europäische Zentralbank[457] Stellung nehmen. Im Anschluss daran entscheidet der Rat, ob eine „Konferenz von Vertretern der Regierungen der Mitgliedstaaten" (Art. 48 EUV) einzuberufen ist, anlässlich derer die Regierungen Änderungsvorschläge erörtern und diese ggf. verabschieden. Das Verfahren mündet schließlich in die Ratifikation der neuen oder veränderten Verträge durch die Mitgliedstaaten.

Das Selbstverständnis der Beteiligten

Zu den für den Prozess der Verfassungsentwicklung einflussreichsten Akteuren zählten natürlich die Vertreter der *Ratspräsidentschaft,* hier zunächst der italienische Ministerpräsident *Silvio Berlusconi.* Geschwächt durch die Gerichte beschäftigende innenpolitische Auseinandersetzung, eine eher instabile Drei-Parteien-Koalition und Angriffe der Opposition, an deren Spitze sich der amtierende Kommissionspräsident *Romano Prodi* als Gegner für die kommenden italienischen Wahlen zu profilieren suchte, war es *Berlusconis* Anliegen, die Ver-

456 Die Literatur über die Regierungskonferenz ist nicht sehr umfangreich. Mit der ersten Phase bis Ende Dezember 2003 beschäftigt sich *Dinan, D.*: Governance and Institutions, a.a.O.

457 Nach Art. 48 EUV ist die EZB nur dann zu hören, wenn „institutionelle Änderungen im Währungsbereich" erwogen werden. Da der Konventsentwurf entsprechende Änderungen vorsah, war die EZB anzuhören.

handlungen möglichst schnell zum Abschluss zu bringen (zumal die Verfassung wie die „Römischen Verträge" in der italienischen Hauptstadt unterzeichnet werden sollte) und deshalb den Konventsentwurf wenn möglich ohne weitreichende Änderungen zu übernehmen. Eine langwierige Diskussion über einzelne Bestimmungen des Vertrages hätte den knappen Zeitplan gefährdet und einen Abschluss der Verhandlungen unter italienischer Präsidentschaft unmöglich gemacht. Die damit verbundene Eile, das nicht selten autokratische Verhalten des Ministerpräsidenten sowie nicht zuletzt seine deutlich US-freundliche Haltung im Irak-Konflikt brachten es allerdings mit sich, dass *Berlusconis* Ratspräsidentschaft von zahlreichen Beobachtern und amtierenden Staats- wie Regierungschefs bereits *ab ovo* kritisch gesehen wurde. Mit seinem ersten Auftritt vor dem Europäischen Parlament übertraf *Berlusconi* dann die Befürchtungen seiner Kritiker noch insofern, als es zu einem Eklat dadurch kam, dass er dem deutschen EP-Abgeordneten *Martin Schulz* die Verhaltensweise eines KZ-Aufsehers unterstellte[458] und damit seine Position für den weiteren Verlauf der Verhandlungen zusätzlich schwächte.

Dass es darüber hinaus seitens der polnischen und der spanischen Regierung zu *Widerständen gegen den* vom Konvent vorgelegten *Vertragsentwurf* kommen würde, war prognostizierbar. So zwang eine anti-europäische Mehrheit im heimischen Parlament die Verhandlungsführer der *polnischen Regierung,* Ministerpräsident *Leszek Miller,* Außenminister *Włodzimierz Cimoszewicz*[459] und Europaministerin *Danuta Hübner,* zu einem harten Konfrontationskurs.[460] Er nahm Bezug auf die bereits als „Nizza oder der Tod" bezeichnete Grundhaltung,[461] wonach für das Land ein Abweichen von der „dreifachen Mehrheit" und vor allem von der in Nizza erkämpften Stimmengewichtung Polens nicht akzeptabel war.[462] Unterstützung fand diese Position durch den *spanischen* Premierminister *José María Aznar,* der als ein schwieriger Verhandlungspartner auf europäischer Bühne bekannt war.[463] Er betrachtete die in Nizza vereinbarte Gewichtung der Stimmen Spaniens als eine Frage der Ehre und war gleichfalls nicht kompromissbereit. Dass es sich bei dieser Haltung des konservativen Premiers um eine durchaus auch persönliche Einstellung handelte, dokumentierte der schnelle Positionswechsel der spanischen Regierung nach dem Wahlsieg der Sozialisten. *Aznars* Verhalten im Rahmen der Regierungskonferenz erwies sich danach als das eines „Falken", eines Regierungschefs also, der härter verhandelte, als es aufgrund der innenpolitischen

458 „Herr Schulz, mir ist bekannt, dass ein Produzent in Italien gerade einen Film über nazistische Konzentrationslager dreht: ich werde Sie für die Rolle des Kapos, des Aufsehers, empfehlen. Sie wären in dieser Rolle perfekt!", zit. nach dem Protokoll der Plenardebatte vom 2.7.2003, EP; vgl. auch die nachfolgende Presseberichterstattung: FAZ vom 3.7.2003, 1; FTD vom 3.7.2003, 1, 11 und 27; FR vom 3.7.2003, 1; NZZ vom 3.7.2003, 1; StZ vom 3.7.2003, 1; SZ vom 3.7.2003, 1 und 7; taz vom 3.7.2003, 1 und 10.

459 Vgl. *Cimoszewicz, W.*: Wider den europäischen Staat, in: Die Welt vom 7.10.2003, 9.

460 In Polen wäre der nationalstaatlichen Verfassung zufolge auch eine Volksabstimmung über den Verfassungsvertrag möglich. In diesem Fall würde die einfache Mehrheit der Bevölkerung ausreichen, um den Verfassungsvertrag zu ratifizieren. Allerdings setzte ein solches Referendum auch ein Beteiligungsquorum voraus, das nur schwierig zu erreichen sein dürfte, obwohl in Umfragen eine Mehrheit der Bevölkerung den Verfassungsvertrag zu befürworten schien.

461 Vgl. NZZ vom 30.9.2003, 5.

462 Vgl. dpa-Meldung vom 4.10.2003 („Berlusconi erinnert Polen und Spanien an Gemeinschaftsinteresse"); European Report 18.6.2003, No. 2785. Vgl. auch die Aussagen von Premierminister *Miller* vor dem polnischen Parlament.

463 Ebd.

Konstellation erforderlich gewesen wäre.[464] Im Ergebnis formten Polen und Spanien bis zum März 2004 eine stabile Allianz und „Abwehrfront" im Rahmen der Konferenz.

Einen Gegenpol hierzu bildete die *deutsch-französische „Koalition"*, die sich für die Einführung der doppelten Mehrheit aussprach.[465] Interessant war dabei vor allem der Positionswandel *Jacques Chiracs,* der im Rahmen der Verhandlungen zum Vertrag von Nizza die Stimmengewichtung im Rat (und damit die Stimmengleichheit Deutschlands und Frankreichs) als nicht antastbar bezeichnete, jetzt aber, nur drei Jahre später, nahezu bedingungslos auf die Seite der Bundesrepublik wechselte. *Chirac* verzichtete damit auf eine wichtige Position der französischen Außenpolitik, was ihm Kritiker als eine Aufgabe des französischen Führungsanspruchs in der EU vorhielten. Die danach deutlich koordinierte Politik der beiden Länder wurde schließlich durch eine Reihe gemeinsamer Initiativen bekräftigt, wobei der deutsche Regierungsvertreter, Außenminister *Fischer,* sich allerdings im Vergleich zum französischen Selbstverständnis lediglich als „ehrlicher Makler" bezeichnete. Er verstand es als seine Aufgabe, den Verfassungsentwurf – und hier vor allem die doppelte Mehrheit – zu verteidigen. Dabei war im Gegensatz zu zahlreichen anderen Regierungen der Verhandlungsspielraum der deutschen Seite groß, zumal die Ratifizierung des Verfassungsvertrages in Bundestag wie Bundesrat nie in Zweifel stand.[466]

Um das deutsch-französische Tandem herum bildete sich eine lose Allianz, die sich aus den sechs Gründungsstaaten der Europäischen Wirtschaftsgemeinschaft, also *Belgien, Deutschland, Frankreich, Italien, Luxemburg und den Niederlanden,* zusammensetzte. Sie vertraten grundsätzlich die Position, dass von Veränderungen am Konventsentwurf abgesehen werden sollte.[467] Die italienische Regierung bezog allerdings keine eindeutige Stellung, da sie angesichts des Ratsvorsitzes einer Neutralitätsverpflichtung unterlag. Die drei Benelux-Staaten teilten zwar eine Reihe der von den kleineren Mitgliedstaaten vorgetragenen Bedenken, wussten aber mit den Eigenheiten des europäischen Einigungsprozesses umzugehen und profitierten letztlich von der Gemeinschaft.[468] Sie sagten deshalb auch im letzten Moment ihre

464 Ein solches Verhalten kann allerdings die innerstaatliche Ratifikation deutlich erleichtern.

465 Die türkische Regierung unterstützte die Forderungen der Bundesrepublik nach der „doppelten Mehrheit", vgl. FR vom 6.10.2003.

466 Einzig eine Volksabstimmung hätte dieses Resultat gefährden können. Einzelne Politiker (Bundestagsabgeordnete und Ministerpräsidenten der Länder) äußerten zwar in regelmäßigen Abständen, dass sie die Verfassung ablehnen würden, wenn man zentralen Forderungen nicht nachkäme, doch waren solche Einlassungen meist der Verhandlungstaktik geschuldet. CDU/CSU, SPD, FDP und Die Grünen befürworteten grundsätzlich die Annahme des Verfassungsvertrages.

467 Welt am Sonntag vom 5.10.2003. Allerdings forderte die Bundesrepublik, die qualifizierte Mehrheit auch im Bereich der GASP anzuwenden und beharrte gleichzeitig darauf, in der Einwanderungspolitik weiterhin einstimmig zu entscheiden (European Report, 18.6.2003, No. 2785); Frankreich wollte die *exception culturelle* bewahren, also das (französische) Vetorecht in Fragen des Handels von Kulturgütern mit Drittstaaten. Dabei war auch der Schutz der heimischen Filmindustrie von Bedeutung. Insgesamt wichen auch die deutsche und die französische Regierung von ihrer strikten Haltung ab, den Konventsentwurf nicht zur Diskussion zu stellen.

468 Die *Benelux-Staaten* erkannten, dass eine Vergemeinschaftung von Zuständigkeiten für kleinere Nationalstaaten auch Vorteile brachte, da sie sich so nicht dem unkontrollierbaren Druck hegemonialer Nachbarstaaten ausgesetzt sahen bzw. an einschlägigen Entscheidungen beteiligt waren. So entwickelten die Regierungen der drei Länder eine positive Haltung zum Verfassungsvertrag und verzichteten darauf, umfangreiche Änderungswünsche geltend zu machen. Dass der niederländische europapolitische Konsens dann im Mai 2005 mit der Ablehnung des Verfassungsvertrages im Referendum zerbrach, war zu diesem Zeitpunkt noch nicht abzusehen.

Teilnahme an einem von *Österreich und der Tschechischen Republik* ausgerichteten Gipfeltreffen der kleineren Mitgliedstaaten ab. An diesem Treffen, das am 1. September 2003 stattfand, nahmen Vertreter *Dänemarks, Estlands, Griechenlands, Irlands, Lettlands, Litauens, Polens, Portugals, der Slowakei, Sloweniens, Schwedens und Ungarns* teil.[469] Sie forderten die Beibehaltung des „Ein Kommissar je Mitgliedstaat"-Prinzips sowie des Rotationsverfahrens für den Vorsitz im Rat.[470]

In einer besonderen Situation fanden sich die mittel- und osteuropäischen *Beitrittskandidaten,* die einer (weiteren) Zuständigkeitsübertragung an die EU skeptisch gegenüberstanden, weckte diese doch ungute Erinnerungen an jene Abhängigkeiten, die man gerade überwunden glaubte. Sie sahen daher vor allem die nationalstaatliche Souveränität in Gefahr und befürchteten, im Ministerrat überstimmt zu werden.

Eine Zurückhaltung gegenüber weiteren Souveränitätseinbußen stand erwartbar auch im Zentrum der Bemühungen der *britischen Regierung,* zusätzliche Politikfelder, so im Steuerrecht und im Rahmen der GASP, vor dem „Zugriff" der Union zu schützen.[471] *Peter Hain* hatte bereits während der Beratungen des Konvents auf jene „roten Linien" hingewiesen, die Außenminister *Jack Straw* und Premierminister *Tony Blair* im britischen Parlament noch einmal betonten.[472] Hier bot sich dem Vereinigten Königreich die Chance zur Allianz mit den Beitrittsländern Mittel- und Osteuropas, zumal auch in weiteren Feldern der Außen- und Sicherheitspolitik Gemeinsamkeiten erkennbar waren. Beständige Partnerschaften resultierten hieraus allerdings nicht.

Schließlich sprachen sich zahlreiche *Vertreter der nationalen Parteien* für oder gegen den Verfassungsvertrag aus und setzten damit ihre nationalstaatlichen Regierungen unter Druck. Dies galt auch für führende Oppositionspolitiker, die sich entweder direkt auf der europäischen Ebene oder aber über befreundete und parteipolitisch „gleichgerichtete" Staats- und Regierungschefs Gehör zu schaffen suchten. Exemplarisch sei auf den bayerischen Ministerpräsidenten *Stoiber* verwiesen, der mehrfach medienwirksam feststellte, dass die Bundesregierung die deutschen Interessen nicht adäquat vertrete. Er sei deshalb über die Vetopositionen der britischen Regierung (im Steuerrecht) erfreut, da diese auch den deutschen

---

469 Siehe dpa-Meldung vom 4.10.2003, („Schüssel bekräftigt Forderung nach 25 Kommissaren mit Stimmrecht"). In verschiedenen Presseberichten war die Rede davon, dass die österreichische Regierung allein oder gemeinsam mit der polnischen oder ungarischen Regierung diese Forderung stellvertretend für acht, zehn oder sogar 18 Länder vertrat. Dabei handelte es sich um kleinere Mitgliedstaaten (ohne die Benelux-Staaten). Siehe auch Chronik (Anhang, I) am 1.9.2003.

470 Vgl. Tages-Anzeiger vom 6.10.2003 und länderspezifisch für Finnland: AFP-Meldung vom 4.10.2003 („Wien signalisiert Kompromissbereitschaft vor Regierungskonferenz"); für Lettland und die Slowakei: Frankfurter Rundschau vom 6.10.2003; für Österreich: European Report, 18.6.2003, No. 2785; für Polen: dpa-Meldung vom 4.10.2003 („Streit um EU-Verfassung zum Auftakt der Regierungskonferenz"); für die Tschechische Republik: das von Staatssekretär *Jan Kohout* angeführte Prinzip „Ein Land, ein Kommissar" (zit. nach dpa-Meldung vom 1.9.2003, „Kritische Masse"). Zum Rotationsprinzips s. auch DPA-AFX-Meldung vom 1.9.2003 („Kleinere und mittlere EU-Staaten diskutieren über Verfassung"). Lettland forderte zudem, die Mindestsitzzahl im EP anzuheben (vgl. FR vom 6.10.2003).

471 Vgl. auch *Sturm, R.*: Eine Verfassung für ein Land ohne Verfassung?, in: Beckmann, K./Dieringer, J./Hufeld, U. (Hg.), a.a.O., 261–271.

472 Die britische Regierung wollte auch die Einstimmigkeit für Bestimmungen zur Sozialen Sicherheit sowie im Strafrecht und -verfahren beibehalten. Vgl. *Opening Speech by the RT Hon Jack Straw MP* im Unterhaus am 18.6.2003 (verfügbar über *Foreign and Commonwealth Office*). PA News vom 18.6.2003 ("No Need for EU Constitution Poll, Says Blair.").

Interessen entsprächen.[473] Andere Kampagnen, wie die Einflussnahme auf die Wahl des neuen Kommissionspräsidenten *Barroso* oder der Versuch der CDU-Vorsitzenden *Angela Merkel,* die Aufnahme von Beitrittsverhandlungen mit der Türkei im Verbund mit weiteren konservativ geführten Mitgliedstaaten zu verhindern, wiesen darauf hin, dass nationale (Oppositions-)Parteien ihr europäisches Selbstverständnis schärften und pragmatisch versuchten, über ihnen nahestehende Regierungen Einfluss auszuüben.

Eigen- wie Fremdsicht der EU-Organe und Einrichtungen

Wie die Positionen der nationalstaatlichen Regierungen oszillierten auch die *Stellungnahmen der Organe und Einrichtungen der Europäischen Union* zwischen der Anerkenntnis unabweisbarer funktionaler, in Teilbereichen aber auch struktureller Reformen und dem Schutz des jeweiligen Eigeninteresses.

Die *Kommission* sah durch den Konventsentwurf ihre Legitimität und Funktionsfähigkeit als Hüterin der Verträge und Inhaberin des Initiativmonopols gefährdet.[474] Wie dargestellt, suchte der Verfassungsentwurf die Zahl der Kommissare im Kollegium auf 15 zu begrenzen. Damit wollte der Konvent die Effektivität des Gremiums verbessern, gefährdete jedoch dessen Legitimität, die auf der Repräsentation aller Mitgliedstaaten beruht.[475] Die Kommission favorisierte in ihrer Stellungnahme das Prinzip „Ein Kommissar je Land", sprach sich also – wenn auch vorsichtig formuliert – für eine „große" Lösung aus. Der Vorschlag trug allerdings Züge eines komplexen Kompromisses, sollte doch über eine Modifikation der Geschäftsordnung die Effektivität des Gremiums gewährleistet werden. Durch eine Aufteilung in mehrere Gruppen, die das Tagesgeschäft übernehmen würden, suchte man das Gesamtkollegium zu entlasten, das sich auf wesentliche Entscheidungen konzentrieren sollte; allerdings waren so das Problem des Ressortzuschnitts und die sich damit verbindenden Fragen kaum zu beantworten. Hinzu traten Anregungen, den Anwendungsbereich der qualifizierten Mehrheitsentscheidung auszuweiten, um angesichts der heterogener werdenden Mitgliedstaaten den Gesetzgebungsprozess zu vereinfachen und das Handeln der Gemeinschaft effizienter zu gestalten.

Kommissionspräsident *Prodi* betonte bei der Veröffentlichung der Stellungnahme, dass die Kommissare geschlossen für eine „große" Kommission gestimmt hätten. Allerdings ließen Äußerungen im Vorfeld vermuten, dass einzelne Mitglieder des Kollegiums in dieser Frage durchaus abweichende Meinungen vertraten. Kommissar und Konventsmitglied *Barnier* etwa erklärte, dass es für *Prodis* Vorschläge lediglich eine Mehrheit gebe. *Prodis* Haltung stieß daher erwartungsgemäß auf Widerstand, vor allem seitens der deutschen und der französischen Regierung, die Neuverhandlungen auch in dieser Frage ablehnten.

Die Abgeordneten des *Europäischen Parlaments* verstanden sich – überwiegend – als erwartbar integrationsfreudig und forderten eine zügige Ratifizierung des Konventsentwurfs; weitere Verhandlungen und ggf. deutliche Veränderungen am Entwurf erschienen ihnen ent-

473 Vgl. FAZ vom 9.9.2003, 1; FR vom 9.6.2004, 5.

474 Vgl. zur Position der Kommission deren Stellungnahme gemäß Art. 48 EUV, KOM (2003) 548 endgültig, 17.9.2003. Abdruck im Anhang dieses Bandes, III/3.

475 Dabei käme es außerdem zu einer Rückkoppelung zwischen den beiden Zielen; die Arbeitsfähigkeit einer nicht-legitimen Kommission würde möglicherweise durch eine reduzierte Legitimität eingeschränkt. Vgl. auch *Wessels, W.*: Die institutionelle Architektur der EU nach der Europäischen Verfassung, in: Integration, 27/3 (2004), 161–175.

behrlich. Ähnlich argumentierten im Bewusstsein der eigenen Leistung die parlamentarischen Mitglieder des Konvents. Sowohl im Europäischen Parlament als auch im Plenum des Konvents fanden sich nur gelegentlich kritische Stimmen, die aber immer in der Minderheit blieben.

Materiell hatte das Parlament von allen vorangehenden „Vertiefungsrunden" (EEA, Verträge von Maastricht, Amsterdam und Nizza) profitiert, der Verfassungsvertrag setzte diesen Trend fort. Mithin konnte es nicht verwundern, dass der Konventsentwurf seitens des EP als Fortschritt begrüßt wurde.[476] Gleichwohl forderte es, den Anwendungsbereich der qualifizierten Mehrheit weiter auszudehnen und das Parlament als „die verantwortliche parlamentarische Instanz" für die GASP und die ESVP auszuweisen. Es unterstrich zudem, dass seine erweiterten Rechte im Haushaltsverfahren von der Regierungskonferenz nicht wieder eingeschränkt werden sollten. Auch äußerten Parlamentsvertreter, dass die Schaffung einer hauptamtlichen Präsidentschaft des Europäischen Rates das institutionelle Gleichgewicht der Union stören könnte. Die Aufgabenbereiche des Kommissionspräsidenten und des Außenministers seien zu respektieren. Schließlich setzten sich die Abgeordneten dafür ein, dem Außenminister eine eigene Verwaltung im Rahmen der Kommission zuzuordnen.[477]

Die veränderte Zusammensetzung des Parlaments wurde dagegen begrüßt. Die Gleichwertigkeit der Stimmen der Bürger Europas sei durch eine Mindestsitzzahl von vier je Mitgliedstaat besser gewährleistet als bislang. Für die nationalstaatlichen Regierungen handelte es sich hierbei allerdings um „Verhandlungsmasse" im Rahmen der Auseinandersetzung um die Stimmengewichtung im Rat. Im Ergebnis zeigte sich, dass – wie bereits während der Konventsarbeiten – das Europäische Parlament seine Positionen überzeugender darzustellen vermochte als die Kommission, die einer erheblichen Ausdifferenzierung unterlag.[478]

Die Vertreter der *Europäischen Zentralbank* (EZB) – und in diesem Zusammenhang auch die der Bundesbank – sahen sich als Verfechter der Preisstabilität. Dieses Ziel und die sich daraus ergebende Bedeutung der Unabhängigkeit der EZB und des Systems der europäischen Zentralbanken (ESZB) waren im Selbstverständnis der beteiligten Banker nicht verhandelbar. Die Europäische Zentralbank bedauerte zudem, dass sie „weder formelles Mitglied noch offizieller Beobachter" des Konvents war, und forderte, dass „der Entwurf einer Verfassung die bestehende hervorgehobene Stellung des richtungweisenden Grundsatzes stabiler Preise am Anfang des EG-Vertrags beibehielte".[479] Sie schlug deshalb vor, die Preisstabilität oder ein „nichtinflationäres Wirtschaftswachstum" als Ziel in Art. I-3 VVE aufzunehmen.[480] Insgesamt nehme der Verfassungsentwurf allerdings keine fundamentalen Veränderungen an den Voraussetzungen und Rahmenbedingungen der gemeinsamen Währung

476 Siehe hierzu die Entschließung des Europäischen Parlaments zum Vertragsentwurf wie zur Einberufung der Regierungskonferenz vom 24.9.2003, 11047/2003, ABl. C 77 E vom 26.3.2004, 255ff. Abdruck im Anhang dieses Bandes, III/4.

477 Der Hohe Beauftragte für die GASP ist gleichzeitig Erster Generalsekretär des Rates und arbeitet mit dem Sekretariat des Rates zusammen. Die Zuordnung des Außenministers zu Rat und Kommission (wie im Verfassungsentwurf vorgesehen) kann allerdings Probleme aufwerfen. Zum geplanten Europäischen Auswärtigen Dienst s. auch unter II/4.

478 Vgl. *Dinan, D.*, a.a.O., 30.

479 Stellungnahme der Europäischen Zentralbank vom 19.9.2003 (CON/2003/20), ABl. C 229 vom 25.9.2003, 7ff. (Abdruck im Anhang dieses Bandes, III/6).

480 Der Konventsentwurf beinhaltet die Preisstabilität nur in Teil III – und übernahm sie damit aus dem EGV und dem EUV ohne Veränderungen.

vor, so dass sich die EZB auf Korrekturen und Präzisierungen (etwa von Artikelüberschriften oder bestimmten Begriffen in einzelnen Artikeln) beschränkte.

Mit der Streichung der Preisstabilität aus dem Zielkatalog der Union lebten jene Befürchtungen wieder auf, nach denen die EZB – möglicherweise in Verbindung mit einer Wirtschaftsregierung auf europäischer Ebene – diese nicht mehr als wichtigstes Ziel verfolgen könnte.[481] Die Auseinandersetzung wurde mit unterschiedlicher Intensität geführt: Während die Stellungnahme der EZB moderat ausfiel und die Bank ihre Forderungen zwar vernehmlich, aber sachlich an die Regierungsvertreter herantrug, kämpften eine Reihe zivilgesellschaftlicher Akteure, darunter zahlreiche Wirtschaftswissenschaftler, in Teilen polemisch für die von ihnen als höchst gefährdet eingeschätzte Preisstabilität.

Rat und Europäischer Rat verabschiedeten erwartungsgemäß keine materiell fundierte Stellungnahme zum Konventsentwurf. Exemplarisch sei auf die Erklärung des Rates Allgemeine Angelegenheiten verwiesen, der lediglich feststellte, dass er der Einberufung der Regierungskonferenz zustimme.[482] Schon zuvor hatten die im Europäischen Rat vertretenen Staats- und Regierungschefs den Konventsentwurf begrüßt und das „Mehr" an Demokratie und Effizienz hervorgehoben.[483] Inhaltlich verhinderten die unterschiedlichen Interessen der nationalstaatlichen Regierungen eine detaillierte und umfangreichere Reaktion.

Obwohl das beschriebene Verfahren nach Art. 48 EUV keine Stellungnahme des *Ausschusses der Regionen* (AdR) und des *Europäischen Wirtschafts- und Sozialausschusses* (WSA) vorsah, verfassten beide Einrichtungen angesichts der fundamentalen Bedeutung des Verfassungsentwurfs Erklärungen aus eigener Initiative. Der WSA versuchte dabei, der eigenen Position mehr Gewicht zu verleihen.[484] Dazu sollte, in Analogie zum AdR, sein Klagerecht ausgeweitet werden; zudem sei er in weiteren Politikfeldern obligatorisch anzuhören. Auch der AdR forderte in seiner Stellungnahme die Beibehaltung des durch den Konventsentwurf erreichten Gleichgewichts, schlug allerdings auch vor, die „lokale und regionale Dimension" im Europäisierungsprozess weiter zu stärken. Schließlich sprach sich der AdR für eine Ausweitung der Anhörungen aus. Dabei sei eine Begründungspflicht zu erwägen, wenn die Gemeinschaftsorgane eine Stellungnahme des AdR nicht berücksichtigten. Im Ergebnis beeinflussten aber weder die Stellungnahme des WSA noch die des AdR die Verhandlungen der Regierungskonferenz.

481 Das Protokoll über die Euro-Gruppe wurde als der Beginn einer solchen Institutionalisierung gesehen, allerdings definierte es dessen Sitzungen als „informell". Zu den Bedenken (Preisstabilität und Euro-Gruppe) s. stellvertretend *Caesar, R./Kösters, W.*: Europäische Wirtschafts- und Währungsunion, in: Integration, 27/4 (2004), 288–300.

482 2526. Tagung des Rates Allgemeine Angelegenheiten, 29.9.2003, Brüssel; 12293/03 (Presse 251), 6. An der Tagung des Rates nahmen auch Vertreter der Beitrittsstaaten teil. Abdruck im Anhang dieses Bandes, III/5.

483 Schlussfolgerungen des Europäischen Rates von Thessaloniki vom 19. und 20.9.2003 sowie vom 1.10.2003. Abdruck im Anhang dieses Bandes, III/1.

484 Vgl. Dokument DI 98/2003 sowie im Anhang dieses Bandes, III/7 und III/8.

2. Die Regierungskonferenz unter italienischem Vorsitz

Nachdem der Rat Allgemeine Angelegenheiten die Stellungnahmen des Europäischen Parlaments, der Kommission und der EZB erhalten hatte, beschloss er anlässlich seiner Tagung am 29. September 2003 die *Einberufung der Regierungskonferenz* durch den Präsidenten.[485] Die Konferenz sollte am 4. Oktober beginnen und am 13. Dezember enden.[486] Doch bereits anlässlich ihrer Eröffnung deutete sich an, dass sich die Verhandlungen bis in den Januar 2004 hinein verlängern könnten. Dabei wurde angemerkt, dass es besonders wichtig sei, die Verfassung vor den Europawahlen (im Juni 2004) zu unterzeichnen, wie dies vor allem seitens der Staats- und Regierungschefs sowie vom Europäischen Parlament angestrebt wurde.[487] Die damit sichtbar werdende zeitliche Flexibilität dokumentierte, dass die Staats- und Regierungschefs dem ehrgeizigen Terminplan durchaus skeptisch gegenüberstanden; noch war allerdings nicht abzusehen, dass sich die Verhandlungen bis in den Juni 2004 hinziehen würden.

Die *italienische Ratspräsidentschaft* legte für den Ablauf der Regierungskonferenz schließlich einen *Zeitplan* vor, der die Reihenfolge der Treffen der Außenminister – außerordentliche und solche im Rahmen der regulären Tagungen des Rates Allgemeine Angelegenheiten – sowie der Staats- und Regierungschefs festzulegen suchte. Offensichtlich schätzte die italienische Regierung den Gesprächsbedarf als eher gering ein, setzte sie doch drei Tagungen des Europäischen Rates und nur fünf Treffen der Außenminister an.[488] Zusätzlich sah der Zeitplan für Ende November 2003 ein zweitägiges Konklave der Minister (in Neapel) vor, anlässlich dessen ungeklärte Fragen zur Diskussion stehen sollten. An diesen Treffen nahmen zudem zwei Vertreter des Europäischen Parlaments teil, während sich die Staats- und Regierungschefs vorbehielten, von Sitzung zu Sitzung zu entscheiden, ob der Präsident des Europäischen Parlaments einzuladen sei.[489]

---

485 Dokument Nr. 12293/03. Abdruck im Anhang dieses Bandes, III/5. Vgl. auch Anhang, III/2, III/9 und III/10.

486 Vgl. die Schlussfolgerungen des Europäischen Rates von Thessaloniki vom 19. und 20.9.2003 sowie vom 1.10.2003, Nr. 5. Abdruck im Anhang dieses Bandes, III/1.

487 Das Europäische Parlament plädierte in seiner Stellungnahme (September 2003) für die Unterzeichnung der Verfassung am Europatag (9.5.2004); abzuhaltende nationale Referenda sollten am gleichen Tag stattfinden.

488 Einige der Treffen dauerten zudem nur einen halben Tag. Bei der Einschätzung ihres Ertrages ist zu berücksichtigen, dass schon die fünfminütigen Stellungnahmen eines jeden Mitgliedstaates gut zwei Stunden in Anspruch nehmen, ohne dass es zu einer inhaltlichen Diskussion kommen kann.

489 Auch Vertreter der Kommission (in der Regel der bereits im Konvent präsente Kommissar *Michel Barnier*) bzw. der Kommissionspräsident nahmen an den Sitzungen der Außenminister bzw. der Staats- und Regierungschefs teil. Zu erwähnen ist darüber hinaus die Rolle der Sachverständigen (*legal experts*) aus den Mitglied- und Beitrittstaaten, die von Vertretern der Rechtsabteilungen der Kommission und des Rates unterstützt wurden. Den Vorsitz führte der Generaldirektor der Rechtsabteilung des Rates, *Jean-Claude Piris*. Aufgabe der Gruppe war es, die benannten formalen Schwächen des Konventsentwurfes zu beheben; sie legte am 25. November 2003 ihre Ergebnisse vor (CIG 50/03, 51/03). Die angeregten Veränderungen waren überwiegend redaktioneller Art, in weiten Teilen korrigierten sie lediglich sprachliche Unsauberkeiten. Zudem schlug das Gremium vor, einige Artikel innerhalb des Vertrages zu verschieben sowie die Artikel fortlaufend zu nummerieren, eine Anregung, die die Regierungskonferenz aufnahm.

Akteure und Strategien

Am 4. Oktober 2003 wurde die Regierungskonferenz im Rahmen der Tagung des Europäischen Rates von Rom offiziell eröffnet. Während bei einer Tagung der Außenminister im Vorfeld (am 29. September) zahlreiche Konflikte zutage traten, gaben sich die Staats- und Regierungschefs eine Woche später im Ton versöhnlich, in der Sache aber kaum kompromissbereit. Sie überließen die Details ihren Außenministern, die bereits am Nachmittag ihre Arbeit aufnahmen.

Öffentlich wahrgenommen wurde vor allem die Forderung der kleineren Mitgliedstaaten, das Prinzip *„Ein Land, ein Kommissar"* zu wahren. Auch die Auseinandersetzung um das *Abstimmungsverfahren im Rat* nahm eine zentrale Position ein, so dass zahlreiche Politiker und Journalisten in Erinnerung der Verhandlungen von Nizza eine „Nacht der langen Messer" erwarteten, in deren Rahmen kompromissfähige Lösungen durch *package deals* entschieden oder aber durch finanzielle Zugeständnisse erkauft würden.

Auf Kritik stieß vor allem die *harte Position Polens:* Teilnehmer der Konferenz sprachen davon, dass es den neuen Mitgliedstaaten noch an Erfahrung mit europäischen Verhandlungen fehle. Man dürfte sich nicht schon von vornherein in „Schützengräben" zurückziehen und damit jeden Spielraum für die weiteren Verhandlungen nehmen. Im Auswärtigen Amt erwog man nach einem Bericht des „Spiegel" sogar, den Verfassungsentwurf bereits im Dezember „auf Eis zu legen".[490] Allerdings bezog die Kritik am polnischen Verhalten auch eine kritische Beurteilung der deutschen Verhandlungsführung mit ein. Sie sei ähnlich kompromisslos, stand für sie das nach dem Konventsentwurf vorgesehene Abstimmungsverfahren doch nicht zur Disposition.

Um die Diskussionen zu strukturieren, übermittelte die italienische Ratspräsidentschaft den Kontaktstellen der Mitgliedstaaten *Fragebögen.* Dabei wurden Themenkomplexe ausgewählt, die in ersten Aussprachen als kritisch galten.[491] Anlässlich der nachfolgenden Sitzungen der Außenminister griff man dann in Teilen auf diese Fragebögen und deren Auswertung zurück. So diskutierten die Minister anlässlich ihres Treffens am 13. Oktober 2003 über den „Außenminister der Union" sowie über die Zusammensetzung der Kommission und bereiteten die kommende Tagung der Staats- und Regierungschefs vor. Anlässlich der turnusgemäßen Sitzung des Europäischen Rates am 16. und 17. Oktober 2003 fanden sich allerdings keine neuen Kompromisse, so dass sich die Schlussfolgerungen des Vorsitzes auf wenige allgemeine Floskeln beschränkten.[492] Die Teilnehmer bestätigten ihre bereits bekannten Positionen und forderten – diplomatisch formuliert – von der italienischen Ratspräsidentschaft, dass „sie nun einen Gang höher schalten und Texte als Grundlage für eine wirkliche Diskussion produzieren müsse". Gleichwohl erklärte Außenminister *Frattini,* die italienische Regierung wolle sich „weiterhin mit Fragebögen den kontroversen Themen annähern"[493] und

490 Der Spiegel 41/2003, 16.

491 Die versandten Fragebögen behandelten materiell den Außenminister der Union (CIG 2/03, 2.10. 2003 und CIG 6/03, 7.10.2003), die Zusammensetzung der Kommission (CIG 6/03), die Gesetzgebungsfunktion sowie Zusammensetzung und Vorsitz des Rates (CIG 9/03, 15.10.2003). Ein am 24.10.2003 veröffentlichter Fragebogen mit nicht-institutionellen Gegenständen (CIG 37/03) stellte eine unstrukturierte Liste diskussionswürdiger Bereiche dar, die die Regierungsvertreter zu diversen strittigen Punkten des Vertragswerkes formulierten.

492 Vgl. CIG 36/03 und Rat 15188/03.

493 Ebd.

erst nach dem Konklave – also Ende November – einen öffentlich zugänglichen Kompromissvorschlag unterbreiten.[494]

Zehn Tage darauf, am 27. Oktober 2003, kamen die Außenminister zu einem weiteren Treffen zusammen. Dabei diskutierten sie – anhand der ausgewerteten Bögen – den Anwendungsbereich der qualifizierten Mehrheitsentscheidung, offene institutionelle Fragen und „wesentliche nicht-institutionelle" Probleme. Für die zuletzt genannte Kategorie legte die Ratspräsidentschaft eine Liste mit den Wünschen der Delegationen vor, die insgesamt 91 Einträge umfasste.[495] Intensiver besprachen die Minister die künftige Ausgestaltung der Ratspräsidentschaft, den Gottesbezug sowie die Verfahren zur Vertragsänderung.[496] Im Anschluss daran kam die Ratspräsidentschaft zu dem Ergebnis, die Zeit bis zum Konklave für bilaterale Konsultationen nutzen zu wollen, um Kompromissmöglichkeiten bei besonders strittigen Fragen auszuloten.

Zwischenergebnisse

Erste konkrete *Änderungsvorschläge* – zur Bestellung eines Europäischen Außenministers und mit Blick auf das Revisionsverfahren – legte die Ratspräsidentschaft dann anlässlich der Tagung der Außenminister am 18. November 2003 vor.[497] Im Rahmen der Sitzung diskutierte man auch über verteidigungspolitische Fragen; die Ratspräsidentschaft versprach zudem, nun doch bereits vor dem Konklave Artikelentwürfe zu präsentieren. Die daraufhin erarbeiteten etwa 40 Vorschläge beinhalteten sowohl institutionelle als auch materielle Veränderungen, so zum Vorsitz im Rat, zum Außenminister, zur GASP und zur Energiepolitik.[498] Der Umfang der vorgesehenen Modifikationen erwies sich als sehr unterschiedlich: Während in einigen Artikeln nur ein Wort auszutauschen war, wurden andere vollständig neu formuliert.

Nach den Planungen sollte das sich anschließende *Konklave* dann dem Abschluss der Verhandlungen auf der Ebene der Außenminister dienen, war deren Treffen am 28. und 29. November 2003 in Neapel doch die letzte Möglichkeit, vor dem vereinbarten Ende der Regierungskonferenz zu einem Konsens zu finden. Hatte in der öffentlichen Wahrnehmung bislang die Auseinandersetzung um das Abstimmungsverfahren im Rat dominiert, traten in Neapel die Vetopositionen der britischen Regierung, vor allem zur GASP und zur Steuerpolitik, hinzu. Auch die Aussetzung des Defizitverfahrens gegen Deutschland und Frankreich wenige Tage zuvor[499] belastete die Verhandlungen. Letztlich wiederholten die Beteiligten ihre bekannten Forderungen und zeigten sich weiterhin nicht kompromissbereit. Außenminister *Fischer* etwa lehnte einen Vorschlag der italienischen Regierung ab, die Entscheidung über das Abstimmungsverfahren im Rat auf das Jahr 2009 zu verschieben. Stattdessen drohte er nun offen mit dem Scheitern der Regierungskonferenz; zudem verwies die Bundesregierung auf die anstehenden Verhandlungen über den Finanzrahmen der EU. Eine Einigung gelang den Ministern lediglich mit Blick auf die strukturierte Zusammenarbeit im Rahmen der Verteidigungspolitik.[500]

494 Ebd.

495 CIG 37/03.

496 FAZ vom 28.10.2003.

497 Vgl. CIG 45/03 und CIG 46/03.

498 CIG 52/03 Add. 1 vom 25.11.2003 sowie CIG 52/03 vom 25.11.2003. Gleichzeitig wurde die von den Sachverständigen überarbeitete Fassung des Vertragsentwurfs vorgelegt (CIG 50/03).

499 FAZ vom 26.11.2003, 1.

500 Vgl. auch CIG 55/03, CIG 56/03, CIG 57/03.

Das Konklave endete sechs Stunden früher als geplant. Der ursprünglich damit verbundenen Idee, sich gleichsam so lange „einzuschließen", bis eine Einigung erreicht würde, folgten die Außenminister nicht. Vielmehr verschoben sie alle zentralen Fragen auf die nachfolgende Sitzung des Europäischen Rates. Auch blieben weitere Versuche, durch bilaterale Verhandlungen Kompromisse zu erarbeiten, ohne Erfolg. So scheiterten Gespräche zwischen den Vertretern Italiens und Polens, Polens und Deutschlands sowie Großbritanniens und Polens. Die Einschätzung der Süddeutschen Zeitung, die am 1. Dezember 2003 mit dem Titel „Europäische Verfassung vor dem Scheitern" aufmachte, sollte sich bestätigen.

Schließlich kristallisierte sich die Frage nach dem Abstimmungsverfahren im Rat (der Definition der qualifizierten Mehrheit) für die Tagung des *Europäischen Rates* am 12. und 13. Dezember 2003 als entscheidend heraus. Der italienische Außenminister *Frattini* erklärte dazu einen Tag vor der Sitzung der Außenminister, dass seine Regierung hierzu keinen Kompromissvorschlag vorlegen wolle.[501] Ende November hatte es noch Gerüchte darüber gegeben, dass Ministerpräsident *Berlusconi* Polen einen Kompromiss vorgeschlagen habe, der eine Verlängerung der Geltungsdauer der Nizza-Regeln mit einer Erhöhung des Bevölkerungsquorums auf zwei Drittel (statt der 60 Prozent im Konventsentwurf) verband.[502] Der polnische Präsident *Aleksander Kwaśniewski* machte allerdings kurz vor der Tagung noch einmal deutlich, dass dieser Kompromiss für Polen nicht annehmbar sei.[503] Andere strittige Themen der zu diesem Zeitpunkt noch umfangreichen Agenda (wie etwa der Gottesbezug in der Präambel, die Stellung des Europäischen Parlaments im Haushaltsverfahren, die Solidaritätsklausel, die Zusammensetzung der Kommission und die Mindestsitzzahl im EP) traten in den Hintergrund.

Das Scheitern der Verhandlungen

Das *Gipfeltreffen der Staats- und Regierungschefs* verlief von Anfang an in einer sehr angespannten Atmosphäre. Auch letzte Versuche am Vormittag des zweiten Tages, in bilateralen Gesprächen einen Kompromiss zu erzielen, blieben erfolglos. Eine Einigung über die Definition der qualifizierten Mehrheit gelang nicht, so dass die Teilnehmer nur noch das *Scheitern der Verhandlungen* in einer lapidaren vierzeiligen Erklärung feststellen konnten.[504] Angesichts der dargestellten Positionen war eine Einigung zu diesem Zeitpunkt letztlich nicht möglich. Doch auch die Verhandlungsführung der italienischen Ratspräsidentschaft und die Erwartung aller Teilnehmer auf eine „Nacht der langen Messer" trugen zum vorläufigen Scheitern der Regierungskonferenz bei.

So setzte die italienische Regierung lange auf das „Fragebogen"-Verfahren und legte konkrete Texte erst spät, möglicherweise zu spät vor.[505] Einen Kompromissentwurf für die Definition der qualifizierten Mehrheit formulierte sie nicht. Der italienische Ministerpräsident *Berlusconi* erschien deshalb auch zur letzten Sitzung des Europäischen Rates ohne konkrete Vorschläge, der ominöse „Zettel" mit der vermeintlichen Lösung erwies sich Presseberichten zufolge als leeres Blatt[506]; der Vorsitzende brach die Verhandlungen denn auch schnell ab.

501 FAZ vom 9.12.2003.
502 FAZ vom 24.11.2003, 6.
503 AFP: Polens Präsident Kwasniewski droht mit Veto gegen EU-Verfassung, London: 10.12.2003.
504 Anhang, III/11.
505 Vgl. *Dinan, D.*, Governance and Institutions, a.a.O., 41.
506 SZ vom 15.12.2003, 3.

Angesichts der kompromisslosen Positionen der deutschen wie der polnischen Regierung eröffnete *Berlusconis* Verhalten allerdings die Möglichkeit, die Verhandlungen zu verschieben – um ggf. später zu einer auch funktional sinnvollen Einigung zu gelangen. Auffällig war zudem, dass bereits in der Frühphase der Regierungskonferenz die Außenminister strittige Probleme sehr schnell auf die Ebene der Staats- und Regierungschefs „hoben", ohne diese wirklich zu diskutieren. Die darin zum Ausdruck kommende Erwartung einer Paketlösung „in letzter Minute" könnte auch dazu geführt haben, dass das dem gegebenen Konfliktpotential gegenüber mögliche Kompromissniveau nicht wirklich ausgelotet wurde.

Schließlich beeinflusste das ungewöhnlich hohe *Interesse der Öffentlichkeit* die Verhandlungen in der ersten Phase der Regierungskonferenz *möglicherweise negativ*. So formulierten die Staats- und Regierungschefs und ihre Außenminister bereits öffentlich Positionen, die dann als gleichsam unverhandelbar in den Konferenzraum getragen wurden. Die Konventsmethode könnte dies insofern mitverantwortet haben, als gerade sie auf der Öffentlichkeit der Verhandlungen bestand: Alle Argumente und Positionen sollten und wurden publik gemacht. In den mitgliedstaatlichen Öffentlichkeiten entstand so das Bild einer bestimmten „nationalen Position", die wiederum einen Erwartungsdruck erzeugte, der den Verhandlungsspielraum der Regierung einschränkte – wie sich dies am deutlichsten im Fall Polens manifestierte. Für die einzelnen Teilnehmer wurde es so immer schwieriger, einem Kompromiss zuzustimmen, ohne das Gesicht zu verlieren, ein Aspekt, der bei einer vergleichenden Beurteilung von Konventsmethode und Regierungskonferenz zu berücksichtigen ist.

3. Die Regierungskonferenz unter irischem Vorsitz

Die sich mit dem Scheitern der Verhandlungen im Dezember 2003 ergebende Situation wurde zu Recht von der Öffentlichkeit als *Krise* wahrgenommen. Umso deutlicher wuchs der Druck auf die nachfolgende Ratspräsidentschaft Irlands, Wege aufzuzeigen, wie man den erkennbaren Unvereinbarkeiten begegnen könne. Premierminister *Bertie Ahern* und sein Außenminister *Brian Cowen* nutzten die ihnen gegebenen Möglichkeiten und führten Gespräche mit allen Beteiligten, die dann die Wiederaufnahme der Verhandlungen zur Folge hatten.

Entzerrung und Begrenzung der Agenda

Nach dem Ende der Regierungskonferenz im Dezember 2003 beauftragte der Europäische Rat die irische Präsidentschaft, durch Konsultationen zu ermitteln, ob und unter welchen Bedingungen die Verhandlungen mit Aussicht auf Erfolg wieder aufgenommen werden könnten.[507] Die sich anschließende *„informelle Phase"* war durch bilaterale Gespräche gekennzeichnet, die der Vorsitz nicht nur mit hochrangigen Beamten und der politischen Führungsebene in den Mitgliedstaaten, sondern auch mit Vertretern der Kommission und des Europäischen Parlaments führte. Die irische Präsidentschaft verfolgte dabei konsequent die Strategie, die *Agenda zu begrenzen und* sie gleichzeitig *zu entzerren*. Zu den noch zu behandelnden Fragen gehörten demnach die Größe und Zusammensetzung der Kommission, die

507 Vertreter des Europäischen Parlaments und Mitglieder des Konvents forderten dagegen eine sofortige Wiederaufnahme der Verhandlungen.

Definition und der Anwendungsbereich der qualifizierten Mehrheitsentscheidung und die Mindestzahl der Sitze je Mitgliedstaat im Europäischen Parlament. Darüber hinaus identifizierte man weitere offene Fragen, doch glaubte man, „die meisten ohne übermäßige Schwierigkeiten“ lösen zu können.[508] Im Rahmen der Konsultationen ermittelte die irische Regierung zudem die Bereitschaft der Beteiligten, die Verhandlungen zügig zum Abschluss zu bringen. Nachdem sie zahlreiche der italienischen Vorschläge konsensfähig fand und die strittigen Verhandlungspunkte isolierte,[509] empfahl sie dem Europäischen Rat am 25. und 26. März 2004, die Verhandlungen der Regierungskonferenz wieder aufzunehmen.[510]

Anlässlich dieser Tagung sollte allerdings nicht sofort über einzelne Sachthemen verhandelt werden. Vielmehr strebte man eine Übereinkunft an, nach der „ein gemeinsamer politischer Wille“ bestehe, „frühzeitig zu einer allgemeinen Einigung zu gelangen“.[511] Im Übrigen ließen die Staats- und Regierungschefs dem irischen Ministerpräsidenten freie Hand, die Verhandlungen im Rahmen der Regierungskonferenz „so bald, wie dies angebracht ist“, wieder aufzunehmen.[512] Allerdings legten sie sich auch darauf fest, die Konferenz bis zur Tagung des Europäischen Rates im Juni abschließen zu wollen.

Die irische Regierung setzte daraufhin ihre Strategie der *Begrenzung der Agenda* fort und lud hochrangige Beamte aus den Mitgliedstaaten zu einem Treffen nach Dublin ein, anlässlich dessen möglichst viele der unstrittigen Punkte verabschiedet werden sollten. Dieses Treffen war schon insofern erfolgreich, als sich 43 der identifizierten Diskussionspunkte als konsensfähig erwiesen,[513] mithin nicht mehr auf Ministerebene angesprochen werden mussten. Im Anschluss trat Ministerpräsident *Ahern* eine weitere Rundreise durch die Mitgliedstaaten an,[514] als deren Ergebnis es zu einer Aufteilung der noch offenen Fragen in *drei „Körbe“* kam. Der erste Korb enthielt jene Artikel, hinsichtlich derer nur noch einige Delegationen Diskussionsbedarf sahen.[515] In den beiden anderen Körben fasste die irische Präsidentschaft Fragen zusammen, für die sie noch keine neuen Antworten vorlegen konnte (oder wollte). Dies

508 CIG 70/04 vom 24.3.2004.

509 Diese Ergebnisse sind in den Dokumenten CIG 60/03 ADD 1 und 2 enthalten. Selbst die nach Einschätzung der italienischen Regierung konsensfähigen Änderungen in Anhang 1 des Dokumentes CIG 60/03 waren noch nicht formell beschlossen. Anhang 2 führte die noch ungeklärten Fragen auf. Anhang 1 umfasste 44 einzelne Änderungen, so z. B. zum Außenminister, zum Europäischen Auswärtigen Dienst, zu den Fragen des Anwendungsbereichs der qualifizierten Mehrheitsentscheidung und zur Revision des Verfassungsvertrages. Anhang 2 – der erst am 11.12.2003, also einen Tag vor Beginn des Europäischen Rates, vorgelegt wurde – beinhaltete keine konkreten Formulierungen, sondern beschrieb nur die Positionen der einzelnen Delegationen und deutete an, in welche Richtung sich ein eventueller Kompromiss bewegen könnte. Behandelt wurden die Frage des Gottesbezuges in der Präambel, die Zusammensetzung der Kommission, die Definition der qualifizierten Mehrheit sowie deren Anwendungsbereich und schließlich die Mindestsitzzahl im Europäischen Parlament.

510 CIG 70/04 vom 24.3.2004 fasst die Ergebnisse der Konsultationen zusammen.

511 CIG 70/04, 5.

512 Schlussfolgerungen des Vorsitzes, Anhang, III/12.

513 CIG 73/04 vom 4.5.2004, CIG 76/04.

514 FAZ vom 5.5.2004, 6.

515 „Zusammensetzungen des Ministerrates und Ausübung des Vorsitzes im Ministerrat; Mehrjähriger Finanzrahmen; Haushaltsverfahren; Erläuterungen zur Charta der Grundrechte; Kontrolle des Europäischen Gerichtshofs über die Verfahrensbestimmungen in Bezug auf ein übermäßiges Defizit sowie die Gemeinsame Handelspolitik“ (CIG 75/04, 1).

betraf den Anwendungsbereich der qualifizierten Mehrheitsentscheidung (Korb II) und die Zusammensetzung der Kommission (Korb III).

Diese *Segmentierung der Problemfelder* diente dann als Grundlage für die Tagung der Außenminister am 17. und 18. Mai 2004, dem ersten offiziellen Zusammentreten im Rahmen der Regierungskonferenz unter irischer Führung. Die Verhandlungen verliefen dabei nicht zur Zufriedenheit aller Beteiligten, da einige Teilnehmer die fehlende Kompromissbereitschaft bemängelten. Gleichwohl plädierte Außenminister *Cowen* dafür, „durch Zuhören, durch Diskussionen im Rat und in bilateralen Gesprächen schrittweise einen Konsens aufzubauen", um so schon vor dem Gipfel im Juni möglichst viele Probleme lösen zu können.[516] Die Debatten konzentrierten sich dann auch auf die Körbe II und III, während aus Korb I nur das Haushaltsverfahren erneut aufgegriffen wurde.[517]

Angesichts der noch offenen Fragen trafen sich die Minister bereits eine Woche später (am 24. Mai 2004) zu einer jetzt außerordentlichen Tagung, auf der es auch zu einer politischen Aussprache zum Stand der Verhandlungen kam.[518] Dabei waren vor allem das Abstimmungsverfahren im Rat und die Mindestzahl der Sitze im Parlament noch immer umstritten. Allerdings konnte die irische Regierung den beim vorangegangenen Treffen erreichten Kompromiss im Haushaltsverfahren fixieren, indem sie einen entsprechend angepassten Vorschlag vorlegte.[519] Dieses Vorgehen, das einen erreichten Konsens dokumentierte und weitere noch strittige Fragen bündelte, ermöglichte es allen Beteiligten und Beobachtern, den Überblick über die komplexe Materie zu behalten, und erlaubte zudem den Nachvollzug etwaiger Fortschritte.

Package deal und Konsens

Anlässlich des letzten Treffens der Minister am 14. Juni 2004 (also vor der abschließenden Runde der Staats- und Regierungschefs) versuchte die irische Ratspräsidentschaft, die noch zu verhandelnden Fragen schließlich auf ein Minimum zu reduzieren. Dazu legte sie eine *weitere Zusammenfassung unter Einschluss der* nun *abgeschlossenen Artikel* vor[520] und fügte dem eigene Vorschläge bei, so zum Anwendungsbereich der qualifizierten Mehrheitsentscheidung und zu wirtschaftspolitischen Fragen.[521] Für die kritischen institutionellen Aspekte (Zusammensetzung der Kommission, Definition der qualifizierten Mehrheit, Mindestsitzzahl im Parlament) machte sie allerdings keinerlei Vorgaben. Die Ergebnisse des Treffens hielt die irische Regierung wiederum schriftlich fest.[522] Gleichzeitig formulierte sie jetzt ausführlich begründete Vorschläge für die Zusammensetzung der Kommission und für noch offene nicht-institutionelle Fragen.[523] Mit Blick auf die Definition der qualifizierten Mehrheit und die Mindestsitzzahl im EP vermied sie eine Festlegung, benannte allerdings Spielräume und fügte dem materielle Begründungen für etwaige Problemlösungen bei.

516 NZZ vom 19.5.2004.
517 Vgl. http://europa.eu.int/scadplus/cig2004/negociations2_de.htm.
518 CIG 77/04.
519 CIG 78/04.
520 CIG 79/04, basierend auf CIG 76/04.
521 CIG 80/04.
522 CIG 81/04, basierend auf CIG 79/04.
523 CIG 82/04.

Auf diese Dokumente konnte dann anlässlich der Tagung des Europäischen Rates am 17. und 18. Juni 2004 in Brüssel zurückgegriffen werden. Dem irischen Vorsitz gelang es so, durch die Verknüpfung der beiden noch offenen Fragen einen für alle Mitgliedstaaten akzeptablen Ausgleich herbeizuführen. Dieser *package deal* sah vor, die Mindestsitzzahl im EP auf sechs Sitze zu erhöhen und gleichzeitig die doppelte Mehrheit im Rat mit einem erhöhten Schwellenwert und einer veränderten Sperrminorität einzuschränken.[524] Mit diesem Kompromiss endete am 18. Juni 2004 gegen 22 Uhr die Regierungskonferenz.[525]

Schließlich waren die beschlossenen *Veränderungen* noch *in einem Dokument zusammenzuführen* und juristisch wie sprachlich zu überprüfen. Zwar legte das Sekretariat der Regierungskonferenz zügig eine konsolidierte Fassung des Verfassungsvertrages vor,[526] doch überarbeiteten daraufhin „Rechts- und Sprachsachverständige" den Text.[527] *Am 29. Oktober 2004 unterzeichneten schließlich die Staats- und Regierungschefs den Verfassungsvertrag* im Rahmen einer feierlichen Zeremonie. Dabei nutzte der italienische Ministerpräsident *Berlusconi* die Gelegenheit zur Inszenierung, wobei der *genius loci* hervorgehoben wurde. Im gleichen Saal des Konservatorenpalastes auf dem Kapitolhügel in Rom wurden 1957 bereits die Verträge zur Gründung der Europäischen Wirtschaftsgemeinschaft (EWG) und der Europäischen Atomgemeinschaft (Euratom) signiert. Die Staats- und Regierungschefs und ihre Begleiter unterzeichneten das Dokument damit unter den „gestrengen Augen" einer Statue von Papst *Innozenz X.*[528] – obwohl sich der Text der „Verfassung" nur sehr allgemein auf das religiöse Erbe berief.

Die Rolle exogener Ereignisse

Es sei angefügt, dass die schließlich erzielte Übereinkunft nicht unwesentlich durch den *Regierungswechsel in Spanien* (als Ergebnis der Wahlen vom 15. März 2004) gefördert wurde; er beinhaltete die Ablösung der Regierung *Aznar* durch die oppositionellen Sozialisten.[529] Deren Spitzenkandidat, *José Luis Rodríguez Zapatero,* erklärte sogleich, dass er entschlossen sei, eine schnelle Einigung über die „Verfassung" herbeizuführen, er stünde selbstverständlich zu entsprechenden Verhandlungen bereit. Daraufhin sah sich *Polen* in seiner Haltung „Nizza oder Tod" plötzlich *isoliert,* so dass die Regierung nicht mehr auf der Übernahme des Nizza-Ergebnisses beharrte. Letztlich kündigte Ministerpräsident *Miller* Ende März 2004

524 Der am zweiten Verhandlungstag präsentierte Vorschlag zur Definition der qualifizierten Mehrheitsentscheidung (CIG 83/04) wurde überarbeitet (CIG 84/05) und erhielt danach die Zustimmung der Staats- und Regierungschefs (CIG 85/04); vgl. FAZ vom 24.6.2004, 5.

525 Vgl. Abschlussdokument, Anhang, III/13.

526 CIG 86/04 und Anhänge vom 25.6.2004.

527 CIG 87/04 und Anhänge vom 6.8.2004, für die Formulierung der Kommission: http://europa.eu.int/scadplus/cig2004/negociations2_de.htm.

528 FAZ vom 30.10.2004, 1.

529 Das Wahlergebnis stand im Zusammenhang mit einer Serie terroristischer Anschläge auf Nahverkehrszüge in Madrid wenige Tage zuvor. Offenbar aus wahltaktischen Gründen wurden diese seitens der Regierung *Aznar* – trotz bereits vorliegender gegenteiliger Erkenntnisse – baskischen Separatisten zugerechnet. Sie erwiesen sich jedoch als das Werk islamischer Fundamentalisten und standen im Zusammenhang mit der Stationierung spanischer Truppen im Irak. Dies brachte den Konservativen den möglicherweise wahlentscheidenden Vorwurf ein, die Öffentlichkeit in dieser schwerwiegenden Frage bewusst getäuscht zu haben.

(allerdings aus vorwiegend innenpolitischen Gründen) sogar seinen Rücktritt für den 2. Mai an – einen Tag nach dem Beitritt seines Landes zur EU. Gleichzeitig zeigte sich die Bundesregierung kompromissbereit und deutete an, dass ihr vor allem das Prinzip der doppelten Mehrheit wichtig sei – nicht so sehr die exakten Quoren. Damit war der notwendige Spielraum für den aufgezeigten Kompromiss gegeben.

Weitere exogene Ereignisse beeinflussten die Verhandlungen im Rahmen der Regierungskonferenz eher negativ, so die erkennbare Spaltung der Europäischen Union bzw. ihrer Mitgliedstaaten mit Blick auf den Irakkrieg; sie belastete vor allem die Diskussionen um eine verstärkte militärische Zusammenarbeit. Auch wirkte die Aussetzung des Defizitverfahrens gegen Deutschland und Frankreich im November 2003[530] „ernüchternd" auf die Beratungen der Regierungskonferenz ein. Hinzu trat, dass die Bundesrepublik eine Ausweitung der Kommissionszuständigkeiten im Defizitverfahren verhinderte.[531]

Instrumentell dürfte der *Führungsstil der irischen Präsidentschaft* den erfolgreichen Abschluss der Verhandlungen wesentlich erleichtert, wenn nicht gar herbeigeführt haben. Wie dargestellt, ging die irische Regierung strukturiert und gelassen an die komplexe und inzwischen auch emotional belastete Aufgabe der Konsensbildung heran. Schritt für Schritt wurden zahlreiche Fragen als erledigt „abgehakt", so dass eine Einigung für alle Beteiligten in greifbare Nähe rückte. Gerade im Gegensatz zu der unübersichtlichen und wenig konzisen Verhandlungsführung der italienischen Präsidentschaft erwiesen sich einmal mehr die Wahl des Vorgehens und der eingesetzte „Ton" als hilfreich.

Zuletzt profitierte die irische Ratspräsidentschaft von dem „Pflichtbewusstsein" der Staats- und Regierungschefs, sich endlich zu einigen. Die Krise im Dezember 2003 wirkte gleichsam als Katalysator und erhöhte die Kompromissbereitschaft, sowohl in der Öffentlichkeit als auch bei den verantwortlichen Akteuren. Im Ergebnis kam es, wie häufig im Prozess der europäischen Integration, letztlich zu einem pragmatischen Vorgehen und einem für die Beteiligten vertretbaren Kompromiss.

4. Strittige Themenbereiche

Während bislang der Verlauf der Verhandlungen und das Verhalten der Akteure im Vordergrund der Analyse standen, sei abschließend auf einige der besonders *strittigen Themenfelder* im Rahmen der Regierungskonferenz verwiesen.

Institutionelle Reform und Verfahren

Im Bereich der institutionellen Reform stimmten die Mitgliedstaaten zunächst nur darin überein, den vorgeschlagenen eigenständigen *Legislativrat* abzulehnen. Dies geschah bereits anlässlich des ersten Treffens der Außenminister im Rahmen dieser Regierungskonferenz.[532] Auch die flexible Rotation des Ratsvorsitzes stieß bei den Regierungsvertretern auf Widerstand; als Kompromiss verhandelte man deshalb am 27. Oktober 2003 über eine *Teampräsi-*

530 FAZ vom 26.11.2003, 1.

531 FTD vom 15.6.2004.

532 Also am 4.10.2003, vgl. SDA-Meldung vom 5.10.2003 („Wochenendzusammenfassung EU-Regierungskonferenz").

dentschaft. Hierzu erörterten die Teilnehmer unterschiedliche Optionen (etwa eine Rotation alle 18 bis 24 Monate in einer Gruppe von drei oder vier Mitgliedstaaten), wobei sich bereits die später[533] akzeptierte Lösung (18 Monate, drei Mitgliedstaaten) abzeichnete. Da einige Mitgliedstaaten auf der Beibehaltung des alten Systems bestanden (rotierender Vorsitz, halbjährlich wechselnd), einigte sich die Konferenz schließlich darauf, das Rotationsverfahren nicht direkt im Verfassungsvertrag zu regeln, einer Gruppe von wenigstens drei Mitgliedstaaten aber die Möglichkeit zu eröffnen, vom bestehenden Verfahren abzuweichen.[534]

Während das Vereinigte Königreich und die mittel- und osteuropäischen Beitrittskandidaten für die Beibehaltung der halbjährlich rotierenden EU-Ratspräsidentschaft votierten, setzten sich vor allem Deutschland und Frankreich für den *hauptamtlichen Präsidenten des Europäischen Rates* ein. Zwischenzeitlich wurde sogar erwogen, die Amtszeit des Präsidenten der des Parlaments und der Kommission anzupassen, also auf fünf Jahre zu verdoppeln. Einige Regierungen befürchteten zwar, dass der Präsident des Rates mit dem der Kommission in Konflikt treten könnte, doch gelang es bereits während der italienischen Ratspräsidentschaft, sich in dieser Frage auf die Beibehaltung des Konventsentwurfs zu einigen; die Regierungskonferenz musste sich im Rahmen der irischen Präsidentschaft damit nicht mehr auseinandersetzen.

Verhältnismäßig schnell kam es auch mit Blick auf den geplanten *Außenminister der Union* zu einer Einigung.[535] Das Amt selbst wurde zu keinem Zeitpunkt grundsätzlich in Frage gestellt, umstritten war lediglich seine rechtliche Stellung: Sollte der Außenminister nur dem Rat, nur der Kommission oder beiden Organen zugeordnet sein? Während das Vereinigte Königreich die Position vertrat, dass der Außenminister nur dem Rat verantwortlich sein sollte, wollte ihn das Europäische Parlament stärker als im Konventsentwurf vorgesehen in der Kommission verankern. Dafür wäre der gesamte Verwaltungsapparat des Außenministers in die Kommission einzugliedern. Im Ergebnis kam es lediglich zu einer Präzisierung, die auf Beamtenebene Anfang Mai 2004 verhandelt wurde. Der Außenminister blieb danach Nachfolger des Hohen Vertreters und zugleich Kommissar.

Dagegen gelang es den Teilnehmern der Konferenz nicht, sich auf die Zusammensetzung und Funktionsweise des *Europäischen Auswärtigen Dienstes* (EAD) zu verständigen.[536] Zwar beschloss man, die Erklärung des Konvents, die die Zusammensetzung des EAD festlegte, direkt in den Artikel III-296 VVE zu übernehmen, doch blieb offen, in welchem Umfang Personal aus dem Generalsekretariat des Rates, der Kommission und den Mitgliedstaaten in den Europäischen Auswärtigen Dienst zu integrieren sei. Hierüber sollte dem Verfassungsvertrag zufolge der Rat auf Vorschlag des Außenministers entscheiden. Das Europäische Parlament würde lediglich angehört, die Kommission müsste zustimmen. Aus der Perspektive der Mitgliedstaaten war diese Lösung zu begrüßen, sicherte sie ihnen doch Einfluss, während die Kontrollmöglichkeiten des Europäischen Parlaments in einer solchen Konstellation nur schwach ausgeprägt sind.

---

533 CIG 60/03 Add. 1, Anl. 6; CIG 79/04, Anl. 7.

534 FAZ vom 28.10.2003.

535 Art. I-27 VVE-Konvent, Art. I-28 VVE. Laut Außenminister *Fischer* war eine Einigung bereits am 13.10.2003 abzusehen (Die Welt vom 14.10.2003); Staatsminister *Bury* bestätigte *Fischers* Einschätzung nach der Tagung vom 18.11.2003 (FAZ vom 19.11.2003).

536 Art. 18 und 26 EUV, Art. III-197 VVE-Konvent mit Erklärung, Art. III-296 VVE. Vgl. FAZ vom 4.3.2004, 2.

Schließlich diskutierten die Regierungsvertreter die *Zusammensetzung der Kommission*. Dabei war zu klären, ob jeder Mitgliedstaat einen Kommissar stellen dürfe oder die Zahl der Kommissare kleiner als die der Mitgliedstaaten sein sollte. Schon ein Protokoll zum Vertrag von Nizza sah vor, dass dies nach dem Beitritt des 27. Mitgliedstaates der Fall sein müsse; die genaue Größe und das Verfahren der Rotation hätte der Rat einstimmig zu beschließen. Für eine Verkleinerung sprachen sich aus Effizienzgründen vor allem die großen und „alten" Mitgliedstaaten aus, während die kleinen und „neuen" aus Gründen einer potentiell gefährdeten Legitimität der Kommission dagegen argumentierten. Erst anlässlich der abschließenden Tagung des Europäischen Rates gelang den Staats- und Regierungschefs eine Verständigung. Die Empfehlungen des Vorsitzes veränderten sie so, dass in der zweiten Kommission nach In-Kraft-Treten des Verfassungsvertrages die Zahl der Kommissionsmitglieder zwei Dritteln der Zahl der Mitgliedstaaten entsprechen sollte.[537]

Hinsichtlich einer *instrumentellen und prozessualen Vereinfachung* sah der Konventsentwurf vor, die Zahl der Rechtsinstrumente zu reduzieren und sie umzubenennen. Die Regierungskonferenz diskutierte letztlich nur das Haushaltsverfahren erneut, wobei sich vor allem die Kompetenzen des Europäischen Parlaments als umstritten erwiesen. Wie berichtet, verzichtete der Konventsentwurf auf die Unterscheidung zwischen obligatorischen und nichtobligatorischen Ausgaben und machte das Parlament zum gleichberechtigten Partner des Rates.[538] Zwar folgte dem die Regierungskonferenz, schrieb aber das Recht des Rates fest, einen im Vermittlungsausschuss veränderten Haushaltsentwurf abzulehnen. Auch schränkte sie das Initiativrecht der Kommission ein.[539] Zudem sollte das Parlament nach den Vorstellungen der Regierungskonferenz einen Haushaltsentwurf ablehnen können. Handelte es allerdings nicht, würde dies als Zustimmung gewertet. Demgegenüber sollte der Rat auch in Zukunft über den *mehrjährigen Finanzrahmen* einstimmig entscheiden.[540]

Die *Rolle und Funktion dezentraler Gebietskörperschaften* erfuhren anlässlich der Regierungskonferenz keine grundlegende Veränderung. Zwar forderten Vertreter der deutschen Länder eine Korrektur des Art. I-23 Abs. 2 VVE, da sie befürchteten, dass die Neuformulierung eine Entsendung von Bundesratsvertretern in den Rat verhindern würde. Allerdings erwiesen sich diese Bedenken (vor allem nach der Abschaffung des Legislativrates) als gegenstandslos. Die neue Bestimmung fordert lediglich einen Vertreter im Ministerrang, präzisiert aber nicht, ob dieser der Bundesregierung oder einer Landesregierung angehören muss. Die Länder können mithin auch weiterhin ihren Vertreter nach Brüssel entsenden.

An der Auseinandersetzung um das Abstimmungsverfahren im Rat scheiterten schließlich, wie berichtet, die Verhandlungen der Regierungskonferenz im Dezember 2003. Bei der sog. *Definition der Beschlussfassung mit qualifizierter Mehrheit* im Rat (und im Europäischen Rat, sofern anwendbar; Art. I-25 VVE) standen sich Anhänger der doppelten Mehrheit und der dreifachen Mehrheit (Nizza) unversöhnlich gegenüber. Auch die irische Präsidentschaft verschob die Diskussion dieses Themas auf die letzte Tagung des Europäischen Rates. Dabei gelang es den Befürwortern des Prinzips der doppelten Mehrheit, diese zwar grundsätzlich festzuschreiben, doch hoben die Staats- und Regierungschefs die Schwellenwerte so an, dass

537 Erstmals in CIG 83/04, Anlage 1; vgl. CIG 82/04, Anlage 1. In einer EU-27 würde die Kommission dann also 18 Mitglieder haben.

538 Vgl. Anhang, IV/5.

539 Die Kommission verliert demnach ihr Initiativrecht mit dem Eintritt in die Vermittlungsphase, nimmt allerdings weiter an den Beratungen teil.

540 Vgl. Art. I-54 VVE-Konvent, Art. I-55 VVE.

fast das „Nizza-Niveau" erreicht wurde. Demnach müssen mindestens 15 Staaten zustimmen, so dass *de facto* der erste Schwellenwert nicht 55 %, sondern 60 % der Mitgliedstaaten (in der EU-25) umfasst.[541] Für eine Sperrminorität sind zudem mindestens vier Staaten erforderlich, so dass drei große Mitgliedstaaten keine Abstimmung blockieren können. Im Übrigen wurde von 2009 bis mindestens 2014 eine dem Ioannina-Kompromiss[542] ähnliche Verhaltensweise eingeführt: Ist eine Sperrminorität fast erreicht, wird der Rat „alles in seiner Macht Stehende tun", eine zufriedenstellende Lösung zu erreichen; die vertraglich festgelegten Fristen für eine Entscheidung sollen allerdings eingehalten werden (Erklärung zu Artikel I-25). Aufgrund dieses *überkomplexen Kompromisses* fällt es schwer, ihn als Erfolg zu werten. Die neue Abstimmungsregel wird zudem frühestens im November 2009 in Kraft treten, bis dahin verbleibt es beim „Nizza-Verfahren".

Bereichsspezifische Lösungen

Zu den dargestellten institutionellen und prozessualen Veränderungen traten bereichsspezifische Korrekturen. Dabei diskutierten die Regierungsvertreter vor allem den *Anwendungsbereich der qualifizierten Mehrheitsentscheidung,* den der Konvent erweiterte.[543] Es überraschte nicht, dass einige Mitgliedstaaten diese zusätzliche Vergemeinschaftung ablehnten.[544] So forderten im Rahmen des erwähnten Konklaves vor allem die Vertreter des Vereinigten Königreichs, die Einstimmigkeit in zahlreichen Bereichen beizubehalten.

Die Diskussion über den Anwendungsbereich der qualifizierten Mehrheitsentscheidung zog sich bis zum Ende der Regierungskonferenz hin. Konkrete Vorschläge legte der irische Vorsitz erst im Anschluss an die Ministertagung am 24. Mai 2004 vor.[545] Im Ergebnis verhinderte Großbritannien eine Vergemeinschaftung der *Steuerpolitik.* Die vom Konvent vorgesehene Möglichkeit, Entscheidungen über steuerliche Vorschriften mit einer Mehrheitsabstimmung zu fällen, strich die Konferenz.[546] Die Bestimmungen zu *Wanderarbeitern* und zur *justiziellen Zusammenarbeit in Strafsachen* ergänzten die Regierungsvertreter um Schutzklauseln, die im Konfliktfall eine Anrufung des Europäischen Rates ermöglichten.[547] Die *Energiepolitik* schließlich wurde nicht gänzlich aus dem Verfassungsvertrag genommen, doch sind Maßnahmen „überwiegend steuerlicher Art" – auf britisches Drängen hin – einstimmig im Anhörungsverfahren (also ohne direkte Beteiligung des Europäischen Parlaments) zu beschließen.[548]

541 Erst in einer EU-28 stellen 15 Staaten weniger als 55 % dar.

542 Dazu *Beutler, B.* u.a.: Die Europäische Union, Baden-Baden, 2001, Rn. 244.

543 Je nach Zählweise waren zwischen 25 und 50 Politikbereiche betroffen.

544 Wird eine Maßnahme mit qualifizierter Mehrheit beschlossen, kann davon gesprochen werden, dass der Politikbereich supranational, also vergemeinschaftet ist.

545 CIG 79/04.

546 Art. III-62 Abs. 2 und III-63 VVE-Konvent; Art. III-171 VVE.

547 Vgl. zu den Wanderarbeitern Art. 42 EGV, Art. III-21 VVE-Konvent, Art. III-136 VVE. Art. III-136 regelt nicht, wie vorzugehen ist, wenn sich der Europäische Rat innerhalb der gesetzten Frist nicht einigen kann. Zur justiziellen Zusammenarbeit vgl. Art. III-171 f. VVE-Konvent, Art. III-270 f. VVE. Beschließt der Europäische Rat in diesem Fall nicht, so gilt eine Ermächtigung zur Verstärkten Zusammenarbeit als erteilt. Das Vereinigte Königreich wehrte sich auch gegen die Einrichtung einer Europäischen Staatsanwaltschaft; da deren Einsetzung erst noch einstimmig zu beschließen war, konnte der Konventsentwurf hier allerdings übernommen werden.

548 Art. III-157 VVE-Konvent, Art. III-256 VVE.

Im *Bereich der GASP* (und der GSVP) antizipierte der Konvent Widerstände der Regierungen und schlug vor, das Einstimmigkeitsprinzip beizubehalten. Das hier massive Eintreten des Vereinigten Königreichs dürfte als zusätzliche Drohgeste gegenüber den anderen Staats- und Regierungschefs zu interpretieren sein. Auch verblieb die Möglichkeit zu einer „Ständigen Strukturierten Zusammenarbeit", wiewohl materielle Abstimmungen auch in ihrem Rahmen (im Gegensatz zum Konventsentwurf) einstimmig erfolgen mussten.[549]

Zudem stritten die Regierungsvertreter über die *Definition und* damit den *Umfang einzelner Politiken.* Die Unterscheidung zwischen redaktioneller Korrektur und echter Veränderung war dabei fließend. So sprach etwa der EGV von Fremdenverkehr, die Regierungskonferenz von Tourismus; beides bezeichnete die gleichen Maßnahmen. Darüberhinausgehende Definitionsfragen erfuhren eine frühe Einigung, so mit Blick auf die Solidaritätsklausel, die neutralen Mitgliedstaaten zu weit ging.[550] Im Verfassungsvertrag sollte nun ein Zusatz zu dem kritisierten Artikel die Beistandspflicht relativieren.[551]

Für die Aufnahme der *Preisstabilität* in Teil I des Verfassungsvertrages sprachen sich, wie erwähnt, Vertreter der EZB und Wirtschaftswissenschaftler aus. Nach anfänglichem Zögern einigten sich die Regierungsvertreter noch während der ersten Verhandlungsrunde im Rahmen der italienischen Präsidentschaft darauf, die Formulierung der Ziele der Union (Art I-3 Abs. 3 VVE) entsprechend anzupassen.

Auch die Verhandlungen über die Ausgestaltung der Euro-Gruppe und des Defizitverfahrens waren mit dem Ende der Konventsarbeiten nicht abgeschlossen, zumal die Aussetzung des Defizitverfahrens gegen Deutschland und Frankreich die Gespräche erschwerte. Im *Protokoll über die Euro-Gruppe* verständigten sich die Teilnehmer der Regierungskonferenz auf eine Stärkung der Kommission. Zwar blieb man bei der vom Konventsentwurf vorgesehenen Regelung, einen Vorsitzenden für zweieinhalb Jahre zu wählen,[552] doch schrieben die Regierungsvertreter die Teilnahme der Kommission fest;[553] sie sollte zudem eine Rolle bei der Vorbereitung der Sitzungen übernehmen. Im Rahmen des *Defizitverfahrens*[554] wurde vor allem über das Stimmrecht der betroffenen Mitgliedstaaten und das Initiativrecht der Kommission diskutiert. Allerdings blieb es bei der Regelung des Konvents, nach der der betroffene Mitgliedstaat sein Stimmrecht nicht ausüben soll. Darüber hinaus präzisierte die Konferenz, dass die Anregungen, wie der betroffene Mitgliedstaat Abhilfe zu leisten habe, nur auf Empfehlung – und nicht auf Vorschlag – der Kommission hin abzugeben seien (Abs. 6). Der Konventsentwurf war in dieser Frage nicht ganz eindeutig; er sprach zwar von Empfehlungen, verwies jedoch auf das für die Feststellung des übermäßigen Defizits vorgesehene Verfahren. Insofern sind die Änderungen der Regierungskonferenz – der Artikel wurde redaktionell deutlich überarbeitet – als Klarstellung zu werten.

Schließlich ist zu vermerken, dass die EU-Außen- und Verteidigungsminister bereits am 17. November 2003 die im Konventsentwurf vorgesehene Einrichtung einer *Rüstungsagentur*

---

549 Art. III-213f. VVE-Konvent, Art. III-312 VVE (Art. III-213 Abs. 3 VVE-Konvent spezifiziert nicht die Einstimmigkeit).

550 Dies galt für Irland, Österreich, Schweden und Finnland. Vgl. Art. I-40 Abs. 7 VVE-Konvent; FAZ vom 9.12.2003.

551 „Dies lässt den besonderen Charakter der Sicherheits- und Verteidigungspolitik bestimmter Mitgliedstaaten unberührt" (Art. I-41 Abs. 7 Zweiter Satz VVE).

552 Es wurde auch diskutiert, dem Währungskommissar die Sprecherrolle zuzuweisen.

553 Gängiger Praxis und dem Konventsentwurf entsprach es, die Kommission nur einzuladen.

554 Art. 104 EGV, Art. III-76 VVE-Konvent, Art. III-184 VVE.

beschlossen.[555] Schon anlässlich des Europäischen Rates von Thessaloniki (Juni 2003) hatten die Staats- und Regierungschefs ihren Willen bekräftigt, diese Agentur einzurichten.

Der Gottesbezug

Bereits bei der Ausarbeitung der Grundrechtecharta wurde der *Bezug auf das religiöse Erbe Europas* streitig diskutiert. So erklärte der französische Premierminister *Jospin* im letzten Moment, dass es für Frankreich als laizistische Republik unmöglich wäre, einen Bezug auf Gott oder eine bestimmte Religion in der Charta zu akzeptieren. Diese Diskussion erlebte im Rahmen des Konvents und während der Regierungskonferenz dann eine Renaissance. Sie spricht eine der Grundfragen europäischer Identität an, die allerdings auch politischer Instrumentalisierung unterliegt.[556] Im Konvent fanden sich drei unterschiedliche Auffassungen, wie die „Verfassung" auf Gott Bezug nehmen könne. Die erste, gleichsam französisch-laizistische Lösung plädierte für den vollständigen Verzicht auf einen Gottesbezug. Als unvereinbar mit der französischen Position galt die zweite Möglichkeit, ein expliziter Bezug auf Gott in einem der Verfassungsartikel. So verblieb letztlich als dritte Option die Aufnahme einer moderaten Formulierung in die Präambel des Verfassungsvertrages. Schon die Grundrechtecharta war durch diese Lösung geprägt. In Ermangelung einer Alternative schlossen sich die Staats- und Regierungschefs letztlich dem Vorschlag des Konvents an.

Zum Verhältnis struktureller und funktionaler Reform

Prinzipiell standen auf der Agenda der Regierungskonferenz also *nicht nur funktionale*, sondern durchaus *auch strukturell bedeutsame Fragen*. Zwar spielten diese auch in früheren Regierungskonferenzen eine Rolle, doch war jetzt in Vorbereitung auf den Beitritt der mittel- und osteuropäischen Staaten deutlich, dass bestimmten Funktionsdefiziten, die sich über die Jahre deutlich bemerkbar machten, nur mit strukturellen Reformen zu begegnen sei. Konvent und Regierungskonferenz konnten sich also nicht mehr nur aufgabenkritisch Einzelbereichen zuwenden, sondern mussten gleichsam gesamthaft den institutionellen Rahmen überarbeiten. Gleichzeitig galt es, die Kompetenzordnung und damit die Aufgabenwahrnehmung zu überprüfen, wobei auch hier – wie in den nationalstaatlichen Regierungssystemen – die Stabilität einmal etablierter Einrichtungen die Fähigkeit und den Willen zu struktureller Reform beeinträchtigte.

Die Europäische Union dient mithin als ein weiteres Beispiel für *strukturelle Kontinuität*, die funktionale Reformen meist nur innerhalb bestehender Kontexte zulässt. So ist die Kommission in ihrem Selbstverständnis und in ihrer Wirkungsweise noch heute auf ihre ursprüngliche Funktion als Hohe Behörde der EGKS zurückzuführen. Auch im Rahmen der Empfehlungen des Verfassungsvertrages überwogen funktionale Anpassungen innerhalb des bestehenden Kontextes.

Sehr deutlich wird dies am Beispiel der Einrichtung der beiden neuen Ämter: Sowohl der Außenminister als auch der Präsident des Europäischen Rates stellten keine wirklichen „Neugründungen" dar, obwohl Aufgaben und Auswahlverfahren als in Teilen durchaus innovativ gelten können. So darf der Präsident des Europäischen Rates kein nationalstaatliches

555 FAZ vom 18.11.2003.

556 Dazu umfassend *Meyer, Th.*: Die Identität Europas, Frankfurt, 2004.

Amt mehr ausüben, übernimmt er jedoch Aufgaben, die bisher dem Ratsvorsitzenden zukamen. Der Außenminister kombiniert die Funktionen und das Ernennungsverfahren des Hohen Vertreters für die GASP mit einer Rolle als Kommissar; zudem soll er den Vorsitz des Rates Auswärtige Angelegenheiten führen. Diese Veränderungen addieren sich allerdings nicht zu einer grundlegenden strukturellen Reform. Ähnliches gilt für die Einführung der „doppelten Mehrheit“, die die untypische und in Teilen dysfunktionale Gewaltenteilung zwischen Rat, Kommission und Parlament fortbestehen lässt.

Nur *gelegentlich schlagen funktionale Veränderungen in strukturelle Reformen um,* vor allem dann, wenn bestehende Einrichtungen sich in der Praxis nicht bewährt haben. Dies könnte etwa für die Abschaffung der „Säulenarchitektur“ gelten. Betrachtet man die einzelnen Veränderungen jedoch genauer, so zeigt sich, dass zwar formal die Zweiteilung zwischen Union und Gemeinschaft aufgelöst wird, innerhalb der „neuen“ Union aber durchaus noch Unterschiede zwischen den Politikbereichen bestehen, die Säulen (wenn auch in einer abgeschwächten Form) also weiter existieren. Eine deutlich erfolgreichere strukturelle Reform stellt dagegen die Vereinfachung im Bereich der Rechtsinstrumente dar. Es überrascht nicht, dass die dargestellte Systematisierung im Rahmen der Regierungskonferenz kein Thema mehr war.

Schließlich trat mit der Auseinandersetzung über die *Zusammensetzung der Kommission* der Konflikt zwischen funktional und strukturell greifender Reform deutlich zutage. So galt die Verkleinerung der Kommission, eine strukturelle Reform, als funktional notwendig, während ihre Legitimität darauf basiert, dass jeder Mitgliedstaat (mindestens) einen Kommissar nach Brüssel entsendet. Die Teilnehmer der Regierungskonferenz entschieden sich für einen typisch europäischen Kompromiss: Die strukturelle Reform der Kommission wurde verschoben, bis mindestens 2014 sollte sie ihre bisherige Größe behalten.[557]

Im *Ergebnis der Regierungskonferenz* bewahrheitete sich die Vermutung der Staats- und Regierungschefs (anlässlich des Europäischen Rates von Thessaloniki im Jahr zuvor), dass der Entwurf des Konvents eine „gute Ausgangsbasis“ für die Verhandlungen der Regierungskonferenz darstelle. Die Regierungskonferenz musste, so schätzte *Valéry Giscard d'Estaing,* „nur rund 700 der 15.000 Wörter“ verändern.[558] Allerdings sollte nicht vergessen werden, dass es sich dabei um zentrale Passagen handelte. Zwar blieben die institutionellen *Innovationen des Konvents* (bis auf den Legislativrat) erhalten, doch wurden sie *modifiziert und abgeschwächt.* Insofern war es vielleicht doch verständlich, dass die Staats- und Regierungschefs das Erreichte als einen „historischen Schritt“ lobten und hofften, dass „die Verfassung für viele Jahre das Fundament einer Union im Dienste der Bürger“ bildet.[559]

---

557 Dies sollte gelten, falls der Verfassungsvertrag vor dem Beitritt des 27. Mitgliedstaates in Kraft trat, da sonst die durch den Vertrag von Nizza vorgesehene Verkleinerung wirkte. Der Verfassungsvertrag sah vor, dass durch einstimmigen Beschluss des Europäischen Rates eine andere Zusammensetzung der Kommission festgelegt werden kann (Art. I-26 Abs. 6 VVE). *Wessels, W.*: Institutionelle Architektur der EU, a.a.O., hier 171, befürchtete einen entsprechenden Beschluss des Europäischen Rates.

558 FAZ vom 31.8.2004, 16. Allerdings kopierte der Konvent nicht unerhebliche Teile seines Entwurfs aus dem EGV und – weniger umfangreich – aus dem EUV; *Giscard* hätte demnach die durch den Konvent veränderten Worte als Grundlage seiner Beurteilung heranziehen müssen.

559 Schlussfolgerungen des Vorsitzes, Anhang, III/13.

III. Der Verfassungsvertrag vor den Völkern Europas

Noch während der Konvent tagte, war den Beteiligten und Verantwortlichen bewusst, dass die In-Kraft-Setzung des „Vertrages über eine Verfassung für Europa" keine Selbstverständlichkeit sein würde. Grundsätzlich standen *zwei Optionen* zur Wahl: die *Ratifikation als völkerrechtlicher Vertrag durch die einzelnen Mitgliedstaaten* (gemäß den nationalen Verfassungsbestimmungen) *oder eine europaweite Volksabstimmung*. Letztere wäre zwar nicht bindend, hätte jedoch – je nach nationaler Verfassungslage – eine Bindungswirkung entfalten, mithin für das Parlament richtungweisend sein können; sie wäre den üblichen Ratifizierungsverfahren gleichsam „vorgeschaltet" worden. Allerdings zeichnete sich im Sommer 2003 ab, dass nicht alle nationalstaatlichen Regierungen ein solches europaweites Referendum unterstützten. So kam es ab Herbst 2004 zum Einsatz der gewohnten Ratifizierungsverfahren, nicht zuletzt auf Grund der ablehnenden Haltung der Bundesrepublik Deutschland.[560]

1. Die Ratifizierung des Vertrages: vorgesehene Verfahren und erste Erfolge

Damit sind die *„Hürden" für den Verfassungsvertrag* benannt: In allen 25 Mitgliedstaaten mussten die nach der nationalen Verfassung zuständigen Organe – und/oder das Volk – dem Vertrag zustimmen; eine Ablehnung in auch nur einem Mitgliedstaat würde das Inkrafttreten des Verfassungsvertrages verhindern. Da eine solche Möglichkeit nicht auszuschließen war, schlug der Konvent vor, dem Vertrag eine Erklärung beizufügen, wie zu verfahren sei, wenn zwei Jahre nach seiner Unterzeichnung „vier Fünftel der Mitgliedstaaten den genannten Vertrag ratifiziert haben", in einigen Mitgliedstaaten jedoch „Schwierigkeiten bei der Ratifikation aufgetreten sind" (Erklärung Nr. 30 zum VVE). In einem solchen Fall sollte sich der Europäische Rat mit der Angelegenheit befassen. Diese unpräzise Erklärung wurde von der Regierungskonferenz zwar umformuliert, aber inhaltlich nicht weiter konkretisiert. Beobachter rechneten vor allem mit einem „Nein" des Vereinigten Königreichs, das den Spekulationen zufolge Verhandlungen über einen EU-Austritt und dessen Modalitäten nach sich zöge. In der großen Mehrheit erwarteten Beteiligte wie Beobachter aber die Ratifikation des Vertrages.

Verfolgt man die *Eurobarometer-Umfragen* in dem hier interessierenden Zeitraum, waren allerdings *erste Zweifel* angebracht. So sprachen sich in einer im Juni und Juli 2004 durchgeführten Umfrage durchschnittlich 79 Prozent der Befragten dafür aus, dass die Europäische

560 Die Bundesregierung sprach sich aufgrund dezidierter Voten der Grünen zwar grundsätzlich für eine Einführung plebiszitärer Elemente in das Grundgesetz aus, lehnte aber eine gesonderte *„lex* Verfassungsvertrag" ab. Dies richtete sich auf das Angebot der CDU/CSU, durch Gesetz oder Verfassungsänderung eine Volksabstimmung über den Verfassungsvertrag zu ermöglichen. Die erforderliche Zwei-Drittel-Mehrheit zur Änderung des Grundgesetzes kam daher nicht zustande. Die Ablehnung einer europaweiten Volksabstimmung zeichnete sich bereits gegen Ende der Konventsarbeiten ab; gleichwohl wurde bis zur Annahme des Vertrages durch den Bundestag am 12. Mai 2005 eine entsprechende Forderung wiederholt vorgetragen.

Union *eine* Verfassung annehmen solle.[561] Wenig überraschend war dabei die *Regionalverteilung:* So stimmten die Schweden, Briten, Esten, Dänen und Letten einer (prospektiven) Verfassung nur zu 50 bis 63 Prozent zu, während für die Italiener, Spanier, Ungarn, Griechen und Luxemburger Mehrheiten zwischen 88 und 94 Prozent ermittelt wurden. Nach der Unterzeichnung des Vertrages ermittelte die Kommission dann, dass sich nur noch 49 Prozent der Befragten im EU-Durchschnitt für den Entwurf, 16 Prozent aber dagegen aussprachen; 35 Prozent der Europäer wollten sich nicht festlegen.[562] Eine Mehrheit für ein Nein gab es allerdings nur im Vereinigten Königreich, dort lehnten 30 Prozent der Befragten den Entwurf ab, nur 20 Prozent befürworteten ihn. In Schweden hätte ein Referendum zu diesem Zeitpunkt lediglich eine Zustimmung von 27 Prozent der Befragten (bei einer Ablehnung von 25 Prozent) gefunden. Während der Entwurf in Italien, Belgien und den Niederlanden in dieser zweiten Umfrage deutliche Zustimmung erfuhr, erwiesen sich – neben den Briten und Schweden – die Zyprioten, die Iren und die Malteser als eher skeptisch, wobei auch Informationsdefizite zu Tage traten. So hatten im November 2004 (also unmittelbar nach der Unterzeichnung) EU-weit immerhin ein Drittel der Befragten nichts von dem „Entwurf für eine europäische Verfassung" gehört. Nur 11 Prozent der Befragten gaben an, in etwa den Inhalt des Vertrages zu kennen. Dass solche einfachen Hochrechnungen des Verhältnisses von Verfassungsbefürwortern und -gegnern nicht eben aussagekräftig waren, zeigte sich dann in den Volksabstimmungen in Frankreich und den Niederlanden.

Vorreiter im Ratifizierungsprozess

Nach der Unterzeichnung des Vertrages am 29. Oktober 2004 in Rom begann fast ein *„Wettlauf"*, wer unter den Mitgliedstaaten als erster den Ratifikationsprozess abschließen würde. So kündigte der italienische Ministerpräsident *Berlusconi* an, dass Italien den Vertrag besonders zügig ratifizieren wolle, und sorgte dafür, dass das Kabinett den Gesetzentwurf noch im Oktober verabschiedete. Gleichwohl übertrafen mehrere neue Mitgliedstaaten – *Litauen, Ungarn* und *Slowenien* – die italienischen Bemühungen.[563] In allen drei Ländern stimmten die Parlamente mit großer Mehrheit und unmittelbar nach der Unterzeichnung zu (vgl. die tabellarische Aufstellung III-1). Vor allem im Fall Litauens warf die schnelle Ratifizierung Fragen auf, da ein Parlamentsbeschluss knapp zwei Wochen nach der Unterzeichnung auch darauf hindeuten kann, dass den Abgeordneten kaum Zeit blieb, den der Abstimmung unterliegenden Gegenstandsbereich näher zu diskutieren und sich der nationalstaatlichen Anpassungsleistungen bewusst zu werden. So bedurfte nicht zuletzt die vom Verfassungsvertrag vorgesehene verstärkte Einbindung der Parlamente in den europäischen Gesetzgebungs-

561 *Europäische Kommission:* Flash Eurobarometer 159/2. The Future European Constitution, Juli 2004; befragt wurden etwa 1000 Bürger je Mitgliedstaat.

562 *Europäische Kommission:* Special Eurobarometer 214. The Future Constitutional Treaty. First results, Januar 2005. Obwohl zu diesem Zeitpunkt der verabschiedete Text des Verfassungsvertrages vorlag, war die gestellte Frage merkwürdigerweise: *„Based on what you know, would you say that you are in favour of or opposed to the draft European Constitution?"*

563 Zu den rechtlichen Rahmenbedingungen der Ratifizierung in den neuen Mitgliedstaaten siehe u.a. *Küpper, H.*: Die Ratifikation der Unionsverfassung in den neuen Mitgliedstaaten, in: Beckmann, K./Dieringer, J./Hufeld, U. (Hg.), a.a.O., 273–302.

Tabelle III-1: Übersicht über die Ratifizierungsverfahren

Land	**Schritte zur Ratifikation**	**Datum**
Litauen	Parlamentsbeschluss (84 ja, 4 nein, 3 Enthaltungen	11.11.2004
Ungarn	Parlamentsbeschluss (304 ja, 9 nein)	20.12.2004
Slowenien	Parlamentsbeschluss (79 ja, 4 nein, 7 Enthaltungen)	01.02.2005
Italien	Zustimmung der Abgeordnetenkammer (436 ja, 28 nein, 5 Enthaltungen)	25.01.2005
	Zustimmung des Senats (217 ja, 16 nein)	07.04.2005
Spanien	Konsultative Volksabstimmung (77 Prozent Zustimmung bei 42 Prozent Beteiligung)	20.02.2005
	Zustimmung des Abgeordnetenkongresses	28.04.2005
	Zustimmung des Senats	18.05.2005
Griechenland	Parlamentsbeschluss (268 ja, 17 nein, 15 abwesend)	19.04.2005
Slowakei	Parlamentsbeschluss (116 ja, 27 nein, 4 Enthaltungen)	11.05.2005
Österreich	Zustimmung des Nationalrates (182 ja, 1 nein)	11.05.2005
	Zustimmung des Bundesrates (59 ja, 3 nein)	26.05.2005
Deutschland	Zustimmung des Bundestages (569 ja, 23 nein, 2 Enthaltungen)	12.05.2005
	Zustimmung des Bundesrates (65 ja, 3 Enthaltungen)	27.05.2005
Frankreich	Bindendes Referendum (54,87 Prozent Ablehnung bei einer Beteiligung von knapp 70 Prozent)	29.05.2005
Niederlande	Konsultative Volksabstimmung (61,6 Prozent Ablehnung bei einer Beteiligung von 63 Prozent) Gesetzentwurf zur Ratifikation wird zurückgezogen	01.06.2005
Lettland	Parlamentsbeschluss (71 ja, 5 nein)	02.06.2005
Zypern	Parlamentsbeschluss (30 ja, 19 nein, 1 Enthaltung)	30.06.2005
Malta	Parlamentsbeschluss (einstimmig)	06.07.2005
Luxemburg	Konsultative Volksabstimmung (56,52 Prozent Zustimmung bei einer Beteiligung von 87,77 Prozent)	10.07.2005
	Zustimmung des Parlaments (57 ja, 1 nein)	25.10.2005
Belgien	Zustimmung des Senats (54 ja, 9 nein, 1 Enthaltung)	28.04.2005
	Zustimmung der Kammer (118 ja, 18 nein, 1 Enthaltung)	19.05.2005
	Zustimmung des Parlaments der Region Brüssel-Hauptstadt	17.06.2005
	Zustimmung des Parlaments der Deutschsprachigen Gemeinschaft	20.06.2005
	Zustimmung des Parlaments der Wallonischen Region	29.06.2005
	Zustimmung des Parlaments der Französischen Gemeinschaft	19.07.2005
	Zustimmung des Flämischen Parlaments	08.02.2006
Estland	Zustimmung des Parlaments (73 ja, 1 nein)	09.05.2006
Finnland	Zustimmung des Parlaments (125 ja, 39 nein)	05.12.2006

Fortsetzung von Tabelle III-1

Land	Schritte zur Ratifikation	Datum
Bulgarien	Mit Inkrafttreten des Beitrittsvertrages zugleich Partei des Verfassungsvertrages	01.01.2007
Rumänien	Mit Inkrafttreten des Beitrittsvertrages zugleich Partei des Verfassungsvertrages	01.01.2007
Dänemark	Volksabstimmung	verschoben
Irland	Volksabstimmung	verschoben
Polen	Unklar, bislang keine Parlamentsentscheidung über das Verfahren	–
Portugal	Volksabstimmung	verschoben
Schweden	Parlamentsbeschluss (Referendum möglich)	verschoben
Tschechische Republik	Unklar, bislang keine Parlamentsentscheidung über das Verfahren	–
Vereinigtes Königreich	Konsultative Volksabstimmung	verschoben

Quelle: Eigene Darstellung in chronologischer Reihenfolge, basierend auf den Übersichten der Europäischen Kommission, in Einzelfällen Auskünften der nationalstaatlichen Parlamente sowie der Presseberichterstattung. Die Übersicht bezieht nicht die Ausfertigung der jeweiligen Ratifizierungsgesetze durch den Staatspräsidenten oder andere Organe ein. Stand: 31.12.2006.

prozess der Präzisierung, mithin einer Einigung von Parlament und Regierung über die Modi der parlamentarischen Beteiligung.

Wie in Litauen, Ungarn und Slowenien fand der Verfassungsvertrag auch im *italienischen Parlament* am 25. Januar 2005 eine deutliche Mehrheit. Lediglich Abgeordnete der *Lega Nord* und der Kommunisten stimmten gegen ihn. Die *Lega* hatte als an der Regierung beteiligte Partei eine Volksabstimmung gefordert, doch sah die italienische Verfassung kein Referendum zu internationalen Verträgen vor. Die nach dem italienischen Zwei-Kammer-System notwendige Zustimmung des Senats erfolgte dann am 7. April 2005. Auch hier stimmten lediglich Vertreter der *Lega* und der Kommunisten gegen die „Verfassung". Italien war damit der erste Gründungsstaat der EWG, der die Verfassung ratifizierte.

Zustimmung nach föderalstaatlichem Kompromiss: der Fall Deutschland

In weiteren parlamentarischen Verfahren folgten dann *Griechenland, die Slowakei, Österreich, Deutschland* und *Lettland* – in dieser Reihenfolge – im Zeitraum zwischen April und Anfang Juni 2005. Die geringste Zustimmung verzeichnete dabei der slowakische Nationalrat (79 Prozent der Abgeordneten), am eindeutigsten sprach sich der österreichische Nationalrat (99 Prozent) für die Verfassung aus. Die in Österreich und Deutschland erforderliche Zustimmung der Zweiten Kammern war in beiden Fällen lediglich eine Formsache. Im Fall der Bundesrepublik setzten allerdings die unionsgeführten Länder den Zeitpunkt der Abstimmung im Bundesrat als Druckmittel gegen die Bundesregierung ein. Letztere wollte, um den französischen Staatspräsidenten *Chirac* im Referendumswahlkampf zu unterstützen, mit einer deutlichen Zustimmung in beiden Kammern ein Signal nach Frankreich aussenden.[564]

Am 12. Mai 2005 stimmten 569 *Bundestagsabgeordnete* in namentlicher Abstimmung dem Verfassungsvertrag zu, während sich 20 Angehörige der Unionsfraktion (darunter 13 CSU-Mitglieder) sowie die fraktionslosen Abgeordneten *Martin Hohmann* (vormals CDU), *Petra Pau* und *Gesine Lötzsch* (beide PDS) dagegen aussprachen; *Hermann Scheer* und *Ernst Ulrich von Weizsäcker* (beide SPD) enthielten sich. Die Befürworter beriefen sich vor allem auf die „historische Dimension der Verfassung",[565] die „Europa als Friedens- und Wertegemeinschaft" stärke.[566] Darüber hinaus erhoffte man sich eine weitere Demokratisierung der Europäischen Union. Schließlich stelle der Verfassungsvertrag einen guten Kompromiss zwischen divergierenden Positionen dar, der ein Voranschreiten der europäischen Integration ermögliche. Bei konservativen Abgeordneten stieß das Dokument vor allem wegen des fehlenden Gottesbezuges auf Ablehnung,[567] zudem wurde auf die Gefahr eines Türkei-Beitritts und eines möglichen weiteren Souveränitätsverlustes verwiesen. Der Abgeordnete *Gauweiler* (CSU) schließlich erklärte seine Ablehnung damit, dass die „Verfassung" seiner Ansicht nach das Prinzip der vom Volk ausgehenden Staatsgewalt verletze,[568] während linke Abgeordnete gegen eine wahrgenommene Verpflichtung zur militärischen Aufrüstung und eine „neoliberale Wirtschaftsordnung" opponierten.

Nach der erwähnten Einigung zwischen Bundesregierung und einigen oppositionsgeführten Bundesländern war bei der Abstimmung im *Bundesrat* lediglich die Haltung Mecklenburg-Vorpommerns offen. Die PDS, Juniorpartnerin in der Regierungskoalition des Landes, hatte gedroht, die Koalition zu verlassen, wenn Ministerpräsident *Ringstorff* (SPD) dem Verfassungsvertrag zustimmen würde.[569] Daraufhin enthielt sich Mecklenburg-Vorpommern bei der Abstimmung der Stimme, so dass der Bundesrat den Verfassungsvertrag letztlich mit 66 zu drei Stimmen annahm.

Zum Abschluss des Ratifizierungsverfahrens wurde der Verfassungsvertrag dem *Bundespräsidenten* zur Unterzeichnung zugeleitet. *Köhler* schob diese mit Verweis auf die Klage des Bundestagsabgeordneten *Gauweiler* vor dem Bundesverfassungsgericht auf und erklärte, vor einer Ausfertigung der Urkunde die Karlsruher Entscheidung abwarten zu wollen.[570] Eine

564 Bei einem Treffen mit Bundeskanzler *Schröder* am 28. April 2005 gelang es den Ministerpräsidenten *Stoiber* und *Oettinger*, diesen zu Zugeständnissen zu bewegen. Demnach sollten die Länder künftig über den Bundesrat umfangreicher als bislang bei europapolitisch relevanten Fragen beteiligt werden; dies galt explizit für die Wahl der Richter am EuGH. Daraufhin erklärte sich *Stoiber* bereit, der von der Bundesregierung angestrebten Fristverkürzung zuzustimmen. Die Abstimmung im Bundesrat konnte damit am 27. Mai 2005, nicht wie im Normalverfahren vorgesehen erst am 17. Juni, stattfinden.

565 Bundeskanzler *Schröder*, BT-Plenarprotokoll 15/175, 16348 D.

566 So die CDU/CSU-Fraktionsvorsitzende *Merkel*, BT-Plenarprotokoll 15/175, 16351 D.

567 Vgl. etwa die Erklärung des Abgeordneten *Carstens* (CDU).

568 *Gauweiler* reichte bereits vor Abstimmung über den Verfassungsvertrag eine Klage vor dem Bundesverfassungsgericht ein, da er der Meinung war, dass der Vertrag nur durch eine Volksabstimmung ratifiziert werden könne. Die Karlsruher Richter verwarfen die Klage jedoch als unzulässig und verwiesen darauf, dass *Gauweiler* gegen das Zustimmungsgesetz klagen könne (FAZ vom 29.4.2005, 1 f.).

569 Die PDS-Mitglieder der Berliner Senatskoalition lehnten den Verfassungsvertrag dagegen nicht ab.

570 Ende Oktober 2006 teilte das Bundesverfassungsgericht den Beteiligten mit, dass eine Entscheidung

solche Unterzeichnung durch den Staatspräsidenten ist auch in zahlreichen anderen EU-Mitgliedstaaten Bestandteil des Ratifizierungsverfahrens, stellt meist jedoch nur eine Formsache dar.

Im Vergleich der EU-Mitgliedstaaten erwies sich das Verfahren in *Belgien* als besonders komplex, da dort nicht nur die beiden Kammern des Parlaments, die Abgeordnetenkammer und der Senat, sondern auch die Parlamente der Regionen und Gemeinschaften zustimmen müssen. Der Senat und die Kammer erteilten im April und Mai 2005 ihre Zustimmung mit jeweils deutlicher Mehrheit, während bis zum 19. Juli 2005 auch die Parlamente der Hauptstadtregion Brüssel, der Deutschsprachigen und der Französischen Gemeinschaft sowie der Wallonischen Region zustimmten. Als letztes belgisches Legislativorgan billigte schließlich das Flämische Parlament[571] am 8. Februar 2006 den Verfassungsvertrag.

Das erste „Verfassungsplebiszit“: Spanien

Die *Spanier* hatten am 20. Februar 2005 Gelegenheit, in einer Volksabstimmung über den Verfassungsvertrag zu entscheiden. Trotz – oder gerade wegen – der harten Haltung der konservativen Regierung *Aznar* im Rahmen der Regierungskonferenz galt eine Zustimmung der Bevölkerung als sicher, zumal sowohl die jetzt in der Opposition stehende konservative Volkspartei als auch die regierenden Sozialisten die Annahme des Vertrages empfahlen. Ministerpräsident *Zapatero* setzte das konsultative Referendum gegen den Widerstand der Volkspartei durch, um den Richtungswechsel in der nationalen Außenpolitik zu dokumentieren; da die Spanier als traditionell pro-europäisch gelten, war ein positiver Ausgang zu erwarten. Ablehnend zum Verfassungsvertrag äußerten sich lediglich linke und regionalnationalistische Randgruppen, die das „Nein“ als ein „Ja“ für ein besseres Europa verstanden wissen wollten.[572]

Im Ergebnis sprachen sich bei einer Beteiligung von lediglich 42 Prozent der Stimmberechtigten 77 Prozent der Abstimmenden für den Verfassungsvertrag aus. Bei einer *regionalen Auswertung des Abstimmungsverhaltens* fiel auf, dass es sowohl in konservativen Hochburgen[573] als auch in stark (regional-)nationalistisch geprägten Regionen zu einer deutlicheren Ablehnung als in anderen Stimmbezirken kam; hier votierte bis zu einem Drittel der Abstimmenden gegen den Vertrag – etwa im Baskenland, zu einem geringeren Prozentsatz auch in Navarra und Katalonien. Bedenklicher stimmte die geringe Beteiligung am Referendum (besonders seitens der Jungwähler), die verglichen mit der letzten Europawahl und voran-

---

über die Klage „gegenwärtig keine Priorität“ habe. Man werde die Arbeit in der Sache erst wieder aufnehmen, wenn sich abzeichne, dass der Vertrag unverändert in Kraft treten solle, da das Gericht anderenfalls Gefahr laufe, „in die Rolle eines Mitgestalters des Europäischen Verfassungsprozesses“ zu geraten. Die Zusage des Bundespräsidenten, den Vertrag vor einer Entscheidung des Gerichtes nicht zu ratifizieren, habe weiterhin Bestand (Pressemitteilung des Abgeordneten *Peter Gauweiler* vom 31.10.2006).

571 Die Flämische Region und die Flämische Gemeinschaft teilen sich ein gemeinsames Parlament.

572 Ministerpräsident *Zapatero* erhielt zudem die Unterstützung von Amtskollegen aus anderen Mitgliedstaaten: So traten Bundeskanzler *Schröder* und Staatspräsident *Chirac* im Rahmen von Veranstaltungen auf.

573 Einige Mitglieder der Volkspartei hatten (unter der Hand) für ein „Nein“ geworben (offiziell wurde ein „kritisches Ja“ propagiert).

gehenden Referenden deutlich niedriger ausfiel.[574] Wichtig erscheint darüber hinaus die Feststellung, dass die Spanier nicht präzise angeben konnten, worüber sie abstimmten: Lediglich 43 Prozent der Stimmberechtigten hatten „das Gefühl", über alle notwendigen Informationen zu verfügen, um entscheiden zu können.[575] Dem korrespondierte, dass bei tiefergehenden Befragungen nur knapp die Hälfte der Spanier über die Inhalte der Verfassung Auskunft geben konnte. Als abstimmungsentscheidend gab denn auch ein Drittel der Befragten ihre „allgemeine Meinung über die EU" an, während 26 Prozent ihre „Meinung über den Verfassungsvertrag" und 16 Prozent ihre „Meinung über die Anführer der Ja-Kampagne" zum Ausdruck bringen wollten. Im Ergebnis verblieb ein zwiespältiges Bild: Zwar stimmten die Spanier mit einem klaren „Ja", doch wurde dies durch die *niedrige Beteiligung* und die *Unkenntnis über die Inhalte der Verfassung* getrübt. Gleichwohl war nach dem positiven Ausgang des Referendums die Zustimmung der beiden Kammern des spanischen Parlaments nur noch Formsache; sie stimmten im April und Mai 2005 zu.

2. Die Referenden in Frankreich und den Niederlanden: Zurückweisung und vorläufiges Ende der Ratifizierung

Galt das Ergebnis der spanischen Volksabstimmung noch als relativ „sicher", waren die *Erfolgsaussichten des französischen Referendums* von Anfang an *umstritten.* So hatten die Franzosen bereits bei der Volksabstimmung zum Vertrag von Maastricht (am 20. September 1992) mit einer nur äußerst knappen Mehrheit von 51,05 Prozent dem Vertragswerk zugestimmt. In den vor dem Plebiszit über den Verfassungsvertrag veröffentlichten Umfragen zeichnete sich denn auch das spätere „Nein" immer deutlicher ab, so dass von einer Überraschung am Abend des Referendumstages (dem 29. Mai 2005) nicht wirklich die Rede sein konnte. Die folgenden Ausführungen zeichnen die Entwicklung in Frankreich im Detail nach;[576] eine kurze vergleichende Analyse zu dem Referendum in den Niederlanden schließt sich an.

Die Verfassungsdebatte in Frankreich

Europapolitisch gesehen, spaltete sich die französische Gesellschaft nicht nach herkömmlichen „Rechts-Links"-Schemata, die *Differenzen* zogen sich vielmehr *durch alle politischen Gruppierungen.* Wenig überraschend war dabei die Ablehnung einer vertieften europäischen Integration durch die nationalistischen und die nationalstaatliche Souveränität betonenden rechten Gruppierungen,[577] vor allem die *Front National* von *Jean-Marie Le Pen* und den *Mouvement pour la France* (MPF) des aus der bäuerlich-katholisch geprägten Vendée stammenden *Philippe de Villiers.* Die Positionen und Motive der anderen gesellschaftlichen

574 *Europäische Kommission:* Flash Eurobarometer 168. The European Constitution: post-Referendum Spain. März 2005; befragt wurden 2014 Bürger an den beiden Tagen nach der Abstimmung. Die 18–24jährigen beteiligten sich nur zu 27 Prozent, die über 55jährigen zu 59 Prozent.

575 Ebd.

576 Siehe auch *Schild, J.*: Ein Sieg der Angst, in: Integration, 28/3 (2005), 187–200.

577 Diese die nationalstaatliche Souveränität betonenden Gruppierungen werden im Französischen mit dem Adjektiv *souverainiste* bezeichnet.

Gruppen und Parteien waren hingegen weniger eindeutig und bedürfen einer erweiterten Analyse.[578]

Hier ist zunächst festzuhalten, dass auch in Frankreich parallel zu den Konventsarbeiten eine *Debatte* darüber geführt wurde, *ob der Verfassungsvertrag dem Volk zur Abstimmung vorzulegen sei.* Diese (vor allem von Euroskeptikern vorgebrachte) Forderung nach einem Referendum führte, nachdem die französische Presse am 20. April 2004 über eine mögliche Kehrtwende des britischen Premierministers *Blair* spekulierte (der bis dahin eine Volksabstimmung ausgeschlossen hatte), zu entsprechenden Absichtserklärungen nahezu aller Parteien, also unter Einschluss der den Präsidenten tragenden *Union pour un mouvement populaire* (UMP) und der Sozialisten. Zwar hatten pro-europäische Politiker der beiden letztgenannten Parteien lange vor den Gefahren eines Referendums gewarnt, doch fanden sich auch in ihren Reihen Befürworter. So sprach sich selbst der frühere Staats- und jetzige Konventspräsident *Valéry Giscard d'Estaing* explizit für die Durchführung eines Referendums aus:

> *„Consulter les Français sur ce sujet est un risque raisonnable et positif, et que l'on aurait raison de prendre."*[579]

In der weiteren Diskussion über Vor- und Nachteile eines Referendums spielten dann auch Fragen der Osterweiterung, die bevorstehenden Wahlen zum Europäischen Parlament und – vor allem – der potentielle EU-Beitritt der Türkei eine Rolle.

Die Entscheidung darüber, ob der Verfassungsvertrag durch das Parlament oder durch ein Referendum zu ratifizieren sei, oblag dem Staatspräsidenten. Dieser erklärte am 29. April 2004, dass er seine Entscheidung *„le moment venu"* treffe, wenn also der Augenblick gekommen sei; zuerst müsse man sich jedoch auf einen Vertragstext einigen. Im Rahmen eines Kongresses der UMP zur Festlegung des Programms für die bevorstehenden Europawahlen gelang es schließlich dem damaligen Wirtschafts- und Finanzminister, *Nicolas Sarkozy*, auch die UMP auf ein Referendum festzulegen. Seine Argumentation war einfach, aber nur schwer zu widerlegen:

> *„Je ne vois pas comment il serait possible de dire aux Français que la Constitution européenne est un acte majeur et d'en tirer la conséquence qu'elle doit être adoptée entre parlementaires sans que l'on prenne la peine de solliciter directement l'avis des Français."*[580]

Am Nationalfeiertag, dem 14. Juli 2004, gab Staatspräsident *Chirac* schließlich nach. Auch in Frankreich sollte ein Referendum stattfinden, voraussichtlich in der zweiten Jahreshälfte 2005. Zuvor müsste allerdings der *Conseil constitutionnel* die Verfassungsmäßigkeit des Vertrages überprüfen und gegebenenfalls die französische Verfassung geändert werden. Im Anschluss daran legten die Parteien ihre Positionen fest.

Seit dem Sieg bei den Parlamentswahlen 2002 wurde die *Assemblée nationale* von der UMP dominiert.[581] Mit ihr gelang es *Chirac,* die Spaltung des konservativen Lagers in Frank-

---

578 Da über die Hälfte der Wähler ihre Haltung frühzeitig festlegte (Le Monde vom 31.5.2005), scheint es angezeigt, die erkennbaren grundsätzlichen Positionen aufzuzeigen.

579 *Valéry Giscard d'Estaing*, Interview am 26.4.2004 mit La Montagne, zitiert nach Libération vom 26.4.2004, 14.

580 Zitiert nach Libération vom 10.5.2004, 2f.

581 Die UMP (ursprünglich *Union pour la majorité présidentielle*) war als Sammelbewegung im Präsidentschaftswahlkampf 2002 entstanden und vereint den RPR (*Rassemblement pour la République*), die gaullistische Partei *Jacques Chiracs*, die DL (*Démocratie libérale*) und Teile der UDF (*Union pour la démocratie française*).

reich zu überwinden, ein angesichts des französischen Mehrheitswahlrechts nicht unwichtiger Vorgang. Die Führung der Partei oblag zunächst dem *Chirac*-Vertrauten *Alain Juppé,* der nach Korruptionsvorwürfen und einem diese bestätigenden Gerichtsurteil 2004 von *Nicolas Sarkozy* abgelöst wurde, der als schärfster innerparteilicher Konkurrent *Chiracs* für die Präsidentschaftswahlen im Jahr 2007 galt. Während *Chirac* und seine Anhänger in gaullistischer Tradition die Vision eines *Europe puissance*, eines Europa als außenpolitisch mächtigem Akteur (immer auch als Gegenpol zu den USA gedacht), verfolgten, vertrat *Sarkozy* eher „volksnähere" Positionen. Konsequent lehnte er deshalb frühzeitig den Beitritt der Türkei zur Europäischen Union ab, für den sich wiederum *Chirac* aussprach, sich damit allerdings in Frankreich vergleichsweise isoliert sah. Hinzu kam, dass die Franzosen bereits der Osterweiterung im Jahr 2004 deutlich skeptischer gegenüberstanden als etwa die Deutschen.[582]

Chirac und die Führungsebene der UMP sprachen sich schließlich einvernehmlich für ein „Ja" zum Verfassungsvertrag aus. Erwartungsgemäß unterstützte auch die Regierung *Raffarin* diese Position. Einige UMP-Mitglieder, angeführt von den Abgeordneten *Nicolas Dupont-Aignan* und *Jacques Myard*, befürchteten, dass Frankreich zu einer Provinz im Rahmen eines europäischen Bundesstaates werden könnte und die „Verfassung" die Freiheit der Franzosen einschränken würde. Sie nahmen eine der französischen Souveränität verpflichtete Position ein und lehnten deshalb den Verfassungsvertrag ab. *Sarkozy*[583] als UMP-Vorsitzender geriet so in eine schwierige Lage, musste er doch die ablehnenden Kräfte durch eine parteiinterne Debatte einbinden, um das „Ja" der Gesamtpartei zu sichern. Daher entkoppelte er die Debatte um den Türkeibeitritt von der Referendumskampagne, indem er vorschlug, durch eine Verfassungsänderung eine Volksabstimmung über den Türkei-Beitritt zu erzwingen.[584]

Die Partei *François Bayrous,* die *Union pour la démocratie française* (UDF), ging demgegenüber aus einer Sammlungsbewegung hervor, die ursprünglich einige Parteien der rechten Mitte umfasste und dem damaligen Staatspräsidenten *Valéry Giscard d'Estaing* verbunden war. 1998 als Partei neu gegründet, war sie eng mit der Person *Bayrous* verbunden, der auf dem Parteitag am 22. Januar 2005 mit 98,45 Prozent der Stimmen als Parteivorsitzender wiedergewählt wurde. Anlässlich dieses Parteitages konnte *Bayrou* auch seine Position zum Verfassungsvertrag durchsetzen: „Ja" zur Verfassung und „Nein" zum Türkei-Beitritt; neun Zehntel der Delegierten unterstützten diese Haltung. Unstimmigkeiten ergaben sich lediglich

582 Eine ähnliche Meinungsverschiedenheit zeichnete sich zwischen *Chirac* und *Sarkozy* hinsichtlich der Frage ab, ob ein Referendum über den Verfassungsvertrag stattfinden sollte. Zwar war *Chirac* zu Beginn seiner zweiten Amtszeit ein Befürworter einer solchen Volksbefragung, wurde jedoch zurückhaltender, als sich abzeichnete, dass das Ergebnis einer Abstimmung nicht von vornherein feststehen würde. *Sarkozy* erkannte frühzeitig das Potential und mobilisierte schließlich die UMP, sich für ein Referendum einzusetzen.

583 *Sarkozy* selbst sprach sich aus Überzeugung für die „Verfassung" und ein solidarisches und integriertes Europa aus.

584 Vgl. *Carcassonne, G.*: Turquie, le référendum impossible, in: Le Point vom 30.9.2004. Als Reaktion auf die Kritik *Carcassonnes* und anderer wurde aus dem ursprünglichen Vorschlag *Sarkozys*, ein Referendum über den Beitritt der Türkei durchzuführen, dann eine Verfassungsänderung, die ein solches Referendum vorschreibt. Zwar setzte sich *Chirac* gleichfalls für eine Entzerrung der beiden Debatten (EU-Beitritt der Türkei und Verfassungsvertrag) ein, konnte letztlich aber nicht überzeugen, zumal die Mehrheit der UMP im Gegensatz zu ihm einen Türkeibeitritt ablehnte.

mit dem UDF-Minister *Gilles de Robien*, der über den Türkei-Beitritt – wie Präsident *Chirac* – erst in etwa 15 Jahren entscheiden wollte.[585]

Die *Parti socialiste* (PS) konnte sich hingegen nicht auf eine einheitliche Position zum Verfassungsvertrag einigen. In einer Urabstimmung am 1. Dezember 2004 sprachen sich zwar 58 Prozent der 120.000 Parteimitglieder für den Verfassungsvertrag aus, doch hinderte dieses Votum die parteiinternen Gegner des Vertrages nicht, ihre Kampagne für ein „Nein" außerhalb der Partei fortzuführen. Die Auseinandersetzung ging im Prinzip auf die Wahlniederlage im Jahr 2002 zurück[586] und manifestierte sich anlässlich des *congrès* der Sozialisten in Dijon im Mai 2003, wo sich die PS in Gegner und Befürworter des Verfassungsvertrages spaltete. Zwar gelang es der Führungsspitze, *François Hollande, Laurent Fabius* und *Dominique Strauss-Kahn,* die Partei „im Zaum" zu halten, doch rangen die etwa 40 Prozent der Delegierten repräsentierenden Strömungen NPS und *Nouveau Monde*[587] dem Ersten Sekretär *Hollande* das Zugeständnis ab, eine Urabstimmung über die „Europäische Verfassung" durchzuführen. Der umtriebige Abgeordnete *Montebourg* und seine Anhänger waren dabei der Ansicht, dass eine Zustimmung einer erneuten Wahl *Chiracs* gleich käme.[588] *Hollande* versuchte unterdessen durch inhaltliche Forderungen, sozialistische Positionen in den Verfassungsvertrag aufnehmen zu lassen und so seine parteiinternen Kritiker einzubinden. Mit der Forderung nach einem sozialeren Europa (*Et maintenant l'Europe sociale!*) bestritten die Sozialisten dann erfolgreich den Europawahlkampf; Differenzen über den Verfassungsvertrag wurden ausgeblendet. *Fabius,* der Stellvertreter *Hollandes,* schwieg bis nach den Europawahlen im Juni 2004, um dann seine Ablehnung des Verfassungsvertrages stufenweise bekannt zu machen: Am 9. September 2004 erklärte er, er sei für ein *„non, sauf si"* und stellte *Chirac* vor vier Bedingungen; drei Tage später wurde daraus ein bedingungsloses *„non"*. Damit drängte er die bisherigen Protagonisten der „Nein"-Fraktion, NPS und *Nouveau Monde,* an den Rand und übernahm die Führung im Lager der sozialistischen Gegner des Vertrages. *Hollande* trat unterdessen definitiv in das Lager der Befürworter ein. Dort versammelten sich bereits der ehemalige Wirtschafts-, Finanz- und Industrieminister *Dominique Strauss-Kahn,* die ehemalige Europaministerin *Elisabeth Guigou,* die ehemalige Arbeits- und Sozialministerin *Martine Aubry,* deren Vater *Jacques Delors* sowie der Bürgermeister von Paris, *Bertrand Delanoë.* Insofern stand ein eher elitärer Kreis von Spitzenpolitikern einer Gruppe von „Hinterbänklern" (angeführt von einigen früheren Führungspersönlichkeiten) gegenüber.

In den zwei Monaten vor der Urabstimmung kam es schließlich zu einer lebhaften *parteiinternen Auseinandersetzung* über das Für und Wider des Verfassungsvertrages. Dabei waren die *Gegner* der Ansicht, dass der umfangreiche Teil III des Vertrages nicht Bestandteil einer Verfassung sein sollte, der Schwellenwert für eine verstärkte Zusammenarbeit (von einem Drittel der Mitgliedstaaten) zu hoch sei und der Vertrag darüber hinaus *„une vision anglo-*

585 Im Unterschied zu *Chirac* lehnte *de Robien* aber einen Türkei-Beitritt ab.

586 Le Monde vom 2.12.2004.

587 Die *Nouveau Parti socialiste* (NPS) und der *Nouveau monde* sahen in der Europäischen Union einen der Hauptgründe für das Scheitern der Regierung *Jospin.* Zu den Sprechern der beiden Strömungen zählten *Arnaud Montebourg* und *Vincent Peillon* einerseits sowie *Henri Emmanuelli* und *Jean-Luc Mélenchon* andererseits.

588 Bei den Präsidentschaftswahlen 2002 scheiterte der sozialistische Kandidat *Lionel Jospin* im ersten Wahlgang. In der Stichwahl trat der amtierende Staatspräsident *Chirac* gegen den Rechtsextremen *Le Pen* an; *Chirac* gewann die Wahl bei Unterstützung der Sozialisten mit deutlicher Mehrheit. *Montebourg* hatte sich durch sein Engagement für eine „VI. Republik" Bekanntheit verschafft.

saxonne d'une Europe zone de libre-échange et non d'une Europe puissance de solidarité" festschreibe.[589] Zudem seien die Beschäftigung und das Wirtschaftswachstum für die EZB nur sekundäre Ziele, die fehlenden Ansätze zur Steuerharmonisierung würden den Standortwettbewerb verschärfen und eine Harmonisierung der Sozialpolitik sei aufgrund des Einstimmigkeitszwangs *de facto* ausgeschlossen. Auch würden die öffentlichen Dienstleistungen (*services publics*) weiterhin dem Wettbewerb ausgesetzt, mithin auf Dauer in Gefahr sein. Selbst die Grundrechtecharta wäre im Endeffekt wirkungslos, da sie nicht auf die restriktiveren nationalen Rechtsordnungen einwirke. Schließlich rücke ein *Europe puissance* in weite Ferne, da die europäische Verteidigung der NATO untergeordnet werde.

Die *Befürworter* betonten demgegenüber die aus ihrer Sicht erwartbaren positiven Konsequenzen. Hierzu zählten sie vor allem die institutionellen Veränderungen, so die Schaffung eines hauptamtlichen Ratspräsidenten, die Inthronisierung eines Außenministers und die erweiterten Kompetenzen des Europäischen Parlaments. Des Weiteren baue der Vertrag durchaus die soziale Dimension der EU aus und schaffe ein *gouvernement économique* als Gegengewicht zur EZB. Positiv seien auch die Erwähnung der Daseinsvorsorge, die Schaffung neuer Instrumente für Gewerkschaften und Arbeitnehmer sowie die Integration der Grundrechte-Charta.

Unterschiedlicher Ansicht waren Befürworter und Gegner schließlich mit Blick auf die *Revisionsfähigkeit des Verfassungsvertrages.* Während erstere meinten, dass die Einstimmigkeit Europa noch nie daran gehindert hätte, weiter voranzuschreiten, befürchteten letztere, dass in einem Europa der 25 der Verfassungsvertrag nicht mehr geändert werden könne. Zwar fiel das Votum der Parteimitglieder dann zugunsten des Verfassungsvertrages aus, doch setzten die Gegner der „Verfassung" ihren „Kreuzzug" nach der Niederlage fort; bis zum Referendum wurde innerhalb der Partei heftig gestritten.[590] Dies galt auch für einen etwaigen *EU-Beitritt der Türkei.* Während die *Parti socialiste* im Juni 2004 noch eine freundliche Haltung zum Beitritt einnahm, sprach man sich im Dezember 2004 zwar für die Aufnahme von Verhandlungen aus, doch müsse deren Ergebnis „offen" sein. *Hollande* begrüßte nun auch die Idee *Sarkozys,* ein Referendum über den Türkei-Beitritt durchzuführen. Gleichwohl stieß die Idee, alle künftigen Erweiterungen der EU von einer Volksabstimmung abhängig zu machen, nicht auf die Unterstützung der sozialistischen Abgeordneten. Im Übrigen galt, dass eine ablehnende Haltung zum Türkei-Beitritt mit einer Zustimmung zum Verfassungsvertrag oder mit dessen Ablehnung einhergehen konnte; die Lager waren nicht einheitlich voneinander geschieden, zumal die französischen Sozialisten vor allem ein sozialeres Europa forderten. Im Ergebnis sprach sich nur etwa die Hälfte der aktiven Parteimitglieder für eine Ablehnung des Vertrages aus, eine knappe Mehrheit war demgegenüber bereit, ihm zuzustimmen.

An den linken und rechten Rändern des Parteienspektrums finden sich in Frankreich zahlreiche *kleinere Parteien,* deren Bedeutung sich oft nur darin manifestiert, einen eigenen Kandidaten für die Präsidentenwahl aufzustellen. Dazu zählt inzwischen auch die *Parti communiste français* (PCF), deren Vorsitzende, *Marie-George Buffet,* von Anfang an deutlich gegen den Verfassungsvertrag votierte, den sie als eine *camisole* (Zwangsjacke) *ultralibérale* bezeichnete;[591] sie übernahm damit im Feld der Gegner links von der PS eine Führungsrolle. Die PCF hatte sich in den vergangenen Jahren gegenüber globalisierungskritischen Bewegun-

589 Vgl. hierzu im Detail Le Monde vom 2.12.2004.
590 Vgl. etwa Libération vom 11.4.2005, 4.
591 Zitiert nach Libération vom 11.9.2004, 14.

gen (*altermondialistes*) geöffnet, die auch bei der Ablehnung des Verfassungsvertrages eine Rolle spielten. Einer der Sprecher der *Ligue communiste révolutionnaire* (LCR), ihr Spitzenkandidat bei den Präsidentenwahlen 2002, *Olivier Besancenot*, begründete die Ablehnung des Verfassungsvertrages darüber hinaus damit, dass er den *démantèlement* des öffentlichen Dienstes fördere und fixiere. Die mit der LCR als zweite trotzkistische Gruppierung Frankreichs gewöhnlich eine Allianz bildende *Lutte ouvrière* (LO), geführt von *Arlette Laguiller*, lehnte die Verfassung ebenfalls ab, da sie nur dazu diene *„à réglementer les rapports entre les différents Etats au détriment des plus petits"*.[592] *Laguiller* bestätigte jedoch, dass sie für ein grenzenloses Europa (unter Einbezug der Türkei) und für den Euro eintrat.

Les Verts, die französischen Grünen, unterstützten zwar die Forderung nach einem Referendum, verlangten jedoch, dass dieses europaweit an einem Tag durchzuführen sei. Dazu müsse die Partei selbst ein Vorbild abgeben: So beschlossen die *Verts* im September 2004, eine europaweite Urabstimmung zu beantragen, scheiterten damit jedoch auf europäischer Ebene.[593] Allerdings dokumentierte sich bereits zu diesem Zeitpunkt, dass innerhalb der Partei sowohl Anhänger als auch Kritiker des Verfassungsvertrages für ihre Position kämpfen wollten. In der schließlich per Briefwahl durchgeführten nationalen Urabstimmung stimmten am 13. Februar 2005 52,72 Prozent der Teilnehmer für die Annahme des Verfassungsvertrages (bei einer Beteiligung von 58,1 Prozent).[594] Wesentlich eindeutiger war die Stimmenverteilung im Führungsgremium der Partei, dem *Collège executif* (CE), innerhalb dessen nur zwei von 13 Mitgliedern sich gegen die „Verfassung" aussprachen.[595] Im Ergebnis erwiesen sich auch die Grünen, wie zuvor die PS, als intern gespalten.

Die Argumentation der schon angesprochenen rechten Parteien unterschied sich dagegen fundamental von derjenigen der politischen Linken. *Philippe de Villiers,* der Vorsitzende des MPF, lehnte die „Verfassung" ab, weil sie das Ende der Souveränität Frankreichs bedeuten würde;[596] er hoffte, sich als Anführer eines „Nein" im rechtskonservativen Lager profilieren zu können. Auch der Chef des rechtsextremen FN, *Jean-Marie Le Pen*, sah die Selbständigkeit Frankreichs in Gefahr. Der ehemalige Innenminister, *Jean-Pierre Chevènement,* Ehrenvorsitzender des *Mouvement républicain et citoyen* (MRC),[597] lehnte den Verfassungsvertrag ebenso entschieden ab. Er erklärte, dass eine Zustimmung zum Vertrag für Generationen die Festschreibung eines Ungleichgewichts zwischen Kapital und Arbeit bedeuten würde.[598] Auch bei ihm spielten souveränitätspolitische Überlegungen eine Rolle.

Während die Gegnerschaften im *linken Lager* also eher durch „zu wenig Europa" oder durch einen Mangel an einem „sozialen Europa" motiviert waren, fanden sich im *rechten Lager* Bedenken hinsichtlich des Türkei-Beitritts und mit Blick auf die künftige Souveränität Frankreichs. Hinzu trat ein gewisser Überdruss am Regime *Chirac,* der vor allem die Anhänger der PS motivierte, sich gegen den Verfassungsvertrag zu engagieren.[599] Die Positionen der einzelnen Akteure standen dabei im Wesentlichen bereits vor der Ankündigung *Chiracs,* ein

592 *Arlette Laguiller* zitiert nach Libération vom 8.12.2004, 14.

593 Libération vom 13.9.2004, 4.

594 Le Figaro vom 16.2.2005, 8.

595 Libération vom 23.5.2005, 4.

596 Zitiert nach Le Figaro vom 15.7.2004, 6.

597 Der MRC lässt sich den politischen Lagern nicht eindeutig zuordnen; er vertritt republikanische Positionen, die in Teilen sozialistische, in Teilen konservative Einstellungen widerspiegeln.

598 Vgl. Le Figaro vom 8.9.2004, 6.

599 Einer Umfrage zufolge (Le Monde vom 31.5.2005) wollten 40 Prozent der Befragten mit dem „Nein" ihr *„ras-le-bol vis-à-vis de la situation actuelle"* zum Ausdruck bringen.

Referendum durchzuführen, fest. Lediglich die PS und die *Verts* suchten über Urabstimmungen eine einvernehmliche Position festzulegen, an die sich dann jedoch nicht alle Parteimitglieder gebunden fühlten. Im Übrigen galt, dass die vehementesten Befürworter eines Referendums gewöhnlich dem Verfassungsvertrag kritisch bis ablehnend gegenüberstanden und hofften, dass die Bevölkerung den Vertrag ablehnen würde. Die *Assemblée nationale* und der Senat hätten den Verfassungsvertrag zweifelsfrei ratifiziert.

Doch nicht nur im Rahmen der politischen Parteien, auch in den meisten *anderen gesellschaftlichen Bereichen* unterlag der europäische Verfassungsvertrag einer intensiven und häufig kontroversen Diskussion. So sprachen sich die katholische *Bischofskonferenz* ebenso wie *Protestanten* und *Orthodoxe* trotz des fehlenden Gottesbezugs (in der Präambel) für den Verfassungsvertrag aus.[600] Die französischen *Gewerkschaften* hingegen waren in Befürworter und Gegner gespalten.[601] Die Ereignisse innerhalb der *Confédération générale du travail* (CGT), bei den letzten Wahlen der Belegschaftsvertreter mit ca. 35 Prozent der Stimmen erfolgreichste Gewerkschaft, dokumentierten dies stellvertretend für einen großen Teil der organisierten französischen Arbeitnehmer. Die Führung, vor allem Generalsekretär *Bernard Thibault,* sprach sich für die Annahme des Verfassungsvertrages aus, schlug jedoch anlässlich des *Conseil confédéral national* (CCN), einer Art von Gewerkschaftsparlament, vor, keine Abstimmungsempfehlung für oder gegen den Verfassungsvertrag auszusprechen.[602] Gleichwohl kam es am 3. Februar 2005 zu einer deutlichen Ablehnung seitens der Delegierten (mit 81 gegen 18 Stimmen bei 17 Enthaltungen). *Thibault* und seine Vertrauten vertraten daraufhin die Ansicht, dass der CCN letztlich nicht die Meinung der Gesamtheit der Mitglieder repräsentiere (diese würden sich eher für den Vertrag aussprechen), doch mussten sie die Entscheidung akzeptieren. Im weiteren Verlauf wandten sich zahlreiche weitere Untergliederungen der CGT dezidiert gegen den Vertrag.

Demgegenüber sprach sich die mitgliederstärkste und bei den Wahlen zweitstärkste *Confédération française démocratique du travail* (CFDT) zwar für den Verfassungsvertrag aus, doch kam es auch hier zu Voten einzelner gewerkschaftsinterner Gruppierungen gegen dessen Annahme. Die *Confédération française des travailleurs chrétiens* (CFTC), zu der bis 1964 auch die CFDT gehörte, verglich am 22. Dezember 2004 den Vertrag von Nizza mit dem Verfassungsvertrag, um daraufhin festzustellen, dass dieser einige Fortschritte bringe; sie sprach sich deshalb für ein „Ja“ aus. *Force ouvrière* (FO) stand der europäischen Integration und dem Verfassungsvertrag dagegen eher kritisch gegenüber, gab jedoch keine Abstimmungsempfehlung. Selbst die *Confédération française de l'encadrement – Confédération générale des cadres* (CFE-CGC, Führungskräfte) tendierte eher zu einem „Nein“. Die *Fédération syndicale unitaire* (FSU), eine Vereinigung der Lehrenden, verurteilte den Verfassungsvertrag explizit. Die *Union Nationale des Syndicats Autonomes* (UNSA) war wiederum, wie alle anderen Gewerkschaften außer der CFDT, in ihrem Urteil gespalten. Allerdings votierten nach einer hitzigen Debatte anlässlich des *Congrès* in Nantes Mitte März 2005 zwei Drittel der Delegierten für den Verfassungsvertrag.[603] Im Ergebnis sprach sich die Mehrheit der Gewerkschaften entweder für ein „Nein“ zum Verfassungsvertrag aus oder machte deutlich, dass man (trotz des Verzichts auf eine offizielle Empfehlung) eine Ablehnung bevorzugte. Einzig die UNSA und die CFDT unterstützten den Verfassungsvertrag und blieben somit

600 L'Express vom 16.5.2005, 66.
601 Le Monde vom 1.2.2005.
602 Le Monde vom 5.2.2005.
603 La Croix vom 8.4.2005, 20.

auf dem Kurs des Europäischen Gewerkschaftsbundes, der die „Verfassung" bekanntlich begrüßte.

Ganz anders die Stimmungslage bei den *Arbeitgebern.* Der MEDEF, der *Mouvement des entreprises de France*, sprach sich deutlich für den Verfassungsvertrag aus, engagierte sich jedoch kaum in der Kampagne für ein „Ja" (zumal dies „Wasser auf den Mühlen" der Gegner der „Verfassung" bedeutet hätte).[604]

Die Auseinandersetzungen im Vorfeld des Referendums mündeten schließlich in eine *intensive Debatte um das Für und Wider der europäischen Integration,* die auf allen Ebenen geführt wurde: Die Regierung *Raffarin* kämpfte (in den letzten Wochen vor der Abstimmung) mit der Kampagne für ein „Ja" um ihr politisches Überleben; Politiker und Intellektuelle engagierten sich in den Medien je nach Überzeugung für ein „Ja" oder „Nein", und auch in Regionalinitiativen oder im privaten Bereich wurde für oder gegen den Vertrag gestritten. Gerade auf den letztgenannten Ebenen spielte das Internet als Kommunikationsplattform eine wichtige Rolle. Mit ihm pflanzten sich auch Gerüchte und Halbwahrheiten in bislang unbekanntem Ausmaß fort. Während die etablierten Medien überwiegend für ein „Ja" plädierten, dominierte im Internet das „Nein" – in Teilen informiert, in Teilen polemisch zugespitzt. Im Ergebnis entwickelte die Nein-Kampagne eine beträchtliche Eigendynamik:

> „Die ‚Verschwörung der Jasager', die sie den Medien unterstellten, war der geschickteste Schachzug der Opposition. Er suggerierte, dass in der Presse Zensur geübt und das Volk bevormundet wird, während im Internet – und nur hier – die Wahrheit gesagt werden darf. Das Nein entwickelte eine derartige Energie, dass die Unterschiede und Feindseligkeiten zwischen Trotzkisten, Kommunisten, Neofaschisten, Anarchisten, Souveränisten überhaupt keine Rolle mehr spielten. Die Ablehnung wurde zum neuen Heilsversprechen eines orientierungslosen Landes, das alle seine Frustrationen im Internet entlud und dessen politische Klasse zunehmend in Panik geriet: Einen noch größeren Beitrag zum Triumph des Neins als das Internet haben die Befürworter der Verfassung geleistet."[605]

Die *offizielle Kampagne* begann schließlich am 16. Mai 2005 und endete knapp zwei Wochen später am Tag vor dem Referendum. Einen Teil der damit verbundenen Kosten übernahm der Staat (je nach den Stimmanteilen der Parteien in vorangegangenen Wahlen). Wie bereits anlässlich der Volksabstimmung über den Vertrag von Maastricht erhielt jeder Wähler eine Kopie des Verfassungsvertrages zusammen mit seinen Stimmzetteln und einer zwölfseitigen Erläuterung des Vertragswerkes.[606] Diese Erläuterungen beschrieben kurz die Entstehung des Vertrages und seine Gliederung, um dann zu begründen, warum er ratifiziert werden sollte.[607] Danach mache der Vertrag, der eine Grundlage für die weitere Entwicklung Europas darstelle, die EU effizienter und demokratischer, werde die Kompetenzabgrenzung zwischen der EU und den Nationalstaaten präziser. Zudem würden europäische Politiken gestärkt, um auf neue Anforderungen zu reagieren.[608] Der Verfassungsvertrag gebe schließlich Frankreich ein höheres Gewicht im Ministerrat. Die im Text verwendeten Beispiele dokumentierten, dass

---

604 Vgl. FT vom 20.4.2005, 6.

605 FAZ vom 3.6.2005, 38.

606 Pressemitteilung des Innenministeriums vom 17.3.2005.

607 Projet de loi autorisant la ratification du traité établissant une Constitution pour l'Europe. Exposé des motifs. Décret présidentiel du 9 mars 2005.

608 Der Text benennt die Koordinierung der Wirtschaftspolitik, die Sozialpolitik (Art. III-122 und I-48 VVE), Verbesserungen im Bereich der polizeilichen und justiziellen Zusammenarbeit, von Grenzkontrollen und außenpolitische „Innovationen" (Außenminister, gegenseitige Unterstützung, europäische Verteidigungsagentur).

(und wie) versucht wurde, auf die von politisch linker wie rechter Seite geäußerten Bedenken einzugehen. Doch bereits das Versenden des Textes wurde von den Gegnern kritisiert. Auch der Finanzierungsschlüssel und die Vergabe der Sendezeit im Fernsehen und Rundfunk, die die LCR und den MRC ausschloss, wertete man als willkürlich und stärkte so die Selbstorganisation der Vertragsgegner. In seinen Fernsehauftritten – die meist nicht auf die Sendezeit der Verfassungsbefürworter angerechnet wurden – machte *Chirac* keine überzeugende Figur. Umfragen zufolge wirkte er bei der Fernsehdebatte Mitte April (mit ausgewählten Studiogästen) sogar kontraproduktiv.[609] Im Rahmen seines zweiten Fernsehauftritts erklärte er dann, dass man nicht gleichzeitig europäisch sein und mit „Nein“ stimmen könne.[610] Zudem widersetzte er sich Neuverhandlungen vehement, nahm mit dieser Aussage aber der Bevölkerung jede Möglichkeit, den Vertrag abzulehnen, zumal er das „Ja“ zum Vertrag als gleichsam alternativlos darstellte.

In der *Rückschau* wird man bilanzieren können, dass sich die Regierung *Raffarin* anfangs stark zurückhielt, Präsident und Regierung eine *campagne pédagogique* bevorzugten.[611] Sie gilt heute als eindeutig missglückt, bis hin zu den als „Entgleisung“ wahrgenommenen Ausführungen des amtierenden Ratspräsidenten, *Juncker*, wenige Tage vor der Abstimmung.[612] *Juncker* erklärte gegenüber der belgischen Zeitung *Le Soir*, dass, wenn sich keine andere Lösung finden lasse, *„les pays qui auront dit non devront se reposer la question.“*[613]

Gründe des Scheiterns

Am 29. Mai 2005 entschieden sich *54,87 Prozent* der abstimmenden Franzosen, den *Verfassungsvertrag abzulehnen.* Mehr als zwei Drittel der Stimmberechtigten gingen an die Urnen, so dass auch der Ausweg entfiel, das negative Votum einer zu geringen Beteiligung zuzuschreiben. Wie erwähnt, war das Ergebnis wenig überraschend, da Umfragen seit langem ein „Nein“ erwarten ließen. Aufgrund kontinuierlicher Verschlechterung der Umfragewerte hatte Staatspräsident *Chirac* sogar den Termin für das Referendum immer weiter vorgezogen. Statt des ursprünglich vorgesehenen Herbstes 2005 kam ein Termin im Juli in Betracht, schließlich wurde der frühestmögliche Zeitpunkt nach der Verfassungsänderung gewählt.[614]

---

609 Le Figaro vom 18.4.2005, 6. Zur Vorgeschichte: Libération vom 14.4.2005, 5.

610 Le Figaro vom 4.5.2005, 6.

611 Le Figaro vom 12.4.2005, 7.

612 In diesem Zusammenhang sei auch an die Auseinandersetzung um die sogenannte Dienstleistungsrichtlinie erinnert.

613 Le Soir vom 25.5.2005, 1; vgl. FAZ vom 29.7.2005, 5.

614 Staatspräsident *Chirac* beauftragte direkt nach der Unterzeichnung des Verfassungsvertrages den *Conseil constitutionnel*, die Vereinbarkeit des Vertrages mit der französischen Verfassung zu überprüfen. Dieser entschied im November 2004, dass zwar einige Bestimmungen des Vertrages eine Anpassung der Verfassung erforderten (insbesondere die Kompetenzübertragungen in Teil III und die neuen Rechte für das Parlament), dass aber kein grundsätzlicher Konflikt zwischen der europäischen und der nationalen Verfassung bestehe. Der *Conseil* legte den Verfassungsvertrag in seiner Entscheidung allerdings sehr restriktiv aus (vgl. Le Figaro vom 20.11.2004, 7). Die erforderliche Verfassungsänderung wurde vom *Congrès* (Parlament und Senat in gemeinsamer Sitzung) am 28. Februar 2005 beschlossen. Zusätzlich zu den erforderlichen Veränderungen wurde auch ein Absatz eingefügt, der vorsieht, dass über den Türkei-Beitritt (und weitere Beitritte „nach Kroatien“) ein Referendum stattzufinden habe. *Sarkozy* und *Chirac* wollten auf diese Weise vermeiden, dass die Debatte um die Erweiterung der Union das Referendumsergebnis zu sehr beeinflusst.

Die Bemühungen der Befürworter des Verfassungsvertrages konnten die Bevölkerung gleichwohl nicht umstimmen. Noch am Abend des 29. Mai erklärte *Chirac* deshalb in guter gaullistischer Tradition, er habe verstanden: *„Vous avez majoritairement rejeté la Constitution européenne. C'est votre décision souveraine, et j'en prends acte.“*[615] Die Ablehnung des Verfassungsvertrages zählte zu den großen Niederlagen des Präsidenten – neben der Auflösung des Parlaments 1997 (die einen Wahlsieg der Sozialisten und fünf Jahre *cohabitation* zur Folge hatte) und den verlorenen Regional- und Europawahlen. Als Reaktion bot Premierminister *Raffarin* seinen Rücktritt an, den *Chirac* dieses Mal akzeptierte.[616] Da *Raffarin* letztlich zuverlässig und ergeben die politischen Präferenzen *Chiracs* umgesetzt hatte, traf sich der Präsident damit freilich auch selbst. Neuer Premierminister wurde der *Chirac*-Vertraute *Dominique de Villepin,* der noch nie für ein öffentliches Amt kandidiert hatte und als Karrierediplomat in den Regierungen *Raffarin* als Außen-, später als Innenminister diente.[617] Auch bei den Gegnern des Verfassungsvertrages wich die zunächst erkennbare Euphorie – mit volksfestartigen Szenen auf zentralen Plätzen des Landes – relativ schnell der Ernüchterung. Es erwies sich, dass die *Mehrheit gegen den Vertrag keine positive Mehrheit für einen anderen Vertrag* darstellte, sondern mit Blick auf die politischen Gruppen in mindestens drei Teile zerfiel: die (extreme) Rechte, die globalisierungskritische Linke und den ablehnenden Teil der PS, deren Forderungen in weiten Teilen unvereinbar waren. In der folgenden Zusammenfassung interessieren deshalb auch nicht die innenpolitischen Auseinandersetzungen (zumal immer auch die Profilierung für die Präsidentschaftswahlen im Jahr 2007 eine Rolle spielte), sondern die Gründe für das „Nein“ und die sich damit möglicherweise verbindenden Folgen für die Entwicklung der Europäischen Union.[618]

Zunächst erweist sich, dass die *ablehnende Haltung* der Franzosen *zwar innenpolitisch grundiert* gewesen sein mag, im Wesentlichen *aber* durchaus *den europapolitischen Optionen folgte.* Die Versuche, das französische Votum als gleichsam „irrational“ darzustellen, zumindest als nationalstaatlich geprägt, wenn nicht sogar „überlagert“, bedürfen mithin der Relativierung. Die Verteilung des „Nein“ nach der politischen Präferenz entsprach in etwa den Positionen der Parteien: Während zwei Drittel der Anhänger linker Parteigruppierungen den eigenen Angaben zufolge den Vertrag ablehnten (ein Drittel stimmte ihm explizit zu), war bei den Anhängern eher rechts stehender Parteien das Verhältnis genau umgekehrt.[619] Betrachtet man nur die beiden *Regierungsparteien,* so stimmten drei Viertel ihrer Anhänger für den Vertrag, die Anhänger der FN und des MNR[620] sowie der Kommunisten (PCF) hingegen zu über 95 Prozent gegen ihn. Während knapp drei Viertel der Befürworter glaubten, dass durch eine Ablehnung der Einfluss Frankreichs in Europa geschwächt würde, waren vier Fünftel derjenigen, die mit „Nein“ stimmten, der Meinung, dass dies nicht zutreffe. Eine ganz ähnliche Verteilung fand sich bei Beantwortung der Frage, ob durch ein „Nein“ die *con-*

615 Zitiert nach Libération vom 30.5.2005, 3.

616 Nach der verlorenen Regionalwahl hatte er das Rücktrittsangebot seines Premiers noch zurückgewiesen.

617 In der französischen Regierung steht der Innenminister im Rang über dem Außenminister.

618 Für eine andere Einschätzung (auch zum niederländischem Referendum) s. *Austin, G.*: Reform in Europe after the 2005 Referendums, http://fpc.org.uk/fsblob/506.pdf. *Austin* bewertet die Diskussion über den Beitritt der Türkei als einflussreicher. Vgl. für Frankreich auch *Schild, J.*, a. a. O.

619 Le Monde vom 31.5.2005.

620 *Mouvement national républicain,* eine rechtsextreme Partei, die sich 1999 von dem FN *Jean-Marie Le Pens* abspaltete. Der MNR wird von *Bruno Mégret* geführt. Die Unterschiede sind allerdings eher personeller als materieller Natur.

struction de l'Europe geschwächt werde. In den Augen der Abstimmenden galt schließlich als Hauptgrund für die Ablehnung des Vertrages, dass er die Lage auf dem Arbeitsmarkt verschlechtere (46 Prozent); zwei Fünftel der Wähler wollten durch ihr „Nein" zudem ihr *ras-le-bol* (ihre Unzufriedenheit) mit der aktuellen Situation zum Ausdruck bringen. Jeweils etwa ein Drittel glaubte, dass ein „Nein" eine Neuverhandlung des Vertrages erlaube, dass der Vertrag zu liberal sei bzw. dass er zu schwierig zu verstehen wäre.[621]

Schon diese Daten dokumentieren, dass es zu kurz gegriffen wäre, das Scheitern des Verfassungsvertrages in Frankreich lediglich auf die *Unzufriedenheit* mit der Amtsführung des Präsidenten und der Regierung *Raffarin*[622] sowie auf das *Unverständnis* über das, was europapolitisch auf dem Spiel stand, zurückzuführen. Unzufriedenheit und Unverständnis spielten sicherlich eine Rolle, bieten aber *keine hinreichende Erklärung.*

Vergleicht man das Ergebnis im Jahr 2005 mit dem der Abstimmung zum Vertrag von Maastricht 1992, ergeben sich Parallelitäten wie Unterschiede. So gelang es seinerzeit der sozialistischen Regierung, die Wahlberechtigten zu einem knappen „Ja" zu motivieren. Aus soziologischer Perspektive, vertreten etwa durch *Dominique Goux* und *Eric Maurin,*[623] war das Ergebnis beider Abstimmungen durch das Bildungsniveau geprägt: Während 1992 die Trennlinie noch zwischen den Nicht-*diplômés* und anderen Gruppen verlief, war sie 2005 zwischen den Hochqualifizierten und den anderen Gruppierungen erkennbar.[624] Neu war allerdings, dass die *Mittelschicht den Vertrag nahezu einheitlich ablehnte,* während 1992 dies nur für deren privat beschäftigte Angehörige galt. 2005 wurden sie von den im öffentlichen Dienst Beschäftigten unterstützt. Diese Veränderung der Einstellung erkläre *Goux* und *Maurin* zufolge die jetzige „Niederlage". Dies wiederum könnte bedeuten, dass *Zukunftsängste,* die bislang vor allem die privat Beschäftigten prägten, inzwischen auch Staatsbedienstete erfasst haben. So ließe sich begründen, warum eine mögliche Liberalisierung von Teilen der Daseinsvorsorge im Rahmen der Europäischen Union in der Debatte um den Verfassungsvertrag eine Rolle spielte. Hinzu traten *Unsicherheiten* über den künftigen Umfang der sozialen Absicherung, vor allem im Bereich der Gesundheits- und der Rentenversicherung. Zwar erkannten der Staat und die ihn vertretenden Politiker die damit verbundenen Probleme, boten allerdings kaum überzeugende Lösungen an, schon gar nicht im Rahmen einer Diskussion um die „Verfasstheit" der Europäischen Union.

---

621 Mehrfachnennungen möglich. Entgegen der von deutschen konservativen Politikern und in der deutschen Presse immer wieder geäußerten Vermutung spielte die Frage des Türkeibeitritts beim Abstimmungsverhalten eine nur untergeordnete Rolle. Lediglich die Wähler der Rechten gaben zu etwa einem Drittel diesen Grund an.

622 Nach einer anderen Umfrage (Le Figaro vom 27.5.2005) war für nur 24 Prozent der Wähler das „Nein" eine Gelegenheit, die Ablehnung der Regierung und Präsident *Chirac* gegenüber zum Ausdruck zu bringen (Le Monde vom 5./6.6.2005, 8).

623 *Goux, D./Maurin, E.*: 1992–2005: Comment le oui s'est décomposé. Le Monde vom 2.6.2005, 16f. Den Autoren zufolge überraschte das „Nein" zunächst insofern, als 1992 eine Allianz aus Abiturienten und Angestellten das „Ja" gesichert hatte. Seitdem nahm jedoch der Anteil der Abiturienten an der Gesamtbevölkerung zu: 1992 war noch fast die Hälfte der erwachsenen Bevölkerung *sans diplôme*, also ohne Schulabschluss, heute ist es nur noch etwa ein Drittel. Die erwartbare deutlich höhere Zustimmung (im Vergleich zu 1992) kam allerdings nicht zustande.

624 Die Arbeitslosigkeit kann die Zunahme der „Nein"-Stimmen im Übrigen nicht erklären; sie lag 1992 höher als im Jahr 2005, gleichwohl wurde in Gebieten mit hoher Arbeitslosigkeit jetzt eher mit „Nein" gestimmt.

Zudem wurden deutliche *Unterschiede zwischen der Haltung der politischen bzw. wirtschaftlichen Elite und der Bevölkerung* erkennbar. Wie ausgeführt, hätte der Verfassungsvertrag im Parlament eine deutliche Mehrheit gefunden. Danach waren die Parlamentarier geneigt, die europäische Integration ohne größeren Widerstand, aber auch ohne umfassendere Kenntnis der damit verbundenen Konsequenzen zu akzeptieren, während die „Völker Europas" zumindest weniger deutlich zustimmten. Gerade bezüglich der sozialen Dimension der EU divergierten die Meinungen in Frankreich beträchtlich. So befürchteten einige Befragte eine weitere Liberalisierung – oder suchten die Verantwortung dafür bei der EU –, andere wiederum waren der Ansicht, dass der Verfassungsvertrag geeignet sei, dieser Entwicklung entgegenzuwirken. Es verblieb der Eindruck, dass weder Befürworter noch Gegner des Verfassungsvertrages den Herausforderungen der Globalisierung gewachsen waren. Dass in einem solchen Kontext dann ein weiterer, als Gefahr wahrgenommener Integrationsschritt zurückgewiesen wird, muss keine Ablehnung des europäischen Projekts bedeuten. Vielmehr dürfte das *Signal der französischen Bürgerschaft* dahingehend zu interpretieren sein, *dass sie eine Lösung der von ihr wahrgenommenen Probleme erwartete und diese im Rahmen der „Europäischen Verfassung" vermisste.* Den Franzosen heute vorzuhalten, sie hätten den Verfassungsvertrag und die Logik der europäischen Integration nicht wirklich „verstanden", greift zu kurz und könnte aufgrund der dahinter stehenden Arroganz kontraproduktive Wirkungen erzeugen.

Das „Nein" der Niederländer

Als vier Tage später – am 1. Juni 2005 – die *Niederländer* in einer konsultativen Volksabstimmung den Verfassungsvertrag mit einer noch deutlicheren *Mehrheit von 61,6 Prozent* (bei einer beachtlichen Beteiligung von 62,8 Prozent[625]) *ablehnten,* war die Versuchung groß, beide Voten gleichsam gesamthaft zu erklären. Dabei kann die Verbindung beider Referenden lediglich in einem unterstützenden Effekt insofern gesehen werden, als der Mut der Franzosen, „Nein" zu sagen, die anderen „Völker Europas" in ihrer kritischen Haltung bestärkte.[626] Auch kam das niederländische *„Nein" keinesfalls überraschend,* zahlreiche Umfragen hatten es bereits seit langem angekündigt. Eine Analyse der Ursachen muss mithin die niederländischen Spezifika berücksichtigen.[627]

Seit dem Eintritt *Pim Fortuyns* in die niederländische Politik und insbesondere seit dessen Ermordung im Mai 2002 sind die niederländischen Politiker und große Teile der Bevölkerung in ihren Grundüberzeugungen verunsichert.[628] So war das Land lange Zeit vom Konsens der großen politischen Parteien, den Konservativen, den Liberalen und den Sozialdemokraten, geprägt; über politische Themen wurde kaum kontrovers diskutiert. Auch zur europäischen Integration herrschte breite Übereinstimmung, zumal die exportorientierte Wirtschaft stark vom Binnenmarkt profitierte. Lange Zeit galt der ungeschriebene Grundsatz, „was gut für Europa ist, ist gut für die Niederlande". *Fortuyn* bezog demgegenüber in einer Reihe von

625 Trotz des nur konsultativen Charakters der Volksabstimmung kündigten alle wichtigen im niederländischen Parlament vertretenen Parteien an, dass sie die Ergebnisse des Referendums berücksichtigen würden, wenn mehr als 30 Prozent der Stimmberechtigten daran teilnähmen.

626 Einer Umfrage zufolge wurden nur vier Prozent der Abstimmenden in den Niederlanden vom französischen „Nein" beeinflusst (FT vom 2.6.2005, 6).

627 Vgl. hierzu und zum Folgenden *Toonen, T. A. J./Steunenberg, B./Voermans, W.*: Saying No to a European Constitution: Dutch Revolt, Enigma or Pragmatism?, in: ZSE, 3/4 (2005), 594–619.

628 Vgl. FAZ vom 4.6.2005, 12; FT vom 19.5.2005, 19.

Schlüsselfragen streitbar Position. So plädierte er für einen Zuwanderungsstopp, gleichzeitig aber auch für eine Naturalisierung bereits im Land lebender illegaler Einwanderer. Die *Angst vor Überfremdung* oder allgemeiner das Gefühl, der *holländische Lebensstil* sei *bedroht,* spielten in der Auseinandersetzung um den Verfassungsvertrag durchaus eine Rolle. Hinzu kam, dass die *Niederlande* zwischenzeitlich zum *größten Pro-Kopf-Beitragszahler* im Rahmen der EU wurden. Gegner der „Verfassung" konnten so argumentieren, dass die Niederländer zwar zahlen dürften, aber aufgrund der Dominanz der großen Mitgliedstaaten nichts Wesentliches zu entscheiden hätten. Der *schlechte Ruf des Euros,* den man für die inflationären Tendenzen in den Niederlanden verantwortlich machte, passte zu dieser Sichtweise ebenso wie ein prospektiver *EU-Beitritt der Türkei.* Entsprechende Argumente fielen auch deshalb auf fruchtbaren Boden, weil die Kenntnis der rechtlichen Grundlagen des eigenen Staatswesens – bedingt durch die auch bei Verfassungsreformen zum Tragen kommende Konsenskultur – bei der Bevölkerung derart gering war, dass vor dem Referendum der zynische Kommentar kursierte, die Niederländer wüssten zwar wenig über die Europäische Verfassung, doch immer noch mehr als über ihre eigene. Dies manifestierte sich etwa in der Debatte über Art. I-6 VVE, der dem Unionsrecht Vorrang vor nationalem Recht einräumt. Dieser Artikel konnte zu einem zentralen Argument der Gegner des Verfassungsvertrages werden, da nicht nur die diesen Grundsatz längst praktizierende ständige Rechtsprechung des EuGH, sondern auch eine seit 1953 existierende gleichartige Bestimmung in Art. 94 der Niederländischen Verfassung weiten Teilen der Bevölkerung unbekannt war.[629] Die grundsätzlich pro-europäische Haltung der Niederlande trat so allmählich in den Hintergrund, selbst wenn – im Vergleich zu anderen Mitgliedstaaten – die fehlende soziale Dimension der „Verfassung" oder ihre vermeintlich wirtschaftsliberale Ausrichtung nicht zu den primären Kritikpunkten zählten.

Alle wichtigen niederländischen Parteien, der *Christen-Democratisch Appèl* (CDA) von Premierminister *Jan Peter Balkenende,* die liberale *Volkspartij voor Vrijheid en Democratie* (VVD), die sozialliberalen *Democraten 66* (D66), die oppositionelle sozialdemokratische *Partij van de Arbeid* (PvdA) und die grüne Partei *GroenLinks* (GL) traten für den Verfassungsvertrag ein. Sie repräsentierten damit eine Vier-Fünftel-Mehrheit im Parlament. Gegen den Verfassungsvertrag sprachen sich lediglich kleinere Parteien aus, so die *Socialistische Partij* (SP), die *Lijst Pim Fortuyn* (LPF), die konservative *Groep Wilders* (GW), die religiös-konservative *Staatkundig Gereformeerde Partij* (SGP) sowie die gesellschaftspolitisch konservative, ökonomisch aber sozialdemokratisch orientierte *ChristenUnie* (CU). Eine Ratifikation im Parlament – wie bei den vorangegangenen europäischen Vertragsrevisionen – wäre mithin aller Wahrscheinlichkeit nach unproblematisch verlaufen. Zunächst sprach auch wenig für die Abhaltung eines Referendums: Die letzte landesweite Volksabstimmung in den Niederlanden hatte 1798 stattgefunden, anders als in Frankreich gab es also keine entsprechende Tradition. Ein 2001 in Kraft gesetztes, zeitlich begrenztes Gesetz, das Referenden ermöglichte, lief Ende 2004 aus, ohne dass von ihm Gebrauch gemacht worden wäre. Hinzu kam, dass den Arbeiten des Konvents und der Regierungskonferenz seitens der Medien wie der Bevölkerung wenig Beachtung geschenkt wurde und auch nach der Unterzeichnung des Verfassungsvertrages zunächst keine erweiterte öffentliche Debatte stattfand. Die im Januar 2005 aufgrund eines von drei Abgeordneten eingebrachten Antrags getroffene Entscheidung des Parlaments, im Rahmen des Ratifizierungsprozesses ein konsultatives Referendum abzuhalten, überraschte daher die meisten Beobachter.

629 *Toonen, T. A. J.* u. a., a. a. O., 508 f.

Nachdem auch der Senat am 25. Januar 2005 einem Referendum zugestimmt hatte,[630] setzte die *Kampagne* in den Niederlanden *nur sehr schleppend* ein.[631] Während sich in Frankreich die Stimmung in den Meinungsumfragen langsam, aber kontinuierlich vom „Ja“ zum „Nein“ wandelte, blieben die Umfragen in den Niederlanden bis kurz vor der Abstimmung ohne deutliches Signal, obwohl die Zahl der Befürworter von Anfang Januar an kontinuierlich sank. Zudem war die *Pro-Kampagne* durch einige *unglückliche Aktionen* gekennzeichnet, so die Warnung eines Regierungsmitglieds vor einem „zweiten Holocaust“ oder der Werbekampagne mit einem Energiegetränk, dessen Hersteller davon nichts wussten. Insgesamt galt aber auch hier, dass sich die Europäische Union und der Verfassungsvertrag schlecht „verkaufen“ ließen: Auf die Frage „Was bringt's mir?“ sei nur schwer eine Antwort zu finden, wie eine der wenigen engagierten Befürworterinnen des Verfassungsvertrages, *Lousewies van der Laan,* berichtete.[632] *Geert Wilders*, einer der prominentesten Gegner der „Verfassung“ und Rechtspopulist mit eigener Partei (GW), hatte es wesentlich leichter. Er konnte einfach „Nein“ sagen, und dies gleich dreifach: zum hohen niederländischen Beitrag, zum Beitritt der Türkei sowie zur Mitgliedschaft Rumäniens und Bulgariens. Hinzu kam, dass die *Befürworter die Referendumskampagne* lange Zeit *„auf die leichte Schulter“ zu nehmen schienen.* Sie beschränkten sich meist auf allgemein gehaltene Äußerungen zu den Vorteilen der europäischen Integration und konnten in öffentlichen Diskussionen kaum konkret auf den Verfassungsvertrag bezogene Argumente nennen. Demgegenüber vermochten die Gegner, insbesondere die Vertreter der CU, gerade auch durch ihre detaillierte Sachkenntnis zu überzeugen.[633]

Die Regierung begann erst Mitte April 2005 mit einer ernsthaften Werbung für das „Ja“,[634] wobei selbst Kabinettsmitglieder Informationsmaterial an Passanten verteilten. Allerdings beklagte Premierminister *Balkenende* schnell den ungünstigen Verlauf der Kampagne: Die Gegner verbreiteten „Horrormeldungen“ und böten keinerlei Alternativen an, so dass die vom Verfassungsvertrag eröffnete einmalige Chance für ein „besseres Europa“ nicht wahrgenommen werde.[635] Auch in einem verzweifelten Versuch, die Stimmung nach dem französischen Referendum noch zu wenden, gelang es *Balkenende* nicht, überzeugende Argumente für den Verfassungsvertrag vorzutragen. Hinzu trat, dass er seinen Rücktritt bzw. eine Regierungsumbildung für den Fall eines negativen Ausgangs des Referendums ausschloss,[636] obwohl mehrere Umfragen eine deutliche Unzufriedenheit mit der Regierungsarbeit erkennen ließen.[637]

Im Gegensatz zum französischen „Nein“ war die niederländische *Ablehnung* des Vertrages *weder nationalistisch noch sozialpolitisch motiviert* (vgl. hierzu auch Abbildung III-1). Allerdings ist zu betonen, dass fast ein Drittel der niederländischen Wähler sich *nicht gut informiert* fühlte. Hier hätte eine seriösere und frühzeitigere Auseinandersetzung mit dem Verfas-

630 FAZ vom 26.1.2005.

631 Vgl. *Europäische Kommission:* Flash Eurobarometer 171 und Flash Eurobarometer 172, Juni 2005. Zwei Drittel der Niederländer waren der Ansicht, dass die Debatte über die Verfassung zu spät begann, während 39 Prozent der Franzosen meinten, sie hätte *au bon moment* begonnen (allerdings waren auch hier 37 Prozent der Stimmberechtigten der Ansicht, sie hätte zu spät eingesetzt).

632 Zitiert nach FT vom 19.5.2005, 19.

633 Vgl. *Toonen, T. A. J.* u. a., a. a. O., 599 ff.

634 FT vom 19.4.2005, 11.

635 FT vom 29.4.2005, 12.

636 FT vom 30.5.2005, 5.

637 FT vom 9.6.2005, 17.

sungsvertrag möglicherweise Abhilfe schaffen können. Andererseits verwiesen Beobachter aber auch darauf, dass die niederländische Bürgerschaft sich als von Europa „überrannt" empfand und „Brüssel" als arrogant einstufte.[638]

Abbildung III-1: Gründe für die Ablehnung des Verfassungsvertrages in Frankreich und den Niederlanden

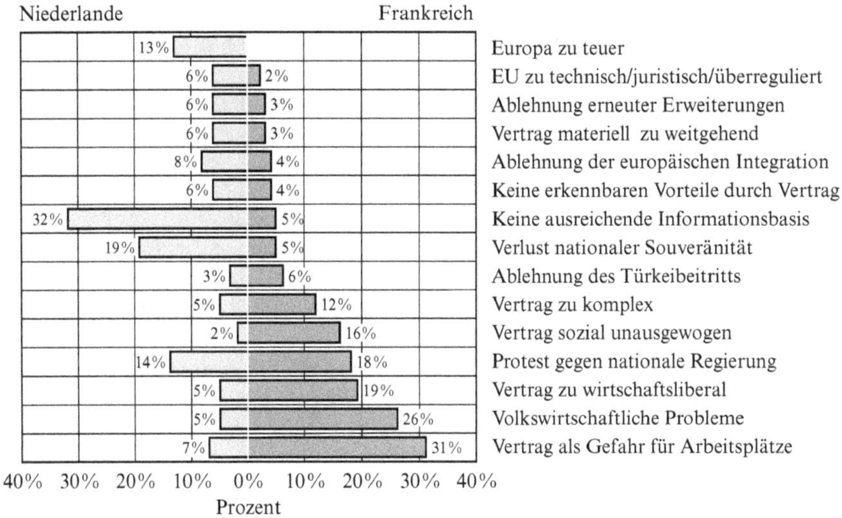

Quelle: Eigene Darstellung, basierend auf Flash Eurobarometer 171 und Flash Eurobarometer 172, Juni 2005. Es sind nur Gründe aufgeführt, die in mindestens einem Land von mehr als fünf Prozent der Befragten benannt wurden; Mehrfachnennungen waren möglich.

Fasst man die *unterschiedlichen Interpretationen zum Ausgang der französischen und niederländischen Referenden* zusammen, wird deutlich, dass sich die Bürgerschaft in ihren Bedürfnissen von den nationalen wie den europäischen Politikern offenbar nicht ernst genommen sah. Das darin zum Ausdruck kommende *Unbehagen gegenüber einer sich immer stärker erweiternden und immer tiefer integrierenden Union,* die in den Augen der Bürgerschaft von dem viel zitierten „Fahrrad" längst zu einem führerlosen Schnellzug geworden sei, traf nicht nur für Franzosen und Niederländer, sondern auch für andere Europäer zu. Zudem machten die Reaktionen nationalstaatlicher wie europäischer Politiker deutlich, dass es sowohl an Ideen für die Weiterentwicklung des Integrationsprozesses als auch an überzeugenden Führungspersönlichkeiten fehlte.

3. Die Aufarbeitung: Rechtfertigungen, Trotzreaktionen, Krisenszenarien

Schon im Vorfeld der beiden gescheiterten Referenden wurde eine gewisse *Hilflosigkeit europäischer Spitzenpolitiker* deutlich, exemplifiziert in der bereits zitierten Äußerung des luxemburgischen Ministerpräsidenten *Jean-Claude Juncker,* nach der Frankreich bei einem „Nein"

638 Für letzteres siehe BBC News vom 1.6.2005, http://news.bbc.co.uk/2/hi/europe/ 4601731.stm.

eben erneut abstimmen müsse.[639] Dabei ist das Verfahren in einem solchen Fall eindeutig geregelt: Die Ratifikation eines internationalen Vertrages – und dies gilt auch für den Verfassungsvertrag – bedarf der Zustimmung jedes einzelnen Mitgliedstaates nach den nationalstaatlich geltenden Verfassungsbestimmungen. Lehnt ein Mitgliedstaat das Dokument ab, kann es nicht in Kraft treten. Nach dem französischen „Nein" hätte also allen Beteiligten klar sein müssen, dass die „Verfassung" in der vorliegenden Form nicht zu retten war. So schnell aber wollte man dieses wichtige und große Projekt nicht aufgeben; bis zum Treffen des Europäischen Rates am 16. und 17. Juni 2005 in Brüssel entbrannte daher eine heftige Debatte um dessen Zukunft.

Die Staats- und Regierungschefs: zwischen Durchhalteparolen und Selbstkritik

Die zitierte Erklärung Nr. 30 zum Verfassungsvertrag erwies sich in dieser Hinsicht als wenig hilfreich. So blieb das Ratifizierungsverfahren in Frankreich ja nicht „hängen", es schloss vielmehr mit einer klaren und eindeutigen Entscheidung ab. Sich auf die Erklärung Nr. 30 zu berufen, bedeutete angesichts dieser Ausgangssituation, eine *Strategie des „Abwartens"* zu entwickeln. Der Verfassungsvertrag in der vorliegenden Form hätte aber nur ohne die Teilnahme Frankreichs und der Niederlande in Kraft treten können, es sei denn, man ignorierte die souveräne Entscheidung der französischen Nation und bäte diese, darüber nachzudenken, ob sie nicht vielleicht doch die „Verfassung" ratifizieren wolle – ein demokratietheoretisch bedenklicher Vorgang, der „praktisch" zudem nur geringe Erfolgsaussichten gehabt hätte. Ähnliches galt im Fall der Niederlande. Die Ratifizierungsverfahren gleichwohl fortzusetzen, machte mithin wenig Sinn.

Gleichwohl nahmen Bundeskanzler *Schröder* und Staatspräsident *Chirac* gemeinsam mit fast allen EU-Verantwortlichen eben diese Position ein. Nachdem *Chirac* noch am Abend des Referendums die Franzosen dazu aufgerufen hatte, sich hinter ihm zu sammeln, da er die nationalen Interessen verteidigen werde, versuchte der französische Staatspräsident in der Folge, die von ihm als Niederlage interpretierte Abstimmung durch kompromissloses Verhandeln in anderen Fragen zu kompensieren. Dies galt vor allem mit Blick auf den britischen Beitragsrabatt, für dessen ersatzlose Streichung er im Rahmen der Finanzverhandlungen anlässlich der Tagung des Europäischen Rates am 16. und 17. Juni 2005 eintrat. Zudem wurde das französische „Nein" nicht als ein „Nein" zu Europa, sondern als Ablehnung der spezifischen Ausprägungen „dieses Europas" interpretiert.

Innenpolitisch beschränkte sich *Chiracs* Reaktion darauf, den Premierminister auszuwechseln. Der neue Amtsinhaber, *de Villepin,* griff in seiner Regierungserklärung die Idee eines Kerneuropa erneut auf, wobei er – unspezifiziert – für eine engere Zusammenarbeit zwischen Deutschland und Frankreich plädierte.[640] Ende Juni „schob er nach" und schlug fünf Projekte für die Zukunft eines „politischen Europa" vor.[641] Dazu zählten die Koordinierung der Wirtschaftspolitik für die Länder der Euro-Zone (im Dialog mit der EZB), die Stärkung der Gemeinsamen Agrarpolitik (ohne dass er hierzu konkrete Vorschläge unterbreitete), die Gründung von einer oder zwei europäischen Forschungseinrichtungen (in

639 Vgl. auch FAZ vom 29.7.2005, 5.

640 *Nicolas Sarkozy* sprach sich dagegen für ein *„tuning"* Europas aus: Aus dem deutsch-französischen Zwei-Takt-Motor wollte er einen Sechs-Takt-Motor machen, an dem Italien, Polen, Spanien und das Vereinigte Königreich partizipieren sollten.

641 FAZ vom 29.6.2005, 10.

Frankreich) sowie ein Voranschreiten im Rahmen der europäischen Sicherheitspolitik. Als fünftes Projekt trat die Schaffung eines europäischen Zivildienstes hinzu, von der sich *de Villepin* eine Stärkung der europäischen Demokratie erhoffte. Diese Vorstellungen blieben durchwegs unpräzise und somit auch ohne größere Wirkung, zudem schürten sie weitere Vorbehalte gegen eine deutsch-französische „Achse".

Statt die französische und die niederländische Entscheidung lediglich zu bedauern und einsichtslos für eine Fortsetzung der Ratifizierungsverfahren zu plädieren, vertrat der außen- und europapolitische Sprecher der CDU, *Wolfgang Schäuble*, eine ehrlichere Haltung. So stellte er fest: „Der Verfassungsvertrag ist gescheitert."[642] Andere CDU/CSU-Vertreter sahen das französische und niederländische „Nein" im Übrigen auch als ein „Nein" zum EU-Beitritt der Türkei und nahmen dies zum Anlass, der Türkei lediglich eine „privilegierte Partnerschaft" anzubieten. Die zu diesem Zeitpunkt gerade als Kanzlerkandidatin nominierte CDU-Vorsitzende *Angela Merkel* warnte vor einer Überdehnung der Europäischen Union und führte die französische Ablehnung auf ungeklärte Territorialfragen, also Entscheidungen über die Außengrenzen der EU, zurück.[643] Gleichzeitig verlangte man seitens der Union, einige Teile der Verfassung ohne Vertragsveränderung zu übernehmen, etwa den Posten eines hauptamtlichen Ratspräsidenten, den des Außenministers sowie einzelne „Passagen zur Subsidiarität".[644] Dem Verfassungsvertrag positiv gegenüberstehende Politiker versuchten so zu retten, was ihnen besonders wichtig erschien. Allerdings setzte man sich dabei über die offensichtlichen Differenzen in Teilfragen hinweg und *ignorierte die souveräne Entscheidung der Franzosen und Niederländer.* Deren „Nein" selektiv zu werten („so haben die das nicht gemeint") war mithin ein Versuch, die Referenden selbst in Frage zu stellen.

In eigenem Interesse nutzte auch der britische Premierminister *Blair* das französische „Nein", zumal er nach dem *Labour*-Wahlsieg am 5. Mai 2005, der die Partei freilich einen beträchtlichen Teil ihrer Parlamentssitze kostete, als Premier auf Abruf galt. Beobachter erwarteten, dass er nach einem verlorenen Referendum über den Verfassungsvertrag abtreten und sein Amt an Schatzkanzler *Brown* übergeben würde. Stattdessen verschob *Blair* das Referendum nun auf unbestimmte Zeit. Er sah die „Niederlagen" als Gelegenheit, *„to have a serious debate as to why this has happened and how we set out a clear future direction for Europe on a basis around which Europe can unify."*[645] *Blair* weigerte sich, die Verfassung für „tot" zu erklären, bestätigte aber auch, dass ein einfaches „Weiter so" inakzeptabel sei. Stattdessen sollte über die wirtschaftliche Zukunft der EU eingehender diskutiert werden, zumal das Vereinigte Königreich hierzu einiges anzubieten habe. Zwar wisse er nicht, wie ein europäisches Sozialmodell aussehen müsse, doch wäre eine entsprechende Debatte zu führen. Nur auf diesem Weg könne man die politische Elite wieder mit der Bevölkerung in Kontakt bringen:

> *„The principal problem that the European leadership has as a political class is that it is not in the same place at the moment as the European people, and it has got to get there."*[646]

Mit seinen Formulierungen reagierte *Blair* auch auf die französische Kritik, er verfolge ein „ultraliberales" angelsächsisches Wirtschaftskonzept. Ob und in welcher Form die „Verfassung" oder Teile davon übernommen werden könnten, ließ *Blair* im Übrigen offen. Aller-

642 Die Welt vom 31.5.2005, 2.
643 FAZ vom 31.5.2005, 5.
644 Die Welt vom 31.5.2005, 2.
645 FT vom 7.6.2005, 3.
646 Ebd.

dings betonte er durchgängig, dass auch nach einer Debatte über die ökonomische (und soziale) Zukunft Europas dessen Bürgerschaft weiteren Integrationsschritten zustimmen müsse.

„Denkpause" als Zeitgewinn

Die Reaktionen der Kommission und des Europäischen Parlaments überraschten. Es gab wohl tatsächlich keinen „Plan B", wie im Referendumswahlkampf immer wieder behauptet wurde, so dass das „Nein" der Franzosen die Kommission völlig unvorbereitet traf: *„Senior officials responded with all the panicky reactions of a small-town mayor in an American disaster movie."*[647] Einige Tage später präsentierte Kommissionspräsident *Barroso* dann aber doch konkrete Vorschläge: Am 4. Juni 2005 stellte er dem Europäischen Parlament in Straßburg einen „Plan D" vor. Das D stand dabei für Demokratie und Dialog. Ähnlich wie *Blair* führte *Barroso* aus: *„Nous devons reconnecter [relier] l'Union européenne [...] et les citoyens."*[648] Gleichzeitig vertrat er die Ansicht, dass die Ratifizierungsverfahren fortzusetzen seien. Weiterzumachen, als sei nichts geschehen, erklärte aber auch *Barroso* für undenkbar. Dies entspräche *„une attitude autiste, irresponsable, arrogante et non respectueuse de la volonté exprimée par la majorité des citoyens de deux pays"*[649]. Dennoch sei der Verfassungsvertrag nicht einfach aufzugeben. Als Lösung entwickelte *Barroso* eben jenen „Plan D", der darauf zielte, dass europäische wie nationale Institutionen den „Leuten" zuhören sollten, um die komplexe Ausgangssituation besser einschätzen zu können. Er rief zur Kompromissfähigkeit und -suche auf und warnte davor, die Schuld auf „Brüssel" zu schieben;[650] auch verwehrte er sich gegen ideologisch geprägte Debatten, an deren Stelle sollten vielmehr Erörterungen über eine sinnvolle Verbindung von Markt und Staat treten. Inhaltlich unterschied sich *Barroso* damit kaum von *Blair*. Allerdings war letzterer in seinen Kommentierungen präziser, mit Blick auf das Ergebnis dann wiederum offener als der Kommissionspräsident. Bei *Barroso* verblieb der Eindruck, dass der empfohlene Dialog eher aufgesetzt war und die Kommission nicht wirklich daran dachte, ihre politische Linie zu ändern. In der gleichen Parlamentsdebatte setzte sich schließlich der EVP-Abgeordnete *Hans-Gert Pöttering* dafür ein, eine Denkpause einzulegen, ohne allerdings das Ziel der Ratifizierung des Vertrages aufzugeben. Der Sprecher der PSE-Fraktion, *Martin Schulz*, bekannte demgegenüber, dass er „ratlos" sei, erklärte allerdings auch, am Ziel der „Verfasstheit" Europas festhalten zu wollen. Die Forderung der Grünen und der EVP schließlich, erneut einen Konvent einzuberufen, blieb ohne Unterstützung.

Auch der Industriekommissar und Vizepräsident der EU-Kommission, *Verheugen,* sprach sich für einen Erhalt der „Verfassung" aus.[651] Er schlug einen Sondergipfel der Staats- und Regierungschefs ohne feste Tagesordnung vor, der in der zweiten Jahreshälfte 2005, also noch unter britischer Präsidentschaft, eine Bestandsaufnahme vornehmen sollte. Neuverhandlungen erschienen ihm nicht praktikabel. Allerdings verblieb er damit letztlich auf der wohl unhaltbaren Position, nach der Länder, die im ersten Anlauf „Nein" zum Verfassungsvertrag

647 The Economist vom 4.6.2005.

648 *Europäisches Parlament:* Plenardebatten, 8.6.2005.

649 Ebd.

650 *„[S]i l'on attaque Bruxelles six jours par semaine, du lundi au samedi, pouvons-nous espérer que les citoyens soutiennent l'Europe le dimanche?"* (ebd.).

651 Die Welt vom 8.6.2005, 6.

sagten, erneut über diesen abstimmen sollten. Auch hier finden sich also eher Beschwichtigung und ein mehr oder weniger verbrämtes „Weiter so". Es muss erstaunen, dass und wie sehr die politischen Eliten in diesen Wochen ihren Aufgaben nicht gerecht wurden, in den Augen kritischer Beobachter durchaus „versagten".

Beispielhaft für das insgesamt geringe Interesse der europäischen Einrichtungen, die in den französischen und niederländischen Voten erkennbaren Ängste der Bürger ernst zu nehmen, ist schließlich auch ein *Urteil des Europäischen Gerichtshofs* (EuGH), der über die Geltung von Rahmenbeschlüssen zu entscheiden hatte. Natürlich wäre es verfehlt, dem EuGH vorzuhalten, dass er diese Entscheidung ausgerechnet zu diesem politisch „hochsensiblen" Zeitpunkt traf, doch bestärkte sie diejenigen, die seit langem ein gleichsam „unersättliches Verlangen" der EU nach weiteren Kompetenzen beklagten. Der EuGH entschied am 16. Juni 2005, also nur wenige Wochen nach den Referenden in Frankreich und den Niederlanden, dass ein „nationale[s] Gericht [...] sämtliche Vorschriften des nationalen Rechts berücksichtigen und ihre Auslegung so weit wie möglich an Wortlaut und Zweck des genannten Rahmenbeschlusses ausrichten [muss]"[652]. An solchen Ausführungen ist vor allem problematisch, dass Rahmenbeschlüsse nach Art. 34 Abs. 2 lit. b EUV nicht unmittelbar wirksam sind. Es hätte mithin erwartet werden können, dass sie erst nach einer nationalstaatlichen Umsetzung Anwendung finden.[653] Der Gerichtshof argumentierte nun, offenbar gestützt auf ein Gutachten der (noch unerfahrenen) deutschen Generalanwältin *Juliane Kokott,* dass der Grundsatz der Gemeinschaftstreue auch für Rahmenbeschlüsse gelte. Zwar räumte der Gerichtshof implizit ein, dass im Gegensatz zum Gemeinschaftsrecht hier das nationale Recht Vorrang haben solle; es müsse allerdings möglichst gemeinschaftsfreundlich ausgelegt werden. Damit könnte das europäische Recht seinen Einflussbereich weiter ausdehnen.

Anlässlich der Tagung des *Europäischen Rates* am 16. und 17. Juni 2005 in Brüssel rückte die Verfassungsfrage gegenüber den Problemen der Finanzplanung in den Hintergrund. Sie wurde lediglich am Abend des 16. Juni und während des sich anschließenden Essens angesprochen, jedoch in den offiziellen Schlussfolgerungen mit keinem Wort erwähnt.[654] Stattdessen veröffentlichten die Staats- und Regierungschefs eine Erklärung, aus der hervorging, dass sie sich nicht einigen konnten und lediglich eine abwartende Position einnahmen:

> *„We have noted the outcome of the referendums in France and the Netherlands. We consider that these results do not call into question citizens' attachment to the construction of Europe. Citizens have nevertheless expressed concerns and worries which need to be taken into account. Hence the need for us is to reflect together on this situation."*[655]

In der damit angesprochenen *„Denkpause"* sollte eine *breite Debatte mit der Bürgerschaft, der Zivilgesellschaft, den Sozialpartnern, den nationalstaatlichen Parlamenten und den politischen Parteien* stattfinden. Die Mitgliedstaaten könnten den Ratifizierungsprozess fortsetzen, doch – wie Ratspräsident *Juncker* in der Pressekonferenz erklärte – sei der jeweilige Mitgliedstaat

---

652 EuGH, Urteil in der Rechtssache C-105/03 vom 5.3.2003. Vgl. FAZ vom 17.6.2005, 2.

653 Rahmenbeschlüsse sind im Bereich der polizeilichen und justiziellen Zusammenarbeit ein ähnliches Instrument wie Richtlinien im Bereich des Gemeinschaftsrechts.

654 *Rat der Europäischen Union:* Brussels European Council. 16 and 17 June 2005. Presidency Conclusions. Dokument Nr. 10255/05 (Concl 2). Brüssel: 18.6.2005.

655 Schlussfolgerungen des Rates: Declaration by the Heads of State or Government of the Member States of the European Union on the Ratification of the Treaty Establishing a Constitution for Europe – European Council, 16 and 17 June 2005 vom 17.6.2005.

hinsichtlich der Fortsetzung des Prozesses natürlich souverän.[656] Unter österreichischer Ratspräsidentschaft in der ersten Jahreshälfte 2006 plane man, sich dann erneut zu treffen und über das weitere Verfahren zu beraten. Damit wurde allerdings nur ein Teil des „Plans D" von Kommissionspräsident *Barroso* aufgegriffen. Inwieweit tatsächlich intensiver über die wirtschaftspolitische Zukunft der Europäischen Union diskutiert werden würde, wie es sowohl *Blair* wie *Barroso* forderten, blieb unklar.

Ob es noch möglich sein wird, eine solche Debatte anzustoßen, darf inzwischen bezweifelt werden. *Tony Blair* übernahm am 1. Juli 2005 die Ratspräsidentschaft und wiederholte in seiner Antrittsrede vor dem Europäischen Parlament, was er bereits in einem Interview mit der *Financial Times* erklärte. Danach begreift er Europa als ein politisches Projekt, dass „mehr als nur Markt" sein müsse.[657] So gelang es ihm zunächst, bei vielen Kritikern die Bedenken über den britischen Euroskeptizismus zu zerstreuen und auf eine pragmatische Lösung zu hoffen. Gleichwohl wurde befürchtet, dass es *Blair* eher darum gehe, sich als europäische Führungspersönlichkeit zu empfehlen und so das von ihm diagnostizierte Vakuum zu füllen. Die britische Präsidentschaft war dann allerdings durch die Auseinandersetzung um die Finanzielle Vorausschau für die Jahre 2007–2013 geprägt, die im Dezember einer – wenn auch unbefriedigenden – Lösung zugeführt werden konnte. Die Frage des Verfassungsvertrages trat demgegenüber weiter in den Hintergrund, es blieb beim allfälligen Verweis auf die Notwendigkeit von Reflexion und Diskussion, ohne dass dies materielle Konsequenzen zeitigte.

Parallel hierzu gaben immer mehr Mitgliedstaaten bekannt, dass sie ihre *Referenden verschieben* wollten. So wiederholten in Polen Ministerpräsident *Belka* und Staatspräsident *Kwaśniewski* ihre bekannten Positionen: *Belka* wollte das Referendum wie geplant gleichzeitig mit der Präsidentenwahl im Oktober 2005 durchführen, während *Kwaśniewski* sich mit einer Verschiebung des Referendums (dessen Termin sein Nachfolger festlegen sollte) durchsetzte. Durch dieses „Offenhalten" steht in Polen sogar noch die Entscheidung über die Art des Ratifizierungsverfahrens aus – es könnte mithin auf das Referendum verzichtet werden.[658] Auch Dänemark, Irland und Portugal erklärten, ihre Referenden verschieben zu wollen.[659] Standhaft blieb letztlich nur der luxemburgische Premierminister (und Vorgänger *Blairs* im Amt des Ratspräsidenten) *Jean-Claude Juncker:* Die Luxemburger stimmten daher am 10. Juli 2005 über den Verfassungsvertrag ab und nahmen ihn mit deutlicher Mehrheit (56,52 Prozent) an. *Juncker* verband mit dieser Abstimmung sein politisches Schicksal, nachdem er angekündigt hatte, dass er bei einer Ablehnung des Vertrages zurücktreten werde. Zuvor schon hatte das zypriotische Parlament dem Verfassungsvertrag nach zweitägiger Debatte am 30. Juni 2005 mit 30 Stimmen (bei einer Enthaltung) zugestimmt. Lediglich die 19 Abgeordneten der an der Regierung beteiligten kommunistischen AKEL (Fortschrittspartei der arbeitenden Bevölkerung) lehnten die „Verfassung" – wie bereits den Beitritt zur EU – ab.

---

656 Aus der Presseerklärung *Jean-Claude Junckers* am 17.6.2005: *„Member States who wish to ratify the Treaty via parliamentary vote will do so during the clarification debate. If they wish to postpone this until later they may do so. Member States who intend holding a referendum will take a sovereign and independent decision regarding the date on which it will be held."*

657 Plenardebatte vom 23.6.2005, TOP 4. Vgl. auch FAZ vom 24.6.2005, 5.

658 Vgl. FAZ vom 18.6.2005, 2; Die Welt vom 22.6.2005, 5.

659 Zu den Hintergründen der Referenden (Stand Februar 2005) s. *Hussain, N.*: Referendums on the EU Constitutional Treaty, http://www.chathamhouse.org.uk/pdf/research/europe/BP-NHOct04.pdf.

Diese *ambivalente Position setzte sich* schließlich *im Jahr 2006 fort.* Die Ratspräsidentschaften Österreichs im ersten und Finnlands im zweiten Halbjahr bekräftigten jeweils ihre Absicht, die Verfassungsfrage einer Lösung zuführen zu wollen; allerdings gelang es ihnen nicht, die *erkennbare Lähmung* zu überwinden. Die Regierungen jener Staaten, die den Vertrag bereits ratifiziert hatten, bemühten sich mit unterschiedlicher Intensität um einen Weg, zumindest die Substanz des Dokuments zu erhalten. Dagegen erklärten die Präsidenten Polens und Tschechiens, *Kaczyński* und *Klaus,* dass der Verfassungsvertrag als solcher abzulehnen und die Diskussion über seine „Rettung" nicht zielführend sei. Gleichwohl kam es vereinzelt noch zu weiteren Ratifizierungen: Abgesehen von Belgien nahmen die Parlamente Estlands (am 8. Mai 2006 mit 73 zu 1 Stimmen) und – im Zusammenhang mit der Ratspräsidentschaft – Finnlands (am 5. Dezember 2006 mit 125 zu 39 Stimmen) den Vertrag an. Auch wurden Bulgarien und Rumänien mit ihrem EU-Beitritt zum 1. Januar 2007 Vertragsparteien des VVE. Zu Beginn des Jahres 2007 wuchs somit die Anzahl der Mitgliedstaaten, die den Verfassungsvertrag ratifiziert hatten, auf 18 (von 27).

IV. Zusammenfassung

Sucht man den Stand der Diskussionen um die „Europäische Verfassung“ zusammenzufassen, fällt auf, dass sich die *etablierten Mitgliedstaaten* der Union inzwischen darin übertreffen, der *Frage nach der Zukunft der Verfassung Priorität* einzuräumen. Nach den entsprechenden politischen Verlautbarungen geht es entweder um „neuen Schwung“, der in das Verfahren einzubringen sei, oder man beschwört die „Identität“ eines Kerneuropa, ohne dabei freilich anzugeben, was (und wer) denn diesen Kern ausmachen und wie sich das Verhältnis zwischen „Zentrum“ und „Peripherie“ darstellen sollte. Während Frankreich den kommenden Präsidentschaftswahlen entgegensieht und darüber spekuliert, ob die Kandidaten eine „neue Europapolitik“ generieren könnten, gehen die niederländischen Vorstellungen eher in Richtung eines pragmatisch-professionellen Umgangs mit dem „Problem Verfassung“; auch in diesem Fall werden die Diskussionen allerdings selten konkret, begnügt man sich mit diplomatischen Kennzeichnungen eines „Offenhaltens“ oder den sich mit Koalitionsverhandlungen verbindenden Kompromissen.

Wie häufig in polarisierten europäischen Auseinandersetzungen, kommt es dem luxemburgischen Ministerpräsidenten *Jean-Claude Juncker* zu, die Argumente zusammenzuführen, wobei er seiner prinzipiell verfassungsfreundlichen Grundhaltung treu bleibt. *Juncker* geht es vor allem darum, für die europäische Idee „neue Begeisterung“ zu schüren und über Fortschritte, auch und gerade im Bereich der europäischen Nachbarschaftspolitik, der EU indirekt eine deutlichere Perspektive dadurch zuzuweisen, dass das Zentrum-Peripherie-Problem eine auch instrumentelle Lösung erfährt. *Juncker* schließt dabei nie aus, sondern sieht eine fortschreitende Integration durch einen „Kern“ von Mitgliedstaaten lediglich für den Fall, dass „nichts mehr gehe“. Interessanterweise wendet er sich damit gegen die Vorstellungen des belgischen Premierministers *Verhofstadt,* der mehrfach explizit darauf verwies, dass die Vertiefung der Union auf einzelnen Politikfeldern durch unterschiedliche „Pioniergruppen“ von Mitgliedstaaten erfolgen könne.[660] *Juncker* warnt demgegenüber, dass Pioniere zwar immer der Wille zum Aufbruch, aber auch die Ungewissheit über das Ziel eine – für ihn keine gangbare Perspektive.

Die pragmatische Haltung *Junckers* wird darin erkennbar, dass er von einigen aus seiner Sicht „falschen Optionen“ Abschied nehmen möchte. Hierzu zählt er zunächst die Idee einer vollständigen Neuverhandlung der Verfassung, aber auch die Vorstellung, sie unverändert in Frankreich und den Niederlanden vorzulegen. Zum anderen werde es allerdings auch nicht möglich sein, jene Länder, die den Text bereits parlamentarisch ratifiziert hätten, mit einem neuen Ratifizierungsverfahren zu behelligen, genauso wenig, wie die beiden Länder, deren Bevölkerung explizit zugestimmt hat, mit einer erneuten Volksabstimmung über einen geänderten Text konfrontiert werden sollten. Aus diesem „Ausschlussverfahren“ ergebe sich am Ende die Möglichkeit, den Verfassungsvertrag zu kürzen, um ihn in einer auf das Wesentliche reduzierten Form erneut in jenen Ländern zu präsentieren, die den Altvertrag ablehnten oder die noch keine Entscheidung über die „Europäische Verfassung“ getroffen haben.[661]

---

660 *Verhofstadt, G.*: Die Vereinigten Staaten von Europa. Manifest für ein neues Europa, Eupen, 2006.
661 So *Juncker* anlässlich der Botschafterkonferenz des Auswärtigen Amtes in Berlin am 04.09.2006.

Junckers Position nähert sich damit dem an, was im Rahmen dieser Veröffentlichung erarbeitet wurde. Trotz des erkennbaren Ausweichens vor einer Reihe instrumenteller Fragen, die sich mit dem von ihm präferierten Vorgehen verbinden, ist der *Wille erkennbar, eine „Verfassung" oder ein einer Verfassung ähnliches Dokument zu erarbeiten, das den Völkern Europas gesamthaft vorzulegen ist.* Damit würden auch eine Reihe vermeintlich euroskeptischer Beobachter und Analysanten mit den Protagonisten einer Europäischen Verfassung versöhnt, ein nicht unwichtiger und häufig übersehener Ansatz, der der törichten Disqualifizierung kritisch nachfragender Beobachter entgegenwirken könnte.

Erfreulich in diesem Kontext, dass es bei Verfolgung solcher Überlegungen künftig kaum mehr ausreichen dürfte, der nicht zu negierenden existenziellen Krise der Union mit appellativen Kommentaren zu begegnen, die wahlweise einer „verbesserten Vermittlung der europäischen Politik" oder einem das französische und niederländische Votum negierenden „weiter so" das Wort reden. Auch war es nie sehr überzeugend, das durchaus vormoderne europäische Regierungssystem, die in sich häufig widersprüchlichen Politiken oder das eingeschränkte Demokratieverständnis zu gleichsam vernachlässigbaren Übergangsproblemen zu erklären. Einen *realitätsnäheren Zugang zu den Schlüsselfragen der europäischen Entwicklung* zu finden, zahlte sich mithin aus. So könnte etwa das Plädoyer, „Europa zu professionalisieren", operative Fragen in den Vordergrund rücken und die noch immer stark normativ geprägte Diskussion um funktionale Erwägungen ergänzen. Zum Wünschenswerten träte dann das im Alltag der europäischen Politik Machbare, *zum „arbeitenden Staat" (Lorenz von Stein) das „arbeitende Europa".*

Will man einen solchen Ansatz verfolgen, und dafür spricht im Ergebnis der hier vorgelegten Analyse vieles, sollte man von Versuchen Abstand nehmen, den Verfassungsvertrag auf eine Weise retten zu wollen, als handelte es sich bei den Voten der Franzosen und der Niederländer um einen jederzeit korrigierbaren „Betriebsunfall" – eine so falsche wie anmaßende Interpretation, die auf eine deutliche Realitätsverleugnung und ein Ausweichen in neue Politiken und veränderte Arenen verweist.[662]

Grundmuster europäischer Politik: unrealistische Absichtserklärungen, fehlender Vollzug, diskussionswürdige Leistungen

Das *Scheitern der Referenden* in Frankreich und den Niederlanden war schon deshalb von bislang unbekannter Qualität, weil die *Zustimmungsverweigerung* zum Integrationsprozess *nicht von innen, sondern* – konsequenzreich – *von außen* kam. Im Rahmen der Regierungskonferenz hatten die nationalstaatlichen Vertreter zwar bis an die Grenze des Machbaren miteinander gestritten und um Einfluss gekämpft, doch fand der Verfassungsvertrag letztlich die Billigung aller Beteiligten. Im Referendum hingegen verweigerten die nicht „mitgenommenen Völker Europas" ihre Zustimmung – und dies erstmals in Gründerstaaten und mit einer klaren Mehrheit.

Inzwischen wird deutlich, dass die dabei zutage tretenden *Bedenken* sich eben *nicht nur auf den Verfassungsvertrag* beziehen, sondern *auch auf den „Stand und Zustand"* der EU richten, vielleicht sogar eine Reaktion auf über Jahrzehnte akkumulierte Probleme darstellen. In dieser Interpretation könnten die Voten eine tiefer liegende Unzufriedenheit dokumentieren, die

662 Vgl. hierzu und im Folgenden *Hesse, J.J.*: Wider den Hochmut und die Gleichgültigkeit: die Professionalisierung Europas als Zukunftsaufgabe, in: ZSE, 3/4 (2005), 620–649.

sich auf den politischen Anspruch und die Leistungen der Union bezieht. Danach misst die Bevölkerung die EU inzwischen vor allem an dem, was sie erbringt, fragt mithin zunehmend nach dem *europäischen Mehrwert.* Eine solche, nicht mit euroskeptischen Grundhaltungen zu verwechselnde Position verweist auf ein Defizit an politischer Performanz, das von den europapolitischen Eliten in seiner Bedrohlichkeit offenbar kaum wahrgenommen wurde – und das sich aufgrund unerfüllbarer Erwartungen kontinuierlich verstärkte. Zum Problem fehlender Legitimation traten so Vorbehalte zur operativen Kompetenz, die sich angesichts unrealistischer Absichtserklärungen, eines nicht selten fehlenden Vollzugs und diskussionswürdiger Leistungen weiter verstärkten. Auch „geschönte" Bilanzen (etwa in Grün- und Weißbüchern oder Fortschrittsberichten, letzteres im Rahmen des mittel- und osteuropäischen Beitrittsprozesses) vermochten dem nicht entgegenzuwirken, zumal institutionelle Rigidität, vormoderne Verwaltungsverfahren und schließlich persönliche Bereicherung nicht nur Reformbedarf, sondern auch individuelle Verfehlungen erkennen ließen. Fügt man dem hinzu, dass die Bereitschaft (von den Erfahrungen der Nationalstaaten) zu lernen einem undifferenzierten *sui generis*-Verständnis wich und man sich über die Finanzierung von NGOs und Wissenschaftlern eher Claqueure schuf als kritischen Sachverstand förderte, muss geradezu *erstaunen, dass sich der Souverän* jenseits punktueller Zurückweisungen[663] *nicht schon früher verweigerte.* Vielleicht bedurfte es erst der Verschlechterung der ökonomischen Rahmendaten, um Europa an seinen Leistungen zu messen – nicht zuletzt im Bereich der Beschäftigungspolitik und der sozialen Sicherung. Heute wirken Passagen des Beschäftigungskapitels und Teile der Lissabon-Strategie geradezu zynisch, dürften die Misserfolge bei der *output*-Legitimation der europäischen Politik zu einem Scheitern des Verfassungsvertrages beigetragen haben.

Die *gegenwärtige Krise* der Union ist also *umfassender und tiefgehender.* Sie manifestiert sich nicht nur in den seit dem Gipfel von Nizza allseits eingeräumten normativen wie funktionalen Defiziten der primärrechtlichen Grundlagen, es stellen sich bei näherer Betrachtung vielmehr auch gravierende operative *Leistungsdefizite,* für die die primärrechtlichen Mängel nur bedingt als Erklärung taugen. Auch deren Beseitigung – sei es durch Inkraftsetzung eines wie auch immer gearteten Verfassungsvertrages oder durch Korrekturen auf der Basis der bestehenden Verträge – wäre mithin keine hinreichende Voraussetzung für eine Lösung der gegenwärtigen Probleme. Sucht man nach konkreten Belegen für diesen erweiterten Kontext, wird zunächst meist auf mangelnde Effektivität bei der operativen Umsetzung des *acquis* in den Nationalstaaten verwiesen.[664] Die immer ehrgeizigeren – und häufig das viel beschworene Subsidiaritätsprinzip verletzenden – Ziele der Verordnungen und Richtlinien der europäischen Ebene korrespondieren danach immer weniger mit den tatsächlichen Politikergebnissen in den Nationalstaaten. Der Verweis auf die Zuständigkeit der Mitgliedstaaten bei der Umsetzung europäischer Politik greift hier allerdings zu kurz: Nicht nur, dass deren operative Ebene nicht hinreichend in die Politikformulierung einbezogen wird, die Ursache für das Missverhältnis ist vielmehr auch in den selbstgesetzten Ansprüchen der Union zu

663 Vgl. etwa das zunächst ablehnende Votum der dänischen Bevölkerung zum Maastrichter Vertrag vom 02.06.1992, das Nein der Iren zum Vertrag von Nizza vom 07.06.2001 sowie das gescheiterte Referendum zum Beitritt Schwedens zur Wirtschafts- und Währungsunion vom 14.09.2003; siehe auch *Auer, A.*: Nationale Volksabstimmungen über die Verfassung für Europa: Erfahrungen, Rechtsgrundlagen, Perspektiven, in: ZSE, 2/4 (2004), 580–596.

664 Vgl. etwa für den Bereich der Sozialpolitik *Falkner, G.* u.a.: Complying with Europe, Cambridge u.a., 2005, v.a. 260–276.

suchen, deren Erfüllbarkeit kaum je ernsthaft geprüft wird. Ob mit der „Lissabon-Strategie“ das Ziel proklamiert wird, zum „wettbewerbsfähigsten und dynamischsten wissensbasierten Wirtschaftsraum der Welt“[665] heranzureifen (ohne die erforderlichen Instrumente hierfür bereitzustellen) oder ob ein Kommissar es für erforderlich erachtet, das Rauchen in Gaststätten unionsweit zu untersagen,[666] zumindest rhetorisch scheinen der europäischen Politik keine Grenzen gesetzt.

Das Umsetzungs- und Leistungsdefizit ist aber nicht nur durch operative Probleme bedingt, auch die mit jeder Erweiterung *wachsende Heterogenität der Union* trägt dazu bei. So dokumentiert die Auseinandersetzung um die Dienstleistungsrichtlinie[667] gleichsam beispielhaft, dass und wie es in der Union der 27 zunehmend erschwert ist, mehrheits- oder gar konsensfähige Problemlösungen zu gewährleisten. Offensichtliche Interessengegensätze und divergierende Positionen gerade im wirtschafts- und sozialpolitischen Bereich lassen ein *europäisches Gesamtinteresse* und dem nachfolgende Politiken zunehmend zu einer *Fiktion* werden. Hinzu kommt, dass der in den Gründerstaaten meist noch gegebene Integrationskonsens seitens der neuen Mitglieder deutlich in Zweifel gezogen wird. Die integrationskritische Haltung des ungarischen Verfassungsgerichts,[668] die Positionen des tschechischen Staatspräsidenten *Klaus* (der die materielle Beschränkung der EU auf eine reine Freihandelszone wünscht)[669] oder die Infragestellung der Währungsunion durch einen polnischen Premierminister seien exemplarisch benannt; jede Medienanalyse liefert zusätzliche Belege.

So setzt sich das *Performanzproblem* der EU aus wenigstens *drei Elementen* zusammen: in Teilen unrealisierbaren, von den Unionsorganen selbst formulierten Ansprüchen, einer erschwerten Entscheidungsfindung durch zunehmende Heterogenität der nationalstaatlichen Interessen sowie einem defizitäreren Vollzug, dessen Ursachen nicht nur im Unwillen und/oder dem Unvermögen der nationalen Parlamente und Verwaltungen zu suchen sind (den *acquis* umzusetzen), sondern auch in der Schwierigkeit, angesichts unterschiedlicher Kontexte einheitliche Rechtsnormen zu vollziehen, die nicht selten von negativen Konsequenzen für Schlüsselbereiche der nationalstaatlichen Politik begleitet sind. Dies ist umso problematischer, als für die Legitimation wie die Akzeptanz der EU angesichts unbestreitbarer Mängel auf der *input*-Seite der politischen Ordnung der *output* an Problemlösungen von noch größerer Bedeutung sein dürfte als in den etablierten Demokratien der Nationalstaaten.[670] Da auf absehbare Zeit aber weder die benannte Heterogenität noch die operativen Probleme wirksam einzuschränken sein dürften, wäre *weniger zu diskutieren, was die Union soll,* sondern *eher, was sie realistischerweise kann.*

Bis vor kurzem noch deuteten die Äußerungen der europäischen Eliten, insbesondere in Kommission und Parlament, kaum auf derartige Einsichten hin. Vielmehr blieb es bei dem

---

665 *Europäischer Rat (Lissabon 23./24.03.2000):* Schlussfolgerungen des Vorsitzes, Nr. 5; für eine knappe Bewertung s. *Becker, P./Hishow, O. N.*: Der Lissabon-Prozess zwischen Anspruch und Wirklichkeit, Berlin, 2005 (SWP-Aktuell 7/2005).

666 Vgl. schon Entschließung des Rates und der im Rat vereinigten Minister für das Gesundheitswesen der Mitgliedstaaten vom 18.07.1989 über ein Rauchverbot in öffentlich zugänglichen und frequentierten Räumen, AblEG Nr. C 189/1 vom 26.07.1989.

667 Hierzu *Schmidt, S. K.*, a. a. O.

668 *Sajó, A.*: Learning Co-operative Constitutionalism the Hard Way: the Hungarian Constitutional Court Shying Away from EU Supremacy, in ZSE, 2/3 (2004), 351–371.

669 Interview in: FAZ vom 15.03.2005.

670 *Scharpf, F. W.*: Governing in Europe, Oxford u. a., 1999.

bekannten, wenn auch wenig bewährten Muster, erkennbaren *Problemen mit neuen „Programmen" und „Prozessen" zu begegnen;* die Versuche, die ohnehin überambitionierte „Lissabon-Agenda" zu reaktivieren, bieten dafür ein prägnantes Beispiel. So herrscht an wohlfeilen Absichtserklärungen kein Mangel, deren instrumentelle Umsetzung jedoch meist auf der Ebene gut gemeinter Ansätze verbleibt, auch lassen die ökonomischen und sozialen Indikatoren das Erreichen der proklamierten Ziele mehr als fraglich erscheinen. Ähnliches gilt für zahlreiche Initiativen, die sich mit den Namen europäischer Städte verbinden.[671] Dass dieses auch externen Akteuren zunehmend bewusst wird, mag der jüngste „Mittelmeer-Gipfel" zum „Barcelona-Prozess" dokumentieren, bei dem gerade die potenziell zu begünstigenden Nachbarstaaten sich zumeist durch zweitrangiges politisches Personal vertreten ließen.[672]

Für die Union und ihre Mitgliedstaaten birgt das damit verbundene eher routinehaft und zirkulär anmutende Reaktionsmuster die *Gefahr eines Teufelskreises:* Wenn erkennbaren Problemen bei der Umsetzung weithin beworbener Programme – seien sie durch zu ambitionierte Ziele, ungeeignete Politiken oder Defizite im Vollzug bedingt – durch die Auflage neuer, keineswegs realistischerer Vorhaben begegnet wird, dürfte der einzig bemerkbare Effekt in noch gesteigerten Erwartungen an die EU bestehen. Da diese notwendigerweise enttäuscht werden, riskiert die Union einen erweiterten Vertrauensverlust bei den „Völkern Europas". Genauso verfehlt wäre es freilich, den entgegengesetzten Weg zu gehen, also von Tag zu Tag zu reagieren, nach Vorschrift zu verwalten und über ausdifferenzierte Kontrollmechanismen *compliance* einzufordern. Vielleicht empfiehlt sich daher eine *Strategie,* die – durchaus „historischen Verpflichtungen" folgend – richtungweisende *Absichtserklärungen mit der Prüfung ihrer Realisierbarkeit* und einer operativ-instrumentellen „Unterfütterung" verbindet.

Konsolidierung und Stabilisierung des Kerns

Versucht man, aus den benannten Krisenerscheinungen Lehren zu ziehen, bietet der *Verfassungsvertrag* durchaus eine *Reihe von Optionen.* Sie stellen darauf ab, die Geschwindigkeit des Integrationsprozesses zu überprüfen, den Umfang geplanter Veränderungen sichtbar zu reduzieren und dabei Lösungen anzustreben, die normativ wie funktional überzeugen. In der Summe geht es um eine *Konsolidierung und Stabilisierung des europäischen „Kerns",* definiert als gleichermaßen gewollte wie unverzichtbare Basis einer die Nationalstaaten übergreifenden politischen Ordnung.

Folgt man diesen Erwägungen unter Berücksichtigung der laufenden Diskussion, reduziert sich die Zahl der Verfahrensoptionen bereits beträchtlich. Eine *Einberufung eines neuen Konvents* (in ähnlicher bzw. veränderter Zusammensetzung) oder die *Wahl einer verfassunggebenden Versammlung*[673] kommen nicht in Frage. Während sich letzteres bei Begründung eines europäischen Staates (den „Vereinigten Staaten von Europa") anböte, eine europaweit nicht wirklich erkennbare Position, erscheint ein erneutes Zusammentreten des/eines Konvents nicht nur aus Zeitgründen problematisch; auch inhaltlich wäre von einem solchen

671 So etwa zur Wachstumsinitiative: Essen, 1994, Cardiff, 1998; zur Beschäftigungspolitik: Dublin, 1996, Luxemburg, 1997, Köln, 1999; zum Raum der Freiheit, der Sicherheit und des Rechts: Tampere, 1999; der Lissabon-Prozess: 2000; zur Vollbeschäftigung: Stockholm, 2001; zu Lissabon plus Umweltschutz: Göteborg, 2001; zur Europa-Mittelmeer-Partnerschaft: Barcelona, 1995/2005.

672 FAZ vom 28.11.2005.

673 So ein Vorschlag der französischen Sozialisten.

Gremium wenig Neues zu erwarten. Damit verbliebe – innerhalb herkömmlicher Willensbildungs- und Entscheidungsstrukturen und nach Einigung auf eine Grundstruktur des neuen Vertrages – die Einberufung einer *Regierungskonferenz,* die *auf dem bereits erzielten Konsens aufbauend* die *erforderlichen Veränderungen beschließen* müsste. Die Ratifizierung des neuen Vertrages könnte dann durch europaweit gleichzeitig stattfindende *Volksabstimmungen* erfolgen, wobei Staaten, die kein Referendum vorsehen, im Anschluss an die Plebiszite parlamentarisch ratifizieren.[674]

Auch materiell wäre ein solches Dokument zunächst an *bewährten Inhalten* auszurichten. Ein vollständiger *Verzicht auf institutionelle Reformen* aber würde mittel- und langfristig das *Ende des europäischen Projektes* bedeuten, zumal sich bereits heute beträchtliche Defizite finden. Es wäre dann zu erwarten, dass einige Mitgliedstaaten eine intensivere Zusammenarbeit verfolgten, die letztlich den Einigungsprozess Europas in Frage stellte, eine überwunden geglaubte Intergouvernementalisierung der europäischen Politik festschriebe und von beträchtlichen funktionalen wie legitimatorischen Problemen gekennzeichnet wäre. Diese *Gefahr bestünde auch, wenn nur einzelne Elemente des Verfassungsvertrages verwirklicht würden,*[675] etwa die Stärkung des Hohen Vertreters für die GASP, die Einführung einer zweieinhalbjährigen Präsidentschaft des Europäischen Rates oder die Stärkung der nationalen Parlamente. Doch gerade weil solche Veränderungen bereits möglich sind, ist ihre *Verwirklichung unwahrscheinlich.* Sie wurden bislang nicht umgesetzt, weil die Mitgliedstaaten sich nicht verständigen konnten; erst der Kompromiss „Verfassungsvertrag" machte dies möglich. Eine partielle nicht-vertragsbasierte Umsetzung von einzelnen Bestimmungen des Verfassungsvertrages ist mithin weder realistisch noch wünschenswert. Ähnliches gilt für die Erarbeitung eines vollständig neuen Verfassungsvertrages, zudem unklar verbleibt, worin in diesem Fall die fundamentalen Unterschiede zum vorliegenden Vertrag bestünden.[676]

Es bietet sich daher an, den *Verfassungsvertrag in zwei Teile aufzuspalten und nur deren ersten Teil zur Ratifizierung vorzulegen.*[677] Dabei wären die Teile I, II und IV des Verfassungsvertrages zusammenzufassen; sie bildeten so den Kern der „Verfassung" der EU (und der Arbeiten des Konvents). Bis auf wenige Bestimmungen sind die erwähnten Teile unkontrovers, offene Fragen müssten im Vorfeld der benannten Regierungskonferenz ausgeräumt werden.[678] Auch ist zu erwägen, die im Rahmen der Konventsarbeiten nicht geführte Debatte über die Kompetenzordnung der EU nachzuholen. Das erscheint funktional unabdingbar und legitimatorisch angezeigt, nicht zuletzt aufgrund der in den Mitgliedstaaten verbreiteten, materiell nicht unbegründeten Ängste gegenüber Zentralisierungsprozessen zugunsten der Union.

In vielfacher Hinsicht *diskussionswürdig* ist hingegen die *Position des Teils III der „Verfassung".* So muss bereits in der Normenhierarchie zwischen den Teilen I, II und IV sowie III

674 Ein Vorteil dieses Verfahrens bestünde darin, dass die in Frankreich und den Niederlanden erkennbare Argumentation, nach der die Bevölkerung zustimmen müsse, weil andere bereits zugestimmt hätten, keine Verwendung finden kann. Sie wäre auch unangemessen, weil sie die freie Entscheidung der Bürgerschaft einschränkte und den Kompromiss der Regierungskonferenz als gleichsam unumstößlich, also verbindlich erklärte.

675 Vgl. *Thym, D.*, a.a.O.

676 Hinzu kommt, dass die niederländischen und französischen Anregungen zu heterogen sein dürften, um in ein einheitliches Dokument zu münden.

677 Vgl. auch *Starck, C.*: Europa – wie geht es weiter?, in: ZSE, 3/4 (2005), 542–552.

678 In der französischen Debatte ergaben sich vor allem Probleme mit Blick auf militärische Bestimmungen und einzelne Artikel der Grundrechtecharta.

unterschieden werden, um der benannten „Aufspaltung" des vorliegenden Verfassungsvertrages normativ und funktional zu entsprechen. Gleichwohl ist Teil III gegen allzu leichte Veränderungen zu schützen, sind entsprechende Bestimmungen in den bisherigen Teil IV zu überführen (bzw. die dort vorhandenen anzupassen). Im Übrigen wäre zu prüfen, ob als Grundlage für die Regierungskonferenz der Teil III des Verfassungsvertrages oder die entsprechenden Bestimmungen aus EGV und EUV einzusetzen sind. Obwohl die Unterschiede zwischen den Texten nicht sehr umfangreich sind, könnte die symbolische Wirkung einer Rückkehr zu den „alten" Verträgen den Widerstand gegen das neue Dokument entkräften.[679] Es bliebe schließlich wie die Vorgängerverträge ein *völkerrechtlicher Vertrag,* der nach den entsprechenden Bestimmungen zu ratifizieren ist.[680]

Mit Blick auf die Bezeichnung des neuen Dokuments spricht einiges dafür, auf den Begriff *„Verfassung"* zu verzichten; er weckt Erwartungen, die der Text nicht erfüllen kann. Verwendete man jetzt einen anderen Begriff (etwa *Grundlagenvertrag* oder *Grundvertrag*), dokumentierte dies auch den symbolischen Verzicht auf die mit einer Verfassung verbundenen Ansprüche. Allerdings könnte ein solcher Verzicht durchaus kontraproduktiv insofern wirken, als dann Gegner argumentierten, dass man die „Sichtbarkeit" des Textes und damit die ihm zukommende Aufmerksamkeit reduzieren wollte, um eine erneute Niederlage in einem Referendum zu vermeiden. Wenn also die Inhalte aus den Teilen I, II und IV weitgehend übernommen würden, wäre zu erwägen, den *Titel des Vertrages beizubehalten,* zumal dies bei einem Verzicht auf Teil III verfassungssystematisch durchaus vertretbar erscheint.

In der Summe könnte ein dergestalt erneuerter Verfassungsvertrag einen wichtigen *Beitrag zu einer Konsolidierung des Europäisierungsprozesses* leisten und den institutionellen Kern der EU stabilisieren; die Mitgliedstaaten beschritten damit jenen *„mittleren Weg" zwischen* vollständigem *Verzicht* auf eine (unabweisbar notwendige) institutionelle Reform *und* einem autistischen *„weiter so"*. Die Wirkung eines entsprechend „verschlankten" und in seinem Anspruch reduzierten Verfassungsvertrages wäre weitreichend, da er als ein Signal dafür begriffen werden dürfte, dass die EU und die nationalstaatlichen Regierungen bereit sind, die „Völker Europas" zu hören und *„auf den Boden der Tatsachen" zurückzukehren.* Auch ließe sich so dem erkennbaren *Vertrauens- und Glaubwürdigkeitsverlust entgegenwirken.*

Abschied vom *sui generis*-Konzept

Angesichts vorliegender und zunehmend detaillierter Vorstellungen, ein solches Konzept – etwa am Beispiel der Kompetenzordnung und der institutionellen Reform – umzusetzen,[681] ist jenseits instrumenteller Vertiefungen abschließend auf ein Verständnis einzugehen, das als *„sui generis*-Kennzeichnung" nicht nur in der europarechtlichen Diskussion eine Rolle spielt, sondern auch im politischen Prozess Berücksichtigung findet. Danach wird die *Union als* eine *politische Ordnung* gesehen, die *die traditionellen Kategorien von Staaten und Internationalen Organisationen sprengt;* es sei mithin „sinnlos oder irreführend, für die Beschreibung dieser neuen Entwicklungen herkömmliche Kategorien zu verwenden"[682]. So kommt es, dass

679 Mit Blick auf sich damit verbindende „Aufklärungsarbeit" vgl. wiederum *Starck, C.*, a.a.O.

680 Ob der neue Teil III ein eigenständiger völkerrechtlicher Vertrag bliebe (wie zuvor EGV und EUV) oder einen anderen Charakter erhielte, wäre im Rahmen der Regierungskonferenz zu entscheiden.

681 *Hesse, J. J./Grotz, F.*, a.a.O.

682 *Griller, S.*: Die Europäische Union. Ein staatsrechtliches Monstrum?, in: Schuppert, G.F./Pernice, I./ Haltern, U. (Hg.): Europawissenschaft, Baden-Baden, 2005, 201–272, hier 248.

für die Europäische Union und ihre Verfassungsentwicklung *zahlreiche Kennzeichnungen* wie „Verfassungsverbund", „Mehrebenenverfassung", „postnationaler Konstitutionalismus", „supranationaler Föderalismus", *„European commonwealth"* oder auch „konsoziative Föderation" vorgestellt werden. Gemein ist diesen Begriffsversuchen, dass man vermeintlich Neues betonen möchte – und gleichzeitig verhindert, dass „klassische" staatswissenschaftliche oder staatstheoretische Kategorien Platz greifen. Wie immer bei Neuschöpfungen sind dabei *Übertreibungen* unverkennbar, fühlt man sich gelegentlich an des *Kaisers neue Kleider* erinnert. Nicht umsonst verweist *Christian Starck* in seiner Göttinger Abschiedsvorlesung[683] darauf, dass die Allgemeine Staatslehre eine Reihe von Kriterien für die Mitgliedschaft in supranationalen Gemeinschaften zur Verfügung stellt. So muss es sich außer der geographischen Zusammengehörigkeit um institutionell und mentalitätsmäßig gefestigte demokratische Verfassungsstaaten handeln, die freiwillig und demokratisch legitimiert die supranationale Union gründen (oder ihr beitreten) und ihr Hoheitsrechte übertragen. Die supranationale Union ihrerseits muss ihre Aufgaben gemäß den Prinzipien des Verfassungsstaates erfüllen, d.h. gewaltenteilig arbeiten und die Rechte der Bürger der Mitgliedstaaten achten. Deshalb auch greift der Bezug zur Kategorie der „Staatenverbindungen", wobei dann die Kennzeichnungen als Bundesstaat oder Staatenbund am ehesten interessieren. Die Unterscheidung wird bekanntlich über das Kriterium der Souveränität getroffen; während ein Staatenbund die Souveränität seiner Mitglieder unangetastet lässt, geht in einem Bundesstaat, zu dem sich mehrere Staaten zusammenschließen, deren völkerrechtliche Souveränität in Teilen oder schließlich gänzlich auf den Zentralstaat über.

Folgt man dieser Argumentation, wird deutlich, dass dem Ausweis der Europäischen Union als *Gebilde sui generis* gleichsam *Ideologisches* anhaftet. Man will ein Alleinstellungsmerkmal, leitet daraus jeweils neu zu konzipierende Einrichtungen, Verfahren und Politiken ab und glaubt so einen Staatenverbund legitimieren zu können, ohne auf die in ihm „aufgehobenen" Traditionen und politischen, ökonomischen wie soziokulturellen Rahmenbedingungen abstellen zu müssen. Polemischer formuliert: Man immunisiert sich gegenüber dem, was der moderne Staat europäischer Prägung an Erkenntnissen erbracht hat, sucht ohne Not Hierarchisierungen oder wenigstens Ausdifferenzierungen, die aufgrund des erkennbar Parvenühaften eher irritieren als dem Europäisierungsprozess den Weg weisen.

In Verfolgung eines solchen Verständnisses kommt es im Prozess der „Verfassungsgebung", beim Aufbau eines „EU-Regierungssystems" sowie bei den dafür konstitutiven Erörterungen einer Kompetenzordnung und einer sie tragenden institutionellen Konfiguration zu einem (hier die angelsächsische Metapher treffenden) *trial and error,* erlaubt man sich ein *learning by doing* an Stelle jenes *learning from experience*, das sich gerade im europäischen Fall anbietet. So steht man in der Gefahr, die Fehler der Nationalstaaten zu wiederholen, legitimiert demokratietheoretisch wie „demokratiepraktisch" inakzeptable Verhaltensweisen und nimmt suboptimale Lösungen und Ressourcenverschleiß in Kauf. Auch einem solchen Denken gegenüber war das *Votum der Franzosen und der Niederländer heilsam,* zumindest insofern, als es daran erinnerte, Souveränitätsübertragungen nicht gegen die „Völker Europas", sondern nur mit ihnen vorzusehen und dabei jenseits des normativen Wollens das funktionale Können einzubeziehen. Erneut *Starck:*

> „Man muss sich von der Vorstellung freimachen, dass die Übertragung von Hoheitsrechten auf eine supranationale Union dem Staat, der die Übertragung durch völkerrechtlichen Vertrag

683 *Starck, C.*: Allgemeine Staatslehre in Zeiten der Europäischen Union, in: Dicke, K. u.a. (Hg.): Weltinnenrecht, Baden-Baden, 2005, 711–726.

selber vornimmt, die Souveränität entzieht, also der Staat, der Akteur ist, auf die Souveränität verzichtet. Der Abschluss eines völkerrechtlichen Vertrages, der den Staat rechtlich bindet, ist ein Akt der Souveränität. Dies ist vergleichbar mit einem privatrechtlichen Vertrag, den ich als Akt meiner Freiheit schließe. Ebenso wenig, wie ich auf meine Freiheit verzichte, wenn ich einem Verein beitrete oder in eine Handelsgesellschaft eintrete, verzichtet der Staat auf seine Souveränität, wenn er Hoheitsrechte, besser: Kompetenzen oder Befugnisse, an eine supranationale Union abtritt. Die Europäische Gemeinschaft beruht immer noch auf dem demokratisch legitimierten Willen der Mitgliedstaaten. Deren fortbestehende Souveränität erweist sich auch in dem Recht, aus der Europäischen Gemeinschaft auszutreten, an das das Bundesverfassungsgericht im Maastricht-Urteil erinnert hat und das der Vertrag über eine Verfassung für Europa in Art. 60 ausführlich erwähnt."[684]

Für die hier angesprochenen Fragen ist zudem wichtig, dass *Kompetenzübertragungen und institutionelle Neuzuschnitte* auf europäischer Ebene eben nicht Ausfluss einer *sui generis*-Konstellation sind, sondern vorfindbaren *funktionalen Anforderungen zu genügen haben.* Infolgedessen wird es immer strittig sein, ob und in welchem Ausmaß die Europäische Kommission zur europäischen Exekutive wird und wie man die zwischen dem Ministerrat, der Kommission und dem Europäischen Parlament geteilten Legislativ- wie Exekutivaufgaben in Zukunft wahrzunehmen gedenkt. Selbst der Europäische Gerichtshof (EuGH) unterlag inzwischen zu Recht kritischer Diskussion, so seitens der österreichischen Ratspräsidentschaft. Danach warf Bundeskanzler *Schüssel* dem EuGH vor, nationale Kompetenzen systematisch zu unterminieren. Er wandte sich gleichzeitig gegen „prinzipiell rückwirkende Urteile". Der Gerichtshof habe in den vergangenen Jahren systematisch europäische Befugnisse ausgeweitet, selbst in Bereichen, in denen keine gemeinschaftsrechtliche Basis gegeben ist. Die Rolle des EuGH müsse deshalb klargestellt werden: „Vielleicht braucht es auch eine zusätzliche Ebene, die das Verhalten des Gerichts legitimiert."[685]

In solchen Kennzeichnungen kommt ein *Unbehagen* zum Ausdruck, das seit längerem den Diskurs der europäischen Eliten durchzieht, jetzt aber durch die Verweigerung der Franzosen und der Niederländer eine breitere Basis erreicht hat. Ob Türkeifrage, Dienstleistungsrichtlinie oder EuGH-Entwicklung, es dürfte künftig schwerer werden, Strukturreformen konsensfähig zu machen und die Völker Europas von einem weiteren Abtreten nationalstaatlicher Souveränität zu überzeugen. Erneut: Ein solcher Prozess ist heilsam, um die alternativlose *Europäisierung „vom Kopf auf die Füße zu stellen"*.[686] Weder sollten ausschließlich richterrechtlich geschaffene Normen für sich in Anspruch nehmen, die europäische Zukunft zu prägen, noch ist es den Staats- und Regierungschefs anheim gestellt, ohne das „Mitnehmen" ihrer Bevölkerung auf nationalstaatliche Sicherungen zu verzichten.

Im *Fazit* wäre daher von einem *sui generis*-Denken dann Abstand zu nehmen, wenn es als Instrument eingesetzt wird, sich gegenüber den Erfahrungen und (positiven) Traditionsbeständen der europäischen Nationalstaaten zu immunisieren und an die Stelle demokratisch legitimierter und funktionsfähiger Einrichtungen und Politiken gleichsam abgehobene Konstrukte zu setzen. Europa entwickelt sich nicht gegen, sondern auf der Basis seiner Nationalstaaten, baut auf ihnen auf, ein Prozess, der insofern als organisch verstanden werden sollte, als er an bewährten nationalstaatlichen Beständen festhält und Innovationen nur dann aus-

---

684 Ebd., 723.

685 Salzburger Nachrichten vom 02.01.2006.

686 *Hesse, J. J.*: Die Diskussion um eine europäische Verfassung: Vom Kopf auf die Füße zu stellen, in: Bruha, T./Hesse, J. J./Nowak, C. (Hg.): Welche Verfassung für Europa?, Baden-Baden, 2001, 63–87.

weist, wenn sie sich als unabdingbar erweisen. Die Beschwörung des europäischen „Wertekanons“ reicht für den Fortgang des Europäisierungsprozesses nicht aus. Es geht auch und gerade um das Wissen und die Erfahrungen der Beteiligten, mithin um operative Kompetenz. Alles andere tendiert zu einem *reinventing the wheel,* einer zeit- wie ressourcenverschwendenden Haltung.

Schließlich wäre es hilfreich, mit Blick auf die fortlaufende Europäisierung zwischen einer *Bringschuld* und einer *Holschuld* zu unterscheiden. Während die Bringschuld sich an die *europäischen Eliten* richtet, diesen Prozess vorzudenken und ihn konsensfähig zu machen, richtet sich die Holschuld an die europäische *Bürgerschaft.* Auch von ihr ist zu erwarten, dass sie die erkennbaren Grenzüberschreitungen nicht nur passiv hinnimmt oder gar erduldet, sondern sie durch aktives Engagement prägt. Verweigerungshaltungen sind dabei ein legitimes Mittel, dürfen aber nicht zum Selbstzweck werden. Im Ergebnis kann es mithin nicht um „Berufseuropäer“ auf der einen und „Euroskeptiker“ auf der anderen Seite gehen, sondern um ein Miteinander, einen breiten Diskurs, der historische Erfahrungen ebenso berücksichtigt wie tagesaktuelle Bedürfnisse. Hier sind in besonderer Weise Asymmetrien und Ungleichzeitigkeiten erkennbar, die es aufzulösen gilt. Die laufende Diskussion um die wirtschaftspolitische Ausrichtung der Union, ihre sozialpolitischen Sicherungen oder eine verstärkte außen- und sicherheitspolitische Rolle der Gemeinschaft machen die Konflikthaftigkeit und den sich damit verbindenden Diskussionsbedarf deutlich. Gerade weil Europa unumkehrbar geworden ist, erscheint eine behutsame Weiterentwicklung seiner Grundlagen angezeigt.

Die Professionalisierung Europas als Zukunftsaufgabe

Im Ergebnis wird deutlich, dass *Europa in einer wohl unbestreitbaren Krise* steckt. Die klassischen Mechanismen, auftretenden Problemen lediglich situativ zu begegnen (oder sie „auszusitzen“) und den Integrationsfortschritt von den sich bietenden Gelegenheiten abhängig zu machen,[687] haben sich erschöpft. Da man zudem Finalitätserwägungen konsequent ausweicht, sie durch fortlaufendes Handeln aber gleichsam präjudiziert, drängt sich der Eindruck konzeptionslosen Agierens auf, als dessen einzige Legitimation der „Glaube an Europa“ – als einer als überlegen erachteten politischen und gesellschaftlichen Ordnung – auszumachen ist.

Das sich in Verfolgung entsprechender Politiken bildende *patchwork* von Verträgen und institutionellen Grundlagen galt lange Zeit als akzeptabel und erschien insofern unproblematisch, als man Entwicklungsziele verfolgte, die – wie der Binnenmarkt und die Wirtschafts- und Währungsunion (WWU) – Wohlfahrtsgewinne versprachen. Dies änderte sich nachhaltig, als die Bildung einer zur WWU komplementären Politischen Union ausblieb und die Osterweiterung Verteilungspolitiken in den Vordergrund treten ließ. Jetzt wurde einer breiteren Öffentlichkeit bewusst, dass Europa nicht nur mit Wohlstand und Sicherheit gleichzusetzen ist, sondern auch Einschränkungen und Solidarleistungen mit sich bringt. Im Gefolge erodierte der Integrationskonsens, vertieften sich die politischen Auseinandersetzungen und wurde erkennbar, dass die EU auf nicht mehr zeitgemäßen Geschäftsgrundlagen basierte. Als sich schließlich die Halbwertszeit der in schneller Folge erarbeiteten Verträge

687 Die für diese Verhaltensweise bereits angesprochene Bezeichnung als *Methode Monnet* dürfte inzwischen allerdings eher Ausdruck der europäischen Mythenbildung sein denn als historisch angemessen gelten.

(Maastricht, Amsterdam, Nizza) weiter verkürzte und Europas Handlungs- und Wettbewerbsfähigkeit zu einem ernsthaften Problem wurde, kam es zur Einsetzung des Konvents und dem von ihm erarbeiteten Verfassungsvertrag.

Dass die *„Völker Europas"*, vertreten durch die Franzosen und die Niederländer, diesem Prozess letztlich die *Gefolgschaft verweigerten,* spricht für, nicht gegen sie. So verwies ein schon längere Zeit erkennbares, politisch aber nicht wirklich Ernst genommenes Unbehagen auf zunehmende *Distanz zwischen den europapolitischen Eliten und dem Souverän.*[688] Die Gründe waren vielschichtig und reichten von einer befürchteten Überforderung und Überdehnung der Union bis hin zu Vorbehalten, die sich mit der Arbeitsweise europäischer Einrichtungen verbanden. Im Ergebnis kam es zu der durchaus *paradoxen Situation,* dass sich der *negative Ausgang der Referenden* und die damit erkennbare *Lähmung des europäischen Integrationsprozesses vor dem Hintergrund respektabler, historisch singulärer Leistungen* vollzogen. Allerdings wurde es insbesondere im Vorfeld der Osterweiterung versäumt, die Handlungsgrundlagen der Gemeinschaft zu modernisieren – mit der Folge, dass politische Routinen nicht mehr griffen und schließlich von den Völkern negativ sanktioniert wurden. Hinzu trat, dass die in diesem Zeitraum prägenden Staats- und Regierungschefs, *Chirac, Blair* und *Schröder* die letzten Exponenten eines Selbstverständnisses gewesen sein dürften, das von europäischen Großmächten ausgeht, heute aber einer beträchtlichen Steuerungsillusion unterliegt. In der Realität wird es *in Europa nur eine potentielle Großmacht, die Europäische Union,* geben – *nicht als „Vereinigte Staaten von Europa"*[689]*, sondern als Staatenbund,* der zwar strukturelle Elemente eines Bundesstaates aufweist, aus Gründen eines weitgehenden Erhalts nationaler und regionaler Identitäten aber vom Übergang in eine europäische Föderation absieht. In diesem Sinne existiert Europa schon lange nicht nur als Idee oder Bild, sondern als fast alle Lebens- und Arbeitsbereiche prägende supranationale Einrichtung. Dem zu entsprechen, setzt andere Verhaltensweisen als bislang voraus.

Das *Scheitern des Verfassungsvertrages* war dann *heilsam,* wenn die Politik begreift, dass es ohne den Souverän nicht geht, dass alle Versuche, erneut von oben auf Problemstellungen zu reagieren, zum Scheitern verurteilt sein dürften. Europa wird gerade deshalb zum Modell fast aller „Regionalregime" dieser Welt, weil es divergente Reaktionen zulässt und die unterschiedlichen politischen, ökonomischen und kulturellen Voraussetzungen als Ressource begreift. Der Rest ist dann „Umsetzung" und benennt das schwierige Geschäft der *Professionalisierung*: die Schaffung eines *institutionellen Rahmens,* der nicht einzuebnen sucht, sondern die Innovationskraft und die kulturelle Identität des Kontinents und seiner Teile fördert; eine *Kompetenzordnung,* die – auf umfassenden aufgabenkritischen Untersuchungen aufbauend – dem Grundsatz „Trennung wo möglich und Verflechtung wo nötig" nachfolgt; und ein *Steuerungsprozess,* der von unten nach oben verläuft und regulative Politiken hinter kooperativen zurücktreten lässt.

Europa geht also von den Nationalstaaten und den in ihnen organisierten „Völkern" aus und wird nur dann gelingen, wenn es sich dieser Grundlagen versichert. *Alles andere birgt den*

688 Die jeweils im Frühjahr und Herbst eines Jahres im Auftrag der Kommission vorgenommenen Umfragen (Eurobarometer) bestätigen auch in ihren neueren Ausgaben, dass es unverändert schlecht um das Ansehen der europäischen Einrichtungen bestellt ist. So vertrauen weiterhin weniger als die Hälfte der befragten EU-Bürger der Kommission, 31 % äußerten sich explizit negativ. Auch das Parlament muss damit leben, dass die Skepsis der „Völker Europas" wächst (mit 32 % Misstrauen der zweithöchste Wert seit 1999).

689 So *Guy Verhofstadt.*

Keim des Scheiterns, der artifiziellen Reaktion auf ubiquitäre Grenzüberschreitung. Professionalisierung heißt deshalb, über eine Verfassung, die als „Rahmen und Programm" verstanden werden sollte, nur jene Politiken europäisch zu entwickeln und durchzusetzen, deren es wirklich bedarf – und dies über Einrichtungen, die nicht primär sich selbst fördern, sondern sich in einer dienenden Rolle sehen. Im Fazit geht das Professionalisierungsgebot an beide: die Vertreter der Politik (auf der europäischen wie der nationalstaatlichen Ebene), jenen Hochmut zu überwinden, der der eigenen Isolierung und suboptimalen Politikergebnissen Vorschub leistet, *und die „Völker Europas",* für die es wichtig wäre, die Distanz zum Europäisierungsprozess aufzulösen und über ein aktives Engagement jene Gleichgültigkeit zu überwinden, die Europa gefährden könnte. Die Franzosen und Niederländer sind hier mit gutem Beispiel vorangegangen – auch dies ein Beitrag zum „Werden Europas".

Anhang

Dokumentation der Arbeiten des Konvents und der Regierungskonferenz (Prozess- und Ergebnisanalyse)

I. Chronik der Ereignisse

Datum	Ereignis*
7.– 11. Dezember 2000	*Europäischer Rat (Nizza):* Verabschiedung der Erklärung Nr. 23 zum Vertrag von Nizza zur Zukunft der Union.
14./15. Dezember 2001	*Europäischer Rat (Laeken):* Beschluss zur Einsetzung des Konvents; Verabschiedung der Erklärung „Zur Zukunft Europas".
28. Februar 2002	*Eröffnungssitzung des Konvents (Brüssel):* Ansprache der vier Präsidenten: Konvent (*Valéry Giscard d'Estaing*), Europäischer Rat (*José Maria Aznar*), Europäisches Parlament (*Pat Cox*) und Europäische Kommission (*Romano Prodi*). Vorschlag des Konventspräsidenten zur Untergliederung der Konventsarbeit in drei Phasen (Generaldebatte, materielle Arbeit und Zusammenführung) sowie zur Erstellung eines ganzheitlichen „Verfassungsvertrages" ohne Optionen. *1. Plenartagung, Brüssel:* „Generaldebatte". Aussprache zu den Vorstellungen über die Zukunft der Union, Ablehnung des Erstentwurfs einer Geschäftsordnung des Präsidenten (CONV 3/02) aufgrund zu ausgeprägter „präsidialer Züge".
14. März 2002	Das Präsidium einigt sich, einen Vertreter der Bewerberländer, durch die Gruppe der nationalen Parlamentarier bestimmt, in das Präsidium zu berufen.
15./16. März 2002	*Europäischer Rat (Barcelona):* Auftrag an die spanische Ratspräsidentschaft zur Erarbeitung eines Programms zur Reform der wichtigsten EU-Entscheidungsgremien.
20. März 2002	Das Präsidium beschließt, dass der Konvent seine Arbeiten vor Sommerbeginn 2003 abschließen sollte.

* Die Chronik nimmt vorrangig Bezug auf die Arbeiten und Ergebnisse der Plenartagungen des Konvents; sie sind durchnummeriert. Auf die Sitzungen des Präsidiums sowie der Arbeitsgruppen wird nur dann näher eingegangen, wenn diese im Gesamtkontext von Bedeutung waren (vgl. hierzu auch die Aufstellung zur Tätigkeit der Arbeitsgruppen in diesem Anhang). Besondere externe Einflüsse auf die Konventsarbeiten werden gesondert aufgeführt.

21./22. März 2002 — *2. Plenartagung, Brüssel:*
„Fortsetzung der Generaldebatte".
Verabschiedung der „Note mit den Arbeitsmethoden" (Geschäftsordnung), CONV 9/02.
Einladung eines Vertreters der Beitrittsländer als „Gast" in das Präsidium.

15. April 2002 — Um die Rolle des Präsidiums als zentrales und geschlossenes Gremium zu stützen, beschließt das Präsidium, keine individuellen Beiträge seiner Mitglieder zuzulassen, sondern solche Vorschläge nur intern zu diskutieren. Darüber hinaus wird die Einsetzung von Arbeitsgruppen diskutiert. Zur Sicherung konsistenter Arbeit sollen diese von einem Präsidiumsmitglied geleitet werden.

15./16. April 2002 — *3. Plenartagung, Brüssel:*
„Die Aufgaben der EU".
Der Vorschlag des Vertreters des Bundesrates, *Erwin Teufel*, zur Erstellung eines Kompetenzkatalogs für die EU wird überwiegend ablehnend vom Plenum bewertet. Stattdessen spricht sich die Mehrheit im Konvent für eine flexible Lösung zur Kompetenzverteilung aus. Darüber hinaus fordert das Plenum die baldige Einrichtung von Arbeitsgruppen.

25. April 2002 — Das Präsidium beschließt, in der Mai-Sitzung des Konvents die Einrichtung der ersten sechs Arbeitsgruppen bekannt zu geben; die Bildung einer gesonderten Gruppe zu Minoritätenfragen und kulturellen Identitäten wird abgelehnt.

8. Mai 2002 — Das Präsidium einigt sich über Mandat, Vorsitz und Zeitfenster der ersten sechs Arbeitsgruppen. Zur Vorbereitung der Anhörung zivilgesellschaftlicher Organisationen werden Kontaktgruppen (Soziales, Umwelt, Menschenrechte, Entwicklung, Universitäten und Think Tanks, regionale und subregionale Gruppen, Kultur), jeweils unter Leitung eines Präsidiumsmitglieds, gebildet.

15. Mai 2002 — Der Generalsekretär des Rates, *Javier Solana*, unterbreitet dem EP Vorschläge zur Reform der EU-Ratspräsidentschaft. Kernpunkte: programmatische Kontinuität durch Kooperation der aufeinander folgenden Präsidentschaften, mögliche Verlängerung der Präsidentschaft wie auch des Vorsitzes in den einzelnen Ratsformationen auf zweieinhalb Jahre, Einrichtung eines Gremiums nationaler „Europaminister" zur Entscheidungsfindung in Problemfragen.
Auch Konventspräsident *Giscard d'Estaing* spricht sich für die Abschaffung der rotierenden Ratspräsidentschaft und den Ausbau des Amtes des Hohen Repräsentanten zu einem Europäischen Außenminister aus.

Frankreich und Großbritannien fordern die Schaffung des Amtes eines EU-Präsidenten zur Verbesserung der politischen Führung und zur Wahrnehmung einer Schlüsselrolle im außenpolitischen Bereich; Spanien unterstützt diesen Vorschlag.

16. Mai 2002 — Annahme des Berichts über die Abgrenzung der Zuständigkeiten zwischen der Europäischen Union und den Mitgliedstaaten (Lamassoure-Bericht) im Europäischen Parlament und Zuleitung an den Konvent.
Vorschlag zur Bildung von Kompetenzkategorien und zur Zuordnung der einzelnen Politiken.

22. Mai 2002 — Die Kommission verabschiedet ihren ersten Beitrag „Ein Projekt für die Europäische Union". Unter den Empfehlungen werden als Haupthandlungsfelder für die Union benannt: wirtschaftliche und soziale Entwicklung; Raum der Freiheit, Sicherheit und des Rechts; globale Verantwortung. Neben der Erstellung eines Verfassungsvertrages fordert die Kommission zusätzliche Rechte zur Koordinierung der Wirtschaftspolitiken der Mitgliedstaaten, Initiativ- und Durchführungsrechte im Bereich der Außenpolitik sowie die Einrichtung des Amtes eines Außenministers in der Kommission.

23. Mai 2002 — 26 SPE-Mitglieder des Konvents bringen ein Papier „*European Project for the Socialists: New Federalism*" in die Konventsarbeiten ein. Schwerpunkte: Einrichtung des Amtes eines Präsidenten beim Rat sowie eines Ministerpräsidenten bei der Kommission, Angliederung des Hohen Repräsentanten an die Kommission, Ausbau der Kommission zur Exekutive, Umbenennung der Kommissare zu Ministern, der Generaldirektionen zu EU-Departments.

23./24. Mai 2002 — *4. Plenartagung, Brüssel:*
„Die EU bei der Wahrnehmung ihrer Aufgaben: Effizienz und Legitimität".
Das Plenum spricht sich mehrheitlich für eine flexible Klassifizierung der Kompetenzen, für die Einrichtung eines neuen Mechanismus zur Kontrolle der Subsidiarität und für eine Reduzierung der Zahl der Instrumente der Union aus.
Einrichtung einer „Fragestunde" an das Präsidium zu Beginn der Plenartagungen.
Einsetzung der sechs ersten Arbeitsgruppen des Konvents.

27. Mai 2002 — Kommissar *Barnier* räumt ein, dass der Vorschlag der Kommission, der eine erhebliche Stärkung der Gemeinschaftsmethode vorsieht, bewusst provokant formuliert wurde, um eine Gegenposition zum Vorschlag Frankreichs, Großbritanniens und Spaniens zu bilden.

29. Mai 2002 — *Chris Patten*, Kommissar für Außenbeziehungen, kritisiert den Vorschlag der Kommission zur Überführung der Außenpolitik in die alleinige Kommissionszuständigkeit als kontraproduktiv.

4. Juni 2002 — Belgien, die Niederlande und Luxemburg plädieren in einem Papier an den Konvent für die Stärkung der Gemeinschaftsmethode und die Beibehaltung der rotierenden Ratspräsidentschaft.

5. Juni 2002 — Das Präsidium beschließt, dass die Arbeitsgruppen keine Vertragsteile erarbeiten sollen, sondern Berichte, die eine Problemanalyse und mögliche Handlungsoptionen enthalten. Forderungen, eine Aufzählung aller geplanten Arbeitsgruppen vorzulegen, werden abgelehnt, da hierüber jeweils situativ entschieden werden müsse. Über mögliche weitere Arbeitsgruppen zur Vereinfachung der Verträge, zur Justiz- und Innen- sowie zur Außen- und Verteidigungspolitik wie zu institutionellen Fragen können jedoch vorläufige Anfragen in das Plenum eingebracht werden.

6./7. Juni 2002 — *5. Plenartagung, Brüssel:*
„Raum der Freiheit, Sicherheit und des Rechts" sowie „Rolle der einzelstaatlichen Parlamente im Institutionengefüge".
Eine Vielzahl von Konventsdelegierten spricht sich für die Überführung der dritten Säule in die Vergemeinschaftung aus. Dabei wird die künftige Regelung der Immigration kontrovers diskutiert; sie sollte vor allem nach Ansicht des deutschen Regierungsvertreters den Mitgliedstaaten vorbehalten bleiben.

Vor allem in der Gruppe der nationalen Parlamentarier wird die Einrichtung neuer Gremien auf EU-Ebene abgelehnt und stattdessen die Verbesserung und der Ausbau bestehender Kontrollmechanismen, vor allem vor Verabschiedung von EU-Rechtsakten, eingefordert. Konventspräsident *Giscard d'Estaing* wendet hingegen ein, dass die Öffentlichkeit mehr als eine bloße Verbesserung des Bestehenden fordere.

11. Juni 2002 — Bundeskanzler *Schröder* äußert sich bei einem Treffen mit dem Konventspräsidenten in Berlin zurückhaltend zur Errichtung einer permanenten EU-Präsidentschaft und will die Entscheidung dem Konvent überlassen. Sein Konkurrent im Bundestagswahlkampf, Ministerpräsident *Stoiber*, sowie Finnland und Österreich lehnen den Vorschlag ab.

12. Juni 2002 — Mitglieder des Sekretariats, die den Konventspräsidenten beraten, legen einen ersten inoffiziellen Entwurf eines Grundlagenvertrags (in elf Teilen) vor, der, anstelle ein neues Gesamtvertragswerk vorzulegen, den bestehenden Verträgen hinzugefügt werden sollte.

13. Juni 2002 — Bericht der spanischen Präsidentschaft zur Reform des Europäischen Rates.
Kernelemente: Verkürzung der Tagungen auf einen Tag, funktionale Neuausrichtung des Rates „Allgemeine Angelegenheiten" (Vorbereitung des ER sowie Koordination im Ministerrat, Ausgliederung der Außenbeziehungen in eine gesonderte Ratsformation), Öffentlichkeit der Sitzungen des Rates in dessen Funktion als Gesetzgeber, Reduzierung der Zahl der Ratsformationen auf 10, Verbesserung der Kontinuität durch Einrichtung einer „Gruppenpräsidentschaft").

Das Präsidium einigt sich auf die Einsetzung weiterer Arbeitsgruppen im Juli. Als mögliche Arbeitsbereiche werden „Freiheit, Sicherheit und Recht, Außenbeziehungen, Verteidigungspolitik, Entwicklungshilfe, Vereinfachung der Instrumente und Gesetzgebungsverfahren, regionale und sub-regionale Dimension" diskutiert.

14. Juni 2002 — Beitrag der Regierungsvertreter Deutschlands, Frankreichs, Großbritanniens, Irlands und Polens (CONV 88/02) zur Errichtung eines politischen Ausschusses zur Kontrolle der Kompetenzausübung der EU.

18. Juni 2002 — Die Gruppe „Europäische Verfassung" innerhalb des EP spricht sich für die Wahl eines EU-Präsidenten durch das Parlament aus.

21./22. Juni 2002 — *Europäischer Rat (Sevilla):*
Zurückweisung des Vorschlags, eine gesonderte Ratsformation „Außenpolitik" zu bilden, Votum zugunsten geteilter Tagesordnungen und Sitzungen innerhalb des Rates „Allgemeine Angelegenheiten".

Die Beitrittsverhandlungen mit voraussichtlich zehn Staaten werden Ende 2002 abgeschlossen.

Der Bericht des Konventspräsidenten über die ersten vier Arbeitsmonate des Konvents wird von den Staats- und Regierungschefs begrüßt, sie fordern aber nachdrücklich die Einhaltung des Zeitplans des Konvents.

22. Juni 2002 — Eine Eurobarometer-Umfrage weist aus, dass zwar 63 Prozent der europäischen Bevölkerung eine Europäische Verfassung befürworten, aber nur 28 Prozent über die Arbeiten des Konvents informiert sind.

25. Juni 2002 — Das Präsidium beschließt die Einsetzung weiterer vier Arbeitsgruppen. Zum weiteren Vorgehen einigt sich das Gremium darauf, zunächst zu klären, welche Aufgaben die Union warum zu erledigen hat und erst im Anschluss daran Verfahrens- und

schließlich institutionelle Fragen zu klären. Den Forderungen mehrerer Konventsmitglieder, einen ersten Entwurf eines Verfassungsvertrags vorzulegen, soll etwa im Oktober 2002 nachgekommen werden.

24./25. Juni 2002 — *6. Plenartagung, Brüssel:*
„Dialog mit zivilgesellschaftlichen Organisationen".
In der zweitägigen Debatte bekommen acht Gruppen zivilgesellschaftlicher Organisationen die Möglichkeit, ihre Vorstellungen zur künftigen Gestaltung der Union vorzutragen; sie fordern vor allem, das EU-Sozialmodell nicht in Vergessenheit geraten zu lassen. Gleichzeitig wird kritisiert, dass bislang keine weitere direkte Beteiligung der Zivilgesellschaft vorgesehen ist. Europakritische Gruppen bemängeln die Repräsentativität der gehörten Organisationen.

27. Juni 2002 — Der britische Regierungsvertreter *Hain* schlägt vor, das System der Rotation des Ratsvorsitzes abzuschaffen. Stattdessen soll ein EU-Präsident für zweieinhalb Jahre gewählt und in dieser Zeit von einer intern rotierenden Gruppe von Vizepräsidenten unterstützt werden.

7. Juli 2002 — Konventsvizepräsident *Amato* unterstützt in einem Interview die an das französische System angelehnte Errichtung einer Doppelspitze, gebildet vom Präsidenten des Rates und vom Kommissionspräsidenten in der Funktion eines Premierministers.

8. Juli 2002 — Forderung von 30 ordentlichen und 11 stellvertretenden Mitgliedern des Konvents (darunter alle deutschen Vertreter mit Ausnahme von *Sylvia Kaufmann*) an das Präsidium, die Debatte zum künftigen EU-Institutionengefüge nicht weiter zu verzögern.
Hauptanregungen für das Institutionengefüge: Ausweitung der Abstimmung mit qualifizierter Mehrheit im Rat, generelle Mitentscheidung des EP, Stärkung der exekutiven Funktion der Kommission, Wahl des Kommissionspräsidenten durch das EP (CONV 177/02).

9.–12. Juli 2002 — *Tagung des Jugendkonvents:*
Vorschläge u.a.: Abschaffung der Säulenstruktur der Union, Außenpolitik als ausschließliche Gemeinschaftskompetenz, Herausbildung einer europäischen Verteidigungsidentität, Mitentscheidungsverfahren, Haushaltsrecht und Initiativrecht für das EP, Abschaffung mitgliedstaatlicher Vetorechte.

10. Juli 2002 — Das Präsidium verwirft die Vorschläge einzelner Präsidiumsmitglieder zur Einsetzung von Arbeitsgruppen zu „kulturellen und sprachlichen Unterschieden" sowie zu „*good governance*" und

einigt sich stattdessen darauf, diese Fragen im Rahmen der Arbeitsgruppe „Ergänzende Zuständigkeiten“ mit zu bearbeiten. Der im Zuge einer Kabinettsumbildung in Spanien zur Außenministerin beförderten *Ana Palacio* wird vom Konventspräsidenten eine Wahl zwischen ihrem neuen Amt und dem Posten als Präsidiumsmitglied nahegelegt.

11./12. Juli 2002

7. Plenartagung, Brüssel:
„Allgemeine Aussprache zum außenpolitischen Handeln der EU“.
Einigkeit zur notwendigen Schärfung des außenpolitischen Profils der Union.
Kontroverse über die EU „à la Metternich oder Monnet“: Während der britische Regierungsvertreter *Hain* beansprucht, die Verantwortung für die Außenpolitik bei den Mitgliedstaaten zu belassen, bringt der deutsche Regierungsvertreter *Glotz* den Vorschlag zur Errichtung eines „Doppelhuts“, der Fusion der Ämter des Hohen Repräsentanten und des Kommissars für Außenbeziehungen zum „europäischen Außenminister“, der Mitglied der Kommission sein sollte und gleichzeitig über ein Mandat des Rates verfügen sollte, ein. Daneben wächst die Zustimmung im Konvent zur Wahl des Kommissionspräsidenten durch das Parlament.
Einsetzung weiterer vier Arbeitgruppen.

15. Juli 2002

Kommissionspräsident *Prodi* spricht sich für den „großen Doppelhut“ aus, nach dem der Kommissionspräsident gleichzeitig Präsident des Rates sein sollte.

18. Juli 2002

Zur Belebung und Strukturierung der Debatte beschließt das Präsidium, den Delegierten künftig einen detaillierten Fragenkatalog zukommen zu lassen, anhand dessen diese präzisieren sollen, welche Sachverhalte sie im Schwerpunkt in ihren Beiträgen erörtern möchten.

21. Juli 2002

In einem Interview plädiert Konventspräsident *Giscard d'Estaing* für die Errichtung eines „Kongresses der Völker“, um die demokratische Legitimität der Union zu erhöhen.

5. September 2002

Das Präsidium diskutiert erstmals die Frage der Vereinfachung der Verträge und kommt überein, dass ein Text „konstitutioneller Natur“ erstellt werden soll. Über dessen Inhalt besteht weiterer Diskussionsbedarf.

10. September 2002

Elmar Brok, Vertreter des EP im Konvent, legt einen Verfassungsentwurf vor, nach dem die Kommission zu einer eigenständigen Exekutive ausgebaut und deren Präsident vom Parlament gewählt wird. Von führenden Konservativen wird der Vorschlag als „zu föderalistisch“ und „zu deutsch“ kritisiert.

11. September 2002	Der Präsident erläutert dem Präsidium die Strategie, Vorschläge zur Vertragsvereinfachung wie zur Vereinfachung der Instrumente und Verfahren parallel zu erarbeiten. Erstere werden durch das Präsidium selbst (mit der Erstellung eines ersten Vorentwurfs zum Verfassungsvertrag), zweitere durch die einzelnen Arbeitsgruppen erarbeitet. Das Präsidium hält daran fest, dass die Formulierung einzelner Artikelvorschläge unter Zugrundelegung der Schlussberichte der Arbeitsgruppen wie der Ergebnisse der diesbezüglichen Plenardebatten ausschließlich ihm selbst obliegen soll.
12./13. September 2002	*8. Plenartagung, Brüssel:* „Vereinfachung der Rechtsakte und des Rechtsetzungsverfahrens", Zwischenberichte AG I „Subsidiarität" und III „Rechtspersönlichkeit". Eine breite Mehrheit im Konvent spricht sich für die Reduzierung und Umbenennung der Instrumente der Union sowie für die Anwendung des Mitentscheidungsverfahrens als Regelfall aus. In der AG I besteht Konsens, die nationalen Parlamente durch Einrichtung eines neuen Gremiums oder durch Vetorechte für Gesetzgebungsvorhaben nicht zu Nebengesetzgebern zu machen. In der AG III zeichnet sich Konsens darüber ab, der EU eine einheitliche Rechtspersönlichkeit zu verleihen. Der Konventspräsident kündigt die Vorlage einer ersten Textvorlage für einen möglichen Verfassungsvertrag bis Mitte Oktober an.
1. Oktober 2002	34 ordentliche und 20 stellvertretende SPE-Mitglieder des Konvents legen ein Leitlinienpapier auf kleinstem gemeinsamen Nenner zur künftigen Gestalt der EU vor. Demnach sollen die Säulenstruktur der Union aufgelöst werden und diese eine eigene Rechtspersönlichkeit erhalten. Über einen Gesamtentwurf eines Verfassungstextes kann sich die Gruppe aufgrund bestehender Divergenzen zur Außenvertretung, zur Wahl des Kommissionspräsidenten sowie zu den in den einzelnen Politikbereichen anzuwendenden Verfahren nicht einigen.
2. Oktober 2002	Nach mehreren Monaten des Schweigens trägt der Konventspräsident erneut seinen Vorschlag zur Einrichtung eines „Kongresses der Völker", jetzt anlässlich einer Rede im Europakolleg Brügge, vor.
3./4. Oktober 2002	*9. Plenartagung, Brüssel:* Schlussberichte AG III „Rechtspersönlichkeit" und I „Subsidiarität", Zwischenberichte AG IV „Rolle der einzelstaatlichen Parlamente" und II „Status der Grundrechtecharta".

Die Abschlussberichte beider Arbeitsgruppen werden überwiegend positiv bewertet. Strittig bleiben etwaige Veto- und Klagerechte der nationalen Parlamente in Subsidiaritätsfragen.
Wesentliche Empfehlungen:
AG III: einheitliche Rechtspersönlichkeit, Abschaffung der Pfeilerstruktur, Verbesserung der Außenvertretung der EU.
AG I: politische *ex-ante*-Kontrolle des Subsidiaritätsprinzips durch nationale Parlamente, juristische *ex-post*-Kontrolle durch den EuGH.
20 Vollmitglieder und 22 stellvertretende Mitglieder des Konvents beantragen die Einsetzung einer neuen Arbeitsgruppe „Soziales Europa".

9. Oktober 2002 — Jüngste Äußerungen des Konventspräsidenten zugunsten des Rates werden von der Union Europäischer Föderalisten kritisiert. Der Präsident suche nach zustimmungsfähigen Lösungen für die Mitgliedstaaten, bevor das Plenum überhaupt beraten habe.

11. Oktober 2002 — Bundeskanzler *Schröder* gibt seine frühere Zurückhaltung auf und bezeichnet die britisch-französische Initiative zur Wahl eines permanenten Präsidenten als sinnvoll, plädiert aber gleichzeitig für eine starke Kommission.

Der britische Außenminister *Straw* präzisiert diesbezüglich, dass der Präsident nicht von der Bevölkerung oder dem Parlament, sondern von den Staats- und Regierungschefs gewählt werden sollte.

15. Oktober 2002 — Der Hohe Repräsentant, *Javier Solana*, kritisiert Vorschläge zur Einrichtung eines permanenten EU-Präsidenten als nicht zielführend. Wichtig seien vor allem ein Auftreten nach außen „mit einem Gesicht", politischer Wille, Kontinuität und eine gesicherte Finanzierung der GASP.

16. Oktober 2002 — Großbritannien legt einen Vorschlag für eine EU-Verfassung vor (CONV 345/02), in der die Union als Verbund souveräner Staaten definiert wird, deren ausschließliche Kompetenzen auf ein Minimum beschränkt bleiben und in welcher nur die dritte, nicht aber die zweite Säule in die Vergemeinschaftung überführt wird.

17. Oktober 2002 — Der Präsident legt dem Präsidium den ersten Vorentwurf eines Verfassungsvertrages vor, der grundsätzlich positiv bewertet und unter Zugrundelegung der internen Diskussion nochmals vom Sekretariat überarbeitet wird.

Im Zuge der Koalitionsverhandlungen in Deutschland wird der bisherige Regierungsvertreter im Konvent, *Peter Glotz*, durch Außenminister *Joschka Fischer* ersetzt.

18. Oktober 2002	900 Vertreter der EVP verabschieden einen Verfassungsentwurf, in dem die Idee eines EU-Präsidenten verworfen wird. Stattdessen soll der Kommissionspräsident vom EP gewählt werden und seine eigene „Regierung" ernennen. Anlässlich der Konferenz der Europaausschüsse COSAC in Kopenhagen einigen sich die nationalen Parlamente darüber, kein neues Gremium auf EU-Ebene einzufordern. Stattdessen soll die Kooperation aller nationalen Parlamente durch ein gemeinsames Büro in Brüssel verbessert werden.
24./25. Oktober 2002	*Europäischer Rat (Brüssel):* Die Staats- und Regierungschefs begrüßen das vom Konventspräsidenten vorgelegte „Gerüst" für eine europäische Verfassung ohne substantielle Vorbehalte. Kommissar *Barnier* spricht sich in einem Interview gegen die Einrichtung eines permanenten Präsidenten und gegen die Verkleinerung der Kommission aus.
28. Oktober 2002	Das Präsidium einigt sich darauf, institutionelle Fragen nicht in einer Arbeitsgruppe zu behandeln. Stattdessen sollen diese in der ersten Debatte des neuen Jahres unter maßgeblicher Leitung und Strukturierung durch das Präsidium erstmals erörtert werden. Der geforderten Einrichtung einer Arbeitsgruppe zur Beratung der regionalen Dimension der EU (CONV 321/02) wird zunächst nicht nachgekommen, da diesbezügliche Fragen in Teilen bereits von der AG IV behandelt wurden und von der entsprechenden Kontaktgruppe unter Leitung von Vizepräsident *Dehaene* weiter erörtert werden.
28./29. Oktober 2002	*10. Plenartagung, Brüssel:* Vorentwurf des Verfassungsvertrags, Schlussberichte AG IV „Rolle der nationalen Parlamente" und II „Grundrechtecharta", Zwischenberichte AG VI „Ordnungspolitik" und V „Ergänzende Zuständigkeiten". Der Konventspräsident legt den ersten dreiteiligen Entwurf eines Verfassungsvertrages, bestehend aus „Struktur der Verfassung", „Bestimmungen der einzelnen Politikbereiche" sowie „Schlussbestimmungen", vor und stößt damit auf überwiegend positive Resonanz im Plenum. Die Vorschläge der AG II zur Integration der Charta in die Verträge sowie zu deren Rechtsverbindlichkeit werden begrüßt. Schwerpunkt des Handelns der nationalen Parlamente soll die verbesserte Kontrolle nationaler Regierungen sein. Die interparlamentarische Zusammenarbeit der nationalen Parlamente mit dem EP in Form eines Kongresses wird zurückhaltend diskutiert.

29. Oktober 2002

Die von Konventspräsident *Giscard d'Estaing* angeregte Umbenennung der Union, etwa in „Vereinigtes Europa", wird unter anderem von britischer und französischer Seite abgelehnt.

7./8. November 2002

11. Plenartagung, Brüssel:
Abschlussberichte der AG VI „Ordnungspolitik" und V „Ergänzende Zuständigkeiten", Fortführung der Debatte über den Vorentwurf, Stand der Arbeiten der Gruppen „Vereinfachung" und „Justiz/Inneres".
Im Konvent wird die Forderung erhoben, nicht nur die Präambel und Teil I, sondern auch Teil II (heute: III) zu erarbeiten.
Der interne Dissens der Gruppe VI bezüglich der Einigung auf einen wirtschafts- und sozialpolitischen Zielkatalog sowie zur verbesserten Koordinierung der Wirtschafts-, Steuer-, Beschäftigungs- und Sozialpolitik spiegelt sich auch in der Plenardebatte wider. Die Gruppe V schlägt die Aufnahme eines gesonderten Kompetenztitels in die Verfassung sowie eine Neuformulierung des Art. 308 EGV vor. Letzteres wird ebenso wie die feste Koppelung der „Unterstützenden Maßnahmen" an die einzusetzenden Instrumente kritisiert.
Der Antrag auf Einsetzung einer Gruppe „Soziales Europa" wird mehrheitlich begrüßt. Das Präsidium plant die Vorlage eines entsprechenden Mandats in der nächsten Sitzung.

10. November 2002

Die EVP verabschiedet einen neuen Verfassungsentwurf, der die Struktur des Vorschlags des Konventspräsidenten übernimmt und einen Kompromiss zwischen dem von *Elmar Brok* vorgelegten Erstentwurf und dem vor einem Monat ausgehandelten Vorschlag darstellt. Wesentliche Unterschiede zum Entwurf des Konventspräsidenten sind die Definition der Union als eine der Bürger und Staaten, die Nichtaufnahme des Kongresses der Völker sowie die Überführung (sowie Straffung und Zusammenfassung) der Regelungen der einzelnen Politikfelder in den ersten Teil.

12. November 2002

Eine von Kommissionspräsident *Prodi* eingesetzte Arbeitsgruppe legt Alternativvorschläge zur Einrichtung eines permanenten Präsidenten vor. Die Kommission soll künftig auch von den Mitgliedstaaten entlassen werden können, ihre demokratische Legitimation somit erhöht werden. Der Kommissionspräsident soll entweder durch das EP und mit Zustimmung des Rates oder durch einen Kongress gewählt werden.

18. November 2002

Der europäische Bürgerbeauftragte *Jakob Söderman* bezeichnet den Vorentwurf eines Verfassungsvertrages als nicht „bürgerfreundlich", da Entscheidungsprozesse vorrangig auf höhere Ebene verlagert, nicht aber bürgernah gestaltet werden.

20. November 2002	Die Bundestagsabgeordneten *Gloser* und *Roth* legen einen Verfassungsvertrag mit „sozialdemokratischer Handschrift" vor. Neben der Festschreibung wirtschafts- und sozialpolitischer Ziele werden der Ausbau des EP zur gleichberechtigten Gesetzgebungskammer neben dem Rat, die Wahl des Kommissionspräsidenten durch das EP und die Einführung des „Doppelhutes" für die GASP gefordert. Abgelehnt wird das Amt eines permanenten Präsidenten des Europäischen Rates sowie die Forderung nach einem Kongress.
21. November 2002	Nach Deutschland entschließt sich auch Frankreich, den bisherigen Regierungsvertreter im Konvent, *Pierre Moscovici*, durch Außenminister *Dominique de Villepin* zu ersetzen.
22. November 2002	Die Außenminister Deutschlands und Frankreichs bringen erstmals einen gemeinsamen Beitrag zur ESVP in den Konvent ein (CONV 422/02). Neben der Entwicklung einer „Sicherheits- und Verteidigungsunion" und einer europäischen Rüstungspolitik werden die Anwendung der „verstärkten Zusammenarbeit" im Bereich der Sicherheitspolitik und die Ermöglichung einer vertieften Kooperation von Gruppen von Mitgliedstaaten gefordert.
27. November 2002	Die Bertelsmann-Forschungsgruppe legt einen Bericht vor, in dem Diskussionen über die Einführung direkter EU-Steuern im Konvent gefordert werden.
28. November 2002	Der britische Premierminister *Tony Blair* spricht sich für die Einrichtung eines permanenten Präsidenten, unterstützt durch eine Teampräsidentschaft, die sich aus den Vorsitzenden der einzelnen Ratsformationen zusammensetzen sollte, aus; qualifizierte Mehrheitsentscheide könnten ausgeweitet werden, jedoch keinesfalls in der Budget- und Steuerpolitik.
	Erneut wird ein deutsch-französisches Gemeinschaftspapier vorgelegt, in dem die Verstärkung der polizeilichen und justiziellen Kooperation der Mitgliedstaaten eingefordert wird. Neben der Vergemeinschaftung der dritten Säule und damit dem Übergang zur qualifizierten Mehrheitsentscheidung wird die Schaffung einer Europäischen Staatsanwaltschaft und der Ausbau von Europol zu einem „europäischen Strafverfolgungsorgan" angeregt (CONV 435/02).
3. Dezember 2002	Auf Initiative der griechischen Ratspräsidentschaft treffen sich Vertreter von sieben kleineren Staaten (Belgien, Portugal, Niederlande, Österreich, Luxemburg, Finnland, Irland), um zu einer möglichst einheitlichen Position im Konvent zu finden.

4. Dezember 2002 — Die Regierungsvertreter Belgiens, der Niederlande und Luxemburgs bringen das „Benelux-Memorandum“ zur künftigen institutionellen Architektur ein.
Kernelemente: Wahl des Kommissionspräsidenten mit 3/5 Mehrheit durch das EP und Ernennung mit qualifizierter Mehrheit durch den Rat, alleiniges Initiativrecht der Kommission, Ausweitung der QME, öffentliche Ratstagungen in gesetzgebender Funktion.

5. Dezember 2002 — Kommissionspräsident *Prodi* stellt dem EP den offiziellen Kommissionsvorschlag zur institutionellen Architektur der Union vor.
Kernelemente: Wahl des Kommissionspräsidenten durch das EP und Bestätigung durch den Rat, Ausweitung des Initiativrechts der Kommission, „Doppelhut“, Ausweitung der Gemeinschaftsmethode, generell qualifizierte Mehrheitsentscheide.

5./6. Dezember 2002 — *12. Plenartagung, Brüssel:*
Mitteilung der Kommission zur institutionellen Architektur, Abschlussberichte der Gruppen IX „Vereinfachung“ und X „Justiz/Inneres“, Zwischenberichte der Gruppen VII „Außenbeziehungen“ und VIII „Verteidigung“.
Kommissionspräsident *Prodi* stellt den zweiten Beitrag der Kommission vor, zu dem keine formale Aussprache geführt wird, der aber die Debatte zur institutionellen Reform der Union anstößt. In diesem Zusammenhang wird auch das vorgelegte „Benelux-Memorandum“ diskutiert, das die Stärkung der Gemeinschaftsmethode, insbesondere die Stellung des Kommissionspräsidenten, fordert und die Errichtung eines „präsidentiellen Systems“ ablehnt.
Der Bericht der Gruppe IX, die eine erhebliche Reduzierung der Rechtsetzungsakte und eine Vereinfachung der Verfahren vorschlägt, erfährt ebenso wie der Bericht der Gruppe X, die die Schaffung eines einheitlichen rechtlichen Rahmens für die Justiz- und Innenpolitik und den vermehrten Übergang zur Abstimmung mit QME anregt, breite Unterstützung durch das Plenum.

12./13. Dezember 2002 — *Europäischer Rat (Kopenhagen):*
Die Staats- und Regierungschefs fordern den Konvent auf, die Ergebnisse seiner Arbeiten anlässlich des Europäischen Rats in Thessaloniki im Juni 2003 vorzulegen.

19. Dezember 2002 — Das Präsidium stimmt das Arbeitsprogramm und die Arbeitsmethoden für 2003 ab. Zunächst wird festgelegt, dass die Sitzungen des Präsidiums ab dem neuen Jahr ganztägig und häufiger als bisher stattfinden sollen. In den Plenartagungen sollen zudem Artikelvorschläge zu einzelnen Titeln des Vertrages vorgestellt werden. Für das weitere Vorgehen werden mehrere Optionen

	offengehalten. Bei weitgehender Zustimmung zu den Entwürfen sind schriftliche Änderungsanträge einzubringen; anderenfalls wird in Erwägung gezogen, „Diskussionsgruppen“ einzusetzen, die bis zur nächsten Plenardebatte besonders kontroverse Punkte diskutieren können.
20. Dezember 2002	*13. Plenartagung, Brüssel:* Abschlussberichte der Gruppen VII „Außenpolitisches Handeln“ und VIII „Verteidigung“. Der Konventspräsident stellt das Arbeitsprogramm für 2003 vor. Die Schlussberichte beider Arbeitsgruppen werden überwiegend positiv bewertet. Gruppe VII schlägt vor, einen „Doppelhut“ durch die Fusion der Ämter von Hohem Repräsentanten und Kommissar für Außenbeziehungen einzurichten sowie eine gesonderte Ratsformation „Außenpolitisches Handeln“ zu bilden. Der Übergang zum qualifizierten Mehrheitsentscheid in der GASP soll durch vorherigen einstimmigen Ratsbeschluss ermöglicht werden. Dies wird vor allem von britischer Seite kritisiert. Gruppe VIII schlägt unter anderem die Erneuerung der Petersberg-Aufgaben, die Erleichterung der Verfahren der „konstruktiven Enthaltung“ sowie die Errichtung einer Europäischen Rüstungsagentur vor.
22. Dezember 2002	In einem neuen deutsch-französischen Beitrag wird einer stärkere Zusammenarbeit der Mitgliedstaaten in der Wirtschaftspolitik, insbesondere innerhalb der Euro-Zone gefordert. Kernelemente: Forderungen nach einer Steuerharmonisierung im europäischen Wirtschaftsraum, Stärkung der Rechte der Kommission im Haushaltsüberwachungsverfahren (Frühwarnung), Etablierung eines Euro-ECOFIN-Rates.
6. Januar 2003	Nach einem Treffen von Bundeskanzler *Schröder* mit dem britischen Premierminister *Blair* zeichnet sich ein Umschwung in der deutschen Position ab. Während Außenminister *Fischer* bisher einen einzigen Präsidenten von Rat und Kommission forderte, unterstützt der Kanzler nun die britisch-französische Initiative zur Errichtung eines permanenten Ratspräsidenten.
9. Januar 2003	Das Präsidium tauscht sich erstmals zur Reform des Institutionengefüges und zu den Artikelentwürfen zur Kompetenzordnung aus. Änderungsvorschläge können die Präsidiumsmitglieder an das Sekretariat leiten, bevor die Artikel abschließend erneut diskutiert werden.
10. Januar 2003	21 vorrangig konservative Mitglieder des Konvents bringen eine gemeinsame Initiative zur Aufnahme eines religiösen Bezugs in den Verfassungsvertrag ein (CONV 480/03).

13. Januar 2003 — Die spanische Außenministerin *Ana Palacio* kritisiert die deutsch-französischen Vorschläge zur Abschaffung nationaler Vetorechte in Teilbereichen der Fiskalpolitik.

Die griechische Regierung entschließt sich, ihren bisherigen Vertreter im Konvent durch Außenminister *Papandreou* zu ersetzen.

14. Januar 2003 — Deutschland und Frankreich bringen eine gemeinsame Initiative zur institutionellen Gestalt Europas ein.
Kernelemente: Einrichtung des Amtes eines Präsidenten (für fünf oder zweieinhalb Jahre mit Möglichkeit der einmaligen Wiederwahl), der die Ratstagungen vorbereitet und die Union auf höchster Ebene nach außen vertritt, Wahl des Kommissionspräsidenten durch das EP und Bestätigung mit qualifizierter Mehrheit durch den Rat, Bestimmung der Kommissare durch den Kommissionspräsidenten, Zustimmung des Parlaments, Ernennung durch den Rat, Einrichtung des „Doppelhutes“ und Abstimmung in der GASP mit qualifizierter Mehrheit.

16. Januar 2003 — Das Präsidium beschließt, dass für die Zeit der Erstellung einzelner Artikelvorschläge jedem Mitglied ein „*collaborator*“ assistierend zur Seite gestellt wird. Diese dürfen zwar nicht mitdiskutieren, aber stellvertretend für das jeweilige Präsidiumsmitglied formulieren.

17. Januar 2003 — Auch die slowenische Regierung entschließt sich, künftig ihren Vertreter *Matijaz Nahtigal* durch Außenminister *Dimitrij Rupel* zu ersetzen.

20. Januar 2003 — Das EP verabschiedet mit 320 Stimmen eine Initiative, in der es fordert, künftig den Kommissionspräsidenten wählen zu können.

20./21. Januar 2003 — *14. Plenartagung, Brüssel:*
„Funktionsweise der Organe“.
In der ersten Diskussion zum künftigen Institutionengefüge spricht sich die Mehrheit der Konventsdelegierten gegen die Einrichtung eines hauptamtlichen Präsidenten aus. Breite Unterstützung zeichnet sich hingegen für die Wahl des Kommissionspräsidenten durch das EP, die Trennung des Rates in einen Exekutiv- und einen Legislativrat, die Ausweitung der Mitentscheidungsbefugnisse des EP, den „Doppelhut“ sowie die Anwendung qualifizierter Mehrheitsentscheide in der GASP ab.
Der Konventspräsident sagt die Vorlage erster Verfassungstexte innerhalb der kommenden zwei Wochen zu.

27./28. Januar 2003	Nationale Parlamentarier von 26 Mitgliedstaaten treffen sich im Rahmen der COSAC, können sich aber nicht auf den Zeitpunkt und den Inhalt eines an den Konvent gerichteten Dokuments einigen. Daraufhin ist von einer ernsthaften Identitätskrise des Gremiums die Rede.
29. Januar 2003	Das Präsidium beschließt das Mandat der Gruppe der Juristischen Dienste, die mit der technischen Anpassungen des Teil III betraut ist. Die Gruppe hat danach das Präsidium regelmäßig zu informieren. Unklarheiten werden über den Generalsekretär an die Assistenten der Präsidiumsmitglieder weitergeleitet. Die Formulierung neuer Artikelvorschläge obliegt dem Konventssekretariat, welches neueste Entwürfe sowie Analysen zu den eingegangenen Änderungsanträgen den Assistenten der Präsidiumsmitglieder übermittelt. Der Präsident spricht sich in einem Interview gegen die Aufnahme einer religiösen Bezugnahme in den Verfassungsvertrag aus.
30. Januar 2003	Bei einem Treffen mit dem Konventspräsidenten signalisiert der britische Premierminister *Blair* Bereitschaft zur Ausweitung qualifizierter Mehrheitsentscheidungen auf die GASP, zur Wahl des Kommissionspräsidenten durch das EP sowie zur Einrichtung des „Doppelhutes“. Der belgische Premierminister *Verhofstadt* gibt die Vorbehalte gegen einen permanenten EU-Präsidenten auf, wenn dieser die Machtbalance zwischen den Institutionen nicht maßgeblich verändert.
3. Februar 2003	Die Führer der vier Parteigruppen des EP im Konvent fordern in einem gemeinsamen Schreiben an das Präsidium die Veröffentlichung von dessen internen Arbeitspapieren.
5. Februar 2003	Das Präsidium einigt sich über die endgültige Fassung der ersten 16 Artikelvorschläge, die den Delegierten zu Beginn der Sitzung am 6. Februar persönlich überreicht werden. Zur Klärung der Rolle des Gerichtshofs wird ein Arbeitskreis eingesetzt, der aus einem kleinen Kreis von fachlich qualifizierten Konventsvertretern jeder Gruppe zusammengesetzt werden soll.
5./6. Februar 2003	*15. Plenartagung, Brüssel:* Vorstellung der ersten 16 Artikel, Abschlussbericht der AG XI „Soziales Europa“, Rolle der lokalen und regionalen Gebietskörperschaften. Der Konvent begrüßt die Empfehlungen der AG, die gegenwärtige Verteilung der Kompetenzen im sozialpolitischen Bereich beizubehalten und soziale Werte und Zielsetzungen in den Ver-

trag aufzunehmen. Mehrheitlich wird für eine Aufnahme der Methode der offenen Koordinierung wie für die Anerkennung der Dienste der Daseinsvorsorge plädiert. Mehrheitlich spricht sich der Konvent für eine Stärkung der subnationalen Ebenen aus, während keine Einigung über deren Klagerechte in Subsidiaritätsfragen erzielt werden kann.

Die Entwürfe der ersten 16 Artikel werden vom Konventspräsidenten vorgestellt und stehen in der nächsten Sitzung zur Diskussion. Kritisiert wird die Kürze der Zeit, um Änderungsanträge einbringen zu können, sowie das intransparente Arbeitsverfahren des Präsidiums.

Mit Blick auf die divergierenden Positionen der EU-Staaten in der Irak-Frage wird in einer *ad-hoc*-Diskussion ein einheitliches europäisches Vorgehen angeregt. Der Konventspräsident verweist darauf, dass der Konvent zwar kein Mandat zur Erörterung der Irakfrage hat, aber allgemein die GASP vorantreiben soll. Eine europaweite Meinungsumfrage soll klären, welche Erwartungen die Bürger an die GASP stellen.

7. Februar 2003 Die ersten Reaktionen auf die Artikelvorschläge des Präsidiums sind von Skepsis geprägt. Viele Delegierte sehen die Ergebnisse der Arbeitsgruppen nicht ausreichend oder ungleichgewichtig berücksichtigt. Kritik wird von britischer Seite unter anderem bezüglich der zu offenen Formulierungen zum Ausmaß der Kooperation in der Wirtschaftspolitik sowie zu den konkreten Befugnissen der Union in der GASP/ESVP geäußert. Deutschland und Frankreich zeigen sich hingegen zufrieden mit den Vorschlägen.

14. Februar 2003 Das Präsidium einigt sich über die Formulierung der Artikel 24 ff.

17. Februar 2003 *Papst Johannes Paul II.* fordert die Aufnahme der „christlichen Wurzeln“ Europas in die Verfassung.

18. Februar 2003 In der weiteren Arbeitsplanung sieht das Präsidium die Vorlage einer Erstfassung aller Artikel des Verfassungsentwurfs für Ende April vor.

26. Februar 2003 Das Präsidium einigt sich über die Formulierung der Vorschläge zum Subsidiaritätsprotokoll wie zum Protokoll über die Rolle der nationalen Parlamente.
Um jedem Konventsmitglied die Möglichkeit der Meinungsäußerung zu Art. 1–16 einzuräumen, beschließt das Präsidium, zwei zusätzliche eintägige Sondersitzungen am 5. und 26. März 2003 einzuberufen.

27./28. Februar 2003 — *16. Plenartagung, Brüssel:*
Aussprache über die Entwürfe der Artikel 1–16, Vorstellung der Artikel 24–33.
Zu den ersten Artikeln gehen mehr als 1000 Änderungsanträge ein. Im Vordergrund stehen der Charakter der Union („ever closer union"), die Diskussion um die „föderale" Basis der Union, die Werte (religiöse Bezugnahme) und Ziele sowie die Kompetenzordnung.
Der Konventspräsident verweist darauf, dass der Konvent seine Bemühungen zur Schaffung tragfähiger außenpolitischer Strukturen und Institutionen angesichts der Spaltung der EU in der Irakfrage verstärken sollte.

28. Februar 2003 — In einer gemeinsamen Initiative setzen sich die Regierungschefs Großbritanniens und Spaniens für die Einrichtung einer dauerhaften Ratspräsidentschaft für vier Jahre und im Ministerrat für eine unter vier Staaten aufgeteilte rotierende Präsidentschaft ein. Der Kommissionspräsident soll anders als in der deutsch-französischen Initiative mit qualifizierter Mehrheit des Rates gewählt und anschließend vom EP bestätigt werden.

Giscard d'Estaing erklärt in einem Interview, dass die gegenwärtige Irak-Krise die Formulierung der Artikel zur GASP/ESVP beeinflusst. Neben der wechselseitigen Solidarität im Kampf gegen den Terrorismus soll eine Solidaritätsklausel im Vertrag festgeschrieben werden.

Die Beitrittskandidaten kritisieren, dass sie als Nicht-Vollmitglieder an der geplanten Regierungskonferenz noch nicht umfassend mitwirken können. Gefordert wird die Verlängerung der Konventsarbeiten, die gleichzeitig die Ratifikationszeit hinauszögert.

5. März 2003 — *Sondersitzung des Konventsplenums:*
Fortführung der Debatte über Art. 8–16.
Die Fortsetzung der Diskussion in kleinerem Kreis als üblich wirft, vor allem zur Kompetenzabgrenzung, nach Angaben von Vizepräsident *Amato* mehr Fragen auf, als sie löst. Es wird debattiert, ob die Sozial- und Beschäftigungspolitik in die Regelungen zur Koordinierung der Wirtschaftspolitik inkorporiert werden soll. Darüber hinaus besteht noch kein Konsens über die Benennung der ausschließlichen Unionszuständigkeiten und die Frage nach der Zuordnung der geteilten Zuständigkeiten. Auch zur Rolle der Gebietskörperschaften und der Kirche besteht noch keine Einigkeit.

6./7. März 2003 — Das Präsidium einigt sich über die Artikelvorschläge 38–40 zu den Finanzen der Union.

12. März 2003 — Der Arbeitskreis zur Rolle des Gerichtshofs in der erweiterten Union befasst sich entgegen seines Mandats damit, ob die Rechtsprechungsbefugnis des Gerichtshofs auch auf die GASP ausgeweitet werden soll. Vor allem Großbritannien lehnt die Befassung des Arbeitskreises mit dieser Frage strikt ab.

13. März 2003 — Das Präsidium einigt sich über die Artikelvorschläge zum Raum der Freiheit, der Sicherheit und des Rechts. Zur Erarbeitung von Vorschlägen für das künftige „Haushaltsverfahren" wird ein weiterer Arbeitskreis eingesetzt.

14. März 2003 — In einem Interview signalisiert der Konventspräsident, dass er Nichtbeteiligungs- und *exit*-Klauseln in einem für 25 Staaten gültigen Vertrag für unerlässlich hält.

17. März 2003 — Der Konventspräsident hält eine Verlängerung der Konventsarbeiten für erforderlich, wenn das Gremium einen vollständigen Verfassungsvertrag, auch mit Regelungen der bisher unzureichend diskutierten Bereiche Wirtschaftspolitik, GASP und Institutionen, vorlegen möchte.

Die ersten Artikel zur künftigen Regelung der Justiz- und Innenpolitik werden veröffentlicht. Darin vorgesehen ist die Ausweitung von Mehrheitsentscheidungen in der EU-Gesetzgebung zu Grenzkontrollen, Immigration und Asyl.

17./18. März 2003 — *17. Plenartagung, Brüssel:*
Aussprache über die Entwürfe der Artikel 24–33 sowie die Protokolle zur Rolle der nationalen Parlamente und zur Einhaltung von Subsidiaritäts- und Verhältnismäßigkeitsprinzip.
Die Entwürfe zu den künftigen Instrumenten und den anzuwendenden Gesetzgebungsverfahren basieren weitgehend auf den Ergebnissen der AG „Vereinfachung" und werden positiv bewertet. Angeregt wird die Festschreibung der Möglichkeit eines „*call back*" für Rat und EP, wenn die Kommission Durchführungsrechtsakte erlässt. Kritisiert werden die festgeschriebenen Ausnahmen vom Mitentscheidungsverfahren des EP.
Die Protokollentwürfe, weitgehend basierend auf den Arbeiten der Gruppen I und IV, werden allgemein begrüßt. Auf Kritik stößt die Nichtaufnahme des Klagerechts der nationalen Parlamente. Weitgehend abgelehnt wird der britische Vorschlag, ab einem Quorum von 2/3 den nationalen Parlamenten ein Quasi-Veto-Recht einzuräumen.

20. März 2003 — Auf einem EVP-Gipfeltreffen sprechen sich unter anderem der spanische und der italienische Ministerpräsident für eine starke GASP aus.

26. März 2003

Sondersitzung des Konventsplenums:
Fortsetzung der Debatte über Art. 1–8.
Die Kontroverse über die „föderale Basis“ der Union (Art. 1), die Aufzählung der Werte der Union, insbesondere die Aufnahme eines religiösen Bezugs (Art. 2), sowie den Katalog der Ziele der Union (unter anderem zur Aufnahme der sozialen Marktwirtschaft und der nachhaltigen Entwicklung) setzt sich ohne abschließende Einigung fort.

27. März 2003

Das Präsidium beschließt die Einsetzung eines Arbeitkreises „Eigenmittel“.

1. April 2003

Die Regierungschefs und Außenminister von Österreich, Belgien, Finnland, Irland, Luxemburg, den Niederlanden und Portugal treffen sich in Luxemburg, um eine gemeinsame Position zur künftigen institutionellen Gestalt der Union zu verabschieden.
Kernelemente: Gleichheit aller Mitgliedstaaten, Stärkung der Gemeinschaftsmethode, Beibehaltung der Rotation im Rat.

2. April 2003

Das Präsidium einigt sich, die Methode der offenen Koordinierung nicht gesondert im Verfassungsvertrag festzuschreiben.
In den Beratungen der Artikel zur GASP zeichnet sich Konsens zur Einrichtung des „Doppelhuts“ ab. Endgültig sollen die Artikel erst nach einer diesbezüglichen Diskussion des Präsidenten mit den Staats- und Regierungschefs auf dem informellen Europäischen Rat in Athen formuliert werden.

3. April 2003

Außenminister *Fischer* spricht sich für die Möglichkeit des gemeinsamen Vorgehens einer „Koalition der Willigen“ in der GASP aus.

3./4. April 2003

18. Plenartagung, Brüssel:
Aussprache über die Entwürfe der Artikel zum Raum der Freiheit, der Sicherheit und des Rechts sowie über Art. 38–40, Vorstellung der Entwürfe der Titel VI, IX, X und der Schlussbestimmungen.
Zu den Artikelentwürfen gehen ca. 700 Änderungsanträge ein.
Die weitgehende Vergemeinschaftung der dritten Säule wird begrüßt, die Beibehaltung diverser Einstimmigkeitserfordernisse sowie des mitgliedstaatlichen Initiativrechts sind umstritten. Die Möglichkeit der Einrichtung einer europäischen Staatsanwaltschaft wird vor allem von den nordischen Staaten Großbritannien, Irland, Schweden und Dänemark abgelehnt.
Die Stärkung des EP im Finanzbereich wird begrüßt, während zur Beibehaltung des Eigenmittelsystems und zu Fragen einer EU-Steuer kein Konsens erzielt werden kann.
Entgegen früherer Äußerungen hält der Konventspräsident am Zeitplan, die Ergebnisse Ende Juni den Staats- und Regierungschefs vorzulegen, fest.

4. April 2003

Sechs Mitgliedstaaten und zehn Beitrittskandidaten präsentieren ein gemeinsames Papier, in welchem sie die von Deutschland und Frankreich geförderte Schaffung einer permanenten Präsidentschaft kritisieren. Die Benelux-Staaten zählen nicht zu den Unterzeichnerstaaten, signalisieren jedoch Unterstützung. Das Papier soll anlässlich des Treffens der Staats- und Regierungschefs in Athen diskutiert werden.

16./17. April 2003

Informelle Tagung des Europäischen Rats (Athen):
Die Staats- und Regierungschefs der 15 Mitglied- und 10 Beitrittsländer unterzeichnen in Athen die Beitrittsverträge.
Vor einem Gespräch mit dem Konventspräsidenten treffen sich 18 Regierungschefs und nominieren *Guy Verhofstadt*, um in deren Namen ihre Position vorzubringen. In der Diskussion mit dem Konventspräsidenten sprechen sich die Staats- und Regierungschefs einstimmig für die Schaffung eines EU-Außenministers aus. Zur Einrichtung eines Präsidentenamtes und der künftigen Größe der Kommission kann keine Einigkeit erzielt werden.

22./23. April 2003

Der Präsident legt dem Präsidium seine Vorschläge zur Gestaltung des künftigen Institutionengefüges vor. Neben der erwarteten Einrichtung einer permanenten Präsidentschaft ist darin auch dessen Unterstützung durch einen exekutiven Beirat vorgesehen. Umstritten sind ebenso die Verkleinerung der Kommission auf 13 Kommissare und die Einrichtung eines Kongresses der Völker. Betont wird, dass die Ausweitung der QME, die Neuregelung der Zusammensetzung des EP und die Zusammensetzung der Kommission gleichzeitig in Kraft treten sollen.

24. April 2003

Die Vorschläge zum Institutionengefüge sowie die Arbeitsweise des Präsidenten werden von Präsidiumsmitgliedern öffentlich kritisiert. *Henning Christophersen* schließt nicht aus, dass der Konvent doch Optionen vorlegen wird.

24./25. April 2003

19. Plenartagung, Brüssel:
Diskussion der Titel VI, IX, X, Vorstellung der Entwürfe zum Titel IV und zur GASP/ESVP.
Nach heftigen Diskussionen im Präsidium werden die geänderten Artikelvorschläge zum Titel IV dem Plenum vorgestellt. Die Einrichtung eines Vizepräsidenten und die Schaffung des Beirats werden gestrichen. Der Europäische Außenminister soll den Vorsitz im Rat „Auswärtige Angelegenheiten" wahrnehmen. Bei gemeinsamen Initiativen mit der Kommission soll die QME angewandt werden.
Zu den zur Diskussion stehenden Artikeln gehen ca. 250 Änderungsvorschläge ein. Am kontroversesten werden der Religionsbezug in der Verfassung, die Möglichkeit der Anwendung der offenen Koordinierung sowie die Austrittsklausel aus der Union

	diskutiert. Für künftige Vertragsrevisionen, die über „technische Veränderungen“ hinausgehen, soll das Konventsverfahren Anwendung finden.
29. April 2003	Vertreter Frankreichs, Deutschlands, Belgiens und Luxemburgs treffen sich auf einem „Mini-Verteidigungsgipfel“, der aber auch für andere Mitgliedstaaten offen steht.
30. April 2003	Die Delegation des EP im Konvent reagiert auf die Vorlage der Artikel über die Institutionen mit der Einsetzung von Arbeitsgruppen zur Erarbeitung eines Binnenkonsenses. Nach einer gemeinsamen Sitzung sprechen sich die EU-Kommissare für die Beibehaltung des Nationalitätenproporzes bei der Bestellung der Kommission aus, akzeptieren dafür aber, dass der Kommissionspräsident von den Staats- und Regierungschefs ausgewählt wird.
3. Mai 2003	Eine Umfrage zur Haltung der EU-Bürger zur GASP/ESVP ergibt, dass 63 Prozent eine Gemeinsame Außen- und 71 Prozent eine Gemeinsame Verteidigungspolitik der Union befürworten.
6. Mai 2003	In einem Interview fordert der Konventsvorsitzende, *Valéry Giscard d'Estaing*, Kommissionspräsident *Prodi* zu einem Streitgespräch über die Errichtung einer permanenten Präsidentschaft auf.
7./8. Mai 2003	Das Präsidium diskutiert die eingebrachte Forderung nach Erhöhung der Zahl der Sitzungen. Nachdem das Sekretariat in enger Zusammenarbeit mit Vizepräsident *Amato* nochmals die Methode der offenen Koordinierung in die Artikelformulierung aufgenommen hat, debattiert das Präsidium erneut und beschließt, bei seiner früheren Haltung der Nichtaufnahme zu bleiben. Die Mitglieder des Präsidiums stimmen der Veröffentlichung der Präsidiumsdokumente für eine Dokumentation der Konventsarbeiten nach Abschluss der Beratungen zu.
8. Mai 2003	In einem Brief an alle Konventsmitglieder kündigt der Konventspräsident die Vorlage eines ersten, teilweise schon überarbeiteten Gesamtentwurfs an, der aus drei Teilen bestehen wird: dem „Verfassungsteil“, der Grundrechtecharta und den Regelungen für die einzelnen Politikbereiche. Mit ihrem Vorschlag zur künftigen Gestaltung des Institutionengefüges nehmen die Benelux-Staaten eine vermittelnde Position im Konvent ein (CONV 732/03). Die Zahl der Kommissare soll auf eine Höchstzahl von 15 begrenzt und die Einrichtung einer permanenten Präsidentschaft ermöglicht werden. In anderen Ratsformationen soll hingegen das Rotationsprinzip erhalten bleiben, der Kommissionspräsident den Vorsitz im „Allgemeinen Rat“ führen.

13. Mai 2003

Die Delegation des EP im Konvent fordert eine Verlängerung der Konventsarbeiten bis Juli, also über den Europäischen Rat in Thessaloniki hinaus, um Teil III des Verfassungsvertrages intensiv diskutieren zu können.

Noch vor der Debatte der Artikel zum Institutionengefüge im Plenum wird im Plenum über die Besetzung des möglichen künftigen Amtes eines Europäischen Außenministers diskutiert. Nach einer Umfrage begrüßen Schweden, die Benelux-Staaten, Polen, Italien und Frankreich eine Besetzung durch den deutschen Außenminister *Fischer*.

15./16. Mai 2003

20. Plenartagung, Brüssel:
Aussprache zu den Artikelentwürfen über die Organe sowie über das außenpolitische Handeln und die Verteidigung.
Zu den Artikeln zum Institutionengefüge gehen 650 Änderungsanträge ein. Die Mehrheit der Delegierten spricht sich für eine klare Kompetenzabgrenzung zwischen dem möglichen Präsidenten, dem Kommissionspräsidenten und dem Außenminister aus. Die Schaffung eines Präsidenten bleibt weiter strittig, wird von einigen gänzlich abgelehnt, andere tragen Vorschläge zur Errichtung einer Präsidentschaftstroika oder eines den Präsidenten unterstützenden rotierenden Teams vor. Als Kompromiss wird unter anderem diskutiert, zwar das Amt eines Präsidenten zu schaffen, die Rotation in einigen Ratsformationen des Ministerrats aber beizubehalten.
Die Diskussion der GASP-Artikel erbringt Einigkeit über die Schaffung, nicht aber über die Kompetenzen des künftigen Außenministers; zudem ist die Errichtung einer Rüstungsagentur strittig. Eine Mehrheit spricht sich für die Ausweitung der QME auf die GASP aus.
Weiter diskutiert wird der Zeitplan der Konventsarbeiten. Ein erster Gesamtentwurf wird für Ende Mai angekündigt. Der Vorschlag der EP-Delegation soll den Staats- und Regierungschefs in Thessaloniki unterbreitet werden.

Zwischen den Sitzungen wird dem Konventspräsidenten ein von 16 Regierungsvertretern der kleineren Mitgliedstaaten unterzeichneter Brief übergeben, in welchem diese erneut fordern, ihre Anfang April eingereichte Gemeinschaftsinitiative zu beachten; dies sei Voraussetzung eines Konsenses.

19. Mai 2003

Der britische Premierminister *Blair* verdeutlicht bei einem Treffen mit dem Konventspräsidenten, dass dem Verfassungsentwurf von britischer Seite nur zugestimmt wird, wenn sowohl Steuer- und Sozialpolitik als auch die Außen- und Verteidigungspolitik unter nationaler Vetomöglichkeit verbleiben.

20./21. Mai 2003

40 Vertreter der Jugend erarbeiten in drei Arbeitsgruppen nochmals Vorstellungen zu einer Europäischen Verfassung. Gefordert

	wird vor allem der Ausbau der Kommission zu einer „echten" Exekutive, die generelle Anwendung des Mitentscheidungsverfahrens sowie die Anwendung von Mehrheitsabstimmungen auch in der Außen- und Sicherheitspolitik.
21.–23. Mai 2003	Aufgrund des von spanischer Seite eingelegten Vetos zur Öffnung der mit Nizza geregelten Stimmvergabe im Rat beschließt das Präsidium, die Artikel zum künftigen Institutionengefüge unverändert in den ersten Gesamtentwurf zu übernehmen. Die Charta der Grundrechte soll als deren neuer Teil II vollständig in den Verfassungsvertrag aufgenommen werden.
26. Mai 2003	Der erste Gesamtentwurf der Verfassung wird vorgelegt. Durch das britische Veto werden die Bezeichnungen „föderal" und die Errichtung eines europäischen Diplomatischen Corps nicht aufgenommen. Neben den Artikeln über die Institutionen wird auch die Formulierung der Präambel aufgrund anhaltender Differenzen über deren Religionsbezug zurückgestellt. Polen, Deutschland und Frankreich sprechen sich bei einem Treffen für die Ausweitung der QME im Bereich der GASP sowie für die Wahl des Kommissionspräsidenten durch das EP aus.
27. Mai 2003	Der fehlende Bezug auf religiöse Werte in der Verfassung wird nun auch von der deutschen Opposition (CDU/CSU) kritisiert.
28. Mai 2003	Das Präsidium legt seinen Vorschlag für die Präambel der Verfassung vor, der keinen religiösen Bezug aufweist. Die Erarbeitung des Vorschlags wurde intern kritisiert, da zunächst jedes Präsidiumsmitglied persönliche Vorschläge vorlegen sollte, der Präsident jedoch letztlich seine Version als Grundlage vorlegte. Das Präsidium beschließt, die Diskussion zum künftigen Institutionengefüge intern nach der nächsten Plenartagung fortzuführen. Darüber hinaus werden Einzelgespräche des Präsidenten und der beiden Vizepräsidenten mit den einzelnen Gruppen des Konvents für den 4. Juni 2003 geplant. Eine mögliche zusätzliche Tagung des Konvents nach dem Europäischen Rat in Thessaloniki wird für den 9. bis 11. Juli 2003 eingeplant.
30. Mai 2003	Unter der Führung Spaniens sprechen sich Großbritannien, Polen, Irland, Österreich, Schweden, Dänemark, Litauen und Zypern gegen die von *Giscard d'Estaing* vorgeschlagene Neugewichtung der Stimmen im Ministerrat aus. Auch die sechs Gründungsstaaten beginnen, an einem Kompromissvorschlag zu arbeiten. Als Schwerpunkte werden erkennbar: Verkleinerung der Kommission, hauptamtlicher Präsident, der aber als Konzession an die kleinen Mitgliedstaaten über keine

weitere hauptamtliche Position verfügt, Einrichtung eines Außenministers, auf Drängen Frankreichs jedoch ohne „eigenes“ Diplomatisches Corps.

30./31. Mai 2003

21. Plenartagung, Brüssel:
Aussprache über die Textentwürfe zur verstärkten Zusammenarbeit, zur Ordnungspolitik, zu den Eigenmitteln, zum Haushaltsverfahren und über die Entwürfe der Teile II und III der Verfassung.
Den Schwerpunkt der Debatte bildet erneut das künftige Institutionengefüge. Mehrheitlich sprechen sich die Delegierten für eine klare Abgrenzung der Zuständigkeiten von Präsident, Kommissionspräsident und Außenminister aus. Der künftige Präsident solle gleichzeitig kein nationales, wohl aber ein europäisches Amt innehaben können. Der Druck der Delegierten zur Ausweitung der QME auch in der GASP wächst, die britische Position ist weitgehend isoliert.
Am Ende der Plenartagung unterzeichnen 92 Delegierte einen Aufruf an die Mitgliedstaaten der Union, zum Verfassungsvertrag ein Referendum abzuhalten.

31. Mai 2003

In der Präsidiumssitzung nach der Plenartagung wird die Einrichtung eines Kongresses der Völker endgültig aus den Artikelvorschlägen gestrichen. Erschwert wird die Kompromissfindung durch die Initiative gegen die Öffnung des Vertrags von Nizza.

1. Juni 2003

Elmar Brok, Sprecher der EVP-Gruppe im Konvent, kündigt an, dass er in Kooperation mit den liberalen und sozialdemokratischen Delegierten des EP eine Unterschriftensammlung durchführen wird, wenn die Artikel zum Institutionengefüge nicht substantiell vom Präsidium geändert werden.

4. Juni 2003

Der Konventspräsident und beide Vizepräsidenten treffen sich zu Einzelgesprächen mit den Komponentengruppen. Während sich in allen anderen Gruppen Kompromissbereitschaft andeutet, ist die Gruppe der Regierungsvertreter in sich mehrfach gespalten. 16 der kleineren Mitgliedstaaten lehnen jede Änderung des Status quo ab. Die geplante gemeinsame Initiative der Gründerstaaten scheitert. Vor allem Großbritannien, Spanien und Polen machen sich für eine stärker intergouvernemental ausgerichtete Union stark.

5. Juni 2003

Das Präsidium tagt nach Einzelgesprächen bis in die Nacht und erzielt einen Kompromiss.
Kernelemente: Schaffung eines EU-Präsidenten mit zweieinhalbjähriger Amtszeit, der aber nicht Mitglied einer nationalen Regierung sein darf; Beibehaltung des Rotationsprinzips im Ministerrat, aber Verlängerung auf ein Jahr; Einführung des

	gleichberechtigten Rotationsprinzips und damit Verkleinerung der Kommission ab 2009; Stärkung des EP durch Ausweitung der Mitentscheidungsbefugnisse in weiteren 34 Bereichen. Offen bleibt die Frage der Stimmengewichtung im Rat; das gegenwärtige System soll mindestens bis 2009 beibehalten werden.
5./6. Juni 2003	*22. Plenartagung, Brüssel:* Aussprache über Teil I, die Protokolle und Teil IV. Der Konvent erzielt den „Durchbruch“. Die Entwürfe des Präsidiums werden als wesentlicher Fortschritt bewertet. Vor allem von spanischer Seite wird die Einführung der doppelten Mehrheit ab 2009 abgelehnt. Offen bleibt weiterhin die Ausweitung der QME in Bereichen wie der GASP und der Steuerpolitik.
10. Juni 2003	Vertreter des EP treffen sich im Büro des Leiters der EVP-Delegation, *Elmar Brok*, um parteiübergreifend ihre Forderungen an den Präsidenten zu formulieren. Diese beinhalten die Beteiligung des EP an allen Rechtsetzungsverfahren, die Anwendung der QME auch in der GASP sowie die Rechtsprechungsbefugnis des EuGH in allen Politikbereichen.
12. Juni 2003	Nach Gesprächen mit den einzelnen Komponentengruppen einigt sich das Präsidium auf die überarbeitete Formulierung der Artikel zum künftigen Institutionengefüge.
11./12./13. Juni 2003	*23. Plenartagung, Brüssel:* Die Debatte ist geprägt von der Wiederholung der wichtigsten Kritikpunkte jeder Gruppe im Konvent. Nach nochmaliger Überarbeitung wird die Präambel, die auf das religiöse Erbe, nicht aber direkt auf das Christentum verweist, noch immer nicht mehrheitlich begrüßt. Am heftigsten umstritten bleibt die Entscheidung über anzuwendende Beschlussfassungsverfahren in der Steuer-, Sozial- und Außenpolitik. Kritisch wird die Arbeitsweise des Präsidiums bewertet, da es dem Plenum eine „Unmenge“ überarbeiteter Texte unterbreitet hätte, ohne ausreichende Zeit für eine umfassende Analyse zuzulassen. Präsidiumsmitglied *Henning Christophersen* kritisiert, dass sich der Konvent selbst schwächt, indem nicht alle seine Mitglieder bis zum Ende um einen Kompromiss ringen, sondern bereits planen, kontroverse Punkte auf der Regierungskonferenz erneut zu behandeln. Der Konventsentwurf wird schließlich mehrheitlich angenommen. Eine Gruppe von acht Euroskeptikern trägt den erarbeiteten Entwurf nicht mit und plant, den Staats- und Regierungschefs gesonderte Vorschläge zu unterbreiten.

16. Juni 2003 — Der Verfassungsentwurf wird vom bayrischen Ministerpräsidenten *Stoiber* kritisiert. QME zur Festlegung der Einwanderungszahl lehnt er ab und kritisiert gleichzeitig die Aufnahme von Koordinierungskompetenzen der Union in der Arbeitsmarkt-, Steuer- und Sozialpolitik.

18. Juni 2003 — In einer Sondersitzung des EP wird der erarbeitete Verfassungsentwurf begrüßt und gleichzeitig die Forderung erhoben, diesen anlässlich der Regierungskonferenz nicht mehr substantiell zu verändern.

20. Juni 2003 — *Europäischer Rat (Thessaloniki):*
Der Konventspräsident überreicht den Staats- und Regierungschefs die Teile I und II des Verfassungsvertrages, die überwiegend positiv und als „gute Basis" bewertet werden. Am kritischsten äußern sich die Vertreter Österreichs und Luxemburgs; die Beitrittskandidaten reagieren zurückhaltend vorsichtig.

26. Juni 2003 — Der Präsident berichtet dem Präsidium über die Ergebnisse des Europäischen Rats in Thessaloniki. Für „technische Anpassungen" in Teil III erhält der Konvent Zeit bis zum 15. Juli 2003. Daraufhin werden zwei weitere Plenartagungen für den 4. Juli sowie den 9./10. Juli 2003 einberufen.
Die im Oktober beginnende Regierungskonferenz soll vor den Europawahlen im Juni 2004 ihre Arbeit abschließen.

30. Juni 2003 — *Papst Johannes Paul II.* erneuert seine Aufforderung, einen Bezug auf das Christentum in die Verfassung aufzunehmen und übt somit indirekt Druck auf die Regierungen Italiens, Irlands, Spaniens, Portugals und Polens aus.

1. Juli 2003 — Der italienische Ministerpräsident *Silvio Berlusconi* übernimmt die Ratspräsidentschaft in der Europäischen Union. Neben der Vorbereitung der Erweiterung und der Stärkung der wirtschaftlichen Effizienz steht die Verabschiedung des Verfassungsvertrags im Zentrum der Aufgaben, die sich der italienische Regierungschef vornimmt. Bei der Vorstellung von Berlusconis Arbeitsprogramm für seine Präsidentschaft kommt es am 3. Juli im EP zum Eklat, als er den Abgeordneten *Martin Schulz* für eine Rolle als KZ-Aufseher vorschlägt.
Unterdessen überrreicht der Ständige Vertreter Italiens, *Umberto Vattani*, dem Rat den Vorschlag der italienischen Regierung, das in Art. 48 EUV vorgesehene Verfahren zur Revision der Verträge einzuleiten.

2. Juli 2003 — Die deutschen Vertreter *Meyer*, *Teufel* und *Fischer* verfassen einen gemeinsamen Brief an den Konventspräsidenten, in dem sie den Übergang zur QME in der Einwanderungspolitik als für Deutschland nicht akzeptabel zurückweisen.

3. Juli 2003 — Der europäische Bürgerbeauftragte fordert das Präsidium auf, seine Sitzungsunterlagen und Protokolle öffentlich zugänglich zu machen.

4. Juli 2003 — *24. Plenartagung, Brüssel:*
Obwohl das Mandat nur „technische Anpassungen" zulässt, gehen zum verbleibenden Teil III des Verfassungsvertrages ca. 1700 Änderungsanträge ein, die meisten davon zur Änderung des Entscheidungsmodus in der GASP. Neue Präsidiumsvorschläge sehen die Errichtung eines Europäischen Auswärtigen Dienstes vor und schränken die Autonomie der Euro-Gruppe auf Drängen Großbritanniens ein. Der Übergang zur qualifizierten Mehrheitsentscheidung soll nach vorherigem einstimmigen Beschluss des ECOFIN-Rates zur Bekämpfung der Steuerflucht möglich sein.

9./10. Juli 2003 — *25. Plenartagung, Brüssel:*
Mit den letzten Änderungen des Präsidiums wird der Forderung Deutschlands nach Beibehaltung der Einstimmigkeitsregel zur Festlegung der Zahl der Einwanderer aus Drittstaaten nachgekommen. Die verstärkte Zusammenarbeit soll künftig auch im Rahmen der Verteidigungspolitik Anwendung finden können. Aufgrund der anhaltenden britischen Kritik werden keine Änderungen in den Bereichen der Fiskalpolitik und der GASP vorgenommen. Ohne Diskussion im Plenum finden Zuständigkeiten der Union zur Koordinierung der Industrie-, Forschung-, Gesundheits- und Sozialpolitik Eingang in den Vertrag. Als letzte Änderung werden europäische Symbole (Flagge, Hymne, Europatag) in die Verfassung aufgenommen.

Der Konventspräsident stellt fest, dass der Entwurf eines Vertrages über die Europäische Verfassung den Konsens der Delegierten gefunden hat. Er beschließt die Arbeiten mit den Worten: "Our debates are over. The Convention is closed. I shall present our text to the President of the European Council in Rome next week [...] My last task today is to invite you to inscribe your names on the document of transmission recording our work together – arduous, demanding and perhaps historic. Thank you."

21. Juli 2003 — Der irische Finanzminister bekräftigt die Absicht seiner Regierung, jegliche Harmonisierung nationaler Finanzangelegenheiten zu blockieren.

24. Juli 2003 — Papst *Johannes Paul II.* erneuert seine Forderung, einen Bezug auf Gott in die EU-Verfassung aufzunehmen und bezeichnet eine solche Veränderung als „für alle vorteilhaft". Italien, Irland, Polen und Spanien befürworten die Forderung des Papstes.

25. August 2003 — Aus einer Umfrage geht hervor, dass 61 % der Dänen nichts von den Arbeiten des Konvents wüssten. Zudem würden nur 18 % der Informierten in einem Referendum für die Europäische Verfassung abstimmen.

27. August 2003 — Das französische Kommissionsmitglied *Michel Barnier* schlägt vor, dass in allen EU-Mitgliedstaaten gleichzeitig über die Verfassung abgestimmt werden soll.

29. August 2003 — Die finnische Regierung legt dem Parlament einen Bericht zur Bewertung der Konventsergebnisse vor. Während die Idee, den Posten eines hauptamtlichen EU-Präsidenten zu schaffen, nicht mehr vollständig abgelehnt wird, bekräftigt die Regierung ihre Forderung, das Prinzip „Ein Land, ein Kommissar" beizubehalten.

1. September 2003 — 15 kleinere und mittlere Mitgliedstaaten und Beitrittskandidaten fordern auf einem Treffen in Prag „Gleichberechtigung": Dies betrifft insbesondere die Frage der Repräsentation in der Kommission und die Forderung, das Rotationsprinzip für die Präsidentschaft beizubehalten. An dem von der Tschechischen Republik und Österreich initiierten Treffen nahmen Vertreter von Dänemark, Estland, Griechenland, Irland, Lettland, Litauen, Polen, Portugal, der Slowakei, Slowenien, Schweden und Ungarn teil. Belgien, Luxemburg und die Niederlande hatten kurzfristig abgesagt.

3. September 2003 — Bei einer Aussprache im Europäischen Parlament verteidigen Konventspräsident *Valéry Giscard d'Estaing* und der italienische Außenminister *Franco Frattini* den Entwurf des Konvents. Die italienische Ratspräsidentschaft wolle, so *Frattini*, den Entwurf nicht mehr substantiell verändern. Kommissionspräsident *Romano Prodi* schließt sich hingegen den Forderungen kleinerer Mitgliedstaaten an und verlangt Nachbesserungen: Jedes Land müsse weiterhin einen Kommissar nach Brüssel entsenden.
Deutschland und Frankreich setzen sich weiterhin für eine zügige Umsetzung der Vorschläge des Konvents ein.

5. September 2003 — *Informelles Treffen der EU-Außenminister in Riva del Garda:*
Das Treffen am Gardasee dient u. a. der Vorbereitung der Regierungskonferenz. Während die sechs Gründungsmitglieder der EG auf eine schnelle Verabschiedung des Konventsentwurfs drängen, wiederholen die anderen Minister die Forderungen ihrer Regierungen nach Neuverhandlungen. Neben der Zusammensetzung der Kommission wird auch die Beibehaltung des Rotationsprinzips für die Ratspräsidentschaft gefordert. Außerdem soll über den Anwendungsbereich der qualifizierten Mehrheitsentscheidung und über deren Definition verhandelt werden.

	Die Einhaltung des Zeitplans wird damit immer unwahrscheinlicher.
9. September 2003	Der britische Außenminister *Jack Straw* erklärt vor dem Unterhaus, dass sich seine Regierung gegen die Ausdehnung des Anwendungsbereichs der Mehrheitsentscheidung ausspreche, den Verfassungsvertrag jedoch grundsätzlich befürworte. Ein Referendum erachtet er – wie Premierminister *Tony Blair* – nicht für notwendig.
11. September 2003	Bei einem Treffen mit dem französischen Staatspräsidenten *Jacques Chirac* im spanischen Toledo bekräftigt der spanische Ministerpräsident *José Maria Aznar* die Position seiner Regierung, an der in Nizza ausgehandelten Stimmverteilung im Rat festzuhalten.
13. September 2003	Auch der polnische Außenminister *Włodzimierz Cimoszewicz* bekräftigt das Festhalten seiner Regierung an der „Nizza"-Stimmgewichtung bei einem Treffen mit Außenminister *Fischer* in der nordostpolnischen Stadt Białowieża.
17. September 2003	In ihrer Stellungnahme zum Verfassungsvertrag fordert die Kommission wesentliche Änderungen. Demnach soll weiterhin das Prinzip „Ein Land, ein Kommissar" angewendet werden. Weiterhin wird von den Mitgliedstaaten verlangt, Vetorechte im Bereich der Wirtschafts- und Steuerpolitik sowie der Bekämpfung von Epidemien aufzugeben. Außerdem wünscht sich die Kommission ein vereinfachtes Revisionsverfahren zur Änderung der Verfassung.
19. September 2003	Die Europäische Zentralbank (EZB) konzentriert sich in ihrer Stellungnahme auf Fragen, die ihren Aufgabenbereich betreffen. Insbesondere in der öffentlichen Debatte werden die Forderungen der EZB hinsichtlich der Einführung des Zieles der Preisstabilität in Art. I-3 und der Erwähnung der Unabhängigkeit der nationalen Zentralbanken aufgegriffen.
20. September 2003	Auf einem „informellen Dreiergipfel" in Berlin kommen Präsident *Chirac,* Premierminister *Blair* und Bundeskanzler *Schröder* überein, dass mit Blick auf die EU-Verfassung nur über Einzelfragen noch weiter zu diskutieren sei.
24. September 2003	Das Europäische Parlament verabschiedet einen Bericht des Verfassungsausschusses, in dem davor gewarnt wird, den Verfassungsentwurf aufzuschnüren.
29. September 2003	*Formeller Beschluss zur Eröffnung der Regierungskonferenz:* Nachdem der Rat (Allgemeine Angelegenheiten) die vorgeschrie-

benen Stellungnahmen des Europäischen Parlaments, der Kommission und der EZB erhalten hat, beschließt er auf seiner 2526. Tagung in Brüssel, dass sein Präsident die Konferenz der Vertreter der Mitgliedstaaten zur Revision der Verträge (Regierungskonferenz) einberufen soll. Das erste Treffen soll am 4. Oktober 2003 stattfinden, der Abschluss der Regierungskonferenz wird für den 12./13. Dezember 2003 vorgesehen. Der Präsident des Rates stellt weiterhin fest, dass Einvernehmen darüber besteht, dass zwei Vertreter des Europäischen Parlaments an den Tagungen teilnehmen können. Über die Teilnahme des Präsidenten des EPs sei dagegen vor jeder Sitzung der Staats- und Regierungschefs zu entscheiden.

4. Oktober 2003

Europäischer Rat von Rom:
Die Regierungskonferenz wurde anlässlich des Europäischen Rates offiziell eröffnet. Während bei einer Tagung der Außenminister im Vorfeld (am 29. September) noch harte Konflikte das Bild dominierten, gaben sich die Staats- und Regierungschefs eine Woche später im Ton versöhnlich, in der Sache aber teilweise hart. Zwei Konflikte dominieren die Verhandlungen: einerseits die Forderung mehrerer kleiner Mitgliedsstaaten (unter Führung Österreichs), das Prinzip „Ein Land, ein Kommissar" zu bewahren; andererseits die Forderung Polens und Spaniens, das Abstimmungsverfahren von Nizza, das den beiden Ländern im Vergleich zu ihrer Bevölkerungszahl große Vorteile einräumte, beizubehalten. Die Staats- und Regierungschefs überlassen die Detailarbeit ihren Außenministern, die sich in den beiden folgenden Monaten fast wöchentlich treffen.

Erste Ministertagung im Rahmen der Regierungskonferenz:
Auf dem Treffen der Außenminister am Nachmittag wird über die legislative Funktion des Rates und über die Rotation des Vorsitzes verhandelt. Ein eigenständiger Legislativrat, wie vom Konvent vorgesehen, wird abgelehnt.
Während zu Anfang der italienischen Ratspräsidentschaft noch davon ausgegangen wurde, dass bis Anfang Dezember Einigkeit erreicht werden kann, äußern sich die Regierungsvertreter auf der Konferenz vorsichtiger: Es sei vor allem wichtig, dass bis zu den Wahlen zum Europäischen Parlament ein vollständiger Text vorliege, die Verhandlungen könnten sich also durchaus auch bis in den Januar hinziehen.

13. Oktober 2003

Zweite Ministertagung (Treffen der EU-Außenminister in Luxemburg):
Die Mehrheit der Minister spricht sich für die Beibehaltung des Prinzips „Ein Land, ein Kommissar" aus. Die Beobachter des EP bei der Regierungskonferenz, die ehemaligen Präsidiumsmitglieder *Hänsch* und *Méndez de Vigo*, äußern ihren Unmut über die Art und Weise der Verhandlungen: Fragen der Geschäftsord-

nung und unkontroverse bzw. weniger bedeutende Themen (etwa die Bezeichnung des künftigen Außenministers oder die Bestellung des Vorsitzes in den Fachministerräten) würden den wirklich wichtigen Fragen vorgezogen.

15. Oktober 2003 — Vor Beginn der zweiten Sitzung der Staats- und Regierungschefs wird in der spanischen Presse (unbestätigt) von einem Kompromissvorschlag zum Abstimmungsmodus im Rat berichtet. Demnach sei die spanische Regierung bereit, die doppelte Mehrheit zu akzeptieren, wenn das Bevölkerungsquorum von drei Fünftel auf zwei Drittel angehoben werde.

16./17. Oktober 2003 — *Europäischer Rat in Brüssel:*
Auf der turnusgemäßen Tagung des Europäischen Rates ergeben sich – den Erwartungen entsprechend – keine neuen Kompromisse, die Verhandlungen über den Verfassungsvertrag spielen dort aber auch keine große Rolle: Die Teilnehmer bestätigen im Wesentlichen ihre bereits bekannten Positionen. Die Staats- und Regierungschefs fordern von der italienischen Ratspräsidentschaft, dass sie Texte als Diskussionsgrundlage vorlegen solle. Die Ratspräsidentschaft wolle sich jedoch, so der italienische Außenminister *Frattini*, mit Fragebögen vorsichtig den kontroversen Themen annähern. Nach dem Konklave – also Ende November – möchte *Frattini* einen öffentlich zugänglichen Kompromissvorschlag vorlegen. Der Vorschlag eines zusätzlichen Treffens der Staats- und Regierungschefs für Mitte November wird als wenig zielführend abgelehnt.

22. Oktober 2003 — In einer Sitzung des Europaausschusses des Deutschen Bundestages droht Bundeskanzler *Gerhard Schröder* erstmals indirekt an, dass die blockierte Diskussion um die Europäische Verfassung Auswirkungen auf die Verhandlungen über den EU-Finanzrahmen 2005 haben könne.

27. Oktober 2003 — *Dritte Ministertagung (Treffen der EU-Außenminister in Brüssel):*
Die Außenminister diskutieren ohne abschließendes Ergebnis die Aufnahme eines Gottesbezuges in die „Europäische Verfassung“ sowie das Revisionsverfahren und das System der Ratspräsidentschaft. Ein Dokument des italienischen Vorsitzes nennt offene institutionelle und wesentliche nicht-institutionelle Fragen (91 Punkte).
Zudem wird ein Papier von leitenden Beamten des Wirtschafts- und Finanzausschusses behandelt. Auf Kritik stößt die darin erhobene Forderung, die Rechte des EP im Haushaltsverfahren und die der Kommission im Defizitverfahren einzuschränken. Breite Zustimmung erhält hingegen der Vorschlag, die Preisstabilität ausdrücklich als Ziel der Union in der Verfassung zu verankern. Der polnische Außenminister schlägt vor, die Ent-

scheidung über die Einführung der doppelten Mehrheit auf 2009 zu verschieben und zuerst das System von Nizza auszuprobieren.

4. November 2003

Die Positionen des spanischen Ministerpräsidenten *Aznar* und von Bundeskanzler *Schröder* zur Stimmengewichtung im Ministerrat ändern sich auch nach den deutsch-spanischen Konsultationen nicht. *Schröder* erwartet, dass eine Entscheidung erst auf dem abschließenden Gipfel in Rom fallen werde.
Unterdessen äußern der finnische Ministerpräsident *Vanhanen* und der österreichische Bundeskanzler *Schüssel* ihre Unterstützung für die polnisch-spanische Position. Außerdem wird von polnischer Seite von positiven Reaktionen aus Estland und Malta berichtet.

6. November 2003

Der stellvertretende italienische Außenminister *Antonione* versichert in einer Sitzung des EP, dass die Ratspräsidentschaft sich bemühe, die Verhandlungen zu einem guten Ende zu führen. Auch habe man die Einführung eines Gesetzgebungsrates und erleichterter Verfahren zur Änderung des Teil III der Verfassung noch nicht vollständig aufgegeben.
Zeitungsberichten zufolge zeichnet sich „hinter den Kulissen" eine mehrheitliche Bereitschaft zur Beibehaltung des Prinzips „Ein Land, ein Kommissar" ab.

10. November 2003

Aus einer von der Kommission veröffentlichten Eurobarometer-Umfrage geht hervor, dass zwei Drittel der Befragten eine europäische Verfassung befürworten und 80 Prozent eine Volksabstimmung hierüber als sinnvoll oder nützlich erachten. Allerdings hatten 61 Prozent der befragten Bürger keine Kenntnis von Arbeit und Ergebnissen des Konvents.

13. November 2003

In Anlehnung an die „Federalist Papers" von *Madison*, *Hamilton* und *Jay*, die für die Ratifizierung des Entwurfs der amerikanischen Verfassung warben, veröffentlichen Konventspräsident *Valéry Giscard d'Estaing* und seine beiden Stellvertreter *Giuliano Amato* und *Jean-Luc Dehaene* einen Appell an die Regierungskonferenz, in dem sie die doppelte Mehrheit verteidigen. Unterdessen rufen die 63 parlamentarischen Mitglieder des Konvents die Staats- und Regierungschefs dazu auf, den Legislativrat zu akzeptieren.

16. November 2003

EU-Kommissar *Barnier* spricht sich in einem Interview für „Elastizität" in der künftigen Union aus, wobei jedem Mitgliedstaat der Anschluss an eine „Vorreitergruppe" ermöglicht werden solle.

17. November 2003

Die Deutsche Bundesbank kritisiert die Änderungen der Währungsverfassung im Entwurf des Konvents. Sie fordert die Aufnahme der Preisstabilität in den Zielkatalog der EU und bemängelt die Einstufung der EZB als „sonstiges Organ“. Darin sieht sie eine Gefahr für die Unabhängigkeit der EZB. Das Europäische Parlament wehrt sich gegen eine Beschneidung seiner Haushaltsrechte.

18. November 2003 — *Vierte Ministertagung* (Treffen des Rates Allgemeine Angelegenheiten):
Auf der regulären Tagung der Außenminister wird über die Rolle des EU-Außenministers und über vereinfachte Verfahren zur Änderung der Verfassung diskutiert.

19. November 2003 — Der britische Außenminister *Straw* äußert Sympathie für die Bedenken Polens hinsichtlich des Abstimmungsverfahrens im Rat. Der polnische Außenminister *Cimoszewicz* verkündet einen „Deal“ mit Großbritannien. Demnach sei die britische Regierung zur Unterstützung Polens bereit, wenn Polen sich im Gegenzug für die Beibehaltung der Einstimmigkeit in der Steuerpolitik einsetze und eine engere Zusammenarbeit in der Verteidigungspolitik ablehne.

25. November 2003 — Die italienische Ratspräsidentschaft legt einen Kompromissvorschlag über die am Entwurf des Konvents vorzunehmende Veränderungen vor. Die am heftigsten debattierten institutionellen Fragen bleiben jedoch ausgeklammert. Zeitungsberichten zufolge habe *Berlusconi* vorgeschlagen, als Kompromiss in der Frage des Abstimmungsverfahrens die Quoren zu erhöhen.

Die EU-Finanzminister entscheiden nach neunstündigen Verhandlungen, das Strafverfahren gegen die Bundesrepublik und gegen Frankreich wegen Überschreitung der Defizitgrenze zunächst auszusetzen.

26. November 2003 — Mit Verlautbarungen aus britischen Regierungskreisen, die Verfassung sei zwar wünschenswert aber nicht unentbehrlich, versucht die Regierung *Blair,* ihre Verhandlungsposition zu verbessern und ihre „roten Linien“ durchzusetzen.

27. November 2003 — Die EZB kritisiert die Vorschläge der italienischen Präsidentschaft, die der EZB kein Vetorecht bei Satzungsänderungen mehr zugestehen.

28./29. November 2003 — *Fünfte Ministertagung (Konklave von Neapel):*
Vor der als Abschluss vorgesehenen Tagung der Staats- und Regierungschefs Mitte Dezember soll das zweitägige Arbeitstreffen der Außenminister einen Großteil der strittigen Fragen klären. Geklärt werden sollen die so genannten politischen Fragen (Gottesbezug in der Präambel, die Definitionen von Zielen

und Werten der Union, die Position der Grundrechtecharta), institutionelle Fragen (die Definition der qualifizierten Mehrheitsentscheidung, die Zusammensetzung der Kommission, die Formationen und der Vorsitz im Rat, die Stellung des Außenministers), finanzielle Fragen (finanzielle Vorausschau, Haushalt, EZB, WWU) und Fragen zum Anwendungsbereich der Mehrheitsentscheidung (im Straf- und Zivilrecht, in der Verteidigungspolitik und allgemein in der GASP). Außerdem soll eine Einigung über Revisionsverfahren erreicht werden.
Die Außenminister können sich über eine künftige Verteidigungspolitik einigen. Demnach sollen im Rahmen der strukturierten Zusammenarbeit schnelle Eingreiftruppen von einer kleinen Gruppe von Mitgliedstaaten gebildet werden können. Das militärische Hauptquartier der EU soll – britische Befürchtungen entkräftend – nur Kapazitäten zur Planung und Führung von Operationen erhalten.
Fehlschlagen – auch unter dem Eindruck des ausgesetzten Defizitverfahrens – hingegen die Verhandlungen zu wirtschaftspolitischen Fragen. Eine Einigung auf eine Definition der qualifizierten Mehrheit für die Abstimmungen im Ministerrat gelingt nicht; weder die Befürworter des Konventsentwurfs („doppelte Mehrheit“) noch die Gegner (Spanien und Polen), die die Regelung von Nizza fordern, rücken von ihren Positionen ab. Auch die britische Regierung hält an ihren „roten Linien“ fest.

5. Dezember 2003

In einer gemeinsamen Erklärung fordern die 72 in den Konvent entsandten Abgeordneten (aus dem EP und den nationalen Parlamenten) die Regierungen auf, die institutionelle Architektur des Konventsentwurfs nicht anzutasten. Konventspräsident *Giscard d'Estaing* erklärt, er ziehe keine Verfassung einer schlechten Verfassung vor. Hinsichtlich der Größe der Kommission deutete der italienische Ratsvorsitz einen Kompromissvorschlag an. Die Kommission solle demnach erst nach zwei Amtszeiten (statt nach einer wie im Entwurf des Konvents vorgesehen) verkleinert werden.

8. Dezember 2003

Sechste Ministertagung (Rat Allgemeine Angelegenheiten in Brüssel):
Die auf dem Konklave in Neapel verhandelten Änderungen zur Europäischen Sicherheits- und Verteidigungspolitik stoßen noch auf Schwierigkeiten bei den neutralen oder nichtgebundenen Mitgliedstaaten (Finnland, Irland, Österreich und Schweden), die eine zu starke Bindungswirkung der Beistandsklausel befürchten. Hinsichtlich der Stimmengewichtung im Rat wird kein weiterer Versuch unternommen, einen Kompromiss zu finden.

10. Dezember 2003

Der polnische Präsident *Aleksander Kwaśniewski* droht mit dem Veto seines Landes gegen die Verfassung, falls diese das Stimmgewicht Polens reduziere. Unterdessen festigen auch Bundeskanzler *Schröder* und Staatspräsident *Chirac* ihre Position und sprechen davon, dass sie keine Verfassung einem schlechten Kompromiss vorziehen. Auch die italienische Ratspräsidentschaft sieht wenig Änderungsbedarf; Außenminister *Frattini* erklärt, dass die Präsidentschaft eine Verwässerung des Konventsentwurfs nicht hinnehmen wolle.

12./13. Dezember 2003 — *Europäischer Rat in Brüssel:*
Nach Ansicht des italienischen Ratsvorsitzes besteht hinsichtlich 44 umstrittener Punkte Einigkeit. Demnach müssen sich die Staats- und Regierungschefs nur mit der Frage des Gottesbezuges in der Präambel, der Zusammensetzung der Kommission, der Definition und dem Anwendungsbereich für die qualifizierte Mehrheitsentscheidung im Rat sowie der Mindestsitzzahl im EP auseinandersetzen. Auch in Einzelgesprächen zwischen dem Vorsitz und den einzelnen Staats- und Regierungschefs sowie zwischen den „Kontrahenten", insbesondere Bundeskanzler *Schröder* und Ministerpräsident *Miller* gelingt es nicht, sich auf eine Stimmgewichtung für den Rat zu einigen. Am Mittag des zweiten Tages erklärt der italienische Ministerpräsident und Ratsvorsitzende *Berlusconi* das (vorläufige) Scheitern der Verhandlungen. Der nachfolgende irische Vorsitz wird beauftragt, zu überprüfen, ob ein Voranschreiten möglich ist.

16. Dezember 2003 — In einem an Kommissionspräsident *Prodi* gerichteten Brief der sechs Nettozahler der EU (Frankreich, Deutschland, Großbritannien, die Niederlande, Schweden und Österreich) fordern diese – entgegen den Vorstellungen der Kommission –, die Ausgaben der Union für den Zeitraum ab 2007 auf dem gegenwärtigen Niveau zu stabilisieren.

17. Dezember 2003 — Der scheidende Ratsvorsitzende *Berlusconi* plädiert für eine Neuformulierung der Aufgaben der EZB, damit diese künftig die amerikanische Wirtschaft besser unterstützen könne. Als Vorbild benennt er die amerikanische Federal Reserve.

In einem Entschließungsantrag lehnen die vier großen Parteien des Europäischen Parlaments die „Denkpause" der Staats- und Regierungschefs ab und fordern die sofortige Wiederaufnahme der Gespräche durch die irische Ratspräsidentschaft im Januar.

18. Dezember 2003 — Der irische Außenminister *Brian Cowen* stellt das Programm der irischen Ratspräsidentschaft im ersten Halbjahr 2004 in Brüssel vor. Er versichert, dass die Präsidentschaft alles versuchen werde, um die Verhandlungen zu einem erfolgreichen Abschluss zu bringen und kündigt für das nächste Treffen der Staats- und Regierungschefs am 25./26. März die Vorlage eines ersten Zwi-

schenberichts an. Zum Zeitpunkt einer möglichen Einigung äußern sich Außenminister *Cowen* ebenso wie Premierminister *Ahern* nur ausweichend.

5. Januar 2004 Aus Regierungskreisen verlautet, dass Bundeskanzler *Schröder*, Staatspräsident *Chirac* und Premierminister *Blair* regelmäßige Treffen zur weiteren Diskussion der EU-Verfassung planen. Ziel sei die Verabschiedung der Verfassung bis zum Ende des Jahres unter der niederländischen Ratspräsidentschaft.

6. Januar 2004 Auf einem Treffen des neuen Ratspräsidenten *Ahern* mit Kommissionspräsident *Prodi* verständigen sich diese über das weitere Vorgehen in der Verfassungsdebatte, während deren Auffassungen über ein „Europa der verschiedenen Geschwindigkeiten" differieren. *Prodi* ist der Ansicht, dass man sich nicht immer nach dem langsamsten Partner richten könne.

9. Januar 2004 Außenminister *Fischer* warnt in Berlin erneut vor einer Spaltung Europas, sollte es zu keiner Lösung in der Verfassungsfrage kommen. Möglichkeiten für Kompromisse in der Frage der doppelten Mehrheit sieht er nicht. Zudem droht *Fischer* mit dem Verweis auf die anstehenden Verhandlungen über den EU-Finanzrahmen ab 2007.

13. Januar 2004 Nachdem das Beharren auf dem in Nizza ausgehandelten Abstimmungsverfahren in Polen zuerst gefeiert wurde, zeigen Stellungnahmen von Europaministerin *Hübner* und Außenminister *Cimoszewicz* erste Anzeichen von Kompromissbereitschaft.

14. Januar 2004 Ratspräsident *Ahern* äußert sich bei der Vorstellung seines Programms vor dem Europäischen Parlament vorsichtig optimistisch, im März Klarheit über das weitere Vorgehen in der Verfassungsfrage haben zu können. Die Präsidentschaft wolle am 26. Januar mit ersten informellen Beratungen beginnen, einen neuen Verfassungsgipfel jedoch nur dann einberufen, wenn eine Einigung weitgehend gesichert sei. Die Herausbildung eines „Kerneuropas" will *Ahern* mit allen Mitteln verhindern.

17. Januar 2004 Bei einem Kurzbesuch in Warschau bietet der spanische Premierminister *Aznar* Polen eine „strategische Partnerschaft auf internationaler Bühne und in der erweiterten EU" an.

19. Januar 2004 Die Außenminister Deutschlands, Frankreichs und Großbritanniens treffen sich in Kent, um unter anderem über das weitere Vorgehen in der Verfassungsfrage zu beraten. Italienische Regierungsvertreter befürchten, dass die drei Länder ein „Direktorium" der EU bilden würden, das den Beginn der Spaltung der Union einleite.

23. Januar 2004	Bei einem Treffen mit ihrem irischen Amtskollegen *Cowen* äußert sich die spanische Außenministerin *Palacio* kompromissbereit, jedoch müsse die Lösung von allen Mitgliedern gleichermaßen getragen werden.
5. Februar 2004	Die in der Europäischen Volkspartei (EVP) zusammengeschlossenen Parteien rufen die Regierungen auf, sich noch vor der Europawahl Mitte Juni zu einigen.
6. Februar 2004	Der polnische Ministerpräsident *Leszek Miller* erwägt im Falle einer Ablehnung seines Reformpakets im Parlament einen vorzeitigen Rücktritt. Daraufhin wird spekuliert, dass diese Schwäche der Regierung eine baldige Einigung über die Verfassung ermöglichen könne.
10. Februar 2004	Die Kommission legt ihren Vorschlag zur mittelfristigen Finanzplanung für die Jahre 2007 bis 2013 vor. Demnach würde der Haushalt der Europäischen Union im Vergleich zum aktuellen Stand um 50 Prozent erhöht. In der EVP wachsen die Befürchtungen, dass die starre Haltung Deutschlands und Frankreichs den Verfassungsentwurf zum Scheitern bringen könnte. Für den Fall, dass es der irischen Ratspräsidentschaft nicht gelinge, die Verhandlungen wieder in Gang zu bringen, wird im Europäischen Parlament erwogen, die Wiedereinsetzung des Konvents zu fordern und so den Druck auf die Regierenden zu erhöhen.
12. Februar 2004	Mitglieder der CSU-Landesgruppe fordern, den Verfassungsvertrag abzulehnen, sofern nicht einige zentrale Forderungen der Unionsparteien erfüllt würden. Dazu zählen Forderungen, einen Gottesbezug in die Präambel aufzunehmen und die Ausweitung der Kompetenzen der EU in den Bereichen Daseinsvorsorge, Schutz der Ehe und Familie sowie Wirtschafts- und Sozialpolitik zu verhindern.
17. Februar 2004	Der französische Kommissar *Barnier* tritt in einer Anhörung des Verfassungsausschusses des Europäischen Parlaments Spekulationen entgegen, Frankreich sei aus innenpolitischen Gründen, vor allem aus Furcht vor dem eventuellen Scheitern einer Volksabstimmung, nicht an einem schnellen Abschluss der Verhandlungen über die Verfassung interessiert. Der Vorschlag des Konventsmitgliedes *de Vigo*, die Entscheidung über das Abstimmungsverfahren im Rat auf 2009 zu vertragen, wird kritisiert.
18. Februar 2004	Anlässlich eines Treffens in Berlin sprechen *Jacques Chirac*, *Tony Blair* und *Gerhard Schröder* ihre Positionen in der Verfassungsfrage ab. Erklärtes Ziel ist dabei, die britische Seite von der Notwendigkeit der „doppelten Mehrheit“ zu überzeugen und so ge-

schlossen den Druck auf Spanien und Polen zu erhöhen. In einem gemeinsamen Brief fordern die drei Staats- und Regierungschefs die Schaffung des Postens eines „Superkommissars", der die Bereiche Industrie, Wettbewerb, Binnenmarkt, Umwelt und Forschung koordinieren und gleichzeitig Vizepräsident der Kommission sein solle.
Aus EU-Diplomatenkreisen verlautet zudem, dass der spanische Ministerpräsident *Aznar* einem Vorschlag des belgischen Ministerpräsidenten *Verhofstadt* zustimmen könne, nach dem in wichtigen Entscheidungen die doppelte Mehrheit aus 60 Prozent der Regierungen und 66 Prozent der Bevölkerung bestehen solle.

22. Februar 2004 — In der EU-Kommission reifen die Vorstellungen über die künftige Strukturierung der Kommissionsspitze. Demnach sollen in einigen Politikfeldern mehrere Kommissare unter der Leitung eines der Vizepräsidenten zusammenarbeiten und so Effizienz und Kohärenz der Politiken der Kommission verbessern. Ein entsprechender Vorschlag soll bis zum Ende der Amtszeit der Kommission *Prodi* fertig gestellt und der neuen Kommission vorgelegt werden.

27. Februar 2004 — Bundesaußenminister *Fischer* spricht sich entgegen früheren Äußerungen gegen die Herausbildung eines Kerneuropas und stattdessen für eine enge Integration und die Aufnahme der Türkei in die Union aus.

3. März 2004 — Bei einem Treffen mit dem italienischen Ministerpräsidenten *Berlusconi* tritt *Tony Blair* den Befürchtungen entgegen, es könne sich ein „Direktorium" innerhalb der EU herausbilden.

4. März 2004 — Bundeskanzler *Schröder* und Kommissionspräsident *Prodi* treffen sich in Berlin. Sie stimmen darin überein, dass die Verhandlungen zum Verfassungsvertrag unter irischer Präsidentschaft beendet werden sollen. Den Vorschlag zur Einrichtung des Postens eines „Superkommissars" begrüßt *Prodi*; er entspreche seinen Vorstellungen zur Verbesserung der Kommissionsstrukturen.

9. März 2004 — Die Bundesregierung erwägt, in der Verfassungsfrage auf Spanien und Polen zuzugehen. Dazu wird erwogen, die beiden für das Zustandekommen einer doppelten Mehrheit notwendigen Schwellenwerte zu erhöhen. In jüngsten Überlegungen ist von jeweils 55 Prozent die Rede.

15. März 2004 — Die spanische sozialistische Partei gewinnt überraschend – nach schweren Anschlägen in Madrid wenige Tage zuvor – die Parlamentswahlen. Noch am Wahlabend äußert sich der designierte

	Ministerpräsident *Zapatero* entschlossen, eine schnelle Einigung über den Verfassungsvertrag erzielen zu wollen. Die Bundesregierung und die französische Regierung begrüßen den angekündigten Kurswechsel in der spanischen Politik. In Polen wächst hingegen die Sorge, innerhalb der Union isoliert zu werden. Zwar habe, so der polnische Außenminister *Cimoszewicz*, der spanische Kurswechsel keinen Einfluss auf die Argumentation seiner Regierung, doch sei Polen zu Gesprächen über einen Kompromiss bereit.
17. März 2004	Unterdessen wird in der CDU weiterhin über eine Flexibilisierung der europäischen Integration diskutiert. *Jürgen Rüttgers* und *Karl Lamers* sprechen sich für das Konzept eines so genannten „Kerneuropa" aus, das zuvor auch schon von *Wolfgang Schäuble* gefordert wurde. Bundeskanzler a. D. *Helmut Kohl* lehnt hingegen ein solches „Europa der zwei Geschwindigkeiten" ab.
22. März 2004	Nach einem Treffen der Außenminister in Brüssel wird vorsichtig Optimismus mit Blick auf ein mögliches Ende der Verhandlungen über die Verfassung zum Europäischen Rat im Juni geäußert. Vertreter Spaniens hatten offen ihre Kompromissbereitschaft gezeigt, von polnischer Seite geschah dies zögerlicher.
23. März 2004	Bundeskanzler *Schröder* trifft in Warschau Ministerpräsident *Miller*. Während *Schröder* verdeutlicht, dass es keine Änderungen am Prinzip der doppelten Mehrheit geben könne, signalisierte *Miller*, nun doch von der Parole „Nizza oder Tod" abweichen zu wollen.
25./26. März 2004	*Europäischer Rat in Brüssel:* Auf ihrem regulären Frühjahrstreffen legt der irische Vorsitz den Staats- und Regierungschefs einen Plan für die Wiederaufnahme der Verhandlungen vor, da die Möglichkeit eines baldigen Kompromisses gesehen wird. Mit der nahe rückenden Verständigung über das Abstimmungsverfahren im Rat könne auch eine Gesamteinigung erreicht werden. Umstritten ist außerdem die Ausweitung des Anwendungsbereichs der qualifizierten Mehrheitsentscheidung insbesondere auf Bereiche der Innen- und Justizpolitik. Einigkeit herrscht hingegen mit Blick auf die weiterhin „große Besetzung" der Kommission. Die irische Ratspräsidentschaft plant hier die Aufnahme einer Klausel über eine mögliche spätere Verkleinerung.
28. März 2004	Der polnische Ministerpräsident *Miller* kündigt an, nach dem Beitritt Polens zur EU am 1. Mai sein Amt aufgeben zu wollen.

29. März 2004 Unterdessen wird der britische Premierminister *Blair* von Europaskeptikern aus den eigenen Reihen, von der Opposition und der britischen Presse kritisiert, weil er sich für eine schnelle Einigung über die Verfassung ausspricht.

13. April 2004 Der irische Ratspräsident *Ahern* ruft in einem Brief alle Staats- und Regierungschefs zu Flexibilität und Kompromissbereitschaft in den Verhandlungen über die Verfassung auf.

15. April 2004 Bundeskanzler *Schröder* und Ministerpräsident *Balkenende* wollen die Stärkung der wirtschaftlichen Wettbewerbsfähigkeit der EU in den Mittelpunkt der Europapolitik stellen. Anlässlich des Treffens in Rotterdam wiederholt *Schröder*, dass eine Verkleinerung der Kommission nach einer Übergangszeit notwendig sei.

16. April 2004 Nach einem Treffen mit seinem britischen Amtskollegen *Straw* äußert der polnische Außenminister *Cimoszewicz* die Hoffnung, die Bürger noch vor der Europawahl im Juni über einen Kompromiss in der Verfassungsfrage informieren zu können.

20. April 2004 Überraschend und offenbar ohne Abstimmung mit dem Kabinett kündigt der britische Premierminister *Blair* im Unterhaus die Abhaltung eines Referendums über die Verfassung an. Als Ursachen für die plötzliche Kehrtwende werden sowohl die Kritik an der ablehnenden Haltung der Regierung als auch taktische Überlegungen vor den Europawahlen im Juni und den Unterhauswahlen im nächsten Jahr angeführt.

Daraufhin wird erneut europaweit über die Abhaltung von Verfassungsreferenden diskutiert: Neben dem Vorschlag, an einem Tag in der Europäischen Union eine Volksabstimmung durchzuführen (stellvertretend dafür *Markus Söder*, CDU, und *Reinhard Bütikofer*, Grüne), wird für Deutschland und Frankreich die Durchführung eines gemeinsamen Referendums gefordert. Die Bundesregierung will jedoch am parlamentarischen Ratifikationsverfahren festhalten, während die FDP ihre Forderung nach einer Grundgesetzänderung wiederholt. In Frankreich ist eine Entscheidung über ein Referendum noch nicht gefallen. Premierminister *Raffarin* hatte sich zwar bereits im Herbst deutlich dafür ausgesprochen, Staatspräsident *Chirac* zögert jedoch mit einer Entscheidung, da ein positives Ergebnis einer Volksabstimmung nicht als sicher gelten kann.

Währenddessen äußern EU-Parlamentarier die Befürchtung, dass mit einer Ablehnung der Verfassung in Großbritannien diese vollständig scheitern könnte. Die Konsequenz müsse demnach, so *Klaus Hänsch*, der Austritt des ablehnenden Mitgliedstaates aus der EU sein.

23. April 2004 — Finanzminister *Eichel* äußert sich aufgeschlossen gegenüber einer Verfassungsänderung, die Referenden in der Bundesrepublik ermögliche. Kurz darauf revidiert er seine Position und bezeichnet sie als „theoretischen Denkansatz". Bundeskanzler *Schröder* hält ein Referendum über die Verfassung für nicht notwendig. Außenminister *Fischer* übt Zurückhaltung: Ein europäisches Referendum komme nur in Frage, wenn zwischen der Annahme der Verfassung und dem Austritt aus der Union entschieden werde.

26. April 2004 — *Sitzung des Allgemeinen Rates in Brüssel:*
Die Außenminister beschließen, die Verhandlungen im Rahmen der Regierungskonferenz am 17. Mai wieder aufzunehmen. Auf der Tagung des Europäischen Rates am 17. und 18. Juni sollen die Verhandlungen endgültig abgeschlossen werden.

27. April 2004 — EZB-Präsident *Trichet* wendet sich in einem Brief an den Ratspräsidenten *Ahern.* Darin fordert er nicht nur die Aufnahme der Preisstabilität in den Zielkatalog der Union, sondern auch die ausdrückliche Garantie der Unabhängigkeit der europäischen und der nationalen Notenbanken. Zudem fürchtet er, dass die Einordnung der EZB als „sonstiges Organ" eine *ex-ante*-Koordinierung der Geld- und Fiskalpolitik erleichtere.

28. April 2004 — Der bayerische Ministerpräsident *Stoiber* kritisiert die Europapolitik der Bundesregierung. Diese vertrete die deutschen Interessen nicht ausreichend, so dass man in einigen Politikbereichen auf die Durchsetzungsfähigkeit Großbritanniens hoffe.

29. April 2004 — Zeitungsberichten zufolge befürwortet der französische Staatspräsident *Chirac* die Aufnahme einer „Ratifikation oder Austritt"-Klausel in den Verfassungsvertrag. Ob ein Referendum stattfinde, sei noch nicht entschieden.

4. Mai 2004 — *Treffen der „Kontaktstellen":*
Auf einem Treffen hochrangiger Beamter in Dublin erweisen sich 43 von 50 angesprochenen Punkten als konsensfähig. Die irische Präsidentschaft sichert auf diese Art und Weise die Errungenschaften ihrer italienischen Vorgängerin.

5. Mai 2004 — In der ersten Plenartagung des EP nach der EU-Erweiterung sprechen sich Mitglieder aller Fraktionen für eine schnelle Verabschiedung der EU-Verfassung aus. Im Übrigen setzen die jeweiligen Fraktionsvorsitzenden unterschiedliche Schwerpunkte. Während der Vorsitzende der Liberalen, *Andrew Duff*, vor allem davor warnt, die Mitentscheidungsrechte des EP im Bereich der Strukturfonds zu beschneiden, fordern *Hans-Gert Pöttering* für die EVP die Aufnahme eines Gottesbezugs in die Verfassung und

Enrique Báron Crespo für die SPE die Einrichtung eines Gesetzgebungsrates, wie er im Konventsentwurf vorgesehen war.

11. Mai 2004

In der Sitzung des ECOFIN-Rates werden vom britischen Schatzminister *Brown* Änderungs- und Präzisierungsvorschläge in 25 Sachverhalten vorgebracht. Obwohl die „roten Linen“ der britischen Regierung nicht überschritten werden, sei die Konkretisierung einiger Formulierungen, etwa das Einstimmigkeitserfordernis bei der Verabschiedung von Gesetzen im Bereich Steuern und Koordinierung der Finanzpolitiken, notwendig.

17. Mai 2004

Die irische Ratspräsidentschaft legt vor dem ersten Treffen der EU-Außenminister im Rahmen der Regierungskonferenz seit fünf Monaten zwei neue Papiere vor, die die Ergebnisse der letzten Verhandlungen im Rahmen der Regierungskonferenz zusammenfassen. Während im ersten die „Konsenspunkte“ enthalten sind, werden im zweiten die weiterhin offenen Bereiche thematisiert. Hierzu gehören etwa die Zusammensetzung der Kommission, die Formationen des Rates und die Regelung des Ratsvorsitzes, der Entscheidungsmodus im Rat, die Entscheidungsverfahren in der Haushaltspolitik und zum mehrjährigen Finanzrahmen der Union. Zu den akzeptierten Veränderungen zählt die Aufnahme der Preisstabilität in Art. I-3 VVE.

17./18. Mai 2004

Tagung der EU-Außenminister im Rahmen der Regierungskonferenz:
In der Diskussion um die Ausweitung von Mehrheitsentscheidungen zeichnet sich eine breite Mehrheit gegen die Aufnahme der Bereiche „Steuern“ und „soziale Sicherheit“ ab. Die „Ein Land, ein Kommissar“-Regel soll zunächst beibehalten, zu einem nicht benannten Zeitpunkt in der Zukunft aber durch die gleichberechtigte Rotation ersetzt werden. Konkretere Festlegungen werden erst im Zusammenhang mit anderen institutionellen Fragen erwartet. Für das Rotationsverfahren des Ratsvorsitzes zeichnet sich ein Kompromiss ab, der eine flexiblere Handhabung auf der Grundlage einer 18-monatigen Präsidentschaft, die von drei Mitgliedstaaten geteilt wird, ermöglicht.

21. Mai 2004

Vor dem nächsten Treffen der EU-Außenminister legt die irische Präsidentschaft ihre Vorstellungen darüber dar, wie eine Einigung über die Entscheidungsverfahren im Rat aussehen könnte. Weil sich für den Konventsvorschlag zur doppelten Mehrheit keine Einigung abzeichnet, wird die Erhöhung der „Bevölkerungsschwelle“ als zielführender Weg benannt. Zudem wird darüber nachgedacht, die Vertragsregelungen zu Stimmenthaltungen, die derzeit wie eine Ablehnung gerechnet werden, zu verändern.

24. Mai 2004

Tagung der EU-Außenminister:
In der Frage der künftigen Entscheidungsverfahren im Rat nähern sich die Positionen der Außenminister einander an. Eine Schwelle von 62 Prozent der Bevölkerung scheint konsensfähig zu sein, darüber hinaus werden zusätzliche „Sicherungsmaßnahmen", etwa die „*emergency*"-Regelung diskutiert.

Des Weiteren werden die Aufnahme eines Gottesbezugs in einem Anhang zur Verfassung und eine moderate Erhöhung der Mindestsitze je Mitgliedstaat im EP erwogen. Nach dem jetzigen Vorschlag sollen Entscheidungen im Haushaltsverfahren von Parlament und Rat im Einvernehmen getroffen werden. Im Konventsentwurf wurde hingegen dem Parlament das Letztentscheidungsrecht zugestanden.

1. Juni 2004

Der belgische Premierminister *Verhofstadt* kündigt in einem Radiointerview die Abhaltung eines konsultativen Referendums über die EU-Verfassung an, das etwa zeitgleich mit dem niederländischen Referendum im September abgehalten werden könnte.

6. Juni 2004

Nach dem Ende seiner Rundreise durch eine Reihe europäischer Hauptstädte äußert sich der irische Ratspräsident *Ahern* zuversichtlicher über die mögliche Verabschiedung der Europäischen Verfassung. Bei einem Treffen mit Bundeskanzler *Schröder* rufen beide dazu auf, mit Kompromissbereitschaft in die abschließenden Verhandlungen zu gehen. Aufgabe der irischen Ratspräsidentschaft ist es nun, ein „Paket" zu erarbeiten, das die Grundlage für die abschließenden Verhandlungen am 17. und 18. Juni bilden soll.

11. Juni 2004

Neuen Vorschlägen der irischen Ratspräsidentschaft zufolge soll die Rotation des Ratsvorsitzes beibehalten werden, anstatt diese durch eine Teampräsidentschaft zu ergänzen.

14. Juni 2004

Tagung der EU-Außenminister:
Weitere offene Fragen sollen auf dem Treffen der Außenminister geklärt und der Europäische Rat vorbereitet werden. Die diskutierten Vorschläge betreffen nicht die umstrittenen Sujets Zusammensetzung der Kommission, Mindestsitzzahl im Europäischen Parlament und Definition der QME, sondern den Anwendungsbereich der QME und wirtschaftspolitische Fragen. Die Bundesrepublik und andere Mitgliedstaaten blockieren die Ausweitung der Kompetenzen der Kommission im Defizitverfahren.

16. Juni 2004

Neben den bekannten „roten Linien" der britischen Labourregierung wird *Tony Blair* von Seiten der Industrie dazu aufgefordert, eine Reihe technischer Veränderungen im EU-Verfassungstext, besonders in den Erklärungen zum Teil II, der Grundrechtecharta, durchzusetzen, um sicherzustellen, dass beispielsweise das Streikrecht nicht vom EuGH restriktiver ausgelegt werden kann als von britischen Gerichten.

17./18. Juni 2004

Europäischer Rat in Brüssel:
Die Staats- und Regierungschefs einigen sich über die Beibehaltung der Zusammensetzung der Kommission nach dem Prinzip „ein Land, ein Kommissar". 2014 soll grundsätzlich ein Rotationsverfahren eingeführt werden, in dessen Rahmen zwei Drittel der Mitgliedstaaten repräsentiert sein sollen; der Rat soll einstimmig von dieser Regelung abweichen können. Zudem soll die Zahl der Sitze im EP auf 750 fixiert werden, wobei die Mindestzahl auf sechs angehoben und die Höchstzahl auf 96 Sitze je Mitgliedstaat begrenzt werden soll.

Bezüglich der Abstimmung mit qualifizierter Mehrheit im Rat einigen sich die Staats- und Regierungschefs auf Schwellenwerte von 55 Prozent (Staaten) und 65 Prozent (Bevölkerung). Ausnahmeregeln werden für die Bereiche, in denen die Kommission nicht über das Initiativrecht verfügt, festgelegt. Für das Zustandekommen eines Beschlusses sind hier 72 Prozent der Staaten, die 65 Prozent der Bevölkerung repräsentieren, notwendig. Über einen gemeinsamen Kandidaten für das Amt des künftigen Kommissionspräsidenten können die Staats- und Regierungschefs keine Einigung erzielen.

23. Juni 2004

Der spanische Ministerpräsident *Zapatero* sowie der portugiesische Premierminister *Barroso* kündigen am selben Tag die Abhaltung eines Referendums über die EU-Verfassung in ihrem Land an.

16. August 2004

Da sich seiner Ansicht nach der Charakter der Europäischen Union durch den Verfassungsvertrag nicht wesentlich verändere, erklärt der finnische Ministerpräsident *Vanhanen*, seine Regierung werde auf ein Referendum verzichten.

30. August 2004

In Deutschland wird weiterhin die Möglichkeit einer Volksbefragung über die „Verfassung" diskutiert. Während die SPD-geführte Bundesregierung sich für die generelle Einführung plebiszitärer Elemente einsetzt, verweigern sich die Unionsparteien einer solchen Verfassungsänderung. Ein isolierter Volksentscheid über den Verfassungsvertrag wird von der Bundesregierung abgelehnt. Diese strebt eine möglichst rasche Durchführung des Ratifikationsverfahrens an.

Unterdessen erklärt der tschechische Ministerpräsident *Stanislav Gross*, dass das Referendum zum Verfassungsvertrag im Juni 2006 zeitgleich mit den Parlamentswahlen abgehalten werden soll. Im Parlament kann die notwendige Mehrheit von drei Fünfteln der Abgeordneten zurzeit nicht erreicht werden.

9. September 2004 — Der einflussreiche sozialistische Politiker und ehemalige französische Premierminister *Laurent Fabius* macht seine Zustimmung zum Verfassungsvertrag vom Ausbau der europäischen Sozialpolitik abhängig. Damit stellt er sich gegen die Führung der sozialistischen Partei (PS). Für November ist in der PS eine Urabstimmung zum Verfassungsvertrag vorgesehen.
Das Referendum ist in Frankreich für September oder Oktober 2005 vorgesehen. Eine Umfrage ermittelt eine Zustimmung von 51 Prozent (bei 34 Prozent Ablehnung) zum Verfassungsvertrag.

24. September 2004 — In der Debatte in der französischen sozialistischen Partei zur Haltung gegenüber dem Verfassungsvertrag tritt der ehemalige Premierminister *Lionel Jospin* auf die Seite des Parteivorsitzendes *François Hollande*, der die Verfassung befürwortet. Zwischen dem designierten Vorsitzenden der konservativen UMP, *Nicolas Sarkozy*, und Staatspräsident *Chirac* beginnt unterdessen eine Auseinandersetzung über den Türkei-Beitritt. *Sarkozy* und die Mehrheit der UMP lehnen diesen ab, *Chirac* befürwortet ihn. Im Hintergrund der Auseinandersetzungen steht auch die Profilierung als Kandidat für den Präsidentschaftswahlkampf 2007.

5. Oktober 2004 — Die spanische Volksabstimmung soll am 20. Februar 2005 stattfinden. Umfragen zufolge scheint eine Zustimmung der Spanier sicher zu sein.

15. Oktober 2004 — *Le Monde* berichtet, dass die französische Volksabstimmung über den Verfassungsvertrag auf Mai 2005 vorgezogen werden soll.

29. Oktober 2004 — In einer feierlichen Zeremonie unterzeichnen die Staats- und Regierungschefs und ihre Außenminister den „Vertrag über eine Verfassung für Europa“ im gleichen Saal des Konservatorenpalastes auf dem Kapitol in Rom, in dem bereits die Verträge zur Gründung der EWG und von Euratom unterzeichnet wurden.

Eine im Anschluss an die Unterzeichnung durchgeführte Eurobarometer-Umfrage ermittelt, dass einem Drittel der EU-Bürger die Existenz des Verfassungsvertrages unbekannt ist. 56 Prozent wissen zwar von der Existenz des Dokuments, kennen aber dessen Inhalt kaum. Die Zustimmung im EU-Durchschnitt beläuft sich auf 49 Prozent, 16 Prozent der Befragten lehnen die „Verfassung“ ab.

10. November 2004	Auf Drängen des luxemburgischen Ministerpräsident *Jean-Claude Juncker* soll im Juli 2005 in Luxemburg eine Volksabstimmung zum Verfassungsvertrag stattfinden.
11. November 2004	Als erstes Land ratifiziert Litauen per Parlamentsbeschluss den Verfassungsvertrag.
19. November 2004	Der französische *Conseil constitutionnel* (Verfassungsrat) entscheidet, dass die Europäische Verfassung grundsätzlich mit der französischen vereinbar ist (2004-505 DC, JO 24.11.04, 14885). Allerdings müssen die neuen Zuständigkeiten der Union (insbesondere Mehrheitsabstimmungen im Raum der Freiheit, der Sicherheit und des Rechts) und die neue Rolle der nationalen Parlamente in die Verfassung eingearbeitet werden.
2. Dezember 2004	In einer Urabstimmung sprechen sich 59 Prozent der französischen Sozialisten für den Verfassungsvertrag aus. Ein Nein hätte die Ratifikation der „Verfassung“ in Frankreich sehr unsicher werden lassen.
17. Dezember 2004	Die Bundesregierung übermittelt den Gesetzentwurf zur Ratifizierung des Verfassungsvertrages an den Bundesrat (BR-Drs. 983/04).
20. Dezember 2004	Das ungarische Parlament ratifiziert den Verfassungsvertrag.
23. Dezember 2004	In einer Befragung sprechen sich 64 Prozent der Mitglieder der dänischen Sozialistischen Volkspartei für die Annahme des Verfassungsvertrages aus. Damit wird eine Zustimmung der Bevölkerung bei dem von Ministerpräsident *Rasmussen* angekündigten Referendum wahrscheinlicher. Die dänischen Sozialisten standen der europäischen Integration bisher fast immer sehr skeptisch gegenüber.
13. Januar 2005	In einer symbolischen Abstimmung stimmen 500 der 732 Abgeordneten des Europäischen Parlaments für den Verfassungsvertrag.
18. Januar 2005	Das Europäische Parlament setzt eine „schnelle Eingreiftruppe“ ein, die – unterstützt von den Vertretungen des Parlaments in den Mitgliedstaaten – innerhalb von drei Stunden auf falsche Angaben über den Verfassungsvertrag reagieren soll. Damit soll verhindert werden, dass die Debatte den Verfassungsgegnern überlassen wird.
25. Januar 2005	Das italienische Parlament billigt den Verfassungsvertrag.
	In den Niederlanden wird eine konsultative Volksabstimmung über den Verfassungsvertrag stattfinden. Umfragen prognostizieren eine Zustimmung von etwa 73 Prozent.

1. Februar 2005	Das slowenische Parlament ratifiziert den Verfassungsvertrag mit deutlicher Mehrheit.
4. Februar 2005	Einer der großen französischen Gewerkschaftsverbände, die CGT (*Confédération générale du travail*), spricht sich gegen eine Ratifizierung des Verfassungsvertrages aus.
15. Februar 2005	52,9 Prozent der Mitglieder der französischen Grünen sind für die Annahme der „Verfassung". Das knappe Ergebnis stößt auf Enttäuschung.
20. Februar 2005	Bei einer Beteiligung von 42 Prozent stimmen 77 Prozent der spanischen Bevölkerung in einem konsultativen Referendum für die Annahme des Verfassungsvertrages. Die Ratifikation durch die *Cortes* gilt als sicher. Die regierenden Sozialisten und die konservative Opposition hatten sich für die Annahme der „Verfassung" ausgesprochen. Im Wahlkampf war der spanische Ministerpräsident *Zapatero* unter anderem von Bundeskanzler *Schröder* und Staatspräsident *Chirac* unterstützt worden.
24. Februar 2005	Der Gesetzentwurf zur Ratifizierung des Verfassungsvertrages (BT-Drs. 15/4900) wird in erster Lesung im Bundestag beraten und an die Ausschüsse überwiesen. Alle Fraktionen äußern sich zustimmend, wenn auch über den Umfang der Kompetenzen des Bundestages zwischen Regierung (weniger) und Unionsparteien (mehr) noch Unstimmigkeiten existieren.
28. Februar 2005	In Frankreich beschließt der so genannte *Congrès*, Senatoren und Abgeordnete der Nationalversammlung zusammen, eine vom Verfassungsrat für notwendig erachtete Verfassungsänderung, um den Weg für das französische Referendum frei zu machen. Die Versammlung ändert den Artikel 88-1 der französischen Verfassung. Absätze 2 und 4 bestimmen, dass nach den Beitritten Rumäniens, Bulgariens und Kroatiens weitere Beitritte durch Volksabstimmung ratifiziert werden müssen. Absatz 3 berücksichtigt die erweiterten Kompetenzen von Nationalversammlung und Senat, die der Verfassungsvertrag den nationalen Parlamenten zuweist.
1. März 2005	Der dänische Ministerpräsident *Rasmussen* gibt bekannt, dass die Volksabstimmung zum Verfassungsvertrag am 27. September 2005 stattfinden soll.
3. März 2005	Der polnische Ministerpräsident *Belka* setzt sich dafür ein, am 23. September 2005, zeitgleich mit der Präsidentenwahl, ein Referendum zum Verfassungsvertrag durchzuführen.
4. März 2005	Die Volksabstimmung zum Verfassungsvertrag in Frankreich soll am 29. Mai 2005 stattfinden. Dieser Termin liegt fast ein halbes Jahr vor dem ursprünglich vorgesehenen Datum.

16. März 2005 — Die vom Europa-Ausschuss des Bundestages angehörten Sachverständigen äußern sich grundsätzlich positiv zum Verfassungsvertrag. Begrüßt wurden insbesondere die verbesserte Handlungsfähigkeit und die Stärkung der nationalen Parlamente. Die Forderungen der CDU/CSU, die Rechte des Bundestages noch weiter auszubauen, stießen bei den Sachverständigen auf Skepsis.

19. März 2005 — In Frankreich wächst das Lager der Gegner des Verfassungsvertrages weiter an. Einer Umfrage zufolge könnten beim Referendum 51 Prozent der Teilnehmenden mit Nein stimmen.

23. März 2005 — Die Staats- und Regierungschefs verständigen sich darauf, die Dienstleistungsrichtlinie grundlegend zu überarbeiten. Dies wird als ein Zugeständnis an den französischen Präsidenten *Chirac* gewertet, hatte sich doch die „*Bolkestein*-Richtlinie“ (vor allem in Frankreich) zu einem Instrument der Gegner der Verfassung entwickelt. Sie wurde in der Debatte gleichbedeutend mit dem Abbau von Sozialstandards.

7. April 2005 — Als fünfter Mitgliedstaat der EU ratifiziert Italien mit der Zustimmung des Senats, der zweiten Kammer, den Verfassungsvertrag.

19. April 2005 — Auch das griechische Parlament ratifiziert den Verfassungsvertrag mit einer deutlichen Mehrheit.

28. April 2005 — Mit der Drohung, die Ratifizierung des Verfassungsvertrages im Bundesrat zu verzögern, gelingt es den Unions-geführten Bundesländern, eine stärkere Beteiligung der Bundesländer bei europäischen Entscheidungen durchzusetzen.

11. Mai 2005 — Der österreichische Nationalrat billigt den Verfassungsvertrag mit deutlicher Mehrheit. Das slowakische Parlament ratifiziert diesen mit ebenso deutlicher Mehrheit. In Österreich muss noch der Bundesrat zustimmen.

12. Mai 2005 — Der Bundestag billigt den Verfassungsvertrag mit 569 von 594 abgegebenen Stimmen. Mit Nein stimmten neben den fraktionslosen Abgeordneten *Hohmann* (ehemals CDU), *Lötzsch* und *Pau* (beide PDS) 20 Mitglieder der Unionsfraktion (davon 13 der CSU).

25. Mai 2005 — Der EU-Ratsvorsitzende und luxemburgische Premierminister *Jean-Claude Juncker* schlägt vor, dass Länder, in denen der Verfassungsvertrag abgelehnt wird, erneut abstimmen sollen.

26. Mai 2005 — Der österreichische Bundesrat, die zweite Kammer, stimmt dem Verfassungsvertrag zu.

27. Mai 2005	Der deutsche Bundesrat stimmt dem Verfassungsvertrag zu. Mecklenburg-Vorpommern enthielt sich aufgrund der ablehnenden Haltung der Landes-PDS der Stimme. Im Bundesrat sprach auch der Konventspräsident, *Giscard d'Estaing*. Bundespräsident *Köhler* wartet mit der Ausfertigung des Gesetzes auf die Entscheidung des Bundesverfassungsgerichts über eine Klage des CSU-Bundestagsabgeordneten *Peter Gauweiler*, der auf einer Volksabstimmung besteht.
29. Mai 2005	54,87 Prozent der Franzosen sprechen sich gegen den Verfassungsvertrag aus. Die Wahlbeteiligung lag mit knapp 70 Prozent überzeugend hoch. Die Ratifizierung des Verfassungsvertrages ist damit in Frankreich gescheitert. Als Reaktion auf die Ablehnung tritt Premierminister *Raffarin* zurück. Als Nachfolger bestimmt Staatspräsident *Chirac* den Karrierediplomaten *Dominique de Villepin*. Der UMP-Vorsitzende *Nicolas Sarkozy* wird wieder Innenminister. *Sarkozy* gilt im Hinblick auf die Präsidentenwahl 2007 als schärfster innerparteilicher Konkurrent zu *Chirac*. Im Wahlkampf hatten sich europäische und nationale Spitzenpolitiker, die französischen Medien und einzelne gesellschaftliche Gruppen für die Annahme des Vertrages eingesetzt. Gegner des Verfassungsvertrages – sofern nicht den extremen Parteien zuzurechnen – lehnten diesen vor allem aus Unzufriedenheit wegen seiner sozialpolitischen Mängel und der aktuellen politische Situation ab. Neuverhandlungen sollen ihrer Ansicht nach die soziale Dimension der EU stärken.
1. Juni 2005	Auch in den Niederlanden wird der Verfassungsvertrag vom Volk abgelehnt. 61,6 Prozent der Bürger sprechen sich – bei einer Beteiligung von 63 Prozent – gegen die Ratifizierung aus. Obwohl das Referendum nicht bindend ist, hatten die Fraktionen vorab erklärt, dass sie ab einer Wahlbeteiligung von 30 Prozent einem eindeutigen Ergebnis im Parlament folgen würden. Als Reaktion auf die Niederlage zieht Ministerpräsident *Balkenende* den Gesetzentwurf zur Ratifizierung zurück. Unterdessen wird seit dem Nein der Franzosen über die Zukunft der „Verfassung" diskutiert. Ihre Gegner sehen sie als gescheitert an und wollen die noch laufenden nationalen Ratifizierungsverfahren abbrechen. Befürworter verweisen auf die Erklärung der Regierungskonferenz zur Ratifikation, die festlegt, dass sich ab Oktober 2006 die Staats- und Regierungschefs mit der Angelegenheit befassen, wenn vier Fünftel der Staaten ratifiziert haben.
2. Juni 2005	Das lettische Parlament ratifiziert den Verfassungsvertrag.

3. Juni 2005 Angesichts des in Luxemburg für Juli geplanten Referendums zum Verfassungsvertrag bekräftigt der Ministerpräsident und amtierende Ratsvorsitzende *Juncker*, dass er zurücktreten werde, falls das luxemburgische Volk die „Verfassung“ ablehnen werde. *Juncker* führt zur Vorbereitung des Gipfeltreffens am 16. und 17. Juni Einzelgespräche mit den Staats- und Regierungschefs durch.

6. Juni 2005 Der britische Außenminister *Straw* erklärt im Unterhaus, dass die Regierung die Vorbereitung der Volksabstimmung einstweilen aussetzen werde. Diese war für Frühjahr 2006 geplant. Am Wochenende hatten sich Bundeskanzler *Schröder* und Staatspräsident *Chirac* getroffen, um ihr Festhalten am Verfassungsvertrag zu bestätigen.

8. Juni 2005 In einer Sitzung des Europäischen Parlaments schlägt Kommissionspräsident *Barroso* einen „Plan D“ vor. Das D stehe sowohl für Demokratie als auch für Dialog, die die EU jetzt verfolgen müsse. Abgeordnete der EVP, der Grünen und der SPE hatten sich für die Einberufung eines neuen Konvents ausgesprochen. In seiner Regierungserklärung schlägt der neue französische Premierminister *Dominique de Villepin* eine deutsch-französische Union vor, ohne den Vorschlag weiter zu präzisieren.

16. Juni 2005 *Europäischer Rat in Brüssel:*
Die Staats- und Regierungschefs beraten anlässlich der Tagung des Europäischen Rates darüber, ob und wie die Ratifizierungsverfahren fortgesetzt werden sollen. Eine Einigung gelingt nicht, so dass die Entscheidung über eine Fortsetzung, Verschiebung oder den Abbruch der Ratifizierungsverfahren den einzelnen Mitgliedstaaten überlassen wird. Es wird jedoch angestrebt, die parlamentarischen Ratifizierungsverfahren bis Mitte 2007 (statt November 2006) zu beenden. Die „Denkpause“ soll im Sinne des von Kommissionspräsident *Barroso* vorgeschlagenen „Plan D“ genutzt werden.

Dem britischen Beispiel folgend wollen Dänemark, Irland, Portugal und die Tschechische Republik die vorgesehenen Volksabstimmungen aussetzen. Schweden und Finnland wollen mit dem parlamentarischen Ratifizierungsverfahren ebenso verfahren. Malta, Zypern und Luxemburg wollen die Ratifizierungsverfahren wie geplant fortsetzen.

17. Juni 2005 Am zweiten Tag des Gipfeltreffens gelingt es den Staats- und Regierungschefs nicht, sich auf die Finanzplanung für den Zeitraum 2007–2013 zu verständigen. Der britische Premierminister *Blair* besteht auf der Beibehaltung des britischen Rabatts, während der französische Staatspräsident *Chirac* keine Zugeständnisse bei den Agrarausgaben machen will. Die Niederlande beharren auf einer Reduzierung ihrer Zahlungen.

21. Juni 2005	Der polnische Präsident *Kwaśniewski* erklärt, dass Polen zwar weiter an einem Referendum festhalten wolle. Den Termin soll jedoch sein Nachfolger festlegen, der im Oktober gewählt wird. Ursprünglich war überlegt worden, dass Referendum zeitgleich mit der Präsidentenwahl durchzuführen.
23. Juni 2005	In seiner Rede vor dem Europäischen Parlament profiliert sich der zukünftige Ratspräsident, der britische Premierminister *Blair*, als überzeugter und leidenschaftlicher Europäer. Mit der Erklärung, dass er Europa als ein politisches Projekt begreife, versucht er Skeptikern entgegenzutreten, die von ihm erwarten, dass er eine wirtschaftsliberale Vision von Europa vertritt. Die britische Ratspräsidentschaft hat ein umfangreiches Programm vor sich, zu dem nicht nur die Finanzverhandlungen einschließlich einer eventuellen Reform der Gemeinsamen Agrarpolitik gehören, sondern beispielsweise auch die Dienstleistungs- und die Arbeitszeitrichtlinie, zwei sozialpolitisch sehr umstrittene Vorhaben. *Blair* strebt ein Gipfeltreffen der Staats- und Regierungschefs über die Zukunft der Europäischen Union an, auf dem vor allem über die wirtschafts- und sozialpolitische Ausrichtung der Union diskutiert werden soll. Ohne ein gemeinsames wirtschaftspolitisches Konzept solle die Einigung Europas nicht weiter vorangetrieben werden.
30. Juni 2005	Das zypriotische Parlament stimmt dem Verfassungsvertrag mit 30 gegen 19 Stimmen (bei einer Enthaltung) zu.
1. Juli 2005	Das Vereinigte Königreich übernimmt die Ratspräsidentschaft von Luxemburg. Der britische Premierminister, *Blair*, entwickelte bereits im Vorfeld eine Reihe von Initiativen, mit denen er eine grundsätzliche Debatte über die Fortentwicklung der EU anstrebt und die „Völker Europas" wieder an den Integrationsprozess zu „binden" sucht. Der Verfassungsvertrag sei hierfür eine geeignete Grundlage. Im Gespräch ist u. a. ein Sondergipfel, der auch das europäische „Sozialmodell" diskutieren soll.
6. Juli 2005	Das maltesische Parlament ratifiziert den Verfassungsvertrag.
10. Juli 2005	Bei einem konsultativen Referendum in Luxemburg stimmen 56,52 % der Teilnehmenden dem Verfassungsvertrag zu. Aufgrund der Wahlpflicht beträgt die Beteiligung 90 %. Ministerpräsident *Juncker* hatte gedroht, bei einem „Nein" zurückzutreten.
15. Juli 2005	Sieben Staatspräsidenten, *Ciampi* (Italien), *Fischer* (Österreich), *Halonen* (Finnland), *Köhler* (Deutschland), *Kwaśniewski* (Polen), *Branco de Sampaio* (Portugal) und *Vike-Freiberga* (Lettland) veröffentlichen in europäischen Zeitungen einen Artikel über die „Zukunft des europäischen Projekts". In der allgemein gehaltenen Erklärung sprechen sie sich dafür aus, die „Periode des

Nachdenkens“ zu nutzen und zu überlegen, in welche Richtung sich Europa weiterentwickeln soll. Als Kriterien benennen sie mehr Demokratie, mehr Transparenz, mehr Bürgerbeteiligung, mehr Sicherheit, mehr Kompromissbereitschaft, mehr Solidarität und höhere Investitionen in Bildung und Forschung.

29. Juli 2005 — Der luxemburgische Ministerpräsident *Juncker* wiederholt in einem Interview mit der FAZ seine Forderung, die Franzosen und Niederländer ohne Neuverhandlungen erneut über den Vertrag abstimmen zu lassen. Er erwartet nicht, dass die „Verfassung“ vor 2009 in Kraft treten könne.

2. September 2005 — Der polnische Präsident *Kwaśniewski* betrachtet eine Einigung auf einen finanziellen Rahmen für die Jahre 2007–2013 als vordringlich, erkennt allerdings auch an, dass Europa einen Verfassungsvertrag brauche. In einem Interview mit der FAZ bedauert er zudem den Mangel an Führungspersönlichkeiten und lehnt „Kerneuropa“-Konzepte ab.

21. September 2005 — Kommissionspräsident *Barroso* erklärt (anlässlich der Pressekonferenz zur *rentrée*), dass die Kommission die „Verfassung“ nicht mehr aktiv weiter verfolge. Abgeordnete der Grünen und der SVP im Europaparlament kritisieren *Barroso* für seine Haltung. Die MdEP *Duff* und *Voggenhuber* arbeiten an einem Antrag zur Zukunft des Verfassungsvertrages (Details s. 13. Oktober 2005).

24. September 2005 — Anlässlich eines Kongresses der europäischen Konservativen in Lissabon wird deutlich, dass die EVP keine einheitliche Politik zum Verfassungsvertrag verfolgt. Der ehemalige spanische Ministerpräsident *Aznar* etwa hält den Vertrag für nicht weiter verfolgenswert, während der EVP-Fraktionsvorsitzende *Pöttering* am Projekt festhalten will.

4. Oktober 2005 — Die EU-Außenminister einigen sich nach langwierigen Diskussionen, die Beitrittsverhandlungen mit der Türkei aufzunehmen. Gleichzeitig werden Verhandlungen mit Kroatien ermöglicht, die sofort nach dem Treffen beginnen können.

7. Oktober 2005 — Der ungarische Präsident *Sólyom* hält eine europäische „Verfassung“ für nicht notwendig, da die EU doch auch ohne ein solches Dokument funktioniere, wie er in einem Interview mit der FAZ erklärt. Allerdings könne der Verfassungsvertrag einen Ruhepunkt gegen zu schnelle Veränderungen bilden und somit zur Stabilität Europas beitragen.

12. Oktober 2005 — Der dänische Ministerpräsident *Rasmussen* ruft dazu auf, die EU und vor allem die jüngste Erweiterung als einen Erfolg zu

betrachten. Zwar, so erklärt er in einem Interview mit der FAZ, befinde sich die EU in einer institutionellen Krise, doch funktioniere sie auch ohne den Verfassungsvertrag. Allerdings hätte dieser einen besseren Rahmen geboten. Grundsätzlich hält er neue Spielregeln für notwendig.

13. Oktober 2005 Kommissarin *Margot Wallström* erläutert, wie die Kommission den von ihrem Präsidenten *Barroso* vorgeschlagenen „Plan D" umsetzen will. Es handele sich demnach nicht um eine „Nothilfe" für den Verfassungsvertrag, sondern um eine grundlegende Verbesserung der Kommunikation mit den Bürgern.

Die Berichterstatter *Duff* und *Voggenhuber* (MdEP) legen ihren Entwurf einer „Entschließung des Europäischen Parlaments" zur Reflexionsphase vor. Darin wird angeregt, die französische und niederländische Entscheidung zu respektieren, die „Nein"-Stimmen aber vor allem als Ablehnung des gegenwärtigen Zustandes der Union zu verstehen. Dem Entwurf zufolge sollte das EP auch weiterhin eine „konstitutionelle Lösung" anstreben, doch seien die „Ratifizierungshindernisse" für die vorliegende „Verfassung" „unüberwindlich". Sowohl eine „Kernbildung" als auch eine Strategie der „selektiven Umsetzung" wird abgelehnt. Im Rahmen der Reflexionsphase seien erwartbar unproduktive, spezifisch national geprägte Diskussionen zu vermeiden. Im Übrigen bilde der bestehende Verfassungsvertrag eine gute Grundlage; über umfangreichere Veränderungen sollte ein für 2008 zu berufender Konvent beraten. Der neue Text sei schließlich, zeitgleich mit den Wahlen zum Europäischen Parlament, im Jahr 2009 den Bürgern in einer Abstimmung mit konsultativem Charakter vorzulegen.

Der Ausschuss für „Konstitutionelle Fragen" des Europäischen Parlaments diskutiert diesen Entwurf in mehreren Sitzungen kontrovers. Vor allem die Formulierung des Entschlussantrags, nach der die Schwierigkeiten bei der Ratifikation unüberwindlich seien, stößt auf Ablehnung, so seitens des Ausschussvorsitzenden, *Jo Leinen* (SPE).

20. Oktober 2005 Der noch amtierende Bundeskanzler *Schröder* bekräftigt in der Wochenzeitung „Die Zeit" sein Festhalten am Verfassungsvertrag.

25. Oktober 2005 Das luxemburgische Parlament ratifiziert den Verfassungsvertrag mit 57 gegen eine Stimme.

Der zukünftige polnische Präsident *Lech Kaczyński* kündigt ein Referendum über Polens Beitritt zum Euro an und bekräftigt seine Ablehnung der „Verfassung". Aufgrund des Beitrittsvertrages ist Polen allerdings verpflichtet, den Euro einzuführen; eine gesonderte Volksabstimmung dazu ist nicht vorgesehen.

26. Oktober 2005 — In einem Artikel in der FAZ wiederholt der französische Staatspräsident, *Chirac*, seine bekannte Forderung, eine „Pioniergruppe" einzurichten und im Rahmen eines „Kerneuropa" den Integrationsprozess fortzusetzen.

20. November 2005 — Anlässlich des Parteitages der französischen Sozialisten in Le Mans erklärt der Parteivorsitzende *Hollande* den Verfassungsvertrag für „tot". Stattdessen soll eine einzuberufende verfassunggebende Versammlung eine neue (kürzere) Verfassung entwerfen. Zudem sei eine europäische Wirtschaftsregierung zu etablieren.

23. November 2005 — Bei dem Antrittsbesuch von Bundeskanzlerin *Merkel* in Brüssel wird deutlich, dass sie wie ihr Vorgänger grundsätzlich am Verfassungsvertrag festhalten will – konkrete Vorschläge fehlen allerdings. Sowohl mit dem französischen Präsidenten *Chirac* (den sie zuvor in Paris traf) als auch mit Kommissionspräsident *Barroso* spricht *Merkel* vor allem über die laufenden Finanzverhandlungen.

24. November 2005 — Anlässlich des Antrittsbesuchs des polnischen Premierministers *Marcinkiewicz* in Brüssel berichten Medien über eine europapolitische Initiative Polens zur Rettung des Verfassungsvertrages.

27. November 2005 — Nur drei Tage später erklärt *Marcinkiewicz* in einem Pressegespräch, dass er jede weitere Diskussion über den Verfassungsvertrag für überflüssig halte, weil das Dokument nicht in Kraft treten werde.

28. November 2005 — Während seiner zweitägigen Sitzung kann sich der Ausschuss für Konstitutionelle Fragen des EP nicht auf einen Entwurf für einen Bericht zur „Reflexionsphase" verständigen.

30. November 2005 — In ihrer Regierungserklärung bekräftigt Bundeskanzlerin *Merkel*, dass die Bundesregierung weiterhin auf ein In-Kraft-Treten des Verfassungsvertrags hoffe.

1. Dezember 2005 — Der belgische Premierminister *Verhofstadt* stellt sein neues, als „Manifest" deklariertes Buch, „Die Vereinigten Staaten von Europa", vor. Er hebt darin hervor, dass eine Mehrheit der Franzosen und Niederländer sich für ein „Mehr" an Europa und eine ehrgeizigere Verfassung ausgesprochen hätten. Plädiert wird für die Bildung eines „politischen Kerns", der parallel zu einem Staatenbund existieren sollte. Dieses europäische Projekt müsste allen Mitgliedstaaten offen stehen; den Bürgern Europas wäre zudem die Gelegenheit einzuräumen, in einem zeitgleich stattfindenden Referendum darüber zu entscheiden.

15. Dezember 2005	Anlässlich einer Sondersitzung beschäftigt sich der Ausschuss für „Konstitutionelle Fragen" des Europäischen Parlaments erneut mit dem Berichtsentwurf der Abgeordneten *Duff* und *Voggenhuber*. Deren Formulierung, dass der Ratifizierungsprozess auf „unüberwindliche Schwierigkeiten" gestoßen sei, lehnt die Mehrheit der Ausschussmitglieder ab. Sie sprechen sich damit auch gegen ein Abrücken vom Verfassungstext aus. Die Aufzählung verschiedener Optionen bleibt erhalten.
16. Dezember 2005	Anlässlich des turnusgemäßen Treffens des Europäischen Rates diskutieren die Staats- und Regierungschefs nicht über die Zukunft des Verfassungsvertrages. Sie nehmen den gemeinsamen Zwischenbericht des Vereinigten Königreichs und Österreichs, der sich mit den nationalstaatlichen Debatten zur Zukunft Europas auseinandersetzt, zur Kenntnis und verweisen auf die Fortsetzung der Diskussionen im nächsten Halbjahr. Die Presseberichterstattung konzentriert sich auf die Einigung im Rahmen der Finanzverhandlungen.
21. Dezember 2005	Nach dem erfolgreichen Abschluss der Verhandlungen zum Finanzrahmen 2007–2013 erklärt Bundeskanzlerin *Merkel* in einem Interview mit der FAZ, dass die „Verfassung" viele positive Elemente habe und deshalb als Ganzes nicht aufzugeben sei. Gleichzeitig ist ihr bewusst, dass der Vertrag nicht einfach erneut zur Abstimmung vorgelegt werden kann. Für *Merkel* sind vor allem die institutionellen Veränderungen bewahrenswert.
31. Dezember 2005	In einem Interview mit der „Zeitschrift für Staats- und Europawissenschaften" (ZSE) gibt Kommissionspräsident *Barroso* seiner Erwartung Ausdruck, dass der Europäische Rat im Juni 2006 „sich über die Lage klar werde". Im Anschluss daran sei der „gemeinsame Weg" zu bestimmen. Als Grundlage dafür diene „what people want the European Union to be". *Barroso* bestätigt erneut, dass er ein In-Kraft-Treten des Verfassungsvertrages in der „nahen Zukunft" für unwahrscheinlich hält.
1. Januar 2006	Österreich übernimmt die Ratspräsidentschaft vom Vereinigten Königreich.
9. Januar 2006	Der österreichische Bundeskanzler und neue EU-Ratsvorsitzende und *Schüssel* kündigt an, dass der Europäische Rat anlässlich seines Gipfeltreffens im Juni eine erste Bilanz der „Reflexionsphase über die Zukunft Europas" ziehen werde. Darüber hinaus solle anlässlich des Europatages am 9. Mai eine weit gefasste Debatte über die Zukunft Europas unter Miteinbeziehung der Öffentlichkeit organisiert werden.
18. Januar 2006	Bundeskanzler *Schüssel* stellt das Programm der österreichischen Ratspräsidentschaft im Europäischen Parlament vor. Da-

bei betont er, eine intensive Diskussions- und Konsultationsphase anstoßen zu wollen, um Lösungen für die zahlreichen Schwierigkeiten zu finden, mit denen die EU seit 2005 konfrontiert sei. Dabei gehe es jedoch nicht um vorschnelle Lösungsansätze und übereilte Entscheidungen, es müsse vielmehr das Vertrauen der Bürger in das Verfassungsprojekt zurückgewonnen werden.

19. Januar 2006

Das Europäische Parlament nimmt mit großer Mehrheit den Bericht der Abgeordneten *Duff* und *Voggenhuber* an, in dem festgestellt wird, dass die Ratifizierung des Verfassungsvertrages „auf Schwierigkeiten gestoßen ist, die sich als unüberwindbar erweisen können". Der Bericht mahnt dringende institutionelle Reformen an, spricht aber auch von Versäumnissen des Europäischen Rats und der Kommission nach den gescheiterten Referenden in Frankreich und den Niederlanden. Diese hätten keine klare und deutliche Zielsetzung für die Reflexions- und Diskussionsphase benannt.

26. Januar 2006

Der französische Premierminister *de Villepin* betont auf der von der österreichischen Ratspräsidentschaft veranstalteten Konferenz *„Sound of Europe"* in Salzburg, dass das französische „Nein" zum Verfassungsvertrag keineswegs ein Nein zu Europa bedeute, sondern vielmehr ein Ausdruck von „Ängsten, Besorgnissen und Erwartungen" sei. Zur Überwindung der Krise sei es nötig, Antworten auf die Fragen nach den Grenzen und den Zielen der EU zu finden.

6. Februar 2006

Die finnische Präsidentin *Halonen* erklärt anlässlich des Arbeitsbeginns des finnischen Parlaments, dass die „Diskussion über den europäischen Verfassungsvertrag [...] im Mittelpunkt der finnischen EU-Präsidentschaft" im zweiten Halbjahr 2006 stehen werde. Es läge im besonderen Interesse der EU und Finnlands, dass der Verfassungsvertrag in Kraft trete.

8. Februar 2006

Das Flämische Parlament stimmt als letztes von insgesamt sieben belgischen Legislativorganen dem Verfassungsvertrag mit 84 zu 29 Stimmen (bei einer Enthaltung) zu. Somit hat Belgien als 14. Mitgliedstaat den Verfassungsvertrag ratifiziert.

Das estnische Parlament beginnt mit der Diskussion über die Ratifizierung des Verfassungsvertrages. In einem Bericht betont Außenminister *Paet*, dass Estland durch die Ratifizierung des Vertrages ein klares Zeichen nach Europa senden könne.

16. Februar 2006

Der französische Innenminister *Sarkozy* skizziert in einer Rede in der Konrad-Adenauer-Stiftung die Grundlinien seiner Europapolitik. Dabei betont er, dass der jetzige Verfassungsvertrag nicht

	in Kraft treten werde, er lehne ein erneutes Referendum auch über eine revidierte Fassung des Vertrages in Frankreich ab. Er plädiert dafür, dass eine zeitnah einzuberufende Regierungskonferenz zunächst die wichtigsten institutionellen Probleme lösen solle, die großen Zukunftsfragen der EU jedoch im Rahmen eines Konvents nach den nächsten Wahlen zum Europäischen Parlament 2009 zu debattieren sind.
17. Februar 2006	Der tschechische Präsident *Klaus* und sein polnischer Amtskollege *Lech Kaczyński* erklären in Prag, dass der Verfassungsvertrag die Souveränität ihrer Länder gefährde und daher abzulehnen sei. Gleichzeitig plädieren sie für ein neues Vertragsdokument zur Verbesserung der Funktionsweise der EU-Institutionen in einer erweiterten Gemeinschaft.
28. Februar 2006	Der ehemalige EU-Konventspräsident *Giscard d'Estaing* spricht sich anlässlich einer Konferenz an der LSE in London dafür aus, die Debatte über die konstitutionellen Teile I und II des Verfassungsvertrages wieder aufzunehmen. Diese hätten kaum Kritik erfahren. Der dritte Teil des Verfassungsvertrages solle dagegen auf parlamentarischem Weg umgesetzt werden, dies entspreche am ehesten seiner juristischen Natur.
9. März 2006	Der polnische Staatspräsident *Lech Kaczyński* lehnt in einer Rede in der Berliner Humboldt-Universität den Verfassungsvertrag ab; Europa sei für ein „quasistaatliches Gebilde" noch nicht reif, es fehle vor allem eine europäische Öffentlichkeit. Er plädiert vielmehr für ein Europa der Nationalstaaten und das Realisieren gemeinsamer Projekte, wie etwa das eines Europäischen Korps.
24. März 2006	Der Europäische Rat befasst sich anlässlich seiner zweitägigen Sitzung in Brüssel nicht mit dem Verfassungsvertrag.
27. März 2006	Die EU-Kommission startet auf ihren Internetseiten eine Debatte zur Zukunft der EU. Sie richtet sich in 20 Sprachen an alle EU-Bürger und ist Teil des sogenannten „Plan D".
1. April 2006	Die EVP-Fraktion des Europäischen Parlaments erklärt mit großer Mehrheit in ihrem „Manifest von Rom", am Verfassungsvertrag festhalten zu wollen und spricht sich dafür aus, den Ratifizierungsprozess fortzusetzen. Die niederländischen Christdemokraten stimmen gegen den Beschluss.
20. April 2006	Bundeskanzlerin *Merkel* und der spanische Ministerpräsident *Zapatero* bekräftigen bei einem Treffen in Madrid ihre Unterstützung für die Fortsetzung des Ratifizierungsprozesses. Der Text des Verfassungsvertrages verbessere deutlich die Funktionsweise und das Zusammenspiel der Institutionen.

9. Mai 2006 — Das estnische Parlament ratifiziert fast einstimmig den Verfassungsvertrag (73 zu 1 Stimmen). Estland ist damit der 15. Mitgliedstaat, der den Verfassungsvertrag annimmt.

11. Mai 2006 — Bundeskanzlerin *Merkel* bekräftigt in ihrer Regierungserklärung zur Europapolitik, dass die EU einen Verfassungsvertrag brauche, um ein handlungsfähiges Europa zu erhalten. Sie warnt jedoch vor einem „Schnellschuss“ und beabsichtigt, während der deutschen Ratspräsidentschaft im ersten Halbjahr 2007 einen Weg aus der Krise zu suchen.

17. Mai 2006 — Der luxemburgische Premierminister *Juncker* plädiert in einem Interview mit der Süddeutschen Zeitung für eine Verlängerung der Reflexions- und Denkphase, weil eine Mehrheit der Europäer derzeit „nicht mehr Europa“ wolle.

20. Mai 2006 — Bundeskanzlerin *Merkel* erklärt in einem Interview mit der Süddeutschen Zeitung, dass die EU den Verfassungsvertrag zum Erhalt ihrer Zukunftsfähigkeit brauche. Sie halte den Verfassungsvertrag in seiner jetzigen Form für „gut“.

25. Mai 2005 — Der luxemburgische Premierminister *Juncker* ruft die Europäer anlässlich seiner Auszeichnung mit dem Karlspreis in Aachen dazu auf, sich ehrgeizige Ziele zu setzen, um die politische Krise und das Stimmungstief zu überwinden. Der Verfassungsvertrag sei „nicht tot“ und müsse bis zu den kommenden Europawahlen 2009 verabschiedet werden. Darüber hinaus müsse in spätestens zehn Jahren ein „soziales Europa“ neben das ökonomische treten. Er lehnt die Bildung eines „Kerneuropa“ aus besonders integrationsfreudigen Mitgliedstaaten ab.

28. Mai 2006 — Die EU-Außenminister bekräftigen, bei ihrem informellen Treffen in Klosterneuburg bei Wien das Projekt einer europäischen Verfassung weiterzuverfolgen. Die österreichische Außenministerin *Plassnik* erklärt, dass die „Schweigephase zum Verfassungsvertrag“ beendet sei, jetzt gelte es die weiteren Etappen für den Verfassungsvertrag zu definieren.

31. Mai 2006 — Der belgische Premierminister *Verhofstadt* schlägt in einer Rede vor dem Europäischen Parlament eine zweigleisige Strategie für die zukünftige Entwicklung der EU vor: Der Ratifizierungsprozess des Verfassungsvertrages solle fortgesetzt und die Integration in der Eurozone verstärkt werden. Es sei wichtig, dass diejenigen, „die voranschreiten wollen, eine Alternative aufzeigen.“

6. Juni 2006 — Bundeskanzlerin *Merkel* und der französische Präsident *Chirac* bekräftigen bei ihrem informellen Treffen in Rheinsberg bei Berlin, die Verfassungskrise bis Ende 2008 lösen zu wollen. Sie äußern jedoch unterschiedliche Ansichten darüber, ob und in-

wieweit Teile der im Verfassungsvertrag enthaltenen Reformen bereits vorzeitig umgesetzt werden sollen. Die Bundesregierung betont, die politische Substanz des Verfassungsvertrages erhalten zu wollen, da sonst die im Konvent erreichte Balance zwischen den Interessen der Mitgliedstaaten zerbrechen könnte.

11. Juni 2006 — Der österreichische Bundeskanzler und Ratsvorsitzende *Schüssel* spricht sich in einem Interview für ein europaweites Referendum zum Verfassungsvertrag aus. Er plädiert dabei für die Anwendung des Mehrheitsprinzips, wobei die Mehrheit der EU-Bürger und die Mehrheit der Mitgliedstaaten dem Text zustimmen müssten. Er weist aber zugleich auf die hohen rechtlichen Hürden eines solchen Verfahrens hin.

14. Juni 2006 — Das Europäische Parlament verabschiedet eine Resolution, in der es seine Unterstützung für den Verfassungsvertrag bekräftigt und dafür plädiert, nach der „Reflexionsphase" jetzt eine „Analysephase" einzuleiten, um bis 2007 Klarheit über den Fortgang des Verfassungsprozesses zu erlangen. Darüber hinaus fordert es den Europäischen Rat auf, einen speziellen Dialog mit Frankreich und den Niederlanden zu initiieren, um Möglichkeiten zu sondieren, unter welchen Bedingungen das Ratifizierungsverfahren wieder aufgenommen werden könne.

Der luxemburgische Premierminister *Juncker* erklärt in einem Gespräch mit der Zeitung „Die Welt", dass der Verfassungsvertrag gegebenenfalls auch ohne bestimmte Mitgliedstaaten in Kraft gesetzt werden könne.

16. Juni 2006 — Der Europäische Rat beschließt auf seinem Gipfeltreffen in Brüssel, die „Phase des Nachdenkens" um ein Jahr bis ans Ende der deutschen Ratspräsidentschaft im ersten Halbjahr 2007 zu verschieben. Deutschland erhält ein „Mandat", bis dahin einen Vorschlag zur Lösung der Verfassungskrise auszuarbeiten.

21. Juni 2006 — Der italienische Außenminister *D'Alema* erklärt, dass die neue italienische Regierung sich gemeinsam mit Deutschland an einer „Rettung" des europäischen Verfassungsvertrages beteiligen und möglichst viele Elemente – allen voran die Grundprinzipien und die institutionellen Reformen – beibehalten wolle.

22. Juni 2006 — Der irische Premierminister *Ahern* warnt in einer Rede vor dem „Nationalen Forum zu Europa" in Dublin davor, einzelne Elemente des Verfassungsvertrages herauszulösen und umzusetzen. Dies würde die Balance des Gesamtdokuments auflösen.

1. Juli 2006 — Finnland übernimmt von Österreich die Ratspräsidentschaft für die zweite Jahreshälfte 2006. Der finnische Außenminister *Tuomioja* erklärt in Brüssel, dass die Weiterführung der Verfassungsdiskussion zu den Schwerpunkten der Präsidentschaft zähle.

31. August 2006

Der polnische Ministerpräsident *Jarosław Kaczyński* erklärt nach einem Treffen mit Kommissionspräsident *Barroso* in Brüssel, dass er sich Änderungen am Verfassungsvertrag wünsche. Konkrete Vorschläge macht er nicht.

22. September 2006

Bundeskanzlerin *Merkel* kündigt auf einer Veranstaltung der Bertelsmann-Stiftung in Berlin an, dass die Bundesregierung im Sommer 2007 einen „ambitionierten Vorschlag" zum Verfassungsvertrag machen werde. Sie spricht sich dafür aus, den Begriff „Verfassung" beizubehalten und bei den institutionellen Reformen Einigkeit zu wahren. Der belgische Premierminister *Verhofstadt* plädiert auf derselben Veranstaltung dafür, nach dem französischen und niederländischen „Nein" zum Verfassungsvertrag die europäische Einigung umso intensiver voranzubringen.

11. Oktober 2006

Bundeskanzlerin *Merkel* teilt im Anschluss an eine Kabinettssitzung, an der auch Kommissionspräsident *Barroso* teilgenommen hat, mit, dass die deutsche Ratspräsidentschaft im ersten Halbjahr 2007 einen Zeitplan vorlegen werde, um den Verfassungsvertrag noch vor den kommenden Europawahlen 2009 verabschieden zu können.

Die Präsidentschaftskandidatin der französischen Sozialisten *Royal* erklärt, dass sie den Verfassungsvertrag für „überholt" halte. Dennoch erachte sie eine institutionelle Reform für notwendig; sie schlägt vor, dass während der französischen Ratspräsidentschaft in der zweiten Jahreshälfte 2008 ein Verfassungskonvent ein neues Dokument erarbeiten solle. Vor dem französischen Referendum 2005 zählte *Royal* zu den Befürwortern des Verfassungsvertrages.

31. Oktober 2006

Das Bundesverfassungsgericht erklärt, die Entscheidung zur Klage des CSU-Bundestagsabgeordneten *Gauweiler* gegen das Ratifizierungsgesetz zum Verfassungsvertrag zu verschieben. Zunächst solle abgewartet werden, wie sich der europäische Verfassungsprozess weiterentwickele. Da Bundespräsident *Köhler* zuvor erklärt hatte, vor der Unterzeichnung des von Bundestag und Bundesrat mit großer Mehrheit verabschiedeten Ratifizierungsgesetzes das Urteil des Bundesverfassungsgerichts abzuwarten, hat Deutschland den Verfassungsvertrag formal noch nicht ratifiziert.

7. November 2006

Der SPD-Vorsitzende *Beck* spricht sich in einer Rede vor der sozialdemokratischen Fraktion im Europaparlament dafür aus, den Verfassungsvertrag als „Grundgesetz" zu bezeichnen. Inhaltlich sollen jedoch die zentralen Elemente des Verfassungsvertrages erhalten bleiben.

22. November 2006

Der Ausschuss für Auswärtige Angelegenheiten des Europaparlaments nimmt mit großer Mehrheit eine Resolution an, in der die Regierungen der EU-Mitgliedstaaten dazu aufgerufen werden, den Prozess der Verfassunggebung bis Ende 2008, rechtzeitig vor den nächsten Europawahlen, zu Ende zu bringen. Der Vertrag von Nizza sei keine geeignete Grundlage für zukünftige Erweiterungen der EU.

29. November 2006

Das Bundeskabinett verabschiedet das Arbeitsprogramm für die deutsche EU-Ratspräsidentschaft im ersten Halbjahr 2007. Darin wird das Voranbringen des Verfassungsprozesses als eine wichtige Aufgabe bezeichnet. Die EU brauche ein grundlegendes Dokument, das klar und nachvollziehbar regele, wie die Gemeinschaft verfasst sein soll; die aktuelle Version des Verfassungsvertrages biete dafür nach wie vor die beste Grundlage.

EU-Kommissarin *Wallström* erklärt in einem Bericht an die Kommission, dass das Ziel einer Diskussion über Europa und seine Politiken in vielen Bereichen erreicht worden sei.

5. Dezember 2006

Das finnische Parlament ratifiziert den Verfassungsvertrag mit 125 zu 39 Stimmen. Finnland ist damit der 16. Mitgliedstaat, der das Dokument annimmt.

14. Dezember 2006

Bundeskanzlerin *Merkel* erläutert im Bundestag die Zielsetzungen der deutschen EU-Ratspräsidentschaft. Sie betont, dass sie es für einen historischen Fehler hielte, wenn es nicht gelänge, bis zu den kommenden Europawahlen 2009 die „substanziellen Elemente des europäischen Verfassungsvertrages so zu bearbeiten, dass wir uns auf ein Ergebnis verständigen können.“ Hierfür wird die deutsche Ratspräsidentschaft bis zum Juni 2007 konkrete Vorschläge zum weiteren Vorgehen erarbeiten.

15. Dezember 2006

Anlässlich des Treffens des Europäischen Rates schlagen der spanische Europaminister *Navarro* und der luxemburgische Außenminister *Asselborn* in einem Brief an ihre Amtskollegen ein Sondertreffen derjenigen Staaten vor, die den Verfassungsvertrag bereits ratifiziert haben. Sie betonen, dass „die EU-Mitgliedstaaten, die den Vertragstext bereits ratifizieren konnten, […] ein besonderes Interesse daran [haben], die deutsche Ratspräsidentschaft bei ihren Bemühungen zu unterstützen, im Juni 2007 zu einer Vereinbarung zu gelangen, die es erlauben wird, den Reformprozess der Europäischen Union wieder in Gang zu setzen und dabei die Substanz des Vertragstextes, wie er von unseren Ländern ratifiziert wurde, zu wahren.“ Das Treffen ist für den 26. Januar 2007 in Madrid vorgesehen.

1. Januar 2007

Durch den EU-Beitritt Bulgariens und Rumäniens haben 18 Mitgliedstaaten den Verfassungsvertrag ratifiziert.

II. Grundlagen für die Arbeit des Konvents

II/1 Erklärung zur Zukunft der Union*

1. In Nizza wurden umfangreiche Reformen beschlossen. Die Konferenz begrüßt den erfolgreichen Abschluss der Konferenz der Vertreter der Regierungen der Mitgliedstaaten und appelliert an die Mitgliedstaaten, auf eine baldige Ratifikation des Vertrags von Nizza hinzuwirken.

2. Die Konferenz ist sich darin einig, dass mit dem Abschluss der Konferenz der Vertreter der Regierungen der Mitgliedstaaten der Weg für die Erweiterung der Europäischen Union geebnet worden ist, und betont, dass die Europäische Union mit der Ratifikation des Vertrags von Nizza die für den Beitritt neuer Mitgliedstaaten erforderlichen institutionellen Änderungen abgeschlossen haben wird.

3. Nachdem die Konferenz somit den Weg für die Erweiterung geebnet hat, wünscht sie die Aufnahme einer eingehenderen und breiter angelegten Diskussion über die Zukunft der Europäischen Union. Im Jahr 2001 werden der schwedische und der belgische Vorsitz in Zusammenarbeit mit der Kommission und unter Teilnahme des Europäischen Parlaments eine umfassende Debatte fördern, an der alle interessierten Seiten beteiligt sind: Vertreter der nationalen Parlamente und der Öffentlichkeit insgesamt, das heißt Vertreter aus Politik, Wirtschaft und dem Hochschulbereich, Vertreter der Zivilgesellschaft usw. Die Bewerberstaaten werden nach noch festzulegenden Einzelheiten in diesen Prozess einbezogen.

4. Im Anschluss an einen Bericht für seine Tagung in Göteborg im Juni 2001 wird der Europäische Rat auf seiner Tagung in Laeken/Brüssel im Dezember 2001 eine Erklärung annehmen, in der geeignete Initiativen für die Fortsetzung dieses Prozesses enthalten sein werden.

5. Im Rahmen dieses Prozesses sollten unter anderem folgende Fragen behandelt werden:
   - die Frage, wie eine genauere, dem Subsidiaritätsprinzip entsprechende Abgrenzung der Zuständigkeiten zwischen der Europäischen Union und den Mitgliedstaaten hergestellt und danach aufrechterhalten werden kann;
   - der Status der in Nizza verkündeten Charta der Grundrechte der Europäischen Union gemäß den Schlussfolgerungen des Europäischen Rates von Köln;
   - eine Vereinfachung der Verträge, mit dem Ziel, diese klarer und verständlicher zu machen, ohne sie inhaltlich zu ändern;
   - die Rolle der nationalen Parlamente in der Architektur Europas.

6. Durch diese Themenstellung erkennt die Konferenz an, dass die demokratische Legitimation und die Transparenz der Union und ihrer Organe verbessert und dauerhaft gesichert werden müssen, um diese den Bürgern der Mitgliedstaaten näher zu bringen.

* Die Erklärung ist als Erklärung Nr. 23 Bestandteil des Vertrages von Nizza, der von den Staats- und Regierungschefs auf der Tagung des Europäischen Rates in Nizza am 10. Dezember 2000 beschlossen und dort am 26. Februar 2001 unterzeichnet wurde.

7. Die Konferenz kommt überein, dass nach diesen Vorarbeiten 2004 erneut eine Konferenz der Vertreter der Regierungen der Mitgliedstaaten einberufen wird, die die vorstehend genannten Fragen im Hinblick auf die entsprechenden Vertragsänderungen behandelt.

8. Die Konferenz der Vertreter der Regierungen der Mitgliedstaaten wird keinesfalls ein Hindernis oder eine Vorbedingung für den Erweiterungsprozess darstellen. Außerdem werden diejenigen Bewerberstaaten, die ihre Beitrittsverhandlungen mit der Union dann abgeschlossen haben, zur Teilnahme an der Konferenz eingeladen. Bewerberstaaten, die ihre Beitrittsverhandlungen dann noch nicht abgeschlossen haben, werden zur Teilnahme als Beobachter eingeladen.

Quelle: Erklärung Nr. 23 zum Vertrag von Nizza, ABl. C 80 vom 10.3.2001, 85f.

II/2 Erklärung von Laeken zur Zukunft der Europäischen Union

I. Europa am Scheideweg

Jahrhundertelang haben Völker und Staaten versucht, durch Krieg und Waffengewalt den europäischen Kontinent unter ihre Herrschaft zu bringen. Nach der Schwächung durch zwei blutige Kriege und infolge des Geltungsverlusts in der Welt wuchs das Bewusstsein, dass der Traum eines starken und geeinigten Europas nur in Frieden und durch Verständigung verwirklicht werden konnte. Um die Dämonen der Vergangenheit endgültig zu bannen, wurde mit einer Gemeinschaft für Kohle und Stahl der Anfang gemacht, zu der dann später andere Wirtschaftszweige, wie die Landwirtschaft, hinzukamen. Schließlich wurde ein echter Binnenmarkt für Waren, Personen, Dienstleistungen und Kapital geschaffen, zu dem 1999 eine einheitliche Währung hinzutrat. Am 1. Januar 2002 wird der Euro für 300 Millionen europäische Bürger zur alltäglichen Realität.

Die Europäische Union entstand somit nach und nach. Zunächst ging es vor allem um eine wirtschaftliche und technische Zusammenarbeit. Vor zwanzig Jahren wurde mit der ersten Direktwahl des Europäischen Parlaments die demokratische Legitimität der Gemeinschaft, die bis dahin allein durch den Rat gegeben war, erheblich gestärkt. In den letzten zehn Jahren wurde eine politische Union auf den Weg gebracht, und es kam zu einer Zusammenarbeit in den Bereichen Sozialpolitik, Beschäftigung, Asyl, Einwanderung, Polizei, Justiz, Außenpolitik sowie zu einer gemeinsamen Sicherheits- und Verteidigungspolitik.

Die Europäische Union ist ein Erfolg. Schon mehr als ein halbes Jahrhundert lebt Europa in Frieden. Zusammen mit Nordamerika und Japan gehört die Union zu den drei wohlhabendsten Regionen der Welt. Und durch die Solidarität zwischen ihren Mitgliedern und eine gerechte Verteilung der Früchte des Wirtschaftswachstums ist der Lebensstandard in den schwächsten Regionen der Union gewaltig gestiegen, die so einen Großteil ihres Rückstands aufgeholt haben.

Fünfzig Jahre nach ihrer Gründung befindet sich die Union allerdings an einem Scheideweg, einem entscheidenden Moment ihrer Geschichte. Die Einigung Europas ist nahe. Die Union schickt sich an, sich um mehr als zehn neue, vor allem mittel- und osteuropäische Mitgliedstaaten zu erweitern und so eine der dunkelsten Seiten der europäischen Geschichte endgültig umzuschlagen: den Zweiten Weltkrieg und die darauf folgende künstliche Teilung Europas. Endlich ist Europa auf dem Weg, ohne Blutvergießen zu einer großen Familie zu werden – eine grundlegende Neuordnung, die selbstverständlich ein anderes als das vor fünfzig Jahren verfolgte Konzept verlangt, als sechs Länder den Prozess einleiteten.

Die demokratische Herausforderung Europas

Gleichzeitig muss sich Europa einer doppelten Herausforderung stellen, nämlich innerhalb und außerhalb seiner Grenzen.

In der Union müssen die europäischen Organe dem Bürger näher gebracht werden. Die Bürger stehen zweifellos hinter den großen Zielen der Union, sie sehen jedoch nicht immer einen Zusammenhang zwischen diesen Zielen und dem täglichen Wirken der Union. Sie verlangen von den europäischen Organen weniger Schwerfälligkeit und Starrheit und fordern vor allem mehr Effizienz und Transparenz. Viele finden auch, dass die Union stärker auf ihre konkreten

Sorgen eingehen müsste und sich nicht bis in alle Einzelheiten in Dinge einmischen sollte, die eigentlich besser den gewählten Vertretern der Mitgliedstaaten und der Regionen überlassen werden sollten. Manche erleben dies sogar als Bedrohung ihrer Identität. Was aber vielleicht noch wichtiger ist: Die Bürger finden, dass alles viel zu sehr über ihren Kopf hinweg geregelt wird, und wünschen eine bessere demokratische Kontrolle.

Europas neue Rolle in einer globalisierten Welt

Außerhalb ihrer Grenzen sieht sich die Europäische Union gleichfalls mit einer sich schnell wandelnden, globalisierten Welt konfrontiert. Nach dem Fall der Berliner Mauer sah es einen Augenblick so aus, als ob wir für lange Zeit in einer stabilen Weltordnung ohne Konflikte leben könnten. Die Menschenrechte wurden als ihr Fundament betrachtet. Doch wenige Jahre später nur ist uns diese Sicherheit abhanden gekommen. Der 11. September hat uns in grausamer Weise die Augen geöffnet. Die Gegenkräfte sind nicht verschwunden: Religiöser Fanatismus, ethnischer Nationalismus, Rassismus und Terrorismus sind auf dem Vormarsch. Regionale Konflikte, Armut und Unterentwicklung sind dafür nach wie vor ein Nährboden.

Welche Rolle spielt Europa in dieser gewandelten Welt? Muss Europa nicht – nun, da es endlich geeint ist – eine führende Rolle in einer neuen Weltordnung übernehmen, die Rolle einer Macht, die in der Lage ist, sowohl eine stabilisierende Rolle weltweit zu spielen als auch ein Beispiel zu sein für zahlreiche Länder und Völker? Europa als Kontinent der humanitären Werte, der Magna Charta, der Bill of Rights, der Französischen Revolution, des Falls der Berliner Mauer. Kontinent der Freiheit, der Solidarität, vor allem der Vielfalt, was auch die Achtung der Sprachen, Kulturen und Traditionen anderer einschließt. Die einzige Grenze, die die Europäische Union zieht, ist die der Demokratie und der Menschenrechte. Die Union steht nur Ländern offen, die ihre Grundwerte, wie freie Wahlen, Achtung der Minderheiten und der Rechtsstaatlichkeit, teilen.

Nun, da der Kalte Krieg vorbei ist und wir in einer globalisierten, aber zugleich auch stark zersplitterten Welt leben, muss sich Europa seiner Verantwortung hinsichtlich der Gestaltung der Globalisierung stellen. Die Rolle, die es spielen muss, ist die einer Macht, die jeder Form von Gewalt, Terror und Fanatismus entschlossen den Kampf ansagt, die aber auch ihre Augen nicht vor dem schreienden Unrecht in der Welt verschließt. Kurz gesagt, einer Macht, die die Verhältnisse in der Welt so ändern will, dass sie nicht nur für die reichen, sondern auch für die ärmsten Länder von Vorteil sind. Einer Macht, die der Globalisierung einen ethischen Rahmen geben, d. h. sie in Solidarität und in nachhaltige Entwicklung einbetten will.

Die Erwartungen des europäischen Bürgers

Das Bild eines demokratischen und weltweit engagierten Europas entspricht genau dem, was der Bürger will. Oftmals hat er zu erkennen gegeben, dass er für die Union eine gewichtigere Rolle auf den Gebieten der Justiz und der Sicherheit, der Bekämpfung der grenzüberschreitenden Kriminalität, der Eindämmung der Migrationsströme sowie der Aufnahme von Asylsuchenden und Flüchtlingen aus fernen Konfliktgebieten wünscht. Auch in den Bereichen Beschäftigung und Bekämpfung von Armut und sozialer Ausgrenzung sowie im Bereich wirtschaftlicher und sozialer Zusammenhalt will er Ergebnisse sehen. Einen gemeinsamen Ansatz verlangt er bei Umweltverschmutzung, Klimaänderung und Lebensmittelsicherheit. Kurz gesagt, bei allen grenzüberschreitenden Fragen, bei denen er instinktiv spürt, dass es nur durch Zusammenarbeit zu einer Wende kommen kann. Wie er auch mehr Europa in außen-, sicherheits- und verteidigungspolitischen Fragen wünscht, mit anderen Worten: mehr und besser koordinierte Maßnahmen bei der Bekämpfung der Krisenherde in und um Europa sowie in der übrigen Welt.

Gleichzeitig denkt derselbe Bürger, dass die Union in einer Vielzahl anderer Bereiche zu weit geht und zu bürokratisch handelt. Bei der Koordinierung der wirtschaftlichen, finanziellen und steuerlichen Rahmenbedingungen muss das gute Funktionieren des Binnenmarktes und der einheitlichen Währung der Eckpfeiler bleiben, ohne dass die Eigenheit der Mitgliedstaaten dadurch Schaden nimmt. Nationale und regionale Unterschiede sind häufig das Ergebnis von Geschichte und Tradition. Sie können eine Bereicherung sein. Mit anderen Worten, was der Bürger unter „verantwortungsvollem Regierungshandeln" versteht, ist das Schaffen neuer Möglichkeiten, nicht aber neuer Zwänge. Er erwartet mehr Ergebnisse, bessere Antworten auf konkrete Fragen, nicht aber einen europäischen Superstaat oder europäische Organe, die sich mit allem und jedem befassen.

Kurz, der Bürger verlangt ein klares, transparentes, wirksames, demokratisch bestimmtes gemeinschaftliches Konzept – ein Konzept, das Europa zu einem Leuchtfeuer werden lässt, das für die Zukunft der Welt richtungweisend sein kann, ein Konzept, das konkrete Ergebnisse zeitigt, in Gestalt von mehr Arbeitsplätzen, mehr Lebensqualität, weniger Kriminalität, eines leistungsfähigen Bildungssystems und einer besseren Gesundheitsfürsorge. Es steht außer Frage, dass Europa sich dazu regenerieren und reformieren muss.

II. Die Herausforderungen und Reformen in einer erneuerten Union

Die Union muss demokratischer, transparenter und effizienter werden. Und sie muss eine Antwort auf drei grundlegende Herausforderungen finden: Wie können dem Bürger, vor allem der Jugend, das europäische Projekt und die europäischen Organe näher gebracht werden? Wie sind das politische Leben und der europäische politische Raum in einer erweiterten Union zu strukturieren? Wie kann die Union zu einem Stabilitätsfaktor und zu einem Vorbild in der neuen multipolaren Welt werden? Um hierauf antworten zu können, muss eine Anzahl gezielter Fragen gestellt werden.

Eine bessere Aufteilung und Festlegung der Zuständigkeiten in der Europäischen Union

Der Bürger setzt oft Erwartungen in die Europäische Union, die von dieser nicht immer erfüllt werden; umgekehrt hat er aber mitunter den Eindruck, dass die Union zu viele Tätigkeiten in Bereichen entfaltet, in denen ihr Tätigwerden nicht immer unentbehrlich ist. Daher muss die Aufteilung der Zuständigkeiten zwischen der Union und den Mitgliedstaaten verdeutlicht, vereinfacht und im Lichte der neuen Herausforderungen, denen sich die Union gegenübersieht, angepasst werden. Dies kann sowohl dazu führen, dass bestimmte Aufgaben wieder an die Mitgliedstaaten zurückgegeben werden, als auch dazu, dass der Union neue Aufgaben zugewiesen oder die bisherigen Zuständigkeiten erweitert werden, wobei stets die Gleichheit der Mitgliedstaaten und ihre gegenseitige Solidarität berücksichtigt werden müssen.

Ein erstes Bündel von Fragen, die gestellt werden müssen, bezieht sich darauf, wie wir die Aufteilung der Zuständigkeiten transparenter gestalten können. Können wir zu diesem Zweck eine deutlichere Unterscheidung zwischen drei Arten von Zuständigkeiten vornehmen, nämlich: den ausschließlichen Zuständigkeiten der Union, den Zuständigkeiten der Mitgliedstaaten und den von der Union und den Mitgliedstaaten geteilten Zuständigkeiten? Auf welcher Ebene werden die Zuständigkeiten am effizientesten wahrgenommen? Wie soll dabei das Subsidaritätsprinzip angewandt werden? Und sollte nicht deutlicher formuliert werden, dass jede Zuständigkeit, die der Union nicht durch die Verträge übertragen worden ist, in den ausschließlichen Zuständigkeitsbereich der Mitgliedstaaten gehört? Welche Auswirkungen würde dies haben?

Ein weiteres Bündel von Fragen bezieht sich darauf, dass in diesem erneuerten Rahmen und unter Einhaltung des Besitzstands der Gemeinschaft zu untersuchen wäre, ob die Zuständigkeiten nicht neu geordnet werden müssen. In welcher Weise können die Erwartungen des Bürgers hierbei als Richtschnur dienen? Welche Aufgaben ergäben sich daraus für die Union? Und umgekehrt: welche Aufgaben sollten wir besser den Mitgliedstaaten überlassen? Welche Änderungen müssen am Vertrag in den verschiedenen Politikbereichen vorgenommen werden? Wie lässt sich beispielsweise eine kohärentere gemeinsame Außenpolitik und Verteidigungspolitik entwickeln? Müssen die Petersberg-Aufgaben reaktualisiert werden? Wollen wir uns bei der polizeilichen Zusammenarbeit und bei der Zusammenarbeit in Strafsachen einem stärker integrierten Konzept zuwenden? Wie kann die Koordinierung der Wirtschaftspolitiken verstärkt werden? Wie können wir die Zusammenarbeit in den Bereichen soziale Integration, Umwelt, Gesundheit und Lebensmittelsicherheit verstärken? Sollen andererseits die tägliche Verwaltung und die Ausführung der Unionspolitik nicht ausdrücklicher den Mitgliedstaaten bzw. – wo deren Verfassung es vorsieht – den Regionen überlassen werden? Sollen ihnen nicht Garantien dafür gegeben werden, dass an ihren Zuständigkeiten nicht gerührt werden wird?

Schließlich stellt sich die Frage, wie gewährleistet werden kann, dass die neu bestimmte Aufteilung der Zuständigkeiten nicht zu einer schleichenden Ausuferung der Zuständigkeiten der Union oder zu einem Vordringen in die Bereiche der ausschließlichen Zuständigkeit der Mitgliedstaaten und – wo eine solche besteht – der Regionen führt. Wie kann man zugleich darüber wachen, dass die europäische Dynamik nicht erlahmt? Auch in Zukunft muss die Union ja auf neue Herausforderungen und Entwicklungen reagieren und neue Politikbereiche erschließen können. Müssen zu diesem Zweck die Artikel 95 und 308 des Vertrags unter Berücksichtigung des von der Rechtsprechung entwickelten Besitzstandes überprüft werden?

Vereinfachung der Instrumente der Union

Nicht nur die Frage, wer was macht, ist von Bedeutung. Ebenso bedeutsam ist die Frage, in welcher Weise die Union handelt, welcher Instrumente sie sich bedient. Die einzelnen Vertragsänderungen haben jedes Mal zu einer Zunahme der Instrumente geführt. Und schrittweise haben sich die Richtlinien in die Richtung immer detaillierterer Rechtsvorschriften entwickelt. Die zentrale Frage lautet denn auch, ob die verschiedenen Instrumente der Union nicht besser definiert werden müssen und ob ihre Anzahl nicht verringert werden muss.

Mit anderen Worten: Soll eine Unterscheidung zwischen Gesetzgebungs- und Durchführungsmaßnahmen eingeführt werden? Muss die Anzahl der Gesetzgebungsinstrumente – direkte Normen, Rahmengesetzgebung und nicht bindende Instrumente (Stellungnahmen, Empfehlungen, offene Koordinierung) – verringert werden? Sollte häufiger auf die Rahmengesetzgebung zurückgegriffen werden, die den Mitgliedstaaten mehr Spielraum zur Erreichung der politischen Ziele bietet? Für welche Zuständigkeiten sind die offene Koordinierung und die gegenseitige Anerkennung die am besten geeigneten Instrumente? Bleibt das Verhältnismäßigkeitsprinzip der Ausgangspunkt?

Mehr Demokratie, Transparenz und Effizienz in der Europäischen Union

Die Europäische Union bezieht ihre Legitimität aus den demokratischen Werten, für die sie eintritt, den Zielen, die sie verfolgt, und den Befugnissen und Instrumenten, über die sie verfügt. Das europäische Projekt bezieht seine Legitimität jedoch auch aus demokratischen, transparenten und effizienten Organen. Auch die einzelstaatlichen Parlamente leisten einen Beitrag zu seiner Legitimierung. In der im Anhang zum Vertrag von Nizza enthaltenen Erklärung zur Zukunft der Union wurde darauf hingewiesen, dass geprüft werden muss, welche Rolle ihnen im europäischen Aufbauwerk zukommt. In einem allgemeineren Sinne ist zu fragen, welche Initiativen wir ergreifen können, um eine europäische Öffentlichkeit zu entwickeln.

Als Erstes stellt sich gleichwohl die Frage, wie wir die demokratische Legitimation und die Transparenz der jetzigen Organe stärken können – eine Frage, die für die drei Organe gilt.

Wie lassen sich die Autorität und die Effizienz der Europäischen Kommission stärken? Wie soll der Präsident der Kommission bestimmt werden: vom Europäischen Rat, vom Europäischen Parlament oder – im Wege direkter Wahlen – vom Bürger? Soll die Rolle des Europäischen Parlaments gestärkt werden? Sollen wir das Mitentscheidungsrecht ausweiten oder nicht? Soll die Art und Weise, in der wir die Mitglieder des Europäischen Parlaments wählen, überprüft werden? Ist ein europäischer Wahlbezirk notwendig oder soll es weiterhin im nationalen Rahmen festgelegte Wahlbezirke geben? Können beide Systeme miteinander kombiniert werden? Soll die Rolle des Rates gestärkt werden? Soll der Rat als Gesetzgeber in derselben Weise handeln wie in seiner Exekutivfunktion? Sollen im Hinblick auf eine größere Transparenz die Tagungen des Rates – jedenfalls in seiner gesetzgeberischen Rolle – öffentlich werden? Soll der Bürger besseren Zugang zu den Dokumenten des Rates erhalten? Wie können schließlich das Gleichgewicht und die gegenseitige Kontrolle zwischen den Organen gewährleistet werden?

Eine zweite Frage, ebenfalls im Zusammenhang mit der demokratischen Legitimation, betrifft die Rolle der nationalen Parlamente. Sollen sie in einem neuen Organ – neben dem Rat und dem Europäischen Parlament – vertreten sein? Sollen sie eine Rolle in den Bereichen europäischen Handelns spielen, in denen das Europäische Parlament keine Zuständigkeit besitzt? Sollen sie sich auf die Aufteilung der Zuständigkeiten zwischen der Union und den Mitgliedstaaten konzentrieren, indem sie beispielsweise vorab die Einhaltung des Subsidiaritätsprinzips kontrollieren?

Die dritte Frage ist die, wie wir die Effizienz der Beschlussfassung und die Arbeitsweise der Organe in einer Union von etwa 30 Mitgliedstaaten verbessern können. Wie könnte die Union ihre Ziele und Prioritäten besser festlegen und besser für deren Umsetzung sorgen? Brauchen wir mehr Beschlüsse mit qualifizierter Mehrheit? Wie lässt sich das Mitentscheidungsverfahren zwischen Rat und Europäischem Parlament vereinfachen und beschleunigen? Ist der halbjährliche Turnus des Vorsitzes der Union aufrechtzuerhalten? Welches ist die künftige Rolle des Europäischen Parlaments? Was wird aus Rolle und Struktur der verschiedenen Ratsformationen? Wie kann zudem die Kohärenz der europäischen Außenpolitik vergrößert werden? Wie lässt sich die Synergie zwischen dem Hohen Vertreter und dem zuständigen Kommissionsmitglied verbessern? Soll die Vertretung der Union in internationalen Gremien ausgebaut werden?

Der Weg zu einer Verfassung für die europäischen Bürger

Für die Europäische Union gelten zurzeit vier Verträge. Die Ziele, Zuständigkeiten und Politikinstrumente der Union sind in diesen Verträgen verstreut. Im Interesse einer größeren Transparenz ist eine Vereinfachung unerlässlich.

Die sich hierbei erhebenden Fragen lassen sich in vier Bündeln zusammenfassen. Ein erstes Fragenbündel betrifft die Vereinfachung der bestehenden Verträge ohne inhaltliche Änderungen. Muss die Unterscheidung zwischen Union und Gemeinschaften überprüft werden? Was soll mit der Einteilung in drei Säulen geschehen?

Sodann ist über eine mögliche Neuordnung der Verträge nachzudenken. Soll zwischen einem Basisvertrag und den übrigen Vertragsbestimmungen unterschieden werden? Soll sich diese Unterscheidung in einer Aufspaltung der Texte niederschlagen? Kann dies zu einer Unterscheidung zwischen den Änderungs- und Ratifikationsverfahren für den Basisvertrag und für die anderen Vertragsbestimmungen führen?

Ferner muss darüber nachgedacht werden, ob die Charta der Grundrechte in den Basisvertrag aufgenommen werden soll und ob die Europäische Gemeinschaft der Europäischen Menschenrechtskonvention beitreten soll.

Schließlich stellt sich die Frage, ob diese Vereinfachung und Neuordnung im Laufe der Zeit nicht letztlich dazu führen sollte, dass in der Union ein Verfassungstext angenommen wird. Welches sollten die Kernbestandteile einer solchen Verfassung sein? Die Werte, für die die Union eintritt, die Grundrechte und -pflichten der Bürger, das Verhältnis zwischen den Mitgliedstaaten in der Union?

III. Die Einberufung eines Konvents zur Zukunft Europas

Im Hinblick auf eine möglichst umfassende und möglichst transparente Vorbereitung der nächsten Regierungskonferenz hat der Europäische Rat beschlossen, einen Konvent einzuberufen, dem die Hauptakteure der Debatte über die Zukunft der Union angehören. Im Lichte der vorstehenden Ausführungen fällt diesem Konvent die Aufgabe zu, die wesentlichen Fragen zu prüfen, welche die künftige Entwicklung der Union aufwirft, und sich um verschiedene mögliche Antworten zu bemühen.

Der Europäische Rat hat Herrn V. Giscard d'Estaing zum Vorsitzenden des Konvents und Herrn G. Amato sowie Herrn J. L. Dehaene zu stellvertretenden Vorsitzenden ernannt.

Zusammensetzung

Neben seinem Vorsitzenden und seinen beiden stellvertretenden Vorsitzenden gehören dem Konvent 15 Vertreter der Staats- und Regierungschefs der Mitgliedstaaten (ein Vertreter pro Mitgliedstaat), 30 Mitglieder der nationalen Parlamente (2 pro Mitgliedstaat), 16 Mitglieder des Europäischen Parlaments und zwei Vertreter der Kommission an. Die Bewerberländer werden in vollem Umfang an den Beratungen des Konvents beteiligt. Sie werden in gleicher

Weise wie die derzeitigen Mitgliedstaaten vertreten sein (ein Vertreter der Regierung und zwei Mitglieder des nationalen Parlaments) und an den Beratungen teilnehmen, ohne freilich einen Konsens, der sich zwischen den Mitgliedstaaten abzeichnet, verhindern zu können.

Die Mitglieder des Konvents können sich nur dann durch Stellvertreter ersetzen lassen, wenn sie nicht anwesend sind. Die Stellvertreter werden in derselben Weise benannt wie die Mitglieder.

Das Präsidium des Konvents bilden der Vorsitzende, die beiden stellvertretenden Vorsitzenden und neun Mitglieder des Konvents (die Vertreter aller Regierungen, die während des Konvents den Ratsvorsitz innehaben, zwei Vertreter der nationalen Parlamente, zwei Vertreter der Mitglieder des Europäischen Parlaments und zwei Vertreter der Kommission).

Als Beobachter werden eingeladen: drei Vertreter des Wirtschafts- und Sozialausschusses und drei Vertreter der europäischen Sozialpartner sowie sechs Vertreter im Namen des Ausschusses der Regionen (die von diesem aus den Regionen, den Städten und den Regionen mit legislativer Befugnis zu bestimmen sind) und der Europäische Bürgerbeauftragte. Der Präsident des Gerichtshofs und der Präsident des Rechnungshofs können sich auf Einladung des Präsidiums vor dem Konvent äußern.

Dauer der Arbeiten

Die Eröffnungssitzung des Konvents findet am 1. März 2002 statt. Bei dieser Gelegenheit ernennt der Konvent sein Präsidium und legt seine Arbeitsmethoden fest. Die Beratungen werden nach einem Jahr so rechtzeitig abgeschlossen, dass der Vorsitzende des Konvents die Ergebnisse des Konvents dem Europäischen Rat vorlegen kann.

Arbeitsmethoden

Der Vorsitzende bereitet den Beginn der Arbeiten des Konvents vor, indem er die öffentliche Debatte auswertet. Dem Präsidium fällt die Aufgabe zu, Anstöße zu geben, und es erstellt eine erste Arbeitsgrundlage für den Konvent.

Das Präsidium kann die Kommissionsdienste und Experten seiner Wahl zu allen technischen Fragen konsultieren, die seines Erachtens vertieft werden sollten. Es kann Ad-hoc-Arbeitgruppen einsetzen.

Der Rat wird über den Stand der Arbeiten des Konvents auf dem Laufenden gehalten. Der Vorsitzende des Konvents legt auf jeder Tagung des Europäischen Rates einen mündlichen Bericht über den Stand der Arbeiten vor; dies ermöglicht es zugleich, die Ansichten der Staats- und Regierungschefs einzuholen.

Der Konvent tritt in Brüssel zusammen. Seine Erörterungen und sämtliche offiziellen Dokumente sind für die Öffentlichkeit zugänglich. Der Konvent arbeitet in den elf Arbeitssprachen der Union.

Abschlussdokument

Der Konvent prüft die verschiedenen Fragen. Er erstellt ein Abschlussdokument, das entweder verschiedene Optionen mit der Angabe, inwieweit diese Optionen im Konvent Unterstützung gefunden haben, oder – im Falle eines Konsenses – Empfehlungen enthalten kann.

Zusammen mit den Ergebnissen der Debatten in den einzelnen Staaten über die Zukunft der Union dient das Abschlussdokument als Ausgangspunkt für die Arbeit der Regierungskonferenz, die die endgültigen Beschlüsse fassen wird.

Forum

Im Hinblick auf eine umfassende Debatte und die Beteiligung aller Bürger an dieser Debatte steht ein Forum allen Organisationen offen, welche die Zivilgesellschaft repräsentieren (Sozialpartner, Wirtschaftskreise, nichtstaatliche Organisationen, Hochschulen usw.). Es handelt sich um ein strukturiertes Netz von Organisationen, die regelmäßig über die Arbeiten des Konvents unterrichtet werden. Ihre Beiträge werden in die Debatte einfließen. Diese Organisationen können nach vom Präsidium festzulegenden Modalitäten zu besonderen Themen gehört oder konsultiert werden.

Sekretariat

Das Präsidium wird von einem Konventssekretariat unterstützt, das vom Generalsekretariat des Rates wahrgenommen wird. Experten der Kommission und des Europäischen Parlaments können daran beteiligt werden.

Quelle: Europäischer Rat: Anlagen zu den Schlussfolgerungen des Vorsitzes, Europäischer Rat (Laeken), 14. und 15. Dezember 2001, 19–26 (Dokument Nr. SN 300/01 REV 1 ADD 1).

II/3 Die Zusammensetzung des Konvents (Personalprofile)

Das Präsidium

Mitglied	Nationalität	Partei	Jg./G.	Berufliche Funktion(en)	Karrieremuster
Valéry Giscard d'Estaing (P)	Frankreich	EVP	1926/m	Seit 1986: Präsident des Regionalrates der Auvergne; Seit 1993: Abgeordneter in der Assemblée Nationale (UDF, Puy-de-Dome); Seit 1997: Präsident des Rates der Europäischen Gemeinden und Regionen (CEMR); Seit 2003: Mitglied der *Académie française*	1959–62: Staatssekretär im Finanzministerium; 1962–66 und 1969–74: Wirtschafts- und Finanzminister; 1967–71: Bürgermeister von Chamalières; 1974–81: Staatspräsident; 1987–89 und 1993–97: Vorsitzender des Auswärtigen Ausschusses der Assemblée Nationale; 1989–93: MdEP; 1992–98: Präsident der Vereinigung der Präsidenten der Regionalräte (APCR)
Jean-Luc Dehaene (VP)	Belgien	EVP	1940/m	Bürgermeister des Brüsseler Vororts Vilvoorde; Präsident des Verwaltungsrates des Europa-Kolleg in Brügge	1981–92: Minister; 1992–99: Premierminister
Giuliano Amato (VP)	Italien	SPE	1938/m	Seit 5/2001: Mitglied des Senats; Professor für Völkerrecht an der NYU Law School und Gastprofessor am EHI Florenz	1975–97: Professor für Vergleichendes Verfassungsrecht an der Universität Rom; 1983–94: Abgeordneter des italienischen Parlaments; 1987–88: Stellvertretender Premierminister; 1987–89 und 1999–2000: Finanzminister; 1992–93 und 2000–01: Premierminister; 1998–99: Minister für Verfassungsreform
Henning Christophersen (RV)	Dänemark	ELDR	1939/m	Vorstandsmitglied der zweitgrößten skandinavischen Bank; Mitglied mehrerer Aufsichtsräte	1971–84: Mitglied des Folketing; 1978–79: Außenminister; 1978–84: Vorsitzender der Liberalen Partei; 1982–84: Finanzminister und stellvertretender Premierminister; 1985–95: Vizepräsident der Europäischen Kommission

Fortsetzung von II/3

Mitglied	Nationalität	Partei	Jg./G.	Berufliche Funktion(en)	Karrieremuster
Ana Palacio (RV)	Spanien	EVP	1948/w	Seit 1994: MdEP; Mitglied und Vorsitzende des Ausschusses für Freiheiten und Rechte der Bürger, Justiz und Inneres; Vorsitzende der Konferenz der Ausschussvorsitzenden; Mitglied des Vorstandes der EVP-Fraktion; Seit Juli 2002: Außenministerin	Anwältin; 1984–94: Lehraufträge an spanischen Universitäten
Seit 3/2003 **Alfonso Dastis**		EVP	1955/m	Generalsekretär für EU-Angelegenheiten im spanischen Außenministerium	Leitung der Bereiche Internationale Angelegenheiten und Sicherheit im Kabinett Aznar; 2000–02: Koordination der spanischen Ratspräsidentschaft (erstes Halbjahr 2002)
Giorgos Katiforis (RV)	Griechenland	SPE	1935/m	Seit 1994: MdEP; Stellvertretender Vorsitzender der SPE; Vorsitzender der griechischen Sozialisten im EP	1987–89 und 1993–94: Berater von Ministerpräsident Papandreou in Wirtschaftsfragen; 1994–99: Stellvertretender Vorsitzender des Ausschusses für Wirtschafts-, Währungs- und Industriepolitik
seit 2/2003 **Giorgos Papandreou**		SPE	1952/m	Seit Februar 1999: Außenminister; Seit 1981 Mitglied des griechischen Parlaments	7/1985–2/1987: Staatssekretär für kulturelle Angelegenheiten; 1988–89: Bildungsminister; 10/1993–7/1994: Stellvertretender Außenminister; 7/1994–10/1996: Bildungsminister; 9/1996–2/1999: Stellvertretender Außenminister
Íñigo Méndez de Vigo y Montojo (EP)	Spanien	EVP	1956/m	Seit 1996: MdEP; Seit 1992: Mitglied des Präsidiums der PP; Seit 1996: Koordinator der EVP im Ausschuss für konstitutionelle Fragen; Seit 1997: Vorsitzender der Spanischen Sektion des Aktionskomitees für die Europäische Union	1981–84: Mitglied des spanischen Parlaments; 1996–99: Mitglied des Ständigen Ausschusses der PP; Mitarbeit an der EP-Position zum Vertrag von Amsterdam; 1999/2000: Mitglied des Grundrechtekonvents und Vorsitzender der EP-Delegation

Mitglied	Nationalität	Partei	Jg./G.	Berufliche Funktion(en)	Karrieremuster
Klaus Hänsch (EP)	Deutschland	SPE	1938/m	Seit 1979: MdEP	1969–70: Redakteur; 1970–79: Referent und Pressesprecher im Wissenschaftsministerium NRW; 1989–94 und seit 1997: Stellvertretender Vorsitzender der SPE-Fraktion; 1994–97: Präsident des Europaparlaments
Michel Barnier (K)	Frankreich	EVP	1951/m	Seit 1999: Kommissar für Regionalpolitik und Institutionelle Reformen	1995–97: Französischer Europaminister; 1997–99: Vorsitzender der französischen Sektion des Ausschusses der Regionen; Senator (für die Savoyen); 1998–99: Präsident der EU-Delegation des französischen Senats; Präsident der Senatsdelegation für die EU; Präsident des *Conseil général* der Savoyen
António Vitorino (K)	Portugal	SPE	1957/m	Seit 1999: Kommissar für Justiz und Inneres	1980–84: Mitglied des Parlaments und des Gemeinsamen Ausschusses mit dem EP; 1985–86: Vorsitzender des Parlamentsausschusses für Verfassungsangelegenheiten und Bürgerrechte; 1986–87: Minister für Verwaltung und Justiz der Regierung Macao; 1989–94: Richter am portugiesischen Verfassungsgericht; 1994: MdEP, Vorsitzender des Ausschusses für bürgerliche Freiheiten, Justiz und Inneres; 1995–97: Stellvertretender Premierminister und Verteidigungsminister; 1998–99: Professor
Gisela Stuart (NP)	Großbritannien	SPE	1955/w	Mitglied des House of Commons für Birmingham Edgbaston; Seit Juli 2001: Mitglied des Auswärtigen Ausschusses	1998–99: Private Parlamentarische Sekretärin für Paul Boateng im Innenministerium; 1999–2001: parlamentarische Staatssekretärin im Gesundheitsministerium
John Bruton (NP)	Irland	EVP	1947/m	Seit 1969: Mitglied des irischen Parlaments; Seit 1997: Stellvertretender Vorsitzender der EVP;	1973–77: Parlamentarischer Staatssekretär im Bildungsministerium; 1975–77: Parlamentarischer Staatssekretär im Industrie- und Handelsministerium;

Fortsetzung von II/3

Mitglied	Nationalität	Partei	Jg./G.	Berufliche Funktion(en)	Karrieremuster
				Seit 2001: Mitglied des gemeinsamen Ausschusses Europapolitik des irischen Parlaments	1981–87: Minister, u. a. für Finanzen, Industrie, Energie, Handel und den öffentlichen Dienst; 1982–86: Parlamentspräsident; 12/1989–1/1991: Mitglied der PV des Europarates; 1990–2001: Parteichef Fine Gael; 1994–97: Premierminister
Alojz Peterle (BK)	Slowenien	EVP	1948/m	Seit 1990: Mitglied der slowenischen Nationalversammlung; Vorsitzender des Europaausschusses; Mitglied des außenpolitischen und verteidigungspolitischen Ausschusses und des Gemeinsamen Parlamentarischen Ausschusses EU-Slowenien	1990–92: Premierminister der slowenischen Regierung; 1993: Außenminister u. stellvertretender Premierminister; 1993–99: Vizepräsident der Europäischen Vereinigung der Christdemokraten; 1996: Vorsitzender der Parlamentarischen Kommission für Europäische Integration; 6–11/2000: Außenminister

Die Repräsentanten des Europäischen Parlaments

Mitglied	Nationalität	Partei	Jg./G.	Berufliche Funktion(en)	Karrieremuster
Olivier Duhamel	Frankreich	SPE	1950/m	Mitglied im Ausschuss für konstitutionelle Fragen; stellvertretendes Mitglied im Justiz- und Innenausschuss; Univ.-Professor, IEP Paris (Sciences Po)	Professor an der Université de Paris I – Panthéon Sorbonne
Linda McAvan	Großbritannien	SPE	1962/w	Seit 1998: MdEP; Vorstand der SPE-Fraktion; Mitglied des Auswärtigen Ausschusses	1984–85: Übersetzerin, Agence Europe; 1985–88: Administrator, Confederation of Socialist Parties der EG; 1988–90: Pressebüro, Youth Forum of the EC; 1990/91: Informationschefin, EC Youth Exchange Bureau; 1991–95: European Officer, Coalfield Communities Campaign;

Mitglied	Nationalität	Partei	Jg./G.	Berufliche Funktion(en)	Karrieremuster
					1993–98: Vize-Vorsitzende, Sheffield District Labour Party; 1995–98: Senior Strategy Beamtin, Barnsley Metropolitan Borough Council
Anne van Lanecker	Belgien	SPE	1954/w	Seit 1994: MdEP; Mitglied des Ausschusses für Beschäftigung und Sozialpolitik und des Ausschusses für Frauenrechte und Gleichberechtigung; Mitglied der Gemeinsamen Parlamentarischen Versammlung EU-Türkei	1979–84: Lehrbeauftragte für Soziologie an der Katholischen Universität von Leuven; 1984–89: Mitarbeiterin der Sozialistischen Partei im Belgischen Parlament; 1989–94: Kabinettsleiterin des flämischen Arbeits- und Sozialministers
Luís Marinho	Portugal	SPE	1949/m	Mitglied im Ausschuss für konstitutionelle Fragen; stellvertretendes Mitglied im Justiz- und Innenausschuss; Seit 1992: Mitglied des Sécretariat National der portugiesischen Sozialisten (PS)	1976–83: Abgeordneter im portugiesischen Parlament; 1986–87: Professor für Volkswirtschaft und Europäische Integration am Institut supérieur Miguel Torga; 1985–87: Professor für Volkswirtschaft und Jura an der Universität von Coimbra; 1992–97: stellvertretender Fraktionsvorsitzender der SPE; 1992–99: Vorsitzender der portugiesischen Sozialisten in der SPE-Fraktion; 1993–97: Mitglied des conseil consultatif von Coimbra; 1997–2002: Vizepräsident des EP
Elmar Brok	Deutschland	EVP	1946/m	Seit 1980: MdEP; Seit 1999: Vorsitzender des Auswärtigen Ausschusses des EP	Vertreter des EP bei den Regierungskonferenzen zu den Verträgen von Amsterdam (1997) und Nizza (2000)
Hanja Maij-Weggen	Niederlande	EVP	1943/w	Seit 1994: MdEP; Mitglied des Ausschusses für konstitutionelle Fragen und des Ausschusses für Auswärtige Angelegenheiten	1977–78: Mitglied der Regierungsdelegation für die UNO; 1979–89: MdEP; 1986–89: Vizevorsitzende der EVP-Fraktion; 1989–94: Ministerin für Verkehr und Wasserwirtschaft
Alain Lamassoure	Frankreich-	EVP	1944/m	Seit 1999: MdEP; Mitglied des Auswärtigen Ausschusses; Stellvertretendes Mitglied des Ausschusses für konstitutionelle Fragen; stellvertretender Vorsitzender der UDF	1986–93: Abgeordneter der Assemblée nationale; 1989–93: MdEP; 1993–95: Europaminister; 1995–97: Staatsminister für den Haushalt und Regierungssprecher

Fortsetzung von II/3

Mitglied	Natio-nalität	Partei	Jg./G.	Berufliche Funktion(en)	Karrieremuster
Timothy Kirkhope	Groß-britan-nien	EVP	1945/m	Seit 1999 MdEP; Mitglied des Ausschusses für konstitutionelle Fragen; EVP-Sprecher für Justiz und Inneres	Rechtsanwalt; 1982–86: Beigeordneter i. d. Grafschaft Northumberland; 1987–97: Mitglied im House of Commons; 1995–97: Parlamentarischer Staatssekretär im Innenministerium für Einwanderung und Grenzkontrollen; 1999–2002: Mitglied des EP-Ausschusses für Kultur, Jugend, Bildung, Medien und Sport
Antonio Tajani	Italien	EVP	1953/m	Seit 1994: MdEP; Vorsitzender der Forza Italia Delegation im EP; Mitglied des Ausschusses für konstitutionelle Fragen; Seit 2001: Mitglied des Stadtrats von Rom	1982: Herausgeber der Wochenzeitung „Settimanale“ 1994: Mitbegründer der Forza Italia und Sprecher von Premierminister Silvio Berlusconi; Mitglied der EP-Ausschüsse für Recht und Fischereiangelegenheiten
Andrew Nicholas Duff	Groß-britan-nien	ELDR	1950/m	Seit 1999: MdEP; stellvertretender Vorsitzender der Delegation des EP im Konvent; Erster Vizepräsident der Gemeinsamen Parlamentarischen Versammlung EU-Türkei; Stellvertretendes Mitglied des Ausschusses für auswärtige Angelegenheiten	1982–90: Stadtrat, Cambridge; 1993–99: Geschäftsführer der Vereinigung „Federal Trust for Education and Research“; Vorstandsmitglied der TEPSA (Trans European Policy Studies Association) 1994–97: Vizepräsident der Liberaldemokraten; 1999/2000: Mitglied des Grundrechtekonvents; Sprecher der ELDR für konstitutionelle Fragen
Johannes Voggen-huber	Öster-reich	Verts/ALE	1950/m	Seit 1991: Europasprecher der österreichischen Grünen; Seit 1995: MdEP; Mitglied des Ausschusses für konstitutionelle Fragen	Mitbegründer der Grünen in Österreich; 1977–82: Sprecher der Bürgerliste Salzburg; 1982–87: Stadtrat von Salzburg; 1988–92: Bundesgeschäftsführer der Grünen Alternative; 1990–92: Fraktionsvorsitzender der Grünen im Nationalrat, bis 1996 Abgeordneter im Nationalrat; 1999/2000: Mitglied im Grundrechtekonvent; 1999–2002: Vizepräsident des Ausschusses für konstitutionelle Fragen

Mitglied	Nationalität	Partei	Jg./G.	Berufliche Funktion(en)	Karrieremuster
Jens-Peter Bonde	Dänemark	UEN	1948/m	Seit 1979: MdEP; Mitglied des Ausschusses für konstitutionelle Fragen; Vorsitzender des EDU	Mitbegründer der dänischen „Volksbewegung gegen die EG“; Publizist und Herausgeber
Sylvia-Yvonne Kaufmann	Deutschland	GUE/NGL	1955/w	Seit 1991: Mitglied des PDS-Parteivorstandes; Seit 1999: MdEP und stellvertretende Fraktionsvorsitzende der GUE/NGL; Mitglied des Ausschusses für konstitutionelle Fragen	Seit 1973: Mitglied der SED bzw. PDS; 1981–88: wissenschaftliche Mitarbeiterin an der Humboldt-Universität Berlin, Fachgebiet Außenpolitik Japans, Geschichte der internationalen Beziehungen in Asien; 1988–90: Wissenschaftliche Mitarbeiterin am Institut für Internationale Politik und Wirtschaft in Berlin; März – Oktober 1990: Abgeordnete der Volkskammer der DDR; 10–12/1990: Mitglied des Deutschen Bundestages; 1991–94: Beobachterin im EP; 1993–2000: stellvertretende Bundesvorsitzende der PDS; 1999/2000: Mitglied im Grundrechtekonvent
Cristiana Muscardini	Italien	UEN	1948/w	Seit 1989 MdEP; Generalsekretärin der „Union für das Europa der Nationen“ (UEN);	1980–90: Mitglied des Stadtrats von Mailand; Mitglied des Auswärtigen Ausschusses und des Umweltausschusses; Publizistin

Die Repräsentanten der Staats- und Regierungschefs der Mitgliedstaaten

Mitglied	Nationalität	Partei	Jg./G.	Berufliche Funktion(en)	Karrieremuster
Louis Michel	Belgien	ELDR	1947/m	Außenminister und stellvertretender Regierungschef	1968–78: Lehrer für Holländische, Englische und Deutsche Literatur an der École Normale provinciale de Jodoigne

Fortsetzung von II/3

Mitglied	Nationalität	Partei	Jg./G.	Berufliche Funktion(en)	Karrieremuster
Peter Glotz	Deutschland	SPE	1939/m	Seit 2000: Professor am Institut für Medien und Kommunikationsmanagement der Universität St. Gallen; Direktor des Executive MBA in New Media and Communications	1970–72: Mitglied des Bayerischen Landtages; 1972–77 und 1983–96: MdB; 1974–77: Parlamentarischer Staatssekretär im Bundesministeriums für Bildung und Forschung; 1977–87: Berliner Senator für Wissenschaft und Forschung; 1981–87: SPD-Bundesgeschäftsführer; 1991: Allis-Chamlers Distinguished Chair für International Affairs an der Marquette University, Milwaukee, Wisconsin, USA
Seit 10/2002 **Joschka Fischer**		Verts/ ALE	1948/m	Seit 1998: Außenminister und Vizekanzler	Seit 1982: Mitglied der Grünen; 1983–3/1985: Mitglied des Deutschen Bundestages; 12/1985–2/1987: Staatsminister für Umwelt und Energie in Hessen; 4/1987–4/1991: Mitglied des Hessischen Landtags und Vorsitzender der Fraktion der Grünen im Hessischen Landtag; 4/1991–10/1994: Staatsminister für Umwelt, Energie und Bundesangelegenheiten in Hessen; 10/1994–10/1998: Sprecher der Fraktion Bündnis 90/ DIE GRÜNEN im Deutschen Bundestag
Pierre Moscovici	Frankreich	SPE	1957/m	Seit 1995: Europastaatsminister	1989: Chargé de mission auprès du Ministre d'Etat, ministre de l'Education nationale, de la Jeunesse et de Sports; 1990: Chef du service de la modernisation du Service public et du financement au Commissariat général du Plan; Seit 1990: Vorstandsmitglied der Parti socialiste; 1992–94: Schatzmeister der Parti socialiste; 1994–97: MdEP;

Mitglied	Natio-nalität	Partei	Jg./G.	Berufliche Funktion(en)	Karrieremuster
					1995–97: Nationaler Sekretär für Forschung und Entwicklung; 1995: Stadtverordneter von Montbéliard; 1997: Abgeordneter (Doubs)
Seit 11/2002 **Dominique de Villepin**		EVP	1953/m	Seit Mai 2002: Außenminister	1981–84: im Dienst des französischen Außenministeriums; 1984–89: Legationsrat in der Botschaft in Washington D.C.; 1989–92: Botschaftsrat Erster Klasse in der Vertretung Neu Delhi/Indien; 1993: Kabinettsdirektor im Außenministerium; 1995–2002: Generalsekretär des Präsidialamtes
Ray Mac-Sharry	Irland	UEN	1938/m	Präsident der irischen Telefongesellschaft Eircom; u. a. Aufsichtsratsvorsitzender des „London City Airport“	1969–89: Mitglied des irischen Parlaments; 1982: stellvertretender Ministerpräsident und Finanzminister; 1984–87: MdEP; 1984–87: Finanzminister, Agrarminister; 1989–93: EG-Kommissar für Landwirtschaft und ländliche Entwicklung („MacSharry-Reform“)
Seit 7/2002 **Dick Roche**		Fianna Fail	1947/m	Staatssekretär im Amt des irischen Premierministers und Staatssekretärs im irischen Außenministerium mit besonderer Zuständigkeit für Europäische Angelegenheiten	seit 1978: Dozent für öffentliche Verwaltung, öffentliche Finanzwirtschaft; Politik- und Institutionsfragen der EU, University College Dublin; 1987–97: Abgeordneter des irischen Parlaments; 1989–92: Vorsitzender des Gemeinsamen Ausschusses für staatsnahe Körperschaften des irischen Parlaments; 1997–2002: Vorsitzender des Gemeinsamen Ausschusses für strategische Management-Initiativen des irischen Parlaments

Fortsetzung von II/3

Mitglied	Nationalität	Partei	Jg./G.	Berufliche Funktion(en)	Karrieremuster
Gianfranco Fini	Italien	UEN	1952/m	Stellvertretender Regierungschef; Seit 1995: Vorsitzender der Alleanza Nazionale Seit 1983: Mitglied des italienischen Parlaments	Seit 1979: Journalist; 1994: Wahl ins EP; 1997: Wahl in den Stadtrat von Rom;
Jacques Santer	Luxemburg	EVP	1937/m	1999–2004: MdEP; Mitglied des Auswärtigen Ausschusses; Mitglied der Delegation für die Beziehungen zum südlichen Asien/ASEAN und der Delegation für die Beziehungen zur PV der NATO	1972–74: Staatssekretär für Arbeit und Soziales; 1974–79: Abgeordneter im luxemburgischen Parlament; 1975–79: MdEP; 1975–77: Vizepräsident des EP; 1979–84: Minister für Finanzen, Arbeit und soziale Sicherheit; 1984–95: Regierungschef und Finanzminister; 1989–95: Kulturminister; 1994–99: Präsident der Europäischen Kommission
Hans van Mierlo	Niederlande	ELDR	1931/m	1998–2002: Staatsminister im Außenministerium	Jurist: Journalist, Herausgeber des „Algemeene Handelsblad“ Gründer und Vorsitzender der „Democraten ’66“ (linksliberale politische Partei); 1981–82: Verteidigungsminister; 1994–98: Außenminister und stellvertretender Regierungschef unter Wim Kok; Mitglied des Parlaments (Eeste wie Tweede Kamer der Staten-Generaal)
Seit 10/2002 **Gijs de Vries**		ELDR	1956/m	Abgeordneter der Zweiten Kammer des niederländischen Parlaments	1981–84: wissenschaftlicher Mitarbeiter im Fachbereich Politikwissenschaften an der Reichsuniversität Leiden; 7/1984–8/1998: MdEP; Bei den Europawahlen 1989 und 1994 Spitzenkandidat der VVD;

Mitglied	Nationalität	Partei	Jg./G.	Berufliche Funktion(en)	Karrieremuster
					7/1994–8/1998: Vorsitzender des ELDR; 8/1998–7/2002: Staatssekretär für Inneres und Angelegenheiten des Königreiches
Hannes Farnleitner	Österreich	EVP	1939/m		Seit 1964: Tätigkeit in der österreichischen Bundeswirtschaftskammer, von 1992–96 als stellvertretender Generalsekretär; Mitglied des WSA (bis 1996 im Präsidium); 6/1996–2/2000: Wirtschaftsminister; 2/2000–12/2000: Sondergesandter des Wirtschaftsministeriums für auswärtige Wirtschaftsbeziehungen
João de Vallera	Portugal	SPE			Generaldirektor für Gemeinschaftsangelegenheiten, Abteilung Außenhandel Director-Geral dos Assuntos Communitários, Ministério dos Negócios Estrangeiros Portugiesischer Botschafter
Seit 5/2002 **Ernâni Lopes**			1942/m	Seit 1980: Professor am Institut for Political Studies, UCP, Lissabon; Seit 1985: Wirtschaftsberater für Firmen, Institutionen und Regierungen; Seit 1997: Direktor des Institute for European Studies, UCP, Lissabon	1967–74 und 1974–75: Wirtschaftswissenschaftler, später Leiter der Abteilung für wirtschaftliche Studien in der Banco de Portugal; 1975–79: Botschafter in Bonn; 1979–83: Leiter der ständigen Vertretung Portugals bei der EG, Brüssel; 1983–85: Finanz- und Planungsminister; 1997–2000: Kommissar Portugals bei dem wissenschaftlichen Kongress „Portugal-Brasilien-Jahr-2000"; Seit 2000: Vorstandsvorsitzender der Stiftung Luso-Espanhola.
Teija Tiilikainen	Finnland	SPE	1964/w	Forschungsdirektor des Centre for European Studies an der Universität von Helsinki	Forschungs- und Lehrtätigkeit am National Defence College, Helsinki und an der Abo Akademi Universität von Turku

Fortsetzung von III3

Mitglied	Nationalität	Partei	Jg./G.	Berufliche Funktion(en)	Karrieremuster
Lena Hjelm-Wallén	Schweden	SPE	1943/w	Seit 1993: Mitglied des Parteivorstandes der schwedischen Sozialdemokraten; Seit 1998: Stellvertretende Ministerpräsidentin	Seit 1969: Reichstagsabgeordnete; 1974–76: Staatssekretärin für Schulpolitik im Bildungs- und Kulturministerium; 1982–85: Ministerin für Bildung und Kultur; 1985–91: Ministerin für Internationale Entwicklungszusammenarbeit; 1991–94: stellvertretende Vorsitzende des bildungspolitischen Ausschusses des Reichstags; 1994–98: Außenministerin
Peter Hain	Großbritannien	SPE	1950/m	Seit 1991: Member of Parliament für Neath, South Wales; Seit 2001: Europaminister	Seit 1977: Labour-Mitglied; 1997–99: Parlamentarischer Unterstaatssekretär in Welsh Office; 1999–2001: Staatsminister im Foreign Office; 2001: Minister für Energie und Wettbewerb

Die Repräsentanten der nationalen Parlamente der Mitgliedstaaten

Mitglied	Nationalität	Partei	Jg./G.	Berufliche Funktion(en)	Karrieremuster
Karel De Gucht	Belgien	ELDR	1954/m	Seit 1995: Mitglied des flämischen Parlaments; Professor für Europarecht an der Freien Universität Brüssel; Seit 1999: Präsident der VLD	1980–94: MdEP; 1994–95: belgischer Senator
Elio Di Rupo	Belgien	SPE	1951/m	Präsident der wallonischen Sozialisten	1989–92: MdEP; 1992–94: Bildungsminister; 1994–99: stellvertretender Regierungschef Belgiens; 1999–2000: Premierminister Walloniens

Mitglied	Nationalität	Partei	Jg./G.	Berufliche Funktion(en)	Karrieremuster
Peter Skaarup	Dänemark	UEN/ EDU	1964/m	Seit 1998: Mitglied des Folketing; Mitglied in den Ausschüssen Recht und Außenpolitik und stellvertretender Vorsitzender der Dänischen Volkspartei und deren Fraktion	1990–95: Generalsekretär der Fortschrittspartei; 1995–98: Generalsekretär der Dänischen Volkspartei; 1996–99: Vorstandsmitglied des Danish Foreign Policy Institute (DUPI); Seit 1999: German Marshall Fund Fellow
Henrik Dam Kristensen	Dänemark	SPE	1957/m	Seit 1990: Mitglied des Folketing; Mitglied im Ernährungs-, Landwirtschafts- und Fischerei- sowie im Europaausschuss	1986–87: Mitarbeiter im dänischen Flüchtlingsrat; 1992–94: agrar- und fischereipolitischer Sprecher der dänischen Sozialdemokraten; 1994–96: Minister für Landwirtschaft und Fischerei; 1996–2000: Minister für Ernährung, Landwirtschaft und Fischerei; 2000–01: Sozialminister
Jürgen Meyer	Deutschland	SPE	1936/m	Seit 1981: Professor für deutsches und ausländisches Straf- und Strafprozessrecht, Kriminologie, Freiburg; Seit 1990: MdB; Stellvertretender Vorsitzender des Europa- und des Rechtsausschusses	Seit 1970 Mitglied der SPD; 1975–86: Kreisvorsitzender Breisgau/Hochschwarzwald; 1976–90: Mitglied des Landtages von Baden-Württemberg; 1979–83: Mitglied des SPD-Landesvorstandes Baden-Württemberg; 1999/2000: Mitglied des Grundrechtekonvents
Erwin Teufel	Deutschland	EVP	1939/m	Seit 1991: Ministerpräsident von Baden-Württemberg; Vizepräsident des AdR und Präsidiumsmitglied der Versammlung der europäischen Regionen	Seit 1972: Mitglied des Landtages von Baden-Württemberg; 1978–91: Fraktionsvorsitzender der CDU im BW-Landtag
Paraskevas Avgerinos	Griechenland	SPE	1927/m	Mitglied des griechischen Parlaments; Stellvertretender Vorsitzender des außen- und verteidigungspolitischen sowie des europapolitischen Ausschusses	1981–84: Gesundheitsminister; 1981–99: MdEP; 1993–99: Vizepräsident des EP

Fortsetzung von III/3

Mitglied	Natio-nalität	Partei	Jg./G.	Berufliche Funktion(en)	Karrieremuster
Marietta Giannakou	Grie-chen land	EVP	1951/w	Seit 2000: Mitglied des griechischen Parlaments; Stellvertretende Vorsitzende des europa-politischen Ausschusses; Mitglied des außen- und verteidigungs-politischen Ausschusses	1984–2000: MdEP; Vizepräsidentin der Europäischen Union Christlicher Demokraten (EUCD); Gesundheits- und Sozialministerin
José Borrell Fontelles	Spanien	SPE	1947/m	Seit 1986: Abgeordneter im spanischen Kongress für Barcelona; Seit 1997: Mitglied im Bundesvorstand der PSOE; Seit 10/1999: Präsident der gemeinsamen Kommission von Kongress und Senat für EU-Angelegenheiten	1979: Mitglied der Regionalregierung von Madrid, zu-ständig für Finanzen; 1982: Generalsekretär im Finanzministerium; 1984: Staatssekretär für Finanzen; 1991: Minister im „Superministerium" für Infra-struktur
Gabriel Cisneros Laborda	Spanien	EVP	1940/m	Mitglied im spanischen Kongress für Zaragoza; Mitglied des Ausschusses für Verfassungs-fragen; Generalsekretär der PP-Fraktion im Kongress; Seit der Gründung der PP Vorstandsmitglied	1977/78: Mitglied im siebenköpfigen Parlamentsaus-schuss, welcher die spanische Verfassung ausarbeitete; Generaldirektor der Sozialen Dienste; Staatssekretär für die Beziehungen zum Königshaus; 1999/2000: Mitglied des europäischen Grundrechte-konvents
Allain Barrau	Frank-reich	SPE	1947/m	Mitglied der Assemblée nationale; Vorsitzender des europapolitischen Aus-schusses	1984–86: Mitglied im Wirtschafts- und Sozialrat; 1986–93: Mitglied der Assemblée Nationale; 1989–95: Bürgermeister von Béziers; 1999–2000: Mitglied des nationalen Komitees für den Euro
Seit 7/2002 **Pierre Lequiller**		EVP	1949/m	Seit 1988: Mitglied der Assemblée nationale; Seit 2002: Vorsitzender des europapolitischen Ausschusses; Mitglied des außenpolitischen Ausschusses; Vizepräsident des Allgemeinen Rates von Yvelines	1977: Stellvertretender Bürgermeister von Louveciennes, zuständig für Finanzen; 1979: Mitglied des Allgemeinen Rat von Yvelines; 1985–2000: Bürgermeister von Louveciennes; 2000–02: Vizepräsident der Assemblée nationale

Mitglied	Nationalität	Partei	Jg./G.	Berufliche Funktion(en)	Karrieremuster
Hubert Haenel	Frankreich	EVP	1942/m	Seit 1986: Mitglied des Senats; Vorsitzender des europapolitischen Ausschusses des Senats; Vizepräsident des Regionalrats des Elsass; Mitglied des „Haute Cour de Justice“ und des „Cour de la Justice de la République“; Mitglied des Verwaltungsrates der SNCF	1976–86: Professor an der Université d'Aix-Marseille III (Institutions politiques, administratives et judiciaires françaises); 1999/2000: Mitglied des europäischen Grundrechtekonvents
Proinsias de Rossa	Irland	SPE	1940/m	Seit 1999: MdEP; Stellvertretender Vorsitzender des Petitionsausschusses, Mitglied des Ausschusses für Beschäftigung und Soziales; Stellvertretender Vorsitzender der SPE	Seit 1982: Mitglied des irischen Parlaments; Seit 1988: Vorsitzender der irischen Labour Party; 1992–97: Sozialminister
Marco Follini	Italien	EVP	1954/m	Seit 1966: Mitglied des Abgeordnetenhauses; Mitglied des außenpolitischen Ausschusses; Vorsitzender der CCD	Journalist, Chefredakteur der Wochenzeitung „La Discussione“;
Lamberto Dini	Italien	ELDR	1931/m	Seit 5/2001: Senator; Seit 6/2001: Vizepräsident des Senats; Vorsitzender der Partei „Rinnovamento Italiano“ (Erneuerung Italiens)	1959–75: Beamter beim IWF; 1976–80: Vorstandsmitglied des IWF; 1979–94: Generaldirektor der italienischen Nationalbank; 1989–94: Mitglied und 1993–94: Vizepräsident der Bank for International Settlements; 1994–96: Gouverneur Italiens beim IWF, EIB, Europäische Entwicklungsbank und bei der Inter-Amerikanischen Entwicklungsbank; 1994: Finanzminister; 10/1995–2/96: Justizminister; 1/1995–5/96: Ministerpräsident; 1996: Wahl ins Abgeordnetenhaus; 5/96–6/2001: Außenminister
Paul Helminger	Luxemburg	ELDR	1940/m	Seit 1994: Mitglied des Parlaments, Vorsitzender des außen- und europapolitischen Ausschusses;	1966–74: Diplomatischer Dienst: London, Helsinki, Genf; 1974–79: Stabschef unter Premier Gaston Thorn; 1979–84: Staatssekretär im Außenministerium;

Fortsetzung von II/3

Mitglied	**Nationalität**	**Partei**	**Jg./G.**	**Berufliche Funktion(en)**	**Karrieremuster**
				Seit 8/1999: Bürgermeister der Stadt Luxemburg	1984–89: Mitglied des luxemburgischen Parlaments; 1989–99: Präsident, SERIE SA (Wirtschaftsberatungsagentur); 1991–99: Stellvertretender Bürgermeister der Stadt Luxemburg
Ben Fayot	Luxemburg	SPE	1937/m	Mitglied des Parlaments; Stadtverordneter der Stadt Luxemburg	1984–89: Mitglied des luxemburgischen Parlaments; 1985–97: Vorsitzender der luxemburgischen Sozialisten (POSL); 1989–99: MdEP; 1999/2000: Mitglied des europäischen Grundrechtekonvents
René van der Linden	Niederlande	EVP	1943/m	Seit 6/99: Mitglied des Senats (Erste Kammer); Vorsitzender des Ausschusses für Landwirtschaft, Umwelt und Fischerei, Mitglied des Ausschusses für Außen-, Entwicklungs-, Europa- und Finanzpolitik; Mitglied der PV des Europarates, des Präsidiums des Europarates und der PV der WEU	1973–76: Mitglied im Kabinett von EG-Kommissar Lardinois; 1977: Mitglied des Kabinetts von EG-Kommissar Vredeling; 1977–86 und 1988–98: Mitglied des Abgeordnetenhaus; 1986–88: Staatssekretär im Außenministerium, zuständig für Europapolitik
Frans Timmermans	Niederlande	SPE	1961/m	Seit 1988: Mitglied des Parlaments (2. Kammer der Staten-Generaale); Mitglied im Ausschuss für Außen-, Verteidigungs- und Europapolitik und der PV des Europarates und der WEU	Diplomatischer Dienst, u. a. in Moskau; Mitarbeiter im militärischen Geheimdienst der Königlichen NL Armee; Stabschef im Hochkommissariat für nationale Minderheiten der OSZE; Mitglied im Kabinett von Kommissar Van den Broek
Caspar Einem	Österreich	SPE	1948/m	Mitglied des Parlaments (Nationalrat); Vorsitzender der SPÖ-Nationalratsfraktion; Europapolitischer Sprecher der SPÖ	1994/95: Staatssekretär im Bundeskanzleramt; 1995–97: Bundesinnenminister; 1997–2000: Bundesminister für Wissenschaft und Verkehr
Reinhard Eugen Bösch	Österreich	UEN/EDU	1957/m	Mitglied des Parlaments (Nationalrat) für die FPÖ	1989–94: Abgeordneter zum Vorarlberger Landtag; 1994–99: Abgeordneter zum Bundesrat; 1999: stellvertretendes Mitglied der Europarat-PV

Mitglied	Nationalität	Partei	Jg./G.	Berufliche Funktion(en)	Karrieremuster
Alberto Costa	Portugal	SPE	1947/m	Mitglied des Parlaments für den Wahlkreis Lissabon; Seit 1990: Mitglied des nationalen PS-Vorstandes	1974–95 und 1998: Anwalt; 1976–86: Professor am Institut Supérior d' Economie de Lisbonne; 1977–79: Juraprofessor an der Universität von Lissabon; 1990: Mitglied des Presserates; Mitglied des Parlaments in der 5. bis 7. Legislaturperiode; Vorsitzender des europapolitischen Ausschusses; 1992–95: Stellvertretender Vorsitzender der PS-Fraktion; 1995–97: Minister für Verwaltung
Eduarda Azevedo	Portugal	EVP	1956/w	Seit 1995: Mitglied des Parlaments; Mitglied des Ausschusses Europapolitik; Vorsitzende der portugiesischen Delegation der OSZE-PV	1991–95: Staatssekretärin im Justizministerium; 1999–2000: Mitglied des Grundrechtekonvents; Generaldirektorin für Europäische Fragen im Landwirtschaftsministerium; Mitglied des Verteidigungs-, Familien- und Verfassungsreformausschusses; 1999–2002: Stellvertretende Vorsitzende der PSD; Universitätsprofessorin, spezialisiert auf Europa- und Agrarrecht, Anwältin
Kimmo Kiljunen	Finnland	SPE	1951/m	Seit 1995: Mitglied des Parlaments; Stellvertretender Vorsitzender des europapolitischen Ausschusses; Seit 1995: Mitglied der OSZE-PV; Seit 1996: Mitglied der finnischen Delegation zum Nordischen Rat; Seit 2001: Vizepräsident der OSZE-PV	1986–95: Direktor des Instituts für Entwicklungsländer der Universität von Helsinki; 1996–2002: Mitglied des europapolitischen Ausschusses; 4 Jahre Mitarbeiter der UNO
Matti Vanhanen	Finnland	ELDR	1955/m	Seit 1991: Mitglied des Parlaments; Mitglied des europapolitischen Ausschusses; Seit 1999: stellvertretender Vorsitzender der Finnischen Zentrumspartei	1985–88: Journalist bei der Zeitung „Kesäsanomat“, 1988–91 deren Herausgeber; 1994–2000: stellvertetender Fraktionsvorsitzender der Fraktion der Finnischen Zentrumspartei; 2000–2001: Teilnahme an verschiedenen COSAC-Treffen

Fortsetzung von III/3

Mitglied	Nationalität	Partei	Jg./G.	Berufliche Funktion(en)	Karrieremuster
Seit 5/2003 **Jari Vilén**		konservativ	1964/m	Seit 1999: Mitglied des Parlaments; 1999–2001: Mitglied des „Grand Committee", des Verwaltungsausschusses und der finnischen Delegation im Nordischen Rat; Seit 2002: Vorsitzender der Europäischen Bewegung in Finnland seit 2003: Mitglied des „Grand Committee" und des Auswärtigen Ausschusses	1995: Sonderberater beim EP; 1995–99: Mitglied im Regionalrat von Lappland; 1993–96: Mitglied des Stadtrates von Kemi; 1995–2000: stellvertretender Vorsitzender des National Coalition Party Council; 1996–2001: stellvertretender Vorsitzender des Paasikivi Institute; 2001: Vorsitzender der konservativen Gruppe im Nordischen Rat
Sören Lekberg	Schweden	SPE	1946/m	Seit 1982: Mitglied des Parlaments (Reichstag); Vorsitzender des europapolitischen Ausschusses; Mitglied des außenpolitischen Ausschusses; Seit 1994: Mitglied der schwedischen Delegation zur Europarat-PV; Ombudsmann in Schweden	
Göran Lennmarker	Schweden	EVP	1943/m	Mitglied des Parlaments; Stellvertretender Vorsitzender des europapolitischen und des außenpolitischen Ausschusses; Stellvertretender Vorsitzender der OSZE; Stellvertretendes Mitglied der schwedischen Delegation zum Nordischen Rat	
Rt Hon David Heathcoat Amory	Großbritannien	EVP	1949/m	Seit 1983: Mitglied des House of Commons für Wells, Somerset; 1996: Ernennung zum Geheimrat („Privy Councellor")	1989: parlamentarischer Staatssekretär, Abteilung Umwelt; 1990: parlamentarischer Staatssekretär, Abteilung Energie; 1992: stellvertretender Fraktionsvorsitzender; 1993–96: Staatsminister im Außenministerium, zuständig für Europa und Lateinamerika; 1997: Schattenchefsekretär des Finanzministeriums; 2000–01: Schattenminister für Handel und Industrie

Die Repräsentanten der nationalen Regierungen der Bewerberländer

Mitglied	Nationalität	Partei	Jg./G.	Berufliche Funktion(en)	Karrieremuster
Meglena Kuneva	Bulgarien	EVP	1957/w	Stellvertretende Außenministerin und Chefunterhändlerin in den EU-Beitrittsverhandlungen Seit 2002: Ministerin für Europaangelegenheiten	Mitglied des Parlaments; Mitglied des internationalen Rates zum Umweltrecht; 1991–2001: Rechtsberaterin des Kabinetts
Lennart Meri	Estland	ELDR	1929/m	Seit 2001: Mitglied der Estnischen Akademie der Wissenschaften	1963–68: Drehbuchautor und 1968–71 bzw. 1986–88 Produzent bei Tallinfilm; 1985–87: Sekretär für Auswärtige Beziehungen des Estnischen Schriftstellerverbandes; 1988–90: Gründer und Direktor des Estnischen Institutes; 4–10/1992: Botschafter in Finnland; 1992–2001: Präsident Estlands
Roberts Zíle	Lettland	UEN/ EDU	1958/m	Minister, zuständig für die Kooperation mit internationalen Finanzagenturen	1994–95: Mitglied des Stadtrates von Riga; 2/97–11/1998: Finanzminister; 3/96–2/97 und 11/98–3/1999: Vorsitzender des Ausschusses für Haushalt, Finanzen und Steuern
Seit 1/2003 **Sandra Kalniete**		parteilos	1952/w	Außenministerin	1988–90: Generalsekretärin im Koordinationsrat der Lettischen Volksfront (LPF), Stellvertretende Vorsitzende; 1990–93: Stellvertretende Außenministerin; 1993–2002: Sonderbeauftragte und bevollmächtigte Botschafterin Lettlands bei den VN, in Frankreich und bei der UNESCO
Rytis Martikonis	Litauen	SPE	1967/m	Stellvertretender Außenminister, zuständig für Europapolitik; Stellvertretender Leiter der litauischen Delegation für die EU-Beitrittsverhandlungen	1992: Mitglied der European Integration Unit im Außenministerium; 1995–99: Rat in der litauischen Vertretung bei der EU; 1999–2001: Leiter der Abteilung „Europäische Integration“ im Außenministerium

Fortsetzung von III3

Mitglied	Nationalität	Partei	Jg./G.	Berufliche Funktion(en)	Karrieremuster
Peter Serracino-Inglott	Malta	EVP	1936/m	Berater des Premierministers; Professor für Philosophie und Direktor des Mediterranean Institute of Malta	Rektor der Universität von Malta; Präsident des maltesischen Rates für Wissenschaft und Technologie; Direktor des International Ocean Institute, Malta
Danuta Hübner	Polen	SPE	1948/w	Staatssekretärin für Europäische Integration im Außenministerium; Geschäftsführerin des Komitees für Europäische Integration; Professorin für Internationale Wirtschaftswissenschaften an der School of Economics, Warschau	Stellvertretende Generalsekretärin der UNO; Geschäftsführerin der UNECE; Leiterin des Präsidialamtes; Leiterin der Verhandlungen über den polnischen Beitritt zur OECD; Staatssekretärin im Ministerium für Handel und Industrie
Hildegard Carola Puwak	Rumänien	SPE	1949/w	Seit 1996: Mitglied des Parlaments; Europaministerin; Dozentin am Polytechnischen Institut, Bukarest	1993–96: Staatssekretärin, Leiterin der Abteilung für wirtschaftliche Reform; 1996–2000: Stellvertretende Vorsitzende des Ausschusses für Europäische Integration, Mitglied des Ausschusses für Wirtschaftspolitik, Reform und Privatisierung; Mitglied des Gemeinsamen Parlamentarischen Ausschusses Rumänien-EU
Jan Figel	Slowakei	EVP	1960/m	Staatssekretär im Außenministerium (bis 10/2002); Seit 10/2002 Abgeordneter	6/1992–10/98: Mitglied des Parlaments; 1/95–10/98: Stellvertretender Vorsitzender des Ausschusses für Landwirtschaft und ländliche Entwicklung der PV des Europarates; 2/97–10/98: Vorsitzender des Unterausschusses für Internationale Wirtschaftsbeziehungen der PV des Europarates
Seit 11/2002 **Ivan Korčok**		EVP	1964/m	Staatssekretär im Außenministerium	1996–97: Sprecher des Außenministeriums; 1997–98: Geschäftsführender Leiter der Abteilung Politikplanung und -analyse im Außenministerium; 1998–99: Botschaftsrat und Chargé d'Affaires bei der slowakischen Botschaft in der Schweiz

Mitglied	Nationalität	Partei	Jg./G.	Berufliche Funktion(en)	Karrieremuster
					1999–2001: Botschaftsrat und Stellvertretender Leiter der slowakischen Delegation bei der NATO; 3/2001: Generalsekretär der Abteilung Internationale Organisationen u. Sicherheitspolitik im Außenministerium
Matjaz Nahtigal	Slowenien	SPE	1968/m	Direktor des Gesetzgebungsbüros der slowenischen Regierung	
Seit 1/2003 **Dimitrij Rupel**		LDS	1946/m	Außenminister	1990–93: Außenminister; 1993–95: Abgeordneter in der Nationalversammlung; 1995–97: Bürgermeister von Ljubljana; 1997–2000: Botschafter der Republik Slowenien in Washington, USA
Jan Kavan	Tschechische Republik	SPE	1946/m	Stellvertretender Regierungschef und Außenminister; Stellvertretender Vorsitzender des Ausschusses für Europäische Integration	Senator; 1990: Mitglied des tschechoslowakischen Parlaments, Mitglied im außenpolitischen Ausschuss; Außenpolitischer Sprecher der tschechischen Sozialdemokraten
Seit 9/2002 **Jan Kohout**		Sozialdemokrat	1961/m	*Political Director*, Außenministerium	Europakorrespondent und Leiter der VN-Abteilung im Außenministerium; Stellvertretender Leiter der Ständigen Vertretung der Tschechischen Republik bei den Vereinten Nationen und der OSZE in Wien
János Martonyi	Ungarn	EVP			
Seit 6/2002 **Péter Balázs**		parteilos	1941/m	Seit 2002: Staatssekretär für Integration und Außenhandelsbeziehungen; Seit 2000: Professor an der Universität für Wirtschaftund Öffentliche Verwaltung in Budapest	1969–82: Referent und Abteilungsleiter im Außenhandelsministerium; 1982–87: Wirtschaftsberater für EG-Angelegenheiten bei der Ungarischen Botschaft in Brüssel

Fortsetzung von II/3

Mitglied	Nationalität	Partei	Jg./G.	Berufliche Funktion(en)	Karrieremuster
					1987–88: Koordinator für internationale Wirtschaftsorganisationen im Büro des Premierministers; 1988–92: Generaldirektor für multilaterale Beziehungen im Ministerium für Internationale Wirtschaftsbeziehungen; 1992–93: Ständiger Staatssekretär im Ministerium für Industrie und Handel
Michalis Attalides	Zypern	EVP	1941/m		1977–89: International Relations Service des zypriotischen Parlaments, seit 1979 dessen Direktor; 1989–91: Abteilungsdirektor im Außenministerium; 1995–98: ständiger Vertreter Zyperns bei der EU; 1991–98: Botschafter in Frankreich, Belgien und Luxemburg; 1998–2000: Hoher Vertreter Zyperns in GB; 2000–01: Staatssekretär im Außenministerium
Mesut Yilmaz	Türkei	UEN/ EDU	1947/m	Stellvertretender Regierungschef und Staatsminister; Mitbegründer und Vorsitzender der Mutterlandpartei (ANAP); Mitglied des Parlaments; Seit 1988: Vizepräsident der Europäischen Demokratischen Union	1983: Staatsminister für Informationspolitik; 1983–91: Stellvertretender Vorsitzender der Mutterlandpartei; 1986: Minister für Kultur und Tourismus; 1987–90: Außenminister; 1997–99: Premierminister
Seit 12/2002 **Yasar Yakis**					
Seit 3/2003 **Abdullah Gül**		SPE/ AKP	1950/m	Stellvertretender Premierminister und Außenminister	1983–91: Ökonom bei der Islamic Development Bank, Jeddah; 1991: Abgeordneter für die Wohlfahrtspartei; Mitglied der Planungs- und Haushaltskommission; 1993: Stellvertretender Vorsitzender der Wohlfahrtspartei; 1995: Wiederwahl ins Parlament; Mitglied der Kommission für Außenpolitik

Mitglied	Nationalität	Partei	Jg./G.	Berufliche Funktion(en)	Karrieremuster
					1996–97: Staatsminister und Regierungssprecher; 1999: Abgeordneter für die Schicksalspartei; 1992–2000: Mitglied der PV des Europarates, Mitglied des Kultur- und Bildungsausschusses und des politischen Ausschusses; 8/2001; Gründungsmitglieder der AKP, stellvertretender Vorsitzender; Mitglied der NATO-PV

Die Repräsentanten der nationalen Parlamente der Bewerberländer

Mitglied	Nationalität	Partei	Jg./G.	Berufliche Funktion(en)	Karrieremuster
Daniel Valtchev	Bulgarien	UEN/EDU	1962/m	Mitglied des Parlaments; Vorsitzender des europapolitischen Ausschusses	Anwalt
Nikolai Mladenov	Bulgarien	EVP	1972/m	Mitglied des Parlaments; Stellvertretender Vorsitzender des europapolitischen Ausschusses	1997–98: Programmdirektor der Open Society Foundation; 1998–99: Human Development Officer, World Bank Office in Sofia; 1999: European Institute
Tunne Kelam	Estland	UEN/EDU	1936/m	Vizepräsident des Parlaments (Riigikogu); Vorsitzender des europapolitischen Ausschusses; Co-Vorsitzender des Gemeinsamen Parlamentarischen Ausschusses EU-Estland	1992–95: Leiter der estnischen Delegation zur Europarat-PV; 1992–95: Vorsitzender der IPU Estonian National Group, Vorsitzender der estnischen Verfassungsversammlung; 1994–95: Vizepräsident der Europarat-PV; 1996–2000: Mitglied der Europarat-PV
Peeter Reitzberg	Estland	ELDR	1948/m	Vizepräsident des Parlaments (Riigikogu)	1995: Minister für Bildung und Kultur; Seit 1999: Mitglied des Parlaments; Stellvertretender Bürgermeister von Tallin

Fortsetzung von III3

Mitglied	Nationalität	Partei	Jg./G.	Berufliche Funktion(en)	Karrieremuster
Seit 4/2003 **Rein Lang**		Reform Party	1957/m	Mitglied des Parlaments; Mitglied des Ausschusses für Verfassungsfragen	Stellvertretender Bürgermeister von Tallinn
Rihards Piks	Lettland	EVP	1941/m	Vizepräsident des Parlaments (Saeima); Mitglied in den Ausschüssen Europapolitik und Außenpolitik; Stellvertretender Vorsitzender des Gemeinsamen Parlamentarischen Ausschusses EU – Lettland; Mitglied des Vorstandes der Volkspartei und deren außenpolitischer Sprecher	1992–94: Vertreter Lettlands bei „Eureka Audiovisual“ in Brüssel; Stellvertretender Vorsitzender des Nationalen Radio- und TV-Rates; Gründer und Direktor der Ltd SIA „Baltic Cinema“; 1993–95: Gründer und Lehrbeauftragter am Cinematography Department der Lettischen Kulturakademie; 1996–97: Kulturminister; Leiter der lettischen Delegation zur Interparlamentarischen Union; Präsident der lettischen Sektion der UNESCO; Vorsitzender der Konferenz der europäischen Kulturminister
Edvins Inkens	Lettland	ELDR	1958/m	Vorsitzender des europapolitischen Ausschusses des Saeima; Mitglied des außenpolitischen Ausschusses; Co-Vorsitzender des Gemeinsamen Parlamentarischen Ausschusses EU – Lettland; Vorstandsmitglied der Partei des Lettischen Weges	1986–90: Politischer Kommentator im lettischen Staatsfernsehen; 1993–94: Minister ohne Portofolio in der Regierung Vladis Birkavs; 1993–98: Mitglied des Parlaments (Saeima); außenpolitischer Berater des Ministerpräsidenten Ivars Godmanis; 1995–98: Mitglied der WEU-PV
Seit 2/2003 **Liene Liepina**		New Era	1957/w	Mitglied des Parlaments; Schriftführerin des Europaausschusses; Mitglied des Sozial- und Arbeitsausschusses	Dolmetscherin

Mitglied	Nationalität	Partei	Jg./G.	Berufliche Funktion(en)	Karrieremuster
Vytenis Andriukaitis	Litauen	SPE	1951/m	Seit 1992: Mitglied des Parlaments; Vizepräsident des Parlaments (Seimas); Vorsitzender des europapolitischen Ausschusses	Mitglied der PV des Europarates; Stellvertretender Vorsitzender der Baltischen Versammlung; 1990–92: Mitglied des Hohen Rates von Litauen
Alvydas Medalinskas	Litauen	ELDR	1963/m	Mitglied des Parlaments (Seimas); Stellvertretender Vorsitzender des europapolitischen Ausschusses	1996–2000: Mitglied des Parlaments; Leiter der lettischen Delegation zur WEU-PV
Seit 12/2002 **Algirdas Gricius**		ELDR	1937/m	Mitglied des Seimas; Mitglied des Ausschusses für nationale Sicherheit und Verteidigung; Stellvertretender Vorsitzender der Delegation des Parlaments zur NATO-PV	1960–62: Ingenieur; 1963–76: Vorsitzender des Forschungsinstituts „Venta“ in Wilna; 1976–90: „Forscher“, Abteilungsleiter an der Litauischen Akademie der Wissenschaften; 1985–89: nebenberufliche Tätigkeit als Dozent für internationale Beziehungen und Weltpolitik; 1990–92: außerordentlicher Professor für Politikwissenschaft an der Universität Wilna; 1992–96: Mitglied und stellvertretender Vorsitzender des Ausschusses für Auswärtige Angelegenheiten im Parlament; Vorsitzender der litauischen parlamentarischen Delegation im Europarat und der WEU
Michael Frendo	Malta	EVP	1955/m	Seit 1987: Mitglied des Repräsentantenhauses; Erster Vizepräsident des Gemeinsamen Parlamentarischen Ausschusses EU – Malta; Mitglied des außenpolitischen Ausschusses; Seit 2001: Schlichter am Vergleichs- und Schiedsgerichtshof der OSZE	1987–92: Mitglied der parlamentarischen Delegation Maltas zum EP; 1987–92: Mitglied der PV des Europarates; 1990–92: Parlamentarischer Sekretär für Jugend, Kultur und Rundfunk; 1992–94: Minister für Kunst und Rundfunk; 1994–96: Minister für Transport, Telekommunikation und Technologie; 1996–98: Schattenminister für Handel

Fortsetzung von II/3

Mitglied	Nationalität	Partei	Jg./G.	Berufliche Funktion(en)	Karrieremuster
Alfred Sant	Malta	SPE	1948/m	Seit 1988: Mitgied des Parlaments; Seit 1998: Oppositionsführer	1984–88: Präsident der Malta Labour Party; 1992–96: Oppositionsführer; 1996–98: Premierminister
Józef Oleksy	Polen	SPE	1946/m	Vorsitzender des europapolitischen Ausschusses des Sejm; Co-Vorsitzender des Gemeinsamen Parlamentarischen Ausschusses EU – Polen; stellvertretender Vorsitzender der SLD	1989: Teilnehmer d. Verhandlungen am „Runden Tisch"; 1989–93: Mitglied der OSZE-PV; 1989–90: Minister; 1993–95: Parlamentspräsident; 1995–96: Ministerpräsident; 1996–97: Vorsitzender der Sozialdemokratischen Partei (SdRP)
Edmund Wittbrodt	Polen	EVP	1947/m	Seit 1997: Mitglied des Senats; Mitglied der Ausschüsse Europapolitik und Wissenschaft und Bildung; Professor an der Technischen Universität Danzig	1990–96: Rektor der Technischen Universität Danzig; 1997–2001: Mitglied der polnischen Delegation zur PV des Europarates und Vorsitzender der polnischen Delegation zur Parlamentarischen Konferenz der Baltischen Region; 2000–01: Bildungs- und Sportminister
Liviu Major	Rumänien	SPE	1940/m	Vorsitzender des europapolitischen Ausschusses des Parlaments; Mitglied im Senatsausschuss für Petition; Mitglied des Vorstandes der Sozialdemokratischen Partei; Geschichtsprofessor an der Universität in Bukarest	1992–96: Bildungsminister Vizepräsident der UNESCO-Generalversammlung und Mitglied des Gemeinsamen Ausschusses UNICEF – UNESCO für den Schutz von Kindern
Seit 2/2003 **Alexandru Athanasiu**		Sozialdemokrat	1955/m	Seit Dezember 2000: Vizepräsident im ständigen Büro des Senats; Senator von Bukarest; Mitglied der Kommission für europäische Integration, Mitglied der Kommission für auswärtige Angelegenheiten des Senat; Präsident des Nationalrats der sozialdemokratischen Partei	1992–96: Abgeordneter, Vorsitzender der Kommission für Arbeit und soziale Sicherheit; 1996–2000: Arbeits- und Sozialminister; 1999: Präsident der rumänischen Sozialdemokratischen Partei; Mitglied des Exekutivkomitees der internationalen Sozietät für Arbeit und soziale Sicherheit

Mitglied	Nationalität	Partei	Jg./G.	Berufliche Funktion(en)	Karrieremuster
Puiu Hasotti	Rumänien	ELDR	1953/m	Mitglied des Parlaments; Mitglied des Vorstandes der Nationalen Freiheitspartei	1996–2000: Mitglied des Parlaments; 1998–2001: Vizepräsident der PNL Constanta; Geschichtsprofessor an der Ovidius Universität, Constanta
Pavol Hamžík	Slowakei	SPE	1954/m	Mitglied des slowakischen Nationalrates	1996–97: Außenminister; 1998–2001: stellvertretender Ministerpräsident
Irena Belohorská	Slowakei	UEN/ EDD	1948/w	Seit 1994: Mitglied des Parlaments; Mitglied der Ausschüsse Außenpolitik und Europapolitik; Mitglied der Europarat-, NATO- und WEU-PV	1983–86: Abteilungsleiterin, Krankenhaus Tunisia; 1992: Mitglied des tschechoslowakischen Parlaments; 1993: Leitende Beamtin im Verteidigungsministerium 1994: Gesundheitsministerin
Slavko Gaber	Slowenien	ELDR	1958/m	Mitglied des Parlaments; Mitglied in den Ausschüssen Europapolitik, Verfassungsangelegenheiten, Finanz- und Währungspolitik, Kultur, Bildung, Jugend, Wissenschaft und Sport, Verfahrensfragen; Leiter der slowenischen Delegation zum Gemeinsamen Parlamentarischen Ausschuss EU – Slowenien	1989–92 und 1999: Lehrbeauftragter für Soziologie an der Pädagogischen Fakultät der Universität Lubljana; 1992–99: Bildungsminister
Seit 1/2003 **Jelko Kacin**		LDS	1955/m	Seit 2000: Vorsitzender des Auswärtigen Ausschusses; Mitglied des Ausschusses für Verteidigung und des Ausschusses für Europäische Angelegenheiten; Vorsitzender der Nationalen Interparlamentarischen Gruppe	1991: Informationsminister; 1992: Präsidentschaftskandidat; 1994: Verteidigungsminister; 1996–2000: Vorsitzender des Ausschusses für Auswärtige Angelegenheiten, Mitglied des Ausschusses für Inneres und Justiz des Verteidigungsausschusses, des Verfassungsausschusses und des Gemeinsamen Parlamentarischen Ausschusses Slowenien – EU
Jan Zahradil	Tschechien	EPP/ ED	1963/m	Mitglied des Parlaments; Stellvertretender Vorsitzender der Ausschüsse Europapolitik und Außenpolitik; Stellvertretender Co-Vorsitzender des Ge-	Berater des Ministerpräsidenten; Leiter der Abteilung für Außen- und Europapolitik in der Regierungskanzlei der Regierung Klaus

Fortsetzung von II/3

Mitglied	Natio-nalität	Partei	Jg./G.	Berufliche Funktion(en)	Karrieremuster
				meinsamen Parlamentarischen Ausschusses EU – Tschechische Republik; Stellvertretender Vorsitzender der Bürgerlichen Demokratischen Partei (ODS)	
Josef Zieleniec	Tsche-chien	EVP	1946/m	Senator; Mitglied des außenpolitischen Ausschusses	1992: Minister für internationale Beziehungen der tschechischen Landesregierung in der Tschechoslowakei; 1992: Mitglied im Verhandlungsteam zur Auflösung der Tschechoslowakischen Föderation; 1993–97: Außenminister; 1996: Parlamentsabgeordneter; 1996–97: stellvertretender Ministerpräsident
József Szájer	Ungarn	EVP	1961/m	Seit 1990: Mitglied des Parlaments; Mehrheitsführer der Fidesz-Hungarian Civic Party im Parlament und stellvertreten-der Vorsitzender; Vorsitzender des europapolitischen Aus-schusses; Co-Vorsitzender des Gemeinsamen Parla-mentarischen Ausschusses EU – Ungarn; Mitglied des Politbüros der EVP	Gründungsmitglied und Vorsitzender des Nationalrates von Fidesz; Mitglied parlamentarischer Ausschüsse für Verfassungs- und Justizangelegenheiten und Außenpolitik
Pál Vastagh	Ungarn	SPE	1946/m	Seit 1990: Mitglied des Parlaments; 1990–94 und 1998–2002: Mitglied des Ausschusses für Verfassungs- und Justizangelegenheiten; 1992–94 und 1998–2002: Mitglied des europapolitischen Ausschusses	1988–89: Dekan der Fakultät für Rechtswissenschaft und Politische Wissenschaft, József Attila University, Szeged; 1994–98: Justizminister
Eleni Mavrou	Zypern	GUE	1961/w	Stellvertretende Vorsitzende des Umwelt-ausschusses; Mitglied der Ausschüsse Europapolitik und Menschenrechte;	Generalsekretärin der United Democratic Youth Orga-nisation (EDON); Mitglied des Stadtrats von Nikosia (Lefkosia)

Mitglied	Natio-nalität	Partei	Jg./G.	Berufliche Funktion(en)	Karrieremuster
				Mitglied der zypriotischen Delegation zum Gemeinsamen Ausschuss Zypern – EU; Mitglied des Zentralkomitees der AKEL	
Panayiotis Demetriou	Zypern	EVP	1939/m	Stellvertretender Vorsitzender und Fraktionsvorsitzender der Democratic Rally Party; Vorsitzender des Rechtsausschusses, Mitglied der Ausschüsse Europapolitik und Finanzpolitik; Mitglied des Nationalrates	Leiter der zypriotischen Delegation zur PV des Europarates; Beobachter in der WEU-PV
Ali Tekin	Türkei	GUE oder Verts	1965/m	Mitglied des Parlaments; Mitglied des Gemeinsamen Parlamentarischen Ausschusses EU – Türkei	1998: Professor am Fachbereich Internationale Beziehungen, Bilkent Universität, Ankara
Seit 12/2002 **Zekeriya Akcam**		AKP	1968/m	Mitglied der PV des Europarates	Tätigkeit in der Generaldirektion für EU-Angelegenheiten, Untersekretär für Außenhandel; Forschungsassistent in der Bibliothek des Kongresses; Student der Internationalen Beziehungen
Ayfer Yilmaz	Türkei	SPE	1956/w	Seit 1999: Mitglied des Parlaments; Stellvertretende Vorsitzende des Gemeinsamen Parlamentarischen Ausschusses EU – Türkei	Diplomatischer Dienst (u. a. Bonn); 1993: stellvertretende Unterstaatssekretärin für Finanzen und Außenhandel; 1995: Türkische Gouverneurin bei der Weltbank, EBRD, IDB, ADB, MIGA; 1995: Mitglied des Board of Directors, Council of European Social Development Fund; 1996: Staatsministerin für Zoll, Capital Market Board und Staatssekretärin für Außenhandel

Fortsetzung von II/3

Mitglied	Natio-nalität	Partei	Jg./G.	Berufliche Funktion(en)	Karrieremuster
Seit 12/2002 **Kemal Derviş**		Sozialdemokrat	1949/m	Mitglied des Parlaments	1973–76: Fakultätsmitglied, Abteilung Wirtschaft, an der METU, Türkei, und Berater von Bülent Ecevit; 1976–78: Fakultätsmitglied, Abteilung Wirtschaft an der Princeton Universität; 1978–96: Tätigkeiten bei der Weltbank, unter anderem als Direktor der Abteilung für Zentraleuropa; 1996–2002: Vizepräsident der Weltbank; 2001–02: Minister für Wirtschaft

Die Beobachter

Mitglied	Natio-nalität	Partei	Jg./G.	Berufliche Funktion(en)	Karrieremuster
Claude du Granrut (AdR)	Frankreich	EVP	1929/w	Stellvertretende Bürgermeisterin von Senlis; Mitglied des Regionalrats von Picardie; Seit 1994: Mitglied des AdR; Stellvertretende Vorsitzende der Gruppe PPE	Conseillère de Cours administratives d'appel (Conseil d'État); 2001/2002: Vorsitzende der Gruppe PPE
Claudio Martini (AdR)	Italien	SPE	1951/m	Präsident der Region Toscana; Seit 2000: Mitglied des AdR	1988–95: Sindaco della Città di Prato; 1995–2000: Regionalrat
Eduardo Zaplana Hernández-Soro (AdR)	Spanien	EVP	1956/m	Präsident der Regionalregierung von Valencia; Erster Vizepräsident des AdR	Bürgermeister von Benidorm, Alicante; Vorsitzender der Kommissionen 1 und 3 des AdR

Mitglied	Nationalität	Partei	Jg./G.	Berufliche Funktion(en)	Karrieremuster
Seit 2/2003 **Ramón Luis Valcárcel Siso**			1954/m	Präsident der Regionalregierung von Murcia; Seit 2/2002: Erster Vizepräsident der Fachkommission für Außenbeziehungen (RELEX)	Regionalabgeordneter; Stadtrat von Murcia; seit 1995: Mitglied des AdR; 1998–99; Zweiter Vizepräsident der Kommission 3 im Ausschuss der Regionen; 1999–2001: Erster Vizepräsident der Kommission 1 im Ausschuss der Regionen
Göke Frerichs (WSA)	Belgien		1923/m	Präsident des WSA; Präsident und Mitglied des Büros des Bundesverbands für Groß- und Exporthandel	MdB; Seit 1957: Abgeordneter in Landesvereinigungen, Land- und Stadträten; Seit 1990: Mitglied im WSA; Vorsitzender von europäischen Verbänden für Groß- und Exporthandel und von Treuhand- und Arbeitgebervereinigungen
Roger Briesch (WSA)	Belgien		1932/m	Präsident der Gruppe II – Arbeitnehmer des WSA	Generalsekretär des Syndikats der Eisen- und Stahlindustrie Lorraine; Nationaler Sekretär der Fédération Générale de la Metallurgie; Secrétaire Conféderal CFDT, verantwortlich für Internationale Politik; Mitglied des Exekutivkomitees der Confédération Européene des Syndicats; Mitglied des Exekutivkomitees der FEM; Mitglied des Verwaltungsrates der OIT
Anne-Maria Sigmund (WSA)	Österreich		1941/w, in Bratislava	Seit 1995: Mitglied des Wirtschafts- und Sozialausschusses; Seit 1998: Präsidentin der Gruppe III „Verschiedene Interessen" des WSA; Seit 9/2001: Verantwortlich für europäische Angelegenheiten beim „Comité fédéral des professions libérales d'Autriche"	1964–70: Anwältin; 1970–74: Direktorin einer PR-Agentur; 1974–91: Gründerin und Direktorin einer Agentur für PR und Kommunikationsmanagement; 1989–2002: Generalsekretärin des Bundesverbands der liberalen Berufe Österreichs

Fortsetzung von II/3

Mitglied	Nationalität	Partei	Jg./G.	Berufliche Funktion(en)	Karrieremuster
Emilio Gabaglio (Sozialpartner)	Italien		1937/m	Seit 1979: Präsidiumsmitglied im Wirtschafts- und Sozialausschuss; Seit 1991: Generalsekretär des Europäischen Gewerkschaftsbundes; Präsidiumsmitglied in der Internationalen Europäischen Bewegung, im Rat der Akademie für Europarecht in Trèves und beim European Policy Centre in Brüssel	Bis 1972 Mitglied der Christlichen Arbeitnehmervereinigung Italiens (ACLI); seit 1969 deren Präsident; Verwalter des Verlagshauses der Katholischen Linken, COINES in Rom; Seit 1974: Funktionär der CISL (Italienischer Gewerkschaftsbund), Mitglied des Allgemeinen Rates, zuständig für internationale Beziehungen, italienischer Arbeitervertreter bei der Konferenz OIT; 1983: Mitglied des Nationalen Sekretariats der CISL, zuständig für Regionalpolitik und Arbeitsmarkt
João Cardona Cravinho (Sozial-Partner)	Portugal		1936/m	Mitglied des portugiesischen Parlaments; Präsident der C.E.E.P.	Minister für Infrastruktur; Vizepräsident des EP
Georges Jacobs (Sozialpartner)	Belgien		1940/m	Präsident der UNICE (Union des Confédérations de l'Industrie et des Employers d'Europe); Mitglied der Fachgrupe «pharmaceutique et chimique UCB»;	1993–96: Ehrenpräsident des belgischen Unternehmerverbandes (Fédération des Entreprises de Belgique)
Jacob Södermann	Finnland		1938/m	Europäischer Bürgerbeauftragter	Parlamentarischer Ombudsmann in Finnland; Justizminister, Sozial- und Gesundheitsminister; Mitglied des Parlaments; Mitglied des Vorstands des Internationalen Ombudsmann Instituts; Finnischer Vertreter bei der ILO

Mitglied	Nationalität	Partei	Jg./G.	Berufliche Funktion(en)	Karrieremuster
Seit 3/2003 **Nikiforos Diamandouros**	Griechenland		1942/m	Europäischer Bürgerbeauftragter	1973–77: Dozent am Institut für Geschichte und am Department of Government der State University of New York – Orange County Community College; 1977–83: u. a. Senior Fulbright-Hayes Research Scholar, Assistent des Präsidenten und Fakultätsmitglied, Direktor, Development Office und Fakultätsmitglied am College Athen; 1983–88: Programmdirektor für Westeuropa und den Nahen und Mittleren Osten, Sozialwissenschaftsrat, New York; 1988–91: Direktor des Griechischen Instituts für Internationale und Strategische Studien in Athen; 1988–93: Außerordentlicher Professor für Politikwissenschaften an der Universität von Athen; 1993–2000: Professor für Politikwissenschaften an der Universität von Athen; 1995–98: Direktor und Vorsitzender am Nationalen Zentrum für Sozialforschung (EKKE); 1998–2003: Nationaler Ombudsmann für Griechenland

Quelle: Eigene Zusammenstellung aus den Lebensläufen der Delegierten (http://european-convention.eu.int/Static.asp?lang=DE&Content=Composition), der Übersicht zu den Parteigruppen im Konvent (http://www.fredonia.edu/department/polisi/eurosim/MeetingparticipantsA2003.htm) sowie der umfangreichen Linksammlung zu Internetauftritten der einzelstaatlichen Parlamente, Regierungen und Parteien (http://www.denis.bund.de/infobaum.html?124). Stand: Beginn der Konventsarbeiten (einschließlich ausgewählter Veränderungen).

II/4 Arbeitsmethoden des Europäischen Konvents

Artikel 1: Einberufung der Tagungen

Der Konvent wird von seinem Vorsitzenden mit Zustimmung des Präsidiums oder auf schriftlichen Antrag einer signifikanten Zahl von Mitgliedern des Konvents einberufen.

Artikel 2: Terminplan und Tagesordnung

Das Präsidium stellt den vorläufigen Terminplan und die vorläufigen Tagesordnungen für die Tagungen des Konvents auf und legt sie dem Konvent zur Annahme vor. Die Mitglieder des Konvents können schriftlich beim Präsidium beantragen, dass weitere Punkte in den Entwurf der Tagesordnung für eine Tagung des Konvents aufgenommen werden. Das Präsidium nimmt einen Punkt auf jeden Fall in den Entwurf der Tagesordnung auf, wenn der Antrag schriftlich eine Woche vor der geplanten Tagung des Konvents von einer signifikanten Zahl von Mitgliedern gestellt wird. Der Konvent kann zu Beginn einer Tagung im Konsens auf Vorschlag des Präsidiums beschließen, weitere Punkte in die Tagesordnung aufzunehmen.

Artikel 3: Übermittlung von Dokumenten an die Mitglieder des Konvents

Die Mitteilung über die Einberufung und die vorläufige Tagesordnung für eine Tagung sowie sonstige Dokumente für die jeweilige Tagung werden den Mitgliedern, den stellvertretenden Mitgliedern und den Beobachtern des Konvents vom Sekretariat im Namen des Vorsitzenden spätestens vier Arbeitstage vor dem Termin der Tagung übersandt. Zur Erleichterung der Vorbereitung der Tagungen werden die Dokumente vom Sekretariat nach Möglichkeit per E-Mail übermittelt.

Artikel 4: Schriftliche Beiträge

(1) Die Mitglieder (ordentliche Mitglieder und stellvertretende Mitglieder) und die Beobachter des Konvents können dem Präsidium schriftliche Beiträge vorlegen. Dabei kann es sich um Beiträge einzelner Mitglieder oder Beobachter oder um gemeinsame Beiträge mehrerer Mitglieder oder Beobachter handeln.

(2) Die schriftlichen Beiträge werden den Mitgliedern (ordentliche Mitglieder und stellvertretende Mitglieder) und den Beobachtern des Konvents durch das Sekretariat zugeleitet und werden in die Website des Konvents eingestellt.

Artikel 5: Stellvertretende Mitglieder

(1) Mitglieder des Konvents, die verhindert sind, an einer Tagung oder einem Teil der Tagung teilzunehmen, können sich von ihrem stellvertretenden Mitglied nach Maßgabe des Absatzes 2 vertreten lassen.

(2) Unbeschadet des Absatzes 3 darf ein stellvertretendes Mitglied auf einer Tagung des Konvents das Wort ergreifen, wenn das Mitglied, an dessen Stelle es an der Tagung teilnimmt,

während eines ganzen Tages abwesend sein wird, und wenn das Sekretariat von dem Mitglied im Voraus (vor 9.00 Uhr an dem betreffenden Tag) entsprechend unterrichtet worden ist. Wenn das stellvertretende Mitglied das Wort ergreift, weist es darauf hin, dass es anstelle des Mitglieds spricht.

(3) Die stellvertretenden Mitglieder können bei allen Tagungen des Konvents zugegen sein.

Artikel 6: Leitung der Tagungen

(1) Die Tagungen des Konvents werden von dem Vorsitzenden des Konvents oder in seiner Abwesenheit von einem der beiden stellvertretenden Vorsitzenden geleitet.

(2) Die Tagungen des Konvents werden in den elf Sprachen der Europäischen Union abgehalten, wobei ein Simultandolmetschen gewährleistet ist.

(3) Die Vertreter der Bewerberstaaten nehmen in vollem Umfang an den Arbeiten und den Beratungen des Konvents teil.

(4) Die Empfehlungen des Konvents werden im Konsens angenommen, ohne dass die Vertreter der Bewerberstaaten das Zustandekommen des Konsenses verhindern können. Wenn sich aus den Beratungen des Konvents mehrere unterschiedliche Optionen ergeben, kann angegeben werden, inwieweit die einzelnen Optionen Befürwortung finden.

(5) Verfahrensfragen im Zusammenhang mit der Leitung der Tagungen können an das Präsidium verwiesen werden; dieses entscheidet nach Maßgabe der von ihm gemäß Absatz 8 festgelegten Bedingungen.

(6) Das Sekretariat erstellt für jede Tagung des Konvents eine Anwesenheitsliste der Mitglieder (ordentliche Mitglieder und stellvertretende Mitglieder) und Beobachter.

(7) Der Vorsitzende sorgt für den ordnungsgemäßen Ablauf der Beratungen und berücksichtigt dabei die von den Mitgliedern des Konvents zum Ausdruck gebrachten Ansichten, indem er unter anderem so weit wie möglich Sorge dafür trägt, dass die Vielfalt der im Konvent vertretenen Auffassungen in den Beratungen ihren Niederschlag findet. Er kann vorschlagen, dass die Redebeiträge im Interesse eines effizienten Ablaufs der Beratungen begrenzt werden. Er wird von den stellvertretenden Vorsitzenden und vom Sekretariat unterstützt.

(8) Die Sitzungen des Präsidiums werden vom Vorsitzenden oder in seiner Abwesenheit von einem der beiden stellvertretenden Vorsitzenden geleitet. Das Präsidium legt seine Arbeitsmethoden auf Vorschlag des Vorsitzenden fest.

Artikel 7: Anhörung von Präsidenten von Organen und Einrichtungen der EU

Das Präsidium kann die Präsidenten des Gerichtshofs, des Rechnungshofs und der Europäischen Zentralbank einladen, vor dem Konvent zu sprechen.

Artikel 8: Anhörung von Experten

Die Mitglieder (ordentliche Mitglieder und stellvertretende Mitglieder) können vorschlagen, dass Mitglieder des Personals der Organe oder andere Experten vom Konvent gehört werden. Das Präsidium entscheidet, wer eingeladen wird.

Artikel 9: Forum

(1) Unter der Aufsicht des Präsidiums und nach vom Präsidium festzulegenden Modalitäten

- richtet das Sekretariat die Internetsite des Forums ein, für dessen technische Betreuung die Kommission zuständig ist;
- ist das Sekretariat für die Organisation und Ausführung von anderen Aktivitäten des Forums, insbesondere von Anhörungen, verantwortlich und sorgt dabei für eine breite Vertretung der Zivilgesellschaft; bei Bedarf arbeitet es mit der Kommission und mit anderen Organen und Einrichtungen der Union zusammen.

(2) Das Präsidium legt die Bedingungen für die Übermittlung der Beiträge des Forums an den Konvent und für eine etwaige Anhörung von Teilnehmern des Forums fest.

(3) Die Internetsite des Forums enthält ein vollständiges Verzeichnis der Mitglieder des Konvents mit Angabe ihrer Erreichbarkeit, einschließlich E-Mail-Adressen, und Links zu ihren Internetsites, damit die Bürger die Möglichkeit haben, mit dem gesamten Konvent Verbindung aufzunehmen.

Artikel 10: Tagungsort

Der Konvent tritt in den Räumlichkeiten des Europäischen Parlaments in Brüssel zusammen.

Artikel 11: Sekretariat

Das Konventssekretariat wird von einem Generalsekretär geleitet. Er ergreift alle erforderlichen Maßnahmen, um ein ordnungsgemäßes Arbeiten des Konvents sicherzustellen.

Artikel 12: Niederschriften und wörtliches Protokoll über die Tagungen

Eine Kurzniederschrift wird den Mitgliedern (ordentliche Mitglieder und stellvertretende Mitglieder) und den Beobachtern des Konvents nach jeder Tagung vom Sekretariat übermittelt. Ein wörtliches Protokoll über die Redebeiträge auf einer Tagung wird in der Sprache, in der die Beiträge jeweils erfolgten, ebenfalls zur Verfügung gestellt.

Artikel 13: Übersetzung von Dokumenten

(1) Das Sekretariat übermittelt den Mitgliedern (ordentliche Mitglieder und stellvertretende Mitglieder) und den Beobachtern des Konvents folgende Dokumente in den elf Amtssprachen der Union:

i) Dokumente des Vorsitzenden oder des Präsidiums;
ii) schriftliche Vorschläge von ordentlichen Mitgliedern und stellvertretenden Mitgliedern für Änderungen an den Schlusstexten;
iii) Kurzniederschriften über die Tagungen des Konvents.

(2) Das Sekretariat übermittelt den Mitgliedern (ordentliche Mitglieder und stellvertretende Mitglieder) und den Beobachtern des Konvents die Dokumente der

i) Mitglieder (ordentliche Mitglieder und stellvertretende Mitglieder) des Konvents,
ii) Organe und Einrichtungen der Union und
iii) Beobachter

in den Sprachen, in denen sie dem Präsidium vorgelegt wurden, und stellt sie in die Website ein.

(3) Der Vorsitzende kann in Ausnahmefällen um die Übersetzung von anderen als den in Absatz 1 genannten Dokumenten für den Konvent ersuchen.

Artikel 14: Öffentlichkeit der Arbeiten

Die Beratungen des Konvents und alle unter Artikel 13 genannten Dokumente des Konvents sind öffentlich. Alle Niederschriften und schriftlichen Beiträge sind auf der Website des Konvents frei zugänglich und dürfen uneingeschränkt vervielfältigt werden.

Artikel 15: Arbeitsgruppen

Der Vorsitzende oder eine signifikante Zahl von Mitgliedern des Konvents kann auf der Grundlage der im Konvent geäußerten Auffassungen empfehlen, dass das Präsidium Arbeitsgruppen des Konvents einsetzt. Mandat, Arbeitsmodalitäten und Zusammensetzung der Arbeitsgruppen werden vom Präsidium festgelegt, wobei besonderem Sachverstand von Mitgliedern, stellvertretenden Mitgliedern und Beobachtern für das zu erörternde Thema Rechnung getragen wird. Jedes Mitglied des Konvents kann an sämtlichen Sitzungen einer Gruppe teilnehmen. Das Sekretariat erstellt nach jeder Sitzung einer Arbeitgruppe eine Kurzniederschrift.

Artikel 16: Änderungen

Die Bestimmungen dieser Note können vom Konvent auf schriftlichen Vorschlag des Präsidiums oder auf schriftlichen Antrag einer signifikanten Zahl von Mitgliedern geändert oder ausgeweitet werden.

Artikel 17: Korrespondenz

Korrespondenz für den Konvent wird wie folgt an den Rat zu Händen des Konventssekretariats gerichtet:

- per Post: Rue de la Loi 175, B-1048 Brüssel
- per Telefax: Nummer + 32 2 285 8155 oder
- per E-mail: anne.walter@consilium.eu.int

Quelle: CONV 9/02 vom 14.03.2002.

II/5 Auftrag, Optionen und Ergebnisse der Arbeitsgruppen (Synopse)

a) Arbeitsgruppe I „Subsidiarität"

Vorsitz: Íñigo Méndez de Vigo
Arbeitszeitraum: 7. Juni 2002–9. September 2002

Geltende Prinzipien und Verfahren:

Das Subsidiaritätsprinzip wurde mit dem Vertrag von Maastricht als allgemeiner Grundsatz für alle nicht ausschließlichen Zuständigkeitsbereiche in den EG-Vertrag aufgenommen. Das dem Vertrag von Amsterdam dann beigefügte Protokoll über die Anwendung der Grundsätze der Subsidiarität und Verhältnismäßigkeit benannte für die am Rechtsetzungsverfahren beteiligten Organe zu beachtende Kriterien. Gleichwohl wird die Anwendung des Subsidiaritätsprinzips bislang als unbefriedigend eingeschätzt. Seine Einhaltung unterliegt dem politischen Willen der am Rechtsetzungsprozess beteiligten Organe. Da das Subsidiaritätsprinzip einen politischen Grundsatz darstellt, der Gesetzgeber mithin über einen entsprechenden Ermessensspielraum verfügt, beschränkt sich der Europäische Gerichtshof derzeit auf eine Prüfung, ob und inwieweit eine Begründung zur Anwendung des Subsidiaritätsprinzips gegeben ist.

Mandat:

- Prüfung der Anwendung des Subsidiaritätsprinzips
- Prüfung und Verbesserung der politischen und gerichtlichen Verfahren zur Überwachung der Anwendung

Optionen:

I. Anwendung des Subsidiaritätsprinzips

- Beibehaltung der bisher vertraglich festgeschriebenen Kriterien
- Präzisierung
- Erarbeitung neuer Kriterien

II. Überwachung der Anwendung des Subsidiaritätsprinzips

Politisch:
- Verpflichtung der Kommission zur Erstellung eines „Subsidiaritätsbogens"
- Beiordnung einer für Subsidiaritätsfragen zuständigen Person für jedes Mitglied des Rates und für das EP, die intern entsprechende Stellungnahmen einreichen kann
- Aufnahme je eines nationalen Parlamentariers in die jeweilige nationale Ratsdelegation
- Verstärkte Kontrolle der Regierungen durch die nationalen Parlamente
- Stärkung der Rolle der COSAC
- Einsetzung eines „Subsidiaritätsausschusses" (zusammengesetzt aus nationalen und ggf. Europaabgeordneten) zur Vorabkontrolle oder zur Kontrolle über das gesamte Verfahren

Gerichtlich:
- Verstärkung der gerichtlichen Kontrolle (auch in Bereichen der derzeitigen Titel V und VI EUV)
- Einrichtung einer Subsidiaritätskammer

- *Ex-ante*-Kontrollen/*ex-post*-Kontrollen
- Ausweitung des Klagerechts auf nationale Parlamente und den Ausschuss der Regionen

Empfehlungen der Arbeitsgruppe:

I. Anwendung des Subsidiaritätsprinzips

- Frühestmögliche Anhörung aller Beteiligten (MGS, Sozialpartner etc.) durch die Kommission
- Erstellung eines „Subsidiaritätsbogens" zu den Auswirkungen des jeweiligen Rechtsaktes
- Erörterung des jährlichen Rechtsetzungsprogramms durch EP und NP

Diskutierte, aber nicht angenommene Vorschläge:
- „Herr/Frau Subsidiarität" in der Kommission, der/die für die Einhaltung des Prinzips in der Kommission Sorge zu tragen hat und von NP gehört werden kann

II. Überwachung der Anwendung

Politische *ex-ante*-Kontrolle („Frühwarnsystem")
- Zeitgleiche Übermittlung aller Vorschläge für Rechtsakte an Rat, EP und NP
- Stellungnahme der NP innerhalb einer Frist von sechs Wochen
- Bei Stellungnahmen eines Drittels der NP nochmalige Prüfung des Vorhabens durch die Kommission
- Zuleitung der Standpunkte des Rates und des EP an die NP bei Einberufung des Vermittlungsausschusses und Möglichkeit der Stellungnahme der NP

Gerichtliche *ex-post*-Kontrolle
- Klagemöglichkeit abhängig von vorheriger Inanspruchnahme des „Frühwarnsystems"
- *Ex-post*-Klagerecht für NP und den Ausschuss der Regionen

Diskutierte, aber nicht angenommene Vorschläge:
- Einrichtung eines *ad-hoc*-Gremiums zur Überwachung der Anwendung
- Klagerecht der einzelnen Regionen
- Einrichtung einer „Subsidiaritätskammer"
- Gerichtliche *ex-ante*-Kontrolle.

b) Arbeitsgruppe II „Charta"

Vorsitz: António Vitorino
Arbeitszeitraum: 25. Juni 2002–21. Oktober 2002

Sachstand:

Die Charta der Grundrechte, vom „Grundrechtekonvent" unter Leitung von Roman Herzog 1999/2000 erarbeitet, wurde vom Europäischen Rat in Nizza im Dezember 2000 feierlich proklamiert. Zur Aufnahme der Charta in die Verträge wurde allerdings ein lediglich unspezifizierter Prüfauftrag erstellt.
Die Mitgliedstaaten der Europäischen Union, nicht aber die Union selbst, sind derzeit Mitglied der Europäischen Menschenrechtskonvention (EMRK). Art. 6 Abs. 2 EUV verweist darauf, dass die Union die von der EMRK gewährleisteten Rechte achtet.

Mandat:

- redaktionelle Anpassungen im Falle der Aufnahme der Charta in die Verträge
- Auswirkungen eines Einbezugs der Charta
- Prüfung von Methoden zum Einbezug der Charta in die Verträge
- Auswirkungen eines Beitritts zur EMRK
- Prüfung der Vereinbarkeit des Grundsatzes der Eigenständigkeit des Gemeinschaftsrechts mit einem Beitritt der Europäischen Union zur EMRK

Optionen:

I. Charta

Möglichkeiten der Eingliederung:
- in den EUV
- Erstellung eines neuen Grundlagenvertrages
- in ein gesondertes Protokoll im Anhang
- Verweis auf die Charta in einem Artikel (wie derzeit mit Blick auf die EMRK in Art. 6 Abs. 2 EUV)

Rechtliche Auswirkung der Eingliederung:
- Beibehaltung des gegenwärtigen Systems
- Ausweitung der unmittelbaren Klagemöglichkeit von Einzelpersonen vor dem Gerichtshof
- Einführung einer neuen Art von Klage zum Grundrechtsschutz

II. EMRK

Nichtbeitritt
- Entwicklung von Überweisungs- und Konsultationsverfahren zwischen EuGH und Europäischem Gerichtshof für Menschenrechte

Beitritt
- Ausarbeitung einer geeigneten Rechtsgrundlage, die den Beitritt zur EMRK ermöglicht
- ggf. Anwendung dieser Rechtsgrundlage auf den Beitritt zu anderen internationalen Übereinkommen

Ergebnisse und Empfehlungen der Arbeitsgruppe:

- Aufnahme der Charta und Beitritt zur EMRK als komplementäre Maßnahmen zur uneingeschränkten Achtung der Grundrechte durch die Union
- durch beide Maßnahmen unveränderte Zuständigkeitsverteilung zwischen Union und Mitgliedstaaten
- Keine Einführung eines speziellen Verfahrens zum Schutz der Grundrechte beim Gerichtshof

I. Charta

- Einbezug in einer Form, die der Charta Rechtsverbindlichkeit und Verfassungsrang verleiht
- Favorisierte Form des Einbezugs: in einem Titel oder Kapitel zu Beginn des Verfassungsvertrages, entsprechende Verwendung der Charta-Präambel als Präambel des Verfassungsvertrages

- Alternative: Bezugnahme auf die Charta in einem Artikel und Beifügung der Charta in einer Anlage oder einem Anhang
- volle Kompatibilität der im EGV verankerten Grundrechte und der Charta-Artikel; unumgängliche Duplizierungen könnten im Fall einer Voranstellung der Charta durch Verknüpfungen vermieden werden
- Aufnahme einer Auslegungsregel der Charta in die allgemeinen Bestimmungen
- Aufnahme eines Verweises auf die „Erläuterungen" als Interpretationshilfe

Minderheitenauffassung eines Mitglieds:
- „Indirekte" Bezugnahme auf die Charta, die dieser Rechtsverbindlichkeit, jedoch keinen Verfassungsrang verleiht

III. EMRK

- Ermöglichung des Beitritts zur EMRK durch Einfügung einer Rechtsgrundlage an geeigneter Stelle im Verfassungsvertrag
- Vorteile: Erhöhung der Kohärenz zwischen Union und einem „größeren Europa", Entwicklung einer harmonischen Rechtsprechung der beiden Gerichtshöfe, wobei der Europäische Gerichtshof die externe Kontrolle über die völkerrechtlichen Verpflichtungen der Union ausübt
- Trotz Beitritts keine Mitgliedschaft der Union im Europarat
- Beitritt zur EMRK berührt nicht die Standpunkte der einzelnen MGS zur EMRK

Diskutierte, aber nicht empfohlene Optionen:
- Nichtbeitritt, stattdessen Einrichtung einer gemeinsamen Kammer beider Gerichtshöfe
- Nichtbeitritt, stattdessen Einrichtung besonderer Verweisungs- und Konsultationsverfahren, durch die der Europäische Gerichtshof gleichwohl in Verfahren gegen die Organe angerufen werden kann

Offene Fragen:

- Verweis auf externe Quellen, an die sich die Grundrechte anlehnen (rechtliche „Verwirrung" oder sinnvolle Ergänzung)
- Überarbeitung der Bedingungen für den direkten Zugang von Einzelpersonen zum Gerichtshof.

c) Arbeitsgruppe III „Rechtspersönlichkeit"

Vorsitz: Giuliano Amato
Arbeitszeitraum: 18. Juni 2002 – 30. September 2002

Geltende Regelung:

In Art. 101 Abs. 1 EAG sowie Art. 281 EGV wird ausdrücklich erklärt, dass die Europäischen Gemeinschaften (und die Gemeinschaft) Rechtspersönlichkeit besitzen, diese demnach in allen unter ihre Zuständigkeit fallenden Bereichen nach außen tätig werden können. Die mit dem Vertrag von Maastricht geschaffene Union umfasst einerseits die bereits bestehenden Gemeinschaften, andererseits die neuen Bereiche der Gemeinsamen Außen- und

Sicherheitspolitik sowie der Justiz- und Innenpolitik. Der EUV enthält jedoch keine Bestimmung, in der festgestellt wird, dass die Union Rechtspersönlichkeit besitzt. Lediglich mit Art. 24 EUV wurde eine Regelung aufgenommen, nach der einige Interpreten der Union Rechtspersönlichkeit zusprechen.

Mandat:

- Prüfung der Auswirkungen einer Anerkennung der Rechtspersönlichkeit der EU
- Prüfung der Möglichkeit und Auswirkungen einer Verschmelzung der Rechtspersönlichkeit der Gemeinschaft und der Union
- Prüfung der Auswirkungen auf die Vereinfachung der Verträge
- Prüfung der Auswirkungen auf den Status der Union in internationalen Organisationen

Optionen:

Rechtspersönlichkeit
- Beibehaltung der gegenwärtigen Regelung
- Nebeneinander der Rechtspersönlichkeit der Union und denen der Gemeinschaften
- Verschmelzung der Rechtspersönlichkeit der Union mit denen der Gemeinschaften

Auswirkung auf die Vereinfachung der Verträge
- Beibehaltung der gegenwärtigen Vertragsstruktur
- Erstellung eines neuen Grundlagenvertrages, der die beibehaltenen Verträge überlagert
- Fusion der Verträge

Empfehlungen der Arbeitsgruppe:

Rechtspersönlichkeit
- Zuerkennung einer einzigen Rechtspersönlichkeit der Union, da das Nebeneinander von mehreren Rechtspersönlichkeiten nicht der geforderten Klarstellung nachkommt und für den Abschluss gemischter, unter mehrere Säulen fallender internationaler Abkommen zu komplex wäre

Vereinfachung der Verträge
- Als logische Folge der Verschmelzung der Rechtspersönlichkeiten auch Fusion der Verträge (mit noch ausstehender Prüfung der Auswirkungen der Fusion des EURATOM-Vertrags)
- Erstellung eines einzigen Verfassungstexts, aus zwei Teilen bestehend (Teil I: verfassungsrechtliche Bestimmungen, Teil II: an die neue Systematik angepasste Regelungen der Einzelpolitiken aus EGV und EUV)
- Verschmelzung der derzeitigen Säulenstruktur (trotz einziger Rechtspersönlichkeit und Fusion der Verträge nicht zwingend erforderlich)

Außenbeziehungen der Union
- Mit einziger Rechtspersönlichkeit wird die Union Völkerrechtssubjekt, damit Nutzbarmachung aller Instrumente internationalen Handelns, ohne dass die Aufteilung der Zuständigkeiten zwischen Union und Mitgliedstaaten davon betroffen ist
- Festschreibung des Verfahrens zur Aushandlung von Abkommen in einem einzigen Titel, nach dem der Rat die Eröffnung von Verhandlungen genehmigt, Richtlinien vorgibt und die ausgehandelten Abkommen schließt
- Beibehaltung besonderer Regelungen bei Abkommen in den Bereichen des Titels V und VI möglich

- Gemischte Abkommen: Ablehnung eines Abkommens „aus wichtigen nationalen Gründen“ vor Abschluss möglich, nach Beschluss völkerrechtliche Bindung des Abkommens für die gesamte Union
- Entwicklung eines einheitlichen Standpunktes und eines möglichst einheitlichen personellen Auftretens nach außen
- Im Falle der Fusion von Hohem Repräsentanten und Kommissar für Außenbeziehungen entsprechende Funktionszuweisung bei der Aufnahme und Führung von Verhandlungen, Unterstützung durch personellen Unterbau
- Anwendung des Anhörungsverfahrens des EP auf internationale Abkommen.

d) Arbeitsgruppe IV „Nationale Parlamente“

Vorsitz: Gisela Stuart
Arbeitszeitraum: 26. Juni 2002 – 22. Oktober 2002

Geltende Regelung:

Die nationalen Parlamente sind durch die geltenden Ratifikationsverfahren in den Primärrechtsetzungsprozess einbezogen. Allerdings erfuhren sie durch die zunehmende Verlagerung von Gesetzgebungskompetenzen auf die europäische Ebene einen erheblichen Funktionsverlust im Bereich der Sekundärrechtsetzung; hier beschränkt sich ihre Rolle weitgehend auf die Kontrolle der jeweiligen Nationalregierungen. Das mit dem Vertrag von Amsterdam angenommene Protokoll über die „Rolle der nationalen Parlamente in der Europäischen Union“ ermöglicht den NP Information und Stellungnahme zu geplanten europäischen Rechtsakten binnen einer Frist von sechs Wochen und begründete die Kooperation der Europaausschüsse im Rahmen der COSAC.

Mandat:

- Prüfung bestehender Kontroll- und Konsultierungsmaßnahmen auf nationaler Ebene
- Prüfung der Rechtsetzungsverfahren und Arbeitspraktiken auf europäischer Ebene, die die Kontrolle der nationalen Regierungen erschweren
- Überlegungen zur künftigen Rolle der NP
- Prüfung neuer formeller und informeller Formen der Mitwirkung der NP

Optionen:

Veränderungen im Verfahren
- Verbesserung der Kontrolle auf nationaler Ebene, Entwicklung von Leitlinien, Benchmarking
- Verbesserung der Zusammenarbeit und des Informationsflusses zwischen NP und EP, „best practise“
- Beteiligung der NP an der Rechtsetzung des Rates durch Entsendung eines Vertreters der NP in die jeweilige Delegation des MGS

Institutionelle Veränderungen
- Institutionalisierung des Konventsmodells zur aktiven Beteiligung der NP am Primärrechtsetzungsverfahren

- Einrichtung eines „Kongresses der Völker“ zur Kontrolle der Anwendung des Subsidiaritätsprinzips sowie zur Bewertung von Vertragsergänzungen
- Stärkung der Rolle der COSAC (verbesserter Informationsaustausch oder Überwachung der Anwendung des Subsidiaritätsprinzips)
- Einrichtung einer unabhängigen zweiten parlamentarischen Kammer zur Überprüfung des Subsidiaritätsprinzips und für Bereiche, in denen die Befugnisse des EP beschränkt sind
- Einrichtung einer neuen Kammer innerhalb des EP

Empfehlungen der Arbeitsgruppe:

Institutionelle Veränderungen

- Förmliche Aufnahme der Konventsmethode zur Vorbereitung künftiger Vertragsänderungen
- Keine Einrichtung eines neuen Gremiums nationaler Parlamentarier auf EU-Ebene
- Klarere Formulierung des COSAC-Mandats als zwischenparlamentarischem Konsultationsgremium sowie Plattform für Kontakte zwischen sektoralen ständigen Ausschüssen der NP, ggf. Schirmherrschaft über zwischenparlamentarische *ad-hoc*-Konferenzen zu Themen, bei denen einzelstaatliche Differenzen europäische Einigungen zu verhindern drohen (Beispiel: GAP-Reform)

Veränderungen im Verfahren

- Festschreibung der aktiven Beteiligung der NP durch Kontrolle der Nationalregierungen, besonders zur Einhaltung der Grundsätze der Subsidiarität und Verhältnismäßigkeit
- Öffentlichkeit der Ratstagungen in gesetzgebender Funktion sowie bei der politischen Koordinierung
- Übermittlung der Beratungsprotokolle des Rates binnen zehn Tagen
- Übermittlung aller Konsultationsdokumente und Legislativvorschläge sowie der jährlichen Strategieplanung und des Rechtsetzungs- und Arbeitsprogramms direkt durch die Kommission
- Keine vorläufige Einigung im Rat vor Ablauf der sechswöchigen Frist zur Abgabe einer Stellungnahme
- Klarere Statusdefinition des Parlamentsvorbehalts in der Geschäftsordnung des Rates
- Etablierung der COSAC als Plattform des Austauschs und der Information, Ausarbeitung von wünschenswerten Mindeststandards für eine wirksame parlamentarische Kontrolle

Speziell zur Subsidiarität

- „Prozessorientierter“ Ansatz
- Möglichst frühzeitige Prüfung von Entwürfen von Rechtsakten
- Verlaufsprüfung, wenn der ursprüngliche Vorschlag erheblich verändert wurde
- Keine Bindung des Klagerechts der NP an eine vorherige Nutzung des „Frühwarnsystems“ (vgl. Arbeitsgruppe I)

Allgemein

- Schaffung einer europäischen Woche zur Debatte innerhalb der NP unter Einbezug von EP-Mitgliedern, der Kommission und einzelstaatlicher Regierungsvertreter

Offene Fragen:

- Einrichtung eines NP und EP einbeziehenden Forums („Kongress“) zur Erörterung der großen politischen Leitlinien und Strategien der Union.

e) Arbeitsgruppe V „Ergänzende Zuständigkeiten"

Vorsitz: Henning Christophersen
Arbeitszeitraum: 17. Juni 2002–30. Oktober 2002

Geltende Regelung:

Die Zuständigkeiten zwischen Union und Mitgliedstaaten werden zumeist geteilt von beiden Ebenen oder ausschließlich von der Union wahrgenommen. Darüber hinaus finden sich Bereiche, in denen die Union lediglich ergänzend, unterstützend oder koordinierend (meist durch Förderprogramme) auf die Maßnahmen der MGS einwirkt; so zum Beispiel bei der Bildungspolitik und im Rahmen der Jugend- und Kulturförderung. Eine klare und umfassende Definition „ergänzender Zuständigkeiten" der Union ist in den Verträgen nicht festgeschrieben. In diesen Bereichen bleibt die Befugnis zum Erlass von Legislativnormen zwar den Mitgliedstaaten vorbehalten, doch bleibt bei der Anwendung der Methode der offenen Koordinierung die Zuständigkeitsverteilung zwischen Union und Mitgliedstaaten unberücksichtigt. Dies führt zu Unklarheiten und vermittelt den Eindruck umfassender Unionszuständigkeiten, in Bereichen, in denen dies nicht der Fall ist.

Mandat:

- Definition des Konzepts der „ergänzenden Zuständigkeit"
- Untersuchung der Unionstätigkeit im Rahmen der ergänzenden Zuständigkeiten
- Untersuchung von Interferenzen zwischen Unions- und mitgliedstaatlicher Zuständigkeit

Optionen:

- Rückführung der derzeitigen ergänzenden Zuständigkeiten in die ausschließlich mitgliedstaatliche Zuständigkeit
- Definition und Trennung geteilter und ergänzender Zuständigkeiten, Festschreibung negativer Kompetenzabgrenzung
- Umfassende Auflistung der Politikbereiche, der anzuwendenden Instrumente und der Grenzen der ergänzenden Zuständigkeiten
- Definition und Festlegung der Grenzen der Methode der offenen Koordinierung
- Einführung strengerer Bedingungen für die Anwendung des Art. 308 EGV

Empfehlungen der Arbeitsgruppe:

Allgemein zur Zuständigkeitsabgrenzung
- Umbenennung der „ergänzenden Zuständigkeiten" in „unterstützende Maßnahmen"
- Aufnahme eines gesonderten Titels „Zuständigkeit"
- Grundlegende Abgrenzung der Zuständigkeiten, dreigeteilte Kategorisierung in ausschließliche und geteilte Zuständigkeiten sowie unterstützende Maßnahmen
- Definition der Grundsätze für die Wahrnehmung der Unionszuständigkeit: Subsidiarität, Verhältnismäßigkeit, Vorrang des Gemeinschaftsrechts, gemeinsames Interesse und Solidarität, Begründung für die Annahme eines Rechtsaktes, Umsetzung und Durchführung durch die Mitgliedstaaten

Unterstützende Maßnahmen
- Anwendung in Politikbereichen, in denen die MGS keine Rechtsetzungsbefugnisse an die Union abgetreten haben und ein gemeinsames Interesse von Union und MGS besteht

- Erlass nicht bindender Rechtsakte (Empfehlungen, Entschließungen, Leitlinien, Programme, etc.) sowie bindender Beschlüsse, nicht aber von Rechtsvorschriften der Union
- Bereiche „unterstützender Maßnahmen“: Beschäftigung, allgemeine und berufliche Bildung, Kultur, öffentliche Gesundheit, Transeuropäische Netze, Industrie

Artikel 308 EGV

- Beibehaltung des Art. 308 EGV und der erforderlichen Einstimmigkeit zum Erlass von Rechtsakten auf dessen Grundlage
- Materielle und verfahrensrechtliche Bedingungen für die Anwendung: Anwendung des Art. 308 im Rahmen des Gemeinsamen Marktes, der WWU und zur Durchführung der gemeinsamen Politiken und Maßnahmen, die in Art. 3 und 4 EGV genannt werden, Möglichkeit einer Vorabprüfung des Gerichtshofs im Rahmen von Art. 308 EGV

Offene Fragen:

- Überdenken der Formulierung „immer engere Union“ des Art. 1 EUV, die Vermutungen über weitere Kompetenzübertragungen schüren könnte
- Prüfung der Methode der offenen Koordinierung als nicht zwingendes Instrument durch die Gruppe IX „Vereinfachung“.

f) Arbeitsgruppe VI „Ordnungspolitik“

Vorsitz: Klaus Hänsch
Arbeitszeitraum: 7. Juni 2002–10. Oktober 2002

Geltende Regelung:

Das wirtschafts- und währungspolitische System der Union beruht auf drei Elementen. Die Zentralbank besitzt die ausschließliche Zuständigkeit für die Währungspolitik im Euro-Währungsraum, die Zuständigkeit für die Regelung der Wirtschaftspolitik liegt bei den Mitgliedstaaten; gleichzeitig sind die einzelstaatlichen Wirtschaftspolitiken als Angelegenheit von „gemeinsamem Interesse“ zu verstehen und werden in gewissem Umfang vom Rat koordiniert. Darüber hinaus wird in einigen Politikbereichen (etwa Beschäftigung, Sozialfragen sowie Bildung) in Teilen die Methode der offenen Koordinierung angewandt. Die Entwicklung dieses asymmetrischen Regelungsrahmens erfolgte aus wirtschaftlichen wie politischen Erwägungen. Mit dem erfolgreichen Abschluss der Währungsunion durch die Einführung des Euro erwächst die Erfordernis weiterreichender wirtschaftlicher und finanzpolitischer Zusammenarbeit.

Mandat:

- Prüfung der Zuständigkeitsverteilung zwischen Wirtschafts- und Währungspolitik und der beschäftigungs- wie sozialpolitischen Koordinierung
- Prüfung des Status der Euro-Gruppe
- Überprüfung der Wirksamkeit des Stabilitäts- und Wachstumspakts und der Effizienz des Defizitverfahrens
- Entwicklung von Maßnahmen zur Verbesserung der wirtschaftspolitischen Koordinierung

- Überdenken von Maßnahmen zur Steuerharmonisierung und zur Regelung der Finanzmärkte

Optionen:

Währungspolitik
- Beibehaltung der gegenwärtigen Zuständigkeiten der EZB
- Ausweitung des Mandats der EZB auf Ziele wie Wachstum und Beschäftigung

Wirtschaftspolitik
- Beibehaltung der gegenwärtigen Verteilung der Zuständigkeiten
- Überführung makroökonomischer Aspekte der Wirtschaftspolitik in den Bereich der geteilten Zuständigkeiten

Empfehlungen der Gruppe:

Währungspolitik
- Änderung des Art. 10.2 der EZB-Satzung

Wirtschaftspolitik
- Verstärkung und Abstimmung der wirtschaftspolitischen Koordinierungsprozesse
- Recht der Kommission zur direkten Ermahnung eines MGS bei übermäßigem Defizit
- Keine Aufnahme des Stabilitäts- und Wachstumspakts in den Verfassungsvertrag
- Aufnahme der Methode der offenen Koordinierung (mehrheitlich) unter Definition ihrer Ziele, Verfahren und Grenzen
- Aufnahme einer Bestimmung, die einen breiten Konsultationsprozess, vor allem mit den Sozialpartnern, anregt
- Beibehaltung der Zuständigkeitsverteilung im Bereich der Steuerpolitik
- Zur Gewährleistung der Funktionsfähigkeit des Binnenmarkts Aufstellung einer erschöpfenden Liste von Maßnahmen gegen Steuerwettbewerb und Verzerrungen im Binnenmarkt
- Ermöglichung der Annäherung der Steuersätze, Mindeststandards und Bemessungsgrundlagen bei indirekten Steuern und der Unternehmensbesteuerung

Institutionelle Fragen
- Weiterhin Förderung des wechselseitigen Dialogs und der Beratungen der Teilnehmerstaaten der Euro-Gruppe
- Keine Einschränkung der informellen Beratungen zwischen den Finanzministern, der EZB und der Kommission
- Verbesserung der Wirksamkeit der derzeitigen informellen Vereinbarungen zur Vertretung des Euro-Raums in internationalen Gremien

Keine Einigung/offene Fragen:

- Aufnahme zusätzlicher wirtschafts- und sozialpolitischer Ziele und Zuständigkeiten in die Verträge
- Aufnahme des Dialogs mit den Sozialpartnern als Arbeitsmethode in den Verfassungsvertrag
- Mandatsveränderung und Anforderungen an Transparenz und Rechenschaftspflicht der EZB

- Förmliches Vorschlagsrecht der Kommission für die Grundsätze der Wirtschaftspolitik
- Recht der Kommission zur direkten Ermahnung zur Einhaltung der Grundsätze der Wirtschaftspolitik
- Abstimmung mit qualifizierter Mehrheit im Bereich der Steuerpolitik
- Internationale Vertretung der Euro-Gruppe durch deren Vorsitzenden oder durch die Kommission.

g) Arbeitsgruppe VII „Außenpolitisches Handeln“

Vorsitz: Jean-Luc Dehaene
Arbeitszeitraum: 24. September 2002–4. Dezember 2002

Geltende Regelung:

Mit ihrer Gründung wurden der Gemeinschaft zunächst Zuständigkeiten in den Bereichen Handelspolitik und Entwicklungszusammenarbeit zugewiesen. Daneben entwickelte sich eine informelle Zusammenarbeit im Bereich der Außen- und Sicherheitspolitik, der mit der Verabschiedung des Vertrags über die Europäische Union ein Rahmen gegeben wurde und die mit der Einführung einer Europäischen Sicherheits- und Verteidigungspolitik eine Erweiterung erfuhr. Die Regelungen der einzelnen Bereiche des außenpolitischen Handelns der Union sind in den Verträgen nicht zusammengefasst, sondern über diese hinweg verstreut. Die erheblichen Unterschiede bezüglich der Rechtsgrundlage des Unionshandelns, der anzuwendenden Instrumente und der beteiligten Akteure stehen einem kohärenten außenpolitischen Handeln der Union entgegen und sind daher zu prüfen.

Mandat:

- Definition der Interessen der Union
- Verbesserung der Koordinierung der zur Verfügung stehenden Instrumentarien
- Ausarbeitung effizienter und flexibler Beschlussfassungsverfahren
- Prüfung/Erarbeitung von Maßnahmen zur Verbesserung der Kompetenz- und Ressourcenausstattung des Hohen Vertreters
- Prüfung der Außenvertretung der Union und der diplomatischen Zusammenarbeit von Union und Mitgliedstaaten

Optionen:

Ermittlung von Interessen
- Überprüfung bestehender Mechanismen im ER und im „Allgemeinen Rat“ zur Herausstellung gemeinsamer Interessen
- Erarbeitung neuer Mechanismen zum wechselseitigen Informationsaustausch, der gemeinsamen Evaluierung von Politiken zwischen Union und MGS sowie zur Festschreibung und Präzisierung gemeinsamer Interessen

Institutionell
- Verbesserung der Koordinierung zwischen den Organen durch Schaffung einer zentralen Einrichtung innerhalb jedes Organs
- Verbesserung der Zusammenarbeit von Hohem Vertreter und Kommission durch gemeinsame Initiativen oder Funktionszusammenfassung in einigen Bereichen

- Gewährleistung interner Kohärenz durch Vorschlagsrecht und Vorsitz des Hohen Vertreters im Rat „Allgemeine Angelegenheiten“
- Einrichtung eines Europäischen Diplomatischen Dienstes

Instrumentarium und Beschlussfassung
- Reduzierung der Instrumente, vermehrte Anwendung gemeinsamer Strategien
- Flexibilisierung durch Aufhebung des Einstimmigkeitszwangs
- Anwendung der „verstärkten Zusammenarbeit“ und der „konstruktiven Enthaltung“

Empfehlungen der Arbeitsgruppe:

Allgemeine Festlegungen und Definition von Zielen/Interessen
- Zusammenführung der Artikel zum außenpolitischen Handeln in einen Abschnitt des Vertrages
- Definition der Grundsätze und Ziele für das außenpolitische Handeln, u.a. Demokratie, Rechtstaatlichkeit, Achtung der Menschenrechte, Frieden, Förderung der nachhaltigen Entwicklung in Entwicklungsländern
- Situative, gebiets- oder themenspezifische Definition strategischer Ziele, Interessen und Strategien durch den ER, Umsetzung durch den Rat „Außenpolitisches Handeln“ (s.u.)

Institutionelle Verbesserungen
- Fusion der Ämter von Hohem Repräsentanten und Kommissar für Außenbeziehungen zu einem „Europäischen Vertreter für Auswärtiges“
- Ernennung durch ER nach Zustimmung des Kommissionspräsidenten und Billigung des EP
- Mandatsgebung durch den Rat bei gleichzeitiger Mitgliedschaft/Vizepräsidentschaft der Kommission
- Formelles, aber nicht ausschließliches Initiativrecht
- Außenvertretung der Union anstelle der Troika
- Bildung einer Ratsformation „Außenpolitisches Handeln“, möglichst unter Vorsitz des (noch) Hohen Repräsentanten
- Einrichtung einer zentralen Stelle in der Kommission zur internen Koordinierung aller außenpolitischen Fragen
- Einrichtung einer gemeinsamen Dienststelle für europäisches außenpolitisches Handeln, einer EU-Diplomatenschule und eines diplomatischen Dienstes

Instrumentarien und Beschlussfassung

- Möglichkeit „gemeinsamer Initiativen“ von Kommission und Hohem Vertreter (zum Teil in Verbindung mit der Anwendung der QME)
- Nutzung bestehender Bestimmungen zum flexiblen Vorgehen innerhalb der GASP
- Aufnahme einer Bestimmung in den Vertrag, die nach einstimmigem Beschluss des ER die Anwendung der QME in neuen GASP-Bereichen ermöglicht
- Anwendung der QME in allen Bereichen der Handelspolitik
- Erhöhung des Umfangs der Mittel, die für die GASP zur Verfügung stehen
- Entwicklung von Verfahren, die rasche Auszahlungen ermöglichen
- Zusammenfassung der Bestimmungen zum Aushandeln und Abschluss internationaler Übereinkünfte

- Vermeidung gemischter Abkommen durch Bestimmung des Hauptgegenstandes durch den Rat
- Anstreben eines formalen Status der Union in internationalen Sonderorganisationen
- Vertretung der Mitglieder des Euro-Währungsgebiets in den internationalen Finanzinstitutionen durch eine einzige Person.

h) Arbeitsgruppe VIII „Verteidigung"

Vorsitz: Michel Barnier
Arbeitszeitraum: 13. September 2002–25. November 2002

Geltende Regelung:

Die militärischen Fähigkeiten der Mitgliedstaaten der Union zur Bewältigung sie direkt betreffender Krisen haben sich in der Vergangenheit als nicht ausreichend und angemessen erwiesen. Ein gemeinsames Vorgehen im Rahmen der Europäischen Sicherheits- und Verteidigungspolitik ist grundsätzlich in allen die Sicherheit betreffenden Fragen möglich, wenn der Rat dies beschließt. Die Tragweite der Europäischen Sicherheits- und Verteidigungspolitik ist somit vertraglich umfassend definiert. Für ein gemeinsames Vorgehen haben die Mitgliedstaaten der Union entsprechende Kapazitäten zur Verfügung zu stellen. Zur Verbesserung der Krisenbewältigung wurden 1999 die „Petersberg-Aufgaben" definiert. Diese erfüllten die MGS allerdings auf sehr unterschiedliche Art und Weise. Darüber hinaus haben die Attentate am 11. September 2001 dokumentiert, dass eine Überprüfung der festgelegten Aufgaben angezeigt scheint.

Mandat:

- Überprüfung der Petersberg-Aufgaben
- Entwicklung von Mechanismen und Verfahren, die gewährleisten, dass die MGS über die notwendigen militärischen Fähigkeiten verfügen
- Überprüfung des Beschlussfassungsprozesses und der Möglichkeit der Anwendung der „verstärkten Zusammenarbeit" im Rahmen der ESVP
- Verbesserung der Planungskapazitäten und -mechanismen
- Verbesserung der Zusammenarbeit im Rüstungsbereich

Optionen:

Verpflichtung der MGS auf ihre Zusagen
- Aufnahme einer kollektiven Verteidigungspflicht in die Verträge mit Möglichkeit zum *„Opting-in"* für noch nicht zum Beitritt willige oder fähige MGS
- Festlegung von Kriterien zur Teilhabe an der ESVP

Effektivierung der Verfahren und gemeinsamen Maßnahmen
- Anwendung der „verstärkten Zusammenarbeit" und der „konstruktiven Enthaltung"
- Entwicklung neuer, spezieller Formen der engeren Zusammenarbeit zur Krisenbewältigung
- Entwicklung klarer Befehlsketten zur effizienten und raschen Durchführung von Operationen
- Aufnahme der Rüstungszusammenarbeit aller MGS/optional in die Verträge
- Errichtung einer Rüstungsagentur

Empfehlungen der Arbeitsgruppe:

Definition der Aufgaben und Prinzipien

- Ergänzung der Petersberg-Aufgaben durch militärische Mittel erfordernde Konfliktverhütung, gemeinsame Abrüstungsmaßnahmen, militärische Beratung und Unterstützung, Stabilisierungsmaßnahmen nach Konflikten, Einholen der Unterstützung der Behörden von Drittländern bei der Terrorismusbekämpfung
- Einführung einer Solidaritätsklausel bei Bedrohung eines MGS durch nichtstaatliche Einheiten als kollektive Verteidigungsklausel, die zum wechselseitigen militärischen Beistand verpflichtet

Inpflichtnahme der MGS

- Prüfung der Zusagen der MGS zur Bereitstellung militärischer Fähigkeiten durch die europäische Rüstungsagentur
- Bewertung anhand des Anteils des Verteidigungshaushalts am BIP, vor allem des Anteils der Ausgaben für Ausrüstung und Forschung sowie des Vorbereitungsstands der Streitkräfte und ihrer Interoperabilität

Institutionelle Vorschläge

- Stärkung des Hohen Vertreters, u. a. durch Übertragung der Zuständigkeit für das Handeln der Union in der ESVP, Initiativrecht für den Bereich der Krisenbewältigung, Vorschlagsrecht zur Art und Durchführung von Krisenbewältigungsoperationen an den Rat, Verantwortung für die Durchführung, Unterstellung der Befehlshaber
- (mehrheitlich) Einrichtung einer gesonderten Ratsformation der Verteidigungsminister
- Errichtung einer Europäischen Agentur für Rüstung und strategische Forschung zur Förderung einer abgestimmten Beschaffungspolitik der MGS sowie zur Unterstützung der verteidigungstechnischen Forschung
- Gewährleistung der doppelten parlamentarischen Kontrolle von EP (Unterrichtung durch den Vorsitz des Rates und den Hohen Vertreter, Möglichkeit der Vorlage von Entschließungen an den Rat) und NP (ständige Kontrolle der nationalen Regierungen, zumeist Zustimmung zu militärischen Operationen, Informationsaustausch durch Sitzungen der zuständigen Ausschüsse)

Vorschläge zum Verfahren

- Lockerung der Bestimmungen zur Anwendung der „konstruktiven Enthaltung“
- Ermöglichung einer engeren Zusammenarbeit dazu bereiter MGS, ähnlich wie in der Eurozone

Verbesserung der Finanzierung

- Ausreichende Finanzierung der Vorbereitungsphase durch Einrichtung eines Fonds aus Beiträgen der MGS
- Schaffung eines Mechanismus zur kurzfristigen Finanzierung militärischer Operationen

Keine Einigung/offene Fragen:

- Anwendung der verstärkten Zusammenarbeit auch im Rahmen der ESVP, ggf. Lockerung der Bedingungen der Anwendung (Beschlussfassung über deren Einführung mit QME, Verringerung der erforderlichen Zahl teilnehmender MGS, Beschleunigung der Beschlussfassungsverfahren)

- Festschreibung einer Klausel über die Solidarität und gemeinsame Sicherheit zur Fortentwicklung der EU hin zu einer Sicherheits- und Verteidigungsunion
- Aufnahme einer Klausel zur kollektiven Verteidigung.

i) Arbeitsgruppe IX „Vereinfachung der Rechtsetzungsverfahren und Rechtsakte"

Vorsitz: Giuliano Amato
Arbeitszeitraum: 19. September 2002–4. Dezember 2002

Geltende Regelung:
Jede Vertragsänderung im Verlauf der europäischen Integration ging einher mit einem parallelen Anwachsen der Regelungs- und Instrumentendichte. Daraus begründet sich die heutige Intransparenz und übermäßige Detailliertheit der Unionsgesetzgebung wie der anzuwendenden Entscheidungsverfahren. Innerhalb der drei Säulen der Union finden derzeit 15 Rechtsakte Anwendung, die sich in ihrer rechtlichen Wirkung, in Teilen aber auch nur durch ihre uneinheitliche Bezeichnung unterscheiden, darunter auch kaum spezifizierte (Leitlinien, Koordinierung) und „atypische" Instrumente (institutionelle Vereinbarung, Schlussfolgerungen und Entschließungen des ER). Dabei mangelt es an einer Definition von Art und Wirkung der jeweiligen Maßnahmen. Hinzu tritt eine kaum überschaubare Zahl von Entscheidungsverfahren. So werden je nach Politikbereich Einstimmigkeit, qualifizierte oder eine anderweitig bestimmte Mehrheit im Rat mit der Mitentscheidung, Zusammenarbeit oder Zustimmung des Parlaments kombiniert und ggf. die Stellungnahmen des AdR und WSA einbezogen.

Mandat:

- Reduzierung und Umbenennung der Rechtsinstrumente
- Prüfung, ob bestimmte Verfahren abgeschafft werden können
- Prüfung der Anwendung des Mitentscheidungsverfahrens und der Beschlussfassung mit qualifizierter Mehrheit
- Vereinfachung des Vermittlungsverfahrens und des Haushaltsverfahrens

Optionen:

Instrumentelle Vereinfachung
- Einteilung und systematisierte Umbenennung der Rechtsakte nach ihrer Wirkung
- Verringerung der Zahl der anzuwendenden Instrumente bei gleichzeitiger Neudefinition und Kodifizierung der Wirkung
- Entwicklung einer Hierarchie der Rechtsakte, verbunden mit der Festschreibung der anzuwendenden Verfahrensregeln
- Trennung von Rechtsvorschriften und ihrer Durchführung

Vereinfachung der Verfahren
- Abschaffung des Verfahrens der Zusammenarbeit
- Abschaffung/Zusammenfassung weiterer Verfahren
- Generelle Anwendung des Mitentscheidungsverfahrens zur Annahme von Rechtsakten
- Koppelung von Mitentscheidungsverfahren und QME

Empfehlungen der Arbeitsgruppe:

Vereinfachung der Rechtsakte

- Verringerung und Umbenennung: Gesetz (alt: Verordnung), Richtlinie (Rahmengesetz) und Entscheidung als verbindliche Rechtsakte; Empfehlung und Stellungnahme als nicht verbindliche Rechtsakte
- Anwendung der Rechtsakte auch in der bisherigen dritten Säule, ggf. mit der Sonderregel, dass diese keine unmittelbare Wirkung entfalten
- Beibehaltung der Besonderheiten der Rechtsakte im Bereich der GASP, Vereinfachung auf „GASP-Entscheidung" und „GASP-Durchführungsbeschluss"
- Verwendung atypischer Instrumente nur in solchen Bereichen, in denen die Union über keine gesetzgeberische Kompetenz verfügt
- Vertragliche Festschreibung der Methode der offenen Koordinierung als Instrument, das ein konzertiertes Vorgehen der MGS in Bereichen von nicht auf die Union übertragenen Zuständigkeiten ermöglicht

Hierarchisierung der Rechtsakte

- Gesetzgebungsakte: Gesetz, Rahmengesetz; generelles Mitentscheidungsverfahren
- „delegierte Rechtsakte": delegierte Verordnungen; Definition von Ziel, Inhalt und Tragweite im Gesetzgebungsakt durch den Gesetzgeber (Regelung technischer Fragen oder spätere Änderung des Gesetzgebungsaktes durch die Kommission), Kontrollmöglichkeiten: „call back", Schweigefrist, „sunset clause"
- Durchführungsakte: Durchführungsverordnung und -entscheidung; Rechtsakte zur Durchführung von Gesetzgebungsakten und „delegierten" Rechtsakten; Aufgabe der MGS, ggf. der Union

Vereinfachung der Verfahren

- Durchgängige Anwendung des Mitentscheidungsverfahrens außer in vertraglich genannten Sonderfällen, Umbenennung in Rechtsetzungsverfahren
- Koppelung des Mitentscheidungsverfahrens an die Beschlussfassung mit qualifizierter Mehrheit
- Flexiblere Zusammensetzung des Vermittlungsausschusses unter Wahrung der Parität der beteiligten Organe Rat und EP
- Abschaffung des Verfahrens der Zusammenarbeit, Überführung in die Mitentscheidung oder Anhörung des EP
- Anwendung des Verfahrens der Zustimmung nur zur Ratifizierung internationaler Verträge, in allen anderen Fällen Übergang zur Mitentscheidung

Haushaltsverfahren

- Verankerung der Grundsätze in einem gesonderten Artikel im Verfassungsvertrag
- Im Rahmen der Zusammenarbeit Letztentscheidung des Rates bei der Mittelaufbringung und Festlegung der Obergrenzen der finanziellen Vorausschau, Letztentscheidung des EP über die Ausgaben
- Festlegung des Systems der Eigenmittel durch den Rat
- Aufhebung der Trennung obligatorischer und nichtobligatorischer Ausgaben
- Vereinfachtes Mitentscheidungsverfahren für das jährliche Haushaltsverfahren
- Neue Rechtsgrundlage für ein System der mittelfristigen Finanzplanung

Offene Fragen:

- Vereinfachung der QME durch Einführung einer doppelten Mehrheit
- Verfahren zur Annahme des Beschlusses über die Eigenmittel
- Stärkung der Legislativbefugnisse des EP bei der Übertragung der Durchführung von Rechtsakten.

j) Arbeitsgruppe X „Raum der Freiheit, der Sicherheit und des Rechts"

Vorsitz: John Bruton
Arbeitszeitraum: 16. September 2002–4. Dezember 2002

Geltende Regelung:

Die Justiz- und Innenpolitik ist bislang in keinem einheitlichen Rechtsrahmen geregelt, sondern in zwei Bereiche unterteilt. Einzelne Politiken sind in den Gemeinschaftsbereich eingegliedert, unter anderem Visa, Asyl, Einwanderung, Personenverkehr und die justizielle Zusammenarbeit in Zivilsachen. Diese Politiken werden in geteilter Zuständigkeit von der Union und den Mitgliedstaaten wahrgenommen. Die übrigen Aufgabenbereiche werden auf Initiative der Mitgliedstaaten oder der Kommission durch die Zusammenarbeit der Regierungen geregelt. Einem vereinfachten und gleichzeitig verstärkten Vorgehen in der Justiz- und Innenpolitik steht zum einen entgegen, dass sich die in den Bereichen der ersten und der dritten Säule anzuwendenden Instrumente sowohl in ihrer Bezeichnung als auch in ihrem Wirkungsgrad unterscheiden. Zum anderen steht dem der bis auf wenige Ausnahmen geltende Einstimmigkeitszwang im Rat entgegen.

Mandat:

- Erarbeitung verbesserter Maßnahmen zur Schaffung eines wirklichen gemeinsamen Raums der Freiheit, der Sicherheit und des Rechts
- Erarbeitung von Verfahrens- und instrumentellen Verbesserungen
- Verbesserung der Zusammenarbeit der Justizbehörden in Strafsachen

Optionen:

Stärkung des gemeinschaftlichen Rechtsraums
- Materielle und rechtliche Stärkung von Europol
- Verstärkte parlamentarische und gerichtliche Kontrolle von Europol
- Aufnahme von Europol in den institutionellen Rahmen der EU
- Verbesserung der Zusammenarbeit von Eurojust und Staatsanwaltschaften der MGS
- Schaffung einer europäischen Staatsanwaltschaft
- Verbesserung der Kontrolle der Außengrenzen der Union
- Aufhebung bestehender Einschränkungen im Bereich Asyl und Einwanderung

Verfahren und Instrumentarium
- Generelle Anwendung gemeinschaftsrechtlicher Rechtsakte
- Ausweitung der Zuständigkeit des Gerichtshofs auf den Bereich Justiz und Inneres

- Prüfung des mitgliedstaatlichen Initiativrechts und des Anhörungsverfahrens im EP
- Aufhebung des Einstimmigkeitszwangs
- Möglichkeit der konstruktiven Enthaltung, verstärkten Zusammenarbeit, Entwicklung von *Opting-in*-Vereinbarungen
- Schaffung eines allgemeinen Rechtsrahmens für den gesamten Politikbereich

Zusammenarbeit der Justizbehören in Strafsachen
- Harmonisierung des materiellen Strafrechts
- Ausarbeitung von diesbezüglichen Rechtsakten auf der Grundlage der gegenseitigen Anerkennung
- Festlegung von Mindestverfahrensnormen

Empfehlungen der Arbeitsgruppe:

Allgemein
- Schaffung eines allgemeinen Rechtsrahmens, der den Besonderheiten des Bereichs Rechnung trägt
- Anwendung der (noch) EG-Instrumente auch in den Bereichen der dritten Säule
- Verankerung des Prinzips der Solidarität und einer gerechten, auch finanziellen, Verantwortungsteilung der MGS in den Bereichen Asyl, Einwanderung und Grenzkontrolle
- Verankerung der gegenseitigen Anerkennung gerichtlicher Entscheidungen in Zivilsachen

Verfahrensvereinfachung
- Im Bereich der ersten Säule (Asyl, Einwanderung, Visa, Grenzverwaltung, Zusammenarbeit in Zivilsachen) generelle Anwendung des Mitentscheidungsverfahrens und Abstimmung mit qualifizierter Mehrheit im Rat
- Im Bereich der dritten Säule Mitentscheidung als Regelfall und Ausweitung der QME, u. a. zum Erlass von Mindestnormen zum Schutz des Einzelnen in Strafprozessen, Maßnahmen zur Kriminalitätsverhütung, zur Ausweitung der Tätigkeitsbereiche von Europol und Eurojust
- Initiativrecht für ein Viertel der MGS
- Präzisierung der Unionsbefugnisse: in einigen Bereichen Angleichung des materiellen Strafrechts (Tatbestandmerkmale, Strafen), Annäherung von Teilen des Strafprozessrechts, Erlass von Bestimmungen für die polizeiliche und justizielle Zusammenarbeit der mitgliedstaatlichen Behörden

Stärkung der operativen Zusammenarbeit
- Aufbau effizienterer Strukturen im Rat zur Koordinierung der operativen Zusammenarbeit
- Aufbau eines gemeinsamen Systems zur Verwaltung der Außengrenzen
- Überarbeitung der Rechtsgrundlagen für Europol und Eurojust, die dem Gesetzgeber einen größeren Spielraum für die Ausweitung der Aufgaben und Befugnisse einräumen (Definition des allgemeinen Tätigkeitsfelds und Reichweite möglicher Entwicklungen)
- Unterstellung unter parlamentarische und gerichtliche Kontrolle

Horizontale Fragen
- Zur Überwachung der Umsetzung von Rechtsvorschriften vermehrter Einsatz der „gegenseitigen Bewertung" („Peer Review")
- Möglichkeit der Einleitung eines Vertragsverletzungsverfahrens beim EuGH durch die Kommission

- Verbesserte Einbindung der NP (u. a. bei der Festlegung der strategischen Leitlinien für die Strafrechtspolitik, interparlamentarische Konferenzen, Subsidiaritätskontrolle)

Offene Fragen:

- Einrichtung einer europäischen Staatsanwaltschaft
- Künftige Regelung von *Opting-in/Opting-out*-Klauseln
- Möglichkeit bi-/multilateraler Übereinkommen der Mitgliedstaaten trotz vorhandener unionsinterner Vorschriften
- Umfang der Zuständigkeiten des EuGH im Bereich Justiz und Inneres.

k) Arbeitsgruppe XI „Soziales Europa"

Vorsitz: Giorgios Katiforis
Arbeitszeitraum: 6. Dezember 2002–27. Januar 2003

Geltende Regelung:

Mit der Herausbildung und Fortentwicklung des Gemeinsamen Marktes waren seit jeher auch Bestimmungen zum Schutz sozialer Belange verbunden. Bereits 1957 wurde die Sozialpolitik in einem eigenen Kapitel geregelt. Der Entwicklung der Europäischen Union von einer (ausschließlichen) Wirtschafts- zu einer (auch) Wertegemeinschaft wurde in Art. 2 EUV Rechnung getragen. Dieser schrieb den wirtschaftlichen und sozialen Fortschritt als eines des Hauptziele der Union fest. Die Kernbereiche der Beschäftigungs- und Sozialpolitik sind von gemeinschaftlicher Rechtsetzung ausgenommen, allerdings verfügt die Union über das Recht, unterstützend tätig zu werden, um die Verwirklichung sozialer Ziele zu befördern.

Mandat:

- Prüfung, inwieweit soziale Werte und Ziele in den Verfassungsvertrag aufzunehmen sind
- Überprüfung der Zuständigkeitsverteilung zwischen Union und MGS im sozialen Bereich
- Prüfung der Rolle der offenen Koordinierung und der Beziehung zwischen wirtschafts- und sozialpolitischer Koordinierung
- Prüfung der angewandten Entscheidungs- und Beschlussfassungsverfahren
- Definition der Rolle der Sozialpartner

Optionen:

Konkretisierung des „Europäischen Sozialmodells"
- Auflistung sozialer Ziele unter den allgemeinen Zielen der Union
- Verstärkung der Werteunion durch Auflistung sozialer Werte im Vertrag

Zuständigkeiten und Instrumente
- Klare Definition der derzeitigen Zuständigkeiten der Union im Sozialbereich
- Prüfung der derzeitigen Zuständigkeitsverteilung, ggf. Rückführung
- Übertragung neuer Zuständigkeiten an die Union
- Überprüfung/Zusammenfassung der wirtschafts- und sozialpolitischen Koordinierung
- Anwendungsmöglichkeiten anderer Instrumente im sozialpolitischen Bereich

Empfehlungen der Arbeitsgruppe:

Allgemein:
- Aufnahme der Werte soziale Gerechtigkeit, Solidarität, Gleichheit und Gleichstellung von Männern und Frauen in Art. 2 des Verfassungsvertrages
- Aufnahme der Ziele Vollbeschäftigung, soziale Gerechtigkeit, sozialer Frieden, nachhaltige Entwicklung, wirtschaftlicher, sozialer, territorialer Zusammenhalt, soziale Marktwirtschaft, Qualität der Arbeit, lebenslanges Lernen, soziale Eingliederung, hohes Maß an sozialem Schutz, Gleichstellung von Männern und Frauen, Rechte des Kindes, hohes Maß an Gesundheitsschutz, effiziente und hochwertige Sozialdienste und Leistungen der Daseinsvorsorge

Zuständigkeitsverteilung, Instrumentarium, Verfahren
- Beibehaltung der gegenwärtigen Zuständigkeitsverteilung zwischen Union und Mitgliedstaaten
- Eindeutigere Festlegung des Rahmens, innerhalb dessen die Union sozialpolitisch tätig werden kann
- Unterstützende Tätigkeit der Union vor allem in Bereichen, die im Zusammenhang mit dem Funktionieren des Binnenmarkts stehen
- Ausdehnung der Unionsbefugnisse ggf. in einigen Bereichen des Gesundheitsschutzes, ggf. Schaffung einer Rechtsgrundlage für Leistungen in der Daseinsvorsorge
- Aufnahme der Methode der offenen Koordinierung in den Verfassungsvertrag und Festschreibung der hierfür in Frage kommenden Bereiche
- Festschreibung des Verfahrens, nach dem die Erarbeitung von Maßnahmen zur Verbesserung der Kohärenz der wirtschafts- und sozialpolitischen Koordinierung auf der Frühjahrstagung des ER erfolgt

Sonstiges
- Vertragliche Verankerung der Rolle der Sozialpartner
- Anhörung der Sozialpartner in allen sie betreffenden Bereichen
- Zuerkennung einer beratenden Rolle von relevanten Interessengruppen und der Bürgergesellschaft

Offene Fragen:
- Auflistung von Bereichen, in denen die Methode der offenen Koordinierung angewandt werden könnte
- Übergang zur QME.

Quelle: Eigene Zusammenstellung nach CONV 71/02 COR1 vom 11.06.2002, CONV 72/02 vom 31.05.2002, CONV 73/02 vom 31.05.2002, CONV 74/02 vom 30.05.2002, CONV 75/02 vom 31.05.2002, CONV 76/02 vom 30.05.2002, CONV 246/02 vom 10.09.2002, CONV 252/02 vom 10.09.2002, CONV 258/02 vom 12.09.2002, CONV 271/02 vom 17.09.2002, CONV 286/02 vom 23.09.2002, CONV 305/02 vom 01.10.2002, CONV 353/02 vom 22.10.2002, CONV 354/02 vom 22.10.2002, CONV 357/02 vom 21.10.2002, CONV 375/1/02 vom 01.11.2002, CONV 421/02 vom 22.11.2002, CONV 424/02 vom 29.11.2002, CONV 426/02 vom 02.12.2002, CONV 459/02 vom 16.12.2002, CONV 461/02 vom 16.12.2002, CONV 516/1/03 REV1 vom 04.02.2003.

III. Grundlagen für die Arbeit der Regierungskonferenz

III/1 Schlussfolgerungen des Vorsitzes Europäischer Rat von Thessaloniki, 19./20. Juni 2003

1. Der Europäische Rat ist am 19. und 20. Juni 2003 in Thessaloniki zusammengetreten. Vor der Tagung fand im Anschluss an ein Exposé des Präsidenten des Europäischen Parlaments, Herrn Pat Cox, ein Gedankenaustausch über die wichtigsten Tagesordnungspunkte statt.

I. Konvent/Regierungskonferenz

2. Der Europäische Rat begrüßt den Entwurf des Vertrags über die Verfassung, den der Präsident des Konvents, Herr Valéry Giscard d'Estaing, vorgelegt hat. Dieser Entwurf ist ein historischer Schritt zur Förderung der Ziele der europäischen Integration:

   - Er bringt unsere Union ihren Bürgern näher,
   - er stärkt das demokratische Wesen unserer Union,
   - er fördert die Beschlussfassungsfähigkeit unserer Union insbesondere nach der Erweiterung,
   - er verbessert die Fähigkeit unserer Union zu kohärentem und vereintem Handeln auf der internationalen Bühne und
   - trägt so dazu bei, die Herausforderungen zu bewältigen, die durch die Globalisierung und die Verflechtung entstehen.

3. Der Europäische Rat spricht dem Präsidenten des Konvents, Herrn Valéry Giscard d'Estaing, den Vizepräsidenten Herrn Jean Luc-Dehaene und Herrn Giuliano Amato, den Mitgliedern und den stellvertretenden Mitgliedern des Konvents seinen Dank für die geleistete Arbeit aus. Der Konvent hat sich als nützliches Forum für den demokratischen Dialog zwischen Vertretern der Regierungen, der nationalen Parlamente, des Europäischen Parlaments, der Europäischen Kommission und der Zivilgesellschaft erwiesen.
4. Der Europäische Rat ist der Auffassung, dass mit der Vorlage des Entwurfs des Vertrags über die Verfassung, wie er ihn nun erhalten hat, der in Laeken erteilte Auftrag des Konvents erfüllt und somit das Ende seiner Arbeiten erreicht ist. Der Wortlaut des Teils III bedarf jedoch noch einiger rein technischer Arbeiten, die bis spätestens 15. Juli abgeschlossen sein müssen.
5. Der Europäische Rat hat beschlossen, dass der Wortlaut des Entwurfs des Vertrags über die Verfassung eine gute Ausgangsbasis für den Beginn der Regierungskonferenz bildet. Er ersucht den künftigen italienischen Vorsitz, auf der Ratstagung im Juli das Verfahren nach Artikel 48 des Vertrags einzuleiten, damit diese Konferenz im Oktober 2003 einberufen werden kann. Die Konferenz sollte so bald wie möglich ihre Arbeiten abschließen und Einvernehmen über den Vertrag über die Verfassung erzielen, so dass genügend Zeit bleibt, damit sich die europäischen Bürger vor den Wahlen zum Europäischen Parlament im Juni 2004 mit dieser Verfassung vertraut machen können. Die beitretenden Staaten werden gleichberechtigt mit den derzeitigen Mitgliedstaaten und ohne Einschränkungen an der Regierungskonferenz teilnehmen. Der Vertrag über die Verfassung wird von den

Mitgliedstaaten der erweiterten Union so bald wie möglich nach dem 1. Mai 2004 unterzeichnet.

6. Die Regierungskonferenz wird von den Staats- und Regierungschefs mit Unterstützung der Mitglieder des Rates (Allgemeine Angelegenheiten und Außenbeziehungen) durchgeführt. Der Vertreter der Kommission wird an der Konferenz teilnehmen. Die Sekretariatsaufgaben für die Konferenz werden vom Generalsekretariat des Rates wahrgenommen. Das Europäische Parlament wird eng an den Beratungen der Konferenz beteiligt und in diese mit einbezogen.
7. Die drei Bewerberländer – Bulgarien und Rumänien, mit denen die Beitrittsverhandlungen im Gange sind, sowie die Türkei – werden an allen Tagungen der Konferenz als Beobachter teilnehmen.

[...]

Quelle: Rat der Europäischen Union: Europäischer Rat (Thessaloniki). Tagung vom 19. und 20. Juni 2003. Schlussfolgerungen des Vorsitzes. Brüssel: 1. Oktober 2003. Dokument Nr. 11638/03.

III/2 Schreiben des Ständigen Vertreters der italienischen Ratspräsidentschaft an den Generalsekretär des Rates

from: Mr Umberto VATTANI, Permanent Representative of Italy
dated: 1 July 2003
to: Mr Javier SOLANA, Secretary-General/High Representative
Subject: Amendment of the Treaties on which the Union is founded

Sir,
The Italian Government has instructed me to submit to the Council, in accordance with Article 48 of the Treaty on European Union, a proposal for the amendment of the Treaties on which the Union is founded. The proposal is annexed to this letter.
(Complimentary close)

(s.) Umberto VATTANI
Permanent Representative

ANNEX

Proposal for the amendment of the Treaties on which the Union is founded

Under Article 48 of the Treaty on European Union, it is proposed that a Conference of Representatives of the Governments of the Member States be convened, in accordance with the conclusions of the Thessaloniki European Council meeting.

In Thessaloniki the European Council welcomed the draft Constitutional Treaty presented by the Chairman of the Convention, Valéry Giscard d'Estaing, and considered that it marked a historic step in the direction of furthering the objectives of European integration, by:

- bringing our Union closer to its citizens;
- strengthening our Union's democratic character;
- facilitating our Union's capacity to make decisions, especially after its enlargement;
- enhancing our Union's ability to act as a coherent and unified force in the international system;
- effectively dealing with the challenges that globalisation and interdependence create.

The text of the draft Constitutional Treaty is a good basis for initiating the Intergovernmental Conference. The Conference should complete its work and approve the Constitutional Treaty as soon as possible and in time for it to become known to Europe's citizens before the June 2004 elections for the European Parliament. The acceding States will participate fully in the Intergovernmental Conference on an equal footing with the current Member States.

The Constitutional Treaty will be signed by the Member States of the enlarged Union as soon as possible after 1 May 2004.

The Intergovernmental Conference will be conducted by the Heads of State or Government, assisted by the members of the General Affairs and External Relations Council. The representative of the Commission will participate in the Conference. The General Secretariat of the Council will provide the secretariat support for the Conference. The European Parliament will be closely associated with and involved in the work of the Conference.

The three candidate countries – Bulgaria and Romania, with which accession negotiations are under way, and Turkey – will take part in all meetings of the Conference as observers.

Quelle: Rat der Europäischen Union, Brüssel: 1.7. 2003. Dokument Nr. 11047/03.

III/3 Stellungnahme der Kommission

Einleitung

Der „Entwurf eines Vertrags über eine Verfassung für Europa", der vom Konvent ausgearbeitet wurde, soll die Verträge, auf denen die Union basiert, ersetzen und trägt deshalb Verfassungscharakter. Er stellt somit einen wichtigen Fortschritt im europäischen Einigungswerk dar, wahrt aber gleichzeitig den in 50 Jahren der Integration erreichten Besitzstand. Das institutionelle Gefüge beruht im Wesentlichen weiterhin auf der Gemeinschaftsmethode, deren Anwendungsbereich jedoch erweitert wird.

Diese Verfassung stellt das Ergebnis der breit angelegten, eingehenden Debatte über die Zukunft der Union dar, die der Europäische Rat von Nizza eingeleitet hatte und die sich als sehr fruchtbar erwiesen hat. Vom Europäischen Rat von Laeken einberufen, um die wichtigen Fragen im Zusammenhang mit der künftigen Entwicklung der Union zu prüfen und mögliche Lösungen aufzuzeigen, hat der Konvent letztendlich alle Erwartungen übertroffen und einen Entwurf einer Verfassung für Europa ausgearbeitet.

Ohne an dieser Stelle sämtliche Vorzüge des Entwurfs aufzählen zu wollen, begrüßt die Kommission insbesondere, dass der Verfassungsentwurf

- *die Struktur der Union grundlegend verändert:* So erhält die Europäische Union eine einheitliche Rechtspersönlichkeit, so dass die Union und die Europäische Gemeinschaft[1] miteinander verschmelzen; die „Pfeiler"-Struktur der Union wird beseitigt; die Charta der Grundrechte wird in die Verfassung aufgenommen und wird rechtsverbindlich;
- *viele Reformen vorsieht, die die Funktionsweise der Union verbessern:* So wird der Anwendungsbereich des Mitentscheidungsverfahrens beim Erlass europäischer Gesetze ausgeweitet; die Arbeiten des Rates als Gesetzgebungsorgan werden vollständig transparent

[1] Mit Ausnahme von Euratom.

gemacht; das ausgefeiltere und ausgewogenere System der Zuständigkeitsverteilung bleibt dennoch so flexibel, dass die Handlungsfähigkeit gewährleistet ist; die komplizierte Definition der qualifizierten Mehrheit im Vertrag von Nizza wird durch die einfachere und demokratischere Formel der doppelten Mehrheit ersetzt; das Vorschlagsrecht der Kommission in der Gesetzgebung und der Grundsatz der interinstitutionellen Planung der Arbeiten der Union werden anerkannt; die Handlungsinstrumente der Union werden rationaler und klarer gestaltet; die Kontrolle der Einhaltung der Grundsätze der Subsidiarität und der Verhältnismäßigkeit wird verstärkt und die Rolle der nationalen Parlamente als Mitgestalter des europäischen Aufbauwerks ausgebaut;
- *die Handlungsinstrumente der Union verbessert:* so wird die Gemeinschaftsmethode auf den gesamten Raum der Freiheit, der Sicherheit und des Rechts ausgedehnt; es wird das Amt eines Außenministers eingeführt, der Mitglied der Kommission ist, aber auch im Auftrag des Ministerrats handelt, was der Union die Entwicklung eines kohärenteren und wirksameren außenpolitischen Handelns und Auftretens ermöglichen wird; die Bestimmungen zur Gemeinsamen Außen- und Sicherheitspolitik werden neu gefasst; die Gemeinsame Sicherheits- und Verteidigungspolitik wird ausgebaut und den Mitgliedstaaten, die dies wünschen, die Möglichkeit eingeräumt, ihre Handlungskapazitäten in einem gemeinsamen Rahmen zu erweitern.

Die Kommission begrüßt das vom Konvent Erreichte und ist der Auffassung, dass der Entwurf eines Vertrags über eine Verfassung für Europa die Grundlage der Arbeiten der Regierungskonferenz bilden muss, die gemäß Artikel 48 EUV einberufen wird.

*

Der Europäische Rat von Thessaloniki war der Ansicht, dass der Verfassungsentwurf eine gute Ausgangsbasis für die Regierungskonferenz darstellt und dass der Verfassungsvertrag von den Mitgliedstaaten der erweiterten Union möglichst bald nach dem 1. Mai 2004 unterzeichnet werden sollte. Wenn sie diesen Zeitplan einhalten und die durch den Konvent geschaffene politische Dynamik erhalten will, so *darf die Regierungskonferenz keinesfalls das Gesamtgleichgewicht des Verfassungsentwurfs in Frage stellen* und nicht erneut über Fragen diskutieren, die der Konvent bereits eingehend geprüft und zu denen er einen Konsens erzielt hat. Die Regierungskonferenz kann jedoch nicht von ihrer politischen Verantwortung entbunden werden, die darin besteht, es den Staats- und Regierungschefs zu ermöglichen, den Verfassungstext zur Ratifizierung vorzulegen. Bestimmte Aspekte des Verfassungsentwurfs zeigen deutlich, dass das Ergebnis unvollständig und unzureichend ist. Es ist die Aufgabe der Kommission aufzuzeigen, welche Aspekte dies sind.

Nach Ansicht der Kommission muss die Aufgabe der Regierungskonferenz dementsprechend darin bestehen, den Verfassungsentwurf zu *verbessern*, *klarer zu formulieren* und *in seine endgültige Fassung zu bringen.*

*

Nur in wenigen Punkten lässt sich *der Verfassungsentwurf verbessern*, ohne das allgemeine Gleichgewicht in Frage zu stellen.

So sollte die Regierungskonferenz die für die *Zusammensetzung der Kommission* vorgeschlagene Lösung, die im Lichte der tatsächlichen Funktionsweise der Kommission nicht praktikabel erscheint, einer erneuten Prüfung unterziehen und ändern, was aber durchaus ohne erneute Diskussion anderer institutioneller Fragen möglich ist. *Da sich nämlich der*

Konvent über die Gleichberechtigung aller Mitgliedstaaten bei der Besetzung der Kommission einig war, müsste es möglich sein, einen Besetzungsmodus zu finden, der den Geboten der Legitimität und der Wirksamkeit des Handelns der Kommission stärker entspricht.

Ebenso sollte die Regierungskonferenz die Entscheidungsfähigkeit der Union *durch eine weitere Einschränkung der Zahl der Beschlüsse, die einstimmig gefasst werden müssen*, verbessern. Es sollte möglich sein, durch eine gezielte und genaue Prüfung der einschlägigen Bestimmungen die Vorbehalte auszuräumen, die im Verlauf der Regierungskonferenz von den Vertretern einiger Regierungen geäußert wurden.

Schließlich ist der Verfassungsentwurf – durch die Ersetzung aller Bestimmungen der aktuellen Verträge und insbesondere die Neufassung der Bestimmungen hinsichtlich des außenpolitischen Handels und des Raums der Freiheit, der Sicherheit und des Rechts sowie durch die vollständige Übernahme aller Bestimmungen zu den einzelnen Politikbereichen – zwangsläufig lang und relativ detailliert geworden. Es ist unerlässlich, Verfahren vorzusehen, die eine *flexiblere Überarbeitung der weniger wesentlichen Bestimmungen* der Verfassung erlauben.

Bezüglich der *Ordnungspolitik im Bereich der Wirtschaft* müsste es die Verfassung den Mitgliedstaaten, die den Euro als Währung eingeführt haben, erlauben, mit Hilfe der Unionsverfahren ihre Wirtschaftspolitik enger miteinander abzustimmen.

*

Im Übrigen enthält der Verfassungsentwurf *einige Ungenauigkeiten und redaktionelle Unklarheiten*. Nun darf es aber keine Missverständnisse über den Inhalt des Verfassungsvertrages geben, den die Mitgliedstaaten demnächst schließen wollen. Während der Ratifizierungszeit und auch danach muss es möglich sein, die Tragweite der erlassenen Bestimmungen anhand einer Auslegung zu bestimmen, über die sich alle einig sind. Die Regierungskonferenz wird sich daher mit den Fragen zur Auslegung der Bestimmungen auseinandersetzen müssen, die von den Delegationen aufgeworfen werden könnten. Die Regierungskonferenz wird außerdem dafür sorgen müssen, *dass die* neuen bzw. geänderten *Bestimmungen* des Verfassungsentwurfs einerseits und die ohne eingehende Prüfung übernommenen Bestimmungen andererseits *ein vollkommen kohärentes Ganzes* bilden.

*

Schließlich wird die Regierungskonferenz den Text des Verfassungsvertrages *in seine endgültige Fassung bringen* müssen. Der Konvent war einberufen worden, um die grundlegenden verfassungsrechtlichen Fragen zu erörtern; er war somit weder darauf vorbereitet, noch verfügte er über die notwendigen Mittel, um das gesamte Primärrecht der Union in allen einzelnen Bestimmungen abzudecken. Die Regierungskonferenz wird nun eine Verfassung zu verabschieden haben, deren sprachliche Ausformulierung und Gliederung für die Bürger verständlich ist, die aber dennoch allen technischen und juristischen Anforderungen genügt, die an einen Vertrag zu stellen sind, der von allen Mitgliedstaaten ratifiziert werden muss, gegebenenfalls nach einem Referendum.

Der Konvent hat der Regierungskonferenz bewusst die Prüfung des *sonstigen Primärrechts der Union* (insbesondere der Protokolle und der Beitrittsverträge) überlassen. Da die Verfassung alle Verträge ersetzen soll, auf denen die Union gründet, wird die Regierungskonferenz dieser Prüfung die nötige Aufmerksamkeit widmen müssen. Die Kommission ist bereit, mit ihrem Fachwissen einen Beitrag hierzu zu leisten.

[...]

Quelle: Kommission der Europäischen Gemeinschaften: Mitteilung der Kommission. Eine Verfassung für die Union. Stellungnahme der Kommission gemäß Artikel 48 des Vertrages über die Europäische Union zum Zusammentritt einer Konferenz von Vertretern der Regierungen der Mitgliedstaaten im Hinblick auf eine Änderung der Verträge. Brüssel: 17.9.2003. Dokument Nr. KOM(2003) 548 endgültig.

III/4 Stellungnahme des Europäischen Parlaments

Europäische Verfassung und Regierungskonferenz: Entschließung des Europäischen Parlaments zu dem Entwurf eines Vertrags über eine Verfassung für Europa und die Stellungnahme des Europäischen Parlaments zur Einberufung der Regierungskonferenz (11047/2003 – C5-0340/2003 – 2003/0902(CNS))

(Verfahren der Konsultation)

Das Europäische Parlament,

- vom Rat gemäß Artikel 48 Absatz 2 des Vertrags über die Europäische Union zur Einberufung einer Regierungskonferenz konsultiert, die die an den Gründungsverträgen der Union vorzunehmenden Änderungen prüfen soll (11047/2003 – C5-0340/2003),
- unter Hinweis auf den vom Konvent zur Zukunft Europas ausgearbeiteten Entwurf eines Vertrags über eine Verfassung für Europa,

[...]

in Erwägung nachstehender Gründe:

A. Die Bürgerinnen und Bürger, die Parlamente, die Regierungen, die politischen Parteien – in den Mitgliedstaaten sowie auf europäischer Ebene – sowie die Organe der Union haben Anspruch darauf, am demokratischen Prozess der Verfassungsgebung für Europa mitzuwirken; das Europäische Parlament nimmt deshalb mit dieser Entschließung eine Bewertung des vom Konvent ausgearbeiteten Entwurfes einer Verfassung vor,

B. Die Vorbereitungen, die Abhaltung und vor allem das Ergebnis der Konferenz von Nizza haben definitiv deutlich gemacht, dass die intergouvernementale Methode für die Revision der Verträge der Union an ihre Grenzen gestoßen ist und dass rein diplomatische Verhandlungen nicht dazu in der Lage sind, Lösungen für die Bedürfnisse einer Union mit fünfundzwanzig Mitgliedstaaten zu geben,

C. Die Qualität der Arbeit des Konvents im Zusammenhang mit der Ausarbeitung des Verfassungsentwurfs und der Reform der Verträge rechtfertigt voll und ganz die Entscheidung des Europäischen Rates von Laeken, von der intergouvernementalen Methode abzurücken und dem Vorschlag des Parlaments zur Einsetzung eines Verfassungskonvents zu folgen; das Ergebnis des Konvents, bei dem die Vertreter des Europäischen Parlaments und der nationalen Parlamente eine zentrale Rolle gespielt haben, zeigt, dass offene Diskussionen im Konvent bei weitem erfolgreicher sind als die bisherige Methode der Regierungskonferenzen unter Ausschluss der Öffentlichkeit.

D. Das Parlament fordert, nicht nur in die Regierungskonferenz, sondern auch in die zukünftigen Phasen des Verfassungsprozesses aktiv und kontinuierlich einbezogen zu werden,

E. Mit den Vorschlägen des Konvents sind bedeutende Fortschritte erzielt worden, doch die neuen Vorschriften werden an den Herausforderungen, die die erweiterte Union darstellt, erprobt werden müssen; die Methode des Konvents sollte bei allen künftigen Revisionen Anwendung finden,
F. Der Konvent und sein Vorgänger, der die Charta der Grundrechte ausarbeitete, haben eine neue Phase der europäischen Integration eingeleitet, in der die Union ihre Rechtsordnung in Form einer ihre Staaten und Bürger bindenden verfassungsmäßigen Ordnung konsolidieren wird, auch wenn die endgültige Zustimmung zu der Verfassung in Form eines völkerrechtlichen Vertrages erteilt werden wird,

[...]

Aspekte, die während ihrer Umsetzung einer weiteren Beobachtung bedürfen

20. glaubt, dass die Wahl der oder des Vorsitzenden des Europäischen Rates für sich genommen nicht alle derzeitigen Probleme in der Funktionsfähigkeit dieser Institution lösen kann und zu unvorhersehbaren Folgen für das institutionelle Gleichgewicht der Union führen könnte; weist darauf hin, dass die Rolle der oder des Vorsitzenden streng darauf beschränkt werden muss, den Vorsitz zu führen, um möglichen Konflikten mit der Präsidentin oder dem Präsidenten der Kommission oder der Ministerin oder dem Minister der Union für auswärtige Angelegenheiten vorzubeugen und deren Status nicht zu gefährden und um die Rolle der Kommission im Bereich der Außenvertretung, der Gesetzgebung, der Exekutive oder der Verwaltung in keiner Weise anzutasten;
21. betont, dass die Vorschriften über den Vorsitz in den Formationen des Ministerrats mit Ausnahme des Rates für auswärtige Angelegenheiten die Detailfragen einem späteren Beschluss überlassen, der sorgfältig bewertet werden sollte, wobei dem Erfordernis der Kohärenz, der Effizienz und der Rechenschaftspflicht sowie der Notwendigkeit Rechnung zu tragen ist, sich des Problems des Vorsitzes in den vorbereitenden Gremien des Rates anzunehmen;
22. begrüßt, dass die Verbindung zwischen der Stimmengewichtung im Rat und der Verteilung der Sitze im Europäischen Parlament, die in dem dem Vertrag von Nizza als Anlage beigefügten Protokoll über die Erweiterung hergestellt wurde, aufgegeben wird; unterstützt das im Verfassungsentwurf dargelegte System für die künftige Zusammensetzung des Parlaments und regt an, dass es ohne Verzögerung umgesetzt wird, da es sich um ein konstituierendes Element des Gesamtgleichgewichts zwischen den Mitgliedstaaten in den verschiedenen Institutionen handelt;
23. geht davon aus, dass die Schaffung des Amtes einer Ministerin oder eines Ministers der Union für auswärtige Angelegenheiten die Sichtbarkeit und die Handlungsfähigkeit der Union auf der internationalen Bühne verstärken wird, betont jedoch, dass es unerlässlich ist, dass die Ministerin oder der Minister der Union für auswärtige Angelegenheiten von einer gemeinsamen Verwaltung innerhalb der Kommission unterstützt wird;
24. regt an, dass der vom Parlament gewählte Europäische Bürgerbeauftragte und die nationalen Bürgerbeauftragten in enger Zusammenarbeit mit dem Petitionsausschuss des Parlaments ein umfassenderes System außergerichtlicher Rechtsbehelfe vorschlagen könnten;
25. ist der Auffassung, dass die Regierungskonferenz mit dem Inkrafttreten des Abgeordnetenstatuts, das am 4. Juni 2003 vom Parlament angenommen wurde, die Aufhebung der

Artikel 8, 9 und 10 des Protokolls über die Vorrechte und Befreiungen der Europäischen Gemeinschaften und des Artikels 4 Absätze 1 und 2 des Aktes zur Einführung allgemeiner unmittelbarer Wahlen der Abgeordneten des Europäischen Parlaments beschließen sollte;

26. bedauert die unzureichende Kongruenz des Teils III mit dem Teil I des Verfassungsentwurfs, insbesondere in Bezug auf Artikel I-3;
27. begrüßt die Einführung der „Passerelle"-Klausel, die es dem Europäischen Rat nach Konsultation des Europäischen Parlaments und Unterrichtung der nationalen Parlamente gestattet zu beschließen, zum ordentlichen Gesetzgebungsverfahren in den Fällen überzugehen, in denen besondere Verfahren Anwendung finden;
28. ist der Ansicht, dass das Parlament im Rahmen des Haushaltsverfahrens die Rechte wahren muss, über die es derzeit verfügt, und dass seine Befugnisse nicht geschwächt werden dürfen; vertritt die Auffassung, dass die zufriedenstellende Ausübung des Zustimmungsrechts durch das Parlament im Hinblick auf den mehrjährigen Finanzrahmen voraussetzt, dass über die Regierungskonferenz hinaus rasch interinstitutionelle Verhandlungen über die Struktur dieses Finanzrahmens und die Art der Sachzwänge, die das Haushaltsverfahren belasten, eröffnet werden; ist der Ansicht, dass der mehrjährige Finanzrahmen der Haushaltsbehörde im jährlichen Verfahren einen erheblichen Handlungsspielraum lassen muss;
29. äußert seine Besorgnis über die unbefriedigenden Antworten auf einige grundlegende Fragen, die in früheren Entschließungen des Parlaments deutlich gestellt wurden, beispielsweise:
    - weitere Konsolidierung der Politik zur Förderung des wirtschaftlichen und sozialen Zusammenhalts, engere Koordinierung der Wirtschaftspolitiken der Mitgliedstaaten im Hinblick auf eine wirksame Ordnungspolitik und ausdrücklichere Einbeziehung der Beschäftigung, der Umweltbelange und der Aspekte des Tierschutzes in alle EU-Politiken,
    - die vollständige Anerkennung der öffentlichen Dienstleistungen, die auf den Grundsätzen des Wettbewerbs, der Kontinuität, Solidarität, Gleichberechtigung des Zugangs und Gleichbehandlung aller Nutzer beruhen müssen,
    - die Aufhebung der im Rat in einigen wichtigen Bereichen, insbesondere im Bereich der Gemeinsamen Außen- und Sicherheitspolitik (zumindest bei Vorschlägen der Ministerin oder des Ministers der Union für auswärtige Angelegenheiten, die die Unterstützung der Kommission genießen) und in einigen Bereichen der Sozialpolitik erforderlichen Einstimmigkeit,
30. nimmt zur Kenntnis, dass die im Verfassungsentwurf für die Kommission vorgeschlagene Lösung ein wichtiges Element des institutionellen Gesamtkompromisses ist; hofft, dass die Reform der Kommission deren kollegiale politische Verantwortung nicht schwächen oder zu Diskontinuität führen wird; bedauert, dass es bei dem vorgesehenen System schwierig sein wird, einen guten Kommissar für eine zweite Amtszeit zu behalten;

Allgemeine Bewertung

31. stellt fest, dass der vom Konvent ausgearbeitete Verfassungsentwurf das Ergebnis eines breiten demokratischen Konsenses unter Einbeziehung des Parlaments und der nationalen Parlamente und Regierungen der Union darstellt und damit den Willen der Bürgerinnen und Bürger zum Ausdruck bringt;

32. begrüßt die Vorschrift, nach der das Parlament jetzt auch das Recht hat, Verfassungsänderungen vorzuschlagen, und außerdem seine Zustimmung zu jedem Versuch erteilen muss, die Verfassung ohne Einberufung eines Konvents zu ändern, so dass es eine *de-facto*-Kontrolle über den Einsatz dieses neuen Instruments der Verfassungsrevision wahrnimmt; bedauert jedoch, dass weiterhin die Einstimmigkeit der Mitgliedstaaten und die Ratifizierung durch die nationalen Parlamente oder gemäß sonstigen Verfassungsbestimmungen erforderlich sein werden, damit selbst Änderungen untergeordneter Bedeutung in Kraft treten können; bedauert nachdrücklich, dass die Zustimmung des Parlaments nicht systematisch für das Inkrafttreten der angenommenen neuen Verfassungstexte vorgesehen ist;
33. kommt zu dem Schluss, dass das Ergebnis der Arbeit des Konvents ungeachtet einiger Schwächen und Widersprüche gebilligt werden sollte, da es einen historischen Schritt auf dem Weg zu einer Union darstellt, die demokratischer, effizienter und transparenter ist;
34. ist angesichts der Erfahrungen mit zwei Konventen der Ansicht, dass bei dieser Methode die demokratische Legitimität gewährleistet ist und aufgrund der Arbeitsweise des Konvents Offenheit und Teilnahme garantiert sind, dass bei künftigen Revisionen aber die Wahl des Konventspräsidiums durch den Konvent selbst sinnvoll sein könnte;

Einberufung der Regierungskonferenz und Ratifizierungsprozess

35. billigt die Einberufung der Regierungskonferenz für den 4. Oktober 2003;
36. fordert die Regierungskonferenz dringend auf, den vom Konvent erzielten Konsens zu achten, Verhandlungen über die vom Konvent getroffenen grundlegenden Beschlüsse zu vermeiden und den Entwurf eines Vertrags über eine Verfassung für Europa ohne Änderung seines grundlegenden Gleichgewichts anzunehmen, gleichzeitig aber zu versuchen, seine Kohärenz zu verstärken;
37. fordert die Parteien in den Mitgliedstaaten und auf europäischer Ebene, die repräsentativen Vereinigungen und die Zivilgesellschaft auf, umfassende Überlegungen nicht nur über das Ergebnis des Konvents, sondern auch über die in der vorliegenden Entschließung bekundeten Standpunkte des Europäischen Parlaments anzustellen;
38. begrüßt entschieden die Zusage der italienischen Präsidentschaft, dass das Europäische Parlament eng und kontinuierlich auf den beiden Ebenen der Regierungskonferenz – der Ebene der Staats- und Regierungschefs und der Ebene der Außenminister – einbezogen werden wird, und unterstützt ihre Absicht, die Konferenz bis Dezember 2003 abzuschließen;
39. ist der Auffassung, dass der Vertrag, mit dem eine Verfassung für Europa festgeschrieben wird, am 9. Mai 2004, dem Europatag, unmittelbar nach dem Beitritt der neuen Mitglieder zur Union von allen fünfundzwanzig Mitgliedstaaten unterzeichnet werden muss;
40. ist der Ansicht, dass die Mitgliedstaaten, die ein Referendum über den Verfassungsentwurf abhalten, dieses nach Möglichkeit am selben Tag veranstalten oder gemäß ihren Verfassungsordnungen den Verfassungsentwurf am selben Tag ratifizieren sollten;
41. begrüßt, dass die Arbeiten der Regierungskonferenz über das Internet der Öffentlichkeit zugänglich gemacht werden sollen, fordert jedoch die Kommission, die Regierungen der Mitgliedstaaten und die politischen Parteien auf, den Einsatz aller Medien vorzusehen, um die Bürger mit den Inhalten der Arbeiten der Regierungskonferenz und dem Verfassungsentwurf, auch durch die Organisation nationaler Foren, vertraut zu machen;

* * *

42. beauftragt seinen Präsidenten, diese Entschließung, die die Stellungnahme des Parlaments zur Einberufung der Regierungskonferenz darstellt, dem Rat, der Kommission, der Europäischen Zentralbank, den Staats- und Regierungschefs und den Parlamenten der Mitgliedstaaten, der Beitrittsländer und der Bewerberländer zu übermitteln.

Quelle: Amtsblatt der Europäischen Union, C 77 E/255ff. vom 26.3.2004 (Entschließung vom 24.9. 2003).

III/5 Stellungnahme des Rates

[...]

Einleitung der Regierungskonferenz

Der Rat gab eine Stellungnahme zugunsten der Einberufung einer Konferenz der Vertreter der Regierungen der Mitgliedstaaten zur Revision der EU-Verträge ab, so dass diese am 4. Oktober 2003 in Rom zu ihrer ersten Tagung zusammentreten kann. Da auch die Kommission, die Europäische Zentralbank und das Europäische Parlament befürwortende Stellungnahmen abgegeben haben, wird die Konferenz nunmehr vom Präsidenten des Rates einberufen.

Der Rat hatte ferner einen Gedankenaustausch über die Verfahrensbestimmungen für die Regierungskonferenz und über die Beteiligung des Europäischen Parlaments. Der Präsident stellte fest, dass der neue Verfassungsvertrag der Öffentlichkeit vor den Wahlen zum Europäischen Parlament im Juni 2004 bekannt sein muss, dass Offenheit und Transparenz erforderlich sind und dass es allen Staaten möglich sein muss, gleichberechtigt teilzunehmen und Fragen anzusprechen, die für sie von Belang sind.

Der Präsident stellte ferner fest, dass Einvernehmen darüber besteht, im Rahmen der Regierungskonferenz zwei Vertreter des Europäischen Parlaments zur Teilnahme an den Tagungen auf Ministerebene zuzulassen, wobei über die Regelung für die Teilnahme des Präsidenten des Europäischen Parlaments an den Tagungen der Staats- und Regierungschefs in jedem Einzelfall zu entscheiden wäre.

Die Staats- und Regierungschefs werden die Regierungskonferenz am 4. Oktober 2003 in Rom eröffnen, und die Außenminister werden später am selben Tag zu einer ersten Arbeitstagung zusammentreten. Damit der vorgeschlagene Zeitplan eingehalten wird, beabsichtigt der Vorsitz, die Regierungskonferenz auf der Tagung des Europäischen Rates am 12. und 13. Dezember 2003 in Brüssel abzuschließen.

Quelle: Rat: 2526. Tagung des Rates Allgemeine Angelegenheiten am 29.9.2003 in Brüssel. Dokument Nr. 12293/03, S. 6–7.

III/6 Stellungnahme der Europäischen Zentralbank

A. Einleitung

1. Am 21. Juli 2003 wurde die Europäische Zentralbank (EZB) vom Rat der Europäischen Union um Stellungnahme zum Entwurf eines Vertrags über eine Verfassung für Europa (nachfolgend als „Entwurf einer Verfassung“ bezeichnet) ersucht. [...]

2. Die Zuständigkeit der EZB zur Abgabe einer Stellungnahme beruht auf Artikel 48 des Vertrags über die Europäische Union, der die Anhörung der EZB bei institutionellen Änderungen im Währungsbereich erfordert. Der Entwurf einer Verfassung ändert die bestehenden Verträge, die die Europäische Union begründen, und integriert diese in einen einzigen Vertrag. Er wird nach seiner Ratifikation und seinem In-Kraft-Treten das grundlegende Primärrecht der Union sein. Indem der Entwurf einer Verfassung Titel VII des EG-Vertrags („Die Wirtschafts- und Währungsunion") aufnimmt, betrifft er die Rechtsgrundlage der EZB und des Europäischen Systems der Zentralbanken (ESZB) und fällt damit in den Anwendungsbereich des Artikels 48 des Vertrags über die Europäische Union. Diese Stellungnahme wurde gemäß Artikel 17.5 Satz 1 der Geschäftsordnung der EZB vom EZB-Rat verabschiedet.
3. Die EZB war weder formelles Mitglied noch offizieller Beobachter des Europäischen Konvents. Der Präsident der EZB wurde jedoch zu einer Expertenanhörung der Arbeitsgruppe „Ordnungspolitik" am 13. September 2002 eingeladen, bei der er die vorläufigen Ansichten der EZB zu Währungs- und Finanzfragen darstellte. Darüber hinaus übermittelte der Präsident der EZB dem Vorsitzenden des Europäischen Konvents am 8. Mai und 5. Juni 2003 Anmerkungen und Formulierungsvorschläge zu Fragestellungen, die die EZB und das ESZB betreffen.

B. Allgemeine Erwägungen

[…]

5. Die EZB geht davon aus, dass die Übernahme der Bestimmungen über die EZB und das ESZB aus dem EG-Vertrag in die Verfassung nicht mit inhaltlichen Änderungen verbunden ist und dass die Aufgaben, der Auftrag, der Status und der rechtliche Rahmen der EZB und des ESZB im Wesentlichen unverändert bleiben. Zwar legt die EZB großen Wert auf die institutionelle und operationelle Stabilität im Währungsbereich. Sie ist sich jedoch auch der Tatsache bewusst, dass eine neue Verfassung zwangsläufig Auswirkungen auf den institutionellen Rahmen hat. Nach Auffassung der EZB wird die genannte Stabilität jedoch durch die Anpassungen und Aktualisierungen, die im gegenwärtigen Prozess der Verfassungsgebung vorgesehen sind, nicht beeinträchtigt.
6. Die EZB wird zu einem Text angehört, der auf die Satzung des Europäischen Systems der Zentralbanken und der Europäischen Zentralbank („die Satzung") und die anderen Protokolle, die für die Wirtschafts- und Währungsunion (WWU) von Bedeutung sind, Bezug nimmt, dem aber die Satzung und die genannten Protokolle nicht beigefügt sind. Diese Stellungnahme beruht auf zwei äußerst wichtigen und zusammenhängenden Prämissen. Die erste Prämisse ist, dass der Inhalt der Satzung und der anderen Protokolle, die für die WWU von Bedeutung sind, nicht geändert wird und dass diese Dokumente der Verfassung beigefügt werden, deren Bestandteil sie gemäß Artikel IV-6 sind. Die zweite Prämisse ist, dass alle Teile des Entwurfs einer Verfassung, einschließlich der Satzung und der anderen Protokolle, die für die WWU von Bedeutung sind, ihren Status als Primärrecht behalten, d.h. dass sie weiterhin derselben hierarchischen Ebene wie die anderen Teile des Vertrags zuzuordnen sind.
   Diese Stellungnahme beruht auf der Prämisse, dass die Satzung inhaltlich nicht geändert wird. Die EZB geht jedoch davon aus, dass Änderungen der Satzung vorgenommen werden müssen, die nicht deren Inhalt betreffen. Dazu zählen insbesondere begriffliche An-

passungen und Querverweise auf die neue Nummerierung der Verfassung sowie die Aktualisierung von Vorschriften, die gegenstandslos geworden sind. Nach Auffassung der EZB ist es wünschenswert, dass sie an den Vorarbeiten zu einer solchen Überarbeitung der Satzung beteiligt wird.

7. In dieser Stellungnahme erörtert die EZB einige Artikel des Entwurfs einer Verfassung, die für die Ausübung ihrer Funktionen und Aufgaben von Bedeutung sind und die der Klarstellung bedürfen oder bei denen technische Anpassungen oder redaktionelle Änderungen vorgenommen werden sollten. Zur leichteren Orientierung werden entsprechende Formulierungsvorschläge im Anhang zu dieser Stellungnahme zusammengefasst.

C. Die Ziele und Zuständigkeiten der Union

8. Gemäß Artikel I-3 Absatz 3 des Entwurfs einer Verfassung „[strebt] die Union die nachhaltige Entwicklung Europas auf der Grundlage eines ausgewogenen Wirtschaftswachstums an ...". Artikel 2 des EG-Vertrags überträgt der Gemeinschaft die Aufgabe, ein „nichtinflationäres Wachstum" zu fördern, und Artikel 4 Absatz 3 erwähnt „stabile Preise" als einen „richtungsweisenden Grundsatz" der Tätigkeit der Gemeinschaft und der Mitgliedstaaten. Die EZB stellt mit Bedauern fest, dass Preisstabilität nicht ausdrücklich in Artikel I-3 über die Ziele der Union erwähnt wird. Preisstabilität erzeugt Vertrauen in den langfristigen Wert des Euro und führt zu niedrigen und stabilen langfristigen Zinsen, die wiederum hohe Investitionen und letztendlich Wachstum und Beschäftigung fördern. Preisstabilität vermeidet auch eine Ad-hoc-Umverteilung von Vermögen aufgrund von Preissteigerungen. Deshalb würde es die EZB begrüßen, wenn der Entwurf einer Verfassung die bestehende hervorgehobene Stellung des richtungsweisenden Grundsatzes stabiler Preise am Anfang des EG-Vertrags beibehielte und schlägt vor, dass ein Hinweis auf „nichtinflationäres Wachstum" in den Artikel I-3 Absatz 3 des Entwurfs einer Verfassung aufgenommen wird: „Die Union strebt die nachhaltige Entwicklung Europas auf der Grundlage eines ausgewogenen und nichtinflationären Wirtschaftswachstums an ...". Stattdessen könnte auch ein Hinweis auf Preisstabilität in Erwägung gezogen werden.

9. In Artikel I-12 des Entwurfs einer Verfassung ist „die Währungspolitik für die Mitgliedstaaten, die den Euro eingeführt haben", als ausschließliche Zuständigkeit der Union aufgeführt. Im Zusammenhang mit Artikel I-12 darf der Begriff „Währungspolitik" nicht in einem engen und technischen Sinne dahingehend verstanden werden, dass er sich nur auf die grundlegende Aufgabe des ESZB bezieht, auf die Artikel III-77 Absatz 2 Buchstabe a) des Entwurfs einer Verfassung Bezug nimmt. Eine solche enge Interpretation ist weder geboten noch beabsichtigt. Entgegen dieser restriktiven Interpretation geht die EZB davon aus, dass der Begriff „Währungspolitik" dahingehend auszulegen ist, dass er die Überschrift des Abschnitts 2, Kapitel II, Titel III in Teil III des Entwurfs einer Verfassung wiedergibt, und die EZB ist deshalb der Auffassung, dass der Begriff „Währungspolitik" alle ausschließlichen Zuständigkeiten im Zusammenhang mit dem Euro umfasst, die in den betreffenden Bestimmungen des Entwurfs einer Verfassung, insbesondere den Artikeln III-77 und III-78, enthalten sind.

D. Der institutionelle Status der EZB und des ESZB

Der institutionelle Rahmen der Union

10. Der Status der EZB innerhalb des institutionellen Rahmens der Union ist in Artikel I-29 des Entwurfs einer Verfassung geregelt. Danach wäre die EZB eines der „sonstigen Organe" der Union. Artikel I-29 bewahrt die wesentlichen Eigenschaften der EZB, insbesondere ihre Unabhängigkeit, einschließlich ihrer finanziellen Unabhängigkeit, ihre Rechtspersönlichkeit und ihre Rechtssetzungsbefugnis, insbesondere ihre Befugnis, rechtlich bindende Rechtsakte zu erlassen. Die EZB geht deshalb davon aus, dass der durch den Entwurf einer Verfassung geschaffene institutionelle Rahmen zu keinen inhaltlichen Änderungen des gegenwärtigen institutionellen Status weder der EZB noch des ESZB führt und auch nicht zu solchen Änderungen führen soll.

[...]

Die Unabhängigkeit des ESZB

12. Artikel I-29 Absatz 3 hat die Unabhängigkeit der EZB, einschließlich ihrer finanziellen Unabhängigkeit, zum Gegenstand. Gemäß Artikel III-80 des Entwurfs einer Verfassung sind die nationalen Zentralbanken (NZBen) aller Mitgliedstaaten, d.h. alle Mitglieder des ESZB, jedoch ebenfalls unabhängig. Daher würde die EZB die Einfügung eines Hinweises auf die Unabhängigkeit der NZBen in Artikel I-29 Absatz 3 begrüßen. Dies kann erreicht werden, indem der dritte Satz folgende Fassung erhält: „Die EZB, die nationalen Zentralbanken und die Mitglieder ihrer Beschlussorgane nehmen ihre Befugnisse, Aufgaben und Pflichten in voller Unabhängigkeit wahr". Folglich müsste Artikel I-29 Absatz 3 Satz 1 folgende Fassung erhalten: „Die Europäische Zentralbank ist ein Organ, das Rechtspersönlichkeit besitzt und in seinen Finanzen unabhängig ist".
13. Die EZB stellt fest, dass die EZB in Artikel I-29 Absatz 3 als „unabhängig" bezeichnet wird, während sowohl die Kommission (in Artikel I-25 Absatz 4) als auch der Rechnungshof (in Artikel I-30 Absatz 3) als „ihre Tätigkeit bzw. Aufgaben in voller Unabhängigkeit ausübend" dargestellt werden. Die EZB geht davon aus, dass dieser begriffliche Unterschied rein sprachlicher Natur ist und keinen qualitativen Unterschied der Unabhängigkeit dieser Einrichtungen und der Unabhängigkeit der EZB widerspiegelt. Aus Konsistenzgründen regt die EZB jedoch die Angleichung der Begriffe an.

[...]

F. Sonstige Bestimmungen, die sich auf den institutionellen Status der EZB auswirken

[...]

20. Die Artikel III-88 und III-89 des Entwurfs einer Verfassung beziehen sich auf die Euro-Gruppe, für die ein neues Protokoll erstellt wurde, das der Verfassung beigefügt wird. Die EZB begrüßt, dass die Euro-Gruppe im Einklang mit den Schlussfolgerungen des Europäischen Rates in Luxemburg vom 12. bis 13. Dezember 1997 in die Verfassung auf-

genommen wurde. Angesichts der Anerkennung der Euro-Gruppe durch den Entwurf einer Verfassung weist die EZB darauf hin, dass sie davon ausgeht, dass die Formulierung des Artikels 1 des Protokolls betreffend die Euro-Gruppe die im Entwurf einer Verfassung genannten Aufgaben und Zuständigkeiten des ESZB unberührt lässt.

Quelle: Europäische Zentralbank: Stellungnahme der Europäischen Zentralbank vom 19.9.2003 auf Ersuchen des Rates der Europäischen Union zum Entwurf eines Vertrags über eine Verfassung für Europa. Amtsblatt der Europäischen Union, C 229/7ff. vom 25.9.2003 (zugl. CON/2003/20).

III/7 Stellungnahme des Wirtschafts- und Sozialausschusses

[...]

3. Verbesserung des Entwurfs eines Verfassungsvertrags so, dass er von den Unionsbürgern stärker mitgetragen wird: Vorschläge des EWSA

3.1 Genauere Festlegung des Anwendungsbereichs und der Anwendungsmodalitäten für den Grundsatz der partizipativen Demokratie (Teil I Artikel I-46)

3.1.1 Der Grundsatz der partizipativen Demokratie ist angesichts der Forderung des Europäischen Rates von Laeken, dem Bürger das europäische Projekt und die europäischen Organe näher zu bringen, von besonderer Wichtigkeit. In Treffen, Konferenzen und Anhörungen, die der Ausschuss parallel zu den Arbeiten des Konvents veranstaltet hat, konnte er feststellen, dass sowohl in den Mitgliedstaaten und Beitrittsländern als auch in den großen europaweiten Netzwerken der Zivilgesellschaft sehr große Erwartungen in den Verfassungsentwurf gesetzt worden waren und sich nun eine gewisse Enttäuschung darüber breit macht, dass er hierzu abgesehen von Grundsatzerklärungen so wenig enthält.

3.1.2 Artikel I-46 des Entwurfs eines Verfassungsvertrags ist zwar ein ganz wesentlicher Fortschritt, wird aber doch den Erwartungen und Forderungen des EWSA und der Organisationen der Zivilgesellschaft nicht gerecht. Der Grundsatz der partizipativen Demokratie impliziert nämlich nicht nur die Anhörung, sondern auch die aktive Beteiligung sämtlicher repräsentativer Akteure der organisierten Zivilgesellschaft: und zwar einerseits in einem frühen Stadium der Politikbildung und der Beschlussfassungsvorbereitung und andererseits an der Umsetzung und Überwachung der Maßnahmen.

3.1.3 Der Ausschuss bedauert in diesem Zusammenhang das Fehlen geeigneter Bestimmungen, um diesen Grundsatz umzusetzen und das Vertrauen der europäischen Zivilgesellschaft in eine wirklich partizipative Arbeitsweise der Union zu stärken. Der zivile Dialog ist dadurch, dass er die Partizipation der unmittelbar Betroffenen ermöglicht, ein Schlüsselelement für die Erhöhung der demokratischen Legitimität der Europäischen Union. Damit dieser zivile Dialog auch tatsächlich wirkungsvoll sein kann, muss jedoch auch genau festgelegt werden, in welchem Rahmen und wo er stattfinden soll. Der EWSA kann aufgrund seiner Zusammensetzung und seines Aufgabenbereichs als Moderator und institutionelles Forum für den zivilen Dialog wirken. Daher ersucht der Ausschuss um eine Änderung, die keine tieferen Einschnitte in den Entwurf des Verfassungsvertrags erfordern würde:

- Der Europäische Wirtschafts- und Sozialausschuss, der künftig vorzugsweise die Bezeichnung „*Europäischer* Wirtschafts- und Sozial*rat*“ tragen sollte, sollte in die

Auflistung der Organe der Union aufgenommen werden, die den „institutionellen Rahmen" der Union bilden (Teil I Artikel I-18 Absatz 2).

Aufgrund seiner spezifischen Merkmale und der Aufgaben, die ihm im institutionellen Gefüge der Gemeinschaft zugewiesen sind, trägt der EWSA umfassend zur Verwirklichung der Ziele der Union und zu ihrer stärkeren demokratischen Legitimierung im allgemeinen Interesse der Union und der Mitgliedstaaten bei.

Hierdurch würde auch Artikel 46 Absatz 2 besser entsprochen, der besagt: *„Die Organe der Union pflegen einen offenen, transparenten und regelmäßigen Dialog mit den repräsentativen Verbänden und der Zivilgesellschaft."*

Dieser Dialog- und Konsultationsprozess im Rahmen der Gestaltung der europäischen Politik muss jedoch auf alle territorialen Ebenen ausgedehnt werden.

- Es sollte ein Artikel III-297 folgenden Wortlauts aufgenommen werden, um den Auftrag des Europäischen Wirtschafts- und Sozialausschusses klar zu definieren:

„Im Rahmen seiner beratenden Funktion, die ihm durch Artikel I-31 der Verfassung übertragen wird, nimmt der Europäische Wirtschafts- und Sozialrat folgende Aufgaben wahr:

- *er unterstützt die gesetzgebenden und ausführenden Organe der Union bei der Ausgestaltung der Politik und der Beschlüsse sowie bei deren Umsetzung;*
- *er unterstützt die Europäische Union auf das gemeinsame Ersuchen der Sozialpartner hin und unter Achtung ihrer Autonomie bei der Organisation des sozialen Dialogs;*
- *er erleichtert gemäß den in Artikel I-46 (Absatz 1 und 2) aufgestellten Grundsätzen den Dialog zwischen der Union und den repräsentativen Verbänden der Zivilgesellschaft;*
- *er begleitet das außenpolitische Handeln der Union, indem er einen Dialog mit den Organisationen der Zivilgesellschaft von Drittländern und außereuropäischen Staatengruppen unterhält."*

3.1.4 Darüber hinaus ist die effektive Berücksichtigung der Stellungnahmen des EWSA (der beratenden Stellungnahmen, Sondierungsstellungnahmen und Initiativstellungnahmen) von grundlegender Bedeutung, um im Rahmen einer wirklich partizipativen Demokratie Effizienz zu gewährleisten. Der EWSA schlägt daher vor, Artikel III-298 wie folgt zu ergänzen:

„Die Organe übermitteln dem Ausschuss regelmäßige Berichte über die Berücksichtigung seiner Stellungnahmen."

3.2 Ausweitung der Bereiche der repräsentativen und partizipativen Demokratie

3.2.1 Der EWSA bedauert, dass in einem für das tägliche Leben der Bürger so wichtigen Bereich wie der Koordinierung der Wirtschafts- und Beschäftigungspolitik keine Bestimmungen für die Beteiligung und Konsultation der Bürger – über das Europäische Parlament und die Organisationen der Zivilgesellschaft – über den Europäischen Wirtschafts- und Sozialausschuss – vorgesehen wurden. Dieses Versäumnis sollte auf der Regierungskonferenz behoben werden, indem die Konsultation des Europäischen Parlaments und des EWSA zu den Grundzügen der Wirtschaftspolitik der Mitgliedstaaten vorgesehen wird (Artikel III-71).

3.2.2 Die Anwendung der „Methode der offenen Koordinierung" wurde auf neue Bereiche ausgeweitet: Sozialpolitik, Wettbewerbsfähigkeit der Unternehmen, Forschung und Gesundheitswesen. Es ist jedoch zu bemängeln, dass geeignete Bestimmungen zur Gewährleistung einer wirksamen Beteiligung des Europäischen Parlaments und der einzelstaatlichen Parlamente, des EWSA, der Sozialpartner und anderer Akteure der Zivilgesellschaft in den sie jeweils betreffenden Bereichen fehlen.

3.2.3 Die obligatorische Befassung des EWSA sollte in Anbetracht seiner Zusammensetzung und des Sachwissens seiner Mitglieder auf folgende Bereiche ausgeweitet werden:

- Anwendung des Grundsatzes der Nichtdiskriminierung (Artikel III-7)
- Gemeinsame Asyl- und Einwanderungspolitik (Artikel III-167 und III-168)
- Kultur (Artikel III-181).

Hierdurch könnte dem Wunsch der Union nach einer Stärkung der demokratischen Legitimierung der Gemeinschaftspolitik in den Bereichen, die für die Unionsbürger und die Organisationen der Zivilgesellschaft von besonderer Bedeutung sind, konkret Rechnung getragen werden.

3.3 Die organisierte Zivilgesellschaft und das Subsidiaritätsprinzip

3.3.1 Die Anwendung des Subsidiaritätsprinzips ist eine der im Konvent am heftigsten debattierten Fragen. Sie war eine der Forderungen des Europäischen Rates von Laeken. Im Entwurf eines Verfassungsvertrags wird den nationalen Parlamenten zu Recht eine Rolle bei der Überwachung der Subsidiarität eingeräumt. Auch der Ausschuss der Regionen wird daran beteiligt, der in Bezug auf Gesetzgebungsakte, für deren Annahme seine Anhörung nach der Verfassung vorgeschrieben ist, Klage erheben kann, ohne jedoch den Status eines Organs zu besitzen.

3.3.2 Im Protokoll über die Anwendung der Grundsätze der Subsidiarität und der Verhältnismäßigkeit ist festgelegt, dass umfangreiche Anhörungen durchgeführt werden müssen, bevor ein Gesetzgebungsakt vorgeschlagen wird. In diesem Protokoll, das den nationalen Parlamenten das Recht auf Auslösung eines Frühwarnsystems und den Mitgliedstaaten ein Klagerecht (gegebenenfalls im Namen ihrer nationalen Parlamente) einräumt, wird jedoch die Rolle der insbesondere vom EWSA vertretenen Organisationen der Zivilgesellschaft bei der Anwendung des Subsidiaritätsprinzips ungeachtet des Artikels I-46 über die partizipative Demokratie völlig übergangen.

3.3.3 Ebenso wie regionalen oder lokalen Gebietskörperschaften steht es auch den Akteuren der Zivilgesellschaft an, bestimmte Vorschläge für Rechts oder Verwaltungsvorschriften als Eingriff in ihren Zuständigkeitsbereich aufzufassen; dies gilt sowohl für die Sozialpartner im Rahmen ihrer vertraglichen Beziehungen als auch für alle anderen Akteure der Zivilgesellschaft im Rahmen alternativer Regelungsformen (Koregulierung, Selbstregulierung, Verhaltenskodizes usw.), die die Rechtsetzung ergänzen oder auch ersetzen können. Die Europäische Kommission hat in ihrem Weißbuch „Europäisches Regieren" selbst darauf hingewiesen, dass diese neuen Organisationsformen der Gesellschaft, die nicht nur Bestandteil einer funktionalen Subsidiarität sind, sondern außerdem eine bessere Berücksichtigung der Anliegen und Erwartungen der Bürger und ein effizienteres Handeln der Union gewährleisten, in Zukunft sehr an Bedeutung gewinnen werden.

3.3.4 Der EWSA schlägt daher vor:

- zum einen das Protokoll über die Anwendung der Grundsätze der Subsidiarität und der Verhältnismäßigkeit entsprechend zu ergänzen und
- zum andern – zwecks Gleichbehandlung mit dem Ausschuss der Regionen – dem Europäischen Wirtschafts- und Sozialausschuss ein Klagerecht vor dem Gerichtshof in Bezug auf Gesetzgebungsakte einzuräumen, für deren Annahme seine Anhörung nach der Verfassung vorgeschrieben ist, und hierzu Artikel III-270 Absatz 3 des Entwurfs eines Verfassungsvertrags entsprechend zu ändern.

Würde der Ausschuss zu den Organen der Union zählen, so würde er dieses Klagerecht automatisch besitzen.

Quelle: Europäischer Wirtschafts- und Sozialausschuss: Stellungnahme des Europäischen Wirtschafts- und Sozialausschusses für die Regierungskonferenz 2003. Brüssel: 24.9.2003. Dokument Nr. CESE 1171/2003.

III/8 Stellungnahme des Ausschusses der Regionen

Der Ausschuss der Regionen

[...]

1.16. begrüßt die verfassungsrechtliche Anerkennung der Rolle der lokalen und regionalen Gebietskörperschaften in der Union im Entwurf für einen Vertrag über eine Verfassung für Europa, insbesondere durch:
- die den Grundwerten und -rechten zugemessene Bedeutung,
- die Achtung der lokalen und regionalen Selbstverwaltung,
- die Anerkennung der kulturellen und sprachlichen Vielfalt,
- die Aufnahme des territorialen Zusammenhalts als Ziel der Union,
- die Anerkennung der Bedeutung einer bürgernahen Demokratie in der Union,
- die neue Definition des Subsidiaritätsprinzips,
- die Konsultation der repräsentativen Verbände und der Zivilgesellschaft in einem früheren Stadium des Rechtsetzungsprozesses,
- die Einbindung des Ausschusses der Regionen in die nachträgliche Kontrolle im Rahmen der Anwendung des Subsidiaritäts- und des Verhältnismäßigkeitsprinzips,
- das Klagerecht vor dem Gerichtshof, das dem Ausschuss der Regionen zur Wahrung seiner Rechte gewährt wird,
- die Verlängerung des Mandats seiner Mitglieder analog zur Europäischen Kommission und zum Parlament von vier auf fünf Jahre;

1.17. begrüßt seine künftigen, im Verfassungsentwurf und insbesondere im Subsidiaritätsprotokoll aufgeführten Rechte und Pflichten. Der AdR ist bereit, die erforderlichen internen Reformen vorzunehmen, um der gestiegenen Verantwortung gerecht werden zu können;

1.18. erkennt die Notwendigkeit, seine interne Funktionsweise zu reorganisieren, um Stellungnahmen zu Themen aus den zu erwartenden neuen Bereichen für obligatorische Befassungen erarbeiten, auf Ersuchen der Europäischen Kommission Wirkungs- und Prospektivberichte erstellen und sich gegebenenfalls in sinnvoller Weise an den Europäischen Gerichtshof wenden zu können;

1.19. hebt hervor, dass es angebracht wäre, falls, wie im Verfassungsentwurf angekündigt, die Bereiche für die obligatorische Befassung des AdR parallel zu den bereits erweiterten Mitentscheidungsbefugnissen des Europäischen Parlaments ausgedehnt werden sollten, die Beziehungen zum EP zu stärken, um das Verständnis der lokalen und regionalen Dimension im Europäischen Parlament zu verbessern. Ferner könnte das Europäische Parlament seine derzeit in den Verträgen vorgesehenen Möglichkeiten zur Konsultation des AdR stärker nutzen;

1.20. freut sich auf eine regelmäßige Mitwirkung an geeigneten Sitzungen des Ministerrats und informellen Ratstreffen, um die Situation der lokalen und regionalen Gebietskörperschaften darlegen zu können.

[...]

Der Ausschuss der Regionen

[...]

2.2. beantragt jedoch in dieser Stellungnahme kleine, aber wesentliche Änderungen zur Korrektur von Inkohärenzen zwischen den einzelnen Teilen des Vertrags, ohne das interinstitutionelle Gleichgewicht beeinträchtigen zu wollen;
2.3. empfiehlt daher im Sinne des Ausbaus der Rolle des AdR in Teil I sowie im Subsidiaritätsprotokoll, dass die in Teil III aufgeführten Bereiche für eine obligatorische Befassung des AdR auf die Politikbereiche ausgedehnt werden, die direkte Auswirkungen auf die lokale und regionale Ebene haben, wie die Bereiche Landwirtschaft, staatliche Beihilfen und Leistungen der Daseinsvorsorge, Forschung und Entwicklung, Industrie und Einwanderung, Sozialschutz, Sicherheit und Recht;
2.4. dringt auf die Stärkung seiner gegenwärtigen beratenden Funktion durch eine horizontale Bestimmung, die vorsieht, dass der AdR in den Bereichen geteilter Zuständigkeit zu Maßnahmen zur Koordinierung der Wirtschafts- und Beschäftigungspolitik sowie im Bereich der Unterstützungs-, Koordinierungs- und Ergänzungsmaßnahmen zu konsultieren ist;
2.5. teilt die Auffassung der Europäischen Kommission, dass es dem Verfassungsvertragsentwurf an Kohärenz zwischen den Zielen der Union und den Zielen der Politik in Einzelbereichen, die nicht überarbeitet wurden, mangelt und fordert die Regierungskonferenz auf, für eine Kohärenz aller Bestimmungen der Verfassung zu sorgen;
2.6. empfiehlt ferner, neben dem Europäischen Parlament, dem Ministerrat und den nationalen Parlamenten auch den AdR in Artikel 45 (Grundsatz der repräsentativen Demokratie) unter Titel VI „Das demokratische Leben der Union“ aufzulisten, da seine Mitglieder den demokratischen Grundsatz der Bürgernähe im Herzen Europas verkörpern;
2.7. fordert, das Recht regionaler Minister, gemäß Artikel 203 EG-Vertrag an Ratssitzungen teilzunehmen, auch künftig sicherzustellen;
2.8. fordert, dass die Vorschläge der Vertreter des Ausschusses der Regionen sowie zahlreicher Vertreter der Mitgliedstaaten, des Europäischen Parlaments und der einzelstaatlichen Parlamente im Konvent, die grenzüberschreitende und interregionale Zusammenarbeit in Teil III aufzunehmen, berücksichtigt werden, da die Regionen in den alten und neuen Mitgliedstaaten dieser Zusammenarbeit eine besondere Bedeutung für die europäische Integration zumessen, und fordert die Regierungskonferenz auf, sicher zu stellen, dass die Verfassung eine eindeutige Rechtsgrundlage für eine finanzielle Unterstützung von Städtepartnerschaften enthält;
2.9. fordert, dass im Verfassungsvertrag eindeutig klarzustellen ist, dass die Europäische Union sicher zu stellen hat, dass die Kompetenzen der lokalen, regionalen und nationalen Ebene im Bereich der Leistungen der Daseinsvorsorge beibehalten werden;
2.10. wiederholt die Forderung des Vorsitzenden des Europäischen Konvents, Valéry Giscard d’Estaing, dass die künftige Regierungskonferenz ebenso transparent arbeiten solle wie der Europäische Konvent, und fordert eine Veröffentlichung der Änderungs-

vorschläge, wenn eine wesentliche Änderung des Verfassungsentwurfs vorgesehen ist, um die Bürger zu informieren und ihnen ggf. eine Möglichkeit zur Reaktion zu geben;

2.11. unterstützt den Vorschlag, die offene Konventsmethode künftig im Verfahren zur Revision des Vertrags über die Verfassung für Europa zu verankern, und vertritt die Auffassung, dass sie durch die vollwertige Teilnahme von Vertretern des Ausschusses der Regionen und eine stärkere Rückkoppelung der Beratungen an die nationalen Parlamente noch verbessert werden könnte.

Quelle: Konferenz der Vertreter der Mitgliedstaaten: Stellungnahme des Ausschusses der Regionen vom 9. 10. 2003 zum Thema Vorschläge des AdR für die Regierungskonferenz. Brüssel: 13. 10. 2003 (Dokument Nr. CdR 169/2003, deutsche Übersetzung in CIG 44/03 vom 10. 11. 2003).

III/9 Council's opinion in favour of convening an Intergovernmental Conference under Article 48 of the TEU

1. The official procedure launching the Intergovernmental Conference was initiated on 1 July by a letter from the Italian Government to the Secretary-General/High Representative containing a proposal for the amendment of the Treaties on which the Union is founded (see 11047/03). The Council decided to consult the European Parliament, the Commission and the European Central Bank on convening a Conference of Representatives of the Governments of the Member States for this purpose (Article 48 TEU).
2. The Commission delivered its opinion on 17 September 2003 (12654/03) and the European Central Bank on 19 September 2003 (12655/03). The European Parliament's opinion is expected on 25 September 2003.
3. In the light of the foregoing and provided the European Parliament has delivered its opinion before the Council meets on 29 September, the Council is invited to deliver an opinion in favour of calling a Conference of the Representatives of the Governments of the Member States with a view to its opening in Rome on 4 October 2003.

Quelle: Rat der Europäischen Union: Schreiben der Ratspräsidentschaft an den COREPER/Rat Allgemeine Angelegenheiten. Brüssel: 22.9.2003. Dokument Nr. 12715/03.

III/10 Convening of an Intergovernmental Conference

[...]

Following the favourable opinion delivered by the Council on 29 September 2003 and in accordance with Article 48 of the Treaty on European Union, the Presidency of the Council is convening a Conference of Representatives of the Governments of the Member States for the purpose of determining by common accord the amendments to be made to the Treaties on which the European Union is founded, on the basis of the proposal submitted by the Italian Government on 1 July 2003.

The first meeting of the Conference will be held in Rome on 4 October 2003.

(Complimentary close).

(s.) Franco FRATTINI

Quelle: Rat der Europäischen Union: Schreiben der Ratspräsidentschaft an die Außenminister. Brüssel: 30. 9. 2003. Dokument Nr. 13104/03.

III/11 Schlussfolgerungen des Vorsitzes und Erklärung des Präsidenten: Europäischer Rat, Brüssel, 12./13. Dezember 2003

[...]

2. Der Europäische Rat hat zur Kenntnis genommen, dass es der Regierungskonferenz nicht möglich war, zum gegenwärtigen Zeitpunkt zu einer allgemeinen Einigung über den Entwurf eines Verfassungsvertrags zu gelangen. Der irische Vorsitz wird ersucht, auf der Grundlage von Konsultationen zu ermitteln, ob Aussicht auf Fortschritte besteht, und dem Europäischen Rat auf dessen Tagung im März Bericht zu erstatten.

[...]

Erklärung des Präsidenten

- Der italienische Vorsitz hat die Regierungskonferenz mit dem Ziel geleitet, den Entwurf des Konvents, der das Ergebnis eingehender demokratischer Debatten ist, so weit wie möglich zu beachten, sich zugleich aber offen für eine konstruktive Prüfung der Vorschläge aller Mitgliedstaaten zu zeigen, um legitimen und unverzichtbaren Ansprüchen Rechnung zu tragen.
- Aus dieser schwierigen Arbeit ist ein Text hervorgegangen, der von der großen Mehrheit der Mitgliedstaaten unterstützt wird und von nun an als unbestreitbarer „Verhandlungsbesitzstand" betrachtet wird und der somit einen entscheidenden Schritt nach vorn auf dem Weg zu einer engeren Integration der Länder und Bürger der erweiterten Union darstellt.
- Der Vorsitz stellt fest, dass der allgemeine Wille zu erkennen war, auf dem Weg zu einer stärker integrierten und ehrgeizigeren Union voranzuschreiten. Es wird eine gemeinsame Aufgabe sein, diesen Weg fortzusetzen und dieses Vorhaben voranzubringen.
- Der Vorsitz bekräftigt, dass die Hoffnungen, von denen die Verträge von Rom getragen wurden, auch heute noch ein ideelles Vermächtnis darstellen, das die Generation der Gründerväter an die Generation der Europäer von morgen weitergibt.

Quelle: Rat der Europäischen Union: Europäischer Rat (Brüssel), Tagung vom 12. und 13.12.2003, Schlussfolgerungen des Vorsitzes. Brüssel: 5.2.2004. Dokument Nr. 5381/04.

III/12 Schlussfolgerungen des Vorsitzes: Europäischer Rat, Brüssel, 25./26. März 2004

[...]

I. Regierungskonferenz

3. Der Europäische Rat hat den Bericht des Vorsitzes zur Regierungskonferenz und dessen Beurteilung der Aussichten auf Fortschritte begrüßt. Er bekräftigte seine Entschlossenheit, eine Einigung über den Verfassungsvertrag zu erzielen, damit die Union den Erwartungen ihrer Bürger besser gerecht werden und eine wirksamere Rolle in der Welt spielen kann. Er war sich darüber einig, wie wichtig es ist, die vom Konvent und von der Arbeit der Regierungskonferenz ausgehende Dynamik aufrechtzuerhalten.

4. Auf der Grundlage der Empfehlung des Vorsitzes hat der Europäische Rat den Vorsitz ersucht, seine Konsultationen weiterzuführen und so bald, wie dies angebracht ist, Vorkehrungen für die Wiederaufnahme förmlicher Verhandlungen im Rahmen der Regierungskonferenz zu treffen. Er beschloss, dass eine Einigung über den Verfassungsvertrag spätestens auf der Tagung des Europäischen Rates im Juni erzielt werden sollte.

[...]

Quelle: Rat der Europäischen Union: Europäischer Rat (Brüssel), Tagung vom 25. und 26. 3. 2004, Schlussfolgerungen des Vorsitzes. Brüssel: 19. 5. 2004. Dokument Nr. 9048/04.

III/13 Beitrag zu den Schlussfolgerungen: Europäischer Rat, Brüssel, 17./18. Juni 2004

Die Regierungskonferenz, die auf der Ebene der Staats- und Regierungschefs zusammengetreten ist, hat auf der Grundlage der Texte in den Dokumenten CIG 81/04 und CIG 85/04 Einvernehmen über den Entwurf des Vertrags über eine Verfassung für Europa erzielt. Die Texte sind in rechtlicher Hinsicht noch abschließend zu überarbeiten und zu harmonisieren, damit der Vertrag vor Ende 2004 unterzeichnet werden kann.

Der Europäische Rat begrüßt den erfolgreichen Abschluss der Regierungskonferenz. Der Vertrag über eine Verfassung für Europa ist ein historischer Schritt im Prozess der Integration und der Zusammenarbeit in Europa. Mit der Verfassung wird auf der Grundlage der Arbeit des Konvents ein wirksamer, demokratischer und transparenter Rahmen für die weitere Entwicklung der Union geschaffen. Damit wird der Prozess abgeschlossen, der begann, als mit dem Vertrag von Rom der Grundstein für die europäische Integration gelegt wurde. Wie der Vertrag von Rom wird die Verfassung für viele Jahre das Fundament einer Union im Dienste der Bürger bilden.

Quelle: Rat der Europäischen Union: Europäischer Rat (Brüssel), 17. und 18. 6. 2004, Schlussfolgerungen des Vorsitzes, Addendum zum Übermittlungsvermerk. Brüssel: 18. 6. 2004. Dokument Nr. 10679/04 ADD 1.

IV. Ergebnisse

IV/1 Vorentwurf für einen Vertrag über eine Verfassung für Europa (Gliederung)

Anlässlich der 10. Plenartagung des Konvents am 28./29. Oktober 2002 vorgelegt

[Mit dem vorliegenden Text soll die Struktur eines etwaigen Vertrages veranschaulicht werden. Was den ersten Teil anbelangt, so ist entsprechend den Beratungen des Konvents noch über die Aufnahme bzw. Nichtaufnahme bestimmter Artikel sowie über den genaueren Inhalt mehrerer dieser Artikel zu entscheiden. Die Tatsache, dass bestimmte Artikel in dem vorliegenden Text enthalten sind, greift folglich nicht dem Ergebnis der Beratungen des Konvents vor.]

PRÄAMBEL

1. Teil: STRUKTUR DER VERFASSUNG

Titel I: Definition und Ziele der Union

Artikel 1 Gründung [der Europäischen Gemeinschaft, der Europäischen Union, der Vereinigten Staaten von Europa, des Vereinten Europa][1]
Artikel 2 Werte
Artikel 3 Ziele
Artikel 4 Rechtspersönlichkeit.

Titel II: Unionsbürgerschaft und Grundrechte

Artikel 5 Unionsbürgerschaft
Artikel 6 Charta der Grundrechte.

Titel III: Zuständigkeiten und Tätigkeitsbereiche der Union

Artikel 7 Grundprinzipien: Zuständigkeiten, Subsidiarität, Verhältnismäßigkeit
Artikel 8 Wahrung der Grundprinzipien: begrenzte Einzelermächtigungen; Kontrolle der Subsidiarität und der Verhältnismäßigkeit; Vorrang des Unionsrechts; Entwicklung im Laufe der Zeit
Artikel 9 Arten von Zuständigkeiten: Definition
Artikel 10 Ausschließliche Zuständigkeiten
Artikel 11 Geteilte Zuständigkeiten
Artikel 12 Unterstützende Maßnahmen
Artikel 13 Gemeinsame Außen- und Sicherheitspolitik; Gemeinsame Verteidigungspolitik; Politik in den Bereichen Polizei und Strafjustiz.

---

[1] Der Begriff „Union" ist im gesamten Text durch „Europäische Gemeinschaft", „Europäische Union", „Vereinigte Staaten von Europa" oder „Vereintes Europa" zu ersetzen, falls beschlossen wird, die Bezeichnung der Union zu ändern.

Titel IV: Institutionen der Union

Artikel 14	Das institutionelle System, das sowohl für die Tätigkeiten der Union als auch für die von den Mitgliedstaaten im Rahmen der Union gemeinsam durchgeführten Tätigkeiten gilt
Artikel 15	Der Europäische Rat: Zusammensetzung, Rolle, Aufgaben
Artikel 15a	Der Vorsitz des Europäischen Rates
Artikel 16	Das Europäische Parlament: Zusammensetzung, Zuständigkeiten
Artikel 17	Der Rat: Zusammensetzung, Zuständigkeiten
Artikel 17a	Der Vorsitz des Rates
Artikel 18	Die Kommission: Zusammensetzung, Zuständigkeiten (ausschließliches Initiativrecht)
Artikel 18a	Der Vorsitz der Kommission
Artikel 19	Der Kongress der Völker Europas
Artikel 20	Der Gerichtshof
Artikel 21	Der Rechnungshof
Artikel 22	Die Europäische Zentralbank
Artikel 23	Die beratenden Gremien der Union.

Titel V: Umsetzung der Zuständigkeiten und Maßnahmen der Union

Artikel 24	Die Rechtsakte der Union: z. B. europäische Gesetze, Rahmengesetze, europäische Beschlüsse (diese Liste ist anhand der Schlussfolgerungen der Gruppe IX zu ergänzen).
Artikel 25	Gesetzgebungsverfahren: Annahme der Gesetze und Rahmengesetze
Artikel 26	Verfahren für die Annahme der Beschlüsse
Artikel 27	Verfahren für die Annahme der Durchführungsrechtsakte
Artikel 28	Verfahren für die Umsetzung der unterstützenden Maßnahmen (einschließlich der Programme); Überwachung der Durchführung
Artikel 29	Gemeinsame Außen- und Sicherheitspolitik
Artikel 30	Gemeinsame Verteidigungspolitik
Artikel 31	Politik in den Bereichen Polizei und Strafjustiz
Artikel 32	Anwendung der verstärkten Zusammenarbeit.

Titel VI: Das demokratische Leben der Union

Artikel 33	Grundsatz der demokratischen Gleichheit der Unionsbürger
Artikel 34	Grundsatz der partizipatorischen Demokratie
Artikel 35	Einheitliches Wahlrecht für die Wahlen zum Europäischen Parlament
Artikel 36	Transparenz der Beratungen der Union im Gesetzgebungsbereich
Artikel 37	Abstimmungsregeln der Organe der Union. Anwendung der Möglichkeit der „konstruktiven Enthaltung“ und ihre Folgen.

Titel VII: Die Finanzen der Union

Artikel 38	Die Finanzmittel der Union
Artikel 39	Der Grundsatz des Haushaltsausgleichs der Union
Artikel 40	Das Haushaltsverfahren der Union.

Titel VIII: Das Handeln der Union in der Welt

Artikel 41 Die Vertretung der Union nach außen.

Titel IX: Die Union und ihre Nachbarn

Artikel 42 Besondere Beziehungen zwischen der Union und Nachbarstaaten.

Titel X: Die Zugehörigkeit der Union

Artikel 43 Eine Union, die allen Staaten Europas offen steht, die ihre Werte und Grundrechte strikt respektieren und die ihre Regeln, nach denen die Union funktioniert, akzeptieren.
Artikel 44 Verfahren für den Beitritt zur Union
Artikel 45 Aussetzung der mit der Zugehörigkeit zur Union verbundenen Rechte
Artikel 46 Austritt aus der Union.

2. Teil: DIE POLITIKBEREICHE UND DIE DURCHFÜHRUNG DER MASSNAHMEN DER UNION

Dieser Teil sollte die Rechtsgrundlagen enthalten. Hier sollten entsprechend dem, was für den 1. Teil beschlossen wird, für jeden Bereich die Art der Zuständigkeit (Titel III) und die anwendbaren Rechtsakte und Verfahren (Titel V) angegeben werden. Es werden technische Änderungen notwendig sein, um diesen zweiten Teil mit dem ersten in Einklang zu bringen.

A. INTERNE POLITIKBEREICHE UND MASSNAHMEN

A1. Binnenmarkt

I. Freizügigkeit und freier Dienstleistungsverkehr
  1. Arbeitnehmer
  2. Niederlassungsfreiheit
  3. Dienstleistungsfreiheit
  4. Visa, Asyl und Einwanderung und andere Politikbereiche im Zusammenhang mit der Freizügigkeit

II. Freier Warenverkehr
  1. Zollunion
  2. Verbot von mengenmäßigen Beschränkungen

III. Kapital und Zahlungen

IV. Angleichung der Rechtsvorschriften.

A2. Wirtschafts- und Währungspolitik

A3. Die Politik in anderen Einzelbereichen

I. Wettbewerbsregeln
II. Sozialpolitik
III. Wirtschaftlicher und Sozialer Zusammenhalt
IV. Landwirtschaft und Fischerei
V. Umwelt
VI. Verbraucherschutz
VII. Verkehr

VIII. Transeuropäische Netze
IX. Forschung und technologische Entwicklung

A4. Innere Sicherheit
Politik in den Bereichen Polizei und Strafjustiz

A5. Bereiche, in denen die Union beschließen kann, eine unterstützende Maßnahme durchzuführen
I. Beschäftigung
II. Gesundheitswesen
III. Industrie
IV. Kultur
V. Allgemeine Bildung, berufliche Bildung, Jugend

B. EXTERNE POLITIKBEREICHE
I. Handelspolitik
II. Entwicklungszusammenarbeit
III. Externe Aspekte von in den Kapiteln A1 bis A4 genannten Politikbereichen
IV. Gemeinsame Außen- und Sicherheitspolitik
1. Außenpolitik
2. Krisenbewältigung
V. Abschluss internationaler Übereinkünfte.

C. VERTEIDIGUNG

D. ARBEITSWEISE DER UNION
Institutionelle und verfahrenstechnische Bestimmungen sowie Haushaltsbestimmungen.[2]

3. Teil: ALLGEMEINE UND SCHLUSSBESTIMMUNGEN

Letzter Titel: Aufhebung der vorherigen Verträge; rechtliche Kontinuität im Verhältnis zur Europäischen Gemeinschaft und zur Europäischen Union
Geltungsbereich
Protokolle
Verfahren zur Änderung des Verfassungsvertrags
Annahme, Ratifikation und Inkrafttreten des Verfassungsvertrags
Geltungsdauer
Sprachen.

[…]

Quelle: CONV 369/02 vom 28. 10. 2002.

[2] Der Umfang der institutionellen und verfahrenstechnischen Bestimmungen in diesem Teil wird davon abhängen, wie detailliert der erste Teil gestaltet ist. Es könnte auch in Betracht gezogen werden, in diesen Bestimmungen nur die *inter*institutionellen Verfahren zu behandeln: Die Bestimmungen über die *interne* Durchführung durch die Organe könnten dann in Protokollen enthalten sein.

IV/2 Vertrag über eine Verfassung für Europa

Inhalt

Präambel

Seine Majestät der König der Belgier,
Der Präsident der Tschechischen Republik,
Ihre Majestät die Königin von Dänemark,
Der Präsident der Bundesrepublik Deutschland,
Der Präsident der Republik Estland,
Der Präsident der Hellenischen Republik,
Seine Majestät der König von Spanien,
Der Präsident der Französischen Republik,
Die Präsidentin Irlands,
Der Präsident der Italienischen Republik,
Der Präsident der Republik Zypern,
Die Präsidentin der Republik Lettland,
Der Präsident der Republik Litauen,
Seine Königliche Hoheit der Großherzog von Luxemburg,
Der Präsident der Republik Ungarn,
Der Präsident Maltas,
Ihre Majestät die Königin der Niederlande,
Der Bundespräsident der Republik Österreich,
Der Präsident der Republik Polen,
Der Präsident der Portugiesischen Republik,
Der Präsident der Republik Slowenien,
Der Präsident der Slowakischen Republik,
Die Präsidentin der Republik Finnland,
Die Regierung des Königreichs Schweden,
Ihre Majestät die Königin des Vereinigten Königreichs Großbritannien und Nordirland –

schöpfend aus dem kulturellen, religiösen und humanistischen Erbe Europas, aus dem sich die unverletzlichen und unveräußerlichen Rechte des Menschen sowie Freiheit, Demokratie, Gleichheit und Rechtsstaatlichkeit als universelle Werte entwickelt haben,

in der Überzeugung, dass ein nach schmerzlichen Erfahrungen nunmehr geeintes Europa auf dem Weg der Zivilisation, des Fortschritts und des Wohlstands zum Wohl aller seiner Bewohner, auch der Schwächsten und der Ärmsten, weiter voranschreiten will, dass es ein Kontinent bleiben will, der offen ist für Kultur, Wissen und sozialen Fortschritt, dass es Demokratie und Transparenz als Grundlage seines öffentlichen Lebens stärken und auf Frieden, Gerechtigkeit und Solidarität in der Welt hinwirken will,

in der Gewissheit, dass die Völker Europas, stolz auf ihre nationale Identität und Geschichte, entschlossen sind, die alten Gegensätze zu überwinden und immer enger vereint ihr Schicksal gemeinsam zu gestalten,

in der Gewissheit, dass Europa, „in Vielfalt geeint", ihnen die besten Möglichkeiten bietet, unter Wahrung der Rechte des Einzelnen und im Bewusstsein ihrer Verantwortung gegenüber den künftigen Generationen und der Erde dieses große Unterfangen fortzusetzen, das einen Raum eröffnet, in dem sich die Hoffnung der Menschen entfalten kann,

entschlossen, das Werk, das im Rahmen der Verträge zur Gründung der Europäischen Gemeinschaften und des Vertrags über die Europäische Union geschaffen wurde, unter Wahrung der Kontinuität des gemeinschaftlichen Besitzstands fortzuführen, in Würdigung der Leistung der Mitglieder des Europäischen Konvents, die den Entwurf dieser Verfassung im Namen der Bürgerinnen und Bürger und der Staaten Europas erarbeitet haben –

haben zu Bevollmächtigten ernannt:

[...]

diese sind nach Austausch ihrer in guter und gehöriger Form befundenen Vollmachten wie folgt übereingekommen:

Teil I

Titel I: Definition und Ziele der Union

Artikel I-1: Gründung der Union

(1) Geleitet von dem Willen der Bürgerinnen und Bürger und der Staaten Europas, ihre Zukunft gemeinsam zu gestalten, begründet diese Verfassung die Europäische Union, der die Mitgliedstaaten Zuständigkeiten zur Verwirklichung ihrer gemeinsamen Ziele übertragen. Die Union koordiniert die diesen Zielen dienende Politik der Mitgliedstaaten und übt die ihr von den Mitgliedstaaten übertragenen Zuständigkeiten in gemeinschaftlicher Weise aus.
(2) Die Union steht allen europäischen Staaten offen, die ihre Werte achten und sich verpflichten, sie gemeinsam zu fördern.

Artikel I-2: Die Werte der Union

Die Werte, auf die sich die Union gründet, sind die Achtung der Menschenwürde, Freiheit, Demokratie, Gleichheit, Rechtsstaatlichkeit und die Wahrung der Menschenrechte einschließlich der Rechte der Personen, die Minderheiten angehören. Diese Werte sind allen Mitgliedstaaten in einer Gesellschaft gemeinsam, die sich durch Pluralismus, Nichtdiskriminierung, Toleranz, Gerechtigkeit, Solidarität und die Gleichheit von Frauen und Männern auszeichnet.

Artikel I-3: Die Ziele der Union

(1) Ziel der Union ist es, den Frieden, ihre Werte und das Wohlergehen ihrer Völker zu fördern.
(2) Die Union bietet ihren Bürgerinnen und Bürgern einen Raum der Freiheit, der Sicherheit und des Rechts ohne Binnengrenzen und einen Binnenmarkt mit freiem und unverfälschtem Wettbewerb.
(3) Die Union wirkt auf die nachhaltige Entwicklung Europas auf der Grundlage eines ausgewogenen Wirtschaftswachstums und von Preisstabilität, eine in hohem Maße wettbewerbsfähige soziale Marktwirtschaft, die auf Vollbeschäftigung und sozialen Fortschritt abzielt, sowie ein hohes Maß an Umweltschutz und Verbesserung der Umweltqualität hin. Sie fördert den wissenschaftlichen und technischen Fortschritt.

Sie bekämpft soziale Ausgrenzung und Diskriminierungen und fördert soziale Gerechtigkeit und sozialen Schutz, die Gleichstellung von Frauen und Männern, die Solidarität zwischen den Generationen und den Schutz der Rechte des Kindes.

Sie fördert den wirtschaftlichen, sozialen und territorialen Zusammenhalt und die Solidarität zwischen den Mitgliedstaaten.

Sie wahrt den Reichtum ihrer kulturellen und sprachlichen Vielfalt und sorgt für den Schutz und die Entwicklung des kulturellen Erbes Europas.

(4) In ihren Beziehungen zur übrigen Welt schützt und fördert die Union ihre Werte und Interessen. Sie leistet einen Beitrag zu Frieden, Sicherheit, globaler nachhaltiger Entwicklung, Solidarität und gegenseitiger Achtung unter den Völkern, zu freiem und gerechtem Handel, zur Beseitigung der Armut und zum Schutz der Menschenrechte, insbesondere der Rechte des Kindes, sowie zur strikten Einhaltung und Weiterentwicklung des Völkerrechts, insbesondere zur Wahrung der Grundsätze der Charta der Vereinten Nationen.

(5) Die Union verfolgt ihre Ziele mit geeigneten Mitteln entsprechend den Zuständigkeiten, die ihr in der Verfassung übertragen sind.

Artikel I-4: Grundfreiheiten und Nichtdiskriminierung

(1) Der freie Personen-, Dienstleistungs-, Waren- und Kapitalverkehr sowie die Niederlassungsfreiheit werden von der Union und innerhalb der Union nach Maßgabe der Verfassung gewährleistet.

(2) Unbeschadet besonderer Bestimmungen der Verfassung ist in ihrem Anwendungsbereich jede Diskriminierung aus Gründen der Staatsangehörigkeit verboten.

Artikel I-5: Beziehungen zwischen der Union und den Mitgliedstaaten

(1) Die Union achtet die Gleichheit der Mitgliedstaaten vor der Verfassung sowie die nationale Identität der Mitgliedstaaten, die in deren grundlegender politischer und verfassungsrechtlicher Struktur einschließlich der regionalen und kommunalen Selbstverwaltung zum Ausdruck kommt. Sie achtet die grundlegenden Funktionen des Staates, insbesondere die Wahrung der territorialen Unversehrtheit, die Aufrechterhaltung der öffentlichen Ordnung und den Schutz der nationalen Sicherheit.

(2) Nach dem Grundsatz der loyalen Zusammenarbeit achten und unterstützen sich die Union und die Mitgliedstaaten gegenseitig bei der Erfüllung der Aufgaben, die sich aus der Verfassung ergeben.

Die Mitgliedstaaten ergreifen alle geeigneten Maßnahmen allgemeiner oder besonderer Art zur Erfüllung der Verpflichtungen, die sich aus der Verfassung oder den Handlungen der Organe der Union ergeben.

Die Mitgliedstaaten unterstützen die Union bei der Erfüllung ihrer Aufgabe und unterlassen alle Maßnahmen, welche die Verwirklichung der Ziele der Union gefährden könnten.

Artikel I-6: Das Unionsrecht

Die Verfassung und das von den Organen der Union in Ausübung der der Union übertragenen Zuständigkeiten gesetzte Recht haben Vorrang vor dem Recht der Mitgliedstaaten.

Artikel I-7: Rechtspersönlichkeit

Die Union besitzt Rechtspersönlichkeit.

Artikel I-8: Die Symbole der Union

Die Flagge der Union stellt einen Kreis von zwölf goldenen Sternen auf blauem Hintergrund dar.

Die Hymne der Union entstammt der „Ode an die Freude“ aus der Neunten Symphonie von Ludwig van Beethoven.

Der Leitspruch der Union lautet: „In Vielfalt geeint“.

Die Währung der Union ist der Euro.

Der Europatag wird in der gesamten Union am 9. Mai gefeiert.

Titel II: Grundrechte und Unionsbürgerschaft

Artikel I-9: Grundrechte

(1) Die Union erkennt die Rechte, Freiheiten und Grundsätze an, die in der Charta der Grundrechte, die den Teil II bildet, enthalten sind.

(2) Die Union tritt der Europäischen Konvention zum Schutz der Menschenrechte und Grundfreiheiten bei. Dieser Beitritt ändert nicht die in der Verfassung festgelegten Zuständigkeiten der Union.

(3) Die Grundrechte, wie sie in der Europäischen Konvention zum Schutz der Menschenrechte und Grundfreiheiten gewährleistet sind und wie sie sich aus den gemeinsamen Verfassungsüberlieferungen der Mitgliedstaaten ergeben, sind als allgemeine Grundsätze Teil des Unionsrechts.

Artikel I-10: Unionsbürgerschaft

(1) Unionsbürgerin oder Unionsbürger ist, wer die Staatsangehörigkeit eines Mitgliedstaats besitzt. Die Unionsbürgerschaft tritt zur nationalen Staatsangehörigkeit hinzu, ohne diese zu ersetzen.

(2) Die Unionsbürgerinnen und Unionsbürger haben die in der Verfassung vorgesehenen Rechte und Pflichten. Sie haben

a) das Recht, sich im Hoheitsgebiet der Mitgliedstaaten frei zu bewegen und aufzuhalten;

b) in dem Mitgliedstaat, in dem sie ihren Wohnsitz haben, das aktive und passive Wahlrecht bei den Wahlen zum Europäischen Parlament und bei den Kommunalwahlen, wobei für sie dieselben Bedingungen gelten wie für die Angehörigen des betreffenden Mitgliedstaats;

c) im Hoheitsgebiet eines Drittlandes, in dem der Mitgliedstaat, dessen Staatsangehörigkeit sie besitzen, nicht vertreten ist, Recht auf Schutz durch die diplomatischen und konsularischen Behörden eines jeden Mitgliedstaats unter denselben Bedingungen wie Staatsangehörige dieses Staates;

d) das Recht, Petitionen an das Europäische Parlament zu richten und sich an den Europäischen Bürgerbeauftragten zu wenden, sowie das Recht, sich in einer der Sprachen der Verfassung an die Organe und die beratenden Einrichtungen der Union zu wenden und eine Antwort in derselben Sprache zu erhalten.

Diese Rechte werden unter den Bedingungen und innerhalb der Grenzen ausgeübt, die in der Verfassung und durch die in Anwendung der Verfassung erlassenen Maßnahmen festgelegt sind.

Titel III: Die Zuständigkeiten der Union

Artikel I-11: Grundsätze

(1) Für die Abgrenzung der Zuständigkeiten der Union gilt der Grundsatz der begrenzten Einzelermächtigung. Für die Ausübung der Zuständigkeiten der Union gelten die Grundsätze der Subsidiarität und der Verhältnismäßigkeit.
(2) Nach dem Grundsatz der begrenzten Einzelermächtigung wird die Union innerhalb der Grenzen der Zuständigkeiten tätig, die die Mitgliedstaaten ihr in der Verfassung zur Verwirklichung der darin niedergelegten Ziele übertragen haben. Alle der Union nicht in der Verfassung übertragenen Zuständigkeiten verbleiben bei den Mitgliedstaaten.
(3) Nach dem Subsidiaritätsprinzip wird die Union in den Bereichen, die nicht in ihre ausschließliche Zuständigkeit fallen, nur tätig, sofern und soweit die Ziele der in Betracht gezogenen Maßnahmen von den Mitgliedstaaten weder auf zentraler noch auf regionaler oder lokaler Ebene ausreichend verwirklicht werden können, sondern vielmehr wegen ihres Umfangs oder ihrer Wirkungen auf Unionsebene besser zu verwirklichen sind.

Die Organe der Union wenden das Subsidiaritätsprinzip nach dem Protokoll über die Anwendung der Grundsätze der Subsidiarität und der Verhältnismäßigkeit an. Die nationalen Parlamente achten auf die Einhaltung des Subsidiaritätsprinzips nach dem in jenem Protokoll vorgesehenen Verfahren.
(4) Nach dem Grundsatz der Verhältnismäßigkeit gehen die Maßnahmen der Union inhaltlich wie formal nicht über das zur Erreichung der Ziele der Verfassung erforderliche Maß hinaus.

Die Organe der Union wenden den Grundsatz der Verhältnismäßigkeit nach dem Protokoll über die Anwendung der Grundsätze der Subsidiarität und der Verhältnismäßigkeit an.

Artikel I-12: Arten von Zuständigkeiten

(1) Überträgt die Verfassung der Union für einen bestimmten Bereich eine ausschließliche Zuständigkeit, so kann nur die Union gesetzgeberisch tätig werden und verbindliche Rechtsakte erlassen; die Mitgliedstaaten dürfen in einem solchen Fall nur tätig werden, wenn sie von der Union hierzu ermächtigt werden, oder um Rechtsakte der Union durchzuführen.
(2) Überträgt die Verfassung der Union für einen bestimmten Bereich eine mit den Mitgliedstaaten geteilte Zuständigkeit, so können die Union und die Mitgliedstaaten in diesem Bereich gesetzgeberisch tätig werden und verbindliche Rechtsakte erlassen. Die Mitgliedstaaten nehmen ihre Zuständigkeit wahr, sofern und soweit die Union ihre Zuständigkeit nicht ausgeübt hat oder entschieden hat, diese nicht mehr auszuüben.
(3) Die Mitgliedstaaten koordinieren ihre Wirtschafts- und Beschäftigungspolitik im Rahmen von Regelungen nach Maßgabe von Teil III, für deren Festlegung die Union zuständig ist.
(4) Die Union ist dafür zuständig, eine gemeinsame Außen- und Sicherheitspolitik einschließlich der schrittweisen Festlegung einer gemeinsamen Verteidigungspolitik zu erarbeiten und zu verwirklichen.
(5) In bestimmten Bereichen ist die Union nach Maßgabe der Verfassung dafür zuständig, Maßnahmen zur Unterstützung, Koordinierung oder Ergänzung der Maßnahmen der Mitgliedstaaten durchzuführen, ohne dass dadurch die Zuständigkeit der Union für diese Bereiche an die Stelle der Zuständigkeit der Mitgliedstaaten tritt.

Die verbindlichen Rechtsakte der Union, die aufgrund der diese Bereiche betreffenden Bestimmungen des Teils III erlassen werden, dürfen keine Harmonisierung der Rechtsvorschriften der Mitgliedstaaten beinhalten.

(6) Der Umfang der Zuständigkeiten der Union und die Einzelheiten ihrer Ausübung ergeben sich aus den Bestimmungen des Teils III zu den einzelnen Bereichen.

Artikel I-13: Bereiche mit ausschließlicher Zuständigkeit

(1) Die Union hat ausschließliche Zuständigkeit in folgenden Bereichen:
a) Zollunion,
b) Festlegung der für das Funktionieren des Binnenmarkts erforderlichen Wettbewerbsregeln,
c) Währungspolitik für die Mitgliedstaaten, deren Währung der Euro ist,
d) Erhaltung der biologischen Meeresschätze im Rahmen der gemeinsamen Fischereipolitik,
e) gemeinsame Handelspolitik.
(2) Die Union hat ferner ausschließliche Zuständigkeit für den Abschluss internationaler Übereinkünfte, wenn der Abschluss einer solchen Übereinkunft in einem Gesetzgebungsakt der Union vorgesehen ist, wenn er notwendig ist, damit sie ihre interne Zuständigkeit ausüben kann, oder soweit er gemeinsame Regeln beeinträchtigen oder deren Tragweite verändern könnte.

Artikel I-14: Bereiche mit geteilter Zuständigkeit

(1) Die Union teilt ihre Zuständigkeit mit den Mitgliedstaaten, wenn ihr die Verfassung außerhalb der in den Artikeln I-13 und I-17 genannten Bereiche eine Zuständigkeit überträgt.
(2) Die geteilte Zuständigkeit erstreckt sich auf die folgenden Hauptbereiche:
a) Binnenmarkt,
b) Sozialpolitik hinsichtlich der in Teil III genannten Aspekte,
c) wirtschaftlicher, sozialer und territorialer Zusammenhalt,
d) Landwirtschaft und Fischerei, ausgenommen die Erhaltung der biologischen Meeresschätze,
e) Umwelt,
f) Verbraucherschutz,
g) Verkehr,
h) transeuropäische Netze,
i) Energie,
j) Raum der Freiheit, der Sicherheit und des Rechts,
k) gemeinsame Sicherheitsanliegen im Bereich der öffentlichen Gesundheit hinsichtlich der in Teil III genannten Aspekte.
(3) In den Bereichen Forschung, technologische Entwicklung und Raumfahrt erstreckt sich die Zuständigkeit der Union darauf, Maßnahmen zu treffen, insbesondere Programme zu erstellen und durchzuführen, ohne dass die Ausübung dieser Zuständigkeit die Mitgliedstaaten hindert, ihre Zuständigkeit auszuüben.
(4) In den Bereichen Entwicklungszusammenarbeit und humanitäre Hilfe erstreckt sich die Zuständigkeit der Union darauf, Maßnahmen zu treffen und eine gemeinsame Politik zu verfolgen, ohne dass die Ausübung dieser Zuständigkeit die Mitgliedstaaten hindert, ihre Zuständigkeit auszuüben.

Artikel I-15: Die Koordinierung der Wirtschafts- und Beschäftigungspolitik

(1) Die Mitgliedstaaten koordinieren ihre Wirtschaftspolitik innerhalb der Union. Zu diesem Zweck erlässt der Ministerrat Maßnahmen; insbesondere beschließt er die Grundzüge dieser Politik.

Für die Mitgliedstaaten, deren Währung der Euro ist, gelten besondere Regelungen.
(2) Die Union trifft Maßnahmen zur Koordinierung der Beschäftigungspolitik der Mitgliedstaaten, insbesondere durch die Festlegung von Leitlinien für diese Politik.
(3) Die Union kann Initiativen zur Koordinierung der Sozialpolitik der Mitgliedstaaten ergreifen.

Artikel I-16: Die Gemeinsame Außen- und Sicherheitspolitik

(1) Die Zuständigkeit der Union in der Gemeinsamen Außen- und Sicherheitspolitik erstreckt sich auf alle Bereiche der Außenpolitik sowie auf sämtliche Fragen im Zusammenhang mit der Sicherheit der Union, einschließlich der schrittweisen Festlegung einer gemeinsamen Verteidigungspolitik, die zu einer gemeinsamen Verteidigung führen kann.
(2) Die Mitgliedstaaten unterstützen die Gemeinsame Außen- und Sicherheitspolitik der Union aktiv und vorbehaltlos im Geiste der Loyalität und der gegenseitigen Solidarität und achten das Handeln der Union in diesem Bereich. Sie enthalten sich jeder Handlung, die den Interessen der Union zuwiderläuft oder ihrer Wirksamkeit schaden könnte.

Artikel I-17: Unterstützungs-, Koordinierungs- und Ergänzungsmaßnahmen

Die Union ist für die Durchführung von Unterstützungs-, Koordinierungs- oder Ergänzungsmaßnahmen zuständig. Diese Maßnahmen mit europäischer Zielsetzung können in folgenden Bereichen getroffen werden:
a) Schutz und Verbesserung der menschlichen Gesundheit,
b) Industrie,
c) Kultur,
d) Tourismus,
e) allgemeine Bildung, Jugend, Sport und berufliche Bildung,
f) Katastrophenschutz,
g) Verwaltungszusammenarbeit.

Artikel I-18: Flexibilitätsklausel

(1) Erscheint ein Tätigwerden der Union im Rahmen der in Teil III festgelegten Politikbereiche erforderlich, um eines der Ziele der Verfassung zu verwirklichen, und sind in dieser Verfassung die hierfür erforderlichen Befugnisse nicht vorgesehen, so erlässt der Ministerrat einstimmig auf Vorschlag der Europäischen Kommission und nach Zustimmung des Europäischen Parlaments die geeigneten Maßnahmen.
(2) Die Europäische Kommission macht die nationalen Parlamente im Rahmen des Verfahrens zur Kontrolle der Einhaltung des Subsidiaritätsprinzips nach Artikel I-11 Absatz 3 auf die Vorschläge aufmerksam, die sich auf den vorliegenden Artikel stützen.
(3) Die auf diesem Artikel beruhenden Maßnahmen dürfen keine Harmonisierung der Rechtsvorschriften der Mitgliedstaaten in den Fällen beinhalten, in denen eine solche Harmonisierung nach der Verfassung ausgeschlossen ist.

Titel IV: Die Organe und Einrichtungen der Union

Kapitel I: Institutioneller Rahmen

Artikel I-19: Die Organe der Union

(1) Die Union verfügt über einen institutionellen Rahmen, der zum Zweck hat,
- ihren Werten Geltung zu verschaffen,
- ihre Ziele zu verfolgen,
- ihren Interessen, denen ihrer Bürgerinnen und Bürger und denen der Mitgliedstaaten zu dienen,
- die Kohärenz, Effizienz und Kontinuität ihrer Politik und ihrer Maßnahmen sicherzustellen.

Dieser institutionelle Rahmen umfasst
- das Europäische Parlament,
- den Europäischen Rat,
- den Ministerrat (im Folgenden „Rat"),
- die Europäische Kommission (im Folgenden „Kommission"),
- den Gerichtshof der Europäischen Union.

(2) Jedes Organ handelt nach Maßgabe der ihm in der Verfassung zugewiesenen Befugnisse nach den Verfahren und unter den Bedingungen, die in der Verfassung festgelegt sind. Die Organe arbeiten loyal zusammen.

Artikel I-20: Das Europäische Parlament

(1) Das Europäische Parlament wird gemeinsam mit dem Rat als Gesetzgeber tätig und übt gemeinsam mit ihm die Haushaltsbefugnisse aus. Es erfüllt Aufgaben der politischen Kontrolle und Beratungsfunktionen nach Maßgabe der Verfassung. Es wählt den Präsidenten der Kommission.
(2) Das Europäische Parlament setzt sich aus Vertretern der Unionsbürgerinnen und Unionsbürger zusammen. Ihre Anzahl darf 750 nicht überschreiten. Die Bürgerinnen und Bürger sind im Europäischen Parlament degressiv proportional, mindestens jedoch mit sechs Mitgliedern je Mitgliedstaat vertreten. Kein Mitgliedstaat erhält mehr als 96 Sitze.
Der Europäische Rat erlässt einstimmig auf Initiative des Europäischen Parlaments und mit dessen Zustimmung einen Europäischen Beschluss über die Zusammensetzung des Europäischen Parlaments, in dem die in Unterabsatz 1 genannten Grundsätze gewahrt sind.
(3) Die Mitglieder des Europäischen Parlaments werden in allgemeiner, unmittelbarer, freier und geheimer Wahl für eine Amtszeit von fünf Jahren gewählt.
(4) Das Europäische Parlament wählt aus seiner Mitte seinen Präsidenten und sein Präsidium.

Artikel I-21: Der Europäische Rat

(1) Der Europäische Rat gibt der Union die für ihre Entwicklung erforderlichen Impulse und legt die allgemeinen politischen Zielvorstellungen und Prioritäten hierfür fest. Er wird nicht gesetzgeberisch tätig.
(2) Der Europäische Rat setzt sich zusammen aus den Staats- und Regierungschefs der Mitgliedstaaten sowie dem Präsidenten des Europäischen Rates und dem Präsidenten der Kommission. Der Außenminister der Union nimmt an seinen Arbeiten teil.
(3) Der Europäische Rat tritt vierteljährlich zusammen; er wird von seinem Präsidenten einberufen. Wenn es die Tagesordnung erfordert, können die Mitglieder des Europäischen Rates

beschließen, sich jeweils von einem Minister oder – im Fall des Präsidenten der Kommission – von einem Mitglied der Kommission unterstützen zu lassen. Wenn es die Lage erfordert, beruft der Präsident eine außerordentliche Tagung des Europäischen Rates ein.
(4) Soweit in der Verfassung nichts anderes festgelegt ist, entscheidet der Europäische Rat im Konsens.

Artikel I-22: Der Präsident des Europäischen Rates

(1) Der Europäische Rat wählt seinen Präsidenten mit qualifizierter Mehrheit für eine Amtszeit von zweieinhalb Jahren; der Präsident kann einmal wiedergewählt werden. Im Falle einer Verhinderung oder einer schweren Verfehlung kann der Europäische Rat ihn im Wege des gleichen Verfahrens von seinem Amt entbinden.
(2) Der Präsident des Europäischen Rates
a) führt den Vorsitz bei den Arbeiten des Europäischen Rates und gibt ihnen Impulse,
b) sorgt in Zusammenarbeit mit dem Präsidenten der Kommission auf der Grundlage der Arbeiten des Rates „Allgemeine Angelegenheiten“ für die Vorbereitung und Kontinuität der Arbeiten des Europäischen Rates,
c) wirkt darauf hin, dass Zusammenhalt und Konsens im Europäischen Rat gefördert werden,
d) legt dem Europäischen Parlament im Anschluss an jede Tagung des Europäischen Rates einen Bericht vor.

Der Präsident des Europäischen Rates nimmt in seiner Eigenschaft auf seiner Ebene, unbeschadet der Befugnisse des Außenministers der Union, die Außenvertretung der Union in Angelegenheiten der Gemeinsamen Außen- und Sicherheitspolitik wahr.
(3) Der Präsident des Europäischen Rates darf kein einzelstaatliches Amt ausüben.

Artikel I-23: Der Ministerrat

(1) Der Rat wird gemeinsam mit dem Europäischen Parlament als Gesetzgeber tätig und übt gemeinsam mit ihm die Haushaltsbefugnisse aus. Zu seinen Aufgaben gehört die Festlegung der Politik und die Koordinierung nach Maßgabe der Verfassung.
(2) Der Rat besteht aus je einem Vertreter jedes Mitgliedstaats auf Ministerebene, der befugt ist, für die Regierung des von ihm vertretenen Mitgliedstaats verbindlich zu handeln und das Stimmrecht auszuüben.
(3) Soweit in der Verfassung nichts anderes festgelegt ist, beschließt der Rat mit qualifizierter Mehrheit.

Artikel I-24: Die Zusammensetzung des Ministerrates

(1) Der Rat tagt in verschiedenen Zusammensetzungen.
(2) Als Rat „Allgemeine Angelegenheiten“ sorgt er für die Kohärenz der Arbeiten des Rates in seinen verschiedenen Zusammensetzungen.

In Verbindung mit dem Präsidenten des Europäischen Rates und mit der Kommission bereitet er die Tagungen des Europäischen Rates vor und sorgt für das weitere Vorgehen.
(3) Als Rat „Auswärtige Angelegenheiten“ gestaltet er das auswärtige Handeln der Union entsprechend den strategischen Vorgaben des Europäischen Rates und sorgt für die Kohärenz des Handelns der Union.
(4) Der Europäische Rat erlässt mit qualifizierter Mehrheit einen Europäischen Beschluss, mit dem die anderen Zusammensetzungen des Rates festgelegt werden.

(5) Ein Ausschuss von Ständigen Vertretern der Regierungen der Mitgliedstaaten ist für die Vorbereitung der Arbeiten des Rates verantwortlich.
(6) Der Rat tagt öffentlich, wenn er über Entwürfe zu Gesetzgebungsakten berät oder abstimmt. Zu diesem Zweck wird jede Ratstagung in zwei Teile unterteilt, von denen der eine den Beratungen über die Gesetzgebungsakte der Union und der andere den nicht die Gesetzgebung betreffenden Tätigkeiten gewidmet ist.
(7) Der Vorsitz im Rat in allen seinen Zusammensetzungen mit Ausnahme des Rates „Auswärtige Angelegenheiten“ wird von den Vertretern der Mitgliedstaaten im Rat nach Maßgabe eines Europäischen Beschlusses des Europäischen Rates nach einem System der gleichberechtigten Rotation wahrgenommen. Der Europäische Rat beschließt mit qualifizierter Mehrheit.

Artikel I-25: Definition der qualifizierten Mehrheit im Europäischen Rat und im Rat

(1) Als qualifizierte Mehrheit gilt eine Mehrheit von mindestens 55 Prozent der Mitglieder des Rates, gebildet aus mindestens 15 Mitgliedern, sofern die von diesen vertretenen Mitgliedstaaten zusammen mindestens 65 Prozent der Bevölkerung der Union ausmachen.

Für eine Sperrminorität sind mindestens vier Mitglieder des Rates erforderlich, andernfalls gilt die qualifizierte Mehrheit als erreicht.
(2) Beschließt der Rat nicht auf Vorschlag der Kommission oder des Außenministers der Union, so gilt abweichend von Absatz 1 als qualifizierte Mehrheit eine Mehrheit von mindestens 72 Prozent der Mitglieder des Rates, sofern die von diesen vertretenen Mitgliedstaaten zusammen mindestens 65 Prozent der Bevölkerung der Union ausmachen.
(3) Beschließt der Europäische Rat mit qualifizierter Mehrheit, so gelten die Absätze 1 und 2 für ihn.
(4) Der Präsident des Europäischen Rates und der Präsident der Kommission nehmen an den Abstimmungen im Europäischen Rat nicht teil.

Artikel I-26: Die Europäische Kommission

(1) Die Kommission fördert die allgemeinen Interessen der Union und ergreift geeignete Initiativen zu diesem Zweck. Sie sorgt für die Anwendung der Verfassung sowie der von den Organen kraft der Verfassung erlassenen Maßnahmen. Sie überwacht die Anwendung des Unionsrechts unter der Kontrolle des Gerichtshofs der Europäischen Union. Sie führt den Haushaltsplan aus und verwaltet die Programme. Sie übt nach Maßgabe der Verfassung Koordinierungs-, Exekutiv- und Verwaltungsfunktionen aus. Außer in der Gemeinsamen Außen- und Sicherheitspolitik und den übrigen in der Verfassung vorgesehenen Fällen nimmt sie die Vertretung der Union nach außen wahr. Sie leitet die jährliche und die mehrjährige Programmplanung der Union mit dem Ziel ein, interinstitutionelle Vereinbarungen zu erreichen.
(2) Soweit in der Verfassung nichts anderes festgelegt ist, darf ein Gesetzgebungsakt der Union nur auf Vorschlag der Kommission erlassen werden. Andere Rechtsakte werden auf der Grundlage eines Kommissionsvorschlags erlassen, wenn dies in der Verfassung vorgesehen ist.
(3) Die Amtszeit der Kommission beträgt fünf Jahre.
(4) Die Mitglieder der Kommission werden aufgrund ihrer allgemeinen Befähigung und ihres Einsatzes für Europa unter Persönlichkeiten ausgewählt, die volle Gewähr für ihre Unabhängigkeit bieten.
(5) Die erste Kommission, die in Anwendung der Verfassung ernannt wird, einschließlich ihres Präsidenten und des Außenministers der Union, der einer der Vizepräsidenten der Kommission ist, besteht aus je einem Staatsangehörigen jedes Mitgliedstaats.

(6) Ab dem Ende der Amtszeit der Kommission nach Absatz 5 besteht die Kommission, einschließlich ihres Präsidenten und des Außenministers der Union, aus einer Anzahl von Mitgliedern, die zwei Dritteln der Zahl der Mitgliedstaaten entspricht, sofern der Europäische Rat nicht einstimmig eine Änderung dieser Anzahl beschließt.

Die Kommissionsmitglieder werden unter den Staatsangehörigen der Mitgliedstaaten in einem System der gleichberechtigten Rotation zwischen den Mitgliedstaaten ausgewählt. Dieses System wird durch einen vom Europäischen Rat einstimmig erlassenen Europäischen Beschluss geschaffen, der auf folgenden Grundsätzen beruht:

a) Die Mitgliedstaaten werden bei der Festlegung der Reihenfolge und der Dauer der Amtszeiten ihrer Staatsangehörigen in der Kommission vollkommen gleich behandelt; demzufolge kann die Gesamtzahl der Mandate, welche Staatsangehörige zweier beliebiger Mitgliedstaaten innehaben, niemals um mehr als eines voneinander abweichen.
b) Vorbehaltlich des Buchstabens a ist jede der aufeinander folgenden Kommissionen so zusammengesetzt, dass das demographische und geographische Spektrum der Gesamtheit der Mitgliedstaaten auf zufrieden stellende Weise zum Ausdruck kommt.

(7) Die Kommission übt ihre Tätigkeit in voller Unabhängigkeit aus. Die Mitglieder der Kommission dürfen unbeschadet des Artikels I-28 Absatz 2 Weisungen von einer Regierung, einem Organ, einer Einrichtung oder jeder anderen Stelle weder einholen noch entgegennehmen. Sie enthalten sich jeder Handlung, die mit ihrem Amt oder der Erfüllung ihrer Aufgaben unvereinbar ist.

(8) Die Kommission ist als Kollegium dem Europäischen Parlament verantwortlich. Das Europäische Parlament kann nach Artikel III-340 einen Misstrauensantrag gegen die Kommission annehmen. Wird ein solcher Antrag angenommen, so müssen die Mitglieder der Kommission geschlossen ihr Amt niederlegen, und der Außenminister der Union muss sein im Rahmen der Kommission ausgeübtes Amt niederlegen.

Artikel I-27: Der Präsident der Europäischen Kommission

(1) Der Europäische Rat schlägt dem Europäischen Parlament nach entsprechenden Konsultationen mit qualifizierter Mehrheit einen Kandidaten für das Amt des Präsidenten der Kommission vor; dabei berücksichtigt er das Ergebnis der Wahlen zum Europäischen Parlament. Das Europäische Parlament wählt diesen Kandidaten mit der Mehrheit seiner Mitglieder. Erhält dieser Kandidat nicht die Mehrheit, so schlägt der Europäische Rat dem Europäischen Parlament innerhalb eines Monats mit qualifizierter Mehrheit einen neuen Kandidaten vor, für dessen Wahl das Europäische Parlament dasselbe Verfahren anwendet.

(2) Der Rat nimmt, im Einvernehmen mit dem gewählten Präsidenten, die Liste der anderen Persönlichkeiten an, die er als Mitglieder der Kommission vorschlägt. Diese werden auf der Grundlage der Vorschläge der Mitgliedstaaten entsprechend den Kriterien nach Artikel I-26 Absatz 4 und Absatz 6 Unterabsatz 2 ausgewählt.

Der Präsident, der Außenminister der Union und die übrigen Mitglieder der Kommission stellen sich als Kollegium einem Zustimmungsvotum des Europäischen Parlaments. Auf der Grundlage dieser Zustimmung wird die Kommission vom Europäischen Rat mit qualifizierter Mehrheit ernannt.

(3) Der Präsident der Kommission

a) legt die Leitlinien fest, nach denen die Kommission ihre Aufgaben ausübt,
b) beschließt über die interne Organisation der Kommission, um die Kohärenz, die Effizienz und das Kollegialitätsprinzip im Rahmen ihrer Tätigkeit sicherzustellen,
c) ernennt, mit Ausnahme des Außenministers der Union, die Vizepräsidenten aus dem Kreis der Mitglieder der Kommission.

Ein Mitglied der Kommission legt sein Amt nieder, wenn es vom Präsidenten dazu aufgefordert wird. Der Außenminister der Union legt sein Amt nach dem Verfahren des Artikels I-28 Absatz 1 nieder, wenn er vom Präsidenten dazu aufgefordert wird.

Artikel I-28: Der Außenminister der Union

(1) Der Europäische Rat ernennt mit qualifizierter Mehrheit mit Zustimmung des Präsidenten der Kommission den Außenminister der Union. Der Europäische Rat kann die Amtszeit des Außenministers nach dem gleichen Verfahren beenden.
(2) Der Außenminister der Union leitet die Gemeinsame Außen- und Sicherheitspolitik der Union. Er trägt durch seine Vorschläge zur Festlegung dieser Politik bei und führt sie im Auftrag des Rates durch. Er handelt ebenso im Bereich der Gemeinsamen Sicherheits- und Verteidigungspolitik.
(3) Der Außenminister der Union führt den Vorsitz im Rat „Auswärtige Angelegenheiten".
(4) Der Außenminister der Union ist einer der Vizepräsidenten der Kommission. Er sorgt für die Kohärenz des auswärtigen Handelns der Union. Er ist innerhalb der Kommission mit deren Zuständigkeiten im Bereich der Außenbeziehungen und mit der Koordinierung der übrigen Aspekte des auswärtigen Handelns der Union betraut. Bei der Wahrnehmung dieser Zuständigkeiten in der Kommission und ausschließlich im Hinblick auf diese Zuständigkeiten unterliegt der Außenminister der Union den Verfahren, die für die Arbeitsweise der Kommission gelten, soweit dies mit den Absätzen 2 und 3 vereinbar ist.

Artikel I-29: Der Gerichtshof der Europäischen Union

(1) Der Gerichtshof der Europäischen Union umfasst den Gerichtshof, das Gericht und Fachgerichte. Er sichert die Wahrung des Rechts bei der Auslegung und Anwendung der Verfassung.

Die Mitgliedstaaten schaffen die erforderlichen Rechtsbehelfe, damit ein wirksamer Rechtsschutz in den vom Unionsrecht erfassten Bereichen gewährleistet ist.
(2) Der Gerichtshof besteht aus einem Richter je Mitgliedstaat. Er wird von Generalanwälten unterstützt.

Das Gericht besteht aus mindestens einem Richter je Mitgliedstaat.

Als Richter und Generalanwälte des Gerichtshofs und als Richter des Gerichts sind Persönlichkeiten auszuwählen, die jede Gewähr für Unabhängigkeit bieten und die Voraussetzungen der Artikel III-355 und III-356 erfüllen. Sie werden von den Regierungen der Mitgliedstaaten im gegenseitigen Einvernehmen für eine Amtszeit von sechs Jahren ernannt. Die Wiederernennung ausscheidender Richter und Generalanwälte ist zulässig.
(3) Der Gerichtshof der Europäischen Union entscheidet nach Maßgabe von Teil III
a) über Klagen eines Mitgliedstaats, eines Organs oder natürlicher oder juristischer Personen;
b) im Wege der Vorabentscheidung auf Antrag der einzelstaatlichen Gerichte über die Auslegung des Unionsrechts oder über die Gültigkeit der Handlungen der Organe;
c) in allen anderen in der Verfassung vorgesehenen Fällen.

Kapitel II: Die sonstigen Organe und die beratenden Einrichtungen der Union

Artikel I-30: Die Europäische Zentralbank

(1) Die Europäische Zentralbank und die nationalen Zentralbanken bilden das Europäische System der Zentralbanken. Die Europäische Zentralbank und die nationalen Zentralbanken der Mitgliedstaaten, deren Währung der Euro ist, bilden das Eurosystem und betreiben die Währungspolitik der Union.
(2) Das Europäische System der Zentralbanken wird von den Beschlussorganen der Europäischen Zentralbank geleitet. Sein vorrangiges Ziel ist es, die Preisstabilität zu gewährleisten. Unbeschadet dieses Zieles unterstützt es die allgemeine Wirtschaftspolitik in der Union, um zur Verwirklichung ihrer Ziele beizutragen. Es führt alle weiteren Aufgaben einer Zentralbank nach Maßgabe des Teils III und der Satzung des Europäischen Systems der Zentralbanken und der Europäischen Zentralbank aus.
(3) Die Europäische Zentralbank ist ein Organ. Sie besitzt Rechtspersönlichkeit. Sie allein ist befugt, die Ausgabe des Euro zu genehmigen. Sie ist in der Ausübung ihrer Befugnisse und der Verwaltung ihrer Mittel unabhängig. Die Organe, Einrichtungen und sonstigen Stellen der Union sowie die Regierungen der Mitgliedstaaten achten diese Unabhängigkeit.
(4) Die Europäische Zentralbank erlässt die für die Erfüllung ihrer Aufgaben erforderlichen Maßnahmen nach den Artikeln III-185 bis III-191 und Artikel III-196 und nach Maßgabe der Satzung des Europäischen Systems der Zentralbanken und der Europäischen Zentralbank. Nach diesen Artikeln behalten die Mitgliedstaaten, deren Währung nicht der Euro ist, sowie deren Zentralbanken ihre Zuständigkeiten im Währungsbereich.
(5) Die Europäische Zentralbank wird in den Bereichen, auf die sich ihre Befugnisse erstrecken, zu allen Entwürfen für Rechtsakte der Union sowie zu allen Entwürfen für Rechtsvorschriften auf einzelstaatlicher Ebene gehört und kann Stellungnahmen abgeben.
(6) Die Beschlussorgane der Europäischen Zentralbank, ihre Zusammensetzung und ihre Arbeitsweise sind in den Artikeln III-382 und III-383 sowie in der Satzung des Europäischen Systems der Zentralbanken und der Europäischen Zentralbank festgelegt.

Artikel I-31: Der Rechnungshof

(1) Der Rechnungshof ist ein Organ. Er nimmt die Rechnungsprüfung der Union wahr.
(2) Er prüft die Rechnung über alle Einnahmen und Ausgaben der Union und überzeugt sich von der Wirtschaftlichkeit der Haushaltsführung.
(3) Der Rechnungshof besteht aus einem Staatsangehörigen je Mitgliedstaat. Seine Mitglieder üben ihre Aufgaben in voller Unabhängigkeit zum allgemeinen Wohl der Union aus.

Artikel I-32: Die beratenden Einrichtungen der Union

(1) Das Europäische Parlament, der Rat und die Kommission werden von einem Ausschuss der Regionen sowie einem Wirtschafts- und Sozialausschuss unterstützt, die beratende Aufgaben wahrnehmen.
(2) Der Ausschuss der Regionen setzt sich aus Vertretern der regionalen und lokalen Gebietskörperschaften zusammen, die entweder ein auf Wahlen beruhendes Mandat in einer regionalen oder lokalen Gebietskörperschaft innehaben oder gegenüber einer gewählten Versammlung politisch verantwortlich sind.
(3) Der Wirtschafts- und Sozialausschuss setzt sich zusammen aus Vertretern der Organisationen der Arbeitgeber und der Arbeitnehmer sowie anderen Vertretern der Zivilgesellschaft,

insbesondere aus dem sozialen und wirtschaftlichen, dem staatsbürgerlichen, dem beruflichen und dem kulturellen Bereich.
(4) Die Mitglieder des Ausschusses der Regionen und des Wirtschafts- und Sozialausschusses sind an keine Weisungen gebunden. Sie üben ihre Tätigkeit in voller Unabhängigkeit zum allgemeinen Wohl der Union aus.
(5) Die Zusammensetzung dieser Ausschüsse, die Ernennung ihrer Mitglieder, ihre Befugnisse und ihre Arbeitsweise sind in den Artikeln III-386 bis III-392 geregelt.

Die Vorschriften der Absätze 2 und 3 über die Art ihrer Zusammensetzung werden in regelmäßigen Abständen vom Rat überprüft, um der wirtschaftlichen, sozialen und demographischen Entwicklung in der Union Rechnung zu tragen. Der Rat erlässt auf Vorschlag der Kommission Europäische Beschlüsse zu diesem Zweck.

Titel V: Ausübung der Zuständigkeiten der Union

Kapitel I: Gemeinsame Bestimmungen

Artikel I-33: Die Rechtsakte der Union

(1) Bei der Ausübung der Zuständigkeiten der Union bedienen sich die Organe nach Maßgabe von Teil III folgender Rechtsakte: Europäisches Gesetz, Europäisches Rahmengesetz, Europäische Verordnung, Europäischer Beschluss, Empfehlung und Stellungnahme.

Das Europäische Gesetz ist ein Gesetzgebungsakt mit allgemeiner Geltung. Es ist in allen seinen Teilen verbindlich und gilt unmittelbar in jedem Mitgliedstaat.

Das Europäische Rahmengesetz ist ein Gesetzgebungsakt, der für jeden Mitgliedstaat, an den es gerichtet ist, hinsichtlich des zu erreichenden Ziels verbindlich ist, jedoch den innerstaatlichen Stellen die Wahl der Form und der Mittel überlässt.

Die Europäische Verordnung ist ein Rechtsakt ohne Gesetzescharakter mit allgemeiner Geltung; sie dient der Durchführung der Gesetzgebungsakte und einzelner Bestimmungen der Verfassung. Sie kann entweder in allen ihren Teilen verbindlich sein und unmittelbar in jedem Mitgliedstaat gelten oder für jeden Mitgliedstaat, an den sie gerichtet ist, hinsichtlich des zu erreichenden Ziels verbindlich sein, jedoch den innerstaatlichen Stellen die Wahl der Form und der Mittel überlassen.

Der Europäische Beschluss ist ein Rechtsakt ohne Gesetzescharakter, der in allen seinen Teilen verbindlich ist. Ist er an bestimmte Adressaten gerichtet, so ist er nur für diese verbindlich.

Empfehlungen und Stellungnahmen sind nicht verbindlich.
(2) Werden das Europäische Parlament und der Rat mit dem Entwurf eines Gesetzgebungsakts befasst, so nehmen sie keine Akte an, die nach dem für den betreffenden Bereich geltenden Gesetzgebungsverfahren nicht vorgesehen sind.

Artikel I-34: Gesetzgebungsakte

(1) Europäisches Gesetz und Rahmengesetz werden im ordentlichen Gesetzgebungsverfahren nach Artikel III-396 auf Vorschlag der Kommission vom Europäischen Parlament und vom Rat gemeinsam erlassen. Gelangen die beiden Organe nicht zu einer Einigung, so kommt der betreffende Gesetzgebungsakt nicht zustande.
(2) In bestimmten, in der Verfassung vorgesehenen Fällen werden Europäisches Gesetz und Rahmengesetz nach besonderen Gesetzgebungsverfahren vom Europäischen Parlament

mit Beteiligung des Rates oder vom Rat mit Beteiligung des Europäischen Parlaments erlassen.
(3) In bestimmten, in der Verfassung vorgesehenen Fällen können Europäisches Gesetz und Rahmengesetz auf Initiative einer Gruppe von Mitgliedstaaten oder des Europäischen Parlaments, auf Empfehlung der Europäischen Zentralbank oder auf Antrag des Gerichtshofs oder der Europäischen Investitionsbank erlassen werden.

Artikel I-35: Rechtsakte ohne Gesetzescharakter

(1) Der Europäische Rat erlässt Europäische Beschlüsse in den in der Verfassung vorgesehenen Fällen.
(2) Der Rat und die Kommission erlassen insbesondere in den Fällen nach den Artikeln I-36 und I-37 Europäische Verordnungen oder Beschlüsse; die Europäische Zentralbank erlässt Europäische Verordnungen oder Beschlüsse in bestimmten, in der Verfassung vorgesehenen Fällen.
(3) Der Rat gibt Empfehlungen ab. Er beschließt auf Vorschlag der Kommission in allen Fällen, in denen er nach Maßgabe der Verfassung Rechtsakte auf Vorschlag der Kommission erlässt. In den Bereichen, in denen für den Erlass eines Rechtsakts der Union Einstimmigkeit vorgesehen ist, beschließt er einstimmig. Die Kommission und, in bestimmten in der Verfassung vorgesehenen Fällen, die Europäische Zentralbank geben Empfehlungen ab.

Artikel I-36: Delegierte Europäische Verordnungen

(1) In Europäischen Gesetzen und Rahmengesetzen kann der Kommission die Befugnis übertragen werden, delegierte Europäische Verordnungen zur Ergänzung oder Änderung bestimmter nicht wesentlicher Vorschriften des betreffenden Gesetzes oder Rahmengesetzes zu erlassen.

In den betreffenden Europäischen Gesetzen oder Rahmengesetzen werden Ziele, Inhalt, Geltungsbereich und Dauer der Befugnisübertragung ausdrücklich festgelegt. Die wesentlichen Aspekte eines Bereichs sind dem Europäischen Gesetz oder Rahmengesetz vorbehalten und eine Befugnisübertragung ist für sie deshalb ausgeschlossen.
(2) Die Bedingungen, unter denen die Übertragung erfolgt, werden in Europäischen Gesetzen oder Rahmengesetzen ausdrücklich festgelegt, wobei folgende Möglichkeiten bestehen:
a) Das Europäische Parlament oder der Rat kann beschließen, die Übertragung zu widerrufen.
b) Die delegierte Europäische Verordnung kann nur in Kraft treten, wenn das Europäische Parlament oder der Rat innerhalb der im Europäischen Gesetz oder Rahmengesetz festgelegten Frist keine Einwände erhebt.

Für die Zwecke der Buchstaben a und b beschließt das Europäische Parlament mit der Mehrheit seiner Mitglieder und der Rat mit qualifizierter Mehrheit.

Artikel I-37: Durchführungsrechtsakte

(1) Die Mitgliedstaaten ergreifen alle zur Durchführung der verbindlichen Rechtsakte der Union erforderlichen Maßnahmen nach innerstaatlichem Recht.
(2) Bedarf es einheitlicher Bedingungen für die Durchführung der verbindlichen Rechtsakte der Union, so werden mit diesen Rechtsakten der Kommission oder, in entsprechend begründeten Sonderfällen und in den Fällen nach Artikel I-40, dem Rat Durchführungsbefugnisse übertragen.

(3) Für die Zwecke des Absatzes 2 werden durch Europäisches Gesetz im Voraus allgemeine Regeln und Grundsätze festgelegt, nach denen die Mitgliedstaaten die Wahrnehmung der Durchführungsbefugnisse durch die Kommission kontrollieren.
(4) Die Durchführungsrechtsakte der Union ergehen in der Form von Europäischen Durchführungsverordnungen oder Europäischen Durchführungsbeschlüssen.

Artikel I-38: Gemeinsame Grundsätze für die Rechtsakte der Union

(1) Wird die Art des zu erlassenden Rechtsakts von der Verfassung nicht vorgegeben, so entscheiden die Organe darüber von Fall zu Fall unter Einhaltung der geltenden Verfahren und des Grundsatzes der Verhältnismäßigkeit nach Artikel I-11.
(2) Die Rechtsakte sind mit einer Begründung zu versehen und nehmen auf die in der Verfassung vorgesehenen Vorschläge, Initiativen, Empfehlungen, Anträge oder Stellungnahmen Bezug.

Artikel I-39: Veröffentlichung und Inkrafttreten

(1) Europäische Gesetze und Rahmengesetze, die nach dem ordentlichen Gesetzgebungsverfahren erlassen wurden, werden vom Präsidenten des Europäischen Parlaments und vom Präsidenten des Rates unterzeichnet.

In den übrigen Fällen werden sie vom Präsidenten des Organs, das sie erlassen hat, unterzeichnet.

Die Europäischen Gesetze und Rahmengesetze werden im Amtsblatt der Europäischen Union veröffentlicht und treten zu dem durch sie festgelegten Zeitpunkt oder anderenfalls am zwanzigsten Tag nach ihrer Veröffentlichung in Kraft.
(2) Europäische Beschlüsse, die an keinen bestimmten Adressaten gerichtet sind, sowie Europäische Verordnungen werden vom Präsidenten des Organs, das sie erlassen hat, unterzeichnet.

Europäische Beschlüsse, die an keinen bestimmten Adressaten gerichtet sind, sowie Europäische Verordnungen werden im Amtsblatt der Europäischen Union veröffentlicht und treten zu dem durch sie festgelegten Zeitpunkt oder anderenfalls am zwanzigsten Tag nach ihrer Veröffentlichung in Kraft.
(3) Andere als die in Absatz 2 genannten Europäischen Beschlüsse werden denjenigen, für die sie bestimmt sind, bekannt gegeben und durch diese Bekanntgabe wirksam.

Kapitel II: Besondere Bestimmungen

Artikel I-40: Besondere Bestimmungen über die Gemeinsame Außen- und Sicherheitspolitik

(1) Die Europäische Union verfolgt eine gemeinsame Außen- und Sicherheitspolitik, die auf einer Entwicklung der gegenseitigen politischen Solidarität der Mitgliedstaaten, der Ermittlung der Fragen von allgemeiner Bedeutung und der Erreichung einer immer stärkeren Konvergenz des Handelns der Mitgliedstaaten beruht.
(2) Der Europäische Rat bestimmt die strategischen Interessen der Union und legt die Ziele ihrer Gemeinsamen Außen- und Sicherheitspolitik fest. Der Rat gestaltet diese Politik im Rahmen der vom Europäischen Rat festgelegten strategischen Leitlinien in Übereinstimmung mit Teil III.
(3) Der Europäische Rat und der Rat erlassen die erforderlichen Europäischen Beschlüsse.
(4) Die Gemeinsame Außen- und Sicherheitspolitik wird vom Außenminister der Union und

von den Mitgliedstaaten mit einzelstaatlichen Mitteln und den Mitteln der Union durchgeführt.
(5) Die Mitgliedstaaten stimmen sich im Europäischen Rat und im Rat zu jeder außen- und sicherheitspolitischen Frage von allgemeiner Bedeutung ab, um ein gemeinsames Vorgehen festzulegen. Bevor ein Mitgliedstaat in einer Weise, die die Interessen der Union berühren könnte, auf internationaler Ebene tätig wird oder eine Verpflichtung eingeht, konsultiert er die anderen Mitgliedstaaten im Europäischen Rat oder im Rat. Die Mitgliedstaaten gewährleisten durch konvergentes Handeln, dass die Union ihre Interessen und ihre Werte auf internationaler Ebene geltend machen kann. Die Mitgliedstaaten sind untereinander solidarisch.
(6) Im Bereich der Gemeinsamen Außen- und Sicherheitspolitik erlassen der Europäische Rat und der Rat außer in den in Teil III genannten Fällen Europäische Beschlüsse einstimmig. Sie beschließen auf Initiative eines Mitgliedstaates, auf Vorschlag des Außenministers der Union oder auf Vorschlag des Außenministers mit Unterstützung der Kommission. Europäische Gesetze und Rahmengesetze sind ausgeschlossen.
(7) Der Europäische Rat kann einstimmig einen Europäischen Beschluss erlassen, wonach der Rat in anderen als den in Teil III genannten Fällen mit qualifizierter Mehrheit beschließt.
(8) Das Europäische Parlament wird zu den wichtigsten Aspekten und den grundlegenden Weichenstellungen der Gemeinsamen Außen- und Sicherheitspolitik regelmäßig gehört. Es wird über ihre Entwicklung auf dem Laufenden gehalten.

Artikel I-41: Besondere Bestimmungen über die Gemeinsame Sicherheits- und Verteidigungspolitik

(1) Die Gemeinsame Sicherheits- und Verteidigungspolitik ist integraler Bestandteil der Gemeinsamen Außen- und Sicherheitspolitik. Sie sichert der Union eine auf zivile und militärische Mittel gestützte Fähigkeit zu Operationen. Auf diese kann die Union bei Missionen außerhalb der Union zur Friedenssicherung, Konfliktverhütung und Stärkung der internationalen Sicherheit in Übereinstimmung mit den Grundsätzen der Charta der Vereinten Nationen zurückgreifen. Sie erfüllt diese Aufgaben mit Hilfe der Fähigkeiten, die von den Mitgliedstaaten bereitgestellt werden.
(2) Die Gemeinsame Sicherheits- und Verteidigungspolitik umfasst die schrittweise Festlegung einer gemeinsamen Verteidigungspolitik der Union. Diese führt zu einer gemeinsamen Verteidigung, sobald der Europäische Rat dies einstimmig beschlossen hat. Er empfiehlt in diesem Fall den Mitgliedstaaten, einen Beschluss in diesem Sinne im Einklang mit ihren verfassungsrechtlichen Vorschriften zu erlassen.

Die Politik der Union nach diesem Artikel berührt nicht den besonderen Charakter der Sicherheits- und Verteidigungspolitik bestimmter Mitgliedstaaten; sie achtet die Verpflichtungen bestimmter Mitgliedstaaten, die ihre gemeinsame Verteidigung in der Nordatlantikvertrags-Organisation verwirklicht sehen, aufgrund des Nordatlantikvertrags und ist vereinbar mit der in jenem Rahmen festgelegten gemeinsamen Sicherheits- und Verteidigungspolitik.
(3) Die Mitgliedstaaten stellen der Union für die Umsetzung der Gemeinsamen Sicherheits- und Verteidigungspolitik zivile und militärische Fähigkeiten als Beitrag zur Verwirklichung der vom Rat festgelegten Ziele zur Verfügung. Die Mitgliedstaaten, die zusammen multinationale Streitkräfte aufstellen, können diese auch für die Gemeinsame Sicherheits- und Verteidigungspolitik zur Verfügung stellen.

Die Mitgliedstaaten verpflichten sich, ihre militärischen Fähigkeiten schrittweise zu verbessern. Es wird eine Agentur für die Bereiche Entwicklung der Verteidigungsfähigkeiten, Forschung, Beschaffung und Rüstung (Europäische Verteidigungsagentur) eingerichtet, deren

Aufgabe es ist, den operativen Bedarf zu ermitteln und Maßnahmen zur Bedarfsdeckung zu fördern, zur Ermittlung von Maßnahmen zur Stärkung der industriellen und technologischen Basis des Verteidigungssektors beizutragen und diese Maßnahmen gegebenenfalls durchzuführen, sich an der Festlegung einer europäischen Politik im Bereich der Fähigkeiten und der Rüstung zu beteiligen sowie den Rat bei der Beurteilung der Verbesserung der militärischen Fähigkeiten zu unterstützen.

(4) Europäische Beschlüsse zur Gemeinsamen Sicherheits- und Verteidigungspolitik, einschließlich der Beschlüsse über die Einleitung einer Mission nach diesem Artikel, werden vom Rat einstimmig auf Vorschlag des Außenministers der Union oder auf Initiative eines Mitgliedstaats erlassen. Der Außenminister der Union kann gegebenenfalls gemeinsam mit der Kommission den Rückgriff auf einzelstaatliche Mittel sowie auf Instrumente der Union vorschlagen.

(5) Der Rat kann zur Wahrung der Werte der Union und im Dienste ihrer Interessen eine Gruppe von Mitgliedstaaten mit der Durchführung einer Mission im Rahmen der Union beauftragen. Die Durchführung einer solchen Mission fällt unter Artikel III-310.

(6) Die Mitgliedstaaten, die anspruchsvollere Kriterien in Bezug auf die militärischen Fähigkeiten erfüllen und die im Hinblick auf Missionen mit höchsten Anforderungen untereinander weitergehende Verpflichtungen eingegangen sind, begründen eine Ständige Strukturierte Zusammenarbeit im Rahmen der Union. Diese Zusammenarbeit erfolgt nach Maßgabe von Artikel III-312. Sie berührt nicht die Bestimmungen des Artikels III-309.

(7) Im Falle eines bewaffneten Angriffs auf das Hoheitsgebiet eines Mitgliedstaats müssen die anderen Mitgliedstaaten nach Artikel 51 der Charta der Vereinten Nationen alle in ihrer Macht stehende Hilfe und Unterstützung leisten. Dies lässt den besonderen Charakter der Sicherheits- und Verteidigungspolitik bestimmter Mitgliedstaaten unberührt.

Die Verpflichtungen und die Zusammenarbeit in diesem Bereich bleiben im Einklang mit den im Rahmen der Nordatlantikvertrags-Organisation eingegangenen Verpflichtungen, die für die ihr angehörenden Staaten weiterhin das Fundament ihrer kollektiven Verteidigung und das Instrument für deren Verwirklichung ist.

(8) Das Europäische Parlament wird zu den wichtigsten Aspekten und den grundlegenden Weichenstellungen der Gemeinsamen Sicherheits- und Verteidigungspolitik regelmäßig gehört. Es wird über ihre Entwicklung auf dem Laufenden gehalten.

Artikel I-42: Besondere Bestimmungen über den Raum der Freiheit, der Sicherheit und des Rechts

(1) Die Union bildet einen Raum der Freiheit, der Sicherheit und des Rechts

a) durch den Erlass von Europäischen Gesetzen und Rahmengesetzen, mit denen, soweit erforderlich, die Rechtsvorschriften der Mitgliedstaaten in den in Teil III genannten Bereichen einander angeglichen werden sollen;

b) durch Förderung des gegenseitigen Vertrauens zwischen den zuständigen Behörden der Mitgliedstaaten, insbesondere auf der Grundlage der gegenseitigen Anerkennung der gerichtlichen und außergerichtlichen Entscheidungen;

c) durch operative Zusammenarbeit der zuständigen Behörden der Mitgliedstaaten einschließlich der Polizei, des Zolls und anderer auf die Verhütung und die Aufdeckung von Straftaten spezialisierter Behörden.

(2) Die nationalen Parlamente können sich im Rahmen des Raums der Freiheit, der Sicherheit und des Rechts an den Bewertungsmechanismen nach Artikel III-260 beteiligen. Sie werden in die politische Kontrolle von Europol und die Bewertung der Tätigkeit von Eurojust nach den Artikeln III-276 und III-273 einbezogen.

(3) Die Mitgliedstaaten verfügen nach Artikel III-264 über ein Initiativrecht im Bereich der polizeilichen und justiziellen Zusammenarbeit in Strafsachen.

Artikel I-43: Solidaritätsklausel

(1) Die Union und ihre Mitgliedstaaten handeln gemeinsam im Geiste der Solidarität, wenn ein Mitgliedstaat von einem Terroranschlag, einer Naturkatastrophe oder einer vom Menschen verursachten Katastrophe betroffen ist. Die Union mobilisiert alle ihr zur Verfügung stehenden Mittel, einschließlich der ihr von den Mitgliedstaaten bereitgestellten militärischen Mittel, um

a) – terroristische Bedrohungen im Hoheitsgebiet von Mitgliedstaaten abzuwenden;
   – die demokratischen Institutionen und die Zivilbevölkerung vor etwaigen Terroranschlägen zu schützen;
   – im Falle eines Terroranschlags einen Mitgliedstaat auf Ersuchen seiner politischen Organe innerhalb seines Hoheitsgebiets zu unterstützen;

b) im Falle einer Naturkatastrophe oder einer vom Menschen verursachten Katastrophe einen Mitgliedstaat auf Ersuchen seiner politischen Organe innerhalb seines Hoheitsgebiets zu unterstützen.

(2) Die Einzelheiten der Durchführung dieses Artikels sind in Artikel III-329 vorgesehen.

Kapitel III: Verstärkte Zusammenarbeit

Artikel I-44: Verstärkte Zusammenarbeit

(1) Die Mitgliedstaaten, die untereinander eine Verstärkte Zusammenarbeit im Rahmen der nicht ausschließlichen Zuständigkeiten der Union begründen wollen, können, in den Grenzen und nach Maßgabe dieses Artikels und der Artikel III-416 bis III-423, die Organe der Union in Anspruch nehmen und diese Zuständigkeiten unter Anwendung der einschlägigen Verfassungsbestimmungen ausüben.

Eine Verstärkte Zusammenarbeit ist darauf ausgerichtet, die Verwirklichung der Ziele der Union zu fördern, ihre Interessen zu schützen und ihren Integrationsprozess zu stärken. Sie steht allen Mitgliedstaaten nach Artikel III-418 jederzeit offen.

(2) Der Europäische Beschluss über die Ermächtigung zu einer Verstärkten Zusammenarbeit wird vom Rat als letztes Mittel erlassen, wenn dieser feststellt, dass die mit dieser Zusammenarbeit angestrebten Ziele von der Union in ihrer Gesamtheit nicht innerhalb eines vertretbaren Zeitraums verwirklicht werden können, und sofern an der Zusammenarbeit mindestens ein Drittel der Mitgliedstaaten beteiligt ist. Der Rat beschließt nach dem in Artikel III-419 vorgesehenen Verfahren.

(3) Alle Mitglieder des Rates können an dessen Beratungen teilnehmen, aber nur die Mitglieder des Rates, welche die an der Verstärkten Zusammenarbeit beteiligten Mitgliedstaaten vertreten, nehmen an der Abstimmung teil.

Die Einstimmigkeit bezieht sich allein auf die Stimmen der Vertreter der an der Verstärkten Zusammenarbeit beteiligten Mitgliedstaaten.

Als qualifizierte Mehrheit gilt eine Mehrheit von mindestens 55 Prozent derjenigen Mitglieder des Rates, die die beteiligten Mitgliedstaaten vertreten, sofern die betreffenden Mitgliedstaaten zusammen mindestens 65 Prozent der Bevölkerung der beteiligten Mitgliedstaaten ausmachen.

Für eine Sperrminorität ist mindestens die Mindestzahl der Mitglieder des Rates, die zusammen mehr als 35 Prozent der Bevölkerung der beteiligten Mitgliedstaaten vertreten, zuzüglich eines Mitglieds erforderlich; andernfalls gilt die qualifizierte Mehrheit als erreicht.

Beschließt der Rat nicht auf Vorschlag der Kommission oder des Außenministers der Union, so gilt abweichend von den Unterabsätzen 3 und 4 als die erforderliche qualifizierte Mehrheit eine Mehrheit von mindestens 72 Prozent derjenigen Mitglieder des Rates, die die beteiligten Mitgliedstaaten vertreten, sofern die betreffenden Mitgliedstaaten mindestens 65 Prozent der Bevölkerung der beteiligten Mitgliedstaaten ausmachen.

(4) An die im Rahmen einer Verstärkten Zusammenarbeit erlassenen Rechtsakte sind nur die an dieser Zusammenarbeit beteiligten Mitgliedstaaten gebunden. Sie gelten nicht als Besitzstand, der von beitrittswilligen Staaten angenommen werden muss.

Titel VI: Das demokratische Leben der Union

Artikel I-45: Grundsatz der demokratischen Gleichheit

Die Union achtet in ihrem gesamten Handeln den Grundsatz der Gleichheit ihrer Bürgerinnen und Bürger, denen ein gleiches Maß an Aufmerksamkeit seitens der Organe, Einrichtungen und sonstigen Stellen der Union zuteil wird.

Artikel I-46: Grundsatz der repräsentativen Demokratie

(1) Die Arbeitsweise der Union beruht auf der repräsentativen Demokratie.

(2) Die Bürgerinnen und Bürger sind auf Unionsebene unmittelbar im Europäischen Parlament vertreten.

Die Mitgliedstaaten werden im Europäischen Rat von ihrem jeweiligen Staats- oder Regierungschef und im Rat von ihrer jeweiligen Regierung vertreten, die ihrerseits in demokratischer Weise gegenüber ihrem nationalen Parlament oder gegenüber ihren Bürgerinnen und Bürgern Rechenschaft ablegen müssen.

(3) Alle Bürgerinnen und Bürger haben das Recht, am demokratischen Leben der Union teilzunehmen. Die Entscheidungen werden so offen und bürgernah wie möglich getroffen.

(4) Politische Parteien auf europäischer Ebene tragen zur Herausbildung eines europäischen politischen Bewusstseins und zum Ausdruck des Willens der Bürgerinnen und Bürger der Union bei.

Artikel I-47: Grundsatz der partizipativen Demokratie

(1) Die Organe geben den Bürgerinnen und Bürgern und den repräsentativen Verbänden in geeigneter Weise die Möglichkeit, ihre Ansichten in allen Bereichen des Handelns der Union öffentlich bekannt zu geben und auszutauschen.

(2) Die Organe pflegen einen offenen, transparenten und regelmäßigen Dialog mit den repräsentativen Verbänden und der Zivilgesellschaft.

(3) Um die Kohärenz und die Transparenz des Handelns der Union zu gewährleisten, führt die Kommission umfangreiche Anhörungen der Betroffenen durch.

(4) Unionsbürgerinnen und Unionsbürger, deren Anzahl mindestens eine Million betragen und bei denen es sich um Staatsangehörige einer erheblichen Anzahl von Mitgliedstaaten handeln muss, können die Initiative ergreifen und die Kommission auffordern, im Rahmen ihrer Befugnisse geeignete Vorschläge zu Themen zu unterbreiten, zu denen es nach Ansicht jener Bürgerinnen und Bürger eines Rechtsakts der Union bedarf, um die Verfassung umzusetzen. Die Bestimmungen über die Verfahren und Bedingungen, die für eine solche Bürger-

initiative gelten, einschließlich der Mindestzahl von Mitgliedstaaten, aus denen diese Bürgerinnen und Bürger kommen müssen, werden durch Europäisches Gesetz festgelegt.

Artikel I-48: Die Sozialpartner und der autonome soziale Dialog

Die Union anerkennt und fördert die Rolle der Sozialpartner auf Ebene der Union unter Berücksichtigung der Unterschiedlichkeit der nationalen Systeme. Sie fördert den sozialen Dialog und achtet dabei die Autonomie der Sozialpartner.

Der Dreigliedrige Sozialgipfel für Wachstum und Beschäftigung trägt zum sozialen Dialog bei.

Artikel I-49: Der Europäische Bürgerbeauftragte

Das Europäische Parlament wählt einen Europäischen Bürgerbeauftragten, der Beschwerden über Missstände bei der Tätigkeit der Organe, Einrichtungen und sonstigen Stellen der Union nach Maßgabe der Verfassung entgegennimmt. Er untersucht diese Beschwerden und erstattet darüber Bericht. Der Europäische Bürgerbeauftragte übt sein Amt in völliger Unabhängigkeit aus.

Artikel I-50: Transparenz der Arbeit der Organe, Einrichtungen und sonstigen Stellen der Union

(1) Um eine verantwortungsvolle Verwaltung zu fördern und die Beteiligung der Zivilgesellschaft sicherzustellen, handeln die Organe, Einrichtungen und sonstigen Stellen der Union unter weitestgehender Beachtung des Grundsatzes der Offenheit.

(2) Das Europäische Parlament tagt öffentlich; dies gilt auch für den Rat, wenn er über Entwürfe zu Gesetzgebungsakten berät oder abstimmt.

(3) Jede Unionsbürgerin und jeder Unionsbürger sowie jede natürliche oder juristische Person mit Wohnsitz oder satzungsmäßigem Sitz in einem Mitgliedstaat hat nach Maßgabe des Teils III das Recht auf Zugang zu Dokumenten der Organe, Einrichtungen und sonstigen Stellen der Union, unabhängig von der Form der für diese Dokumente verwendeten Träger.

Durch Europäisches Gesetz werden die allgemeinen Grundsätze und die aufgrund öffentlicher oder privater Interessen geltenden Einschränkungen für die Ausübung des Rechts auf Zugang zu solchen Dokumenten festgelegt.

(4) Im Einklang mit dem in Absatz 3 genannten Europäischen Gesetz legen die Organe, Einrichtungen und sonstigen Stellen in ihren jeweiligen Geschäftsordnungen besondere Bestimmungen für den Zugang zu ihren Dokumenten fest.

Artikel I-51: Schutz personenbezogener Daten

(1) Jede Person hat das Recht auf Schutz der sie betreffenden personenbezogenen Daten.

(2) Durch Europäisches Gesetz oder Rahmengesetz werden Vorschriften über den Schutz natürlicher Personen bei der Verarbeitung personenbezogener Daten durch die Organe, Einrichtungen und sonstigen Stellen der Union sowie durch die Mitgliedstaaten im Rahmen der Ausübung von Tätigkeiten, die in den Anwendungsbereich des Unionsrechts fallen, und über den freien Datenverkehr festgelegt. Die Einhaltung dieser Vorschriften wird von unabhängigen Behörden überwacht.

Artikel I-52: Status der Kirchen und weltanschaulichen Gemeinschaften

(1) Die Union achtet den Status, den Kirchen und religiöse Vereinigungen oder Gemeinschaften in den Mitgliedstaaten nach deren Rechtsvorschriften genießen, und beeinträchtigt ihn nicht.

(2) Die Union achtet in gleicher Weise den Status, den weltanschauliche Gemeinschaften nach den einzelstaatlichen Rechtsvorschriften genießen.
(3) Die Union pflegt mit diesen Kirchen und Gemeinschaften in Anerkennung ihrer Identität und ihres besonderen Beitrags einen offenen, transparenten und regelmäßigen Dialog.

Titel VII: Die Finanzen der Union

Artikel I-53: Die Haushalts- und Finanzgrundsätze

(1) Alle Einnahmen und Ausgaben der Union werden im Einklang mit Teil III für jedes Haushaltsjahr veranschlagt und in den Haushaltsplan der Union eingesetzt.
(2) Der Haushaltsplan ist in Einnahmen und Ausgaben auszugleichen.
(3) Die in den Haushaltsplan eingesetzten Ausgaben werden für ein Haushaltsjahr entsprechend dem Europäischen Gesetz nach Artikel III-412 bewilligt.
(4) Die Ausführung der in den Haushaltsplan eingesetzten Ausgaben setzt den Erlass eines verbindlichen Rechtsakts der Union voraus, mit dem die Maßnahme der Union und die Ausführung der entsprechenden Ausgabe entsprechend dem Europäischen Gesetz nach Artikel III-412 eine Rechtsgrundlage erhalten, soweit nicht dieses Gesetz Ausnahmen vorsieht.
(5) Damit die Haushaltsdisziplin gewährleistet wird, erlässt die Union keine Rechtsakte, die erhebliche Auswirkungen auf den Haushaltsplan haben könnten, ohne die Gewähr zu bieten, dass die mit diesen Rechtsakten verbundenen Ausgaben im Rahmen der Eigenmittel der Union und unter Einhaltung des mehrjährigen Finanzrahmens nach Artikel I-55 finanziert werden können.
(6) Der Haushaltsplan wird entsprechend dem Grundsatz der Wirtschaftlichkeit der Haushaltsführung ausgeführt. Die Mitgliedstaaten arbeiten mit der Union zusammen, um sicherzustellen, dass die in den Haushaltsplan eingesetzten Mittel nach diesem Grundsatz verwendet werden.
(7) Die Union und die Mitgliedstaaten bekämpfen nach Artikel III-415 Betrügereien und sonstige gegen die finanziellen Interessen der Union gerichtete rechtswidrige Handlungen.

Artikel I-54: Die Eigenmittel der Union

(1) Die Union stattet sich mit den erforderlichen Mitteln aus, um ihre Ziele erreichen und ihre Politik durchführen zu können.
(2) Der Haushalt der Union wird unbeschadet der sonstigen Einnahmen vollständig aus Eigenmitteln finanziert.
(3) Die Bestimmungen über das System der Eigenmittel der Union werden durch Europäisches Gesetz des Rates festgelegt. Darin können neue Kategorien von Eigenmitteln eingeführt und bestehende Kategorien abgeschafft werden. Der Rat beschließt einstimmig nach Anhörung des Europäischen Parlaments. Dieses Gesetz tritt erst nach Zustimmung der Mitgliedstaaten im Einklang mit ihren jeweiligen verfassungsrechtlichen Vorschriften in Kraft.
(4) Durchführungsmaßnahmen zu dem System der Eigenmittel der Union werden durch Europäisches Gesetz des Rates festgelegt, sofern dies in dem nach Absatz 3 erlassenen Europäischen Gesetz vorgesehen ist. Der Rat beschließt nach Zustimmung des Europäischen Parlaments.

Artikel I-55: Der mehrjährige Finanzrahmen

(1) Mit dem mehrjährigen Finanzrahmen soll sichergestellt werden, dass die Ausgaben der Union innerhalb der Grenzen ihrer Eigenmittel eine geordnete Entwicklung nehmen. Im

mehrjährigen Finanzrahmen werden die jährlichen Obergrenzen für die Mittel für Verpflichtungen je Ausgabenkategorie nach Artikel III-402 festgesetzt.
(2) Der mehrjährige Finanzrahmen wird durch Europäisches Gesetz des Rates festgelegt. Dieser beschließt einstimmig nach Zustimmung des Europäischen Parlaments, die mit der Mehrheit seiner Mitglieder erteilt wird.
(3) Bei der Aufstellung des jährlichen Haushaltsplans der Union ist der mehrjährige Finanzrahmen einzuhalten.
(4) Der Europäische Rat kann einstimmig einen Europäischen Beschluss erlassen, wonach der Rat mit qualifizierter Mehrheit beschließen kann, wenn er das in Absatz 2 genannte Europäische Gesetz des Rates erlässt.

Artikel I-56: Der Haushaltsplan der Union

Der jährliche Haushaltsplan der Union wird durch Europäisches Gesetz nach Maßgabe des Artikels III-404 aufgestellt.

Titel VIII: Die Union und ihre Nachbarn

Artikel I-57: Die Union und ihre Nachbarn

(1) Die Union entwickelt besondere Beziehungen zu den Ländern in ihrer Nachbarschaft, um einen Raum des Wohlstands und der guten Nachbarschaft zu schaffen, der auf den Werten der Union aufbaut und sich durch enge, friedliche Beziehungen auf der Grundlage der Zusammenarbeit auszeichnet.
(2) Für die Zwecke des Absatzes 1 kann die Union spezielle Übereinkünfte mit den betreffenden Ländern schließen. Diese Übereinkünfte können gegenseitige Rechte und Pflichten umfassen und die Möglichkeit zu gemeinsamem Vorgehen eröffnen. Zur Durchführung der Übereinkünfte finden regelmäßige Konsultationen statt.

Titel IX: Zugehörigkeit zur Union

Artikel I-58: Kriterien und Verfahren für den Beitritt zur Union

(1) Die Union steht allen europäischen Staaten offen, die die in Artikel I-2 genannten Werte achten und sich verpflichten, ihnen gemeinsam Geltung zu verschaffen.
(2) Europäische Staaten, die Mitglied der Union werden möchten, richten ihren Antrag an den Rat. Das Europäische Parlament und die nationalen Parlamente werden von diesem Antrag unterrichtet. Der Rat beschließt einstimmig nach Anhörung der Kommission und nach Zustimmung des Europäischen Parlaments, das mit der Mehrheit seiner Mitglieder beschließt. Die Bedingungen und Einzelheiten der Aufnahme werden durch ein Abkommen zwischen den Mitgliedstaaten und dem antragstellenden Staat geregelt. Dieses Abkommen bedarf der Ratifikation durch alle Vertragsstaaten im Einklang mit ihren verfassungsrechtlichen Vorschriften.

Artikel I-59: Aussetzung bestimmter mit der Zugehörigkeit zur Union verbundener Rechte

(1) Auf begründete Initiative eines Drittels der Mitgliedstaaten, auf begründete Initiative des Europäischen Parlaments oder auf Vorschlag der Kommission kann der Rat einen Euro-

päischen Beschluss erlassen, mit dem festgestellt wird, dass die eindeutige Gefahr einer schwerwiegenden Verletzung der in Artikel I-2 genannten Werte durch einen Mitgliedstaat besteht. Der Rat beschließt mit der Mehrheit von vier Fünfteln seiner Mitglieder nach Zustimmung des Europäischen Parlaments.

Der Rat hört, bevor er eine solche Feststellung trifft, den betroffenen Mitgliedstaat und kann Empfehlungen an ihn richten, über die er nach demselben Verfahren beschließt.

Der Rat überprüft regelmäßig, ob die Gründe, die zu dieser Feststellung geführt haben, noch zutreffen.

(2) Auf Initiative eines Drittels der Mitgliedstaaten oder auf Vorschlag der Kommission kann der Europäische Rat einen Europäischen Beschluss erlassen, mit dem festgestellt wird, dass eine schwerwiegende und anhaltende Verletzung der in Artikel I-2 genannten Werte durch einen Mitgliedstaat vorliegt, nachdem er diesen Staat zu einer Stellungnahme aufgefordert hat. Der Europäische Rat beschließt einstimmig nach Zustimmung des Europäischen Parlaments.

(3) Wurde die Feststellung nach Absatz 2 getroffen, so kann der Rat mit qualifizierter Mehrheit einen Europäischen Beschluss erlassen, mit dem bestimmte Rechte, die sich aus der Anwendung der Verfassung auf den betreffenden Mitgliedstaat herleiten, einschließlich der Stimmrechte des Mitglieds des Rates, das diesen Staat vertritt, ausgesetzt werden. Dabei berücksichtigt der Rat die möglichen Auswirkungen einer solchen Aussetzung auf die Rechte und Pflichten natürlicher und juristischer Personen.

Der betreffende Staat bleibt auf jeden Fall durch seine Verpflichtungen aus der Verfassung gebunden.

(4) Der Rat kann mit qualifizierter Mehrheit einen Europäischen Beschluss erlassen, mit dem die nach Absatz 3 erlassenen Maßnahmen abgeändert oder aufgehoben werden, wenn in der Lage, die zur Verhängung dieser Maßnahmen geführt hat, Änderungen eingetreten sind.

(5) Für die Zwecke dieses Artikels nimmt das Mitglied des Europäischen Rates oder des Rates, das den betroffenen Mitgliedstaat vertritt, nicht an der Abstimmung teil und der betreffende Mitgliedstaat wird bei der Berechnung des Drittels oder der vier Fünftel der Mitgliedstaaten nach den Absätzen 1 und 2 nicht berücksichtigt. Die Stimmenthaltung von anwesenden oder vertretenen Mitgliedern steht dem Erlass von Europäischen Beschlüssen nach Absatz 2 nicht entgegen.

Für den Erlass Europäischer Beschlüsse nach den Absätzen 3 und 4 gilt als qualifizierte Mehrheit eine Mehrheit von mindestens 72 Prozent derjenigen Mitglieder des Rates, die die beteiligten Mitgliedstaaten vertreten, sofern die betreffenden Mitgliedstaaten zusammen mindestens 65 Prozent der Bevölkerung der beteiligten Mitgliedstaaten ausmachen.

Beschließt der Rat nach dem Erlass eines Beschlusses über die Aussetzung der Stimmrechte nach Absatz 3 auf der Grundlage einer Bestimmung der Verfassung mit qualifizierter Mehrheit, so gilt als qualifizierte Mehrheit hierfür die in Unterabsatz 2 festgelegte qualifizierte Mehrheit oder, wenn der Rat auf Vorschlag der Kommission oder des Außenministers der Union handelt, eine Mehrheit von mindestens 55 Prozent derjenigen Mitglieder des Rates, die die beteiligten Mitgliedstaaten vertreten, sofern die betreffenden Mitgliedstaaten zusammen mindestens 65 Prozent der Bevölkerung der beteiligten Mitgliedstaaten ausmachen. In letzterem Fall ist für eine Sperrminorität mindestens die Mindestzahl der Mitglieder des Rates, die zusammen mehr als 35 Prozent der Bevölkerung der beteiligten Mitgliedstaaten vertreten, zuzüglich eines Mitglieds erforderlich; andernfalls gilt die qualifizierte Mehrheit als erreicht.

(6) Für die Zwecke dieses Artikels beschließt das Europäische Parlament mit der Mehrheit von zwei Dritteln der abgegebenen Stimmen und mit der Mehrheit seiner Mitglieder.

Artikel I-60: Freiwilliger Austritt aus der Union

(1) Jeder Mitgliedstaat kann im Einklang mit seinen verfassungsrechtlichen Vorschriften beschließen, aus der Union auszutreten.
(2) Ein Mitgliedstaat, der auszutreten beschließt, teilt dem Europäischen Rat seine Absicht mit. Auf der Grundlage der Leitlinien des Europäischen Rates handelt die Union mit diesem Staat ein Abkommen über die Einzelheiten des Austritts aus und schließt es ab, wobei der Rahmen für die künftigen Beziehungen dieses Staates zur Union berücksichtigt wird. Das Abkommen wird nach Artikel III-325 Absatz 3 ausgehandelt. Es wird vom Rat im Namen der Union geschlossen; der Rat beschließt mit qualifizierter Mehrheit nach Zustimmung des Europäischen Parlaments.
(3) Die Verfassung findet auf den betroffenen Staat ab dem Tag des Inkrafttretens des Austrittsabkommens oder andernfalls zwei Jahre nach der in Absatz 2 genannten Mitteilung keine Anwendung mehr, es sei denn, der Europäische Rat beschließt im Einvernehmen mit dem betroffenen Mitgliedstaat einstimmig, diese Frist zu verlängern.
(4) Für die Zwecke der Absätze 2 und 3 nimmt das Mitglied des Europäischen Rates und des Rates, das den austretenden Mitgliedstaat vertritt, weder an den diesen Mitgliedstaat betreffenden Beratungen noch an der entsprechenden Beschlussfassung des Europäischen Rates oder des Rates teil.

Als qualifizierte Mehrheit gilt eine Mehrheit von mindestens 72 Prozent derjenigen Mitglieder des Rates, die die beteiligten Mitgliedstaaten vertreten, sofern die betreffenden Mitgliedstaaten zusammen mindestens 65 Prozent der Bevölkerung der beteiligten Mitgliedstaaten ausmachen.
(5) Ein Staat, der aus der Union ausgetreten ist und erneut Mitglied werden möchte, muss dies nach dem Verfahren des Artikels I-58 beantragen.

Teil II: Die Charta der Grundrechte der Union

Präambel

Die Völker Europas sind entschlossen, auf der Grundlage gemeinsamer Werte eine friedliche Zukunft zu teilen, indem sie sich zu einer immer engeren Union verbinden.

In dem Bewusstsein ihres geistig-religiösen und sittlichen Erbes gründet sich die Union auf die unteilbaren und universellen Werte der Würde des Menschen, der Freiheit, der Gleichheit und der Solidarität. Sie beruht auf den Grundsätzen der Demokratie und der Rechtsstaatlichkeit. Sie stellt den Menschen in den Mittelpunkt ihres Handelns, indem sie die Unionsbürgerschaft und einen Raum der Freiheit, der Sicherheit und des Rechts begründet.

Die Union trägt zur Erhaltung und zur Entwicklung dieser gemeinsamen Werte unter Achtung der Vielfalt der Kulturen und Traditionen der Völker Europas sowie der nationalen Identität der Mitgliedstaaten und der Organisation ihrer staatlichen Gewalt auf nationaler, regionaler und lokaler Ebene bei. Sie ist bestrebt, eine ausgewogene und nachhaltige Entwicklung zu fördern und stellt den freien Personen-, Dienstleistungs-, Waren- und Kapitalverkehr sowie die Niederlassungsfreiheit sicher.

Zu diesem Zweck ist es notwendig, angesichts der Weiterentwicklung der Gesellschaft, des sozialen Fortschritts und der wissenschaftlichen und technologischen Entwicklungen den Schutz der Grundrechte zu stärken, indem sie in einer Charta sichtbarer gemacht werden.

Diese Charta bekräftigt unter Achtung der Zuständigkeiten und Aufgaben der Union und des Subsidiaritätsprinzips die Rechte, die sich vor allem aus den gemeinsamen Verfassungstraditionen und den gemeinsamen internationalen Verpflichtungen der Mitgliedstaaten, aus der Europäischen Konvention zum Schutz der Menschenrechte und Grundfreiheiten, aus den von der Union und dem Europarat beschlossenen Sozialchartas sowie aus der Rechtsprechung des Gerichtshofs der Europäischen Union und des Europäischen Gerichtshofs für Menschenrechte ergeben. In diesem Zusammenhang erfolgt die Auslegung der Charta durch die Gerichte der Union und der Mitgliedstaaten unter gebührender Berücksichtigung der Erläuterungen, die unter der Leitung des Präsidiums des Konvents zur Ausarbeitung der Charta formuliert und unter der Verantwortung des Präsidiums des Europäischen Konvents aktualisiert wurden.

Die Ausübung dieser Rechte ist mit Verantwortung und mit Pflichten sowohl gegenüber den Mitmenschen als auch gegenüber der menschlichen Gemeinschaft und den künftigen Generationen verbunden.

Daher erkennt die Union die nachstehend aufgeführten Rechte, Freiheiten und Grundsätze an.

Titel I: Würde des Menschen

Artikel II-61: Würde des Menschen

Die Würde des Menschen ist unantastbar. Sie ist zu achten und zu schützen.

Artikel II-62: Recht auf Leben

(1) Jeder Mensch hat das Recht auf Leben.
(2) Niemand darf zur Todesstrafe verurteilt oder hingerichtet werden.

Artikel II-63: Recht auf Unversehrtheit

(1) Jeder Mensch hat das Recht auf körperliche und geistige Unversehrtheit.
(2) Im Rahmen der Medizin und der Biologie muss insbesondere Folgendes beachtet werden:
a) die freie Einwilligung des Betroffenen nach vorheriger Aufklärung entsprechend den gesetzlich festgelegten Einzelheiten,
b) das Verbot eugenischer Praktiken, insbesondere derjenigen, welche die Selektion von Menschen zum Ziel haben,
c) das Verbot, den menschlichen Körper und Teile davon als solche zur Erzielung von Gewinnen zu nutzen,
d) das Verbot des reproduktiven Klonens von Menschen.

Artikel II-64: Verbot der Folter und unmenschlicher oder erniedrigender Strafe oder Behandlung

Niemand darf der Folter oder unmenschlicher oder erniedrigender Strafe oder Behandlung unterworfen werden.

Artikel II-65: Verbot der Sklaverei und der Zwangsarbeit

(1) Niemand darf in Sklaverei oder Leibeigenschaft gehalten werden.

(2) Niemand darf gezwungen werden, Zwangs- oder Pflichtarbeit zu verrichten.
(3) Menschenhandel ist verboten.

Titel II: Freiheiten

Artikel II-66: Recht auf Freiheit und Sicherheit

Jeder Mensch hat das Recht auf Freiheit und Sicherheit.

Artikel II-67: Achtung des Privat- und Familienlebens

Jede Person hat das Recht auf Achtung ihres Privat- und Familienlebens, ihrer Wohnung sowie ihrer Kommunikation.

Artikel II-68: Schutz personenbezogener Daten

(1) Jede Person hat das Recht auf Schutz der sie betreffenden personenbezogenen Daten.
(2) Diese Daten dürfen nur nach Treu und Glauben für festgelegte Zwecke und mit Einwilligung der betroffenen Person oder auf einer sonstigen gesetzlich geregelten legitimen Grundlage verarbeitet werden. Jede Person hat das Recht, Auskunft über die sie betreffenden erhobenen Daten zu erhalten und die Berichtigung der Daten zu erwirken.
(3) Die Einhaltung dieser Vorschriften wird von einer unabhängigen Stelle überwacht.

Artikel II-69: Recht, eine Ehe einzugehen und eine Familie zu gründen

Das Recht, eine Ehe einzugehen, und das Recht, eine Familie zu gründen, werden nach den einzelstaatlichen Gesetzen gewährleistet, welche die Ausübung dieser Rechte regeln.

Artikel II-70: Gedanken-, Gewissens- und Religionsfreiheit

(1) Jede Person hat das Recht auf Gedanken-, Gewissens- und Religionsfreiheit. Dieses Recht umfasst die Freiheit, die Religion oder Weltanschauung zu wechseln, und die Freiheit, seine Religion oder Weltanschauung einzeln oder gemeinsam mit anderen öffentlich oder privat durch Gottesdienst, Unterricht, Bräuche und Riten zu bekennen.
(2) Das Recht auf Wehrdienstverweigerung aus Gewissensgründen wird nach den einzelstaatlichen Gesetzen anerkannt, welche die Ausübung dieses Rechts regeln.

Artikel II-71: Freiheit der Meinungsäußerung und Informationsfreiheit

(1) Jede Person hat das Recht auf freie Meinungsäußerung. Dieses Recht schließt die Meinungsfreiheit und die Freiheit ein, Informationen und Ideen ohne behördliche Eingriffe und ohne Rücksicht auf Staatsgrenzen zu empfangen und weiterzugeben.
(2) Die Freiheit der Medien und ihre Pluralität werden geachtet.

Artikel II-72: Versammlungs- und Vereinigungsfreiheit

(1) Jede Person hat das Recht, sich insbesondere im politischen, gewerkschaftlichen und zivilgesellschaftlichen Bereich auf allen Ebenen frei und friedlich mit anderen zu versammeln und frei mit anderen zusammenzuschließen, was das Recht jeder Person umfasst, zum Schutz ihrer Interessen Gewerkschaften zu gründen und Gewerkschaften beizutreten.

(2) Politische Parteien auf der Ebene der Union tragen dazu bei, den politischen Willen der Unionsbürgerinnen und Unionsbürger zum Ausdruck zu bringen.

Artikel II-73: Freiheit der Kunst und der Wissenschaft

Kunst und Forschung sind frei. Die akademische Freiheit wird geachtet.

Artikel II-74: Recht auf Bildung

(1) Jede Person hat das Recht auf Bildung sowie auf Zugang zur beruflichen Ausbildung und Weiterbildung.
(2) Dieses Recht umfasst die Möglichkeit, unentgeltlich am Pflichtschulunterricht teilzunehmen.
(3) Die Freiheit zur Gründung von Lehranstalten unter Achtung der demokratischen Grundsätze sowie das Recht der Eltern, die Erziehung und den Unterricht ihrer Kinder entsprechend ihren eigenen religiösen, weltanschaulichen und erzieherischen Überzeugungen sicherzustellen, werden nach den einzelstaatlichen Gesetzen geachtet, welche ihre Ausübung regeln.

Artikel II-75: Berufsfreiheit und Recht zu arbeiten

(1) Jede Person hat das Recht, zu arbeiten und einen frei gewählten oder angenommenen Beruf auszuüben.
(2) Alle Unionsbürgerinnen und Unionsbürger haben die Freiheit, in jedem Mitgliedstaat Arbeit zu suchen, zu arbeiten, sich niederzulassen oder Dienstleistungen zu erbringen.
(3) Die Staatsangehörigen dritter Länder, die im Hoheitsgebiet der Mitgliedstaaten arbeiten dürfen, haben Anspruch auf Arbeitsbedingungen, die denen der Unionsbürgerinnen und Unionsbürger entsprechen.

Artikel II-76: Unternehmerische Freiheit

Die unternehmerische Freiheit wird nach dem Unionsrecht und den einzelstaatlichen Rechtsvorschriften und Gepflogenheiten anerkannt.

Artikel II-77: Eigentumsrecht

(1) Jede Person hat das Recht, ihr rechtmäßig erworbenes Eigentum zu besitzen, zu nutzen, darüber zu verfügen und es zu vererben. Niemandem darf sein Eigentum entzogen werden, es sei denn aus Gründen des öffentlichen Interesses in den Fällen und unter den Bedingungen, die in einem Gesetz vorgesehen sind, sowie gegen eine rechtzeitige angemessene Entschädigung für den Verlust des Eigentums. Die Nutzung des Eigentums kann gesetzlich geregelt werden, soweit dies für das Wohl der Allgemeinheit erforderlich ist.
(2) Geistiges Eigentum wird geschützt.

Artikel II-78: Asylrecht

Das Recht auf Asyl wird nach Maßgabe des Genfer Abkommens vom 28. Juli 1951 und des Protokolls vom 31. Januar 1967 über die Rechtsstellung der Flüchtlinge sowie nach Maßgabe der Verfassung gewährleistet.

Artikel II-79: Schutz bei Abschiebung, Ausweisung und Auslieferung

(1) Kollektivausweisungen sind nicht zulässig.

(2) Niemand darf in einen Staat abgeschoben oder ausgewiesen oder an einen Staat ausgeliefert werden, in dem für sie oder ihn das ernsthafte Risiko der Todesstrafe, der Folter oder einer anderen unmenschlichen oder erniedrigenden Strafe oder Behandlung besteht.

Titel III: Gleichheit

Artikel II-80: Gleichheit vor dem Gesetz

Alle Personen sind vor dem Gesetz gleich.

Artikel II-81: Nichtdiskriminierung

(1) Diskriminierungen insbesondere wegen des Geschlechts, der Rasse, der Hautfarbe, der ethnischen oder sozialen Herkunft, der genetischen Merkmale, der Sprache, der Religion oder der Weltanschauung, der politischen oder sonstigen Anschauung, der Zugehörigkeit zu einer nationalen Minderheit, des Vermögens, der Geburt, einer Behinderung, des Alters oder der sexuellen Ausrichtung sind verboten.
(2) Unbeschadet besonderer Bestimmungen der Verfassung ist in ihrem Anwendungsbereich jede Diskriminierung aus Gründen der Staatsangehörigkeit verboten.

Artikel II-82: Vielfalt der Kulturen, Religionen und Sprachen

Die Union achtet die Vielfalt der Kulturen, Religionen und Sprachen.

Artikel II-83: Gleichheit von Frauen und Männern

Die Gleichheit von Frauen und Männern ist in allen Bereichen, einschließlich der Beschäftigung, der Arbeit und des Arbeitsentgelts, sicherzustellen.

Der Grundsatz der Gleichheit steht der Beibehaltung oder der Einführung spezifischer Vergünstigungen für das unterrepräsentierte Geschlecht nicht entgegen.

Artikel II-84: Rechte des Kindes

(1) Kinder haben Anspruch auf den Schutz und die Fürsorge, die für ihr Wohlergehen notwendig sind. Sie können ihre Meinung frei äußern. Ihre Meinung wird in den Angelegenheiten, die sie betreffen, in einer ihrem Alter und ihrem Reifegrad entsprechenden Weise berücksichtigt.
(2) Bei allen Kinder betreffenden Maßnahmen öffentlicher Stellen oder privater Einrichtungen muss das Wohl des Kindes eine vorrangige Erwägung sein.
(3) Jedes Kind hat Anspruch auf regelmäßige persönliche Beziehungen und direkte Kontakte zu beiden Elternteilen, es sei denn, dies steht seinem Wohl entgegen.

Artikel II-85: Rechte älterer Menschen

Die Union anerkennt und achtet das Recht älterer Menschen auf ein würdiges und unabhängiges Leben und auf Teilnahme am sozialen und kulturellen Leben.

Artikel II-86: Integration von Menschen mit Behinderung

Die Union anerkennt und achtet den Anspruch von Menschen mit Behinderung auf Maßnahmen zur Gewährleistung ihrer Eigenständigkeit, ihrer sozialen und beruflichen Eingliederung und ihrer Teilnahme am Leben der Gemeinschaft.

Titel IV: Solidarität

Artikel II-87: Recht auf Unterrichtung und Anhörung der Arbeitnehmerinnen und Arbeitnehmer im Unternehmen

Für die Arbeitnehmerinnen und Arbeitnehmer oder ihre Vertreter muss auf den geeigneten Ebenen eine rechtzeitige Unterrichtung und Anhörung in den Fällen und unter den Voraussetzungen gewährleistet sein, die nach dem Unionsrecht und den einzelstaatlichen Rechtsvorschriften und Gepflogenheiten vorgesehen sind.

Artikel II-88: Recht auf Kollektivverhandlungen und Kollektivmaßnahmen

Die Arbeitnehmerinnen und Arbeitnehmer sowie die Arbeitgeberinnen und Arbeitgeber oder ihre jeweiligen Organisationen haben nach dem Unionsrecht und den einzelstaatlichen Rechtsvorschriften und Gepflogenheiten das Recht, Tarifverträge auf den geeigneten Ebenen auszuhandeln und zu schließen sowie bei Interessenkonflikten kollektive Maßnahmen zur Verteidigung ihrer Interessen, einschließlich Streiks, zu ergreifen.

Artikel II-89: Recht auf Zugang zu einem Arbeitsvermittlungsdienst

Jeder Mensch hat das Recht auf Zugang zu einem unentgeltlichen Arbeitsvermittlungsdienst.

Artikel II-90: Schutz bei ungerechtfertigter Entlassung

Jede Arbeitnehmerin und jeder Arbeitnehmer hat nach dem Unionsrecht und den einzelstaatlichen Rechtsvorschriften und Gepflogenheiten Anspruch auf Schutz vor ungerechtfertigter Entlassung.

Artikel II-91: Gerechte und angemessene Arbeitsbedingungen

(1) Jede Arbeitnehmerin und jeder Arbeitnehmer hat das Recht auf gesunde, sichere und würdige Arbeitsbedingungen.
(2) Jede Arbeitnehmerin und jeder Arbeitnehmer hat das Recht auf eine Begrenzung der Höchstarbeitszeit, auf tägliche und wöchentliche Ruhezeiten sowie auf bezahlten Jahresurlaub.

Artikel II-92: Verbot der Kinderarbeit und Schutz der Jugendlichen am Arbeitsplatz

Kinderarbeit ist verboten. Unbeschadet günstigerer Vorschriften für Jugendliche und abgesehen von begrenzten Ausnahmen darf das Mindestalter für den Eintritt in das Arbeitsleben das Alter, in dem die Schulpflicht endet, nicht unterschreiten.

Zur Arbeit zugelassene Jugendliche müssen ihrem Alter angepasste Arbeitsbedingungen erhalten und vor wirtschaftlicher Ausbeutung und vor jeder Arbeit geschützt werden, die ihre Sicherheit, ihre Gesundheit, ihre körperliche, geistige, sittliche oder soziale Entwicklung beeinträchtigen oder ihre Erziehung gefährden könnte.

Artikel II-93: Familien- und Berufsleben

(1) Der rechtliche, wirtschaftliche und soziale Schutz der Familie wird gewährleistet.
(2) Um Familien- und Berufsleben miteinander in Einklang bringen zu können, hat jeder Mensch das Recht auf Schutz vor Entlassung aus einem mit der Mutterschaft zusammen-

hängenden Grund sowie den Anspruch auf einen bezahlten Mutterschaftsurlaub und auf einen Elternurlaub nach der Geburt oder Adoption eines Kindes.

Artikel II-94: Soziale Sicherheit und soziale Unterstützung

(1) Die Union anerkennt und achtet das Recht auf Zugang zu den Leistungen der sozialen Sicherheit und zu den sozialen Diensten, die in Fällen wie Mutterschaft, Krankheit, Arbeitsunfall, Pflegebedürftigkeit oder im Alter sowie bei Verlust des Arbeitsplatzes Schutz gewährleisten, nach Maßgabe des Unionsrechts und der einzelstaatlichen Rechtsvorschriften und Gepflogenheiten.
(2) Jeder Mensch, der in der Union seinen rechtmäßigen Wohnsitz hat und seinen Aufenthalt rechtmäßig wechselt, hat Anspruch auf die Leistungen der sozialen Sicherheit und die sozialen Vergünstigungen nach dem Unionsrecht und den einzelstaatlichen Rechtsvorschriften und Gepflogenheiten.
(3) Um die soziale Ausgrenzung und die Armut zu bekämpfen, anerkennt und achtet die Union das Recht auf eine soziale Unterstützung und eine Unterstützung für die Wohnung, die allen, die nicht über ausreichende Mittel verfügen, ein menschenwürdiges Dasein sicherstellen sollen, nach Maßgabe des Unionsrechts und der einzelstaatlichen Rechtsvorschriften und Gepflogenheiten.

Artikel II-95: Gesundheitsschutz

Jeder Mensch hat das Recht auf Zugang zur Gesundheitsvorsorge und auf ärztliche Versorgung nach Maßgabe der einzelstaatlichen Rechtsvorschriften und Gepflogenheiten. Bei der Festlegung und Durchführung der Politik und Maßnahmen der Union in allen Bereichen wird ein hohes Gesundheitsschutzniveau sichergestellt.

Artikel II-96: Zugang zu Dienstleistungen von allgemeinem wirtschaftlichen Interesse

Die Union anerkennt und achtet den Zugang zu Dienstleistungen von allgemeinem wirtschaftlichen Interesse, wie er durch die einzelstaatlichen Rechtsvorschriften und Gepflogenheiten im Einklang mit der Verfassung geregelt ist, um den sozialen und territorialen Zusammenhalt der Union zu fördern.

Artikel II-97: Umweltschutz

Ein hohes Umweltschutzniveau und die Verbesserung der Umweltqualität müssen in die Politik der Union einbezogen und nach dem Grundsatz der nachhaltigen Entwicklung sichergestellt werden.

Artikel II-98: Verbraucherschutz

Die Politik der Union stellt ein hohes Verbraucherschutzniveau sicher.

Titel V: Bürgerrechte

Artikel II-99: Aktives und passives Wahlrecht bei den Wahlen zum Europäischen Parlament

(1) Die Unionsbürgerinnen und Unionsbürger besitzen in dem Mitgliedstaat, in dem sie ihren Wohnsitz haben, das aktive und passive Wahlrecht bei den Wahlen zum Europäischen

Parlament unter denselben Bedingungen wie die Angehörigen des betreffenden Mitgliedstaats.
(2) Die Mitglieder des Europäischen Parlaments werden in allgemeiner, unmittelbarer, freier und geheimer Wahl gewählt.

Artikel II-100: Aktives und passives Wahlrecht bei den Kommunalwahlen

Die Unionsbürgerinnen und Unionsbürger besitzen in dem Mitgliedstaat, in dem sie ihren Wohnsitz haben, das aktive und passive Wahlrecht bei Kommunalwahlen unter denselben Bedingungen wie die Angehörigen des betreffenden Mitgliedstaats.

Artikel II-101: Recht auf eine gute Verwaltung

(1) Jede Person hat ein Recht darauf, dass ihre Angelegenheiten von den Organen, Einrichtungen und sonstigen Stellen der Union unparteiisch, gerecht und innerhalb einer angemessenen Frist behandelt werden.
(2) Dieses Recht umfasst insbesondere
a) das Recht jeder Person, gehört zu werden, bevor ihr gegenüber eine für sie nachteilige individuelle Maßnahme getroffen wird,
b) das Recht jeder Person auf Zugang zu den sie betreffenden Akten unter Wahrung des berechtigten Interesses der Vertraulichkeit sowie des Berufs- und Geschäftsgeheimnisses,
c) die Verpflichtung der Verwaltung, ihre Entscheidungen zu begründen.
(3) Jede Person hat Anspruch darauf, dass die Union den durch ihre Organe oder Bediensteten in Ausübung ihrer Amtstätigkeit verursachten Schaden nach den allgemeinen Rechtsgrundsätzen ersetzt, die den Rechtsordnungen der Mitgliedstaaten gemeinsam sind.
(4) Jede Person kann sich in einer der Sprachen der Verfassung an die Organe der Union wenden und muss eine Antwort in derselben Sprache erhalten.

Artikel II-102: Recht auf Zugang zu Dokumenten

Die Unionsbürgerinnen und Unionsbürger sowie jede natürliche oder juristische Person mit Wohnsitz oder satzungsmäßigem Sitz in einem Mitgliedstaat haben das Recht auf Zugang zu den Dokumenten der Organe, Einrichtungen und sonstigen Stellen der Union, unabhängig von der Form der für diese Dokumente verwendeten Träger.

Artikel II-103: Der Europäische Bürgerbeauftragte

Die Unionsbürgerinnen und Unionsbürger sowie jede natürliche oder juristische Person mit Wohnsitz oder satzungsmäßigem Sitz in einem Mitgliedstaat haben das Recht, den Europäischen Bürgerbeauftragten im Falle von Missständen bei der Tätigkeit der Organe, Einrichtungen und sonstigen Stellen der Union, mit Ausnahme des Gerichtshofs der Europäischen Union in Ausübung seiner Rechtsprechungsbefugnisse, zu befassen.

Artikel II-104: Petitionsrecht

Die Unionsbürgerinnen und Unionsbürger sowie jede natürliche oder juristische Person mit Wohnsitz oder satzungsmäßigem Sitz in einem Mitgliedstaat haben das Recht, eine Petition an das Europäische Parlament zu richten.

Artikel II-105: Freizügigkeit und Aufenthaltsfreiheit

(1) Die Unionsbürgerinnen und Unionsbürger haben das Recht, sich im Hoheitsgebiet der Mitgliedstaaten frei zu bewegen und aufzuhalten.

(2) Staatsangehörigen von Drittländern, die sich rechtmäßig im Hoheitsgebiet eines Mitgliedstaats aufhalten, kann nach Maßgabe der Verfassung Freizügigkeit und Aufenthaltsfreiheit gewährt werden.

Artikel II-106: Diplomatischer und konsularischer Schutz

Die Unionsbürgerinnen und Unionsbürger genießen im Hoheitsgebiet eines Drittlands, in dem der Mitgliedstaat, dessen Staatsangehörigkeit sie besitzen, nicht vertreten ist, den Schutz durch die diplomatischen und konsularischen Behörden eines jeden Mitgliedstaats unter denselben Bedingungen wie Staatsangehörige dieses Staates.

Titel VI: Justizielle Rechte

Artikel II-107: Recht auf einen wirksamen Rechtsbehelf und ein unparteiisches Gericht

Jede Person, deren durch das Recht der Union garantierte Rechte oder Freiheiten verletzt worden sind, hat das Recht, nach Maßgabe der in diesem Artikel vorgesehenen Bedingungen bei einem Gericht einen wirksamen Rechtsbehelf einzulegen.

Jede Person hat ein Recht darauf, dass ihre Sache von einem unabhängigen, unparteiischen und zuvor durch Gesetz errichteten Gericht in einem fairen Verfahren, öffentlich und innerhalb angemessener Frist verhandelt wird. Jede Person kann sich beraten, verteidigen und vertreten lassen.

Personen, die nicht über ausreichende Mittel verfügen, wird Prozesskostenhilfe bewilligt, soweit diese Hilfe erforderlich ist, um den Zugang zu den Gerichten wirksam zu gewährleisten.

Artikel II-108: Unschuldsvermutung und Verteidigungsrechte

(1) Jeder Angeklagte gilt bis zum rechtsförmlich erbrachten Beweis seiner Schuld als unschuldig.
(2) Jedem Angeklagten wird die Achtung der Verteidigungsrechte gewährleistet.

Artikel II-109: Grundsätze der Gesetzmäßigkeit und der Verhältnismäßigkeit im Zusammenhang mit Straftaten und Strafen

(1) Niemand darf wegen einer Handlung oder Unterlassung verurteilt werden, die zur Zeit ihrer Begehung nach innerstaatlichem oder internationalem Recht nicht strafbar war. Es darf auch keine schwerere Strafe als die zur Zeit der Begehung angedrohte Strafe verhängt werden. Wird nach Begehung einer Straftat durch Gesetz eine mildere Strafe eingeführt, so ist diese zu verhängen.
(2) Dieser Artikel schließt nicht aus, dass eine Person wegen einer Handlung oder Unterlassung verurteilt oder bestraft wird, die zur Zeit ihrer Begehung nach den allgemeinen, von der Gesamtheit der Nationen anerkannten Grundsätzen strafbar war.
(3) Das Strafmaß darf zur Straftat nicht unverhältnismäßig sein.

Artikel II-110: Recht, wegen derselben Straftat nicht zweimal strafrechtlich verfolgt oder bestraft zu werden

Niemand darf wegen einer Straftat, derentwegen er bereits in der Union nach dem Gesetz rechtskräftig verurteilt oder freigesprochen worden ist, in einem Strafverfahren erneut verfolgt oder bestraft werden.

Titel VII: Allgemeine Bestimmungen über die Auslegung und Anwendung der Charta

Artikel II-111: Anwendungsbereich

(1) Diese Charta gilt für die Organe, Einrichtungen und sonstigen Stellen der Union unter Wahrung des Subsidiaritätsprinzips und für die Mitgliedstaaten ausschließlich bei der Durchführung des Rechts der Union. Dementsprechend achten sie die Rechte, halten sie sich an die Grundsätze und fördern sie deren Anwendung entsprechend ihren jeweiligen Zuständigkeiten und unter Achtung der Grenzen der Zuständigkeiten, die der Union in anderen Teilen der Verfassung übertragen werden.
(2) Diese Charta dehnt den Geltungsbereich des Unionsrechts nicht über die Zuständigkeiten der Union hinaus aus und begründet weder neue Zuständigkeiten noch neue Aufgaben für die Union, noch ändert sie die in den anderen Teilen der Verfassung festgelegten Zuständigkeiten und Aufgaben.

Artikel II-112: Tragweite und Auslegung der Rechte und Grundsätze

(1) Jede Einschränkung der Ausübung der in dieser Charta anerkannten Rechte und Freiheiten muss gesetzlich vorgesehen sein und den Wesensgehalt dieser Rechte und Freiheiten achten. Unter Wahrung des Grundsatzes der Verhältnismäßigkeit dürfen Einschränkungen nur vorgenommen werden, wenn sie erforderlich sind und den von der Union anerkannten dem Gemeinwohl dienenden Zielsetzungen oder den Erfordernissen des Schutzes der Rechte und Freiheiten anderer tatsächlich entsprechen.
(2) Die Ausübung der durch diese Charta anerkannten Rechte, die in anderen Teilen der Verfassung geregelt sind, erfolgt im Rahmen der dort festgelegten Bedingungen und Grenzen.
(3) Soweit diese Charta Rechte enthält, die den durch die Europäische Konvention zum Schutz der Menschenrechte und Grundfreiheiten garantierten Rechten entsprechen, haben sie die gleiche Bedeutung und Tragweite, wie sie ihnen in der genannten Konvention verliehen wird. Diese Bestimmung steht dem nicht entgegen, dass das Recht der Union einen weitergehenden Schutz gewährt.
(4) Soweit in dieser Charta Grundrechte anerkannt werden, wie sie sich aus den gemeinsamen Verfassungsüberlieferungen der Mitgliedstaaten ergeben, werden sie im Einklang mit diesen Überlieferungen ausgelegt.
(5) Die Bestimmungen dieser Charta, in denen Grundsätze festgelegt sind, können durch Akte der Gesetzgebung und der Ausführung der Organe, Einrichtungen und sonstigen Stellen der Union sowie durch Akte der Mitgliedstaaten zur Durchführung des Rechts der Union in Ausübung ihrer jeweiligen Zuständigkeiten umgesetzt werden. Sie können vor Gericht nur bei der Auslegung dieser Akte und bei Entscheidungen über deren Rechtmäßigkeit herangezogen werden.
(6) Den einzelstaatlichen Rechtsvorschriften und Gepflogenheiten ist, wie es in dieser Charta bestimmt ist, in vollem Umfang Rechnung zu tragen.
(7) Die Erläuterungen, die als Anleitung für die Auslegung der Charta der Grundrechte verfasst wurden, sind von den Gerichten der Union und der Mitgliedstaaten gebührend zu berücksichtigen.

Artikel II-113: Schutzniveau

Keine Bestimmung dieser Charta ist als eine Einschränkung oder Verletzung der Menschenrechte und Grundfreiheiten auszulegen, die in dem jeweiligen Anwendungsbereich durch das

Recht der Union und das Völkerrecht sowie durch die internationalen Übereinkünfte, bei denen die Union oder alle Mitgliedstaaten Vertragsparteien sind, darunter insbesondere die Europäische Konvention zum Schutz der Menschenrechte und Grundfreiheiten, sowie durch die Verfassungen der Mitgliedstaaten anerkannt werden.

Artikel II-114: Verbot des Missbrauchs der Rechte

Keine Bestimmung dieser Charta ist so auszulegen, als begründe sie das Recht, eine Tätigkeit auszuüben oder eine Handlung vorzunehmen, die darauf abzielt, die in der Charta anerkannten Rechte und Freiheiten abzuschaffen oder sie stärker einzuschränken, als dies in der Charta vorgesehen ist.

Teil III: Die Politikbereiche und die Arbeitsweise der Union

Titel I: Allgemein anwendbare Bestimmungen

Artikel III-115

Die Union achtet auf die Kohärenz zwischen der Politik und den Maßnahmen in den verschiedenen in diesem Teil genannten Bereichen und trägt dabei unter Einhaltung des Grundsatzes der begrenzten Einzelermächtigung ihren Zielen in ihrer Gesamtheit Rechnung.

Artikel III-116

Bei allen in diesem Teil genannten Maßnahmen wirkt die Union darauf hin, dass Ungleichheiten zwischen Frauen und Männern beseitigt werden und die Gleichstellung von Frauen und Männern gefördert wird.

Artikel III-117

Bei der Festlegung und Durchführung der Politik und der Maßnahmen in den in diesem Teil genannten Bereichen trägt die Union den Erfordernissen im Zusammenhang mit der Förderung eines hohen Beschäftigungsniveaus, der Gewährleistung eines angemessenen sozialen Schutzes, der Bekämpfung der sozialen Ausgrenzung sowie mit einem hohen Niveau der allgemeinen und beruflichen Bildung und des Gesundheitsschutzes Rechnung.

Artikel III-118

Bei der Festlegung und Durchführung der Politik und der Maßnahmen in den in diesem Teil genannten Bereichen zielt die Union darauf ab, Diskriminierungen aus Gründen des Geschlechts, der Rasse, der ethnischen Herkunft, der Religion oder der Weltanschauung, einer Behinderung, des Alters oder der sexuellen Ausrichtung zu bekämpfen.

Artikel III-119

Die Erfordernisse des Umweltschutzes müssen bei der Festlegung und Durchführung der Politik und der Maßnahmen in den in diesem Teil genannten Bereichen, insbesondere zur Förderung einer nachhaltigen Entwicklung, einbezogen werden.

Artikel III-120

Den Erfordernissen des Verbraucherschutzes wird bei der Festlegung und Durchführung der Politik und der Maßnahmen der Union in den anderen Bereichen Rechnung getragen.

Artikel III-121

Bei der Festlegung und Durchführung der Politik der Union in den Bereichen Landwirtschaft, Fischerei, Verkehr, Binnenmarkt, Forschung, technologische Entwicklung und Raumfahrt tragen die Union und die Mitgliedstaaten den Erfordernissen des Wohlergehens der Tiere als fühlende Wesen in vollem Umfang Rechnung; sie berücksichtigen hierbei die Rechts- und Verwaltungsvorschriften und die Gepflogenheiten der Mitgliedstaaten insbesondere in Bezug auf religiöse Riten, kulturelle Traditionen und das regionale Erbe.

Artikel III-122

Unbeschadet der Artikel I-5, III-166, III-167 und III-238 und in Anbetracht des von allen in der Union anerkannten Stellenwerts der Dienste von allgemeinem wirtschaftlichem Interesse sowie ihrer Bedeutung bei der Förderung des sozialen und territorialen Zusammenhalts tragen die Union und die Mitgliedstaaten im Rahmen ihrer jeweiligen Zuständigkeiten im Anwendungsbereich der Verfassung dafür Sorge, dass die Grundsätze und Bedingungen, insbesondere jene wirtschaftlicher und finanzieller Art, für das Funktionieren dieser Dienste so gestaltet sind, dass diese ihren Aufgaben nachkommen können. Diese Grundsätze und Bedingungen werden durch Europäisches Gesetz unbeschadet der Zuständigkeit der Mitgliedstaaten festgelegt, diese Dienste im Einklang mit der Verfassung zur Verfügung zu stellen, in Auftrag zu geben und zu finanzieren.

Titel II: Nichtdiskriminierung und Unionsbürgerschaft

Artikel III-123

Das in Artikel I-4 Absatz 2 genannte Verbot von Diskriminierungen aufgrund der Staatsangehörigkeit kann durch Europäisches Gesetz oder Rahmengesetz geregelt werden.

Artikel III-124

(1) Unbeschadet der sonstigen Bestimmungen der Verfassung und im Rahmen der durch die Verfassung der Union übertragenen Zuständigkeiten können die für die Bekämpfung von Diskriminierungen aus Gründen des Geschlechts, der Rasse, der ethnischen Herkunft, der Religion oder der Weltanschauung, einer Behinderung, des Alters oder der sexuellen Ausrichtung erforderlichen Maßnahmen durch Europäisches Gesetz oder Rahmengesetz des Rates festgelegt werden. Der Rat beschließt einstimmig nach Zustimmung des Europäischen Parlaments.

(2) Abweichend von Absatz 1 können durch Europäisches Gesetz oder Rahmengesetz unter Ausschluss jeglicher Harmonisierung der Rechtsvorschriften der Mitgliedstaaten die Grundprinzipien für die Fördermaßnahmen der Union festgelegt werden; dies gilt auch für Maßnahmen zur Unterstützung der Tätigkeit der Mitgliedstaaten zur Verwirklichung der in Absatz 1 genannten Ziele.

Artikel III-125

(1) Erscheint zur Erleichterung der Ausübung des in Artikel I-10 Absatz 2 Buchstabe a genannten Rechts der Unionsbürgerinnen und Unionsbürger, sich frei zu bewegen und aufzuhalten, ein Tätigwerden der Union erforderlich, so können entsprechende Maßnahmen durch Europäisches Gesetz oder Rahmengesetz festgelegt werden, sofern die Verfassung hierfür anderweitig keine Befugnisse vorsieht.
(2) Zu den gleichen wie den in Absatz 1 genannten Zwecken können, sofern die Verfassung hierfür anderweitig keine Befugnisse vorsieht, Maßnahmen, die Pässe, Personalausweise, Aufenthaltstitel oder diesen gleichgestellte Dokumente betreffen, sowie Maßnahmen, die die soziale Sicherheit oder den sozialen Schutz betreffen, durch Europäisches Gesetz oder Rahmengesetz des Rates festgelegt werden. Der Rat beschließt einstimmig nach Anhörung des Europäischen Parlaments.

Artikel III-126

Die Einzelheiten der Ausübung des in Artikel I-10 Absatz 2 Buchstabe b genannten aktiven und passiven Wahlrechts aller Unionsbürgerinnen und Unionsbürger bei den Kommunalwahlen und bei den Wahlen zum Europäischen Parlament in dem Mitgliedstaat, in dem sie ihren Wohnsitz haben, ohne dessen Staatsangehörigkeit zu besitzen, werden durch Europäisches Gesetz oder Rahmengesetz des Rates festgelegt. Der Rat beschließt einstimmig nach Anhörung des Europäischen Parlaments. In diesen Einzelheiten können Ausnahmeregelungen vorgesehen werden, wenn dies aufgrund besonderer Probleme eines Mitgliedstaats gerechtfertigt ist.

Das aktive und passive Wahlrecht bei den Wahlen zum Europäischen Parlament wird unbeschadet des Artikels III-330 Absatz 1 und der Maßnahmen zu dessen Durchführung ausgeübt.

Artikel III-127

Die Mitgliedstaaten erlassen die notwendigen Bestimmungen, um den diplomatischen und konsularischen Schutz der Unionsbürgerinnen und Unionsbürger in Drittländern nach Artikel I-10 Absatz 2 Buchstabe c zu gewährleisten.

Die Mitgliedstaaten leiten die für diesen Schutz erforderlichen internationalen Verhandlungen ein.

Die zur Erleichterung dieses Schutzes notwendigen Maßnahmen können durch Europäisches Gesetz des Rates festgelegt werden. Der Rat beschließt nach Anhörung des Europäischen Parlaments.

Artikel III-128

Die Sprachen, in denen die Unionsbürgerinnen und Unionsbürger sich nach Artikel I-10 Absatz 2 Buchstabe d an die Organe oder Einrichtungen wenden können und in denen sie eine Antwort erhalten müssen, sind in Artikel IV-448 Absatz 1 aufgeführt. Die Organe und Einrichtungen im Sinne des Artikels I-10 Absatz 2 Buchstabe d sind jene, die in Artikel I-19 Absatz 1 Unterabsatz 2 und in den Artikeln I-30, I-31 und I-32 genannt werden, sowie der Europäische Bürgerbeauftragte.

Artikel III-129

Die Kommission erstattet dem Europäischen Parlament, dem Rat und dem Wirtschafts- und Sozialausschuss alle drei Jahre über die Anwendung des Artikels I-10 und dieses Titels Bericht. In dem Bericht wird der Fortentwicklung der Union Rechnung getragen.

Auf der Grundlage dieses Berichts und unbeschadet der anderen Bestimmungen der Verfassung können die in Artikel I-10 vorgesehenen Rechte durch Europäisches Gesetz oder Rahmengesetz des Rates ergänzt werden. Der Rat beschließt einstimmig nach Zustimmung des Europäischen Parlaments. Dieses Gesetz oder Rahmengesetz tritt erst nach Zustimmung der Mitgliedstaaten im Einklang mit ihren jeweiligen verfassungsrechtlichen Vorschriften in Kraft.

Titel III: Interne Politikbereiche und Maßnahmen

Kapitel I: Binnenmarkt

Abschnitt 1: Verwirklichung und Funktionieren des Binnenmarkts

Artikel III-130

(1) Die Union erlässt die erforderlichen Maßnahmen, um nach Maßgabe der einschlägigen Bestimmungen der Verfassung den Binnenmarkt zu verwirklichen beziehungsweise dessen Funktionieren zu gewährleisten.

(2) Der Binnenmarkt umfasst einen Raum ohne Binnengrenzen, in dem der freie Verkehr von Personen, Dienstleistungen, Waren und Kapital nach Maßgabe der Verfassung gewährleistet ist.

(3) Der Rat erlässt auf Vorschlag der Kommission die Europäischen Verordnungen oder Beschlüsse, mit denen die Leitlinien und Bedingungen festgelegt werden, die erforderlich sind, um in allen betroffenen Sektoren einen ausgewogenen Fortschritt zu gewährleisten.

(4) Bei der Formulierung ihrer Vorschläge zur Verwirklichung der Ziele der Absätze 1 und 2 berücksichtigt die Kommission den Umfang der Anstrengungen, die einigen Volkswirtschaften mit unterschiedlichem Entwicklungsstand für die Verwirklichung des Binnenmarkts abverlangt werden; sie kann geeignete Maßnahmen vorschlagen.

Erhalten diese Maßnahmen die Form von Ausnahmeregelungen, so müssen sie vorübergehender Art sein und dürfen das Funktionieren des Binnenmarkts so wenig wie möglich stören.

Artikel III-131

Die Mitgliedstaaten setzen sich miteinander ins Benehmen, um durch gemeinsames Vorgehen zu verhindern, dass das Funktionieren des Binnenmarkts durch Maßnahmen beeinträchtigt wird, die ein Mitgliedstaat bei einer schwerwiegenden innerstaatlichen Störung der öffentlichen Ordnung, im Kriegsfall, bei einer ernsten, eine Kriegsgefahr darstellenden internationalen Spannung oder in Erfüllung der Verpflichtungen trifft, die er im Hinblick auf die Aufrechterhaltung des Friedens und der internationalen Sicherheit übernommen hat.

Artikel III-132

Werden im Binnenmarkt die Wettbewerbsbedingungen durch Maßnahmen aufgrund der Artikel III-131 und III-436 verfälscht, so prüft die Kommission gemeinsam mit dem beteiligten Mitgliedstaat, wie diese Maßnahmen den Vorschriften der Verfassung angepasst werden können.

In Abweichung von dem in den Artikeln III-360 und III-361 vorgesehenen Verfahren kann die Kommission oder ein Mitgliedstaat den Gerichtshof unmittelbar anrufen, wenn die Kommission oder der Mitgliedstaat der Auffassung ist, dass ein anderer Mitgliedstaat die in den Artikeln III-131 und III-436 vorgesehenen Befugnisse missbraucht. Der Gerichtshof entscheidet unter Ausschluss der Öffentlichkeit.

Abschnitt 2: Freizügigkeit und freier Dienstleistungsverkehr

Unterabschnitt 1: Arbeitnehmer

Artikel III-133

(1) Die Arbeitnehmer haben das Recht, sich innerhalb der Union frei zu bewegen.
(2) Jede auf der Staatsangehörigkeit beruhende unterschiedliche Behandlung der Arbeitnehmer der Mitgliedstaaten in Bezug auf Beschäftigung, Entlohnung und sonstige Arbeitsbedingungen ist verboten.
(3) Die Arbeitnehmer haben – vorbehaltlich der aus Gründen der öffentlichen Ordnung, Sicherheit und Gesundheit gerechtfertigten Beschränkungen – das Recht,
a) sich um tatsächlich angebotene Stellen zu bewerben;
b) sich zu diesem Zweck im Hoheitsgebiet der Mitgliedstaaten frei zu bewegen;
c) sich in einem Mitgliedstaat aufzuhalten, um dort nach den für die Arbeitnehmer dieses Staates geltenden Rechts- und Verwaltungsvorschriften eine Beschäftigung auszuüben;
d) nach Beendigung einer Beschäftigung im Hoheitsgebiet eines Mitgliedstaats unter Bedingungen zu verbleiben, welche in Europäischen Verordnungen der Kommission festgelegt sind.
(4) Dieser Artikel findet keine Anwendung auf die Beschäftigung in der öffentlichen Verwaltung.

Artikel III-134

Die zur Herstellung der Freizügigkeit der Arbeitnehmer im Sinne des Artikels III-133 erforderlichen Maßnahmen werden durch Europäisches Gesetz oder Rahmengesetz festgelegt. Es wird nach Anhörung des Wirtschafts- und Sozialausschusses erlassen.
Das Europäische Gesetz oder Rahmengesetz hat insbesondere Folgendes zum Ziel:
a) die Sicherstellung einer engen Zusammenarbeit zwischen den einzelstaatlichen Arbeitsverwaltungen;
b) die Beseitigung der Verwaltungsverfahren und -praktiken sowie der für den Zugang zu verfügbaren Arbeitsplätzen vorgeschriebenen Fristen, die sich aus innerstaatlichen Rechtsvorschriften oder zuvor zwischen den Mitgliedstaaten geschlossenen Übereinkünften ergeben und deren Beibehaltung die Herstellung der Freizügigkeit der Arbeitnehmer hindert;
c) die Beseitigung aller Fristen und sonstigen Beschränkungen, die in innerstaatlichen Rechtsvorschriften oder zuvor zwischen den Mitgliedstaaten geschlossenen Übereinkünften vorgesehen sind und die den Arbeitnehmern der anderen Mitgliedstaaten für die freie Wahl des Arbeitsplatzes andere Bedingungen als den inländischen Arbeitnehmern auferlegen;
d) die Schaffung geeigneter Verfahren für die Zusammenführung und den Ausgleich von Angebot und Nachfrage auf dem Arbeitsmarkt zu Bedingungen, die eine ernstliche Gefährdung des Lebensstandards und des Beschäftigungsstands in den einzelnen Gebieten und Industrien ausschließen.

Artikel III-135

Die Mitgliedstaaten fördern den Austausch junger Arbeitnehmer im Rahmen eines gemeinsamen Programms.

Artikel III-136

(1) Die auf dem Gebiet der sozialen Sicherheit für die Herstellung der Freizügigkeit der Arbeitnehmer notwendigen Maßnahmen werden durch Europäisches Gesetz oder Rahmengesetz festgelegt; zu diesem Zweck wird darin insbesondere ein System eingeführt, welches zu- und abwandernden Arbeitnehmern und Selbstständigen sowie deren anspruchsberechtigten Angehörigen Folgendes sichert:

a) die Zusammenrechnung aller nach den verschiedenen innerstaatlichen Rechtsvorschriften berücksichtigten Zeiten für den Erwerb und die Aufrechterhaltung des Leistungsanspruchs sowie für die Berechnung der Leistungen;
b) die Zahlung der Leistungen an Personen, die in den Hoheitsgebieten der Mitgliedstaaten wohnen.

(2) Ist ein Mitglied des Rates der Auffassung, dass ein Entwurf eines Europäischen Gesetzes oder Rahmengesetzes nach Absatz 1 wesentliche Aspekte wie den Geltungsbereich, die Kosten oder die Finanzstruktur seines Systems der sozialen Sicherheit verletzen oder dessen finanzielles Gleichgewicht beeinträchtigen würde, so kann es beantragen, dass der Europäische Rat befasst wird. In diesem Fall wird das Verfahren nach Artikel III-396 ausgesetzt. Nach einer Aussprache geht der Europäische Rat binnen vier Monaten nach Aussetzung des Verfahrens wie folgt vor:

a) Er verweist den Entwurf an den Rat zurück, wodurch die Aussetzung des Verfahrens nach Artikel III-396 beendet wird, oder
b) er ersucht die Kommission um Vorlage eines neuen Vorschlags; in diesem Fall gilt der ursprünglich vorgeschlagene Rechtsakt als nicht erlassen.

Unterabschnitt 2: Niederlassungsfreiheit

Artikel III-137

Die Beschränkungen der Niederlassungsfreiheit von Staatsangehörigen eines Mitgliedstaats im Hoheitsgebiet eines anderen Mitgliedstaats sind nach Maßgabe dieses Unterabschnitts verboten. Das Gleiche gilt für Beschränkungen der Gründung von Agenturen, Zweigniederlassungen oder Tochtergesellschaften durch Angehörige eines Mitgliedstaats, die im Hoheitsgebiet eines Mitgliedstaats ansässig sind.

Vorbehaltlich des Abschnitts 4 über den Kapital- und Zahlungsverkehr haben die Angehörigen eines Mitgliedstaats das Recht, im Hoheitsgebiet eines anderen Mitgliedstaats selbstständige Erwerbstätigkeiten aufzunehmen und auszuüben sowie Unternehmen, insbesondere Gesellschaften im Sinne des Artikels III-142 Absatz 2, nach den Bestimmungen des Aufnahmemitgliedstaats für seine eigenen Angehörigen zu gründen und zu leiten.

Artikel III-138

(1) Die Maßnahmen zur Verwirklichung der Niederlassungsfreiheit für eine bestimmte Tätigkeit werden durch Europäisches Rahmengesetz festgelegt. Es wird nach Anhörung des Wirtschafts- und Sozialausschusses erlassen.

(2) Das Europäische Parlament, der Rat und die Kommission erfüllen die Aufgaben, die ihnen aufgrund von Absatz 1 übertragen sind, indem sie insbesondere
a) im Allgemeinen diejenigen Tätigkeiten mit Vorrang behandeln, bei denen die Niederlassungsfreiheit die Entwicklung der Produktion und des Handels in besonderer Weise fördert;
b) eine enge Zusammenarbeit zwischen den zuständigen Verwaltungen der Mitgliedstaaten sicherstellen, um sich über die besondere Lage auf den verschiedenen Tätigkeitsgebieten innerhalb der Union zu unterrichten;
c) die aus innerstaatlichen Rechtsvorschriften oder zuvor zwischen den Mitgliedstaaten geschlossenen Übereinkünften abgeleiteten Verwaltungsverfahren und -praktiken ausschalten, deren Beibehaltung der Niederlassungsfreiheit entgegensteht;
d) dafür Sorge tragen, dass Arbeitnehmer eines Mitgliedstaats, die im Hoheitsgebiet eines anderen Mitgliedstaats beschäftigt sind, dort verbleiben und eine selbstständige Tätigkeit unter denselben Voraussetzungen ausüben können, die sie erfüllen müssten, wenn sie in diesen Staat erst zu dem Zeitpunkt einreisen würden, zu dem sie diese Tätigkeit aufzunehmen beabsichtigen;
e) den Erwerb und die Nutzung von Grundbesitz im Hoheitsgebiet eines Mitgliedstaats durch Angehörige eines anderen Mitgliedstaats ermöglichen, soweit hierdurch die Grundsätze des Artikels III-227 Absatz 2 nicht beeinträchtigt werden;
f) veranlassen, dass bei jedem in Betracht kommenden Wirtschaftszweig die Beschränkungen der Niederlassungsfreiheit in Bezug auf die Voraussetzungen für die Errichtung von Agenturen, Zweigniederlassungen und Tochtergesellschaften im Hoheitsgebiet eines Mitgliedstaats sowie für den Eintritt des Personals der Hauptniederlassung in ihre Leitungs- oder Überwachungsorgane schrittweise aufgehoben werden;
g) soweit erforderlich die Schutzbestimmungen koordinieren, die in den Mitgliedstaaten den Gesellschaften im Sinne des Artikels III-142 Absatz 2 im Interesse der Gesellschafter sowie Dritter vorgeschrieben sind, um diese Bestimmungen gleichwertig zu gestalten;
h) sicherstellen, dass die Bedingungen für die Niederlassung nicht durch Beihilfen der Mitgliedstaaten verfälscht werden.

Artikel III-139

Auf Tätigkeiten, die in einem Mitgliedstaat dauernd oder zeitweise mit der Ausübung öffentlicher Gewalt verbunden sind, findet dieser Unterabschnitt in dem betreffenden Mitgliedstaat keine Anwendung.

Durch Europäisches Gesetz oder Rahmengesetz können bestimmte Tätigkeiten von der Anwendung dieses Unterabschnitts ausgenommen werden.

Artikel III-140

(1) Dieser Unterabschnitt und die aufgrund dessen erlassenen Maßnahmen beeinträchtigen nicht die Anwendbarkeit der Rechts- und Verwaltungsvorschriften der Mitgliedstaaten, die eine Sonderregelung für Ausländer vorsehen und aus Gründen der öffentlichen Ordnung, Sicherheit oder Gesundheit gerechtfertigt sind.
(2) Die in Absatz 1 genannten nationalen Vorschriften werden durch Europäisches Rahmengesetz koordiniert.

Artikel III-141

(1) Die Aufnahme und die Ausübung selbstständiger Tätigkeiten werden durch Europäisches Rahmengesetz erleichtert. Dieses hat Folgendes zum Ziel:

a) die gegenseitige Anerkennung der Diplome, Prüfungszeugnisse und sonstigen Befähigungsnachweise;
b) die Koordinierung der Rechts- und Verwaltungsvorschriften der Mitgliedstaaten über die Aufnahme und Ausübung selbstständiger Tätigkeiten.

(2) Die schrittweise Aufhebung der Beschränkungen für die ärztlichen, arztähnlichen und pharmazeutischen Berufe setzt die Koordinierung der Bedingungen für die Ausübung dieser Berufe in den einzelnen Mitgliedstaaten voraus.

Artikel III-142

Für die Anwendung dieses Unterabschnitts stehen die nach den Rechtsvorschriften eines Mitgliedstaats gegründeten Gesellschaften, die ihren satzungsmäßigen Sitz, ihre Hauptverwaltung oder ihre Hauptniederlassung innerhalb der Union haben, den natürlichen Personen gleich, die Angehörige der Mitgliedstaaten sind.

Als Gesellschaften gelten die Gesellschaften des bürgerlichen Rechts und des Handelsrechts einschließlich der Genossenschaften und die sonstigen juristischen Personen des öffentlichen und privaten Rechts mit Ausnahme derjenigen, die keinen Erwerbszweck verfolgen.

Artikel III-143

Unbeschadet der sonstigen Bestimmungen der Verfassung stellen die Mitgliedstaaten die Staatsangehörigen der anderen Mitgliedstaaten hinsichtlich ihrer Beteiligung am Kapital von Gesellschaften im Sinne des Artikels III-142 Absatz 2 den eigenen Staatsangehörigen gleich.

Unterabschnitt 3: Freier Dienstleistungsverkehr

Artikel III-144

Die Beschränkungen des freien Dienstleistungsverkehrs innerhalb der Union für Angehörige der Mitgliedstaaten, die in einem anderen Mitgliedstaat als demjenigen des Leistungsempfängers ansässig sind, sind nach Maßgabe dieses Unterabschnitts verboten.

Durch Europäisches Gesetz oder Rahmengesetz kann die Anwendung dieses Unterabschnitts auf Erbringer von Dienstleistungen ausgedehnt werden, welche die Staatsangehörigkeit eines Drittlandes besitzen und innerhalb der Union ansässig sind.

Artikel III-145

Dienstleistungen im Sinne der Verfassung sind Leistungen, die in der Regel gegen Entgelt erbracht werden, soweit sie nicht den Vorschriften über die Freizügigkeit der Personen und über den freien Waren- und Kapitalverkehr unterliegen.

Als Dienstleistungen gelten insbesondere:
a) gewerbliche Tätigkeiten,
b) kaufmännische Tätigkeiten,
c) handwerkliche Tätigkeiten,
d) freiberufliche Tätigkeiten.

Unbeschadet des Unterabschnitts 2 über die Niederlassungsfreiheit kann der Leistende zwecks Erbringung seiner Leistungen seine Tätigkeit vorübergehend in dem Mitgliedstaat ausüben, in dem die Leistung erbracht wird, und zwar unter den Voraussetzungen, welche dieser Staat für seine eigenen Angehörigen vorschreibt.

Artikel III-146

(1) Für den freien Dienstleistungsverkehr auf dem Gebiet des Verkehrs gilt Kapitel III Abschnitt 7 über den Verkehr.
(2) Die Liberalisierung der mit dem Kapitalverkehr verbundenen Dienstleistungen der Banken und Versicherungen wird im Einklang mit der Liberalisierung des Kapitalverkehrs durchgeführt.

Artikel III-147

(1) Die Maßnahmen zur Liberalisierung einer bestimmten Dienstleistung werden durch Europäisches Rahmengesetz festgelegt. Es wird nach Anhörung des Wirtschafts- und Sozialausschusses erlassen.
(2) Bei dem in Absatz 1 genannten Europäischen Rahmengesetz sind im Allgemeinen mit Vorrang diejenigen Dienstleistungen zu berücksichtigen, welche die Produktionskosten unmittelbar beeinflussen oder deren Liberalisierung zur Förderung des Warenverkehrs beiträgt.

Artikel III-148

Die Mitgliedstaaten bemühen sich, über das Ausmaß der Liberalisierung der Dienstleistungen, zu dem sie aufgrund des nach Artikel III-147 Absatz 1 erlassenen Europäischen Rahmengesetzes verpflichtet sind, hinauszugehen, falls ihre wirtschaftliche Gesamtlage und die Lage des betreffenden Wirtschaftszweigs dies zulassen.

Die Kommission richtet entsprechende Empfehlungen an die betreffenden Mitgliedstaaten.

Artikel III-149

Solange die Beschränkungen des freien Dienstleistungsverkehrs nicht aufgehoben sind, wenden sie die Mitgliedstaaten ohne Unterscheidung nach Staatsangehörigkeit oder Aufenthaltsort auf alle Erbringer von Dienstleistungen nach Artikel III-144 Absatz 1 an.

Artikel III-150

Die Artikel III-139 bis III-142 finden auf das in diesem Unterabschnitt geregelte Sachgebiet Anwendung.

Abschnitt 3: Freier Warenverkehr

Unterabschnitt 1: Zollunion

Artikel III-151

(1) Die Union umfasst eine Zollunion, die sich auf den gesamten Warenaustausch erstreckt und das Verbot umfasst, zwischen den Mitgliedstaaten Ein- und Ausfuhrzölle und Abgaben gleicher Wirkung zu erheben, sowie die Einführung eines Gemeinsamen Zolltarifs gegenüber Drittländern.
(2) Absatz 4 und Unterabschnitt 3 über das Verbot von mengenmäßigen Beschränkungen gelten für die aus den Mitgliedstaaten stammenden Waren sowie für diejenigen Waren aus Drittländern, die sich in den Mitgliedstaaten im freien Verkehr befinden.
(3) Als im freien Verkehr eines Mitgliedstaats befindlich gelten diejenigen Waren aus Drittländern, für die in dem betreffenden Mitgliedstaat die Einfuhrförmlichkeiten erfüllt sowie die

vorgeschriebenen Zölle und Abgaben gleicher Wirkung erhoben und nicht ganz oder teilweise rückvergütet worden sind.
(4) Ein- und Ausfuhrzölle oder Abgaben gleicher Wirkung sind zwischen den Mitgliedstaaten verboten. Dieses Verbot gilt auch für Finanzzölle.
(5) Der Rat erlässt auf Vorschlag der Kommission die Europäischen Verordnungen oder Beschlüsse zur Festsetzung der Sätze des Gemeinsamen Zolltarifs.
(6) Bei der Ausübung der ihr aufgrund dieses Artikels übertragenen Aufgaben geht die Kommission von folgenden Gesichtspunkten aus:
a) der Notwendigkeit, den Handelsverkehr zwischen den Mitgliedstaaten und Drittländern zu fördern;
b) der Entwicklung der Wettbewerbsbedingungen innerhalb der Union, soweit diese Entwicklung zu einer Zunahme der Wettbewerbsfähigkeit der Unternehmen führt;
c) dem Versorgungsbedarf der Union an Rohstoffen und Halbfertigwaren; hierbei achtet die Kommission darauf, zwischen den Mitgliedstaaten die Wettbewerbsbedingungen für Fertigwaren nicht zu verfälschen;
d) der Notwendigkeit, ernsthafte Störungen im Wirtschaftsleben der Mitgliedstaaten zu vermeiden und eine rationelle Entwicklung der Erzeugung sowie eine Ausweitung des Verbrauchs innerhalb der Union zu gewährleisten.

Unterabschnitt 2: Zusammenarbeit im Zollwesen

Artikel III-152

Im Rahmen des Geltungsbereichs der Verfassung werden durch Europäisches Gesetz oder Rahmengesetz Maßnahmen zum Ausbau der Zusammenarbeit im Zollwesen zwischen den Mitgliedstaaten sowie zwischen den Mitgliedstaaten und der Kommission festgelegt.

Unterabschnitt 3: Verbot von mengenmäßigen Beschränkungen

Artikel III-153

Mengenmäßige Einfuhr- und Ausfuhrbeschränkungen sowie alle Maßnahmen gleicher Wirkung sind zwischen den Mitgliedstaaten verboten.

Artikel III-154

Artikel III-153 steht Einfuhr-, Ausfuhr- und Durchfuhrverboten oder -beschränkungen nicht entgegen, die aus Gründen der öffentlichen Sittlichkeit, Ordnung und Sicherheit, zum Schutze der Gesundheit und des Lebens von Menschen, Tieren oder Pflanzen, des nationalen Kulturguts von künstlerischem, geschichtlichem oder archäologischem Wert oder des gewerblichen und kommerziellen Eigentums gerechtfertigt sind. Diese Verbote oder Beschränkungen dürfen jedoch weder ein Mittel zur willkürlichen Diskriminierung noch eine verschleierte Beschränkung des Handels zwischen den Mitgliedstaaten darstellen.

Artikel III-155

(1) Die Mitgliedstaaten formen ihre staatlichen Handelsmonopole derart um, dass jede Diskriminierung in den Versorgungs- und Absatzbedingungen zwischen den Angehörigen der Mitgliedstaaten ausgeschlossen ist.

Dieser Artikel gilt für alle Einrichtungen, durch die ein Mitgliedstaat unmittelbar oder mittelbar die Einfuhr oder die Ausfuhr zwischen den Mitgliedstaaten rechtlich oder tatsäch-

lich kontrolliert, lenkt oder merklich beeinflusst. Er gilt auch für die von einem Staat auf andere Rechtsträger übertragenen Monopole.
(2) Die Mitgliedstaaten unterlassen jede neue Maßnahme, die den in Absatz 1 genannten Grundsätzen widerspricht oder die Tragweite der Artikel über das Verbot von Zöllen und mengenmäßigen Beschränkungen zwischen den Mitgliedstaaten einengt.
(3) Ist mit einem staatlichen Handelsmonopol eine Regelung zur Erleichterung des Absatzes oder der Verwertung landwirtschaftlicher Erzeugnisse verbunden, so sollen bei der Anwendung dieses Artikels gleichwertige Sicherheiten für die Beschäftigung und den Lebensstandard der betreffenden Erzeuger gewährleistet werden.

Abschnitt 4: Der Kapital- und Zahlungsverkehr

Artikel III-156

Im Rahmen dieses Abschnitts sind Beschränkungen des Kapital- und des Zahlungsverkehrs zwischen den Mitgliedstaaten sowie zwischen den Mitgliedstaaten und Drittländern verboten.

Artikel III-157

(1) Artikel III-156 berührt nicht die Anwendung derjenigen Beschränkungen auf Drittländer, die am 31. Dezember 1993 aufgrund einzelstaatlicher Rechtsvorschriften oder von Rechtsvorschriften der Union für den Kapitalverkehr mit Drittländern im Zusammenhang mit Direktinvestitionen einschließlich Anlagen in Immobilien, mit der Niederlassung, der Erbringung von Finanzdienstleistungen oder der Zulassung von Wertpapieren zu den Kapitalmärkten bestanden. Für in Estland und Ungarn bestehende Beschränkungen nach innerstaatlichem Recht ist der maßgebliche Zeitpunkt der 31. Dezember 1999.
(2) Die Maßnahmen im Zusammenhang mit dem Kapitalverkehr mit Drittländern im Zusammenhang mit Direktinvestitionen einschließlich Anlagen in Immobilien, mit der Niederlassung, der Erbringung von Finanzdienstleistungen oder der Zulassung von Wertpapieren zu den Kapitalmärkten werden durch Europäisches Gesetz oder Rahmengesetz festgelegt.

Unbeschadet sonstiger Bestimmungen der Verfassung bemühen sich das Europäische Parlament und der Rat um eine möglichst weitgehende Verwirklichung des Zieles eines freien Kapitalverkehrs zwischen den Mitgliedstaaten und Drittländern.
(3) In Abweichung von Absatz 2 können Maßnahmen, die im Rahmen des Unionsrechts für die Liberalisierung des Kapitalverkehrs mit Drittländern einen Rückschritt darstellen, nur durch Europäisches Gesetz oder Rahmengesetz des Rates festgelegt werden. Dieser beschließt einstimmig nach Anhörung des Europäischen Parlaments.

Artikel III-158

(1) Artikel III-156 berührt nicht das Recht der Mitgliedstaaten,
a) die einschlägigen Bestimmungen ihres Steuerrechts anzuwenden, die Steuerpflichtige mit unterschiedlichem Wohnort oder Kapitalanlageort unterschiedlich behandeln,
b) die erforderlichen Maßnahmen zu ergreifen, um Zuwiderhandlungen gegen innerstaatliche Rechtsvorschriften, insbesondere auf dem Gebiet des Steuerrechts und der Aufsicht über Finanzinstitute, zu verhindern, sowie Meldeverfahren für den Kapitalverkehr zwecks administrativer oder statistischer Information vorzusehen oder Maßnahmen zu erlassen, die aus Gründen der öffentlichen Ordnung oder Sicherheit gerechtfertigt sind.

(2) Dieser Abschnitt berührt nicht die Anwendbarkeit von Beschränkungen des Niederlassungsrechts, die mit der Verfassung vereinbar sind.

(3) Die in den Absätzen 1 und 2 genannten Maßnahmen und Verfahren dürfen weder ein Mittel zur willkürlichen Diskriminierung noch eine verschleierte Beschränkung des freien Kapital- und Zahlungsverkehrs im Sinne des Artikels III-156 darstellen.
(4) Ist kein Europäisches Gesetz oder Rahmengesetz nach Artikel III-157 Absatz 3 erlassen worden, so kann die Kommission oder, wenn diese binnen drei Monaten nach der Vorlage eines entsprechenden Antrags des betreffenden Mitgliedstaats keinen Europäischen Beschluss erlassen hat, der Rat einen Europäischen Beschluss erlassen, mit dem festgelegt wird, dass die von einem Mitgliedstaat in Bezug auf ein oder mehrere Drittländer getroffenen restriktiven steuerlichen Maßnahmen insofern als mit der Verfassung vereinbar anzusehen sind, als sie durch eines der Ziele der Union gerechtfertigt und mit dem ordnungsgemäßen Funktionieren des Binnenmarktes vereinbar sind. Der Rat beschließt einstimmig auf Antrag eines Mitgliedstaats.

Artikel III-159

Falls Kapitalbewegungen aus oder nach Drittländern unter außergewöhnlichen Umständen das Funktionieren der Wirtschafts- und Währungsunion schwerwiegend stören oder zu stören drohen, kann der Rat auf Vorschlag der Kommission Europäische Verordnungen oder Beschlüsse zur Einführung von Schutzmaßnahmen gegenüber Drittländern mit einer Geltungsdauer von höchstens sechs Monaten erlassen, wenn diese unbedingt erforderlich sind. Er beschließt nach Anhörung der Europäischen Zentralbank.

Artikel III-160

Sofern dies notwendig ist, um die Ziele des Artikels III-257 in Bezug auf die Verhütung und Bekämpfung von Terrorismus und damit verbundenen Aktivitäten zu verwirklichen, wird durch Europäisches Gesetz ein Rahmen für Verwaltungsmaßnahmen in Bezug auf Kapitalbewegungen und Zahlungen geschaffen, wozu das Einfrieren von Geldern, finanziellen Vermögenswerten oder wirtschaftlichen Erträgen gehören kann, deren Eigentümer oder Besitzer natürliche oder juristische Personen, Gruppierungen oder nichtstaatliche Einheiten sind.

Zur Durchführung des in Absatz 1 genannten Europäischen Gesetzes erlässt der Rat auf Vorschlag der Kommission Europäische Verordnungen oder Beschlüsse.

In den Rechtsakten nach diesem Artikel müssen die erforderlichen Bestimmungen über den Rechtsschutz vorgesehen sein.

Abschnitt 5: Wettbewerbsregeln

Unterabschnitt 1: Vorschriften für Unternehmen

Artikel III-161

(1) Mit dem Binnenmarkt unvereinbar und verboten sind alle Vereinbarungen zwischen Unternehmen, Beschlüsse von Unternehmensvereinigungen und aufeinander abgestimmte Verhaltensweisen, welche den Handel zwischen Mitgliedstaaten zu beeinträchtigen geeignet sind und eine Verhinderung, Einschränkung oder Verfälschung des Wettbewerbs innerhalb des Binnenmarkts bezwecken oder bewirken, insbesondere
a) die unmittelbare oder mittelbare Festsetzung der An- oder Verkaufspreise oder sonstiger Geschäftsbedingungen;
b) die Einschränkung oder Kontrolle der Erzeugung, des Absatzes, der technischen Entwicklung oder der Investitionen;

c) die Aufteilung der Märkte oder Versorgungsquellen;
d) die Anwendung unterschiedlicher Bedingungen bei gleichwertigen Leistungen gegenüber Handelspartnern, wodurch diese im Wettbewerb benachteiligt werden;
e) die an den Abschluss von Verträgen geknüpfte Bedingung, dass die Vertragspartner zusätzliche Leistungen annehmen, die weder sachlich noch nach Handelsbrauch in Beziehung zum Vertragsgegenstand stehen.

(2) Die nach diesem Artikel verbotenen Vereinbarungen oder Beschlüsse sind nichtig.

(3) Absatz 1 kann jedoch für nicht anwendbar erklärt werden auf
- Vereinbarungen oder Gruppen von Vereinbarungen zwischen Unternehmen,
- Beschlüsse oder Gruppen von Beschlüssen von Unternehmensvereinigungen,
- aufeinander abgestimmte Verhaltensweisen oder Gruppen von solchen,

die unter angemessener Beteiligung der Verbraucher an dem entstehenden Gewinn zur Verbesserung der Warenerzeugung oder -verteilung oder zur Förderung des technischen oder wirtschaftlichen Fortschritts beitragen, ohne dass den beteiligten Unternehmen
a) Beschränkungen auferlegt werden, die für die Verwirklichung dieser Ziele nicht unerlässlich sind, oder
b) Möglichkeiten eröffnet werden, für einen wesentlichen Teil der betreffenden Waren den Wettbewerb auszuschalten.

Artikel III-162

Mit dem Binnenmarkt unvereinbar und verboten ist die missbräuchliche Ausnutzung einer beherrschenden Stellung auf dem Binnenmarkt oder auf einem wesentlichen Teil desselben durch ein oder mehrere Unternehmen, soweit dies dazu führen kann, den Handel zwischen Mitgliedstaaten zu beeinträchtigen.

Dieser Missbrauch kann insbesondere in Folgendem bestehen:
a) der unmittelbaren oder mittelbaren Erzwingung von unangemessenen Einkaufs- oder Verkaufspreisen oder sonstigen Geschäftsbedingungen;
b) der Einschränkung der Erzeugung, des Absatzes oder der technischen Entwicklung zum Schaden der Verbraucher;
c) der Anwendung unterschiedlicher Bedingungen bei gleichwertigen Leistungen gegenüber Handelspartnern, wodurch diese im Wettbewerb benachteiligt werden;
d) der an den Abschluss von Verträgen geknüpften Bedingung, dass die Vertragspartner zusätzliche Leistungen annehmen, die weder sachlich noch nach Handelsbrauch in Beziehung zum Vertragsgegenstand stehen.

Artikel III-163

Der Rat erlässt auf Vorschlag der Kommission die Europäischen Verordnungen zur Verwirklichung der in den Artikeln III-161 und III-162 niedergelegten Grundsätze. Er beschließt nach Anhörung des Europäischen Parlaments.

Diese Verordnungen bezwecken insbesondere:
a) die Beachtung der in Artikel III-161 Absatz 1 und Artikel III-162 genannten Verbote durch die Einführung von Geldbußen und Zwangsgeldern zu gewährleisten;
b) die Einzelheiten der Anwendung des Artikels III-161 Absatz 3 festzulegen; dabei ist dem Erfordernis einer wirksamen Überwachung bei möglichst einfacher Verwaltungskontrolle Rechnung zu tragen;
c) gegebenenfalls den Anwendungsbereich der Artikel III-161 und III-162 für die einzelnen Wirtschaftszweige näher zu bestimmen;

d) die Aufgaben der Kommission und des Gerichtshofs der Europäischen Union bei der Anwendung der in diesem Absatz vorgesehenen Vorschriften gegeneinander abzugrenzen;
e) das Verhältnis zwischen den Rechtsvorschriften der Mitgliedstaaten einerseits und diesem Unterabschnitt sowie den aufgrund dieses Artikels erlassenen Europäischen Verordnungen andererseits festzulegen.

Artikel III-164

Bis zum Inkrafttreten der nach Artikel III-163 erlassenen Europäischen Verordnungen entscheiden die Behörden der Mitgliedstaaten im Einklang mit ihrem innerstaatlichen Recht und Artikel III-161, insbesondere Absatz 3, und Artikel III-162 über die Zulässigkeit von Vereinbarungen, Beschlüssen und aufeinander abgestimmten Verhaltensweisen sowie über die missbräuchliche Ausnutzung einer beherrschenden Stellung auf dem Binnenmarkt.

Artikel III-165

(1) Unbeschadet des Artikels III-164 achtet die Kommission auf die Verwirklichung der in den Artikeln III-161 und III-162 niedergelegten Grundsätze. Sie untersucht auf Antrag eines Mitgliedstaats oder von Amts wegen in Verbindung mit den zuständigen Behörden der Mitgliedstaaten, die ihr Amtshilfe zu leisten haben, die Fälle, in denen Zuwiderhandlungen gegen diese Grundsätze vermutet werden. Stellt sie eine Zuwiderhandlung fest, so schlägt sie geeignete Mittel vor, um diese abzustellen.
(2) Wird die Zuwiderhandlung nach Absatz 1 nicht abgestellt, so erlässt die Kommission einen mit Gründen versehenen Europäischen Beschluss, in dem festgestellt wird, dass eine Zuwiderhandlung gegen die Grundsätze vorliegt. Sie kann ihren Beschluss veröffentlichen und die Mitgliedstaaten ermächtigen, die erforderlichen Abhilfemaßnahmen zu treffen, deren Bedingungen und Einzelheiten sie festlegt.
(3) Die Kommission kann Europäische Verordnungen zu den Gruppen von Vereinbarungen erlassen, zu denen der Rat nach Artikel III-163 Absatz 2 Buchstabe b eine Europäische Verordnung erlassen hat.

Artikel III-166

(1) Die Mitgliedstaaten werden in Bezug auf öffentliche Unternehmen und auf Unternehmen, denen sie besondere oder ausschließliche Rechte gewähren, keine den Bestimmungen der Verfassung und insbesondere deren Artikel I-4 Absatz 2 und den Artikeln III-161 bis III-169 widersprechende Maßnahmen treffen oder beibehalten.
(2) Für Unternehmen, die mit Dienstleistungen von allgemeinem wirtschaftlichem Interesse betraut sind oder den Charakter eines Finanzmonopols haben, gelten die Bestimmungen der Verfassung, insbesondere die Wettbewerbsregeln, soweit die Anwendung dieser Bestimmungen nicht die Erfüllung der ihnen übertragenen besonderen Aufgabe rechtlich oder tatsächlich verhindert. Die Entwicklung des Handelsverkehrs darf nicht in einem Ausmaß beeinträchtigt werden, das dem Interesse der Union zuwiderläuft.
(3) Die Kommission achtet auf die Anwendung dieses Artikelsund erlässt erforderlichenfalls geeignete Europäische Verordnungen oder Beschlüsse.

Unterabschnitt 2: Beihilfen der Mitgliedstaaten

Artikel III-167

(1) Soweit in der Verfassung nicht etwas anderes bestimmt ist, sind Beihilfen der Mitgliedstaaten oder aus staatlichen Mitteln gewährte Beihilfen gleich welcher Art, die durch die Be-

günstigung bestimmter Unternehmen oder Produktionszweige den Wettbewerb verfälschen oder zu verfälschen drohen, mit dem Binnenmarkt unvereinbar, soweit sie den Handel zwischen Mitgliedstaaten beeinträchtigen.

(2) Mit dem Binnenmarkt vereinbar sind:

a) Beihilfen sozialer Art an einzelne Verbraucher, wenn sie ohne Diskriminierung nach der Herkunft der Waren gewährt werden;
b) Beihilfen zur Beseitigung von Schäden, die durch Naturkatastrophen oder sonstige außergewöhnliche Ereignisse entstanden sind;
c) Beihilfen für die Wirtschaft bestimmter, durch die Teilung Deutschlands betroffener Gebiete der Bundesrepublik Deutschland, soweit sie zum Ausgleich der durch die Teilung verursachten wirtschaftlichen Nachteile erforderlich sind. Der Rat kann fünf Jahre nach dem Inkrafttreten des Vertrags über eine Verfassung für Europa auf Vorschlag der Kommission einen Europäischen Beschluss erlassen, mit dem dieser Buchstabe aufgehoben wird.

(3) Als mit dem Binnenmarkt vereinbar können angesehen werden:

a) Beihilfen zur Förderung der wirtschaftlichen Entwicklung von Gebieten, in denen der Lebensstandard außergewöhnlich niedrig ist oder eine erhebliche Unterbeschäftigung herrscht, und der in Artikel III-424 genannten Gebiete unter Berücksichtigung ihrer strukturellen, wirtschaftlichen und sozialen Lage;
b) Beihilfen zur Förderung wichtiger Vorhaben von gemeinsamem europäischem Interesse oder zur Behebung einer beträchtlichen Störung im Wirtschaftsleben eines Mitgliedstaats;
c) Beihilfen zur Förderung der Entwicklung gewisser Wirtschaftszweige oder Wirtschaftsgebiete, soweit sie die Handelsbedingungen nicht in einer Weise verändern, die dem gemeinsamen Interesse zuwiderläuft;
d) Beihilfen zur Förderung der Kultur und der Erhaltung des kulturellen Erbes, soweit sie die Handels- und Wettbewerbsbedingungen in der Union nicht in einem Maß beeinträchtigen, das dem gemeinsamen Interesse zuwiderläuft;
e) sonstige Arten von Beihilfen, die durch vom Rat auf Vorschlag der Kommission erlassene Europäische Verordnungen oder Beschlüsse bestimmt werden.

Artikel III-168

(1) Die Kommission überprüft fortlaufend in Zusammenarbeit mit den Mitgliedstaaten die in diesen bestehenden Beihilferegelungen. Sie schlägt ihnen die zweckdienlichen Maßnahmen vor, welche die fortschreitende Entwicklung und das Funktionieren des Binnenmarkts erfordern.

(2) Stellt die Kommission fest, nachdem sie den Beteiligten eine Frist zur Äußerung gesetzt hat, dass eine von einem Mitgliedstaat oder aus staatlichen Mitteln gewährte Beihilfe mit dem Binnenmarkt nach Artikel III-167 unvereinbar ist oder dass sie missbräuchlich angewandt wird, so erlässt sie einen Europäischen Beschluss, der darauf abzielt, dass der betreffende Mitgliedstaat sie binnen einer von ihr bestimmten Frist aufhebt oder umgestaltet.

Kommt der betreffende Mitgliedstaat diesem Europäischen Beschluss innerhalb der festgesetzten Frist nicht nach, so kann die Kommission oder jeder betroffene Mitgliedstaat in Abweichung von den Artikeln III-360 und III-361 den Gerichtshof der Europäischen Union unmittelbar anrufen.

Der Rat kann einstimmig auf Antrag eines Mitgliedstaats einen Europäischen Beschluss erlassen, demzufolge eine von diesem Staat gewährte oder geplante Beihilfe in Abweichung von Artikel III-167 oder von den in Artikel III-169 vorgesehenen Europäischen Verordnungen als mit dem Binnenmarkt vereinbar gilt, wenn außergewöhnliche Umstände einen solchen Beschluss rechtfertigen. Hat die Kommission bezüglich dieser Beihilfe das in Unterabsatz 1 vorgesehene Verfahren bereits eingeleitet, so bewirkt der Antrag des betreffenden Mitgliedstaats an den Rat die Aussetzung dieses Verfahrens, bis der Rat sich geäußert hat.

Äußert sich der Rat nicht binnen drei Monaten nach Antragstellung, so entscheidet die Kommission.

(3) Die Kommission wird von den Mitgliedstaaten über jede beabsichtigte Einführung oder Umgestaltung von Beihilfen so rechtzeitig unterrichtet, dass sie sich dazu äußern kann. Ist sie der Auffassung, dass ein derartiges Vorhaben nach Artikel III-167 mit dem Binnenmarkt unvereinbar ist, so leitet sie unverzüglich das in Absatz 2 vorgesehene Verfahren ein. Der betreffende Mitgliedstaat darf die beabsichtigten Maßnahmen nicht durchführen, bevor dieses Verfahren zu einem abschließenden Beschluss geführt hat.

(4) Die Kommission kann Europäische Verordnungen zu den Arten von staatlichen Beihilfen erlassen, die, wie vom Rat nach Artikel III-169 festgelegt, von dem Verfahren nach Absatz 3 ausgenommen werden können.

Artikel III-169

Der Rat kann auf Vorschlag der Kommission Europäische Verordnungen zur Durchführung der Artikel III-167 und III-168 und insbesondere zur Festlegung der Bedingungen für die Anwendung des Artikels III-168 Absatz 3 sowie zur Festlegung derjenigen Arten von Beihilfen erlassen, die von dem Verfahren nach dem genannten Absatz ausgenommen sind. Er beschließt nach Anhörung des Europäischen Parlaments.

Abschnitt 6: Steuerliche Vorschriften

Artikel III-170

(1) Die Mitgliedstaaten erheben auf Waren aus anderen Mitgliedstaaten weder unmittelbar noch mittelbar höhere inländische Abgaben gleich welcher Art, als gleichartige inländische Waren unmittelbar oder mittelbar zu tragen haben.

Die Mitgliedstaaten erheben auf Waren aus anderen Mitgliedstaaten keine inländischen Abgaben, die geeignet sind, andere Produktionen mittelbar zu schützen.

(2) Werden Waren aus einem Mitgliedstaat in das Hoheitsgebiet eines anderen Mitgliedstaats ausgeführt, so darf die Rückvergütung für inländische Abgaben nicht höher sein als die auf die ausgeführten Waren mittelbar oder unmittelbar erhobenen inländischen Abgaben.

(3) Für Abgaben außer Umsatzsteuern, Verbrauchsabgaben und sonstigen indirekten Steuern sind Entlastungen und Rückvergütungen bei der Ausfuhr in andere Mitgliedstaaten sowie Ausgleichsabgaben bei der Einfuhr aus den Mitgliedstaaten nur zulässig, soweit der Rat die betreffenden Bestimmungen zuvor durch einen auf Vorschlag der Kommission erlassenen Europäischen Beschluss für eine begrenzte Frist genehmigt hat.

Artikel III-171

Durch Europäisches Gesetz oder Rahmengesetz des Rates werden Maßnahmen zur Harmonisierung der Rechtsvorschriften über die Umsatzsteuern, die Verbrauchsabgaben und sonstige indirekte Steuern festgelegt, soweit diese Harmonisierung für die Verwirklichung oder das Funktionieren des Binnenmarkts und die Vermeidung von Wettbewerbsverzerrungen notwendig ist. Der Rat beschließt einstimmig nach Anhörung des Europäischen Parlaments und des Wirtschafts- und Sozialausschusses.

Abschnitt 7: Gemeinsame Bestimmungen

Artikel III-172

(1) Soweit in der Verfassung nichts anderes bestimmt ist, gilt dieser Artikel für die Verwirklichung der Ziele des Artikels III-130. Die Maßnahmen zur Angleichung der Rechts- und Verwaltungsvorschriften der Mitgliedstaaten, welche die Verwirklichung oder das Funktionieren des Binnenmarkts zum Gegenstand haben, werden durch Europäisches Gesetz oder Rahmengesetz festgelegt. Es wird nach Anhörung des Wirtschafts- und Sozialausschusses erlassen.

(2) Absatz 1 gilt nicht für die Bestimmungen über die Steuern, die Bestimmungen über die Freizügigkeit und die Bestimmungen über die Rechte und Interessen der Arbeitnehmer.

(3) Die Kommission geht in ihren nach Absatz 1 in den Bereichen Gesundheit, Sicherheit, Umweltschutz und Verbraucherschutz vorgelegten Vorschlägen von einem hohen Schutzniveau aus und berücksichtigt dabei insbesondere alle auf wissenschaftliche Ergebnisse gestützten neuen Entwicklungen. Im Rahmen ihrer jeweiligen Befugnisse streben das Europäische Parlament und der Rat dieses Ziel ebenfalls an.

(4) Hält es ein Mitgliedstaat nach Erlass einer Harmonisierungsmaßnahme durch Europäisches Gesetz oder Rahmengesetz oder durch eine Europäische Verordnung der Kommission für erforderlich, einzelstaatliche Bestimmungen beizubehalten, die durch wichtige Erfordernisse im Sinne des Artikels III-154 oder in Bezug auf den Schutz der Arbeitsumwelt oder den Umweltschutz gerechtfertigt sind, so teilt er diese Bestimmungen sowie die Gründe für ihre Beibehaltung der Kommission mit.

(5) Unbeschadet des Absatzes 4 teilt ein Mitgliedstaat, der es nach Erlass einer Harmonisierungsmaßnahme durch Europäisches Gesetz oder Rahmengesetz oder durch eine Europäische Verordnung der Kommission für erforderlich hält, auf neue wissenschaftliche Erkenntnisse gestützte einzelstaatliche Bestimmungen zum Schutz der Umwelt oder der Arbeitsumwelt aufgrund eines spezifischen Problems für diesen Mitgliedstaat, das sich nach dem Erlass der Harmonisierungsmaßnahme ergibt, einzuführen, der Kommission die in Aussicht genommenen Bestimmungen sowie die entsprechende Begründung mit.

(6) Die Kommission erlässt binnen sechs Monaten nach den Mitteilungen nach den Absätzen 4 und 5 einen Europäischen Beschluss, in dem die betreffenden einzelstaatlichen Bestimmungen gebilligt oder abgelehnt werden, nachdem sie geprüft hat, ob sie ein Mittel zur willkürlichen Diskriminierung und eine verschleierte Beschränkung des Handels zwischen den Mitgliedstaaten darstellen und ob sie das Funktionieren des Binnenmarkts behindern.

Erlässt die Kommission innerhalb dieses Zeitraums keinen Beschluss, so gelten die in den Absätzen 4 und 5 genannten einzelstaatlichen Bestimmungen als gebilligt.

Sofern dies aufgrund eines schwierigen Sachverhalts gerechtfertigt ist und keine Gefahr für die menschliche Gesundheit besteht, kann die Kommission dem betreffenden Mitgliedstaat mitteilen, dass der in diesem Absatz genannte Zeitraum um einen weiteren Zeitraum von bis zu sechs Monaten verlängert wird.

(7) Wird es einem Mitgliedstaat nach Absatz 6 gestattet, von der Harmonisierungsmaßnahme abweichende einzelstaatliche Bestimmungen beizubehalten oder einzuführen, so prüft die Kommission unverzüglich, ob sie eine Anpassung dieser Maßnahme vorschlägt.

(8) Stellt sich einem Mitgliedstaat in einem Bereich, der zuvor bereits Gegenstand von Harmonisierungsmaßnahmen war, ein spezielles Problem für die öffentliche Gesundheit, so teilt er dies der Kommission mit, die umgehend prüft, ob sie entsprechende Maßnahmen vorschlägt.

(9) Abweichend von dem Verfahren der Artikel III-360 und III-361 kann die Kommission oder ein Mitgliedstaat den Gerichtshof der Europäischen Union unmittelbar anrufen, wenn

die Kommission oder der Mitgliedstaat der Auffassung ist, dass ein anderer Mitgliedstaat die in diesem Artikel vorgesehenen Befugnisse missbraucht.
(10) Die in diesem Artikel genannten Harmonisierungsmaßnahmen sind in geeigneten Fällen mit einer Schutzklausel verbunden, welche die Mitgliedstaaten ermächtigt, aus einem oder mehreren der in Artikel III-154 genannten nichtwirtschaftlichen Gründe vorläufige Maßnahmen zu ergreifen, die einem Kontrollverfahren der Union unterliegen.

Artikel III-173

Unbeschadet des Artikels III-172 werden die Maßnahmen zur Angleichung derjenigen Rechts- und Verwaltungsvorschriften der Mitgliedstaaten, die sich unmittelbar auf die Verwirklichung oder das Funktionieren des Binnenmarkts auswirken, durch Europäisches Rahmengesetz des Rates festgelegt. Dieser beschließt einstimmig nach Anhörung des Europäischen Parlaments und des Wirtschafts- und Sozialausschusses.

Artikel III-174

Stellt die Kommission fest, dass Unterschiede in den Rechts- oder Verwaltungsvorschriften der Mitgliedstaaten die Wettbewerbsbedingungen im Binnenmarkt verfälschen und eine Verzerrung hervorrufen, die zu beseitigen ist, so berät sie sich mit den betreffenden Mitgliedstaaten.

Führen diese Beratungen nicht zu einem Einvernehmen, so werden die zur Beseitigung der betreffenden Verzerrung erforderlichen Maßnahmen durch Europäisches Rahmengesetz festgelegt. Es können alle sonstigen in der Verfassung vorgesehenen zweckdienlichen Maßnahmen erlassen werden.

Artikel III-175

(1) Ist zu befürchten, dass der Erlass oder die Änderung einer Rechts- oder Verwaltungsvorschrift eines Mitgliedstaats eine Verzerrung im Sinne des Artikels III-174 verursacht, so setzt sich der Mitgliedstaat, der diese Maßnahme beabsichtigt, mit der Kommission ins Benehmen. Diese richtet nach Beratung mit den Mitgliedstaaten an die beteiligten Mitgliedstaaten eine Empfehlung über die zur Vermeidung dieser Verzerrung geeigneten Maßnahmen.
(2) Kommt der Mitgliedstaat, der innerstaatliche Vorschriften erlassen oder ändern will, der an ihn gerichteten Empfehlung der Kommission nicht nach, so kann nicht nach Artikel III-174 verlangt werden, dass die anderen Mitgliedstaaten ihre innerstaatlichen Vorschriften ändern, um die Verzerrung zu beseitigen. Verursacht ein Mitgliedstaat, der die Empfehlung der Kommission außer Acht lässt, eine Verzerrung lediglich zu seinem eigenen Nachteil, so findet Artikel III-174 keine Anwendung.

Artikel III-176

Im Rahmen der Verwirklichung oder des Funktionierens des Binnenmarkts werden durch Europäisches Gesetz oder Rahmengesetz Maßnahmen zur Schaffung europäischer Rechtstitel über einen einheitlichen Schutz der Rechte des geistigen Eigentums in der Union sowie zur Einführung von zentralisierten Zulassungs-, Koordinierungs- und Kontrollregelungen auf Unionsebene festgelegt.

Die Sprachenregelungen für die europäischen Rechtstitel werden durch Europäisches Gesetz des Rates festgelegt. Dieser beschließt einstimmig nach Anhörung des Europäischen Parlaments.

Kapitel II: Wirtschafts- und Währungspolitik

Artikel III-177

Die Tätigkeit der Mitgliedstaaten und der Union im Sinne des Artikels I-3 umfasst nach Maßgabe der Verfassung die Einführung einer Wirtschaftspolitik, die auf einer engen Koordinierung der Wirtschaftspolitik der Mitgliedstaaten, dem Binnenmarkt und der Festlegung gemeinsamer Ziele beruht und dem Grundsatz einer offenen Marktwirtschaft mit freiem Wettbewerb verpflichtet ist.

Parallel dazu umfasst diese Tätigkeit nach Maßgabe der Verfassung und der darin vorgesehenen Verfahren eine einheitliche Währung, den Euro, sowie die Festlegung und Durchführung einer einheitlichen Geld- sowie Wechselkurspolitik, die beide vorrangig das Ziel der Preisstabilität verfolgen und unbeschadet dieses Zieles die allgemeine Wirtschaftspolitik in der Union unter Beachtung des Grundsatzes einer offenen Marktwirtschaft mit freiem Wettbewerb unterstützen sollen.

Diese Tätigkeit der Mitgliedstaaten und der Union setzt die Einhaltung der folgenden richtungweisenden Grundsätze voraus: stabile Preise, gesunde öffentliche Finanzen und monetäre Rahmenbedingungen sowie eine dauerhaft finanzierbare Zahlungsbilanz.

Abschnitt 1: Wirtschaftspolitik

Artikel III-178

Die Mitgliedstaaten richten ihre Wirtschaftspolitik so aus, dass sie im Rahmen der in Artikel III-179 Absatz 2 genannten Grundzüge zur Verwirklichung der Ziele der Union im Sinne des Artikels I-3 beitragen. Die Mitgliedstaaten und die Union handeln im Einklang mit dem Grundsatz einer offenen Marktwirtschaft mit freiem Wettbewerb, wodurch ein effizienter Einsatz der Ressourcen gefördert wird, und halten sich dabei an die in Artikel III-177 genannten Grundsätze.

Artikel III-179

(1) Die Mitgliedstaaten betrachten ihre Wirtschaftspolitik als eine Angelegenheit von gemeinsamem Interesse und koordinieren sie im Rat nach Maßgabe des Artikels III-178.

(2) Der Rat erstellt auf Empfehlung der Kommission einen Entwurf für die Grundzüge der Wirtschaftspolitik der Mitgliedstaaten und der Union und erstattet dem Europäischen Rat hierüber Bericht.

Der Europäische Rat erörtert auf der Grundlage dieses Berichts des Rates eine Schlussfolgerung zu den Grundzügen der Wirtschaftspolitik der Mitgliedstaaten und der Union. Auf der Grundlage dieser Schlussfolgerung gibt der Rat eine Empfehlung ab, in der diese Grundzüge dargelegt werden. Er unterrichtet das Europäische Parlament davon.

(3) Um eine engere Koordinierung der Wirtschaftspolitik und eine dauerhafte Konvergenz der Wirtschaftsleistungen der Mitgliedstaaten zu gewährleisten, überwacht der Rat anhand von Berichten der Kommission die wirtschaftliche Entwicklung in jedem Mitgliedstaat und in der Union sowie die Vereinbarkeit der Wirtschaftspolitik mit den in Absatz 2 genannten Grundzügen und nimmt in regelmäßigen Abständen eine Gesamtbewertung vor.

Zum Zwecke dieser multilateralen Überwachung übermitteln die Mitgliedstaaten der Kommission Angaben zu wichtigen einzelstaatlichen Maßnahmen auf dem Gebiet ihrer Wirtschaftspolitik sowie weitere von ihnen für erforderlich erachtete Angaben.

(4) Wird im Rahmen des Verfahrens nach Absatz 3 festgestellt, dass die Wirtschaftspolitik eines Mitgliedstaats nicht mit den in Absatz 2 genannten Grundzügen vereinbar ist oder das ordnungsgemäße Funktionieren der Wirtschafts- und Währungsunion zu gefährden droht, so kann die Kommission an den betreffenden Mitgliedstaat eine Verwarnung richten. Der Rat kann auf Empfehlung der Kommission die erforderlichen Empfehlungen an den betreffenden Mitgliedstaat richten. Der Rat kann auf Vorschlag der Kommission beschließen, seine Empfehlungen zu veröffentlichen.

Der Rat beschließt im Rahmen dieses Absatzes ohne Berücksichtigung der Stimme des den betreffenden Mitgliedstaat vertretenden Mitglieds des Rates.

Als qualifizierte Mehrheit gilt eine Mehrheit von mindestens 55 Prozent der übrigen Mitglieder des Rates, sofern diese Mitgliedstaaten vertreten, die zusammen mindestens 65 Prozent der Bevölkerung der beteiligten Mitgliedstaaten ausmachen.

Für eine Sperrminorität ist mindestens die Mindestzahl dieser übrigen Mitglieder des Rates, die zusammen mehr als 35 Prozent der Bevölkerung der beteiligten Mitgliedstaaten vertreten, zuzüglich eines Mitglieds erforderlich; andernfalls gilt die qualifizierte Mehrheit als erreicht.

(5) Der Präsident des Rates und die Kommission erstatten dem Europäischen Parlament über die Ergebnisse der multilateralen Überwachung Bericht. Der Präsident des Rates kann ersucht werden, vor dem zuständigen Ausschuss des Europäischen Parlaments zu erscheinen, wenn der Rat seine Empfehlungen veröffentlicht hat.

(6) Die Einzelheiten des Verfahrens der multilateralen Überwachung im Sinne der Absätze 3 und 4 können durch Europäisches Gesetz festgelegt werden.

Artikel III-180

(1) Unbeschadet der sonstigen in der Verfassung vorgesehenen Verfahren kann der Rat auf Vorschlag der Kommission einen Europäischen Beschluss erlassen, in dem die der Wirtschaftslage angemessenen Maßnahmen festgelegt werden, insbesondere falls gravierende Schwierigkeiten in der Versorgung mit bestimmten Waren auftreten.

(2) Ist ein Mitgliedstaat aufgrund von Naturkatastrophen oder außergewöhnlichen Ereignissen, die sich seiner Kontrolle entziehen, von Schwierigkeiten betroffen oder von gravierenden Schwierigkeiten ernstlich bedroht, so kann der Rat auf Vorschlag der Kommission einen Europäischen Beschluss erlassen, durch den dem betreffenden Mitgliedstaat unter bestimmten Bedingungen finanzieller Beistand durch die Union gewährt wird. Der Präsident des Rates unterrichtet das Europäische Parlament davon.

Artikel III-181

(1) Überziehungs- oder andere Kreditfazilitäten bei der Europäischen Zentralbank oder den Zentralbanken der Mitgliedstaaten (im Folgenden „nationale Zentralbanken“) für Organe, Einrichtungen oder sonstige Stellen der Union, Zentralregierungen, regionale oder lokale Gebietskörperschaften oder andere öffentlich-rechtliche Körperschaften, sonstige Einrichtungen des öffentlichen Rechts oder öffentliche Unternehmen der Mitgliedstaaten sind verboten. Der unmittelbare Erwerb von Schuldtiteln von diesen durch die Europäische Zentralbank oder die nationalen Zentralbanken ist ebenfalls verboten.

(2) Absatz 1 gilt nicht für Kreditinstitute in öffentlichem Eigentum; diese werden von der jeweiligen nationalen Zentralbank und der Europäischen Zentralbank bei der Bereitstellung von Zentralbankgeld wie private Kreditinstitute behandelt.

Artikel III-182

Maßnahmen und Bestimmungen, die nicht aus aufsichtsrechtlichen Gründen erlassen werden und einen bevorrechtigten Zugang der Organe, Einrichtungen oder sonstigen Stellen der Union, der Zentralregierungen, der regionalen oder lokalen Gebietskörperschaften oder anderen öffentlich-rechtlichen Körperschaften, sonstiger Einrichtungen des öffentlichen Rechts oder öffentlicher Unternehmen der Mitgliedstaaten zu den Finanzinstituten schaffen, sind verboten.

Artikel III-183

(1) Die Union haftet nicht für die Verbindlichkeiten der Zentralregierungen, der regionalen oder lokalen Gebietskörperschaften oder anderen öffentlich-rechtlichen Körperschaften, sonstiger Einrichtungen des öffentlichen Rechts oder öffentlicher Unternehmen von Mitgliedstaaten und tritt nicht für derartige Verbindlichkeiten ein; dies gilt unbeschadet der gegenseitigen finanziellen Garantien für die gemeinsame Durchführung eines bestimmten Vorhabens. Ein Mitgliedstaat haftet nicht für die Verbindlichkeiten der Zentralregierungen, der regionalen oder lokalen Gebietskörperschaften oder anderen öffentlich-rechtlichen Körperschaften, sonstiger Einrichtungen des öffentlichen Rechts oder öffentlicher Unternehmen eines anderen Mitgliedstaats und tritt nicht für derartige Verbindlichkeiten ein; dies gilt unbeschadet der gegenseitigen finanziellen Garantien für die gemeinsame Durchführung eines bestimmten Vorhabens.

(2) Der Rat kann auf Vorschlag der Kommission Europäische Verordnungen oder Beschlüsse zur Festlegung der Begriffsbestimmungen für die Anwendung der in Artikel III-181 und III-182 sowie in diesem Artikel vorgesehenen Verbote erlassen. Er beschließt nach Anhörung des Europäischen Parlaments.

Artikel III-184

(1) Die Mitgliedstaaten vermeiden übermäßige öffentliche Defizite.

(2) Die Kommission überwacht die Entwicklung der Haushaltslage und der Höhe des öffentlichen Schuldenstands in den Mitgliedstaaten im Hinblick auf die Feststellung schwerwiegender Fehler. Insbesondere prüft sie die Einhaltung der Haushaltsdisziplin anhand der zwei nachstehenden Kriterien:

a) ob das Verhältnis des geplanten oder tatsächlichen öffentlichen Defizits zum Bruttoinlandsprodukt einen bestimmten Referenzwert überschreitet, es sei denn,
   i) dass das Verhältnis erheblich und laufend zurückgegangen ist und einen Wert in der Nähe des Referenzwerts erreicht hat oder
   ii) dass der Referenzwert nur ausnahmsweise und vorübergehend überschritten wird und das Verhältnis in der Nähe des Referenzwerts bleibt,

b) ob das Verhältnis des öffentlichen Schuldenstands zum Bruttoinlandsprodukt einen bestimmten Referenzwert überschreitet, es sei denn, dass das Verhältnis hinreichend rückläufig ist und sich rasch genug dem Referenzwert nähert.

Die Referenzwerte sind in dem Protokoll über das Verfahren bei einem übermäßigen Defizit im Einzelnen festgelegt.

(3) Erfüllt ein Mitgliedstaat keines oder nur eines dieser Kriterien, so erstellt die Kommission einen Bericht. In diesem Bericht wird ferner geprüft, ob das öffentliche Defizit die öffentlichen Ausgaben für Investitionen übertrifft; berücksichtigt werden ferner alle sonstigen einschlägigen Faktoren, einschließlich der mittelfristigen Wirtschafts- und Haushaltslage des Mitgliedstaats.

Die Kommission kann auch einen Bericht erstellen, wenn sie ungeachtet der Erfüllung der Kriterien der Auffassung ist, dass in einem Mitgliedstaat die Gefahr eines übermäßigen Defizits besteht.

(4) Der nach Artikel III-192 eingesetzte Wirtschafts- und Finanzausschuss gibt eine Stellungnahme zu dem Bericht der Kommission ab.

(5) Ist die Kommission der Auffassung, dass in einem Mitgliedstaat ein übermäßiges Defizit besteht oder sich ergeben könnte, so legt sie dem betreffenden Mitgliedstaat eine Stellungnahme vor und unterrichtet den Rat.

(6) Der Rat entscheidet auf Vorschlag der Kommission unter Berücksichtigung der Bemerkungen, die der betreffende Mitgliedstaat gegebenenfalls abzugeben wünscht, sowie nach Prüfung der Gesamtlage darüber, ob ein übermäßiges Defizit besteht. In diesem Fall gibt der Rat auf Empfehlung der Kommission unverzüglich Empfehlungen ab, die er an den betreffenden Mitgliedstaat richtet mit dem Ziel, dieser Lage innerhalb einer bestimmten Frist abzuhelfen. Vorbehaltlich des Absatzes 8 werden diese Empfehlungen nicht veröffentlicht.

Der Rat beschließt im Rahmen dieses Absatzes ohne Berücksichtigung der Stimme des den betreffenden Mitgliedstaat vertretenden Mitglieds des Rates.

Als qualifizierte Mehrheit gilt eine Mehrheit von mindestens 55 Prozent der übrigen Mitglieder des Rates, sofern diese Mitgliedstaaten vertreten, die zusammen mindestens 65 Prozent der Bevölkerung der beteiligten Mitgliedstaaten ausmachen.

Für eine Sperrminorität ist mindestens die Mindestzahl dieser übrigen Mitglieder des Rates, die zusammen mehr als 35 Prozent der Bevölkerung der beteiligten Mitgliedstaaten vertreten, zuzüglich eines Mitglieds erforderlich; andernfalls gilt die qualifizierte Mehrheit als erreicht.

(7) Der Rat erlässt auf Empfehlung der Kommission die Europäischen Beschlüsse und Empfehlungen nach den Absätzen 8 bis 11.

Er beschließt ohne Berücksichtigung der Stimme des den betreffenden Mitgliedstaat vertretenden Mitglieds des Rates.

Als qualifizierte Mehrheit gilt eine Mehrheit von mindestens 55 Prozent der übrigen Mitglieder des Rates, sofern diese Mitgliedstaaten vertreten, die zusammen mindestens 65 Prozent der Bevölkerung der beteiligten Mitgliedstaaten ausmachen.

Für eine Sperrminorität ist mindestens die Mindestzahl dieser übrigen Mitglieder des Rates, die zusammen mehr als 35 Prozent der Bevölkerung der beteiligten Mitgliedstaaten vertreten, zuzüglich eines Mitglieds erforderlich; andernfalls gilt die qualifizierte Mehrheit als erreicht.

(8) Erlässt der Rat einen Europäischen Beschluss, in dem er feststellt, dass seine Empfehlungen innerhalb der gesetzten Frist keine wirksamen Maßnahmen ausgelöst haben, so kann er seine Empfehlungen veröffentlichen.

(9) Falls ein Mitgliedstaat den Empfehlungen des Rates weiterhin nicht Folge leistet, kann der Rat einen Europäischen Beschluss erlassen, durch den der Mitgliedstaat mit der Maßgabe in Verzug gesetzt wird, innerhalb einer bestimmten Frist Maßnahmen für den nach Auffassung des Rates zur Sanierung erforderlichen Defizitabbau zu erlassen.

Der Rat kann in diesem Fall den betreffenden Mitgliedstaat ersuchen, nach einem konkreten Zeitplan Berichte vorzulegen, um die Anpassungsbemühungen des Mitgliedstaats überprüfen zu können.

(10) Solange ein Mitgliedstaat einem nach Absatz 9 erlassenen Europäischen Beschluss nicht nachkommt, kann der Rat beschließen, eine oder mehrere der nachstehenden Maßnahmen anzuwenden oder gegebenenfalls zu verschärfen, nämlich

a) von dem betreffenden Mitgliedstaat verlangen, vor der Emission von Schuldverschreibungen und sonstigen Wertpapieren vom Rat näher zu bezeichnende zusätzliche Angaben zu veröffentlichen,

b) die Europäische Investitionsbank ersuchen, ihre Darlehenspolitik gegenüber dem Mitgliedstaat zu überprüfen,

c) von dem Mitgliedstaat verlangen, eine unverzinsliche Einlage in angemessener Höhe bei der Union zu hinterlegen, bis der Rat der Auffassung ist, dass das übermäßige Defizit korrigiert worden ist,

d) Geldbußen in angemessener Höhe verhängen.

Der Präsident des Rates unterrichtet das Europäische Parlament von den erlassenen Maßnahmen.

(11) Der Rat hebt einige oder sämtliche Maßnahmen nach den Absätzen 6, 8, 9 und 10 auf, wenn er der Auffassung ist, dass das übermäßige Defizit in dem betreffenden Mitgliedstaat korrigiert worden ist. Hat der Rat zuvor seine Empfehlungen veröffentlicht, so stellt er, sobald der Europäische Beschluss nach Absatz 8 aufgehoben worden ist, in einer öffentlichen Erklärung fest, dass in dem betreffenden Mitgliedstaat kein übermäßiges Defizit mehr besteht.

(12) Das Recht auf Klageerhebung nach den Artikeln III-360 und III-361 kann im Rahmen der Absätze 1 bis 6 sowie 8 und 9 nicht ausgeübt werden.

(13) Weitere Bestimmungen über die Durchführung des in diesem Artikel beschriebenen Verfahrens sind in dem Protokoll über das Verfahren bei einem übermäßigen Defizit enthalten.

Durch Europäisches Gesetz des Rates werden geeignete Maßnahmen festgelegt, mit denen das genannte Protokoll abgelöst wird. Der Rat beschließt einstimmig nach Anhörung des Europäischen Parlaments und der Europäischen Zentralbank.

Der Rat erlässt vorbehaltlich der sonstigen Bestimmungen dieses Absatzes auf Vorschlag der Kommission Europäische Verordnungen oder Beschlüsse, in denen nähere Einzelheiten und Begriffsbestimmungen für die Durchführung des genannten Protokolls festgelegt werden. Er beschließt nach Anhörung des Europäischen Parlaments.

Abschnitt 2: Währungspolitik

Artikel III-185

(1) Das vorrangige Ziel des Europäischen Systems der Zentralbanken ist es, die Preisstabilität zu gewährleisten. Soweit dies ohne Beeinträchtigung dieses Ziels möglich ist, unterstützt das Europäische System der Zentralbanken die allgemeine Wirtschaftspolitik in der Union, um zur Verwirklichung der in Artikel I-3 festgelegten Ziele der Union beizutragen. Das Europäische System der Zentralbanken handelt im Einklang mit dem Grundsatz einer offenen Marktwirtschaft mit freiem Wettbewerb, wodurch ein effizienter Einsatz der Ressourcen gefördert wird, und hält sich dabei an die in Artikel III-177 genannten Grundsätze.

(2) Die grundlegenden Aufgaben des Europäischen Systems der Zentralbanken bestehen darin,

a) die Geldpolitik der Union festzulegen und auszuführen,

b) Devisengeschäfte im Einklang mit Artikel III-326 durchzuführen,

c) die offiziellen Währungsreserven der Mitgliedstaaten zu halten und zu verwalten,

d) das reibungslose Funktionieren der Zahlungssysteme zu fördern.

(3) Absatz 2 Buchstabe c berührt nicht die Haltung und Verwaltung von Arbeitsguthaben in Fremdwährungen durch die Regierungen der Mitgliedstaaten.

(4) Die Europäische Zentralbank wird gehört

a) zu allen Vorschlägen für Rechtsakte der Union im Bereich der Befugnisse der Europäischen Zentralbank,
b) von den nationalen Behörden zu allen Entwürfen für Rechtsvorschriften im Bereich der Befugnisse der Europäischen Zentralbank, und zwar innerhalb der Grenzen und unter den Bedingungen, die der Rat nach dem Verfahren des Artikels III-187 Absatz 4 festlegt.

Die Europäische Zentralbank kann gegenüber den Organen, Einrichtungen und sonstigen Stellen der Union und gegenüber den nationalen Behörden Stellungnahmen zu Fragen abgeben, die in den Bereich ihrer Befugnisse fallen.

(5) Das Europäische System der Zentralbanken trägt zur reibungslosen Durchführung der von den zuständigen Behörden auf dem Gebiet der Aufsicht über die Kreditinstitute und der Stabilität des Finanzsystems ergriffenen Maßnahmen bei.

(6) Durch Europäisches Gesetz des Rates können der Europäischen Zentralbank besondere Aufgaben im Zusammenhang mit der Aufsicht über Kreditinstitute und sonstige Finanzinstitute mit Ausnahme von Versicherungsunternehmen übertragen werden. Der Rat beschließt einstimmig nach Anhörung des Europäischen Parlaments und der Europäischen Zentralbank.

Artikel III-186

(1) Die Europäische Zentralbank hat das ausschließliche Recht, die Ausgabe von Euro-Banknoten innerhalb der Union zu genehmigen. Die Europäische Zentralbank und die nationalen Zentralbanken sind zur Ausgabe von Euro-Banknoten berechtigt. Die von der Europäischen Zentralbank und den nationalen Zentralbanken ausgegebenen Banknoten sind die einzigen Banknoten, die in der Union als gesetzliches Zahlungsmittel gelten.

(2) Die Mitgliedstaaten haben das Recht zur Ausgabe von Euro-Münzen, wobei der Umfang dieser Ausgabe der Genehmigung durch die Europäische Zentralbank bedarf.

Der Rat kann auf Vorschlag der Kommission Europäische Verordnungen zur Festlegung von Maßnahmen erlassen mit dem Ziel, die Stückelung und die technischen Merkmale der für den Umlauf bestimmten Münzen so weit zu harmonisieren, wie dies für deren reibungslosen Umlauf innerhalb der Union erforderlich ist. Der Rat beschließt nach Anhörung des Europäischen Parlaments und der Europäischen Zentralbank.

Artikel III-187

(1) Das Europäische System der Zentralbanken wird von den Beschlussorganen der Europäischen Zentralbank, nämlich dem Rat und dem Direktorium der Europäischen Zentralbank, geleitet.

(2) Die Satzung des Europäischen Systems der Zentralbanken ist in dem Protokoll über die Satzung des Europäischen Systems der Zentralbanken und der Europäischen Zentralbank festgelegt.

(3) Artikel 5 Absätze 1, 2 und 3, die Artikel 17 und 18, Artikel 19 Absatz 1, die Artikel 22, 23, 24 und 26, Artikel 32 Absätze 2, 3, 4 und 6, Artikel 33 Absatz 1 Buchstabe a und Artikel 36 der Satzung des Europäischen Systems der Zentralbanken und der Europäischen Zentralbank können

a) entweder auf Vorschlag der Kommission und nach Anhörung der Europäischen Zentralbank
b) oder auf Empfehlung der Europäischen Zentralbank und nach Anhörung der Kommission durch Europäisches Gesetz geändert werden.

(4) Der Rat erlässt die Europäischen Verordnungen und Beschlüsse zur Festlegung der in Artikel 4, Artikel 5 Absatz 4, Artikel 19 Absatz 2, Artikel 20, Artikel 28 Absatz 1, Artikel 29 Absatz 2, Artikel 30 Absatz 4 und Artikel 34 Absatz 3 der Satzung des Europäischen Systems der Zentralbanken und der Europäischen Zentralbank genannten Maßnahmen. Er beschließt nach Anhörung des Europäischen Parlaments
a) entweder auf Vorschlag der Kommission und nach Anhörung der Europäischen Zentralbank
b) oder auf Empfehlung der Europäischen Zentralbank und nach Anhörung der Kommission.

Artikel III-188

Bei der Wahrnehmung der ihnen durch die Verfassung und die Satzung des Europäischen Systems der Zentralbanken und der Europäischen Zentralbank übertragenen Befugnisse, Aufgaben und Pflichten darf weder die Europäische Zentralbank noch eine nationale Zentralbank noch ein Mitglied ihrer Beschlussorgane Weisungen von Organen, Einrichtungen oder sonstigen Stellen der Union, Regierungen der Mitgliedstaaten oder anderen Stellen einholen oder entgegennehmen. Die Organe, Einrichtungen und sonstigen Stellen der Union sowie die Regierungen der Mitgliedstaaten verpflichten sich, diesen Grundsatz zu beachten und nicht zu versuchen, die Mitglieder der Beschlussorgane der Europäischen Zentralbank oder der nationalen Zentralbanken bei der Wahrnehmung ihrer Aufgaben zu beeinflussen.

Artikel III-189

Jeder Mitgliedstaat stellt sicher, dass seine innerstaatlichen Rechtsvorschriften einschließlich der Satzung seiner Zentralbank mit der Verfassung sowie mit der Satzung des Europäischen Systems der Zentralbanken und der Europäischen Zentralbank im Einklang stehen.

Artikel III-190

(1) Zur Erfüllung der dem Europäischen System der Zentralbanken übertragenen Aufgaben werden von der Europäischen Zentralbank nach Maßgabe der Verfassung und unter den in der Satzung des Europäischen Systems der Zentralbanken und der Europäischen Zentralbank vorgesehenen Bedingungen
a) Europäische Verordnungen erlassen, insoweit dies für die Erfüllung der in Artikel 3 Absatz 1 Buchstabe a, Artikel 19 Absatz 1, Artikel 22 oder Artikel 25 Absatz 2 der Satzung des Europäischen Systems der Zentralbanken und der Europäischen Zentralbank festgelegten Aufgaben erforderlich ist; sie erlässt Europäische Verordnungen ferner in den Fällen, die in den Europäischen Verordnungen und Beschlüssen nach Artikel III-187 Absatz 4 vorgesehen werden,
b) Europäische Beschlüsse erlassen, die zur Erfüllung der dem Europäischen System der Zentralbanken nach der Verfassung und der Satzung des Europäischen Systems der Zentralbanken und der Europäischen Zentralbank übertragenen Aufgaben erforderlich sind,
c) Empfehlungen und Stellungnahmen abgegeben.

(2) Die Europäische Zentralbank kann die Veröffentlichung ihrer Europäischen Beschlüsse, ihrer Empfehlungen und Stellungnahmen beschließen.

(3) Der Rat erlässt nach dem Verfahren des Artikels III-187 Absatz 4 die Europäischen Verordnungen, in denen festgelegt wird, innerhalb welcher Grenzen und unter welchen Bedingungen die Europäische Zentralbank befugt ist, Unternehmen bei Nichteinhaltung ihrer Europäischen Verordnungen und Beschlüsse mit Geldbußen oder Zwangsgeldern zu belegen.

Artikel III-191

Unbeschadet der Befugnisse der Europäischen Zentralbank werden durch Europäisches Gesetz oder Rahmengesetz die Maßnahmen festgelegt, die für die Verwendung des Euro als einheitlicher Währung erforderlich sind. Es wird nach Anhörung der Europäischen Zentralbank erlassen.

Abschnitt 3: Institutionelle Bestimmungen

Artikel III-192

(1) Um die Koordinierung der Politik der Mitgliedstaaten in dem für das Funktionieren des Binnenmarkts erforderlichen Umfang zu fördern, wird ein Wirtschafts- und Finanzausschuss eingesetzt.
(2) Der Ausschuss hat die Aufgabe,
a) auf Ersuchen des Rates oder der Kommission oder von sich aus Stellungnahmen an diese Organe abzugeben;
b) die Wirtschafts- und Finanzlage der Mitgliedstaaten und der Union zu beobachten und dem Rat und der Kommission regelmäßig darüber Bericht zu erstatten, insbesondere über die finanziellen Beziehungen zu Drittländern und internationalen Einrichtungen;
c) unbeschadet des Artikels III-344 an der Vorbereitung der in Artikel III-159, Artikel III-179 Absätze 2, 3, 4 und 6, den Artikeln III-180, III-183 und III-184, Artikel III-185 Absatz 6, Artikel III-186 Absatz 2, Artikel III-187 Absätze 3 und 4, den Artikeln III-191 und III-196, Artikel III-198 Absätze 2 und 3, Artikel III-201, Artikel III-202 Absätze 2 und 3 und den Artikeln III-322 und III-326 genannten Arbeiten des Rates mitzuwirken und die sonstigen ihm vom Rat übertragenen Beratungsaufgaben und vorbereitenden Arbeiten auszuführen;
d) mindestens einmal jährlich die Lage hinsichtlich des Kapitalverkehrs und der Freiheit des Zahlungsverkehrs, wie sie sich aus der Anwendung der Verfassung und der Rechtsakte der Union ergeben, zu prüfen; die Prüfung erstreckt sich auf alle Maßnahmen im Zusammenhang mit dem Kapital- und Zahlungsverkehr; der Ausschuss erstattet der Kommission und dem Rat Bericht über das Ergebnis dieser Prüfung.

Jeder Mitgliedstaat sowie die Kommission und die Europäische Zentralbank ernennen jeweils höchstens zwei Mitglieder des Ausschusses.
(3) Der Rat erlässt auf Vorschlag der Kommission einen Europäischen Beschluss über die Einzelheiten der Zusammensetzung des Wirtschafts- und Finanzausschusses. Er beschließt nach Anhörung der Europäischen Zentralbank und dieses Ausschusses. Der Präsident des Rates unterrichtet das Europäische Parlament über diesen Beschluss.
(4) Sofern und solange es Mitgliedstaaten gibt, für die eine Ausnahmeregelung im Sinne des Artikels III-197 gilt, hat der Ausschuss zusätzlich zu den in Absatz 2 beschriebenen Aufgaben die Währungs- und Finanzlage sowie den allgemeinen Zahlungsverkehr der betreffenden Mitgliedstaaten zu beobachten und dem Rat und der Kommission regelmäßig darüber Bericht zu erstatten.

Artikel III-193

Bei Fragen, die in den Geltungsbereich des Artikels III-179 Absatz 4, des Artikels III-184, mit Ausnahme von dessen Absatz 13, der Artikel III-191 und III-196, des Artikels III-198 Absatz 3 sowie des Artikels III-326 fallen, kann der Rat oder ein Mitgliedstaat die Kommission ersuchen, je nach Zweckmäßigkeit eine Empfehlung oder einen Vorschlag zu unterbreiten. Die Kommission prüft dieses Ersuchen und unterbreitet dem Rat umgehend ihre Schlussfolgerungen.

Abschnitt 4: Besondere Bestimmungen für die Mitgliedstaaten, deren Währung der Euro ist

Artikel III-194

(1) Im Hinblick auf das reibungslose Funktionieren der Wirtschafts- und Währungsunion erlässt der Rat nach Maßgabe der einschlägigen Bestimmungen der Verfassung und nach dem entsprechenden Verfahren unter den in den Artikeln III-179 und III-184 genannten Verfahren mit Ausnahme des in Artikel III-184 Absatz 13 genannten Verfahrens für die Mitgliedstaaten, deren Währung der Euro ist, Maßnahmen, um
a) die Koordinierung und Überwachung ihrer Haushaltsdisziplin zu verstärken,
b) für diese Staaten Grundzüge der Wirtschaftspolitik auszuarbeiten, wobei darauf zu achten ist, dass diese mit den für die gesamte Union angenommenen Grundzügen der Wirtschaftspolitik vereinbar sind, und ihre Einhaltung zu überwachen.

(2) Bei den in Absatz 1 genannten Maßnahmen sind nur die Mitglieder des Rates stimmberechtigt, die die Mitgliedstaaten vertreten, deren Währung der Euro ist.

Als qualifizierte Mehrheit gilt eine Mehrheit von mindestens 55 Prozent dieser Mitglieder des Rates, sofern sie Mitgliedstaaten vertreten, die zusammen mindestens 65 Prozent der Bevölkerung der beteiligen Mitgliedstaaten ausmachen.

Für eine Sperrminorität ist mindestens die Mindestzahl dieser Mitglieder des Rates, die zusammen mehr als 35 Prozent der Bevölkerung der beteiligten Mitgliedstaaten vertreten, zuzüglich eines Mitglieds erforderlich; andernfalls gilt die qualifizierte Mehrheit als erreicht.

Artikel III-195

Die Einzelheiten für die Tagungen der Minister der Mitgliedstaaten, deren Währung der Euro ist, sind in dem Protokoll betreffend die Euro-Gruppe festgelegt.

Artikel III-196

(1) Um die Stellung des Euro im internationalen Währungssystem sicherzustellen, erlässt der Rat auf Vorschlag der Kommission einen Europäischen Beschluss zur Festlegung der gemeinsamen Standpunkte zu den Fragen, die für die Wirtschafts- und Währungsunion von besonderem Interesse sind, innerhalb der zuständigen internationalen Einrichtungen und Konferenzen im Finanzbereich. Der Rat beschließt nach Anhörung der Europäischen Zentralbank.

(2) Der Rat kann auf Vorschlag der Kommission geeignete Maßnahmen mit dem Ziel erlassen, eine einheitliche Vertretung bei den internationalen Einrichtungen und Konferenzen im Finanzbereich sicherzustellen. Der Rat beschließt nach Anhörung der Europäischen Zentralbank.

(3) Bei den in den Absätzen 1 und 2 genannten Maßnahmen sind nur die Mitglieder des Rates stimmberechtigt, die die Mitgliedstaaten vertreten, deren Währung der Euro ist.

Als qualifizierte Mehrheit gilt eine Mehrheit von mindestens 55 Prozent dieser Mitglieder des Rates, sofern sie Mitgliedstaaten vertreten, die mindestens 65 Prozent der Bevölkerung der beteiligten Mitgliedstaaten ausmachen.

Für eine Sperrminorität ist mindestens die Mindestzahl dieser Mitglieder des Rates, die zusammen mehr als 35 Prozent der Bevölkerung der beteiligten Mitgliedstaaten vertreten, zuzüglich eines Mitglieds erforderlich; andernfalls gilt die qualifizierte Mehrheit als erreicht.

Abschnitt 5: Übergangsbestimmungen

Artikel III-197

(1) Die Mitgliedstaaten, für die der Rat nicht beschlossen hat, dass sie die erforderlichen Voraussetzungen für die Einführung des Euro erfüllen, werden nachstehend als „Mitgliedstaaten, für die eine Ausnahmeregelung gilt" bezeichnet.

(2) Die nachstehend aufgeführten Bestimmungen der Verfassung finden keine Anwendung auf die Mitgliedstaaten, für die eine Ausnahmeregelung gilt:

a) Annahme der das Euro-Währungsgebiet generell betreffenden Teile der Grundzüge der Wirtschaftspolitik (Artikel III-179 Absatz 2);
b) Zwangsmittel zum Abbau eines übermäßigen Defizits (Artikel III-184 Absätze 9 und 10);
c) Ziele und Aufgaben des Europäischen Systems der Zentralbanken (Artikel III-185 Absätze 1, 2, 3 und 5);
d) Ausgabe des Euro (Artikel III-186);
e) Rechtsakte der Europäischen Zentralbank (Artikel III-190);
f) Maßnahmen bezüglich der Verwendung des Euro (Artikel III-191);
g) Währungsvereinbarungen und andere Maßnahmen bezüglich der Wechselkurspolitik (Artikel III-326);
h) Ernennung der Mitglieder des Direktoriums der Europäischen Zentralbank (Artikel III-382 Absatz 2);
i) Europäische Beschlüsse zur Festlegung der innerhalb der zuständigen internationalen Einrichtungen und Konferenzen im Finanzbereich einzunehmenden gemeinsamen Standpunkte zu den Fragen, die von besonderer Bedeutung für die Wirtschafts- und Währungsunion sind (Artikel III-196 Absatz 1);
j) Maßnahmen zur Sicherstellung einer einheitlichen Vertretung bei den internationalen Einrichtungen und Konferenzen im Finanzbereich (Artikel III-196 Absatz 2).

„Mitgliedstaaten" im Sinne der in den Buchstaben a bis j genannten Artikel sind daher die Mitgliedstaaten, deren Währung der Euro ist.

(3) Die Mitgliedstaaten, für die eine Ausnahmeregelung gilt, und deren Zentralbanken sind nach Kapitel IX der Satzung des Europäischen Systems der Zentralbanken und der Europäischen Zentralbank von den Rechten und Pflichten im Rahmen des Europäischen Systems der Zentralbanken ausgeschlossen.

(4) Das Stimmrecht der Mitglieder des Rates, die die Mitgliedstaaten vertreten, für die eine Ausnahmeregelung gilt, ruht beim Erlass von Maßnahmen nach den in Absatz 2 genannten Artikeln durch den Rat sowie in den folgenden Fällen:

a) Empfehlungen an die Mitgliedstaaten, deren Währung der Euro ist, im Rahmen der multilateralen Überwachung, einschließlich Empfehlungen zu den Stabilitätsprogrammen und Verwarnungen (Artikel III-179 Absatz 4);
b) Maßnahmen bei übermäßigem Defizit von Mitgliedstaaten, deren Währung der Euro ist (Artikel III-184 Absätze 6, 7, 8 und 11).

Als qualifizierte Mehrheit gilt eine Mehrheit von mindestens 55 Prozent der übrigen Mitglieder des Rates, sofern diese Mitgliedstaaten vertreten, die zusammen mindestens 65 Prozent der Bevölkerung der beteiligten Mitgliedstaaten ausmachen.

Für eine Sperrminorität ist mindestens die Mindestzahl dieser übrigen Mitglieder des Rates, die zusammen mehr als 35 Prozent der Bevölkerung der beteiligten Mitgliedstaaten vertreten, zuzüglich eines Mitglieds erforderlich; andernfalls gilt die qualifizierte Mehrheit als erreicht.

Artikel III-198

(1) Mindestens einmal alle zwei Jahre beziehungsweise auf Antrag eines Mitgliedstaats, für den eine Ausnahmeregelung gilt, berichten die Kommission und die Europäische Zentralbank dem Rat, inwieweit die Mitgliedstaaten, für die eine Ausnahmeregelung gilt, bei der Verwirklichung der Wirtschafts- und Währungsunion ihren Verpflichtungen bereits nachgekommen sind. In ihren Berichten wird auch die Frage geprüft, inwieweit die innerstaatlichen Rechtsvorschriften jedes einzelnen dieser Mitgliedstaaten einschließlich der Satzung der jeweiligen nationalen Zentralbank mit den Artikeln III-188 und III-189 sowie der Satzung des Europäischen Systems der Zentralbanken und der Europäischen Zentralbank vereinbar sind. Ferner wird darin geprüft, ob ein hoher Grad an dauerhafter Konvergenz erreicht ist; Maßstab hierfür ist, ob jeder einzelne dieser Mitgliedstaaten folgende Kriterien erfüllt:

a) Erreichung eines hohen Grades an Preisstabilität, ersichtlich aus einer Inflationsrate, die der Inflationsrate jener – höchstens drei – Mitgliedstaaten nahe kommt, die auf dem Gebiet der Preisstabilität das beste Ergebnis erzielt haben;
b) eine auf Dauer tragbare Finanzlage der öffentlichen Hand, ersichtlich aus einer öffentlichen Haushaltslage ohne übermäßiges Defizit im Sinne des Artikels III-184 Absatz 6;
c) Einhaltung der normalen Bandbreiten des Wechselkursmechanismus des Europäischen Währungssystems seit mindestens zwei Jahren ohne Abwertung gegenüber dem Euro;
d) Dauerhaftigkeit der von dem Mitgliedstaat, für den eine Ausnahmeregelung gilt, erreichten Konvergenz und seiner Teilnahme am Wechselkursmechanismus, die im Niveau der langfristigen Zinssätze zum Ausdruck kommt.

Die vier Kriterien in diesem Absatz sowie die jeweils erforderliche Dauer ihrer Einhaltung sind in dem Protokoll über die Konvergenzkriterien näher festgelegt. Die Berichte der Kommission und der Europäischen Zentralbank berücksichtigen auch die Ergebnisse bei der Integration der Märkte, den Stand und die Entwicklung der Leistungsbilanzen, die Entwicklung bei den Lohnstückkosten und andere Preisindizes.

(2) Der Rat erlässt nach Anhörung des Europäischen Parlaments und nach Aussprache im Europäischen Rat auf Vorschlag der Kommission einen Europäischen Beschluss, durch den festgelegt wird, welche der Mitgliedstaaten, für die eine Ausnahmeregelung gilt, die auf den Kriterien des Absatzes 1 beruhenden Voraussetzungen erfüllen, und hebt die Ausnahmeregelungen für die betreffenden Mitgliedstaaten auf.

Der Rat beschließt auf Empfehlung einer qualifizierten Mehrheit derjenigen seiner Mitglieder, die Mitgliedstaaten vertreten, deren Währung der Euro ist. Diese Mitglieder beschließen innerhalb von sechs Monaten nach Befassung des Rates mit dem Kommissionsvorschlag.

Als qualifizierte Mehrheit nach Unterabsatz 2 gilt eine Mehrheit von mindestens 55 Prozent dieser Mitglieder des Rates, sofern diese Mitgliedstaaten vertreten, die zusammen mindestens 65 Prozent der Bevölkerung der beteiligten Mitgliedstaaten ausmachen. Für eine Sperrminorität ist mindestens die Mindestzahl dieser übrigen Mitglieder des Rates, die zusammen mehr als 35 Prozent der Bevölkerung der beteiligten Mitgliedstaaten vertreten, zuzüglich eines Mitglieds erforderlich; andernfalls gilt die qualifizierte Mehrheit als erreicht.

(3) Wird nach dem Verfahren des Absatzes 2 beschlossen, eine Ausnahmeregelung aufzuheben, so erlässt der Rat auf Vorschlag der Kommission Europäische Verordnungen oder Beschlüsse zur unwiderruflichen Festsetzung des Kurses, zu dem die Währung des betreffenden Mitgliedstaats durch den Euro ersetzt wird und zur Festlegung der sonstigen erforderlichen Maßnahmen zur Einführung des Euro als einheitliche Währung in diesem Mitgliedstaat. Der Rat beschließt mit Einstimmigkeit der Mitglieder, die die Mitgliedstaaten, deren Währung der Euro ist, und den betreffenden Mitgliedstaat vertreten, nach Anhörung der Europäischen Zentralbank.

Artikel III-199

(1) Sofern und solange es Mitgliedstaaten gibt, für die eine Ausnahmeregelung gilt, wird unbeschadet des Artikels III-187 Absatz 1 der in Artikel 45 der Satzung des Europäischen Systems der Zentralbanken und der Europäischen Zentralbank bezeichnete Erweiterte Rat der Europäischen Zentralbank als drittes Beschlussorgan der Europäischen Zentralbank errichtet.
(2) Sofern und solange es Mitgliedstaaten gibt, für die eine Ausnahmeregelung gilt, ist es die Aufgabe der Europäischen Zentralbank, in Bezug auf diese Mitgliedstaaten
a) die Zusammenarbeit zwischen den nationalen Zentralbanken zu verstärken;
b) die Koordinierung der Geldpolitik der Mitgliedstaaten mit dem Ziel zu verstärken, die Preisstabilität aufrechtzuerhalten;
c) das Funktionieren des Wechselkursmechanismus zu überwachen;
d) Konsultationen zu Fragen durchzuführen, die in die Zuständigkeit der nationalen Zentralbanken fallen und die Stabilität der Finanzinstitute und -märkte berühren;
e) die seinerzeitigen Aufgaben des Europäischen Fonds für währungspolitische Zusammenarbeit, die zuvor vom Europäischen Währungsinstitut übernommen worden waren, wahrzunehmen.

Artikel III-200

Jeder Mitgliedstaat, für den eine Ausnahmeregelung gilt, behandelt seine Wechselkurspolitik als eine Angelegenheit von gemeinsamem Interesse. Er berücksichtigt dabei die Erfahrungen, die bei der Zusammenarbeit im Rahmen des Wechselkursmechanismus gesammelt worden sind.

Artikel III-201

(1) Ist ein Mitgliedstaat, für den eine Ausnahmeregelung gilt, hinsichtlich seiner Zahlungsbilanz von Schwierigkeiten betroffen oder ernstlich bedroht, die sich entweder aus einem Ungleichgewicht seiner Gesamtzahlungsbilanz oder aus der Art der ihm zur Verfügung stehenden Devisen ergeben, und sind diese Schwierigkeiten geeignet, insbesondere das Funktionieren des Binnenmarkts oder die Verwirklichung der gemeinsamen Handelspolitik zu gefährden, so prüft die Kommission unverzüglich die Lage dieses Staates sowie die Maßnahmen, die er getroffen hat oder unter Einsatz aller ihm zur Verfügung stehenden Mittel nach der Verfassung treffen kann. Die Kommission gibt die Maßnahmen an, die sie dem betreffenden Mitgliedstaat empfiehlt.

Erweisen sich die von einem Mitgliedstaat, für den eine Ausnahmeregelung gilt, ergriffenen und die von der Kommission angeregten Maßnahmen als unzureichend, die aufgetretenen oder drohenden Schwierigkeiten zu beheben, so empfiehlt die Kommission dem Rat nach Anhörung des Wirtschafts- und Finanzausschusses einen gegenseitigen Beistand und die dafür geeigneten Methoden.

Die Kommission unterrichtet den Rat regelmäßig über die Lage und ihre Entwicklung.
(2) Der Rat erlässt die Europäischen Verordnungen oder Beschlüsse zur Gewährung des gegenseitigen Beistands und
zur Festlegung der entsprechenden Bedingungen und Einzelheiten. Der gegenseitige Beistand kann insbesondere erfolgen
a) durch ein abgestimmtes Vorgehen bei anderen internationalen Organisationen, an die sich die Mitgliedstaaten, für die eine Ausnahmeregelung gilt, wenden können;

b) durch Maßnahmen, die notwendig sind, um Verlagerungen von Handelsströmen zu vermeiden, falls der in Schwierigkeiten befindliche Mitgliedstaat, für den eine Ausnahmeregelung gilt, mengenmäßige Beschränkungen gegenüber Drittländern beibehält oder wieder einführt;
c) durch Bereitstellung von Krediten in begrenzter Höhe seitens anderer Mitgliedstaaten; hierzu ist ihr Einverständnis erforderlich.

(3) Stimmt der Rat dem von der Kommission empfohlenen gegenseitigen Beistand nicht zu oder sind der gewährte Beistand und die getroffenen Maßnahmen unzureichend, so ermächtigt die Kommission den in Schwierigkeiten befindlichen Mitgliedstaat, für den eine Ausnahmeregelung gilt, Schutzmaßnahmen zu treffen, deren Bedingungen und Einzelheiten sie festlegt.

Der Rat kann diese Ermächtigung aufheben und die Bedingungen und Einzelheiten ändern.

Artikel III-202

(1) Gerät ein Mitgliedstaat, für den eine Ausnahmeregelung gilt, in eine plötzliche Zahlungsbilanzkrise und wird ein Europäischer Beschluss nach Artikel III-201 Absatz 2 nicht unverzüglich erlassen, so kann dieser Mitgliedstaat vorsorglich die erforderlichen Schutzmaßnahmen ergreifen. Sie dürfen nur ein Mindestmaß an Störungen im Funktionieren des Binnenmarkts verursachen und nicht über das zur Behebung der plötzlich aufgetretenen Schwierigkeiten unbedingt erforderliche Ausmaß hinausgehen.

(2) Die Kommission und die anderen Mitgliedstaaten werden über die Schutzmaßnahmen nach Absatz 1 spätestens bei deren Inkrafttreten unterrichtet. Die Kommission kann dem Rat den gegenseitigen Beistand nach Artikel III-201 empfehlen.

(3) Der Rat kann auf Empfehlung der Kommission und nach Anhörung des Wirtschafts- und Finanzausschusses einen Europäischen Beschluss erlassen, in dem festgestellt wird, dass der betreffende Mitgliedstaat die Schutzmaßnahmen nach Absatz 1 zu ändern, auszusetzen oder aufzuheben hat.

Kapitel III: Die Politik in anderen Bereichen

Abschnitt 1: Beschäftigung

Artikel III-203

Die Union und die Mitgliedstaaten arbeiten nach diesem Abschnitt auf die Entwicklung einer koordinierten Beschäftigungsstrategie und insbesondere auf die Förderung der Qualifizierung, Ausbildung und Anpassungsfähigkeit der Arbeitnehmer sowie der Fähigkeit der Arbeitsmärkte hin, auf die Erfordernisse des wirtschaftlichen Wandels zu reagieren, um die Ziele des Artikels I-3 zu erreichen.

Artikel III-204

(1) Die Mitgliedstaaten tragen durch ihre Beschäftigungspolitik im Einklang mit den nach Artikel III-179 Absatz 2 verabschiedeten Grundzügen der Wirtschaftspolitik der Mitgliedstaaten und der Union zur Erreichung der in Artikel III-203 genannten Ziele bei.

(2) Die Mitgliedstaaten betrachten die Förderung der Beschäftigung als Angelegenheit von gemeinsamem Interesse und stimmen ihre darauf gerichteten Tätigkeiten nach Maßgabe des Artikels III-206 im Rat aufeinander ab, wobei die einzelstaatlichen Gepflogenheiten in Bezug auf die Verantwortung der Sozialpartner berücksichtigt werden.

Artikel III-205

(1) Die Union trägt zu einem hohen Beschäftigungsniveau bei, indem sie die Zusammenarbeit zwischen den Mitgliedstaaten fördert und deren Maßnahmen in diesem Bereich unterstützt und erforderlichenfalls ergänzt. Hierbei wird die Zuständigkeit der Mitgliedstaaten beachtet.
(2) Das Ziel eines hohen Beschäftigungsniveaus wird bei der Festlegung und Durchführung der Politik und der Maßnahmen der Union berücksichtigt.

Artikel III-206

(1) Anhand eines gemeinsamen Jahresberichts des Rates und der Kommission prüft der Europäische Rat jährlich die Beschäftigungslage in der Union und nimmt hierzu Schlussfolgerungen an.
(2) Anhand der Schlussfolgerungen des Europäischen Rates legt der Rat auf Vorschlag der Kommission jährlich Leitlinien fest, welche die Mitgliedstaaten in ihrer Beschäftigungspolitik berücksichtigen. Er beschließt nach Anhörung des Europäischen Parlaments, des Ausschusses der Regionen, des Wirtschafts- und Sozialausschusses und des Beschäftigungsausschusses.

Diese Leitlinien müssen mit den nach Artikel III-179 Absatz 2 verabschiedeten Grundzügen in Einklang stehen.
(3) Jeder Mitgliedstaat übermittelt dem Rat und der Kommission jährlich einen Bericht über die wichtigsten Bestimmungen, die er zur Durchführung seiner Beschäftigungspolitik auf der Grundlage der beschäftigungspolitischen Leitlinien nach Absatz 2 erlassen hat.
(4) Anhand der in Absatz 3 genannten Berichte und nach Stellungnahme des Beschäftigungsausschusses unterzieht der Rat die Durchführung der Beschäftigungspolitik der Mitgliedstaaten auf der Grundlage der beschäftigungspolitischen Leitlinien jährlich einer Prüfung. Der Rat kann dabei auf Empfehlung der Kommission an die Mitgliedstaaten gerichtete Empfehlungen abgeben.
(5) Auf der Grundlage der Ergebnisse der genannten Prüfung erstellen der Rat und die Kommission einen gemeinsamen Jahresbericht für den Europäischen Rat über die Beschäftigungslage in der Union und über die Umsetzung der beschäftigungspolitischen Leitlinien.

Artikel III-207

Durch Europäisches Gesetz oder Rahmengesetz können Anreizmaßnahmen zur Förderung der Zusammenarbeit zwischen den Mitgliedstaaten und zur Unterstützung ihrer Beschäftigungsmaßnahmen durch Initiativen festgelegt werden, die darauf abzielen, den Austausch von Informationen und bewährten Verfahren zu entwickeln, vergleichende Analysen und Gutachten bereitzustellen sowie innovative Ansätze zu fördern und Erfahrungen zu bewerten, und zwar insbesondere durch Pilotvorhaben. Es wird nach Anhörung des Ausschusses der Regionen und des Wirtschafts- und Sozialausschusses erlassen.

Das Europäische Gesetz oder Rahmengesetz enthält keinerlei Harmonisierung der Rechtsvorschriften der Mitgliedstaaten.

Artikel III-208

Der Rat erlässt mit einfacher Mehrheit einen Europäischen Beschluss zur Einsetzung eines Beschäftigungsausschusses mit beratender Funktion zur Förderung der Koordinierung der

Beschäftigungs- und Arbeitsmarktpolitik der Mitgliedstaaten. Er beschließt nach Anhörung des Europäischen Parlaments.

Der Ausschuss hat folgende Aufgaben:

a) Er verfolgt die Beschäftigungslage und die Beschäftigungspolitik in der Union und in den Mitgliedstaaten;

b) er gibt unbeschadet des Artikels III-344 auf Ersuchen des Rates oder der Kommission oder von sich aus Stellungnahmen ab und trägt zur Vorbereitung der in Artikel III-206 genannten Beratungen des Rates bei.

Bei der Erfüllung seines Auftrags hört der Ausschuss die Sozialpartner.

Jeder Mitgliedstaat und die Kommission ernennen zwei Mitglieder des Ausschusses.

Abschnitt 2: Sozialpolitik

Artikel III-209

Die Union und die Mitgliedstaaten verfolgen eingedenk der sozialen Grundrechte, wie sie in der am 18. Oktober 1961 in Turin unterzeichneten Europäischen Sozialcharta und in der Gemeinschaftscharta der sozialen Grundrechte der Arbeitnehmer von 1989 festgelegt sind, folgende Ziele: die Förderung der Beschäftigung, die Verbesserung der Lebens- und Arbeitsbedingungen, um dadurch auf dem Wege des Fortschritts ihre Angleichung zu ermöglichen, einen angemessenen sozialen Schutz, den sozialen Dialog, die Entwicklung des Arbeitskräftepotenzials im Hinblick auf ein dauerhaft hohes Beschäftigungsniveau und die Bekämpfung von Ausgrenzungen.

Zu diesem Zweck tragen die Union und die Mitgliedstaaten bei ihrer Tätigkeit der Vielfalt der einzelstaatlichen Gepflogenheiten, insbesondere in den vertraglichen Beziehungen, sowie der Notwendigkeit, die Wettbewerbsfähigkeit der Wirtschaft der Union zu erhalten, Rechnung.

Sie sind der Auffassung, dass sich eine solche Entwicklung sowohl aus dem eine Abstimmung der Sozialordnungen begünstigenden Wirken des Binnenmarktes als auch aus den in der Verfassung vorgesehenen Verfahren sowie aus der Angleichung der Rechts- und Verwaltungsvorschriften der Mitgliedstaaten ergeben wird.

Artikel III-210

(1) Zur Verwirklichung der Ziele des Artikels III-209 unterstützt und ergänzt die Union die Tätigkeit der Mitgliedstaaten in folgenden Bereichen:

a) Verbesserung insbesondere der Arbeitsumwelt zum Schutz der Gesundheit und der Sicherheit der Arbeitnehmer,

b) Arbeitsbedingungen,

c) soziale Sicherheit und sozialer Schutz der Arbeitnehmer,

d) Schutz der Arbeitnehmer bei Beendigung des Arbeitsvertrags,

e) Unterrichtung und Anhörung der Arbeitnehmer,

f) Vertretung und kollektive Wahrnehmung der Arbeitnehmer- und Arbeitgeberinteressen, einschließlich der Mitbestimmung, vorbehaltlich des Absatzes 6,

g) Beschäftigungsbedingungen der Staatsangehörigen von Drittländern, die sich rechtmäßig im Gebiet der Union aufhalten,

h) berufliche Eingliederung der aus dem Arbeitsmarkt ausgegrenzten Personen, unbeschadet des Artikels III-283,

i) Chancengleichheit von Frauen und Männern auf dem Arbeitsmarkt und Gleichbehandlung am Arbeitsplatz,

j) Bekämpfung der sozialen Ausgrenzung,
k) Modernisierung der Systeme des sozialen Schutzes, unbeschadet des Buchstabens c.

(2) Für die Zwecke des Absatzes 1 können

a) durch Europäisches Gesetz oder Rahmengesetz Maßnahmen festgelegt werden, die dazu bestimmt sind, die Zusammenarbeit zwischen den Mitgliedstaaten durch Initiativen zu fördern, die die Verbesserung des Wissensstandes, die Entwicklung des Austausches von Informationen und bewährten Verfahren, die Förderung innovativer Ansätze und die Bewertung von Erfahrungen zum Ziel haben, unter Ausschluss jeglicher Harmonisierung der Rechtsvorschriften der Mitgliedstaaten;
b) in den in Absatz 1 Buchstaben a bis i genannten Bereichen unter Berücksichtigung der in den einzelnen Mitgliedstaaten bestehenden Bedingungen und technischen Regelungen Mindestvorschriften, die schrittweise anzuwenden sind, durch Europäisches Rahmengesetz festgelegt werden. Dieses soll keine verwaltungsmäßigen, finanziellen oder rechtlichen Auflagen vorschreiben, die der Gründung und Entwicklung von kleinen und mittleren Unternehmen entgegenstehen.

In allen Fällen wird das Europäische Gesetz oder Rahmengesetz nach Anhörung des Ausschusses der Regionen und des Wirtschafts- und Sozialausschusses erlassen.

(3) Abweichend von Absatz 2 wird in den in Absatz 1 Buchstaben c, d, f und g genannten Bereichen das Europäische Gesetz oder Rahmengesetz vom Rat nach Anhörung des Europäischen Parlaments, des Ausschusses der Regionen sowie des Wirtschafts- und Sozialausschusses einstimmig erlassen.

Der Rat kann auf Vorschlag der Kommission einen Europäischen Beschluss erlassen, wonach für Absatz 1 Buchstaben d, f und g das ordentliche Gesetzgebungsverfahren gilt. Er beschließt einstimmig nach Anhörung des Europäischen Parlaments.

(4) Ein Mitgliedstaat kann den Sozialpartnern auf deren gemeinsamen Antrag die Durchführung von aufgrund der Absätze 2 und 3 erlassenen Europäischen Rahmengesetzen oder gegebenenfalls die Durchführung von nach Artikel III-212 erlassenen Europäischen Verordnungen oder Beschlüssen übertragen.

In diesem Fall vergewissert sich der Mitgliedstaat, dass die Sozialpartner spätestens zu dem Zeitpunkt, zu dem ein Europäisches Rahmengesetz umgesetzt sein muss, und zu dem Zeitpunkt, zu dem eine Europäische Verordnung oder ein Europäischer Beschluss zur Anwendung gelangt sein muss, im Wege einer Vereinbarung die erforderlichen Vorkehrungen getroffen haben; dabei hat der Mitgliedstaat alle erforderlichen Bestimmungen zu erlassen, um jederzeit gewährleisten zu können, dass die durch dieses Rahmengesetz, diese Verordnung oder diesen Beschluss vorgeschriebenen Ergebnisse erzielt werden.

(5) Die aufgrund dieses Artikels erlassenen Europäischen Gesetze und Rahmengesetze

a) berühren nicht die anerkannte Befugnis der Mitgliedstaaten, die Grundprinzipien ihres Systems der sozialen Sicherheit festzulegen, und dürfen das finanzielle Gleichgewicht dieser Systeme nicht erheblich beeinträchtigen;
b) hindern die Mitgliedstaaten nicht daran, strengere Schutzmaßnahmen beizubehalten oder zu erlassen, die mit der Verfassung vereinbar sind.

(6) Dieser Artikel gilt nicht für das Arbeitsentgelt, das Koalitionsrecht, das Streikrecht sowie das Aussperrungsrecht.

Artikel III-211

(1) Die Kommission fördert die Anhörung der Sozialpartner auf Unionsebene und erlässt alle zweckdienlichen Maßnahmen, um den Dialog zwischen den Sozialpartnern zu erleichtern, wobei sie für Ausgewogenheit bei der Unterstützung der Parteien sorgt.

(2) Für die Zwecke des Absatzes 1 hört die Kommission vor Unterbreitung von Vorschlägen im Bereich der Sozialpolitik die Sozialpartner zu der Frage, wie eine Unionsmaßnahme gegebenenfalls ausgerichtet werden sollte.
(3) Hält die Kommission nach der Anhörung nach Absatz 2 eine Unionsmaßnahme für zweckmäßig, so hört sie die Sozialpartner zum Inhalt des in Aussicht genommenen Vorschlags. Die Sozialpartner übermitteln der Kommission eine Stellungnahme oder gegebenenfalls eine Empfehlung.
(4) Bei der Anhörung nach den Absätzen 2 und 3 können die Sozialpartner der Kommission mitteilen, dass sie den Prozess nach Artikel III-212 Absatz 1 in Gang setzen wollen. Die Dauer des Verfahrens darf höchstens neun Monate betragen, sofern die betroffenen Sozialpartner und die Kommission nicht gemeinsam eine Verlängerung beschließen.

Artikel III-212

(1) Der Dialog zwischen den Sozialpartnern auf Unionsebene kann, falls sie es wünschen, zur Herstellung vertraglicher Beziehungen, einschließlich des Abschlusses von Vereinbarungen, führen.
(2) Die Durchführung der auf Unionsebene geschlossenen Vereinbarungen erfolgt entweder nach den jeweiligen Verfahren und Gepflogenheiten der Sozialpartner und der Mitgliedstaaten oder, in den durch Artikel III-210 erfassten Bereichen, auf gemeinsamen Antrag der Unterzeichnerparteien durch Europäische Verordnungen oder Beschlüsse, die vom Rat auf Vorschlag der Kommission erlassen werden. Das Europäische Parlament wird unterrichtet.

Enthält die betreffende Vereinbarung eine oder mehrere Bestimmungen, die einen der Bereiche betreffen, für die nach Artikel III-210 Absatz 3 Einstimmigkeit erforderlich ist, so beschließt der Rat einstimmig.

Artikel III-213

Unbeschadet der sonstigen Bestimmungen der Verfassung fördert die Kommission im Hinblick auf die Erreichung der Ziele des Artikels III-209 die Zusammenarbeit zwischen den Mitgliedstaaten und erleichtert die Koordinierung ihres Vorgehens in allen unter diesen Abschnitt fallenden Bereichen der Sozialpolitik, insbesondere auf dem Gebiet

a) der Beschäftigung,
b) des Arbeitsrechts und der Arbeitsbedingungen,
c) der beruflichen Ausbildung und Fortbildung,
d) der sozialen Sicherheit,
e) der Verhütung von Berufsunfällen und Berufskrankheiten,
f) des Gesundheitsschutzes bei der Arbeit,
g) des Koalitionsrechts und der Kollektivverhandlungen zwischen Arbeitgebern und Arbeitnehmern.

Zu diesem Zweck wird die Kommission in enger Verbindung mit den Mitgliedstaaten durch Untersuchungen, Stellungnahmen und die Vorbereitung von Beratungen tätig, gleichviel ob es sich um innerstaatliche Probleme oder um Probleme handelt, die internationale Organisationen betreffen, und zwar insbesondere im Wege von Initiativen, die darauf abzielen, Leitlinien und Indikatoren festzulegen, den Austausch bewährter Verfahren durchzuführen und die erforderlichen Elemente für eine regelmäßige Überwachung und Bewertung auszuarbeiten. Das Europäische Parlament wird in vollem Umfang unterrichtet.

Vor Abgabe der in diesem Artikel vorgesehenen Stellungnahmen hört die Kommission den Wirtschafts- und Sozialausschuss.

Artikel III-214

(1) Jeder Mitgliedstaat stellt die Anwendung des Grundsatzes des gleichen Entgelts für Frauen und Männer bei gleicher oder gleichwertiger Arbeit sicher.
(2) Unter Entgelt im Sinne dieses Artikels sind die üblichen Grund- oder Mindestlöhne und -gehälter sowie alle sonstigen Vergütungen zu verstehen, die der Arbeitgeber aufgrund des Dienstverhältnisses dem Arbeitnehmer unmittelbar oder mittelbar in bar oder in Sachleistungen zahlt.
Gleichheit des Arbeitsentgelts ohne Diskriminierung aufgrund des Geschlechts bedeutet,
a) dass das Entgelt für eine gleiche nach Akkord bezahlte Arbeit aufgrund der gleichen Maßeinheit festgesetzt wird,
b) dass für eine nach Zeit bezahlte Arbeit das Entgelt bei gleichem Arbeitsplatz gleich ist.
(3) Die Maßnahmen, die die Anwendung des Grundsatzes der Chancengleichheit und der Gleichbehandlung von Frauen und Männern in Arbeits- und Beschäftigungsfragen, einschließlich des Grundsatzes des gleichen Entgelts bei gleicher oder gleichwertiger Arbeit, gewährleisten, werden durch Europäisches Gesetz oder Rahmengesetz festgelegt. Es wird nach Anhörung des Wirtschafts- und Sozialausschusses erlassen.
(4) Im Hinblick auf die effektive Gewährleistung der vollen Gleichstellung von Frauen und Männern im Arbeitsleben hindert der Grundsatz der Gleichbehandlung die Mitgliedstaaten nicht daran, zur Erleichterung der Berufstätigkeit des unterrepräsentierten Geschlechts oder zur Verhinderung beziehungsweise zum Ausgleich von Benachteiligungen in der beruflichen Laufbahn spezifische Vergünstigungen beizubehalten oder zu beschließen.

Artikel III-215

Die Mitgliedstaaten sind bestrebt, die bestehende Gleichwertigkeit der Regelungen über die bezahlte Freizeit beizubehalten.

Artikel III-216

Die Kommission erstellt jährlich einen Bericht über den Stand der Verwirklichung der in Artikel III-209 genannten Ziele sowie über die demographische Lage in der Union. Sie übermittelt diesen Bericht dem Europäischen Parlament, dem Rat und dem Wirtschafts- und Sozialausschuss.

Artikel III-217

Der Rat erlässt mit einfacher Mehrheit einen Europäischen Beschluss zur Einsetzung eines Ausschusses für Sozialschutz mit beratender Aufgabe, um die Zusammenarbeit im Bereich des sozialen Schutzes zwischen den Mitgliedstaaten und mit der Kommission zu fördern. Der Rat beschließt nach Anhörung des Europäischen Parlaments.

Der Ausschuss hat folgende Aufgaben:
a) Er verfolgt die soziale Lage und die Entwicklung der Politik im Bereich des sozialen Schutzes in den Mitgliedstaaten und der Union;
b) er fördert den Austausch von Informationen, Erfahrungen und bewährten Verfahren zwischen den Mitgliedstaaten und mit der Kommission;
c) unbeschadet des Artikels III-344 arbeitet er auf Ersuchen des Rates oder der Kommission oder von sich aus im Bereich seiner Befugnisse Berichte aus, gibt Stellungnahmen ab oder wird auf andere Weise tätig.

Bei der Erfüllung seines Auftrags stellt der Ausschuss geeignete Kontakte zu den Sozialpartnern her.

Jeder Mitgliedstaat und die Kommission ernennen zwei Mitglieder des Ausschusses.

Artikel III-218

Der Jahresbericht der Kommission an das Europäische Parlament enthält ein besonderes Kapitel über die Entwicklung der sozialen Lage in der Union.

Das Europäische Parlament kann die Kommission auffordern, Berichte über besondere, die soziale Lage betreffende Fragen auszuarbeiten.

Artikel III-219

(1) Um die Beschäftigungsmöglichkeiten der Arbeitnehmer im Binnenmarkt zu verbessern und damit zur Anhebung des Lebensstandards beizutragen, wird ein Europäischer Sozialfonds errichtet, dessen Ziel es ist, innerhalb der Union die berufliche Verwendbarkeit und die örtliche und berufliche Mobilität der Arbeitnehmer zu fördern sowie die Anpassung an die industriellen Wandlungsprozesse und an Veränderungen der Produktionssysteme insbesondere durch berufliche Bildung und Umschulung zu erleichtern.
(2) Die Kommission verwaltet den Fonds. Sie wird hierbei von einem Ausschuss unterstützt, der aus Vertretern der Mitgliedstaaten sowie der Arbeitgeber- und der Arbeitnehmerverbände besteht; den Vorsitz führt ein Mitglied der Kommission.
(3) Die den Fonds betreffenden Durchführungsmaßnahmen werden durch Europäisches Gesetz festgelegt. Es wird nach Anhörung des Ausschusses der Regionen sowie des Wirtschafts- und Sozialausschusses erlassen.

Abschnitt 3: Wirtschaftlicher, sozialer und territorialer Zusammenhalt

Artikel III-220

Die Union entwickelt und verfolgt weiterhin ihre Politik zur Stärkung ihres wirtschaftlichen, sozialen und territorialen Zusammenhalts, um eine harmonische Entwicklung der Union als Ganzes zu fördern.

Die Union setzt sich insbesondere zum Ziel, die Unterschiede im Entwicklungsstand der verschiedenen Regionen und den Rückstand der am stärksten benachteiligten Gebiete zu verringern.

Unter den betreffenden Gebieten wird den ländlichen Gebieten, den vom industriellen Wandel betroffenen Gebieten und den Gebieten mit schweren und dauerhaften natürlichen oder demographischen Nachteilen, wie den nördlichsten Regionen mit sehr geringer Bevölkerungsdichte sowie den Insel-, Grenz- und Bergregionen, besondere Aufmerksamkeit geschenkt.

Artikel III-221

Die Mitgliedstaaten führen und koordinieren ihre Wirtschaftspolitik in der Weise, dass auch die in Artikel III-220 genannten Ziele erreicht werden. Mit der Festlegung und Durchführung der Politik und der Aktionen der Union sowie mit der Errichtung des Binnenmarkts werden diese Ziele berücksichtigt und wird zu deren Verwirklichung beigetragen. Die Union unterstützt diese Bemühungen auch durch die Politik, die sie mit Hilfe der Strukturfonds (Europäischer Ausrichtungs- und Garantiefonds für die Landwirtschaft – Abteilung Ausrichtung, Europäischer Sozialfonds, Europäischer Fonds für regionale Entwicklung), der Europäischen Investitionsbank und der sonstigen vorhandenen Finanzierungsinstrumente führt.

Die Kommission erstattet dem Europäischen Parlament, dem Rat, dem Ausschuss der Regionen und dem Wirtschafts- und Sozialausschuss alle drei Jahre Bericht über die Fortschritte bei der Verwirklichung des wirtschaftlichen, sozialen und territorialen Zusammenhalts und über die Art und Weise, in der die in diesem Artikel vorgesehenen Mittel hierzu beigetragen haben. Diesem Bericht werden erforderlichenfalls entsprechende Vorschläge beigefügt.

Unbeschadet der im Rahmen der anderen Politikbereiche der Union erlassenen Maßnahmen können spezifische Maßnahmen außerhalb der Fonds durch Europäisches Gesetz oder Rahmengesetz festgelegt werden. Es wird nach Anhörung des Ausschusses der Regionen sowie des Wirtschafts- und Sozialausschusses erlassen.

Artikel III-222

Aufgabe des Europäischen Fonds für regionale Entwicklung ist es, durch Beteiligung an der Entwicklung und an der strukturellen Anpassung der rückständigen Gebiete und an der Umstellung der Industriegebiete mit rückläufiger Entwicklung zum Ausgleich der wichtigsten regionalen Ungleichgewichte in der Union beizutragen.

Artikel III-223

(1) Unbeschadet des Artikels III-224 werden die Aufgaben, die vorrangigen Ziele und die Organisation der Strukturfonds, einschließlich ihrer etwaigen Neuordnung, und die für die Fonds geltenden allgemeinen Regeln sowie die Bestimmungen, die zur Gewährleistung einer wirksamen Arbeitsweise und zur Koordinierung der Fonds sowohl untereinander als auch mit den anderen vorhandenen Finanzierungsinstrumenten erforderlich sind, durch Europäisches Gesetz festgelegt.

Ein durch Europäisches Gesetz eingerichteter Kohäsionsfonds trägt zu Vorhaben in den Bereichen Umwelt und transeuropäische Netze auf dem Gebiet der Verkehrsinfrastruktur finanziell bei.

In allen Fällen wird das Europäische Gesetz nach Anhörung des Ausschusses der Regionen sowie des Wirtschafts- und Sozialausschusses erlassen.

(2) Die ersten Bestimmungen über die Strukturfonds und den Kohäsionsfonds, die im Anschluss an die zum Zeitpunkt der Unterzeichnung des Vertrags über eine Verfassung für Europa geltenden Bestimmungen erlassen werden, werden durch Europäisches Gesetz des Rates festgelegt. Der Rat beschließt einstimmig nach Zustimmung des Europäischen Parlaments.

Artikel III-224

Die den Europäischen Fonds für regionale Entwicklung betreffenden Durchführungsmaßnahmen werden durch Europäisches Gesetz festgelegt. Es wird nach Anhörung des Ausschusses der Regionen sowie des Wirtschafts- und Sozialausschusses erlassen.

Für den Europäischen Ausrichtungs- und Garantiefonds für die Landwirtschaft – Abteilung Ausrichtung – und den Europäischen Sozialfonds gelten Artikel III-231 und Artikel III-219 Absatz 3.

Abschnitt 4: Landwirtschaft und Fischerei

Artikel III-225

Die Union legt eine gemeinsame Agrar- und Fischereipolitik fest und führt sie durch.

Unter landwirtschaftlichen Erzeugnissen sind die Erzeugnisse des Bodens, der Viehzucht und der Fischerei sowie die mit diesen in unmittelbarem Zusammenhang stehenden Erzeugnisse der ersten Verarbeitungsstufe zu verstehen. Die Bezugnahmen auf die gemeinsame Agrarpolitik oder auf die Landwirtschaft und die Verwendung des Wortes „landwirtschaftlich" sind in dem Sinne zu verstehen, dass damit unter Berücksichtigung der besonderen Merkmale des Fischereisektors auch die Fischerei gemeint ist.

Artikel III-226

(1) Der Binnenmarkt umfasst auch die Landwirtschaft und den Handel mit landwirtschaftlichen Erzeugnissen.

(2) Die Vorschriften für die Verwirklichung und das Funktionieren des Binnenmarkts finden auf die landwirtschaftlichen Erzeugnisse Anwendung, soweit in den Artikeln III-227 bis III-232 nicht etwas anderes bestimmt ist.

(3) Für die in Anhang I aufgeführten Erzeugnisse gelten die Artikel III-227 bis III-232.

(4) Mit dem Funktionieren und der Entwicklung des Binnenmarkts für landwirtschaftliche Erzeugnisse muss eine gemeinsame Agrarpolitik Hand in Hand gehen.

Artikel III-227

(1) Ziel der gemeinsamen Agrarpolitik ist es,

a) die Produktivität der Landwirtschaft durch Förderung des technischen Fortschritts, Rationalisierung der landwirtschaftlichen Erzeugung und den bestmöglichen Einsatz der Produktionsfaktoren, insbesondere der Arbeitskräfte, zu steigern;
b) auf diese Weise der landwirtschaftlichen Bevölkerung, insbesondere durch Erhöhung des Pro-Kopf-Einkommens der in der Landwirtschaft tätigen Personen, einen angemessenen Lebensstandard zu gewährleisten;
c) die Märkte zu stabilisieren;
d) die Versorgung sicherzustellen;
e) für die Belieferung der Verbraucher zu angemessenen Preisen Sorge zu tragen.

(2) Bei der Gestaltung der gemeinsamen Agrarpolitik und der hierfür anzuwendenden besonderen Methoden wird Folgendes berücksichtigt:

a) die besondere Eigenart der landwirtschaftlichen Tätigkeit, die sich aus dem sozialen Aufbau der Landwirtschaft und den strukturellen und naturbedingten Unterschieden der verschiedenen landwirtschaftlichen Gebiete ergibt;
b) die Notwendigkeit, die geeigneten Anpassungen stufenweise durchzuführen;
c) die Tatsache, dass die Landwirtschaft in den Mitgliedstaaten einen mit der gesamten Volkswirtschaft eng verflochtenen Wirtschaftsbereich darstellt.

Artikel III-228

(1) Um die Ziele des Artikels III-227 zu erreichen, wird eine gemeinsame Organisation der Agrarmärkte geschaffen.

Diese besteht je nach Erzeugnis aus einer der folgenden Organisationsformen:

a) gemeinsame Wettbewerbsregeln;

b) bindende Koordinierung der verschiedenen einzelstaatlichen Marktordnungen;
c) eine europäische Marktordnung.

(2) Die nach Absatz 1 gestaltete gemeinsame Organisation kann alle zur Durchführung des Artikels III-227 erforderlichen Maßnahmen einschließen, insbesondere Preisregelungen, Beihilfen für die Erzeugung und die Vermarktung der verschiedenen Erzeugnisse, Einlagerungs- und Ausgleichsmaßnahmen und gemeinsame Einrichtungen zur Stabilisierung der Ein- oder Ausfuhr.

Die gemeinsame Organisation muss sich auf die Verfolgung der Ziele des Artikels III-227 beschränken und jede Diskriminierung zwischen Erzeugern oder Verbrauchern innerhalb der Union ausschließen.

Eine etwaige gemeinsame Preispolitik muss auf gemeinsamen Grundsätzen und einheitlichen Berechnungsmethoden beruhen.

(3) Um der in Absatz 1 genannten gemeinsamen Organisation die Erreichung ihrer Ziele zu ermöglichen, können ein oder mehrere Ausrichtungs- oder Garantiefonds für die Landwirtschaft geschaffen werden.

Artikel III-229

Um die Ziele des Artikels III-227 zu erreichen, können im Rahmen der gemeinsamen Agrarpolitik folgende Maßnahmen vorgesehen werden:

a) eine wirksame Koordinierung der Bestrebungen auf dem Gebiet der Berufsausbildung, der Forschung und der Verbreitung landwirtschaftlicher Fachkenntnisse; hierbei können Vorhaben oder Einrichtungen gemeinsam finanziert werden;
b) gemeinsame Maßnahmen zur Förderung des Verbrauchs bestimmter Erzeugnisse.

Artikel III-230

(1) Der Abschnitt über die Wettbewerbsregeln findet auf die Produktion landwirtschaftlicher Erzeugnisse und den Handel mit diesen nur insoweit Anwendung, als Europäische Gesetze oder Rahmengesetze dies nach Artikel III-231 Absatz 2 unter Berücksichtigung der Ziele des Artikels III-227 bestimmen.

(2) Der Rat kann auf Vorschlag der Kommission eine Europäische Verordnung oder einen Europäischen Beschluss erlassen, mit denen die Gewährung von Beihilfen genehmigt wird

a) zum Schutz von Betrieben, die durch strukturelle oder naturgegebene Bedingungen benachteiligt sind, oder
b) im Rahmen wirtschaftlicher Entwicklungsprogramme.

Artikel III-231

(1) Die Kommission legt zur Gestaltung und Durchführung der gemeinsamen Agrarpolitik Vorschläge vor, die unter anderem die Ablösung der einzelstaatlichen Marktordnungen durch eine der in Artikel III-228 Absatz 1 vorgesehenen gemeinsamen Organisationsformen sowie die Durchführung der in diesem Abschnitt bezeichneten Maßnahmen vorsehen.

Diese Vorschläge tragen dem inneren Zusammenhang der in diesem Abschnitt aufgeführten landwirtschaftlichen Fragen Rechnung.

(2) Durch Europäisches Gesetz oder Rahmengesetz werden die gemeinsame Organisation der Agrarmärkte nach Artikel III-228 Absatz 1 sowie die anderen Bestimmungen festgelegt, die für die Verwirklichung der Ziele der gemeinsamen Agrar- und Fischereipolitik notwendig sind. Es wird nach Anhörung des Wirtschafts- und Sozialausschusses erlassen.

(3) Der Rat erlässt auf Vorschlag der Kommission die Europäischen Verordnungen oder Beschlüsse zur Festsetzung der Preise, der Abschöpfungen, der Beihilfen und der mengenmäßigen Beschränkungen sowie zur Festsetzung und Aufteilung der Fangmöglichkeiten in der Fischerei.

(4) Die einzelstaatlichen Marktordnungen können nach Maßgabe des Absatzes 2 durch die in Artikel III-228 Absatz 1 vorgesehene gemeinsame Organisation ersetzt werden,

a) wenn diese den Mitgliedstaaten, die sich gegen diese Maßnahme ausgesprochen haben und eine eigene Marktordnung für die in Betracht kommende Erzeugung besitzen, gleichwertige Sicherheiten für die Beschäftigung und den Lebensstandard der betreffenden Erzeuger bietet; hierbei sind die im Zeitablauf möglichen Anpassungen und erforderlichen Spezialisierungen zu berücksichtigen, und

b) wenn die gemeinsame Organisation für den Handelsverkehr innerhalb der Union Bedingungen sicherstellt, die denen eines Binnenmarkts entsprechen.

(5) Wird eine gemeinsame Organisation für bestimmte Rohstoffe geschaffen, bevor eine gemeinsame Organisation für die entsprechenden weiterverarbeiteten Erzeugnisse besteht, so können die betreffenden Rohstoffe aus Ländern außerhalb der Union eingeführt werden, wenn sie für weiterverarbeitete Erzeugnisse verwendet werden, die zur Ausfuhr in Drittländer bestimmt sind.

Artikel III-232

Besteht in einem Mitgliedstaat für ein Erzeugnis eine innerstaatliche Marktordnung oder Regelung gleicher Wirkung und wird dadurch eine gleichartige Erzeugung in einem anderen Mitgliedstaat in ihrer Wettbewerbslage beeinträchtigt, so erheben die Mitgliedstaaten bei der Einfuhr des betreffenden Erzeugnisses aus dem Mitgliedstaat, in dem die genannte Marktordnung oder Regelung besteht, eine Ausgleichsabgabe, es sei denn, dass dieser Mitgliedstaat eine Ausgleichsabgabe bei der Ausfuhr erhebt.

Die Kommission erlässt Europäische Verordnungen oder Beschlüsse, durch die diese Abgaben in der zur Wiederherstellung des Gleichgewichts erforderlichen Höhe festgesetzt werden. Sie kann auch andere Maßnahmen genehmigen, deren Bedingungen und Einzelheiten sie festlegt.

Abschnitt 5: Umwelt

Artikel III-233

(1) Die Umweltpolitik der Union trägt zur Verfolgung der nachstehenden Ziele bei:

a) Erhaltung und Schutz der Umwelt sowie Verbesserung ihrer Qualität;

b) Schutz der menschlichen Gesundheit;

c) umsichtige und rationelle Verwendung der natürlichen Ressourcen;

d) Förderung von Maßnahmen auf internationaler Ebene zur Bewältigung regionaler oder globaler Umweltprobleme.

(2) Die Umweltpolitik der Union zielt unter Berücksichtigung der unterschiedlichen Gegebenheiten in den einzelnen Regionen der Union auf ein hohes Schutzniveau ab. Sie beruht auf den Grundsätzen der Vorsorge und Vorbeugung, auf dem Grundsatz, Umweltbeeinträchtigungen mit Vorrang an ihrem Ursprung zu bekämpfen, sowie auf dem Verursacherprinzip.

Im Hinblick hierauf umfassen die den Erfordernissen des Umweltschutzes entsprechenden Harmonisierungsmaßnahmen gegebenenfalls eine Schutzklausel, mit der die Mitglied-

staaten ermächtigt werden, aus nicht wirtschaftlich bedingten umweltpolitischen Gründen vorläufige Maßnahmen zu erlassen, die einem Kontrollverfahren der Union unterliegen.
(3) Bei der Erarbeitung ihrer Umweltpolitik berücksichtigt die Union
a) die verfügbaren wissenschaftlichen und technischen Daten;
b) die Umweltbedingungen in den einzelnen Regionen der Union;
c) die Vorteile und die Belastung aufgrund des Tätigwerdens beziehungsweise eines Nichttätigwerdens;
d) die wirtschaftliche und soziale Entwicklung der Union insgesamt sowie die ausgewogene Entwicklung ihrer Regionen.
(4) Die Union und die Mitgliedstaaten arbeiten im Rahmen ihrer jeweiligen Zuständigkeiten mit Drittländern und den zuständigen internationalen Organisationen zusammen. Die Einzelheiten der Zusammenarbeit der Union können Gegenstand von Übereinkünften zwischen dieser und den betreffenden dritten Parteien sein.

Unterabsatz 1 berührt nicht die Zuständigkeit der Mitgliedstaaten, in internationalen Gremien zu verhandeln und internationale Übereinkünfte zu schließen.

Artikel III-234

(1) Die Maßnahmen zur Erreichung der in Artikel III-233 genannten Ziele werden durch Europäisches Gesetz oder Rahmengesetz festgelegt. Es wird nach Anhörung des Ausschusses der Regionen und des Wirtschafts- und Sozialausschusses erlassen.
(2) Abweichend von Absatz 1 und unbeschadet des Artikels III-172 erlässt der Rat einstimmig Europäische Gesetze oder Rahmengesetze, durch die Folgendes festgelegt wird:
a) Bestimmungen überwiegend steuerlicher Art;
b) Maßnahmen, die
   i) die Raumordnung berühren;
   ii) die mengenmäßige Bewirtschaftung der Wasserressourcen berühren oder die Verfügbarkeit dieser Ressourcen mittelbar oder unmittelbar betreffen;
   iii) die Bodennutzung mit Ausnahme der Abfallbewirtschaftung berühren;
c) Maßnahmen, welche die Wahl eines Mitgliedstaats zwischen verschiedenen Energiequellen und die allgemeine Struktur seiner Energieversorgung erheblich berühren.

Der Rat kann auf Vorschlag der Kommission einstimmig einen Europäischen Beschluss erlassen, in dem festgelegt wird, dass für die in Unterabsatz 1 genannten Bereiche das ordentliche Gesetzgebungsverfahren gilt.

In allen Fällen beschließt der Rat nach Anhörung des Europäischen Parlaments, des Ausschusses der Regionen und des Wirtschafts- und Sozialausschusses.
(3) Allgemeine Aktionsprogramme, in denen die vorrangigen Ziele festgelegt werden, werden durch Europäisches Gesetz festgelegt. Es wird nach Anhörung des Ausschusses der Regionen sowie des Wirtschafts- und Sozialausschusses erlassen.
Die zur Durchführung dieser Programme erforderlichen Maßnahmen werden, je nach Fall, nach dem in Absatz 1 beziehungsweise Absatz 2 vorgesehenen Verfahren erlassen.
(4) Unbeschadet bestimmter Maßnahmen der Union tragen die Mitgliedstaaten für die Finanzierung und Durchführung der Umweltpolitik Sorge.
(5) Ist eine Maßnahme nach Absatz 1 mit unverhältnismäßig hohen Kosten für die Behörden eines Mitgliedstaats verbunden, so wird darin unbeschadet des Verursacherprinzips in geeigneter Form Folgendes vorgesehen:
a) vorübergehende Ausnahmeregelungen und/oder
b) eine finanzielle Unterstützung aus dem Kohäsionsfonds.

(6) Die Schutzmaßnahmen, die aufgrund dieses Artikels getroffen werden, hindern die einzelnen Mitgliedstaaten nicht daran, verstärkte Schutzmaßnahmen beizubehalten oder zu ergreifen. Die betreffenden Maßnahmen müssen mit der Verfassung vereinbar sein. Sie werden der Kommission notifiziert.

Abschnitt 6: Verbraucherschutz

Artikel III-235

(1) Zur Förderung der Interessen der Verbraucher und zur Gewährleistung eines hohen Verbraucherschutzniveaus leistet die Union einen Beitrag zum Schutz der Gesundheit, der Sicherheit und der wirtschaftlichen Interessen der Verbraucher sowie zur Förderung ihres Rechtes auf Information, Erziehung und Bildung von Vereinigungen zur Wahrung ihrer Interessen.
(2) Die Union leistet einen Beitrag zur Erreichung der in Absatz 1 genannten Ziele durch
a) Maßnahmen, die im Rahmen der Verwirklichung oder des Funktionierens des Binnenmarkts nach Artikel III-172 erlassen werden;
b) Maßnahmen zur Unterstützung, Ergänzung und Überwachung der Politik der Mitgliedstaaten.
(3) Die Maßnahmen nach Absatz 2 Buchstabe b werden durch Europäisches Gesetz oder Rahmengesetz festgelegt. Es wird nach Anhörung des Wirtschafts- und Sozialausschusses erlassen.
(4) Die nach Absatz 3 erlassenen Rechtsakte hindern die einzelnen Mitgliedstaaten nicht daran, strengere Schutzbestimmungen beizubehalten oder zu erlassen. Diese Bestimmungen müssen mit der Verfassung vereinbar sein. Sie werden der Kommission notifiziert.

Abschnitt 7: Verkehr

Artikel III-236

(1) Auf dem in diesem Abschnitt geregelten Sachgebiet werden die Ziele der Verfassung im Rahmen einer gemeinsamen Verkehrspolitik verfolgt.
(2) Absatz 1 wird unter Berücksichtigung der Besonderheiten des Verkehrs durch Europäisches Gesetz oder Rahmengesetz umgesetzt. Es wird nach Anhörung des Ausschusses der Regionen und des Wirtschafts- und Sozialausschusses erlassen.
Durch das Europäische Gesetz oder Rahmengesetz wird Folgendes festgelegt:
a) gemeinsame Regeln für den internationalen Verkehr aus oder nach dem Hoheitsgebiet eines Mitgliedstaats oder für den Durchgangsverkehr durch das Hoheitsgebiet eines oder mehrerer Mitgliedstaaten;
b) Bedingungen für die Zulassung von Verkehrsunternehmern zum Verkehr innerhalb eines Mitgliedstaats, in dem sie nicht ansässig sind;
c) Maßnahmen zur Verbesserung der Verkehrssicherheit;
d) alle sonstigen zweckdienlichen Maßnahmen.
(3) Beim Erlass eines Europäischen Gesetzes oder Rahmengesetzes nach Absatz 2 wird den Fällen Rechnung getragen, in denen seine Anwendung den Lebensstandard und die Beschäftigungslage in bestimmten Regionen sowie den Betrieb der Verkehrseinrichtungen ernstlich beeinträchtigen könnte.

Artikel III-237

Bis zum Erlass des in Artikel III-236 Absatz 2 genannten Europäischen Gesetzes oder Rahmengesetzes darf ein Mitgliedstaat die verschiedenen, am 1. Januar 1958 oder, im Falle später beigetretener Staaten, zum Zeitpunkt ihres Beitritts auf diesem Gebiet geltenden Vorschriften in ihren unmittelbaren oder mittelbaren Auswirkungen auf die Verkehrsunternehmer anderer Mitgliedstaaten im Vergleich zu den inländischen Verkehrsunternehmern nicht ungünstiger gestalten, es sei denn, dass der Rat einstimmig einen Europäischen Beschluss erlässt, der eine Ausnahmeregelung vorsieht.

Artikel III-238

Mit der Verfassung vereinbar sind Beihilfen, die den Erfordernissen der Koordinierung des Verkehrs oder der Abgeltung bestimmter, mit dem Begriff des öffentlichen Dienstes zusammenhängender Leistungen entsprechen.

Artikel III-239

Jede Maßnahme auf dem Gebiet der Beförderungsentgelte und -bedingungen, die im Rahmen der Verfassung erlassen wird, hat der wirtschaftlichen Lage der Verkehrsunternehmer Rechnung zu tragen.

Artikel III-240

(1) Im Verkehr innerhalb der Union sind die Diskriminierungen verboten, die darin bestehen, dass ein Verkehrsunternehmer in denselben Verkehrsverbindungen für die gleichen Güter je nach ihrem Herkunfts- oder Bestimmungsmitgliedstaat unterschiedliche Frachten und Beförderungsbedingungen anwendet.

(2) Absatz 1 schließt nicht aus, dass sonstige Europäische Gesetze oder Rahmengesetze nach Artikel III-236 Absatz 2 erlassen werden können.

(3) Der Rat erlässt auf Vorschlag der Kommission Europäische Verordnungen oder Beschlüsse zur Umsetzung des Absatzes 1. Er beschließt nach Anhörung des Europäischen Parlaments und des Wirtschafts- und Sozialausschusses.

Er kann insbesondere die erforderlichen Europäischen Verordnungen oder Beschlüsse erlassen, um es den Organen zu ermöglichen, für die Beachtung des Absatzes 1 Sorge zu tragen, und um den Verkehrsnutzern die Vorteile dieser Bestimmung voll zugute kommen zu lassen.

(4) Die Kommission prüft von sich aus oder auf Antrag eines Mitgliedstaats die Diskriminierungsfälle nach Absatz 1 und erlässt nach Beratung mit jedem in Betracht kommenden Mitgliedstaat die erforderlichen Europäischen Beschlüsse im Rahmen der in Absatz 3 genannten Europäischen Verordnungen oder Beschlüsse.

Artikel III-241

(1) Im Verkehr innerhalb der Union sind die von einem Mitgliedstaat auferlegten Frachten und Beförderungsbedingungen verboten, die in irgendeiner Weise der Unterstützung oder dem Schutz eines oder mehrerer bestimmter Unternehmen oder Industrien dienen, es sei denn, dass die Kommission mit einem Europäischen Beschluss die Genehmigung hierzu erteilt.

(2) Die Kommission prüft von sich aus oder auf Antrag eines Mitgliedstaats die in Absatz 1 bezeichneten Frachten und Beförderungsbedingungen; hierbei berücksichtigt sie insbesondere sowohl die Erfordernisse einer angemessenen Standortpolitik, die Bedürfnisse der unterentwickelten Gebiete und die Probleme der durch politische Umstände schwer betroffenen Gebiete als auch die Auswirkungen dieser Frachten und Beförderungsbedingungen auf den Wettbewerb zwischen den Verkehrsarten.

Die Kommission erlässt die erforderlichen Europäischen Beschlüsse nach Anhörung jedes in Betracht kommenden Mitgliedstaats.
(3) Das in Absatz 1 genannte Verbot gilt nicht für die Wettbewerbstarife.

Artikel III-242

Die Abgaben oder Gebühren, die ein Verkehrsunternehmer neben den Frachten beim Grenzübergang in Rechnung stellt, dürfen unter Berücksichtigung der hierdurch tatsächlich verursachten Kosten eine angemessene Höhe nicht übersteigen.

Die Mitgliedstaaten bemühen sich, diese Kosten zu verringern.

Die Kommission kann zur Durchführung dieses Artikels Empfehlungen an die Mitgliedstaaten richten.

Artikel III-243

Die Bestimmungen dieses Abschnitts stehen Maßnahmen in der Bundesrepublik Deutschland nicht entgegen, soweit sie erforderlich sind, um die wirtschaftlichen Nachteile auszugleichen, die der Wirtschaft bestimmter, von der Teilung Deutschlands betroffener Gebiete der Bundesrepublik aus dieser Teilung entstehen. Der Rat kann fünf Jahre nach dem Inkrafttreten des Vertrags über eine Verfassung für Europa auf Vorschlag der Kommission einen Europäischen Beschluss erlassen, mit dem dieser Artikel aufgehoben wird.

Artikel III-244

Bei der Kommission wird ein beratender Ausschuss gebildet; er besteht aus Sachverständigen, die von den Regierungen der Mitgliedstaaten ernannt werden. Die Kommission hört den Ausschuss je nach Bedarf in Verkehrsfragen an.

Artikel III-245

(1) Dieser Abschnitt gilt für die Beförderungen im Eisenbahn-, Straßen- und Binnenschiffsverkehr.
(2) Durch Europäisches Gesetz oder Rahmengesetz können geeignete Maßnahmen für die Seeschifffahrt und Luftfahrt festgelegt werden. Es wird nach Anhörung des Ausschusses der Regionen und des Wirtschafts- und Sozialausschusses erlassen.

Abschnitt 8: Transeuropäische Netze

Artikel III-246

(1) Um einen Beitrag zur Verwirklichung der Ziele der Artikel III-130 und III-220 zu leisten und den Unionsbürgerinnen und Unionsbürgern, den Wirtschaftsbeteiligten sowie den regionalen und lokalen Gebietskörperschaften in vollem Umfang die Vorteile zugute kommen zu lassen, die sich aus der Schaffung eines Raums ohne Binnengrenzen ergeben, trägt die Union zum Auf- und Ausbau transeuropäischer Netze in den Bereichen der Verkehrs-, Telekommunikations- und Energieinfrastruktur bei.
(2) Die Tätigkeit der Union zielt im Rahmen eines Systems offener und wettbewerbsorientierter Märkte auf die Förderung des Verbunds und der Interoperabilität der einzelstaatlichen Netze sowie des Zugangs zu diesen Netzen ab. Sie trägt insbesondere der Notwendigkeit Rechnung, insulare, eingeschlossene und am Rande gelegene Gebiete mit den zentralen Gebieten der Union zu verbinden.

Artikel III-247

(1) Zur Erreichung der Ziele des Artikels III-246 geht die Union wie folgt vor:

a) sie stellt eine Reihe von Leitlinien auf, in denen die Ziele, die Prioritäten und die Grundzüge der im Bereich der transeuropäischen Netze in Betracht gezogenen Aktionen erfasst werden; in diesen Leitlinien werden Vorhaben von gemeinsamem Interesse ausgewiesen;
b) sie führt jede Aktion durch, die sich gegebenenfalls als notwendig erweist, um die Interoperabilität der Netze zu gewährleisten, insbesondere im Bereich der Harmonisierung der technischen Normen;
c) sie kann von den Mitgliedstaaten unterstützte Vorhaben von gemeinsamem Interesse, die im Rahmen der Leitlinien nach Buchstabe a ausgewiesen sind, insbesondere in Form von Durchführbarkeitsstudien, Anleihebürgschaften oder Zinszuschüssen unterstützen; die Union kann auch über den Kohäsionsfonds zu spezifischen Verkehrsinfrastrukturvorhaben in den Mitgliedstaaten finanziell beitragen.

Die Union berücksichtigt bei ihren Maßnahmen die potenzielle wirtschaftliche Lebensfähigkeit der Vorhaben.

(2) Die Leitlinien und die übrigen Maßnahmen nach Absatz 1 werden durch Europäisches Gesetz oder Rahmengesetz festgelegt. Es wird nach Anhörung des Ausschusses der Regionen sowie des Wirtschafts- und Sozialausschusses erlassen.

Leitlinien und Vorhaben von gemeinsamem Interesse, die das Hoheitsgebiet eines Mitgliedstaats betreffen, bedürfen der Zustimmung des betroffenen Mitgliedstaats.

(3) Die Mitgliedstaaten koordinieren untereinander in Verbindung mit der Kommission die einzelstaatliche Politik in den Bereichen, in denen sie sich erheblich auf die Verwirklichung der Ziele des Artikels III-246 auswirken kann. Die Kommission kann in enger Zusammenarbeit mit den Mitgliedstaaten alle Initiativen ergreifen, die dieser Koordinierung förderlich sind.

(4) Die Union kann zur Förderung von Vorhaben von gemeinsamem Interesse sowie zur Sicherstellung der Interoperabilität der Netze mit Drittländern zusammenarbeiten.

Abschnitt 9: Forschung, technologische Entwicklung und Raumfahrt

Artikel III-248

(1) Das Handeln der Union zielt darauf ab, die wissenschaftlichen und technologischen Grundlagen der Union dadurch zu stärken, dass ein europäischer Raum der Forschung geschaffen wird, in dem Freizügigkeit für Forscher herrscht und wissenschaftliche Erkenntnisse und Technologien frei ausgetauscht werden, die Entwicklung ihrer Wettbewerbsfähigkeit einschließlich der ihrer Industrie zu fördern sowie alle Forschungsmaßnahmen zu unterstützen, die aufgrund anderer Kapitel der Verfassung für erforderlich gehalten werden.

(2) Für die Zwecke des Absatzes 1 unterstützt sie in der gesamten Union die Unternehmen – einschließlich der kleinen und mittleren Unternehmen –, die Forschungszentren und die Hochschulen bei ihren Bemühungen auf dem Gebiet der Forschung und technologischen Entwicklung von hoher Qualität. Sie fördert ihre Zusammenarbeitsbestrebungen, damit vor allem die Forscher ungehindert über die Grenzen hinweg zusammenarbeiten und die Unternehmen die Möglichkeiten des Binnenmarkts nutzen können, und zwar insbesondere durch Öffnen des einzelstaatlichen öffentlichen Auftragswesens, Festlegung gemeinsamer Normen und Beseitigung der dieser Zusammenarbeit entgegenstehenden rechtlichen und steuerlichen Hindernisse.

(3) Alle Maßnahmen der Union auf dem Gebiet der Forschung und der technologischen

Entwicklung, einschließlich der Demonstrationsvorhaben, werden nach Maßgabe dieses Abschnitts beschlossen und durchgeführt.

Artikel III-249

Zur Erreichung der Ziele nach Artikel III-248 trifft die Union folgende Maßnahmen, welche die in den Mitgliedstaaten durchgeführten Aktionen ergänzen:
a) Durchführung von Programmen für Forschung, technologische Entwicklung und Demonstration unter Förderung der Zusammenarbeit mit und zwischen Unternehmen, Forschungszentren und Hochschulen;
b) Förderung der Zusammenarbeit der Union mit Drittländern und internationalen Organisationen auf dem Gebiet der Forschung, technologischen Entwicklung und Demonstration;
c) Verbreitung und Auswertung der Ergebnisse der Tätigkeiten der Union auf dem Gebiet der Forschung, technologischen Entwicklung und Demonstration;
d) Förderung der Ausbildung und der Mobilität der Forscher aus der Union.

Artikel III-250

(1) Die Union und die Mitgliedstaaten koordinieren ihre Tätigkeiten auf dem Gebiet der Forschung und der technologischen Entwicklung, um die Kohärenz der einzelstaatlichen Politik und der Politik der Union sicherzustellen.
(2) Die Kommission kann in enger Zusammenarbeit mit den Mitgliedstaaten alle Initiativen ergreifen, die der Koordinierung nach Absatz 1 förderlich sind, insbesondere Initiativen, die darauf abzielen, Leitlinien und Indikatoren festzulegen, den Austausch bewährter Verfahren durchzuführen und die erforderlichen Elemente für eine regelmäßige Überwachung und Bewertung auszuarbeiten. Das Europäische Parlament wird in vollem Umfang unterrichtet.

Artikel III-251

(1) Durch Europäisches Gesetz wird ein mehrjähriges Rahmenprogramm festgelegt, in dem alle von der Union finanzierten Aktionen zusammengefasst werden. Es wird nach Anhörung des Wirtschafts- und Sozialausschusses erlassen.
In dem Rahmenprogramm werden
a) die wissenschaftlichen und technologischen Ziele, die mit den Maßnahmen nach Artikel III-249 erreicht werden sollen, sowie die jeweiligen Prioritäten festgelegt;
b) die Grundzüge dieser Maßnahmen angegeben;
c) der Gesamthöchstbetrag und die Einzelheiten der finanziellen Beteiligung der Union am Rahmenprogramm sowie die jeweiligen Anteile der vorgesehenen Maßnahmen festgelegt.
(2) Das mehrjährige Rahmenprogramm wird je nach Entwicklung der Lage angepasst oder ergänzt.
(3) Durch Europäisches Gesetz des Rates werden die spezifischen Programme festgelegt, durch die das mehrjährige Rahmenprogramm innerhalb einer jeden Aktion durchgeführt wird. In jedem spezifischen Programm werden die Einzelheiten seiner Durchführung, seine Laufzeit und die für notwendig erachteten Mittel festgelegt. Die Summe der in den spezifischen Programmen für notwendig erachteten Beträge darf den für das Rahmenprogramm und für jede Aktion festgesetzten Gesamthöchstbetrag nicht überschreiten. Dieses Gesetz wird nach Anhörung des Europäischen Parlaments und des Wirtschafts- und Sozialausschusses erlassen.

(4) Durch Europäisches Gesetz werden ergänzend zu den in dem mehrjährigen Rahmenprogramm vorgesehenen Aktionen die Maßnahmen festgelegt, die für die Verwirklichung des Europäischen Raums der Forschung notwendig sind. Es wird nach Anhörung des Wirtschafts- und Sozialausschusses erlassen.

Artikel III-252

(1) Zur Durchführung des mehrjährigen Rahmenprogramms wird durch Europäisches Gesetz oder Rahmengesetz Folgendes festgelegt:

a) die Regeln für die Beteiligung der Unternehmen, der Forschungszentren und der Hochschulen;
b) die Regeln für die Verbreitung der Forschungsergebnisse.

Das Europäische Gesetz oder Rahmengesetz wird nach Anhörung des Wirtschafts- und Sozialausschusses erlassen.

(2) Bei der Durchführung des mehrjährigen Rahmenprogramms können durch Europäisches Gesetz Zusatzprogramme festgelegt werden, an denen nur bestimmte Mitgliedstaaten teilnehmen, die sie vorbehaltlich einer etwaigen Beteiligung der Union auch finanzieren.

In dem Europäischen Gesetz werden die Regeln für die Zusatzprogramme, insbesondere hinsichtlich der Verbreitung der Kenntnisse und des Zugangs anderer Mitgliedstaaten, festgelegt. Es wird nach Anhörung des Wirtschafts- und Sozialausschusses und mit Zustimmung der betreffenden Mitgliedstaaten erlassen.

(3) Durch Europäisches Gesetz kann im Einvernehmen mit den betreffenden Mitgliedstaaten bei der Durchführung des mehrjährigen Rahmenprogramms eine Beteiligung an Forschungs- und Entwicklungsprogrammen mehrerer Mitgliedstaaten, einschließlich der Beteiligung an den zu ihrer Durchführung geschaffenen Strukturen, vorgesehen werden.

Das Europäische Gesetz wird nach Anhörung des Wirtschafts- und Sozialausschusses erlassen.

(4) Die Union kann bei der Durchführung des mehrjährigen Rahmenprogramms eine Zusammenarbeit auf dem Gebiet der Forschung, technologischen Entwicklung und Demonstration der Union mit Drittländern oder internationalen Organisationen vorsehen.

Die Einzelheiten dieser Zusammenarbeit können Gegenstand von Übereinkünften zwischen der Union und den betreffenden dritten Parteien sein.

Artikel III-253

Der Rat kann auf Vorschlag der Kommission Europäische Verordnungen oder Beschlüsse erlassen, durch die gemeinsame Unternehmen gegründet oder andere Strukturen geschaffen werden, die für die ordnungsgemäße Durchführung der Programme für Forschung, technologische Entwicklung und Demonstration der Union erforderlich sind. Er beschließt nach Anhörung des Europäischen Parlaments und des Wirtschafts- und Sozialausschusses.

Artikel III-254

(1) Zur Förderung des wissenschaftlichen und technischen Fortschritts, der Wettbewerbsfähigkeit der Industrie und der Durchführung ihrer Politik arbeitet die Union eine europäische Raumfahrtpolitik aus. Sie kann zu diesem Zweck gemeinsame Initiativen fördern, die Forschung und technologische Entwicklung unterstützen und die Anstrengungen zur Erforschung und Nutzung des Weltraums koordinieren.

(2) Als Beitrag zur Erreichung der Ziele nach Absatz 1 können durch Europäisches Gesetz

oder Rahmengesetz die notwendigen Maßnahmen festgelegt werden; dies kann in Form eines europäischen Raumfahrtprogramms geschehen.
(3) Die Union stellt die zweckdienlichen Verbindungen zur Europäischen Weltraumorganisation her.

Artikel III-255

Zu Beginn jedes Jahres unterbreitet die Kommission dem Europäischen Parlament und dem Rat einen Bericht. Dieser Bericht erstreckt sich insbesondere auf die Tätigkeiten auf dem Gebiet der Forschung, der technologischen Entwicklung und der Verbreitung der Ergebnisse dieser Tätigkeiten während des Vorjahrs sowie auf das Arbeitsprogramm des laufenden Jahres.

Abschnitt 10: Energie

Artikel III-256

(1) Die Energiepolitik der Union hat im Rahmen der Verwirklichung oder des Funktionierens des Binnenmarkts und unter Berücksichtigung der Erfordernisse der Erhaltung und der Verbesserung der Umwelt folgende Ziele:
a) Sicherstellung des Funktionierens des Energiemarkts,
b) Gewährleistung der Energieversorgungssicherheit in der Union und
c) Förderung der Energieeffizienz und von Energieeinsparungen sowie Entwicklung neuer und erneuerbarer Energiequellen.
(2) Unbeschadet der Anwendung anderer Bestimmungen der Verfassung werden die Maßnahmen, die erforderlich sind, um die Ziele des Absatzes 1 zu verwirklichen, durch Europäisches Gesetz oder Rahmengesetz festgelegt. Es wird nach Anhörung des Ausschusses der Regionen sowie des Wirtschafts- und Sozialausschusses erlassen.

Das Europäische Gesetz oder Rahmengesetz berührt unbeschadet des Artikels III-234 Absatz 2 Buchstabe c nicht das Recht eines Mitgliedstaats, die Bedingungen für die Nutzung seiner Energieressourcen, seine Wahl zwischen verschiedenen Energiequellen und die allgemeine Struktur seiner Energieversorgung zu bestimmen.
(3) Abweichend von Absatz 2 werden die darin genannten Maßnahmen durch Europäisches Gesetz oder Rahmengesetz des Rates festgelegt, wenn sie überwiegend steuerlicher Art sind. Der Rat beschließt einstimmig nach Anhörung des Europäischen Parlaments.

Kapitel IV: Raum der Freiheit, der Sicherheit und des Rechts

Abschnitt 1: Allgemeine Bestimmungen

Artikel III-257

(1) Die Union bildet einen Raum der Freiheit, der Sicherheit und des Rechts, in dem die Grundrechte und die verschiedenen Rechtsordnungen und -traditionen der Mitgliedstaaten geachtet werden.
(2) Sie stellt sicher, dass Personen an den Binnengrenzen nicht kontrolliert werden, und entwickelt eine gemeinsame Politik in den Bereichen Asyl, Einwanderung und Kontrollen an den Außengrenzen, die sich auf die Solidarität der Mitgliedstaaten gründet und gegenüber Drittstaatsangehörigen angemessen ist. Für die Zwecke dieses Kapitels werden Staatenlose den Drittstaatsangehörigen gleichgestellt.

(3) Die Union wirkt darauf hin, durch Maßnahmen zur Verhütung und Bekämpfung von Kriminalität sowie von Rassismus und Fremdenfeindlichkeit, zur Koordinierung und Zusammenarbeit von Polizeibehörden und Organen der Strafrechtspflege und den anderen zuständigen Behörden sowie durch die gegenseitige Anerkennung strafrechtlicher Entscheidungen und erforderlichenfalls durch die Angleichung der strafrechtlichen Bestimmungen ein hohes Maß an Sicherheit zu gewährleisten.
(4) Die Union erleichtert den Zugang zum Recht, insbesondere durch den Grundsatz der gegenseitigen Anerkennung gerichtlicher und außergerichtlicher Entscheidungen in Zivilsachen.

Artikel III-258

Der Europäische Rat legt die strategischen Leitlinien für die gesetzgeberische und operative Programmplanung im Raum der Freiheit, der Sicherheit und des Rechts fest.

Artikel III-259

Die nationalen Parlamente tragen bei Gesetzgebungsvorschlägen und -initiativen, die im Rahmen der Abschnitte 4 und 5 vorgelegt werden, Sorge für die Achtung des Subsidiaritätsprinzips nach Maßgabe des Protokolls über die Anwendung der Grundsätze der Subsidiarität und der Verhältnismäßigkeit.

Artikel III-260

Unbeschadet der Artikel III-360 bis III-362 kann der Rat auf Vorschlag der Kommission Europäische Verordnungen oder Beschlüsse erlassen, mit denen Einzelheiten festgelegt werden, nach denen die Mitgliedstaaten in Zusammenarbeit mit der Kommission eine objektive und unparteiische Bewertung der Durchführung der unter dieses Kapitel fallenden Unionspolitik durch die Behörden der Mitgliedstaaten vornehmen, insbesondere um die umfassende Anwendung des Grundsatzes der gegenseitigen Anerkennung zu fördern. Das Europäische Parlament und die nationalen Parlamente werden vom Inhalt und den Ergebnissen dieser Bewertung unterrichtet.

Artikel III-261

Im Rat wird ein ständiger Ausschuss eingesetzt, um sicherzustellen, dass innerhalb der Union die operative Zusammenarbeit im Bereich der inneren Sicherheit gefördert und verstärkt wird. Er fördert unbeschadet des Artikels III-344 die Koordinierung der Maßnahmen der zuständigen Behörden der Mitgliedstaaten. Die Vertreter der betroffenen Einrichtungen und sonstigen Stellen der Union können an den Arbeiten des Ausschusses beteiligt werden. Das Europäische Parlament und die nationalen Parlamente werden über die Arbeiten des Ausschusses auf dem Laufenden gehalten.

Artikel III-262

Dieses Kapitel berührt nicht die Wahrnehmung der Zuständigkeiten der Mitgliedstaaten für die Aufrechterhaltung der öffentlichen Ordnung und den Schutz der inneren Sicherheit.

Artikel III-263

Der Rat erlässt Europäische Verordnungen, um die Verwaltungszusammenarbeit zwischen den zuständigen Dienststellen der Mitgliedstaaten in den Bereichen dieses Kapitels sowie die

Zusammenarbeit zwischen diesen Dienststellen und der Kommission zu gewährleisten. Dabei beschließt er auf Vorschlag der Kommission vorbehaltlich des Artikels III-264 und nach Anhörung des Europäischen Parlaments.

Artikel III-264

Die in den Abschnitten 4 und 5 genannten Rechtsakte sowie die in Artikel III-263 genannten Europäischen Verordnungen, mit denen die Verwaltungszusammenarbeit in den Bereichen der genannten Abschnitte gewährleistet wird, werden wie folgt erlassen:
a) auf Vorschlag der Kommission oder
b) auf Initiative eines Viertels der Mitgliedstaaten.

Abschnitt 2: Politik im Bereich Grenzkontrollen, Asyl und Einwanderung

Artikel III-265

(1) Die Union entwickelt eine Politik, mit der
a) sichergestellt werden soll, dass Personen unabhängig von ihrer Staatsangehörigkeit beim Überschreiten der Binnengrenzen nicht kontrolliert werden;
b) die Personenkontrolle und die wirksame Überwachung des Grenzübertritts an den Außengrenzen sichergestellt werden soll;
c) schrittweise ein integriertes Grenzschutzsystem an den Außengrenzen eingeführt werden soll.
(2) Für die Zwecke des Absatzes 1 werden durch Europäisches Gesetz oder Rahmengesetz Maßnahmen festgelegt, die folgende Bereiche betreffen:
a) die gemeinsame Politik in Bezug auf Visa und andere kurzfristige Aufenthaltstitel;
b) die Kontrollen, denen Personen beim Überschreiten der Außengrenzen unterzogen werden;
c) die Voraussetzungen, unter denen sich Drittstaatsangehörige innerhalb der Union während eines kurzen Zeitraums frei bewegen können;
d) alle Maßnahmen, die für die schrittweise Einführung eines integrierten Grenzschutzsystems an den Außengrenzen erforderlich sind;
e) die Abschaffung der Kontrolle von Personen gleich welcher Staatsangehörigkeit beim Überschreiten der Binnengrenzen.
(3) Dieser Artikel berührt nicht die Zuständigkeit der Mitgliedstaaten für die geographische Festlegung ihrer Grenzen nach dem Völkerrecht.

Artikel III-266

(1) Die Union entwickelt eine gemeinsame Politik im Bereich Asyl, subsidiärer Schutz und vorübergehender Schutz, mit der jedem Drittstaatsangehörigen, der internationalen Schutz benötigt, ein angemessener Status angeboten und die Einhaltung des Grundsatzes der Nicht-Zurückweisung gewährleistet werden soll. Diese Politik muss mit dem Genfer Abkommen vom 28. Juli 1951 und dem Protokoll vom 31. Januar 1967 über die Rechtsstellung der Flüchtlinge sowie den anderen einschlägigen Verträgen im Einklang stehen.
(2) Für die Zwecke des Absatzes 1 werden durch Europäisches Gesetz oder Rahmengesetz Maßnahmen in Bezug auf eine gemeinsame europäische Asylregelung festgelegt, die Folgendes umfasst:
a) einen in der ganzen Union gültigen einheitlichen Asylstatus für Drittstaatsangehörige;

b) einen einheitlichen subsidiären Schutzstatus für Drittstaatsangehörige, die keinen europäischen Asylstatus erhalten, aber internationalen Schutz benötigen;
c) eine gemeinsame Regelung für den vorübergehenden Schutz von Vertriebenen im Falle eines Massenzustroms;
d) gemeinsame Verfahren für die Gewährung und den Entzug des einheitlichen Asylstatus beziehungsweise des subsidiären Schutzstatus;
e) Kriterien und Verfahren zur Bestimmung des Mitgliedstaats, der für die Prüfung eines Antrags auf Asyl oder subsidiären Schutz zuständig ist;
f) Normen über die Aufnahmebedingungen von Personen, die Asyl oder subsidiären Schutz beantragen;
g) Partnerschaft und Zusammenarbeit mit Drittländern zur Steuerung der Zuströme von Personen, die Asyl oder subsidiären beziehungsweise vorübergehenden Schutz beantragen.

(3) Befinden sich ein oder mehrere Mitgliedstaaten aufgrund eines plötzlichen Zustroms von Drittstaatsangehörigen in einer Notlage, so kann der Rat auf Vorschlag der Kommission Europäische Verordnungen oder Beschlüsse erlassen, die vorläufige Maßnahmen zugunsten der betreffenden Mitgliedstaaten vorsehen. Er beschließt nach Anhörung des Europäischen Parlaments.

Artikel III-267

(1) Die Union entwickelt eine gemeinsame Einwanderungspolitik, die in allen Phasen eine wirksame Steuerung der Migrationsströme, eine angemessene Behandlung von Drittstaatsangehörigen, die sich rechtmäßig in einem Mitgliedstaat aufhalten, sowie die Verhütung und verstärkte Bekämpfung von illegaler Einwanderung und Menschenhandel gewährleisten soll.

(2) Für die Zwecke des Absatzes 1 werden durch Europäisches Gesetz oder Rahmengesetz die Maßnahmen in folgenden Bereichen festgelegt:
a) Einreise- und Aufenthaltsvoraussetzungen sowie Normen für die Erteilung von Visa und Aufenthaltstiteln für einen langfristigen Aufenthalt, einschließlich solcher zur Familienzusammenführung, durch die Mitgliedstaaten;
b) Festlegung der Rechte von Drittstaatsangehörigen, die sich rechtmäßig in einem Mitgliedstaat aufhalten, einschließlich der Bedingungen, unter denen sie sich in den anderen Mitgliedstaaten frei bewegen und aufhalten dürfen;
c) illegale Einwanderung und illegaler Aufenthalt, einschließlich Abschiebung und Rückführung solcher Personen, die sich illegal in einem Mitgliedstaat aufhalten;
d) Bekämpfung des Menschenhandels, insbesondere des Handels mit Frauen und Kindern.

(3) Die Union kann mit Drittländern Übereinkünfte über eine Rückübernahme von Drittstaatsangehörigen in ihr Ursprungs- oder Herkunftsland schließen, die die Voraussetzungen für die Einreise in das Hoheitsgebiet eines der Mitgliedstaaten oder die Anwesenheit oder den Aufenthalt in diesem Gebiet nicht oder nicht mehr erfüllen.

(4) Durch Europäisches Gesetz oder Rahmengesetz können unter Ausschluss jeglicher Harmonisierung der Rechtsvorschriften der Mitgliedstaaten Maßnahmen festgelegt werden, mit denen die Bemühungen der Mitgliedstaaten um die Integration der sich rechtmäßig in ihrem Hoheitsgebiet aufhaltenden Drittstaatsangehörigen gefördert und unterstützt werden.

(5) Dieser Artikel berührt nicht das Recht der Mitgliedstaaten, festzulegen, wie viele Drittstaatsangehörige aus Drittländern in ihr Hoheitsgebiet einreisen dürfen, um dort als Arbeitnehmer oder Selbstständige Arbeit zu suchen.

Artikel III-268

Für die unter diesen Abschnitt fallende Politik der Union und ihre Umsetzung gilt der Grundsatz der Solidarität und der gerechten Aufteilung der Verantwortlichkeiten unter den Mitgliedstaaten, und zwar auch in finanzieller Hinsicht. Die aufgrund dieses Abschnitts erlassenen Rechtsakte der Union enthalten, immer wenn dies erforderlich ist, entsprechende Maßnahmen für die Anwendung dieses Grundsatzes.

Abschnitt 3: Justizielle Zusammenarbeit in Zivilsachen

Artikel III-269

(1) Die Union entwickelt eine justizielle Zusammenarbeit in Zivilsachen mit grenzüberschreitenden Bezügen, die auf dem Grundsatz der gegenseitigen Anerkennung gerichtlicher und außergerichtlicher Entscheidungen beruht. Diese Zusammenarbeit kann den Erlass von Maßnahmen zur Angleichung der Rechtsvorschriften der Mitgliedstaaten umfassen.

(2) Für die Zwecke des Absatzes 1 werden, insbesondere wenn dies für das reibungslose Funktionieren des Binnenmarkts erforderlich ist, durch Europäisches Gesetz oder Rahmengesetz Maßnahmen festgelegt, die Folgendes sicherstellen sollen:

a) die gegenseitige Anerkennung und die Vollstreckung gerichtlicher und außergerichtlicher Entscheidungen zwischen den Mitgliedstaaten;
b) die grenzüberschreitende Zustellung gerichtlicher und außergerichtlicher Schriftstücke;
c) die Vereinbarkeit der in den Mitgliedstaaten geltenden Kollisionsnormen und Vorschriften zur Vermeidung von Kompetenzkonflikten;
d) die Zusammenarbeit bei der Erhebung von Beweismitteln;
e) einen effektiven Zugang zum Recht;
f) die Beseitigung von Hindernissen für die reibungslose Abwicklung von Zivilverfahren, erforderlichenfalls durch Förderung der Vereinbarkeit der in den Mitgliedstaaten geltenden zivilrechtlichen Verfahrensvorschriften;
g) die Entwicklung von alternativen Methoden für die Beilegung von Streitigkeiten;
h) die Förderung der Weiterbildung von Richtern und Justizbediensteten.

(3) Abweichend von Absatz 2 werden Maßnahmen zum Familienrecht mit grenzüberschreitenden Bezügen durch Europäisches Gesetz oder Rahmengesetz des Rates festgelegt. Dieser beschließt einstimmig nach Anhörung des Europäischen Parlaments.

Der Rat kann auf Vorschlag der Kommission einen Europäischen Beschluss erlassen, durch den die Aspekte des Familienrechts mit grenzüberschreitenden Bezügen bestimmt werden, die Gegenstand von Rechtsakten sein können, welche nach dem ordentlichen Gesetzgebungsverfahren erlassen werden. Der Rat beschließt einstimmig nach Anhörung des Europäischen Parlaments.

Abschnitt 4: Justizielle Zusammenarbeit in Strafsachen

Artikel III-270

(1) Die justizielle Zusammenarbeit in Strafsachen in der Union beruht auf dem Grundsatz der gegenseitigen Anerkennung gerichtlicher Urteile und Entscheidungen und umfasst die Angleichung der Rechtsvorschriften der Mitgliedstaaten in den in Absatz 2 und Artikel III-271 genannten Bereichen.

Durch Europäisches Gesetz oder Rahmengesetz werden Maßnahmen festgelegt, um

a) Regeln und Verfahren festzulegen, mit denen die Anerkennung aller Arten von Urteilen und gerichtlichen Entscheidungen in der gesamten Union sichergestellt wird;

b) Kompetenzkonflikte zwischen den Mitgliedstaaten zu verhindern und beizulegen;
c) die Weiterbildung von Richtern und Staatsanwälten sowie Justizbediensteten zu fördern;
d) die Zusammenarbeit zwischen den Justizbehörden oder entsprechenden Behörden der Mitgliedstaaten im Rahmen der Strafverfolgung sowie des Vollzugs und der Vollstreckung von Entscheidungen zu erleichtern.

(2) Soweit dies zur Erleichterung der gegenseitigen Anerkennung gerichtlicher Urteile und Entscheidungen und der polizeilichen und justiziellen Zusammenarbeit in Strafsachen mit grenzüberschreitender Dimension erforderlich ist, können durch Europäisches Rahmengesetz Mindestvorschriften festgelegt werden. Bei diesen Mindestvorschriften werden die Unterschiede zwischen den Rechtsordnungen und -traditionen der Mitgliedstaaten berücksichtigt.

Die Vorschriften betreffen Folgendes:
a) die Zulässigkeit von Beweismitteln auf gegenseitiger Basis zwischen den Mitgliedstaaten;
b) die Rechte des Einzelnen im Strafverfahren;
c) die Rechte der Opfer von Straftaten;
d) sonstige spezifische Aspekte des Strafverfahrens, die zuvor vom Rat durch einen Europäischen Beschluss bestimmt worden sind; dieser Beschluss wird vom Rat einstimmig nach Zustimmung des Europäischen Parlaments erlassen.

Der Erlass von Mindestvorschriften nach diesem Absatz hindert die Mitgliedstaaten nicht daran, ein höheres Schutzniveau für den Einzelnen beizubehalten oder einzuführen.

(3) Ist ein Mitglied des Rates der Auffassung, dass ein Entwurf eines Europäischen Rahmengesetzes nach Absatz 2 grundlegende Aspekte seiner Strafrechtsordnung berühren würde, so kann das Mitglied beantragen, dass der Europäische Rat befasst wird. In diesem Fall wird das Verfahren nach Artikel III-396 ausgesetzt. Nach einer Aussprache geht der Europäische Rat binnen vier Monaten nach Aussetzung des Verfahrens wie folgt vor:
a) er verweist den Entwurf an den Rat zurück, wodurch die Aussetzung des Verfahrens nach Artikel III-396 beendet wird, oder
b) er ersucht die Kommission beziehungsweise die Gruppe von Mitgliedstaaten, die den Entwurf vorgelegt hat, um Vorlage eines neuen Entwurfs; in diesem Fall gilt der ursprünglich vorgeschlagene Rechtsakt als nicht erlassen.

(4) Hat der Europäische Rat bis zum Ende des Zeitraums nach Absatz 3 nicht gehandelt oder wurde das Europäische Rahmengesetz nicht binnen zwölf Monaten nach Vorlage eines neuen Entwurfs nach Absatz 3 Buchstabe b erlassen und wünscht mindestens ein Drittel der Mitgliedstaaten, auf der Grundlage des Entwurfs des betreffenden Rahmengesetzes eine Verstärkte Zusammenarbeit zu begründen, so teilen sie dies dem Europäischen Parlament, dem Rat und der Kommission mit.

In diesem Fall gilt die Ermächtigung zu einer Verstärkten Zusammenarbeit nach Artikel I-44 Absatz 2 und Artikel III-419 Absatz 1 als erteilt, und die Bestimmungen über die Verstärkte Zusammenarbeit finden Anwendung.

Artikel III-271

(1) Durch Europäisches Rahmengesetz können Mindestvorschriften zur Festlegung von Straftaten und Strafen in Bereichen besonders schwerer Kriminalität festgelegt werden, die aufgrund der Art oder der Auswirkungen der Straftaten oder aufgrund einer besonderen Notwendigkeit, sie von gemeinsamen Grundlagen ausgehend zu bekämpfen, eine grenzüberschreitende Dimension haben.

Derartige Kriminalitätsbereiche sind: Terrorismus, Menschenhandel und sexuelle Ausbeutung von Frauen und Kindern, illegaler Drogenhandel, illegaler Waffenhandel, Geldwäsche,

Korruption, Fälschung von Zahlungsmitteln, Computerkriminalität und organisierte Kriminalität.

Je nach den Entwicklungen der Kriminalität kann der Rat einen Europäischen Beschluss erlassen, in dem andere Kriminalitätsbereiche bestimmt werden, die die Kriterien dieses Absatzes erfüllen. Er beschließt einstimmig nach Zustimmung des Europäischen Parlaments.

(2) Erweist sich die Angleichung der strafrechtlichen Rechtsvorschriften der Mitgliedstaaten als unerlässlich für die wirksame Durchführung der Politik der Union auf einem Gebiet, auf dem Harmonisierungsmaßnahmen erfolgt sind, so können durch Europäisches Rahmengesetz Mindestvorschriften für die Festlegung von Straftaten und Strafen auf dem betreffenden Gebiet festgelegt werden. Es wird unbeschadet des Artikels III-264 nach dem gleichen Verfahren wie die betreffenden Harmonisierungsmaßnahmen erlassen.

(3) Ist ein Mitglied des Rates der Auffassung, dass der Entwurf eines Europäischen Rahmengesetzes nach Absatz 1 oder 2 grundlegende Aspekte seiner Strafrechtsordnung berühren würde, so kann das Mitglied beantragen, dass der Europäische Rat befasst wird. In diesem Fall wird das Verfahren nach Artikel III-396, sofern es anwendbar ist, ausgesetzt. Nach einer Aussprache geht der Europäische Rat binnen vier Monaten nach Aussetzung des Verfahrens wie folgt vor:

a) er verweist den Entwurf an den Rat zurück, wodurch die Aussetzung des Verfahrens nach Artikel III-396, sofern es anwendbar ist, beendet wird, oder
b) er ersucht die Kommission beziehungsweise die Gruppe von Mitgliedstaaten, die den Entwurf vorgelegt hat, um Vorlage eines neuen Entwurfs; in diesem Fall gilt der ursprünglich vorgeschlagene Rechtsakt als nicht erlassen.

(4) Hat der Europäische Rat bis zum Ende des Zeitraums nach Absatz 3 nicht gehandelt, oder wurde das Europäische Rahmengesetz nicht binnen zwölf Monaten nach Vorlage eines neuen Entwurfs nach Absatz 3 Buchstabe b erlassen und wünscht mindestens ein Drittel der Mitgliedstaaten, auf der Grundlage des Entwurfs des betreffenden Rahmengesetzes eine Verstärkte Zusammenarbeit zu begründen, so teilen sie dies dem Europäischen Parlament, dem Rat und der Kommission mit.

In diesem Fall gilt die Ermächtigung zu einer Verstärkten Zusammenarbeit nach Artikel I-44 Absatz 2 und Artikel III-419 Absatz 1 als erteilt, und die Bestimmungen über die Verstärkte Zusammenarbeit finden Anwendung.

Artikel III-272

Durch Europäisches Gesetz oder Rahmengesetz können unter Ausschluss jeglicher Harmonisierung der Rechtsvorschriften der Mitgliedstaaten Maßnahmen festgelegt werden, um das Vorgehen der Mitgliedstaaten im Bereich der Kriminalprävention zu fördern und zu unterstützen.

Artikel III-273

(1) Eurojust hat den Auftrag, die Koordinierung und Zusammenarbeit zwischen den nationalen Behörden zu unterstützen und zu verstärken, die für die Ermittlung und Verfolgung von schwerer Kriminalität zuständig sind, wenn zwei oder mehr Mitgliedstaaten betroffen sind oder eine Verfolgung auf gemeinsamer Grundlage erforderlich ist; Eurojust stützt sich dabei auf die von den Behörden der Mitgliedstaaten und von Europol durchgeführten Operationen und gelieferten Informationen.

In diesem Zusammenhang werden der Aufbau, die Arbeitsweise, der Tätigkeitsbereich und die Aufgaben von Eurojust durch Europäisches Gesetz festgelegt. Zu diesen Aufgaben kann Folgendes gehören:

a) Einleitung von strafrechtlichen Ermittlungsmaßnahmen sowie Vorschläge zur Einleitung von strafrechtlichen Verfolgungsmaßnahmen, die von den zuständigen nationalen Behörden durchgeführt werden, insbesondere bei Straftaten zum Nachteil der finanziellen Interessen der Union;
b) Koordinierung der unter Buchstabe a genannten Ermittlungs- und Verfolgungsmaßnahmen;
c) Verstärkung der justiziellen Zusammenarbeit, unter anderem auch durch die Beilegung von Kompetenzkonflikten und eine enge Zusammenarbeit mit dem Europäischen Justiziellen Netz.

Durch Europäisches Gesetz werden ferner die Einzelheiten für die Beteiligung des Europäischen Parlaments und der nationalen Parlamente an der Bewertung der Tätigkeit von Eurojust festgelegt.

(2) Im Rahmen der Strafverfolgungsmaßnahmen nach Absatz 1 werden die förmlichen Prozesshandlungen unbeschadet des Artikels III-274 durch die zuständigen einzelstaatlichen Bediensteten vorgenommen.

Artikel III-274

(1) Zur Bekämpfung von Straftaten zum Nachteil der finanziellen Interessen der Union kann durch Europäisches Gesetz des Rates ausgehend von Eurojust eine Europäische Staatsanwaltschaft eingesetzt werden. Der Rat beschließt einstimmig nach Zustimmung des Europäischen Parlaments.

(2) Die Europäische Staatsanwaltschaft ist, gegebenenfalls in Verbindung mit Europol, zuständig für strafrechtliche Untersuchung und Verfolgung sowie Anklageerhebung in Bezug auf Personen, die als Täter oder Teilnehmer Straftaten zum Nachteil der finanziellen Interessen der Union begangen haben, die in dem Europäischen Gesetz nach Absatz 1 festgelegt sind. Die Europäische Staatsanwaltschaft nimmt bei diesen Straftaten vor den zuständigen Gerichten der Mitgliedstaaten die Aufgaben der Staatsanwaltschaft wahr.

(3) Das in Absatz 1 genannte Europäische Gesetz legt die Satzung der Europäischen Staatsanwaltschaft, die Einzelheiten für die Erfüllung ihrer Aufgaben, die für ihre Tätigkeit geltenden Verfahrensvorschriften sowie die Regeln für die Zulässigkeit von Beweismitteln und für die gerichtliche Kontrolle der von der Europäischen Staatsanwaltschaft bei der Erfüllung ihrer Aufgaben vorgenommenen Prozesshandlungen fest.

(4) Der Europäische Rat kann gleichzeitig mit der Annahme des Europäischen Gesetzes oder im Anschluss daran einen Europäischen Beschluss zur Änderung des Absatzes 1 mit dem Ziel einer Ausdehnung der Befugnisse der Europäischen Staatsanwaltschaft auf die Bekämpfung von schwerer Kriminalität mit grenzüberschreitender Dimension und zur entsprechenden Änderung des Absatzes 2 hinsichtlich Personen, die als Täter oder Teilnehmer schwere, mehr als einen Mitgliedstaat betreffende Straftaten begangen haben, erlassen. Der Europäische Rat beschließt einstimmig nach Zustimmung des Europäischen Parlaments und nach Anhörung der Kommission.

Abschnitt 5: Polizeiliche Zusammenarbeit

Artikel III-275

(1) Die Union entwickelt eine polizeiliche Zusammenarbeit zwischen allen zuständigen Behörden der Mitgliedstaaten, einschließlich der Polizei, des Zolls und anderer auf die Ver-

hütung oder die Aufdeckung von Straftaten sowie entsprechende Ermittlungen spezialisierter Strafverfolgungsbehörden.
(2) Für die Zwecke des Absatzes 1 können durch Europäisches Gesetz oder Rahmengesetz Maßnahmen festgelegt werden, die Folgendes betreffen:
a) Einholen, Speichern, Verarbeiten, Analysieren und Austauschen sachdienlicher Informationen;
b) Unterstützung der Aus- und Weiterbildung von Personal sowie Zusammenarbeit in Bezug auf den Austausch von Personal, die Ausrüstungsgegenstände und die kriminaltechnische Forschung;
c) gemeinsame Ermittlungstechniken zur Aufdeckung schwerwiegender Formen der organisierten Kriminalität.
(3) Durch Europäisches Gesetz oder Rahmengesetz des Rates können Maßnahmen festgelegt werden, die die operative Zusammenarbeit zwischen den in diesem Artikel genannten Behörden betreffen. Der Rat beschließt einstimmig nach Anhörung des Europäischen Parlaments.

Artikel III-276

(1) Europol hat den Auftrag, die Tätigkeit der Polizeibehörden und der anderen Strafverfolgungsbehörden der Mitgliedstaaten sowie deren gegenseitige Zusammenarbeit bei der Verhütung und Bekämpfung der zwei oder mehr Mitgliedstaaten betreffenden schweren Kriminalität, des Terrorismus und der Kriminalitätsformen, die ein gemeinsames Interesse verletzen, das Gegenstand einer Politik der Union ist, zu unterstützen und zu verstärken.
(2) Der Aufbau, die Arbeitsweise, der Tätigkeitsbereich und die Aufgaben von Europol werden durch Europäisches Gesetz festgelegt. Zu diesen Aufgaben kann Folgendes gehören:
a) Einholen, Speichern, Verarbeiten, Analysieren und Austauschen von Informationen, die insbesondere von den Behörden der Mitgliedstaaten oder Drittländern beziehungsweise Stellen außerhalb der Union übermittelt werden;
b) Koordinierung, Organisation und Durchführung von Ermittlungen und von operativen Maßnahmen, die gemeinsam mit den zuständigen Behörden der Mitgliedstaaten oder im Rahmen gemeinsamer Ermittlungsgruppen durchgeführt werden, gegebenenfalls in Verbindung mit Eurojust.

Durch Europäisches Gesetz werden ferner die Einzelheiten für die Kontrolle der Tätigkeiten von Europol durch das Europäische Parlament festgelegt; an dieser Kontrolle werden die nationalen Parlamente beteiligt.
(3) Europol darf operative Maßnahmen nur in Verbindung und in Absprache mit den Behörden des Mitgliedstaats oder der Mitgliedstaaten ergreifen, deren Hoheitsgebiet betroffen ist. Die Anwendung von Zwangsmaßnahmen bleibt ausschließlich den zuständigen einzelstaatlichen Behörden vorbehalten.

Artikel III-277

Durch Europäisches Gesetz oder Rahmengesetz des Rates wird festgelegt, unter welchen Bedingungen und innerhalb welcher Grenzen die in den Artikeln III-270 und III-275 genannten zuständigen Behörden der Mitgliedstaaten im Hoheitsgebiet eines anderen Mitgliedstaats in Verbindung und in Absprache mit dessen Behörden tätig werden dürfen. Der Rat beschließt einstimmig nach Anhörung des Europäischen Parlaments.

Kapitel V: Bereiche, in denen die Union beschließen kann, eine Unterstützungs-, Koordinierungs- oder Ergänzungsmaßnahme durchzuführen

Abschnitt 1: Öffentliche Gesundheit

Artikel III-278

(1) Bei der Festlegung und Durchführung der Politik und Maßnahmen der Union in allen Bereichen wird ein hohes Gesundheitsschutzniveau sichergestellt.

Die Tätigkeit der Union ergänzt die Politik der Mitgliedstaaten und ist auf die Verbesserung der Gesundheit der Bevölkerung, die Verhütung von Humankrankheiten und die Beseitigung von Ursachen für die Gefährdung der körperlichen und geistigen Gesundheit gerichtet. Sie umfasst

a) die Bekämpfung weit verbreiteter schwerer Krankheiten; dabei werden die Erforschung der Ursachen, der Übertragung und der Verhütung dieser Krankheiten sowie die Gesundheitsinformation und -erziehung gefördert;
b) die Beobachtung, frühzeitige Meldung und Bekämpfung schwerwiegender grenzüberschreitender Gesundheitsgefahren.

Die Union ergänzt die Maßnahmen der Mitgliedstaaten zur Verringerung drogenkonsumbedingter Gesundheitsschäden einschließlich der Informations- und Vorbeugungsmaßnahmen.

(2) Die Union fördert die Zusammenarbeit zwischen den Mitgliedstaaten in den in diesem Artikel genannten Bereichen und unterstützt erforderlichenfalls deren Tätigkeit. Sie fördert insbesondere die Zusammenarbeit zwischen den Mitgliedstaaten, die darauf abzielt, die Komplementarität ihrer Gesundheitsdienste in den Grenzgebieten zu verbessern.

Die Mitgliedstaaten koordinieren untereinander im Benehmen mit der Kommission ihre Politik und ihre Programme in den in Absatz 1 genannten Bereichen. Die Kommission kann in enger Verbindung mit den Mitgliedstaaten alle Initiativen ergreifen, die dieser Koordinierung förderlich sind, insbesondere Initiativen, die darauf abzielen, Leitlinien und Indikatoren festzulegen, den Austausch bewährter Verfahren durchzuführen und die erforderlichen Elemente für eine regelmäßige Überwachung und Bewertung auszuarbeiten. Das Europäische Parlament wird in vollem Umfang unterrichtet.

(3) Die Union und die Mitgliedstaaten fördern die Zusammenarbeit mit Drittländern und den für die öffentliche Gesundheit zuständigen internationalen Organisationen.

(4) Abweichend von Artikel I-12 Absatz 5 und Artikel I-17 Buchstabe a und nach Artikel I-14 Absatz 2 Buchstabe k wird durch Europäisches Gesetz oder Rahmengesetz zur Verwirklichung der Ziele dieses Artikels beigetragen, indem folgende Maßnahmen festgelegt werden, um den gemeinsamen Sicherheitsanliegen Rechnung zu tragen:

a) Maßnahmen zur Festlegung hoher Qualitäts- und Sicherheitsstandards für Organe und Substanzen menschlichen Ursprungs sowie für Blut und Blutderivate; diese Maßnahmen hindern die Mitgliedstaaten nicht, strengere Schutzmaßnahmen beizubehalten oder einzuführen;
b) Maßnahmen in den Bereichen Veterinärwesen und Pflanzenschutz, die unmittelbar den Schutz der Gesundheit der Bevölkerung zum Ziel haben;
c) Maßnahmen zur Festlegung hoher Qualitäts- und Sicherheitsstandards für Arzneimittel und Medizinprodukte;
d) Maßnahmen zur Beobachtung, frühzeitigen Meldung und Bekämpfung schwerwiegender grenzüberschreitender Gesundheitsgefahren.

Das Europäische Gesetz oder Rahmengesetz wird nach Anhörung des Ausschusses der Regionen und des Wirtschafts- und Sozialausschusses erlassen.

(5) Durch Europäisches Gesetz oder Rahmengesetz können unter Ausschluss jeglicher Harmonisierung der Rechtsvorschriften der Mitgliedstaaten auch Fördermaßnahmen, die den Schutz und die Verbesserung der menschlichen Gesundheit sowie insbesondere die Bekämpfung weit verbreiteter schwerer grenzüberschreitender Krankheiten zum Ziel haben, sowie Maßnahmen, die unmittelbar den Schutz der Gesundheit der Bevölkerung vor Tabakkonsum und Alkoholmissbrauch zum Ziel haben, festgelegt werden. Es wird nach Anhörung des Ausschusses der Regionen und des Wirtschafts- und Sozialausschusses erlassen.

(6) Für die Zwecke dieses Artikels kann der Rat ferner auf Vorschlag der Kommission Empfehlungen abgeben.

(7) Bei der Tätigkeit der Union wird die Verantwortung der Mitgliedstaaten für die Festlegung ihrer Gesundheitspolitik sowie die Organisation des Gesundheitswesens und die medizinische Versorgung gewahrt. Die Verantwortung der Mitgliedstaaten umfasst die Verwaltung des Gesundheitswesens und der medizinischen Versorgung sowie die Zuweisung der dafür bereitgestellten Mittel. Die Maßnahmen nach Absatz 4 Buchstabe a lassen die einzelstaatlichen Regelungen über die Spende oder die medizinische Verwendung von Organen und Blut unberührt.

Abschnitt 2: Industrie

Artikel III-279

(1) Die Union und die Mitgliedstaaten sorgen dafür, dass die notwendigen Voraussetzungen für die Wettbewerbsfähigkeit der Industrie der Union gewährleistet sind.

Zu diesem Zweck zielt ihre Tätigkeit entsprechend einem System offener und wettbewerbsorientierter Märkte auf Folgendes ab:

a) Beschleunigung der Anpassung der Industrie an die strukturellen Veränderungen;
b) Förderung eines günstigen Umfelds für die Initiative und Weiterentwicklung der Unternehmen, insbesondere der kleinen und mittleren Unternehmen, in der gesamten Union;
c) Förderung eines günstigen Umfelds für die Zusammenarbeit zwischen Unternehmen;
d) Förderung einer besseren Nutzung des industriellen Potenzials der Politik in den Bereichen Innovation, Forschung und technologische Entwicklung.

(2) Die Mitgliedstaaten konsultieren einander in Verbindung mit der Kommission und koordinieren, soweit erforderlich, ihre Maßnahmen. Die Kommission kann alle Initiativen ergreifen, die dieser Koordinierung förderlich sind, insbesondere Initiativen, die darauf abzielen, Leitlinien und Indikatoren festzulegen, den Austausch bewährter Verfahren durchzuführen und die erforderlichen Elemente für eine regelmäßige Überwachung und Bewertung auszuarbeiten. Das Europäische Parlament wird in vollem Umfang unterrichtet.

(3) Die Union trägt durch die Politik und die Maßnahmen, die sie aufgrund anderer Bestimmungen der Verfassung durchführt, zur Erreichung der Ziele des Absatzes 1 bei. Spezifische Maßnahmen zur Unterstützung der in den Mitgliedstaaten im Hinblick auf die Verwirklichung der Ziele des Absatzes 1 durchgeführten Maßnahmen können unter Ausschluss jeglicher Harmonisierung der Rechtsvorschriften der Mitgliedstaaten durch Europäisches Gesetz oder Rahmengesetz festgelegt werden. Es wird nach Anhörung des Wirtschafts- und Sozialausschusses erlassen.

Dieser Abschnitt bietet keine Grundlage dafür, dass die Union irgendeine Maßnahme einführt, die zu Wettbewerbsverzerrungen führen könnte oder steuerliche Vorschriften oder Vorschriften enthält, die die Rechte und Interessen der Arbeitnehmer betreffen.

Abschnitt 3: Kultur

Artikel III-280

(1) Die Union leistet einen Beitrag zur Entfaltung der Kulturen der Mitgliedstaaten unter Wahrung ihrer nationalen und regionalen Vielfalt sowie gleichzeitiger Hervorhebung des gemeinsamen kulturellen Erbes.
(2) Die Union fördert durch ihre Tätigkeit die Zusammenarbeit zwischen den Mitgliedstaaten und unterstützt und ergänzt erforderlichenfalls deren Tätigkeit in folgenden Bereichen:
a) Verbesserung der Kenntnis und Verbreitung der Kultur und Geschichte der europäischen Völker,
b) Erhaltung und Schutz des kulturellen Erbes von europäischer Bedeutung,
c) nichtkommerzieller Kulturaustausch,
d) künstlerisches und literarisches Schaffen, einschließlich im audiovisuellen Bereich.
(3) Die Union und die Mitgliedstaaten fördern die Zusammenarbeit mit Drittländern und den für den Kulturbereich zuständigen internationalen Organisationen, insbesondere mit dem Europarat.
(4) Die Union trägt bei ihrer Tätigkeit aufgrund anderer Bestimmungen der Verfassung den kulturellen Aspekten Rechnung, insbesondere zur Wahrung und Förderung der Vielfalt ihrer Kulturen.
(5) Als Beitrag zur Verwirklichung der Ziele dieses Artikels
a) werden durch Europäisches Gesetz oder Rahmengesetz unter Ausschluss jeglicher Harmonisierung der Rechtsvorschriften der Mitgliedstaaten Fördermaßnahmen festgelegt. Es wird nach Anhörung des Ausschusses der Regionen erlassen;
b) gibt der Rat auf Vorschlag der Kommission Empfehlungen ab.

Abschnitt 4: Tourismus

Artikel III-281

(1) Die Union ergänzt die Maßnahmen der Mitgliedstaaten im Tourismussektor, insbesondere durch die Förderung der Wettbewerbsfähigkeit der Unternehmen der Union in diesem Sektor.

Die Union verfolgt zu diesem Zweck mit ihrer Tätigkeit das Ziel,
a) die Schaffung eines günstigen Umfelds für die Entwicklung der Unternehmen in diesem Sektor anzuregen;
b) die Zusammenarbeit zwischen den Mitgliedstaaten insbesondere durch den Austausch bewährter Praktiken zu unterstützen.
(2) Durch Europäisches Gesetz oder Rahmengesetz werden unter Ausschluss jeglicher Harmonisierung der Rechtsvorschriften der Mitgliedstaaten die spezifischen Maßnahmen zur Ergänzung der Maßnahmen festgelegt, die die Mitgliedstaaten zur Verwirklichung der in diesem Artikel genannten Ziele durchführen.

Abschnitt 5: Allgemeine Bildung, Jugend, Sport und berufliche Bildung

Artikel III-282

(1) Die Union trägt zur Entwicklung einer qualitativ hoch stehenden Bildung dadurch bei, dass sie die Zusammenarbeit zwischen den Mitgliedstaaten fördert und die Tätigkeit der Mitgliedstaaten erforderlichenfalls unterstützt und ergänzt. Sie achtet dabei strikt die Verant-

wortung der Mitgliedstaaten für die Lehrinhalte und die Gestaltung des Bildungssystems sowie die Vielfalt ihrer Kulturen und Sprachen.

Die Union trägt unter Berücksichtigung der besonderen Merkmale des Sports, seiner auf freiwilligem Engagement basierenden Strukturen und seiner sozialen und pädagogischen Funktion zur Förderung der europäischen Aspekte des Sports bei.

Die Tätigkeit der Union hat folgende Ziele:

a) Entwicklung der europäischen Dimension im Bildungswesen, insbesondere durch Erlernen und Verbreitung der Sprachen der Mitgliedstaaten;
b) Förderung der Mobilität von Lernenden und Lehrenden, auch durch die Förderung der akademischen Anerkennung der Diplome und Studienzeiten;
c) Förderung der Zusammenarbeit zwischen den Bildungseinrichtungen;
d) Ausbau des Informations- und Erfahrungsaustauschs über gemeinsame Probleme der Bildungssysteme der Mitgliedstaaten;
e) Förderung des Ausbaus des Jugendaustauschs und des Austauschs sozialpädagogischer Betreuer und verstärkte Beteiligung der Jugendlichen am demokratischen Leben in Europa;
f) Förderung der Entwicklung der Fernlehre;
g) Entwicklung der europäischen Dimension des Sports durch Förderung der Fairness und der Offenheit von Sportwettkämpfen und der Zusammenarbeit zwischen den für den Sport verantwortlichen Organisationen sowie durch den Schutz der körperlichen und seelischen Unversehrtheit der Sportler, insbesondere junger Sportler.

(2) Die Union und die Mitgliedstaaten fördern die Zusammenarbeit mit Drittländern und den für den Bildungsbereich und den Sport zuständigen internationalen Organisationen, insbesondere dem Europarat.

(3) Als Beitrag zur Verwirklichung der Ziele dieses Artikels

a) werden durch Europäisches Gesetz oder Rahmengesetz unter Ausschluss jeglicher Harmonisierung der Rechtsvorschriften der Mitgliedstaaten Fördermaßnahmen festgelegt. Es wird nach Anhörung des Ausschusses der Regionen und des Wirtschafts- und Sozialausschusses erlassen;
b) gibt der Rat auf Vorschlag der Kommission Empfehlungen ab.

Artikel III-283

(1) Die Union verfolgt eine Politik der beruflichen Bildung, welche die Maßnahmen der Mitgliedstaaten unter strikter Beachtung der Verantwortung der Mitgliedstaaten für Inhalt und Gestaltung der beruflichen Bildung unterstützt und ergänzt.

Die Tätigkeit der Union hat folgende Ziele:

a) Erleichterung der Anpassung an die industriellen Wandlungsprozesse, insbesondere durch berufliche Bildung und Umschulung;
b) Verbesserung der beruflichen Erstausbildung und Weiterbildung zur Erleichterung der beruflichen Eingliederung und Wiedereingliederung in den Arbeitsmarkt;
c) Erleichterung des Zugangs zur beruflichen Bildung sowie Förderung der Mobilität der Ausbilder und der in beruflicher Bildung befindlichen Personen, insbesondere der Jugendlichen;
d) Förderung der Zusammenarbeit in Fragen der beruflichen Bildung zwischen Unterrichtsanstalten und Unternehmen;
e) Ausbau des Informations- und Erfahrungsaustauschs über gemeinsame Probleme der Berufsbildungssysteme der Mitgliedstaaten.

(2) Die Union und die Mitgliedstaaten fördern die Zusammenarbeit mit Drittländern und den für die berufliche Bildung zuständigen internationalen Organisationen.

(3) Als Beitrag zur Verwirklichung der Ziele dieses Artikels

a) werden durch Europäisches Gesetz oder Rahmengesetz unter Ausschluss jeglicher Harmonisierung der Rechtsvorschriften der Mitgliedstaaten die erforderlichen Maßnahmen festgelegt. Es wird nach Anhörung des Ausschusses der Regionen und des Wirtschafts- und Sozialausschusses erlassen;

b) gibt der Rat auf Vorschlag der Kommission Empfehlungen ab.

Abschnitt 6: Katastrophenschutz

Artikel III-284

(1) Die Union fördert die Zusammenarbeit zwischen den Mitgliedstaaten, um die Systeme zur Verhütung von Naturkatastrophen oder von vom Menschen verursachten Katastrophen und zum Schutz vor solchen Katastrophen wirksamer zu gestalten.

Die Tätigkeit der Union hat folgende Ziele:

a) Unterstützung und Ergänzung der Tätigkeit der Mitgliedstaaten auf nationaler, regionaler und kommunaler Ebene im Hinblick auf die Risikoprävention, auf die Ausbildung der in den Mitgliedstaaten am Katastrophenschutz Beteiligten und auf Einsätze im Falle von Naturkatastrophen oder von vom Menschen verursachten Katastrophen in der Union;

b) Förderung einer schnellen und effizienten Zusammenarbeit in der Union zwischen den einzelstaatlichen Katastrophenschutzstellen;

c) Verbesserung der Kohärenz der Katastrophenschutzmaßnahmen auf internationaler Ebene.

(2) Durch Europäisches Gesetz oder Rahmengesetz werden die Maßnahmen, die für die Erreichung der in Absatz 1 genannten Ziele erforderlich sind, unter Ausschluss jeglicher Harmonisierung der Rechtsvorschriften der Mitgliedstaaten festgelegt.

Abschnitt 7: Verwaltungszusammenarbeit

Artikel III-285

(1) Die für das ordnungsgemäße Funktionieren der Union entscheidende effektive Durchführung des Unionsrechts durch die Mitgliedstaaten ist als Frage von gemeinsamem Interesse anzusehen.

(2) Die Union kann die Mitgliedstaaten in ihren Bemühungen um eine Verbesserung der Fähigkeit ihrer Verwaltung zur Durchführung des Unionsrechts unterstützen. Dies kann insbesondere die Erleichterung des Austauschs von Informationen und von Beamten sowie die Unterstützung von Aus- und Weiterbildungsprogrammen beinhalten. Die Mitgliedstaaten müssen diese Unterstützung nicht in Anspruch nehmen. Durch Europäisches Gesetz werden die erforderlichen Maßnahmen unter Ausschluss jeglicher Harmonisierung der Rechtsvorschriften der Mitgliedstaaten festgelegt.

(3) Dieser Artikel berührt weder die Verpflichtung der Mitgliedstaaten, das Unionsrecht durchzuführen, noch die Befugnisse und Pflichten der Kommission. Er berührt auch nicht die übrigen Bestimmungen der Verfassung, in denen eine Verwaltungszusammenarbeit unter den Mitgliedstaaten sowie zwischen diesen und der Union vorgesehen ist.

Titel IV: Die Assoziierung der überseeischen Länder und Hoheitsgebiete

Artikel III-286

(1) Die außereuropäischen Länder und Hoheitsgebiete, die mit Dänemark, Frankreich, den Niederlanden und dem Vereinigten Königreich besondere Beziehungen unterhalten, sind mit der Union assoziiert. Diese Länder und Hoheitsgebiete, im Folgenden als „Länder und Hoheitsgebiete" bezeichnet, sind in Anhang II aufgeführt.

Vorbehaltlich der besonderen Bestimmungen des Protokolls über die Sonderregelung für Grönland ist dieser Titel auf Grönland anwendbar.

(2) Ziel der Assoziierung ist die Förderung der wirtschaftlichen und sozialen Entwicklung der Länder und Hoheitsgebiete und die Herstellung enger Wirtschaftsbeziehungen zwischen ihnen und der Union.

Die Assoziierung soll in erster Linie den Interessen der Einwohner dieser Länder und Hoheitsgebiete dienen und ihren Wohlstand fördern, um sie der von ihnen erstrebten wirtschaftlichen, sozialen und kulturellen Entwicklung entgegenzuführen.

Artikel III-287

Mit der Assoziierung werden folgende Zwecke verfolgt:

a) Die Mitgliedstaaten wenden auf ihren Handelsverkehr mit den Ländern und Hoheitsgebieten das System an, das sie aufgrund der Verfassung untereinander anwenden.
b) Jedes Land oder Hoheitsgebiet wendet auf seinen Handelsverkehr mit den Mitgliedstaaten und den anderen Ländern und Hoheitsgebieten das System an, das es auf den europäischen Staat anwendet, mit dem es besondere Beziehungen unterhält.
c) Die Mitgliedstaaten beteiligen sich an den Investitionen, welche die fortschreitende Entwicklung dieser Länder und Hoheitsgebiete erfordert.
d) Bei Ausschreibungen und Lieferungen für Investitionen, die von der Union finanziert werden, steht die Beteiligung zu gleichen Bedingungen allen natürlichen und juristischen Personen offen, welche die Staatsangehörigkeit der Mitgliedstaaten oder der Länder oder Hoheitsgebiete besitzen.
e) Soweit aufgrund des Artikels III-291 keine Rechtsakte erlassen werden, gelten zwischen den Mitgliedstaaten und den Ländern und Hoheitsgebieten für das Niederlassungsrecht ihrer Staatsangehörigen und Gesellschaften die Bestimmungen des Titels III Kapitel I Abschnitt 2 Unterabschnitt 2 über die Niederlassungsfreiheit und die Verfahrensregeln jenes Unterabschnitts, und zwar unter Ausschluss jeder Diskriminierung.

Artikel III-288

(1) Für Einfuhren von Waren aus den Ländern und Hoheitsgebieten in die Mitgliedstaaten gilt das in der Verfassung vorgesehene Verbot von Zöllen zwischen den Mitgliedstaaten.

(2) In jedem Land und Hoheitsgebiet sind Zölle bei der Einfuhr von Waren aus den Mitgliedstaaten und den anderen Ländern und Hoheitsgebieten nach Artikel III-151 Absatz 4 verboten.

(3) Die Länder und Hoheitsgebiete können jedoch Zölle erheben, die den Erfordernissen ihrer Entwicklung und Industrialisierung entsprechen oder als Finanzzölle der Finanzierung ihres Haushalts dienen.

Die in Unterabsatz 1 genannten Zölle dürfen nicht höher sein als diejenigen, die für die Einfuhr von Waren aus dem Mitgliedstaat gelten, mit dem das entsprechende Land oder Hoheitsgebiet besondere Beziehungen unterhält.

(4) Absatz 2 gilt nicht für die Länder und Hoheitsgebiete, die aufgrund besonderer internationaler Verpflichtungen bereits einen nichtdiskriminierenden Zolltarif anwenden.
(5) Die Festlegung oder Änderung der Zollsätze für Waren, die in die Länder und Hoheitsgebiete eingeführt werden, darf weder rechtlich noch tatsächlich zu einer mittelbaren oder unmittelbaren Diskriminierung zwischen den Einfuhren aus den einzelnen Mitgliedstaaten führen.

Artikel III-289

Ist die Höhe der Zollsätze, die bei der Einfuhr in ein Land oder Hoheitsgebiet für Waren aus einem Drittland gelten, bei Anwendung des Artikels III-288 Absatz 1 geeignet, Verkehrsverlagerungen zum Nachteil eines Mitgliedstaats hervorzurufen, so kann dieser die Kommission ersuchen, den anderen Mitgliedstaaten vorzuschlagen, dass die erforderlichen Abhilfemaßnahmen getroffen werden.

Artikel III-290

Vorbehaltlich der Bestimmungen über die öffentliche Gesundheit und die öffentliche Sicherheit und Ordnung gelten für die Freizügigkeit der Arbeitnehmer aus den Ländern und Hoheitsgebieten in den Mitgliedstaaten und der Arbeitnehmer aus den Mitgliedstaaten in den Ländern und Hoheitsgebieten die nach Artikel III-291 erlassenen Rechtsakte.

Artikel III-291

Der Rat erlässt auf Vorschlag der Kommission einstimmig aufgrund der im Rahmen der Assoziierung der Länder und Hoheitsgebiete mit der Union erzielten Ergebnisse die Europäischen Gesetze, Rahmengesetze, Verordnungen und Beschlüsse über die Einzelheiten und das Verfahren für die Assoziierung der Länder und Hoheitsgebiete mit der Union. Diese Gesetze und Rahmengesetze werden nach Anhörung des Europäischen Parlaments erlassen.

Titel V: Auswärtiges Handeln der Union

Kapitel I: Allgemein anwendbare Bestimmungen

Artikel III-292

(1) Die Union lässt sich bei ihrem Handeln auf internationaler Ebene von den Grundsätzen leiten, welche für ihre eigene Entstehung, Entwicklung und Erweiterung maßgebend waren und denen sie auch weltweit zu stärkerer Geltung verhelfen will: Demokratie, Rechtsstaatlichkeit, die universelle Gültigkeit und Unteilbarkeit der Menschenrechte und Grundfreiheiten, die Achtung der Menschenwürde, der Grundsatz der Gleichheit und der Grundsatz der Solidarität sowie die Achtung der Grundsätze der Charta der Vereinten Nationen und des Völkerrechts.

Die Union strebt an, die Beziehungen zu Drittländern und zu regionalen oder weltweiten internationalen Organisationen, die die in Unterabsatz 1 aufgeführten Grundsätze teilen, auszubauen und Partnerschaften mit ihnen aufzubauen. Sie setzt sich insbesondere im Rahmen der Vereinten Nationen für multilaterale Lösungen bei gemeinsamen Problemen ein.

(2) Die Union legt die gemeinsame Politik sowie Maßnahmen fest, führt diese durch und setzt sich für ein hohes Maß an Zusammenarbeit auf allen Gebieten der internationalen Beziehungen ein, um

a) ihre Werte, ihre grundlegenden Interessen, ihre Sicherheit, ihre Unabhängigkeit und ihre Unversehrtheit zu wahren;
b) Demokratie, Rechtsstaatlichkeit, die Menschenrechte und die Grundsätze des Völkerrechts zu festigen und zu fördern;
c) nach Maßgabe der Ziele und Grundsätze der Charta der Vereinten Nationen sowie der Prinzipien der Schlussakte von Helsinki und der Ziele der Charta von Paris, einschließlich derjenigen, die die Außengrenzen betreffen, den Frieden zu erhalten, Konflikte zu verhüten und die internationale Sicherheit zu stärken;
d) die nachhaltige Entwicklung in Bezug auf Wirtschaft, Gesellschaft und Umwelt in den Entwicklungsländern zu fördern mit dem vorrangigen Ziel, die Armut zu beseitigen;
e) die Integration aller Länder in die Weltwirtschaft zu fördern, unter anderem auch durch den schrittweisen Abbau internationaler Handelshemmnisse;
f) zur Entwicklung von internationalen Maßnahmen zur Erhaltung und Verbesserung der Qualität der Umwelt und der nachhaltigen Bewirtschaftung der weltweiten natürlichen Ressourcen beizutragen, um eine nachhaltige Entwicklung sicherzustellen;
g) den Völkern, Ländern und Regionen, die von Naturkatastrophen oder von vom Menschen verursachten Katastrophen betroffen sind, zu helfen; und
h) eine Weltordnung zu fördern, die auf einer verstärkten multilateralen Zusammenarbeit und einer verantwortungsvollen Weltordnungspolitik beruht.

(3) Die Union wahrt bei der Ausarbeitung und Umsetzung ihres auswärtigen Handelns in den verschiedenen unter diesen Titel fallenden Bereichen sowie der externen Aspekte der übrigen Politikbereiche die in den Absätzen 1 und 2 genannten Grundsätze und Ziele.

Die Union achtet auf die Kohärenz zwischen den einzelnen Bereichen ihres auswärtigen Handelns sowie zwischen diesen und ihren übrigen Politikbereichen. Der Rat und die Kommission, die vom Außenminister der Union unterstützt werden, stellen diese Kohärenz sicher und arbeiten zu diesem Zweck zusammen.

Artikel III-293

(1) Auf der Grundlage der in Artikel III-292 aufgeführten Grundsätze und Ziele legt der Europäische Rat die strategischen Interessen und Ziele der Union fest.

Die Europäischen Beschlüsse des Europäischen Rates über die strategischen Interessen und Ziele der Union erstrecken sich auf die Gemeinsame Außen- und Sicherheitspolitik sowie auf andere Bereiche des auswärtigen Handelns der Union. Sie können die Beziehungen der Union zu einem Land oder einer Region betreffen oder aber ein bestimmtes Thema zum Gegenstand haben. Sie enthalten Bestimmungen zu ihrer Geltungsdauer und zu den von der Union und den Mitgliedstaaten bereitzustellenden Mittel.

Der Europäische Rat beschließt einstimmig auf Empfehlung des Rates, die dieser nach den für den jeweiligen Bereich vorgesehenen Regelungen abgibt. Die Europäischen Beschlüsse des Europäischen Rates werden nach Maßgabe der in der Verfassung vorgesehenen Verfahren durchgeführt.

(2) Der Außenminister der Union und die Kommission können dem Rat gemeinsame Vorschläge vorlegen, wobei der Außenminister für den Bereich der Gemeinsamen Außen- und Sicherheitspolitik und die Kommission für die anderen Bereiche des auswärtigen Handelns zuständig ist.

Kapitel II: Gemeinsame Außen- und Sicherheitspolitik

Abschnitt 1: Gemeinsame Bestimmungen

Artikel III-294

(1) Die Union bestimmt und verwirklicht im Rahmen der Grundsätze und Ziele ihres auswärtigen Handelns eine Gemeinsame Außen- und Sicherheitspolitik, die sich auf alle Bereiche der Außen- und Sicherheitspolitik erstreckt.
(2) Die Mitgliedstaaten unterstützen die Gemeinsame Außen- und Sicherheitspolitik aktiv und vorbehaltlos im Geiste der Loyalität und der gegenseitigen Solidarität.

Die Mitgliedstaaten arbeiten zusammen, um ihre gegenseitige politische Solidarität zu stärken und weiterzuentwickeln. Sie enthalten sich jeder Handlung, die den Interessen der Union zuwiderläuft oder ihrer Wirksamkeit als kohärente Kraft in den internationalen Beziehungen schaden könnte.

Der Rat und der Außenminister der Union tragen für die Einhaltung dieser Grundsätze Sorge.
(3) Die Union verfolgt ihre Gemeinsame Außen- und Sicherheitspolitik, indem sie
a) die allgemeinen Leitlinien bestimmt,
b) Europäische Beschlüsse erlässt zur Festlegung
   i) der von der Union durchzuführenden Aktionen,
   ii) der von der Union einzunehmenden Standpunkte,
   iii) der Einzelheiten der Durchführung der unter den Ziffern i und ii genannten Europäischen Beschlüsse,
c) und die systematische Zusammenarbeit der Mitgliedstaaten bei der Führung ihrer Politik ausbaut.

Artikel III-295

(1) Der Europäische Rat bestimmt die allgemeinen Leitlinien der Gemeinsamen Außen- und Sicherheitspolitik, und zwar auch bei Fragen mit verteidigungspolitischen Bezügen.

Wenn eine internationale Entwicklung es erfordert, beruft der Präsident des Europäischen Rates eine außerordentliche Tagung des Europäischen Rates ein, um die strategischen Vorgaben für die Politik der Union angesichts dieser Entwicklung festzulegen.
(2) Der Rat erlässt die für die Festlegung und Durchführung der Gemeinsamen Außen- und Sicherheitspolitik erforderlichen Europäischen Beschlüsse auf der Grundlage der vom Europäischen Rat festgelegten allgemeinen Leitlinien und strategischen Vorgaben.

Artikel III-296

(1) Der Außenminister der Union, der im Rat „Auswärtige Angelegenheiten" den Vorsitz führt, trägt durch seine Vorschläge zur Festlegung der Gemeinsamen Außen- und Sicherheitspolitik bei und stellt sicher, dass die vom Europäischen Rat und vom Rat erlassenen Europäischen Beschlüsse durchgeführt werden.
(2) Der Außenminister vertritt die Union in den Bereichen der Gemeinsamen Außen- und Sicherheitspolitik. Er führt im Namen der Union den politischen Dialog mit Dritten und vertritt den Standpunkt der Union in internationalen Organisationen und auf internationalen Konferenzen.
(3) Bei der Erfüllung seines Auftrags stützt sich der Außenminister der Union auf einen Europäischen Auswärtigen Dienst. Dieser Dienst arbeitet mit den diplomatischen Diensten

der Mitgliedstaaten zusammen und umfasst Beamte aus den einschlägigen Abteilungen des Generalsekretariats des Rates und der Kommission sowie abgeordnetes Personal der nationalen diplomatischen Dienste. Die Organisation und die Arbeitsweise des Europäischen Auswärtigen Dienstes werden durch einen Europäischen Beschluss des Rates festgelegt. Der Rat beschließt auf Vorschlag des Außenministers der Union nach Anhörung des Europäischen Parlaments und nach Zustimmung der Kommission.

Artikel III-297

(1) Verlangt eine internationale Situation ein operatives Vorgehen der Union, so erlässt der Rat die erforderlichen Europäischen Beschlüsse. In diesen Beschlüssen werden die Ziele, der Umfang, die der Union zur Verfügung zu stellenden Mittel sowie die Durchführungsbedingungen und erforderlichenfalls die Dauer der Aktion festgelegt.

Tritt eine Änderung der Umstände mit erheblichen Auswirkungen auf eine Frage ein, die Gegenstand eines solchen Europäischen Beschlusses ist, so überprüft der Rat die Grundsätze und Ziele dieses Beschlusses und erlässt die erforderlichen Europäischen Beschlüsse.

(2) Die Europäischen Beschlüsse nach Absatz 1 sind für die Mitgliedstaaten bei ihren Stellungnahmen und ihrem Vorgehen bindend.

(3) Jede einzelstaatliche Stellungnahme oder Maßnahme, die im Rahmen eines Europäischen Beschlusses nach Absatz 1 geplant ist, wird von dem betreffenden Mitgliedstaat so rechtzeitig mitgeteilt, dass erforderlichenfalls eine vorherige Abstimmung im Rat stattfinden kann. Die Pflicht zur vorherigen Unterrichtung gilt nicht für Maßnahmen, die eine bloße Umsetzung dieses Beschlusses auf einzelstaatlicher Ebene darstellen.

(4) Bei zwingender Notwendigkeit aufgrund der Entwicklung der Lage, und falls die in Absatz 1 vorgesehene Überprüfung des Europäischen Beschlusses nicht stattfindet, können die Mitgliedstaaten unter Berücksichtigung der allgemeinen Ziele dieses Beschlusses sofort die erforderlichen Maßnahmen ergreifen. Der Mitgliedstaat, der solche Maßnahmen ergreift, unterrichtet den Rat unverzüglich davon.

(5) Ergeben sich bei der Durchführung eines Europäischen Beschlusses im Sinne dieses Artikels größere Schwierigkeiten, so befasst ein Mitgliedstaat den Rat, der darüber berät und nach angemessenen Lösungen sucht. Diese dürfen nicht im Widerspruch zu den Zielen der Aktion stehen oder ihrer Wirksamkeit schaden.

Artikel III-298

Der Rat erlässt Europäische Beschlüsse, in denen der Standpunkt der Union zu einer bestimmten Frage geographischer oder thematischer Art bestimmt wird. Die Mitgliedstaaten tragen dafür Sorge, dass ihre einzelstaatliche Politik mit den Standpunkten der Union in Einklang steht.

Artikel III-299

(1) Jeder Mitgliedstaat, der Außenminister der Union oder der Außenminister mit Unterstützung der Kommission kann den Rat mit einer Frage der Gemeinsamen Außen- und Sicherheitspolitik befassen und ihm Initiativen beziehungsweise Vorschläge unterbreiten.

(2) In den Fällen, in denen eine rasche Entscheidung notwendig ist, beruft der Außenminister der Union von sich aus oder auf Antrag eines Mitgliedstaats innerhalb von 48 Stunden, bei absoluter Notwendigkeit in kürzerer Zeit, eine außerordentliche Tagung des Rates ein.

Artikel III-300

(1) Europäische Beschlüsse nach diesem Kapitel werden vom Rat einstimmig erlassen.

Jedes Mitglied des Rates, das sich bei einer Abstimmung seiner Stimme enthält, kann hierzu eine förmliche Erklärung abgeben. In diesem Fall ist es nicht verpflichtet, den Europäischen Beschluss durchzuführen, akzeptiert jedoch, dass dieser für die Union bindend ist. Im Geiste gegenseitiger Solidarität unterlässt der betreffende Mitgliedstaat alles, was dem auf diesem Beschluss beruhenden Vorgehen der Union zuwiderlaufen oder es behindern könnte, und die anderen Mitgliedstaaten respektieren seinen Standpunkt. Vertreten die Mitglieder des Rates, die bei ihrer Stimmenthaltung eine solche Erklärung abgeben, mindestens ein Drittel der Mitgliedstaaten, die mindestens ein Drittel der Unionsbevölkerung ausmachen, so wird der Beschluss nicht erlassen.

(2) Abweichend von Absatz 1 beschließt der Rat mit qualifizierter Mehrheit, wenn er

a) auf der Grundlage eines Europäischen Beschlusses des Europäischen Rates über die strategischen Interessen und Ziele der Union nach Artikel III-293 Absatz 1 einen Europäischen Beschluss erlässt, mit dem eine Aktion oder ein Standpunkt der Union festgelegt wird;
b) auf einen Vorschlag hin, den ihm der Außenminister der Union auf spezielles Ersuchen des Europäischen Rates unterbreitet hat, das auf dessen eigene Initiative oder auf eine Initiative des Außenministers zurückgeht, einen Europäischen Beschluss erlässt, mit dem eine Aktion oder ein Standpunkt der Union festgelegt wird;
c) einen Europäischen Beschluss zur Durchführung eines Europäischen Beschlusses erlässt, mit dem eine Aktion oder ein Standpunkt der Union festgelegt wird;
d) nach Artikel III-302 einen Europäischen Beschluss zur Ernennung eines Sonderbeauftragten erlässt.

Erklärt ein Mitglied des Rates, dass es aus wesentlichen, von ihm darzulegenden Gründen der nationalen Politik die Absicht hat, eine Beschlussfassung mit qualifizierter Mehrheit über einen Europäischen Beschluss abzulehnen, so erfolgt keine Abstimmung. Der Außenminister der Union bemüht sich in engem Benehmen mit dem betroffenen Mitgliedstaat um eine für diesen Mitgliedstaat annehmbare Lösung. Gelingt dies nicht, so kann der Rat mit qualifizierter Mehrheit veranlassen, dass die Frage im Hinblick auf einen einstimmigen Europäischen Beschluss an den Europäischen Rat verwiesen wird.

(3) Nach Artikel I-40 Absatz 7 kann der Europäische Rat einstimmig einen Europäischen Beschluss erlassen, in dem vorgesehen ist, dass der Rat in anderen als den in Absatz 2 genannten Fällen mit qualifizierter Mehrheit beschließt.

(4) Die Absätze 2 und 3 gelten nicht für Beschlüsse mit militärischen oder verteidigungspolitischen Bezügen.

Artikel III-301

(1) Hat der Europäische Rat oder der Rat ein gemeinsames Vorgehen der Union im Sinne des Artikels I-40 Absatz 5 festgelegt, so koordinieren der Außenminister der Union und die Minister für Auswärtige Angelegenheiten der Mitgliedstaaten ihre Tätigkeiten im Rat.

(2) Die diplomatischen Vertretungen der Mitgliedstaaten und die Delegationen der Union in Drittländern und bei internationalen Organisationen arbeiten zusammen und tragen zur Festlegung und Durchführung des in Absatz 1 genannten gemeinsamen Vorgehens bei.

Artikel III-302

Der Rat kann auf Vorschlag des Außenministers der Union einen Sonderbeauftragten für besondere politische Fragen ernennen. Der Sonderbeauftragte übt sein Mandat unter der Verantwortung des Ministers aus.

Artikel III-303

Die Union kann in den unter dieses Kapitel fallenden Bereichen Übereinkünfte mit einem oder mehreren Staaten oder internationalen Organisationen schließen.

Artikel III-304

(1) Der Außenminister der Union hört und unterrichtet das Europäische Parlament nach Artikel I-40 Absatz 8 und Artikel I-41 Absatz 8. Er achtet darauf, dass die Auffassungen des Europäischen Parlaments gebührend berücksichtigt werden. Die Sonderbeauftragten können zur Unterrichtung des Europäischen Parlaments mit herangezogen werden.
(2) Das Europäische Parlament kann Anfragen oder Empfehlungen an den Rat und den Außenminister der Union richten. Zweimal jährlich führt es eine Aussprache über die Fortschritte bei der Durchführung der Gemeinsamen Außen- und Sicherheitspolitik, einschließlich der Gemeinsamen Sicherheits- und Verteidigungspolitik.

Artikel III-305

(1) Die Mitgliedstaaten koordinieren ihr Handeln in internationalen Organisationen und auf internationalen Konferenzen. Sie treten dort für die Standpunkte der Union ein. Der Außenminister der Union trägt für die Organisation dieser Koordinierung Sorge.

In den internationalen Organisationen und auf internationalen Konferenzen, bei denen nicht alle Mitgliedstaaten vertreten sind, setzen sich die dort vertretenen Mitgliedstaaten für die Standpunkte der Union ein.
(2) Nach Artikel I-16 Absatz 2 halten die Mitgliedstaaten, die in internationalen Organisationen oder auf internationalen Konferenzen vertreten sind, die dort nicht vertretenen Mitgliedstaaten und den Außenminister der Union über alle Fragen von gemeinsamem Interesse auf dem Laufenden.

Die Mitgliedstaaten, die auch Mitglieder des Sicherheitsrats der Vereinten Nationen sind, stimmen sich ab und halten die übrigen Mitgliedstaaten sowie den Außenminister der Union in vollem Umfang auf dem Laufenden. Die Mitgliedstaaten, die Mitglieder des Sicherheitsrats sind, setzen sich bei der Wahrnehmung ihrer Aufgaben unbeschadet ihrer Verantwortung aufgrund der Charta der Vereinten Nationen für die Standpunkte und Interessen der Union ein.

Wenn die Union einen Standpunkt zu einem Thema festgelegt hat, das auf der Tagesordnung des Sicherheitsrats der Vereinten Nationen steht, beantragen die dort vertretenen Mitgliedstaaten, dass der Außenminister der Union gebeten wird, den Standpunkt der Union vorzutragen.

Artikel III-306

Die diplomatischen und konsularischen Vertretungen der Mitgliedstaaten und die Delegationen der Union in Drittländern und auf internationalen Konferenzen sowie ihre Vertretungen bei internationalen Organisationen arbeiten zusammen, um die Einhaltung und Durchführung der nach diesem Kapitel erlassenen Europäischen Beschlüsse, mit denen Standpunkte und Aktionen der Union festgelegt werden, zu gewährleisten. Sie intensivieren ihre Zusammenarbeit durch Informationsaustausch und gemeinsame Bewertungen.

Sie tragen zur Verwirklichung des in Artikel I-10 Absatz 2 Buchstabe c genannten Rechts der europäischen Bürgerinnen und Bürger auf Schutz im Hoheitsgebiet von Drittländern und zur Durchführung der nach Artikel III-127 erlassenen Maßnahmen bei.

Artikel III-307

(1) Unbeschadet des Artikels III-344 verfolgt ein Politisches und Sicherheitspolitisches Komitee die internationale Lage in den Bereichen der Gemeinsamen Außen- und Sicherheitspolitik und trägt auf Ersuchen des Rates, des Außenministers der Union oder von sich aus durch an den Rat gerichtete Stellungnahmen zur Festlegung der Politik bei. Ferner überwacht es die Durchführung der vereinbarten Politik; dies gilt unbeschadet der Zuständigkeiten des Außenministers der Union.

(2) Im Rahmen dieses Kapitels nimmt das Politische und Sicherheitspolitische Komitee unter der Verantwortung des Rates und des Außenministers der Union die politische Kontrolle und strategische Leitung von Krisenbewältigungsoperationen im Sinne des Artikels III-309 wahr.

Der Rat kann das Komitee für den Zweck und die Dauer einer Krisenbewältigungsoperation, die vom Rat festgelegt werden, ermächtigen, geeignete Maßnahmen hinsichtlich der politischen Kontrolle und strategischen Leitung der Operation zu erlassen.

Artikel III-308

Die Durchführung der Gemeinsamen Außen- und Sicherheitspolitik lässt die Anwendung der Verfahren und den jeweiligen Umfang der Befugnisse der Organe, die in der Verfassung für die Ausübung der in den Artikeln I-13 bis I-15 und Artikel I-17 aufgeführten Zuständigkeiten der Union vorgesehen sind, unberührt.

Ebenso lässt die Durchführung der Politik nach den genannten Artikeln die Anwendung der Verfahren und den jeweiligen Umfang der Befugnisse der Organe, die in der Verfassung für die Ausübung der Zuständigkeiten der Union nach diesem Kapitel vorgesehen sind, unberührt.

Abschnitt 2: Gemeinsame Sicherheits- und Verteidigungspolitik

Artikel III-309

(1) Die in Artikel I-41 Absatz 1 vorgesehenen Missionen, bei deren Durchführung die Union auf zivile und militärische Mittel zurückgreifen kann, umfassen gemeinsame Abrüstungsmaßnahmen, humanitäre Aufgaben und Rettungseinsätze, Aufgaben der militärischen Beratung und Unterstützung, Aufgaben der Konfliktverhütung und der Erhaltung des Friedens sowie Kampfeinsätze im Rahmen der Krisenbewältigung einschließlich Frieden schaffender Maßnahmen und Operationen zur Stabilisierung der Lage nach Konflikten. Mit allen diesen Missionen kann zur Bekämpfung des Terrorismus beigetragen werden, unter anderem auch durch die Unterstützung für Drittländer bei der Bekämpfung des Terrorismus in ihrem Hoheitsgebiet.

(2) Der Rat erlässt die Europäischen Beschlüsse über Missionen nach Absatz 1; in den Beschlüssen sind Ziel und Umfang der Missionen sowie die für sie geltenden allgemeinen Durchführungsbestimmungen festgelegt. Der Außenminister der Union sorgt unter Aufsicht

des Rates und in engem und ständigem Benehmen mit dem Politischen und Sicherheitspolitischen Komitee für die Koordinierung der zivilen und militärischen Aspekte dieser Missionen.

Artikel III-310

(1) Im Rahmen der nach Artikel III-309 erlassenen Europäischen Beschlüsse kann der Rat die Durchführung einer Mission einer Gruppe von Mitgliedstaaten übertragen, die dies wünschen und über die für eine derartige Mission erforderlichen Fähigkeiten verfügen. Die betreffenden Mitgliedstaaten vereinbaren in Absprache mit dem Außenminister der Union untereinander die Ausführung der Mission.
(2) Die an der Durchführung der Mission teilnehmenden Mitgliedstaaten unterrichten den Rat von sich aus oder auf Antrag eines anderen Mitgliedstaats regelmäßig über den Stand der Mission. Die teilnehmenden Mitgliedstaaten befassen den Rat sofort, wenn sich aus der Durchführung der Mission schwerwiegende Konsequenzen ergeben oder das Ziel der Mission, ihr Umfang oder die für sie geltenden Regelungen, wie sie in den in Absatz 1 genannten Europäischen Beschlüssen festgelegt sind, geändert werden müssen. Der Rat erlässt in diesen Fällen die erforderlichen Europäischen Beschlüsse.

Artikel III-311

(1) Aufgabe der nach Artikel I-41 Absatz 3 errichteten, dem Rat unterstellten Agentur für die Bereiche Entwicklung der Verteidigungsfähigkeiten, Forschung, Beschaffung und Rüstung (Europäische Verteidigungsagentur) ist es,
a) bei der Ermittlung der Ziele im Bereich der militärischen Fähigkeiten der Mitgliedstaaten und der Beurteilung, ob die von den Mitgliedstaaten in Bezug auf diese Fähigkeiten eingegangenen Verpflichtungen erfüllt wurden, mitzuwirken;
b) auf eine Harmonisierung des operativen Bedarfs sowie die Festlegung effizienter und kompatibler Beschaffungsverfahren hinzuwirken;
c) multilaterale Projekte zur Erfüllung der Ziele im Bereich der militärischen Fähigkeiten vorzuschlagen, und für die Koordinierung der von den Mitgliedstaaten durchgeführten Programme sowie die Verwaltung spezifischer Kooperationsprogramme zu sorgen;
d) die Forschung auf dem Gebiet der Verteidigungstechnologie zu unterstützen, gemeinsame Forschungsaktivitäten sowie Studien zu technischen Lösungen, die dem künftigen operativen Bedarf gerecht werden, zu koordinieren und zu planen;
e) dazu beizutragen, dass zweckdienliche Maßnahmen zur Stärkung der industriellen und technologischen Basis des Verteidigungssektors und für einen wirkungsvolleren Einsatz der Verteidigungsausgaben ermittelt werden, und diese Maßnahmen gegebenenfalls durchzuführen.

(2) Alle Mitgliedstaaten können auf Wunsch an der Arbeit der Europäischen Verteidigungsagentur teilnehmen. Der Rat erlässt mit qualifizierter Mehrheit einen Europäischen Beschluss, in dem die Rechtsstellung, der Sitz und die Funktionsweise der Agentur festgelegt werden. Dieser Beschluss trägt dem Umfang der effektiven Beteiligung an den Tätigkeiten der Agentur Rechnung. Innerhalb der Agentur werden spezielle Gruppen gebildet, in denen Mitgliedstaaten zusammenkommen, die gemeinsame Projekte durchführen. Die Agentur versieht ihre Aufgaben erforderlichenfalls in Verbindung mit der Kommission.

Artikel III-312

(1) Die Mitgliedstaaten, die sich an der Ständigen Strukturierten Zusammenarbeit im Sinne des Artikels I-41 Absatz 6 beteiligen möchten und hinsichtlich der militärischen Fähigkeiten

die Kriterien erfüllen und die Verpflichtungen eingehen, die in dem Protokoll über die Ständige Strukturierte Zusammenarbeit enthalten sind, teilen dem Rat und dem Außenminister der Union ihre Absicht mit.

(2) Der Rat erlässt binnen drei Monaten nach der in Absatz 1 genannten Mitteilung einen Europäischen Beschluss über die Begründung der Ständigen Strukturierten Zusammenarbeit und über die Liste der daran teilnehmenden Mitgliedstaaten. Der Rat beschließt nach Anhörung des Außenministers der Union mit qualifizierter Mehrheit.

(3) Jeder Mitgliedstaat, der sich zu einem späteren Zeitpunkt an der Ständigen Strukturierten Zusammenarbeit zu beteiligen wünscht, teilt dem Rat und dem Außenminister der Union seine Absicht mit.

Der Rat erlässt einen Europäischen Beschluss, in dem die Teilnahme des betreffenden Mitgliedstaats, der die Kriterien und Verpflichtungen nach den Artikeln 1 und 2 des Protokolls über die Ständige Strukturierte Zusammenarbeit erfüllt beziehungsweise eingeht, bestätigt wird. Der Rat beschließt mit qualifizierter Mehrheit nach Anhörung des Außenministers der Union. Nur die Mitglieder des Rates, welche die teilnehmenden Mitgliedstaaten vertreten, beteiligen sich an der Abstimmung.

Als qualifizierte Mehrheit gilt eine Mehrheit von mindestens 55 Prozent derjenigen Mitglieder des Rates, die die beteiligten Mitgliedstaaten vertreten, sofern die betreffenden Mitgliedstaaten zusammen mindestens 65 Prozent der Bevölkerung der beteiligten Mitgliedstaaten ausmachen.

Für eine Sperrminorität ist mindestens die Mindestzahl der Mitglieder des Rates, die zusammen mehr als 35 Prozent der Bevölkerung der beteiligten Mitgliedstaaten vertreten, zuzüglich eines Mitglieds, erforderlich; andernfalls gilt die qualifizierte Mehrheit als erreicht.

(4) Erfüllt ein teilnehmender Mitgliedstaat die Kriterien nach den Artikeln 1 und 2 des Protokolls über die Ständige Strukturierte Zusammenarbeit nicht mehr oder kann er den darin genannten Verpflichtungen nicht mehr nachkommen, so kann der Rat einen Europäischen Beschluss erlassen, durch den die Teilnahme dieses Staates ausgesetzt wird.

Der Rat beschließt mit qualifizierter Mehrheit. Nur die Mitglieder des Rates, welche die teilnehmenden Mitgliedstaaten mit Ausnahme des betroffenen Mitgliedstaats vertreten, beteiligen sich an der Abstimmung.

Als qualifizierte Mehrheit gilt eine Mehrheit von mindestens 55 Prozent derjenigen Mitglieder des Rates, die die beteiligten Mitgliedstaaten vertreten, sofern die betreffenden Mitgliedstaaten zusammen mindestens 65 Prozent der Bevölkerung der beteiligten Mitgliedstaaten ausmachen.

Für eine Sperrminorität ist mindestens die Mindestzahl der Mitglieder des Rates, die zusammen mehr als 35 Prozent der Bevölkerung der beteiligten Mitgliedstaaten vertreten, zuzüglich eines Mitglieds, erforderlich; andernfalls gilt die qualifizierte Mehrheit als erreicht.

(5) Wünscht ein teilnehmender Mitgliedstaat, von der Ständigen Strukturierten Zusammenarbeit Abstand zu nehmen, so teilt er seine Entscheidung dem Rat mit, der zur Kenntnis nimmt, dass die Teilnahme des betreffenden Mitgliedstaats beendet ist.

(6) Mit Ausnahme der Beschlüsse nach den Absätzen 2 bis 5 erlässt der Rat die Europäischen Beschlüsse und Empfehlungen im Rahmen der Ständigen Strukturierten Zusammenarbeit einstimmig. Für die Zwecke dieses Absatzes bezieht sich die Einstimmigkeit allein auf die Stimmen der Vertreter der an der Zusammenarbeit teilnehmenden Mitgliedstaaten.

Abschnitt 3: Finanzbestimmungen

Artikel III-313

(1) Die Verwaltungsausgaben, die den Organen aus der Durchführung dieses Kapitels entstehen, gehen zulasten des Haushalts der Union.
(2) Die operativen Ausgaben im Zusammenhang mit der Durchführung dieses Kapitels gehen ebenfalls zulasten des Haushalts der Union, mit Ausnahme der Ausgaben aufgrund von Maßnahmen mit militärischen oder verteidigungspolitischen Bezügen und von Fällen, in denen der Rat etwas anderes beschließt.

In Fällen, in denen die Ausgaben nicht zulasten des Haushalts der Union gehen, gehen sie nach dem Bruttosozialprodukt-Schlüssel zulasten der Mitgliedstaaten, sofern der Rat nicht etwas anderes beschließt. Die Mitgliedstaaten, deren Vertreter im Rat eine förmliche Erklärung nach Artikel III-300 Absatz 1 Unterabsatz 2 abgegeben haben, sind nicht verpflichtet, zur Finanzierung von Ausgaben für Maßnahmen mit militärischen oder verteidigungspolitischen Bezügen beizutragen.
(3) Der Rat erlässt einen Europäischen Beschluss zur Festlegung besonderer Verfahren, um den schnellen Zugriff auf die Haushaltsmittel der Union zu gewährleisten, die für die Sofortfinanzierung von Initiativen im Rahmen der Gemeinsamen Außen- und Sicherheitspolitik, insbesondere von Tätigkeiten zur Vorbereitung einer Mission nach Artikel I-41 Absatz 1 und Artikel III-309 bestimmt sind. Er beschließt nach Anhörung des Europäischen Parlaments.

Die Tätigkeiten zur Vorbereitung der in Artikel I-41 Absatz 1 und in Artikel III-309 genannten Missionen, die nicht zulasten des Haushalts der Union gehen, werden aus einem aus Beiträgen der Mitgliedstaaten gebildeten Anschubfonds finanziert.

Der Rat erlässt mit qualifizierter Mehrheit auf Vorschlag des Außenministers der Union die Europäischen Beschlüsse über
a) die Einzelheiten für die Bildung und die Finanzierung des Anschubfonds, insbesondere die Höhe der Mittelzuweisungen für den Fonds;
b) die Einzelheiten für die Verwaltung des Anschubfonds;
c) die Einzelheiten für die Finanzkontrolle.

Kann die geplante Mission nach Artikel I-41 Absatz 1 und Artikel III-309 nicht aus dem Haushalt der Union finanziert werden, so ermächtigt der Rat den Außenminister der Union zur Inanspruchnahme dieses Fonds. Der Außenminister der Union erstattet dem Rat Bericht über die Erfüllung dieses Mandats.

Kapitel III: Gemeinsame Handelspolitik

Artikel III-314

Durch die Schaffung einer Zollunion nach Artikel III-151 trägt die Union im gemeinsamen Interesse zur harmonischen Entwicklung des Welthandels, zur schrittweisen Beseitigung der Beschränkungen im internationalen Handelsverkehr und bei den ausländischen Direktinvestitionen sowie zum Abbau der Zollschranken und anderer Schranken bei.

Artikel III-315

(1) Die gemeinsame Handelspolitik wird nach einheitlichen Grundsätzen gestaltet; dies gilt insbesondere für die Änderung von Zollsätzen für den Abschluss von Zoll- und Handelsabkommen, die den Handel mit Waren und Dienstleistungen betreffen, und für die Handelsaspekte des geistigen Eigentums, die ausländischen Direktinvestitionen, die Vereinheitlichung

der Liberalisierungsmaßnahmen, die Ausfuhrpolitik sowie die handelspolitischen Schutzmaßnahmen, zum Beispiel im Fall von Dumping und Subventionen. Die gemeinsame Handelspolitik wird im Rahmen der Grundsätze und Ziele des auswärtigen Handelns der Union gestaltet.

(2) Durch Europäisches Gesetz werden die Maßnahmen festgelegt, mit denen der Rahmen für die Umsetzung der gemeinsamen Handelspolitik bestimmt wird.

(3) Sind mit einem oder mehreren Drittländern oder internationalen Organisationen Abkommen auszuhandeln oder zu schließen, so findet Artikel III-325 vorbehaltlich der besonderen Bestimmungen dieses Artikels Anwendung.

Die Kommission legt dem Rat Empfehlungen vor; dieser ermächtigt die Kommission zur Aufnahme der erforderlichen Verhandlungen. Es ist Sache des Rates und der Kommission, dafür zu sorgen, dass die ausgehandelten Abkommen mit der internen Politik und den internen Vorschriften der Union vereinbar sind.

Die Kommission führt diese Verhandlungen im Benehmen mit einem zu ihrer Unterstützung vom Rat bestellten Sonderausschuss nach Maßgabe der Richtlinien, die ihr der Rat erteilen kann. Die Kommission erstattet dem Sonderausschuss sowie dem Europäischen Parlament regelmäßig Bericht über den Stand der Verhandlungen.

(4) Über die Aushandlung und den Abschluss der in Absatz 3 genannten Abkommen beschließt der Rat mit qualifizierter Mehrheit.

Über die Aushandlung und den Abschluss eines Abkommens über den Dienstleistungsverkehr oder über Handelsaspekte des geistigen Eigentums und über ausländische Direktinvestitionen beschließt der Rat einstimmig, wenn das betreffende Abkommen Bestimmungen enthält, bei denen für die Annahme interner Vorschriften Einstimmigkeit erforderlich ist.

Der Rat beschließt ebenfalls einstimmig über die Aushandlung und den Abschluss von Abkommen in den folgenden Bereichen:

a) Handel mit kulturellen und audiovisuellen Dienstleistungen, wenn diese Abkommen die kulturelle und sprachliche Vielfalt in der Union beeinträchtigen könnten;
b) Handel mit Dienstleistungen des sozialen, des Bildungs- und des Gesundheitssektors, wenn diese Abkommen die einzelstaatliche Organisation dieser Dienstleistungen ernsthaft stören und die Verantwortlichkeit der Mitgliedstaaten für ihre Erbringung beeinträchtigen könnten.

(5) Für die Aushandlung und den Abschluss von internationalen Abkommen im Bereich des Verkehrs gelten Titel III Kapitel III Abschnitt 7 sowie Artikel III-325.

(6) Die Ausübung der durch diesen Artikel übertragenen Zuständigkeiten im Bereich der gemeinsamen Handelspolitik hat keine Auswirkungen auf die Abgrenzung der Zuständigkeiten zwischen der Union und den Mitgliedstaaten und führt nicht zu einer Harmonisierung der Rechtsvorschriften der Mitgliedstaaten, soweit eine solche Harmonisierung in der Verfassung ausgeschlossen wird.

Kapitel IV: Zusammenarbeit mit Drittländern und humanitäre Hilfe

Abschnitt 1: Entwicklungszusammenarbeit

Artikel III-316

(1) Den Rahmen für die Politik der Union auf dem Gebiet der Entwicklungszusammenarbeit bilden die Grundsätze und Ziele des auswärtigen Handelns der Union. Die Politik der Union und die Politik der Mitgliedstaaten auf dem Gebiet der Entwicklungszusammenarbeit ergänzen und verstärken sich gegenseitig.

Hauptziel der Unionspolitik in diesem Bereich ist die Bekämpfung und auf längere Sicht die Beseitigung der Armut. Bei der Durchführung politischer Maßnahmen, die sich auf die Entwicklungsländer auswirken können, trägt die Union den Zielen der Entwicklungszusammenarbeit Rechnung.
(2) Die Union und die Mitgliedstaaten kommen den im Rahmen der Vereinten Nationen und anderer zuständiger internationaler Organisationen gegebenen Zusagen nach und berücksichtigten die in diesem Rahmen gebilligten Zielsetzungen.

Artikel III-317

(1) Die zur Durchführung der Politik im Bereich der Entwicklungszusammenarbeit erforderlichen Maßnahmen werden durch Europäisches Gesetz oder Rahmengesetz festgelegt; diese Maßnahmen können Mehrjahresprogramme für die Zusammenarbeit mit Entwicklungsländern oder thematische Programme betreffen.
(2) Die Union kann mit Drittländern und den zuständigen internationalen Organisationen alle Übereinkünfte schließen, die zur Verwirklichung der Ziele nach den Artikeln III-292 und III-316 beitragen.

Unterabsatz 1 berührt nicht die Zuständigkeit der Mitgliedstaaten, in internationalen Gremien zu verhandeln und Übereinkünfte zu schließen.
(3) Die Europäische Investitionsbank trägt nach Maßgabe ihrer Satzung zur Durchführung der Maßnahmen im Sinne des Absatzes 1 bei.

Artikel III-318

(1) Damit ihre Maßnahmen einander besser ergänzen und wirksamer sind, koordinieren die Union und die Mitgliedstaaten ihre Politik auf dem Gebiet der Entwicklungszusammenarbeit und stimmen ihre Hilfsprogramme, auch in internationalen Organisationen und auf internationalen Konferenzen, miteinander ab. Sie können gemeinsame Maßnahmen ergreifen. Die Mitgliedstaaten tragen erforderlichenfalls zur Durchführung der Hilfsprogramme der Union bei.
(2) Die Kommission kann alle Initiativen ergreifen, die der in Absatz 1 genannten Koordinierung förderlich sind.
(3) Die Union und die Mitgliedstaaten arbeiten im Rahmen ihrer jeweiligen Zuständigkeiten mit Drittländern und den zuständigen internationalen Organisationen zusammen.

Abschnitt 2: Wirtschaftliche, finanzielle und technische Zusammenarbeit mit Drittländern

Artikel III-319

(1) Unbeschadet der übrigen Bestimmungen der Verfassung, insbesondere der Artikel III-316 bis III-318, führt die Union mit Drittländern, die keine Entwicklungsländer sind, Maßnahmen der wirtschaftlichen, finanziellen und technischen Zusammenarbeit durch, die auch Unterstützung, insbesondere im finanziellen Bereich, einschließen. Diese Maßnahmen stehen mit der Entwicklungspolitik der Union im Einklang und werden im Rahmen der Grundsätze und Ziele ihres auswärtigen Handelns durchgeführt. Die Maßnahmen der Union und die Maßnahmen der Mitgliedstaaten ergänzen und verstärken sich gegenseitig.
(2) Die zur Durchführung des Absatzes 1 erforderlichen Maßnahmen werden durch Europäisches Gesetz oder Rahmengesetz festgelegt.

(3) Die Union und die Mitgliedstaaten arbeiten im Rahmen ihrer jeweiligen Zuständigkeiten mit Drittländern und den zuständigen internationalen Organisationen zusammen. Die Einzelheiten der Zusammenarbeit der Union können in Übereinkünften zwischen dieser und den betreffenden dritten Parteien geregelt werden.

Unterabsatz 1 berührt nicht die Zuständigkeit der Mitgliedstaaten, in internationalen Gremien zu verhandeln und Übereinkünfte zu schließen.

Artikel III-320

Ist es aufgrund der Lage in einem Drittland notwendig, dass die Union umgehend finanzielle Hilfe leistet, so erlässt der Rat auf Vorschlag der Kommission die erforderlichen Europäischen Beschlüsse.

Abschnitt 3: Humanitäre Hilfe

Artikel III-321

(1) Den Rahmen für die Maßnahmen der Union im Bereich der humanitären Hilfe bilden die Grundsätze und Ziele des auswärtigen Handelns der Union. Die Maßnahmen dienen dazu, Einwohnern von Drittländern, die von Naturkatastrophen oder von vom Menschen verursachten Katastrophen betroffen sind, gezielt Hilfe, Rettung und Schutz zu bringen, damit die aus diesen Notständen resultierenden humanitären Bedürfnisse gedeckt werden können. Die Maßnahmen der Union und die Maßnahmen der Mitgliedstaaten ergänzen und verstärken sich gegenseitig.

(2) Die Maßnahmen der humanitären Hilfe werden im Einklang mit den Grundsätzen des Völkerrechts sowie den Grundsätzen der Unparteilichkeit, der Neutralität und der Nichtdiskriminierung durchgeführt.

(3) Durch Europäisches Gesetz oder Rahmengesetz werden die Maßnahmen zur Festlegung des Rahmens festgelegt, innerhalb dessen die Maßnahmen der humanitären Hilfe der Union durchgeführt werden.

(4) Die Union kann mit Drittländern und den zuständigen internationalen Organisationen alle Übereinkünfte schließen, die zur Verwirklichung der Ziele des Absatzes 1 und des Artikels III-292 beitragen.

Unterabsatz 1 berührt nicht die Zuständigkeit der Mitgliedstaaten, in internationalen Gremien zu verhandeln und Übereinkünfte zu schließen.

(5) Als Rahmen für gemeinsame Beiträge der europäischen Jugendlichen zu den Maßnahmen der humanitären Hilfe der Union wird ein Europäisches Freiwilligenkorps für humanitäre Hilfe geschaffen. Durch Europäisches Gesetz werden die Rechtsstellung und die Einzelheiten der Arbeitsweise des Korps festgelegt.

(6) Die Kommission kann alle Initiativen ergreifen, die der Koordinierung zwischen den Maßnahmen der Union und denen der Mitgliedstaaten förderlich sind, damit die Programme der Union und der Mitgliedstaaten im Bereich der humanitären Hilfe wirksamer sind und einander besser ergänzen.

(7) Die Union sorgt dafür, dass ihre Maßnahmen der humanitären Hilfe mit den Maßnahmen der internationalen Organisationen und Einrichtungen, insbesondere derer, die zum System der Vereinten Nationen gehören, abgestimmt werden und im Einklang stehen.

Kapitel V: Restriktive Maßnahmen

Artikel III-322

(1) Sieht ein nach Kapitel II erlassener Europäischer Beschluss die Aussetzung, Einschränkung oder vollständige Einstellung der Wirtschafts- und Finanzbeziehungen zu einem oder mehreren Drittländern vor, so erlässt der Rat die erforderlichen Europäischen Verordnungen oder Beschlüsse; er beschließt dabei auf gemeinsamen Vorschlag des Außenministers der Union und der Kommission mit qualifizierter Mehrheit. Er unterrichtet hierüber das Europäische Parlament.
(2) Sieht ein nach Kapitel II erlassener Europäischer Beschluss dies vor, so kann der Rat nach dem Verfahren des Absatzes 1 restriktive Maßnahmen gegen natürliche oder juristische Personen sowie Gruppierungen oder nichtstaatliche Einheiten erlassen.
(3) In den Rechtsakten nach diesem Artikel müssen die erforderlichen Bestimmungen über den Rechtsschutz vorgesehen sein.

Kapitel VI: Internationale Übereinkünfte

Artikel III-323

(1) Die Union kann mit einem oder mehreren Drittländern oder einer oder mehreren internationalen Organisationen eine Übereinkunft schließen, wenn dies in der Verfassung vorgesehen ist oder wenn der Abschluss einer Übereinkunft im Rahmen der Politik der Union entweder zur Verwirklichung eines der in der Verfassung festgesetzten Ziele erforderlich oder in einem verbindlichen Rechtsakt der Union vorgesehen ist oder aber gemeinsame Vorschriften beeinträchtigen oder deren Anwendungsbereich ändern könnte.
(2) Die von der Union geschlossenen Übereinkünfte binden die Organe der Union und die Mitgliedstaaten.

Artikel III-324

Die Union kann mit einem oder mehreren Drittländern oder einer oder mehreren internationalen Organisationen ein Assoziierungsabkommen schließen, um eine Assoziation mit gegenseitigen Rechten und Pflichten, gemeinsamem Vorgehen und besonderen Verfahren zu gründen.

Artikel III-325

(1) Unbeschadet der besonderen Bestimmungen des Artikels III-315 werden Übereinkünfte zwischen der Union und Drittländern oder internationalen Organisationen nach dem nachstehend beschriebenen Verfahren ausgehandelt und geschlossen.
(2) Der Rat erteilt eine Ermächtigung zur Aufnahme von Verhandlungen, legt Verhandlungsrichtlinien fest, genehmigt die Unterzeichnung und schließt die Übereinkünfte.
(3) Die Kommission oder, wenn sich die geplante Übereinkunft ausschließlich oder hauptsächlich auf die Gemeinsame Außen- und Sicherheitspolitik bezieht, der Außenminister der Union legt dem Rat Empfehlungen vor; dieser erlässt einen Europäischen Beschluss über die Ermächtigung zur Aufnahme von Verhandlungen und über die Benennung, je nach dem Gegenstand der geplanten Übereinkunft, des Verhandlungsführers oder des Leiters des Verhandlungsteams der Union.
(4) Der Rat kann dem Verhandlungsführer Richtlinien erteilen und einen Sonderausschuss bestellen; die Verhandlungen sind im Benehmen mit diesem Ausschuss zu führen.

(5) Der Rat erlässt auf Vorschlag des Verhandlungsführers einen Europäischen Beschluss, mit dem die Unterzeichnung der Übereinkunft und gegebenenfalls deren vorläufige Anwendung vor dem Inkrafttreten genehmigt wird.
(6) Der Rat erlässt auf Vorschlag des Verhandlungsführers einen Europäischen Beschluss über den Abschluss der Übereinkunft.

Mit Ausnahme der Übereinkünfte, die ausschließlich die Gemeinsame Außen- und Sicherheitspolitik betreffen, erlässt der Rat den Europäischen Beschluss über den Abschluss der Übereinkunft

a) nach Zustimmung des Europäischen Parlaments in folgenden Fällen:
   i) Assoziierungsabkommen;
   ii) Beitritt der Union zur Europäischen Konvention zum Schutz der Menschenrechte und Grundfreiheiten;
   iii) Übereinkünfte, die durch Einführung von Zusammenarbeitsverfahren einen besonderen institutionellen Rahmen schaffen;
   iv) Übereinkünfte mit erheblichen finanziellen Folgen für die Union;
   v) Übereinkünfte in Bereichen, für die entweder das ordentliche Gesetzgebungsverfahren oder, wenn die Zustimmung des Europäischen Parlaments erforderlich ist, das besondere Gesetzgebungsverfahren gilt.

Das Europäische Parlament und der Rat können in dringenden Fällen eine Frist für die Zustimmung vereinbaren.

b) nach Anhörung des Europäischen Parlaments in den übrigen Fällen. Das Europäische Parlament gibt seine Stellungnahme innerhalb einer Frist ab, die der Rat entsprechend der Dringlichkeit festlegen kann. Ergeht innerhalb dieser Frist keine Stellungnahme, so kann der Rat einen Beschluss fassen.

(7) Abweichend von den Absätzen 5, 6 und 9 kann der Rat den Verhandlungsführer bei Abschluss einer Übereinkunft ermächtigen, im Namen der Union Änderungen der Übereinkunft zu billigen, wenn diese Übereinkunft vorsieht, dass diese Änderungen im Wege eines vereinfachten Verfahrens oder durch ein durch die Übereinkunft geschaffenes Gremium anzunehmen sind. Der Rat kann diese Ermächtigung gegebenenfalls mit besonderen Bedingungen verbinden.
(8) Der Rat beschließt während des gesamten Verfahrens mit qualifizierter Mehrheit.

Er beschließt jedoch einstimmig, wenn die Übereinkunft einen Bereich betrifft, in dem für den Erlass eines Rechtsakts der Union Einstimmigkeit vorgesehen ist, sowie dann, wenn es um Assoziierungsabkommen und um die Übereinkünfte nach Artikel III-319 mit beitrittswilligen Staaten geht.

(9) Der Rat erlässt auf Vorschlag der Kommission oder des Außenministers der Union einen Europäischen Beschluss über die Aussetzung der Anwendung einer Übereinkunft und zur Festlegung der Standpunkte, die im Namen der Union in einem durch eine Übereinkunft eingesetzten Gremium zu vertreten sind, sofern dieses Gremium rechtswirksame Akte, mit Ausnahme von Rechtsakten zur Ergänzung oder Änderung des institutionellen Rahmens der betreffenden Übereinkunft, zu erlassen hat.
(10) Das Europäische Parlament wird in allen Phasen des Verfahrens unverzüglich und umfassend unterrichtet.
(11) Ein Mitgliedstaat, das Europäische Parlament, der Rat oder die Kommission können ein Gutachten des Gerichtshofs über die Vereinbarkeit einer geplanten Übereinkunft mit der Verfassung einholen. Ist das Gutachten des Gerichtshofs ablehnend, so kann die geplante Übereinkunft nur in Kraft treten, wenn sie oder die Verfassung geändert wird.

Artikel III-326

(1) Abweichend von Artikel III-325 kann der Rat entweder auf Empfehlung der Europäischen Zentralbank oder auf Empfehlung der Kommission und nach Anhörung der Europäischen Zentralbank in dem Bemühen, zu einem mit dem Ziel der Preisstabilität im Einklang stehenden Konsens zu gelangen, förmliche Vereinbarungen über ein Wechselkurssystem für den Euro gegenüber den Währungen von Drittländern treffen. Der Rat beschließt nach dem Verfahren des Absatzes 3 einstimmig nach Anhörung des Europäischen Parlaments.

Der Rat kann entweder auf Empfehlung der Europäischen Zentralbank oder auf Empfehlung der Kommission nach Anhörung der Europäischen Zentralbank in dem Bemühen, zu einem mit dem Ziel der Preisstabilität im Einklang stehenden Konsens zu gelangen, die Euro-Leitkurse innerhalb des Wechselkurssystems festlegen, ändern oder aufgeben. Der Präsident des Rates unterrichtet das Europäische Parlament von der Festlegung, Änderung oder Aufgabe der Euro-Leitkurse.

(2) Besteht gegenüber einer oder mehreren Währungen von Drittländern kein Wechselkurssystem nach Absatz 1, so kann der Rat entweder auf Empfehlung der Europäischen Zentralbank oder auf Empfehlung der Kommission nach Anhörung der Europäischen Zentralbank allgemeine Orientierungen für die Wechselkurspolitik gegenüber diesen Währungen aufstellen. Diese allgemeinen Orientierungen dürfen das vorrangige Ziel des Europäischen Zentralbanksystems, die Preisstabilität zu gewährleisten, nicht beeinträchtigen.

(3) Wenn von der Union mit einem oder mehreren Drittländern oder einer oder mehreren internationalen Organisationen Vereinbarungen im Zusammenhang mit Währungsfragen oder Devisenregelungen auszuhandeln sind, beschließt der Rat abweichend von Artikel III-325 auf Empfehlung der Kommission nach Anhörung der Europäischen Zentralbank die Einzelheiten für die Aushandlung und den Abschluss solcher Vereinbarungen. Mit diesen Einzelheiten wird gewährleistet, dass die Union einen einheitlichen Standpunkt vertritt. Die Kommission wird an den Verhandlungen in vollem Umfang beteiligt.

(4) Die Mitgliedstaaten können unbeschadet der Zuständigkeiten und der Übereinkünfte der Union im Bereich der Wirtschafts- und Währungsunion in internationalen Gremien Verhandlungen führen und Übereinkünfte schließen.

Kapitel VII: Beziehungen der Union zu internationalen Organisationen und Drittländern und Delegationen der Union

Artikel III-327

(1) Die Union führt jede zweckdienliche Zusammenarbeit mit den Organen der Vereinten Nationen und denen der VN-Sonderorganisationen, dem Europarat, der Organisation für Sicherheit und Zusammenarbeit in Europa und der Organisation für wirtschaftliche Zusammenarbeit und Entwicklung herbei.

Die Union unterhält ferner, soweit zweckdienlich, Beziehungen zu anderen internationalen Organisationen.

(2) Die Durchführung dieses Artikels obliegt dem Außenminister der Union und der Kommission.

Artikel III-328

(1) Die Delegationen der Union in Drittländern und bei internationalen Organisationen stellen die Vertretung der Union sicher.

(2) Die Delegationen der Union sind der Leitung des Außenministers der Union unterstellt.

Sie werden in enger Zusammenarbeit mit den diplomatischen und konsularischen Vertretungen der Mitgliedstaaten tätig.

Kapitel VIII: Anwendung der Solidaritätsklausel

Artikel III-329

(1) Ist ein Mitgliedstaat von einem Terroranschlag, einer Naturkatastrophe oder einer von Menschen verursachten Katastrophe betroffen, so leisten die anderen Mitgliedstaaten ihm auf Ersuchen seiner politischen Organe Unterstützung. Zu diesem Zweck sprechen die Mitgliedstaaten sich im Rat ab.
(2) Die Einzelheiten für die Anwendung der in Artikel I-43 enthaltenen Solidaritätsklausel durch die Union werden durch einen Europäischen Beschluss festgelegt, den der Rat aufgrund eines gemeinsamen Vorschlags der Kommission und des Außenministers der Union erlässt. Hat dieser Beschluss Auswirkungen im Bereich der Verteidigung, so entscheidet der Rat nach Artikel III-300 Absatz 1. Das Europäische Parlament wird darüber unterrichtet.

Für die Zwecke dieses Absatzes wird der Rat unbeschadet des Artikels III-344 vom Politischen und Sicherheitspolitischen Komitee, das sich hierbei auf die im Rahmen der Gemeinsamen Sicherheits- und Verteidigungspolitik entwickelten Strukturen stützt, sowie vom Ausschuss nach Artikel III-261 unterstützt, die ihm gegebenenfalls gemeinsame Stellungnahmen vorlegen.
(3) Damit die Union und ihre Mitgliedstaaten auf effiziente Weise tätig werden können, nimmt der Europäische Rat regelmäßig eine Einschätzung der Bedrohungen vor, denen die Union ausgesetzt ist.

Titel VI: Arbeitsweise der Union

Kapitel I: Institutionelle Bestimmungen

Abschnitt 1: Die Organe

Unterabschnitt 1: Das Europäische Parlament

Artikel III-330

(1) Durch Europäisches Gesetz oder Rahmengesetz des Rates werden die erforderlichen Maßnahmen festgelegt, um eine allgemeine unmittelbare Wahl der Mitglieder des Europäischen Parlaments nach einem einheitlichen Verfahren in allen Mitgliedstaaten oder im Einklang mit den allen Mitgliedstaaten gemeinsamen Grundsätzen zu ermöglichen.

Auf Initiative des Europäischen Parlaments beschließt der Rat einstimmig nach Zustimmung des Europäischen Parlaments, das mit der Mehrheit seiner Mitglieder entscheidet. Dieses Gesetz oder Rahmengesetz tritt nach Zustimmung der Mitgliedstaaten im Einklang mit ihren jeweiligen verfassungsrechtlichen Vorschriften in Kraft.
(2) Durch Europäisches Gesetz des Europäischen Parlaments werden die Regelungen und allgemeinen Bedingungen für die Wahrnehmung der Aufgaben der Mitglieder des Europäischen Parlaments festgelegt. Das Europäische Parlament beschließt aus eigener Initiative nach Anhörung der Kommission und nach Zustimmung des Rates. Der Rat beschließt einstimmig über alle Vorschriften und Bedingungen, die die Steuerregelung für die Mitglieder oder ehemaligen Mitglieder betreffen.

Artikel III-331

Die Regelungen für die politischen Parteien auf europäischer Ebene nach Artikel I-46 Absatz 4 und insbesondere die Vorschriften über ihre Finanzierung werden durch Europäisches Gesetz festgelegt.

Artikel III-332

Das Europäische Parlament kann mit der Mehrheit seiner Mitglieder die Kommission auffordern, geeignete Vorschläge zu Fragen vorzulegen, die nach seiner Auffassung die Ausarbeitung eines Rechtsakts der Union zur Anwendung der Verfassung erfordern. Legt die Kommission keinen Vorschlag vor, so teilt sie dem Europäischen Parlament die Gründe dafür mit.

Artikel III-333

Das Europäische Parlament kann bei der Erfüllung seiner Aufgaben auf Antrag eines Viertels seiner Mitglieder die Einsetzung eines nichtständigen Untersuchungsausschusses beschließen, der unbeschadet der Befugnisse, die in der Verfassung anderen Organen oder Einrichtungen zugewiesen sind, behauptete Verstöße gegen das Unionsrecht oder Missstände bei der Anwendung desselben prüft; dies gilt nicht, wenn ein Gericht mit den behaupteten Sachverhalten befasst ist, solange das Gerichtsverfahren nicht abgeschlossen ist.

Mit der Vorlage seines Berichts hört der nichtständige Untersuchungsausschuss auf zu bestehen.

Die Einzelheiten der Ausübung des Untersuchungsrechts werden durch Europäisches Gesetz des Europäischen Parlaments festgelegt. Das Europäische Parlament beschließt aus eigener Initiative nach Zustimmung des Rates und der Kommission.

Artikel III-334

Nach Artikel I-10 Absatz 2 Buchstabe d kann jede Unionsbürgerin und jeder Unionsbürger sowie jede natürliche oder juristische Person mit Wohnort oder satzungsmäßigem Sitz in einem Mitgliedstaat allein oder zusammen mit anderen Personen in Angelegenheiten, die in die Tätigkeitsbereiche der Union fallen und die ihn oder sie unmittelbar betreffen, eine Petition an das Europäische Parlament richten.

Artikel III-335

(1) Das Europäische Parlament wählt den Europäischen Bürgerbeauftragten. Nach Artikel I-10 Absatz 2 Buchstabe d und Artikel I-49 ist dieser befugt, Beschwerden von jeder Unionsbürgerin und jedem Unionsbürger oder von jeder natürlichen oder juristischen Person mit Wohnort oder satzungsmäßigem Sitz in einem Mitgliedstaat über Missstände bei der Tätigkeit der Organe, Einrichtungen oder sonstigen Stellen der Union, mit Ausnahme des Gerichtshofs der Europäischen Union in Ausübung seiner Rechtsprechungsbefugnisse, entgegenzunehmen.

Der Bürgerbeauftragte führt im Rahmen seines Auftrags von sich aus oder aufgrund von Beschwerden, die ihm unmittelbar oder über ein Mitglied des Europäischen Parlaments zugehen, Untersuchungen durch, die er für gerechtfertigt hält; dies gilt nicht, wenn die behaupteten Sachverhalte Gegenstand eines Gerichtsverfahrens sind oder waren. Hat der Bürgerbeauftragte einen Missstand festgestellt, so befasst er die betreffenden Organe, Einrichtungen oder sonstigen Stellen, die über eine Frist von drei Monaten verfügen, um ihnen ihre Stellungnahme zu übermitteln. Der Bürgerbeauftragte legt anschließend dem Europäischen Parlament und den betreffenden Organen, Einrichtungen oder sonstigen Stellen einen Bericht vor. Der Beschwerdeführer wird über das Ergebnis dieser Untersuchungen unterrichtet.

Der Bürgerbeauftragte legt dem Europäischen Parlament jährlich einen Bericht über die Ergebnisse seiner Untersuchungen vor.

(2) Der Bürgerbeauftragte wird nach jeder Wahl des Europäischen Parlaments für die Dauer der Wahlperiode gewählt. Wiederwahl ist zulässig.

Der Bürgerbeauftragte kann auf Antrag des Europäischen Parlaments vom Gerichtshof seines Amtes enthoben werden, wenn er die Voraussetzungen für die Ausübung seines Amtes nicht mehr erfüllt oder eine schwere Verfehlung begangen hat.

(3) Der Bürgerbeauftragte übt sein Amt in völliger Unabhängigkeit aus. Er darf bei der Erfüllung seiner Pflichten von keinem Organ, keiner Einrichtung und keiner anderen Stelle Weisungen einholen oder entgegennehmen. Der Bürgerbeauftragte darf während seiner Amtszeit keine andere entgeltliche oder unentgeltliche Berufstätigkeit ausüben.

(4) Durch Europäisches Gesetz des Europäischen Parlaments werden die Regelungen und allgemeinen Bedingungen für die Ausübung der Aufgaben des Bürgerbeauftragten festgelegt. Das Europäische Parlament beschließt aus eigener Initiative nach Stellungnahme der Kommission und nach Zustimmung des Rates.

Artikel III-336

Das Europäische Parlament hält jährlich eine Sitzungsperiode ab. Es tritt, ohne dass es einer Einberufung bedarf, am zweiten Dienstag des Monats März zusammen.

Das Europäische Parlament kann auf Antrag der Mehrheit seiner Mitglieder sowie auf Antrag des Rates oder der Kommission zu einer außerordentlichen Sitzungsperiode zusammentreten.

Artikel III-337

(1) Der Europäische Rat und der Rat werden vom Europäischen Parlament nach Maßgabe der Geschäftsordnung des Europäischen Rates und der Geschäftsordnung des Rates gehört.

(2) Die Kommission kann an allen Sitzungen des Europäischen Parlaments teilnehmen und wird auf ihren Antrag gehört. Sie antwortet mündlich oder schriftlich auf die ihr vom Europäischen Parlament oder von dessen Mitgliedern gestellten Fragen.

(3) Das Europäische Parlament erörtert in öffentlicher Sitzung den jährlichen Gesamtbericht, der ihm von der Kommission vorgelegt wird.

Artikel III-338

Soweit die Verfassung nicht etwas anderes bestimmt, beschließt das Europäische Parlament mit der Mehrheit der abgegebenen Stimmen. Die Beschlussfähigkeit wird in seiner Geschäftsordnung festgelegt.

Artikel III-339

Das Europäische Parlament erlässt seine Geschäftsordnung mit der Mehrheit seiner Mitglieder.

Die Verhandlungsniederschriften des Europäischen Parlaments werden nach Maßgabe der Verfassung und seiner Geschäftsordnung veröffentlicht.

Artikel III-340

Wird wegen der Tätigkeit der Kommission ein Misstrauensantrag eingebracht, so darf das Europäische Parlament nicht vor Ablauf von drei Tagen nach seiner Einbringung und nur in offener Abstimmung darüber entscheiden.

Wird der Misstrauensantrag mit der Mehrheit von zwei Dritteln der abgegebenen Stimmen und mit der Mehrheit der Mitglieder des Europäischen Parlaments angenommen, so legen die Mitglieder der Kommission geschlossen ihr Amt nieder, und der Außenminister der Union legt sein im Rahmen der Kommission ausgeübtes Amt nieder. Sie bleiben im Amt und führen die laufenden Geschäfte bis zu ihrer Ersetzung nach den Artikeln I-26 und I-27 weiter. In diesem Fall endet die Amtszeit der zu ihrer Ersetzung ernannten Mitglieder der Kommission zu dem Zeitpunkt, zu dem die Amtszeit der Mitglieder der Kommission, die ihr Amt geschlossen niederlegen mussten, geendet hätte.

Unterabschnitt 2: Der Europäische Rat

Artikel III-341

(1) Jedes Mitglied des Europäischen Rates kann sich das Stimmrecht höchstens eines anderen Mitglieds übertragen lassen.

Die Stimmenthaltung von anwesenden oder vertretenen Mitgliedern steht dem Zustandekommen von Beschlüssen des Europäischen Rates, zu denen Einstimmigkeit erforderlich ist, nicht entgegen.

(2) Der Präsident des Europäischen Parlaments kann vom Europäischen Rat gehört werden.

(3) Der Europäische Rat beschließt mit einfacher Mehrheit über Verfahrensfragen sowie über den Erlass seiner Geschäftsordnung.

(4) Der Europäische Rat wird vom Generalsekretariat des Rates unterstützt.

Unterabschnitt 3: Der Ministerrat

Artikel III-342

Der Rat wird von seinem Präsidenten aus eigenem Entschluss oder auf Antrag eines seiner Mitglieder oder der Kommission einberufen.

Artikel III-343

(1) Jedes Mitglied des Rates kann sich das Stimmrecht höchstens eines anderen Mitglieds übertragen lassen.

(2) Ist zu einem Beschluss des Rates die einfache Mehrheit erforderlich, so beschließt dieser mit der Mehrheit der Stimmen seiner Mitglieder.

(3) Die Stimmenthaltung von anwesenden oder vertretenen Mitgliedern steht einer Beschlussfassung des Rates, für die Einstimmigkeit erforderlich ist, nicht entgegen.

Artikel III-344

(1) Ein Ausschuss, der sich aus den Ständigen Vertretern der Regierungen der Mitgliedstaaten zusammensetzt, trägt die Verantwortung, die Arbeiten des Rates vorzubereiten und die ihm vom Rat übertragenen Aufträge auszuführen. Der Ausschuss kann in Fällen, die in der Geschäftsordnung des Rates festgelegt sind, Verfahrensbeschlüsse fassen.

(2) Der Rat wird von einem Generalsekretariat unterstützt, das einem vom Rat ernannten Generalsekretär untersteht.

Der Rat entscheidet mit einfacher Mehrheit über die Organisation des Generalsekretariats.

(3) Der Rat beschließt mit einfacher Mehrheit über Verfahrensfragen sowie über den Erlass seiner Geschäftsordnung.

Artikel III-345

Der Rat kann mit einfacher Mehrheit die Kommission auffordern, die nach seiner Ansicht zur Verwirklichung der gemeinsamen Ziele geeigneten Untersuchungen vorzunehmen und ihm entsprechende Vorschläge vorzulegen. Legt die Kommission keinen Vorschlag vor, so teilt sie dem Rat die Gründe dafür mit.

Artikel III-346

Der Rat erlässt Europäische Beschlüsse über die rechtliche Stellung der in der Verfassung vorgesehenen Ausschüsse. Er beschließt mit einfacher Mehrheit nach Anhörung der Kommission.

Unterabschnitt 4: Die Europäische Kommission

Artikel III-347

Die Mitglieder der Kommission haben jede Handlung zu unterlassen, die mit ihren Aufgaben unvereinbar ist. Die Mitgliedstaaten achten ihre Unabhängigkeit und versuchen nicht, sie bei der Erfüllung ihrer Aufgaben zu beeinflussen.

Die Mitglieder der Kommission dürfen während ihrer Amtszeit keine andere entgeltliche oder unentgeltliche Berufstätigkeit ausüben. Bei der Aufnahme ihrer Tätigkeit übernehmen sie die feierliche Verpflichtung, während der Ausübung und nach Ablauf ihrer Amtstätigkeit die sich aus ihrem Amt ergebenden Pflichten zu erfüllen, insbesondere die Pflicht, bei der Annahme gewisser Tätigkeiten oder Vorteile nach Ablauf dieser Tätigkeit ehrenhaft und zurückhaltend zu sein. Werden diese Pflichten verletzt, so kann der Gerichtshof auf Antrag des Rates, der mit einfacher Mehrheit beschließt, oder der Kommission das Mitglied je nach Lage des Falles nach Artikel III-349 seines Amtes entheben oder ihm seine Ruhegehaltsansprüche oder andere an ihrer Stelle gewährte Vergünstigungen aberkennen.

Artikel III-348

(1) Abgesehen von den regelmäßigen Neubesetzungen und von Todesfällen endet das Amt eines Mitglieds der Kommission durch Rücktritt oder Amtsenthebung.

(2) Für ein zurückgetretenes, seines Amtes enthobenes oder verstorbenes Mitglied der Kommission wird für die verbleibende Amtszeit vom Rat mit Zustimmung des Präsidenten der Kommission nach Anhörung des Europäischen Parlaments und nach den Anforderungen des Artikels I-26 Absatz 4 ein neues Mitglied derselben Staatsangehörigkeit ernannt.

Der Rat kann auf Vorschlag des Präsidenten der Kommission einstimmig beschließen, dass ein ausscheidendes Mitglied der Kommission für die verbleibende Amtszeit nicht ersetzt werden muss, insbesondere wenn es sich um eine kurze Zeitspanne handelt.

(3) Bei Rücktritt, Amtsenthebung oder Tod des Präsidenten wird für die verbleibende Amtszeit nach Artikel I-27 Absatz 1 ein Nachfolger ernannt.

(4) Bei Rücktritt, Amtsenthebung oder Tod des Außenministers der Union wird für die verbleibende Amtszeit nach Artikel I-28 Absatz 1 ein Nachfolger ernannt.

(5) Bei Rücktritt aller Mitglieder der Kommission bleiben diese bis zur Neubesetzung ihres Sitzes nach den Artikeln I-26 und I-27 für die verbleibende Amtszeit im Amt und führen die laufenden Geschäfte weiter.

Artikel III-349

Jedes Mitglied der Kommission, das die Voraussetzungen für die Ausübung seines Amtes nicht mehr erfüllt oder eine schwere Verfehlung begangen hat, kann auf Antrag des Rates, der mit einfacher Mehrheit beschließt, oder der Kommission durch den Gerichtshof seines Amtes enthoben werden.

Artikel III-350

Die Zuständigkeiten der Kommission werden unbeschadet des Artikels I-28 Absatz 4 von ihrem Präsidenten nach Artikel I-27 Absatz 3 gegliedert und zwischen ihren Mitgliedern aufgeteilt. Der Präsident kann diese Zuständigkeitsverteilung im Laufe der Amtszeit ändern. Die Mitglieder der Kommission üben die ihnen vom Präsidenten übertragenen Aufgaben unter dessen Leitung aus.

Artikel III-351

Die Beschlüsse der Kommission werden mit der Mehrheit der Mitglieder gefasst. Die Beschlussfähigkeit wird in der Geschäftsordnung festgelegt.

Artikel III-352

(1) Die Kommission gibt sich eine Geschäftsordnung, um ihr ordnungsgemäßes Arbeiten und das ihrer Dienststellen zu gewährleisten. Sie sorgt für die Veröffentlichung dieser Geschäftsordnung.
(2) Die Kommission veröffentlicht jährlich, und zwar spätestens einen Monat vor Beginn der Sitzungsperiode des Europäischen Parlaments, einen Gesamtbericht über die Tätigkeit der Union.

Unterabschnitt 5: Der Gerichtshof der Europäischen Union

Artikel III-353

Der Gerichtshof tagt in Kammern, als Große Kammer oder als Plenum nach Maßgabe der Satzung des Gerichtshofs der Europäischen Union.

Artikel III-354

Der Gerichtshof wird von acht Generalanwälten unterstützt. Auf Antrag des Gerichtshofs kann der Rat einstimmig einen Europäischen Beschluss erlassen, um die Zahl der Generalanwälte zu erhöhen.

Der Generalanwalt hat öffentlich in völliger Unparteilichkeit und Unabhängigkeit begründete Schlussanträge zu den Rechtssachen zu stellen, in denen nach der Satzung des Gerichtshofs der Europäischen Union seine Mitwirkung erforderlich ist.

Artikel III-355

Zu Richtern und Generalanwälten des Gerichtshofs sind Persönlichkeiten auszuwählen, die jede Gewähr für Unabhängigkeit bieten und in ihrem Staat die für die höchsten richterlichen

Ämter erforderlichen Voraussetzungen erfüllen oder Juristen von anerkannt hervorragender Befähigung sind; sie werden von den Regierungen der Mitgliedstaaten im gegenseitigen Einvernehmen nach Anhörung des in Artikel III-357 vorgesehenen Ausschusses ernannt.

Alle drei Jahre findet nach Maßgabe der Satzung des Gerichtshofs der Europäischen Union eine teilweise Neubesetzung der Stellen der Richter und Generalanwälte statt.

Die Richter wählen aus ihrer Mitte den Präsidenten des Gerichtshofs für die Dauer von drei Jahren. Wiederwahl ist zulässig.

Der Gerichtshof erlässt seine Verfahrensordnung. Sie bedarf der Genehmigung des Rates.

Artikel III-356

Die Zahl der Richter des Gerichts wird in der Satzung des Gerichtshofs der Europäischen Union festgelegt. In der Satzung kann vorgesehen werden, dass das Gericht von Generalanwälten unterstützt wird.

Zu Mitgliedern des Gerichts sind Personen auszuwählen, die jede Gewähr für Unabhängigkeit bieten und über die Befähigung zur Ausübung hoher richterlicher Tätigkeiten verfügen. Sie werden von den Regierungen der Mitgliedstaaten im gegenseitigen Einvernehmen nach Anhörung des in Artikel III-357 vorgesehenen Ausschusses ernannt.

Alle drei Jahre wird das Gericht teilweise neu besetzt.

Die Richter wählen aus ihrer Mitte den Präsidenten des Gerichts für die Dauer von drei Jahren. Wiederwahl ist zulässig.

Das Gericht erlässt seine Verfahrensordnung im Einvernehmen mit dem Gerichtshof. Sie bedarf der Genehmigung des Rates.

Soweit die Satzung nichts anderes vorsieht, finden die den Gerichtshof betreffenden Bestimmungen der Verfassung auf das Gericht Anwendung.

Artikel III-357

Es wird ein Ausschuss eingerichtet, der die Aufgabe hat, vor einer Ernennung durch die Regierungen der Mitgliedstaaten nach den Artikeln III-355 und III-356 eine Stellungnahme über die Eignung der Bewerber für die Ausübung des Amts eines Richters oder Generalanwalts beim Gerichtshof oder beim Gericht abzugeben.

Der Ausschuss setzt sich aus sieben Persönlichkeiten zusammen, die aus dem Kreis ehemaliger Mitglieder des Gerichtshofs und des Gerichts, der Mitglieder der höchsten einzelstaatlichen Gerichte und der Juristen von anerkannt hervorragender Befähigung ausgewählt werden, von denen einer vom Europäischen Parlament vorgeschlagen wird. Der Rat erlässt einen Europäischen Beschluss zur Festlegung der Vorschriften für die Arbeitsweise und einen Europäischen Beschluss zur Ernennung der Mitglieder dieses Ausschusses. Er beschließt auf Initiative des Präsidenten des Gerichtshofs.

Artikel III-358

(1) Das Gericht ist für Entscheidungen im ersten Rechtszug über die in den Artikeln III-365, III-367, III-370, III-372 und III-374 genannten Klagen zuständig, mit Ausnahme derjenigen Klagen, die einem nach Artikel III-359 eingerichteten Fachgericht übertragen werden, und der Klagen, die nach Maßgabe der Satzung des Gerichtshofs der Europäischen Union dem Gerichtshof vorbehalten sind. In der Satzung kann vorgesehen werden, dass das Gericht für andere Kategorien von Klagen zuständig ist.

Gegen die Entscheidungen des Gerichts aufgrund dieses Absatzes kann nach Maßgabe der Bedingungen und innerhalb der Grenzen, die in der Satzung vorgesehen sind, beim Gerichtshof ein auf Rechtsfragen beschränktes Rechtsmittel eingelegt werden.
(2) Das Gericht ist für Entscheidungen über Rechtsmittel gegen die Entscheidungen der Fachgerichte zuständig.

Die Entscheidungen des Gerichts aufgrund dieses Absatzes können unter den Bedingungen und innerhalb der Grenzen, die in der Satzung des Gerichtshofs der Europäischen Union vorgesehen sind, in Ausnahmefällen vom Gerichtshof überprüft werden, wenn die ernste Gefahr besteht, dass die Einheit oder die Kohärenz des Unionsrechts berührt wird.
(3) Das Gericht ist auf besonderen, in der Satzung des Gerichtshofs der Europäischen Union festgelegten Sachgebieten für Vorabentscheidungen nach Artikel III-369 zuständig.

Wenn das Gericht der Auffassung ist, dass eine Rechtssache eine Grundsatzentscheidung erfordert, die die Einheit oder die Kohärenz des Unionsrechts berühren könnte, kann es die Rechtssache zur Entscheidung an den Gerichtshof verweisen.

Die Entscheidungen des Gerichts über Anträge auf Vorabentscheidung können unter den Bedingungen und innerhalb der Grenzen, die in der Satzung vorgesehen sind, in Ausnahmefällen vom Gerichtshof überprüft werden, wenn die ernste Gefahr besteht, dass die Einheit oder die Kohärenz des Unionsrechts berührt wird.

Artikel III-359

(1) Durch Europäisches Gesetz können dem Gericht beigeordnete Fachgerichte eingerichtet werden, die für Entscheidungen im ersten Rechtszug über bestimmte Kategorien von Klagen zuständig sind, die auf besonderen Sachgebieten erhoben werden. Es wird entweder auf Vorschlag der Kommission nach Anhörung des Gerichtshofs oder auf Antrag des Gerichtshofs nach Anhörung der Kommission erlassen.
(2) In dem Europäischen Gesetz über die Einrichtung eines Fachgerichts werden die Regeln für die Zusammensetzung dieses Gerichts und die ihm zugewiesenen Befugnisse festgelegt.
(3) Gegen die Entscheidungen der Fachgerichte kann vor dem Gericht ein auf Rechtsfragen beschränktes Rechtsmittel oder, wenn das Europäische Gesetz über die Einrichtung des Fachgerichts dies vorsieht, ein auch Sachfragen betreffendes Rechtsmittel eingelegt werden.
(4) Zu Mitgliedern der Fachgerichte sind Personen auszuwählen, die jede Gewähr für Unabhängigkeit bieten und über die Befähigung zur Ausübung richterlicher Tätigkeiten verfügen. Sie werden vom Rat ernannt, der einstimmig beschließt.
(5) Die Fachgerichte erlassen ihre Verfahrensordnung im Einvernehmen mit dem Gerichtshof. Diese Verfahrensordnung bedarf der Genehmigung des Rates.
(6) Soweit das Europäische Gesetz über die Einrichtung des Fachgerichts nichts anderes vorsieht, finden die den Gerichtshof der Europäischen Union betreffenden Bestimmungen der Verfassung und die Satzung des Gerichtshofs der Europäischen Union auf die Fachgerichte Anwendung. Titel I und Artikel 64 der Satzung gelten auf jeden Fall für die Fachgerichte.

Artikel III-360

Hat ein Mitgliedstaat nach Auffassung der Kommission gegen eine Verpflichtung aus der Verfassung verstoßen, so gibt sie eine mit Gründen versehene Stellungnahme hierzu ab; sie hat diesem Staat zuvor Gelegenheit zur Äußerung zu geben.

Kommt der betreffende Staat dieser Stellungnahme innerhalb der von der Kommission gesetzten Frist nicht nach, so kann die Kommission den Gerichtshof der Europäischen Union anrufen.

Artikel III-361

Jeder Mitgliedstaat kann den Gerichtshof der Europäischen Union anrufen, wenn er der Auffassung ist, dass ein anderer Mitgliedstaat gegen eine Verpflichtung aus der Verfassung verstoßen hat.

Bevor ein Mitgliedstaat wegen einer angeblichen Verletzung der Verpflichtungen aus der Verfassung gegen einen anderen Staat Klage erhebt, muss er die Kommission damit befassen.

Die Kommission erlässt eine mit Gründen versehene Stellungnahme; sie gibt den beteiligten Staaten zuvor Gelegenheit zu schriftlicher und mündlicher Äußerung in einem kontradiktorischen Verfahren.

Gibt die Kommission binnen drei Monaten nach dem Zeitpunkt, zu dem ein entsprechender Antrag gestellt wurde, keine Stellungnahme ab, so kann ungeachtet des Fehlens der Stellungnahme vor dem Gerichtshof geklagt werden.

Artikel III-362

(1) Stellt der Gerichtshof der Europäischen Union fest, dass ein Mitgliedstaat gegen eine Verpflichtung aus der Verfassung verstoßen hat, so hat dieser Staat die Maßnahmen zu ergreifen, die sich aus dem Urteil des Gerichtshofs ergeben.

(2) Hat der betreffende Mitgliedstaat die Maßnahmen, die sich aus dem in Absatz 1 genannten Urteil ergeben, nach Auffassung der Kommission nicht getroffen, so kann die Kommission den Gerichtshof der Europäischen Union anrufen, nachdem sie diesem Staat zuvor Gelegenheit zur Äußerung gegeben hat. Hierbei benennt sie die Höhe des von dem betreffenden Mitgliedstaat zu zahlenden Pauschalbetrags oder Zwangsgelds, die sie den Umständen nach für angemessen hält.

Stellt der Gerichtshof fest, dass der betreffende Mitgliedstaat seinem Urteil nicht nachgekommen ist, so kann er die Zahlung eines Pauschalbetrags oder Zwangsgelds verhängen.

Dieses Verfahren lässt den Artikel III-361 unberührt.

(3) Erhebt die Kommission beim Gerichtshof der Europäischen Union Klage nach Artikel III-360, weil sie der Auffassung ist, dass der betreffende Mitgliedstaat gegen seine Verpflichtung verstoßen hat, Maßnahmen zur Umsetzung eines Europäischen Rahmengesetzes mitzuteilen, so kann sie, wenn sie dies für zweckmäßig hält, die Höhe des von dem betreffenden Mitgliedstaat zu zahlenden Pauschalbetrags oder Zwangsgelds benennen, die sie den Umständen nach für angemessen hält.

Stellt der Gerichtshof einen Verstoß fest, so kann er gegen den betreffenden Mitgliedstaat die Zahlung eines Pauschalbetrags oder eines Zwangsgelds bis zur Höhe des von der Kommission genannten Betrags verhängen. Die Zahlungsverpflichtung gilt ab dem vom Gerichtshof in seinem Urteil festgelegten Zeitpunkt.

Artikel III-363

In den Europäischen Gesetzen oder Verordnungen des Rates kann dem Gerichtshof der Europäischen Union eine Zuständigkeit übertragen werden, die die Befugnis zu unbeschränkter Ermessensnachprüfung und zur Änderung oder Verhängung der in ihnen vorgesehenen Sanktionen umfasst.

Artikel III-364

Unbeschadet der sonstigen Bestimmungen der Verfassung kann dem Gerichtshof der Europäischen Union durch Europäisches Gesetz in dem darin festgelegten Umfang die Zuständigkeit übertragen werden, über Rechtsstreitigkeiten im Zusammenhang mit der Anwendung von aufgrund der Verfassung angenommenen Rechtsakten, mit denen europäische Rechtstitel für das geistige Eigentum geschaffen werden, zu entscheiden.

Artikel III-365

(1) Der Gerichtshof der Europäischen Union überwacht die Rechtmäßigkeit der Europäischen Gesetze und Rahmengesetze sowie der Handlungen des Rates, der Kommission und der Europäischen Zentralbank, soweit es sich nicht um Empfehlungen oder Stellungnahmen handelt, und der Handlungen des Europäischen Parlaments und des Europäischen Rates mit Rechtswirkung gegenüber Dritten. Er überwacht ebenfalls die Rechtmäßigkeit der Handlungen der Einrichtungen oder sonstigen Stellen der Union mit Rechtswirkung gegenüber Dritten.

(2) Für die Zwecke des Absatzes 1 ist der Gerichtshof der Europäischen Union für Klagen zuständig, die ein Mitgliedstaat, das Europäische Parlament, der Rat oder die Kommission wegen Unzuständigkeit, Verletzung wesentlicher Formvorschriften, Verletzung der Verfassung oder einer bei ihrer Durchführung anzuwendenden Rechtsnorm oder wegen Ermessensmissbrauchs erhebt.

(3) Der Gerichtshof der Europäischen Union ist unter den in den Absätzen 1 und 2 genannten Bedingungen zuständig für Klagen des Rechnungshofs, der Europäischen Zentralbank und des Ausschusses der Regionen, die auf die Wahrung ihrer Rechte abzielen.

(4) Jede natürliche oder juristische Person kann unter den in den Absätzen 1 und 2 genannten Bedingungen gegen die an sie gerichteten oder sie unmittelbar und individuell betreffenden Handlungen sowie gegen Rechtsakte mit Verordnungscharakter, die sie unmittelbar betreffen und keine Durchführungsmaßnahmen nach sich ziehen, Klage erheben.

(5) In den Rechtsakten zur Gründung von Einrichtungen und sonstigen Stellen der Union können besondere Bedingungen und Einzelheiten für die Erhebung von Klagen von natürlichen oder juristischen Personen gegen Handlungen dieser Einrichtungen und sonstigen Stellen vorgesehen werden, die eine Rechtswirkung gegenüber diesen Personen haben.

(6) Die in diesem Artikel vorgesehenen Klagen sind binnen zwei Monaten zu erheben; diese Frist läuft je nach Lage des Falles von der Veröffentlichung der betreffenden Handlung, ihrer Bekanntgabe an den Kläger oder in Ermangelung dessen von dem Zeitpunkt an, zu dem der Kläger von dieser Handlung Kenntnis erlangt hat.

Artikel III-366

Ist die Klage begründet, so erklärt der Gerichtshof der Europäischen Union die angefochtene Handlung für nichtig.

Erklärt er eine Handlung für nichtig, so bezeichnet er, falls er dies für notwendig hält, diejenigen ihrer Wirkungen, die als fortgeltend zu betrachten sind.

Artikel III-367

Unterlässt es das Europäische Parlament, der Europäische Rat, der Rat, die Kommission oder die Europäische Zentralbank, unter Verletzung der Verfassung, tätig zu werden, so können die Mitgliedstaaten und die anderen Organe der Union beim Gerichtshof der Europäischen Union Klage auf Feststellung dieser Verfassungsverletzung erheben. Dieser Artikel gilt entsprechend für die Einrichtungen und sonstigen Stellen der Union, die es unterlassen, tätig zu werden.

Diese Klage ist nur zulässig, wenn die betreffenden Organe, Einrichtungen oder sonstigen Stellen zuvor aufgefordert worden sind, tätig zu werden. Haben sie binnen zwei Monaten nach dieser Aufforderung nicht Stellung genommen, so kann die Klage innerhalb einer weiteren Frist von zwei Monaten erhoben werden.

Jede natürliche oder juristische Person kann nach Maßgabe der Absätze 1 und 2 vor dem Gerichtshof Beschwerde darüber führen, dass ein Organ, eine Einrichtung oder eine sonstige Stelle der Union es unterlassen hat, einen anderen Akt als eine Empfehlung oder eine Stellungnahme an sie zu richten.

Artikel III-368

Die Organe, Einrichtungen oder sonstigen Stellen, von denen die für nichtig erklärte Handlung ausging oder deren Untätigkeit als verfassungswidrig erklärt wurde, haben die sich aus dem Urteil des Gerichtshofs der Europäischen Union ergebenden Maßnahmen zu ergreifen.

Diese Verpflichtung besteht unbeschadet der Verpflichtungen, die sich aus der Anwendung des Artikels III-431 Absatz 2 ergeben.

Artikel III-369

Der Gerichtshof der Europäischen Union entscheidet im Wege der Vorabentscheidung

a) über die Auslegung der Verfassung,
b) über die Gültigkeit und die Auslegung der Handlungen der Organe, Einrichtungen und sonstigen Stellen der Union.

Wird eine derartige Frage einem Gericht eines Mitgliedstaats gestellt und hält dieses Gericht eine Entscheidung darüber zum Erlass seines Urteils für erforderlich, so kann es diese Frage dem Gerichtshof zur Entscheidung vorlegen.

Wird eine derartige Frage in einem schwebenden Verfahren bei einem einzelstaatlichen Gericht gestellt, dessen Entscheidungen selbst nicht mehr mit Rechtsmitteln des innerstaatlichen Rechts angefochten werden können, so ist dieses Gericht zur Anrufung des Gerichtshofs verpflichtet.

Wird eine derartige Frage in einem schwebenden Verfahren, das eine inhaftierte Person betrifft, bei einem einzelstaatlichen Gericht gestellt, so entscheidet der Gerichtshof innerhalb kürzester Zeit.

Artikel III-370

Der Gerichtshof der Europäischen Union ist für Streitsachen über den in Artikel III-431 Absätze 2 und 3 vorgesehenen Schadensersatz zuständig.

Artikel III-371

Der Gerichtshof ist für Entscheidungen über die Rechtmäßigkeit eines nach Artikel I-59 erlassenen Rechtsakts des Europäischen Rates oder des Rates nur auf Antrag des von einer Feststellung des Europäischen Rates oder des Rates betroffenen Mitgliedstaats und lediglich im Hinblick auf die Einhaltung der in dem genannten Artikel vorgesehenen Verfahrensbestimmungen zuständig.

Der Antrag muss binnen eines Monats nach der jeweiligen Feststellung gestellt werden. Der Gerichtshof entscheidet binnen eines Monats nach Antragstellung.

Artikel III-372

Der Gerichtshof der Europäischen Union ist für alle Streitsachen zwischen der Union und deren Bediensteten innerhalb der Grenzen und nach Maßgabe der Bedingungen zuständig, die im Statut der Beamten und in den Beschäftigungsbedingungen für die sonstigen Bediensteten festgelegt sind.

Artikel III-373

Der Gerichtshof der Europäischen Union ist nach Maßgabe der folgenden Bestimmungen zuständig in Streitsachen über

a) die Erfüllung der Verpflichtungen der Mitgliedstaaten aus der Satzung der Europäischen Investitionsbank. Der Verwaltungsrat der Bank besitzt hierbei die der Kommission in Artikel III-360 übertragenen Befugnisse;
b) die Beschlüsse des Rates der Gouverneure der Europäischen Investitionsbank. Jeder Mitgliedstaat, die Kommission und der Verwaltungsrat der Bank können hierzu nach Maßgabe des Artikels III-365 Klage erheben;
c) die Beschlüsse des Verwaltungsrats der Europäischen Investitionsbank. Diese können nach Maßgabe des Artikels III-365 nur von Mitgliedstaaten oder der Kommission und lediglich wegen Verletzung der Formvorschriften des Artikels 19 Absätze 2, 5, 6 und 7 der Satzung der Investitionsbank angefochten werden;
d) die Erfüllung der sich aus der Verfassung und der Satzung des Europäischen Systems der Zentralbanken und der Europäischen Zentralbank ergebenden Verpflichtungen durch die nationalen Zentralbanken. Der Rat der Europäischen Zentralbank besitzt hierbei gegenüber den nationalen Zentralbanken die Befugnisse, die der Kommission in Artikel III-360 gegenüber den Mitgliedstaaten eingeräumt werden. Stellt der Gerichtshof der Europäischen Union fest, dass eine nationale Zentralbank gegen eine Verpflichtung aus der Verfassung verstoßen hat, so hat diese Bank die Maßnahmen zu ergreifen, die sich aus dem Urteil des Gerichtshofs ergeben.

Artikel III-374

Der Gerichtshof der Europäischen Union ist für Entscheidungen aufgrund einer Schiedsklausel zuständig, die in einem von der Union oder für ihre Rechnung abgeschlossenen öffentlichrechtlichen oder privatrechtlichen Vertrag enthalten ist.

Artikel III-375

(1) Soweit keine Zuständigkeit des Gerichtshofs der Europäischen Union aufgrund der Verfassung besteht, sind Streitsachen, bei denen die Union Partei ist, der Zuständigkeit der einzelstaatlichen Gerichte nicht entzogen.
(2) Die Mitgliedstaaten verpflichten sich, Streitigkeiten über die Auslegung oder Anwendung der Verfassung nicht anders als in der Verfassung vorgesehen zu regeln.
(3) Der Gerichtshof ist zuständig für Entscheidungen über jede mit dem Gegenstand der Verfassung im Zusammenhang stehende Streitigkeit zwischen Mitgliedstaaten, wenn diese bei ihm aufgrund eines Schiedsvertrags anhängig gemacht wird.

Artikel III-376

Der Gerichtshof der Europäischen Union ist nicht zuständig im Bereich der Artikel I-40 und I-41, im Bereich des Titels V Kapitel II über die Gemeinsame Außen- und Sicherheitspolitik und im Bereich der Artikel III-293, soweit er die Gemeinsame Außen- und Sicherheitspolitik betrifft.

Der Gerichtshof ist jedoch zuständig für die Kontrolle der Einhaltung von Artikel III-308 und für die unter den Voraussetzungen des Artikels III-365 Absatz 4 erhobenen Klagen im Zusammenhang mit der Überwachung der Rechtmäßigkeit Europäischer Beschlüsse über restriktive Maßnahmen gegenüber natürlichen oder juristischen Personen, die der Rat auf der Grundlage von Titel V Kapitel II erlassen hat.

Artikel III-377

Bei der Ausübung seiner Befugnisse im Rahmen der Bestimmungen von Titel III Kapitel IV Abschnitte 4 und 5 über den Raum der Freiheit, der Sicherheit und des Rechts ist der Gerichtshof der Europäischen Union nicht zuständig für die Überprüfung der Gültigkeit oder Verhältnismäßigkeit von Maßnahmen der Polizei oder anderer Strafverfolgungsbehörden eines Mitgliedstaats oder der Wahrnehmung der Zuständigkeiten der Mitgliedstaaten für die Aufrechterhaltung der öffentlichen Ordnung und den Schutz der inneren Sicherheit.

Artikel III-378

Ungeachtet des Ablaufs der in Artikel III-365 Absatz 6 genannten Frist kann jede Partei in einem Rechtsstreit, bei dem die Rechtmäßigkeit eines von einem Organ, einer Einrichtung oder einer sonstigen Stelle der Union erlassenen Rechtsakts mit allgemeiner Geltung angefochten wird, vor dem Gerichtshof der Europäischen Union die Unanwendbarkeit dieses Rechtsakts aus den in Artikel III-365 Absatz 2 genannten Gründen geltend machen.

Artikel III-379

(1) Klagen beim Gerichtshof der Europäischen Union haben keine aufschiebende Wirkung. Der Gerichtshof kann jedoch, wenn er dies den Umständen nach für nötig hält, die Durchführung der angefochtenen Handlung aussetzen.
(2) Der Gerichtshof der Europäischen Union kann in den bei ihm anhängigen Sachen die erforderlichen einstweiligen Anordnungen treffen.

Artikel III-380

Die Urteile des Gerichtshofs der Europäischen Union sind nach Artikel III-401 vollstreckbar.

Artikel III-381

Die Satzung des Gerichtshofs der Europäischen Union wird in einem Protokoll festgelegt.

Durch Europäisches Gesetz kann die Satzung mit Ausnahme ihres Titels I und ihres Artikels 64 geändert werden. Es wird entweder auf Antrag des Gerichtshofs nach Anhörung der Kommission oder auf Vorschlag der Kommission nach Anhörung des Gerichtshofs erlassen.

Unterabschnitt 6: Die Europäische Zentralbank

Artikel III-382

(1) Der Rat der Europäischen Zentralbank besteht aus den Mitgliedern des Direktoriums der Europäischen Zentralbank und den Präsidenten der nationalen Zentralbanken der Mitgliedstaaten, für die keine Ausnahmeregelung im Sinne des Artikels III-197 gilt.

(2) Das Direktorium besteht aus dem Präsidenten, dem Vizepräsidenten und vier weiteren Mitgliedern.

Der Präsident, der Vizepräsident und die weiteren Mitglieder des Direktoriums werden vom Europäischen Rat auf Empfehlung des Rates nach Anhörung des Europäischen Parlaments und des Rates der Europäischen Zentralbank aus dem Kreis der in Währungs- oder Bankfragen anerkannten und erfahrenen Persönlichkeiten mit qualifizierter Mehrheit ernannt.

Ihre Amtszeit beträgt acht Jahre; Wiederernennung ist nicht zulässig.

Nur Staatsangehörige der Mitgliedstaaten können Mitglieder des Direktoriums werden.

Artikel III-383

(1) Der Präsident des Rates und ein Mitglied der Kommission können ohne Stimmrecht an den Sitzungen des Rates der Europäischen Zentralbank teilnehmen.

Der Präsident des Rates kann dem Rat der Europäischen Zentralbank einen Antrag zur Beratung vorlegen.

(2) Der Präsident der Europäischen Zentralbank wird zur Teilnahme an den Tagungen des Rates eingeladen, wenn dieser Fragen im Zusammenhang mit den Zielen und Aufgaben des Europäischen Systems der Zentralbanken erörtert.

(3) Die Europäische Zentralbank unterbreitet dem Europäischen Parlament, dem Europäischen Rat, dem Rat und der Kommission einen Jahresbericht über die Tätigkeit des Europäischen Systems der Zentralbanken und die Geld- und Währungspolitik im vergangenen und im laufenden Jahr. Der Präsident der Europäischen Zentralbank legt den Bericht dem Europäischen Parlament, das auf dieser Grundlage eine allgemeine Aussprache durchführen kann, und dem Rat vor.

Der Präsident der Europäischen Zentralbank und die anderen Mitglieder des Direktoriums können auf Ersuchen des Europäischen Parlaments oder auf ihre Initiative von den zuständigen Gremien des Europäischen Parlaments gehört werden.

Unterabschnitt 7: Der Rechnungshof

Artikel III-384

(1) Der Rechnungshof prüft die Rechnung über alle Einnahmen und Ausgaben der Union. Er prüft ebenfalls die Rechnung über alle Einnahmen und Ausgaben jeder Einrichtung und jeder sonstigen Stelle der Union, soweit der Rechtsakt zur Errichtung dieser Einrichtung oder dieser Stelle dies nicht ausschließt.

Der Rechnungshof legt dem Europäischen Parlament und dem Rat eine Erklärung über die Zuverlässigkeit der Rechnungsführung sowie die Rechtmäßigkeit und Ordnungsmäßigkeit der zugrunde liegenden Vorgänge vor, die im Amtsblatt der Europäischen Union veröffentlicht wird. Diese Erklärung kann durch spezifische Beurteilungen zu allen größeren Tätigkeitsbereichen der Union ergänzt werden.

(2) Der Rechungshof prüft die Rechtmäßigkeit und Ordnungsmäßigkeit der Einnahmen und Ausgaben und überzeugt sich von der Wirtschaftlichkeit der Haushaltsführung. Dabei berichtet er insbesondere über alle Fälle von Unregelmäßigkeiten.

Die Prüfung der Einnahmen erfolgt anhand der Feststellungen und der Zahlungen der Einnahmen an die Union.

Die Prüfung der Ausgaben erfolgt anhand der Mittelbindungen und der Zahlungen.

Diese Prüfungen können vor Abschluss der Rechnung des betreffenden Haushaltsjahrs durchgeführt werden.

(3) Die Prüfung wird anhand der Rechnungsunterlagen und erforderlichenfalls an Ort und Stelle bei den anderen Organen und in den Räumlichkeiten aller Einrichtungen und sonstigen Stellen, die Einnahmen oder Ausgaben für Rechnung der Union verwalten, sowie der natürlichen und juristischen Personen, die Zahlungen aus dem Haushalt erhalten, und in den Mitgliedstaaten durchgeführt. Die Prüfung in den Mitgliedstaaten erfolgt in Verbindung mit den einzelstaatlichen Rechnungsprüfungsorganen oder, wenn diese nicht über die erforderliche Zuständigkeit verfügen, mit den zuständigen einzelstaatlichen Dienststellen. Der Rechnungshof und die einzelstaatlichen Rechnungsprüfungsorgane arbeiten unter Wahrung ihrer Unabhängigkeit vertrauensvoll zusammen. Diese Organe oder Dienststellen teilen dem Rechnungshof mit, ob sie an der Prüfung teilzunehmen beabsichtigen.

Die anderen Organe, die Einrichtungen oder die sonstigen Stellen, die Einnahmen oder Ausgaben für Rechnung der Union verwalten, die natürlichen oder juristischen Personen, die Zahlungen aus dem Haushalt erhalten, und die einzelstaatlichen Rechnungsprüfungsorgane oder, wenn diese nicht über die erforderliche Zuständigkeit verfügen, die zuständigen einzelstaatlichen Dienststellen übermitteln dem Rechnungshof auf dessen Antrag die für die Erfüllung seiner Aufgabe erforderlichen Unterlagen oder Informationen.

Die Rechte des Rechnungshofs auf Zugang zu Informationen der Europäischen Investitionsbank im Zusammenhang mit deren Tätigkeit bei der Verwaltung von Einnahmen und Ausgaben der Union werden in einer Vereinbarung zwischen dem Rechnungshof, der Bank und der Kommission geregelt. Der Rechnungshof hat auch dann Recht auf Zugang zu den Informationen, die für die Prüfung der von der Bank verwalteten Einnahmen und Ausgaben der Union erforderlich sind, wenn eine entsprechende Vereinbarung nicht besteht.

(4) Der Rechnungshof erstellt nach Abschluss eines jeden Haushaltsjahrs einen Jahresbericht. Dieser Bericht wird den anderen Organen vorgelegt und im Amtsblatt der Europäischen Union zusammen mit den Antworten dieser Organe auf die Bemerkungen des Rechnungshofs veröffentlicht.

Er kann ferner jederzeit seine Bemerkungen zu besonderen Fragen vorlegen, insbesondere in Form von Sonderberichten, und auf Antrag eines der anderen Organe Stellungnahmen abgeben.

Er nimmt seine jährlichen Berichte, Sonderberichte oder Stellungnahmen mit der Mehrheit seiner Mitglieder an. Er kann jedoch für die Annahme bestimmter Arten von Berichten oder Stellungnahmen nach Maßgabe seiner Geschäftsordnung Kammern bilden.

Er unterstützt das Europäische Parlament und den Rat bei der Kontrolle der Ausführung des Haushaltsplans.

Er gibt sich eine Geschäftsordnung. Diese bedarf der Genehmigung des Rates.

Artikel III-385

(1) Zu Mitgliedern des Rechnungshofs sind Persönlichkeiten auszuwählen, die in ihren jeweiligen Staaten Rechnungsprüfungsorganen angehören oder angehört haben oder die für dieses Amt besonders geeignet sind. Sie müssen jede Gewähr für Unabhängigkeit bieten.

(2) Die Mitglieder des Rechnungshofs werden auf sechs Jahre ernannt. Ihre Wiederernennung ist zulässig. Der Rat erlässt einen Europäischen Beschluss zur Festlegung der entsprechend den Vorschlägen der einzelnen Mitgliedstaaten erstellten Liste der Mitglieder. Er beschließt nach Anhörung des Europäischen Parlaments.

Die Mitglieder des Rechnungshofs wählen aus ihrer Mitte ihren Präsidenten für drei Jahre. Wiederwahl ist zulässig.

(3) Die Mitglieder des Rechnungshofs dürfen bei der Erfüllung ihrer Pflichten Weisungen

von einer Regierung oder einer anderen Stelle weder einholen noch entgegennehmen. Sie haben jede Handlung zu unterlassen, die mit ihren Aufgaben unvereinbar ist.

(4) Die Mitglieder des Rechnungshofs dürfen während ihrer Amtszeit keine andere entgeltliche oder unentgeltliche Berufstätigkeit ausüben. Bei der Aufnahme ihrer Tätigkeit übernehmen sie die feierliche Verpflichtung, während der Ausübung und nach Ablauf ihrer Amtstätigkeit die sich aus ihrem Amt ergebenden Pflichten zu erfüllen, insbesondere die Pflicht, bei der Annahme gewisser Tätigkeiten oder Vorteile nach Ablauf dieser Tätigkeit ehrenhaft und zurückhaltend zu sein.

(5) Abgesehen von regelmäßigen Neubesetzungen und von Todesfällen endet das Amt eines Mitglieds des Rechnungshofs durch Rücktritt oder durch Amtsenthebung durch den Gerichtshof nach Absatz 6.

Für das ausscheidende Mitglied wird für die verbleibende Amtszeit ein Nachfolger ernannt.

Außer im Fall der Amtsenthebung bleiben die Mitglieder des Rechnungshofs bis zur Neubesetzung ihres Sitzes im Amt.

(6) Ein Mitglied des Rechnungshofs kann nur dann seines Amtes enthoben oder seiner Ruhegehaltsansprüche oder anderer an ihrer Stelle gewährter Vergünstigungen für verlustig erklärt werden, wenn der Gerichtshof auf Antrag des Rechnungshofs feststellt, dass es nicht mehr die erforderlichen Voraussetzungen erfüllt oder den sich aus seinem Amt ergebenden Verpflichtungen nicht mehr nachkommt.

Abschnitt 2: Die beratenden Einrichtungen der Union

Unterabschnitt 1: Der Ausschuss der Regionen

Artikel III-386

Der Ausschuss der Regionen hat höchstens 350 Mitglieder. Der Rat erlässt einstimmig auf Vorschlag der Kommission einen Europäischen Beschluss über die Zusammensetzung des Ausschusses.

Die Mitglieder des Ausschusses und eine gleiche Anzahl von Stellvertretern werden für fünf Jahre ernannt. Wiederernennung ist zulässig. Ein Mitglied des Ausschusses darf nicht gleichzeitig Mitglied des Europäischen Parlaments sein.

Der Rat erlässt den Europäischen Beschluss zur Festlegung der entsprechend den Vorschlägen der einzelnen Mitgliedstaaten erstellten Liste der Mitglieder und Stellvertreter.

Die Amtszeit der Mitglieder des Ausschusses endet automatisch bei Ablauf des in Artikel I-32 Absatz 2 genannten Mandats, aufgrund dessen sie vorgeschlagen wurden; für die verbleibende Amtszeit wird nach demselben Verfahren ein Nachfolger ernannt.

Artikel III-387

Der Ausschuss der Regionen wählt aus seiner Mitte seinen Präsidenten und sein Präsidium für zweieinhalb Jahre.

Er wird von seinem Präsidenten auf Antrag des Europäischen Parlaments, des Rates oder der Kommission einberufen. Er kann auch von sich aus zusammentreten.

Er gibt sich eine Geschäftsordnung.

Artikel III-388

Der Ausschuss der Regionen wird vom Europäischen Parlament, vom Rat oder von der Kommission in den in der Verfassung vorgesehenen und in allen anderen Fällen gehört, in denen eines dieser Organe dies für zweckmäßig erachtet, insbesondere in Fällen, welche die grenzüberschreitende Zusammenarbeit betreffen.

Wenn das Europäische Parlament, der Rat oder die Kommission es für notwendig erachten, setzen sie dem Ausschuss für die Vorlage seiner Stellungnahme eine Frist; diese beträgt mindestens einen Monat ab Eingang der entsprechenden Mitteilung beim Präsidenten des Ausschusses. Nach Ablauf der Frist kann das Fehlen einer Stellungnahme unberücksichtigt bleiben.

Wird der Wirtschafts- und Sozialausschuss gehört, so wird der Ausschuss der Regionen vom Europäischen Parlament, vom Rat oder von der Kommission über dieses Ersuchen um Stellungnahme unterrichtet. Der Ausschuss der Regionen kann eine entsprechende Stellungnahme abgeben, wenn er der Auffassung ist, dass spezifische regionale Interessen berührt werden. Er kann auch von sich aus eine Stellungnahme abgeben.

Die Stellungnahme des Ausschusses sowie ein Bericht über seine Beratungen werden dem Europäischen Parlament, dem Rat und der Kommission übermittelt.

Unterabschnitt 2: Der Wirtschafts- und Sozialausschuss

Artikel III-389

Der Wirtschafts- und Sozialausschuss hat höchstens 350 Mitglieder. Der Rat erlässt einstimmig auf Vorschlag der Kommission einen Europäischen Beschluss über die Zusammensetzung des Ausschusses.

Artikel III-390

Die Mitglieder des Wirtschafts- und Sozialausschusses werden für fünf Jahre ernannt. Wiederernennung ist zulässig.

Der Rat erlässt den Europäischen Beschluss zur Festlegung der entsprechend den Vorschlägen der einzelnen Mitgliedstaaten erstellten Liste der Mitglieder.

Der Rat beschließt nach Anhörung der Kommission. Er kann die Meinung der maßgeblichen europäischen Organisationen der verschiedenen Zweige des Wirtschafts- und Soziallebens und der Zivilgesellschaft einholen, die von der Tätigkeit der Union betroffen sind.

Artikel III-391

Der Wirtschafts- und Sozialausschuss wählt aus seiner Mitte seinen Präsidenten und sein Präsidium für zweieinhalb Jahre.

Er wird von seinem Präsidenten auf Antrag des Europäischen Parlaments, des Rates oder der Kommission einberufen. Er kann auch von sich aus zusammentreten.

Er gibt sich eine Geschäftsordnung.

Artikel III-392

Der Wirtschafts- und Sozialausschuss wird vom Europäischen Parlament, vom Rat oder von der Kommission in den in der Verfassung vorgesehenen Fällen gehört. Er kann von diesen Organen in allen Fällen gehört werden, in denen sie dies für zweckmäßig erachten. Er kann auch von sich aus Stellungnahmen abgeben.

Wenn das Europäische Parlament, der Rat oder die Kommission es für notwendig erachten, setzen sie dem Ausschuss für die Vorlage seiner Stellungnahme eine Frist; diese beträgt mindestens einen Monat ab Eingang der Mitteilung beim Präsidenten des Ausschusses. Nach Ablauf der Frist kann das Fehlen einer Stellungnahme unberücksichtigt bleiben.

Die Stellungnahmen des Ausschusses sowie ein Bericht über seine Beratungen werden dem Europäischen Parlament, dem Rat und der Kommission übermittelt.

Abschnitt 3: Die Europäische Investitionsbank

Artikel III-393

Die Europäische Investitionsbank besitzt Rechtspersönlichkeit.

Mitglieder sind die Mitgliedstaaten.

Die Satzung der Europäischen Investitionsbank ist Gegenstand eines Protokolls.

Die Satzung der Europäischen Investitionsbank kann durch Europäisches Gesetz des Rates geändert werden. Der Rat beschließt einstimmig entweder auf Antrag der Europäischen Investitionsbank nach Anhörung des Europäischen Parlaments und der Kommission oder auf Vorschlag der Kommission nach Anhörung des Europäischen Parlaments und der Europäischen Investitionsbank.

Artikel III-394

Aufgabe der Europäischen Investitionsbank ist es, zu einer ausgewogenen und reibungslosen Entwicklung des Binnenmarktes im Interesse der Union beizutragen; hierbei bedient sie sich des Kapitalmarkts sowie ihrer eigenen Mittel. In diesem Sinne erleichtert sie ohne Verfolgung eines Erwerbszwecks, insbesondere durch Gewährung von Darlehen und Bürgschaften, die Finanzierung der nachstehend bezeichneten Vorhaben in allen Wirtschaftszweigen:

a) Vorhaben zur Erschließung der weniger entwickelten Gebiete;

b) Vorhaben zur Modernisierung oder Umstellung von Unternehmen oder zur Schaffung neuer Arbeitsmöglichkeiten, die sich aus der Verwirklichung oder dem Funktionieren des Binnenmarktes ergeben und wegen ihres Umfangs oder ihrer Art mit den in den einzelnen Mitgliedstaaten vorhandenen Mitteln nicht vollständig finanziert werden können;

c) Vorhaben von gemeinsamem Interesse für mehrere Mitgliedstaaten, die wegen ihres Umfangs oder ihrer Art mit den in den einzelnen Mitgliedstaaten vorhandenen Mitteln nicht vollständig finanziert werden können.

In Erfüllung ihrer Aufgabe erleichtert die Europäische Investitionsbank die Finanzierung von Investitionsprogrammen in Verbindung mit der Unterstützung aus den Strukturfonds und anderen Finanzierungsinstrumenten der Union.

Abschnitt 4: Gemeinsame Bestimmungen für die Organe, Einrichtungen und sonstigen Stellen der Union

Artikel III-395

(1) Wird der Rat aufgrund der Verfassung auf Vorschlag der Kommission tätig, so kann er diesen Vorschlag nur einstimmig abändern; dies gilt nicht in den Fällen nach Artikel I-55, Artikel I-56, Artikel III-396 Absätze 10 und 13, Artikel III-404 und Artikel III-405 Absatz 2.

(2) Solange der Rat nicht beschlossen hat, kann die Kommission ihren Vorschlag jederzeit im Verlauf der Verfahren zur Annahme eines Rechtsakts der Union ändern.

Artikel III-396

(1) Werden Europäische Gesetze oder Rahmengesetze nach Maßgabe der Verfassung im ordentlichen Gesetzgebungsverfahren erlassen, so gilt das nachstehende Verfahren.

(2) Die Kommission unterbreitet dem Europäischen Parlament und dem Rat einen Vorschlag.

Erste Lesung
(3) Das Europäische Parlament legt seinen Standpunkt in erster Lesung fest und übermittelt ihn dem Rat.
(4) Billigt der Rat den Standpunkt des Europäischen Parlaments, so ist der betreffende Rechtsakt in der Fassung des Standpunkts des Europäischen Parlaments erlassen.
(5) Billigt der Rat den Standpunkt des Europäischen Parlaments nicht, so legt er seinen Standpunkt in erster Lesung fest und übermittelt ihn dem Europäischen Parlament.
(6) Der Rat unterrichtet das Europäische Parlament in allen Einzelheiten über die Gründe, aus denen er seinen Standpunkt in erster Lesung festgelegt hat. Die Kommission unterrichtet das Europäische Parlament in allen Einzelheiten über ihren Standpunkt.

Zweite Lesung
(7) Hat das Europäische Parlament binnen drei Monaten nach der Übermittlung
a) den Standpunkt des Rates in erster Lesung gebilligt oder sich nicht geäußert, so gilt der betreffende Rechtsakt als in der Fassung des Standpunkts des Rates erlassen;
b) den Standpunkt des Rates in erster Lesung mit der Mehrheit seiner Mitglieder abgelehnt, so gilt der vorgeschlagene Rechtsakt als nicht erlassen;
c) mit der Mehrheit seiner Mitglieder Abänderungen an dem Standpunkt des Rates in erster Lesung vorgeschlagen, so wird die abgeänderte Fassung dem Rat und der Kommission zugeleitet; die Kommission gibt eine Stellungnahme zu diesen Abänderungen ab.
(8) Hat der Rat binnen drei Monaten nach Eingang der Abänderungen des Europäischen Parlaments mit qualifizierter Mehrheit
a) alle diese Abänderungen gebilligt, so gilt der betreffende Rechtsakt als erlassen;
b) nicht alle Abänderungen gebilligt, so beruft der Präsident des Rates im Einvernehmen mit dem Präsidenten des Europäischen Parlaments binnen sechs Wochen den Vermittlungsausschuss ein.
(9) Über Abänderungen, zu denen die Kommission eine ablehnende Stellungnahme abgegeben hat, beschließt der Rat einstimmig.

Vermittlung
(10) Der Vermittlungsausschuss, der aus den Mitgliedern des Rates oder deren Vertretern und ebenso vielen das Europäische Parlament vertretenden Mitgliedern besteht, hat die Aufgabe, mit der qualifizierten Mehrheit der Mitglieder des Rates oder deren Vertretern und der Mehrheit der das Europäische Parlament vertretenden Mitglieder binnen sechs Wochen nach seiner Einberufung eine Einigung auf der Grundlage der Standpunkte des Europäischen Parlaments und des Rates in zweiter Lesung zu erzielen.
(11) Die Kommission nimmt an den Arbeiten des Vermittlungsausschusses teil und ergreift alle erforderlichen Initiativen, um auf eine Annäherung der Standpunkte des Europäischen Parlaments und des Rates hinzuwirken.
(12) Billigt der Vermittlungsausschuss binnen sechs Wochen nach seiner Einberufung keinen gemeinsamen Entwurf, so gilt der vorgeschlagene Rechtsakt als nicht erlassen.

Dritte Lesung
(13) Billigt der Vermittlungsausschuss innerhalb dieser Frist einen gemeinsamen Entwurf, so verfügen das Europäische Parlament und der Rat ab dieser Billigung über eine Frist von sechs Wochen, um den betreffenden Rechtsakt entsprechend diesem Entwurf zu erlassen, wobei im Europäischen Parlament die Mehrheit der abgegebenen Stimmen und im Rat die qualifizierte Mehrheit erforderlich ist. Andernfalls gilt der vorgeschlagene Rechtsakt als nicht erlassen.

(14) Die in diesem Artikel genannten Fristen von drei Monaten beziehungsweise sechs Wochen werden auf Initiative des Europäischen Parlaments oder des Rates um höchstens einen Monat beziehungsweise zwei Wochen verlängert.

Besondere Bestimmungen
(15) Wird in den in der Verfassung vorgesehenen Fällen ein Europäisches Gesetz oder Rahmengesetz auf Initiative einer Gruppe von Mitgliedstaaten, auf Empfehlung der Europäischen Zentralbank oder auf Antrag des Gerichtshofs im ordentlichen Gesetzgebungsverfahren erlassen, so finden Absatz 2, Absatz 6 Satz 2 und Absatz 9 keine Anwendung.

In diesen Fällen übermitteln das Europäische Parlament und der Rat der Kommission den Entwurf des Rechtsakts sowie ihre jeweiligen Standpunkte in erster und zweiter Lesung. Das Europäische Parlament oder der Rat können die Kommission während des gesamten Verfahrens um eine Stellungnahme bitten, die die Kommission auch von sich aus abgeben kann. Sie kann auch nach Maßgabe des Absatzes 11 an dem Vermittlungsausschuss teilnehmen, sofern sie dies für erforderlich hält.

Artikel III-397

Das Europäische Parlament, der Rat und die Kommission beraten sich und regeln einvernehmlich die Einzelheiten ihrer Zusammenarbeit. Dazu können sie unter Wahrung der Verfassung interinstitutionelle Vereinbarungen schließen, die auch bindenden Charakter haben können.

Artikel III-398

(1) Zur Ausübung ihrer Aufgaben stützen sich die Organe, Einrichtungen und sonstigen Stellen der Union auf eine offene, effiziente und unabhängige europäische Verwaltung.
(2) Die Bestimmungen zu diesem Zweck werden unter Beachtung des Statuts und der Beschäftigungsbedingungen nach Artikel III-427 durch Europäisches Gesetz erlassen.

Artikel III-399

(1) Die Organe, Einrichtungen und sonstigen Stellen der Union gewährleisten die Transparenz ihrer Tätigkeit und erlassen nach Artikel I-50 in ihren Geschäftsordnungen spezielle Bestimmungen über den Zugang der Öffentlichkeit zu ihren Dokumenten. Artikel I-50 Absatz 3 und der vorliegende Artikel gelten für den Gerichtshof der Europäischen Union, die Europäische Zentralbank und die Europäische Investitionsbank nur dann, wenn sie Verwaltungsaufgaben wahrnehmen.
(2) Das Europäische Parlament und der Rat sorgen dafür, dass die Dokumente, die die Gesetzgebungsverfahren betreffen, nach Maßgabe des in Artikel I-50 Absatz 3 genannten Europäischen Gesetzes öffentlich zugänglich gemacht werden.

Artikel III-400

(1) Der Rat erlässt die Europäischen Verordnungen und Beschlüsse zur Festlegung
a) der Gehälter, Vergütungen und Ruhegehälter für den Präsidenten des Europäischen Rates, den Präsidenten der Kommission, den Außenminister der Union, die Mitglieder der Kommission, die Präsidenten, die Mitglieder und die Kanzler des Gerichtshofs der Europäischen Union, sowie den Generalsekretär des Rates;
b) der Beschäftigungsbedingungen, insbesondere der Gehälter, Vergütungen und Ruhegehälter für den Präsidenten und die Mitglieder des Rechnungshofs;

c) aller als Entgelt gezahlten Vergütungen für die unter den Buchstaben a und b genannten Personen.

(2) Der Rat erlässt die Europäischen Verordnungen und Beschlüsse zur Festlegung der Vergütungen der Mitglieder des Wirtschafts- und Sozialausschusses.

Artikel III-401

Die Handlungen des Rates, der Kommission oder der Europäischen Zentralbank, die eine Zahlung auferlegen, sind vollstreckbare Titel; dies gilt nicht gegenüber den Mitgliedstaaten.

Die Zwangsvollstreckung erfolgt nach den Vorschriften des Zivilprozessrechts des Mitgliedstaats, in dessen Hoheitsgebiet sie stattfindet. Die Vollstreckungsklausel wird nach einer Prüfung, die sich lediglich auf die Echtheit des Titels erstrecken darf, von der staatlichen Behörde erteilt, welche die Regierung jedes Mitgliedstaats zu diesem Zweck bestimmt und der Kommission und dem Gerichtshof der Europäischen Union benennt.

Sind diese Formvorschriften auf Antrag der die Vollstreckung betreibenden Partei erfüllt, so kann diese die Zwangsvollstreckung nach innerstaatlichem Recht betreiben, indem sie die zuständige Behörde unmittelbar anruft.

Die Zwangsvollstreckung kann nur durch eine Entscheidung des Gerichtshofs der Europäischen Union ausgesetzt werden. Für die Prüfung der Ordnungsmäßigkeit der Vollstreckungsbestimmungen sind jedoch die einzelstaatlichen Rechtsprechungsorgane zuständig.

Kapitel II: Finanzvorschriften

Abschnitt 1: Der mehrjährige Finanzrahmen

Artikel III-402

(1) Der mehrjährige Finanzrahmen wird nach Artikel I-55 für einen Zeitraum von mindestens fünf Jahren aufgestellt.

(2) In dem Finanzrahmen werden die jährlichen Obergrenzen der Mittel für Verpflichtungen je Ausgabenkategorie und die jährliche Obergrenze der Mittel für Zahlungen festgelegt. Die Ausgabenkategorien, von denen es nur wenige geben darf, entsprechen den Hauptttätigkeitsbereichen der Union.

(3) Der Finanzrahmen enthält auch alle sonstigen für den reibungslosen Ablauf des jährlichen Haushaltsverfahrens sachdienlichen Bestimmungen.

(4) Hat der Rat bis zum Ablauf des vorangegangenen Finanzrahmens kein Europäisches Gesetz zur Aufstellung eines neuen Finanzrahmens erlassen, so werden die Obergrenzen und sonstigen Bestimmungen des letzten Jahres des vorangegangenen Finanzrahmens bis zum Erlass dieses Gesetzes fortgeschrieben.

(5) Das Europäische Parlament, der Rat und die Kommission treffen während des gesamten Verfahrens zur Annahme des Finanzrahmens alle erforderlichen Maßnahmen, um das Verfahren erfolgreich zum Abschluss zu bringen.

Abschnitt 2: Der Jahreshaushaltsplan der Union

Artikel III-403

Das Haushaltsjahr beginnt am 1. Januar und endet am 31. Dezember.

Artikel III-404

Das Europäische Gesetz, mit dem der Jahreshaushaltsplan der Union festgelegt wird, wird nach den folgenden Bestimmungen erlassen:

(1) Jedes Organ stellt vor dem 1. Juli einen Haushaltsvoranschlag für seine Ausgaben für das folgende Haushaltsjahr auf. Die Kommission fasst diese Voranschläge in einem Entwurf für den Haushaltsplan zusammen, der abweichende Voranschläge enthalten kann.

Dieser Entwurf umfasst den Ansatz der Einnahmen und den Ansatz der Ausgaben.

(2) Die Kommission legt dem Europäischen Parlament und dem Rat spätestens am 1. September des Jahres, das dem entsprechenden Haushaltsjahr vorausgeht, einen Vorschlag mit dem Entwurf des Haushaltsplans vor.

Die Kommission kann den Entwurf des Haushaltsplans während des laufenden Verfahrens bis zur Einberufung des in Absatz 5 genannten Vermittlungsausschusses ändern.

(3) Der Rat legt seinen Standpunkt zu dem Entwurf des Haushaltsplans fest und leitet ihn spätestens am 1. Oktober des Jahres, das dem entsprechenden Haushaltsjahr vorausgeht, dem Europäischen Parlament zu. Er unterrichtet das Europäische Parlament in allen Einzelheiten über die Gründe, aus denen er seinen Standpunkt festgelegt hat.

(4) Hat das Europäische Parlament binnen 42 Tagen nach der Übermittlung

a) den Standpunkt des Rates gebilligt, so gilt das Europäische Gesetz zur Festlegung des Haushaltsplans als erlassen;

b) keinen Beschluss gefasst, so gilt das Europäische Gesetz zur Festlegung des Haushaltsplans als erlassen;

c) mit der Mehrheit seiner Mitglieder Abänderungen angenommen, so wird die abgeänderte Fassung des Entwurfs dem Rat und der Kommission zugeleitet. Der Präsident des Europäischen Parlaments beruft im Einvernehmen mit dem Präsidenten des Rates umgehend den Vermittlungsausschuss ein. Der Vermittlungsausschuss tritt jedoch nicht zusammen, wenn der Rat dem Europäischen Parlament binnen zehn Tagen nach der Übermittlung des geänderten Entwurfs mitteilt, dass er alle seine Abänderungen billigt.

(5) Der Vermittlungsausschuss, der aus den Mitgliedern des Rates oder deren Vertretern und ebenso vielen das Europäische Parlament vertretenden Mitgliedern besteht, hat die Aufgabe, binnen 21 Tagen nach seiner Einberufung auf der Grundlage der Standpunkte des Europäischen Parlaments und des Rates mit der qualifizierten Mehrheit der Mitglieder des Rates oder deren Vertretern und der Mehrheit der das Europäische Parlament vertretenden Mitglieder eine Einigung über einen gemeinsamen Entwurf zu erzielen.

Die Kommission nimmt an den Arbeiten des Vermittlungsausschusses teil und ergreift alle erforderlichen Initiativen, um eine Annäherung der Standpunkte des Europäischen Parlaments und des Rates zu bewirken.

(6) Einigt sich der Vermittlungsausschuss innerhalb der in Absatz 5 genannten Frist von 21 Tagen auf einen gemeinsamen Entwurf, so verfügen das Europäische Parlament und der Rat ab dieser Einigung über eine Frist von 14 Tagen, um den gemeinsamen Entwurf zu billigen.

(7) Wenn innerhalb der in Absatz 6 genannten Frist von 14 Tagen

a) der gemeinsame Entwurf sowohl vom Europäischen Parlament als auch vom Rat gebilligt wird oder beide keinen Beschluss fassen oder eines dieser Organe den gemeinsamen Entwurf billigt, während das andere Organ keinen Beschluss fasst, so gilt das Europäische Gesetz zur Festlegung des Haushaltsplans als entsprechend dem gemeinsamen Entwurf endgültig erlassen, oder

b) der gemeinsame Entwurf sowohl vom Europäischen Parlament mit der Mehrheit seiner Mitglieder als auch vom Rat abgelehnt wird oder eines dieser Organe den gemeinsamen

Entwurf ablehnt, während das andere Organ keinen Beschluss fasst, so legt die Kommission einen neuen Entwurf für den Haushaltsplan vor, oder

c) der gemeinsame Entwurf vom Europäischen Parlament mit der Mehrheit seiner Mitglieder abgelehnt wird, während er vom Rat gebilligt wird, so legt die Kommission einen neuen Entwurf für den Haushaltsplan vor, oder
d) der gemeinsame Entwurf vom Europäischen Parlament gebilligt wird, während er vom Rat abgelehnt wird, so kann das Europäische Parlament binnen 14 Tagen ab dem Tag der Ablehnung durch den Rat mit der Mehrheit seiner Mitglieder und drei Fünfteln der abgegebenen Stimmen beschließen, alle oder einige der in Absatz 4 Buchstabe c genannten Abänderungen zu bestätigen. Wird eine Abänderung des Europäischen Parlaments nicht bestätigt, so wird der im Vermittlungsausschuss vereinbarte Standpunkt zu dem Haushaltsposten, der Gegenstand der Abänderung ist, übernommen. Das Europäische Gesetz zur Festlegung des Haushaltsplans gilt als auf dieser Grundlage endgültig erlassen.

(8) Einigt sich der Vermittlungsausschuss nicht binnen der in Absatz 5 genannten Frist von 21 Tagen auf einen gemeinsamen Entwurf, so legt die Kommission einen neuen Entwurf für den Haushaltsplan vor.

(9) Nach Abschluss des Verfahrens dieses Artikels stellt der Präsident des Europäischen Parlaments fest, dass das Europäische Gesetz zur Festlegung des Haushaltsplans endgültig erlassen ist.

(10) Jedes Organ übt die ihm aufgrund dieses Artikels zufallenden Befugnisse unter Wahrung der Verfassung und der Rechtsakte aus, die auf der Grundlage der Verfassung insbesondere im Bereich der Eigenmittel der Union und des Gleichgewichts von Einnahmen und Ausgaben erlassen wurden.

Artikel III-405

(1) Ist zu Beginn eines Haushaltsjahres noch kein Europäisches Gesetz zur Festlegung des Haushaltsplans endgültig erlassen, so können entsprechend dem Europäischen Gesetz nach Artikel III-412 für jedes Kapitel monatliche Ausgaben bis zur Höhe eines Zwölftels der im betreffenden Kapitel des Haushaltsplans des vorangegangenen Haushaltsjahres eingesetzten Mittel vorgenommen werden, die jedoch ein Zwölftel der Mittelansätze des gleichen Kapitels des Haushaltsplanentwurfs nicht überschreiten dürfen.

(2) Der Rat kann auf Vorschlag der Kommission unter Beachtung der sonstigen Bestimmungen des Absatzes 1 entsprechend dem Europäischen Gesetz nach Artikel III-412 einen Europäischen Beschluss erlassen, mit dem er über dieses Zwölftel hinausgehende Ausgaben genehmigt. Er leitet diesen Beschluss unverzüglich dem Europäischen Parlament zu.

In diesem Europäischen Beschluss werden unter Beachtung der in Artikel I-54 Absätze 3 und 4 genannten Europäischen Gesetze die erforderlichen Maßnahmen im Bereich der Mittel zur Durchführung dieses Artikels vorgesehen.

Er tritt 30 Tage nach seinem Erlass in Kraft, sofern das Europäische Parlament nicht innerhalb dieser Frist mit der Mehrheit seiner Mitglieder beschließt, diese Ausgaben zu kürzen.

Artikel III-406

Nach Maßgabe des Europäischen Gesetzes nach Artikel III-412 dürfen die nicht für Personalausgaben vorgesehenen Mittel, die bis zum Ende der Durchführungszeit eines Haushaltsplans nicht verbraucht worden sind, übertragen werden, jedoch lediglich auf das nächste Haushaltsjahr.

Die vorgesehenen Mittel werden nach Kapiteln gegliedert, in denen die Ausgaben nach Art oder Bestimmung zusammengefasst sind; die Kapitel werden entsprechend dem Europäischen Gesetz nach Artikel III-412 unterteilt.

Die Ausgaben

- des Europäischen Parlaments,
- des Europäischen Rates und des Rates,
- der Kommission und
- des Gerichtshofs der Europäischen Union

werden unbeschadet einer besonderen Regelung für bestimmte gemeinsame Ausgaben in gesonderten Einzelplänen aufgeführt.

Abschnitt 3: Ausführung des Haushaltsplans und Entlastung

Artikel III-407

Die Kommission führt den Haushaltsplan zusammen mit den Mitgliedstaaten nach Maßgabe des Europäischen Gesetzes nach Artikel III-412 in eigener Verantwortung und im Rahmen der zugewiesenen Mittel entsprechend dem Grundsatz der Wirtschaftlichkeit der Haushaltsführung aus. Die Mitgliedstaaten arbeiten mit der Kommission zusammen um sicherzustellen, dass die Mittel nach diesem Grundsatz verwendet werden.

Das Europäische Gesetz nach Artikel III-412 legt die Kontroll- und Wirtschaftsprüfungspflichten der Mitgliedstaaten bei der Ausführung des Haushaltsplans sowie die damit verbundenen Verantwortlichkeiten fest. Es legt die Verantwortlichkeiten und die besonderen Einzelheiten fest, nach denen jedes Organ an der Vornahme seiner Ausgaben beteiligt ist.

Innerhalb des Haushaltsplans kann die Kommission nach Maßgabe und in den Grenzen des Europäischen Gesetzes nach Artikel III-412 Mittel von Kapitel zu Kapitel oder von Untergliederung zu Untergliederung übertragen.

Artikel III-408

Die Kommission legt dem Europäischen Parlament und dem Rat jährlich die Rechnung des abgelaufenen Haushaltsjahres für die Rechnungsvorgänge des Haushaltsplans vor. Sie übermittelt ihnen ferner eine Übersicht über das Vermögen und die Schulden der Union.

Die Kommission legt dem Europäischen Parlament und dem Rat ferner einen Evaluierungsbericht zu den Finanzen der Union vor, der sich auf die Ergebnisse stützt, die insbesondere in Bezug auf die Vorgaben erzielt wurden, die vom Europäischen Parlament und vom Rat nach Artikel III-409 gegeben wurden.

Artikel III-409

(1) Auf Empfehlung des Rates erteilt das Europäische Parlament der Kommission Entlastung zur Ausführung des Haushaltsplans. Zu diesem Zweck prüft es nach dem Rat die Rechnung, die Übersicht und den Evaluierungsbericht nach Artikel III-408 sowie den Jahresbericht des Rechnungshofs zusammen mit den Antworten der kontrollierten Organe auf dessen Bemerkungen, die Zuverlässigkeitserklärung nach Artikel III-384 Absatz 1 Unterabsatz 2 und die einschlägigen Sonderberichte des Rechnungshofs.

(2) Das Europäische Parlament kann vor der Entlastung der Kommission sowie auch zu anderen Zwecken im Zusammenhang mit der Ausübung ihrer Haushaltsbefugnisse die Kommission auffordern, Auskunft über die Vornahme der Ausgaben oder die Arbeitsweise der Finanzkontrollsysteme zu erteilen. Die Kommission legt dem Europäischen Parlament auf dessen Ersuchen alle notwendigen Informationen vor.

(3) Die Kommission trifft alle zweckdienlichen Maßnahmen, um den Bemerkungen in den Entlastungsbeschlüssen und anderen Bemerkungen des Europäischen Parlaments zur Vornahme der Ausgaben sowie den Erläuterungen, die den Entlastungsempfehlungen des Rates beigefügt sind, nachzukommen.
(4) Auf Ersuchen des Europäischen Parlaments oder des Rates erstattet die Kommission Bericht über die Maßnahmen, die aufgrund dieser Bemerkungen und Erläuterungen getroffen wurden, insbesondere über die Weisungen, die den für die Ausführung des Haushaltsplans zuständigen Dienststellen erteilt worden sind. Diese Berichte sind auch dem Rechnungshof zuzuleiten.

Abschnitt 4: Gemeinsame Bestimmungen

Artikel III-410

Der mehrjährige Finanzrahmen und der Jahreshaushaltsplan werden in Euro aufgestellt.

Artikel III-411

Die Kommission kann vorbehaltlich der Unterrichtung der zuständigen Behörden der betreffenden Mitgliedstaaten ihre Guthaben in der Währung eines dieser Staaten in die Währung eines anderen Mitgliedstaats transferieren, soweit dies erforderlich ist, um diese Guthaben für die in der Verfassung vorgesehenen Zwecke zu verwenden. Besitzt die Kommission verfügbare oder flüssige Guthaben in der benötigten Währung, so vermeidet sie soweit möglich derartige Transferierungen.

Die Kommission verkehrt mit jedem der betroffenen Mitgliedstaaten über die von diesem bezeichnete Behörde. Bei der Durchführung ihrer Finanzgeschäfte nimmt sie die Notenbank des betreffenden Mitgliedstaats oder ein anderes von diesem genehmigtes Finanzinstitut in Anspruch.

Artikel III-412

(1) Durch Europäisches Gesetz
a) wird die Haushaltsordnung aufgestellt, in der insbesondere die Aufstellung und Ausführung des Haushaltsplans sowie die Rechnungslegung und Rechnungsprüfung im Einzelnen geregelt werden;
b) werden die Vorschriften, die die Kontrolle der Verantwortung der Finanzakteure, und insbesondere der anweisungsbefugten Personen und der Rechnungsführer regeln, festgelegt.

Das Europäische Gesetz wird nach Anhörung des Rechnungshofs erlassen.
(2) Der Rat erlässt auf Vorschlag der Kommission eine Europäische Verordnung zur Festlegung der Einzelheiten und des Verfahrens, nach denen die in der Regelung über die Eigenmittel der Union vorgesehenen Haushaltseinnahmen der Kommission zur Verfügung gestellt werden, sowie die Maßnahmen, die zu treffen sind, um gegebenenfalls die erforderlichen Kassenmittel bereitzustellen. Der Rat beschließt nach Anhörung des Europäischen Parlaments und des Rechnungshofs.
(3) Bis zum 31. Dezember 2006 beschließt der Rat in allen in diesem Artikel genannten Fällen einstimmig.

Artikel III-413

Das Europäische Parlament, der Rat und die Kommission stellen sicher, dass der Union die Finanzmittel zur Verfügung stehen, die es ihr ermöglichen, ihren rechtlichen Verpflichtungen gegenüber Dritten nachzukommen.

Artikel III-414

Auf Initiative der Kommission werden im Rahmen der nach diesem Kapitel vorgesehenen Haushaltsverfahren regelmäßige Treffen der Präsidenten des Europäischen Parlaments, des Rates und der Kommission einberufen. Diese treffen alle erforderlichen Maßnahmen, um die Abstimmung und Annäherung der Standpunkte der Organe, denen sie vorstehen, zu fördern und so die Durchführung dieses Kapitels zu erleichtern.

Abschnitt 5: Betrugsbekämpfung

Artikel III-415

(1) Die Union und die Mitgliedstaaten bekämpfen Betrügereien und sonstige gegen die finanziellen Interessen der Union gerichtete rechtswidrige Handlungen mit Maßnahmen nach diesem Artikel. Diese Maßnahmen sind abschreckend und bewirken in den Mitgliedstaaten sowie in den Organen, Einrichtungen und sonstigen Stellen der Union einen effektiven Schutz.
(2) Zur Bekämpfung von Betrügereien, die sich gegen die finanziellen Interessen der Union richten, ergreifen die Mitgliedstaaten die gleichen Maßnahmen, die sie auch zur Bekämpfung von Betrügereien ergreifen, die sich gegen ihre eigenen finanziellen Interessen richten.
(3) Die Mitgliedstaaten koordinieren unbeschadet der sonstigen Bestimmungen der Verfassung ihre Tätigkeit zum Schutz der finanziellen Interessen der Union vor Betrügereien. Sie sorgen zu diesem Zweck zusammen mit der Kommission für eine enge, regelmäßige Zusammenarbeit zwischen den zuständigen Behörden.
(4) Zur Gewährleistung eines effektiven und gleichwertigen Schutzes in den Mitgliedstaaten sowie in den Organen, Einrichtungen und sonstigen Stellen der Union werden die erforderlichen Maßnahmen zur Verhütung und Bekämpfung von Betrügereien, die sich gegen die finanziellen Interessen der Union richten, durch Europäisches Gesetz oder Rahmengesetz festgelegt. Es wird nach Anhörung des Rechnungshofs erlassen.
(5) Die Kommission legt in Zusammenarbeit mit den Mitgliedstaaten dem Europäischen Parlament und dem Rat jährlich einen Bericht über die Maßnahmen vor, die zur Durchführung dieses Artikels ergriffen wurden.

Kapitel III: Verstärkte Zusammenarbeit

Artikel III-416

Eine Verstärkte Zusammenarbeit achtet die Verfassung und das Recht der Union.

Sie darf weder den Binnenmarkt noch den wirtschaftlichen, sozialen und territorialen Zusammenhalt beeinträchtigen. Sie darf für den Handel zwischen den Mitgliedstaaten weder ein Hindernis noch eine Diskriminierung darstellen noch darf sie zu Verzerrungen des Wettbewerbs zwischen den Mitgliedstaaten führen.

Artikel III-417

Eine Verstärkte Zusammenarbeit achtet die Zuständigkeiten, Rechte und Pflichten der nicht an der Zusammenarbeit beteiligten Mitgliedstaaten. Diese stehen der Durchführung der Verstärkten Zusammenarbeit durch die daran beteiligten Mitgliedstaaten nicht im Wege.

Artikel III-418

(1) Bei ihrer Begründung steht eine Verstärkte Zusammenarbeit allen Mitgliedstaaten offen, sofern sie die in dem hierzu ermächtigenden Europäischen Beschluss gegebenenfalls festgelegten Teilnahmevoraussetzungen erfüllen. Dies gilt auch zu jedem anderen Zeitpunkt, sofern sie neben den genannten etwaigen Voraussetzungen auch die in diesem Rahmen bereits erlassenen Rechtsakte beachten.

Die Kommission und die an einer Verstärkten Zusammenarbeit teilnehmenden Mitgliedstaaten tragen dafür Sorge, dass die Teilnahme möglichst vieler Mitgliedstaaten gefördert wird.

(2) Die Kommission und gegebenenfalls der Außenminister der Union unterrichten das Europäische Parlament und den Rat regelmäßig über die Entwicklung einer Verstärkten Zusammenarbeit.

Artikel III-419

(1) Die Mitgliedstaaten, die in einem der Bereiche der Verfassung – mit Ausnahme der Bereiche, für die die Union die ausschließliche Zuständigkeit besitzt, und der Gemeinsamen Außen- und Sicherheitspolitik – untereinander eine Verstärkte Zusammenarbeit begründen möchten, richten einen Antrag an die Kommission, in dem der Anwendungsbereich und die Ziele aufgeführt werden, die mit der beabsichtigten Verstärkten Zusammenarbeit angestrebt werden. Die Kommission kann dem Rat einen entsprechenden Vorschlag vorlegen. Legt die Kommission keinen Vorschlag vor, so teilt sie den betroffenen Mitgliedstaaten ihre Gründe dafür mit.

Die Ermächtigung zur Einleitung einer Verstärkten Zusammenarbeit wird mit einem vom Rat auf Vorschlag der Kommission und nach Zustimmung des Europäischen Parlaments erlassenen Europäischen Beschluss erteilt.

(2) Der Antrag der Mitgliedstaaten, die untereinander im Rahmen der Gemeinsamen Außen- und Sicherheitspolitik eine Verstärkte Zusammenarbeit begründen möchten, wird an den Rat gerichtet. Der Antrag wird dem Außenminister der Union, der zur Kohärenz der beabsichtigten Verstärkten Zusammenarbeit mit der Gemeinsamen Außen- und Sicherheitspolitik der Union Stellung nimmt, sowie der Kommission übermittelt, die insbesondere zur Kohärenz der beabsichtigten Verstärkten Zusammenarbeit mit der Politik der Union in anderen Bereichen Stellung nimmt. Der Antrag wird ferner dem Europäischen Parlament zur Unterrichtung übermittelt.

Die Ermächtigung zur Einleitung einer Verstärkten Zusammenarbeit wird mit einem Europäischen Beschluss des Rates erteilt, der einstimmig beschließt.

Artikel III-420

(1) Jeder Mitgliedstaat, der sich einer bestehenden Verstärkten Zusammenarbeit in einem der in Artikel III-419 Absatz 1 genannten Bereiche anschließen will, teilt dem Rat und der Kommission seine Absicht mit.

Die Kommission bestätigt binnen vier Monaten nach Eingang der Mitteilung die Beteiligung des betreffenden Mitgliedstaats. Dabei stellt sie gegebenenfalls fest, dass die Beteiligungsvoraussetzungen erfüllt sind, und erlässt die notwendigen Übergangsmaßnahmen zur Anwendung der im Rahmen der Verstärkten Zusammenarbeit bereits erlassenen Rechtsakte.

Ist die Kommission jedoch der Auffassung, dass die Beteiligungsvoraussetzungen nicht erfüllt sind, so gibt sie an, welche Bestimmungen zur Erfüllung dieser Voraussetzungen erlassen werden müssen, und legt eine Frist für die erneute Prüfung des Antrags fest. Nach Ablauf dieser Frist prüft sie den Antrag erneut nach dem in Unterabsatz 2 vorgesehenen Verfahren. Ist die Kommission der Auffassung, dass die Beteiligungsvoraussetzungen weiterhin nicht erfüllt sind, so kann der betreffende Mitgliedstaat mit dieser Frage den Rat befassen, der über den Antrag befindet. Der Rat beschließt nach Artikel I-44 Absatz 3. Er kann außerdem auf Vorschlag der Kommission die in Unterabsatz 2 genannten Übergangsmaßnahmen erlassen.

(2) Jeder Mitgliedstaat, der an einer bestehenden Verstärkten Zusammenarbeit im Rahmen der Gemeinsamen Außen- und Sicherheitspolitik teilnehmen möchte, teilt dem Rat, dem Außenminister der Union und der Kommission seine Absicht mit.

Der Rat bestätigt die Teilnahme des betreffenden Mitgliedstaats nach Anhörung des Außenministers der Union und gegebenenfalls nach der Feststellung, dass die Teilnahmevoraussetzungen erfüllt sind. Der Rat kann auf Vorschlag des Außenministers der Union ferner die notwendigen Übergangsmaßnahmen zur Anwendung der im Rahmen der Verstärkten Zusammenarbeit bereits erlassenen Rechtsakte treffen. Ist der Rat jedoch der Auffassung, dass die Teilnahmevoraussetzungen nicht erfüllt sind, so gibt er an, welche Schritte zur Erfüllung dieser Voraussetzungen notwendig sind, und legt eine Frist für die erneute Prüfung des Antrags auf Teilnahme fest.

Für die Zwecke dieses Absatzes beschließt der Rat einstimmig nach Artikel I-44 Absatz 3.

Artikel III-421

Die sich aus der Durchführung einer Verstärkten Zusammenarbeit ergebenden Ausgaben, mit Ausnahme der Verwaltungskosten der Organe, werden von den beteiligten Mitgliedstaaten getragen, sofern der Rat nicht nach Anhörung des Europäischen Parlaments durch einstimmigen Beschluss sämtlicher Mitglieder des Rates etwas anderes beschließt.

Artikel III-422

(1) Wenn nach einer Bestimmung der Verfassung, die im Rahmen einer Verstärkten Zusammenarbeit angewendet werden könnte, der Rat einstimmig beschließen muss, kann der Rat nach Artikel I-44 Absatz 3 einstimmig einen Europäischen Beschluss dahingehend erlassen, dass er mit qualifizierter Mehrheit beschließt.

(2) Wenn nach einer Bestimmung der Verfassung, die im Rahmen einer Verstärkten Zusammenarbeit angewendet werden könnte, Europäische Gesetze und Rahmengesetze vom Rat nach einem besonderen Gesetzgebungsverfahren erlassen werden müssen, kann der Rat nach Artikel I-44 Absatz 3 einstimmig einen Europäischen Beschluss dahingehend erlassen, dass er nach dem ordentlichen Gesetzgebungsverfahren beschließt. Der Rat beschließt nach Anhörung des Europäischen Parlaments.

(3) Die Absätze 1 und 2 gelten nicht für Beschlüsse mit militärischen oder verteidigungspolitischen Bezügen.

Artikel III-423

Der Rat und die Kommission stellen sicher, dass die im Rahmen einer Verstärkten Zusammenarbeit durchgeführten Maßnahmen untereinander und mit der Politik der Union im Einklang stehen, und arbeiten entsprechend zusammen.

Titel VII: Gemeinsame Bestimmungen

Artikel III-424

Unter Berücksichtigung der strukturbedingten wirtschaftlichen und sozialen Lage Guadeloupes, Französisch-Guayanas, Martiniques, Réunions, der Azoren, Madeiras und der Kanarischen Inseln, die durch die Faktoren Abgelegenheit, Insellage, geringe Größe, schwierige Relief- und Klimabedingungen und wirtschaftliche Abhängigkeit von einigen wenigen Erzeugnissen erschwert wird, die als ständige Gegebenheiten und durch ihr Zusammenwirken die Entwicklung schwer beeinträchtigen, erlässt der Rat auf Vorschlag der Kommission Europäische Gesetze, Rahmengesetze, Verordnungen und Beschlüsse, die insbesondere darauf abzielen, die Bedingungen für die Anwendung der Verfassung auf die genannten Gebiete, einschließlich der gemeinsamen Politik, festzulegen. Er beschließt nach Anhörung des Europäischen Parlaments.

Die Rechtsakte nach Absatz 1 betreffen insbesondere die Zoll- und Handelspolitik, die Steuerpolitik, Freizonen, die Agrar- und Fischereipolitik, die Bedingungen für die Versorgung mit Rohstoffen und grundlegenden Verbrauchsgütern, staatliche Beihilfen sowie die Bedingungen für den Zugang zu den Strukturfonds und zu den horizontalen Unionsprogrammen.

Der Rat erlässt die Rechtsakte nach Absatz 1 unter Berücksichtigung der besonderen Merkmale und Zwänge der Gebiete in äußerster Randlage, ohne dabei die Integrität und Kohärenz der Rechtsordnung der Union, die auch den Binnenmarkt und die gemeinsamen Politikbereiche umfasst, zu beeinträchtigen.

Artikel III-425

Die Verfassung lässt die Eigentumsordnung in den verschiedenen Mitgliedstaaten unberührt.

Artikel III-426

Die Union besitzt in jedem Mitgliedstaat die weitestgehende Rechts- und Geschäftsfähigkeit, die juristischen Personen nach dessen Rechtsvorschriften zuerkannt ist. Sie kann insbesondere bewegliches und unbewegliches Vermögen erwerben und veräußern sowie vor Gericht stehen. Zu diesem Zweck wird sie von der Kommission vertreten. In Fragen, die das Funktionieren der einzelnen Organe betreffen, wird die Union hingegen aufgrund von deren Verwaltungsautonomie von dem betreffenden Organ vertreten.

Artikel III-427

Das Statut der Beamten der Union und die Beschäftigungsbedingungen für die sonstigen Bediensteten der Union werden durch Europäisches Gesetz festgelegt. Es wird nach Anhörung der betroffenen Organe erlassen.

Artikel III-428

Zur Erfüllung der ihr übertragenen Aufgaben kann die Kommission alle erforderlichen Auskünfte einholen und alle erforderlichen Nachprüfungen vornehmen; der Rahmen und die nähere Maßgabe hierfür werden vom Rat mit einfacher Mehrheit in einer Europäischen Verordnung oder in einem Europäischen Beschluss festgelegt.

Artikel III-429

(1) Unbeschadet des Artikels 5 des Protokolls über die Satzung des Europäischen Systems der Zentralbanken und der Europäischen Zentralbank werden durch Europäisches Gesetz oder Rahmengesetz Maßnahmen für die Erstellung von Statistiken festgelegt, wenn dies für die Durchführung der Tätigkeiten der Union erforderlich ist.
(2) Die Erstellung der Statistiken erfolgt unter Wahrung der Unparteilichkeit, der Zuverlässigkeit, der Objektivität, der wissenschaftlichen Unabhängigkeit, der Kostenwirksamkeit und der statistischen Geheimhaltung. Den Wirtschaftsteilnehmern dürfen dadurch keine übermäßigen Belastungen entstehen.

Artikel III-430

Die Mitglieder der Organe der Union, die Mitglieder der Ausschüsse sowie die Beamten und sonstigen Bediensteten der Union sind verpflichtet, auch nach Beendigung ihrer Amtstätigkeit Auskünfte, die ihrem Wesen nach unter das Berufsgeheimnis fallen, nicht preiszugeben; dies gilt insbesondere für Auskünfte über Unternehmen sowie deren Geschäftsbeziehungen oder Kostenelemente.

Artikel III-431

Die vertragliche Haftung der Union bestimmt sich nach dem Recht, das auf den betreffenden Vertrag anzuwenden ist.

Im Bereich der außervertraglichen Haftung ersetzt die Union den durch ihre Organe oder Bediensteten in Ausübung ihrer Amtstätigkeit verursachten Schaden nach den allgemeinen Rechtsgrundsätzen, die den Rechtsordnungen der Mitgliedstaaten gemeinsam sind.

Abweichend von Absatz 2 ersetzt die Europäische Zentralbank den durch sie oder ihre Bediensteten in Ausübung ihrer Amtstätigkeit verursachten Schaden nach den allgemeinen Rechtsgrundsätzen, die den Rechtsordnungen der Mitgliedstaaten gemeinsam sind.

Die persönliche Haftung der Bediensteten gegenüber der Union bestimmt sich nach den Vorschriften ihres Statuts oder der für sie geltenden Beschäftigungsbedingungen.

Artikel III-432

Der Sitz der Organe der Union wird im Einvernehmen zwischen den Regierungen der Mitgliedstaaten bestimmt.

Artikel III-433

Der Rat erlässt einstimmig eine Europäische Verordnung zur Regelung der Sprachenfrage für die Organe der Union, unbeschadet der Satzung des Gerichtshofs der Europäischen Union.

Artikel III-434

Die Union genießt im Hoheitsgebiet der Mitgliedstaaten die zur Erfüllung ihrer Aufgabe erforderlichen Vorrechte und Befreiungen nach Maßgabe des Protokolls über die Vorrechte und Befreiungen der Europäischen Union.

Artikel III-435

Die Rechte und Pflichten aus Übereinkünften, die vor dem 1. Januar 1958 oder, im Falle später beigetretener Staaten, vor dem Zeitpunkt ihres Beitritts zwischen einem oder mehreren

Mitgliedstaaten einerseits und einem oder mehreren Drittländern andererseits geschlossen wurden, werden durch die Verfassung nicht berührt.

Soweit diese Übereinkünfte mit der Verfassung nicht vereinbar sind, wenden der oder die betreffenden Mitgliedstaaten alle geeigneten Mittel an, um die festgestellten Unvereinbarkeiten zu beheben. Erforderlichenfalls leisten die Mitgliedstaaten einander zu diesem Zweck Hilfe; sie nehmen gegebenenfalls eine gemeinsame Haltung ein.

Bei Anwendung der in Absatz 1 bezeichneten Übereinkünfte tragen die Mitgliedstaaten dem Umstand Rechnung, dass die in der Verfassung von jedem Mitgliedstaat gewährten Vorteile Bestandteil der Union sind und daher mit der Schaffung von in der Verfassung mit Befugnissen ausgestatteten Organen und der Gewährung genau der gleichen Vorteile durch alle anderen Mitgliedstaaten in untrennbarem Zusammenhang stehen.

Artikel III-436

(1) Die Verfassung steht folgenden Bestimmungen nicht entgegen:

a) Ein Mitgliedstaat ist nicht verpflichtet, Auskünfte zu erteilen, deren Preisgabe seines Erachtens seinen wesentlichen Sicherheitsinteressen widerspricht;

b) jeder Mitgliedstaat kann die Maßnahmen ergreifen, die seines Erachtens für die Wahrung seiner wesentlichen Sicherheitsinteressen erforderlich sind, soweit sie die Herstellung von Waffen, Munition und Kriegsmaterial oder den Handel damit betreffen; diese Maßnahmen dürfen auf dem Binnenmarkt die Wettbewerbsbedingungen hinsichtlich der nicht eigens für militärische Zwecke bestimmten Waren nicht beeinträchtigen.

(2) Der Rat kann auf Vorschlag der Kommission einstimmig einen Europäischen Beschluss zur Änderung der Liste vom 15. April 1958 mit den Waren, auf die Absatz 1 Buchstabe b Anwendung findet, erlassen.

Teil IV: Allgemeine und Schlussbestimmungen

Artikel IV-437: Aufhebung der früheren Verträge

(1) Mit diesem Vertrag über eine Verfassung für Europa werden der Vertrag zur Gründung der Europäischen Gemeinschaft und der Vertrag über die Europäische Union sowie, nach Maßgabe des Protokolls über die Rechtsakte und Verträge zur Ergänzung oder Änderung des Vertrags zur Gründung der Europäischen Gemeinschaft und des Vertrags über die Europäische Union, die Rechtsakte und Verträge zu ihrer Ergänzung oder Änderung vorbehaltlich des Absatzes 2 aufgehoben.

(2) Die Verträge über den Beitritt

a) des Königreichs Dänemark, Irlands sowie des Vereinigten Königreichs Großbritannien und Nordirland,

b) der Hellenischen Republik,

c) des Königreichs Spanien und der Portugiesischen Republik,

d) der Republik Österreich, der Republik Finnland und des Königreichs Schweden sowie

e) der Tschechischen Republik, der Republik Estland, der Republik Zypern, der Republik Lettland, der Republik Litauen, der Republik Ungarn, der Republik Malta, der Republik Polen, der Republik Slowenien und der Slowakischen Republik

werden aufgehoben.

Jedoch

– bleiben diejenigen Bestimmungen der unter den Buchstaben a bis d genannten Verträge, die in das Protokoll betreffend die Verträge und die Akten über den Beitritt des

Königreichs Dänemark, Irlands sowie des Vereinigten Königreichs Großbritannien und Nordirland, der Hellenischen Republik, des Königreichs Spanien und der Portugiesischen Republik, der Republik Österreich, der Republik Finnland und des Königreichs Schweden übernommen wurden oder darin angeführt sind, in Kraft und behalten ihre Rechtswirkung nach Maßgabe dieses Protokolls.

- bleiben diejenigen Bestimmungen des unter Buchstabe e genannten Vertrags, die in das Protokoll betreffend den Vertrag und die Akte über den Beitritt der Tschechischen Republik, der Republik Estland, der Republik Zypern, der Republik Lettland, der Republik Litauen, der Republik Ungarn, der Republik Malta, der Republik Polen, der Republik Slowenien und der Slowakischen Republik übernommen wurden oder darin aufgeführt sind, in Kraft und behalten ihre Rechtswirkung nach Maßgabe dieses Protokolls.

Artikel IV-438: Rechtsnachfolge und rechtliche Kontinuität

(1) Die durch diesen Vertrag geschaffene Europäische Union tritt die Rechtsnachfolge der durch den Vertrag über die Europäische Union gegründeten Europäischen Union und der Europäischen Gemeinschaft an.

(2) Vorbehaltlich des Artikels IV-439 nehmen die bei Inkrafttreten dieses Vertrags bestehenden Organe, Einrichtungen und sonstigen Stellen ihre Befugnisse nach diesem Vertrag in ihrer zum Zeitpunkt des Inkrafttretens gegebenen Zusammensetzung so lange wahr, bis in Anwendung dieses Vertrags neue Bestimmungen erlassen werden oder ihr Mandat endet.

(3) Die Rechtsakte der Organe, Einrichtungen und sonstigen Stellen, die auf der Grundlage der durch Artikel IV-437 aufgehobenen Verträge und Rechtsakte angenommen wurden, gelten weiter. Sie behalten so lange Rechtswirkung, bis sie in Anwendung dieses Vertrags aufgehoben, für nichtig erklärt oder geändert werden. Dies gilt auch für Übereinkommen, die auf der Grundlage der durch Artikel IV-437 aufgehobenen Verträge und Rechtsakte zwischen Mitgliedstaaten geschlossen wurden.

Die zum Zeitpunkt des Inkrafttretens dieses Vertrags geltenden weiteren Teile des Besitzstands der Gemeinschaft und der Union, insbesondere die interinstitutionellen Vereinbarungen, die Beschlüsse und Vereinbarungen der im Rat vereinigten Vertreter der Regierungen der Mitgliedstaaten, die Vereinbarungen der Mitgliedstaaten über die Funktionsweise der Union oder der Gemeinschaft oder im Zusammenhang mit deren Handeln, die Erklärungen, einschließlich jener im Rahmen von Regierungskonferenzen, und die Entschließungen oder sonstigen Stellungnahmen des Europäischen Rates oder des Rates sowie die die Union oder die Gemeinschaft betreffenden Entschließungen oder sonstigen Stellungnahmen, die von den Mitgliedstaaten im gegenseitigen Einvernehmen angenommen wurden, haben ebenfalls so lange weiter Bestand, bis sie aufgehoben oder geändert werden.

(4) Die Rechtsprechung des Gerichtshofs der Europäischen Gemeinschaften und des Gerichts erster Instanz zur Auslegung und Anwendung der durch Artikel IV-437 aufgehobenen Verträge und Rechtsakte und der für ihre Anwendung erlassenen Rechtsakte und geschlossenen Übereinkommen bleibt sinngemäß auch weiterhin maßgeblich für die verbindliche Auslegung des Unionsrechts und insbesondere vergleichbarer Bestimmungen der Verfassung.

(5) Die Kontinuität der vor dem Inkrafttreten dieses Vertrags eingeleiteten Gerichts- und Verwaltungsverfahren wird unter Wahrung der Verfassung gewährleistet. Die für diese Verfahren verantwortlichen Organe, Einrichtungen oder sonstigen Stellen ergreifen alle hierfür erforderlichen Maßnahmen.

Artikel IV-439: Übergangsbestimmungen für bestimmte Organe

Die Übergangsbestimmungen zur Zusammensetzung des Europäischen Parlaments, zur Definition der qualifizierten Mehrheit im Europäischen Rat und im Rat, einschließlich in den Fällen, in denen nicht alle Mitglieder des Europäischen Rates oder des Rates an der Abstimmung teilnehmen, und zur Zusammensetzung der Kommission, einschließlich des Außenministers der Union, sind im Protokoll über die Übergangsbestimmungen für die Organe und Einrichtungen der Union enthalten.

Artikel IV-440: Räumlicher Geltungsbereich

(1) Dieser Vertrag gilt für das Königreich Belgien, die Tschechische Republik, das Königreich Dänemark, die Bundesrepublik Deutschland, die Republik Estland, die Hellenische Republik, das Königreich Spanien, die Französische Republik, Irland, die Italienische Republik, die Republik Zypern, die Republik Lettland, die Republik Litauen, das Großherzogtum Luxemburg, die Republik Ungarn, die Republik Malta, das Königreich der Niederlande, die Republik Österreich, die Republik Polen, die Portugiesische Republik, die Republik Slowenien, die Slowakische Republik, die Republik Finnland, das Königreich Schweden und das Vereinigte Königreich Großbritannien und Nordirland.

(2) Dieser Vertrag gilt nach Artikel III-424 für Guadeloupe, Französisch-Guayana, Martinique, Réunion, die Azoren, Madeira und die Kanarischen Inseln.

(3) Auf die in Anhang II genannten überseeischen Länder und Hoheitsgebiete findet die in Teil III Titel IV festgelegte besondere Assoziierungsregelung Anwendung.

Dieser Vertrag findet keine Anwendung auf die überseeischen Länder und Hoheitsgebiete, die besondere Beziehungen zum Vereinigten Königreich Großbritannien und Nordirland unterhalten und in dieser Liste nicht genannt sind.

(4) Dieser Vertrag findet auf die europäischen Hoheitsgebiete Anwendung, deren auswärtige Beziehungen ein Mitgliedstaat wahrnimmt.

(5) Dieser Vertrag findet auf die Ålandinseln mit den Ausnahmeregelungen Anwendung, die ursprünglich in dem in Artikel IV-437 Absatz 2 Buchstabe d genannten Vertrag vorgesehen waren und die in das Protokoll betreffend die Verträge und die Akten über den Beitritt des Königreichs Dänemark, Irlands sowie des Vereinigten Königreichs Großbritannien und Nordirland, der Hellenischen Republik, des Königreichs Spanien und der Portugiesischen Republik, der Republik Österreich, der Republik Finnland und des Königreichs Schweden übernommen worden sind.

(6) Abweichend von den Absätzen 1 bis 5 findet

a) dieser Vertrag auf die Färöer keine Anwendung;
b) dieser Vertrag auf die Hoheitszonen des Vereinigten Königreichs Großbritannien und Nordirland auf Zypern, Akrotiri und Dhekelia, nur insoweit Anwendung, als dies erforderlich ist, um die Anwendung der Regelung sicherzustellen, die ursprünglich in dem Protokoll über die Hoheitszonen des Vereinigten Königreichs Großbritannien und Nordirland auf Zypern, das der Beitrittsakte, die Bestandteil des in Artikel IV-437 Absatz 2 Buchstabe e genannten Vertrags ist, beigefügt ist und das im Zweiten Teil Titel III des Protokolls betreffend den Vertrag und die Akte über den Beitritt der Tschechischen Republik, der Republik Estland, der Republik Zypern, der Republik Lettland, der Republik Litauen, der Republik Ungarn, der Republik Malta, der Republik Polen, der Republik Slowenien und der Slowakischen Republik übernommen worden ist, vorgesehen war;
c) dieser Vertrag auf die Kanalinseln und die Insel Man nur insoweit Anwendung, als dies erforderlich ist, um die Anwendung der Regelung sicherzustellen, die ursprünglich in dem

in Artikel IV-437 Absatz 2 Buchstabe a genannten Vertrag für diese Inseln vorgesehen war und die in Titel II Abschnitt 3 des Protokolls betreffend die Verträge und die Akten über den Beitritt des Königreichs Dänemark, Irlands sowie des Vereinigten Königreichs Großbritannien und Nordirland, der Hellenischen Republik, des Königreichs Spanien und der Portugiesischen Republik, der Republik Österreich, der Republik Finnland und des Königreichs Schweden übernommen worden ist.
(7) Der Europäische Rat kann auf Initiative des betroffenen Mitgliedstaats einen Europäischen Beschluss zur Änderung des Status eines in den Absätzen 2 und 3 genannten dänischen, französischen oder niederländischen Landes oder Hoheitsgebiets gegenüber der Union erlassen. Der Europäische Rat beschließt einstimmig nach Anhörung der Kommission.

Artikel IV-441: Regionale Zusammenschlüsse

Dieser Vertrag steht dem Bestehen und der Durchführung der regionalen Zusammenschlüsse zwischen Belgien und Luxemburg sowie zwischen Belgien, Luxemburg und den Niederlanden nicht entgegen, sofern die Ziele dieser Zusammenschlüsse durch die Anwendung dieses Vertrags nicht erreicht werden.

Artikel IV-442: Protokolle und Anhänge

Die Protokolle und Anhänge dieses Vertrags sind Bestandteil dieses Vertrags.

Artikel IV-443: Ordentliches Änderungsverfahren

(1) Die Regierung jedes Mitgliedstaats, das Europäische Parlament oder die Kommission kann dem Rat Entwürfe zur Änderung dieses Vertrags vorlegen. Diese Entwürfe werden vom Rat dem Europäischen Rat übermittelt und den nationalen Parlamenten zur Kenntnis gebracht.
(2) Beschließt der Europäische Rat nach Anhörung des Europäischen Parlaments und der Kommission mit einfacher Mehrheit die Prüfung der vorgeschlagenen Änderungen, so beruft der Präsident des Europäischen Rates einen Konvent von Vertretern der nationalen Parlamente, der Staats- und Regierungschefs der Mitgliedstaaten, des Europäischen Parlaments und der Kommission ein. Bei institutionellen Änderungen im Währungsbereich wird auch die Europäische Zentralbank gehört. Der Konvent prüft die Änderungsentwürfe und nimmt im Konsensverfahren eine Empfehlung an, die an eine Konferenz der Vertreter der Regierungen der Mitgliedstaaten nach Absatz 3 gerichtet ist.

Der Europäische Rat kann mit einfacher Mehrheit nach Zustimmung des Europäischen Parlaments beschließen, keinen Konvent einzuberufen, wenn seine Einberufung aufgrund des Umfangs der geplanten Änderungen nicht gerechtfertigt ist. In diesem Fall legt der Europäische Rat das Mandat für eine Konferenz der Vertreter der Regierungen der Mitgliedstaaten fest.
(3) Eine Konferenz der Vertreter der Regierungen der Mitgliedstaaten wird vom Präsidenten des Rates einberufen, um die an diesem Vertrag vorzunehmenden Änderungen zu vereinbaren.

Die Änderungen treten in Kraft, nachdem sie von allen Mitgliedstaaten nach Maßgabe ihrer verfassungsrechtlichen Vorschriften ratifiziert worden sind.
(4) Haben nach Ablauf von zwei Jahren nach der Unterzeichnung des Vertrags zur Änderung dieses Vertrags vier Fünftel der Mitgliedstaaten den genannten Vertrag ratifiziert und sind in einem Mitgliedstaat oder mehreren Mitgliedstaaten Schwierigkeiten bei der Ratifikation aufgetreten, so befasst sich der Europäische Rat mit der Frage.

Artikel IV-444: Vereinfachtes Änderungsverfahren

(1) In Fällen, in denen der Rat nach Maßgabe von Teil III in einem Bereich oder in einem bestimmten Fall einstimmig beschließt, kann der Europäische Rat einen Europäischen Beschluss erlassen, wonach der Rat in diesem Bereich oder in diesem Fall mit qualifizierter Mehrheit beschließen kann.

Dieser Absatz gilt nicht für Beschlüsse mit militärischen oder verteidigungspolitischen Bezügen.

(2) In Fällen, in denen nach Maßgabe von Teil III Europäische Gesetze oder Rahmengesetze vom Rat nach einem besonderen Gesetzgebungsverfahren erlassen werden müssen, kann der Europäische Rat einen Europäischen Beschluss erlassen, wonach diese Europäischen Gesetze oder Rahmengesetze nach dem ordentlichen Gesetzgebungsverfahren erlassen werden können.

(3) Jede vom Europäischen Rat auf der Grundlage von Absatz 1 oder Absatz 2 ergriffene Initiative wird den nationalen Parlamenten übermittelt. Wird diese Initiative innerhalb von sechs Monaten nach der Übermittlung von einem nationalen Parlament abgelehnt, so wird der Europäische Beschluss nach Absatz 1 oder Absatz 2 nicht erlassen. Wird die Initiative nicht abgelehnt, so kann der Europäische Rat den Europäischen Beschluss erlassen.

Der Europäische Rat erlässt die Europäischen Beschlüsse nach den Absätzen 1 und 2 einstimmig nach Zustimmung des Europäischen Parlaments, das mit der Mehrheit seiner Mitglieder beschließt.

Artikel IV-445: Vereinfachtes Änderungsverfahren betreffend die internen Politikbereiche der Union

(1) Die Regierung jedes Mitgliedstaats, das Europäische Parlament oder die Kommission kann dem Europäischen Rat Entwürfe zur Änderung aller oder eines Teils der Bestimmungen des Teils III Titel III über die internen Politikbereiche der Union vorlegen.

(2) Der Europäische Rat kann einen Europäischen Beschluss zur Änderung aller oder eines Teils der Bestimmungen des Teils III Titel III erlassen. Der Europäische Rat beschließt einstimmig nach Anhörung des Europäischen Parlaments und der Kommission sowie, bei institutionellen Änderungen im Währungsbereich, der Europäischen Zentralbank.

Dieser Europäische Beschluss tritt erst nach Zustimmung der Mitgliedstaaten im Einklang mit ihren jeweiligen verfassungsrechtlichen Vorschriften in Kraft.

(3) Der Europäische Beschluss nach Absatz 2 darf nicht zu einer Ausdehnung der der Union im Rahmen dieses Vertrags übertragenen Zuständigkeiten führen.

Artikel IV-446: Geltungsdauer

Dieser Vertrag gilt auf unbegrenzte Zeit.

Artikel IV-447: Ratifikation und Inkrafttreten

(1) Dieser Vertrag bedarf der Ratifikation durch die Hohen Vertragsparteien im Einklang mit ihren verfassungsrechtlichen Vorschriften. Die Ratifikationsurkunden werden bei der Regierung der Italienischen Republik hinterlegt.

(2) Dieser Vertrag tritt am 1. November 2006 in Kraft, sofern alle Ratifikationsurkunden hinterlegt worden sind, oder andernfalls am ersten Tag des zweiten auf die Hinterlegung der letzten Ratifikationsurkunde folgenden Monats.

Artikel IV-448: Verbindliche Fassungen und Übersetzungen

(1) Dieser Vertrag ist in einer Urschrift in dänischer, deutscher, englischer, estnischer, finnischer, französischer, griechischer, irischer, italienischer, lettischer, litauischer, maltesischer, niederländischer, polnischer, portugiesischer, schwedischer, slowakischer, slowenischer, spanischer, tschechischer und ungarischer Sprache abgefasst, wobei jeder Wortlaut gleichermaßen verbindlich ist; er wird im Archiv der Regierung der Italienischen Republik hinterlegt; diese übermittelt der Regierung jedes anderen Unterzeichnerstaats eine beglaubigte Abschrift.
(2) Dieser Vertrag kann ferner in jede andere von den Mitgliedstaaten bestimmte Sprache übersetzt werden, sofern diese Sprache nach der Verfassungsordnung des jeweiligen Mitgliedstaats in dessen gesamtem Hoheitsgebiet oder in Teilen davon Amtssprache ist. Die betreffenden Mitgliedstaaten stellen eine beglaubigte Abschrift dieser Übersetzungen zur Verfügung, die in den Archiven des Rates hinterlegt wird.

Zu Urkund dessen haben die unterzeichneten Bevollmächtigten ihre Unterschriften unter diesen Vertrag gesetzt.

Geschehen zu Rom am neunundzwanzigsten Oktober zweitausendvier.

[...]

Protokolle zum Vertrag über eine Verfassung für Europa (Auszug)

1. Protokoll über die Rolle der nationalen Parlamente in der Europäischen Union

Die hohen Vertragsparteien –

eingedenk dessen, dass die Art der Kontrolle der Regierungen durch die nationalen Parlamente hinsichtlich der Tätigkeiten der Union Sache der besonderen verfassungsrechtlichen Gestaltung und Praxis jedes Mitgliedstaats ist,

in dem Wunsch, eine stärkere Beteiligung der nationalen Parlamente an den Tätigkeiten der Europäischen Union zu fördern und ihnen bessere Möglichkeiten zu geben, sich zu den Entwürfen von Europäischen Gesetzgebungsakten sowie zu anderen Fragen, die für sie von besonderem Interesse sein können, zu äußern –

sind über folgende Bestimmungen übereingekommen, die dem Vertrag über eine Verfassung für Europa und dem Vertrag zur Gründung der Europäischen Atomgemeinschaft beigefügt sind:

Titel I: Unterrichtung der nationalen Parlamente

Artikel 1

Die Konsultationsdokumente der Kommission (Grün- und Weißbücher sowie Mitteilungen) werden bei ihrer Veröffentlichung von der Kommission direkt den nationalen Parlamenten zugeleitet. Ferner leitet die Kommission den nationalen Parlamenten gleichzeitig mit der Übermittlung an das Europäische Parlament und den Rat das jährliche Rechtsetzungsprogramm sowie alle weiteren Dokumente für die Ausarbeitung der Rechtsetzungsprogramme oder politischen Strategien zu.

Artikel 2

Die an das Europäische Parlament und den Rat gerichteten Entwürfe von Europäischen Gesetzgebungsakten werden den nationalen Parlamenten zugeleitet.

Im Sinne dieses Protokolls bezeichnet „Entwurf eines Europäischen Gesetzgebungsakts" die Vorschläge der Kommission, die Initiativen einer Gruppe von Mitgliedstaaten, die Initiativen des Europäischen Parlaments, die Anträge des Gerichtshofs, die Empfehlungen der Europäischen Zentralbank und die Anträge der Europäischen Investitionsbank, die den Erlass eines Europäischen Gesetzgebungsaktes zum Ziel haben.

Die von der Kommission vorgelegten Entwürfe von Europäischen Gesetzgebungsakten werden von der Kommission gleichzeitig mit der Übermittlung an das Europäische Parlament und den Rat direkt den nationalen Parlamenten zugeleitet.

Die vom Europäischen Parlament vorgelegten Entwürfe von Europäischen Gesetzgebungsakten werden vom Europäischen Parlament direkt den nationalen Parlamenten zugeleitet.

Die von einer Gruppe von Mitgliedstaaten, vom Gerichtshof, von der Europäischen Zentralbank oder von der Europäischen Investitionsbank vorgelegten Entwürfe von Europäischen Gesetzgebungsakten werden vom Rat den nationalen Parlamenten zugeleitet.

Artikel 3

Die nationalen Parlamente können nach dem im Protokoll über die Anwendung der Grundsätze der Subsidiarität und der Verhältnismäßigkeit vorgesehenen Verfahren eine begründete

Stellungnahme zur Übereinstimmung eines Entwurfs eines Europäischen Gesetzgebungsakts mit dem Subsidiaritätsprinzip an die Präsidenten des Europäischen Parlaments, des Rates und der Kommission richten.

Wird der Entwurf eines Europäischen Gesetzgebungsakts von einer Gruppe von Mitgliedstaaten vorgelegt, so übermittelt der Präsident des Rates die begründete Stellungnahme oder die begründeten Stellungnahmen den Regierungen dieser Mitgliedstaaten.

Wird der Entwurf eines Europäischen Gesetzgebungsakts vom Gerichtshof, von der Europäischen Zentralbank oder von der Europäischen Investitionsbank vorgelegt, so übermittelt der Präsident des Rates die begründete Stellungnahme oder die begründeten Stellungnahmen dem betreffenden Organ oder der betreffenden Einrichtung.

Artikel 4

Zwischen dem Zeitpunkt, zu dem ein Entwurf eines Europäischen Gesetzgebungsakts den nationalen Parlamenten in den Amtssprachen der Union zugeleitet wird, und dem Zeitpunkt, zu dem er zwecks Erlass oder zur Festlegung eines Standpunkts im Rahmen eines Gesetzgebungsverfahrens auf die vorläufige Tagesordnung des Rates gesetzt wird, müssen sechs Wochen liegen. In dringenden Fällen, die in dem Rechtsakt oder dem Standpunkt des Rates begründet werden, sind Ausnahmen möglich. Außer in ordnungsgemäß begründeten dringenden Fällen darf in diesen sechs Wochen keine Einigung über den Entwurf eines Europäischen Gesetzgebungsakts festgestellt werden. Außer in ordnungsgemäß begründeten dringenden Fällen müssen zwischen der Aufnahme des Entwurfs eines Europäischen Gesetzgebungsakts in die vorläufige Tagesordnung für die Tagung des Rates und der Festlegung eines Standpunkts zehn Tage liegen.

Artikel 5

Den nationalen Parlamenten werden die Tagesordnungen für die Tagungen des Rates und die Ergebnisse dieser Tagungen, einschließlich der Protokolle der Tagungen, auf denen der Rat über Entwürfe von Europäischen Gesetzgebungsakten berät, gleichzeitig mit der Übermittlung an die Regierungen der Mitgliedstaaten direkt zugeleitet.

Artikel 6

Beabsichtigt der Europäische Rat, Artikel IV-444 Absatz 1 oder Absatz 2 der Verfassung in Anspruch zu nehmen, so werden die nationalen Parlamente mindestens sechs Monate vor dem Erlass eines Europäischen Beschlusses von der Initiative des Europäischen Rates unterrichtet.

Artikel 7

Der Rechnungshof übermittelt den nationalen Parlamenten gleichzeitig mit der Übermittlung an das Europäische Parlament und den Rat seinen Jahresbericht zur Unterrichtung.

Artikel 8

Handelt es sich bei dem System des nationalen Parlaments nicht um ein Einkammersystem, so gelten die Artikel 1 bis 7 für jede der Kammern des Parlaments.

Titel II: Zusammenarbeit zwischen den Parlamenten

Artikel 9

Das Europäische Parlament und die nationalen Parlamente legen gemeinsam fest, wie eine effiziente und regelmäßige Zusammenarbeit zwischen den Parlamenten innerhalb der Union gestaltet und gefördert werden kann.

Artikel 10

Eine Konferenz der Europa-Ausschüsse der Parlamente kann jeden ihr zweckmäßig erscheinenden Beitrag dem Europäischen Parlament, dem Rat und der Kommission zur Kenntnis bringen. Diese Konferenz fördert ferner den Austausch von Informationen und bewährten Praktiken zwischen den nationalen Parlamenten und dem Europäischen Parlament, einschließlich ihrer Fachausschüsse. Sie kann auch interparlamentarische Konferenzen zu Einzelthemen organisieren, insbesondere zur Erörterung von Fragen der Gemeinsamen Außen- und Sicherheitspolitik, einschließlich der Gemeinsamen Sicherheits- und Verteidigungspolitik. Die Beiträge der Konferenz binden nicht die nationalen Parlamente und greifen ihrem Standpunkt nicht vor.

2. Protokoll über die Anwendung der Grundsätze der Subsidiarität und der Verhältnismäßigkeit

Die hohen Vertragsparteien –

in dem Wunsch sicherzustellen, dass die Entscheidungen in der Union so bürgernah wie möglich getroffen werden,

entschlossen, die Bedingungen für die Anwendung der in Artikel I-11 der Verfassung verankerten Grundsätze der Subsidiarität und der Verhältnismäßigkeit festzulegen und ein System zur Kontrolle der Anwendung dieser Grundsätze zu schaffen –

sind über folgende Bestimmungen übereingekommen, die dem Vertrag über eine Verfassung für Europa beigefügt sind:

Artikel 1

Jede Institution trägt stets für die Einhaltung der in Artikel I-11 der Verfassung niedergelegten Grundsätze der Subsidiarität und der Verhältnismäßigkeit Sorge.

Artikel 2

Die Kommission führt umfangreiche Anhörungen durch, bevor sie einen Europäischen Gesetzgebungsakt vorschlägt. Dabei ist gegebenenfalls der regionalen und lokalen Bedeutung der in Betracht gezogenen Maßnahmen Rechnung zu tragen. In außergewöhnlich dringenden Fällen führt die Kommission keine Konsultationen durch. Sie begründet dies in ihrem Vorschlag.

Artikel 3

Im Sinne dieses Protokolls bezeichnet „Entwurf eines Europäischen Gesetzgebungsaktes" die Vorschläge der Kommission, die Initiativen einer Gruppe von Mitgliedstaaten, die Initiativen des Europäischen Parlaments, die Anträge des Gerichtshofs, die Empfehlungen der

Europäischen Zentralbank und die Anträge der Europäischen Investitionsbank, die den Erlass eines Europäischen Gesetzgebungsaktes zum Ziel haben.

Artikel 4

Die Kommission leitet ihre Entwürfe für Europäische Gesetzgebungsakte und ihre geänderten Entwürfe den nationalen Parlamenten und dem Unionsgesetzgeber gleichzeitig zu.

Das Europäische Parlament leitet seine Entwürfe von Europäischen Gesetzgebungsakten sowie seine geänderten Entwürfe den nationalen Parlamenten zu.

Der Rat leitet die von einer Gruppe von Mitgliedstaaten, vom Gerichtshof, von der Europäischen Zentralbank oder von der Europäischen Investitionsbank vorgelegten Entwürfe von Europäischen Gesetzgebungsakten sowie die geänderten Entwürfe den nationalen Parlamenten zu.

Sobald das Europäische Parlament seine legislativen Entschließungen angenommen und der Rat seine Standpunkte festgelegt hat, leiten sie diese den nationalen Parlamenten zu.

Artikel 5

Die Entwürfe von Europäischen Gesetzgebungsakten werden im Hinblick auf die Grundsätze der Subsidiarität und der Verhältnismäßigkeit begründet. Jeder Entwurf eines Europäischen Gesetzgebungsakts sollte einen Vermerk mit detaillierten Angaben enthalten, die es ermöglichen zu beurteilen, ob die Grundsätze der Subsidiarität und der Verhältnismäßigkeit eingehalten wurden. Dieser Vermerk sollte Angaben zu den voraussichtlichen finanziellen Auswirkungen sowie im Fall eines Europäischen Rahmengesetzes zu den Auswirkungen auf die von den Mitgliedstaaten zu erlassenden Rechtsvorschriften, einschließlich gegebenenfalls der regionalen Rechtsvorschriften, enthalten. Die Feststellung, dass ein Ziel der Union besser auf Unionsebene erreicht werden kann, beruht auf qualitativen und, soweit möglich, quantitativen Kriterien. Die Entwürfe von Europäischen Gesetzgebungsakten berücksichtigen dabei, dass die finanzielle Belastung und der Verwaltungsaufwand der Union, der nationalen Regierungen, der regionalen und lokalen Behörden, der Wirtschaftsteilnehmer und der Bürgerinnen und Bürger so gering wie möglich gehalten werden und in einem angemessenen Verhältnis zu dem angestrebten Ziel stehen müssen.

Artikel 6

Die nationalen Parlamente oder die Kammern eines dieser Parlamente können binnen sechs Wochen nach dem Zeitpunkt der Übermittlung eines Entwurfs eines Europäischen Gesetzgebungsakts in einer begründeten Stellungnahme an die Präsidenten des Europäischen Parlaments, des Rates und der Kommission darlegen, weshalb der Entwurf ihres Erachtens nicht mit dem Subsidiaritätsprinzip vereinbar ist. Dabei obliegt es dem jeweiligen nationalen Parlament oder der jeweiligen Kammer eines nationalen Parlaments, gegebenenfalls die regionalen Parlamente mit Gesetzgebungsbefugnissen zu konsultieren.

Wird der Entwurf eines Europäischen Gesetzgebungsakts von einer Gruppe von Mitgliedstaaten vorgelegt, so übermittelt der Präsident des Rates die Stellungnahme den Regierungen dieser Mitgliedstaaten.

Wird der Entwurf eines Europäischen Gesetzgebungsakts vom Gerichtshof, von der Europäischen Zentralbank oder von der Europäischen Investitionsbank vorgelegt, so übermittelt der Präsident des Rates die Stellungnahme dem betreffenden Organ oder der betreffenden Einrichtung.

Artikel 7

Das Europäische Parlament, der Rat und die Kommission sowie gegebenenfalls die Gruppe von Mitgliedstaaten, der Gerichtshof, die Europäische Zentralbank und die Europäische Investitionsbank, sofern der Entwurf eines Gesetzgebungsakts von ihnen vorgelegt wurde, berücksichtigen die begründeten Stellungnahmen der nationalen Parlamente oder einer der Kammern eines dieser Parlamente.

Jedes nationale Parlament hat zwei Stimmen, die nach dem jeweiligen System des nationalen Parlaments aufgeteilt sind. In einem Zweikammersystem hat jede der beiden Kammern eine Stimme.

Erreicht die Anzahl der begründeten Stellungnahmen, wonach der Entwurf eines Europäischen Gesetzgebungsakts nicht mit dem Subsidiaritätsprinzip im Einklang steht, mindestens ein Drittel der Gesamtzahl der den nationalen Parlamenten nach Maßgabe des Absatzes 2 zugewiesenen Stimmen, so muss der Entwurf überprüft werden. Die Schwelle beträgt ein Viertel der Stimmen, wenn es sich um einen Entwurf eines Europäischen Gesetzgebungsakts auf der Grundlage von Artikel III-264 der Verfassung betreffend den Raum der Freiheit, der Sicherheit und des Rechts handelt.

Nach Abschluss der Überprüfung kann die Kommission oder gegebenenfalls die Gruppe von Mitgliedstaaten, das Europäischen Parlament, der Gerichtshof, die Europäische Zentralbank oder die Europäische Investitionsbank, sofern der Entwurf eines Europäischen Gesetzgebungsakts von ihnen vorgelegt wurde, beschließen, an dem Entwurf festzuhalten, ihn zu ändern oder ihn zurückzuziehen. Dieser Beschluss muss begründet werden.

Artikel 8

Der Gerichtshof der Europäischen Union ist für Klagen wegen Verstoßes eines Europäischen Gesetzgebungsakts gegen das Subsidiaritätsprinzip zuständig, die nach Maßgabe des Artikels III-365 der Verfassung von einem Mitgliedstaat erhoben oder entsprechend der jeweiligen innerstaatlichen Rechtsordnung von einem Mitgliedstaat im Namen seines nationalen Parlaments oder einer Kammer dieses Parlaments übermittelt werden.

Nach Maßgabe des genannten Artikels können entsprechende Klagen in Bezug auf Europäische Gesetzgebungsakte, für deren Erlass die Anhörung des Ausschusses der Regionen nach der Verfassung vorgeschrieben ist, auch vom Ausschuss der Regionen erhoben werden.

Artikel 9

Die Kommission legt dem Europäischen Rat, dem Europäischen Parlament, dem Rat und den nationalen Parlamenten jährlich einen Bericht über die Anwendung des Artikels I-11 der Verfassung vor. Dieser Jahresbericht wird auch dem Ausschuss der Regionen und dem Wirtschafts- und Sozialausschuss zugeleitet.

[...]

Quelle: Deutscher Bundestag, BT-Drs. 15/4900.

IV/3 Formale Veränderungen der EU-Organe durch Konvent und Regierungskonferenz (Übersicht)

	EGV/EUV auf dem Stand des Vertrags von Nizza	**Konventsentwurf**	**Endfassung der Regierungskonferenz**
Zusammensetzung des Europäischen Parlaments	• Maximal 732 Mitglieder, Zusammensetzung im Vertrag festgelegt (sechs bis 99 Mitglieder je Mitgliedstaat, Art. 189f. EGV). Durch Beitritt kann die Zahl von 732 Mitgliedern überschritten werden (Protokoll über die Erweiterung der Europäischen Union)	• Maximal 736 Mitglieder, mindestens vier je Mitgliedstaat (keine Höchstgrenze); einstimmiger Beschluss des ER mit Zustimmung und auf Vorschlag des EP zur Zusammensetzung bis 2009 (Art. I-19 Abs. 2 VVE-K)	• Maximal 750 Mitglieder, höchstens 96 Sitze je Mitgliedstaat, mindestens sechs; einstimmiger Beschluss des ER (bis 2009) mit Zustimmung und auf Initiative des EP legt Zusammensetzung fest (Art. I-20 Abs. 2 VVE in Verb. mit 34. Protokoll). Bis 2009 gilt bisherige Zusammensetzung (Malta 5, Deutschland 99, insgesamt 732 Abgeordnete)
Zusammensetzungen des Rates und Vorsitz	• Keine primärrechtliche Regelung zu einzelnen Ratsformationen (diese in der Geschäftsordnung des Rates, 2004/338/EG, dort Rat „Allgemeine Angelegenheiten und Außenbeziehungen“ erwähnt, weitere acht Formationen im Anhang festgelegt) • Rotation des Vorsitzes nach sechs Monaten, Reihenfolge durch einstimmigen Ratsbeschluss festgelegt (Art. 203 EGV)	• Die Ratsformationen „Allgemeine Angelegenheiten und Gesetzgebung“ sowie „Auswärtige Angelegenheiten“ werden eingerichtet; „Allgemeine Angelegenheiten“ zuständig für Vorbereitung der Tagungen des ER, als Gesetzgeber öffentliche Tagungen; weitere Zusammensetzungen durch Beschluss des ER • Vorsitz rotiert für einzelne Formationen unabhängig voneinander (höchstens einmal jährlich); Regeln dazu werden vom ER beschlossen; Vorsitz im Rat „Auswärtige Angelegenheiten“ durch Außenminister der Union (Art. I-23 VVE-K)	• Ratsformationen „Allgemeine Angelegenheiten“ und „Auswärtige Angelegenheiten“ erwähnt; kein Gesetzgebungsrat, aber Öffentlichkeit der Tagungen, wenn über Gesetzgebungsakte beraten wird; • Rotierender Vorsitz wird durch Beschluss des ER (mit qualifizierter Mehrheit) festgelegt; Vorsitz im Rat „Auswärtige Angelegenheiten“ durch Außenminister (Art. I-24 VVE); Entwurf für den Beschluss des ER sieht Beibehaltung der bisherigen halbjährlichen Rotation vor, eröffnet jedoch Optionen für Dreiergruppen von Mitgliedstaaten (Erklärung zu Art. I-24 Abs. 7)

Fortsetzung von IV/3

Definition der qualifizierten Mehrheit	• Dreifache Mehrheit (Mehrheit der Mitglieder, etwa 70 % der gewogenen Stimmen, je nach Mitgliederzahl, auf Antrag 62 % der Bevölkerung, Art. 205 EGV-N ab 1.1.2005)	• Doppelte Mehrheit (Mehrheit der Mitglieder und Repräsentation von drei Fünfteln der Bevölkerung, Art. I-24 VVE-K)	• Doppelte Mehrheit (55 % der Mitglieder, jedoch mindestens 15 Staaten, d. h. 60 % in der EU-25, 65 % der Bevölkerung; Sperrminorität bedarf vier Mitgliedstaaten, Art. I-25 VVE) • Bis Oktober 2009 wird Regelung des EGV angewandt, danach gilt für mindestens fünf Jahre, dass die Mitgliedstaaten versuchen, weiter zu verhandeln, wenn fast eine Sperrminorität erreicht ist (Erklärung zu Art. I-25, vgl. *Ioannina*-Kompromiss)
Zusammensetzung der Kommission	• Ein Mitglied je Mitgliedstaat; der Rat kann die Zahl einstimmig ändern (Art. 213 Abs. 1 EGV-N, seit 1.1.2005), nach dem Beitritt des 27. Mitgliedstaates ist die Zahl der Kommissare kleiner als die Zahl der Mitgliedstaaten (gilt für die dem Beitritt folgende Kommission), Rotationsverfahren und Zahl legt der Rat einstimmig fest	• Präsident, Außenminister und 13 Europäische Kommissare (ab 2009); • Der Europäische Rat beschließt ein Rotationssystem; nicht berücksichtigte Staaten haben Anspruch auf einen „Kommissar ohne Stimmrecht" (Art. I-25 VVE-K)	• Die erste (vermutlich 2009) nach In-Kraft-Treten des VVE ernannte Kommission besteht aus je einem Mitglied je Mitgliedstaat, danach (ab 2014) entspricht die Zahl der Mitglieder der Kommission zwei Drittel der Zahl der Mitgliedstaaten (der ER kann einstimmig davon abweichen), das Rotationsverfahren wird durch einstimmigen Beschluss des ER festgelegt

Quelle: Eigene Darstellung basierend auf dem EGV/EUV, dem Konventsentwurf (VVE-Konvent) und dem Verfassungsvertrag (VVE).

IV/4 Institutionelle Veränderungen der EU-Organe durch den Verfassungsvertrag (Übersicht)

Institution	Rechtliche Stellung und Aufgabenprofil	Zusammensetzung und Bestellung	Binnenorganisation und Verfahren
Europäischer Rat (alt: 4 EUV; neu: I-21; III-341)	Als Unionsorgan Teil des einheitlichen institutionellen Rahmens	Staats- und Regierungschefs, Präsident des Europäischen Rates, Außenminister der Union	• Tagt in der Regel viermal je Jahr • Konsensprinzip als Regel • Gibt sich eine Geschäftsordnung
Präsident des Europäischen Rates[a] (neu: I-22)	• Eigenes Amt • Keine gleichzeitige Ausübung eines einzelstaatlichen Amtes	Wahl für zweieinhalb Jahre durch den Europäischen Rat	*Keine wesentlichen Veränderungen*
Europäisches Parlament (alt: 189–201 EGV; neu: I-20, III-330–342)	Mitentscheidungsverfahren als Regel	Maximal 750 Abgeordnete	*Keine wesentlichen Veränderungen*
Ministerrat (alt: 202–210 EGV; neu I-23–25, III-342–346)	*Keine wesentlichen Veränderungen*	*Keine wesentlichen Veränderungen*	• Gesetzgebungsakte werden öffentlich beraten und beschlossen • Vorsitz im Rat „Auswärtige Angelegenheiten“ durch Außenminister der Union[b] • Qualifizierte Mehrheit: 55 % der Mitglieder (mindestens 15 Staaten), die 65 % der Bevölkerung repräsentieren
Außenminister der Union[a] (neu: I-28)	• Neues Amt • Vertritt den Rat „Auswärtige Angelegenheiten“, zugleich Mitglied und Vizepräsident der Kommission	• Vom Europäischen Rat gewählt • Zustimmung des Kommissionspräsidenten erforderlich	Nur bei Wahrnehmung von Kommissionszuständigkeiten an deren Verfahren gebunden

Fortsetzung von IV/4

Institution	Rechtliche Stellung und Aufgabenprofil	Zusammensetzung und Bestellung	Binnenorganisation und Verfahren
Kommission (alt: 211–219 EGV; neu: I-26 und 27, III-347–352)	*Keine wesentlichen Veränderungen*	• Die Zahl der Mitglieder soll zwei Drittel der Zahl der Mitgliedstaaten entsprechen • Der Europäische Rat berücksichtigt beim Vorschlag des Präsidenten die Wahlergebnisse zum Parlament; dieses wählt ihn	Präsident legt Leitlinien fest

Quelle: Eigene Darstellung basierend auf *Grotz, F./Somoza, A.*: The Constitutional Convention: Processes and Outcomes, Manuskript, Berlin, 2005 und ZSE-Redaktion: Der „EU-Verfassungskonvent“: Auftrag, Arbeitsweise, Ergebnisse, in: ZSE, 1/3 (2003), 447–473.
Anmerkungen: Der EuGH fehlt in der Aufzählung, da er keine wesentlichen Veränderungen erfährt. [a] Keine eigene Einrichtung, aber als neues Amt erwähnt. [b] Der Vorsitz in den anderen Ratszusammensetzungen rotiert. [c] Die erste Kommission nach In-Kraft-Treten des Vertrages weist ein Mitglied je Mitgliedstaat aus. Der Europäische Rat kann von der Zwei-Drittel-Regel abweichen.

IV/5 Haushaltsverfahren: Vertrag von Nizza, Konventsentwurf und Verfassungsvertrag im Vergleich*

a.) Verfahren nach Art. 272 EGV

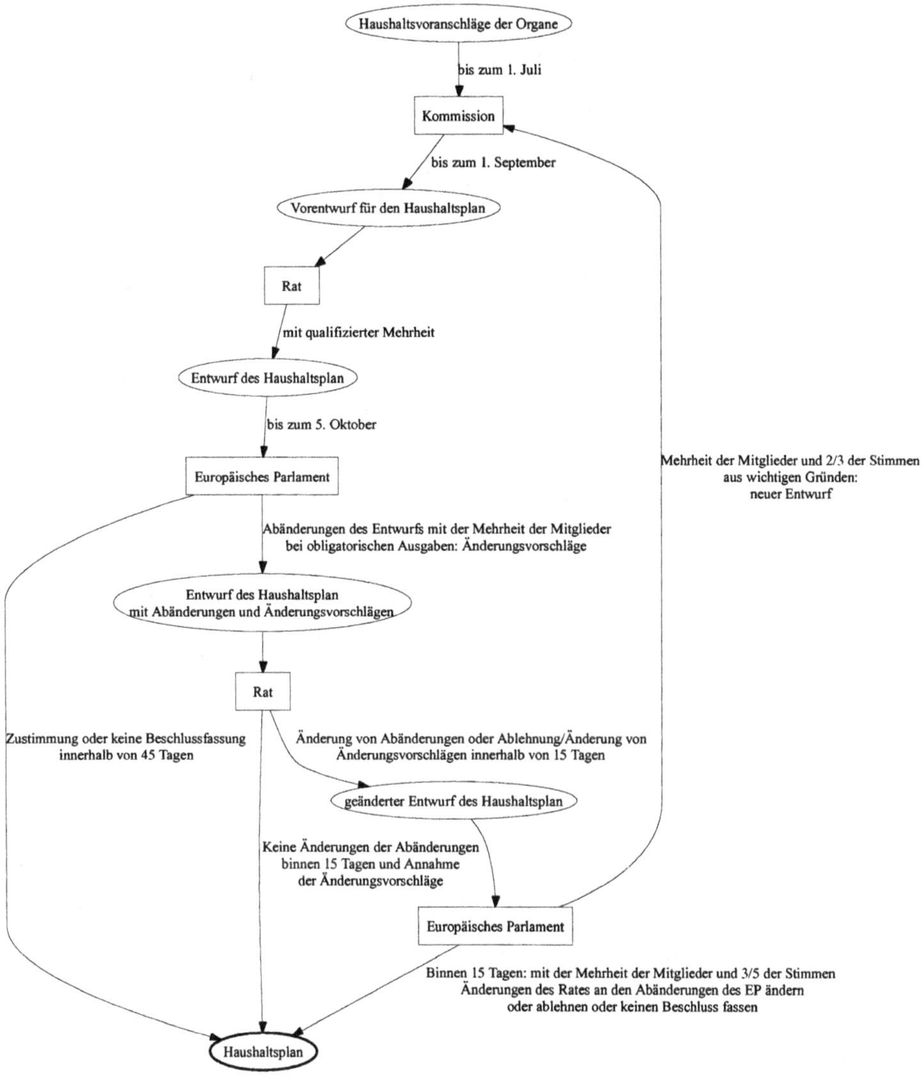

Quelle: Eigene Darstellung basierend auf dem EGV.

* Die folgenden Darstellungen können die dem Haushaltsverfahren inhärente Komplexität nicht vollständig wiedergeben. Vgl. hierzu die jeweiligen Artikel im Vertrag.

b.) Verfahren nach Art. III-310 VVE-Konvent

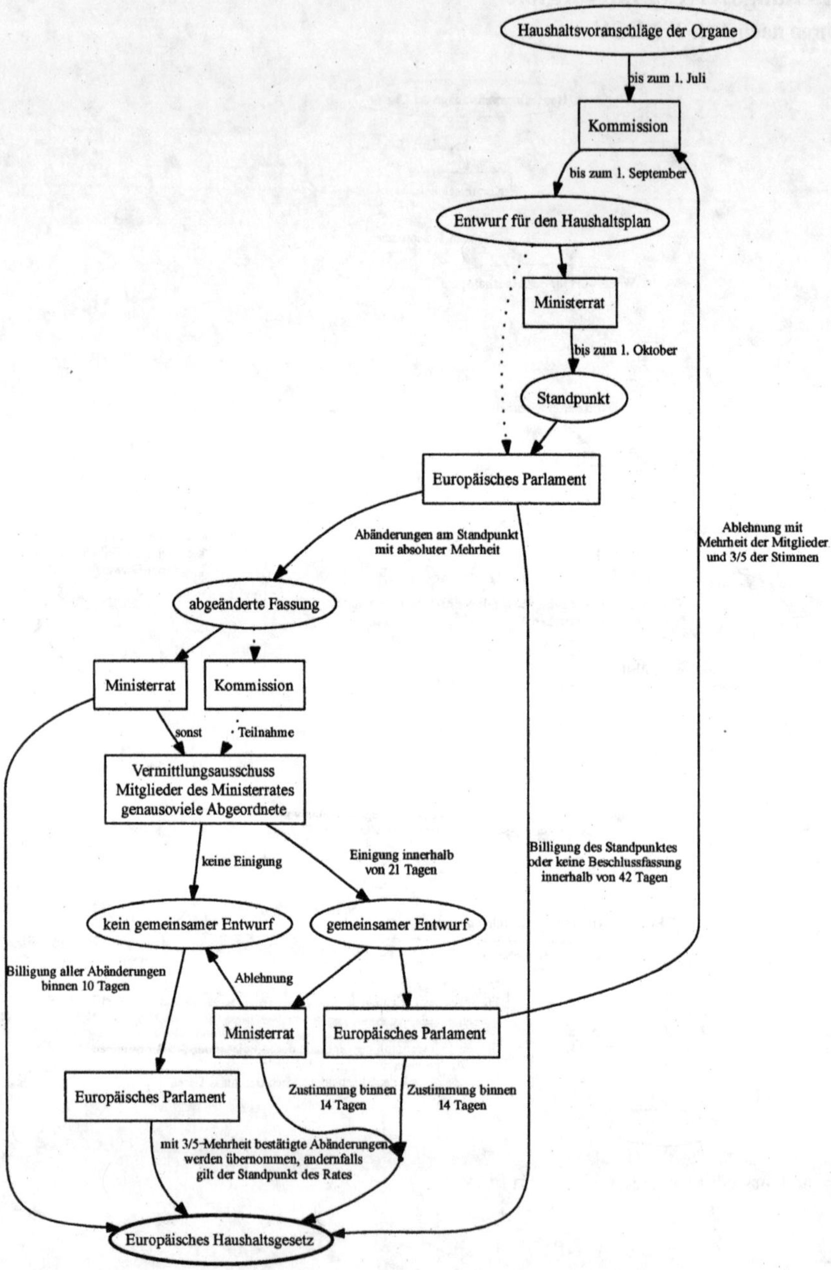

Quelle: Eigene Darstellung basierend auf dem Verfassungsvertragsentwurf.

c.) Verfahren nach Art. III-404 VVE

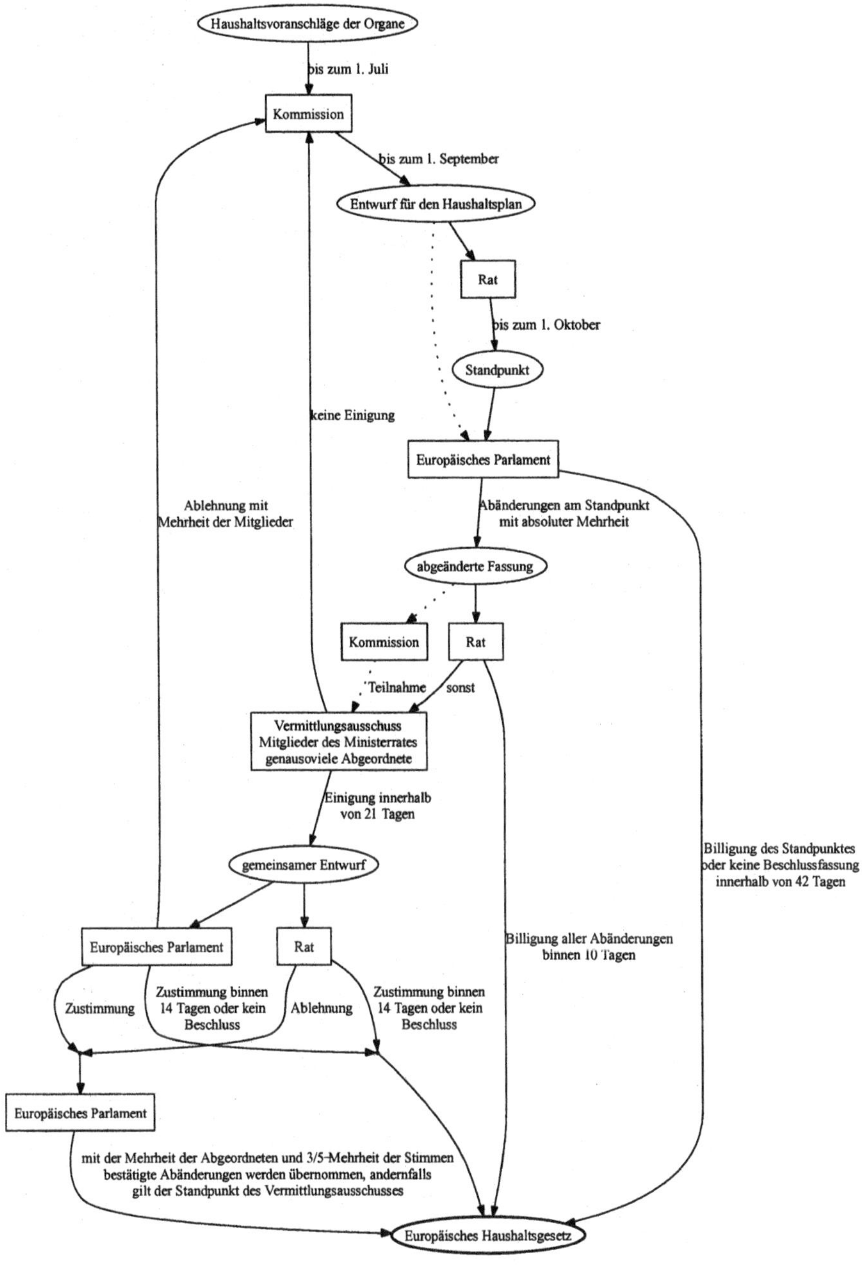

Quelle: Eigene Darstellung basierend auf dem Verfassungsvertrag.

IV/6 Politikbereiche: Veränderungen durch den Verfassungsvertrag (Übersicht)

<table>
<tr><th rowspan="2">Umfang der Veränderung</th><th colspan="2">Typ der Veränderung</th></tr>
<tr><th>Inhaltsbezogen</th><th>Verfahrensbezogen</th></tr>
<tr><td>(Weitgehend) unveränderte Politikbereiche</td><td colspan="2">• Binnenmarkt (für Ausnahmen siehe unten)
• Wirtschafts- und Währungspolitik (abgesehen von Bestimmungen für die Euro-Gruppe)
• Andere interne Politikbereiche: Verbraucherschutz; Umwelt; Landwirtschaft und Fischerei; Wirtschaftlicher, sozialer und territorialer Zusammenhalt; Beschäftigung; Transeuropäische Netze
• Auswärtiges Handeln: Assoziierung der überseeischen Gebiete; Außenhandelspolitik; Zusammenarbeit mit Drittländern und internationalen Organisationen</td></tr>
<tr><td>Politikbereiche mit kleineren prozeduralen und/oder materiellen Veränderungen</td><td>• Hinzufügen von Politikzielen: Allgemeine Bildung, Jugend, Sport und berufliche Bildung (III-282); Justizielle Zusammenarbeit in Strafsachen (III-270)[b]
• Primärrechtlicher Nachvollzug der sekundärrechtlichen Entwicklung: Justizielle Kooperation in Zivilsachen (III-269)[c]; Eurojust (III-273)[c]; Tourismus (III-281)[d]; Katastrophenschutz (III-284); Verwaltungszusammenarbeit (III-285)
• Andere Veränderungen: Zusammenarbeit im Zollwesen (schließt Strafrecht nicht mehr aus, III-152); Verstärkte Zusammenarbeit kann umfassender angewendet werden (gilt für GASP, I-44 und III-416–423)[k]</td><td>• Einführung der qualifizierten Mehrheitsentscheidung: Kultur (III-280); Raumfahrt (III-254); Energie (III-256); Verkehr (III-236 und 245); diplomatischer und konsularischer Schutz (III-127); entfallene Ausnahmen: Aufnahme und Ausübung selbständiger Tätigkeiten (III-141) und finanzieller Beistand in Notfällen (III-180)[e]
• Besondere Abstimmungsverfahren: Wirtschaftspolitik (ein die wirtschaftlichen Richtlinien verletzender Mitgliedstaat verliert Stimmrecht, III-179 Abs. 4); Geistige Eigentumsrechte (Sprachregelungen werden einstimmig beschlossen, III-176)[f]; Systeme sozialer Sicherheit (III-136)[g]; Europäischer Rat kann Anwendungsbereich der QME in der GASP einstimmig ausweiten (III-300); WWU (Bestimmungen für die Euro-Gruppe, III-194–196)
• Offene Methode der Koordinierung[i]: Sozialpolitik (III-213); Forschung, technologische Entwicklung und Raumfahrt (III-250); Öffentliche Gesundheit (III-278); Industrie (III-279)</td></tr>
</table>

Fortsetzung von IV/6

Umfang der Veränderung	**Typ der Veränderung**	
	Inhaltsbezogen	**Verfahrensbezogen**
Politikbereiche mit (potenziell[a]) weit reichenden Änderungen	• *Raum der Freiheit, der Sicherheit und des Rechts*[h]: Einheitlicher Asylstatus (III-266); Festlegung von Straftaten und Strafen (III-271)[c]; Europäische Staatsanwaltschaft (III-274); operative Maßnahmen der polizeilichen Zusammenarbeit (III-276)[c] • *Gemeinsame Außen- und Sicherheitspolitik:* Außenminister der Union (vgl. Tabelle X); Europäische Verteidigungsagentur (III-311); Finanzierung von Aktivitäten in der GASP leichter verfügbar (III-313)[c j]	• *Gemeinsame Sicherheits- und Verteidigungspolitik:* Ständige Strukturierte Zusammenarbeit (I-41 Abs. 6 und III-312)[l]

Quelle: Eigene Darstellung basierend auf *Grotz, F./Somoza, A.*: The Constitutional Convention: Processes and Outcomes, Manuskript, Berlin, 2005 – vereinfacht. Details zum Raum der Freiheit, der Sicherheit und des Rechts finden sich bei *Monar, J.*: Der Raum der Freiheit, der Sicherheit und des Rechts im Verfassungsentwurf des Konvents, in: Integration, 26/4 (2003), 536–549.
Anmerkungen: [a] Obwohl formale Veränderungen in den erwähnten Bereichen teilweise umfangreich sind, hängt ihre Wirkung vom Willen der nationalen Regierungen ab, von diesen Möglichkeiten Gebrauch zu machen. [b] Maßnahmen um die genannten Ziele zu erreichen sind bereits auf der Grundlage des EGV erlassen worden. [c] Nur einzelne Bestimmungen im zitierten Artikel sind neu. [d] Politikfeld wurde von der Regierungskonferenz eingeführt. [e] Außerdem werden einige Formen der polizeilichen Zusammenarbeit (z. B. Datensammlung und -austausch) mit qualifizierter Mehrheit beschlossen (III-275). [f] Der einzige Fall, in dem der Verfassungsvertrag die Einstimmigkeit wieder einführt. [g] Teil des freien Verkehrs von Personen und Dienstleistungen im Binnenmarkt. Die Systeme sozialer Sicherheit sind nicht mehr durch Einstimmigkeit geschützt, sondern dadurch, dass ein Gesetzesvorhaben an den Europäischen Rat weitergeleitet wird, der im Konsens entscheidet. [h] Grundsätzlich festgelegt in den Art. III-257–277. Zu den bedeutsamen Veränderungen zählen die Einführung einer Ergebnisevaluation durch die Mitgliedstaaten (III-260), einer Verwaltungszusammenarbeit (III-263) und die Schaffung von Möglichkeiten für die Union, Maßnahmen der Mitgliedstaaten zur Verbesserung der Integration (III-267) und zur Verbrechensvorbeugung (III-272) zu unterstützen. Die Binnenmarktbestimmungen zum Kapital- und Zahlungsverkehr erlauben es der Union, Maßnahmen zur Verhütung und Bekämpfung des Terrorismus und verbundener Aktivitäten zu entwickeln (III-160). [i] Der Verfassungsvertrag erlaubt es der Kommission in den benannten Bereichen, „im Wege von Initiativen, die darauf abzielen, Leitlinien und Indikatoren festzulegen, den Austausch bewährter Verfahren durchzuführen und die erforderlichen Elemente für eine regelmäßige Überwachung und Bewertung auszuarbeiten". Die entsprechenden Bestimmungen des EGV erlauben der Kommission nur, alle Initiativen zu ergreifen, „die dieser Koordinierung förderlich sind". [j] Die Ziele für das auswärtige Handeln der Union sind im VVE deutlich umfangreicher (III-292 im Vergleich zu Art. 3 und 11 Abs. 1 EUV). [k] Im EUV ist die Verstärkte Zusammenarbeit im Bereich der Gemeinsamen Sicherheits- und Verteidigungspolitik auf die „Durchführung einer gemeinsamen Aktion oder die Umsetzung eines gemeinsamen Standpunkts" begrenzt (Art. 27b EUV-N). Der VVE begrenzt den Anwendungsbereich der Verstärkten Zusammenarbeit nicht mehr. [l] Verstärkte Zusammenarbeit ist jetzt auch in Verteidigungsangelegenheiten möglich.

IV/7 Konkordanz zwischen EGV/EUV, Konventsentwurf und Verfassungsvertrag*

Artikelnummer			
RK	**CONV**	**basiert auf**[a]	**Bemerkung(en)**[a]
Teil I			
Titel I: Definition und Ziele der Union			
I-1	I-1	*neu*	
I-2	I-2	*6 (1) EUV, vgl. 2 EGV*	
I-3	I-3	*neu*	
I-4	I-4	*12 EGV*	(2) in Verbindung mit III-7
I-5	I-5	*5 EGV*	
I-6	I-5 a	I-10 (1)	
I-7	I-6	*neu*	
I-8	I-6 a	IV-1	
Titel II: Grundrechte und Unionsbürgerschaft			
I-9	I-7	*neu*	s. III-227
I-10	I-8	*17, 18 (1), 19–21 EGV*	
Titel III: Die Zuständigkeiten der Union			
I-11	I-9	*neu*	
I-12	I-11	*neu*	
I-13	I-12	*neu*	
I-14	I-13	*neu*	
I-15	I-14	*neu*	
I-16	I-15	*neu*	
I-17	I-16	*neu*	
I-18	I-17	*308 EGV*	
Titel IV: Die Organe und Einrichtungen der Union			
Kapitel I: Institutioneller Rahmen			
I-19	I-18	*7 (1) EGV*	
I-20	I-19	*189 EGV*	
I-21	I-20	*4 EUV*	
I-22	I-21	*neu*	

* In der folgenden Tabelle sind die Veränderungen in der Nummerierung der Artikel wiedergegeben. In den einzelnen Zeilen werden jeweils einer endgültigen Artikelnummer (der Regierungskonferenz, RK) eine Nummer des Konventsentwurfs (CONV) und, sofern möglich, ein oder mehrere Artikel aus den Vorgängerverträgen zugeordnet. Abkürzungen und Quellenangaben am Ende der Tabelle.

[a] Die Artikelnummern in den Spalten 2–4 beziehen sich auf den Konventsentwurf. Absätze eines Artikels werden durch eine in Klammern gesetzte Zahl bezeichnet. Dokumente des Konvents werden durch ein vorangestelltes CONV zitiert, solche der Regierungskonferenz durch CIG. Die Seitenzahl folgt nach einem Doppelpunkt. Kursiv gedruckte Verweise in der Spalte „basiert auf" unterscheiden sich von den Angaben in der zitierten Bundestagsdrucksache. Bemerkungen enthalten Hinweise auf Veränderungen durch die Regierungskonferenz (als solche gekennzeichnet, außer Umnummerierungen) und auf Veränderungen zwischen EGV und VVE. Nicht-substanzielle Veränderungen wurden vernachlässigt.

Fortsetzung von IV/7

Artikelnummer			
RK	**CONV**	**basiert auf**[a]	**Bemerkung(en)**[a]
I-23	I-22	*neu*	
I-24	I-23	*neu*	(4): Ratsformationen durch Beschluss ER mit QME; bislang GO Rat; (6): Rotation des Vorsitzes ER-Beschluss mit QME, bisher einstimmig vom Rat (203 EGV)
I-25	I-24	*neu*	
I-26	I-25	*neu*	
I-27	I-26	*neu*	
I-28	I-27	*neu*	
I-29	I-28	*neu*	
Kapitel II: Die sonstigen Organe und die beratenden Einrichtungen der Union			
I-30	I-29	*neu*	
I-31	I-30	*246, 247 (1, 4), 248 (1, 2) EGV (Auszüge)*	
I-32	I-31	*7 (2), 257, 258 (3), 263 (1, 5) EGV*	(5): Änderung der Bestimmung über Zusammensetzung des AdR und des WSA
Titel V: Ausübung der Zuständigkeiten der Union			
Kapitel I: Gemeinsame Bestimmungen			
I-33	I-32	*249 EGV*	
I-34	I-33	*neu*	
I-35	I-34	*neu*	
I-36	I-35	*neu*	
I-37	I-36	*neu*	(3): Modalitäten für die Kontrolle von Durchführungsbefugnissen (bisher Einstimmigkeit im Rat, Stellungnahme EP, vgl. 202 EGV)
I-38	I-37	*neu*	
I-39	I-38	*254 EGV*	
Kapitel II: Besondere Bestimmungen			
I-40	I-39	*neu*	
I-41	I-40	*neu*	
I-42	I-41	*neu*	
I-43	I-42	*neu*	
Kapitel III: Die verstärkte Zusammenarbeit			
I-44	I-43	*neu*	
Titel VI: Das demokratische Leben der Union			
I-45	I-44	*neu*	
I-46	I-45	*neu*	
I-47	I-46	*neu*	ordentliches Gesetzgebungsverfahren für Modalitäten des Bürgerbegehrens
I-48	I-47	*neu*	
I-49	I-48	*neu*	
I-50	I-49	u.a. *255 EGV*	

Fortsetzung von IV/7

Artikelnummer			
RK	**CONV**	**basiert auf**[a]	**Bemerkung(en)**[a]
I-51	I-50	*neu*	
I-52	I-51	*neu*	
Titel VII: Die Finanzen der Union			
I-53	I-52	*neu*	
I-54	I-53	269 EGV	(4): Durchführungsmaßnahmen jetzt durch Gesetz des Rates mit Zustimmung EP
I-55	I-54	*neu*	bislang interinstitutionelle Vereinbarung
I-56	I-55	*neu*	
Titel VIII: Die Union und ihre Nachbarn			
I-57	I-56	*neu*	
Titel IX: Zugehörigkeit zur Union			
I-58	I-57	*neu*	
I-59	I-58	*7 EUV*	
I-60	I-59	*neu*	
Teil II: Die Charta der Grundrechte der Union			
Titel I: Die Würde des Menschen			
II-61	II-1	Art. 1 ChGR	
II-62	II-2	Art. 2 ChGR	
II-63	II-3	Art. 3 ChGR	
II-64	II-4	Art. 4 ChGR	
II-65	II-5	Art. 5 ChGR	
Titel II: Freiheiten			
II-66	II-6	Art. 6 ChGR	
II-67	II-7	Art. 7 ChGR	
II-68	II-8	Art. 8 ChGR	
II-69	II-9	Art. 9 ChGR	
II-70	II-10	Art. 10 ChGR	
II-71	II-11	Art. 11 ChGR	
II-72	II-12	Art. 12 ChGR	
II-73	II-13	Art. 13 ChGR	
II-74	II-14	Art. 14 ChGR	
II-75	II-15	Art. 15 ChGR	
II-76	II-16	Art. 16 ChGR	
II-77	II-17	Art. 17 ChGR	
II-78	II-18	Art. 18 ChGR	
II-79	II-19	Art. 19 ChGR	
Titel III: Gleichheit			
II-80	II-20	Art. 20 ChGR	
II-81	II-21	Art. 21 ChGR	
II-82	II-22	Art. 22 ChGR	
II-83	II-23	Art. 23 ChGR	

Fortsetzung von IV/7

Artikelnummer			
RK	**CONV**	**basiert auf**[a]	**Bemerkung(en)**[a]
II-84	II-24	Art. 24 ChGR	
II-85	II-25	Art. 25 ChGR	
II-86	II-26	Art. 26 ChGR	
Titel IV: Solidarität			
II-87	II-27	Art. 27 ChGR	
II-88	II-28	Art. 28 ChGR	
II-89	II-29	Art. 29 ChGR	
II-90	II-30	Art. 30 ChGR	
II-91	II-31	Art. 31 ChGR	
II-92	II-32	Art. 32 ChGR	
II-93	II-33	Art. 33 ChGR	
II-94	II-34	Art. 34 ChGR	
II-95	II-35	Art. 35 ChGR	
II-96	II-36	Art. 36 ChGR	
II-97	II-37	Art. 37 ChGR	
II-98	II-38	Art. 38 ChGR	
Titel V: Bürgerrechte			
II-99	II-39	Art. 39 ChGR	
II-100	II-40	Art. 40 ChGR	
II-101	II-41	Art. 41 ChGR	
II-102	II-42	Art. 42 ChGR	
II-103	II-43	Art. 43 ChGR	
II-104	II-44	Art. 44 ChGR	
II-105	II-45	Art. 45 ChGR	
II-106	II-46	Art. 46 ChGR	
Titel VI: Justizielle Rechte			
II-107	II-47	Art. 47 ChGR	
II-108	II-48	Art. 48 ChGR	
II-109	II-49	Art. 49 ChGR	
II-110	II-50	Art. 50 ChGR	
Titel VII: Allgemeine Bestimmungen über die Auslegung und Anwendung der Charta			
II-111	II-51	Art. 51 ChGR	
II-112	II-52	Art. 52 ChGR	
II-113	II-53	Art. 53 ChGR	
II-114	II-54	Art. 54 ChGR	
Teil III: Die Politikbereiche und die Arbeitsweise der Union			
Titel I: Allgemein anwendbare Bestimmungen			
III-115	III-1	*neu*	
III-116	III-2	3 (2) EGV	
III-117	III-2 a	neu, CIG 81/04: DE49	
III-118	III-3	neu	

Fortsetzung von IV/7

Artikelnummer			
RK	**CONV**	**basiert auf**[a]	**Bemerkung(en)**[a]
III-119	III-4	6 EGV	
III-120	III-5	153 (2) EGV	
III-121	(III-5 a)	*neu*	Tierschutz aus Protokoll zum Amsterdamer Vertrag eingefügt (RK)
III-122	III-6	16 EGV, CIG 81/04: DE69	Daseinsvorsorge im ordentlichen Gesetzgebungsverfahren (neu), Veränderungen durch RK
Titel II: Nichtdiskriminierung und Unionsbürgerschaft			
III-123	III-7	12 EGV	
III-124	III-8	13 EGV	
III-125	III-9	18 *(2)* EGV	
III-126	III-10	19 EGV	
III-127	III-11	20 EGV	Gesetz des Rates zu *Maßnahmen* zur Erleichterung des diplomatischen und konsularischen Schutzes
III-128	III-12	21 EGV	
III-129	III-13	22 EGV	
Titel III: Interne Politikbereiche und Maßnahmen			
Kapitel I: Binnenmarkt			
Abschnitt 1: Verwirklichung und Funktionieren des Binnenmarktes			
III-130	III-14/15	14, 15 EGV	RK hat Art. 15 als Abs. 4 an Art. 14 angefügt.
III-131	III-16	297 EGV	
III-132	III-17	298 EGV	
Abschnitt 2: Freizügigkeit und freier Dienstleistungsverkehr			
III-133	III-18	39 EGV	
III-134	III-19	40 EGV	
III-135	III-20	41 EGV	
III-136	III-21	42 EGV	Gesetzgebungsverfahren, mit „Notbremsemechanismus" (letzterer durch RK eingefügt)
III-137	III-22	43 EGV	
III-138	III-23	44 EGV	
III-139	III-24	45 EGV	
III-140	III-25	46 EGV	
III-141	III-26	47 EGV	Gesetzgebungsverfahren
III-142	III-27	48 EGV	
III-143	III-28	294 EGV	
III-144	III-29	49 EGV	
III-145	III-30	50 EGV	
III-146	III-31	51 EGV	
III-147	III-32	52 EGV	
III-148	III-33	53 EGV	

Fortsetzung von IV/7

Artikelnummer			
RK	**CONV**	**basiert auf**[a]	**Bemerkung(en)**[a]
III-149	III-34	54 EGV	
III-150	III-35	55 EGV	
Abschnitt 3: Freier Warenverkehr			
III-151	III-36/37/ 38/39/40	23–27 EGV	RK hat Artikel zusammengefasst.
III-152	III-41	135 EGV	
III-153	III-42	28, 29 EGV	
III-154	III-43	30 EGV	
III-155	III-44	31 EGV	
Abschnitt 4: Der Kapital- und Zahlungsverkehr			
III-156	III-45	56 *(1, 2)* EGV	
III-157	III-46	57 EGV	
III-158	III-47	58 EGV	
III-159	III-48	59 EGV	
III-160	III-49	60 EGV	Maßnahmen neu, ordentliches Gesetzgebungsverfahren
Abschnitt 5: Wettbewerbsregeln			
III-161	III-50	81 EGV	
III-162	III-51	82 EGV	
III-163	III-52	83 EGV	
III-164	III-53	84 EGV	
III-165	III-54	85 EGV	
III-166	III-55	86 EGV	
III-167	III-56	87 EGV	
III-168	III-57	88 EGV	
III-169	III-58	89 EGV	
Abschnitt 6: Steuerliche Vorschriften			
III-170	III-59/60/ 61	90–92 EGV	RK hat Artikel zusammengefasst.
III-171	III-62	93 EGV	RK hat vom Konvent hinzugefügten (2) gestrichen.
	III-63	*neu*	von RK gestrichen
Abschnitt 7: Gemeinsame Bestimmungen			
	III-64	94 EGV	von RK als III-65 a eingefügt
III-172	III-65	95 EGV	
III-173	III-65 a	III-64	
III-174	III-66	96 EGV	
III-175	III-67	97 EGV	
III-176	III-68	*neu*	Gesetzgebungsverfahren (bisher 308 EGV)
Kapitel II: Wirtschafts- und Währungspolitik			
III-177	III-69	4 EGV	
Abschnitt 1: Die Wirtschaftspolitik			
III-178	III-70	98 EGV	

Fortsetzung von IV/7

Artikelnummer			
RK	**CONV**	**basiert auf**[a]	**Bemerkung(en)**[a]
III-179	III-71	99 EGV	
III-180	III-72	100 EGV	
III-181	III-73	101 EGV	
III-182	III-74	102 EGV	
III-183	III-75	103 EGV	
III-184	III-76	104 EGV	
Abschnitt 2: Die Währungspolitik			
III-185	III-77	105 EGV	
III-186	III-78	106 EGV	
III-187	III-79	107 EGV	(3): Gesetzgebungsverfahren (bislang Einstimmigkeit bei Vorschlag der Kommission)
III-188	III-80	108 EGV	
III-189	III-81	109 EGV	
III-190	III-82	110 EGV	
III-191	III-83	123 (4) EGV	
Abschnitt 3: Institutionelle Bestimmungen			
	III-84	112 EGV	QME im ER; von RK als III-289 a eingefügt
	III-85	113 EGV	von RK als III-289 b eingefügt
III-192	III-86	114 (2–4) EGV	
III-193	III-87	115 EGV	
Abschnitt 4: Besondere Bestimmungen für die Mitgliedstaaten, deren Währung der Euro ist			
III-194	III-88	*neu*	
III-195	III-89	*neu*	
III-196	III-90	*neu*	
Abschnitt 5: Übergangsbestimmungen			
III-197	III-91	122 (1, 3–5) EGV	
III-198	III-92	121 (1), 122 (2), 123 (5) EGV	
III-199	III-93	123 (3), 117 (2) EGV	
III-200	III-94	124 (1) EGV	
III-201	III-95	119 EGV	
III-202	III-96	120 EGV	
Kapitel III: Die Politik in anderen Bereichen			
Abschnitt 1: Beschäftigung			
III-203	III-97	125 EGV	
III-204	III-98	126 EGV	
III-205	III-99	127 EGV	
III-206	III-100	128 EGV	
III-207	III-101	129 EGV	
III-208	III-102	130 EGV	
Abschnitt 2: Sozialpolitik			
III-209	III-103	136 EGV	

Fortsetzung von IV/7

Artikelnummer			
RK	**CONV**	**basiert auf**[a]	**Bemerkung(en)**[a]
III-210	III-104	137 EGV	
III-211	III-105	138 EGV	
III-212	III-106	139 EGV	Unterrichtung EP
III-213	III-107	140 EGV	
III-214	III-108	141 EGV	
III-215	III-109	142 EGV	
III-216	III-110	143 EGV	
III-217	III-111	144 EGV	
III-218	III-112	145 EGV	
III-219	III-113/ 114/115	146–148 EGV	RK hat Artikel zusammengefasst.
Abschnitt 3: Wirtschaftlicher, sozialer und territorialer Zusammenhalt			
III-220	III-116	158 EGV	RK hat Absatz angefügt.
III-221	III-117	159 EGV	
III-222	III-118	160 EGV	
III-223	III-119	161 EGV	RK hat (2) angefügt.
III-224	III-120	162 EGV	
Abschnitt 4: Landwirtschaft und Fischerei			
III-225	III-121	*3 (1) lit. e,* 32 (1) Satz 2 EGV	
III-226	III-122	32 (1) Satz 1, (2–4) EGV	
III-227	III-123	33 EGV	
III-228	III-124	34 EGV	
III-229	III-125	35 EGV	
III-230	III-126	36 EGV	
III-231	III-127	37 EGV	37 (1) EGV ist gegenstandslos – gestrichen.
III-232	III-128	38 EGV	
Abschnitt 5: Umwelt			
III-233	III-129	174 EGV	
III-234	III-130/131	175, 176 EGV	RK hat Artikel zusammengefasst.
Abschnitt 6: Verbraucherschutz			
III-235	III-132	153 EGV	
Abschnitt 7: Verkehr			
III-236	III-133/134	70, 71 *(1)* EGV	71 (2) EGV enthielt Bedingungen für Einstimmigkeit.
III-237	III-135	72 EGV	
III-238	III-136	73 EGV	
III-239	III-137	74 EGV	
III-240	III-138	75 EGV	
III-241	III-139	76 EGV	
III-242	III-140	77 EGV	
III-243	III-141	78 EGV	

Fortsetzung von IV/7

Artikelnummer			
RK	**CONV**	**basiert auf**[a]	**Bemerkung(en)**[a]
III-244	III-142	79 EGV	
III-245	III-143	80 EGV	Wegfall Einstimmigkeit, da Verfahren nach 71 EGV angewendet wird
Abschnitt 8: Transeuropäische Netze			
III-246	III-144	154 EGV	
III-247	III-145	155, 156 EGV	
Abschnitt 9: Forschung, technologische Entwicklung und Raumfahrt			
III-248	III-146	163 EGV	
III-249	III-147	164 EGV	
III-250	III-148	165 EGV	
III-251	III-149	166 EGV	
III-252	III-150/151/152/153	167–170, 172 (2) EGV	RK hat Artikel zusammengefasst.
III-253	III-154	171, 172 (1) EGV	
III-254	III-155	*neu*	
III-255	III-156	173 EGV	
Abschnitt 10: Energie			
III-256	III-157	*neu*	bislang Maßnahmen nach 95, 175 oder 308 EGV; vgl. Entscheidung des Rates vom 14. 12. 1998 über ein mehrjähriges Rahmenprogramm für Maßnahmen im Energiesektor (1998–2002) und flankierende Maßnahmen (1999/21/EG), ABl. L 7/1999 vom 13. 1. 1999, S. 16
Kapitel IV: Raum der Freiheit, der Sicherheit und des Rechts			
Abschnitt 1: Allgemeine Bestimmungen			
III-257	III-158	29 EUV, 61 EGV	29 (1) EUV in (1) und (3) aufgeteilt; (2) sieht eine gemeinsame Politik (neu, statt Maßnahmen) in den Bereichen Asyl, Einwanderung und Kontrollen an den Außengrenzen vor; (4) entspricht 61 lit. c EGV ohne die juristische Präzision
III-258	III-159	*neu*	strategische Leitlinien durch den ER
III-259	III-160	*neu*	Anwendung des Subsidiaritätsprinzips auf Abschnitte 4 und 5 (ergibt sich bereits aus I-9 (3)).
III-260	III-161	*neu*	gemeinsame Bewertung
III-261	III-162	36 *(1)* EUV	Weniger präzise in der Formulierung, Kommissionsbeteiligung in 36 (2) EUV entfallen.
III-262	III-163	33 EUV, 64 *(1)* EGV	
III-263	III-164	66 EGV	Europäische Verordnungen zur Verwaltungszusammenarbeit RSFR

Fortsetzung von IV/7

Artikelnummer			
RK	**CONV**	**basiert auf**[a]	**Bemerkung(en)**[a]
III-264	III-165	*neu/67 EGV*	Initiativrecht für Mitgliedstaaten dort (EGV-N) vorgesehen, auch Einstimmigkeit, mit komplizierten Übergangsregeln
Abschnitt 2: Politik betreffend Grenzkontrollen, Asyl und Einwanderung			
III-265	III-166	62 EGV	EGV-A sah teilweise bereits Übergangsfristen zur QME vor, neu: Politik statt Maßnahmen, integriertes Grenzschutzsystem ist dem Aktionsplan des ER von Sevilla 2002 (Dokument Nr. 10019/02) entnommen (hierfür QME neu).
III-266	III-167	63 (1, 2), 64 (2) EGV	neu: gemeinsame Politik, aber vgl. ER Tampere Oktober 1999; statt Mindestnormen ein „einheitlicher Status" (Asyl)[b]
III-267	III-168	63 (3, 4) EGV	neu: Maßnahmen gegen illegale Einwanderung; Rückführungsabkommen (*ex-post*-Legitimation); *unterstützende* Maßnahmen zur Integration; Arbeitsmigration bleibt national
III-268	III-169	*neu*	(finanzielle) Solidarität
Abschnitt 3: Justizielle Zusammenarbeit in Zivilsachen			
III-269	III-170	65 EGV	ex post Legitimation von lit. e, g und h[b]
Abschnitt 4: Justizielle Zusammenarbeit in Strafsachen			
III-270	III-171	31 (1) EUV	acht neue Einzelziele; Einschränkungen durch RK (Vetorecht für ER)
III-271	III-172	31 (1) lit. e) EUV	Liste erheblich erweitert und erweiterbar; Einschränkungen durch RK (Vetorecht für ER)
III-272	III-173	*neu*	*unterstützende und fördernde Maßnahmen* zur Kriminalitätsprävention unter Ausschluss von Harmonisierung
III-273	III-174	31 (2) EUV	Kodifiziert weitgehend bestehende Form von Eurojust;[b] Ergänzungen durch RK
III-274	III-175	*neu*	Europäische Staatsanwaltschaft; Ergänzungen durch RK
Abschnitt 5: Polizeiliche Zusammenarbeit			
III-275	III-176	30 (1) EUV	nur gestraffte Form;[b] QME für Teile
III-276	III-177	30 (2) EUV	neu: operative Maßnahmen, Ermittlungsbefugnis;[b] nicht-operative Teile QME
III-277	III-178	32 EUV	
Abschnitt 1: Öffentliche Gesundheit			
III-278	III-179	152 EGV	

[b] Vgl. *Monar, J.*: Der Raum der Freiheit, der Sicherheit und des Rechts im Verfassungsentwurf des Konvents, in: Integration, 26/4 (2003), 536–549.

Fortsetzung von IV/7

Artikelnummer			
RK	**CONV**	**basiert auf**[a]	**Bemerkung(en)**[a]
Abschnitt 2: Industrie			
III-279	III-180	157 EGV	
Abschnitt 3: Kultur			
III-280	III-181	151 EGV	Gesetzgebungsverfahren/QME
Abschnitt 4: Tourismus			
III-281	III-181 a	*neu*	durch RK eingefügt
Abschnitt 5: Allgemeine Bildung, Jugend, Sport und berufliche Bildung			
III-282	III-182	149 EGV	Sport ist neu
III-283	III-183	150 EGV	
Abschnitt 6: Katastrophenschutz			
III-284	III-184	*neu*	bislang 308 EGV
Abschnitt 7: Verwaltungszusammenarbeit			
III-285	III-185	*neu*	
Titel IV: Die Assoziierung der überseeischen Länder und Hoheitsgebiete			
III-286	III-186	182 EGV	
III-287	III-187	183 EGV	
III-288	III-188	184 EGV	
III-289	III-189	185 EGV	
III-290	III-190	186 EGV	
III-291	III-191	187 EGV	
	III-192	*188* EGV	von RK in III-186 als (1) eingefügt
Titel V: Auswärtiges Handeln der Union			
Kapitel I: Allgemein anwendbare Bestimmungen			
III-292	III-193	3 (2), 11 EUV	Deutliche Erweiterung der Ziele der Politik
III-293	III-194	*neu/13, 14 (4) EUV*	KOMM bzw. AM dürfen vorschlagen, vgl. III-200 (1), keine wirkliche Innovation sondern eine Verdopplung
Kapitel II: Gemeinsame Außen- und Sicherheitspolitik			
Abschnitt 1: Gemeinsame Bestimmungen			
III-294	III-195	11, 12 EUV	neu: Umformulierungen und Erwähnung des Außenministers
III-295	III-196	13 *(1, 3)* EUV	Einberufungsmöglichkeit für Sondersitzung ER
III-296	III-197	18, 26 EUV	Der Generalsekretär des Rates und Hohe Vertreter wird Außenminister und Vertritt an Stelle des Vorsitzes (18 (1) EUV) die Union
III-297	III-198	14 *(1–3, 5–7)* EUV	
III-298	III-199	15 EUV	
III-299	III-200	22 EUV	
III-300	III-201	23 EUV	Möglichkeit für den ER, einstimmig Anwendungsbereich der QME auszudehnen (mit den Einschränkungen aus EUV)

Fortsetzung von IV/7

Artikelnummer			
RK	**CONV**	**basiert auf**[a]	**Bemerkung(en)**[a]
III-301	III-202	*neu*	
III-302	III-203	18 (5) EUV	neu: Vorschlagsrecht und Leitung AM
III-303	III-204	24 EUV	Verfahren und Bedingungen gestrichen – gehen jedoch
III-304	III-205	21 EUV	AM als Schnittstelle zu EP, nicht Vorsitz
III-305	III-206	19 EUV	AM organisiert Koordination. AM soll im Sicherheitsrat gehört werden
III-306	III-207	20 EUV	
III-307	III-208	25 EUV	Rolle AM
III-308	III-209	46 lit. f, 47 EUV	
Abschnitt 2: Gemeinsame Sicherheits- und Verteidigungspolitik			
III-309	III-210	17 EUV	
III-310	III-211	*neu*	
III-311	III-212	*neu*	Europäische Rüstungsagentur
III-312	III-213	*neu*	Strukturierte Zusammenarbeit (vollständige Neuformulierung durch RK)
	III-214	*neu*	entfernt durch RK
Abschnitt 3: Finanzbestimmungen			
III-313	III-215	28 EUV	Wegfall der Einstimmigkeit bei Beschlüssen über die Ausgaben; neuer (3) für schnellen Zugriff auf Mittel
Kapitel III: Gemeinsame Handelspolitik			
III-314	III-216	131 *(1)* EGV	
III-315	III-217	133 EGV	
Kapitel IV: Zusammenarbeit mit Drittländern und humanitäre Hilfe			
Abschnitt 1: Entwicklungszusammenarbeit			
III-316	III-218	177, 178 EGV	Liste von Zielen verkürzt
III-317	III-219	179, 181 EGV	
III-318	III-220	180, 181 *(1)* EGV	
Abschnitt 2: Wirtschaftliche, finanzielle und technische Zusammenarbeit mit Drittländern			
III-319	III-221	181 a EGV	
III-320	III-222	*neu*	
Abschnitt 3: Humanitäre Hilfe			
III-321	III-223	*neu*	
Kapitel V: Restriktive Maßnahmen			
III-322	III-224	301 EGV	Ergänzt um rechtliche Schutzmaßnahmen durch RK
Kapitel VI: Internationale Übereinkünfte			
III-323	III-225	300 (7) EGV	neu: *explizite* Möglichkeit, Abkommen zu schließen
III-324	III-226	310 EGV	

Fortsetzung von IV/7

Artikelnummer			
RK	**CONV**	**basiert auf**[a]	**Bemerkung(en)**[a]
III-325	III-227	300 EGV	Beitritt zur EMRK, QME Rat, Zustimmung EP
III-326	III-228	111 EGV	
Kapitel VII: Beziehungen der Union zu internationalen Organisationen, Drittländern und Delegationen der Union			
III-327	III-229	302, 303, *304* EGV	Durchführung durch Außenminister
III-328	III-230	*neu*	
Kapitel VIII: Anwendung der Solidaritätsklausel			
III-329	III-231	*neu*	
Titel VI: Arbeitsweise der Union			
Kapitel I: Institutionelle Bestimmungen			
Abschnitt 1: Die Organe			
III-330	III-232	190 EGV	keine Aufzählung der Abgeordnetenzahl mehr, „Wahlgesetz" auf Initiative des EP mit „Ratifikation" durch MGS
III-331	III-233	191 EGV	
III-332	III-234	192 EGV	Mitwirkung EP nicht mehr explizit erwähnt
III-333	III-235	193 EGV	bislang gegenseitiges Einvernehmen
III-334	III-236	194 EGV	
III-335	III-237	195 EGV	
III-336	III-238	196 EGV	
III-337	III-239/242	197, 200 EGV	RK hat Umstellungen vorgenommen
III-338	III-240	198 EGV	
III-339	III-241	199 EGV	
	III-242	200 EGV	von RK in III-239 als (3) eingefügt
III-340	III-243	201 EGV	
III-341	III-244	*neu*	
III-342	III-245	204 EGV	RK hat (2) entfernt
III-343	III-246	205 *(1, 3),* 206 EGV	
III-344	III-247	207 EGV	technische Änderungen (Generalsekretär, Veröffentlichung)
III-345	III-248	208 EGV	Begründungspflicht für Kommission
III-346	III-249	209 EGV	
	III-250	213 (1), 214 EGV	von RK gestrichen
III-347	III-251	213 (2) EGV	
III-348	III-252	215 EGV	Möglichkeit, einstimmig auf Nachwahl eines Kommissars zu verzichten, ist entfallen
III-349	III-253	216 EGV	
III-350	III-254	217 (*1,* 2) EGV	
III-351	III-255	219 (1) EGV	
III-352	III-256/257	212, 218 *(2)* EGV	
	III-257	212 EGV	durch RK als (2) an III-256 angehängt

Fortsetzung von IV/7

Artikelnummer			
RK	**CONV**	**basiert auf**[a]	**Bemerkung(en)**[a]
III-353	III-258	221 EGV	
III-354	III-259	222 EGV	
III-355	III-260	223 EGV	Verweis auf Ausschuss nach III-262
III-356	III-261	224 EGV	
III-357	III-262	*neu*	
III-358	III-263	225 EGV	
III-359	III-264	225 a EGV	Einstimmigkeit zur Einrichtung von Fachgerichten nicht mehr notwendig. Fachgerichte in Vertrag von Nizza „Kammern" genannt
III-360	III-265	226 EGV	
III-361	III-266	227 EGV	
III-362	III-267	228 EGV	Zwangsgeld kann mit Klage nach III-265 verbunden werden
III-363	III-268	229 EGV	
III-364	III-269	229 a EGV	Wegfall der Einstimmigkeit
III-365	III-270	230 EGV	Klagerecht für AdR; neuer Abs. 5 für andere Organe und Einrichtungen
III-366	III-271	231 EGV	
III-367	III-272	232 EGV	Ausweitung auf andere Organe und Einrichtungen
III-368	III-273	233 EGV	
III-369	III-274	234 EGV	234 lit. c EGV gestrichen; neu: beschleunigtes Verfahren, wenn Person inhaftiert
III-370	III-275	235 EGV	
III-371	III-276	46 lit. e EUV	
III-372	III-277	236 EGV	
III-373	III-278	237 EGV	
III-374	III-279	238 EGV	
	III-280	*239 EGV*	von RK in III-281 als (3) eingefügt
III-375	III-281/280/284	240, 239, 292 EGV	
III-376	III-282	*neu*	
III-377	III-283	*35 (5) EUV*	
	III-284	*292 EGV*	von RK in III-281 als (2) eingefügt
III-378	III-285	241 EGV	
III-379	III-286/287	242, 243 EGV	von RK zusammengefasst
III-380	III-288	244 EGV	
III-381	III-289	245 EGV	Wegfall der Einstimmigkeit bei Satzungsänderungen
III-382	III-289 a	III-84	von RK verschoben
III-383	III-289 b	III-85	von RK verschoben

Fortsetzung von IV/7

Artikelnummer			
RK	**CONV**	**basiert auf**[a]	**Bemerkung(en)**[a]
III-384	III-290	248 EGV	
III-385	III-291	247 EGV	
Abschnitt 2: Die beratenden Einrichtungen der Union			
III-386	III-292	263 EGV	Zusammensetzung wird einstimmig vom Rat beschlossen
III-387	III-293	264 EGV	
III-388	III-294	265 EGV	
III-389	III-295	258 EGV	deutlich verkürzt, Zusammensetzung wird einstimmig vom Rat beschlossen
III-390	III-296	259 EGV	Mandat um ein Jahr auf fünf verlängert
III-391	III-297	260 EGV	Amtszeit des Präsidiums angepasst
III-392	III-298	262 EGV	
Abschnitt 3: Die Europäische Investitionsbank			
III-393	III-299	266 EGV	Satzung wird zu einem einstimmig zu beschließenden Europäischen Gesetz
III-394	III-300	267 EGV	
Abschnitt 4: Gemeinsame Bestimmungen für die Organe, Einrichtungen und sonstigen Stellen der Union			
III-395	III-301	250 EGV	mehr Vorbehalte
III-396	III-302	251 EGV	ordentliches Gesetzgebungsverfahren
III-397	III-303	218 *(1)* EGV, neue Bestimmung	bindende interinstitutionelle Vereinbarungen
III-398	III-304	*neu*	
III-399	III-305	255 EGV	
III-400	III-306	210, 247 (8), *258 (5)* EGV	
III-401	III-307	256 EGV	
Kapitel II: Finanzvorschriften			
Abschnitt 1: Der mehrjährige Finanzrahmen			
III-402	III-308	*neu*	
Abschnitt 2: Der Jahreshaushaltsplan der Union			
III-403	III-309	272 (1) EGV	
III-404	III-310	272 *(2ff.)* EGV	
III-405	III-311	273 EGV	Ausweitung der Zustimmungspflicht EP auf alle Ausgaben
III-406	III-312	271 EGV	271 (1) EGV entfernt
Abschnitt 3: Ausführung des Haushaltsplans und Entlastung			
III-407	III-313	274 EGV	
III-408	III-314	275 EGV	Evaluierungsbericht
III-409	III-315	276 EGV	Bezugnahme auf Evaluierungsbericht
Abschnitt 4: Gemeinsame Bestimmungen			
III-410	III-316	277 EGV	Festlegung auf den Euro
III-411	III-317	278 EGV	

Fortsetzung von IV/7

Artikelnummer			
RK	**CONV**	**basiert auf**[a]	**Bemerkung(en)**[a]
III-412	III-318	279 EGV	Möglicherweise Ausweitung der QME ab 2007 (vgl. EGV)
III-413	III-319	*neu*	
III-414	III-320	*neu*	
Abschnitt 5: Betrugsbekämpfung			
III-415	III-321	280 EGV	Explizite Schutzklausel für nationales Strafrecht in 280 (4) EGV entfällt
Kapitel III: Verstärkte Zusammenarbeit			
III-416	III-322	43 *lit. b–f* EUV	
III-417	III-323	43 lit. h, 44 (2) EUV	
III-418	III-324	43 b EUV, neue Bestimmung	neu: Beteiligungsvoraussetzungen, Berichtspflicht
III-419	III-325	11 EGV, 27 c EUV	Immer Beteiligung des EP in Nicht-GASP-Bereichen
III-420	III-326	11 a EGV, 27 e EUV	Möglichkeit für Rat, KOMM-Votum abzuändern
III-421	III-327	44 a EUV	
III-422	III-328	*neu*	Übergang zur QME für den Fall, dass ein anderes Verfahren durch den Vertrag in einem Bereich vorgesehen ist, in dem die verstärkte Zusammenarbeit stattfindet. Ausnahmeregeln dazu (vgl. beispielsweise I-39 (8))
III-423	III-329	45 EUV	
Titel VII: Gemeinsame Bestimmungen			
III-424	III-330	299 (2) EGV	
III-425	III-331	295 EGV	
III-426	III-332	282 EGV	Organvertretungsrecht hinzugefügt
III-427	III-333	283 EGV	Beteiligung EP an Verfahren
III-428	III-334	284 EGV	
III-429	III-335	285 EGV	
III-430	III-336	287 EGV	
III-431	III-337	288 EGV	
III-432	III-338	289 EGV	
III-433	III-339	290 EGV	
III-434	III-340	291 EGV	
III-435	III-341	307 EGV	
III-436	III-342	296 EGV	
Teil IV: Allgemeine und Schlussbestimmungen			
	IV-1		jetzt: I-6 a
IV-437	IV-2	*neu*	
IV-438	IV-3	*neu*	
IV-439	IV-3 a	*neu*, CIG 50/03: DE245	

Fortsetzung von IV/7

Artikelnummer			
RK	**CONV**	**basiert auf**[a]	**Bemerkung(en)**[a]
IV-440	IV-4	299 EGV	(2) wurde teilweise in III-330 überführt; RK sieht in neuem (7) Änderungsmöglichkeit für einige Teile des Artikels durch einstimmigen Beschluss des ER vor
IV-441	IV-5	306 EGV	
IV-442	IV-6	311 EGV	
IV-443	IV-7	48 EUV	Konventsmethode zur Vertragsänderung
IV-444	IV-7 a	*neu*	
IV-445	IV-7 b	*neu*	
IV-446	IV-7 c	IV-9	
IV-447	IV-8	52 EUV, 313 EGV	
	IV-9	51 EUV, 312 EGV	jetzt: IV-7 c
IV-448	IV-10	53 EUV, 314 EGV	neuer (2) durch RK: Übersetzungsmöglichkeit für Regierungen

Quelle: Eigene Darstellung, basierend auf *Krax, M.*: Die Bedeutung des Europäischen Verfassungsvertrags für die institutionelle Ordnung der Bundesrepublik Deutschland, Ms., Berlin, 2004, BT-Drs. 15/4900 sowie CONV 850/03 und den Dokumenten der Regierungskonferenz.

Abkürzungen: AM Außenminister der Union, ChGR Charta der Grundrechte, CONV Konvent, EP Europäisches Parlament, ER Europäischer Rat, GASP Gemeinsame Außen- und Sicherheitspolitik, KOMM Kommission, MGS Mitgliedstaat(en), QME Qualifizierte Mehrheitsentscheidung, RFSR Raum der Freiheit, der Sicherheit und des Rechts, RK Regierungskonferenz, WSA Wirtschafts- und Sozialausschuss.

Bibliographie*

Abadie, F./Corcellet, J.-P.: Valéry Giscard d'Estaing, Paris, 1997.
Alber, S.: Die Aufnahme der Grundrechtecharta in die künftige EU-Verfassung, in: ZSE, 1/2 (2003), 178–198.
Albi, A./Ziller, J. (Hg.): The European Constitution and National Constitutions: Ratification and Beyond, Florenz, 2006.
Alemann, F. v.: Die Handlungsform der interinstitutionellen Vereinbarung. Eine Untersuchung des Interorganverhältnisses der Europäischen Verfassung, Heidelberg, 2006.
Algieri, F.: Von der Macht der Zeitumstände und der Fortführung eines integrationspolitischen Projekts, in: Weidenfeld, W. (Hg.): Die Europäische Verfassung in der Analyse, Gütersloh, 2005, 205–227.
ders./*Bauer, Th.*: Eine Frage der Macht, in: Weidenfeld, W. (Hg.): Die Europäische Verfassung in der Analyse, Gütersloh, 2005, 228–249.
Alpa, G.: The Meaning of 'Natural Person' and the Impact of the Constitution for Europe on the Development of European Private Law, in: European Law Journal, 10/6 (2004), 734–750.
Apolte, T.: Die eigentümliche Diskussion um Zentralisierung und Dezentralisierung in der Europapolitik, in: Perspektiven der Wirtschaftspolitik, 5/3 (2004), 271–291.
ATTAC (France): Cette Constitution qui piège l'Europe, Paris, 2005.
– Constitution européenne, ils se sont dit oui: ATTAC leur répond, Paris, 2005.
Auer, A.: Nationale Volksabstimmungen über die Verfassung für Europa: Erfahrungen, Rechtsgrundlagen, Perspektiven, in: ZSE, 2/4 (2004), 580–596.
Austin, G.: Reform in Europe after the 2005 Referendums: Battling for the Results, The Foreign Policy Centre, http://fpc.org.uk/fsblob/506.pdf (Policy Brief).
Bache, I./George, St.: Politics in the European Union, 2. Aufl, Oxford, 2006.
Barents, R.: Een grondwet voor Europa: achtergronden en commentaar, Deventer, 2005.
Barry, N.: Constitutionalism, federalism, and the European Union, in: Economic Affairs, 1 (2004), 11–16.
Bauer, M.W.: Orientierungsnot im Machtdreieck: Die Europäische Kommission auf der Suche nach einem neuen Leitbild, in: Integration, 28/1 (2005), 47–54.
Beckmann, K.: Legitimation einer europäischen Verfassung: Anmerkungen aus einer verfassungsökonomischen Sicht, in: ders./Dieringer, J./Hufeld, U. (Hg.): Eine Verfassung für Europa, 2. akt. u. erw. Aufl., Tübingen, 2005, 159–181.
Beckmann, K./Dieringer, J./Hufeld, U. (Hg.): Eine Verfassung für Europa, 2. akt. u. erw. Aufl., Tübingen, 2005.
Benoit, L.: La politique de sécurité et de défense commune dans le traité instituant une constitution pour l'Europe, in: Revue du Marché Commun et de l'Union Européenne, 486 (2005), 155–162.
Benz, A.: Mehrebenenverflechtung in der Europäischen Union, in: Jachtenfuchs, M./Kohler-Koch, B. (Hg.): Europäische Integration, 2. Aufl., Opladen, 2003, 317–351.
Berg, C./Kampfer, G.Kr. (Hg.): Verfassung für Europa: der Taschenkommentar für Bürgerinnen und Bürger, Bielefeld, 2004.
Bertelsmann Forschungsgruppe Politik: Ein Grundvertrag für die Europäische Union, München, 2000.
Berthu, G.: L'Europe sans les peuples: commentaire du projet de Constitution européenne et texte intégral, 2. akt. u. erw. Aufl., Paris, 2004.
Bertoncini, Y./Chopin, Th.: Constitution européenne: deux fois oui!, Paris, 2005.
Beutler, B./Bieber, R./Epiney, A./Haag, M.: Die Europäische Union, Baden-Baden, 2001.
Bieber, R.: Abwegige und zielführende Vorschläge zur Kompetenzabgrenzung der Europäischen Union, in: Integration, 24/3 (2001), 308–313.
Bigaut, Chr. (Hg.): La charte des droits fondamentaux de l'Union européenne, son intégration dans un traité constitutionnel: quelles implications pour les citoyens européens?, Paris, 2002 (étude du Conseil économique et social).

* Die Bibliographie fasst die bis 31. Dezember 2006 gesichtete Literatur zusammen.

Blackwell, N.: What if we say no to the EU Constitution?, London, 2004.
Blankart, Ch.B./Mueller, D.C. (Hg.): A constitution for the European Union, Cambridge, 2004.
Blin, O.: L'apport de la Constitution Européenne à la politique commerciale de l'Union, in: Revue du Marché Commun et de l'Union Européenne, 485 (2005), 89–100.
Blumenwitz, D.: Der Europäische Verfassungsvertrag – die Chancen und Gefahren des Entwurfs für das Gelingen von Erweiterung und Vertiefung, in: Zeitschrift für Politik, 51/2 (2004), 115–135.
Böckenförde, E.-W.: Staat, Verfassung, Demokratie, Frankfurt a.M., 1991.
– Staat, Nation, Europa, Frankfurt a.M., 1999.
Bocklet, R.: Bericht über die Ergebnisse des EU-Konvents, München, 11.9.2003.
Boer, M. den/Wallace, W.: Justice and Home Affairs, in: Wallace, H./Wallace, W. (Hg.): Policy-Making in the European Union, 4. Aufl., Oxford, 2000, 493–519.
Bogdandy, A.v.: Europäische Verfassung und europäische Identität, in: Juristen Zeitung, 59/2 (2004), 53–62.
– Konstitutionalisierung des europäischen öffentlichen Rechts in der europäischen Republik, in: Juristen Zeitung, 60/11 (2005), 529–539.
Bogdandy, A.v./Bast, J./Westphal, D.: Die vertikale Kompetenzordnung im Entwurf des Verfassungsvertrags, in: Integration 26/4 (2003), 414–428.
Bogdandy, A.v./Ehlermann, C.-D. (Hg.): Konsolidierung und Kohärenz des Primärrechts nach Amsterdam, Baden-Baden, 1998.
Böttcher, W./Krawczynski, J.: Europas Zukunft: Subsidiarität: ein Plädoyer für eine europäische Verfassung, Aachen, 2000.
Brandstetter, G.: Chronologisches Lexikon der europäischen Integration, 1945–1995, Wien, 1996.
Breuss, F./Fink, G./Griller, St. (Hg.): Vom Schuman-Plan zum Vertrag von Amsterdam. Entstehung und Zukunft der EU, Wien, 2000.
Brok, E.: Der Konvent – eine Chance für die Europäische Verfassung, in: Integration, 26/4 (2003), 338–344.
Bruha, Th./Hesse, J. J./Nowak, C. (Hg.): Welche Verfassung für Europa? Baden-Baden, 2001.
Brunkhorst, H.: Verfasst ohne Verfassung. Europäische Union zwischen Evolution und revolutionärer Umgründung, in: Blätter für deutsche und internationale Politik, 49/2 (2004), 211–222.
Brunn, G.: Die europäische Einigung von 1945 bis heute, Stuttgart, 2002.
Brusis, M.: Die soziale Dimension im Verfassungsvertrag, in: Weidenfeld, W. (Hg.): Die Europäische Verfassung in der Analyse, Gütersloh, 2005, 183–194.
Bubner, R.: Was wird aus der Verfassung Europas?, in: Beckmann, K./Dieringer, J./Hufeld, U. (Hg.): Eine Verfassung für Europa, 2. akt. u. erw. Aufl., Tübingen, 2005, 97–106.
Burgess, M.: Federalism and the European Union: The Building of Europe, 1950–2000, London, 2000.
Burgorgue-Larsen, L./Levade, A./Picod, F.: La Constitution européenne expliquée au citoyen, Paris, 2005.
Busek, E./Hummer, W. (Hg.): Der Europäische Konvent und sein Ergebnis. Eine Europäische Verfassung, Wien, 2004.
– Etappen auf dem Weg zu einer europäischen Verfassung, Wien, 2004.
Caesar, R./Kösters, W.: Europäische Wirtschafts- und Währungsunion: Europäische Verfassung versus Maastrichter Vertrag, in: Integration, 27/4 (2004), 288–300.
Callies, Chr.: Europa als Wertegemeinschaft – Integration und Identität durch europäisches Verfassungsrecht?, in: Juristen Zeitung, 59/21 (2004), 1033–1044.
Callies, Chr./Isak, H. (Hg.): Der Konventsentwurf für eine EU-Verfassung im Kontext der Erweiterung, Baden-Baden, 2004.
Calliess, Chr./Ruffert, M.: Vom Vertrag zur EU-Verfassung? Eine perspektivische Einführung in das Thema der Weimarer Tagung, in: Europäische Grundrechtezeitschrift, 31/19 (2004), 542–550.
– EUV/EGV. Kommentar, 3. akt. Aufl., Wien, 2006.
– Verfassung der Europäischen Union. Kommentar der Grundlagenbestimmungen, Wien, 2006.
Carcassonne, G.: La Constitution européenne et le référendum en France, in: ZSE, 2/4 (2004), 597–611.

Chaltiel, F.: Constitution Française, Constitution Européenne, vers l'osmose des ordres juridiques? – À propos de la révision constitutionnelle du 28 février 2005, in: Revue du Marché Commun et de l'Union Européenne, 488 (2005), 280–287.
– Une première pour le conseil constitutionnel – Juger un traité établissant une constitution, in: Revue du Marché Commun et de l'Union Européenne, 484 (2005), 5–10.
Chevènement, J.-P.: Pour l'Europe, votez non!, Paris, 2005.
Church, Cl.H./Phinnemore, D.: Understanding the European Constitution, London, 2006.
Claes, M.: The national courts' mandate in the European Constitution, Oxford, 2005.
Collingnon, St.: The European republic: reflections on the political economy of a future constitution, London, 2003.
Coutron, L./Gaillard, M./Tronquot, Ph.: L'Union européenne et le projet de Constitution, Paris, 2004.
Cremer, W.: Der Rechtsschutz des Einzelnen gegen Sekundärrechtsakte der Union gem. Art. III-270 Abs. 4 Konventsentwurf des Vertrags über eine Verfassung für Europa, in: Europäische Grundrechtezeitschrift, 31/19 (2004), 577–583.
Cromme, F.: Verfassungsvertrag der Europäischen Union: Entwurf und Begründung, Baden-Baden, 2003.
Crum, B.: Politics and Power in the European Convention, in: Politics, 24/1 (2004), 1–11.
Cuntz, E.: Ein ausgewogener Gesamtkompromiss: Die Ergebnisse des Konvents aus Sicht der Bundesregierung, in: Integration, 26/4 (2004), 351–370.
Dann, Ph./Rynkowski, M.: The Unity of the European Constitution, Heidelberg, 2006.
Danwitz, Th. v.: Grundfragen einer Verfassungsbindung der Europäischen Union, in: Beckmann, K./Dieringer, J./Hufeld, U. (Hg.): Eine Verfassung für Europa, 2. akt. u. erw. Aufl., Tübingen, 2005, 383–401.
Day, St.: Transnational political parties and the European Constitution, Oxford, 2004.
Dehaene, J.-L./Weizsäcker, R. v./Simon, D.: The Institutional Implications of Enlargement. Report to the European Commission, 18.10.1999, http://www.jeanmonnetprogram.org/dehaene.html.
Dehousse, R. (Hg.): Une constitution pour l'Europe?, Paris, 2002.
Dehousse, R./Duhamel, O.: Beaucoup de bruit pour presque rien? Deux lectures contradictoires de la Constitution européenne, Suresnes, 2004.
Deloche-Gaudez, F.: La Convention pour l'élaboration de la Charte des droits fondamentaux: Une méthode „constituante"?, in: Dehousse, R. (Hg.): Une Constitution pour l'Europe?, Paris, 2002, 177–226.
– La Constitution européenne: que faut-il savoir?, Paris, 2005.
– The Convention on a Charter of Fundamental Rights: a Method for the Future?, Notre Europe Research and Policy Paper No. 15, November 2001.
De Schutter, O./Nihoul, P. (Hg.): Une constitution pour l'Europe: réflexions sur les transformations du droit de l'Union européenne, Bruxelles, 2004.
Descours, B./Varron, E.: La Constitution: petit guide qui ne veut pas prendre parti, Lyon, 2005.
Deubner, C.: Verstärkte Zusammenarbeit in der verfassten Europäischen Union, in: Integration, 27/4 (2004), 274–287.
Deutscher Bundestag (Hg.): Der Weg zum EU-Verfassungskonvent, Berlin, 2002 (Zur Sache 5/2002).
– Der Weg zum EU-Verfassungskonvent. Berichte und Dokumentation mit einer Einleitung von *Jürgen Meyer* und *Sylvia Hartleif*, Berlin, 2004 (Zur Sache 1/2003), http://www.bundestag.de/interakt/info_mat/eu_verf.pdf.
Devuyst, Y.: The European Union at the crossroads, Brüssel, 2003.
Diedrichs, U.: Flexible Formen der Zusammenarbeit in der EU: Dynamik durch Differenzierung?, in: ZSE, 2/2 (2004), 239–247.
Diedrichs, U./Wessels, W.: Die Europäische Union in der Verfassungsfalle? Analysen, Entwicklungen und Optionen, in: Integration, 28/4 (2005), 287–306.
Dieringer, J.: Entparlamentarisierung oder Renaissance der Volksvertretungen? Zur Rolle nationaler Parlamente im europäischen Integrationsprozess, in: Beckmann, K./Dieringer, J./Hufeld, U. (Hg.): Eine Verfassung für Europa, 2. akt. u. erw. Aufl., Tübingen, 2005, 235–259.
Dinan, D.: Ever Closer Union? An Introduction to European Integration, 2. Aufl., Boulder, Col. u.a., 1999.

– Europe Recast. A History of European Union, Basingstoke, 2004.
– Governance and Institutions: The Convention and the Intergovernmental Conference, in: Journal of Common Market Studies, 42/Annual Review (2004), 27–42.
– Origins and Evolution of the European Union, Oxford, 2006.

Diner, D.: Das Jahrhundert verstehen, München, 1999.

Dix, W.: Grundrechtecharta und Konvent – auf neuen Wegen zur Reform der EU?, in: Integration, 24/1 (2001), 34–41.

Dobson, L./Føllesdal, A. (Hg.): Political theory and the European constitution, London, 2004.

Dony, M./Bribosia, E.: Commentaire de la Constitution européenne, Bruxelles, 2005.

Douglas-Scott, S.: Constitutional Law of the European Union, Harlow, 2002.

Duff, A.: Der Beitrag des Europäischen Parlaments zum Konvent: Treibende Kraft für einen Konsens, in: Integration, 26/1 (2003), 3–9.

Duhamel, O.: Pour l'Europe: la Constitution européenne expliquée et commentée, Paris, 2005.

Duhamel, O. (Hg.): La Constitution européenne: les principaux textes, Paris, 2004.

Dür, A./Mateo, G.: Treaty-Making in the European Union: Bargaining, Issue Linkages, and Efficiency, in: EIoP, 8/18 (2004), http://eiop.or.at/eiop/texte/2004-018a.htm.

Eberl, O.: Die Normalität des Referendums. Europäische Verfassung und deutscher Sonderweg, in: Blätter für deutsche und internationale Politik, 49/11 (2004), 1364–1374.

Elster, J. (Hg.): Deliberative democracy, Cambridge, 1998.

Emmanouilidis, J.A.: Die institutionellen Reformen in der Verfassung, in: Weidenfeld, W. (Hg.): Die Europäische Verfassung in der Analyse, Gütersloh, 2005, 70–104.

Emmanouilidis, J.A./Giering, C.: In Vielfalt geeint – Elemente der Differenzierung im Verfassungsentwurf, in: Integration, 26/4 (2003), 454–467.

Eriksen, E.O./Fossum, J.E.: Europe in Search of Legitimacy: Strategies of Legitimation Assessed, in: International Political Science Review, 25/4 (2004), 435–459.

Eriksen, E.O./Fossum, J.E./Menéndez, A.J. (Hg.): Developing a constitution for Europe, London, 2004.

Esser, S.: Europas Suche nach einer gemeinsamen Öffentlichkeit: eine Inhaltsanalyse der Debatte über eine EU-Verfassung in europäischen Tageszeitungen, Marburg, 2005.

Estella, A.: Constitutional Legitimacy and Credible Commitments in the European Union, in: European Law Journal, 11/1 (2005), 22–42.

European Law Students' Association (ELSA) Frankfurt (Oder) (Hg.): Die Europäische Verfassung: was kann sie, was schafft sie für ein Europa von heute und morgen?, Baden-Baden, 2004.

Euzéby, A.: Constitution de l'Union européenne: Des valeurs à défendre! in: Revue du Marché Commun et de l'Union Européenne, 482 (2004), 566–568.

Everts, S.: Foreign and Security Policy: from Bystander to Actor, in: Barysch, K. u.a. (Hg.): New Designs for Europe, London, 2002, 35–45.

Fabrini, S.: Transatlantic constitutionalism: Comparing the United States and the European Union, in: European Journal of Political Research, 43 (2004), 547–569.

Falke, J.: Komitologie, in: Joerges, Chr./Falke, J. (Hg.): Das Ausschusswesen der Europäischen Union, Baden-Baden, 2000, 43–159.

Falkner, G./Hartlapp, M./Treib, O.: Worlds of Compliance: Why leading approaches to the Implementation of EU Legislation are only "sometimes-true theories", in: EUI Working Paper, 22/06 (2006), 5–22.

Farrell, H./Héritier, A.: Formal and Informal Institutions under Codecision: Continuous Constitution-Building in Europe, in: Governance, 16/4 (2003), 577–600.

Fehér, I. M.: Die Verfassung und das Volk, in: Beckmann, K./Dieringer, J./Hufeld, U. (Hg.): Eine Verfassung für Europa, 2. akt. u. erw. Aufl., Tübingen, 2005, 107–117.

Felsenthal, D.S./Machover, M.: Analysis of QM rules in the draft constitution for Europe proposed by the European Convention, 2003, in: Social Choice and Welfare, 23/1 (2004), 1–20.

Fenske, H.: Der moderne Verfassungsstaat. Eine vergleichende Geschichte von der Entstehung bis zum 20. Jahrhundert, Paderborn, 2001.

Fischer, A.-K.: Legitimation der Europäischen Union durch eine Verfassung?, Münster, 2004.

Fischer, K.H.: Konvent zur Zukunft Europas: Texte und Kommentar, Baden-Baden, 2003.
– Der Europäische Verfassungsvertrag, Texte und Kommentar, Baden-Baden, 2004.

Fischer, Th.: Kompetenzordnung und Handlungsinstrumente, in: Weidenfeld, W. (Hg.): Die Europäische Verfassung in der Analyse, Gütersloh, 2005, 105–135.

Fondation pour l'innovation politique: Ce que change la Constitution européenne, Paris, 2005.

Forster, A./Wallace, W.: Common Foreign and Security Policy, in: Wallace, H./Wallace, W. (Hg.): Policy-Making in the European Union, 4. Aufl., Oxford, 2000, 461–491.

Fossum, J.-E./Trenz, H.-J.: When the People Come in: Constitution-making and the belated Politicisation of the European Union, in: European Governance Papers, 03/06 (2006), 1–25.

Fraenkel, E.: Deutschland und die westlichen Demokratien, Frankfurt a.M., 1991.

François, B.: Pour comprendre enfin la Constitution européenne, Paris, 2005.

Franz, O. (Hg.): Die Europäische Zentralbank, Bonn, 1990, 307–349.

Friel, R.J.: Providing a Constitutional Framework for Withdrawal from the EU. Article 59 of the Draft Constitution, in: International and Comparative Law Quarterly, 53 (2004), 407–428.

Fuchs, M.: Art. 23 GG in der Bewährung: Anmerkungen aus der Praxis, in: DÖV, 54/6 (2001), 233–240.

Gaitanides, Ch./Kadelbach, S./Iglesias, G. (Hg.): Europa und seine Verfassung: Festschrift für Manfred Zuleeg zum siebzigsten Geburtstag, Baden-Baden, 2005.

Gasteyger, C.: Europa von der Spaltung zur Einigung, Bonn, 2001.

Gehlen, A. v.: Europäische Parteiendemokratie? Institutionelle Voraussetzungen und Funktionsbedingungen der europäischen Parteien zur Minderung des Legitimationsdefizits der EU, Dissertation, Freie Universität Berlin, 2005.

Gehler, M.: Europa. Ideen, Institutionen, Vereinigung, München, 2005.

Gerken, L./Märkt, J./Schick, G./Renner, A.: Eine freiheitliche supranationale Föderation. Zur Aufgabenverteilung in Europa, Baden-Baden, 2002.

Gerlich, P.: The Constitutional Convention in Austria: A Parallel Campaign with Ambivalent Results, in: ZSE, 3/1 (2005), 52–69.

Giegerich, Th.: Europäische Verfassung und deutsche Verfassung im transnationalen Konstitutionalisierungsprozess, Berlin, 2003.

– Von der Montanunion zur Europäischen Verfassung, in: Hofmann, R./Zimmermann, A. (Hg.): Eine Verfassung für Europa, Berlin, 2005, 13–69.

Giering, C.: Europa zwischen Zweckverband und Superstaat. Die Entwicklung der politikwissenschaftlichen Integrationstheorie im Prozess der europäischen Integration, Bonn, 1997.

Gillingham, J.: European Integration 1950–2003. Superstate or New Market Economy?, Cambridge, 2003.

Giscard d'Estaing, V. (Hg.): La Constitution pour l'Europe, Paris, 2003.

Göler, D.: Die neue europäische Verfassungsdebatte: Entwicklungsstand und Optionen für den Konvent, Bonn, 2002.

– Die Europäische Union vor ihrer Konstitutionalisierung: Eine Bilanz der ersten Verfassungsentwürfe, in: Integration, 26/1 (2003), 17–30.

Göler, D./Jopp, M.: Die europäische Verfassungskrise und die Strategie des „langen Atems", in: Integration, 02/06 (2006), 91–105.

Göler, D./Marhold, H.: Die Konventsmethode, in: Integration, 26/4 (2003), 317–330.

– Die Zukunft der Verfassung – Überlegungen zum Beginn der Reflexionsphase, in: Integration, 28/4 (2005), 332–335.

Golze, A./Lenski, E. (Hg.): Die europäische Verfassung im globalen Kontext, Baden-Baden, 2004.

Görlitz, N.: Europäischer Verfassungsvertrag und künftige EU-Kompetenzen, in: Die Öffentliche Verwaltung, 57/9 (2004), 374–383.

Goulard, S.: Die Rolle der Kommission im Konvent: Eine Gratwanderung, in: Integration, 26/4 (2003), 371–382.

Grabenwarter, C.: Auf dem Weg in die Grundrechtsgemeinschaft?, in: Europäische Grundrechtezeitschrift, 31/19 (2004), 563–570.

Greco, E.: Prioritäten der italienischen EU-Präsidentschaft, in: Integration, 26/3 (2003), 195–203.

Grimm, D.: Braucht Europa eine Verfassung? Vortrag, gehalten in der Carl-Friedrich-von-Siemens-Stiftung am 19. Januar 1994, München, 1995.

– Vertrag oder Verfassung, in: Staatswissenschaften und Staatspraxis, 6/4 (1995), 509–532.

– Die Verfassung und die Politik, München, 2001.
– Nach dem Scheitern des Verfassungsvertrages: auf der Suche nach Lösungen, ZSE 3/4 (2005), 553–561

Grimm, D./Hesse, J. J./Jochimsen, R./Scharpf, F. W.: Zur Neuordnung der Europäischen Union: Die Regierungskonferenz 1996/97, Baden-Baden, 1996/97.

Große Hüttmann, M.: Der Konvent zur Zukunft der Europäischen Union. Leitbilder, Kontroversen und Konsenslinien der europäischen Verfassungsdebatte, in: Beckmann, K./Dieringer, J./Hufeld, U. (Hg.): Eine Verfassung für Europa, 2. akt. u. erw. Aufl., Tübingen, 2005, 207–234.

Grotz, F./Somoza, A.: The Constitutional Convention: Processes and Outcomes, Manuskript, Berlin, 2005.

Guérot, U./Hughes, K./Lefebvre, M./Egenhoff, T.: France, Germany and the UK in the Convention, Common interest or pulling in different directions?, EPIN Working Paper No. 7, July 2003.

Guild, E.: Crime and the EU's Constitutional Future in an Area of Freedom, Security, and Justice, in: European Law Journal, 10/2 (2004), 218–234.

Häberle, P.: Europäische Verfassungslehre, 3., aktual. und erw. Aufl., Baden-Baden, 2005.

Hagedorn, F.: Auf dem Weg zu einer europäischen Innenpolitik, in: Weidenfeld, W. (Hg.): Die Europäische Verfassung in der Analyse, Gütersloh, 2005, 195–204.

Hänsch, K.: Über Nizza hinaus: Herausforderungen und Perspektiven für die Verfassung der erweiterten Europäischen Union, Bonn, 2000.
– „Beschreiben, was sein kann": der Verfassungsentwurf des Europäischen Konvents, in: ZSE, 1/3 (2003), 299–312.
– Der Konvent – unkonventionell, in: Integration, 26/4 (2003), 331–337.

Hansen, B.: Globalization and European State Formation, 1900–2000, in: Cooperation and Conflict, 37/3 (2002), 303–321.

Hartwig, I.: Eine neue Finanzverfassung für die Europäische Union, in: Integration, 26/4 (2003), 520–526.

Hatje, A./Terhechte, J.Ph. (Hg.): Das Binnenmarktziel in der europäischen Verfassung, Baden-Baden, 2004.

Heinemann, Fr.: Perspektiven einer zukünftigen EU-Finanzverfassung, in: Integration, 26/3 (2003), 228–243.

Heit, H.: Die Werte Europas. Verfassungspatriotismus und Wertegemeinschaft in der EU?, Münster, 2006.

Hess, B.: Die Konstitutionalisierung des europäischen Privat- und Prozessrechts, in: JuristenZeitung, 60/11 (2005), 540–551.

Hesse, J. J.: Die bundesstaatliche Ordnung als Strukturprinzip und Gestaltungsaufgabe: Zur Parallelität der deutschen und der europäischen Föderalismusdiskussion, in: Büttner, Th. (Hg.): Finanzverfassung und Föderalismus in Deutschland und Europa, Baden-Baden, 2000, 9–38.
– Die Diskussion um eine europäische Verfassung: Vom Kopf auf die Füße stellen, in: Bruha, Th./ Hesse, J. J./Nowak, C. (Hg.): Welche Verfassung für Europa?, Baden-Baden, 2001, 63–87.
– Professionalising Europe, Ten observations on the future of the European Integration process, Brussels, 8.10.2002, http://www.internationales-institut.de/content/publikationen/Summary_Report_EU.pdf.
– Zehn Thesen zur Kompetenzordnung der Europäischen Union, in: Eberle, C.-E./Ibler, M./Lorenz, D. (Hg.): Der Wandel des Staates vor den Herausforderungen der Gegenwart, München, 2002, 111–125.
– Der Entwurf einer Europäischen Verfassung – eine Ordnungsleistung, mehr (noch) nicht, in: Müller, B./Löb, S./Zimmermann, K. (Hg.): Steuerung und Planung im Wandel. Festschrift für Dietrich Fürst, Wiesbaden, 2004, 53–77.
– Wider den Hochmut und die Gleichgültigkeit: die Professionalisierung Europas als Zukunftsaufgabe, in: ZSE, 3/4 (2005), 620–649.

Hesse, J.J. (Hg.): Administrative Transformation in Central and Eastern Europe, Oxford, 1993.
– Regionen in Europa, 2 Bde., Baden-Baden, 1995/96.

Hesse, J.J./Benz, A.: Die Modernisierung der Staatsorganisation: Institutionspolitik im internationalen Vergleich: USA, Großbritannien, Frankreich, Bundesrepublik Deutschland, Baden-Baden, 1990.

Hesse, J.J./Ellwein, Th.: Das Regierungssystem der Bundesrepublik Deutschland, 2 Bde., 9. Aufl., Berlin, 2004.

Hesse, J.J./Goetz, K.H.: Early Administrative Adjustment to the European Communities. The Case of the Federal Republic of Germany, in: Jahrbuch für Europäische Verwaltungsgeschichte, 4 (1992), 181–205.
Hesse, J.J./Grotz, F.: Europa professionalisieren, Berlin, 2005.
– „Flexibilisierung" europäischer Politik als Weg aus der Krise? Verstärkte Zusammenarbeit, Offene Koordinierung und Grenzüberschreitende Regionalkooperation im Vergleich, in: Jahrbuch des öffentlichen Rechts n.F., 54 (2006), 607–628.
Hesse, J.J./Schaad, M.: Amsterdam and the European Union: „Leapfrogging, Side-Stepping or Paradise Lost?", in: Hesse, J.J./Toonen, Th.A.J. (Hg.): The European Yearbook on Comparative Government and Public Administration 3, Baden-Baden/Boulder, 1998, 55–78.
Hesse, J.J./Schuppert, G.F./Harms, K. (Hg.): Verfassungsrecht und Verfassungspolitik in Umbruchsituationen, Baden-Baden, 1999.
Hesse, J.J./Wright, V. (Hg.): Federalizing Europe?, Oxford, 1996.
Heusgen, Chr.: Nach den gescheiterten Referenden: Was wird aus dem Außenminister der Union und dem Europäischen Auswärtigen Dienst?, in: Integration, 28/4 (2005), 336–340.
Hix, S.: Parteien, Wahlen und Demokratie in der EU, in: Jachtenfuchs, M./Kohler-Koch, B. (Hg.): Europäische Integration, 2. Aufl., Opladen, 2003, 151–180.
Hobe, S.: Eine europäische Verfassung – wünschenswert oder überflüssig?, Köln, 2003.
Hochwieser, R.: Legitimität kraft Verfassung: Inwieweit kann eine Europäische Verfassung das demokratische Legitimitätsdefizit der EU verringern oder beheben?, Frankfurt a.M., 2002.
Hodson, D./Maher, I.: The Open Method as a New Mode of Governance, in: Journal of Common Market Studies, 39/4 (2001), 719–747.
Hoffmann, L.: The Convention on the Future of Europe – Thoughts on the Convention-Model, in: Jean Monnet Working Paper, 11/02 (2002), 1–23.
Hofmann, R./Zimmermann, A. (Hg.): Eine Verfassung für Europa. Die Rechtsordnung der Europäischen Union unter dem Verfassungsvertrag, Berlin, 2005.
Höreth, M.: From Deliberation to Bargaining Again – the Limits of the Convention Method, Paper to be presented at EPIN meeting, 3.5.2003.
– Kontinuität oder Pfadsprung? Das institutionelle Dreieck in Europa nach dem Verfassungsvertrag, in: Zeitschrift für Politikwissenschaft, 14/4 (2004), 1257–1296.
Howe, M.: The European Court: The forgotten powerhouse building the European superstate, in: Economic Affairs, 1 (2004), 17–21.
Hrbek, R.: Die deutschen Länder und der Verfassungsentwurf des Konvents, in: Integration, 26/4 (2003), 357–370.
– Föderalismus *sui generis* – der Beitrag des Konvents zur Verfassungsstruktur der erweiterten EU, in: ZSE, 1/3 (2003), 430–446.
Hrbek, R./Weyand, S.: Das Europa der Regionen, München, 1994.
Hübner, J.: Neue Formen europapolitischer Willensbildung: Das Konventsmodell in der „Bewährung", Ms., Berlin, 2004.
Hufeld, U.: Europäische Verfassunggebung zwischen Völker- und Europarecht, in: Beckmann, K./Dieringer, J./Hufeld, U. (Hg.): Eine Verfassung für Europa, 2. akt. u. erw. Aufl., Tübingen, 2005, 473–492.
Hummer, W.: Der Status der „EU-Grundrechtecharta": politische Erklärung oder Kern einer europäischen Verfassung?, Bonn, 2002.
– Vom Grundrechte-Konvent zum Zukunfts-Konvent. Semantische und andere Ungereimtheiten bei der Beschickung des „Konvents zur Zukunft Europas", in: Zeitschrift für Parlamentsfragen, 33/2 (2002), 323–347.
Hurrelmann, A.: Verfassung und Integration in Europa: Wege zu einer supranationalen Demokratie, Frankfurt a.M., 2005.
Hussain, N.: Referendums on the EU Constitutional Treaty: The State of Play, http://www.chathamhouse.org.uk/pdf/research/europe/BP-NHOct04.pdf (Chatham House European Programme Briefing Paper 05/02).
Inotai, A.: Erfolgreiche Erweiterung durch zügige Vertiefung: Prioritäten der EU25, in: Integration, 27/1-2 (2004), 4–11.

Jachtenfuchs, M.: Die Konstruktion Europas. Verfassungsideen und institutionelle Entwicklung, Baden-Baden, 2002.

Jacqué, J.-P.: Der Vertrag über eine Verfassung für Europa: Konstitutionalisierung oder Vertragsrevision? Trennung der Begriffe von Föderation und Staat, in: Europäische Grundrechtezeitschrift, 31/19 (2004), 551–556.

James, H.: Geschichte Europas im 20. Jahrhundert, München, 2004.

Joerges, Chr./Petersmann, E.-U. (Hg.): Constitutionalism, Multilevel Trade Governance and Social Regulation, Oxford, 2006.

Jopp, M./Matl, S.: Perspektiven der deutsch-französischen Konventsvorschläge für die institutionelle Architektur der Europäischen Union, in: Integration, 26/2 (2003), 99–129.

Jopp, M./Regelsberger, E.: GASP und ESVP im Verfassungsvertrag – eine neue Angebotsvielfalt mit Chancen und Mängeln, in: Integration, 26/4 (2003), 550–563.

Judge, D./Earnshaw, D.: The European Parliament, Basingstoke, 2003.

Judt, T.: Geschichte Europas von 1945 bis zur Gegenwart, München, 2006.

Kaeble, H.: Wege zur Demokratie. Von der Französischen Revolution zur Europäischen Union, Stuttgart/München, 2001.

– Die Krise der Europäischen Union aus historischer Sicht, in: ZSE, 3/4 (2005), 522–541.

Kingreen, T.: Theorie und Dogmatik der Grundrechte im europäischen Verfassungsrecht, in: Europäische Grundrechtezeitschrift, 31/19 (2004), 570–576.

Kirchhof, P.: Europa auf dem Weg zu einer Verfassung?, in: ZSE, 1/3 (2003), 358–382.

Kleger, H.: Der Konvent als Labor: Texte und Dokumente zum europäischen Verfassungsprozess, Münster, 2004.

Kleger, H./Karolweski, I.P./Munke, M.: Europäische Verfassung: zum Stand der europäischen Demokratie im Zuge der Osterweiterung, 3. Aufl., Münster, 2004.

Kluth, W./Goltz, F.: Kammern der berufsständischen Selbstverwaltung in der EU: die Bedeutung der Träger berufsständischer und wirtschaftlicher Selbstverwaltung im europäischen Binnenmarkt und in einer künftigen Europäischen Verfassung, Baden-Baden, 2004.

Köck, H.F./Marktler, T.: Der Verfassungsvertrag – Überblick und Analyse, in: Beckmann, K./Dieringer, J./Hufeld, U. (Hg.): Eine Verfassung für Europa, 2. akt. u. erw. Aufl., Tübingen, 2005, 329–357.

Kohler-Koch, B. (Hg.): Linking EU and National Governance, Oxford, 2003.

Kohler-Koch, B./Conzelmann, T./Knodt, M.: Europäische Integration – Europäisches Regieren. Lehrbuch, Wiesbaden, 2004.

König, T./Bräuninger, T.: Accession and Reform of the European Union. A Game-Theoretical Analysis of Eastern Enlargement and the Constitutional Reform, in: European Union Politics, 5/4 (2004), 419–439.

König, T./Slapin, J.: Bringing Parliaments Back In. The Source of Power in the European Treaty Negotiations, in: Journal of Theoretical Politics, 16/3 (2004), 357–394.

Köppen, H.: Verfassungsfunktionen – Vertragsfunktionen: strukturelle Divergenz zwischen bundesstaatlichen Verfassungen und EU-Gründungsverträgen aus funktioneller Sicht, Berlin, 2002.

Koutrakos, P.: EU International Relations Law, Oxford, 2006.

Krax, M.: Die Bedeutung des Europäischen Verfassungsvertrages für die institutionelle Ordnung der Bundesrepublik Deutschland, Ms., Berlin, 2004.

Krebber, S.: Die Koordinierung als Kompetenzkategorie im EU-Verfassungsentwurf aus dogmatischer Sicht, in: Europäische Grundrechtezeitschrift, 31/19 (2004), 592–596.

Kreile, M. (Hg.): Die Integration Europas, PVS-Sonderheft 23, Opladen, 1992.

Kreis, G. (Hg.): Der Beitrag der Wissenschaften zur künftigen Verfassung der EU, Basel, 2003.

Kuijper, P.J.: The evolution of the third pillar from Maastricht to the European constitution: institutional aspects, in: Common Market Law Review, 41/2 (2004), 609–626.

Küpper, H.: Die Ratifikation der Unionsverfassung in den neuen Mitgliedstaaten, in: Beckmann, K./Dieringer, J./Hufeld, U. (Hg.): Eine Verfassung für Europa, 2. akt. u. erw. Aufl., Tübingen, 2005, 273–302.

Lacroix, G.: Constitution européenne, danger!, Paris, 2004.

Laffan, B./O'Donnell, R./Smith, M.: Europe's Experimental Union. Rethinking Integration, London/New York, 2000.

Laffan, B./*Sudbury, I.*: Zur Ratifizierungskrise des Verfassungsvertrages – drei politikwissenschaftliche Lesarten und ihre Kritik, in: Integration, 4/6 (2006), 271–286.

Lamassoure, A.: Histoire secrète de la Convention europée enne, Paris, 2004.

Lane, J.-E.: Constitutions and Political Theory, Manchester/New York, 1996.

Läufer, Th.: Der Europäische Gerichtshof – moderate Neuerungen des Verfassungsentwurfs, in: Integration, 26/4 (2003), 510–519.

Läufer, Th. (Hg.): Verfassung der Europäischen Union, Bonn, 2005.

Lechevalier, A./*Wasserman, G.*: La Constitution européenne: dix clés pour comprendre, Paris, 2005.

Lefebvre, M.: La Constitution européenne: bilan d'un accouchement (2002–2004), in: Revue du Marché Commun et de l'Union Européenne, 482 (2004), 559–565.

Leinen, J./*Schönlau, J.*: Die Erarbeitung der EU-Grundrechtecharta im Konvent: nützliche Erfahrungen für die Zukunft Europas, in: Integration, 24/1 (2001), 26–33.

Lenz, C.-O./*Borchardt, K.-D.* (Hg.): Vertrag über eine Verfassung für Europa, Köln, 2004.

Lequiller, P. (Hg.): Rapport d'information sur la Convention sur l'avenir de l'Europe, Paris, 2003 (Documents d'information, Assemblée nationale).

Leschke, M.: Die Verfassung der Europäischen Union: Eine kritische Betrachtung grundlegender Anreizwirkungen der europäischen Gewaltenteilung, in: Beckmann, K./Dieringer, J./Hufeld, U. (Hg.): Eine Verfassung für Europa, 2. akt. u. erw. Aufl., Tübingen, 2005, 183–205.

Lippert, B./*Umbach, G.*: Verwaltungen in Mittel- und Osteuropa unter Europäisierungsdruck: Phasen, nationale Differenzierungen, Szenarien, in: Integration, 27/1-2 (2004), 56–74.

Liisberg, J.B.: The EU Constitutional Treaty and its distinction between legislative and and non-legislative acts – Oranges into apples?, in: Jean Monnet Working Paper, 1/6 (2006), 1–52.

Lord, Chr./*Magnette, P.*: E Pluribus Unum? Creative Disagreement about Legitimacy in the EU, in: Journal of Common Market Studies, 42/1 (2004), 183–202.

Loth, W.: Der Weg nach Europa. Geschichte der europäischen Integration 1939–1957, 3. Aufl., Göttingen, 1996.

– Entwürfe einer europäischen Verfassung: eine historische Bilanz, Bonn, 2002.

Ludwigs, M.: Die Kompetenzordnung der Europäischen Union im Vertragsentwurf über eine Verfassung für Europa, in: Zeitschrift für europarechtliche Studien, 7/2 (2004), 211–249.

Lusseau, P.: Constitution européenne: les droits de l'homme en danger, Paris, 2005.

Lynch, P.: Regions and the Convention on the Future of Europe: A dialogue with the deaf?, in: European Urban and Regional Studies, 11/2 (2004), 170–177.

MacCormick, N.: A union of its own kind? reflections on the European Convention and the proposed constitution of the European Union, Edinburgh, 2004.

– The European Constitutional Convention and the Stateless Nations, in: International Relations, 18/3 (2004), 331–344.

– Who's afraid of a European Constitution?, Exeter, 2005.

Magnette, P.: Coping with constitutional incompatibilities. Bargains and Rhetoric in the Convention on the Future of Europe, in: Jean Monnet Working Paper, 14/3 (2003), 1–24.

Maher, I.: Law and the Open Method of Coordination: Towards a New Flexibility in European Policy-Making?, in: ZSE, 2/2 (2004), 248–262.

Marhold, H.: Der Konvent zwischen Konsens und Kontroversen: Zwischenbilanz, in: Integration, 25/4 (2002), 251–268.

– Deutsche Europapolitik nach dem Regierungswechsel, in: Integration, 1/6 (2006), 3–22.

Maruhn, R.: Stagnation und Anpassung an die politische Praxis, in: Weidenfeld, W. (Hg.): Die Europäische Verfassung in der Analyse, Gütersloh, 2005, 173–182.

Mattera, A. (Hg.): Pénélope: projet de constitution de l'Union européenne, Paris, 2003.

Maull, H.W./*Kirt, R.* (Hg.): Eine Verfassung für Europa: Trierer Verfassungsentwurf für die Europäische Union, Münster, 2003.

Maurer, A.: Parlamentarische Demokratie in der Europäischen Union. Der Beitrag des Europäischen Parlaments und der nationalen Parlamente, Baden-Baden, 2002.

– Die Methode des Konvents – ein Modell deliberativer Demokratie?, in: Integration, 26/2 (2003), 130–140.

– Less Bargaining – More Deliberation. The Convention Method for Enhancing EU Democracy, in: Internationale Politik und Gesellschaft, 1 (2003), 167–190.
– Orientierungen im Verfahrensdickicht? Die neue Normenhierarchie der Europäischen Union, 26/4 (2003), 440–453.
– Schließt sich der Kreis? Der Konvent, nationale Vorbehalte und die Regierungskonferenz, SWP-Arbeitspapier, Berlin, 2003.
– Die nationalen Parlamente im Europäischen Verfassungsvertrag. Anforderungen für die proaktive Ausgestaltung der Parlamente, Berlin, 2004 (Stiftung Wissenschaft und Politik).
– Ratifikationsverfahren zum EU-Verfassungsvertrag, 9. akt. Aufl., Berlin, 2005 (SWP Diskussionspapier).
Maurer, A./Göler, D.: Die Konventsmethode in der Europäischen Union, Berlin, 2004 (SWP-Studie S 44).
Maurer, A./Kietz, D.: Literaturbericht. Die Konstitutionalisierung Europas zwischen Konvent, Regierungskonferenz und Verfassungsvertrag, in: PVS, 45/4 (2004), 568–582.
Maurer, A./Matl, S.: Steuerbarkeit und Handlungsfähigkeit: Die Reform des Ratssystems, in: Integration, 26/4 (2003), 483–492.
Maurer, A./Wessels, W.: Das Europäische Parlament nach Amsterdam und Nizza, Baden-Baden, 2003.
Mayer, F.C.: Verfassungsstruktur und Verfassungskohärenz, in: Integration, 26/4 (2003), 398–413.
Mayer, F.C./Palmowski, J.: European Identities and the EU – The Ties that Bind the Peoples of Europe, in: Journal of Common Market Studies, 42/3 (2004), 573–598.
Mazey, S.: The Development of the European Idea, in: Richardson, J. (Hg.): European Union. Power and Policy-Making, London, 1996, 24–39.
McAllister, R.: From EC to EU. A Historical and Political Survey, London/New York, 1997.
Melissas, D./Pernice, I. (Hg.): Perspectives of the Nice Treaty and the Intergovernmental Conference in 2004, Baden-Baden, 2002.
Melossi, D.: Security, Social Control, Democracy and Migration within the 'Constitution' of the EU, in: European Law Journal, 11/1 (2005), 5–21.
Metz, A.: Die Offene Methode der Koordinierung im Verfassungsprozess, in: Weidenfeld, W. (Hg.): Die Europäische Verfassung in der Analyse, Gütersloh, 2005, 136–148.
Meyer, J. (Hg.): Kommentar zur Charta der Grundrechte der Europäischen Union, Baden-Baden, 2003.
Meyer, J./Hartleif, S.: Die Konventsidee, in: Zeitschrift für Parlamentsfragen, 33/2 (2002), 368–376.
Meyer, J./Hölscheidt, S.: Die Europäische Verfassung aus der Sicht des Deutschen Bundestags, in: Integration, 26/4 (2003), 345–350.
– Wie der Konvent Europa verfasst hat, in: ZSE, 1/3 (2003), 336–346.
Meyer, Th.: Die Identität Europas, Frankfurt a.M., 2004.
Miccù, R./Pernice, I. (Hg.): The European Constitution in the Making, Baden-Baden, 2004.
Milton, G./Keller-Noëllet, J.: The European constitution: it's origins, negotiation and meaning, London, 2005.
Milward, A.S.: The European Rescue of the Nation-State, 2. Auflage, London, 2000.
Mittag, J.: Die parlamentarische Dimension der ESVP: Optionen für eine europäische Verfassung, in: Integration, 26/2 (2003), 152–161.
Möllers, C.: Policy, Politics oder Politische Theorie?, in: Joerges, C./Mény, Y./Weiler, J.H.H. (Hg.): Mountain or Molehill? A Critical Appraisal of the Commission White Paper on Governance, in: Jean Monnet Working Paper, 6/1 (2001), 1–25.
Mommsen, W.J. (Hg.): Der Lange Weg nach Europa, Berlin, 1992.
Monar, J.: Auf dem Weg zu einem Verfassungsvertrag: Der Reformbedarf der Innen- und Justizpolitik der Union, in: Integration, 26/1 (2003), 31–47.
– Der Raum der Freiheit, der Sicherheit und des Rechts im Verfassungsentwurf des Konvents, in: Integration, 26/4 (2003), 536–549.
– Justice and Home Affairs, in: Journal of Common Market Studies, 42/Annual Review (2004), 117–133.
– Optionen für den Ernstfall: Auswege aus einer möglichen Ratifizierungskrise des Verfassungsvertrags, in: Integration, 28/1 (2005), 16–32.

Moravcsik, A./Nicolaïdis, K.: Explaining the Treaty of Amsterdam: Interests, Influence, Institutions, in: Journal of Common Market Studies, 37/1 (1999), 59–85.
Moreau Defarges, Ph.: Voter en connaissance de cause: Constitution européenne, Paris, 2005.
Müller, M.M.: Mut zur Staatlichkeit. Volk, Demokratie und Staatlichkeit in der Verfassungsdebatte, in: Beckmann, K./Dieringer, J./Hufeld, U. (Hg.): Eine Verfassung für Europa, 2. akt. u. erw. Aufl., Tübingen, 2005, 119–134.
Müller-Graff, P.-Chr.: The Quality of European and National Legislation, in: Europäische Zeitschrift für Wirtschaftsrecht, 9/11 (1998), 325–331.
– Der Post-Nizza-Prozess. Auf dem Weg zu einer neuen europäischen Verfassung?, in: Integration, 24/2 (2001), 208–221.
– Die Kopfartikel des Verfassungsentwurfs für Europa – ein europarechtlicher Vergleichsblick, in: Integration, 26/2 (2003), 111–129.
– Europäisches Integrationsrecht im Querschnitt: europäische Verfassung, Nizza, europäischer Wirtschaftsraum, Unionsbürgerschaft, Referenden, Gemeinschaftsprivatrecht, Baden-Baden, 2003.
– Systemrationalität in Kontinuität und Änderung des Europäischen Verfassungsvertrags, in: Integration, 26/4 (2003), 301–316.
– Strukturmerkmale des neuen Verfassungsvertrages für Europa im Entwicklungsgang des Primärrechts, in: Integration, 27/3 (2004), 186–201.
– Eine neue Verfassung für Europa. Kriterien der Europarechtswissenschaft, in: Beckmann, K./Dieringer, J./Hufeld, U. (Hg.): Eine Verfassung für Europa, 2. akt. u. erw. Aufl., Tübingen, 2005, 311–328.
Nachgefragt: Die obersten Bundesorgane im Europäisierungsprozess: der Bundespräsident. *Johannes Rau* im Gespräch mit *Joachim Jens Hesse*, in: ZSE, 1/1 (2003), 137–145.
Nachgefragt: Die obersten Bundesorgane im Europäisierungsprozess: der Bundestag. *Wolfgang Thierse* im Gespräch mit *Joachim Jens Hesse*, in: ZSE, 1/2 (2003), 274–281.
Nettesheim, M.: Die Unionsbürgerschaft im Verfassungsentwurf, in: Integration, 26/4 (2003), 428–439.
– Die Kompetenzordnung im Vertrag über eine Verfassung für Europa, in: Europarecht, 39/4 (2004), 511–546.
Nickel, D.: Das Europäische Parlament als Legislativorgan – zum neuen institutionellen Design nach der Europäischen Verfassung, in: Integration, 26/4 (2003), 501–509.
– Der Konventsentwurf als Grundlage für den Verfassungsvertrag, in: Integration 28/1 (2005), 81–86.
Nicolaïdis, K.: "We, the peoples of Europe…", in: Foreign Affairs, 83/6 (2004), 97–110.
Niedermayer, O.: Bevölkerungsorientierungen gegenüber einer Reform der Institutionen und Entscheidungsverfahren der Europäischen Union, in: Integration, 26/2 (2003), 141–151.
Nieman, A.: Explaining Decisions in the European Union, Cambridge, 2006.
Noll, A.J./ Welan, M.: Republik Europa. Staat und Nichtstaat im überregionalen Kontext, Wien, 2006.
Norman, P.: The accidental constitution: the story of the European Convention, Brüssel, 2003.
Obwexer, W.: Die neue Verfassung für Europa, Die Beiträge der Regierungskonferenz 2003/04 im Überblick, in: Europa-Blätter, 5 (2004), 172–180.
Offe, K./Preuss, U.K.: The Problem of Legitimacy in the European Polity. Is Democratization the Answer?, in: Constitutionalism Webpapers, 6/6 (2006), 1–38.
Okruch, S.: Verfassungswahl und Verfassungswandel aus ökonomischer Perspektive, in: Beckmann, K./Dieringer, J./Hufeld, U. (Hg.): Eine Verfassung für Europa, 2. akt. u. erw. Aufl., Tübingen, 2005, 135–158.
Oppermann, K.: Blair's u-turn: das britische Referendum über eine europäische Verfassung, Köln, 2004.
Oppermann, Th.: Eine Verfassung für die Europäische Union. Der Entwurf des Europäischen Konvents. 1. Teil, in: Deutsches Verwaltungsblatt, 118/18 (2003), 1165–1176.
– Eine Verfassung für die Europäische Union. Der Entwurf des Europäischen Konvents. 2. Teil, in: Deutsches Verwaltungsblatt, 118/19 (2003), 1234–1246.
– Konventsmethode und „gemischte" Entstehung der Unionsverfassung. Valéry Giscard d'Estaing, Elmar Brok und andere Conventionnels, in: Beckmann, K./Dieringer, J./Hufeld, U. (Hg.): Eine Verfassung für Europa, 2. akt. u. erw. Aufl., Tübingen, 2005, 59–82.
Olsen, J.P./Maassen, P.: European Debates on the Knowledge Institution: The Modernization of the University at the European Level, in: ARENA Working Paper, 17/6 (2006), 1–35.

Palmer, Chr.E. (Hg.): Europa in guter Verfassung: Erwin Teufel – für die deutschen Länder im Konvent, Stuttgart, 2004, http://www.baden-wuerttemberg.de/sixcms/media.php/1899/europa_in_guter_verfassung.pdf.

Peillon, A.: Non! référendum du 29 mai 2005, Paris, 2005.

Pernice, I. (Hg.): Europäische Grundrechte-Charta und Konventsverfahren: Zehn Thesen zum Prozess der europäischen Verfassung nach Nizza, in: Integration, 24/2 (2001), 194–197.

– A constitution for the European Union: first comments on the 2003-draft of the European Convention, Baden-Baden, 2004.

Perrotin, Cl.: Oui ou non à la Constitution européenne?, Paris, 2005.

Peters, A.: Elemente einer Theorie der Verfassung Europas. Bd. 137 in Veröffentlichungen des Walther-Schücking-Instituts für Internationales Recht an der Universität Kiel, Berlin, 2001.

– Europäische Öffentlichkeit im europäischen Verfassungsprozess, in: Europarecht, 39/3 (2004), 375–392 (Basiert auf einem Vortrag vom 8.2.2003).

Pfetsch, F.R.: Die Europäische Union, 3. erw. u. akt. Aufl., München, 2005.

Philippart, E./Edwards, G.: The Provisions on Closer Co-operation in the Treaty of Amsterdam: The Politics of Flexibility in the European Union, in: Journal of Common Market Studies, 37/1 (1999), 87–108.

Pinelli, C.: Conditionality and Enlargement in Light of EU Constitutional Developments, in: European Law Journal, 10/3 (2004), 354–362.

Pocheron, S.: La Constitution européenne: perspectives françaises et allemandes, Paris, 2004.

Poncins, É. de: La Constitution européenne, Paris, 2005.

Priollaud, Fr.-X./Siritzky, D.: La Constitution européenne: textes et commentaires, Paris, 2005.

Prodi, R.: Preface, in: ZSE, 1/3 (2003), 297–298.

Prost, D./Jacout, P.: La Constitution européenne: comprendre l'Europe d'aujourd'hui et le projet de Constitution, Lyon, 2005.

Puntscher Riekmann, S.: Aufständisches Österreich? Der Konvent, seine Ergebnisse und die politische Rezeption in Österreich, in: Integration, 26/4 (2003), 383–389.

Puntscher Riekmann, S./Wessels, W.: The Making of a European Constitution. Dynamics and Limits of the Convention Experience, Wiesbaden, 2006.

Puttler, A.: Sind die Mitgliedstaaten noch „Herren" der EU? – Stellung und Einfluss der Mitgliedstaaten nach dem Entwurf des Verfassungsvertrages der Regierungskonferenz, in: Europarecht, 39/5 (2004), 669–690.

Quaglia, L.: The Italian Presidency, in: Journal of Common Market Studies, 42/Annual Review (2004), 47–50.

Range, T.: Europäische Verfassung: neue EU-Kompetenzen für den Deutschen Bundestag, Sankt Augustin, 2004, http://www.kas.de/db_files/dokumente/arbeitspapiere/7_dokument_dok_pdf_5107_1.pdf.

Reichinger, M.: Der Europäische Verfassungskonvent: Dimension der Konstitutionalisierung einer supranationalen Union, Frankfurt a.M., 2004.

Reinhard, W.: Geschichte der Staatsgewalt. Eine vergleichende Verfassungsgeschichte Europas von den Anfängen bis zur Gegenwart, München, 1999.

Risse, Th.: "Let's argue": Communicative Action in World Politics, in: International Organization, 54/1 (2000), 1–39.

– Auf dem Weg zu einer gemeinsamen Außenpolitik? Der Verfassungsvertragsentwurf und die europäische Außen- und Sicherheitspolitik, in: Integration, 26/4 (2003), 564–575.

– Neofunctionalism, European identity, and the puzzles of European Integration, in: Journal of European Public Policy, 12/2 (2005), 291–309.

Robbers, G.: Eine neue Verfassung für die Europäische Union, in: ZSE, 1/3 (2003), 383–399.

Robinson, P.: Historical lessons for Europe's future in the wake of the EU convention, in: Economic Affairs, 24/1 (2004), 5–10.

Ronge, F. (Hg.): In welcher Verfassung ist Europa – welche Verfassung für Europa?, Baden-Baden, 2001.

Ruthig, J.: Europäische Gesetzgebung, in: Beckmann, K./Dieringer, J./Hufeld, U. (Hg.): Eine Verfassung für Europa, 2. akt. u. erw. Aufl., Tübingen, 2005, 449–472.

Sauron, J.-L.: La Constitution européenne expliquée, Paris, 2004.

Schäfer, A.: Die Verfassungsdebatte in der Europäischen Union, Dornbirn, 2003.

Schäfer, A. (Hg.): Die Verfassungsentwürfe zur Gründung einer Europäischen Union, Dornbirn, 2001.

Scharpf, F. W.: Die Politikverflechtungs-Falle: Europäische Integration und deutscher Föderalismus im Vergleich, in: Politische Vierteljahresschrift, 26/4 (1985), 323–356.

– European Governance: Common Concerns vs. the Challenge of Diversity, in: Joerges, C./Mény, Y./ Weiler, J.H.H. (Hg.): Mountain or Molehill? A Critical Appraisal of the Commission White Paper on Governance, in: Jean Monnet Working Paper, 6/01 (2001), 1–14.

– Regieren im europäischen Mehrebenensystem. Ansätze zu einer Theorie, in: Leviathan, 30/1 (2002), 65–92.

– Legitimate Diversity: The New Challenge of European Integration, in: ZSE, 1/1 (2003), 32–60.

Schieder, S.: In guter Verfasstheit? Nutzen und Nachteil eines europäischen Verfassungsvertrages, in: Aus Politik und Zeitgeschichte, 17/04 (2004), 13–21.

Schild, J.: Die Reform der Kommission: Vorschläge des Konvents, in: Integration, 26/4 (2003), 493–500.

– Ein Sieg der Angst – das gescheiterte französische Verfassungsreferendum, in: Integration, 28/3 (2005), 187–200.

Schliesky, U.: Die künftige Gestalt des europäischen Mehrebenensystems – die Stellung der Länder und Kommunen im Entwurf eines Vertrages über eine Verfassung für Europa, in: Niedersächsische Verwaltungsblätter, 11/3 (2004), 57–63.

Schmalz-Bruns, R./Zintl, R. (Hg.): Politisches Vertrauen, Baden-Baden, 2002.

Schmitz, T.: Die Grundrechtecharta als Teil der Verfassung der Europäischen Union, in: Europarecht, 39/5 (2004), 691–713.

Schneider, H.: Die Zukunft der differenzierten Integration in der Perspektive des Verfassungsvertrags und der Erweiterung, in: Integration, 27/4 (2004), 259–273.

Scholl, B.: Wie tragfähig ist die neue institutionelle Architektur der EU? Der Verfassungsentwurf des Konvents im Spiegel nationalstaatlicher Präferenzen, in: Integration, 26/3 (2003), 204–217.

– Europas symbolische Verfassung. Nationale Verfassungstraditionen und die Konstitutionalisierung der EU, Wiesbaden, 2006.

Scholz, R.: Die Verfassung der Europäischen Union: Entwurf einer Neufassung des Vertrages über die Europäische Union für den Verfassungskonvent der EU, in: Zeitschrift für Gesetzgebung, 17/Sonderheft, 2002.

Schoutheete, Ph. de: Die Debatte des Konvents über den Europäischen Rat, in: Integration, 26/4 (2003), 468–482.

Schröder, M.: Vertikale Kompetenzverteilung und Subsidiarität im Konventsentwurf für eine europäische Verfassung, in: Juristen Zeitung, 59/1 (2004), 8–13.

Schubert, S.: Die „Kommission zur Modernisierung der bundesstaatlichen Ordnung“, in: ZSE, 3/1 (2005), 124–146.

Schulze, H.: „Traumland Europa“ – Europapläne einst und jetzt, in: ZSE 1/2 (2003), 167–177.

Schulze, R./Zuleeg, M. (Hg.): Europarecht. Handbuch für die deutsche Rechtspraxis, Baden-Baden, 2006.

Schuman, R.: Für Europa, Hamburg, 1963.

Schuppert, G.F.: On the Evolution of a European State, in: Hesse, J.J./Johnson, N. (Hg.): Constitutional Policy and Change in Europe, Oxford, 1995, 329–368.

Schwarze, J.: Der Verfassungsentwurf des Europäischen Konvents – Struktur, Kernelemente und Verwirklichungschancen, in: ders. (Hg.): Der Verfassungsentwurf des Europäischen Konvents. Verfassungsrechtliche Grundstrukturen und wirtschaftsverfassungsrechtliches Konzept, Baden-Baden, 2004, 489–562.

– Enlargement, the European Constitution, and Administrative Law, in: International and Comparative Law Quarterly, 53 (2004), 969–984.

Schwarze, J. (Hg.): Der Verfassungsentwurf des Europäischen Konvents. Verfassungsrechtliche Grundstrukturen und wirtschaftsverfassungsrechtliches Konzept, Baden-Baden, 2004.

Seibt, F.: Die Begründung Europas. Ein Zwischenbericht über die letzten tausend Jahre, Frankfurt a.M., 2002.

Sénat, Service des affaires européennes: Constitution européenne: comparaison avec les traités en vigueur, Paris, 2004.
Siedentop, L.: Democracy in Europe, London, 2001.
Shaw, J. u. a.: The convention on the future of Europe, London, 2003.
Skach, C.: We, the Peoples? Constitutionalizing the European Union, in: Journal of Common Market Studies, 43/1 (2005), 149–170.
Smith, B.P.G.: Constitution building in the European Union: the process of treaty reforms, Den Haag, 2002.
Smith, M.E.: Europe's Foreign and Security Policy, Cambridge, 2004.
Snyder, F.: Editorial: Is the European Constitution Dead?, in: European Law Journal, 10/3 (2004), 255–256.
Starck, C.: Allgemeine Staatslehre in Zeiten der Europäischen Union, in: Dicke, K. u.a. (Hg.): Weltinnenrecht, Baden-Baden, 2005, 711–726.
– Europa – wie geht es weiter?, in: ZSE, 3/4 (2006), 542–552.
Straw, J.: Britain, Europe, and the European Convention, in: ZSE, 1/2 (2003), 161–166.
Streinz, R.: Kompetenzabgrenzung zwischen Europäischer Union und ihren Mitgliedstaaten, in: Hofmann, R./Zimmermann, A. (Hg.): Eine Verfassung für Europa, Berlin, 2005, 71–103.
Streinz, R./Ohler, Chr./Herrmann, Chr.: Die neue Verfassung für Europa, München, 2005.
Stuart, G.: The making of Europe's constitution, London, 2003.
Stuart, G./Knowles, V./Pottebohm, S.: Zwischen Legitimität und Effizienz: Ergebnisse der Arbeitsgruppen „Einzelstaatliche Parlamente" und „Verteidigung" im Konvent, in: Integration, 26/1 (2003), 10–16.
Sturm, R.: Eine Verfassung für ein Land ohne Verfassung? Britische Europapolitik und der europäische Verfassungsvertrag, in: Beckmann, K./Dieringer, J./Hufeld, U. (Hg.): Eine Verfassung für Europa, 2. akt. u. erw. Aufl., Tübingen, 2005, 261–271.
Swenden, W.: Is the European Union in Need of a Competence Catalogue? Insights from Comparative Federalism, in: Journal of Common Market Studies, 42/2 (2004), 371–392.
Szech-Koundouros, S.: Was bringt die EU-Verfassung, Berlin, 2004, http://www.kas.de/db_files/dokumente/arbeitspapiere/7_dokument_dok_pdf_5113_1.pdf.
Sztompka, P.: Trust and Emerging Democracy: Lessons from Poland, in: International Sociology, 11/1 (1996), 37–62.
Teufel, E.: Europa in neuer Verfassung: Das Ergebnis des Verfassungskonvents aus Sicht der deutschen Länder, in: ZSE, 1/3 (2003), 347–357.
Thiel, E.: Die Wirtschaftsordnungspolitik im Europäischen Verfassungsentwurf, in: Integration, 26/4 (2003), 527–535.
Thym, D.: „A Superpower, not a Superstate" – Der britische Beitrag zur europäischen Verfassungsdiskussion, in: Integration, 24/4 (2001), 356–368.
– Ungleichzeitigkeit und europäisches Verfassungsrecht, Baden-Baden, 2004.
– Weiche Konstitutionalisierung – Optionen der Umsetzung einzelner Reformschritte des Verfassungsvertrags ohne Vertragsänderung, in: Integration, 28/4 (2005), 307–315.
Timmermann, H. (Hg.): Eine Verfassung für die Europäische Union: Beiträge zu einer grundsätzlichen und aktuellen Diskussion, Opladen, 2001.
Tömmel, I.: Das politische System der EU, 2. völlig überarb. Aufl. München/Wien, 2006.
– Eine Verfassung für die EU: institutionelle Anpassung oder System-Reform?, in: Integration, 27/3 (2004), 202–210.
Toonen, Th.A.J./Steunenberg, B./Voermans, W.: Saying No to a European Constitution: Dutch Revolt, Enigma or Pragmatism?, in: ZSE, 3/4 (2005), 594–619.
Toulemon, R.: La Constitution européenne – son origine, ses vertus, ses faiblesses, in: Revue du Marché Commun et de l'Union Européenne, 487 (2005), 213–219.
Touscoz, J.: La constitution de l'Union européenne, Bruxelles, 2002.
Trechel, A.v.: Towards a Federal Europe, Cambridge, 2006.
Trenz, H.-J./Eder, K.: The Democratizing Dynamics of a European Public Sphere. Towards a Theory of Democratic Functionalism, in: European Journal of Social Theory, 7/1 (2004), 5–25.
Triantafyllou, D.: La Constitution européenne selon le Traité de Rome de 2004, Bruxelles, 2. Aufl., 2005.
Tronquoy, Ph./Vallet, M.-Chr.: Le petit guide de la Constitution européenne, Paris, 2005.

Tsakatika, M.: Claims to Legitimacy: The European Commission between Continuity and Change, in: Journal of Common Market Studies, 43/1 (2005), 193–220.

Tsoukalis, L.: Economic and Monetary Union, in: Wallace, H./Wallace, W. (Hg.): Policy-Making in the European Union, 4. Aufl., Oxford, 2000, 149–178.

Van Gerven, W.: The European Union Institutions in the draft Constitution for Europe, in: European Review, 12/4 (2004), 465–479.

Vedder, Chr./Heinegg, W.H. v.: Europäischer Verfassungsvertrag, Baden-Baden, 2007.

Verhoeven, A.: The European Union in Search of a Democratic and Constitutional Theory, Den Haag, 2002.

Verhofstadt, G.: Die Vereinigten Staaten von Europa. Manifest für ein neues Europa, Eupen, 2006.

Vernet, D.: Die Union als außenpolitischer Akteur – Skizze einer Standortbestimmung, in: Europäische Grundrechtezeitschrift, 31/19 (2004), 584–587.

Verwilghen, S.: Signature et portée du traité du 29 octobre 2004 établissant la Constitution, in: Revue du Marché Commun et de l'Union Européenne, 483 (2004), 637–641.

Vorländer, H. (Hg.): Integration durch Verfassung, Wiesbaden, 2002.

Vries, G. de: Eine heikle Balance – Der Konvent aus der Sicht eines kleinen Mitgliedstaats, in: Integration, 26/4 (2003), 390–397.

Wallace, H.: The Institutional Setting, in: Wallace, H./Wallace, W. (Hg.): Policy-Making in the European Union, 4. Aufl., Oxford, 2000, 3–37.

Wallace, W.: Das Führungstrio Deutschland – Frankreich – Großbritannien: Europas zentrales Problem?, in: Integration, 28/4 (2005), 328–331.

Walter-Hallstein-Institut für Europäisches Verfassungsrecht (Hg.): Ein Verfassungsentwurf für die EU: Vom Konvent zur Regierungskonferenz, Baden-Baden, 2005.

Weber, A.: Zur föderalen Struktur der Europäischen Union im Entwurf des Europäischen Verfassungsvertrags, in: Europarecht, 39/6 (2004), 841–856 (Stand: Juni 2004).

Weidenfeld, W.: Europäische Einigung im historischen Überblick, in: ders./Wessels, W. (Hg.): Europa von A bis Z, Bonn, 2002.

Weidenfeld, W. (Hg.): Die Europäische Verfassung in der Analyse, Gütersloh, 2005.

– Europa-Handbuch, Gütersloh, 2006.

Weidenfeld, W./Wessels, W.: Jahrbuch der europäischen Integration, Nomos, 2006.

Wessels, W.: Nice Results: The Millenium IGC in the EU's Evolution, in: Journal of Common Market Studies, 39/2 (2001), 197–219.

– Der Verfassungsvertrag im Integrationstrend: Eine Zusammenschau zentraler Ergebnisse, in: Integration, 26/4 (2003), 284–300.

– Institutionelle Architektur für eine globale (Zivil-)Macht? Die Gemeinsame Außen- und Sicherheitspolitik im „Verfassungsvertrag", in: ZSE, 1/3 (2003), 400–429.

– Die institutionelle Architektur der EU nach der Europäischen Verfassung: Höhere Entscheidungsdynamik – neue Koalitionen?, in: Integration, 27/3 (2004), 161–175.

Wichard, J.C.: Der Vertrag über eine Verfassung für Europa: Konstitutionalisierung oder Vertragsrevision? Supranationale Verfassung zwischen Staats- und Völkerrecht, in: Europäische Grundrechtezeitschrift, 31/19 (2004), 556–558.

Wiener, A.: Die Verfassung Europas: Konturen eines europäischen Konstitutionalismus, in: Integration, 27/3 (2004), 176–185.

Winn, D.: An EU constitution for Britain?, London, 2004.

Wright, V.: The national co-ordination of European policy-making, in: Richardson, J. (Hg.): European Union: power and policy-making, London, 1996, 148–169.

Wuermeling, J.: Mehr Kraft zum Konflikt. Sieben Anmerkungen zur Zukunft des Europäischen Parlaments nach dem Verfassungsvertrag, in: Europäische Grundrechtezeitschrift, 31/19 (2004), 559–562.

Zanon, F.: EU Constitutional Reform and the Convention Method, in: The International Spectator, 4 (2003), 75–90.

Ziegerhofer-Prettenthaler, A.: Botschafter Europas, Wien, 2004.

Ziller, J.: La nouvelle Constitution européenne, Paris, 2003.

ZSE-Redaktion: Der „EU-Verfassungskonvent": Auftrag, Arbeitsweise, Ergebnisse, in: ZSE, 1/3 (2003), 447–473.

Presseartikel

Amato, G.: European unity will begin at home, in: FT vom 13.5.2004, 19.

Barnier, M./Vitorino, A.: Leitsätze für den EU-Konvent, in: SZ vom 6.6.2003, 2.

Blitz, J./Gowers, A./Stephens, Ph.: Crisis on EU constitution seen as chance for fresh start, in: FT vom 7.6.2005, 3 (Interview mit *Blair*).

Bogdandy, A. v.: Wir Europäer, in: FAZ vom 27.4.2004, 8.

Brok, E.: EU-Verfassung ist gut für alle, in: SZ vom 9.5.2005, 2.

Carcassonne, G.: Turquie, le référendum impossible, in: Le Point vom 30.9.2004.

Cimoszewicz, W.: Wider den europäischen Staat, in: Die Welt vom 7.10.2003, 9.

Derrida, J./Habermas, J.: Unsere Erneuerung, in: FAZ vom 31.5.2003, 33.

Ferenczi, Th./Gattegno, H./Mandraud, I.: Laurent Fabius, député (PS) de Seine-Maritime « Je demande une Constitution qui laisse l'avenir ouvert », in: Le Monde vom 30.11.2004 (Interview).

Giscard d'Estaing, V.: Europas letzte Chance, in: SZ vom 23.7.2002, 9.

– „Eine klare und kreative Verfassung für Europa", in: SZ vom 14.1.2003, 9.

– La Convention européenne à mi-parcours, in: Le Monde vom 14.1.2003.

– Zurück zur Vernunft, in: FAZ vom 26.11.2004, 10.

Giscard d'Estaing, V./Amato, G./Dehaene, J.-L.: Die Papiere des Europäischen Konvents, in: FAZ vom 14.11.2003, 6.

Goux, D./Maurin, E.: 1992-2005: Comment le oui s'est décomposé, in: Le Monde vom 2. 6. 2005, 16f.

Grimm, D.: Die größte Erfindung unserer Zeit, in: FAZ vom 16.06.2003, 35.

Hehn, J.: Chirac redet, wirbt und droht, in: Die Welt vom 16.4.2005, 7.

– „Es steht fifty-fifty", in: Die Welt vom 27.5.2005, 6 (Interview mit *Alfred Grosser*).

Kamann, M.: Vielleicht war der Nationalstaat ein Irrweg, in: Die Welt vom 18.6.2005, 28 (Interview mit *Wolfgang Reinhard*).

Maurer, A./Schwarzer, D.: Wenn die EU-Verfassung scheitert, in: SZ vom 5.4.2005, 2.

Moravcsik, A.: Für ein Europa ohne Illusionen, in: SZ vom 14.7.2005, 2.

Raffarin, J.-P.: Cinq raisons de voter « oui » à la Constitution européenne, in: Le Monde vom 5.3.2005.

Schröder, G./Gross, S.: „Ein starkes und handlungsfähiges Europa", in: SZ vom 23.10.2004.

Siedentop, L.: Das Europa der Eliten wird zur Gefahr für Europas Demokratie, in: Die Welt vom 1.10.2004, 9.

Straw, J.: Die neue EU-Verfassung ist gut, in: Die Welt vom 10.7.2004, 9.

SZ: „Die deutsch-französische Allianz ist gut für Europa", 25.11.2003, 11 (Interview mit *Verhofstadt*).

SZ: „Europa braucht einen starken Präsidenten", 3.2.2003, 7 (Interview mit *Amato*).

SZ: „In der Geschichte geht es nicht zu wie im Gesangverein", 25.6.2004, 8 (Interview mit *Fischer*).

SZ: „Entweder alles oder gar nichts". Außenminister Joschka Fischer und der französische Senator Jean-Luc Mélenchon im Streitgespräch, 6.5.2005, 10.

SZ: Die Balance ist verloren gegangen. Ein Gespräch mit Dieter Grimm, 1.6.2005, 13.

Villiers, Ph. de: M. Giscard d'Estaing a raison et tort, in: Le Monde vom 15.10.2004.

Weiler, J.: Die europäische Alternative, in: SZ vom 18.6.2004, 16.

Winkler, H.A.: Grundlagenvertrag statt Verfassung, in: FAZ vom 18.6.2005.

Personenregister*

* Ohne Berücksichtigung des Anhangs und der Literaturverweise.

Sachregister*

* Ohne Berücksichtigung des Anhangs.

www.ingramcontent.com/pod-product-compliance
Lightning Source LLC
LaVergne TN
LVHW010655300926
849161LV00005B/1128

* 9 7 8 3 8 9 9 4 9 1 0 8 1 *